宝马车系混动系统结构原理与经典案例

王钟原　沐　风　主编

辽宁科学技术出版社

沈　阳

图书在版编目（CIP）数据

宝马车系混动系统结构原理与经典案例 / 王钟原，
沐风主编． — 沈阳：辽宁科学技术出版社，2022.2
ISBN 978-7-5591-2425-8

Ⅰ．①宝… Ⅱ．①王… ②沐… Ⅲ．①混合动力汽车
－理论②混合动力汽车－案例 Ⅳ．①U469.7

中国版本图书馆CIP数据核字(2022)第020917号

出版发行：辽宁科学技术出版社
　　　　　（地址：沈阳市和平区十一纬路25号　邮编：110003）
印 刷 者：辽宁新华印务有限公司
经 销 者：各地新华书店
幅面尺寸：210mm×285mm
印　　张：52.75
字　　数：1500千字
出版时间：2022年2月第1版
印刷时间：2022年2月第1次印刷
责任编辑：吕焕亮
封面设计：熊猫工作室
版式设计：吕　静
责任校对：徐　跃
书　　号：ISBN 978-7-5591-2425-8
定　　价：150.00元

编辑电话：024-23284373
邮购热线：024-23284626

前　言

随着人们环保意识的增强，节能减排成为大家口中的热门话题。几年前国家就开始大力发展新能源汽车，作为 BBA 成员之一的宝马公司响应国家号召，着手对新能源汽车领域发力，连续推出多款混动车型。综观现在国内新能源汽车市场，宝马混动汽车占据一席之地。宝马公司相继推出第 1.0 代混合动力系统车型 Actie Hybrid X6 E72，第 1.5 代混合动力系统车型 Actie Hybrid 7 F04，第 2.0 代混合动力系统车型 F01H，第 3.0 代混合动力系统车型 G11/G12/G30/G38。由于混动车型保有量越来越大，已经逐渐进入维修期，因此特编著此书，供读者参考。

总而言之，本书有以下 3 个特点：

（1）车型新。本书汇集宝马全部新车型，例如， 宝马 Actie Hybrid X6 E72、Actie Hybrid 7 F04、F01H、F10H、F30H、F18 PHEV、X5 F15 PHEV、X1 F49 PHEV、G30/G38 PHEV、G11/G12 PHEV 等，详细介绍驱动组件、电机、电机电子装置、高电压蓄电池单元、高电压蓄电池单元充电和混合动力制动系统的结构和工作原理。

（2）经典。书中囊括数个代表性强的经典故障实例，在各个车型中经常出现，碰到类似故障可参考此书，对从事宝马汽车维修的技师来说实用且指导性强。

（3）实用性强。本书内容新颖，图文并茂，数据准确，通俗易懂，是一本价值很高的宝典，是宝马混动汽车维修技师的好帮手。

本书由王钟原、沐风主编。参与编写的有舟杨、杨中林、李国锋、董玉江、鲁子南、钱树贵、魏大光、艾明、付建、艾玉华、刘殊访、徐东静、黄志强、李海港、刘芳、李红敏、李彩侠、徐爱侠、李贵荣、胡风、丁红梅、胡秀寒、李园园、刘金、李秀梅、徐畅、孙宗旺、鲁晶、梁维波、张丽、梁楠等。

在编写过程中，编者花费了大量的时间、精力，虽然对每个数据都进行了仔细检查，但由于水平有限，书中不当之处在所难免，欢迎广大读者对本书内容提出宝贵意见。

编　者

目　录

第一章　混合动力基础知识及维修操作

第一节　混合动力技术基础知识

一、简介

（一）宝马高效动力性

宝马高效动力性是结合了大量技术和创新的总概念，这些技术和创新在提高功率和驾乘乐趣的同时还能降低排放量。通过实施宝马高效动力性战略，宝马在降低耗油量措施和 CO_2 减排措施方面占据了世界领先地位。从 2007 年春季至今已经有 100 多万辆宝马新车车主从中获益。最新车型系列中有 23 个车型的 CO_2 排放量达到或低于 140g/km，目前世界上其他豪华汽车制造商都没有做到这一点。宝马高效动力性不仅仅是高精度直喷系统、发动机启 / 停功能或制动能量回收功能。从远期角度看，宝马高效动力性还包括利用氢燃料无排放行驶；从中期来看，包括宝马 Active Hybrid、发动机与电机驱动组合，如图 1-1 所示。第一批批量宝马 Active Hybrid 车型，宝马 X6 和宝马 7 系的混合动力版于 2009 年底批量生产。因此，宝马（与 Mercedes-Benz 一起）成为第一批一年内开始生产混合动力车型系列的欧洲汽车制造商。

1.紧急措施：降低耗油量，因此减少 CO_2 排放。1995—2008年之间使耗油量降低了27个百分点。宝马集团车辆的平均 CO_2 排放量为每千米156g，这一数值远低于欧洲其他豪华车制造商。通过发动机启/停功能、制动能量回收系统、电动冷却液泵、电动机械式助力转向系统、发动机优化、散热器范围内的主动空气动力学特性和许多其他措施才得以实现　2.中期解决方案，如混合动力和电动车辆　3.长期解决方案是采用氢动力总成

图 1-1

宝马 Active Hybrid 的含义是什么，与竞争对手的混合动力车型有哪些不同？宝马 Active Hybrid 主要是指宝马为达到更高效率所进行的所有混合动力工作，"Active"表示对所有未来的宝马混合动力车型的特殊动力性要求。宝马 Active Hybrid 包括两种不同的混合动力形式：全混合动力和部分混合动力。

全混合动力：

·动力强劲的电动动力总成，可以以纯电动方式行驶

·在降低耗油量和排放量方面潜力很大，特别是在城市交通中

·混合动力组件和蓄电池造成质量增加和行李箱容积减小

·组件和制造成本较高

部分混合动力：

·电机较小，用于为发动机提供支持（助推功能）

·无法以纯电动方式行驶

·在降低耗油量方面有一定潜力，特别适合城市交通

·由于混合动力组件较小，因此重量和占用空间方面增加不多

·与标准动力总成相比制造成本较高，但是比全混合动力低

在宝马混合动力车辆战略中，只有制造成本与节油潜力比例合理时才采用混合动力。开始时推出带大功率发动机的较大车型，例如宝马 Active Hybrid X6 和宝马 Active Hybrid 7，因为这样可以实现最大的效率潜力。从中期角度来看，应在较小车型中引入混合动力技术。为了实现这一目标，宝马使用了最佳混合动力模块化系统，即在不同车辆方案中集成各种最佳混合动力组件（全混合动力或部分混合动力组件）。

（二）混合动力车辆的定义和基础

1. 混合动力车辆的定义

1906 年 Griffon 运动型摩托车是一款混合动力车辆，如图 1-2 所示。

混合动力一词来自希腊语，原本指的是"两个来源或混合来源"。如今在汽车工业中将其定义为装备两种驱动类型（能量类型）和两个蓄能器的车辆。其特点是针对这类解决方案组合使用元件，但是通过组合使用可以产生所要求的新特性。不同车辆制造商通常采用的这两种驱动类型组合，是以燃油箱和蓄电池作为能量来源的发动机和电机组合为基础。

图 1-2

2. 混合动力车辆的基础

混合动力总成的优点主要是耗油量较低，同时在发动机的所有不利运行范围内电机可以为其提供支持。此外，还可以对所使用的电机和发动机的功率特性曲线进行较好的补充，因为电机的较高扭矩可以为（低转速范围内）发动机的较小扭矩进行最佳补充。因为电机可以起到启动机和发电机的功能，所以其他优点是取消了启动机和发电机（以现有的混合动力车型为依据）。此外，制动能量回收系统可以对制动器磨损起到积极的影响（尽量减少现有的制动器磨损）。

3. 车辆中的能量回收利用

车辆中能量回收利用的原理以能量守恒定律为基础。

能量守恒定律表明，在一个封闭的系统中总能量不会随时间而改变。也就是说，能量只能在不同的能量形式之间转换，例如从热能转换为动能。

但是不可能在封闭的系统内产生或销毁能量。在封闭系统中的总能量始终保持不变。能量不能从无到有，也不能简单消失。能量以不同的能量形式（例如动能、热能、辐射能、结合能等）相互转换，但是在技术上明显很难进一步使用。

混合动力车辆则可以用动能或势能替代制动时产生的热能，然后再通过电机将其转换为电能存储在蓄电池内。这种存储的电能可以在需要时（例如启动发动机或电动驱动时）使用。

车辆可以产生多大的动能和势能？

可以根据以下公式计算得出动能：$E_k = 1/2\ m \cdot v^2$。m 表示车辆重量，v 则表示车辆速度。

可以根据以下公式计算得出势能：$E_p = m \cdot g \cdot \Delta h$。$m$ 为车辆重量，g 为重力加速度（9.81m/s²），Δh 则为高差，如图 1-3 所示。

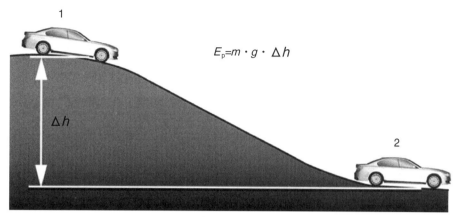

$$E_p = m \cdot g \cdot \Delta h$$

1.最大势能 2.最小势能

图 1-3

计算示例：

① 动能计算：车辆重量为 2500 kg、速度为 100km/h 时所提供的动能为 $1/2 \cdot 2500kg \cdot (100\ km/h)^2$。为了调整单位，需要将速度换算为 m/s，100 km/h 相应的速度为 27.77 m/s。$E_k = 1250kg \cdot (27.77m/s)^2 = 964506N \cdot m$，当开始制动到完全静止的时间为 10s 时，所产生的功率为 $P = 96451W$。可以通过公式 $P = U \cdot I$ 计算出电功率。当电压为 12V 时，可以获得超过 8000A 的电流。这样的电流强度在车辆中无法使用。为了能够提供可以使用的功率，必须提高电压，这样才能获得在制造车身时也能使用的电流强度。这也是混合动力车辆之所以使用了较高电压的原因。当电压达到 400V 时，通过计算示例，可以获得 241A 的电流强度。

② 势能计算：车辆重量为 2500 kg、高差为 100m 时可提供的势能 $E_p = 2500kg \cdot 9.81\ m/s^2 \cdot 100\ m = 2452500N \cdot m$。

例如，行驶时间为 10s 所提供的功率为 $P = 245250W$。蓄电池电压为 400V 时所产生的电流强度为 613A。

上面的计算看似简单，但是却可以让我们了解能量、功率以及产生电流强度的规则。

（三）发展史

1. 第一辆电动车辆

用电流驱动汽车并不是一个新主意。早期的汽车（至 1900 年）使用电动驱动装置的车辆甚至比发动机车辆还多。神奇的是，首次打破 100km/h 速度限值的车辆不是汽油驱动汽车，而是一辆电动车，La Jamais Contente（法语：永不满足）电动车，如图 1-4 所示。

La Jamais Contente 是第一辆速度达到 100km/h 的公路行驶车辆。这是一辆车身形状类似鱼雷的电动车，重量为 1450kg，1899 年 4 月 29 日在巴黎附近创造了 105.8 km/h 的速度纪录。该车辆安装了两个工作电压为 200V、电流 124A 的 25kW 电动机。因为可达里程仅为 85km 和不成熟的蓄电池技术，电动驱动装置未

图 1-4

图 1-5

图 1-6

能经受住发动机对其所产生的冲击。随着电机作为启动装置被用于发动机车辆,电动车开始逐渐消失。1900 年巴黎世界博览会上展出的 Lohner Porsche,如图 1-5 所示。

Ferdinand Porsche 是汽车界的混合动力传动装置之父。1896 年他就已经为其电动轮套电机申请了专利。根据这一原理,他在维也纳的 Jacob Lohner 车辆厂制造出了 "Mixte" 混合动力车辆。该传动装置由一个使用汽油发动机驱动的电机构成,通过该电机为蓄电池提供电流,这样可以避免电动轮套电机在驱动的同时进行动力传输。

2. 电动车辆历史

使用电动驱动装置的宝马 1602 如图 1-6 所示。

自 20 世纪 70 年代初,宝马的工程师就已经意识到电动驱动装置在人口稠密地区的发展前景。为了能够引起公众效应,在慕尼黑奥运会的竞走和马拉松项目的服务用车中使用了两辆基于宝马 1602 的电动原型车。当时讨论的主要议题是量产研发在技术上的可能性。因为光是车载蓄电池的重量就达到了 350kg,可达里程为 45~65km,所能提供的发动机功率也仅为 12kW,最高车速 100km/h。1981 年宝马公司重启电动车项目,标志着其迈出的第一步。这次使用了基于钠硫原理效率更高的高电压蓄电池。

借助该技术使 8 辆四轮驱动的 325iX 试验车辆的行驶动力达到了可以接受的范围,同时还提高了车辆的可达里程。通过新型电池技术所积累的经验在电动车的发展史中具有里程碑式的意义。1991 年在法兰克福汽车展览会上正式亮相的宝马 E1 是宝马公司推出的首辆电动车如图 1-7 所示。该款设计长度为 3.4m 的轻型结构城市用车使用了一种特殊的电动驱动装置,该驱动装置通过强劲的电机可提供 32kW 的动力。这款紧凑轻型汽车的最高车速可达 125km/h,能含量为 20kWh 的高温蓄电池(钠硫)可以使可达里程提升至大约 140km。

图 1-7

使用电动驱动装置的宝马 E36 如图 1-8 所示。

20 世纪 90 年代初,根据后续研发方案,在小型系列电动车的基础上开发出了当时的 3 系轿跑车。1995

年宝马品牌使用 8 辆试验车辆在吕根岛参加了一次大型试验。由不同蓄电池制造商和汽车制造商共同合作，对零排放车辆驱动方案的实际运用进行验证，同时还发现了高温蓄电池系统可能会引发的问题。但是，当时蓄电池重量过大、可达里程和能量密度过小以及蓄电池使用寿命等问题都限制了电动车的批量生产。随后一年，宝马集团的工程师注意到了蓄电池开发得到了长足的进步。现在，通过其他车辆和 MINI E 中安装的锂离子蓄电池使人们对电动驱动装置产生了兴趣，如图 1-9 所示。因为这种在笔记本和移动电话中经过验证的蓄电池技术将性能、存储容量和相对较小的安装空间按非常合适的比例结合在一起。

图 1-8

重量为 260kg 的 MINI E 风冷式蓄能器可提供的总电容量为 35kWh，这样可以使电动车的平均可达里程达到 250km。功率为 150kW 的紧凑型电机可以提供 380V 的直流电压。

图 1-9

（四）竞争对手

当时其他汽车制造商已经在市场上推出了混合动力车辆或准备在未来几年内开始生产混合动力车辆，尤其是日本汽车制造商 Toyota 已经开始大量生产首款混合动力车辆。自 1997 年开始量产名为 Prius 的混合动力车辆，迄今已经发展至第三代，如图 1-10 所示。

图 1-10

通过驱动桥上的一个行星齿轮箱将汽油发动机和电机连接在一起。必要时可以完全关闭 Prius 上的发动机。在负载相同不变的情况下仅使用汽油发动机进行驱动，同时利用一个发电机再次为蓄电池充电。负载增加时则使用两个发动机驱动车辆，也包括在高端市场份额内的混合动力技术。2007 年 6 月 Lexus 就推出了 LS 600h。2005 年宝马集团与当时的 Daimler Chrysler 和 GM 公司合作共同进行混合动力传动装置的开发。通过这种合作可以使混合动力车辆在最短的时间内上市。戴姆勒公司比宝马提前不到 1 个月的时间推出了梅赛德斯－奔驰 S400 HYBRID，如图 1-11 所示。在该车型中使用了所谓的部分混合动力技术。通过特殊的大功率电池技术使较大的锂离子蓄电池可以为车辆提供 0.9kW 的功率，这也使

图 1-11

其成为世界范围内的首款混合动力车辆。位于 V6 发动机和自动变速器之间曲轴上的电机作为启动机使用时可提供 15kW 的电流。在宝马 Active Hybrid 7 中也使用了相同的混合动力技术。

二、工作原理和行驶情况

（一）按功率划分

根据所使用电机的功率可以将混合动力车辆分为 3 组：

- ·微混合动力车辆
- ·部分混合动力车辆
- ·全混合动力车辆

表 1-1 列出了各组混合动力车辆的主要特性。

表 1-1

项目	电机功率	电压范围	可实现的功能	节约耗油量
微混合动力	2~3kW	12V	启 / 停功能	低于 10%
部分混合动力车辆	10~15kW	42~150V	启 / 停功能 Boost 功能 能量回收利用功能	低于 20%
全混合动力车辆	> 15kW	> 100V	启 / 停功能 Boost 功能 能量回收利用功能 电动驱动功能	超过 20%

1. 微混合动力车辆

（1）概述

微混合动力车辆描述的是初级混合动力车辆。采用了普通 12V 蓄电池技术的微混合动力车辆的电机功率为 2~3 kW。由于功率和电压较小，因此限制了制动和滑行阶段中能量回收利用的效率。将微混合动力车辆回收的电能提供给 12V 车载网络。该系统包括使用传统启动机或集成式启动电机的部分启 / 停功能。启 / 停功能的缺点是，由于经常启动，所以会对按照持续旋转无摩擦轴承设计的曲轴产生较大的磨损。微混合动力的车辆会产生附加的重量和成本，所以相应的费用也会增加。但是整个费用将低于 10% 的耗油量费用。根据定义，严格地讲，微混合动力车辆并不能算是混合动力车辆，因为它仅有一种驱动类型。

（2）宝马微混合动力方案

带有发动机节能启 / 停功能的宝马 1 系如图 1-12 所示。

（3）智能化发电机调节功能

宝马引入了各种不同的工艺技术以降低所有宝马集团车辆的耗油量。其中一项措施是部分回收利用车辆的动能。根据驾驶员的驾驶方式，仅智能化发电机调节一项措施就可以最多减少 3% 的 CO_2 排放，从而可以节省燃油。对客户来说，这将不会在车辆功率

图 1-12

利用方面产生任何影响。智能化发电机调节的核心原理是扩展车辆蓄电池的充电策略。蓄电池不再完全充满，而是根据不同的环境条件（车外温度、蓄电池老化等）充电到规定程度。与传统充电策略不同，现在仅在车辆滑行阶段进行充电过程。此时发电机在外部激励最大的状态下工作，并将所产生的电能储存在车辆蓄电池内。车辆加速阶段发电机不承受外部激励作用，因此不会为产生电能而消耗能量和燃油。

（4）发动机节能启 / 停功能

发动机节能启 / 停功能（MSA）是为了满足宝马所签署的 ACEA 自愿协议要求（在 2008 年前减少 CO_2 排放量）而采取的一项措施。该功能通过在车辆静止期间自动关闭发动机来降低耗油量。符合相应的接通条件时，发动机也会重新自动启动。已经在采用手动变速器和四缸发动机的 E8x、E9x 和 R5x 车型中使用了 MSA。MSA 是这些车辆的标准配置。MSA 功能集成在发动机管理系统（DME / DDE）内。执行 MSA 功能时利用总线系统提供的多种数据。此外，还需要一些新传感器来确保正确的执行系统功能。

2. 部分混合动力车辆

（1）概述

传统部分混合动力系统工作时的电压会超过 42V。目前该系统中的部分电压已经超过 160V。电机所提供的功率在 10~15kW 范围内。电机通常被安装在部分混合动力系统中，通过它可以将减速 / 制动时的部分动能转换为电能。混合动力系统中通常含有启 / 停功能，通过使用电机实现发动机关闭后的再次开启。部分混合动力系统中的电机可以在车辆起步和制动时为发动机提供支持。在一些部分混合系统中，当高电压蓄能器处于足够的充电状态且以约 50km/h 的速度匀速行驶时，可以停止为发动机提供燃油。此时仅使用电机驱动车辆，因此可以节省燃油。

（2）宝马部分混合动力

宝马概念车 7 系 Active Hybrid 如图 1-13 所示。

自 2009 年底开始量产使用混合动力的宝马 7 系 Active Hybrid，其混合动力系统的工作电压为 120V。部分混合动力的设计理念体现在通过电动驱动装置提高八缸汽油发动机动态行驶潜力的同时，通过城市交通中制动能量的回收利用减少最多 15 % 的燃油消耗和 CO_2 排放量。取消全混合动力较大和较重的混合动力及蓄电池组件后，为车辆重量和行李箱带来了好处。此外，还在宝马 Acitve Hybrid 7 中提供以下功能：

· 发动机节能启 / 停功能
· 制动能量回收功能
· 助力功能
· 车辆处于静止状态时的空气调节功能

但是不能电动驱动。

图 1-13

3. 全混合动力车辆

（1）概述

全混合动力系统的特点是可以在完全不启动发动机的情况下进行车辆起步和行驶。全混合动力系统中部分高电压蓄能器的电压超过 200V。通过该系统车辆可以在启动时使用纯电动驱动，并且在高速加速时同时使用发动机和电机所提供的扭矩。该过程也被称为"助力功能"。

（2）宝马全混合动力

宝马概念车 Active Hybrid X6 如图 1-14 所示。

作为宝马 Active Hybrid X6 的基础，使用了宝马

图 1-14

X6 xDrive50i 带有高精度直喷系统的双涡轮增压 V8 发动机，并将其与两个电机组合在一起。从静止状态起步时可以提供全部扭矩已经成为了电机的特殊优点。此外，它还是高效 V8 双涡轮增压发动机的理想补充。通过这两种驱动装置的组合，可以为宝马概念车 Active Hybrid X6 提供出色的加速和功率特性。此外，电机和发动机必须进行智能连接，通过这两种驱动装置不仅可以在城市交通中降低耗油量，而且还可以提供更高的车速。除了已经在部分混合动力宝马 Active Hybrid 7 中使用的功能外，宝马 Active Hybrid X6 还能以纯电动方式行驶。

（二）按动力总成布置划分

根据传动装置的布置方案可以将混合动力车辆分为 4 组：

· 串联式混合动力

· 并联式混合动力

· 功率分支式混合动力

· 插入式混合动力

1. 串联式混合动力

串联式混合动力传动装置的组件如图 1-15 所示。

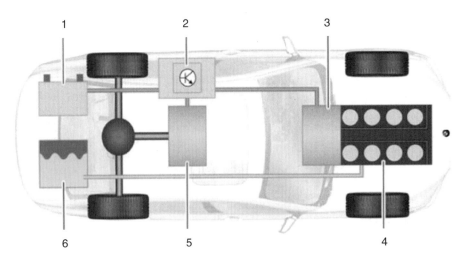

1.高电压蓄电池 2.供电电子装置 3.发电机 4.发动机 5.电机 6.燃油箱

图 1-15

使用串联式混合动力车辆驱动方案的混合动力车辆包括 1 个电机和 1 个发动机。其特点是仅由电机直接对驱动轮产生影响。因为所有组件须依次安装，所以这种结构被称为串联。由发动机驱动一个可以为电动行驶传动装置和电存储器提供能量的发电机。通过供电电子装置控制电能量流。根据蓄电池和充电策略、作用范围以及动力性确定发电机与电存储器的大小。由于附加发电机的结构非常复杂，因此取消了手动变速器，可以对串联混合动力中的组件进行非常灵活的布置。串联式混合动力车辆的最大缺点是需要进行两次能量转换，因此导致效率下降。必须按照最大驱动功率设计发动机和发电机。与并联式混合动力车辆相比，在发动机效率相同的情况下会产生更多的排放量并造成耗油量增大。纯电动传动装置在特定情况下同样也是一种串联传动装置。但是，发电机不是安装在车辆中而是车辆外部。车辆驻车期间通过供电系统为蓄电池充电，如图 1-16 所示。

2. 并联式混合动力

并联式混合动力传动装置的组件如图 1-17 所示。

与串联式混合动力不同，在并联式混合动力系统中发动机和电机都要与驱动轮进行机械连接。驱动车辆时不仅可以单独而且也可以同时使用两种动力传动系统。因为可以同时将作用力输送至传动系统，所以将该

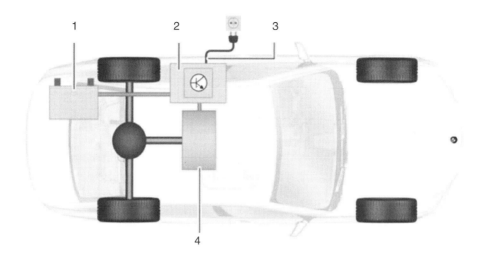

1.高电压蓄电池　2.供电电子装置　3.电源插头　4.电机

图1-16

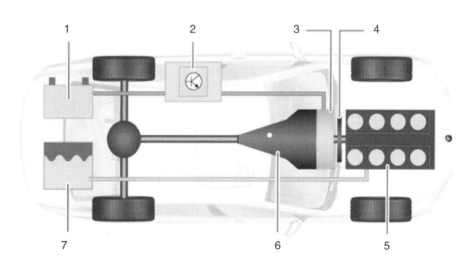

1.高电压蓄电池　2.供电电子装置　3.电机　4.离合器　5.发动机　6.变速器　7.燃油箱

图1-17

系统称为并联式混合动力系统。由于可以将两个发动机的功率进行叠加，所以这两个发动机可以采用更小和更轻的设计，这样可以在例如重量、耗油量和 CO_2 排放量方面更加节约。设计时可以通过其他方法获得最大的行驶动力性，当发动机功率相同时通过电机提高功率，同时甚至还可以降低耗油量。电机也可以作为发电机使用，因此可以将其统称为"电动机"。在滑行阶段或制动时电机会产生电能，通过供电电子装置的控制将其存储在高电压蓄电池内，同时还能降低耗油量。并联式混合动力车辆与部分混合动力相比成本更加低廉。

3. 功率分支式混合动力

功率分支式混合动力传动装置的组件如图1-18所示。

因为在这种混合动力传动装置中可以用串联和并联的方式传递作用力，所以该系统也被称为串并联或功率分支式混合动力系统。

针对不同行驶状态提供以下运行模式：

·由发动机驱动发电机（电机1），以便为高电压蓄电池充电

·由发动机驱动发电机（电机1），使用其所产生的电能驱动电机2（串联式混合动力）

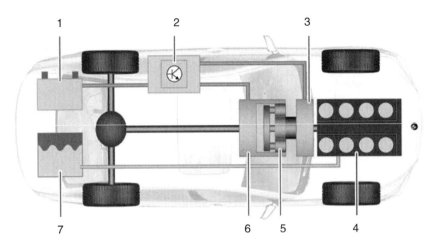

1.高电压蓄电池 2.供电电子装置 3.电机1 4.发动机 5.行星齿轮箱 6.电机2 7.燃油箱

图 1-18

·与电机一样，发动机以机械方式与驱动轴相连。由两个传动装置同时驱动车辆（并联式混合动力）

在这种组合式混合动力传动装置中只需使用一个离合器就可以完成两种运行模式的切换。使用功率链接混合动力传动装置的车辆可以在某一特定速度下以纯电动方式行驶。此外，通过两种传动装置良好的组合可以使发动机始终在其最佳运行范围内工作。功率分支式混合动力传动装置的缺点是传动控制复杂且成本较高。通常只有在全混合动力中才会使用功率分支式混合动力系统。

4.插入式混合动力

插入式混合动力装置的组件如图 1-19 所示。

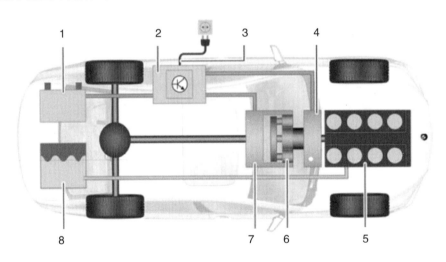

1.高电压蓄电池 2.供电电子装置 3.供源插头 4.电机1 5.发动机 6.行星齿轮箱 7.电机2 8.燃油箱

图 1-19

混合动力技术的一种扩展被称为插入式混合动力。使用插入式混合动力可以进一步降低耗油量，为电蓄能器充电时不再使用发动机，而是可以通过附加的供电系统为其进行充电。电蓄能器有足够电容时可以在短距离内实现无排放且安静的电动驱动，当行驶距离较长或电蓄能器没有电容时将再次启用发动机。为了能够存储更多来自供电系统的电能，在插入式混合动力系统中使用了尺寸较大的电蓄能器，以便可以增加电动驱动的比例。

（三）行驶状态

下面将对全混合动力的行驶状态进行介绍。通过该介绍也可确定其他混合动力车辆的行驶状态。

可以将各行驶状态分为 4 个阶段：

（1）加速

车辆处于静止状态时，电动驱动控制系统将使用高电压蓄电池的功率移动车辆。在该阶段内以纯电动方式移动车辆。

（2）行驶

在某一规定速度时电机将达到其功率和转速限值，此时将切换至由发动机驱动的传动装置。

（3）超车

为了能够提供较高的总功率，在超车或加速时由电机和发动机共同驱动。

（4）制动

制动时首先进行电动（能量回收）制动。如果制动不足，还会使用机械式制动器进行制动。

在电动制动时电机将作为发电机进行工作，部分制动能量将被转换为电能存储在高电压蓄电池内。

1. 启 / 停功能

当发动机处于运行温度停车时（例如红灯等待时），将关闭发动机。这样可以减少 CO_2 排放量并降低耗油量。车辆处于静止状态时高电压蓄电池还可以为空调系统、车辆照明装置等提供能量。当高电压蓄电池充电状态不足时将会启动发动机，以便通过电机为高电压蓄电池充电和为用电器使用提供足够的电能。当行驶的车辆靠近某一交通信号灯时，制动过程中发动机已准备好在车辆静止前（达到规定速度时）关闭。

2. 起步

起步时将使用电机在低转速范围内所提供的较高扭矩。从静止状态到起步仅由电机驱动车辆，而且使用由高电压蓄电池提供的能量。发动机处于关闭状态（处于运行温度时的发动机）。

3. 加速（助推功能）

在交通信号灯处、斜坡或超车操作进行高速加速时，如果高电压蓄电池处于足够的充电状态则可以为其提供额外能量并且通过电机将其作为驱动功率使用，此过程称为 Boost 功能。通过发动机和电机的功率组合可以实现与使用强劲发动机车辆一样的行驶动力性和高速加速度。

4. 行驶

行驶过程中根据车速和蓄电池充电状态确定发动机和电机的不同驱动比例。在低速至中速时发动机无法在最佳范围内工作。电机正好相反可以在较低转速时提供最大扭矩。当高电压蓄电池处于足够的充电状态时可以从高电压蓄电池获取车辆电动驱动所需的电能。只有当高电压蓄电池处于较低的充电状态时才会经常启动发动机，以便为高电压蓄电池充电。恒定高速行驶时发动机能够以最佳效率进行工作。而电机在该功率范围内则需要从高电压蓄电池获取过多的能量。因此需通过发动机获得大部分的驱动力。当高电压蓄电池处于较低的充电状态时发动机的部分功率还将通过电机用于蓄电池充电。

5. 制动

混合动力传动装置的主要优点是可以使用滑行或制动时释放出的动能。这也被称为能量回收利用或制动能量回收。通过可作为发电机使用的电机将车轮制动器上的无用能量转换为电能以替代热能转换，并将所产生的电能存储在高电压蓄电池内。

三、系统组件

（一）蓄能器

蓄能器的用途是可以将以后某一时刻需要使用的能量存储起来。通常将能量以另外一种能量形式进行存储，需要使用时再进行转换，以便能够将静态损失的缺点降至最低。例如存储在燃油箱内的化学能（燃油）

可以在发动机中转换为热能和机械能。在能量存储和能量转换的过程中始终会出现能量损失。蓄能器种类繁多（例如机械式、热敏式、化学式、磁场式和静电式）。下面会对化学式和静电式蓄能器进行详细介绍，因为在目前的混合动力车辆中经常将这两种蓄能器作为第二种能量来源使用。

1. 化学存储的物理基础知识

原电池基本上由电解液、电池壳体和电极构成，如图1-20所示。此外，在电极之间还有一个离子可以而电子不能透过的绝缘用隔板。在原电池内发生的化学反应导致一侧电极上的电子过剩而另一侧电极上则电子不足，这样就能够在两个电极之间产生电压。

因此电池放电时所存储的化学能可以通过化学反应转换为电能。提供能量的反应和放电虽然由两个空间隔开，但是组成了相互连接的部分反应（电极反应）。与另一个电极相比，氧化还原电压较低时发生相应部分反应的电极为负电极，另一个则为正电极。电池放电时，将会在负极处开始氧化过程以释放电子；同时，在正极处则会通过还原过程吸收相应数量的电子。电子流通过一个外部用电器电路

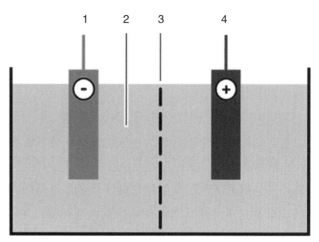

1.负极 2.电解液 3.隔板 4.正极

图1-20

由负极流至正极。在电池内部电极之间的电流通过离子进入可以传导离子的电解液内（离子流），从而使电极内/上的离子和电子能够相互连接。原电池的用途是作为直流电压电源使用。可以根据电极材质的组合为原电池命名，例如镍氢混合动力电池。电解液和电极材质会根据电池是否充电或放电而产生变化。制作电极所使用的材料种类决定了电池的额定电压。多个可作为能量来源使用的原电池互联起来被称为"蓄电池"。但是一个单独的原电池在普通术语中也被称为"蓄电池"。原电池可以将其所存储的化学能直接转换为电能。蓄电池分为可再次充电和不可再次充电两种。区别是可再次充电的蓄电池(充电型)其放电时的反应可以逆转，这样就能够始终对蓄电池进行充电和放电，因此化学能和电能可以进行反复转换。

如果所需电压比实际电池电压高，可以将电池进行串联。蓄电池的总电压与单个电池的电压之和相同。如图1-21中的总电压 $U_{ges} = U_1 + U_2 + U_3$。

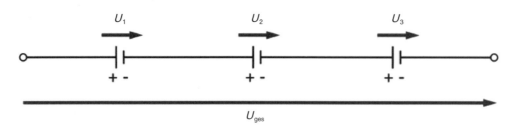

图1-21

通过原电池的并联可以提高蓄电池的电容量，如图1-22所示。蓄电池电压则保持不变。

电容量就是指蓄电池内所存储的电荷数量。以安时（缩写：Ah）形式表示蓄电池的电容量。根据放电条件决定蓄电池所能提供的电容量。放电电流增大时所能提供的电容量就会随之下降。蓄电池功率等于放电电流与放电电压的乘积，用瓦特（W）形式表示。通常不会对蓄电池所存储的能量大小进行说明，因为尺寸和容积往往是蓄电池系统最为重要的参数。蓄电池的能量密度和功率密度如图1-23所示。

单位质量的物质中所分布的能量大小称为能量密度，用Wh/kg形式表示。在混合动力车辆中所用蓄能器

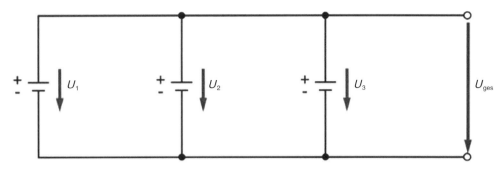

图 1-22

的能量密度决定了其可达里程。单位质量的物质中所包含的电功率称为蓄电池的功率密度，用 W/kg 形式表示。在图 1-23 中显示了一些蓄能器的功率密度和能量密度。例如，双层电容器的功率密度非常高，但是与其他蓄能器相比其能量密度较低。也就是说，它只能在短时间内提供较高的功率。将镍镉蓄电池和镍氢混合动力蓄电池进行相互比较可以看到，两种蓄电池的功率密度几乎相同，但是镍氢混合动力蓄电池的能量密度几乎是镍镉蓄电池的两倍。也就是说，当镍氢混合动力蓄电池与镍镉蓄电池的存储能量相同时，其重量仅相当于镍镉蓄电池的一半。或者从可达里程的角度来比较：蓄电池体积相同时，使用镍氢混合动力蓄电池车辆的可达里程是使用镍镉蓄电池车辆的两倍。

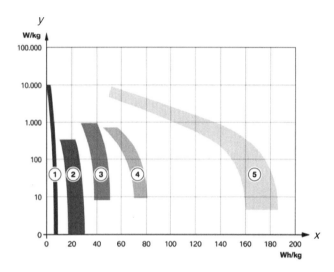

1.双层电容器 2.铅酸蓄电池 3.镍镉蓄电池 4.镍氢混合动力蓄电池 5.锂离子蓄电池 x.能量密度，单位 Wh/kg y.功率密度，单位 W/kg

图 1-23

比较汽油和 12V 蓄电池能量密度，如图 1-24 所示。

矿物燃料的能量密度都非常高，例如汽油或柴油的能量密度可达 11.8 kWh/kg，而 12V 铅酸蓄电池的能量密度仅为 30Wh/kg。也就是说，汽油的能量密度几乎是铅酸蓄电池的 400 倍。例如，体积仅为 0.03L 的汽油中就包含了与一个体积约为 12L 的 12V 蓄电池相同的能量。市场上蓄电池的规格繁多。

图 1-24

2. 蓄电池类型

（1）铅酸蓄电池

铅酸蓄电池是一种较早的蓄电池系统（始于 1850 年），目前仍然有数以百万的车辆使用这种蓄电池提供电能。铅酸蓄电池在车辆中被作为启动发动机的启动电池使用。此外，也可以在发动机处于静止状态时的有限时间内为用电器提供电流。

铅酸蓄电池的结构如图 1-25 所示。

铅酸蓄电池中的化学反应如图 1-26 所示。

在充电状态下，铅酸蓄电池的正极被氧化为二氧化铅（PbO_2），而负极则被还原为绒状铅（Pb）。使用经过稀释的硫酸（H_2SO_4）作为电解液。蓄电池放电时，将会在两个电极处生成硫酸铅（$PbSO_4$）。可以通过

13

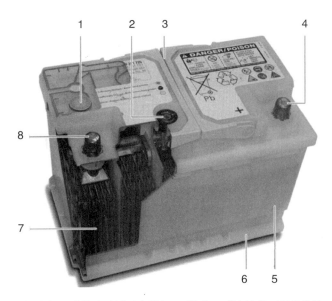

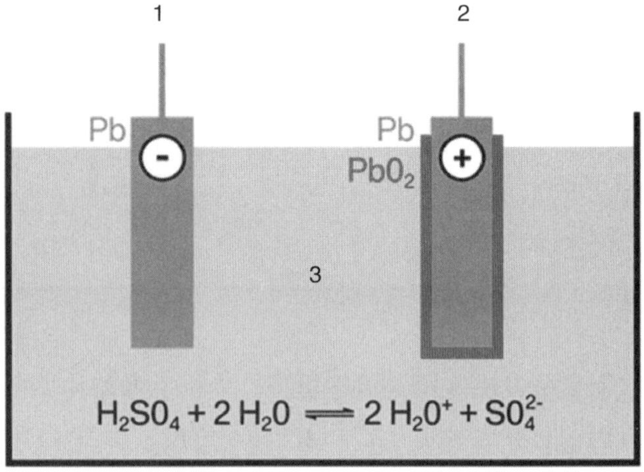

1.负极（负极接线柱） 2.正极（正极接线柱） 3.硫酸

图 1-26

1.密封塞 2.液体比重计（电眼） 3.提手 4.蓄电池的正极接线柱
5.蓄电池壳体 6.用于固定蓄电池的底部滑轨 7.由正极板组和负极
板组构成的极板组 8.蓄电池的负极接线柱

图 1-25

以下化学方程式对放电时的整个反应进行描述：

$$Pb + PbO_2 + 2H_2SO_4 \rightarrow PbSO_4 + 2H_2O_2 + 电能$$

电解槽主要由正负极、隔板和组装所需部件构成。每个电解槽都输出 2V 电压。6 个电解槽串联在一起可以提供 12V 的蓄电池电压。铅酸蓄电池的能量密度约为 30Wh/kg。

（2）镍镉蓄电池

镍镉蓄电池（NiCd）经过 100 年的发展直至今日仍然还在使用。它与铅酸蓄电池的主要区别是在充电和放电期间电解液保持不变。已充电情况下，镍镉电池槽的正极板为镉，负极板则为氢氧化镍。使用氢氧化钾作为电解液。这种组合方式可提供 1.2V 的电压。其能量密度与铅酸蓄电池基本相同。通过使用新型蓄电池系统替代 NiCd 蓄电池的主要原因是其使用了会污染环境的重金属镉和所谓的记忆效应。对镍镉蓄电池进行经常性的部分放电时会出现容量损失，这种情况被称为记忆效应。蓄电池似乎会对以前放电过程时的能量需求产生"记忆"。此时蓄电池仅能提供较小的能量而不是原来正常的能量且电压也会随之下降。

（3）镍氢混合动力蓄电池

Active Hybrid X6 中的镍氢混合动力蓄电池如图 1-27 所示。

镍氢混合动力蓄电池（NiMH 蓄电池）通常被视为 NiCd 蓄电池的下一代产品。NiMH 电池槽可以提供 1.2V 的电压。NiMH 蓄电池的能量密度约为 80 Wh/kg，几乎是 NiCd 蓄电池能量密度的两倍。在 NiMH 蓄电池中几乎不会出现前面所说的记忆效应。这种蓄电池可以在短时间内以几乎恒定的电压释放存储的电能。NiMH 蓄电池对过度充放电、过热和电极错误的反应较为敏感。此外，对温度也比较敏感，当达到冰点附近的温度时会出现明显的容量损失。

图 1-27

阳极由能够可逆存储氢的金属合金制成，氢以晶格形式存储在该合金内，这样就形成了一个氢金属电池。由氢氧化镍制成的阴极位于含有 20% 的电解液中。放电时氢被氧化，同时在两个电极处产生 1.32V 的电压。为了在放电结束时防止替代氢而氧化金属，负电极的尺寸比正电极大很多。

（4）锂离子蓄电池

对使用锂金属阳极和非水电解质溶液锂离子蓄电池的研究始于 20 世纪 60 年代，首先在航天和军事领域内使用了不可再次充电的锂电池。由于其自放电较小，所以时至今日还被用于心脏起搏器、手表和照相机。随着并非完全由金属锂构成的锂离子电池槽的面市，可充电锂电池真正实现了商业化。当

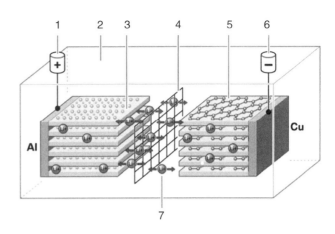

1.正极　2.带有电解液的壳体　3.锂金属氧化物　4.隔板　5.石墨层　6.负极　7.锂离子

图 1-28

今能量需求较高的便携设备（移动电话、数码相机、笔记本电脑等）基本都采用了锂离子电池为其提供能量。因为其能量密度较高，所以对电动和混合动力车辆领域尤为有益。此外，它在放电时可提供恒定的电压且没有记忆效应。锂离子电池槽的结构如图 1-28 所示。

常见锂离子电池的正极由多层锂金属氧化物制成（例如 $LiCoO_2$ 或 $LiNiO_2$），负极则由多层石墨制成。两个电极都位于无水电解液中，隔板安装在两个电极之间。通过推移锂离子在锂离子电池上可以产生一个源电压。在电池充电过程中带有正电荷的锂离子通过电解液由正极移动至负极的石墨层。锂离子与石墨（碳）进行化合，同时不破坏石墨的分子结构。放电时锂离子重新返回至金属氧化物中，电子可以通过外部电路流至正极。锂离子和石墨层反应后在负极上可以产生一个保护层，该保护层可以让较小的锂离子通过，而电解液中的分子则无法通过。锂离子蓄电池的自放电较小且因为锂离子的移动力较高，所以其效率可达 96%。该效率的大小取决于温度，在低温下将会大幅下降。一个普通锂离子电池槽可以提供的额定电压为 3.6V。锂离子电池槽的电压是镍氢混合动力蓄电池的 3 倍。过度放电至 2.4V 会导致电池出现不可逆损坏和容量损失，因此不允许过度放电。相应的功率密度为 300~1500W/kg。能量密度几乎是镍镉蓄电池的 2 倍，为 95~190Wh/kg。应避免锂离子蓄电池 40% 容量以下的放电，因为在电极中的不可逆化学反应会造成较大的容量损失。此外，电池槽电压越高蓄电池老化也就越快，因此还要避免对锂离子蓄电池进行 100% 的充电，最佳充电范围应在 50%~80% 之间。使用锂离子蓄电池时应注意它的一些特点。蓄电池的机械损伤可能会导致电池槽短路，高强度电流会导致壳体熔化和起火。锂离子蓄电池的外壳虽然是密封的，但请不要将它放入水中。因为锂离子电池槽将会和水发生剧烈反应，特别是在充满电情况下。因此不能用水而应该用例如沙土扑灭燃烧的电池。因受加工条件限制，锂离子电池槽的参数各不相同，例如容量，而蓄电池是由多个电池槽共同组成的，所以必须对电池槽进行单独监控。这便是蓄电池管理系统的任务。必要时该系统可以保证各电池槽不会过度充电或过度放电，并保持各电池槽之间的电荷平衡。

3. 双层电容器

1856 年德国物理学家 Hermann von Helmholtz 发现了双层电容器的工作原理。他描述了双层电荷载体的结构，即从外部施加电压时电荷载体附在位于电解液中的两个电极上。根据不同的制造商，双层电容器又称为黄金电容、超级电容、Boost 电容。双层电容器是一种功率密度高达 10kW/kg 的电能静电蓄能器，但是与化学蓄能器相比其能量密度较小，约为 5Wh/kg。双层电容器的优点是效率较大（几乎可达 100%）、自放电小和使用寿命较长。此外，它不会出现记忆效应。因为双层电容器的能量密度较小，所以不适合作为独立的能

量蓄能器用于车辆驱动，但是与化学蓄能器组合使用时可以显著降低重量并延长化学蓄能器的使用寿命。双层电容器的结构如图 1-29 所示。

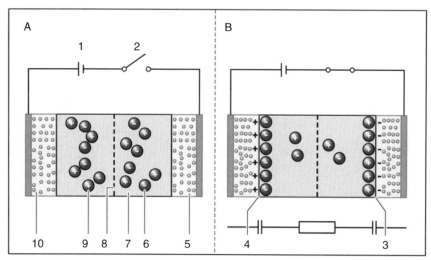

A.已放电的双层电容器 B.已充电的双层电容器 1.电压电源 2.开关 3.绝缘的电荷载体层 4.绝缘的电荷载体层
5.负极 6.负电荷载体 7.电解液 8.隔板 9.正电荷载体 10.正极

图 1-29

双层电容器由两个通过电解液湿润处理的电极制成。当在电极上施加电压时电解液中极性相反的离子会在电极处聚集，它们和不可移动的电荷载体共同构成了一个层厚度仅比分子略小的区域。此处没有真正的电介质，在电极和电解液边缘上形成的两个电荷载体层可以起到电介质的作用。这两个电荷载体层也被称为双电层，并根据它为双层电容器命名。带有电荷载体层的电极作为电介质的作用就像两个电容器，通过可以导电的电解液将其连接在一起。双层电容器中的电能只能进行静电存储，电容器的容量取决于绝缘层的厚度和电极面积。$C = \varepsilon_0 \cdot \varepsilon_r \cdot A/d$。$C$ 为平板电容器的容量；ε_0 为真空电容率；ε_r 为某电介质的相对介电常数；A 为电极的面积；d 为电极或绝缘电荷载体层的距离。

因为双层电容器的绝缘层很薄且电极面积较大，所以其功率密度很高。通过使用活性炭，实现了较大的电极面积。活性炭是一种内部表面积非常大的细粒状炭（300~3000m²/g）。例如 4g 活性炭的内部表面积相当于一个足球场的面积。绝缘层的厚度仅比纳米稍厚。双层电容器的容量为 1~50F 拉，电压性能约为 2.5V。与化学蓄能器一样，可以通过多个电容器的串并联增大容量和工作电压。

4. 蓄能器总结

通过以上说明可以看出，原电池是蓄能器系统的核心部件，所以相应的电池槽选择将会对蓄能器特性产生决定性影响。表 1-2 所示为常用电蓄能器的特性概览。

表 1-2

蓄能器	电池槽电压（V）	功率密度（W/kg）	能量密度（Wh/kg）	记忆效应	工作温度（℃）
铅酸蓄电池	2	最高为 500	30	—	最高为 45
镍镉蓄电池	1.2	最高为 1000	40	有	最高为 65
镍氢混合动力蓄电池	1.2	最高为 1000	80	较小	最高为 60
锂离子蓄电池	3.6	300~1500	95~190	无	最高为 50
双层电容器	2.3~2.7	最高为 10000	5	无	最高为 65

当电池槽的电压和 / 或容量不能满足需求时，可以将多个电池槽进行串联和并联，如图 1-30 所示。

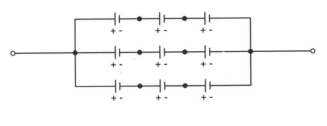

图 1-30

（二）电机

1. 重要概念和物理学定律

（1）磁铁

永久磁铁或永久磁体通常是由一种铁钴或铁镍合金制成的。制造时将其进行磁化并始终（持续）保持这种磁化状态。在小型电机中产生励磁磁场时使用永久磁铁，如图 1-31 所示。

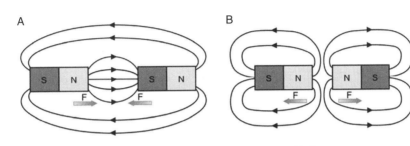

A.异性磁极相互吸引 B.同性磁极相互排斥

图 1-31

（2）电磁铁

电磁铁的磁场如图 1-32 所示。

有电流流过的线圈可以产生一个与棒状磁铁非常相似的磁场，因此可以作为电磁铁使用。与永久磁铁不同，其磁效应可以通过电流是否流过线圈来关闭和开启。带有电动激励装置的直流电机如串联或并联电机可以作为电磁铁在定子内产生磁场，也可以在继电器中的线圈上使用电磁铁。

（3）磁场

磁力线如图 1-33 所示。

可以利用永久磁铁或电磁铁产生一个磁场，通过由北磁极至南磁极的磁铁磁力线对磁场进行描述，磁场越强磁力线的密度也就越大。

（4）电磁感应定律

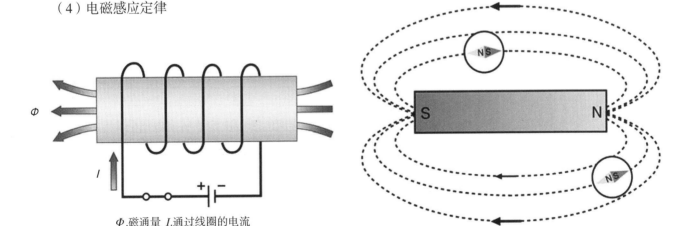

Φ.磁通量 I.通过线圈的电流

图 1-32

图 1-33

1831 年迈克尔·法拉第发现了电磁感应。这种电磁感应是电物理学的一种基础现象。在电磁感应定律中对磁场和电压之间的关系进行了说明，特别是对了解电机起到了重要作用。电磁感应定律指出，通过圈数为 N 的线圈和随时间变化的磁场中的磁通量 Φ 可以推导出电压 U。以下公式显示了其间的关系：$U = N \cdot \Phi/\mathrm{dt}$。

通过移动线圈也可以在不随时间变化的磁场中产生电压。电磁感应效应主要用于电动机，如发电机、电机和变压器。可以利用楞次定律确定电磁感应电压的方向：通过电磁感应产生的电流流动时，其磁场反作用于磁场变化。通过线圈可以改变电流强度，而由线圈本身产生的磁场也会发生变化，线圈内的自感应电压则会出现与电流强度变化相反的变化，这种情况通常被称为自感应。磁场变换越快越强，所产生的电压也就越高。

（5）洛伦兹力

电子上的洛伦兹力如图1-34所示。

洛伦兹力是磁场在一个移动电荷上施加的力。在导体内的电子上施加一个力 F ，此时整个导体就会向着某一方向移动。可以通过右手定则或根据三指定则确定力的方向。通过图1-34得到以下结果：起因 = 电流 →传递 = 磁场→结果 = 电子上的力。

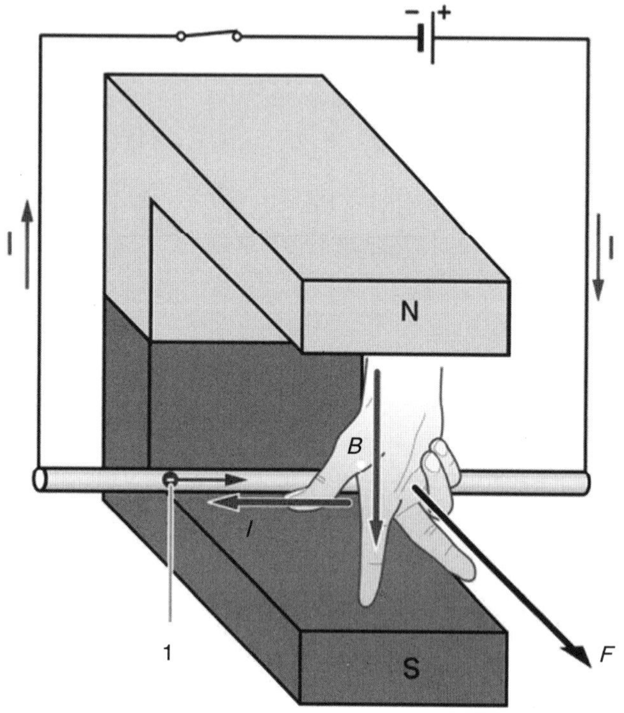

（6）变压器

变压器的结构如图1-35所示。

变压器由安装在一个共用铁芯上的两个线圈构成。在两个线圈之间没有导线连接，也就是说它们之

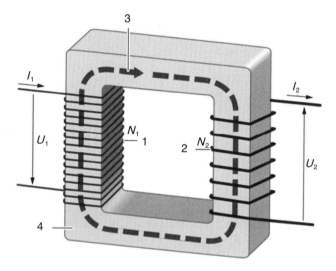

1.电子 B.磁通量 F.电子上的力
I.电流 N.北磁极 S.南磁极

图1-34

1.线圈圈数为N_1的初级线圈 2.线圈圈数为N_2的初级线圈
3.磁通量 4.铁芯

图1-35

间相互分离。在一个线圈上施加交流电压时，根据电磁感应定律也会在第二个线圈上产生一个交流电压，此时可以在第二个线圈的端部测量到一个电压。初级电压和两个线圈的圈数决定了感应电压的大小。

$U_1/U_2 = N_1/N_2$

当初级和次级线圈的线圈圈数相同时，次级电压 U_2 与初级电压 U_1 相同。次级线圈的线圈圈数是初级线圈的2倍时，次级电压也将会是初级电压的2倍。在次级线圈上连接用电器时，必须使用电路初级侧所提供的能量。理想变压器的初级侧所提供的能量应该与次级侧使用的能量相等。也就是说，理想的变压器不会产生能量损失。电压与电流 I_1 和 I_2 成反比，因此理想变压器初级和次级侧的功率应该相同。

$U_1 \cdot I_1 = U_2 \cdot I_2$

（7）系统组件

理想变压器在实际中不可能实现，因为始终会有能量损失。因此任何一种变压器所提供的电能总会比其接收的电能稍小一些。损失的电能一部分通过电阻使线圈变热，另一部分则转换成了所谓的涡流。为了将涡流降至最低，变压器使用了由很多薄铁片组成的铁芯。这些铁片使用漆层进行绝缘，从而使涡流无法流动。

（8）电动机概述

电动机是一种设备，通过这种设备可以将电能转换为机械能，也可以将机械能转换为电能。根据转换能量的不同，被称为电机（将电能转换为机械能）或发电机（将机械能转换为电能）。电动机使用了磁极同性相斥异性相吸的原理。通过电流产生至少一个磁场。电动机一方面可以根据电流进行分类，例如直流、交流或三相电机，另一方面也可根据工作原理分类，如同步或异步电机。

下面将详细介绍以下几种电动机：

·直流电机

·同步电机

·异步电机

2.直流电机

由于历史的发展，已经可以通过原电池提供直流电能，这样就诞生了第一台电动机械式能量转换器，即直流电机。首台直流电机制造于1830年。大约自1890年起，随着三相交流电的出现，同步电机逐渐取代了直流电机的主导地位。直到今天直流电机仍旧作为一种主流电机被广泛使用。在车辆电气系统中，车窗玻璃刮水器、车窗升降器、鼓风机和伺服电机大量使用了最大功率约为100W的直流电机。直流电机的工作原理如图1-36所示。

直流电机可以将（直流电流形式的）电能转化为动能。它由一个固定部件定子和一个转动支撑部件转子（电枢）组成。大多数直流电机采用内部转子结构，即转子是内部部件，定子是外部部件。定子由电磁铁组成，在小型直流电机内由永久磁铁构成，如图1-37所示。

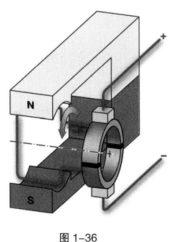

图1-36

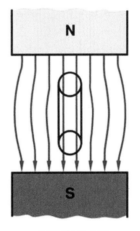 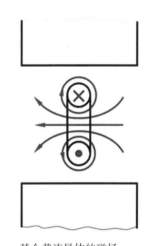

两磁极间的磁场　　　　　某个载流导体的磁场

图1-37

电机工作原理以作用力施加在磁场内的载流导体上为基础。载流导体的磁场和永久磁铁的磁场相互影响。如果永久磁铁牢固固定且导体以可转动方式支撑，则会在导体上施加一个作用力，通过作用力的影响转动载流导体。导体上的作用力取决于：

·导体内的电流强度

·磁场强度

·导体有效长度（线圈圈数）

载流导体的旋转如图1-38所示。

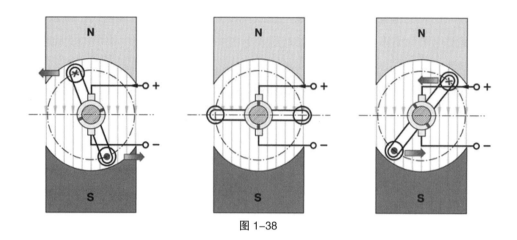

图1-38

为了提高作用力的影响，使用带有铁芯的线圈代替载流导体。在图1-38中仅显示了一个线圈，以便于更好地进行描述。在线圈上施加电压时，线圈内流动的电流产生一个磁场（线圈磁场）。永久磁铁两极间的磁场和线圈磁场形成一个总磁场。根据线圈内的电流方向产生一个左旋或右旋力矩。线圈继续转动，直至线圈磁场方向与永久磁体两极间磁场方向相同。随后线圈停留在所谓的磁极磁场中性区域内。为了能够继续转动，必须改变线圈内的电流方向。在此通过与线圈起始端和线圈末端连接的电流换向器（集电环）实现电流方向的切换。每旋转180°，集电环切换电流方向一次，从而实现连续转动。

共用铁芯上的多个线圈如图1-39所示。

在技术应用中通过一个分段集电环和滑动触点（碳刷）为电枢输送电流。集电环由金属段组成，金属段与细条状绝缘材料（塑料、空气）一起构成间断的圆柱或圆形面。用于输送电流的两个炭刷通过弹簧压紧在集电环上。转子每转动一次通过电枢绕组的电流方向就会改变一次，同时那些通过电流流动而产生力矩的导体进入定子磁场内。电机的转速取决于电压和转动方向。例如车窗玻璃刮水器和启动机就属于车辆中直流电机的典型使用情况。

启动机的结构如图1-40所示。

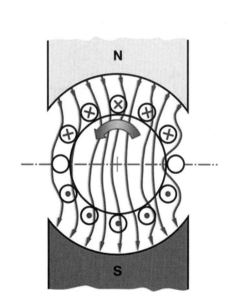

图1-39

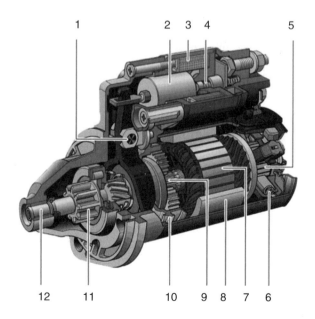

1.叉杆 2.继电器电枢 3.继电器线圈 4.继电器弹簧 5.集电环 6.炭刷 7.转子（电枢）
8.永久磁铁 9.行星齿轮箱 10.带有减震装置的烧结齿圈 11.小齿轮 12.传动机轴承

图1-40

20

直到现在，直流电机中的主磁场仍可通过永久磁铁产生。但是在直流电机中也可以通过电磁铁产生主磁场。励磁线圈电源不受电枢电路电源影响的电机被称为外部激励电机。这种电机的转速控制系统非常简单，因为可以分别对电枢电压和激励电压进行调节。

外部激励直流电机如图 1-41 所示。

当励磁线圈和电枢电路相互连接时被称为自激励电机。根据励磁线圈和电枢电路的连接方式可以分为串联式和并联式电机。

（1）串联式电机

串联式电机的电路图如图 1-42 所示。

串联式电机中的励磁线圈和电枢绕组以串联的形式连接。必须尽量降低励磁线圈的内阻。以交流电压为例，在每一个半波下励磁场和电枢电流的方向都会改变，因此电机也可以在交流电压下使用。为了避免出现涡流，定子的铁芯必须由一个叠板制成。串联式电机的转速主要取决于其负荷的大小（串联特性曲线）。因此仅允许串联式电机使用基本负荷，否则随着输出扭矩的下降其转速将会大幅升高。没有基本负荷可能导致转速的进一步升高，电机会因为过大的离心力而损坏。串联式电机的优点是启动扭矩较高，缺点是负荷扭矩主要取决于转速，转速升高时负荷扭矩则会降低。

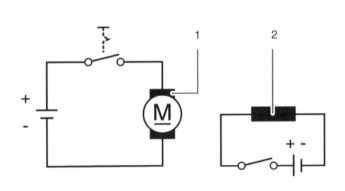

1.电枢绕组 2.励磁线圈

图 1-41

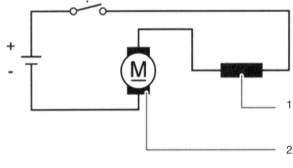

1.励磁线圈 2.电枢绕组

图 1-42

（2）并联式电机

并联式电机的电路图如图 1-43 所示。

并联式电机的主要优点是"转速恒定性"，即负荷出现变化时转速基本保持不变。但它也有一定的局限性，当其内部电枢电压发生变化时，场激励则会保持不变。场效应采用的设计可以在发动机处于静止时（电枢电压 =0）使激励装置长时间保持接通状态。

3. 三相电机

（1）概述

三相电机是一种电动机械式转换器，可以作为电机或发电机使用。作为电机使用时可以通过三相

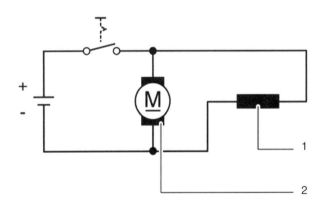

1.励磁线圈 2.电枢绕组

图 1-43

电流产生旋转电磁场，作为发电机使用时则可以产生三相电流。三相电流是一种带有 3 个相位的交流电流（电流的主要导体）。三相电流的名称源自其产生方式。3 个交流电压的曲线如图 1-44 所示。

从图 1-44 可以看出 3 个相位在时轴上都有对应的时间点，因此可以确定各个位置上的 3 个交流电压之和为零。

定子的结构如图 1-45 所示。

为了能够产生旋转磁场，需要 3 个针对其中心轴旋转 120° 的线圈。通常这 3 个线圈被安装在三相交流电机的定子上。通过这 3 个线圈提供相位差为 120° 的交流电压。线圈以星形电路或三角形电路连接，根据需要可以选择使用这两种电路。重要的是 3 个内部有电流流动的绕组相之间的相位差为 120°。旋转磁场可以使三相交流电机的结构更为简单。

绕组相的星形和三角形电路如图 1-46 所示。

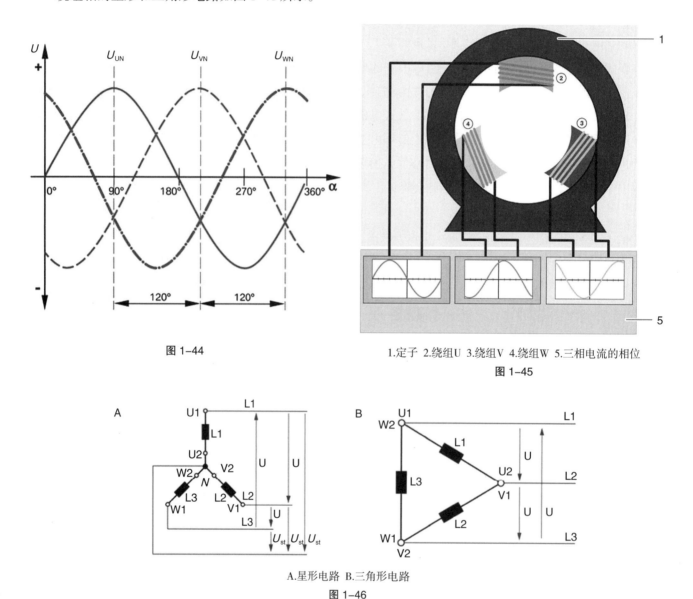

图 1-44

1.定子 2.绕组U 3.绕组V 4.绕组W 5.三相电流的相位

图 1-45

A.星形电路 B.三角形电路

图 1-46

在星形电路中，U2、V2 和 W2 支路在星形交叉点 N 处相互连接在一起。每个支路的起始点 U1、V1 和 W1 与星形电路的外部导体连接。在三角电路中，每个线圈的支路起始点都与另一个线圈的支路相连。原则上将所有线圈依次连接。外部导体 L1、L2 和 L3 从连接部位与用电器相连。通过线圈的相互连接在布线时 3 个相位 L1、L2 和 L3 仅需 3 根导线。第二种类型的三相交流电机与采用了三支路三相电流绕组定子基本相同的结构，只是定子结构稍有不同。可通过定子结构来区分同步和异步电机。

（2）同步电机

同步电机的结构如图 1-47 所示。

三相电流同步电机是一种电动机械式转换器，可作为由三相电流驱动的电机或产生三相电流的发电机使

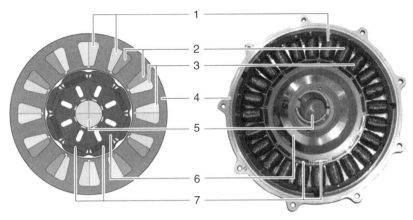

1.绕组W 2.绕组V 3.绕组U 4.带有旋转磁场绕组的定子 5.轴 6.带有永久磁铁的转子 7.永久磁铁

图 1-47

用。在发电站中同步电机主要作为可以产生电能的发电机使用。在车辆中同步电机也可作为发电机为电子用电器提供电能和为蓄电池充电。如今在中等功率范围内很少使用同步电机，但是这一现象即将改变，因为将会在混合动力车辆上大量使用同步电机。车辆上的发电机如图 1-48 所示。

通过永久磁铁（小型电机）或电磁铁（大型电机）在同步电机的转子中产生磁场。第二种情况需要安装滑动触点，相对较小的电流只有通过该触点才能流入。与直流电机不同，同步电机不需要集电环。

带有永久磁铁的同步电机的结构如图 1-49 所示。

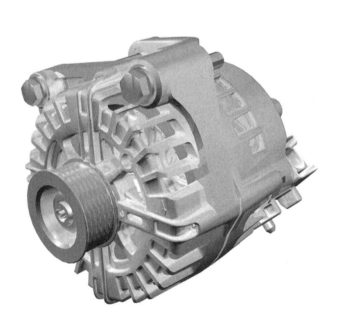

图 1-48

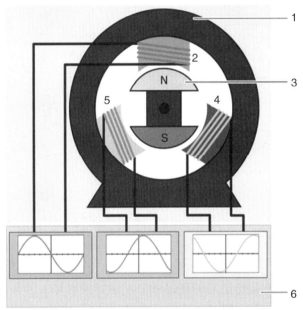

1.定子 2.绕组U 3.转子 4.绕组V 5.绕组W 6.三相电流的相位

图 1-49

同步电机通常采用内极电机的设计。此外还有另外一种型号的电机，这种电机的定子绕组安装在电机内部，而带有永久磁铁的转子则安装在电机外部。这种设计被称为带有外部转子的电机。

（3）同步电机的工作原理

如果在定子的绕组上施加一个三相电流，就会产生相应的旋转磁场。转子的磁极随着该旋转磁场的方向进行相应的转动,这样就可以使转子转动。转子转动的速度与旋转磁场的转速相同。该转速也被称为同步转速,同步电机也因此得名。通过三相电流的频率和极点数量精确地规定了同步电机的转速。为了能够对同步电机的转速进行无级调节，必须使用变频器。通过机械装置或利用变频器使同步电机在额定转速下运行并使其保持同步。永磁同步电机的工作范围如图1-50所示。

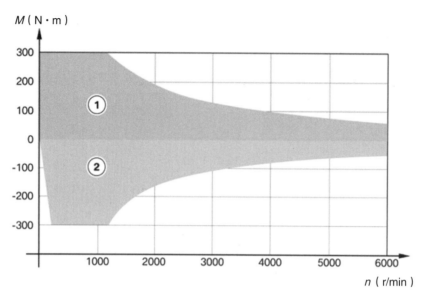

1.作为电机时的工作范围 2.作为发电机时的工作范围
图1-50

同步电机在混合动力车辆中已广泛使用。借助永久磁铁转子不必使用其他外部能量就可以产生磁场，因此这种电机具有非常高的功率密度和效率（>90%）。

①永磁同步电机的其他优点：

·惯量较小

·维修费用低廉

·转速不受负荷影响

②同步电机的缺点：

·磁铁材料的采购成本较高

·调节成本较高

·无法自动运行

（4）异步电机

三相电流异步电机可以作为电机或发电机使用。异步电机的特点是不为转子直接提供电流，而是通过与定子旋转磁场的磁场感应产生转子磁场。因为转子使用了定子旋转磁场产生的感应电流，所以通常异步电机也被称为感应式电机。转子通常采用带有后端短路导体棒的圆形罐笼。异步电机的结构如图1-51所示。

通过定子绕组的旋转磁场对定子导体回线内的磁流变化产生影响，这样就会和短路导体棒内的电流产生一个感应电压。该电流同样可以产生磁场。楞次定律指出，感应电流产生的磁场总是阻碍引起感应电流的原因。因此产生的扭矩可以使转子按照

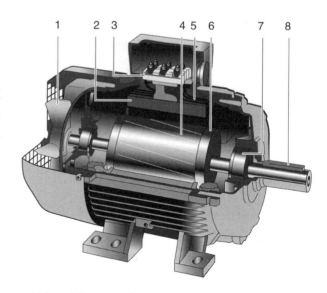

1.风扇 2.支架叠板 3.端子板（电源接口） 4.带有转子棒的转子叠板 5.支架绕组 6.短路环 7.滚柱轴承 8.轴
图1-51

24

定子旋转磁场的方向进行转动。定子和转子旋转磁场之间的相对速度是引起感应的原因。转子的转速不允许达到定子旋转磁场的转速，因为这样会使导体回线内的磁流变化为零，从而无法产生感应电压。定子旋转磁场转速和转子转速之间的差被称为异步转速，异步转速的大小取决于负荷。定子旋转磁场和转子以不同的转速旋转，也就是说没有同步转动，因此这种电机被称为异步电机。异步电机与直流电机相比其优点是结构简单且坚固耐用，这里的主要优点是不再需要集电环和电刷。由于结构简单，因此价格便宜且所需维护较少。异步电机通常被作为电机使用。从电气角度来看，异步电机就像一个变压器。定子绕组为初级，短路的导体棒为次级。自调节电流取决于转速。异步电机的替代电路图如图 1-52 所示。

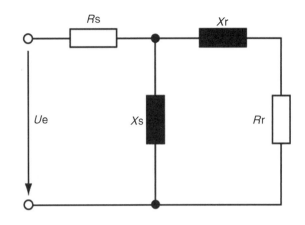

$Ue.$电源电压 $Rs.$定子绕组的欧姆电阻 $Xs.$定子绕组的感应电阻
$Xr.$转子的感应电阻 $Rr.$转子的欧姆电阻

图 1-52

怠速运行时异步电机的替代电路图主要由 Rs 和 Xs 构成，因此电机接收的几乎都是无功功率。只要转子没有转动，变压器的次级侧始终处于短路状态，因此需要提供一个较高的电流和一个较强的磁场。在该启动范围内电机的效率较差并且会产生很高的温度。只要电枢开始转动且已适应周围的旋转磁场，那么电流就会变小且效率也会得到提高。通过供电电子装置和可以提高或降低频率的变频器实现异步电机的转速控制。

①异步电机的优点：

· 使用寿命较长

· 因为可以简便地安装和拆除电刷，所以维护费用较低

· 制造成本相对较低

· 可以自动运行

· 短时间内可以承受较强的过载

· 设计坚固

②异步电机的缺点：

· 与永磁同步电机相比，在高扭矩利用率方面的效率较低

· 未使用带有启动控制的变频器时启动扭矩较小

（三）供电电子装置

供电电子装置是电工学范围内的一种装置，但也是一种可以进行连接、控制和电能转换的电子元件。供电电子装置的元件和电路由可控硅二极管和晶闸管构成。这种元件可以在非常高的电压和电流下进行连接（最高可达 4500V 和 1500A）。在较低功率范围内也可使用可控硅二极管和晶闸管。晶闸管是一种开关元件，可以通过控制电极和门上的控制电压对其接通时间进行调节。可以反方向同时接通且可以共同控制的带有两个晶闸管的部件被称为三端双向可控硅开关。可以进行电能转化的变压器和旋转设备都不能算作供电电子装置。供电电子装置主要是可以以电压的形式转化电能，电压和电流的大小与频率相同。

1. 供电电子装置的重要元件

（1）两端交流开关元件

两端交流开关元件是一种电子元件，如果在其两个接口处施加超过一定限制的电压时，它将具备传导交流电压的特性。该电压被称为击穿电压。两端交流开关元件也被称为"双向二极管"和"交流电流二极管"，因此也可称为 Diac。Diac 是英文 Diode for Alternating Current（交流电流二极管）的缩写。Diac 的电路符号如

图 1-53 所示。

因为不能给出极性，所以两个接口被称为正极 1 和正极 2。由于 Diac 采用了双向结构，所以可以接通交流电压。只要在接口（A1 和 A2）上施加的电压超过规定门电压，就可以将其击穿并使 P-N 段具备导电功能。只有流过 Diac 的电流超过规定值时电阻才会增大，此时无法继续传导电流。为了能够产生一个下降沿较为倾斜的触发脉冲，两端交流开关元件主要被用于三端双向可控硅开关元件制成的触发开关中。

（2）晶闸管

晶闸管的结构如图 1-54 所示。

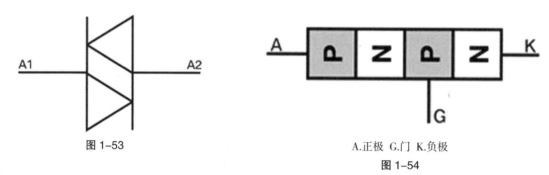

图 1-53

A.正极 G.门 K.负极

图 1-54

晶闸管是一种半导体结构的元件，由 4 层或多层半导体层可变掺杂物质制成。Thyristor（晶闸管）名称是由英文 Thyratron（闸流管）和 Resistor（电阻）组合而来。晶闸管的电路符号如图 1-55 所示。

晶闸管包括一个负极、一个正极和一个控制电极（门）。初始状态下可晶闸管双向都不导通。流通方向始终处于禁用状态，直至门上的电流脉冲接通。通过门上的一个正极电流脉冲使其进入导通状态。负荷电路内通过切断电压或转换电压极性使晶闸管进入阻隔状态，与普通二极管一样对阻隔方向的电流进行阻挡。在交流电流的电路中经常会使用晶闸管。例如，晶闸管调节器可以作为软起设备对笼式异步电机开始工作时的启动电流和扭矩进行监控。晶闸管整流器也可用于直流电机的转速控制。

（3）三端双向可控硅开关

三端双向可控硅开关是一种采用半导体层结构的电子部件，原则上由两个反方向连接的晶闸管组成。因此三端双向可控硅开关可以进行电流的双向导通。三端双向可控硅开关的电路符号如图 1-56 所示。

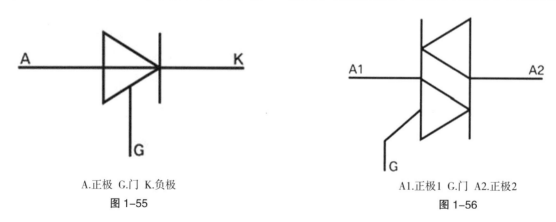

A.正极 G.门 K.负极

图 1-55

A1.正极1 G.门 A2.正极2

图 1-56

三端双向可控硅开关包括一个控制电极 G（英文"Gate"的缩写）和 A1、A2 两个正极。通过在控制电极上施加的控制电压三端双向可控硅开关可以进行双向导通，因此只需要一个控制接口就可以满足两个晶闸管的需要。三端双向可控硅开关安装了两个引爆装置，这样就可以使用正极和负极控制脉冲使其进入接通状态。三端双向可控硅开关并不适用于较大的电流，因此在供电电子装置范围内主要还是使用晶闸管。

2. 整流器概述

整流器和电流调节器如图 1-57 所示。

以电压形式或电压和电流大小进行电能转换的电路被称为整流器。根据其功能可以分为直流整流器、逆变器和变流器。通过整流器可以将交流电压转换为直流电压。相反，也可以将直流电压转换为交流电压。为此需要使用逆变器。通过直流电流调节器可以将直流电压转换成较高或较低的直流电压。直流电流调节器也被称为 DC/DC 转换器。使用交流电流调节器可以将交流电压转换为另一种较高（振幅）的交流电压。如需改变交流电压的频率，则必须使用变频器。在混合动力车辆中，供电电子装置需要在直流电压和交流电压之间进行双向转换。此外，借助供电电子装置可以对电机的工作点进行灵活调节。

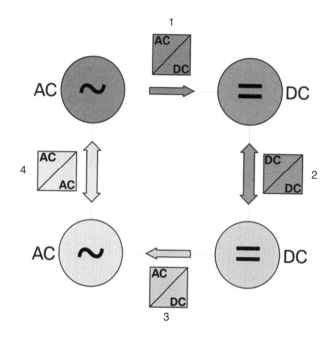

1.整流器 2.直流电流调节器 3.逆变器 4.交流电流调节器

图 1-57

3. 整流器

使用整流器可以将交流电压转换为直流电压。整流器由多个互联起来的二极管构成。二极管控制交流电压的各个半波进入一个共同的方向，这样就会产生间歇式的直流电压。为了获得纯直流电压，必须使用电容或扼流圈对经过整流器的电压进行平滑处理。可以通过无须控制的半导体二极管或利用可控晶闸管实现整流。可控整流器需要固定的控制电压，通过该电压在特定的时间打开和关闭电子开关以起到整流作用。可控整流器通过电子开关如晶闸管和金属氧化物半导体场效应晶体管实现其功能。不可控整流器在进行交流电整流时没有附加的控制电子装置。整流器的电路符号如图 1-58 所示。

（1）带有二极管的整流器电路

单通道整流器只能对交流电压的半波进行整流，而另外半波则无法通过。这种电路的缺点是波纹大效率低。为了能够使用这种经过整流的电压，必须进行平滑处理。波纹具有与输入电压相同的频率。单通道整流器如图 1-59 所示。

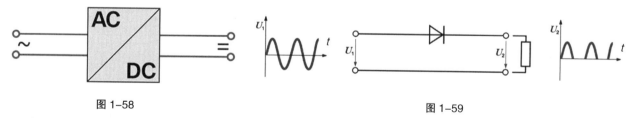

图 1-58

图 1-59

可以通过双通道整流器（包括桥式整流器和格列茨电路）来避免单通道整流器的缺点。电路由 4 个二极管构成。左侧施加的交流电压将被转换为一个（右侧所显示的）脉动直流电压。双通道整流器电路如图 1-60

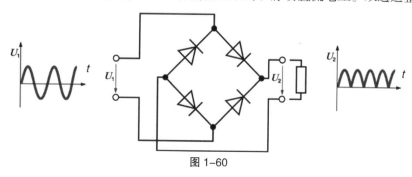

图 1-60

所示。

因为经过双通道整流，所以交流电压的负半波振幅在直流电路中的用电器上则呈现为正振幅。波纹的频率是输入电压频率的 2 倍，因此可降低用于电压平滑处理的费用，该电路的效率也得到了显著改善。

（2）用于三相电流的整流器

三相电流全波整流器如图 1-61 所示。

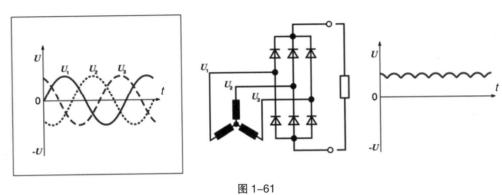

图 1-61

通过六线圈桥式电路也可以对三相电流进行整流。通过所采用的 6 个二极管可以充分使用三相导线上的所有半波。经过整流的直流电流仅具有较小的波纹。这种电路可以在例如车辆发电机电压的整流中使用。

（3）可控整流器

通过晶闸管接通时间点的推移对可控整流器进行功率调节，如图 1-62 所示。

可控整流器除了整流还可以进行功率调节，例如可在直流电机转速控制范围内使用。带有晶闸管的可控整流器可作为调节阀阻止电流进行双向流动，直至调节阀的控制电极上出现触发脉冲。在图 1-62 中以矩形表示晶闸管的触发脉冲。控制脉冲熄灭后产生电流。只有电流下降到某一限值时，晶闸管再次对其进行阻止，且必须在下一个半波振幅中对其进行重新触发。

4. 逆变器

可以将直流电压转换为交流电压的整流器被称为逆变器。逆变器采用的设计不仅可以用于单相交流电流，也可以用于三相交流电流（三相电流），其效率最高可以达到大约 98%。为了驱动用电器，需要使用交流电压，但是仅有一个直流电源可供使用，此时就需要使用逆变器。例如，在混合动力车辆中电能存储在高电压蓄电池内，为了进行电机驱动，就需要使用三相电流。其他应用情况还包括例如光电学设备。将直流电压电源的功率输送至交流或三相电流供电系统。逆变器的电路符号如图 1-63 所示。

5. 直流电流调节器

可以通过二极管电路将恒定的输入电压转换为其他数值电压的整流器被称为直流电流调节器，也称 DC/DC 转换器。特别是在电动动力总成技术中采用了直流电流调节器。基本类型包括降压变压器、

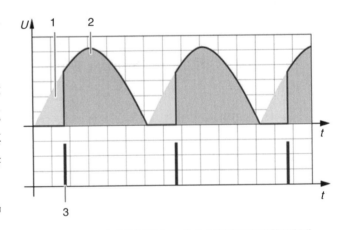

1.输入电压整流未使用部分 2.输入电压整流所需使用部分
3.用于晶闸管的触发脉冲

图 1-62

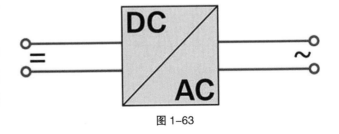

图 1-63

28

增压变压器和换流器。采用已广泛使用的功率 MOSFET 和晶闸管作为开关。因为无须对直流电压进行变压，所以 DC/DC 转换器可以像电子开关模式电源件一样首先将直流电压转换为交流电压，随后通过变压器将其转换为所需的较高电压，再在整流器内将该电压转换成直流电压并使用网状过滤器进行平滑处理。受工作原理所限，电流在直流电流调节器处只能单向流动。为了使高电压蓄电池的电压降至 12V，必须在部分和全混合动力车辆中使用 DC/DC 转换器。直流电流调节器的电路符号如图 1-64 所示。

为了能够使用辅助启动导线或充电器对高电压蓄电池充电，DC/DC 变流器须能够双向使用，即可以进行双方向的直流电压转换。

6. 交流电流调节器

利用交流电流调节器可以将一个交流电压转换为另一个其他数值的交流电压，也可以通过使用变压器实现交流电压的转换。但是变压器不属于供电电子装置的部件。也就是说，交流电流调节器可以起到类似变压器的作用，但它不是由带有铁芯的线圈制成，而是由供电电子装置的部件所构成的电路。交流电流调节器的电路符号如图 1-65 所示。

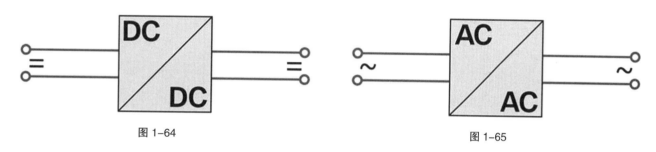

图 1-64   图 1-65

7. 变频器

变频器可以将带有恒定电压振幅和频率的交流或三相电源转换为另一个带有可变电压振幅和频率的电源，可以通过三相交流电机的无级转速调节对该电压/频率进行控制。变频器的基本结构如图 1-66 所示。

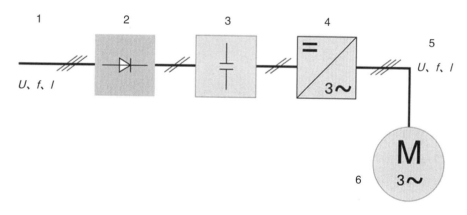

1.电源电压、电源频率、电源电流强度 2.整流器 3.电容量 4.逆变器 5.可变电压、可变频率、可变电流强度 6.三相交流电机

图 1-66

变频器可以将供电电源的恒定电压和频率转换为直流电压。通过该直流电压可为三相交流电机产生一个新的带有可变电压和频率的三相电源。电压和频率振幅转换时，通过供电部件中的快速换挡会产生能够通过电源或电磁场进行传输的电流。该电流可能会造成测量、控制和调节装置以及数据处理装置等出现故障，因此所有电子设备特别是变频器必须满足电磁兼容性（EMV）的相关规定。

8. 示例

（1）部分混合动力

下面以混合动力车辆中所使用的供电电子装置为例进行说明。部分混合动力的电动传动系如图1-67所示。

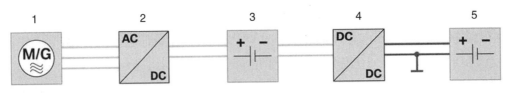

1.电机 2.AC/DC变流器 3.高电压蓄电池 4.DC/DC转换器 5.12V蓄电池

图 1-67

部分混合动力的传动系中至少包括一个功率为10~15 kW 的电机，这样就可以将制动过程中车辆所产生的大部分动能回收存入高电压蓄电池。通过AC/DC 变流器将发电机的三相电流转换为直流电压。AC/DC 变流器可以进行双向工作，也就是说借助 AC/DC 变流器可以将高电压蓄电池的直流电压转换成三相电流，以便驱动电机。因为在混合动力车辆中通过电机实现传统启动机和发电机的功能，所以必须通过 DC/DC 转换器为12V 车载网络供电。该 DC/DC 转换器同样可以进行双向工作，即可以借助 DC/DC 转换器通过 12V 车载网络对高电压蓄电池充电。

（2）全混合动力

全混合动力与部分混合动力的电气结构相似。区别在于，至少需要另一个电机。两个电机可以提供较高的功率（20~50 kW），以便能够以纯电动方式行驶，因此还需要两个 AC/DC 变流器。全混合动力的电动传动系统如图1-68所示。

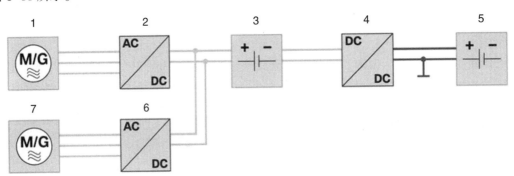

1.电机1 2.AC/DC变流器1 3.高电压蓄电池 4.DC/DC转换器 5.12V蓄电池 6.AC/DC变流器2 7.电机2

图 1-68

（3）插入式混合动力

在插入式混合动力中，借助 AC/DC 变流器将家用电源插座中的230V 交流电转换成可用于高电压蓄电池的直流电压，以便为蓄电池充电。与其他混合动力车辆的蓄电池相比，插入式混合动力的蓄电池能量密度明显偏大，只有这样插入式混合动力车辆以电动方式行驶时才能实现较大的可达里程。通常可以使用一个小排量发动机对插入式混合动力车辆的电动可达里程进行补充。高电压蓄电池的充电状态低于某一限值时，使用发动机驱动发电机。借助另一个 AC/DC 变流器将发电机的三相电流转换为直流电压，以便对高电压蓄电池进行再次充电。串联插入式混合动力的动力系如图1-69所示。

（四）电动机械式接触器

电动机械式接触器是一种用于较高断流容量的电气开关。接触器的工作原理与继电器相同，通过接触器接通的功率非常高，接通范围可从500W 直至上百千瓦。继电器的工作原理如图1-70 所示。

接触器与继电器的另一个区别是接触器始终采用常闭接点或常开接点的设计。回忆一下：继电器也可作为转换器使用。此外，可以简单地断开继电器的开关触点，而在接触器中则至少需要两次才能断开。接触器

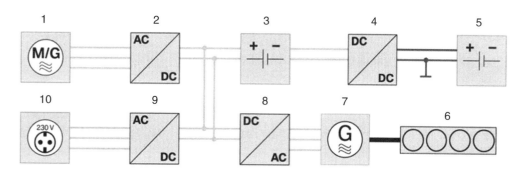

1.电机 2.AC/DC变流器1 3.高电压蓄电池 4.DC/DC转换器 5.12V蓄电池 6.发动机 7.发电机 8.AC/DC变流器2
9.AC/DC变流器3 10.外部电流接口

图1-69

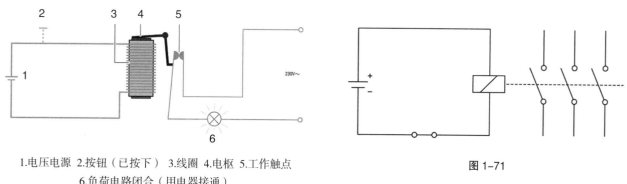

1.电压电源 2.按钮（已按下） 3.线圈 4.电枢 5.工作触点
6.负荷电路闭合（用电器接通）

图1-70

图1-71

的电路符号如图1-71所示。

接触器的操纵线圈可以按照交流或直流电压驱动方式进行设计。因为对实心开关触点的快速操作可以造成接触器出现机械震动和噪声。关闭接触器时操纵线圈作为感应式用电器会引起干扰电压峰值。为了对控制电子装置进行缓冲，需要一个保护电路。为此需要在交流电流电路中使用一个电阻电容器电路(RC组合电路）。在直流电流电路中则需要使用一个空程二极管。为了避免在开关触点上产生断路火花和表面烧伤，同样需要使用RC组合电路。

（五）行星齿轮箱

行星齿轮箱的基本构造和工作原理在动力传输/变速器的基础信息中进行了详细说明，如图1-72所示。

行星齿轮箱的基本特性是可以提供不同的传动比。通过使用不同的输入和输出轴以及一个用于固定的第三轴实现不同的传动比，例如：

（1）大传动比

太阳轮进行驱动，齿圈制动，行星齿轮在齿圈的内啮合齿上滚动。行星齿轮架与被驱动太阳轮的转动方向相同。因为被驱动太阳轮的转动速度明显快于行星齿轮架，所以转速比较大。

$$i = n_{输入}/n_{输出} = n_{太阳轮}/n_{行星齿轮架}$$

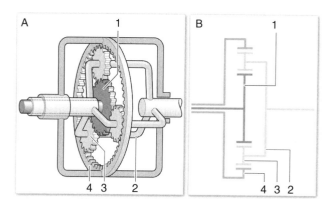

A.空间视图 B.结构视图 1.太阳轮
2.行星齿轮架 3.行星齿轮 4.齿圈

图1-72

（2）小传动比

齿圈进行驱动，太阳轮制动，行星齿轮在太阳轮的外啮合齿上滚动，行星齿轮架的旋转方向与被驱动的齿圈相同。因为输入和输出之间的转速比例较之前小，所以传动比较小。例如：

$$i = n_{输入}/n_{输出} = n_{齿圈}/n_{行星齿轮架}$$

（3）负传动比：

太阳轮进行驱动，行星齿轮架制动。行星齿轮使齿圈的旋转方向与动力输入方向相反。此时产生方向相反的大传动比。

$$i = n_{输入}/n_{输出} = n_{太阳轮}/n_{齿圈}$$

例如在自动变速器中就使用了行星齿轮箱的不同传动比，使用了多个相互连接的行星齿轮箱。同时使用固定连接，例如在第一个行星齿轮箱的行星齿轮架和另一个行星齿轮组的太阳轮之间。不仅在行星齿轮组之间，而且在行星齿轮组与壳体之间同样使用了开关连接。在安装了传统自动变速器的部分混合动力车辆中同样使用了这种行星齿轮箱。在混合动力车辆中还使用了行星齿轮箱的其他一些特性：三根轴上扭矩和功率的分配。能够进行所谓功率分流的行星齿轮箱也被称为功率分流式混合动力驱动装置。通过对电动机转速和扭矩的任意控制以及将电动机同时作为发电机和电机使用，在技术上实现了混合动力车辆的功率分流功能。毫无疑问，对发动机转速和扭曲进行电子控制是实现混合动力车辆功率分流功能的前提条件。

太阳轮上带有发动机的行星齿轮箱、齿圈上的电动机和输入轴上的行星齿轮架，如图1-73所示。在图中显示了功率分流功能的原理。为了使其浅显易懂，忽略了例如摩擦等一些因素。

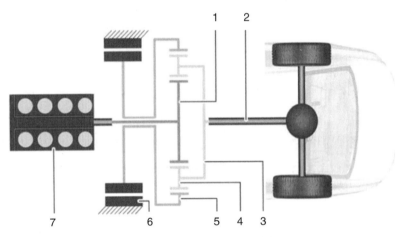

1.太阳轮　2.输出轴　3.行星齿轮架　4.行星齿轮　5.齿圈　6.电动机　7.发动机

图1-73

下面，将详细介绍这两种驱动装置的不同运行状态以及对输出轴所产生的影响。

①发动机转动时所产生的驱动力矩通过太阳轮传输至行星齿轮箱。

通过电子控制方式使电动机保持静止状态，此时齿圈转速为零。这种状态与使用开关连接固定外壳的变速器类似。根据太阳轮和行星齿轮架之间的传动比将独立的发动机驱动力矩传送至输出轴。输出轴上的输出功率与发动机的驱动功率大小相同，因为带有电动机的路径既不吸收功率也不提供功率。

②发动机再次通过太阳轮将驱动力矩传输至行星齿轮箱。

此时启动作为电机的电动机。这意味着根据传动比将由发动机和电动机提供的扭矩叠加至输出轴。但是转速也要根据相应的传动比进行工作。对发动机和电动机进行控制时必须注意转速，以便对输出轴上所需总扭矩和所需转速进行调节。也就是说，相反可以通过电动机上的转速变化更改发动机至输出轴的传动比。因为可以对电动机的转速进行持续控制，这样就能够持续改变传动比。在混合动力车辆中，这种作用有助于发动机始终在最佳工作效率范围内工作。

③当电动机不是作为电机而是作为发电机工作时，也可以使用行星齿轮箱的功率分流功能。

电动机像"机械式用电器"一样工作并吸收扭矩。从发动机的扭矩中扣除该扭矩（根据传动比）。这将导致施加在输出轴上的扭矩出现相应的下降。也可以通过控制电动机转速和扭矩使发动机在效率较高的工作范围内运行（例如高负荷时在中等转速范围内工作）。电动机所吸收的机械能不会流失，而是被转换成电能。在混合动力车辆中，由供电电子装置负责将这些电能存储在高电压蓄电池内。

四、安全工作

（一）基本物理学作用

1. 高电压

（1）电场

每个带电物体周围都带有电场，绝缘体带静电时就会产生这种作用。电场产生的原因是带电物体与其周围的其他物体之间存在电位差。电位差也称为"电压"。带电物体的电场如图1-74所示。

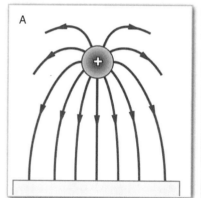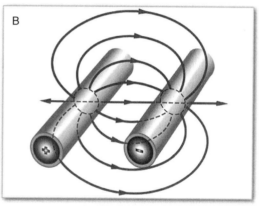

A.带正电球体的电场　B.导体之间的电场

图 1-74

带电压的导体也会在其周围产生电场。混合动力车辆中使用的电压范围为几百伏。但是电压产生的电场没有直接危险，带静电物体的电场可能比其大得多。例如，手接近带高电压的导线时，无须考虑会产生火花。

（2）电压是产生电流的原因

电压不仅能在物体周围产生电场，而且能够在电路中产生电流。电压（U）越大，在电阻不变的情况下电流（I）也越大。在混合动力车辆的高电压车载网络中，所使用的电压比常用的12V车载网络高许多倍。简单电路如图1-75所示。

例如：$R=1\text{k}\Omega$，电压和电流关系如表1-3所示。

设计时针对高电压考虑了高电压车载网络中的技术元件，以适合所要求的电流强度。但是人体的电阻与所施加的电压无关，因此人体与高电压车载

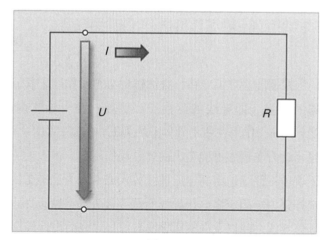

图 1-75

表 1-3

电压（U）	电流强度（I）
12V	12mA
120V	120mA
360V	360mA

网络的导电部件接触（与12V车载网络相比）时，流过人体的电流明显较高。

2. 高电流

有电流流过时导体周围产生磁场。导体内的电流强度越大，磁场强度越大。如果有电流流过的导体位于磁场中，那么导体内部移动的电荷载体上会产生洛伦兹力。如果在磁场内移动带电导体，则导体内会产生感应电压。

如果两个有电流流过的导体并排靠近，则在此还能观察到这两种作用：

·力的作用

·电磁感应

（1）力的作用

两个有电流流过的导体的磁场彼此重叠。在高电压车载网络中至高电压蓄电池的导线（正极和负极导线）平行布置。在这些导线中电流向相反方向移动。两个导线的磁场彼此重叠，因此导线之间的磁力线密度较大，在此磁场也较强。围绕有电流流过导体的磁场如图1-76所示。

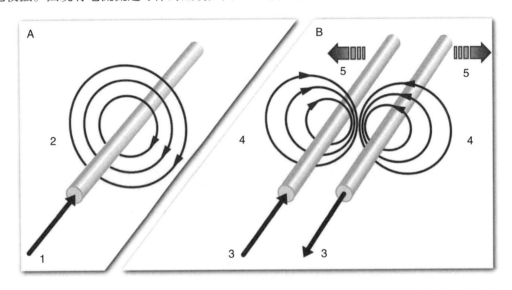

A.有电流流过的单个导体　B.两个平行布置的有电流流过的导体　1.电流向一个方向流动　2.电流流过引起的磁场　3.方向相反的两个电流　4.两个电流流过引起的磁场　5.磁场作用在两个导体上的力

图1-76

根据能量守恒定律，叠加作用必须反作用于其原因（即电流）。因此两个导线上作用力的方向抵消了磁场的加强，即导线彼此推开。例如：两个导体内的电流强度 I= 200A，导体间的距离 r=2cm，导体长度 l =1m，作用在两个导体上的力 F= 0.4N。对比：一块巧克力（m= 102g）的重力约为 1.0N。所选数值在全混合动力车辆中可能会出现。磁场作用在导体上的力相对较小。尽管如此，安装高电压导线时仍必须注意以下事项：仔细地将高电压导线放入或卡入为此准备的固定夹内，使用现有的高电压导线拉力卸载装置，用规定拧紧力矩固定高电压导线的螺纹接头，将锁止件牢固地安装在高电压导线的插接连接件上。必须遵守各高电压导线之间以及高电压导线与信号导线的设计规定距离。行驶模式下不仅出现直流电，而且还有（重叠的）交流电，因此导线上的作用力也不是恒定的，而是根据电流方向而改变力的方向。固定或连接还必须防止因作用力变化产生的震动而造成高电压导线松动。如果维修时不注意这些说明，则可能出现震动噪声。此外，还可能造成电气接头松动和接触电阻过高。

（2）电磁感应

如果某一导体内电流强度发生变化，那么导体周围的磁场也会随之改变。导体本身产生感应电压，该电压对缠绕的导体（线圈）尤为重要。如果其他导电物体位于该导体的磁场内，则这些导体内同样会产生感应电压，最终导致导体内产生电流。电流变化越大，变化速度越快，则感应电压越高。因为混合动力车辆的高电压车载网络内不仅使用高电流强度，而且使用高开关频率，所以感应具有重要意义。在此不会因此给售后服务人员带来危险。但是，在高电压导线附近安装信号导线时，必须考虑确保电磁兼容性（EMV）的边界条件。

3. 高频率

在高电压车载网络内使用变频器和DC/DC转换器。这些功率电子电路以高开关频率工作，因此高电压导线的电压和电流曲线不是恒定的，而是具有最高几百赫兹的频率。由此产生的电磁场导致相邻导线内可能出现干扰电压和干扰电流。这些影响自电子电路引入以来为大家所熟知。在电路图中可以通过导线内或导线之间的电感和电容看出这些影响。导线的电感和电容如图1-77所示。

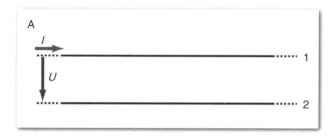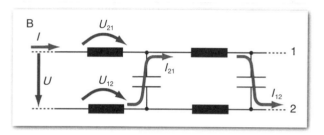

1.导线1　2.导线2　A.两个平行布置的导线　B.两个平行导线的等效电路图　I_{12}.导线2中通过电容耦合产生的干扰电流，由导线1中的电压引起　I_{21}.导线1中通过电容耦合产生的干扰电流，由导线2中的电压引起　U_{12}.导线2中通过电感耦合产生的干扰电流，由导线1中的电压引起　U_{21}.导线1中通过电感耦合产生的干扰电流，由导线2中的电压引起

图 1-77

为了确保信号导线上的干扰尽可能小，在此采取了相应措施，例如使用屏蔽导线、双绞导线或导线之间的距离尽可能大。混合动力车辆的新特点是可能产生这类干扰电压和干扰电流，尤其是在高电压导线周围。为保证电磁兼容性，高电压导线都带有屏蔽层，如图1-78所示。

不得因未按规定维修或非正规解决方案而影响车内采取的所有电磁兼容性措施，否则肯定会造成车内复杂的电子系统出现功能故障。混合动力车辆中会涉及安装高电压导线等高电压组件，但是也涉及供电电子装置，因此不允许非正规维修绝缘或壳体部件的损坏，否则不仅可能危及车辆用户和售后

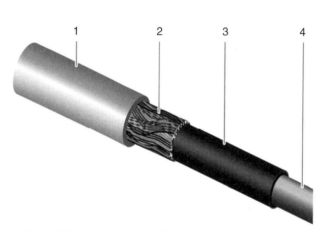

1.橙色外部保护套　2.作为屏蔽层的钢丝网　3.导体绝缘层　4.导体

图 1-78

服务人员，而且可能因干扰电压和干扰电流而影响系统功能。

（二）电流引起的危险

1. 电流流过人体

（1）影响因素

人体细胞在有限范围内具有导电性，细胞内液体比例较高是导电的主要原因。如果接触带电部件，则电流可能流过人体。在此，电流以最短路径流过身体，取决于在体内所经过的路径可能会遇到不同器官，以图1-79为例包括呼吸器官和心脏。

也可以针对人体内电流经过的不同路径给出电阻值。人体欧姆电阻的大小取决于以下影响因素：

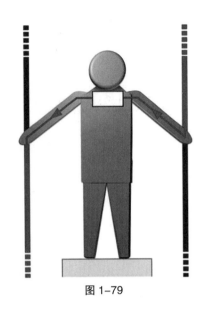

图 1-79

· 衣服
· 皮肤湿度
· 人体内路径的长度和类型

有电流流过的身体部位处衣服越厚、越干，电阻值越大。如果皮肤上有水或雪，那么身体电阻就会下降。

如果身体内电流经过的路径较短，那么电阻比电流流过较长路径时小。表 1-4 为人体电阻的近似值，这些数值可能受所述影响因素影响。

电流强度仅取决于施加在身体上的电压和欧姆电阻：$I = U/R$。例如，关系如表 1-5 所示。

（2）人体内电流的作用

电流的作用不仅在技术方面使用（加热、发光、化学和磁性作用），电流还影响生物体和人体，人们将其称为生理作用。其原因是，电过程控制许多机能，肌肉运动和心跳都通过电脉冲控制。感觉器官的信息也以电信号形式通过神经组织传输到大脑，大脑也利用电信号工作。人体内的这些信号具有很低的电压（mV）和电流强度（μA）。如果外部电源产生的电流流过人体，那么这个信号会叠加在自然电信号上。因此可能严重

表 1-4

身体内电流的路径	欧姆电阻（大概数值）
从一只手到另一只手	约 1000Ω
从一只手到双脚	约 750Ω
从双手到双脚	约 500Ω
从双手到躯干	约 250Ω

表 1-5

情况	施加的电压 U	人体电阻 R	人体内的电流强度 I
分别用一只手接触 12V 蓄电池的一个电极	12V	1000Ω	12mA
分别用一只手接触高电压 420V 蓄电池的一个电极	420V	1000Ω	420mA
用一只手接触墙壁插座的 230V 外部导体且双脚站在地面上	230V	750Ω	307mA

干扰自然电信号控制过程，至少可以感觉到电击和抽搐。电流强度较大时无法再控制肌肉运动，这可能导致无法松开带电部件。如果超过所谓的松开限值，就会形成危险的循环：电流流过人体的时间越长，其作用的危害性越大。电流对人的作用取决于作用持续时间和电流强度，如图 1-80 所示。

肌肉运动最危险的干扰是呼吸系统肌肉组织和心肌，因此可能导致呼吸运动停止。取决于电流强度、电流持续时间和频率（交流电）可能导致心室颤动。心室颤动是指心肌小幅高频运动，但是这种运动使血液循环无法维持。呼吸停止和心室颤动时整个身体的供血和供养中断，这会带来严重的生命危险！在这种情况下必须立即采取急救措施，以便挽救受害人的健康和生命。电流的加热作用还可能对人体造成伤害。

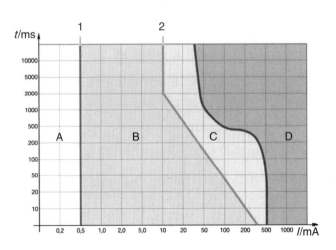

1.感觉限值　2.松开限值　A.作用无感觉　B.作用有感觉，直至肌肉收缩　C.肌肉收缩，呼吸困难　D.心室颤动，呼吸停止，心脏停止跳动

图 1-80

在此可能造成主要是由电弧引起的表面烧伤。在人体内流过的电流加热人体组织，尤其是体液会在电流的加热作用下蒸发。在这种情况下将其称为内部烧伤。因此器官在最短时间内丧失机能，血液循环也会中止，这会带来严重的生命危险。电流除了有这些直接作用外，还有一段时间后才表现出来的作用，还可能出现有危及生命的情况。例如，通过电流破坏的人体细胞恢复缓慢。这个过程可能要经过多日。在此产生必须由肾脏处理的物质。如果大量细胞遭到破坏，肾脏可能负担过重并导致肾衰竭。因此采取急救措施后必须到医院检查，尤其是触电时。

2. 电弧

（1）定义

电弧是指电流从两个隔开（通过空气等气体隔开）的导体之间流过。通过气体隔开时通常是绝缘的。两个导体接触且有电流流动时，可能会产生电弧。如果随后两个导体彼此分开，则分开瞬间导体之间产生很小的间隙。在这个小间隙之间产生很高的电流强度，这个电流强度可能位于间隙内气体的击穿场强之上。在这种情况下会导致击穿，从而使气体分子离子化。同时还会从两个导体的材料中拉出离子和电子，从而导致材料消耗。另一个后果是产生移动的电荷载体，带正电的离子和带负电的电子。由于施加了电压，因此间隙内的电荷载体移向导体，在此与导体发生反应。移动的电荷载体意味着电流流动。这种在气体中产生电流的方式称为气体放电。电弧是一种连续的过程，此时持续产生新的电荷载体，电流始终存在。导体之间形成所谓的等离子体。两个导体之间的电弧如图1-81所示。

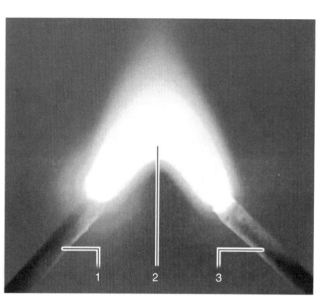

1.导体 2.电弧 3.导体
图 1-81

产生电弧的前提是最低电压和最低电流强度（导体分开之前）。这些数值无法明确给出，而是取决于导体的材料。过去电弧在灯泡中作为光源使用，如今用于研究和焊接（钨惰性气体焊接）。

（2）作用和危险

在两个导体之间的等离子体中移动的电荷载体互相撞击，从而加热气体。取决于导体材料和周围的气体，可能会产生约4000℃或更高的温度。通过这种极高的温度可能从导体材料中继续产生移动的电荷载体。这会导致电弧持续不断"燃烧"，导体材料持续消耗。材料消耗是需要从技术上考虑的作用：如果打开的开关触点上产生电弧，则会导致触点损耗。因此制造商只能在有限开关次数内担保某些继电器和接触器的功能。

电弧对人也有危险：

·烧伤：如果人体靠近电弧或直接进入电弧内，则会因高温而导致严重烧伤。不要进入电弧内，只能在戴上防护手套的情况下握住导体

·紫外线辐射：电荷载体碰撞不仅产生热量，而且还发射光线及紫外线成分。紫外线可能伤害眼睛，准确地说是造成视网膜受伤害。在这种情况下将其称为"灼伤"。切勿在未使用防护面具的情况下观看电弧

·四周飞扬的微粒：电弧产生的高温不断将离子和电子从导体材料中拉出。此时较小的微粒也可能随之"逃出"，然后不受控制地飞向四周。通常情况下这些微粒非常热。在未穿防护服（包括防护手套和护目镜）的情况下切勿靠近电弧

如果要在维修车间内面对电弧工作，则必须注意以下事项：

·尝试通过指定的装备（例如高电压安全插头）关闭电源

·远离电弧且不要直视电弧

·如果必须靠近电弧，必须按焊接工作规定使用防护装备（防护服、护目镜、防护手套），如图1-82所示

穿防护服　　　　　佩戴护目镜　　　　　戴防护手套

图1-82

（3）避免产生电弧

由于电弧可能带来危险，因此必须避免产生电弧。为避免混合动力车辆的组件产生电弧，在此从技术角度采取了许多措施。因此，售后服务人员很少遇到上述的危险情况。遵守以下规定可以进一步降低混合动力车辆中出现电弧的情况：高电压系统仍处于运行状态且导线内有电流时，切勿断开高电压导线。断开高电压导线前，关闭高电压系统并确定系统无电压。

（三）预防危险的安全规定

1. 基础

在劳动保护方面每位售后服务人员都有责任完成以下工作：

·必须遵守有关安装和健康保护的说明和规定

·必须使用现有防护装备

·必须按规定使用装备（工具、车辆）

·如果发现装备损坏，则必须自己按专业要求排除。如果不能排除，则必须向上级通报，以便按专业要求排除故障

进行危险电压组件方面的工作时必须遵守安全规定。在德国通过同业工商事故保险联合会规定，在国际上通过标准给出了强制性安全规定。危险电压是：

·交流电压（AC）25V或更高

·直流电压（AC）60V或更高

"危险电压"的定义以人与带电工作部件接触时产生的结果为基础。如果通过人体的电流可能危害健康时，则该电压是"危险的"。在混合动力车辆中带危险电压的组件汇总在概念"高电压组件"下。这些危险通过安全标签表示出来或者信号颜色为橙色（高电压导线）。警告标志：危险电压警告如图1-83所示。

高电压组件警告提示牌，规格1，如图1-84所示。

高电压组件警告提示牌，规格2，如图1-85所示。

最高安全规定不允许在带电运行部件上进行工作！因此，开始工作前必须关闭供电（无电压），工作期间也必须确保系统无电压。详细具

图1-83

图 1-84

图 1-85

体的安全规定源于这个最高安全规定。开始进行高电压组件方面的工作前，每位售后服务人员都必须按这些规定执行。只有通过遵守这些规定才能保护健康和生命。这些安全规定（按 DIN VDE 0105）是：

①关闭供电（无电压）。

②固定住以防重新接通。

③确定系统无电压。

④接地和短路。

⑤盖住相邻的导电部件。

在带高电压系统的最新车辆中只使用规定①～③。因为高电压车载网络采用 IT 网络形式，所以规定④用途不大。在此导体不予"接地"。相应的接地不提供额外保护。因为短路不会带来其他危险，所以短路同样无意义。这些危险大于潜在利益。例如，如果在短路的高电压蓄电池上重新施加电压，则会有很高的短路电流流过。这可能导致高电压蓄电池失火。因为在此只使用高电压蓄电池，所以规定⑤不适用于最新车辆。相反，这条规定适合带多个电路、带危险电压且相邻布置的技术装备。在这类设备中，关闭供电（无电压）通常仅针对要在其上进行相关工作的电路。盖住相邻的导电部件可确保工作期间保持运行的相邻电流不带来危险（例如与断电的电路短路）。

2. 关闭供电（无电压）

进行高电压组件方面的工作时，售后服务人员可能接触高电压导线的接口等部件。行驶期间这些工作部件带有危险电压。为了在工作期间不给售后服务人员的健康带来危险，高电压组件上不允许带危险电压。最简单的方法是关闭能源（无电压），即高电压蓄电池。原则上可以按图 1-86 所示方式实现。

拉起一个插头即可断开串联蓄电池组的连接，因此可从外面接触到的高电压蓄电池上不再有电压。可用于断开连接的插头称为"高电压安全插头"或"售后服务时断开连接"。在最新车辆中，高电压安全插头可

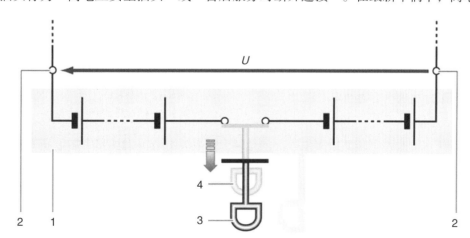

1.高电压蓄电池壳体 2.高电压蓄电池的外部接口 3.处于拉起状态的高电压安全插头 4.处于插上状态的高电压安全插头

图 1-86

39

以从外观和技术方面区分。作为示例，在此仅给出宝马 Active Hybrid X6 中的规格。宝马 Active Hybrid X6 中的高电压安全插头如图 1-87 所示。

除了断开串联蓄电池组外，目前还使用另一种工作原理的高电压安全插头。在此，高电压安全插头是控制单元的一个控制输入端。只要识别到拉起高电压安全插头，控制单元就会立即中断接触器的供电。随后接触器触点自动打开。其作用与断开串联蓄电池组时相同：拉起高电压安全插头后，高电压蓄电池的电极上不再有危险电压。

安全规定 1：关闭供电（无电压）（高电压安全插头的另一种工作方式），如图 1-88 所示。

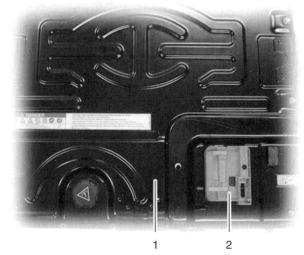

1.高电压蓄电池 2.高电压安全插头

图 1-87

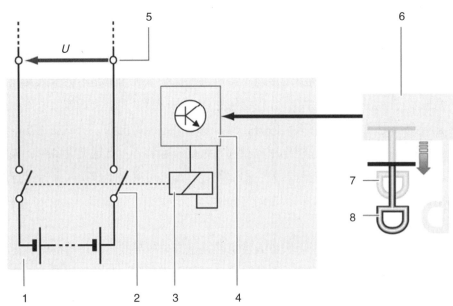

1.高电压蓄电池壳体 2.两个接触器触点 3.接触器电磁铁 4.分析高电压安全插头状态并相应控制接触器的控制单元 5.高电压蓄电池的高电压接口 6.高电压安全插头 7.处于插上状态的高电压安全插头 8.处于拉起状态的高电压安全插头

图 1-88

拉起高电压安全插头时高电压系统内多个过程并行自动执行，因此可确保高电压蓄电池的电极上、电子组件上和电动机上没有危险电压。

①断开串联蓄电池组和 / 或打开高电压蓄电池内的接触器。

②其他高电压组件内的电容器放电。

③电动机绕组短路。

因此对售后服务人员来说避开了最大危害。但是某位同事（有意或无意间）插上高电压安全插头时，会发生什么呢？此后正在维修的组件上重新施加危险电压并将售后服务人员置于危险境地。因此不仅要关闭高电压系统（无电压），而且还要将其固定住以防重新接通。

3. 固定住以防重新接通

售后服务人员拉起高电压安全插头后，可能还要固定住高电压系统以防重新接通。为此必须使用标准挂锁。随后锁上高电压安全插头，以防其重新插上。售后服务人员必须小心保存挂锁的钥匙或随身携带，直至高电压系统方面的工作结束。

安全规定 2：固定住以防重新接通，如图 1-89 所示。

通过这项措施可以确保其他人无法使高电压系统重新进入运行，直至工作结束。因此对进行高电压系统方面工作的售后服务人员来说，可在工作开始时和工作期间排除危险。

4. 确定系统无电压

售后服务人员关闭高电压系统（无电压）并将其固定住以防重新接通后，必须注意并执行另一个安全规定。在此必须检查高电压系统是否确实处于无电压状态。在宝马车辆中未规定针对这个工作步骤使用测量技术。高电压系统设计要求是可以自动确定系统无电压。几个高电压组件借助用于测量电压的集成式元件自动测量电压。测量结果通过总线系统传输给组合仪表。如果所有测量结果都表明电压值低于危险限值，则组合仪表显示高电压系统已成功降低且确实处于无电压状态。检查控制符号：高电压系统无电压，如图 1-90 所示。

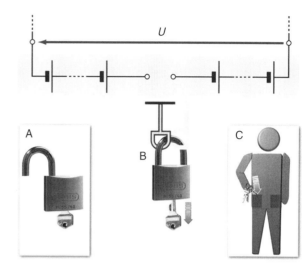

A.使用打开的挂锁 B.用挂锁锁住拉起状态下的高电压安全插头
C.小心保存挂锁的钥匙
图 1-89

在这个检查控制符号中高电压危险符号（闪电）带有斜线，这也直观表示不再有危险电压。取决于车型，显示方式可能与此处图示的符号不同。开始进行高电压组件方面的工作前，售后服务人员同样必须注意并执行安全规定，借此检查是否按规定关闭了高电压系统（无电压）。这样可以确保高电压系统不会危害在车辆上工作的人员。

图1-90

（四）混合动力技术可能引起的其他危险

在混合动力车辆中使用化学蓄能器（蓄电池）用于电驱动。蓄能器含有必须按规定特别小心处置的危险材料。相应信息必须记录在安全数据表内。

1. 镍氢电池

如果按规定使用镍氢电池（NiMH）且电池未损坏，那么电池不会带来直接危险。壳体设计要求是在整个使用寿命期限内液体（例如电解液）不会泄漏。在发生事故或未按规定使用等情况下造成壳体损坏时，NiMH 电池可能带来以下危险：

· 腐蚀（电解液）

· 危害健康（电解液、冷却液）

· 失火 / 爆炸

在 NiMH 电池中使用氢氧化钾溶液作为电解液。这种碱液是一种具有腐蚀性和刺激性的液体。电解液从 NiMH 电池中流出时，不得接触电解液。电解液与人接触或吞食电解液时，必须到医院治疗。必须让消防队清除流出的电解液。必须注意有关处理 NiMH 电池电解液流出的安全数据表。NiMH 电池只能在有限的温度范围内发挥全部能力。因此电池必须连接在冷却循环回路上。冷却液与宝马车辆中使用的普通冷却液相同。冷却液对健康有害，因此不要接触或吞食冷却液。进行 NiMH 电池冷却循环回路方面的工作时，必须注意有关宝马冷却液的安全数据表。NiMH 电池充电或放电过程中，由于有化学反应，因此会产生气体（氧气或氢气）。这些气体通过 NiMH 电池壳体内的阀门排出。按规定运行时，气体浓度较低，没有危险（制造商说明）。为避免发生爆炸，NiMH 电池必须远离明火、火花和火源。为提示可能存在的危险，在此 NiMH 电池带有危险符号标记，如图 1-91 所示。

2. 锂离子电池

按规定运行且处于未损坏状态时无危险也适用于宝马车辆内使用的锂离子电池。但是按规定运行有严格限制，尤其是不允许锂离子电池过载且电池不得处于温度过高的环境中。过载时可能导致金属锂沉积在正电极上，负电极可能分解。在这种情况下会产生高温，锂离子电池可能着火。在宝马车辆中，锂离子电池控制单元负责在规定边界条件内的充电和放电过程。控制单元借助传感器监控电解槽温度和电解槽电压。必要时控制单元干预充电和放电过程。这不仅适用于行驶模式，也适用于通过充电器在 12V 系统上为高电压蓄电池充电的情况。不允许打开锂离子电池。在没有对应控制单元的情况下不允许让电池运行或为其充电，否则有失火危险。且不允许将锂离子电池置于温度过高的环境中。其运行温度约为 50℃，超过这个温度时会导致使用寿命缩短。电解槽温度达到 100℃或更高时，可能导致电解槽短路。此后的高电流使温度继续提高，因此可能出现连锁反应。这会毁坏整个锂离子电池，也可能导致火灾。锂离子电池失火时很难扑灭。但是电池本身没有直接爆炸的危险。失火时产生的高温可能引燃周围物品、液体或气体，因此最终可能导致爆炸。只能由专业人员扑灭锂离子电池引起的火灾。因为运行温度的上限很低，所以宝马 Active Hybrid 车辆中的锂离子电池需要进行冷却。例如，可以将其直接连接在空调系统的制冷剂循环回路内。因此，进行锂离子电池方面的工作时必须遵守维修说明和安全数据表，尤其是松开至制冷剂循环回路的连接时。必须严格遵守进行制冷剂循环回路方面工作（即锂离子电池方面的工作）的维修说明，以避免危害健康。必须注意处置所用制冷剂（例如 R134a）方面的安全数据表。一定要使用个人保护装备。宝马车辆所用锂离子电池的壳体采用密闭封装结构。仅通过高电压接口和冷却液管路向外连接。尽管如此，处置这类高电压蓄电池时仍需遵守特殊的预防措施。必须注意锂离子电池安全标签上的安全数据表以及警告标志和禁止标志，如图 1-92 所示。

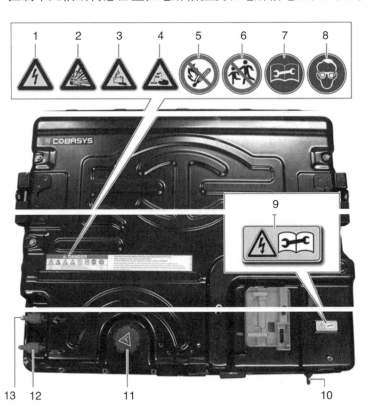

1.警告标志：危险电压警告 2.警告标志：易爆物品警告 3.警告标志：电池危险警告 4.警告标志：腐蚀性物品警告 5.禁止标志：禁止明火、火焰和吸烟 6.禁止标志：禁止儿童接触 7.指示标志：注意操作说明和维修说明 8.指示标志：戴防护眼镜 9.高电压组件的安全标签 10.氢气流出口 11.冷却液循环回路补液罐 12.冷却液管路接口（入口） 13.冷却液管路接口（出口）

图 1-91

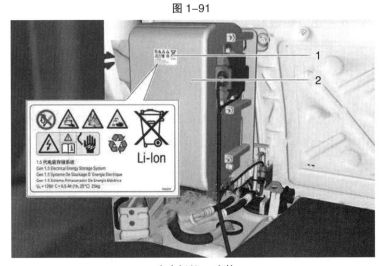

1.安全标签 2.壳体

图 1-92

3. 电动机

由于宝马 Active Hybrid 车辆中的电动驱动装置功率较高，所用电动机以较强的磁场工作。这种磁场由永久磁铁或电磁铁产生。即使高电压系统或电动机已关闭，磁场也会始终存在，尤其是永久磁铁产生的磁场。这些磁场可能影响医疗电子设备的功能，尤其是心脏起搏器的功能。为了指明这种危害，组件带有禁止标志。图 1-93 为电动机上的禁止标志示例。

4. 安全工作

为维持健康而使用心脏起搏器或医疗电子设备的人不得进行带有以上禁止标志的组件方面的工作。

图 1-93

（五）急救措施

1. 基础

宝马混合动力车辆中高电压系统的技术安全措施可有效防止对人产生健康危害。如果发生带电流的事故，则重要的是知道如何正确救助遭遇事故的人。对于许多人来说紧急救助遭遇事故或受伤的人是一件困难的事。害怕做错常常会抑制人去做。但是每个人都能提供紧急救助，即使"只是"通知急救医生，也已经算是正确且对遇到事故或受伤的人有帮助。救助伤员也是每个人道义上的责任。在某些国家救助甚至是法定的责任。当地救护和救援服务机构（例如德国红十字会 DRK）提供相应的培训措施，借此人们不仅可以掌握急救措施方面的大量知识，而且能够获得实际救护能力。因为通常碰到遇事故人总是出乎意料，对救助人来说也是例外情况，所以建议从精神方面为这类情况做好准备。首先不要立即或匆忙地开始正式救助，而是按以下方式处理：

· 判断

· 思考

· 行动

①第 1 步：判断电气事故，如图 1-94 所示。

发生电气事故时第一步判断非常重要，因为后续步骤在很大程度上取决于判断。通过什么能够判断出是电气事故？以下特征表明可能发生了电气事故：

· 遇事故人仍与发生事故的电路接触。他无法移动，因为电流流过身体时造成肌肉抽搐

· 一个（或多个）人躺在地上失去知觉：通过身体的电流较高时心脏会停止跳动，血液循环中断，其结果是失去知觉

图 1-94

· 遇事故人身体上带有点状烧伤。始终有一个电流进入身体的部位和一个流出身体的部位

· 遇事故人可能处于休克状态。对此可能表现为过度兴奋或无精打采

②第 2 步：思考，如图 1-95 所示。

图 1-95

图 1-96

第 2 步应思考按哪个顺序做。尤其是发生电气事故时，自我保护是第一位的。如果救助人自身处于危险中或受伤，则无法为遇事故人提供救助。

③第 3 步：行动，如图 1-96 所示。

只有清楚措施顺序，才能迅速且目标明确地行动。如果有其他人在现场，也应当分派具体任务。通过这种方式提供救助可能比每个人单独行动更有效且更迅速。所有救助行动的总目标是，在不危害健康的情况下尽可能保证遇事故人活下来。即使救助人没有经验，为此也需要尽快救助。但是还需要由受过医疗培训的人采取后续行动，以便能够痊愈。必须执行所有具体步骤（按正确顺序），只有这样所谓的救助链才完整，如图 1-97 所示。

2. 紧急措施

概念"紧急措施"可以理解为挽救遇事故人而必须首先采取的行动。尽管如此，重要的还是救助人首先估计事故情况并判断是否属于带电流的事故。发生带电流的事故时，第一个紧急措施是断开事故电路。电流流过人体时可能造成重伤。电流强度越大，电流持续时间越长，受伤越严重。因此，作为救助遇事故人的首要措施必须断开事故电路，如图 1-98 所示。

1.紧急措施 2.拨打紧急电话 3.急救措施 4.通过救援服务机构救援 5.后期医疗护理

图 1-97

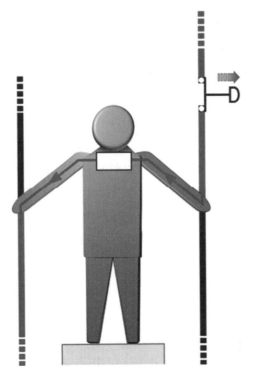

图 1-98

44

每个救助人的自然反应是抓住遇事故人并将其从带电部件上拉下来。但是救助人会因此将自身置于危险中。此后电流流过两个人的身体并造成救助人受伤。因此，开始时救助人正确估计当前情况并首先考虑自我保护非常重要。救助时自我保护具有最高优先等级。救助人不得为断开事故电路而直接抓住遇事故人。取而代之的是，必须借助专门预留的装置关闭电源。可采用以下几种方式关闭混合动力车辆上事故电路的电源。

· 拉起高电压安全插头

· 断开 12V 供电（例如通过断开 12V 蓄电池接线）

· 拔下保险丝（如果存在）

如果救助人不能在无危险的情况下关闭电源，则必须以其他方式断开事故电路。为此救助人需使用绝缘用品，最好是绝缘防护手套，如图 1-99 所示。只有这样，才允许救助人尝试将遇事故人与带电部件分开。在特殊情况下也可以用位于附近的塑料部件或干木材将遇事故人与电路分开。只有使用这类用品，才能减小或排除电气事故给救助人带来的危险。

3. 拨打紧急电话

每次发生电流引起的事故时，都必须请专业医生实施救助。为此用电话或移动电话拨打紧急电话，如图 1-100 所示。即使发生其他类型的事故时也应拨打紧急电话，尤其是遇事故人失去知觉或明显受重伤时。

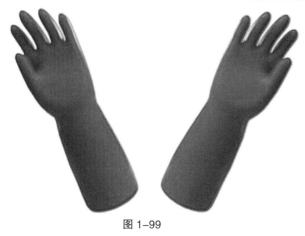

图 1-99

图 1-100

每位售后服务人员都必须知道其工作地点处的紧急呼叫号码。在德国和某些欧洲国家正确的紧急呼叫号码是 112。其余国家或电话网络中紧急呼叫号码可能不同。拨打紧急呼叫号码通常是免费的，可能挽救生命。拨打紧急电话时必须向急救服务机构的通话人说明以下信息：

· 事故发生在何处？

· 发生了什么？

· 多少人受伤？

· 事故或受伤类型？

急救服务机构的通话人结束通话。拨打电话的人等待通话人不再有其他问题并结束通话。

4. 急救措施

如果遇事故人失去知觉和 / 或不再呼吸，则需要采取急救措施。这些措施用于维持生死攸关的机能，直至急救服务机构到达事故现场。护理受伤的人也属于急救措施范畴。必须将失去知觉，但是还能呼吸的遇事故人置于侧卧状态，如图 1-101 所示。

图 1-101

遇事故人失去知觉且不再呼吸，必须立即开始心肺复活措施，如图 1-102 所示。

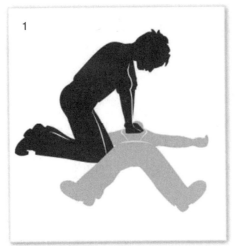

1.胸腔按压 2.人工呼吸
图 1-102

心肺复活措施包括交替按压胸腔和人工呼吸。必须持续执行措施，直至遇事故人恢复呼吸能力或救援服务人员到来。发生带电流的事故时会出现心室颤动。此后心脏不再以大节奏运动方式跳动，而是以微小的高频运动方式跳动。这种状态与战栗类似，不再输送血液，这也会带来严重的生命危险。救助人可以从外表感觉到呼吸和心跳停止。心室颤动可以通过所谓的除颤器结束，因此可提高遇事故人苏醒的机会。救援服务机构也使用这类设备。在此也可以使用自动工作的除颤器，没有经验的人也可以操作这种除颤器，如图 1-103 所示。实际上排除了操作错误，设备自动决定是否需要除颤。

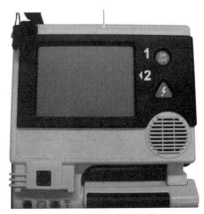

1.用于表示除颤器存放箱或运输袋的符号 2.自动除颤器
图 1-103

如果有自动除颤器，则应在遇到事故、失去知觉和不再呼吸时使用。烧伤时必须用流动的冷水冷却，直至疼痛减轻，然后用无菌纱布盖住。如果烧伤的同时神志不清且血液循环有问题，则优先采取心肺复活措施。

5. 通过救援服务和后期医疗护理提供帮助

采取急救措施后立即进行救援服务工作。通过继续执行心肺复活措施、使用除颤器和 / 或药品进一步稳定或改善遇事故人的健康状态。在此救助链还未结束。每次发生带电流的事故时，都必须到医院检查。其原因是，电流不仅有短期危害健康的作用，而且影响可能在几小时、几天或几星期后才出现。例如，电流流过人体时产生蛋白质，这些蛋白质必须通过肾脏排出。如果降解量过大，则发生事故几天后可能导致肾衰竭。取决于事故严重程度，遇事故人必须到门诊检查、在医院观察或复查。只有这样才能避免出现并发症和造成永久性健康损害。

（六）安全进行高电压组件方面的工作

1. 前提条件

只有满足以下 3 个前提条件时，才允许售后服务人员进行高电压组件方面的工作。售后服务人员必须具有自安全车辆高电压组件电气专业人员的资格。仅通过混合动力技术基本培训（例如通过产品信息"混合动力车辆的初始信息"）的售后服务人员不允许进行高电压组件方面的工作。进行高电压组件方面的工作前，售后服务人员必须执行 3 个安全规定 [关闭供电（无电压）、固定住以防重新接通和确定系统无电压]。进行高电压组件方面的工作时，售后服务人员必须严格遵守维修说明。

2. 技术安全措施

宝马 Active Hybrid 车辆，尤其是高电压组件采用了自安全设计结构。这意味着能够可靠识别给车主带来危险的故障，从而立即关闭高电压系统，以便工作部件上不再有危险电压。即使取下高电压部件的一个盖板，也会自动关闭。为了不必在每次出现故障时车主都要停车，高电压系统采用容错设计结构。这意味着仅出现一个故障时没有直接危险。此后高电压系统自诊断确定这个故障并将其记录在故障码存储器内。在这种情况下可以无危险地继续行驶。以下为宝马 Active Hybrid 车辆高电压系统所使用的技术安全措施概览：

· 标志

· 接触保护

· 高电压接触监控

· 高电压电路放电

· 将高电压车载网络与 12V 车载网络分开

· 短路监控

· 发生事故时关闭

（1）高电压组件的标志

每个高电压组件的壳体上都带有一个标志，售后服务人员或车主可以通过标志很直观地看出高电压可能带来的危险，如图 1-104 所示。所有所用警告提示牌都基于符合国际标准且大家所熟知的危险电压警告标志。因此宝马 Active Hybrid 车辆中目前使用两种不同的高电压组件警告提示牌。两个规格都包含一个要求售后服务人员查阅售后服务资料（例如维修说明）的附加符号。这些资料介绍了如正确且无危险地处置高电压组件，如图 1-105 所示。第二个规格还包含表示有触电危险的第三个符号，如图 1-106 所示。

图 1-104

图 1-105

图 1-106

有关标志的特殊情况是高电压导线。因为导线长度可能为几米，所以在一处或两处通过警告提示牌标记意义不大，售后服务人员容易忽视这些标牌。取而代之的是用橙色警告色标记出所有高电压导线。高电压导线的某些插头以及高电压安全插头也可能采用橙色标志，如图 1-107 所示。

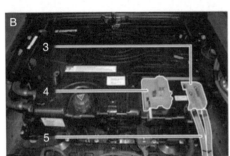
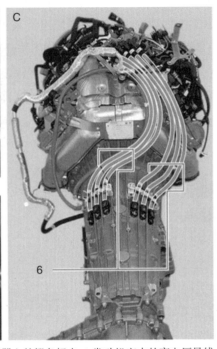

A.发动机室内的橙色标志 B.高电压蓄电池上的橙色标志 C.主动变速器上的橙色标志 1.发动机室内的高电压导线 2.高电压导线上的插头 3.高电压蓄电池上的接线端 4.高电压安全插头 5.高电压蓄电池上的高电压导线 6.主动变速器上的高电压导线

图 1-107

只有满足以下前提条件时，才允许售后服务人员进行带标志的高电压组件方面的工作：资格，遵守安全规定，严格按维修说明操作。混合动力车辆制造商已在通过上述警告提示牌和高电压导线橙色警告色统一标志出高电压组件方面达成一致。

（2）防止直接接触

接触保护汇总了电气装置上的一些注意技术措施，借此可以防止人与带危险电压的部件接触。在此分为基本保护（防止直接接触）和故障保护（防止间接接触）两个等级。基本保护表示在正常运行条件下（即无故障时）的保护等级。基本保护可以通过所谓的保护方式以 IP 代码形式规定。IP 代码的详细结构请查阅标准 IEC 60529。IP 后面的前两位数字表示防异物和防潮。第三位（字母）表示人员安全，至少 IP 代码 IpxxB 适用于宝马 Active Hybrid 车辆内安装的整套高电压系统。字母 B 表示高电压系统壳体和盖板的成型和组装方式是，用手指接触不到带危险电压的部件。例如，要求保护方式 IpxxB 用于发电机室且通过高电压系统满足这一要求。在车内其他安装位置必须满足更高的保护方式 IpxxD。字母 D 表示无法通过金属丝与带危险电压的部件接触。基本保护还包括隔开（绝缘）壳体内外的带电工作部件。

（3）防止间接接触

第二个等级故障保护是基本保护的附加保护措施，这些措施可防止出现电气故障时也不会给人带来危害。其中包括：

· 高电压导线绝缘

· 高电压车载网络的网络形式

按规定高电压导线带有绝缘塑料层。其外部只有一个出于两个原因使用的屏蔽层（网 / 薄膜）：用于降低电磁干扰和用于绝缘监控。屏蔽层由橙色塑料层保护，以便防止机械损坏（例如摩擦）。高电压导线必须满足有关绝缘电阻方面的严格要求。在此要求绝缘电阻为几兆欧姆，检查制作后是否满足要求并在运行时监控。通过这些措施高电压导线可满足直接接触保护等级Ⅱ的要求。高电压组件出现电气故障时，高电压车载网络的网络形式如何为参与人员保护？为便于解释，下面以带电导线与可导电壳体短路作为故障原因进行介绍。首先与房屋内的电气安装进行比较，然后介绍与混合动力车辆高电压车载网络的区别。房屋内的电气安装由三相交流电压系统组成，有3个带电导线（外部导线）和至少1个接地导线（零线，可能包括1个地线）。这种广泛使用的网络形式称为TN。TN是表示发电机的星形交叉点接地且有1个接地零线引至房屋接口。可导电的壳体也接地，如图1-108所示。

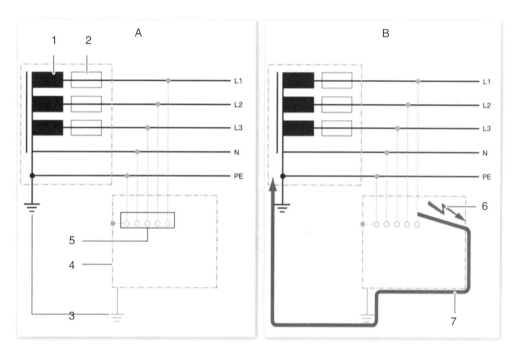

A.TN网络结构　B.TN网络内的故障情况　1.供电变压器或发动机的线圈　2.过载电流保护装置（保险丝）　3.接地　4.TN网络用电器的壳体　5.用电器内导线的接口　6.外部导线L1与用电器壳体之间短路　7.从外部导电L1通过壳体和接地流回到供电变压器的故障电流　L1~L3.3个外部导线　N.零线　PE.地线

图 1-108

　　壳体可防止设备使用者直接接触带电部件。如果出现故障导致某一外部导线与壳体连接（可导电），则壳体上带有危险电压。电流通过壳体流至接地点，然后流回到发电机。为防止人接触壳体上的危险电压，在这个TN网络中采用过载电流保护器（保险丝）作为保护措施。这个过载电流保护器在发生上述故障时做出响应并关闭供电。通过这种方式可以防止间接接触。如果混合动力车辆中采用带有过载电流保护器的TN网络，则只出现一个故障（外部导线与壳体之间短路）时就会关闭高电压系统，因此降低了电动驱动装置的使用率。出于这个原因决定在混合动力车辆中使用另一种网络形式，即带有绝缘监控功能的IT网络，如图1-109所示。

　　在IT网络中不导电的导线接地。如果发生带电导线与壳体短路的故障，IT网络中会出现什么情况？因为电源未与接地点连接，所以无短路电流。因此过载电流保护装置不触发。其结果是，在这种故障类型时高电压系统可能仍暂时保持运行状态（如图1-110所示），因此保证了高电压车载网络有较高的使用率，这是这种网络形式的一个优点。IT网络不仅可以用于三相交流电网络，也可以用于直流电压网络，混合动力车辆的高电压系统也使用直流电压网络。

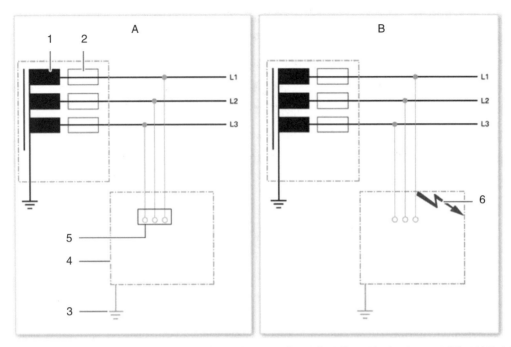

A.IT网络结构 B.IT网络内的故障情况 1.供电变压器或发动机的线圈 2.过载电流保护装置（保险丝） 3.通过接地补偿电位 4.IT网络用电器的壳体 5.用电器内导线的接口 6.外部导线L1与用电器壳体之间短路 L1~L3.3个外部导线

图 1-109

因为至电源的电路未闭合，所以接触壳体时没有电流流过身体。即使身体其他部位与车身（接地）接触，电路也始终不闭合。只有同时接触高电压车载网络的第二个带电导线时，电流才会流过身体。因此 IT 网络的第二个优势明显。如何识别并最终排除这样的故障？出于这个原因，高电压车载网络中采用所谓的绝缘监控，如图 1-111 所示。其目的是，识别所有带高电压部件与可导电壳体或与接地之间危险的绝缘故障。如果壳体／接地与另一个带高电压部件之间存在危险电压，则说明有危险的绝缘故障。换句话说，高电压部件与壳体之间的绝缘电阻低于某一限值。

高电压车载网络中的绝缘监控功能测量这个绝缘电阻，例如通过多次测量电压间接测量。在此通过测量

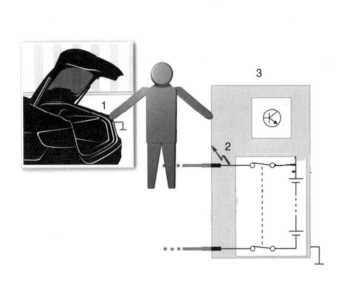

1.车身（观察电气系统：接地） 2.高电压导线与高电压蓄电池单元的壳体之间短路 3.高电压蓄电池单元

图 1-110

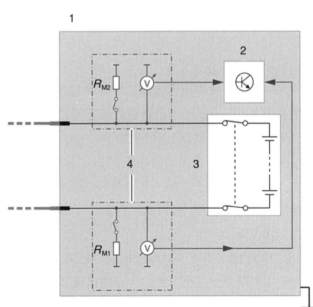

1.高电压蓄电池单元 2.高电压蓄电池单元中的控制单元 3.高电压蓄电池 4.用于测量绝缘电阻的电路

图 1-111

电阻测量带电部件（例如高电压蓄电池的正极和负极）与接地之间的电压。高电压系统启用期间以及关闭高电压系统后都进行测量。绝缘监控功能通常集成在一个或两个高电压组件内，例如供电电子装置内和／或高电压蓄电池的控制单元内。但是绝缘监控功能如何识别另一个高电压组件（例如电动空调压缩机）内的绝缘故障？只有高电压组件的所有可导电壳体都与车身接地连接（有电流）时，才能从一个或两个中心位置实现绝缘监控。例如，只有借助这种导电连接，才能从供电电子装置出发在电动空调器内可靠识别高电压导线与壳体之间的短路。如果可以与接地之间无导电连接，则无法识别该故障，因此对人有潜在危险。壳体彼此之间以及与接地之间的导电连接称为电位补偿。为此使用的电气连接称为电位补偿导线。高电压组件的导电壳体必须已与接地连接（导电）。如果维修高电压组件或更换车身部件，则组装时必须注意，必须按规定恢复可以与车身之间的导电连接。在此还应严格遵守维修说明。尤其是使用规定的连接元件（例如自攻螺钉）和遵守规定的拧紧力矩要求方面。

（4）高电压接触监控

高电压组件的带电工作部件带有盖板或壳体，以防直接接触。与高电压导线的导体类似，导体通过绝缘层或绝缘的插头壳体防止接触。售后服务人员进行高电压组件方面的工作前，必须通过执行安全规定关闭高电压系统。然后让所有带电部件都处于无电压状态，从而可以无危险地工作。如果售后服务人员忘记按规定关闭系统，则有一个附加安全措施自动关闭高电压系统。可接触到的带电部件和插头（其触点可接触到）上方的盖板与所谓的高电压接触监控电路（High Voltage Interlock Loop）连接。高电压接触监控的原理如图1-112所示。

高电压接触监控电子装置有两个主要任务。第一个任务是产生连锁信号。在此指交流电压（或交流电流），在大多数情况下该电压为矩形，电压值较低，因此无危险。该连锁信号输入到经过高电压组件盖板和／或高

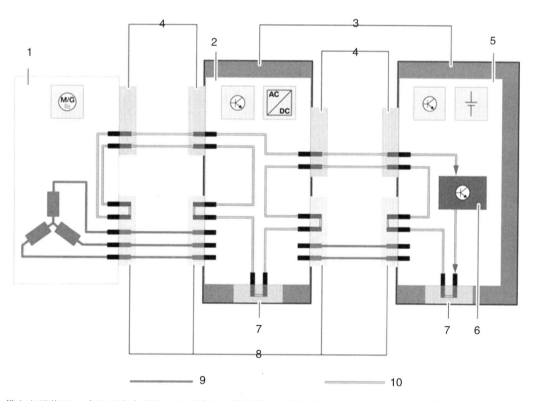

1.电动机 2.供电电子装置 3.高电压安全盖板 4.用于高电压接触监控检测导线的低电压插头 5.高电压蓄电池单元 6.高电压接触监控电子装置 7.高电压安全盖板上高电压接触监控的跨接线 8.带高电压接触监控跨接线的高电压插头 9.高电压导线 10.高电压接触监控检测导线

图 1-112

51

电压导线插头上方的电路内。盖板和插头内分别有一个跨接线。如果装上盖板，则高电压接触监控电路内的跨接线闭合。如果取下盖板并因此拉起跨接线，则电路断开。对高电压插头而言情况类似：插上高电压插头后，高电压接触监控电路内的跨接线闭合。拔下插头后，跨接线使电路断开。在此高电压导线的触点采用凹进布置结构。这意味着，首先断开高电压接触监控电路，然后断开高电压导线的连接。这样可以进一步防止接触并降低连接松开时产生电弧的危险。跨接线串联在高电压接触监控的整个电路内，如图1-113所示。因此取下盖板或拔下高电压插头即可使连锁信号中断。分析电子装置其第二个插口上的信号，如果接收到的信号与所发出的高电压连锁信号存在较大偏差（信号电平、对地或对正极短路），则电子装置促使高电压系统关闭。

电子装置可能是高电压组件（例如高电压蓄电池）控制单元的组成部分。连锁信号的发生器和分析电路也可能分布在两个高电压组件上（例如高电压蓄电池和供电电子装置）。

在此分多步自动控制高电压系统的关闭过程：

- 取消电动机的控制
- 电动机绕组短路
- 打开高电压蓄电池内的接触器
- 高电压电路放电

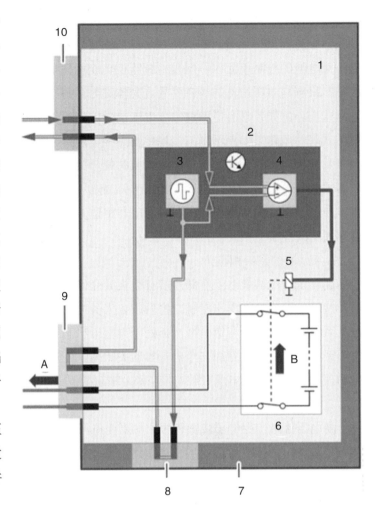

1.高电压蓄电池单元 2.高电压接触监控电子装置 3.连锁信号发生器 4.连锁信号分析电路 5.电动机械式接触器 6.高电压蓄电池 7.高电压安全盖板 8.高电压安全盖板上高电压接触监控的跨接线 9.带高电压接触监控跨接线的高电压插头 10.用于高电压接触监控检测导线的低电压插头 A.拉下高电压插头并打开高电压接触监控跨接线 B.打开接触器触点

图1-113

借此关闭高电压系统内所有可能的电源，从而保证断开高电压连锁电路后最迟5s时，整个高电压系统内不再有危险电压。

（5）高电压电路放电

除了高电压蓄电池外，高电压车载网络内还有另外两个电源：供电电子装置（和其他高电压组件）内的电容器以及电动机。即使断电时打开了高电压蓄电池的接触器，电容器或电动机也可能使高电压车载网络内的电压保持在某一数值，这个电压可能危及接触部件的人。因此高电压系统每次断电时都要让高电压电路放电。借助高电压组件的简化电路图给出了系统如何放电，混合动力车辆中的实际放电电路可能与这个简化图不同，如图1-114所示。

只要高电压蓄电池的接触器处于闭合状态，高电压蓄电池的电压就会施加在高电压导线上。供电电子装置直流电压侧的电容器电压相同且为放电状态。供电电子装置为高电压组件供电，电流流过高电压导线。打开高电压蓄电池的接触器前，供电电子装置控制所有高电压用电器，以使用电器不再有电流。从电路技术角度看，这种状态等同于没有用电器连接在高电压车载网络上。即使高电压蓄电池的接触器已打开，电动机也

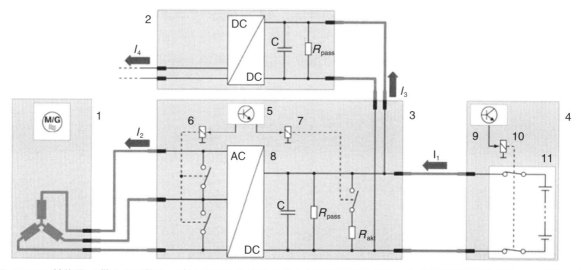

1.电动机 2.DC/DC转换器 3.供电电子装置 4.高电压蓄电池单元 5.供电电子装置控制单元 6.电动机绕组短路继电器 7.电容器主动放电继电器 8.供电电子装置内的电流整流器，在此作为逆变器使用 9.高电压蓄电池单元内的控制单元 10.高电压蓄电池单元内的电动机械式接触器 11.高电压蓄电池 C.DC/DC转换器和供电电子装置内的中间电路电容器 $I_1 \sim I_4$.用电器电流 R_{pass}.被动放电电阻 R_{akt}.主动放电电阻

图 1-114

可能在高电压车载网络中产生危险电压。如果电动机仍在运转，则绕组内就会产生感应电压。这个电压施加在高电压导线上，取决于转速也可能对人有危险。出于这个原因，高电压蓄电池的接触器打开后电动机的绕组短时闭合。高电压系统的简化电路图：电动机绕组短路如图 1-115 所示。

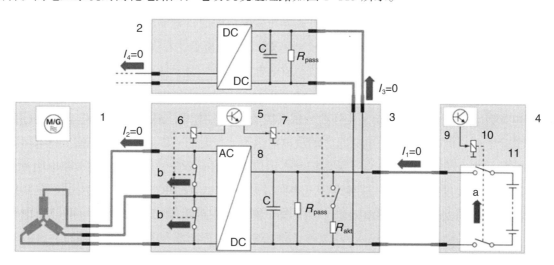

1.电动机 2.DC/DC转换器 3.供电电子装置 4.高电压蓄电池单元 5.供电电子装置控制单元 6.电动机绕组短路继电器 7.电容器主动放电继电器 8.供电电子装置内的电流整流器，在此作为逆变器作用 9.高电压蓄电池单元内的电动机械式接触器 10.高电压蓄电池单元内的电动机械式接触器 11.高电压蓄电池 a.高电压蓄电池单元内的接触器触点打开 b.电动机绕组短路触点闭合 C.DC/DC转换器和供电电子装置内的中间电路电容器 $I_1 \sim I_4$.用电器电流 R_{pass}.被动放电电阻 R_{akt}.主动放电电阻

图 1-115

在最新混合动力车辆中这个过程通过供电电子装置控制。在所有最新宝马 Active Hybrid 车辆中驱动装置电机的绕组都短路连接。在这些车辆中短路连接特别重要，因为车辆滑行时电动机可能仍在转动。此时绕组上可能产生危险的感应电压。对于混合动力车辆中的其他电动机（例如电动空调压缩机中）来说，其绕组是否必须短路连接取决于电动机的结构和关闭时的状态。如果关闭后电动机继续转动并在绕组上产生危险的感应电压，则还会关闭绕组。取决于具体车型可能会不同。例如，通过电路图可以看出供电电子装置中使用的

电容器与高电压导线并联，如图 1-116 所示。如果打开高电压蓄电池的接触器，则电压仍与高电压导线上以前的电压相同。电容器存储电能并使电压保持在这个数值。因为事先关闭所有高电压用电器，所以在没有附加措施的情况下电容器无法放电。在此使用电容器放电电路来降低高电压导线上的电压。该电路由所谓的一个被动和一个主动放电电阻组成。

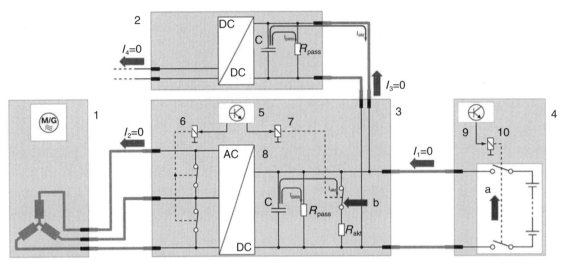

1.电动机　2.DC/DC转换器　3.供电电子装置　4.高电压蓄电池单元　5.供电电子装置控制单元　6.电动机绕组短路继电器　7.电容器主动放电继电器　8.供电电子装置内的电流整流器，在此作为逆变器作用　9.高电压蓄电池单元内的控制单元　10.高电压蓄电池单元内的电动机械式接触器

图 1-116

被动放电电阻 R_{pass} 始终与电容器并联。打开高电压蓄电池内的接触器后，放电电流立即从电容器通过被动放电电阻流走。电容器电压和高电压导线上的电压以指数速度降低，在经过 $t=5 \cdot \tau = 5 \cdot R_{pass} \cdot C$ 后达到零。但是，即使在高电压系统工作时电流也会通过被动放电电阻流走。为了使此时产生的功率损失保持在较低程度，被动放电电阻的设计阻值相对较高。数量等级为几十千欧姆。所用电容器的电容值为几百微法。因此，被动放电时电压降到零时的时间可能为几分钟。该系统的设计方案是，最迟 5min 后电容器通过被动放电电阻放电到非危险电压。但是，被动放电只是主动放电电阻不运行时的一项附加安全措施。高电压蓄电池的接触器关闭后，关闭高电压系统时供电电子装置控制主动放电电阻上开关的关闭。主动放电电阻 R_{akt} 的阻值为几十欧姆，因此放电速度明显加快。这种设计可确保最迟 5s 后结束高电压电路主动放电。在最新混合动力车辆中通常有一个主动放电电阻，该电阻位于供电电子装置内。关闭高电压系统时，不仅供电电子装置内的电容器通过这个电阻放电，而且其他高电压组件（例如 DC/DC 转换器和电动空调压缩机）内的电容器也通过该电阻放电。因为高电压导线和其他高电压组件中的电容器并联，所以可以采用这种主动放电形式。除了主动放电电阻外，带电容器的每个高电压组件内还有被动放电电阻。确保主动放电成功结束前，即使主动放电失败或高电压组件之间的高电压导线断路，电容器也能放电，如表 1-6 所示。

表 1-6

项目	被动放电	主动放电
放电电路类型	永久	打开
放电电阻数量	带电容器的每个高电压组件内都有一个被动放电电阻	整个高电压系统内至少一个主动放电电阻，可能有多个
最大持续放电时间	5min	5s

（6）脱开高电压车载网络与 12V 蓄电池的导电连接

在混合动力车辆中，高电压车载网络与12V蓄电池之间通过一个DC/DC转换器彼此连接，因此可以通过高电压车载网络的能量为12V蓄电池充电，此后不再需要12V发电机。对于两个车载网络的这个所需"能量"连接来说，必须确保高电压车载网络的危险电压不传输到12V车载网络内，否则进行相关工作前，也要在12V车载网络内执行与高电压车载网络内相同的电气安全规定。出于这个原因，12V车载网络与高电压车载网络的电气连接彼此断开。就是说，两个车载网络之间没有导电连接。断开连接通过合适的绝缘在组件和导线上实现。在DC/DC转换器中必须使用尽管存在能量连接但是导电连接脱开的电路，例如变压器电路。因为无法借助变压器在直流电压网络之间传输能量，所以必须将直流电压转换为交流电压或反向转换。简化电路图：高电压车载网络和12V车载网络如图1-117所示。

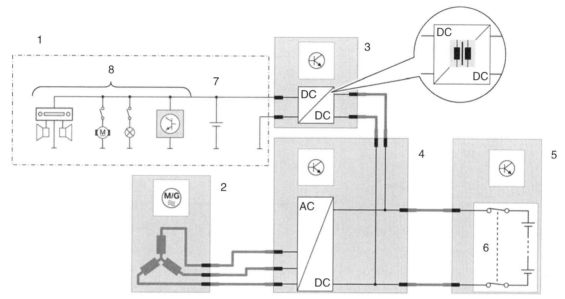

1.12V车载网络 2.电动机 3.DC/DC转换器 4.供电电子装置 5.高电压蓄电池单元 6.高电压蓄电池 7.12V蓄电池 8.12V用电器

图 1-117

（7）短路监控

例如，高电压车载网络内两个高电压蓄电池导线之间短路会产生很高的短路电流。其原因是：

·电压较高

·高电压蓄电池内阻较低

·高电压导线的电阻较低

这种高短路电流的后果很严重。在此会产生电弧、造成高电压导线或高电压蓄电池毁坏直至发生火灾。为避免出现这种后果，在混合动力车辆的高电压车载网络中采用了用于识别短路的技术措施。这些措施通常集成在高电压蓄电池内。短路监控简化电路图如图1-118所示。

在此使用高电流保险丝和电子过载电流保护开关。为了在短路时缩短响应时间，系统借助蓄电池导线内的电流传感器以电子形式监控电流。如果高电压蓄电池单元的控制单元识别到电流高过允许值，

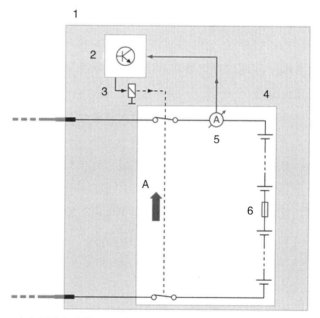

1.高电压蓄电池单元 2.高电压蓄电池单元内的控制单元 3.电动机械式接触器 4.高电压蓄电池 5.电流传感器 6.保险丝 A.短路监控响应时打开接触器触点

图 1-118

则促使高电压蓄电池内接触器的触点打开。这些开关触点的设计方案是，即使在短路造成电流强度很高时也能打开，但是会因此造成使用寿命明显降低。与只使用传统保险丝相比，电子短路监控功能可降低响应时间，尤其是在电流强度很高时。

（8）发生事故时关闭

如果发生事故时车辆底部碰到尖锐的障碍物（例如护栏），则可能因高电压导线裂开而导致产生火花。为将这种风险降至最低，发生事故时会关闭高电压系统。在最新宝马车辆中和宝马 Active Hybrid 车型中通过碰撞和安全模块（ACSM）识别事故和协调各安全系统，如图 1–119 所示。

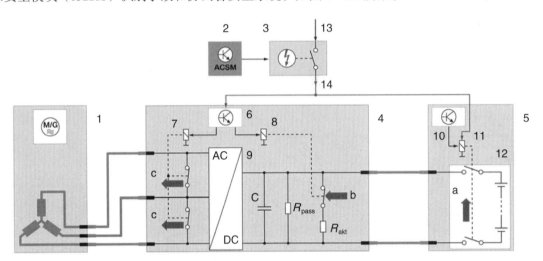

1.电动机　2.碰撞和安全模块　3.安全型蓄电池接线柱（增加了附加触点）　4.供电电子装置　5.高电压蓄电池单元　6.供电电子装置控制单元　7.电动机绕组短路继电器　8.电容器主动放电继电器　9.供电电子装置内的电流整流器，在此作为逆变器使用　10.高电压蓄电池单元内的控制单元　11.高电压蓄电池单元内的电动机械式接触器　12.高电压蓄电池　13.总线端30　14.从安全型蓄电池接线柱上断开的12V导线　a.高电压蓄电池单元内的接触器触点打开　b.电容器主动放电触点闭合　c.电动机绕组短路触点闭合　C.DC/DC转换器和供电电子装置内的中间电路电容器　R_{pass}.被动放电电阻　R_{akt}.主动放电电阻

图 1–119

如果碰撞和安全模块识别到相应严重程度的事故，就会以燃爆方式将脱开从 12V 蓄电池至蓄电池正极接线柱的正极导线。在此针对宝马 Active Hybrid 车辆增加了相应的执行机构安全型蓄电池接线柱。与蓄电池正极导线一起通过安全型蓄电池接线柱断开另一个 12V 导线。这个导线用于以两种方式关闭混合动力车辆中的高电压系统：

·打开高电压蓄电池内的接触器触点

·高电压电路主动放电

在没有额外启用高电压蓄电池单元的控制单元的情况下，打开接触器触点。在高电压蓄电池中，通过安全型蓄电池接线柱断开 12V 导线用于为高电压蓄电池单元内电动机械式接触器的电磁铁供电。供电电压下降时，接触器触点自动打开。供电电子装置使用安全型蓄电池接线柱断开 12V 导线作为信号输入端使高电压系统主动放电。如果导线断路，则供电电子装置控制单元负责：

·短路连接电动机的绕组

·使电容器主动放电

安全型蓄电池接线柱触发时，产生一个发生事故时关闭高电压系统的信号。但是，碰撞和安全模块也分析总线电码：如果事故达到相应严重程度时碰撞和安全模块以这种方式发出信号，则也会关闭高电压系统。通过这项技术措施可确保发生事故时在最短的时间内可靠关闭高电压系统，因此几乎可以完全排除事故期间和事故后高电压引起的危险。尽管如此仍请注意，必须特别小心地处置其壳体因事故而损坏的高电压组件。

有疑问时请向宝马集团的技术支持部（PUMA）咨询。

3. 进行高电压系统方面工作的特点

（1）必要的工作

处置混合动力车辆高电压系统时的以下特点：

· 高电压组件的现场直观检查

· 诊断检测

· 车身部件连接

开始进行混合动力车辆方面的故障前，必须仔细检查高电压组件（现场直观检查）。原则上建议进行现场直观检查，对于事故车辆必须进行现场直观检查。通过现场直观检查，售后服务人员可以在高电压系统自诊断功能识别到故障前提前发现损坏的高电压组件。例如，如果高电压导线的绝缘层损坏，但是未与车身部件接触，则绝缘监控功能还未做出响应。认真仔细的售后服务人员可以通过现场直观检查识别到这种故障状态。还应现场直观检查事故车辆上的高电压蓄电池壳体，从而防止电解液流出等带来健康危害。高电压系统的维修工作结束时，必须借助诊断系统检查高电压组件。取决于具体车辆，可能只需读取故障码存储器记录或启动特殊服务功能。通过这项检查可以查阅高电压系统大量自诊断过程的结果，因此可以确保成功维修后高电压系统处于正常且可靠运行状态。有疑问时或对高电压系统有不清楚之处时，请与宝马集团的技术支持部（PUMA）联系。这不仅适用于现场直观检查，也适用于通过诊断系统检查。车身作为高电压组件壳体之间的"大电位补偿导线"使用。这个导电连接是高电压系统绝缘监控功能正常运行的决定性前提。更换带涂层或喷漆的车身部件后，必须严格按维修说明要求执行，尤其是混合动力车辆。

例如，为了在安装带涂层的新车身部件时恢复至承载部件的导电连接，可能需要按维修说明中规定的高拧紧力矩执行。这一点对保证高电压系统技术安全措施的正确功能非常重要。除了拧紧力矩外，还要使用规定的连接元件，例如自攻螺钉。

（2）允许和不允许的工作

根据高电压系统的复杂程度和高电压可能带来的危险，确保安全措施功能正常是绝对必要的。为保证这一要求，在此需限制保养和维修工作。所有高电压系统方面工作的基本前提是，售后服务人员必须经过培训成为自安全车辆高电压系统方面的电气专业人员。进行所有工作时，都必须使用3个电气安全规定并严格按检测计划和维修说明执行。

允许松开和恢复高电压导线与高电压组件的电气连接。

高电压导线损坏时，不允许进行维修。例如，不允许维修绝缘层的损坏部位。取而代之的是必须更换整个高电压导线。

如果供电电子装置等高电压组件损坏，则不允许打开壳体维修组件内部。取而代之的是必须按检测计划更换整个高电压组件。

第二节　宝马 eDrive 系统

一、简介

自从引入混合动力汽车和电动汽车以来，经销商的职业要求也随之进行了相应调整。例如在处理混合动力汽车和电动汽车方面增加了特殊电气工程知识和技能。由于混合动力汽车和电动汽车的一些电气系统通过60V以上的直流电压进行驱动，因此需要具备特殊知识和技能并通过相关认证来确保安全无事故地处理这些车辆，用于确保所有可能接触混合动力汽车和电动汽车的员工了解相关行为守则。

二、高电压

（一）高电压系统

混合动力汽车和电动汽车采用高电压系统。高电压系统的构成组件以 60V 以上的直流电压或 30V 以上的交流电压进行驱动。在这些车辆上，组件有时需要通过高电压系统来提供较大电功率，此时可能会出现 500V 以上的电压。BMW X5 xDrive 40e 高电压组件如图 1-120 所示。

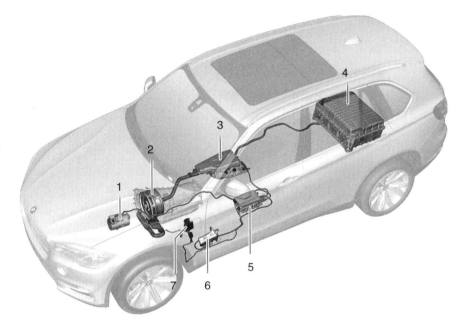

1.电动制冷剂压缩机EKK 2.电机 3.电机电子装置EME 4.高电压蓄电池单元 5.便捷充电电子装置KLE 6.电气加热装置EH 7.高电压充电接口

图 1-120

（二）识别高电压组件

高电压组件警告提示牌如图 1-121 所示。

在每个高电压组件壳体上都有一个标志，维修人员或任何其他车辆用户均可通过该标志直观看出高电压可能具有的危险。所用警告提示牌基于国际标准的危险电压警告标志。

图 1-121

高电压导线的标志方式比较特殊。由于导线可能有几米长，因此在一处或两处通过警告提示牌标志意义不大。维修人员可能会忽视这些标牌。取而代之的是用橙色警告色标志出所有高电压导线，如图 1-122 所示。高电压导线的某些插头以及高电压安全插头（以下称为售后服务断电开关）也可能采用橙色设计。混合动力汽车和电动汽车制造商已就通过上述警告提示牌和高电压导线橙色警告色统一标记出高电压组件达成一致，如图 1-123 所示。

在汽车制造商的安全方案中，售后服务断电开关起到重要作用。它在所有方案中均执行相同功能，即关闭高电压系统的高电压。通过断开售后服务断电开关确保车上没有任何高电压组件带有危险高电压。经汽车制造商达成一致，从 3.0 代混合动力起，售后服务断电开关采用墨绿色设计。只有直接带有高电压的组件保留橙色警告色。在 1.5 代混合动力车辆上，

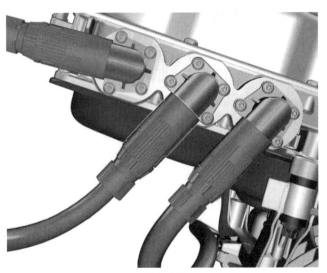

图 1-122

售后服务断电开关已不再带有高电压（逻辑断开）。只有满足以下前提条件的维修人员才允许对带标志的高电压组件进行作业：获得有效认证（针对相应组件和相应车型的有效证书），遵守安全规定，严格按照维修说明操作！仅进行混合动力汽车或电动汽车基本培训（例如通过本产品信息）的维修人员不具备进行高电压

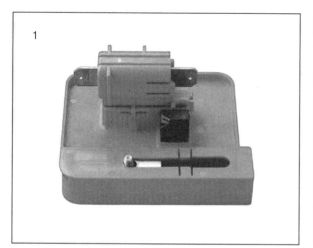
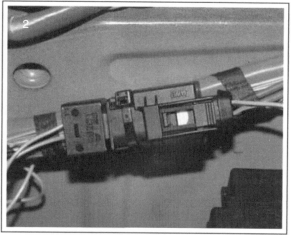
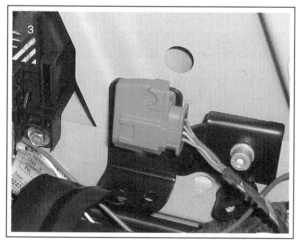

1.1.0代混合动力售后服务断电开关 2.1.5代混合动力售后服务断电开关 3.2.0代混合动力和BMW i车辆售后服务断电开关 4.3.0代混合动力售后服务断电开关

图 1-123

组件作业的资质！

（三）危险

电流流过人体示例如图 1-124 所示。

在人体内，所有运动都通过电控制脉冲触发。所有肌肉反应例如心跳都通过电刺激控制。这种电刺激通过神经束在身体内传导，就像电流在电路中流动一样。接触带电高电压组件时可能导致电流流过人体。直流电流达到约 30mA 以上时，根据通电持续时间可能会出现心跳紊乱情况（可恢复）。身体电流进一步提高时，还会出现严重的内部烧伤并可能导致心室颤动。此外，高电压系统的两个电极或导线短路时有产生电弧的危险。这种情况可能会导致人体严重外部烧伤和眼睛灼伤。

三、混合动力代系

（一）宝马 Active Hybrid

1. 概览

图 1-124

近几年来，宝马引入了一些混合动力汽车。为了加以区分，对历代混合动力的研发水平和维修方案进行了划分。开始时针对高电压组件进行划分，后来也针对高电压蓄电池单元进行划分。1.0代至2.0代宝马混合动力车辆市场名称为宝马 Active Hybrid，3.0代宝马混合动力车辆市场名称为宝马 eDrive。下面对宝马核心品牌之前的历代混合动力车进行了概括，如图1-125所示。

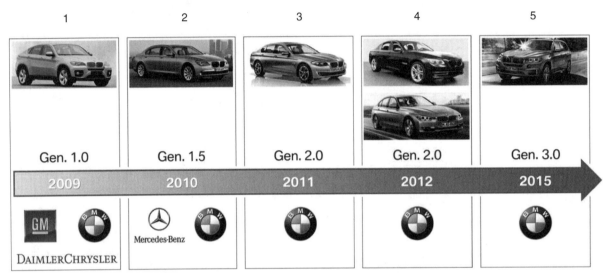

1.2009年底宝马Active Hybrid X6(E72)作为第一款宝马混合动力汽车投放市场。在此所用的技术(所谓的1.0代)是 General Motors、Daimlerchrysler与宝马合作开发的产物 2.作为宝马第二款混合动力汽车于2010年上市，名为 Active Hybrid 7(F04)。它是一款采用1.5代技术的轻混合动力车辆。该技术与 Mercedes Benz 一起研发。在高电压车载网络内使用了高效离子蓄电池 3.Active Hybrid 5(F10H)作为宝马第三款混合动力汽车自2011年底开始生产，它是当时第一款采用2.0代混合动力技术的车辆 4.2012年开始生产采用2.0代技术的其他宝马混合动力汽车：宝马Active Hybrid 7以研发代码F01H/F02H进行生产取代了F04宝马Active Hybrid 3(F3H)同期上市 5.宝马X5 xdrive 40e(F15 PHEV)是宝马核心品牌旗下的第一款3.0代混合动力汽车。这款插电式混合动力汽车于2015年秋季上市

图 1-125

2. 混合动力车辆分组

根据所用电机功率可将混合动力车辆按功率划分为3组。

· 微混合动力车辆

· 轻混合动力车辆

· 全混合动力车辆

表1-7列出了各组混合动力车辆的主要特性。

表 1-7

动力分类	电机功率	电压范围	可用功能
微混合动力	2~3kW	12V	· 节能启 / 停功能
轻混合动力	10~15kW	42~150V	· 节能启 / 停功能 · 助推功能 · 能量回收利用
全混合动力	>15kW	>100V	· 节能启 / 停功能 · 助推功能 · 能量回收利用 · 电动行驶

3. 1.0 代

宝马 Active Hybrid X6 是宝马集团的第一款混合动力汽车，也是唯一一款 1.0 代混合动力汽车。所用的全混合动力方案可使"运动休闲车"（SAV）在短时间内以最高 60km/h 车速进行纯电动行驶。通过冷却液冷

却的镍氢蓄电池为自动变速器内的两个电机提供驱动电能，如图 1-126 所示。

图 1-126

　　通过结合使用发动机与电机的功率可以实现与配备强劲发动机车辆一样的行驶动力和有力加速。在此电机就像一个"电动涡轮"，在加速过程中为发动机提供支持且不会产生额外的燃油消耗。反过来，电机可将车辆减速时的动能转化为电能。只有满足以下前提条件的维修人员才允许对带标志的高电压组件进行作业：获得有效认证（针对相应组件和相应车型的有效证书），遵守安全规定，严格按照维修说明操作！所有 1.0 代混合动力的高电压组件只允许进行更换，不允许维修或打开高电压组件。

　　4. 1.5 代

　　1.5 代混合动力也只有一款车型。宝马 Active Hybrid 7 结合使用了宝马双涡管增压 V8 发动机（N63B4400）和一个电机，该电机仅用于为发动机提供支持或减轻发动机负荷。电动驱动不仅提高了总功率，而且降低了耗油量，如图 1-127 所示。

　　轻混合动力驱动装置的一个技术亮点在于高效锂离子蓄电池，该蓄电池在迄今为止的所有蓄电池型号中具有最高的能量密度。此外还首次实现了在发动机关闭状态下空调和通风装置继续运行，因为这些装置与电机一样都通过高电压车载网络由锂离子蓄电池直接供电。只有满足以下前提条件的维修人员才允许对带标志的高电压组件进行作业：获得有效认证（针对相应组件和相应车型的有效证书），遵守安全规定，严格按照维修说明操作！所有 1.5 代混合动力的高电压组件只允许进行更换，不允许维修或打开高电压组件。

　　5. 2.0 代

　　2.0 代混合动力是批量生产车型宝马 ActiveHybrid X6 和宝马 ActiveHybrid 7 所用驱动技术的后续研发产品，包括 3 款车型。

　　2.0 代混合动力车辆：

图 1-127

·宝马 Active Hybrid 5

·宝马 Active Hybrid 7

·宝马 Active Hybrid 3

2.0 代混合动力的驱动系统在上述三款车型中均由一个采用宝马双涡管增压技术的 6 缸直列发动机和 8 挡自动变速器内的 1 个电机组成。电动驱动装置可实现最高 60km/h 车速的纯电动零排放行驶。平均车速为 35km/h 时，高电压蓄电池可提供充足能量用于以纯电动方式行驶最远 4km，如图 1-128 所示。

2.0 代混合动力的另一个独特特点是具有前瞻性的能量管理系统，该系统不仅能够根据当前行驶情况，而且还能根据即将出现的行驶情况调整运行策略，从而实现更高效的行驶。此外，也可选择 ECO PRO 驾驶

图 1-128

模式，该模式支持非常省油的驾驶方式，尤其是纯电动驾驶方式。1.0 代和 1.5 代混合动力所用的高电压蓄电池仍是与其他汽车制造商合作的产物，而 2.0 代所用的高电压蓄电池为"宝马制造"。宝马 Active Hybrid 7（F01H/F02H）上市后取代了 F04，如图 1-129 所示。

只有满足以下前提条件的维修人员才允许对带标志的高电压组件进行作业：获得有效认证（针对相应组件和相应车型的有效证书），遵守安全规定，严格按照维修说明操作！所有 2.0 代混合动力的高电压组件只允许进行更换，不允许维修或打开高电压组件。

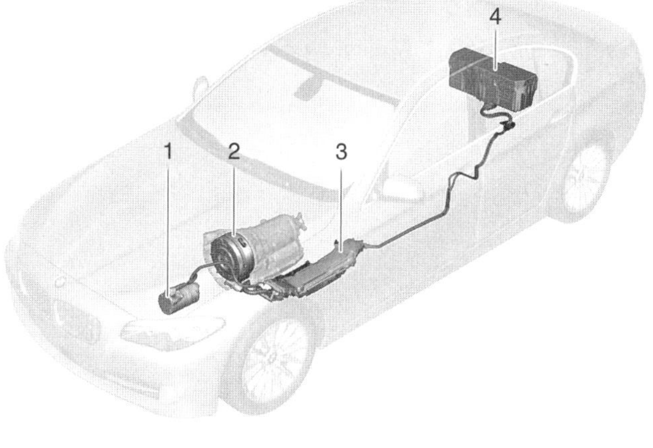

1.电动制冷剂压缩机EKK 2.电机 3.电机电子装置EME 4.高电压蓄电池单元

图 1-129

6. 3.0 代

宝马 530Le（研发代码 F18 PHEV）作为首款 3.0 代宝马混合动力车辆自 2014 年底开始特供中国市场。它是一款插电式混合动力汽车。使用一个锂离子蓄电池作为电蓄能器。宝马 X5 xDrive 40e（研发代码 F15 PHEV）从 2015 年底开始供货。宝马 225 xe 运动旅行车（研发代码 F45 PHEV）从 2016 年春季开始供货。宝马 740e、740Le 和 740Le xDrive（研发代码 G11/G12 PHEV）从 2016 年夏季开始供货。宝马 X1 xDrive 25Le（研发代码：F49 PHEV）是一款第 3 代宝马混动汽车。F49 PHEV 是一款中国本土生产并配备锂离子蓄电池的插电式混动汽车。宝马 X1 xDrive 25Le 在纯电力驱动条件可以行驶 60km 左右。该款汽车在 2016 年四季度上市。G30 PHEV 是第 6 款 3.0 代宝马混合动力车辆。这一代的所有车辆不仅是插电式混合动力车辆，而且是带锂离子高电压蓄电池的全混合动力车辆。

7. 代识别标志

所有宝马 Active Hybrid 车辆通过多个识别标志与传统车辆加以区别。下面以宝马 Active Hybrid 5 为例展示了一般的外部和内部识别标志。根据车辆和所选配置套件，识别标志细节有所不同。

（1）外部视图

以宝马 Active Hybrid 为例，如图 1-130 所示。

1.专用车漆颜色 2.在行李箱盖上带有 "Active Hybrid" 字样 3. 不同的排气尾管 4.在C柱上带有 "Active Hybrid" 字样（在E72上位于驾驶员和前乘客车门上） 5.登车护条带有 "Active Hybrid" 字样 6.空气动力学轮辋 7.经过调整的镀铬外饰 8.隔音盖板带有 "Active Hybrid" 字样

图 1-130

（2）内部

宝马 Active Hybrid 车辆不仅外部而且内部也与传统车辆有所不同。以宝马 Active Hybrid 3 为例，如图 1-131 所示。

在选挡开关旁带有"Active Hybrid"字样。混合动力系统利用率显示如图 1-132 所示。

混合动力特有运行状态和高电压蓄电池充电状态可在组合仪表以及中央信息显示屏 CID 内显示。

（二）宝马 i

1. 概览

宝马 i 在宝马集团内部具有特殊地位。宝马 i 子

图 1-131

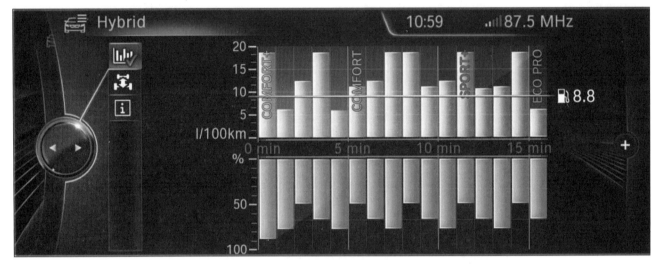

图 1-132

品牌代表创新型汽车和机动性服务、绝妙设计以及通过可持续性对高端品质进行的全新解读。宝马集团的宝马 i 遵守一种整体理念——通过个性化车辆方案、在整个增值链中的可持续性以及增加的机动性服务，宝马 i 对个性化机动性的理解进行了重新定义。宝马 i 的其他组成部分还包括宝马 Connected Drive 和宝马 i 360° ELECTRIC 给电动行驶带来变革的混合动力特有产品和服务，如图 1-133 所示。

采用 Life Drive 结构的车辆架构包括由碳纤维增强塑料（CFK）构成的乘员区以及用于驱动装置和底盘的铝合金模块，由宝马集团研发并在自己的车间

图 1-133

进行生产。这一点同样适用于由电机、电机电子装置和高电压蓄电池构成的 eDrive 驱动装置。随着宝马 i 车辆和宝马 eDrive 技术的引入，高电压蓄电池修理方案进行了相应扩展。在维修方面首次规定可在特定前提条件下对高电压蓄电池内部组件进行更换。此外，也规定在遵守特殊前提条件的情况下可进行 CFK 车身作业。由于在修理高电压蓄电池和 CFK 时存在安全危险并需要专业知识，引入了相应的经销商服务形式。这些服

务形式划分为多个不同的职责范围。

服务形式：

·宝马 i 基本服务

·宝马 i 扩展型蓄电池服务

·宝马 i 全方位服务

宝马 i 基本服务包括各种标准服务，但通过更换内部组件和维修 CFK 结构对高电压蓄电池进行维修除外。宝马 i 扩展型蓄电池服务包括宝马 i 基本服务的全部内容以及高电压蓄电池的维修服务。宝马 i 全方位服务包含上述所有服务内容以及 CFK 结构的维修。

只有满足以下前提条件的维修人员才允许对带标志的高电压组件进行作业：获得有效认证（针对相应组件和相应车型的有效证书），遵守安全规定，严格按照维修说明操作！

2. 宝马 i3

宝马 i3（I01）是宝马集团第一款纯电动驱动的批量生产车型。该车型完全采用电动汽车设计，于 2013 年上市。首次采用的 eDrive 驱动装置可实现最高 150km/h 车速的纯电动行驶。高性能高电压蓄电池与智能化能量管理系统和个性化驾驶模式配合使用可实现最高 160 km 可达里程。可通过充电站或按照专业要求安装的家用插座对高电压蓄电池进行充电。宝马 i3 可选装一个双缸发动机，该发动机并非用于驱动车辆，而是通过一个电机产生电能（增程器），如图 1-134 所示。

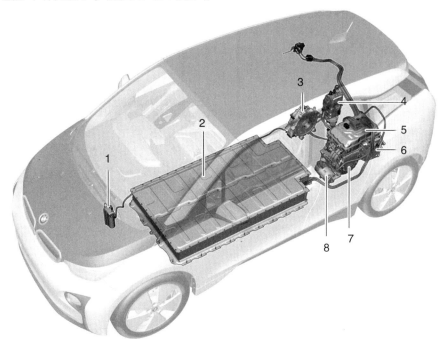

1.电气加热装置 EH　2.高电压蓄电池单元　3.增程电机　4.增程电机电子装置 REME　5.电机电子装置 EME　6.便捷充电电子装置 KLE　7.电机　8.电动制冷剂压缩机 EKK

图 1-134

在调节车内空气方面，除电动制冷剂压缩机外还使用一个电气加热装置。这两个组件都是高电压系统的组成部分。

3. 宝马 i8

2014 年，第一款宝马插电式混合动力车型以跑车的性能和小型车的油耗树立了全新标准。这一点归功于宝马 i8（I12）由两个高性能驱动装置构成的革新性驱动方案。由一个高性能 3 缸汽油发动机配合一个 6 挡自动变速器进行后桥驱动。由一个电机配合一个 2 挡手动变速器进行前桥驱动。宝马集团首次采用的这种车桥平行插电式混合动力可在没有附加组件的情况下实现独特的、独立调节的四轮驱动系统。Life Drive 结构也有助于宝马 i8 减轻重量和增大可达里程，如图 1-135 所示。

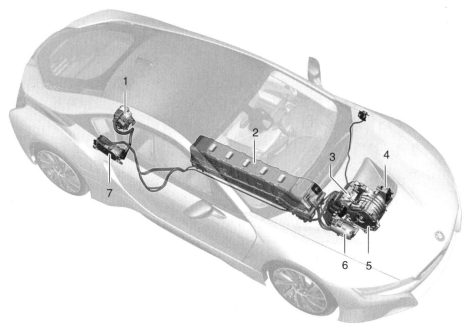

1.高电子启动发动机 2.高电压蓄电池单元 3.电机电子装置 EME 4.电气加热装置 EH 5.电机 6.电动制冷剂压缩机 EKK 7.增程电机电子装置 REME

图 1-135

4.宝马 i 识别标志

宝马 i 车辆没有任何特殊的识别标志，它并非以传统车辆为基础，因此也无须与传统车辆进行区分。宝马 i 品牌本身已揭示出使用了电动传动系，如图 1-136 所示。

除品牌本身外，行李箱盖上的"eDrive"字样以及高电压充电接口也都明确表示车辆使用了高电压系统。

（三）宝马 eDrive

宝马 i 车辆上市后，公司准备引入插电式混合动力车辆。从长远考虑，宝马集团计划在核心品牌的

1.高电压充电接口 2."eDrive"字样

图 1-136

所有车型中都提供插电式混合动力车辆。创新型电动驱动方案宝马 eDrive 可在几乎没有噪声和任何排放的情况下提供最大驾乘乐趣。宝马 eDrive 的核心内容包括 3 个部分——电机、通过制冷剂冷却的锂离子高电压蓄电池和智能化能量管理系统。电机由宝马研发，可在静止状态下以最大扭矩加速并在确保宝马典型动力性的同时实现零排放行驶。能量管理系统与 ECO PRO 模式配合使用可使所有车辆系统恒定保持高效设置，从而在所有行驶情况下确保最佳可达里程。宝马 Connected Drive 和宝马 360° ELECTRIC 的混合动力特有产品及服务现在也可针对采用 eDrive 驱动装置的车型提供额外的电动行驶驾乘乐趣，如图 1-137 所示。

在 eDrive 车辆上首先使用 3.0 代混合动力高电压系统。宝马维修人员必须同样能够对这些系统进行作业。通过技术设计确保所用高电压不会直接危及上述人员的安全。这种系统称为本质安全系统。在此过程中检查相关技术规定和高电压特殊危险说明，从而确保优质服务质量以及安全处理高电压系统。

1. 宝马双涡管增压技术可在确保较低油耗的同时实现最高功率。汽油和柴油发动机结合了最新型喷射系统、全可变功率控制和创新型涡轮增压器技术 2.宝马eDrive对电动汽车进行了完美诠释,包含所有混合动力汽车和电动汽车 3.宝马高效轻量化指的是使用铝合金、最新型镁合金和碳纤维增强塑料等较轻的材料

图 1-137

1. 3.0 代

3.0 代混合动力车辆有一些特征与 2.0 代混合动力不同。

（1）不同之处

· 电动驱动功率提高

· 电动可达里程增大

· 插电式混合动力车辆

· 二氧化碳排放量降低

· 高电压蓄电池单元维修方案相应扩展

（2）维修方案相应扩展

与宝马 Active Hybrid 车辆不同, 3.0 代以上的混合动力型号按规定可打开高电压蓄电池单元, 因此可对各内部组件进行更换, 这些组件为此均采用本质安全设计。

宝马 X5 xDrive 40e：

在宝马高效动力方面, 2015 年秋季推出采用电动驱动方案宝马 eDrive 的第一款第 3 代混合动力车辆。宝马 X5 xDrive 40e（F15 PHEV）通过首次将一个宝马 4 缸汽油发动机与一个电动驱动装置组合使用为同等级车辆树立了全新的效率和耐久性标准。宝马 X5 xDrive 40e 以宝马 X5（F15 PHEV）为基础, 是一款采用锂离子高电压蓄电池的全混合动力车辆。F15 PHEV 可通过充电站进行充电, 也可通过按照

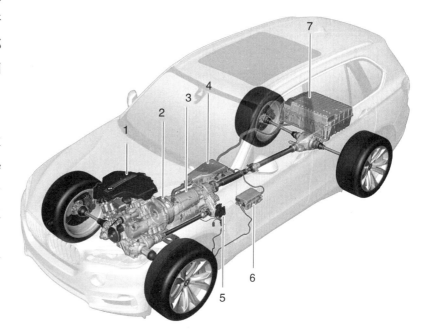

1.发动机 2.电机 3.自动变速器 4.电机电子装置EME 5.高电压充电接口 6.便捷充电电子装置KLE 7.高电压蓄电池单元

图 1-138

专业要求安装的家用插座进行充电，如图 1-138 所示。

研发代码中的缩写 PHEV 代表插电式混合动力电动汽车。只有满足以下前提条件的维修人员才允许对带标志的高电压组件进行作业：获得有效认证（针对相应组件和相应车型的有效证书），遵守安全规定，严格按照维修说明操作！具备额外所需资质才允许修理高电压蓄电池单元。

（3）计划的 eDrive 车辆

将来其他宝马集团车辆也会使用 3.0 代混合动力高电压系统。

2. 带识别标志

可通过一些外部和内部特征识别出宝马 eDrive 车辆。eDrive 车辆外部识别标志如图 1-139 所示，eDrive 车辆内部识别标志如图 1-140 所示。

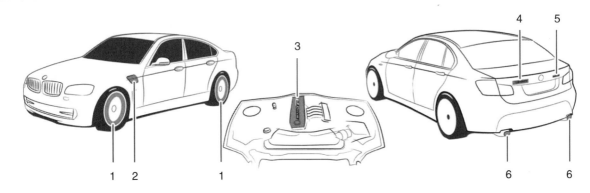

1.空气动力学轮辋（选装） 2.高电压充电接口 3.带"eDrive"字样的发动机隔音盖板 4.行李箱盖上带"eDrive"字样 5.PHEV 车型名称 6.不同的排气尾管

图 1-139

1.车内蓝色车灯设计（选装） 2.中央信息显示屏CID内的特有用户界面和图示 3.组合仪表KOMBI内的特有显示 4.eDrive按钮 5.加油按钮 6.带"eDrive"字样的登车护条

图 1-140

四、培训

（一）作业前提条件

开始对带有高电压组件的车辆进行作业前，必须对相关员工进行指导使其了解高电压系统的电气危险。员工必须熟悉高电压组件的标志以及如何安全操作车辆。如果高电压系统正常且无须接触高电压组件和高电压导线，所有经过相应指导的维修人员均可对混合动力汽车和电动汽车进行一般性修理作业（例如更换轮胎或车轮）。禁止仅经过指导的员工进行高电压组件作业！进行高电压组件作业的员工必须具备所需资质。

一方面，这些员工必须是"高电压本质安全车辆作业专业人员"；另一方面，他们还必须经过相关车型的具体车辆认证（例如"F15 PHEV高电压组件"证书）。只允许具备资质的员工使用专门研发的工具和设备进行相关作业，只有这样才能评估高电压系统的电气危险并确定针对高电压系统的保护措施。经过相应认证的维修人员可断开车上的高电压，在作业期间保持断开状态并对高电压系统进行维修作业。培训范围主要取决于员工的前期培训情况和实际经验。需要通过进行理论和实际培训证明 / 认证员工具备相关知识和技能。如果经过认证的维修人员无法确保断开高电压系统，不允许其在车辆上执行其他措施和作业。从此时起，只允许具备相关资质的宝马电气专业人员进行其他作业。为对宝马 eDrive 车辆的 12V 车载网络和碳纤维车身进行作业，维修人员也需要经过特殊培训认证。

（二）责任

企业主或受其委托的管理人员为企业劳动保护负责。安排工作时必须避免危及员工生命和健康。这一点也适用于在带有高电压组件的车辆上进行作业。负责人必须确保只有满足上述前提条件的员工才能在带有高电压组件的混合动力汽车和电动汽车上进行作业。如果需要对高电压组件本身进行作业，必须确保整个系统断电。只允许经过专门培训的人员（经过具体车辆"高电压组件"认证的人员）进行相关作业。

（三）进行培训

1. 培训等级

宝马集团提供针对维修人员培训的培训方案。通过理论与实际学习顺序相结合的在线和现场培训来进行培训认证。在此分为本质安全和非本质安全高电压系统。第 1 培训等级的维修人员允许进行"宝马高电压技师"项目并对本质安全高电压系统进行作业。第 2 培训等级的维修人员允许进行"宝马电气专业人员"项目并对非本质安全高电压系统进行作业，如表 1-8 所示。

表 1-8

培训等级	1	1	2
培训项目	宝马高电压技师	宝马高电压技师 + 高电压蓄电池认证	宝马电气专业人员
任务	对高电压本质安全系统进行规定作业	对高电压本质安全系统和高电压蓄电池进行规定作业	对非本质安全高电压系统和高电压蓄电池进行独立带电作用
培训	混合动力基础知识 + 具体车辆高电压组件培训（认证）（按混合动力代系）	+ 具体车辆高电压蓄电池代系培训（认证）	包含多个部分的培训，维修人员通过该培训能够找出非本质安全高电压系统的故障并按专业要求进行修理
培训持续时间	1 天 +1~2 天	+2 天（按高电压蓄电池代系）	+25 天
用于	所有混合动力和宝马 i 车辆	所有 3.0 代以上混合动力车辆和所有宝马 i 车辆	所有混合动力和宝马 i 车辆

2. 流程

3.0 代以下混合动力高电压组件培训流程如图 1-141 所示。

"高电压本质安全车辆作业专业人员"培训是培训基础，只有顺利完成该培训后才允许"高电压本质安全车辆作业专业人员"进行具体车辆培训。

3. 宝马 i

（1）进行宝马 i 车辆培训时有一些特殊事项

宝马 i 培训流程如图 1-142 所示。

（2）特点

通过高电压蓄电池本质安全结构以及具体车辆附加培训在维修方面首次实现了可进行高电压蓄电池修理。

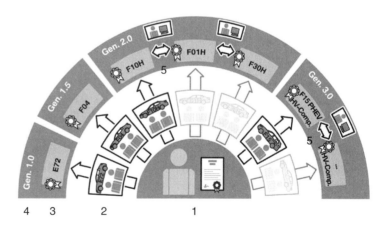

1.通过混合动力技术基础知识培训获得"高电压本质安全车辆作业专业人员"认证 2.具体车辆现场认证 3.具体车辆认证 4.混合动力代系 5.通过网上培训 WBT 进行相同混合动力代系另一辆混合动力和电动汽车的具体车辆培训

图 1-141

针对所有宝马 i 车型都必须完成一个独立的学习流程。但之后无法仅通过网上培训进行具体车辆认证。

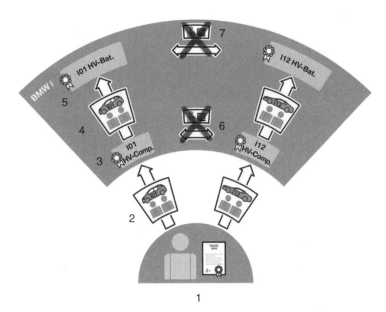

1.通过混合动力技术基础知识培训获得"高电压本质安全车辆作业专业人员"证书 2.具体车辆高电压组件现场培训 3.具体车辆高电压组件认证 4.具体车辆高电压蓄电池现场培训 5.具体车辆高电压蓄电池认证 6.无法通过网上培训进行其他宝马i车辆的具体车辆高电压组件培训 7.无法通过网上培训进行其他宝马i车辆的具体车辆高电压蓄电池培训

图 1-142

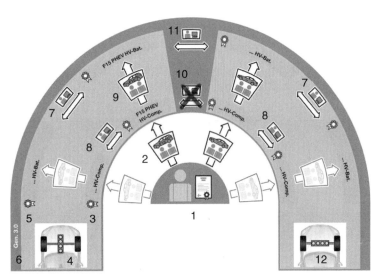

1.通过混合动力技术基础知识培训获得"高电压本质安全车辆作业专业人员"证书 2.具体车辆高电压组件现场培训 3.具体车辆高电压组件认证 4.发动机纵向安装 5.具体车辆高电压蓄电池代系认证（前提是具体车辆高电压组件培训） 6.混合动力代系 7.可通过网上培训进行同一代高电压电池且安装位置相同的其他混合动力汽车和电动汽车具体车辆高电压蓄电池培训（前提是具体车辆高电压组件认证） 8.可通过网上培训进行同一代混合动力且安装位置相同的其他混合动力汽车和电动汽车具体车辆高电压组件培训 9.具体车辆高电压蓄电池现场培训 10.无法通过网上培训进行安装位置不同的其他混合动力汽车和电动汽车具体车辆高电压组件培训 11.可通过网上培训进行同一代高电压电池且安装位置不同的其他混合动力汽车和电动汽车具体车辆高电压电池培训（前提是具体车辆高电压组件培训） 12.发动机横向安装

图 1-143

除进行上述培训外，还需要具备特殊的经销商服务形式才允许对宝马i车辆进行作业。

4. 3.0 代

对 3.0 代以上混合动力车辆进行培训时同样有一些特殊事项。3.0 代以上混合动力培训流程如图 1-143 所示。

特点：

·可进行具体车辆高电压蓄电池代系认证

·区分不同的发动机安装位置（发动机纵向安装和发动机横向安装）

·可通过网上培训进行同一代混合动力且发动机安装位置相同的其他混合动力汽车和电动汽车具体车辆高电压组件培训

·无法通过网上培训进行发动机安装位置不同的其他混合动力汽车和电动汽车具体车辆培训。为此必须进行单独的现场培训

·可通过网上培训进行同一代高电压蓄电池且发动机安装位置不同的其他混合动力汽车和电动汽车具体车辆高电压蓄电池培训

5. 有效性

维修人员顺利完成培训后获得相应证书。

（1）高电压组件前提

·顺利完成"高电压本质安全车辆作业专业人员"

·顺利完成相应网上培训

（2）高电压蓄电池修理前提

·具体车辆高电压组件认证

·顺利完成相应网上培训

只有满足所有前提条件，相应证书持有者才有权对相应高电压组件或高电压蓄电池进行修理作业。

五、重要说明

（一）高电压蓄电池充电

不允许在高电压蓄电池充电的同时加注

燃油箱！插有充电电缆时不要加油，与易燃物品也要保持充足安全距离。否则，未按规定插入或拔出充电电缆时存在因燃油燃烧等导致人员受伤或物品损坏的危险。高电压蓄电池充电期间，冷却液泵和电子扇可能会自动接通，因此在发动机室盖打开状态下或对电机电子装置和便捷充电电子装置的冷却液循环回路进行作业时不允许为高电压蓄电池充电。为混合动力汽车或电动汽车的高电压蓄电池充电时，使用标准充电电缆、AC快速充电电缆或充电站的固定安装式电缆。在充电过程中充电电缆自动锁止。拔出充电电缆前必须结束充电过程。通过家用插座为高电压蓄电池充电会导致插座上出现较高持续负荷，在其他家用情况下不会出现这种情况。因此必须遵守以下说明：

- 不要使用适配器或延长电缆
- 充电后首先拔出车上的充电插头，之后拔出墙上的充电插头
- 避免绊倒危险以及充电电缆和插座机械负荷
- 不要将充电插头插在损坏的插座上
- 不要使用损坏的充电电缆
- 为高电压蓄电池充电时，充电插头和充电电缆可能会变热

如果变得过热，则充电插座不适于进行充电或充电电缆已损坏。应立即中止充电并让电气专业人员进行检查（非宝马电气专业人员）。

- 反复出现充电故障或中断情况时，联系具有相应资质的维修人员
- 只能使用防潮和防侵蚀的插座
- 不要用手指或物体接触插头触点区域
- 切勿自行维修或改动充电电缆
- 进行清洁前将电缆两侧均拔出。不要浸入液体内
- 充电期间不允许洗车
- 只能在经过电气专业人员检查的插座上进行充电（非宝马电气专业人员）
- 在不了解的基础设施/插座上充电时，遵守用户手册内的特殊说明。在车上将充电电流设置为"较低"

（二）车辆加油

不允许在高电压蓄电池充电的同时加注燃油箱！在一些混合动力车辆上使用所谓的压力燃油箱。这样可在纯电动行驶模式下确保汽油蒸气留在压力燃油箱内。只有在发动机运行期间才会将汽油蒸气输送至发动机。因此必须在车辆加油前降低压力燃油箱内的压力。可通过按压一个特殊按钮来实现。之后才能打开燃油箱盖并为车辆加油，如图1-144所示。

表1-9概括了在哪些混合动力汽车和电动汽车上需要通过相应按钮开始加油过程以及这些按钮安装在车上的哪些位置。

（三）无噪声行驶

宝马eDrive车辆的设计要求是始终或有时能够以纯电动方式行驶。这样会导致由于听不到发动机噪声，

图1-144

表1-9

车辆	按钮安装位置
E72	驾驶员脚部空间，A柱饰板上
I01（仅带有增程器）	驾驶员脚部空间，A柱饰板上
I12	驾驶员侧车窗升降器开关组件
F15 PHEV	驾驶员脚部空间，A柱饰板上

行人和其他道路使用者无法像以前那样感觉到车辆的存在。根据规定可能装有车辆发声器 VSG。该控制单元通过一个扬声器发出随车速变化的噪声。这样可使车辆在电动行驶期间被其他道路使用者察觉到。

（四）清洗车辆

不允许在高电压蓄电池充电的同时清洗车辆！在清洗过程中充电接口盖必须处于关闭状态，否则可能导致车辆损坏。高电压充电接口上有污物时，必须由经过相应培训的人员进行清洁，否则存在因电压较高导致受伤的危险。必须定期清除异物，例如打开发动机室盖时风挡玻璃下方的树叶。尤其在冬季需要经常清洗车辆，因为污物和融雪盐较多可能会导致车辆损坏。

（五）辅助启动

1. 1.0 代至 3.0 代

可在 1.0 代至 3.0 代混合动力车辆上按照宝马车辆用户手册规定进行辅助启动。宝马 i 车辆例外。为了避免人身伤害或两款车型损坏，必须遵守宝马车辆用户手册所述工作步骤。

2. 宝马 i 车辆

高电压蓄电池和 12V 蓄电池电量过低时，车辆无法运行。出现这种情况时不通过 12 V 辅助启动方式进行辅助启动，而是将高电压蓄电池充电电缆连接到车上，这样可对 12V 蓄电池和高电压蓄电池进行充电。不通过传统辅助启动方式对宝马 i 车辆的 12V 蓄电池进行跨接或直接充电。为 12V 蓄电池充电时，将高电压蓄电池充电电缆连接到车上。

（六）拖走车辆

拖走车辆如图 1-145 所示。

图 1-145

不允许对宝马 i 车辆和所有其他混合动力车辆进行牵引，而是只能放在装载面上进行运输，否则可能会造成损坏。为将故障车辆从危险区域移开，可以最高 10km/h 车速短距离推动车辆。只能在选挡杆位置 N 下推动车辆。12 V 蓄电池电气故障或电量过低时可能会出现无法更换选挡杆位置的情况。

（七）发生事故后的处理方式

1. 说明

发生事故后不要触摸高电压组件，例如橙色高电压导线或与所露出高电压电缆接触的部件，否则会因系统高电压存在电击致命危险。不要触摸高电压蓄电池溢出的液体，否则可能会导致皮肤腐蚀。如果驾驶混合动力汽车或电动汽车时发生事故，在高电压系统方面应采取以下附加安全措施。

2. 安全措施

· 有不同语言版本的救援手册可供救援人员、警察或消防人员下载

· 挂入选挡杆位置 P，操作驻车制动器并关闭行驶准备

· 离开车辆后将其锁止

· 不要吸入高电压蓄电池溢出的气体，必要时与车辆保持距离

第二章 宝马第 1.0 代 Active Hybrid X6 （E72）车系

第一节 宝马第 1.0 代 Active Hybrid X6（E72）车系技术特点

一、简介

2009 年底，宝马推出第一款采用混合动力技术的量产车型 宝马 Active Hybrid X6（研发代码 E72）。与目前市场上所有其他混合动力车辆不同的是，这款全世界最先采用混合动力驱动装置的全能轿跑车（SAC）不仅效率很高，功率和敏捷性也同样出色，在动力性能方面堪为众多竞争对手的绝对标杆。除动力性外，宝马 Active Hybrid X6 还能在几乎同样出色的动力性能下将宝马 X6 xDrive 50i 的法定标准油耗降低 20%。宝马 Active Hybrid X6 作为全混合动力驱动的全能轿跑车结合使用 V8 汽油发动机和电动驱动装置。宝马 Active Hybrid 技术能够通过纯电动方式、发动机动力或结合使用两种驱动方式实现行驶。采用纯电动、无 CO_2 排放的驱动方式时，最高车速可达 60km/h。发动机会根据负荷要求启动并在低于 65km/h 的滑行阶段自动关闭。宝马 Active Hybrid X6 的驱动系统由采用宝马 Twin Power 涡轮增压技术的 300 kW 大功率 V8 发动机和 67 kW 或 63 kW 两个电动机组成。最大可用系统功率为 357 kW，最大扭矩可达 780 N·m。因此，宝马 Active Hybrid X6 堪称全世界最高效的混合动力车辆。其 0~100km/h 加速时间为 5.6s，在符合 EU5 要求的循环工况试验中耗油量为 9.9L，这相当于 CO_2 排放量为 231 g/km。

（一）识别标志

1. 外部

从外部看，宝马 Active Hybrid 车辆与其他宝马车辆有多处不同。其中包括体现创新 宝马 Active Hybrid 技术的 "Bluewater 金属漆" 独特外观颜色，这种外观颜色仅用于 Active Hybrid 车辆。当然，客户也可以为其 Active Hybrid 车辆选择其他颜色，如图 2-1 所示。

轮辋也采用了独特的外观造型。有运行方向要求的涡轮叶片形状不仅美观，而且还改

1.发动机室盖隆起 2. "Streamline 297" 轮辋造型 3.车漆颜色 "Bluewater 金属漆" 4.带有 "Active Hybrid" 字样的铝合金徽标 5.行李箱盖铝合金装饰条上的 "Active Hybrid" 字样 6.带有 "宝马Active Hybrid" 字样的登车护条 7.发动机室内供电电子装置上的 "Active Hybrid" 字样

图 2-1

善了车辆的空气动力学特性（CO_2 排放减少 1g）。突出的 Powerdome 动感曲面为供电电子装置提供了附加安装空间。行李箱盖下部区域内的附加铝合金装饰条带有"Active Hybrid"字样。在驾驶员和前乘客车门的铝合金徽标上同样带有"Active Hybrid"标志。带有"宝马 Active Hybrid"字样的登车护条使登车区域更具品质。

2. 内部

宝马 Active Hybrid X6 内部也与其他 X6 车辆存在一些不同之处。例如奢华的"象牙白"色真皮配置使得车内空间极具品位，蓝色的对比缝线则巧妙地使人联想到混合动力技术，如图 2-2 所示。

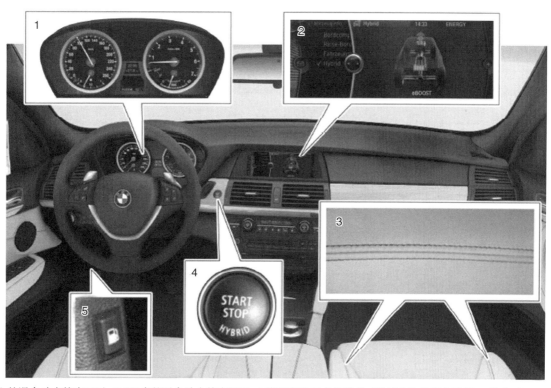

1.组合仪表上的混合动力特有显示　2.CID内的混合动力特有显示　3.带有蓝色对比缝线的"象牙白"色真皮配置　4.带有"HYBRID"字样的 START-STOP 按钮　5.加油按钮

图 2-2

其他区别标志还包括带有"HYBRID"而不是"ENGINE"字样的 START-STOP 按钮、带有混合动力特有显示的组合仪表。此外，还可以根据客户要求在 CID 内显示动力 / 能量流。

（二）双模式主动变速器

双模式主动变速器如图 2-3 所示。

两个大功率电动机（67kW 和 63kW）和"双模式主动变速器"集成在一个与传统自动变速器大小相仿的壳体内。通过将两个电动机集成在宝马 Active Hybrid X6 双模式主动变速器内可实现两种驱动方式。双模式主动变速器以无级 ECVT 变速器（电动连续可变变速器）为基础，该变速器可在两种功率分支式运行状态下工作。顾名思义，双模式主动变速器可以明显

图 2-3

改变电动和机械传输功率的比例。根据行驶情况，可通过电动机、发动机或以可变比例使用两种驱动装置驱动。

处于模式1时主要在低速行驶状态下通过使用电动机显著降低耗油量，同时产生附加驱动力。

处于模式2时则在高速行驶状态下降低电动传输功率，同时提高发动机效率（通过负荷点调节）和燃油效率。处于这种模式时，两个电动机也以不同方式工作，除提供电动驱动助力和发电机功能外，还特别负责以最高效率划分挡位。

两种电动机运行模式都采用固定传动比。因此实际上有7个挡位可供使用，通过这些挡位可在确保宝马特有动力性能的同时在车辆整个运行范围内实现完全、高效的混合动力功能。

（三）镍氢蓄电池

镍氢蓄电池是全混合动力驱动装置最重要的组件之一，因为它决定了功率和可达里程，如图2-4所示。由于这种类型的蓄电池存储容量较大且比较成熟，因此目前所有全混合动力车型均采用这种蓄电池。宝马Active Hybrid X6采用的288V蓄电池且重83kg，容量为2.4kWh。高电压蓄电池通过冷却液散热，必要时还通过空调系统冷却。因此高电压蓄电池的冷却效率比Lexus RX 450h等车辆采用的传统风冷系统高得多。因此，宝马Active Hybrid X6的蓄电池可以更加高强度地使用并实现更长久的功率输出，特别是在极端车外温度情况下。

图2-4

（四）行驶情况

1. 发动机节能启/停功能

宝马Active Hybrid X6是第一款配备发动机节能启/停功能的自动变速器车辆。发动机节能启/停功能在怠速情况下关闭发动机，例如遇到红灯或堵车时，这样可以减少CO_2排放量并降低耗油量。高电压蓄电池在车辆静止状态下也能为空调和车辆照明等提供所需能量。如果高电压蓄电池电量不足，就会启动发动机，从而通过电动机为高电压蓄电池充电并为用电器提供充足的电能。如果车辆驶近交通信号灯，则制动过程中车辆静止前（达到规定速度时）会关闭发动机。

2. 起步

在发动机达到运行温度且高电压蓄电池电量充足的情况下踩下加速踏板，宝马Active Hybrid X6就会以电动方式起步。起步时在低转速范围内使用电动机提供的较高扭矩。从静止状态起步时仅由电动机驱动车辆，由高电压蓄电池提供所需能量，发动机仍处于关闭状态（发动机处于运行温度）。

3. 行驶

在车速不超过约60km/h的情况下，Active Hybrid X6可以通过纯电动方式行驶最多2.5km。车速更低时可以行驶更远。这样行驶不仅不会排放废气，而且几乎没有噪声。只有在仅依靠两个电动机的功率不足以驱动车辆时，才会启动发动机。在行驶过程中会根据车速和蓄电池充电状态以不同比例驱动发动机和电动机。低速至中速行驶时，发动机不在最佳范围内运行。而电动机在较低转速时便可输出最大扭矩。高电压蓄电池电量充足时，从高电压蓄电池获取车辆电动驱动所需的电能。只有高电压蓄电池电量不足时，才会频繁启动发动机为高电压蓄电池充电。以恒定高速行驶期间，发动机以最佳效率运行。在该功率范围内电动机则需要从高电压蓄电池获取过多的能量，因此通过发动机提供绝大部分驱动力。高电压蓄电池电量不足时，发动机的部分功率还将通过电动机用于蓄电池充电。只有高电压蓄电池温度高于10℃时，才允许以纯电动方式行驶。

4. 加速

电动机的突出优势在于起步时可以提供非常直接而强大的功率输出。在加速和超车过程中，这种感觉会尤为突出。在交通信号灯处、斜坡上或超车过程中急加速时，如果高电压蓄电池电量充足，便可以额外提供能量并通过电动机作为驱动功率使用。此功能称为助推功能。通过结合使用发动机和电动机的功率可以实现与使用更大功率发动机车辆一样的行驶动力和加速度。在此电动机相当于一种"电动涡轮"，在加速过程中为发动机提供助力且不会带来额外的燃油消耗。

5. 制动能量回收利用

驾驶员松开加速踏板后，电动机的作用相当于发电机，可以免费产生电流，因此它就像自行车发电机一样将滑行车辆的动能转化为电能。高电压蓄电池较大的存储容量有助于充分发挥回收利用潜能。在宝马Active Hybrid X6和宝马Active Hybrid 7上，电动机可以回收行驶车辆的部分动能并将其以电能形式存储在高电压蓄电池内。混合动力驱动装置的主要优点是可以利用下坡行驶或制动时释放出的动能。多余动能不再转化为车轮制动器上的热能，而是通过作为发电机工作的电动机转化为电能并存储在高电压蓄电池内。这些可以之后重复使用的能量不必通过发动机产生。稍稍踩下制动踏板时，电动机会产生更多电流，起到发动机制动器的作用。这种功能被称为能量回收利用或再生制动。只有在需要紧急制动的情况下才必须操作机械车轮制动器。

（五）合作

为了更快地向市场提供各种创新性技术解决方案，宝马集团与其他制造商以两种方式进行合作。由此获得针对不同混合动力方案的组件，这些组件可以通过一个模块化系统针对各种车型研发出相应的高节能型驱动方案。就Active Hybrid 7所用的部分混合动力而言，梅赛德斯汽车集团是我们的合作伙伴。就Active Hybrid X6所用的全混合动力而言，除戴姆勒外，克莱斯勒和通用汽车也加入了"全球混合动力科技研发团队"（Global Hybrid Cooperation）。"全球混合动力科技研发团队"汇集了三大合作伙伴的知识技能，推动面向未来的混合动力驱动装置不断研发。单个组件诸如双模式主动效变速器和蓄电池等的情况也比较相似，只是具体设计根据不同品牌进行了相应调节。因此即使是宝马Active Hybrid也保留了典型的宝马特色，即相对于竞争对手的混合动力车辆来说更加强劲有力，更加动感十足。在开展合作的过程中可以通过持续使用共同的组件、生产设备和供应商大大降低成本，从而使客户受益。

（六）配置和技术数据

Active Hybrid X6仅为左侧驾驶型车辆，因此它并非面对全球市场，而是仅限特定市场使用。一些底盘控制系统诸如主动转向系统、动态驾驶系统、垂直动态控制系统和动态驱动力分配系统并未配备给宝马Active Hybrid X6使用。但车辆出色的动力性能仍然保持不变，而且明显高于竞争对手，如表2-1所示。

表 2-1

项目	单位	BMW ActiveHybid X5	BMW X6 xDrive 50i	Mercedes ML450 Hybrid	Lexus RX 450h
发动机和变速器					
结构形式/气缸数/每缸气门数		V/8/4	V/8/4	V/6/4	V/6/4
排量	cm³	4395	4395	3498	3456
变速器		7挡自动变速器	6挡自动变速器	无级自动变速器	无级自动变速器
动力传动系		四轮驱动	四轮驱动	四轮驱动	四轮驱动
发动机最大功率	kW	5500～6400r/min时300	5500～6400r/min时300	6000r/min时205	6000r/min时183

项目	单位	BMW ActiveHybi d X5	BMW X6 xDrive 50i	Mercedes ML450 Hybrid	Lexus RX 450h
发动机扭矩	N·m	1750~4500r/min 时 600	1750~4500r/min 时 600	3000~5500r/min 时 350	4800r/min 时 317
总系统功率	kW	357	300	250	220
总扭矩	N·m/r·min^{-1}	780	600	517	无数据
蓄电池类型		镍氢蓄电池	—	镍氢蓄电池	镍氢蓄电池
动力性					
0~100km/h 加速时间	s	5.6	5.4	8.2	7.8
最高车速（限速）	km/h	236	250	210	200
耗油量和排放量					
欧规市内耗油量	L/100km	10.8	17.8	无数据	6.6
欧规市郊耗油量	L/100km	9.4	9.9	无数据	6.0
欧规综合耗油量	L/100km	9.9	12.7	7.7	6.3
CO_2 排放量	g/km	231	299	185	148

1. 动力传动系统

由于 E72 采用混合动力驱动装置，其动力传动系统在部分方面与 E71 存在明显区别。表 2-2 所示概括了 X6 xDrive 50i 与 Active Hybrid X6 传动系统的主要区别。

表 2-2

组件	X6 xDrive 50i	Active Hybrid X6	备注
发动机	N63B44D0	N63B44O0 改进型	皮带传动机构，冷却系统，发动机管理系统
变速器	自动变速器 GA6HP26Z TU	混合动力主动变速器	全新研发的主动变速器，包含 2 个电动机、4 个固定的基本挡位和 2 个 ECVT 模式
后部传动轴	钢制，插在后桥主减速器上	钢制，插在后桥主减速器上	E72 采用了 E71 的部件
前部传动轴	钢制，插在分动器上	钢制，插在分动器上	E72 采用了 E71 的部件
后桥主减速器	HAG 225	HAG 215	E72 无动态驱动力分配系统，i=3.64
分动器	ATC700	ATC700	继承部件，由于固定原因而对壳体进行改进
前桥主减速器	VAG 180 A	VAG 180 A	E72 传动比经过改进（i=3.64）

2. 底盘和行驶动态管理系统

E72 与 E71 的行驶动态管理系统存在一些不同之处。在此简要概况了这些区别，如表 2-3 所示。

由于可供使用的安装空间较小，因此在 E72 上无法安装动态驱动力分配系统。电动机械式助力转向系统

表 2-3

系统	E71 xDrive 50i	E72 Active Hybrid X6
xDrive 四轮驱动系统	标准配置	标准配置
动态驱动力分配系统	标准配置	不可用
转向系统	液压助力转向系统，选装配置主动转向系统	电动机械式助力转向系统，选装配置主动转向系统不可用
动态驾驶系统	作为选装配置在"自适应驾驶系统"套件中提供使用	不可用
垂直动态控制系统（电子减震器控制系统的后继开发产品）	作为选装配置在"自适应驾驶系统"套件中提供使用	不可用
带有车辆高度调节系统的空气悬架轮胎	标准配置	标准配置
轮胎	轮胎失压显示（RPA）	轮胎压力监控系统

（带有电子助力转向功能）首次应用于宝马集团的 X 系车型。与液压助力转向系统不同，该系统可以在纯电动行驶期间发动机静止的情况下实现转向助力。这也是 E72 不提供主动转向系统（液压转向系统）的原因所在。对于选装配置动态驾驶系统而言情况相似，这种液压系统也只能在发动机运转时工作。因此它并不适用于 E72。为了识别出轮胎充气压力降低的情况，美规和欧规 E72 均配备主动测量系统"轮胎压力监控系统"。根据具体国家规格使用不同无线电频率。

二、改进型 N63 发动机

（一）冷却系统

E72 的 N63 发动机也采用两个彼此独立的冷却循环回路。其中一个用于发动机冷却，另一个用于增压空气冷却。车辆还有第三个用于高电压蓄电池的冷却循环回路。

1. 发动机冷却系统

用于发动机冷却的冷却循环回路也为废气涡轮增压器轴承座提供冷却液。功率 20W 的电动辅助冷却液泵为机械主冷却液泵提供支持并确保在发动机关闭后仍对废气涡轮增压器进行冷却，如图 2-5 所示。

相对于人们所熟悉的 N63 发动机（应用于 E71 和 F01/F02）而言，发动机冷却循环回路的设计有所不同。电动辅助冷却液泵在发动机冷却循环回路中的安装位置确保在发动机静止的情况下冷却液可以经过变速器油冷却液热交换器，这样可以确保在纯电动行驶期间对变速器和两个电动机进行冷却。与使用 N63 发动机的其他车型一样，该泵在发动机关闭后仍会继续运行，以便排出废气涡轮增压器的余热。根据具体情况这一过程可能需要 15~20 min。

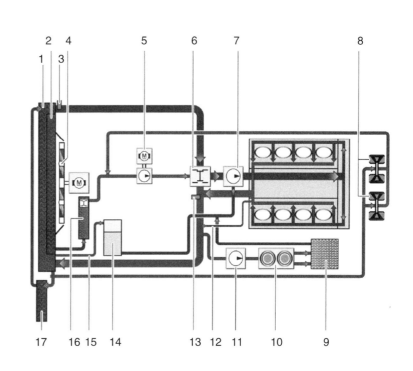

1.冷却液散热器　2.用于变速器冷却的冷却液散热器　3.散热器出口处的冷却液温度传感器　4.电风扇　5.用于涡轮增压器冷却的电动辅助冷却液泵　6.特性曲线式节温器　7.冷却液泵　8.废气涡轮增压器　9.暖风热交换器　10.双阀门　11.用于车辆暖风系统的电动辅助冷却液泵　12.气缸盖通风管路　13.发动机出口处的冷却液温度传感器　14.补液罐　15.冷却液散热器通风管路　16.变速器油冷却液热交换器　17.独立安装的辅助冷却液散热器

图 2-5

2. 增压空气冷却系统

E71 的 N63 发动机首次实现了间接增压空气冷却，即通过一个独立低温冷却循环回路内的冷却液将增压空气的热量释放到环境中去。该冷却循环回路在 E71 上仅负责执行该项任务，而在 F01/F02 上它还要对发动机控制单元进行冷却，如图 2-6 所示。

在 E72 上，冷却液不对发动机控制单元进行冷却，而是对两个附加控制单元、供电电控箱（PEB）和辅助电源模块（APM）进行冷却，因此对低温冷却循环回路进行了相应改进。

3. 电动冷却液泵

由于必须对额外组件进行冷却且因此会造成压力损失，安装了第二个 50W 的电动冷却液泵。仅靠一个

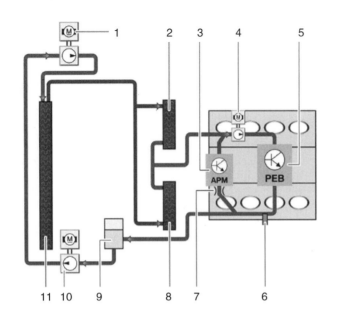

1.电动冷却液泵 50 W 2.增压空气冷却器 3.辅助电源模块（APM） 4.电动冷却液泵 20 W 5.供电电控箱（PEB） 6.冷却液温度传感器 7.节流阀 8.增压空气冷却器 9.补液罐 10.电动冷却液泵50 W 11.冷却液散热器

图 2-6

50 W 泵是无法保持所需体积流量的。第二个泵与第一个泵串联连接。

（1）附加 20W 冷却液泵

另一个功率 20W 的电动冷却液泵用于补偿 APM 与 PEB 间的压力损失。冷却液平行经过 APM 和 PEB。PEB 控制的电功率远远高于 APM。因此 PEB 的冷却需求也明显较高。因此 PEB 内必须拥有更多冷却面积，而这样又会导致流动阻力和压力损失较高。如果不采取特殊措施，冷却液将主要经过流动阻力较低的 APM。APM 内的一个节流阀起到部分但不是完全的补偿作用，其余部分由附加 20W 冷却液泵负责。

（2）短路回路

20W 冷却液泵的另一项任务是形成一个较小的"短路回路"。车外温度较低时可关闭两个 50W 泵，因为不需要冷却功率。PEB 后有一个温度传感器，用于进行这项调节，当然也会读取 PEB 内温度传感器的数据。

（3）电气连接

两个 50 W 电动冷却液泵通过 LIN 总线连接在数字式发动机电子系统上，而车内所有的 20W 泵则通过一个脉冲宽度调制信号控制。

（4）继续运行

为了在关闭发动机后仍能够排放出 PEB 和 APM 的热量，现在针对低温冷却循环回路也提供继续运行功能。为此，所有 3 个冷却液泵都继续运行。

（5）温度情况

PEB 后温度传感器上的低温冷却循环回路调节温度为 65℃。自 70℃起开始降低 PEB 内和 APM 上的控制功率，从而减少发热量。

（二）皮带传动机构

E72 最突出的特点之一是纯电动行驶方式。此时也应该提供助力转向和空调等功能。由于在此运行模式下发动机处于静止状态，无法驱动转向助力泵和空调压缩机，因此这两个系统以电动方式驱动并脱离于皮带传动机构。由于 E72 发动机上没有传统的发电机，因此皮带传动机构也取消了这一部件，如图 2-7 所示。

由此可见，皮带传动机构设计非常简单，仅驱动发动机所需的冷却液泵。由于使用的是弹性皮带并用 N63 所用的"滚筒式张紧系统"安装，因此不需要张紧轮。弹性皮带依旧使用 4 肋多楔带。

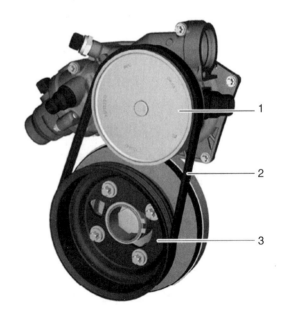

1.冷却液泵 2.多楔带 3.扭转减震器上的皮带轮

图 2-7

三、主动变速器

（一）概览

E72 的主动变速器由 General Motors、Daimler Chrysler 即现在的 Daimler 和 宝马合作研发。与传统自动变速器一样，变速器输入端和变速器输出端之间传动比不同。从驾驶员的角度来说共有 7 个前进挡位。在变速器内部，这 7 个前进挡位通过 4 个固定的基本挡位和具有可变传动比的两个模式实现。在 4 个固定的基本挡位中，发动机和变速器输出轴的转速比固定不变。而具有可变传动比的模式则不同：发动机与变速器输出轴的转速比能够进行连续可变调节，因此这种模式称为 CVT（continously variable transmission）。由于 E72 主动变速器具有两个 CVT 模式，因此资料中通常也称其为"双模式主动变速器"，通过集成在主动变速器内的两个电动机对传动比进行电动调节。因此这两种模式也称为 ECVT，其中"E"代表"电动"。电动机作为混合动力驱动装置的主要组成部分还用于为发动机提供支持（助力）以及回收利用制动能量。4 个固定的基本挡位和两个 ECVT 模式通过 3 个行星齿轮箱和 4 个片式离合器实现或连接。因此从狭义角度来说，主动变速器包括以下部件，如图 2-8 所示。

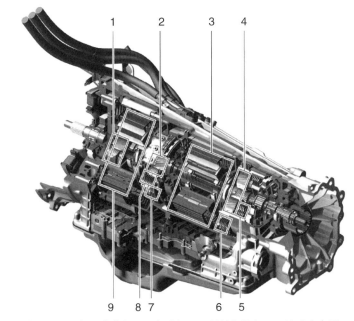

1.行星齿轮组1 2.行星齿轮组2 3.电动机B 4.行星齿轮组3 5.片式离合器2 6.片式离合器1 7.片式离合器3 8.片式离合器4 9.电动机 A

图 2-8

· 2 个电动机

· 3 个行星齿轮组

· 4 个片式离合器

此处所示的行星齿轮组、片式离合器及电动机的编号和名称在后面的主动变速器插图中还会继续使用。从广义角度来说，以下附加组件属于整个主动变速器系统，如图 2-9 所示。

· 扭转减震器

· 包含电动泵 / 机械泵和冷却循环回路在内的供油系统

· 电液控制模块

· 混合动力驻车锁

在此使用一个双质量飞轮作为扭转减震器。飞轮位于发动机与主动变速器之间，其结构与手动变速器车辆所用的部件相似。E72 的发动机不通过独立的启动机启动，但是仍然装有通常情况下与启动机嵌接在一起的齿

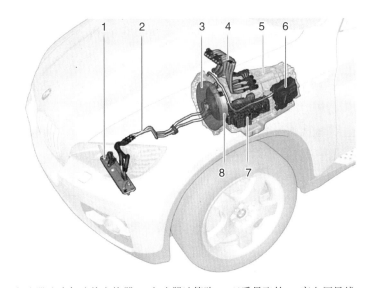

1.变速器油冷却液热交换器 2.变速器油管路 3.双质量飞轮 4.高电压导线 5.主动变速器壳体 6.混合动力驻车锁（直接换挡模块） 7.电液控制模块 8.电动/机械驱动式变速器油泵

图 2-9

轮，该齿轮在 E72 上仅用于获取曲轴转速。虽然主动变速器没有液力变矩器，但变速器组件仍需要润滑。因此，同时也是为了操控片式离合器，在变速器输入端上装有一个机油泵，该机油泵既可通过发动机也可通过专门为此安装的电动机驱动。同时，机油回路还用于对变速器组件进行冷却。E72 上用于变速器油的冷却循环回路与 E71 xDrive 50i 冷却循环回路的结构相同。与当前其他自动变速器一样，混合动力电子变速器控制系统是电液控制模块的组成部分，安装在变速器油底壳内。作为研发合作伙伴，General Motors 被确定为混合动力电子变速器控制系统的供应商。E72 上的混合动力电子变速器控制系统简称为 TCM，是研发合作过程中所用英语 "Transmission Control Module" 的缩写。与其他自动变速器不同，主动变速器的混合动力驻车锁并非液压操控式，而是通过一个电机操控。该电机以及相关电子控制单元集成在一个壳体内，称为直接换挡模块（DSM）。该模块位于变速器壳体外侧。与传统自动变速器不同，主动变速器没有液力变矩器。而且，主动变速器也没有顺序手动变速器内自动操控的离合器。那么，如何实现发动机转速与输出转速差异巨大的起步过程呢？通过电动机可以补偿这一转速差异。在利用发动机起步的过程中，发动机开始时仅驱动两个电动机中的一个。该电动机产生电能从而驱动第 2 个电动机，同时产生变速器输出轴上的扭矩，从而最终使车辆移动起来。进行换挡时也需要电动机进行工作，它可以为发动机扭矩提供支持并确保在片式离合器分离和接合时换挡过程舒适顺畅。仅仅依靠电动机还不足以降低发动机的运转不平稳性，因此在发动机与变速器之间安装了上文已经提到过的双质量飞轮。

（二）系统电路图

在系统电路图中展示了主动变速器与混合动力驻车锁的电气联网，如图 2-10 所示。

（三）分布式功能

由于部分混合动力主动变速器及相关功能由合作伙伴进行研发，因此宝马必须接受变速器功能在各控制单元上的发布情况。在以前的宝马车辆上主要由变速器电子控制系统（EGS）控制大部分变速器功能，例如换挡、摘 / 挂驻车锁或选择换挡模式。重要的输入信号包括加速踏板操控、制动踏板操控、车辆移动信息（车速、加速度等）、发动机转速和选挡开关操控。在此基础上使用相应的换挡模式，确定并挂入与行驶情况相符的挡位。E72 主动变速器的功能发

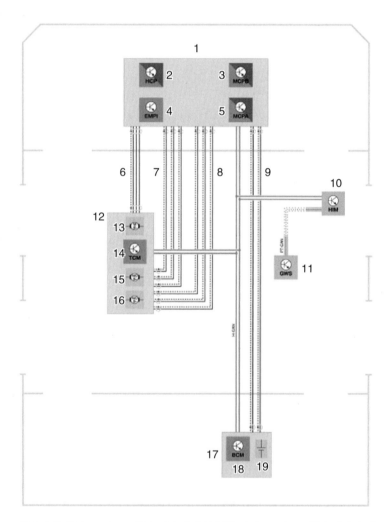

1.供电电控箱（PEB）　2.混合动力主控控制单元（HCP）　3.混合动力电动机控制装置 B（电动机控制器套件 B，MCPB）　4.混合动力机油泵控制系统（电动机泵换流器，EMPI）　5.混合动力电动机控制装置 A（电动机控制器套件 A，MCPB）　6.PEB - 混合动力机油泵的高电压导线，带屏蔽层　7.PEB - 电动机A的高电压导向，单独屏蔽　8.PEB - 电动机B的高电压导向，单独屏蔽　9.PEB - 高电压蓄电池的高电压导向，单独屏蔽　10.混合动力接口模块（HIM）　11.电子选挡开关（GWS）　12.混合动力主动变速器　13.混合动力机油泵　14.变速器控制模块（TCM）　15.电动机A　16.电动机B　17.高电压蓄电池单元　18.蓄电池控制模块（BCM）　19.高电压蓄电池

图 2-10

布情况与以前的宝马车辆不同。以下章节将概况介绍相关控制单元的具体功能。

1. 混合动力主控控制单元的功能

顾名思义，混合动力主控控制单元（混合动力控制器处理器 HCP）在控制混合动力驱动装置及主动变速器方面发挥主要作用。下面列出了对于主动变速器比较重要的混合动力主控控制单元功能：

·分析驾驶员指令并确定挡位（P、R、N、D、S、M）

·选择换挡模式

·确定正确挡位

·自适应变速器控制系统

·计算内部片式离合器上的所需力矩

·计算变速器输出端上的额定扭矩

为了执行这些功能，HCP 需要利用以下输入信号，如表 2-4 所示。

表 2-4

信号	发送装置	传输路径	备注
操作选挡开关	GWS	GWS-PT-CAN-HIM-H-CAN-HCP	确定挡位
驾驶员车门触点状态	FRM	FRM-K-CAN-JBE-PT-CAN-HIM-H-CAN-HCP	识别出驾驶员是否在座
驾驶员安全带锁扣触点状态	ACSM	ACSM-K-CAN-JBE-PT-CAN-HIM-H-CAN-HCP	识别出驾驶员是否在座
内燃机数据，例如转速、当前和最大可能曲轴转矩、发动机温度	DME	DME-PT-CAN-HIM-H-CAN-HCP	确定正确挡位
车速	DSC	DSC-PT-CAN-HIM-H-CAN-HCP	确定换挡模式和正确挡位
加速踏板角度	DME	DME-PT-CAN-HIM-H-CAN-HCP	确定额定扭矩、换挡模式和正确挡位
踩下制动踏板	SBA	SBA-H-GAN2-HCP	确定额定扭矩、换挡模式和正确挡位

2. 混合动力变速器控制系统的功能

混合动力变速器控制系统负责执行混合动力主控控制单元的规定值（离合器和变速器输出端上的额定扭矩）。因此，与其他自动变速器的变速器电子控制系统不同，混合动力变速器控制系统不再是变速器功能的主控单元，而是一个智能型执行机构控制单元。

同时，混合动力变速器控制系统仍然执行一系列重要功能，包括：

·控制变速器油循环回路

·操控和监控片式离合器

·确保对电动机进行冷却

·读取并向控制单元网络提供有关主动变速器状态的传感器信号

·监控变速器状态并根据需要启用应急模式

·电子禁启动防盗锁

根据冷却要求和变速器内的转速，变速器油循环回路内必须设定特定压力。为了确保在发动机静止状态下也能对该压力进行调节，混合动力变速器控制系统要求混合动力机油泵控制系统提供特定电动机油泵传动装置转速。通过控制一共 4 个压力阀来调节所需压力。为了挂入所需挡位，必须使一个或两个片式离合器接合。为此，混合动力变速器控制系统控制换挡电磁阀。通过液压压力和一个活塞在片式离合器上产生作用力。该作用力将摩擦片压在一起，从而实现动力传输。混合动力变速器控制系统通过读取换挡电磁阀输出端上接触液压压力的压力开关信号来监控片式离合器的操控情况是否符合要求。

下列传感器信号由混合动力变速器控制系统读取：

· 输出转速

· 变速器油温度

· 驻车锁位置

这些传感器信号在用于单个功能的同时也通过总线系统传输给控制单元网络。混合动力变速器控制系统可以根据自身产生的控制信号以及转速传感器和压力开关的信号识别出主动变速器是否出现不允许的状态。出现这种状态时，混合动力变速器控制系统就会根据识别出的故障状态启用应急模式。这样一方面可以延长车辆的行驶准备状态，另一方面也可以避免影响安全的情况。应急模式可能包括挂入某一固定挡位等。与其他自动变速器的变速器控制系统一样，混合动力变速器控制系统是电子禁启动防盗锁的组成部分。混合动力变速器控制系统从便捷登车及启动系统获取是否识别出有效识别发射器的信息。如果没有识别出有效识别发射器的信息，混合动力变速器控制系统就不会建立任何动力传输。

（四）自适应变速器控制系统

E72 的混合动力驱动装置也带有自适应变速器控制功能，该功能在混合动力主控控制单元内进行计算。该功能根据诸如加速踏板角度等传感器信号识别出驾驶员指令并相应调节换挡策略，从而确保尽可能舒适的驾驶过程。与使用传统宝马自动变速器时一样，共有 3 种模式可供驾驶员选择：

· 驾驶模式

· 运动模式

· 手动模式

与使用传统宝马自动变速器时相似，主动变速器的自适应变速器控制系统也对有关车辆状态和行驶情况的数据进行分析，从而持久优化换挡策略。因此特殊的行驶情况也在考虑之列，例如在冬季路面上行驶、挂车模式、转弯行驶、在倾斜度较大的坡路上上坡或下坡行驶或利用定速巡航控制功能行驶。主动变速器自适应变速器控制系统的独到之处在于其根据具体行驶情况选择相应挡位的基础计算逻辑。它对驾驶员所施加加速踏板角度的分析与以往不同，每个加速踏板角度都固定分配一个牵引力（对于整个车辆来说）。取决于驾驶员的该牵引力不受任何行驶情况和所选挡位的影响。出于效率方面的考虑，E72 的自适应变速器控制系统在驾驶模式下始终会尝试选择尽可能高的挡位，从而确保实现驾驶员所要求的牵引力（当然还可能继续提高牵引力）。如果行驶情况（坡路）或驾驶员的牵引力要求发生变化，可以根据一个特性曲线立即计算出是否需要挂入新挡位以及具体是哪一个挡位。因此不再需要像过去那样缓慢地依次挂入低挡并出现挂入新挡位后的牵引力及车速跃变。发动机和电气驱动的扭矩输出始终被控制在可确保产生的车辆牵引力与驾驶员加速踏板要求准确相符的程度上。处于运动模式时会充分利用混合动力驱动装置的全部动力潜能并选择所提供牵引力储备明显高于驾驶模式的挡位。处于运动模式时也像手动模式下一样，无法以纯电动方式行驶。传统宝马自动变速器的制动换低挡功能用于在长时间下坡行驶时减少行车制动器热负荷。变速器根据制动压力、减速度和车速换入低挡从而提高发动机转速。这样还可以提高发动机制动效果，从而减少行车制动器内必须转化的能量。而在带有混合动力驱动装置的车辆上，这种制动换低挡功能却会产生相反效果，因为车辆要以电动方式回收利用尽可能多的制动能量并将其存储在高电压蓄电池内，因此要尽可能地通过电动机而较少通过发动机或行车制动器来产生制动效果。现在使用一种与制动换低挡功能作用相反的"虚拟 8 挡位"功能，它可以在滑行或减速阶段降低发动机的转速和制动效果。

（五）主动变速器的状态

首先介绍主动变速器的内部状态。其中包括"没有动力传输"的状态、2 个 ECVT 模式和 4 个固定的基本挡位。之后将这些内部状态分配给从驾驶员角度出发的相应挡位。以下将借助一个变速器结构示意图来对这些状态进行说明。通过图 2-11 可以轻松将变速器结构示意图元件和实际部件联系起来。

1. ECVT 1 模式

具有可变传动比的第一种模式（ECVT 1 模式）设计用于较低车速和最大牵引力。处于该模式时可以通过以下方式驱动车辆：

· 仅通过电动机 B

· 仅通过发动机

· 通过电动机 B 和发动机

使用发动机驱动时的传动比可通过以下方式计算：

i = 发动机转速 / 变速器输出轴转速

该传动比可从无穷大至 1.800。"无穷大"表示发动机可以运转，而变速器输出轴保持静止状态。因此可以像带有液力变矩器时一样起步。可以通过控制两个电动机的转速来调节该传动比：电动机 A 转速越高，该传动比越大。电动机 B 以约为 4 的传动比与变速器输出轴相连。为了实现 ECVT 1 模式，在主动变速器内只有片式离合器 1 接合，所有其他片式离合器均断开。以纯电动方式行驶时，电动机 A 运转时不会产生任何负荷，而电动机 B 则正相反。这样可使变速器输入轴及发动机保持静止状态，如图 2-12 所示。

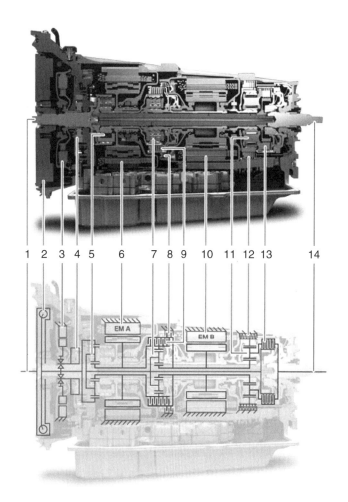

1.变速器输入轴 2.双质量飞轮 3.用于驱动变速器油泵的电机 4.变速器油泵 5.行星齿轮组1 6.电动机A 7.行星齿轮组2 8.片式离合器3 9.片式离合器4 10.电动机B 11.行星齿轮组3 12.片式离合器1 13.片式离合器 2 14.变速器输出轴

图 2-11

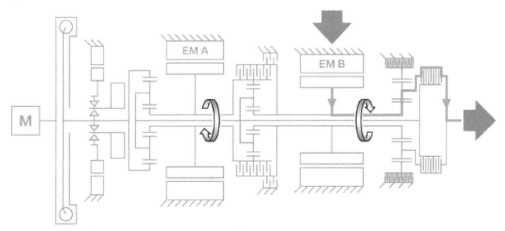

图 2-12

采用发动机和电动机 B 混合驱动方式时，发动机功率分为两个部分，也可以说发动机的功率"分支"。这就是"功率分支式混合动力"术语的来源，如图 2-13 所示。两个部分包括：

· 机械部分，直接用于驱动车辆

· 电气部分，因为电动机 A 作为发电机使用并产生电量

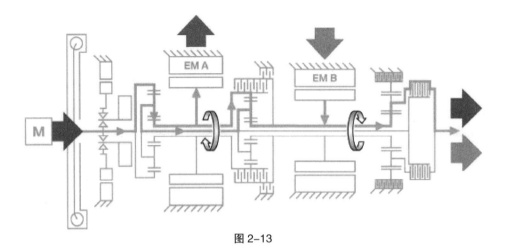

图 2-13

发电机产生的电能可以部分或完全存储在高电压蓄电池内。电动机 B 以电机形式吸收电能。电能完全或部分来自电动机 A 或高电压蓄电池。各能量的大小取决于很多因素，这些能量由混合动力主控控制单元随时重新计算和调节。两个 ECVT 模式的特点在于，除发动机机械驱动路径外还有电动驱动路径。使用电动驱动路径时，发动机借助一个发电机产生电能，这些电能完全或部分通过一个电动机用于驱动车辆。这种电动驱动路径的布置方式与串联混合动力驱动装置相同。如果考虑到能量流的总量，则电动驱动装置可以为发动机提供支持。在这种模式下也可以为高电压蓄电池充电。但是发动机必须提供更大功率且消耗更多燃油。这种情况看起来是一个缺点。混合动力运行策略主要负责实现这种所谓的"负荷点提高"，如果这样可以提高发动机效率的话，例如满负荷时效率高于部分负荷。通过这种方式存储的能量用于相对较小的额外能量损耗，例如可以以后重新用于以纯电动方式行驶。

2. ECVT 2 模式

与第一种模式相反，第二个 ECVT 模式设计用于较高车速。在 ECVT 2 模式下，既可以纯电动方式行驶，也可以启动发动机行驶。发动机的传动比可以在 1.800~0.723 的范围内调节。与 ECVT 1 模式下相同，电动机转速在此也用作控制参数。根据具体数值可以看出传动比较之 ECVT 1 模式更小，因此适于较高车速。但电动机的传动比也更小。就是说，它的有效转速范围向更高速度推移。电动机可以为发动机提供支持或用于为高电压蓄电池充电。与第一种 ECVT 模式相似，通常一个电动机作为电机运行（在此为电动机 A），另一个作为发电机运行（在此为电动机 B）。在 ECVT 2 模式下片式离合器 2 接合，所有其他片式离合器均断开，如图 2-14 所示。在第二种 ECVT 模式下也可以通过控制电量流（考虑到总量）使高电压蓄电池充电（发动机负荷点提高）或放电（为发动机提供支持）。运行策略会在考虑最佳总效率的同时调节相应能量流。

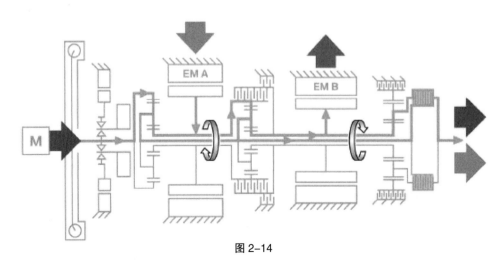

图 2-14

3. 固定的基本挡位

与两个 ECVT 模式不同，对于主动变速器固定的基本挡位而言，变速器输入轴与变速器输出轴间的传动比固定不变。因此发动机转速变化时，车速也会发生相应程度的改变。只有当发动机不在最佳效率范围内时，该固定传动比才会体现出不利的一面。但在需要发动机高扭矩的情况下，运行策略仍会选择这些范围。此时发动机效率已经处于非常好的状态。相对于 ECVT 模式而言，固定挡位的优势在于取消了电动驱动装置内的双重能量转换。因为通过一个电动机产生电能并通过另一个电动机使用电能也会造成相应损失。处于所有固定的基本挡位时（除基本挡位 4 外），电动机均可以：

· 无负荷旋转

· 作为电机驱动，从而为发动机提供支持；或者作为发电机驱动，从而为高电压蓄电池充电

例外：处于固定的基本挡位 4 时，电动机 B 静止不动，因此只有电动机 A 可以像文中所述的那样灵活使用。以发电机方式运行特别适用于滑行阶段或车辆减速时，从而将动能转化为电能并存储到高电压蓄电池内。如果忽略固定基本挡位的不同传动比，那么主动变速器的工作状态就好像电动机和发动机安装在同一根轴上一样。这种布置方式与并联混合动力驱动装置完全一样。在主动变速器内通过接合两个片式离合器可以实现所有固定基本挡位，如图 2-15 至图 2-18 所示。表 2-5 所示为 4 个固定基本挡位的主要特点。

表 2-5

基本挡位	接合的片式离合器	发动机传动比	备注
1	1 和 4	3.889	可以实现最大强度的助推功能。电动机和发动机的动力都传输到变速器输出轴上
2	1 和 2	1.800	同样需要在两个 ECVT 模式间进行切换
3	2 和 4	1.000	直接挡位用于最大变速器效率
4	2 和 3	0.723	"超速"用于较高车速。电动机 B 处于静止状态

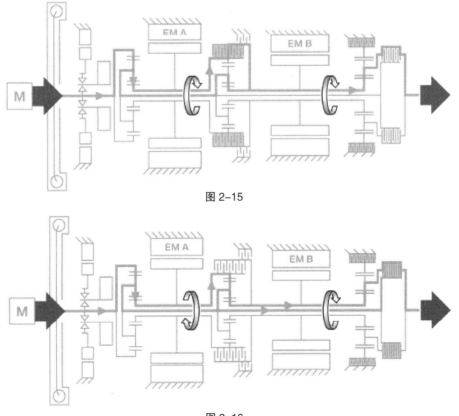

图 2-15

图 2-16

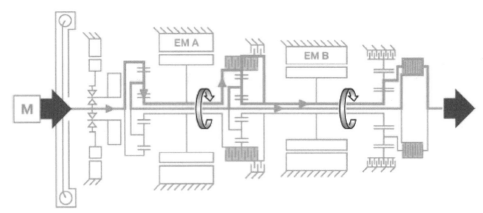

图 2-17

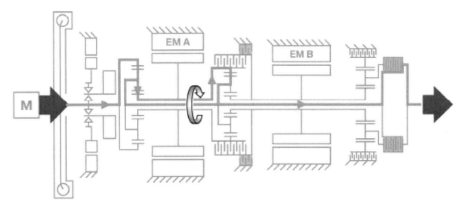

图 2-18

4. 没有动力传输

由于在发动机与主动变速器之间没有中央离合器，主动变速器必须提供一种在变速器输入轴与变速器输出轴之间没有动力传输的状态，这样可确保在发动机自由转动的同时车辆不会移动。相反，也可以确保在车轮自由滚动的同时，发动机不会输出或吸收扭矩。"没有动力传输"的状态通过断开所有 4 个片式离合器来实现。发动机运转时电动机也随之运转，此时电动机不产生任何负荷，既不作为发电机，也不作为电机驱动。发动机转速超过 4000r/min 时，电动机就会达到超过自身设计要求的过高转速。因此在这种变速器状态下会通过电子限速使发动机转速低于 4000r/min。

（六）挡位形成

如上所述，主动变速器可提供 2 个 ECVT 模式、4 个固定挡位以及 1 种没有动力传输的状态。从驾驶员的角度来说，E72 有 7 个前进挡位、1 个倒车挡以及"空挡"和"驻车"选挡杆位置。本节将介绍从驾驶员角度来说的挡位变化时主动变速器的内部状态。

1. 前进挡（如表 2-6 所示）

只有在运动模式或手动模式下进行起步或以极低车速行驶时才会用到前进挡 1。在驾驶模式下始终以前进挡 2 起步。前进挡 2、4、6 通过主动变速器内的 ECVT 模式实现。但是使用这些挡位时，主动变速器并不像 CVT 变速器（具有需要加以熟悉的所谓"橡胶带效果"）那样工作，从而使发动机转速和车速彼此独立变化。在所有前进挡位下，主动变速器的工作状态从外部看来就像带有多个挡位的传统

表 2-6

从驾驶员角度来说的挡位	主动变速器的内部状态
1	固定的基本挡位 1
2	ECVT 模式 1
3	固定的基本挡位 2
4	ECVT 模式 2
5	固定的基本挡位 3
6	ECVT 模式 2
7	固定的基本挡位 4

自动变速器一样。也就是说即使在 ECVT 模式下也可以通过相应控制电动机调节出恒定传动比。这一特性加深了 Active Hybrid X6 的动感印象，因为车辆的油门非常敏感，如图 2-19 所示。

在传统动力装置车辆上也利用发动机制动效果（发动机制拖力矩）使车辆减速，例如在滑行状态下或操作行车制动器时。此时在下坡行驶时就需要变速器换低挡，因为发动机制拖力矩会随发动机转速升高而增大，这样可使传统行车制动器承受较小的热负荷。但就混合动力车辆而言，在车辆减速时达到较高发动机转

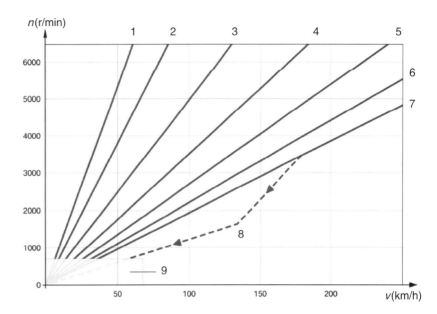

1.第1挡　2.第2挡　3.第3挡　4.第4挡　5.第5挡　6.第6挡　7.第7挡　8.第8挡（仅用于滑行或减速阶段）　9.不可用的发动机转速范围（低于怠速转速）

图 2-19

速却并不适宜。这种车辆并非主要利用发动机制拖力矩而是通过电动机来使车辆减速，同时还能通过电动机回收利用制动能量。因此进行制动时，运行策略会调节尽可能低的发动机转速。车速较高时，E72 的主动变速器可为此提供另一个挡位，即第 8 挡。该挡位在 ECVT 2 模式下实现，负责将发动机转速降至第 7 挡水平以下。但是第 8 挡仅用于滑行模式和制动过程，因为在驱动情况下，电动机的损失会使总效率低于第 7 挡时。

2. 纯电动行驶方式

全混合动力车辆包括 E72 可实现纯电动行驶方式，即发动机保持静止状态，仅通过电动机驱动车辆。这种纯电动行驶方式只能在特定条件下实现，例如只有在最高约 60km/h 的较低车速下，只有在高电压蓄电池电量充足时，只有在驾驶员的加速要求适中时。以电动方式行驶时，主动变速器处于 ECVT 1 模式（通过电动机 B 驱动）或 ECVT 2 模式（通过两个电动机驱动）。驾驶员松开加速踏板或操作制动踏板时，电动机不再作为电机而是作为发电机工作。电动机产生电能并将其存储在高电压蓄电池内。

3. 启动和关闭发动机

无法继续满足纯电动行驶条件时，例如驾驶员猛踩加速踏板时，就必须启动发动机。为使发动机加速到启动转速，电动机 A 会进行制动并作为发动机工作。同时电动机 B 继续驱动车辆，而且必须提供额外扭矩，该额外扭矩用于补偿电动机 A 所产生的用于启动发动机的扭矩。变速器结构示意图内的动力传动路线表示行驶期间启动时的情况，如图 2-20 所示。

如果在车辆静止期间启动发动机，电动机 A 就会作为电机受控工作。电动机 B 提供扭矩支持。但变速器必须为此处于"没有动力传输"的状态，因为只有这样才能使变速器输出轴没有扭矩。只要发动机达到启动转速，就会启用点火开关和燃油喷射装置。之后发动机便不再吸收任何扭矩，而是将其输送给主动变速器。这样就通过发动机和电动机 B 共同驱动车辆。启动发动机不必达到某一特定车速。发动机启动和电动行驶均可在整个车速范围内实现，如图 2-21 所示。

发动机不仅可在车辆静止期间而且还能在行驶过程中关闭。这点可在减速阶段仍处于较高车速时（高于加速时的速度）或匀速行驶时实现。发动机可在燃油喷射装置和点火开关关闭后通过电动机 A 达到零转速。

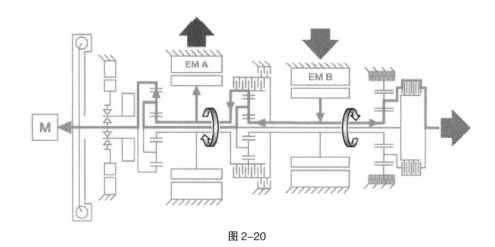

图2-20

相对于传动动力装置车辆而言,由于产生的震动和噪声减少,因此发动机关闭过程舒适度明显增高,如图2-22所示。

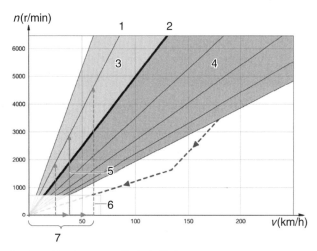

1.第2挡 2.第3挡,ECVT 模式1与模式2间的界限 3.针对ECVT模式1的可能转速车速范围 4.针对ECVT模式2的可能转速车速范围 5.车速约40km/h时的启动过程示例 6.最迟可以启动发动机的最高车速 7.可以启动发动机的车速范围

图2-21

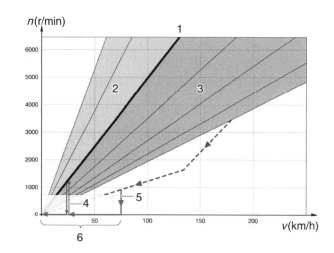

1.第3挡,ECVT模式1与模式2间的界限 2.针对ECVT模式1的可能转速车速范围 3.针对 ECVT模式2的可能转速车速范围 4.由ECVT模式2转换为ECVT模式1时发动机转速短时提高 5.减速阶段发动机关闭示例 6.可以关闭发动机的车速范围

图2-22

为了实现引导型发动机关闭,主动变速器必须处于某一种 ECVT 模式。车速较高时为 ECVT 2 模式。如果驾驶员从较高车速逐渐减速直至车辆静止,主动变速器就必须重新返回 ECVT 1 模式。只有这样才能在驾驶员需要时立即重新提供充足的驱动功率。从 ECVT 2 模式无法直接过渡到 ECVT 1 模式,因为无法在片式离合器 2 断开的同时使片式离合器 1 接合。因此需要短时挂入固定的基本挡位 2,以便两个片式离合器 1 和 2 接合,随后立即转换为 ECVT 1 模式。这样虽然会使发动机短时加速,但是马上就会将其关闭。由于该过程非常迅速,因此驾驶员的舒适感不会受到任何影响。

4. 倒车挡

主动变速器没有机械倒车挡,而是在 ECVT 1 模式下实现倒车行驶。为此电动机 B 作为电机受控工作且旋转方向与向前行驶时相反。根据高电压蓄电池的充电状态可以实现纯电动方式倒车行驶。需要时还会接通发动机,从而通过电动机 A 为电动机 B 提供充足电能。倒车行驶时也会形成从发动机至变速器输出端的驱动路径。但以此方式传输的发动机扭矩会驱动车辆向前行驶。因此由电动机 B 进行抵消。因此在发动机接通的情况下进行倒车行驶时，主动变速器以功率分支式混合动力驱动方式工作。

5. 空挡和驻车

空挡和驻车这两种选挡杆位置在主动变速器内均通过没有动力传输的状态实现。选挡杆处于空挡位置时，混合动力驻车锁并未接合，因此车轮可以自由滚动。选挡杆处于驻车位置时，混合动力驻车锁接合，以此防止车辆自行移动。

（七）机油供给系统

为了对主动变速器的部件进行润滑和冷却以及对片式离合器进行操作，在各种运行状态下都必须确保变速器油的压力和体积流量充足。即使在发动机静止状态下也必须确保变速器油的供给。因此通过两种方式驱动变速器油泵：

· 由发动机通过变速器输入轴以机械方式驱动

· 通过专门为此安装的电机以电动方式驱动

变速器油泵通过一个自由轮与变速器输入轴连接在一起。变速器输入轴旋转时（发动机运转），变速器油泵也随之驱动。发动机转速足够高时，使用这种驱动方式即可。发动机转速不足或发动机处于静止状态时，需通过电机驱动。电机通过一个自由轮与变速器油泵连接在一起。变速器输入轴旋转时（发动机运转），电动机随之转动。但电机此时只是以无负荷状态进行随动。变速器输入轴处于静止状态时（发动机静止），电机必须驱动变速器油泵。电机通过自身运转确保变速器油泵以足够高的转速运转并供给所需变速器油。电机、自由轮和变速器油泵在售后服务资料中统称为"混合动力机油泵"。电机通过所谓的"混合动力机油泵控制系统"（电动机泵换流器EMPI）启用。该系统是一种带有供电电子装置的控制单元，集成在供电电控箱内。混合动力机油泵和混合动力机油泵控制系统均为高电压组件。它们通过一根橙色高电压导线相连。高电压导线包含用于驱动电机的三个相位以及用于高电压触点监控的两根芯线。高电压触点监控连接优先于高电压连接，即导线连接断开时首先会断开高电压触点监控导线。如果高电压系统事先没有关闭，随后就会自动关闭，如图2-23所示。

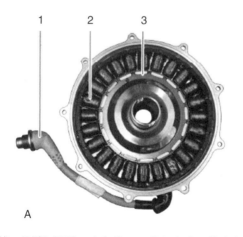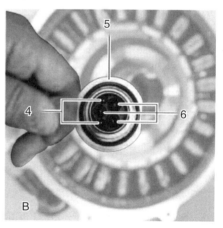

A.概览图 B.电气接口的详细视图 1.电气接口 2.绕组定子 3.带有永久磁铁的转子 4.具有优先级的高电压触点监控触点 5.用于连接供电电控箱的插头壳体 6.三相触点

图2-23

用于驱动变速器油泵的电机是一个永励式同步电机，其技术数据如表2-7所示。

电机的最高转速与发动机一样（6500r/min），但它只在较低转速范围内主动运转（0~2000r/min）。转速较高时，发动机驱动变速器油泵，电机只需以相同转速随动即可。针对变速器油泵的电机没有安装任何传感器系统（例如电机位置传感器或温度传感器）。变速器油采用"Dexron VI"型机油。在车辆使用寿命期限内，主动变速器无须添加机油。加注量约为 12L。

（八）主动变速器

1. 电动机

电动机 A 和 B 共同构成了 E72 混合动力驱动装置的电气部分。它们都集成在主动变速器内，售后服务员工无法对其进行操作。为了更好地说明主动变速器和混合动力驱动装置的工作方式，在此介绍这些电动机的一些特点，如图 2-24 所示。

两个电动机均为永励式同步电机，既可以作为电机，又可以作为发电机驱动。电动机一些技术数据如表 2-8 所示。

这些电动机是高电压组件，因此通过橙色高电压导线供应能量。由于三相横截面较大，因此没有组合而是单独连接。电动机的定子和转子均有变速器油经过，主要是为了进行冷却。在每个电动机定子的绕组中都装有一个温度传感器（NTC 电阻）。温度传感器的信号分析用于在绕组温度过高时降低相应电动机的扭矩从而防止其过热。这种根据温度降低扭矩的功能从约 160℃ 时起开始执行。此外，每个电动机还有一个电机位置传感器。电机位置传感器的信号用于实现准确的转速调节以及电动机的最佳效率控制。电机位置传感器按照所谓的"旋转变压器"原理工作。在转

表 2-7

参数	数值
最大功率	1500r/min 时 1.6kW
最大扭矩	0~1500r/min 时 10N·m
连续可用功率	1500r/min 时 1.2kW
连续可用扭矩	0~1500r/min 时 7.5N·m
最高转速	6500r/min
额定电压	300V
额定电流强度	20A

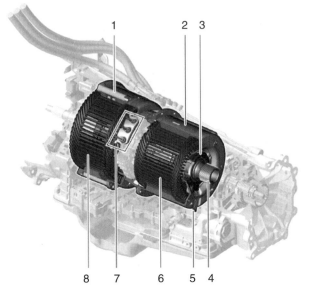

1.电动机A　2.电动机B　3.电动机B的转子　4.主动变速器的主轴　5.电动机B的电机位置传感器接口　6.电动机B定子上的绕组　7.电动机A三相高电压接口　8.电动机A定子上的绕组

图 2-24

表 2-8

参数	电动机 A 数值	电动机 B 数值
最大功率	3000r/min 时 67kW	2500r/min 时 63kW
最大扭矩	0~2500r/min 时 260N·m	0~2000r/min 时 280N·m
最高转速	10500r/min	13500r/min
额定电压	300V	300V
额定电流强度	300A	300A

子的一个线圈上存储规定的交流电压。定子上的线圈错开 90°。此处的感应电压可说明转子位置。电机位置传感器的偏置情况必须借助一项服务功能确定和存储。更换过主动变速器或供电电控箱后必须进行这一过程。两个电动机各有一个带有供电电子装置的执行机构控制单元，混合动力电动机控制装置 A 和 B（电动机控制器套件 A/B，MCP A/B），它们都安装在供电电控箱内。混合动力主控控制单元规定两个电动机的额定扭矩和额定转速。混合动力电动机控制装置执行这些规定值并产生为此所需的相电压。此外，它们还负责分析电动机内温度传感器和电机位置传感器的信号。也就是说，上述在高温情况下降低扭矩、调节转速以及确定电机位置传感器偏置情况均由混合动力电动机控制装置执行。

2. 行星齿轮组

主动变速器包含 3 个行星齿轮组，这些行星齿轮组也在变速器油中运动。行星齿轮组用于产生不同的基本挡位以及主动变速器内的各种状态，如图 2-25 所示。

3. 片式离合器

主动变速器共包含 4 个片式离合器，如图 2-26、表 2-9 所示。

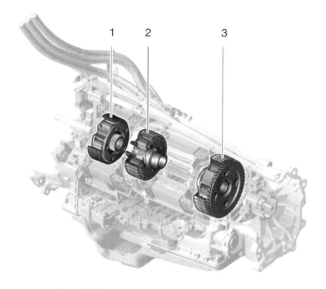

1.行星齿轮组1 2.行星齿轮组2 3.行星齿轮组3

图 2-25

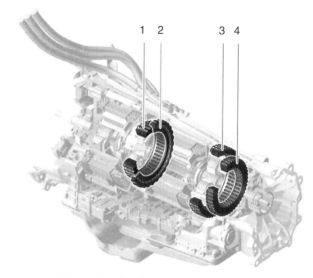

1.片式离合器4 2.片式离合器3 3.片式离合器1 4.片式离合器2

图 2-26

表 2-9

片式离合器编号	部件 1	部件 2
1	行星齿轮组 3 的齿圈	变速器壳体
2	变速器主轴（和行星齿轮组 3 的行星齿轮架）	变速器输出轴
3	行星齿轮组 2 和 3 的太阳轮	变速器壳体
4	行星齿轮组 2 的齿圈	行星齿轮组 2 的太阳轮

由此可见，片式离合器 1 和 3 支撑在变速器壳体上，其作用相当于片式制动器。通过这 4 个片式离合器可使主动变速器实现以下所需状态：

· 2 个 ECVT 模式中的 1 个

· 4 个固定的基本挡位中的 1 个

· "没有动力传输"的状态

片式离合器以液压方式操控。通过相应控制电动机可使片式离合器在几乎没有转速差的情况下接合。因此主动变速器状态切换和换挡时几乎不会出现牵引力中断。没有液压压力时，所有片式离合器均处于断开状态。这与空挡/驻车时的变速器状态相符。在 4 个固定的基本挡位下，始终有 2 个片式离合器接合，其他 2 个断开。

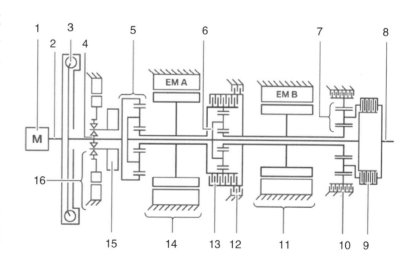

1.发动机 2.变速器输入轴 3.双质量飞轮 4.变速器油泵的机械驱动装置 5.行星齿轮组1 6.行星齿轮组2 7.行星齿轮组3 8.变速器输出轴 9.片式离合器2 10.片式离合器1 11.电动机B 12.片式离合器3 13.片式离合器4 14.电动机A 15.变速器油泵 16.用于驱动变速器油泵的电机

图 2-27

在 2 个 ECVT 模式下，始终有 1 个片式离合器接合，其他 3 个断开。主动变速器的所有重要组件结构示意图如图 2-27 所示。

（九）混合动力驻车锁

1. 概览

为了防止车辆自行移动，E72 主动变速器也带有驻车锁，即所谓的"混合动力驻车锁"，如图 2-28 所示。"混合动力驻车锁"整个系统由下列组件构成：

· 直接换挡模块（DSM）

· 通风管路

· 卡盘

· 驻车锁棘爪和驻车锁止轮

该驻车锁机械机构与其他宝马车辆自动变速器所用机构相似，驻车锁通过与驻车锁止轮啮合齿啮合的驻车锁棘爪卡住变速器输出轴。在传统自动变速器内，驻车锁在弹簧力作用下挂入并以液压方式松开。这种有效方案在主动变速器内无法实现。通过这种方式无法满足挂入驻车锁的要求。因此针对 E72 主动变速器采用了电动机械式执行机构来挂入和松开驻车锁。该执行机构及相关电子控制单元集成在一个壳体内。该单元称为直接换挡模块，简称"DSM"。安装在变速器壳体外部的直接换挡模块通过一根啮合轴与主动变速器内的驻车锁机械机构相连。直接换挡模块通过这根轴可使主动变速器内的一个卡盘旋转，

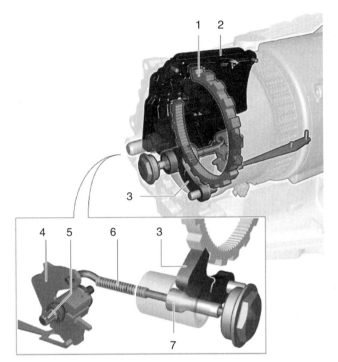

1.驻车锁止轮 2.直接换挡模块（DSM） 3.驻车锁棘爪 4.卡盘 5.啮合轴（连接直接换挡模块和主动变速器内的驻车锁机械机构）6.驻车锁杆 7.用于操作驻车锁棘爪的锥形表面套管

图 2-28

就像带有机械选挡杆的自动变速器一样。在 E72 主动变速器内，该卡盘仅用于区分驻车锁的挂入和松开状态。因此只使用"驻车"（P，驻车锁已挂入）和"空挡"（N，驻车锁未挂入）位置。卡盘旋转时可使驻车锁杆沿纵向方向移动。挂入驻车锁时,驻车锁杆通过一个锥形套管将驻车锁棘爪压入驻车锁止轮内。松开驻车锁时，驻车锁杆收回，驻车锁棘爪释放。通过一个弹簧将驻车锁棘爪从驻车锁止轮内拉出。

2. 系统电路图

系统电路图展示了混合动力驻车锁的电气联网，如图 2-29 所示。

3. 分布式功能

对于驾驶员而言，使用混合动力驻车锁就像使用带有电子选挡开关的传统自动变速器驻车锁一样简单。但是混合动力驻车锁的功能在电子控制单元上的发布情况与以前的宝马车辆不同，如表 2-10 所示。

表 2-10

功能	在 E70/E71 上的实现方式	在 E72 上的实现方式
确定有关挂入和松开驻车锁的驾驶员指令	驾驶员操作→电子选挡开关（GWS）	驾驶员操作→电子选挡开关（GWS）
传输驾驶员指令	GWS → PT-CAN →变速器电子控制系统（EGS）通过 LIN 总线以冗余方式传输	GWS → PT → CAN →混合动力接口模块（HIM）→ H-CAN →混合动力主控控制单元（HCP）没有冗余传输
用于挂入和松开驻车锁的逻辑控制电路	变速器电子控制系统（EGS）	混合动力主控控制单元（HCP）
挂入和松开驻车锁	EGS 控制电磁阀和驻车锁电磁铁	HCP → H-CAN →直接换挡模块（DSM）DSM 控制集成式电机

4. 操作特点

满足以下条件时，混合动力驻车锁也具有手动或自动挂入驻车锁等特殊功能：

94

·操作电子选挡杆开关上的驻车锁按钮

·做好行驶准备，挂入行驶挡位（D/R），操作START–STOP–HYBRID按钮（关闭总线端15）

·做好行驶准备，挂入行驶挡位（D/R），识别出驾驶员离车意图

未操作制动踏板和加速踏板、驾驶员车门打开且驾驶员安全带松开时，系统就会识别为驾驶员有离车意图。上述条件与传统自动变速器的唯一区别在于，不能将"发动机运转"作为启动条件。发动机在车辆静止状态下或以纯电动方式行驶时可以关闭，但车辆仍处于行驶准备状态(总线端15接通,转速表显示"准备就绪"）。

有关行驶准备模式、发动机和混合动力驻车锁的性能方面存在一个特点：

·已做好行驶准备

·发动机已自动关闭

·识别出驾驶员离车意图

对于挂入驻车锁而言，车速已经过高，发动机就会自动启动。除一条检查控制信息外，还会通过一个声音反馈信号提醒驾驶员在此状态下不要离开车辆。发动机关闭后，该声音反馈信号就会消失。只能通过直接换挡模块以及该处的集成电机挂入和松开混合动力驻车锁。这样会带来以下影响：

①混合动力驻车锁没有手动应急开锁装置。

②混合动力驻车锁的电能供应必须特别可靠。这是E72装有第二个12V蓄电池的原因之一。两个12V蓄电池间的断路继电器断开时，第二个12V蓄电池仅为直接换挡模块提供电能，从而确保能量供应的绝对可靠。

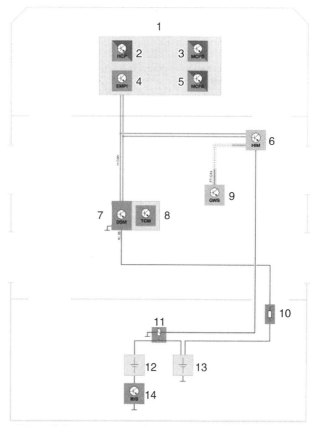

1.供电电控箱（PEB） 2.混合动力主控控制单元（HCP） 3.混合动力电动机控制装置B（电动机控制器套件B，MCPB） 4.混合动力机油泵控制系统（电动机泵换流器，EMPI） 5.混合动力电动机控制装置A（电动机控制器套件A，MCPB） 6.混合动力接口模块（HIM） 7.直接换挡模块（DSM） 8.带有变速器控制模块（TCM）的混合动力主动变速器 9.电子选挡开关（GWS） 10.混合动力保险丝支架内和第二个蓄电池上配电盒内的DSM保险丝 11.12V蓄电池间的断路继电器 12.12V蓄电池 13.附加12V电池 14.智能型蓄电池传感器（IBS）

图 2–29

③原则上来说，只要有电能供应就随时都可以挂入和松开混合动力驻车锁。在传统自动变速器上，只有在发动机运转的情况下才能松开驻车锁。而E72的混合动力驻车锁可在已做好行驶准备的情况下挂入，更能在发动机没有运转的情况下松开。此外，还能在没有做好行驶准备，但总线端15已接通的情况下挂入和松开混合动力驻车锁。为了松开混合动力驻车锁，必须踩下制动踏板、按压选挡杆上的开锁按钮并将选挡杆向前推至第1挡。

5.直接换挡模块（DSM）

直接换挡模块（DSM）是混合动力驻车锁的智能型执行机构。它包括具有编程和诊断能力的相关电子控制单元。此外，DSM还包含混合动力驻车锁的电子机械式操纵机构。一个直流电机通过一个皮带传动机构驱动一根螺杆，从而使螺杆上的一个滑板纵向移动并使调节机构随之旋转。该转动通过一个啮合轴传输到主动变速器内的驻车锁机械机构上，如图2–30所示。

此处已打开的DSM视图有助于了解其工作方式，进行维修时不能打开DSM。根据安装位置的要求，壳

体必须具有防水特性，如图 2-31 所示。

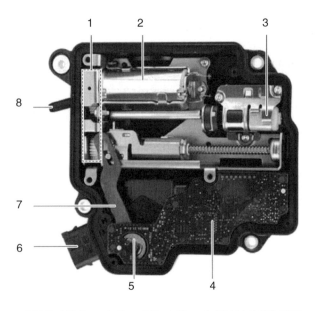

1.皮带传动机构　2.电机　3.附加电机　4.电子控制单元的印刷电路板　5.与主动变速器的机械连接　6.插头　7.调节机构　8.通风管路接口

图 2-30

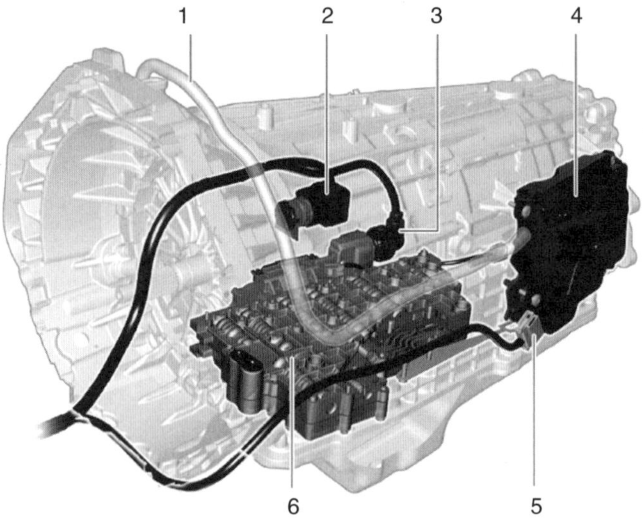

1.DSM通风管路　2、3.插头　4.直接换挡模块 DSM　5.DSM电气接口　6.主动变速器的电液控制模块

图 2-31

为了避免因温度变化及由此引起的空气湿度冷凝导致 DSM 内部积水，需要进行通风。因此壳体上带有一个通风管路接口。通风管路端部位于主动变速器上方。E72 不使用附加电机，它只是安装在 DSM 内部，因为它是源自研发合作的部件，如图 2-32 所示。

DSM 插头带有以下接口：

· 供电

· 混合动力 CAN（H-CAN）

DSM 有两个接地接口，一个用于电气系统，一个用于电动机。供电由第二个 12V 蓄电池通过总线端 30 实现。这样即使在第一个 12V 蓄电池放电的情况下也能确保可靠供电。DSM 通过混合动力 CAN 接收混合动力主控控制单元 HCP 关于挂入或松开驻车锁的指令。同时 DSM

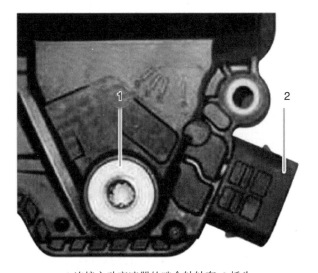

1.连接主动变速器的啮合轴轴套　2.插头
图 2-32

通过混合动力 CAN 向 HCP 反馈自身状态。其中也包括通过一个智能型传感器测量的调节机构位置。HCP 根据该信息可识别出 DSM 的调节机构处于"已挂入驻车锁"还是"已松开驻车锁"位置。HCP 通过另一个可以说明主动变速器内卡盘位置的传感器信号检查该信息的可信度。该信号由变速器控制模块发送，HCP 同样通过混合动力 CAN 进行接收。

6. 服务信息

直接换挡模块（DSM）可在进行维修时单独更换。安装新的 DSM 后必须执行试运行服务功能。通过这些服务功能可以探测到"已挂入驻车锁"和"已松开驻车锁"两种状态的传感器信号并将其存储在控制单元内。安装新的主动变速器后也必须进行这项试运行过程。进行这项试运行过程是因为主动变速器内的驻车锁机械机构存在机械公差。

四、燃油供给系统

（一）简介

E72 的不锈钢压力燃油箱有两个燃油室，燃油箱容积为 85L。引入压力燃油箱是因为美国法规对 HC 排放限值要求非常严格。在使用传统燃油箱的车辆上，汽油蒸气收集在活性炭罐内。行驶期间，新鲜空气通过活性炭罐吸入进行清污并在发动机内燃烧。在 E72 上存在发动机并不运转的行驶情况（仅借助电动机行驶）。也就是说，在这些情况下无法由活性炭罐向发动机输送汽油蒸气进行燃烧。因此在 E72 上使用压力燃油箱来防止蒸气从压力燃油箱溢出。该压力燃油箱的最高电压力在静止状态下和行驶期间分别设计为 35kPa 和 100kPa。

（二）系统概览

系统概览如图 2-33 所示。

美规和欧规车辆的燃油供给系统结构基本相同，唯一区别在于欧规车辆的 DTML 没有导线插口，如图 2-34 所示。

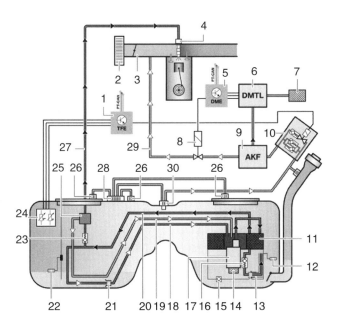

1.混合动力压力燃油箱电子系统（TFE）（燃油箱功能电子系统） 2.发动机的空气滤清器 3.发动机的进气装置 4.喷射阀 5.数字式发动机电子系统（DME） 6.燃油箱泄漏诊断模块（DMTL） 7.滤尘器 8.燃油箱通风阀（TEV） 9.活性炭罐（AKF） 10.燃油箱隔离阀 11.燃油滤清器 12.油位传感器 13.引流泵 14.抽吸滤网 15.首次加注阀 16.单向阀 17.电动燃油泵（EKP） 18.补偿管路 19.回流管路 20.供给管路 21.引流泵 22.油位传感器 23.单向阀 24.燃油压力和温度传感器 25.压力调节器 26.运行通风阀 27.连接发动机的供给管路 28.中央调压阀（Z-DHV） 29.清洁空气管路 30.加油通风阀

图 2-33

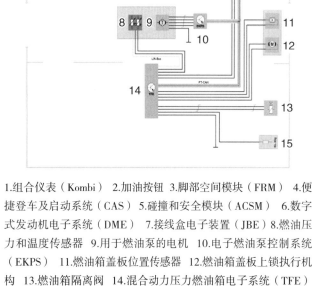

1.组合仪表（Kombi） 2.加油按钮 3.脚部空间模块（FRM） 4.便捷登车及启动系统（CAS） 5.碰撞和安全模块（ACSM） 6.数字式发动机电子系统（DME） 7.接线盒电子装置（JBE） 8.燃油压力和温度传感器 9.用于燃油泵的电机 10.电子燃油泵控制系统（EKPS） 11.燃油箱盖板位置传感器 12.燃油箱盖板上锁执行机构 13.燃油箱隔离阀 14.混合动力压力燃油箱电子系统（TFE） 15.行李箱配电盒内的保险丝

图 2-34

（三）组件

1. 压力燃油箱（如图 2-35 所示）

E72 的压力燃油箱形状与 E71 燃油箱相似，但 E72 的压力燃油箱不是塑料材质，而是由未喷漆的不锈钢制成。因此压力燃油箱比"普通"塑料燃油箱更加容易辨认。压力燃油箱重约 25kg，比 E71 燃油箱重 11kg。压力燃油箱设计用于 –15~+35kPa 的压力范围。在行驶期间，压力范围缩小至 –90~+10kPa。燃油箱容积与 E71 相同，为 85L。

2. 燃油箱隔离阀（如图 2-36 所示）

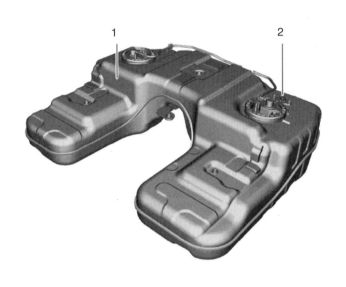

1.压力燃油箱 2.燃油压力和温度传感器
图 2-35

1.燃油箱隔离阀 2.活性炭罐
图 2-36

燃油箱隔离阀安装在活性炭罐上。燃油箱隔离阀由混合动力压力燃油箱电子系统（TFE）进行控制。燃油箱隔离阀在未通电的情况下处于关闭状态。行驶期间通过短促操控燃油箱隔离阀使压力控制在允许值范围内。为了在加油前降低压力燃油箱内的压力，同样会对燃油箱隔离阀进行操控。该阀门在整个开启期间都会耗电。为了限制耗电量，一定时间之后就会结束加油准备状态。为此有两种情况，如表 2-11 所示。

在车辆静止期间通过两个集成在燃油箱隔离阀内的单向阀限制高电压和真空。

3. 活性炭罐

E72 的活性炭罐（AKF）采用全新部件，美规和欧规车辆所用部件相同。AKF 容积 3.4L。而美规和欧规 E71 的 AKF 容积分别为 2.8L 和 1.2L。

4. 混合动力压力燃油箱电子系统（如图 2-37 所示）

混合动力压力燃油箱电子系统安装在行李箱地板内高电压蓄电池右侧。混合动力压力燃油箱电子系统用于限制燃油箱内部压力。为此，混合动力压力燃油箱电子系统读取、分析传感器和按钮数据，并在需要时控制燃油箱隔离阀。此外，它还控制加油过程。相关信息通过 PT-CAN 与其他控制单元进行交换。通过附加保险丝支架（总线端 30g）为混合动力压力燃油箱电子系统供电。混合动力压力燃油箱电子系统还负责燃油箱盖板上锁及读取霍尔传感器的燃油箱盖板状态信号（已打开/已关闭）。也就是说，燃

表 2-11

项目	燃油箱隔离阀受控时间（min）
需要加油，燃油箱盖板尚未打开	10
燃油箱盖板已经打开	15

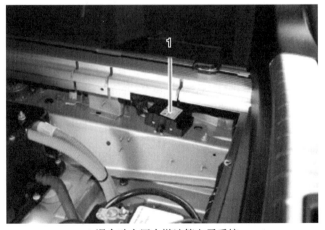

1.混合动力压力燃油箱电子系统
图 2-37

油箱盖板上锁并非通过 CAS 控制。燃油箱盖板基本上始终处于上锁状态，只有操作加油按钮且压力燃油箱内的压力降低时才会使燃油箱盖板开锁。

5. 燃油压力和温度传感器（如图 2-38 所示）

压力燃油箱内的压力和温度通过一个组合式压力 / 温度传感器进行测量。该传感器的温度测量范围为 −40~+85℃，压力测量范围为 −15~+40kPa。测量数值通过 LIN 总线发送至混合动力压力燃油箱电子系统控制单元。混合动力压力燃油箱电子系统对压力 / 温度传感器信号进行分析并在需要时控制燃油箱隔离阀。进行维修时可对燃油压力和温度传感器进行更换。为此，必须使压力燃油箱稍稍下降。

6. 加油按钮（如图 2-39 所示）

开始加油过程时必须首先操作"加油"按钮。加油按钮位于驾驶员侧 A 柱附近。按钮状态由混合动力压力燃油箱电子系统控制单元进行分析。按钮从脚部空间模块处接收定向 / 夜间照明信号。

图 2-38

图 2-39

7. 燃油箱盖（如图 2-40 所示）

E72 的燃油箱盖上带有"Active Hybrid"字样。特别需要注意的是，该燃油箱盖不能与"普通"燃油箱盖互换，即使尺寸允许也不可以。因为 E72 压力燃油箱内的压力较高，燃油箱盖内保护阀的开启压力也较高。

（四）加油过程

驾驶员希望加油时就会通过加油按钮发出指令。满足以下条件时就会开始减小压力燃油箱内的压力：

· 车辆必须静止

· 总线端 R 必须接通

混合动力压力燃油箱电子系统读取按钮状态并开始降低压力燃油箱内的压力。混合动力压力燃油箱电子系统从燃油压力和温度传感器处接收压力信息。

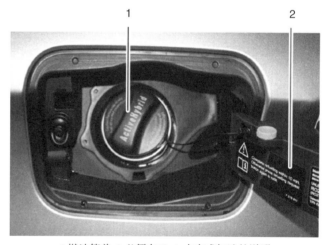

1.燃油箱盖 2.必须在10min内完成加油的说明

图 2-40

通过控制和开启燃油箱隔离阀降低压力。如果存在汽油蒸气，就会通过活性炭罐和滤尘器将其排放到大气中去。压力降低后就会通过一个执行机构使燃油箱盖板开锁，如图 2-41 所示。

驾驶员同时从组合仪表和 CID 处获得有关燃油箱准备状态的信息。此时可打开燃油箱盖板和燃油箱盖并进行加油。加油过程应在 10~15min 内完成。加油后关闭燃油箱盖板时会被霍尔传感器识别出来。大约 2s 后，混合动力压力燃油箱电子系统就会控制执行机构使燃油箱盖板上锁。燃油箱隔离阀不再受控（关闭），组合

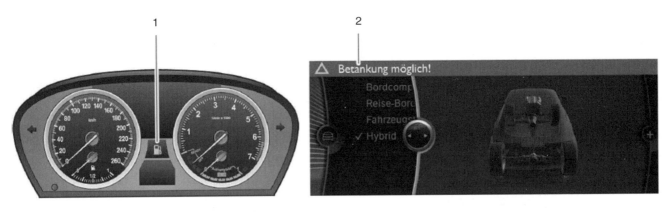

1.组合仪表内的检查控制信息 2.可以加油或可以在……秒后加油

图 2-41

仪表和 CID 内的显示恢复正常。此时加油过程结束。对加油系统进行维修工作前必须启动加油程序并使压力燃油箱内的压力降低。在整个维修期间让燃油箱盖保持打开状态,以免压力重新升高。压力燃油箱的显著特征在于它由不锈钢制成(未喷漆),而非塑料材质。后座椅下有一个标签也说明采用了压力燃油箱,而且对加油系统进行工作前首先必须使压力燃油箱内的压力降低。

五、混合动力制动系统

(一)简介

E72 的制动系统不仅仅用于使车辆可靠、稳定地减速,还能使车辆的制动能量不转化为热量,而是回收利用制动能量并通过主动变速器内的电动机将其转化为电能。为了配合 E72 全混合动力驱动方式获得最大燃油经济性,制动系统必须回收利用尽可能多的制动能量。同时,客户有权要求在所有车速范围和行驶情况下获得宝马独特的制动踏板感觉、准确的制动力定量控制以及出色的减速特性。E72 的混合动力制动系统自然满足所有这些要求,而且在该方面彰显了宝马集团的技术能力。为了满足这些要求,研发出了一种制动系统,制动踏板与制动系统其他部分(制动助力器)之间不再永久保持机械联系。这是一种电子伺服制动控制系统,通过电子方式探测驾驶员的制动要求。随后将制动要求划分为电气部分和液压部分。电气部分通过主动变速器的电动机转化为电能并存储在高电压蓄电池内。液压部分通过传统行车制动器产生减速度。划分制动要求时会考虑到制动强度、行驶情况和混合动力组件状态。通过这种方式,混合动力制动系统可以纯电动方式实现最高 3m/s^2 的减速度,但更为重要的一个参数是在所有行驶情况下可以回收利用的制动能量百分比。就这一数值而言,E72 制动系统可以达到 80%~90%,反过来说,在所有制动能量中只有 10%~20% 通过行车制动器转化为无用热量。E72 的混合动力制动系统又称为“混合动力制动作用转换”或“电子感应制动作用SBA”。严格来说,它指的是混合动力制动系统的一个重要组件,该组件将驾驶员的制动要求划分成回收利用部分和液压部分。

(二)系统概览

1. 车内组件

混合动力制动系统由以下重要组件组成,如图 2-42 所示。

· 带有传感器系统和关闭单元的制动踏板

· 主动式制动助力器

· 真空供给装置

· 混合动力制动作用转换

・动态稳定控制系统

・车轮制动器

2. 系统电路图（如图 2-43 所示）

（三）功能

1. 分布式功能

基本上来说，SBA 控制单元是混合动力制动系统的主控控制单元。它控制从探测制动要求直至控制制动系统执行机构的所有过程。能量回收式制动的执行机构是传动系统，通过供电电控箱控制电动机使其以发电机方式工作。为了使其能够产生电能，必须以机械方式对其进行驱动。因此电动机吸收作用在传动系统上的制动力矩。在减速度最高 3 m/s^2 的情况下，如果制动力矩仅作用在后桥上就会导致不稳定的行驶情况出现，因此进行能量回收式制动时，分动器内的片式离合器也会接合。随后，前桥和后桥达到相同

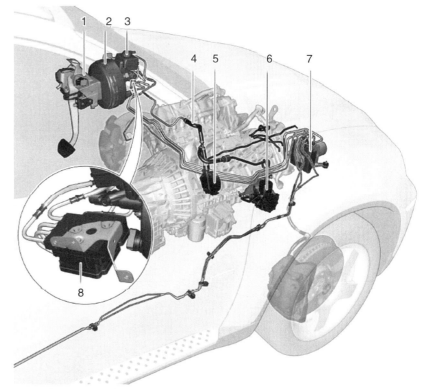

1.制动踏板 2.主动式制动助力器 3.制动液储液罐 4.真空管路 5.机械真空泵 6.电动真空泵 7.动态稳定控制系统 8.混合动力制动作用转换（电子感应制动作用 SBA）

图 2-42

转速从而为制动力矩在两个车桥上的平均分配创造前提条件。在这种"电子伺服模式"下会尽可能地回收利用制动能量，即通过第一个电动途径输送。只有在减速度高于 3 m/s^2 或混合动力驱动装置无法转化所有制动能量时，才会针对剩余能量使用传统行车制动器。为此，SBA 控制单元控制主动式制动助力器，后者产生用于两个制动回路的制动压力，制动压力通过动态稳定控制系统发布到 4 个车轮制动器上，如图 2-44 所示。

只有在故障情况或特殊情况下才会提供应急功能，此时 SBA 控制单元不再执行主控功能。例如在不稳定的行驶情况下，动态稳定控制系统就会执行主控功能，从而以高优先级使车辆稳定下来。此时无法继续进行能量回收式制动。能量回收式制动所需的某一组件失灵或供电失灵时，混合动力制动系统就会由"电子伺服模式"切换为传统模式。在传统模式下会使制动踏板与行车制动器重新建立起机械连接，这样可使车辆通过传统液压制动系统实现可靠减速。

2. 电子伺服模式

混合动力制动系统在接通供电后对电子伺服模式正常工作所需的所有系统组件进行自检。顺利结束自检后就会启用电子伺服模式。否则，混合动力制动系统就会保持传统模式。

在电子伺服模式下，制动踏板与制动助力器的机械连接断开。SBA 控制单元通过制动踏板角度传感器分析出驾驶员的制动要求。根据行驶情况和混合动力组件状态将制动要求划分为能量回收部分和液压部分。SBA 控制单元为此向混合动力主控控制单元发送一个规定值用于实现能量回收部分。混合动力主控控制单元随即通过混合动力电动机控制装置控制单元 A 和 B 执行该规定值。由电动机通过这种方式产生的电能存储在高电压蓄电池内。在此也需要供电电控箱控制单元的参与（改变电压和电流强度），如图 2-45 所示。

为了实现液压部分，SBA 控制单元为主动式制动助力器内的电磁阀供电。这样可使空气流入工作室内并通过真空压力在制动主缸内的活塞上产生作用力，从而将压杆拉入制动助力器内。这样，插入压杆叉形端部

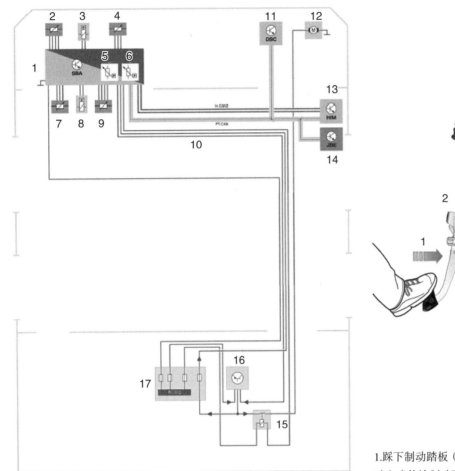

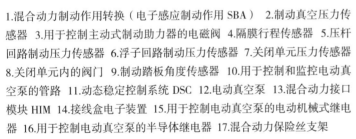

1.混合动力制动作用转换（电子感应制动作用 SBA） 2.制动真空压力传感器 3.用于控制主动式制动助力器的电磁阀 4.隔膜行程传感器 5.压杆回路制动压力传感器 6.浮子回路制动压力传感器 7.关闭单元压力传感器 8.关闭单元内的阀门 9.制动踏板角度传感器 10.用于控制和监控电动真空泵的管路 11.动态稳定控制系统 DSC 12.电动真空泵 13.混合动力接口模块 HIM 14.接线盒电子装置 15.用于控制电动真空泵的电动机械式继电器 16.用于控制电动真空泵的半导体继电器 17.混合动力保险丝支架

图 2-43

1.踩下制动踏板（作用力，行程） 2.制动踏板单元 3.以电动方式传输制动要求 4.混合动力制动作用转换（电子感应制动作用SBA） 5.能量回收部分的规定值 6.供电电控箱 7.使电动机以发电机形式受控 8.主动变速器内的电动机 9.由电动机产生的电能 10.有待存储的电能 11.高电压蓄电池 12.对制动助力器内的电磁阀进行电气控制 13.主动式制动助力器 14.两个制动回路内的液压压力 15.动态稳定控制系统 16.传输至车轮制动器的制动管路内的液压压力 17.4个车轮制动器

图 2-44

的制动踏板销也不会碰到机械限位位置，因此不会在操作制动踏板时产生反作用力。但是踏板力模拟器会产生反作用力，所实现的作用力传递与传统制动系统基本相同。在电子伺服模式下，关闭单元的作用就像一个刚性元件。密闭其中的制动液无法被压缩。在这种状态下，制动液也无法溢出到带有弹簧的膨胀室内，因为膨胀室被一个电磁阀封住。

3. 传统模式

传统模式是混合动力制动系统的基本机械模式。在该模式下会使制动踏板与制动助力器重新建立起机械连接。因此驾驶员可以像在带有制动助力装置的传统车辆上一样在液压制动系统内产生一个制动压力并使车辆可靠减速。在传统模式下无法进行能量回收式制动。全部制动力均由液压制动系统提供，如图 2-46 所示。

驾驶员在传统模式下操作制动踏板时，主动式制动助力器内的电磁阀不会受控工作，此时压杆不会移动。因此在操作制动踏板期间，销子与压杆端部限位位置间的间隙闭合且建立起上述机械连接。从驾驶员的角度来说，这表明空行程增大。驾驶员几乎不会感觉到任何反作用力，直至销子到达限位位置。可以这样来解释：

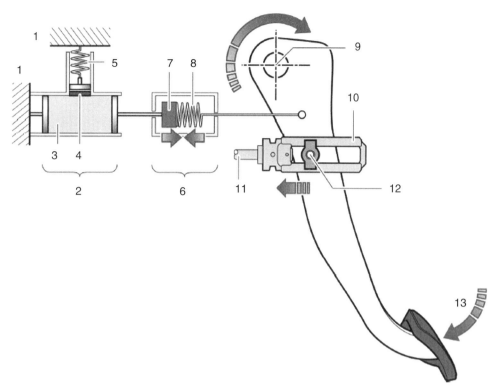

1.支撑在车身部件上 2.关闭单元 3.制动液 4.关闭单元内的关断阀关闭 5.弹簧 6.踏板力模拟器 7.用于在制动踏板上产生反作用力的弹性塑料块 8.用于在制动踏板上产生反作用力的弹簧 9.制动踏板旋转轴 10.叉形压杆端部 11.压杆（连接制动助力器） 12.销子 13.驾驶员操作制动踏板

图 2-45

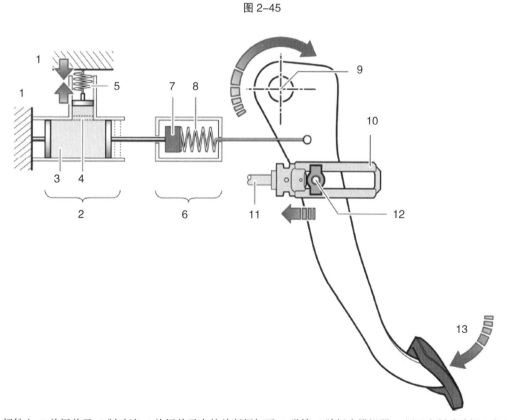

1.支撑在车身部件上 2.关闭单元 3.制动液 4.关闭单元内的关断阀打开 5.弹簧 6.踏板力模拟器 7.用于在制动踏板上产生反作用力的弹性塑料块 8.用于在制动踏板上产生反作用力的弹簧 9.制动踏板旋转轴 10.叉形压杆端部 11.压杆（连接制动助力器） 12.销子处于限位位置 13.驾驶员操作制动踏板

图 2-46

在传统模式下，关闭单元内的电磁阀打开。因此关闭单元内的制动液可以向上方空间流动，那里有一个移动活塞可以克服弹簧力向上移动。关闭单元内弹簧产生的反作用力明显低于踏板力模拟器内的弹簧。因此在这种情况下，踏板力模拟器内的弹簧根本不会压缩。也可以说踏板力模拟器在此不起任何作用。仅有的反作用力来源于关闭单元内的弹簧，而且该作用力非常小。如果内部监控功能发现可导致无法继续在电子伺服模式下可靠运行的故障，就会自动启用传统模式。识别出以下故障时就会启用传统模式：

- 踏板角度传感器失灵
- 关闭单元内的压力传感器失灵
- 关闭单元内的电磁阀不再正常工作
- 隔膜行程传感器失灵
- 主动式制动助力器内的电磁阀失灵
- 真空供给装置失灵
- 真空压力传感器失灵
- SBA 控制单元或供电失灵
- SBA 控制单元内的压力传感器失灵
- SBA、DME 和 HCP 间的通信受到干扰

通过亮起警告灯和发出检查控制信息告知驾驶员进入传统模式。

4. 特殊情况

（1）液压制动助力

E72 的混合动力制动系统可在特殊情况下通过液压制动助力为驾驶员提供支持。这些特殊情况包括：

- 电子伺服模式，达到制动助力器的控制点

处于制动助力器控制点时，制动助力器达到最大制动助力。不需要任何附加措施驾驶员即可进一步提高制动压力，而且只有在明显提高制动踏板上作用力的情况下才会实现减速。达到控制点时，SBA 控制单元确定额外所需液压制动助力并向 DSC 控制单元发送规定值。后者通过液压方式建立起附加制动压力，从而在高于控制点的范围内也能够为驾驶员提供最佳支持。

- 传统模式，达到制动助力器的控制点

在此同样通过液压方式建立起附加制动压力。但在传统模式下是通过 DSC 控制单元进行独立控制，而不是像电子伺服模式那样通过 SBA 控制单元进行控制。

- 传统模式，制动助力器失灵

制动助力器失灵时，驾驶员必须在没有制动助力支持的情况下在制动系统内产生液压压力。此时制动踏板上的所需作用力虽然仍在法规要求范围内，但对于驾驶员而言却高得异常。出现这种故障情况时，混合动力制动系统也会为驾驶员提供支持。DSC 控制单元根据制动主缸内的压力测量值计算出驾驶员的制动要求。将该数值乘以一个增益系数后计算出一个附加制动压力。DSC 通过液压单元建立起该附加制动压力。与前两种助力方式不同，在此注重的不是制动舒适性而是车辆的稳定减速性。

（2）制动辅助

在所有当前宝马车辆上都可以通过动态稳定控制系统的一项功能为驾驶员在紧急制动情况下提供支持：动态制动控制系统（DBC）。"动态制动支持（DBS）"子功能根据制动压力建立速度和制动压力大小识别出是否出现紧急制动情况。超过规定限值时，DSC 液压单元就会建立起附加制动压力直至达到最大减速度。在 E72 上以不同方式为紧急制动情况提供支持。SBA 控制单元对制动踏板操控速度和制动要求强度进行分析。如果超过控制单元内的存储限值，SBA 控制单元就会在该紧急制动情况下开始提供支持。它计算出一个增益

系数，用其乘以驾驶员的制动要求。根据计算得出的规定压力控制主动式制动助力器内的电磁阀。也就是说，E72 的制动辅助系统并非通过液压方式而是通过气动方式进行工作。如果 SBA 控制单元计算得出的规定压力高于制动助力器的控制点，还会如上章所述那样提供额外液压支持。

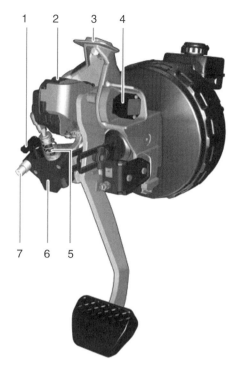

（四）系统组件

1. 制动操纵机构

除制动踏板及其轴承外，制动操纵机构还包括专门用于 E72 混合动力制动系统的以下组件，如图 2-47 所示。

·制动踏板角度传感器

·制动踏板力模拟器

·关闭单元

进行维修时不能对单个部件进行单独更换，只能将包括上述组件在内的整个单元作为新部件使用。

（1）制动踏板角度传感器

制动踏板角度传感器固定在踏板支撑座上制动踏板旋转轴延长线上。操作制动踏板时产生的转角通过制动踏板角度传感器转化为电信号。为此，该传感器内部带有两个霍尔传感器。这些传感器以冗余方式探测制动踏板角度。SBA 控制单元读取两个传感器的模拟信号，通过将两个信号以及与制动压力传感器信号进行

1.关断阀电气接口 2.制动踏板力模拟器 3.踏板支撑座 4.制动踏板角度传感器 5.活塞杆和关闭单元回位弹簧 6.关闭单元 7.关闭单元压力传感器电气接口

图 2-47

对比检查信号可信度。如果 SBA 控制单元识别出无法继续可靠探测制动踏板角度，就会启用传统模式并授权发出检查控制信息。

（2）制动踏板力模拟器

由于在电子伺服模式下制动踏板与液压制动系统间不存在任何机械连接，在没有制动踏板力模拟器的情况下，驾驶员在操作制动踏板时就不会得到任何反馈。因此制动踏板力模拟器产生这样一种作用力为驾驶员提供反馈。由制动踏板力模拟器产生的反作用力取决于操作制动踏板时的制动踏板行程。根据设计要求，作用力与行程的相互关系可确保制动踏板感觉与使用传统制动系统的车辆相同。制动踏板力模拟器通过一个弹簧组合（钢板弹簧）和一个塑料块（弹性体）产生反作用力，因此它是一个以纯机械方式工作的组件。

（3）关闭单元

满足相关条件时便可通过关闭单元结束电子伺服模式并启用传统模式。关闭单元内部由一个充满制动液的封闭液压系统构成。关闭单元的活塞通过一根杆与制动踏板力模拟器相连。操作制动踏板时就会在该活塞杆上产生一个作用力，如图 2-48 所示。

在电子伺服模式下接通液压系统时，制动液无法移动。为此使关闭单元内的关断阀通电并关闭。由于制动液也无法压缩，在关闭单元活塞上会产生一个非常大的反作用力。因此关闭单元的作用就像一个刚性物体，驾驶员只能感觉到制动踏板力模拟器产生的反作用力。在传统模式下，关断阀（未通电）处于打开状态。如果进行制动操作期间在关闭单元输入活塞上产生了一个作用力，制动液就会膨胀进入一个空间，在该空间内使另一个活塞在一个弹簧上产生作用力。该弹簧的反作用力远远低于制动踏板力模拟器，因此制动踏板力模拟器实际上不起任何作用。这会使驾驶员在操作制动踏板时感觉好像空行程增大，直至制动踏板达到压力杆上的限位位置，如图 2-49 所示。

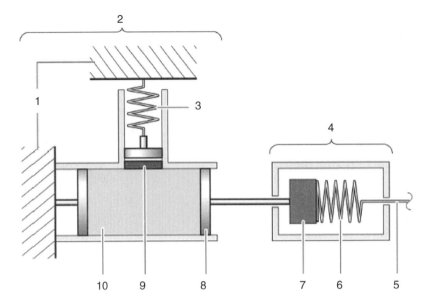

1.支撑在车身部件上 2.关闭单元 3.关闭单元内的弹簧 4.踏板力模拟器 5.与制动踏板的机械连接 6.用于在制动踏板上产生反作用力的弹簧 7.用于在制动踏板上产生反作用力的弹性塑料块 8.关闭单元内的输入活塞 9.关闭单元内的关断阀 10.制动液

图 2-48

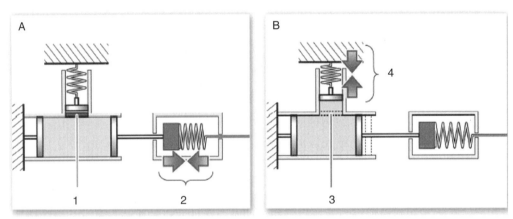

A.电子伺服模式 B.传统模式 1.关断阀关闭 2.进行制动操作时，弹簧和弹性塑料块压在一起 3.关断阀打开 4.进行制动操作时，关闭单元内的弹簧压在一起

图 2-49

除关断阀外，关闭单元还包括一个压力传感器。该传感器信号用于检查关闭单元或关断阀是否处于要求状态。关断阀打开时，进行制动操作时不允许关闭单元内产生压力。关断阀关闭时，则必须在进行制动操作时建立起压力。每次接通总线端 15 时都会自动进行这项检查。混合动力制动系统开始时会保持传统模式。只有驾驶员建立起约 3000kPa 制动压力且传感器信号相互可信时才会启用电子伺服模式。对于驾驶员而言，这样不会存在任何功能影响，因为启动车辆后总是要通过操作制动踏板挂入行驶挡位的。多数驾驶员操作制动踏板的力度都足以达到上述制动压力限值。SBA 控制单元分析压力传感器信号并控制关断阀。为此，压力传感器和关断阀分别通过一根 3 芯导线和一根 2 芯导线与 SBA 控制单元相连。

2. 主动式制动助力器

E72 的制动助力器尺寸为 24.13cm（9.5 英寸）。通过一个长孔固定制动踏板销子的叉形压杆端部是其外部显著特征。通过销子在长孔内移动解除制动踏板与液压制动系统的联系。这点应用于电子伺服模式。同时通过限位位置实现制动踏板与液压制动系统间的机械连接，从而满足传统模式的要求，如图 2-50 所示。

进行维修时可对以下组件进行单独更换：

·主动式制动助力器及压力杆和叉形部分

·制动真空压力传感器及密封件

·隔膜行程传感器

（1）电磁阀

制动助力器的主动元件是电磁阀，在电子伺服模式下由 SBA 控制单元供电。通过控制电磁阀可使空气进入主动式制动助力器的工作室，从而推动连杆并在制动主缸上产生作用力。因此即使不通过驾驶员进行机械操作也可以在液压制动系统内建立起制动压力。

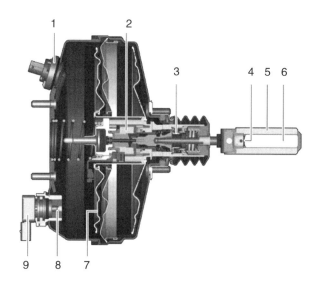

1.电磁阀电气接口 2.电磁阀（用于电动操作） 3.传统阀（用于机械操作） 4.限位位置 5.叉形压杆端部 6.长孔 7.隔膜（未显示隔膜行程传感器） 8.制动真空压力传感器 9.制动真空压力传感器电气接口

图 2-50

（2）隔膜行程传感器

为了对主动式制动助力器电动控制功能进行持续监控，制动助力器带有一个隔膜行程传感器。它是一个随隔膜移动一起运动的探针。通过该传感器信号尤其可以发现制动液内的气泡以及液压系统泄漏情况。出现这些情况时，隔膜行程小于为电磁阀相应供电时。SBA 控制单元分析隔膜行程传感器信号并进行监控，如果识别出故障，SBA 控制单元就会结束电子伺服模式并切换为传统模式，同时授权发出一条检查控制信息。

（3）制动真空压力传感器

无论在电子伺服模式还是传统模式下都需要通过制动真空压力来增大制动力，因此在制动助力器内装有冗余设计的制动真空压力传感器。SBA 控制单元通过该传感器信号持续监控准备提供使用的制动真空压力。如果制动真空压力过低，就会控制电动真空泵。SBA 控制单元发现制动真空压力供应问题时就会要求数字式发动机电子系统启动发动机。发动机运转时，机械真空泵也会随之工作，从而确保制动真空压力供应。

3. 混合动力制动作用转换

"混合动力制动作用转换"指的是由控制单元和液压单元构成的单元。它又称为电子感应制动作用SBA。SBA 单元沿行驶方向安装在制动助力器左侧，进行维修时只能将其作为一个单元更换，如图 2-51 所示。

SBA 控制单元对制动控制执行主控功能。它探测驾驶员的制动要求，将整个制动力矩划分为能量回收部分和液压部分。为此，SBA 控制单元带有以下电气接口：

·制动踏板角度传感器

·关闭单元关断阀

·关闭单元压力传感器

·制动助力器内的电磁阀

·制动助力器内的隔膜行程传感器

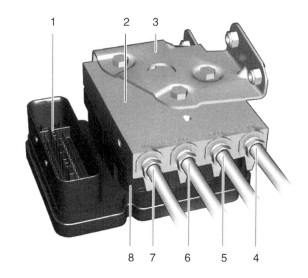

1.电气接口 2.液压部件 3.固定支架 4.后部制动回路制动管路接口，由制动主缸输入 5.后部制动回路制动管路接口，输出至DSC单元 6.前部制动管路接口，输出至DSC单元 7.前部制动管路接口，由制动主缸输入 8.电子控制单元

图 2-51

107

· 制动助力器内的制动真空压力传感器

· 电动真空泵（控制和监控）

· 供电

· 总线系统 PT-CAN 和 H-CAN 2

为了实现能量回收部分，SBA 控制单元通过混合动力 CAN 2、混合动力接口模块和混合动力 CAN 与混合动力主控控制单元进行通信。液压部分由 SBA 控制单元通过直接控制制动助力器内的电磁阀来实现。与所有对液压制动系统进行干预时的情况一样，在此 DSC 控制单元也是 SBA 控制单元的一个重要通信设备。汇总了通过总线系统传输的重要的 SBA 控制单元输入和输出参数，如表 2-12 所示。

表 2-12

提醒	通信方向	来源 / 汇集点
要求能量回收制动力矩	输出	SBA → HCP、SBA → DSC → VTG
要求液压制动助力	输出	SBA → DSC
最大能量回收制动力矩	输入	DSC → SBA、HCP → SBA
车速和车轮转速，纵向加速度	输入	DSC → SBA
行驶情况稳定性	输入	DSC → SBA
运行准备状态	输入 / 输出	DSC → SBA、HCP → SBA、DME → SBA SBA → DSC、SBA → HCP、SBA → DME

4. 电动真空泵

以纯电动方式行驶期间，发动机处于静止状态，因此也不会驱动机械真空泵。为了在此期间同样确保提供制动真空压力，E72 上装有一个附加电动真空泵。该真空泵安装在行驶方向右侧发动机室内的曲轴箱前端上，如图 2-52 所示。

泵元件是一个双膜片泵。其内部结构基本对称，因此两个端面上分别带有一个输入阀和一个输出阀。根据壳体盖板的形状可以识别出这两个阀门。泵输入端与真空管路相连。真空泵通过输入端吸入空气并产生真空压力。吸入的空气通过壳体盖板上的输出孔向外输送。进行维修时，只能将电动真空泵作为整个单元进行更换，如图 2-53 和图 2-54 所示。电动真空泵的电机由 SBA 控制单元和两个继电器供电。继电器分别是：

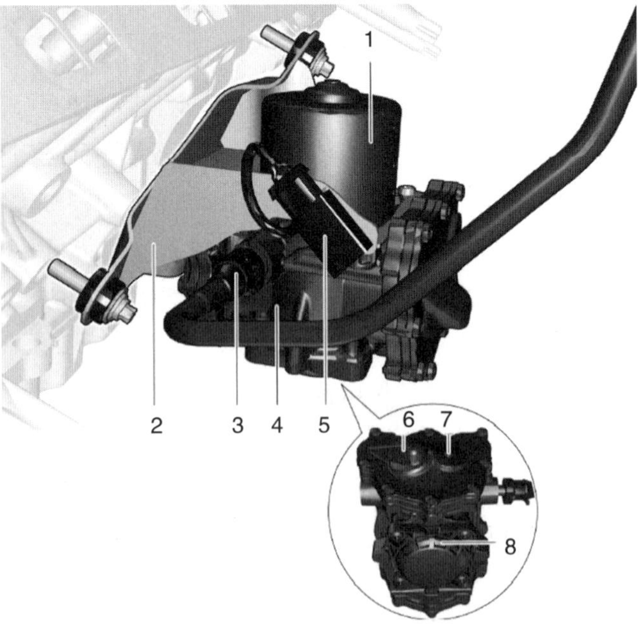

· 一个电动机械式继电器，安装在行李箱凹槽内第二个 12V 蓄电池右侧

· 一个半导体继电器，安装在右侧尾灯附近

1.电机壳体 2.固定支架 3.真空管路接口 4.泵元件壳体 5.电气接口 6.输出阀盖 7.输入阀盖 8.输出孔

图 2-52

用于控制电动真空泵的两个继电器串联连接。在正常运行模式下，SBA 控制单元从总线端 30g 接通起就会接通电动机械式继电器。但电动真空泵的实际接通和关闭由半导体继电器负责，它具有可使换挡过程无磨损、无噪声的优点，如图 2-55 所示。

此处所用的半导体也设计用于整个车辆使用寿命期间。但是如果半导体部件损坏，必须采取措施以确保

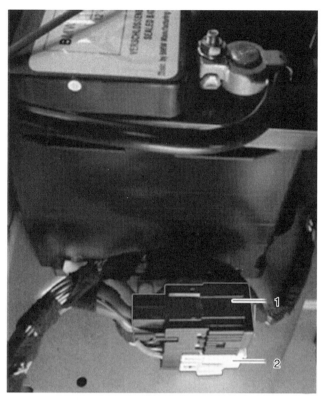

1.混合动力负荷继电器 2.电动真空泵的电动机械式继电器

图 2-53

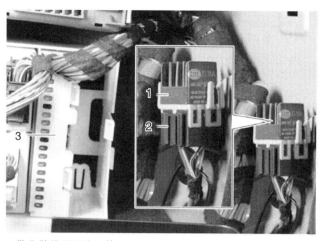

1.带有散热器的半导体继电器 2.半导体继电器插头 3.混合动力附加保险丝支架

图 2-54

混合动力制动系统可以继续可靠运行，如表 2-13 所示。

如果发动机启动后可以通过机械真空泵正常提供制动真空压力，即使出现电动真空泵故障，混合动力制动系统也会保持在电子伺服模式下。否则，混合动力制动系统就会切换为传统模式。SBA 控制单元可以通过半导体输出端与电动机械式继电器开关触点间分出的监控导线识别出部件故障。SBA 控制单元测量该监控导线上的电压并将其与所需切换状态决定的期望值（继电器接通或关闭）进行比较。SBA 控制单元

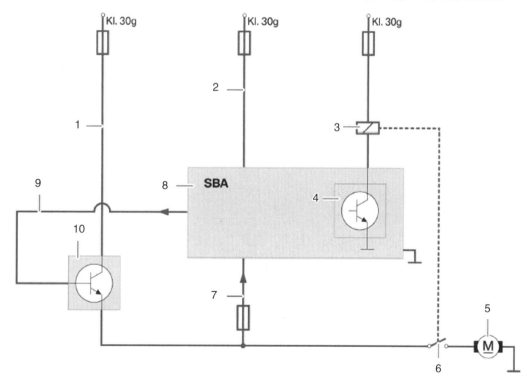

1.真空泵电机供电导线 2.SBA控制单元供电导线 3.用于控制电机的电动机械式继电器 4.用于接通电动机械式继电器的晶体管 5.真空泵电机 6.电动机械式继电器的开关触点 7.监控导线 8.SBA控制单元 9.半导体控制导线 10.半导体继电器

图 2-55

表 2-13

故障原因	故障影响	混合动力制动系统的响应
半导体—直像断路一样	无法再接通电动真空泵	SBA 控制单元要求启动发动机，随后通过机械真空泵提供制动压力
半导体—直像短路一样	无法再关闭电动真空泵	SBA 控制单元断开电动机械式继电器，同时启动发动机

根据发动机是否运转以及制动助力器上制动真空压力测量值的信息控制按需接通和关闭电动真空泵。制动真空压力过低时就会接通电动真空泵。

5.动态稳定控制系统

E72 动态稳定控制系统的硬件结构与 E70 或 E71 相同。但是软件功能范围必须针对混合动力制动系统的系统网络进行相应调节。在此简要列出了相关调节：

·提供液压制动助力

·在能量回收式制动期间控制分动器内的片式离合器

·分析行驶状态稳定性并以总线电码形式提供

六、电动机械式助力转向系统

（一）简介

E72 不提供选装配置"主动转向系统"。E72 仅使用一种转向系统，即电动机械式助力转向系统。它又称为"电子助力转向系统 EPS"。负责提供转向助力的电机与齿轮齿条转向器采用轴平行布置结构。E72 电动机械式助力转向系统的设计方案和功能与 3 系或 1 系所用转向系统基本相同。E72 最重要的更改包括：

·对 E72 车桥几何形状进行了设计调整

·因横拉杆作用力增大而提高了电机功率

·接入 E72 的通信网络和车载网络

虽然提高了 E72 电动机械式助力转向系统的功率，但它并不是高电压组件，而是一个 14V 组件电动机械式助力转向系统，基本具有以下特点：

·缓冲来自路面的干扰（提高行驶舒适性）

·方向盘主动回位（提高行驶舒适性）

·根据车速控制转向助力"Servotronic"（提高行驶舒适性和行驶安全性）

·没有液压回路（简化整车集成性，提高环保性）

·根据需要控制电机（有助于降低耗油量）

·转向助力不受发动机转速影响

由于 E72 在纯电动行驶期间也必须提供转向助力，因此上述最后一项特点是使用电动机械式助力转向系统而非液压助力转向系统的最重要依据。

（二）系统概览

1.组件概览（如图 2-56 和图 2-57 所示）

EPS 转向系统由以下主要组件构成：

·转向力矩传感器

·EPS 控制单元

·带有电机位置传感器的电机

·减速器

・齿轮齿条式转向器

这些组件构成一个单元（EPS齿轮齿条式转向器），进行维修时只能整个更换。安装全新EPS齿轮齿条式转向器后必须进行四轮定位和轨迹调整。进行

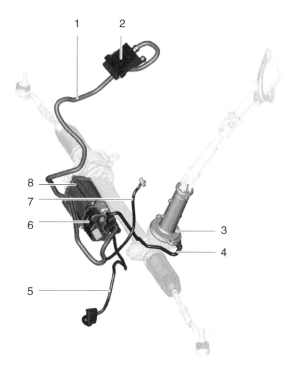

1.用于为电动机械式助力转向系统供电的正极导线 2.发动机室配电盒（14V发动机室） 3.转向力矩传感器 4.转向力矩传感器与EPS控制单元间的连接导线 5.EPS控制单元与车辆导线束间的连接导线（主要连接至总线系统PT-CAN） 6.EPS控制单元 7.用于为电动机械式助力转向系统供电的负极导线 8.带有电机位置传感器的电机

图2-57

1.转向横拉杆 2.橡胶防尘套 3.减速器 4.带有电机位置传感器的电机 5.齿轮齿条式转向器 6.转向柱

图2-56

试运行时必须执行使限位位置自适应的服务功能。除EPS齿轮齿条式转向器外，进行维修时可对橡胶防尘套和转向横拉杆进行单独更换。发现防尘套损坏时必须更换防尘套，以免有水进入转向器内。转向器内有水会导致转向器内移动部件腐蚀，之后通常会产生噪声。在这种情况下不会出现转向不灵活的现象，因为通过相应附加控制电机可以补偿摩擦影响。用于为EPS供电的正极导线连接至带有保险丝（100 A）的发动机室配电盒（14V车载网络）。正极导线从此处继续连接至蓄电池正极接线柱。负极导线在发动机曲轴箱处与接地连接。用螺栓将EPS负极导线连接在曲轴箱上时必须特别小心，必须严格遵守拧紧力矩要求。否则，可能因震动造成连接松脱，从而导致电动机械式助力转向系统失灵。

2. 系统电路图（如图2-58所示）

（三）功能

E72的电动机械式助力转向系统与3系和1系一样提供以下功能：

・根据车速控制转向助力

・方向盘主动回位

・主动缓冲

1. 根据车速控制转向助力

电动机械式助力转向系统通过纯软件功能实现根据车速控制转向助力。EPS根据有关车速和驾驶员转向力矩的输入信号在低速行驶时提供较大转向助力。这样可以在诸如移动车辆或停车入位等情况下提高行驶舒适性。而高速行驶时则要求转向设计不灵敏，从而确保更易于保持行驶方向。因此EPS在高速行驶时降低转向助力，从而要求驾驶员施加较大转向力矩。这样可以降低在高速情况下突然操纵方向盘的危险，如图2-59

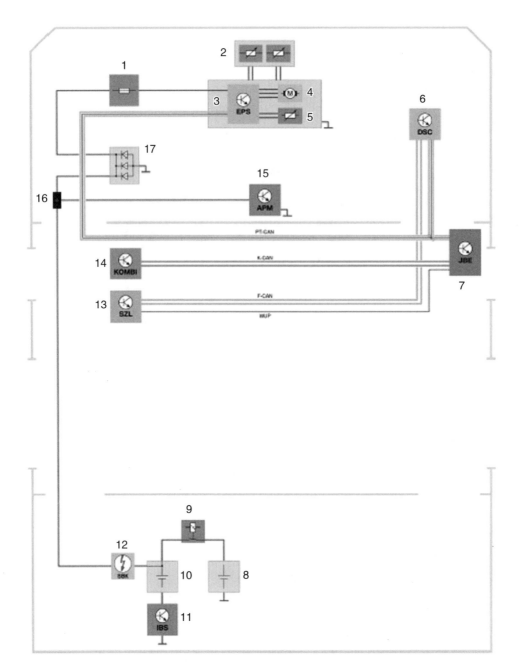

1.发动机室配电盒内的保险丝（14V车载网络） 2.转向力矩传感器，冗余设计方式 3.EPS 控制单元 4.电机 5.电机位置传感器 6.动态稳定控制系统 7.接线盒电子装置 8.附加蓄电池（12V） 9.断路继电器 10.12V蓄电池 11.智能型蓄电池传感器 12.安全型蓄电池接线柱 13.转向柱开关中心 14.组合仪表 15.辅助电源模块 16.蓄电池正极接线柱 17.极性接错保护

图 2-58

所示。

驾驶员施加的转向力矩较小时，EPS 的助力力矩设置也会相应较小。这样可以达到出色的自动定中心效果，即在直线行驶位置时转向系统不过于敏感。驾驶员施加的转向力矩较大时，就会通过 EPS 获得所需较高助力。所有特性曲线间的过渡都不是跳跃进行而是循序渐进的，因此驾驶员不会受到任何转换过程的干扰。

2. 方向盘主动回位

在带有液压助力转向系统的车辆上只能通过车桥运动学使方向盘回到直线行驶位置。电动机械式助力转向系统通过控制电机为方向盘回位提供主动支持。为此，EPS 使用以下输入信号：

·车速

· 驾驶员施加的转向力矩

· 转向角和转向角速度

只要驾驶员在驶出弯道时松开方向盘就会实现方向盘主动回位。EPS 根据输入信号识别出这种情况。

· 转向角明显不为零，且驾驶员施加的转向力矩几乎为零

之后通过控制电机产生回位力矩。回位力矩可使方向盘平稳移动直至接近直线行驶位置，如图 2-60 所示。

电动机械式助力转向系统可以比液压助力转向系统更迅速、更准确地返回到直线行驶位置上。这点适用于所有宝马所用的电动机械式助力转向系统，因为所有这些系统都包括"方向盘主动回位"功能。

3. 主动缓冲

需要加以缓冲的方向盘自行移动可能由于驾驶员无意间的脉冲式转向动作或路面、车轮干扰而造成。E72 的电动机械式助力转向系统可以对这两种情况进行缓冲。这点通过 EPS 齿轮齿条式转向器的机械特性实现：通过减速器和电机惯性间的大传动比能够对不希望出现的方向盘运动进行机械缓冲。此外，EPS 还带有"主动缓冲"功能。EPS 通过分析电机位置传感器信号识别出驾驶员未施加转向力矩情况下的齿条移动。EPS 以较高频率控制电机，从而抵消这些不希望出现的移动情况。这是克服路面或车轮干扰的有效措施。特别是在高速行驶时，驾驶员无意间的脉冲式方向盘转向动作

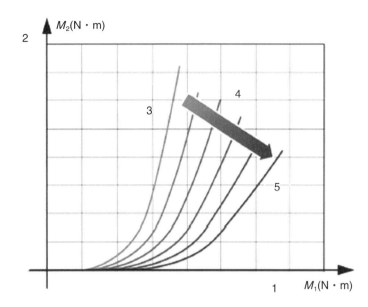

1.驾驶员施加的转向力矩 2.EPS的助力力矩 3.车速为零 4.车速提高 5.最高车速

图 2-59

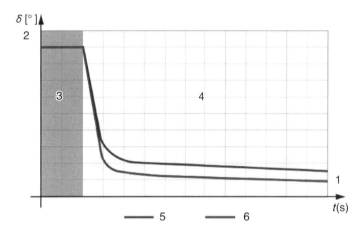

1.时间 2.转向角 3.驾驶员保持转向角度不变（转弯行驶） 4.驾驶员松开方向盘（驶出弯道） 5.液压助力转向系统的回位特性 6.带有方向盘主动回位功能时的 EPS 回位特性

图 2-60

会对车辆稳定性产生不利影响。车辆可能会左右摆动并失去控制。EPS 识别出这种脉冲式方向盘转向动作并控制电机，从而对其进行充分缓冲，因此可防止车辆左右摆动，如图 2-61 所示。

4.特殊情况

（1）软件功能形式的限位位置

在即将到达机械限位位置前，EPS 以坡度曲线形式降低转向助力。这样可以明显使转向到限位位置的动作更加平稳，因为已经事先提高了阻力，因此到达限位位置时不会过于突然，而且还可以降低组件的机械负荷。

（2）出现故障时关闭功能

研发目的是要通过电动机械式助力转向系统可靠提供转向助力，并在出现故障情况下仍确保这项功能正常。例如某一传感器信号失灵时，可能会使用一个冗余信号或一个计算值代替。但是如果出现影响电机可靠操控的故障，则必须停用转向助力。这样虽然会使驾驶员施加的转向力矩明显增大，但重要的是能够防止电

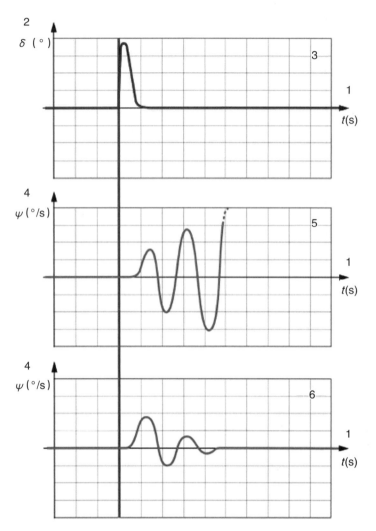

机故障操控。电机只是在没有通电的情况下自由转动。出现故障时转向助力消失是一种预定的 EPS 系统响应特性。虽然驾驶员可能会感觉这种特性有些意外，但只要加大控制力量就可一直确保车辆转向性能不受影响。出现这种故障情况时，组合仪表内的下列警告灯就会亮起。同时通过一条检查控制信息提醒驾驶员注意故障情况，如图 2-62 所示。

图 2-62

1.时间 2.转向角 3.方向盘角度曲线（驾驶员的脉冲式方向盘转向动作）
4.偏转率 5.没有主动缓冲功能时的理论车辆状态：转动可能增强 6.带有主动缓冲功能时的理想车辆状态：对转动进行充分缓冲

图 2-61

（3）防止过载

EPS 组件温度过高时，EPS 就会采取干预措施。为此使用 EPS 控制单元内所装温度传感器的信号和一个计算模型。计算模型分析电机耗电量并由此确定绕组温度评估值。识别出温度较高时，EPS 控制单元就会采取以下保护措施：

·电风扇：根据温度会要求接通电风扇或逐渐提高电风扇转速。为此，EPS 控制单元向数字式发动机电子系统发送总线电码。随后数字式发动机电子系统以相应转速挡接通电风扇

·降低功率：EPS 控制单元根据温度降低电机功率。这样可以减小 EPS 自身产生的热量，从而防止温度继续升高。此外，还可以减小转向助力。当驾驶员可以察觉出的时候，组合仪表内的警告灯也会亮起

环境温度较高且转向操作猛烈时，特别是在车辆静止情况下，可能就会出现这种过载现象。大多数客户都不会经历这种例外情况。当驾驶员试图使前车轮转向某个坚实障碍物时（例如路沿），可能会出现另外一种过载现象。如果在较短时间间隔内反复出现这种情况，也会减小转向助力。这样不仅可以保护 EPS 组件，而且还能提示驾驶员正在转向一个坚实障碍物。EPS 通过比较电机控制信号和电机位置传感器信号识别出这种情况。出现过载情况时，EPS 会减小转向助力。接到客户投诉时，要在进行维修工作前询问客户出现投诉现象时的限制条件。

（四）系统组件

1.转向力矩传感器

转向力矩传感器安装在转向柱下部与 EPS 齿轮齿条式转向器间的接缝位置。它向 EPS 控制单元提供驾驶员指令和驾驶员施加在方向盘上的力矩。EPS 控制单元根据方向盘上的力矩（和其他输入参数）控制转向

助力的大小。转向力矩通过转向杆的扭转来确定。转角由两个霍尔传感器元件进行测定。这样便有一个冗余信号可供使用，因此即使在某一传感器元件失灵的情况下仍可继续使用 EPS 功能。

2. 带有电机位置传感器的电机

电机的主要任务是产生 EPS 控制单元计算的力矩，从而提供所需转向助力。电机制造商是 Robert Bosch GmbH 公司。这是一种同步电机，必须用三相交流电压驱动。该电压必须由 EPS 控制单元通过 14V 车载网络的直流电压产生。与 EPS 齿轮齿条式转向器的其他组件一样，该电机的设计使用寿命也与车辆使用寿命相同。它可以在较大转速范围内提供恒定力矩，因此可使转向助力不受转向角速度的影响保持不变。效率较高是同步电机的典型特点。电机的短时最大耗电量可达到 120A。但该电流强度仅以极短的脉冲形式出现，因此正极导线的保险装置使用 100A 保险丝即可。因此 EPS 峰值功率约为 1.5kW，而且更重要的是，平均电功率低于 50W。该平均值较低是因为只有在转向期间而非直线行驶或以恒定转向角行驶期间需要转向助力。而且在绝大多数情况下，车辆都处于直线行驶状态。EPS 平均功率消耗极低是其有助于降低耗油量的原因所在。电机位置传感器直接安装在电机轴上。EPS 控制单元可通过该传感器测定转子的准确位置和转速。电机位置传感器根据霍尔效应进行测量，一个带有永久磁铁的轮子在霍尔传感器元件旁转动。

3.EPS 控制单元

EPS 控制单元安装在电机上，如图 2-63 所示。除电子控制装置外，它还带有控制电机的供电电子装置。电子控制装置通过总线系统进行通信，并计算出电动机械式助力转向系统的功能。该计算结果是电机的一个额定扭矩。供电电子装置执行该规定值并产生相电压从而在电机绕组上产生磁场。供电电子装置的一个重要组成部分是一个半导体电路，通过该电路可以断开电机绕组电路。识别出严重故障时，该电路就会可靠终止电机控制。电路断路后电机轴自由转动，因此可以防止出现电机电动卡止的故障情况。

在 EPS 控制单元内部装有一个温度传感器，用于提前识别出电气组件过热并采取相应措施。EPS 控制单元的安装位置具有温度变化和湿度影响较大的特点。因此在壳体上带有由 Goretex 材料制成的隔膜，用于实现内部与环境间的压力平衡。同时，隔膜还可防止湿气从该部位侵入。在 EPS 控制单元的壳体上还带有 EPS 电气连接件：

·供电

·总线连接件（PT-CAN，包括唤醒导线）

·转向力矩传感器的供电和信号导线

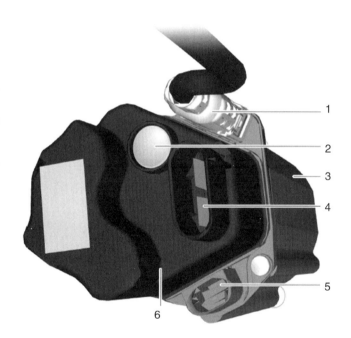

1.转向力矩传感器导线接口　2.由 Goretex 材料制成的隔膜　3.电机壳体
4.供电接口　5.总线连接接口　6.EPS 控制单元壳体

图 2-63

对供电插头进行处理时要特别小心，否则，可能会因侵入水导致插头触点腐蚀。由此形成的较高接触电阻不仅可能会造成转向助力不足，而且还可能会因热量较高导致损坏。在供电导线上测量电压时必须使用专用测量适配装置。不允许用表笔刺穿供电导线绝缘层，否则，水会被吸入 EPS 控制单元内部，从而造成严重损坏。

4. 减速器

减速器将电机产生的力矩传输到齿条上，从而在转向横拉杆上产生一个纵向力。相对于 3 系和 1 系的电动机械式助力转向系统而言，该减速器更加强化，因为需要传输的作用力随电机功率增大而增大。EPS 减速器如图 2-64 所示。

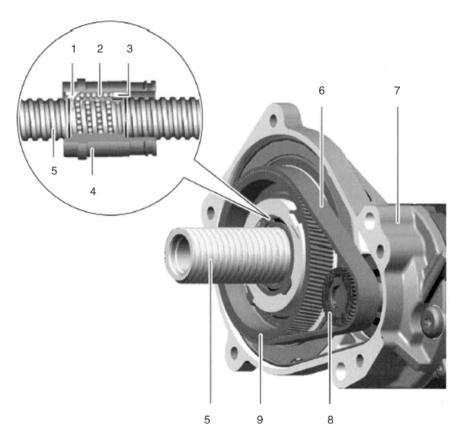

1.用于取出钢球的机械机构　2.钢球的返回通道　3.用于引入钢球的机械机构　4.球螺纹驱动装置的螺母　5.齿条的球形螺纹　6.齿形皮带
7.减速器壳体　8.小齿轮　9.大齿轮

图 2-64

齿形皮带传动机构和球螺纹驱动装置也是 E72 EPS 减速器的主要部件。电机轴驱动齿形皮带传动机构的小齿轮，通过齿形皮带和大齿轮使球螺纹驱动装置的螺母转动。由于螺母无法沿齿条纵向方向移动，因此在球形螺纹内移动的钢球会向齿条施加一个纵向作用力。减速器与电机固定连接在一起，无法对这个单个部件进行维修和调整工作。减速器，特别是齿形皮带的设计使用寿命与车辆使用寿命相同。如果因防尘套损坏造成 EPS 齿轮齿条式转向器内部进水，可能会导致转向器腐蚀。为了排出渗入水，在壳体最底部集成有一个排水阀。

七、总线系统

由于引入了混合动力技术，E72 的总线系统与以前宝马车辆的总线系统有所不同。除 FlexRay 外，E71 的所有主总线系统和子总线系统均应用于 E72。此外，针对混合动力功能使用了两个新的总线系统：

· H-CAN（混合动力 CAN）

· H-CAN2（混合动力 CAN 2）

通过混合动力接口模块（HIM）实现以前总线系统与新总线系统的连接。

（一）新的 E72 总线概览（如图 2-65 所示）

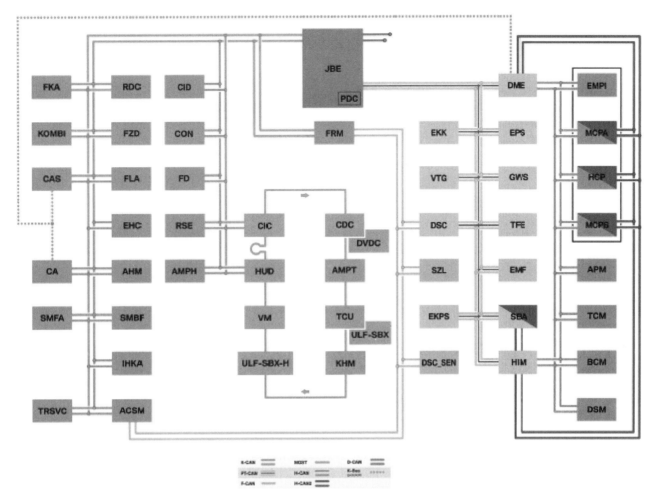

ACSM.碰撞和安全控制单元　AHM.挂车控制单元　AMPH.高保真音响放大器　AMPT.顶级高保真音响放大器　APM.辅助电源控制单元（混
合动力DC/DC转换器）　BCM.蓄电池控制单元　CA.舒适登车系统　CAS.便捷登车及启动系统CDC.CD换碟机　CIC.车辆信息计算机　CID.
中央信息显示屏　CON.控制器　DME.数字式发动机电子系统　DSC.动态稳定控制系统　DSC.SEN DSC 传感器　DSM.直接换挡控制单元
DVDC. DVD换碟机　EHC.车辆高度电子控制系统　EKK.电子空调压缩机　EKPS.电子燃油泵控制系统　EMF.电动机械式驻车制动器　EMPI.
电动机泵换流器（混合动力机油泵控制系统）　EPS.电子助力转向系统（电动机械式助力转向系统）　FD.后座区显示屏　FKA.后座区
暖风和空调系统　FLA.远光灯辅助系统　FRM.脚部空间控制单元　FZD.车顶功能中心　GWS.选挡开关　HCP.混合动力控制器处理器（混
合动力主控控制单元）　HIM.混合动力接口控制单元　HUD.平视显示屏　IHKA.自动恒温空调　JBE.接线盒电子装置　KHM.耳机控制单元
KOMBI.组合仪表　MCPA.电动机控制器套件A（混合动力电动机控制装置）　MCPB.电动机控制器套件B（混合动力电动机控制装置）
PDC.驻车距离监控系统　RDC.轮胎压力监控系统　RSE.后座区娱乐系统（后座区信息娱乐系统）　SBA.电子感应制动作用（混合动力制
动作用转换）　SMBF.前乘客座椅控制单元　SMFA.驾驶员座椅控制单元　SZL.转向柱开关中心　TCM.变速器控制控制单元　TCU.远程通信
系统控制单元　TFE.混合动力压力燃油箱电子系统　TRSVC.倒车摄像机、侧视系统和俯视系统控制单元　ULF-SBX.接口盒　ULF-SBX-H.
高级接口盒　VM.视频模块　VTG.分动器

图 2-65

（二）相对 E71 而言，针对以前总线系统进行的调整

1.K-CAN 方面的更改

（1）PDC（驻车距离监控装置）

PDC 控制单元不再是 K-CAN 上的独立控制单元，它现在集成在接线盒电子装置内。

（2）TRSVC

使用 TRSVC 控制单元（倒车摄像机、侧视系统和俯视系统控制单元）取代了 RFK 控制单元（倒车摄
像机）。除宝马已有倒车摄像机功能外，E72 还提供另外两个车辆移动和驶出停车位置辅助功能，即侧视系

图 2-66

混合动力特有检查控制信息。转速表和挡位显示也进行了相应调整。

统和俯视系统。

（3）IHKA（自动恒温空调）

IHKA 必须进行相应调整以便能够在所有运行状态下控制电动空调压缩机。

（4）组合仪表（如图 2-66 所示）

组合仪表必须进行相应调整以便能够显示更多与行驶有关的信息：行驶准备、助推功能、电动驱动、制动能量回收利用和高电压蓄电池充电状态。此外，还显示

2.MOST 方面的更改

CIC（车辆信息计算机）进行了相应调整，以便能够在 CID 内提供补充性的混合动力特有显示内容。通过在"车辆信息"菜单下选择"混合动力"，可在所有行驶状况下显示能量和动力传递路线以及高电压蓄电池充电状态。

3.F-CAN 方面的更改

F-CAN、ICM-CAN 和 FlexRay 方面的更改：一些行驶动态管理系统不在 E72 上使用。因此一些控制单元不在总线概览中显现，如表 2-14 所示。由于 ICM、QMVH 和 AL 控制单元已经取消，因此 E72 不再使用局域 CAN 总线"ICM-CAN"。

表 2-14

行驶动态管理系统	控制单元
动态驱动力分配系统	ICM（集成式底盘管理系统） QMVH（后桥横向力矩分配）
主动转向系统	ICM（集成式底盘管理系统） AL（主动转向系统）
动态驾驶系统	ARS（主动侧翻稳定装置）
垂直动态控制系统	VDM（垂直动态管理系统） EDCS（减震器卫星式控制单元，4 个）

4.PT-CAN 方面的更改

（1）DME（数字式发动机电子系统）

Active Hybrid X6 仅使用 V8 汽油发动机。因此取消了 DDE 控制单元。DME 现在与 H-CAN 和 H-CAN2 相连。由于 DME 已经具有 4 个 CAN 总线驱动器，因此无须对硬件进行任何更改，但是软件必须进行相应调整。

（2）EKK（电动空调压缩机）

E70 和 E71 的机械空调压缩机通过皮带传动机构驱动。由于 E72 传动系统电气化（START-STOP 运行、以纯电动方式行驶）不再需要空调压缩机皮带传动机构，因此研发出了一种不需要皮带的空调压缩机。为了能够提供所需功率，电动空调压缩机（EKK）通过高电压驱动，是一项宝马全新研发产品。EKK 可在所有行驶情况下确保混合动力车辆空调系统制冷剂循环回路通畅。

（3）EPS（电子助力转向系统）

液压转向系统通过一个曲轴驱动式转向助力泵进行工作。也就是说，在发动机静止状态下无法提供转向助力。因此针对 E72 全新研发出一种电动机械式助力转向系统（EPS）。EPS 带有一个与齿条轴平行的驱动单元，该单元由电机和减速器构成。EPS 通过 12V 电压驱动。

（4）TFE（混合动力压力燃油箱电子系统）

TFE（混合动力压力燃油箱电子系统）如图 2-67

图 2-67

所示。

混合动力压力燃油箱电子系统用于限制 E72 压力燃油箱内部压力。为此，混合动力压力燃油箱电子系统读取、分析传感器和按钮数据并在需要时控制燃油箱隔离阀。此外，它还控制加油过程。相关信息通过 PTCAN 与其他控制单元进行交换。通过附加保险丝支架（总线端 30g）为混合动力压力燃油箱电子系统供电。混合动力压力燃油箱电子系统还负责燃油箱盖板上锁及读取霍尔传感器的燃油箱盖板状态信号（已打开 / 已关闭）。也就是说，燃油箱盖板上锁并非通过 CAS 控制。燃油箱盖板基本上始终处于上锁状态，只有操作加油按钮且压力燃油箱内的压力降低时才会使燃油箱盖板开锁。

（5）SBA（电子感应制动作用）

SBA 是宝马全新研发的控制单元，用于针对混合动力车辆产生所需制动压力。在 E72 上具有可以通过两种方式进行车辆制动的特点：

· 在减速度较小时通过以发电机方式驱动电动机（能量回收）进行制动

· 以能量回收方式无法充分满足所需减速度要求时通过液压制动器进行制动

制动踏板通过机械方式与一个踏板模拟器相连，该模拟器向驾驶员脚部提供触觉反馈。SBA 控制单元根据其他混合动力特有控制单元的信息产生液压制动压力。SBA 是 PT-CAN 和 H-CAN2 上的总线设备。

（三）新的总线系统和控制单元

1.H-CAN 和 H-CAN2

作为附加总线系统，在 E72 上新增两个 CAN 总线用于使混合动力组件相互联网以及直接连接通信流量较大的宝马控制单元（DME 和 SBA）。HIM 负责将这两个总线系统与其余宝马总线系统相连。这两个混合动力总线系统的名称是 H-CAN 和 H-CAN2。它们是研发合作的产物，由研发合作组命名。两个总线的数据传输率均为 500 kbit/s。与以前的 CAN 总线系统一样，H-CAN 和 H-CAN2 也采用双绞导线设计。使用双绞导线可改善总线系统的电磁兼容性，如图 2-68 所示。

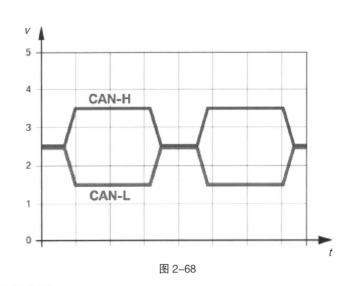

图 2-68

总线处于启用状态时 H-CAN 和 H-CAN2 上的信号电平：

· CAN-H：3.5V

· CAN-L：1.5V

总线未启用时，低位和高位总线电平为 2.5 V（逻辑零）。逻辑 1 以 2V 电压差进行传输。两个总线均具有应急运行特性。也就是说，其中一个总线导线（CAN-H、CAN-L）断路时，仍可通过正常导线传输数据。一些控制单元同时连接在 H-CAN 和 H-CAN2 上。在此，总线没有冗余功能。在两个总线上传输不同信息。H-CAN 上的终端电阻位于 BCM 和 DME 内（各 120Ω）。H-CAN2 上的终端电阻安装在 PEB 插头和 DME 内（也是各 120Ω）。并联连接两个 120Ω 电阻得到总电阻 60Ω。该电阻可在两个总线导线间测量。两个总线系统均采用事件控制方式，即只有存在需要发送的信息时才会进行传输。这两个 CAN 总线具有以下有别于宝马标准的特点：

· 没有网络管理功能

即 H-CAN 和 H-CAN2 不具有唤醒能力。这两个总线上的控制单元由一个独立的唤醒导线唤醒。

· 出现诊断报告时进行"普通寻址"

宝马标准为"扩展型寻址"。进行扩展型寻址时，每个 CAN 信息的有用数据数量比普通寻址少 1 字节。因此需要"转换器"将 H-CAN 和 H-CAN2 的 CAN 信息以相应格式发送到 PT-CAN 上，反之亦然。该工作由 HIM 以网关形式完成。

·1 位信号，没有无效信号识别

宝马通过校验和对 PT-CAN 上的信号进行保护。H-CAN 和 HCAN2 上的相应信号部分不受到保护或受到不同方式保护。在 HIM 内不会重新计算校验和。

·循环时间不同

H-CAN 和 H-CAN2 上的信息格式为 Motorola 格式。宝马标准为 Intel。

H-CAN 和 H-CAN2 总线概览如图 2-69 所示。

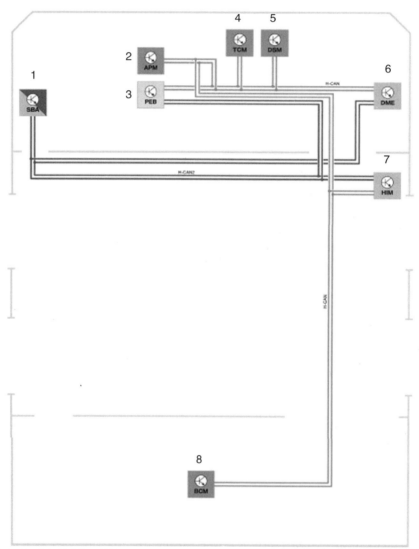

1.SBA电子感应制动作用（混合动力制动作用转换） 2.APM辅助电源控制单元（混合动力DC/DC转换器） 3.PEB供电电控箱 4.TCM变速器控制单元 5.DSM直接换挡控制单元 6.DME数字式发动机电子系统 7.HIM混合动力接口控制单元 8.BCM蓄电池控制单元

图 2-69

2. HIM（混合动力接口控制单元）

HIM 执行宝马车载网络控制单元与合作研发控制单元间的网关功能。因此 E71 车载网络的控制单元可以不做任何调整地应用到 E72 上，而且合作研发控制单元也可以集成到新的车载网络内。在此 HIM 承担"转换器"的作用并使 PT-CAN 上的控制单元能够与 H-CAN 和 H-CAN2 上的控制单元进行信息交换。HIM 的安装位置如图 2-70 所示。

HIM 的安装位置和尺寸与 E71 的 ARS 控制单元相同。在 E72 上取消了 ARS。除网关功能外，HIM 还执行以下功能：

· 唤醒合作控制单元

· 对混合动力组件冷却循环回路的温度传感器进行分析（PBM 和 APM）

· 控制高电压蓄电池冷却阀

· 读取方向盘上的换挡拨片信息

· 测量附加蓄电池电压

· 控制附加蓄电池断路继电器

（1）HIM 系统电路图（如图 2-71 所示）

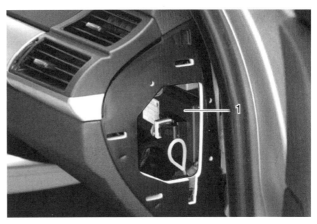

1.HIM混合动力接口模块

图 2-70

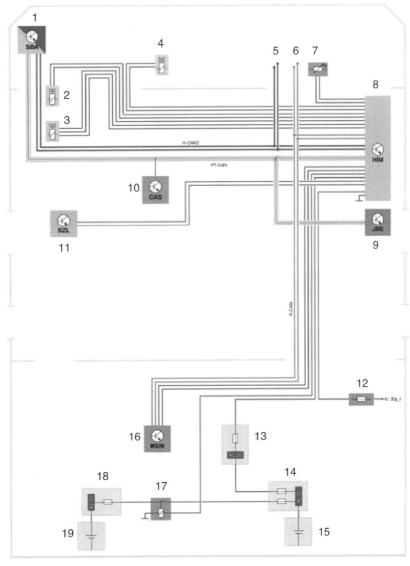

1.SBA 电子感应制动作用 2.冷却总成电磁阀 3.旁通电磁阀（双阀门） 4.蒸发器电磁阀 5.H–CAN2 接口 6.H–CAN 接口 7.温度传感器 8.HIM混合动力接口控制单元 9.JBE 接线盒电子装置 10.CAS 便捷登车及启动系统 11.SZL 转向柱开关中心 12.通过总线端 30g_f 为 HIM 供电 13.附加蓄电池 14.附加蓄电池上的配电盒（总线端30） 15.附加蓄电池电压测量接口 16.蓄电池控制单元 BCM 17.断路继电器 18.标准蓄电池上的配电盒（总线端30） 19.标准蓄电池

图 2-71

（2）唤醒合作控制单元

由于 H-CAN 和 H-CAN2 都没有网络管理功能，因此 HIM 必须作为主控单元通过控制唤醒导线控制这两个总线的启动和休眠。为此 HIM 有两个唤醒输出端且自身与总线端 15 相连。如果通过 PT-CAN 网络管理（自总线启用开始）将 HIM 唤醒，HIM 就会接通 H-CAN 和 H-CAN2 的唤醒导线。如果启用相应唤醒导线后达到规定等待时间时合作控制单元没有醒来，就会在 HIM 内存储一个故障码。该唤醒机制采用单向方式，即无法通过合作控制单元唤醒 HIM。合作控制单元的唤醒机制如图 2-72 所示。

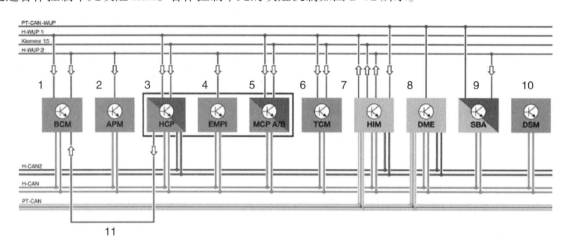

1.BCM 蓄电池控制单元 2.APM辅助电源控制单元 3.HCP 混合动力控制器处理器 4.EMPI 电动机泵换流器（混合动力机油泵控制系统） 5.MCP A/B 电动机控制器套件 A/B 6.TCM变速器控制单元 7.HIM混合动力接口控制单元 8.DME 数字式发动机电子系统 9.SBA电了感应制动作用 10. DSM直接换挡控制单元 11.HCP 与BCM的直接连接，用于接通并断开接触器触点 PT-CAN-WUP .PT-CAN的唤醒导线 H-WUP 1.混合动力CAN上控制单元的唤醒导线 H-WUP 2.混合动力CAN上控制单元的唤醒导线

图 2-72

HIM 唤醒以下控制单元：APM、BCM、HCP、MCPA、MCPB、TCM 和 EMPI。总线端 15 像以往一样通过 CAS 控制。唤醒导线和控制单元方面的唯一例外是控制单元 DSM。DSM（直接换挡模块）是源自 Daimler 的控制单元，与 H-CAN/H-CAN2 上的其他控制单元不同，它不带有唤醒导线而是带有一个具有唤醒能力的 CAN 收发器。即 H-CAN 一经启用就会唤醒 DSM。由于 H-CAN 上没有网络管理功能，因此 DSM 必须通过对特定信息进行分析识别总线休眠状态。选择上述唤醒机制是为了在不进行硬件调整的情况下将 DSM 集成到车载网络内，而且该机制只能由 DSM 使用。如果 H-CAN 上的另一个控制单元使用了相同的唤醒机制，可能就会由于缺少网络管理功能导致控制单元永不进入休眠状态。

（3）分析温度传感器

HIM 通过读取一个温度传感器信号确定 PEB 后的冷却液温度。该温度传感器将冷却液温度转化为电阻，进行测量时使用负温度系数（NTC）电阻。只要 HIM 处于唤醒状态（PT-CAN 已启用），就会对温度传感器数值进行分析并将其发送到 H-CAN2 上。温度传感器在 -40~+150℃ 的范围内测量冷却液温度。

（4）控制电磁阀

高电压蓄电池通过冷却液在独立冷却循环回路内进行冷却。如果该冷却循环回路的冷却能力不足，HIM 就会控制 3 个阀门，通过空调系统的制冷剂对冷却总成内的冷却液进行额外冷却。这些阀门包括：

·冷却总成电磁阀

·旁通电磁阀（双阀门）

·蒸发器电磁阀

HIM 通过各为 12V 和约 1A 的开关信号控制这些电磁阀。

（5）读取换挡拨片

每个换挡拨片都可通过按压和拉动进行操作。所有换挡拨片位置均由 HIM 通过两根导线进行探测并以总线信息形式发送至 HCP。

3. H-CAN 和 H-CAN2 上的其他控制单元

（1）PEB（供电电控箱）

发动机室内的 PEB 如图 2-73 所示。

供电电控箱安装在发动机上，包括 4 个控制单元：

·EMPI（电动机泵换流器），用于控制双模式主动变速器内的机油泵

·MCPA（电动机控制器套件 A），负责控制电动机 A

·HCP（混合动力控制器处理器），是混合动力主控控制单元

·MCPB（电动机控制器套件 B），负责控制电动机 B

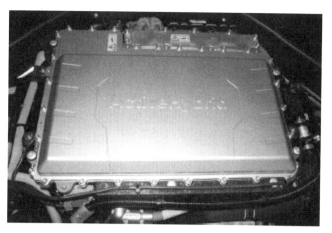

图 2-73

所有 4 个控制单元都是研发合作的产物，但是使用带有 "Active Hybrid" 字样的宝马专用壳体。MCPA、MCPB 和 HCP 都与 H-CAN 和 H-CAN2 同时相连。

（2）APM（辅助电源控制单元）

APM 的安装位置如图 2-74 所示。

APM 是源自合作的控制单元。它是一个双向 DC/DC 转换器。即 APM 在高电压和 14V 车载网络间对电能进行双向转换。

图 2-74

（3）TCM（变速器控制模块）

与当前其他自动变速器一样，混合动力电子变速器控制系统是电液控制模块的组成部分，安装在变速器油底壳内。作为研发合作伙伴，General Motors 被确定为混合动力电子变速器控制系统的供应商。E72 上的混合动力电子变速器控制系统简称为 "TCM"，是研发合作过程中所用英语 "Transmission Control Module" 的缩写。

（4）BCM（蓄电池控制单元）

BCM 也是源自合作的控制单元。它集成在高电压蓄电池壳体内。BCM 提供或支持以下功能：

·向 HCP 传输电压、电流和温度值

·高电压绝缘监控

·高电压蓄电池冷却

·计算高电压蓄电池充电状态（SOC）

（5）DSM（直接换挡控制单元）

与其他自动变速器不同，主动变速器的混合动力驻车锁并非液压操控式，而是通过一个电动机进行操控。该电动机以及相关电子控制单元集成在一个壳体内，称为 "直接换挡模块"（DSM）。它位于变速器壳体外侧，具有编程和诊断能力。

八、供电

E72 的车载网络可分为 3 个部分，如图 2-75 所示。

· 电动机驱动（交流电压高电压）

· 直流电压高电压车载网络

· 14V 车载网络

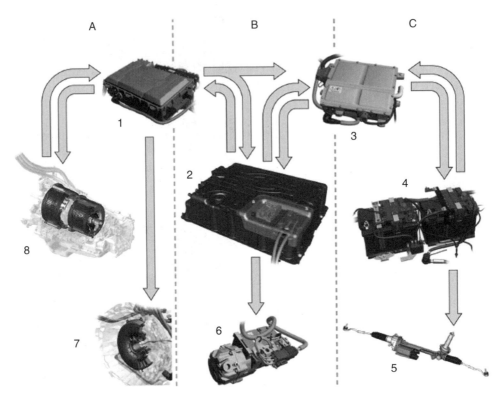

A.电动机驱动　B.直流电压高电压车载网络（DC）　C.14V车载网络（DC）　1.供电电控箱PEB　2.高电压蓄电池　3.辅助电源控制单元 APM　4.两个12V蓄电池　5.电子助力转向系统 EPS　6.电子空调压缩机 EKK　7.混合动力机油泵电机　8.电动机A和B

图 2-75

电动驱动装置由两个电动机和供电电子装置（PEB）组成，电动机既可通过发电机方式（能量发生器）又可通过电机方式驱动。AC/DC 转换器（连接电动驱动装置和高电压车载网络）和 DC/DC 转换器（高电压车载网络和 14V 车载网络）作为连接元件使用。两个转换器都可进行双向驱动。高电压车载网络的主要元件是高电压蓄电池。在 E72 上使用镍氢蓄电池。该高电压蓄电池可在车辆静止状态下或"以电动方式行驶"时确保能量供应等。高电压车载网络内的其他车载网络设备还包括电动空调压缩机 EKK 和变速器油泵 EMPI。14V 车载网络与以前车辆的能量车载网络相同，但由 DC/DC 转换器为其提供能量。DC/DC 转换器取代了以前为此所用的发电机。因此在行驶状态下 14V 车载网络的电能供应不再取决于发动机的转速。E72 的发动机通过一个电动机启动，因此 E72 取消了传统启动机。

（一）系统概览

供电系统电路图（14V 车载网络）如图 2-76 所示。

（二）12V 蓄电池

为了确保车载网络电压稳定性和混合动力驻车锁（DSM）冗余供电，在 E72 上装有一个附加蓄电池，该蓄电池与 E70 和 E71 所使用 12V 蓄电池并联连接。除确保车载网络稳定性外，附加蓄电池还负责为 DSM 控制单元冗余供电。两个 12V 蓄电池均为 70Ah AGM 蓄电池。使用附加蓄电池可使"标准蓄电池"内阻减小，

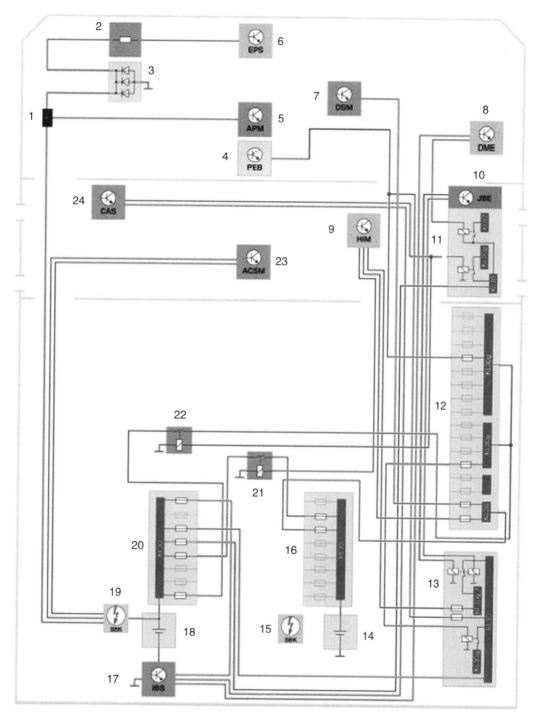

1.跨接启动接线柱 2.发动机室内的配电盒 3.极性接错保护 4.供电电控箱 5.辅助电源控制单元 6.电子助力转向系统（电动机械式助力转向系统） 7.直接换挡控制单元 8.数字式发动机电子系统 9.混合动力接口控制单元 10.接线盒电子装置 11.前部保险丝支架 12.混合动力保险丝支架 13.后部保险丝支架 14.附加蓄电池（12V） 15.安全型蓄电池接线柱（未连接） 16.附加蓄电池上的配电盒 17.智能型蓄电池传感器 18.12V蓄电池 19.安全型蓄电池接线柱 20.12V蓄电池上的配电盒 21.断路继电器 22.混合动力负荷继电器 23.碰撞和安全控制单元 24.便捷登车及启动系统

图 2-76

从而实现短时较高输出电流。为了避免车辆驻车期间产生平衡电流，行驶准备状态结束后通过一个断路继电器断开两个 12V 蓄电池。在车辆静止状态下，14V 车载网络仅通过"标准蓄电池"供电。混合动力接口控制单元（HIM）通过在附加蓄电池正极上进行电压测量控制断路继电器并监控蓄电池状态。标准蓄电池和附加蓄电池（12V）如图 2-77 所示。

（三）断路继电器

断路继电器的安装位置如图 2-78 所示。

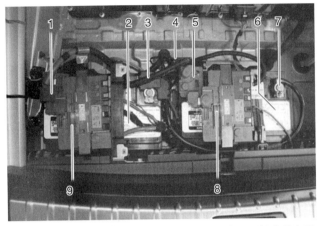

1.带有安全型蓄电池接线柱的标准蓄电池正极 2.标准蓄电池 3.带有IBS的标准蓄电池负极 4.断路继电器 5.没有安全型蓄电池接线柱的附加蓄电池正极 6.附加蓄电池 7.没有IBS的标准蓄电池负极 8.附加蓄电池上的配电盒 9.标准蓄电池上的配电盒

图 2-77

1.断路继电器

图 2-78

驻车和关闭高电压系统 5s 后断路继电器断开。满足以下条件时断路继电器接合：

·车辆进入行驶准备状态（混合动力主控控制单元 HCP 的 CAN 信号）

·混合动力 DC/DC 转换器使 14V 车载网络电压接近于附加蓄电池电压

·车载网络蓄电池与附加蓄电池间的电压差小于限值 1.2V（避免出现高电流从而保护断路继电器）

附加蓄电池充电：只有将充电器连接在跨接启动接线柱上，断路继电器才会接合。为附加蓄电池充电时，首先将充电器连接在跨接启动接线柱上，然后通过相应服务功能接合断路继电器。

通过宝马诊断系统可实现针对附加蓄电池（第二个 12V 蓄电池）的以下服务功能：

·为第二个 12V 蓄电池充电

路径：服务功能→车身→供电→混合动力车辆→12V 蓄电池。

必须通过启用服务功能为附加蓄电池充电，以免短时关闭总线端 15。

（四）附加保险丝支架

附加保险丝支架的安装位置如图 2-79 所示。

带有 16 个保险丝插槽的后部附加保险丝支架为以下控制单元和组件提供 14V 车载网络电压：

·混合动力制动作用转换 SBA

·供电电控箱

·混合动力压力燃油箱电子系统 TFE

·混合动力接口模块 HIM

·电动空调压缩机的电气系统 EKK

·直接换挡控制单元 DSM

·变速器控制单元 TCM

·高电压蓄电池的冷却液泵

·电动真空泵

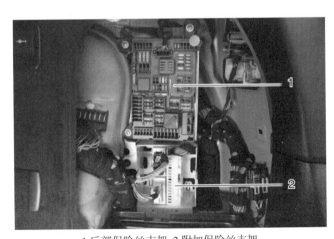

1.后部保险丝支架 2.附加保险丝支架

图 2-79

· PEB/APM 的电动冷却液泵

用于附加保险丝支架的总线端 30g 通过混合动力负荷继电器接通。混合动力负荷继电器由 CAS 进行控制。

（五）极性接错保护

发动机室内的 12V 导线如图 2-80 所示。

极性接错保护功能用于防止客户跨接启动接反极性时对车载网络以及所连接的电气组件造成损坏。通常情况下，这项工作由发电机内的二极管来完成。由于 E72 取消了传统发电机（变速器内的电动机），因此必须通过一个新组件（极性接错保护控制单元）来提供极性接错保护。极性接错保护控制单元安装在发动机室内跨接启动接线柱附近。该控制单元一侧与蓄电池正极导线连接，另一侧与车辆接地连接。在极性接错保护模块内部有 3 个齐纳二极管，可将极性接反电压限制在 -3.2V 以下至少 6s。极性接反时间较长时可能会损坏控制单元，但不会造成相邻组件损坏。载流量为 650A。

1.发动机室配电盒　2.连接EPS的12V导线　3.跨接启动接线柱　4.极性接错保护控制单元

图 2-80

（六）能量管理系统（14V 车载网络）

能量管理系统用于避免在行驶期间 12V 蓄电池放电，从而保持车辆功能正常并在较长时间内确保蓄电池质量。E72 采用低成本电源管理系统。只要识别出 12V 蓄电池充电平衡不佳的运行状态，电源管理系统就会通过相应措施进行调节干预。在 E72 上通过一个 DC/DC 转换器为 14V 车载网络供电。DC/DC 转换器以 14.5V 的固定电压规定值运行。DME 内的电源管理系统读取发动机管理系统的一些参数，同时还与提供实际测量数据（电压、电流、温度和 SoC）的智能型蓄电池传感器（IBS）进行通信。所有配置的 E72 都装有 IBS。E72 处于"行驶准备"运行模式时，通过一个 DC/DC 转换器为 14V 车载网络供电。从唤醒车辆和第一次总线端切换起直至车辆休眠均通过 DC/DC 转换器确保 14V 供电。从行驶准备状态结束时起通过 12V 蓄电池为 14V 车载网络供电。如果 14V 车载网络电压降至 12V，就会重新通过 APM（DC/DC 转换器）为 14V 车载网络提供支持。这种情况使 E72 低成本电源管理系统的功能减少为以前的功能。因此在车辆蓄电池电量较低时取消了发电机调节功能和提高怠速转速功能。

E72 最重要的电源管理系统功能：

· 12V 蓄电池诊断

· 识别出危险的蓄电池充电状态时关闭 / 减少用电器

此外，电源管理控制单元还能识别出车载网络故障（休眠电流过高）或在有限条件下使用老化的蓄电池并针对售后服务存储有助于解决问题的相关信息。基本上在休眠电流监控期间不允许电流超过 80mA。电源管理系统确定蓄电池的充电状态（SoC）。回忆一下：SoC 就是"State of Charge"的缩写，表示蓄电池的充电状态。电源管理系统通过智能型蓄电池传感器（IBS）持续测定蓄电池充电或放电电流并计算出当前充电状态。与所有 E7x 车辆一样根据相同标准关闭 / 减少用电器。

1. 车辆启动能力

与 E71 不同，E72 的发动机（VM）不再通过 12V 蓄电池而是通过高电压蓄电池启动。12V 蓄电池在 E72 上只需确保高电压系统开始运行。对 12V 蓄电池的要求不再是确保发动机启动的最低 SoC，而是在零摄氏度以下时防止 12V 蓄电池结冰以及使高电压网络开始运行的最低 SoC。现在通过高电压运行策略确保发动机启动能力。驻车期间，高电压蓄电池 SoC 必须足以确保驻车 6 周后能够重新启动发动机。如果长期驻车后由于高电压蓄电池 SoC 值较低而无法重新启动发动机，必须首先通过外部 14V 充电器和 APM 为高电压蓄电池充电。通过这种方式为高电压蓄电池充电时持续约 30min。电量充足时（用于启动发动机），CID 内就会出现一个黄色检查控制信息及相应文字。

2. 启动辅助

启动辅助功能在高电压蓄电池 SoC 较低的情况下也能确保发动机启动。为此将 14V 车载网络的能量传输至高电压车载网络，从而使高电压蓄电池 SoC 足以启动发动机。为了防止 14V 车载网络的车辆蓄电池电量过低，必须通过一个外部电源来提供能量（充电器或通过跨接启动功能）。外部电源的电压必须与 14V 车载网络的电压相符，因为通过 DC/DC 转换器 12V 输入端上的另一个电压可防止 DC/DC 转换器将 12V 转换为高电压。例如，不允许通过一个使用 24V 车载网络的车辆进行跨接启动。外部电源必须保持连接状态一定时间，从而为高电压蓄电池充电即接通外部电源后不能直接启动发动机。

3. 故障码存储器

如果没有可靠的车辆蓄电池充电状态提供给电源管理系统，电源管理系统就会进入应急运行模式。在应急运行模式下无法继续执行以下功能：

· 在行驶模式下降低舒适用电器功率

· 驻车用电器管理功能

出现应急运行情况时，驻车期间仍会对 12V 蓄电池进行休眠电流监控。低成本电源管理系统可将 12V 蓄电池和电源管理系统的故障状态存储在故障码存储器内并在需要时供售后服务使用。可以识别出以下故障：

· 电压过高

· 电压过低

· 无蓄电池运行

· 休眠电流较高

· 电量过低

4. 总线端布置

E72 控制单元的总线端布置如图 2-81 所示。

对于源自 E71 的所有组件而言，总线端布置仍保持不变。针对混合动力组件提出了以下总线端布置要求：

· 总线端 30：APM、EPS 和 DSM

· 总线端 30g：BCM、EKK、HIM、PEB、SBA、TCM、TFE

· 总线端 30gf：HIM

5. 总线端控制

客户角度的总线控制如图 2-82 所示。

（1）行驶准备

行驶准备是一种车辆状态，此时通过选择行驶挡位和踩下加速踏板由传动系提供一个车轮力矩。与传统车辆不同，混合动力车辆处于行驶准备状态时不以发动机运转为依据。"行驶准备"状态由 HCP 进行管理。只要总线端 50 接通，就会建立行驶准备状态。"总线端 50 接通"信息由 CAS 产生并由 HIM 通过 H-CAN 发送给 HCP。E72 CAS 内用于控制总线端 50 的逻辑电路与传统启动机控制逻辑电路相同。HCP 根据不同参数（高电压蓄电池充电状态、发动机温度等）决定接下来是否借助发动机或电动机继续行驶，如图 2-83 所示。

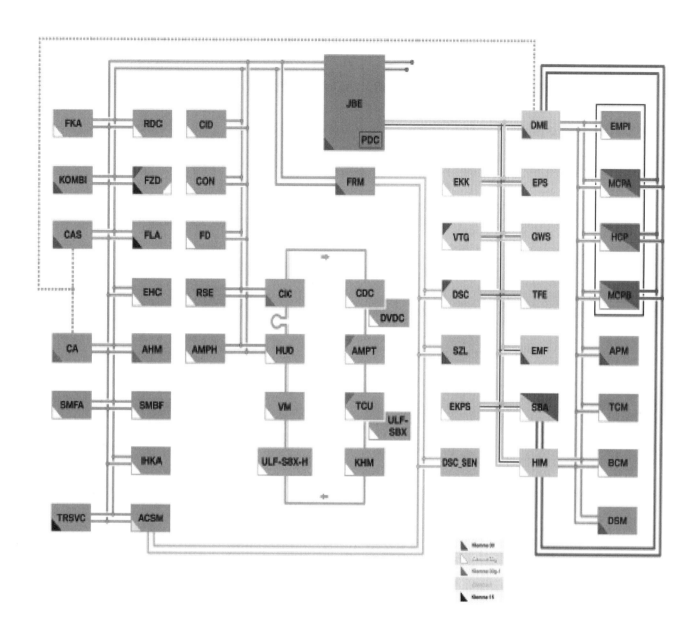

ACSM.碰撞和安全控制单元　AHM.挂车控制单元　AMPH.高保真音响放大器　AMPT.顶级高保真音响放大器　APM.辅助电源控制单元（混合动力DC/DC转换器）　BCM.蓄电池控制单元　CA.舒适登车系统　CAS.便捷登车及启动系统　CDC.CD 换碟机　CIC.车辆信息计算机　CID.中央信息显示屏　CON.控制器　DME.数字式发动机电子系统　DSC.动态稳定控制系统　DSC SEN.DSC 传感器　DSM.直接换挡控制单元　DVDC.DVD 换碟机　EHC.车辆高度电子控制系统　EKK.电子空调压缩机　EKPS.电子燃油泵控制系统　EMF.电动机械式驻车制动器　EMPI.电动机泵换流器（混合动力机油泵控制系统）　EPS.电子助力转向系统（电动机械式助力转向系统）　FD.后座区显示屏　FKA.后座区暖风和空调系统　FLA.远光灯辅助系统　FRM.脚部空间控制单元　FZD.车顶功能中心　GWS.选挡开关　HCP.混合动力控制器处理器（混合动力主控控制单元）　HIM.混合动力接口控制单元　HUD.平视显示屏　IHKA.自动恒温空调　JBE.接线盒电子装置　KHM.耳机控制单元　KOMBI.组合仪表　MCPA.电动机控制器套件 A（混合动力电动机控制装置）　MCPB.电动机控制器套件B（混合动力电动机控制装置）　PDC.驻车距离监控系统　RDC.轮胎压力监控系统　RSE.后座区娱乐系统（后座区信息娱乐系统）　SBA.电子感应制动作用（混合动力制动作用转换）　SMBF.前乘客座椅控制单元　SMFA.驾驶员座椅控制单元　SZL.转向柱开关中心　TCM.变速器控制控制单元　TCU.远程通信系统控制单元　TFE.混合动力压力燃油箱电子系统　TRSVC.倒车摄像机、侧视系统和俯视系统控制单元　ULF-SBX.接口盒　ULF-SBX-H.高级接口盒　VM.视频控制单元　VTG.分动器

图 2-81

E72 处于"行驶准备"状态时，通过 DC/DC 转换器（APM）确保 12V 车载网络的供电。

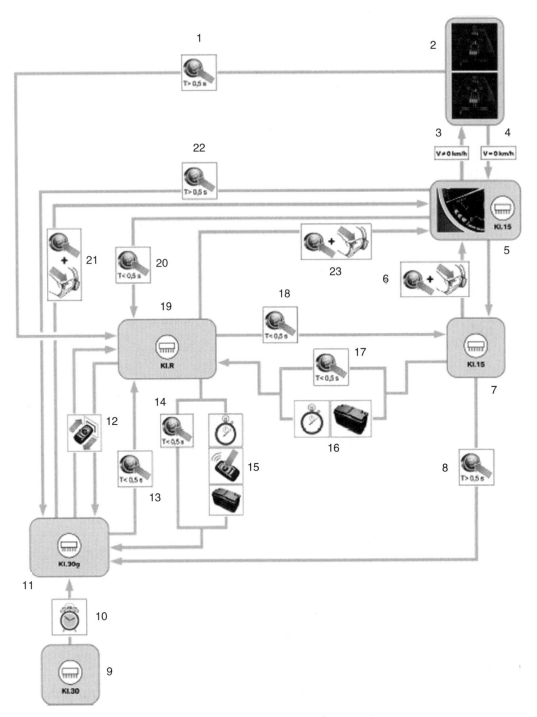

1.操作 START-STOP 按钮超过0.5s时，总线端状态就会由"总线端15行驶"切换为总线端 R 2.借助发动机或电动机行驶 3.车速>0km/h（前进或倒车） 4.车身 =0km/h（车辆静止） 5.通过总线端 15 进入行驶准备状态 6.通过同时操作 START-STOP 按钮和制动踏板触发行驶准备状态 7.总线端 15 8.操作 START-STOP 按钮超过0.5s时，总线端状态就会由总线端15 切换为总线端30g 9.总线端 30 10.通过一个唤醒事件唤醒车辆 11.总线端 30g 12.通过在插槽内插入/取出识别发射器启用 /停用总线端 13.短促按压 START-STOP按钮时，总线端状态就会由总线端30g 切换为总线端R 14.短促按压START-STOP按钮时，总线端状态就会由总线端R切换为总线端30g 15.如果超过8min或车辆已上锁或12V蓄电池 SoC达到危险值，就会由总线端R切换为总线端30g 16.如果超过8min或 12V蓄电池SoC达到危险值，就会由总线端15切换为总线端R 17.短促按压 START-STOP按钮时，总线端状态就会由总线端 15切换为总线端R 18.短促按压START-STOP按钮时，总线端状态就会由总线端R切换为总线端15 19.总线端R 20.短促按压 START-STOP按钮时，总线端状态就会由行驶准备状态（总线端15）切换为总线端 R 21.通过同时操作 START-STOP按钮和制动踏板触发行驶准备状态 22.操作 START-STOP按钮超过 0.5s时，总线端状态就会由行驶准备状态（总线端15）切换为总线端 30g 23.通过同时操作 START-STOP 按钮和制动踏板触发行驶准备状态

图 2-82

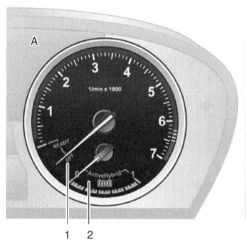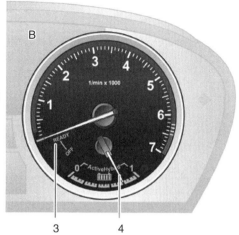

1.转速表指针处于"停止"位置 →未建立行驶准备状态 2.高电压蓄电池充电状态指针处于零位 3.转速表指针处于"准备"位置→已建立行驶准备状态 4.高电压蓄电池充电状态指针显示当前充电状态

图2-83

九、高电压蓄电池单元

（一）概览

高电压蓄电池单元是一个完整系统，不仅包含高电压蓄电池本身，还包括以下组件：

· 蓄电池控制单元（BCM）电子控制单元

· 电动机械式接触器

· 高电压导线接口

· 高电压安全插头

· 冷却系统

· 通风装置

高电压蓄电池单元的主要任务是从高电压车载网络吸收、存储电能，并在需要时提供使用。它还执行有助于确保高电压系统安全的重要任务，例如高电压接触监控。此外，高电压蓄电池单元还能"关闭供电"和"防止重新接通"，从而确保安全地在高电压系统上进行工作。Robert Bosch GmbH 公司取代了原来的制造商（COBASYS）制造高电压蓄电池单元。它与宝马、Daimler 和 General Motors 共同合作研发。表2-15 所示概括了高电压蓄电池单元的重要特点。

1. 安装位置

高电压蓄电池单元安装在后座椅后的行李箱地板上，如图 2-84 所示。与两个 12V 蓄电池一样，高电压蓄电池单元也被行李箱地板盖板所覆盖。

高电压蓄电池单元通过 4 个固定螺栓与行李箱地板连接在一起。通过这些固定螺栓，还能在高电压蓄电池单元壳体与接地之间建立起导电连接。导电

表 2-15

额定电压	312V
有效电压范围	234~422V
蓄电池电解槽	260 个 12V
最佳温度范围	25~55℃
可存储能量	2.6kWh
已用能量	1.4kWh
最大功率（短时）	57kW
存储技术	镍氢蓄电池
电解液	氢氧化钾
尺寸	762mm×560mm×206mm
接地	约 85kg
冷却系统	带有冷却液／空气热交换器和附加冷却液／制冷剂热交换器的独立冷却循环回路

131

1.高电压蓄电池单元壳体 2.冷却液补液罐密封盖 3.低电压导线接口 4.高电压安全插头 5.高电压导线 6.通风软管 7.固定螺栓 8.冷却液供给管路接口 9.冷却液回流管路接口

图 2-84

连接用于补偿电位，而且是实现绝缘监控功能的前提条件。固定螺栓、高电压蓄电池单元壳体上的开孔和螺纹套不允许喷漆或覆盖其他绝缘层。

2. 系统电路图

高电压蓄电池单元系统电路图如图 2-85 所示。

3. 高电压蓄电池

高电压蓄电池是高电压系统的实际蓄能器。通过串联总共 260 个电解槽（额定电压 1.2 V）得到 312V 额定电压。每 10 个电解槽组成一个控制单元。13 个控制单元并排布置，构成一列。两列叠加布置，构成整个高电压蓄电池套件。电解槽采用镍氢蓄电池技术。该技术具有能量密度、充电电流和放电电流较高的特点。这是在全混合动力驱动模式下实现较高电功率的主要前提条件。镍氢蓄电池技术是一项可靠技术，其特点已为大家所熟知。这一点有助于在车辆上应用并能确保持久耐用。高电压蓄电池单元壳体上的说明如图 2-86 所示。

采用镍氢蓄电池技术的电解槽将用水稀释的氢氧化钾溶液作为电解液。虽然这种液态电解液具有危险特性，但是蓄电池控制单元严密密封，因此无论在行驶过程中还是进行维修时电解液都不会溢出。如果由于发生事故致使高电压蓄电池壳体和 / 或模块损坏，电解液可能溢出。对这些组件进行所有工作时都必须遵守高电压蓄电池的安全数据表。必须使用所规定的人员保护装备。高电压蓄电池单元的电气结构如图 2-87 所示。

每列蓄电池电解槽都装有两个温度传感器，用于监控电解槽温度并根据需要调节冷却功率。每个模块的电压也同样受到监控，从而避免各电解槽电量过低或过高。流入和流出高电压蓄电池的电流强度通过一个电流传感器进行测量和电子监控。在串联的蓄电池电解槽正中间接入了高电压安全插头，该插头还包括一个高电流保险丝。拉动高电压安全插头或触发保险丝时都会使串联连接中断。之后，高电压蓄电池外部接口处不再存在任何电压，电动机械式接触器的触点断开时也会达到相同效果。在将高电压蓄电池接口向外连接之前，这些触点在正极和负极上。电动机械式接触器由蓄电池控制单元进行控制，通过安全型蓄电池接线柱为接触器供电。针对高电压蓄电池使用寿命的要求比较严格（车辆使用寿命），为了满足这些要求不得随意使用高

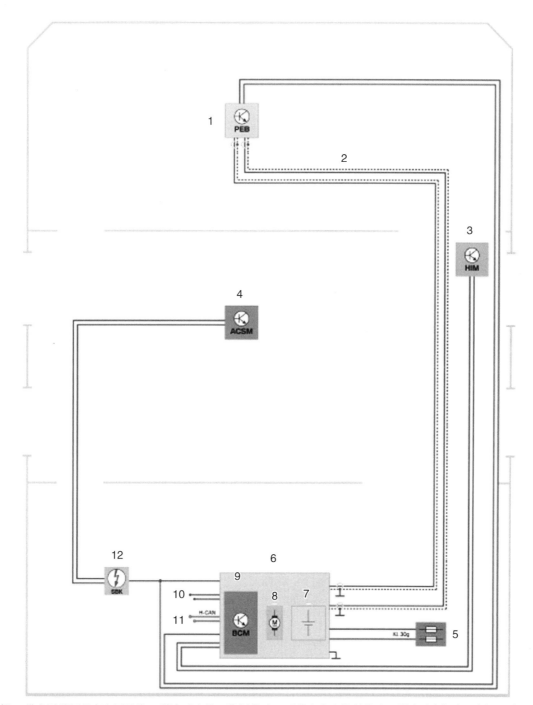

1.供电电控箱 2.带有屏蔽层的高电压导线 3.混合动力接口控制单元 4.碰撞和安全控制单元 5.混合动力保险丝支架 6.高电压蓄电池单元 7.高电压蓄电池 8.电动冷却液泵的电机 9.蓄电池控制单元 10.高电压接触监控导线 11.混合动力CAN 12.安全型蓄电池接线柱

图 2-85

电压蓄电池，例如将镍氢蓄电池电解槽用于家用设备，否则根据具体使用情况，这些电解槽通常在一年后便无法继续使用。因此必须在严格规定的范围内使用高电压蓄电池，从而确保其使用寿命最大化。相关边界条件如下：

- ·将电解槽温度保持在 +25~+55℃的最佳范围内（通过加热或冷却）
- ·不允许充电电流和放电电流超过热敏规定限值
- ·不能完全用完可存储的蓄电池能量

4. 蓄电池控制单元

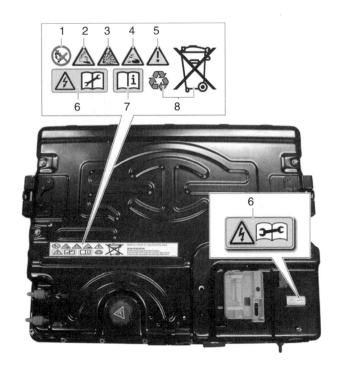

1.禁止标志：禁止明火、火焰和吸烟 2.警告标志：电池危险警告 3.警告标志：易爆物品警告 4.警告标志：腐蚀性物品警告 5.警告标志：一般危险警告 6.高电压组件的安全标志高电压警告，遵守维修说明 7.一般性说明：遵守使用说明和安全数据表 8.高电压蓄电池单元废弃处理说明：可回收利用，不允许作为生活垃圾处理

图 2-86

蓄电池控制单元（BCM）安装在高电压蓄电池单元内部，从外部无法接触到。BCM 负责执行以下功能：

·控制冷却循环回路

·确定高电压蓄电池的充电状态（SoC）和老化状态（SoH）

·确定（以及根据需要限制）高电压蓄电池的可用功率

·由混合动力主控控制单元根据要求控制高电压系统的启动和关闭

·安全功能（例如高电压接触监控）

·监控蓄电池电解槽的电压和温度以及电流强度

·向混合动力主控控制单元传输故障状态

蓄电池控制单元自身没有故障码存储器。蓄电池控制单元发现故障后通过混合动力 CAN 传输到混合动力主控控制单元。在混合动力主控控制单元内还存储高电压蓄电池相关故障以便进行诊断。高电压蓄电池单元内部的 BCM 电气接口分为两个插头，一个用于低电压导线，一个用于高电压导线。

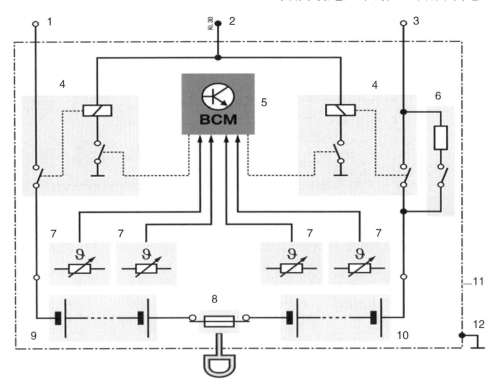

1.高电压蓄电池单元负极接口 2.连自安全型蓄电池接线柱的总线端30 3.高电压蓄电池单元正极接口 4.电动机械式接触器 5.蓄电池控制单元 6.切换为电压缓慢升高 7.蓄电池电解槽上的温度传感器 8.带有保险丝的高电压安全插头 9.第1列蓄电池电解槽 10.第2列蓄电池电解槽 11.高电压蓄电池单元壳体 12.通过接地连接补偿电位

图 2-87

对于 BCM 而言的重要信号和导线具体如下：

·自身 12V 供电（总线端 30g 和总线端 31 分别用于电子控制装置和冷却液泵，连自安全型蓄电池接线柱的总线端 30 用于接触器供电）

·混合动力 CAN 和唤醒导线

·高电压导线

·接触器（控制和读取）

·蓄电池电解槽温度信号（每个传感器各有 2 针，共有 4 个温度传感器）

·冷却液温度信号（每个温度传感器各有 2 针，针对供给和回流各有 1 个温度传感器）

·冷却液泵的供电 / 控制

·高电压电路的电流传感器

·高电压接触监控（信号源和回流导线）

针对外部除高电压导线的连接接线柱外还有一个低电压导线插头。在此连接：

·12V 供电（总线端 30g 和总线端 31 分别用于电子控制装置和冷却液泵，连自安全型蓄电池接线柱的总线端 30 用于接触器供电）

·混合动力 CAN

·两个唤醒导线（连自混合动力接口模块）

·用于接合 / 断开接触器触点的控制信号（来自供电电控箱的 PWM 信号）

·用于高电压接触监控的输送和回流导线

5. 高电压接口

高电压车载网络上高电压蓄电池单元的接口位于一个独立盖板下。这是一个被集成到高电压基础监控内的高电压安全盖板。需要对高电压接口进行操作时必须取下该盖板。此时会使盖板内的跨接线断开并使高电压接触监控电路断路。只要盖板处于未安装状态就不会导致误启用高电压系统。在高电压蓄电池单元的高电压接口上进行工作前必须使高电压系统断电并检查断电状态。在工作期间无法防止重新接通。因此取下高电压接口上方的盖板时必须短时拔出反向插入的高电压安全插头。高电压蓄电池单元上的高电压安全盖板和高电压接口如图 2-88 所示。

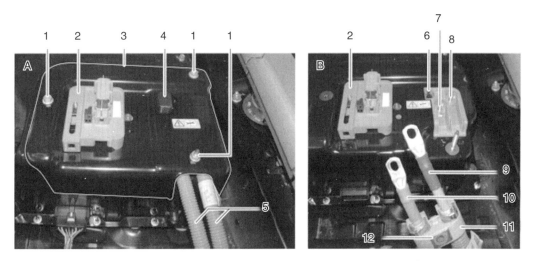

1.用于固定高电压安全盖板的螺栓和螺母 2.高电压安全插头（反向插入） 3.高电压安全盖板 4.高电压安全盖板上高电压接触监控电路跨接线 5.高电压导线 6.高电压接触监控接口 7.高电压蓄电池正极螺栓接口 8.高电压蓄电池负极螺栓接口 9.高电压负极导线 10.高电压正极导线 11.用于两个高电压导线的接线柱 12.用于连接屏蔽层与高电压蓄电池单元壳体的接触部位

图 2-88

高电压导线与高电压蓄电池单元间的电气连接通过一个正极和一个负极螺纹端子实现。此外，还必须使高电压导线的屏蔽层与高电压蓄电池单元壳体形成电气连接。这一点通过一个固定安装在蓄电池壳体内的带螺母螺栓实现，该螺栓将一个金属夹压在两个高电压导线的屏蔽层上。同时，该螺栓连接还用作高电压导线的拉力卸载装置。必须严格遵守高电压接口螺母的规定拧紧力矩。

1.高电压蓄电池单元壳体 2.高电压安全插头（处于插入状态）
图2-89

6. 高电压安全插头

E72的高电压安全插头安装在高电压蓄电池单元壳体上侧，如图2-89所示。

高电压安全插头执行多项任务：

· 关闭高电压系统供电

· 防止重新接通

· 作为高电压蓄电池高电流保险丝的支架

高电压安全插头内的保险丝直接插在串联连接的蓄电池电解槽之间，因此是一个高电压部件。为此以橙色进行标志，如图2-90所示。

 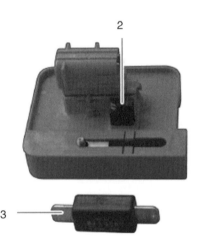

1.高电压安全插头内的保险丝 2.高电压接触监控跨接线 3.从高电压安全插头内取出的保险丝（小保险丝HEV135A）
图2-90

7. 冷却系统

为了尽可能延长高电压蓄电池的使用寿命并获得最大功率，需在规定温度范围内使用蓄电池，取决于电解槽温度的高电压蓄电池可用功率，如图2-91所示。

在低温范围内，蓄电池电解槽充电或放电时的化学反应很慢。电荷载体的传输速度减慢，从而限制最大电流强度和最大功率。在此低温范围内，冷却系统处于停用状态。通过运行策略使高电压蓄电池变热。该目标通过不断重复充电和放电循环实现。流动的电流使蓄电池电解槽内阻处产生热能，从而使电解槽温度升高。在中等温度范围内会有目的地限制蓄电池最大功率（通过蓄电池控制单元内的软件），从而尽可能地延长蓄电池使用寿命。此时冷却系统已经处于启用状态并尝试将电解槽温度保持在35~45℃的最佳范围内。在高温范围内必须对高电压蓄电池进行强效冷却，同时大大降低蓄电池功率。电解槽温度较高时会导致内压增高，通风阀必须打开。这样会造成少量电解液随之溢出，如果重复出现这种情况就会导致蓄电池迅速老化。因此还要限制蓄电池功率并考虑到混合动力功能会由此受限的缺点。例如以纯电动方式行驶或回收利用制动能量时，冷却系统工作时以液态冷却液作为冷却介质，冷却液流过蓄电池控制单元自身，从而有效排出多余热能。冷却液由 50% 水和 50% 乙二醇混合而成。高电压蓄电池单元的冷却系统由高电压蓄电池控制单元内部和外部组件构成。高电压蓄电池单元内部的以下组件属于冷却系统。

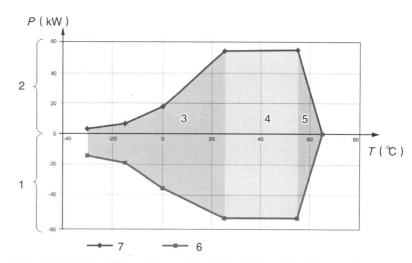

1.充电（高电压蓄电池吸收电能） 2.放电（高电压蓄电池输出电能） 3.高电压蓄电池功率严格受限的低温范围 4.达到高电压蓄电池最佳功率的中等温度范围 5.高电压蓄电池功率严格受限的高温范围 6.取决于温度的充电时的最大功率 7.取决于温度的放电时的最大功率

图 2-91

・电动冷却液泵，功率可控，最大功率 50W，源自 N63 发动机冷却系统

・带有液位测量装置的冷却液补液罐

・冷却液管路接口

・高电压蓄电池单元内的冷却液管路和通道

・冷却液温度传感器（在冷却液供给管路和回流管路内各有 1 个）

・电解槽温度传感器（共 4 个）

・蓄电池控制单元（温度监控和冷却液泵控制）

高电压蓄电池单元的冷却系统接口如图 2-92 所示。高电压蓄电池单元内的冷却系统通过两个接口与冷却液管路（供给管路和回流管路）相连，进而与高电压蓄电池单元外部的冷却系统相连。高电压蓄电池单元外部的冷却系统拥有与制冷剂循环回路相连的独立冷却循环回路。该回路由以下组件构成，如图 2-93 所示。

・带有连接高电压蓄电池单元的快速接头的冷却液管路

・冷却循环回路内的双阀门

・"冷却总成"（1 个冷却液 / 制冷剂热交换器）

・冷却液 / 空气热交换器

如果冷却循环回路内的冷却功率不足，可以利用制冷剂循环回路内的冷却功率。为此需要多个通信步骤，具体如下：

・BCM IHKA：冷却功率要求（总线电码）

・IHKA EKK：接通空调压缩机（总线电码）

・IHKA HIM：切换双阀门、切

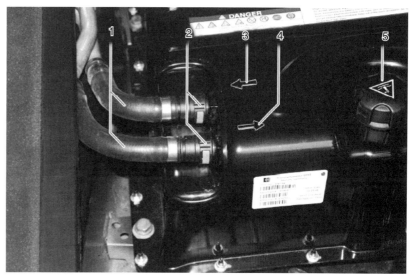

1.冷却液管路 2.将冷却液管路连接在高电压蓄电池单元上的快速接头 3.回流标志 4.供给标志 5.冷却液补液罐密封盖

图 2-92

137

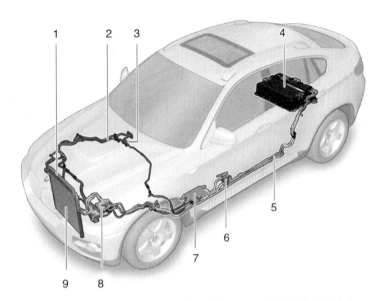

换冷却总成电磁阀、切换关断阀要求（总线电码）

·HIM 双阀门：冷却循环回路内的双阀门通电，从而使连自冷却液／空气热交换器的冷却循环回路连至冷却液／制冷剂热交换器

·冷却总成内的 HIM 电磁阀：电磁阀受控从而使制冷剂流经冷却总成

·HIM 关断阀：驾驶员不希望对车内空气进行调节时，必须通过控制关断阀防止制冷剂进入热交换器用于车内空间

由混合动力接口模块控制阀门。但相关规定值由自动恒温空调通过总线电码提供。使用制冷剂循环回路可不受外部温度影响提供几百瓦的冷却功率，冷却液循环回路与制冷剂循环回路间的连接如图 2-94 所示。

1.冷却液/空气热交换器 2.制冷剂管路 3.关断阀 4.带有冷却液泵和补液罐的高电压蓄电池单元 5.冷却液管路 6.冷却循环回路内的双阀门 7.冷却总成（冷却液/制冷剂热交换器） 8.电动空调压缩机 9.制冷剂循环回路内的冷凝器

图 2-93

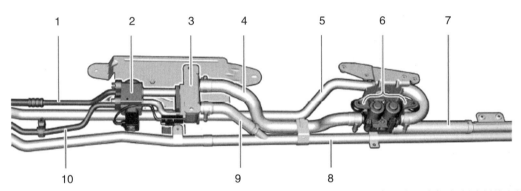

1.连自冷却总成的制冷剂管路（回流管路） 2.制冷剂循环回路内的组合式膨胀和关断阀 3.冷却总成（冷却液/制冷剂热交换器） 4.连至冷却总成的冷却液管路（供给管路） 5.连至冷却液/空气热交换器的冷却液管路 6.双阀门 7.连自高电压蓄电池单元的冷却液管路 8.连至高电压蓄电池单元的冷却液管路 9.连自冷却总成的冷却液管路（回流管路）10.连至冷却总成的制冷剂管路（供给管路）

图 2-94

如果对高电压蓄电池单元进行工作时打开了冷却循环回路，结束工作后必须对冷却循环回路进行通风。诊断系统为此提供一项服务功能。对制冷剂循环回路进行工作或更换冷却总成时必须严格遵守维修说明。根据工作类型可能需要吸出制冷剂。

8. 排气

镍氢蓄电池充电和放电时可能会产生气体，其中包含少量氢气。运行策略可将该气体量降至最小。但是如果产生大量气体，就会打开高电压蓄电池单元内的通风阀从而使气体通过通风软管向外排出。拆卸高电压蓄电池单元时必须将通风软管与其断开。安装高电压蓄电池时必须按规定将通风软管重新安装在高电压蓄电池单元上。否则，溢出气体可能会进入车内空间。高电压蓄电池的通风装置如图 2-95 所示。

（二）功能

1. 启动高电压系统

混合动力主控控制单元通过混合动力 CAN 上的电码以及另一个独立的信号导线（PWM 设码）要求启动高电压系统，随后由蓄电池控制单元控制启动。启动过程分为多个步骤，只有成功完成当前步骤才会继续进行下一步骤：

①测试高电压车载网络。

②提高电压。

③闭合接触器触点。

在第一步即测试高电压系统时检测以下内容：

·高电压管路是否连接在高电压蓄电池单元上，是否建立起与供电电控箱的连接

·高电压接触监控电路是否闭合

·高电流保险丝是否功能正常

·高电压蓄电池是否处于准备状态

即使已成功完成测试，接触器触点仍可能没有闭合。由于高电压电路电容的缘故（中间电路电容器），会有很高

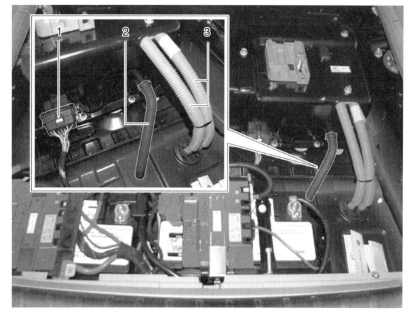

1.低电压导线接口 2.通风软管 3.高电压导线

图 2-95

的接通电流经过，长期下去不仅会对电容器还会对接触器造成损坏。因此要事先让电压缓慢升高。为此首先闭合用于负极导线的接触器触点。通过一个脉冲控制式继电器和正极导线内的一个降压电阻器使高电压系统内的电压缓慢升高。每次继电器触点闭合时都会有受到降压电阻器限制的电流经过并为高电压车载网络内的电容器充电。大约 300ms 后，高电压车载网络内的电压仅稍稍低于蓄电池电压。之后闭合用于启动正极导线的接触器触点。如果启动成功，蓄电池控制单元就会通过混合动力 CAN 与其他混合动力组件，特别是混合动力主控控制单元进行通信。如果启动失败，也会通过同样方式发出故障状态信号。

2. 关闭高电压系统

关闭高电压系统分为正常关闭和快速关闭两种情况。此处所述的正常关闭可以保护电气部件，此外还会执行监控功能，对与安全有关的组件和高电压系统特性进行检测。正常关闭的步骤如下：

①总线端 15 断开。

②高电压车载网络内的电流降为零（通过供电电控箱内的控制单元）。

③混合动力主控控制单元通过混合动力 CAN 上的一个总线信号和一个独立导线（PWM 信号）要求断开高电压蓄电池单元内的接触器。

④蓄电池控制单元断开高电压蓄电池单元内的接触器触点。

⑤通过蓄电池控制单元进行控制，对高电压导线的绝缘电阻进行测量并监控是否超出允许范围。如果识别出绝缘电阻低于限值，就会在故障码存储器内存储一条记录。通过一条检查控制信息提示驾驶员出现故障。但是通常情况下仍可以重新启动高电压系统，因为对人没有任何直接危害。

⑥蓄电池控制单元检查接触器触点是否真正断开，由此确保高电压蓄电池单元的高电压接口不再存在危险电压。如果识别出触点未正常断开，就会防止重新启动高电压系统，否则无法继续确保对高电压系统进行安全操作。

⑦检查确认接触器触点成功断开后，蓄电池控制单元就会发出该接触器状态信号。

⑧使高电压电路主动放电并使电机绕组短路。该任务由供电电控箱控制单元进行控制。

上述正常关闭过程最长持续 2min。特别是测量绝缘电阻和检查断开触点需要一定时间，因此持续时间较长。如果其间重新开始启动（例如由于驾驶员重新接通总线端 15），就会中断关闭过程。如果出现需要快速

关闭高电压系统的情况，也会中断正常关闭过程。

3. 快速关闭高电压系统

如果出现基于安全考虑必须尽快使高电压系统内的电压降至安全范围的情况，就会快速关闭高电压系统。

下面描述了这些情况以及关闭高电压系统后的影响：

· 高电压接触监控

如果识别出高电压接触监控电路断路且存在人员接触高电压系统带电部件的可能，就会断开接触器触点。车辆静止或发动机室盖/行李箱盖打开时，就会认为存在这种可能。在没有事先将电流降至零的情况下会立即断开接触器触点。这样会使接触器触点承受很大负荷，因此不允许随意重复这一过程，同时会使高电压电路主动放电并使电机绕组短路。

· 事故

如果碰撞和安全模块识别出相应严重程度的事故就会断开安全型蓄电池接线柱与 12V 蓄电池正极的连接。在 E72 上，由安全型蓄电池接线柱的总线端 30 为电动机械式接触器供电。因此在断开接触器触点的同时断开安全型蓄电池接线柱。蓄电池控制单元和混合动力主控控制单元还会对安全型蓄电池接线柱的总线端 30 状态进行分析。如果这两个控制单元都识别出安全型蓄电池接线柱已断开，就会采取进一步措施关闭高电压系统（主动放电，使绕组断路）。

· 短路监控

如果通过电流传感器识别出高电压导线内的电流强度过高，蓄电池控制单元也会触发快速关闭从而保护组件。在极端情况下还会触发（高电压安全插头内的）保险丝，从而强制断开高电压断路蓄电池控制单元监控保险丝状态。如果由于短路造成关闭，蓄电池控制单元就会发出该状态信号，以便能够重新实现主动放电和绕组断路。

· 高电压蓄电池单元 12V 供电失灵时

与在所有其他高电压组件内一样，也会为电子控制装置（蓄电池控制单元）供电。为了确保最大安全，会在 12V 供电失灵时快速关闭高电压系统，因为在此情况下蓄电池控制单元也不再工作。因此此时也通过硬件关闭功能而非软件功能实现快速关闭。

4. 充电策略和运行策略

高电压蓄电池充电策略的目的在于，尽可能延长高电压蓄电池的使用寿命并针对额外能量吸收（制动能量回收利用）和能量消耗（例如助推功能）保存储备。混合动力驱动装置运行策略的主要目的在于，在尽可能多的情况下利用混合动力驱动装置提高效率和动力。无论是助推功能、电动行驶、发动机节能启/停功能，还是制动能量回收利用功能，所有这些功能都应在尽可能大的高电压蓄电池充电状态范围内提供使用。如图 2-96 所示，这一点在技术上已在 E72 上实现。只有在超过充电状态限值影响高电压蓄电池使用寿命的情况下，才需限制各项功能。

发动机处于运转状态时（例如车速高于 60km/h 时），会使高电压蓄电池充电至最佳标志位置。处于这种充电状态时，留出的蓄电池储备量足以在诸如离开高速公路制动时将额外能量存储在高电压蓄电池内。而这种最佳充电状态最主要的特点在于其能含量很大，足以通过电动驱动装置提供支持或实现纯电动行驶。发动机节能启/停功能无法一直使用至充电状态下限。结合示例进行说明：车辆减速至静止状态时，通常发动机在行驶期间便已关闭而高电压蓄电池在减速期间开始充电。车辆静止期间从高电压蓄电池获取能量来驱动电动空调压缩机并为 14V 车载网络供电。几乎在达到充电状态下限前，发动机一直保持关闭状态。达到该限值时必须启动发动机以便通过电动机重新提供电能，之后通过电动机为用电器供电并为高电压蓄电池充电。为了避免经常启动和关闭发动机，在发动机能够重新关闭前必须首先重新达到较高的高电压蓄电池充电状态，

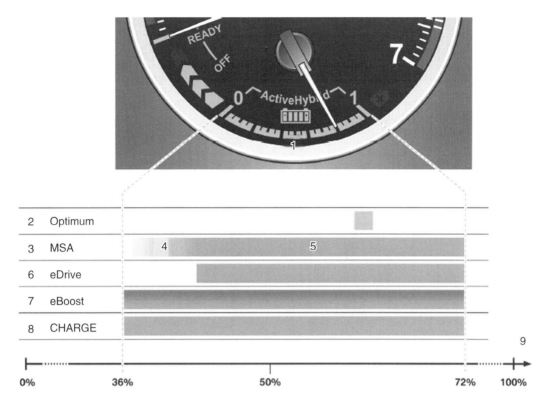

1.向驾驶员显示充电状态 2.最佳充电状态 3.发动机节能启停功能MSA 4.MSA功能滞后时的充电状态范围 5.MSA功能完全可用时的充电状态范围 6.可以实现电动行驶（eDrive）时的充电状态范围 7.可以使用助推功能（eBoost）时的充电状态范围 8.可以回收利用制动能量时的充电状态范围 9.实际充电状态

图 2-96

因此通过滞后作用可确保发动机静止期间拥有足够大的能量储备。

5. 监控功能

在很多监控功能中都有高电压蓄电池单元或蓄电池控制单元的重要参与。其中包括：

·用于确保高电压系统安全的监控功能

·用于确保高电压蓄电池最佳运行条件的监控功能

就与安全有关的监控功能而言，要特别提到高电压蓄电池单元在高电压接触监控和绝缘监控功能上的重要作用。在 E72 上，高电压接触监控系统由以下高电压组件构成，高电压接触监控系统的系统电路图如图2-97 所示。

用于控制和产生高电压接触监控检测信号的电子系统集成在 E72 的蓄电池控制单元。高电压系统启动时开始产生检测信号，高电压系统关闭时停止产生检测信号。蓄电池控制单元产生一个矩形交流电信号作为检测信号，并将其输送到检测导线上。检测导线采用环形拓扑结构（与 MOST 总线相似）。在环形上的两个位置对检测导线信号进行分析：在供电电控箱内以及环形最终端的蓄电池控制单元内。该信号的电流强度必须在 12~35 mA 之间。如果电流强度超出该范围，就会识别为电路断路或检测导线短路。供电电控箱和蓄电池控制单元都可以开始执行关闭过程。绝缘监控功能可确定带电高电压部件（例如高电压导线）与车辆接地间的绝缘电阻是否高于或低于所需最低限值。如果绝缘电阻低于最低限值，就会存在车辆部件带有危险电压的可能。如果人员接触第二个带电高电压部件，就会存在电击危险，因此针对 E72 高电压系统提供全自动绝缘监控功能。该功能发布在两个高电压组件上：

·蓄电池控制单元

在两个高电压导线与高电压蓄电池单元壳体之间存在测量电阻，这些电阻可针对绝缘监控功能单独启用。

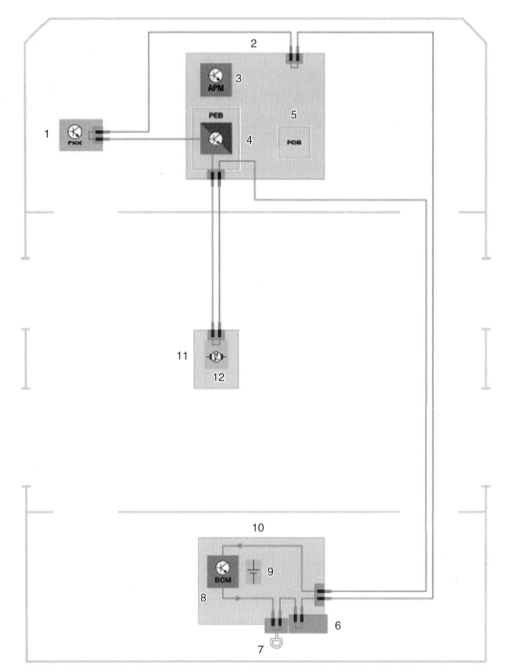

1.电动空调压缩机EKK 2.发动机室内的安全盖板,同时也是发动机的隔音盖板 3.辅助电源控制单元APM 4.供电电控箱PEB 5.供电配电盒PDB 6.高电压蓄电池单元上的安全盖板 7.高电压安全插头 8.蓄电池控制单元BCM 9.高电压蓄电池 10.高电压蓄电池单元 11.主动变速器 12.变速器油泵的电动驱动装置

图 2-97

测量电阻上的电压以电子方式探测。根据电压值可计算出高电压导线与壳体之间的绝缘电阻,由此可分辨出是一个还是两个高电压导线的绝缘电阻过小。只有在高电压系统未启用的情况下才能进行该过程。

·供电电控箱

根据高电压系统启用期间的连续电压测量值,供电电控箱也能确定高电压导线与壳体间的绝缘电阻,确定一个高电压导线的绝缘故障通过这种方式无法识别出两个导线的绝缘故障。

如上所述,通过电压测量进行绝缘监控时以一个高电压组件的壳体电位作为参考基准。在不采取其他措施的情况下,通过这种方式在蓄电池控制单元和供电电控箱内只能确定局部绝缘故障。但是确定分布在车辆上的高电压导线与车辆接地间的绝缘故障也同等重要,因此所有高电压组件导电壳体都与车辆接地导电连接。

这样可以通过在两个中央位置执行绝缘监控功能确定整个高电压车载网络内的绝缘故障。高电压组件壳体与车辆接地的正确电气连接是正常执行绝缘监控功能的一个重要前提，因此在维修期间中断该连接的情况下必须重新小心建立起电气连接。高电压蓄电池内的其他监控功能负责确保蓄电池电解槽的电压、充电状态和温度保持在可实现高电压蓄电池最佳功率利用率和最大使用寿命的范围内。

（三）服务信息

1.拆卸和安装

进行维修时需要更换以下单个部件：

·整个高电压蓄电池单元

·高电压安全插头

·（高电压安全插头内的）高电流保险丝

·冷却液补液罐密封盖

如果诊断系统的检测计划允许的话，可以更换高电压蓄电池单元。进行拆卸和安装时也可以看出高电压蓄电池单元所用的接口数量。拆卸和安装高电压蓄电池单元时必须在开始工作前落实电气安全规定。松开和重新安装高电压导线时必须取下高电压安全盖板。事先防止重新接通并锁死的高电压安全插头此时也必须短时取下，之后重新安装并锁死。冷却液循环回路必须排空。为此需断开冷却液管路与高电压蓄电池的连接并在回流管路接口处安装一个用于将冷却液排至一个容器内的独立软管。随后必须通过一项服务功能控制冷却液泵，直至补液罐几乎完全排空仅留有少量剩余冷却液。将高电压导线、冷却液管路、通风软管和低电压插头与高电压蓄电池断开后，可取下 4 个固定螺栓。取出高电压蓄电池时需要一个专用工具，它以 E93 折叠式硬顶专用工具为基础，具体如图 2-98 所示。

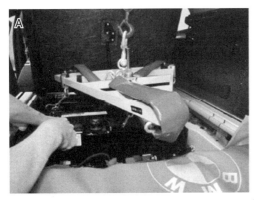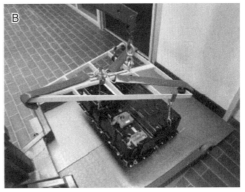

A.从车内取出高电压蓄电池 B.放下高电压蓄电池

图 2-98

拆卸和安装工作流程的详细说明可参见维修说明，必须严格遵守。安全新的高电压蓄电池单元后必须执行以下工作步骤：

·必须重新正确建立所有之前断开的连接。特别要严格遵守拧紧力矩

·蓄电池控制单元必须进行编程和设码

·蓄电池控制单元必须通过服务功能进入运行状态

·冷却系统必须重新加注和通风

2.充电和启动辅助

高电压蓄电池电量过低时的充电和启动辅助过程。如果 E72 的 12V 蓄电池电量过低，可像传统车辆方式一样进行充电。运行策略通过控制高电压蓄电池的充电状态确保车辆长期停驶后仍能重新启动。但是如果由于高电压蓄电池电量过低导致无法重新启动，就会显示出相应的检查控制信息，在此情况下可通过 14V 车载

网络对高电压蓄电池充电。将允许的蓄电池充电器连接在蓄电池正极接线柱和车辆接地上时首先只能为 14V 车载网络供电并为 12V 蓄电池充电。需要为高电压蓄电池充电时还必须接通总线端 15，只有这样才会启动高电压车载网络并闭合高电压蓄电池内的接触器触点。混合动力主控控制单元使辅助电源模块内的 DC/DC 转换器作为增压变压器工作，随后电能由 14V 车载网络流至高电压车载网络并为高电压蓄电池充电。在此过程中必须关闭车上所有不需要的用电器。根据所用蓄电池充电器，充电过程最长可持续 30 分钟。只有出现相应的检查控制信息时才允许结束高电压蓄电池充电过程。通过这种方式只能为高电压蓄电池充电到重新恢复启动能力的程度。此时会通过另一个检查控制信息进行显示，之后按照使用说明继续进行并将车辆处于"行驶准备"总线端状态，之后启动发动机并使电动机作为发电机工作从而为高电压蓄电池充电，如图 2-99 所示。

图 2-99

3. 安全进行高电压系统方面的工作

对 E72 的高电压组件进行工作前，必须遵守并落实电气安全规定：

· 高电压系统必须断电

· 必须防止高电压系统重新接通

· 必须确定高电压系统断电

下面将简要介绍需要在 E72 上落实的电气安全规定。

（1）准备工作

开始工作前必须采取防止溜车的措施（挂入自动变速器的驻车锁并启用驻车制动器）。必须断开总线端 15 和总线端 R。必须关闭可能连接的充电器并断开接线。

（2）使高电压系统断电

借助高电压蓄电池上的高电压安全插头使 E72 的高电压系统断电。将高电压安全插头的把手垂直向上翻折，这样可使高电压安全插头上部相对于下部的保险丝移动，如图 2-100 所示。

将整个高电压安全插头向后推。进行这步工作时，高电压接触监控电路已断开，如图 2-101 所示。

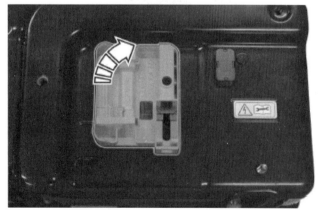

图 2-100

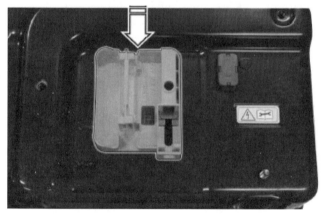

图 2-101

推动高电压安全插头时可看到开口内有一个十字槽螺栓（序号 1），如图 2-102 所示。

必须松开该十字槽螺栓，但将其留在高电压安全插头内，如图 2-103 所示。

通过拉动高电压安全插头上的把手将其从蓄电池内整个取出，包括保险丝。这样可以中断蓄电池电解槽的串联连接，如图 2-104 所示。

因此，E72 的高电压系统通过两种作用机制断电：高电压接触监控电路断路，串联连接的蓄电池电解槽

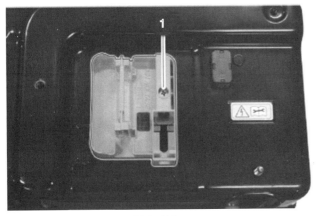

图 2-102

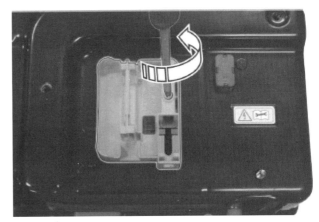

图 2-103

相互断开。

（3）防止高电压系统重新接通

防止重新接通功能也由高电压安全插头来实现，为此需要一个普通弓形锁（例如 ABUS 45/40）。将高电压安全插头旋转 180° 后按相反方式（使把手向下）重新安装，如图 2-105 所示。

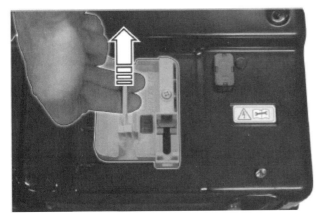

图 2-104

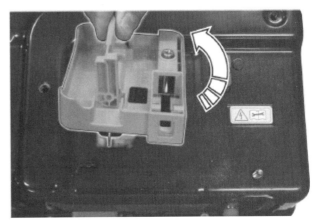

图 2-105

因此，拉手占用了保险丝的位置。拉手采用塑料材质，具有绝缘特性。这样还可防止导电物体进入保险丝支座内，如图 2-106 所示。

将锁弓穿入高电压安全插头上的开口和一个固定环内。锁好弓形锁（序号 1），拔出钥匙并在工作期间小心保管。不允许其他任何人接触钥匙，因为可能会使高电压系统重新进入运行状态，如图 2-107 所示。

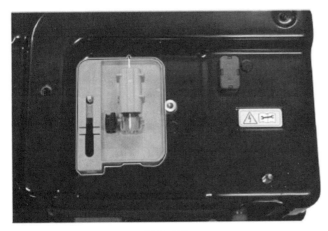

图 2-106

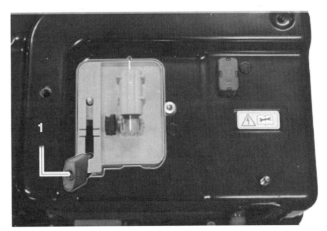

图 2-107

（4）确定断电

不通过测试仪或诊断系统确定是否断电，而是由高电压组件测量自身电压并通过总线信号向组合仪表发送测量结果。只有当组合仪表从所有相关高电压组件处均接收到断电信号时，才会发出检查控制信息显示断电状态。表示高电压系统断电的检查控制信息如图2-108所示。

需要确定是否断电时，售后服务人员必须接通总线端15并等到组合仪表内出现检查控制信息和上面所示的符号，之后才能确保高电压系统断电。确定断电后必须重新断开总线端15和总线端R，然后再开始进行实际工作。如果没有显示检查控制信息，则不允许对高电压组件进行工作。

图2-108

4.绝缘故障

供电电控箱和蓄电池控制单元内的控制单元测量高电压导线与接地间的绝缘电阻。这项绝缘监控功能用于识别整个高电压电路内（不仅是在供电电控箱和高电压蓄电池内）的绝缘故障。为此需使所有高电压组件壳体与接地导电连接。绝缘监控功能仅能识别出是否存在绝缘故障。绝缘监控功能无法确定具体故障原因所在，查明并最终确定具体故障位置必须借助诊断系统来进行。系统内存储的检测计划对故障码存储器记录进行分析并逐步执行定位过程。在此可能需要暂时将各高电压组件与高电压导线断开。通过系统化排除各高电压组件可使故障原因范围越来越小。

十、供电电子装置

E72与混合动力有关的供电电子装置分布在两个控制单元上，APM和PEB的安装位置如图2-109所示。

· 辅助电源控制单元APM

· 供电电控箱PEB

两个控制单元都安装在发动机室内发动机上方。安全盖板可防止直接接触高电压接口。两个控制单元均为高电压组件。高电压组件警告提示牌如图2-110所示。

图2-110

每个高电压组件的壳体上都带有一个标志，售后服务人员或车主可以通过标志很直观地看出高电压可能带来的危险。只有满足以下前提条件的售后服务人员才允许进行带标志高电压组件方面的工作：资格，遵守安全规定，严格按维修说明操作。

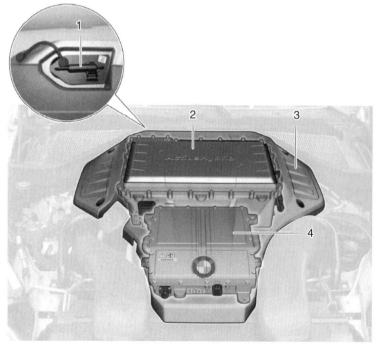

1.高电压接触监控跨接线 2.供电电控箱PEB 3.安全盖板 4.辅助电源控制单元APM

图2-109

售后服务人员进行高电压组件方面的工作前，必须通过执行安全规定关闭高电压系统，然后将所有高电压组件断电，从而确保安全地进行工作。如果售后服务人员忘记按规定关闭系统，则通过一个附加安全措施自动关闭高电压系统。在安全盖板上装有一个用于关闭高电压接触监控电路的跨接线。拆卸安全盖板时必须首先松开4个容易接近的螺栓。此时，安全盖板仍被第5个暂时看不到的螺栓固定住。为了能够松开这个螺栓，必须使跨接线开锁并拉出跨接线，这样会使高电压接触监控电路断路并使高电压车载网络断电，之后才能松开第5个螺栓并取下安全盖板。

（一）APM

APM是一个DC/DC转换器，负责实现混合动力车辆两个电压层面间的能量转换。一个电压层面是约300V的高电压车载网络，另一个是大家熟悉的14V车载网络。在此，DC/DC转换器取代了以前为14V车载网络供应能量的发电机。因此在行驶状态下14V车载网络的电能供应不再取决于发动机的转速。APM控制单元仅用在E72上。它采用双向转换器设计，即APM在高电压车载网络和14V车载网络间对电能进行双向传输。APM是在混合动力合作框架下与GM、DaimlerChrysler（后来的Daimler和Chrysler）共同研发的成果，部分以宝马并未参与的上一代项目DC/DC转换器为基础。APM的研发商和制造商为Delphi Electronics & Safety公司。

1. 系统概览

APM系统概览如图2-111所示。

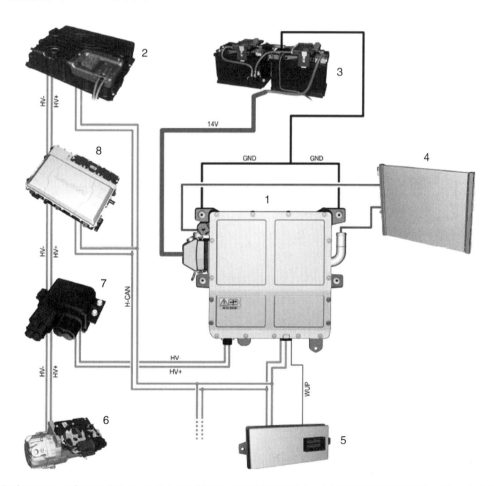

1.辅助电源控制单元APM　2.高电压蓄电池　3.两个12V蓄电池（14V车载网络）　4.低温循环回路散热器　5.混合动力接口控制单元HIM　6.电动空调压缩机EKK　7.供电配电盒 PDB　8.供电电控箱PEB　GND.接地　WUP.唤醒导线　H-CAN.混合动力CAN　HV+.高电压正极导线　HV−.高电压负极导线

图2-111

147

2. 功能说明

APM 由 HCP 进行控制，HCP 是 PEB 的一个组成部分。APM 无法独立接通电压转换功能。HCP 向 APM 发出以下指令：

·接通或关闭转换功能

·转换方向（高电压至 14V 或 14V 至高电压）

·额定电压

之后，APM 根据自诊断数据和自己测定的测量参数决定是否能够接通转换功能。运行期间，APM 会尝试通过将电流增大至技术上允许的最大限值来调节各电压层面的额定电压。APM 无法降低车载网络内的电压，例如将 14V 车载网络内的电压降至 11V。但当相关电压层面的实际电压高于 APM 额定电压时，APM 可将电流降至 0A。这样不会发生任何能量转换。APM 有一个被动放电电路，它可在关闭高电压供电后 5s 内使 APM 内的电容器放电直至电压值低于 60V。如果识别出故障，APM 就会自动关闭转换功能，如图 2-112 所示。

APM 通过二次冷却循环回路（低温循环回路）进行冷却。在该循环回路内也有增压空气冷却装置和 PEB。APM 和 PEB 的冷却循环回路并联连接。PEB 和 APM 内的最高冷却液温度为 75℃。

3.APM 的运行模式

根据 APM 的电压转换方向产生两种运行模式，向下转换和向上转换，如图 2-113 所示。

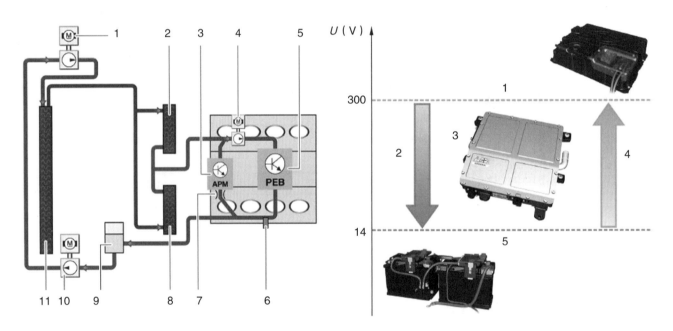

1.电动冷却液泵50W 2.增压空气冷却器 3.辅助电源控制单元APM 4.电动冷却液泵20W 5.供电电控箱PEB 6.冷却液温度传感器 7.节流阀 8.增压空气冷却器 9.补液罐 10.电动冷却液泵50W 11.冷却液散热器

图 2-112

1.300V电压层面 2.向下转换 3.APM 4.向上转换 5.14V电压层面

图 2-113

（1）向下转换

向下转换（又称为下降模式）指的是由高电压层面向 14V 层面转换。处于这种运行模式时，APM 最大功率为 2.2kW 或 175A，取决于最先达到哪个限值，如图 2-114 所示。

额定电压可通过 HCP 规定在 11.0~15.5V 范围内。APM 以 14.5V 的规定值驱动。只要车辆处于运行状态就会始终选择该运行模式，这样可以在车辆运行期间通过 APM 为 14V 车载网络提供电能。APM 取代了以前为此所用的电动机。

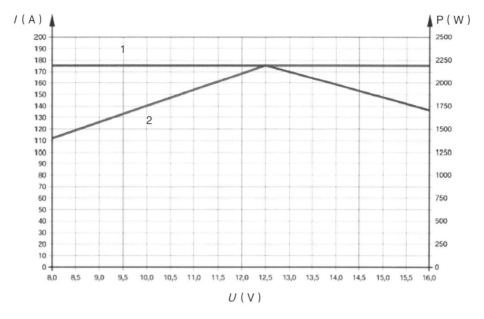

1.电流强度 2.电功率

图 2-114

（2）向上转换

向上转换（又称为助推模式）指的是由 14V 面向高电压层面转换。处于这种运行模式时，APM 可传输 0.7kW 功率。只能由 HCP 通过一个 CAN 信息要求向上转换。额定电压可通过 HCP 规定在 194~390V 范围内。当高电压蓄电池的 SoC 值低于启动能力限值，因此必须为高电压蓄电池充电时，就会选择这种运行模式。必须满足以下条件：

·未识别出 APM 内有故障

·HV 电压高于 194V

·必须连接和接通外部充电器（通过 HCP 进行测试）

·必须接通总线端 15

如果在向上转换期间，APM 发现超出限值，APM 就会自动结束向上转换，之后由 HCP 重新明确提出向上转换要求。

（3）故障显示

针对 APM 的故障显示如图 2-115 所示。

如果 APM 根据自诊断结果执行关闭过程，就会在组合仪表内通过一条检查控制信息显示故障情况。在此使用传统车辆的充电控制灯，因为 E72 未安装发电机。

（4）服务信息

只有满足以下前提条件的售后服务人员才允许进行带标志高电压组件方面的工作：资格、遵守安全规定、严格按维修说明操作。APM 用 4 个合适的螺栓

图 2-115

固定在中控台上，通过后部螺栓与车辆建立起接地连接。必须使用正确螺栓和准确拧紧力矩。后部螺栓连接还用于使 APM 壳体接地。只有高电压组件的所有可导电壳体都与车身接地连接（有电流）时，才能实现绝缘监控。例如，只有借助这种导电连接，才能由供电电子装置可靠识别出高电压导线与壳体之间的短路。如果壳体与接地之间无导电连接，则无法识别故障，因此对人有潜在危险。APM 自身无须保养，但在进行保养时需检查二次冷却循环回路的液位。出于高电压安全考虑，不允许打开或分解 APM。出现故障时始终更换整

个控制单元。出现较大损坏时（例如壳体破裂、设备上的插头损坏）也必须更换 APM。APM 可进行诊断和编程。

（二）供电电控箱 PEB

E72 上的 PEB 如图 2-116 所示。

PEB 是供电电控箱的缩写，指的是在 E72 上用于控制和调节混合动力专用组件的控制单元。PEB 控制所有运行状态下的高电压车载网、电动机双向能量流动、两个电动机的转速和扭矩以及电动混合动力机油泵控制系统（电动机泵换流器）。

1. 系统概览

PEB 的原理结构如图 2-117 所示。

PEB 是由 4 个微控制器（控制单元）构成的中央双向高电压混合动力控制单元。这 4 个控制单元分别是 HCP、MCPA、MCPB 和 EMPI。各控制单元

图 2-116

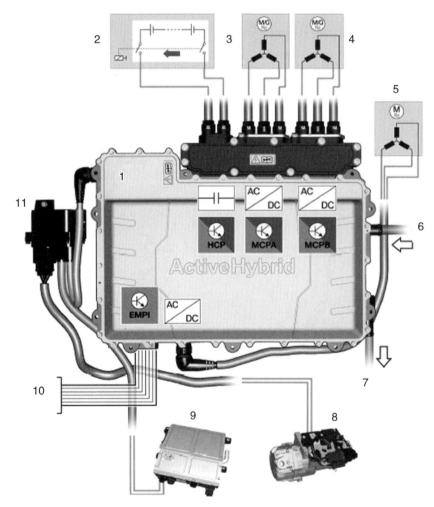

1.供电电控箱PEB 2.高电压蓄电池 3.电动机B 4.电动机A 5.电动变速器油泵 6.冷却液循环回路接口 7.冷却液循环回路接口 8.电动空调压缩机EKK 9.辅助电源控制单元APM 10.12V供电、H-CAN、H-CAN2 等接口 11.供电配电盒PDB HCP.混合动力控制器处理器（混合动力主控控制单元） MCPA.电动机控制器套件A（混合动力电动机控制装置） MCPB.电动机控制器套件 B（混合动力电动机控制装置） EMPI.电动机泵换流器（混合动力机油泵控制系统）

图 2-117

在诊断期间单独注册，EMPI 和 MCP 的故障码存储器记录存储在 HCP 故障码存储器内。PEB 内的控制单元与车辆其他控制单元之间通过 H-CAN 和 H-CAN2 独立通信。

2. 功能

PEB 内的 4 个控制单元执行以下功能：

· HCP：协调混合动力系统的所有中央功能，选择挡位，计算发动机、电动机和底盘间的力矩分配，监控整个系统

· MCPA：根据 HCP 要求计算电动机 A 调节方式

· MCPB：根据 HCP 要求计算电动机 B 调节方式

· EMPI：控制混合动力机油泵电机

除这 4 个控制单元外，PEB 还包括用于控制两个电动机的两个脉冲变流器（AC/DC 转换器）的供电电子装置、用于电动控制混合动力机油泵的一个脉冲变流器（AC/DC 转换器）、作为中间电压电路的一个电容器（1mF）和用于所有 4 个控制单元的外部硬件。

其他功能：

· 调节高电压车载网络

· 在传动系统电动机和高电压系统之间双向分配和传输能量

· 使车辆高电压受控放电

· 对高电压车载网络进行过滤

· 高电压与车辆接地的绝缘和绝缘监控

· 诊断功能和组件自保护

· 调节电动机的扭矩、转速

· 控制和调节混合动力机油泵

· 预充电模式，用于启动高电压系统

3. 运行策略

混合动力主控控制单元 HCP 的能量运行策略根据环境条件、车辆状态和驾驶员要求持续调节能量分配。运行策略最重要的输入和调节参数是高电压蓄电池的充电状态。

4. 服务信息

只有满足以下前提条件的售后服务人员才允许进行带标志高电压组件方面的工作：资格、遵守安全规定、严格按维修说明操作。确保正确连接 PEB 壳体与车辆接地之间的接地导线。必须使用正确螺栓和准确拧紧力矩。只有高电压组件的所有可导电壳体都与车身接地连接（有电流）时，才能实现绝缘监控。例如，只有借助这种导电连接，才能由供电电子装置可靠识别出高电压导线与壳体之间的短路。如果壳体与接地之间无导电连接，则无法识别故障，因此对人有潜在危险。PEB 自身无须保养，但在进行保养时需检查二次冷却循环回路的液位。出于高电压安全考虑，不允许打开或分解 PEB。出现故障时始终更换整个 PEB。出现较大损坏时（例如壳体破裂、设备上的插头损坏）也必须更换 PEB。PEB 可进行诊断和编程。更换 PEB 后必须根据当前状态对所有 4 个控制单元进行编程。

（三）供电配电盒 PDB

PDB 的安装位置如图 2-118 所示。

供电配电盒 PDB 也是一个高电压组件，用于由 PEB 向 APM 以及电动空调压缩机 EKK 分配电压。在 PDB 内装有两个高电压保险丝，PDB 内高电压保险丝的电路图如图 2-119 所示。

20A 保险丝用于保护连接 APM 的高电压导线，40A 保险丝用于保护连接 EKK 的高电压导线。高电压保

1.供电电控箱PEB 2.供电配电盒PDB 3.电动空调压缩机高电压导线与PDB的接口 4.APM高电压导线接口 5.连接PEB至PDB的高电压导线

图 2-118

险丝均保护高电压正极导线。高电压保险丝损坏时始终更换整个PDB，确保正确连接PDB壳体与车辆接地之间的接地导线。必须使用正确螺栓和准确拧紧力矩。

（四）高电压导线

高电压导线使高电压组件相互连接并带有鲜明的橙色导线护套。混合动力车辆制造商已在通过橙色警告色统一标志高电压导线方面达成一致。E72的高电压导线概览如图 2-120 所示。

不允许对高电压导线进行维修。出现损坏时原则上必须更换导线，PEB上的高电压导线螺纹接头如图 2-121 所示。

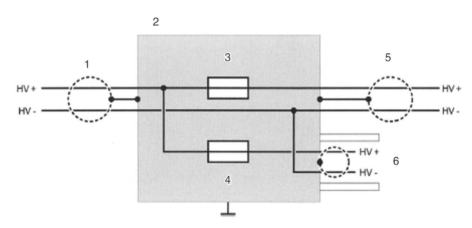

1.导线屏蔽层 2.供电配电盒PDB 3.APM的高电压保险丝（20A） 4.EKK的高电压保险丝（40A） 5.导线屏蔽层 6.EKK连接插口

图 2-119

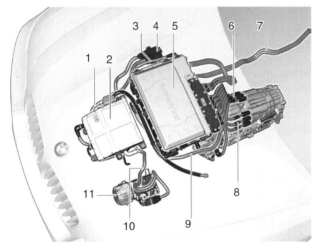

1.PEB与APM间的高电压导线 2.辅助电源控制单元APM 3.PEB与PDB间的高电压导线 4.供电配电盒PDB 5.供电电控箱PEB 6.PEB与电动机B间的高电压导线 7.PEB与高电压蓄电池间的高电压导线 8.PEB与电动机A间的高电压导线 9.PEB与电动变速器油泵间的高电压导线 10.供电配电盒PDB与电动空调压缩机 EKK间的高电压导线 11.电动空调压缩机 EKK

图 2-120

仔细地将高电压导线放入或卡入为此准备的固定夹内。使用现有的高电压导线拉力卸载装置。用规定拧紧力矩固定高电压导线的螺纹接头，将锁止件牢固地安装在高电压导线的插接连接件上。必须遵守各高

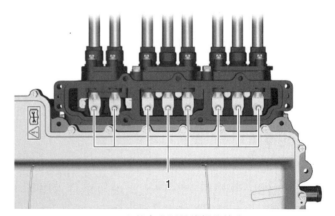

1.PEB上的高电压导线螺纹接头

图 2-121

电压导线之间以及高电压导线与信号导线间的设计规定距离。除高电压导线的螺纹接头外，还使用圆形高电压插头。至今为止，这种圆形高电压插头主要用于军事方面。连接圆形高电压插头时必须确保正确锁止。通过一个锁止环确保锁止，该锁止环可向前和向后推动，圆形高电压接头如图 2-122、图 2-123 所示。

将锁止环1向前推时，圆形高电压插头锁止

图 2-122

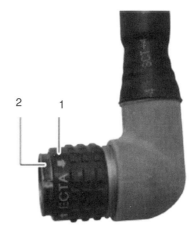

将锁止环1向后推时，圆形高电压安全插头开锁，可以看到红色标志2。插入圆形高电压插头前必须将锁止环向后推

图 2-123

通过以下示例说明如何正确连接和锁止，正确锁止圆形高电压插头如图 2-124 所示。

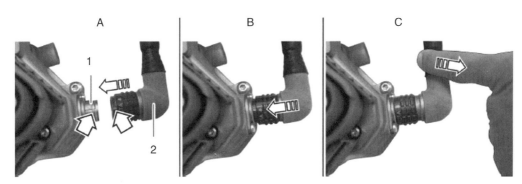

A.将圆形高电压插头2上的锁止环向后推（开锁）。将圆形高电压插头上的标志（带有黄色标志的凹槽）与插口2上的标志对齐。将高电压插头2插入插口1内 B.将高电压插头上的锁止环向前推，之后无法再看到红色标志 C.拉动高电压插头，检查是否正确锁止。错误锁止时拔出高电压插头

图 2-124

十一、显示和操作单元

E72 组合仪表如图 2-125 所示。

混合动力特有运行状态和高电压蓄电池运行状态在组合仪表内以及（根据要求）在中央信息显示屏内显示。显示以下混合动力特有运行状态：

· 行驶准备显示

· 电动行驶显示

· 助推功能显示

· 能量回收利用

这些状态始终在组合仪表内转速表下部显示。CID

图 2-125

内的混合动力显示通过菜单"车辆信息→混合动力"调出。在 CID 和组合仪表内显示都需要接通总线端 15。

（一）组合仪表内的显示（如图 2-126 所示）

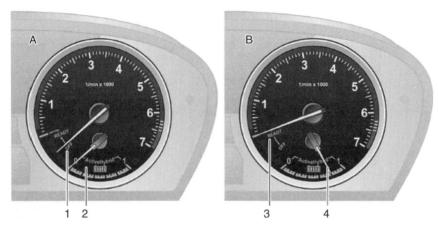

1.转速表指针处于"停止"位置→未建立行驶准备状态 2.高电压蓄电池充电状态指针处于零位 3.转速表指针处于"准备"位置→已建立行驶准备状态 4.高电压蓄电池充电状态指针显示当前充电状态

图 2-126

总线端 R 未接通时转速表指针处于"停止"位置。这样驾驶员就可以知道，此时发动机和电动机都处于关闭状态。高电压蓄电池充电状态指针同样处于零位。接通总线端 15 后，在刻度盘 0~1 之间显示高电压蓄电池的当前充电状态。刻度值 1 表示高电压蓄电池已完全充电。刻度盘分为 5 个蓝色区段，每个区段代表 20%。为了以最佳方式利用高电压系统，只有在长距离下坡行驶时才会使高电压蓄电池完全充电。处于正常运行模式时最高充电至 80%。需要注意的是，显示的只是与客户相关的高电压蓄电池充电状态范围，相当于 36%~ 72% 的实际充电状态。也就是说，即使刻度值显示为零时，混合动力系统仍带有较高电压且仍有足够启动车辆 / 发动机的能量可用。

行驶准备：转速表指针处于"准备"位置时，驾驶员就会知道此时处于所谓的行驶准备状态。此时车辆处于静止状态，可以随时通过踩下加速踏板使车辆移动。根据高电压蓄电池的充电状态和加速踏板位置可通过纯电动方式或发动机驱动车辆。例如车辆停在铁路道口或等待绿灯时，就会接通行驶准备状态。如果客户短时间驻车后重新行驶，操作 START-STOP 按钮后就会接通行驶准备状态。由于发动机仍处于运行温度，因此此时不用启动。接通行驶准备状态相对于传统车辆启动发动机，如图 2-127 所示。

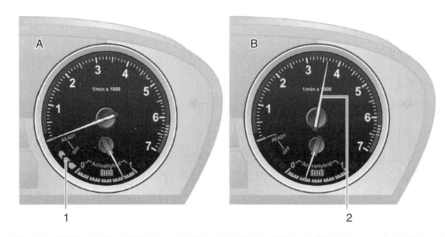

A.电动行驶显示 B.仅通过发动机驱动车辆时的显示 1.蓝色箭头表示从高电压蓄电池获取了多少电能（最多 4 个蓝色箭头） 2.转速表指针表示发动机转速

图 2-127

在不超过约 60km/h 的车速下都可通过纯电动方式行驶。电动机的输出功率通过蓝色箭头来显示。根据加速踏板位置最多有 4 个箭头依次亮起。转速表指针此时处于"准备"位置（发动机关闭）。如果所有 4 个箭头都已亮起，还需要增加驱动功率，例如加速要求，就会启动发动机。就好像 4 个箭头在推动着转速表指针，车辆由电动驱动切换为发动机驱动。以电动方式行驶时需要注意，行人和其他道路使用者会由于听不到发动机噪声而无法像以前那样感觉到车辆的存在。例如在驶入和驶出停车位置时要特别注意，如图 2-128 所示。

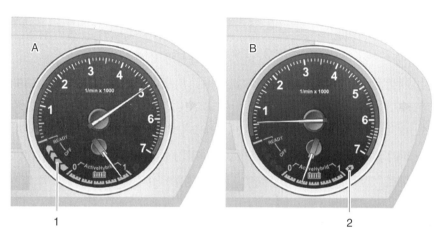

A.电动行驶显示 B.仅通过发动机驱动车辆时的显示 1.所有4个蓝色箭头都亮起 2.制动能量回收利用显示亮起

图 2-128

在超车等情况下急加速时会同时调用发动机和两个电动机的功率，为此必须用力深深踩下加速踏板（强制降挡），此时所有 4 个箭头同时亮起。该行驶状况称为助推功能。混合动力系统可在制动或滑行期间将制动能量转化为电能，通过这种能量回收利用功能为高电压蓄电池充电。需要时，蓄电池重新将存储的电能输送给电动机。在转速表内以带有 + 符号的箭头表示能量回收利用，即蓄电池充电状态。车速低于 10km/h 时，能量回收利用显示亮起，即使车辆正在滑行或刚刚制动。

（二）中央信息显示屏内的显示内容

在所有车辆运行状态下均可在 CID 内显示能量 / 动力传递路线以及高电压蓄电池充电状态。这样可使驾驶员在不同行驶状态下了解混合动力系统工作原理概况。在 CID 内通过菜单"车辆信息→混合动力"调出混合动力显示内容。急加速时 CID 内的混合动力显示如图 2-129 所示。

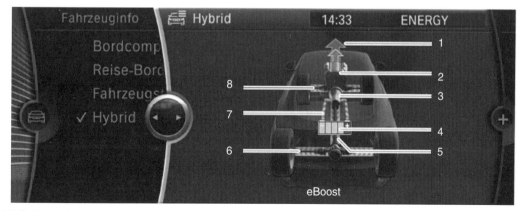

1.发动机驱动力箭头（红色）和电动机驱动力箭头（蓝色） 2.发动机 3.带有两个电动机的双模式主动变速器 4.高电压蓄电池的充电状态 5.输出轴上的动力传递路线 6.后桥上的动力传递路线 7.从高电压蓄电池至电动机的能量传递路线 8.前桥上的动力传递路线

图 2-129

根据以下原理显示能量 / 动力传递路线：

·蓝色：电能
·红色：发动机能量
·箭头：能量 / 动力传递路线方向

急加速时（助推功能）会同时调用发动机和两个电动机的功率来驱动车辆。此时通过一个红色箭头（发动机驱动部分）和一个稍小的蓝色箭头（电动机部分）进行显示。接通的发动机显示为红色（否则为蓝色）。主动变速器内电动机的活动通过蓝色变速器显示。5 个区段表示高电压蓄电池的充电状态。在上面的示例中完全亮起 4 个区段，相当于达到 80% 的充电状态。由于同时通过发动机和电动机驱动，因此输出轴上的动力传递路线分为两个部分并用两种颜色显示。红色表示发动机驱动部分，蓝色表示电动机部分。箭头指向驱动轮方向。前桥和后桥上的动力传递路径以同样方式显示。从高电压蓄电池至电动机的能量流用两条蓝线表示。图 2-130 展示了能量回收利用期间的能量 / 动力传递路线。从车轮至输出轴的动力传递路线通过运动的蓝色箭头显示。从电动机至高电压蓄电池的能量流通过两条蓝线和大蓝箭头显示。发动机显示为红色，因为车辆正在以高于 60km/h 的车速行驶。车速降低到 60km/h 以下时可关闭发动机，此时发动机显示为灰色。

1.发动机 2.能量回收利用箭头 3.输出轴上的动力传递路线 4.前桥 / 后桥上的动力传递路线

图 2-130

（三）混合动力特有检查控制信息

表 2-16

检查控制信息	含义	原因
	可在……秒钟后加油	混合动力压力燃油箱识别出加油要求
	混合动力蓄电池电量不足以启动发动机，混合动力蓄电池充电，充电过程结束等	该检查控制信息可能有多种原因，例如已连接充电源、驾驶员必须接通点火开关、正在充电等
	动力总成故障！功率下降或动力总成！发动机未关闭或混合动力系统故障	电动机故障，BCM 故障，TCM 故障，电动机失灵，电动真空泵故障，只能以传统方式通过发动机驱动车辆
	动力总成！无法继续行驶	混合动力系统关闭
	混合动力系统故障	绝缘故障或高电压连锁电路断路或高电压蓄电池故障
	混合动力系统关闭	高电压系统关闭

当 E72 出现故障时，车辆将会通过检查控制信息对驾驶员进行提示。在表 2-16 中总结了混合动力特有的检查控制信息。

（四）操作

虽然使用了两种不同的动力源和两种不同的蓄能器，但 Active Hybrid X6 在操作上与传动车辆没有任何区别。为了提高行驶动力和效率，混合动力系统会根据不同参数自动进行最佳调节。

十二、空调系统

E72 是首款采用电动空调压缩机的宝马量产车型。由于该压缩机带有一个电动传动装置，空调系统可以不通过发动机驱动。因此无论是在纯电动行驶期间还是静止状态下，空调系统都可以为客户提供相同的制冷效果。

（一）电动空调压缩机 EKK

E72 的电动空调压缩机如图 2-131 所示。

电动空调压缩机是一个高电压组件，高电压组件警告提示牌如图 2-132 所示。

每个高电压组件的壳体上都带有一个标志，售后服务人员或车主可以通过标志很直观地看出高电压可能带来的危险。只有满足以下前提条件的售后服务人员才允许进行带标志高电压组件方面的工作：资格、遵守安全规定、严格按维修说明操作。售后服务人员进行高电压组件方面的工作前，必须通过执行安全规定关闭高电压系统，然后将所有高电压组件断电，从而确保安全地进行工作。如果售后服务人员忘记按规定关闭系统，则通过一个附加安全措施自动关闭高电压系统。电动空调压缩机上的插接连接件始终受控首先断开 12V 插头，之后才能断开高电压插头。通过断开 12V 插头使高电压接触监控电路断路并使高电压车载网络断电。E72 的电动空调压缩机与 E71 皮带驱动式空调压缩机的安装位置相同。由于 E72 的电动空调压缩机不通过多楔带驱动，因此纯理论上它可以安装在车辆的任何位置，但是出于空间原因和利用现有冷凝器连接的考虑没有更改其安装位置。

1.EKK高电压插头　2.EKK控制单元和DC/AC转换器　3.电动空调压缩机　4.消音器

图 2-131

图 2-132

1.电动空调压缩机的结构

EKK 的结构如图 2-133 所示。

图 2-133 展示了电动空调压缩机的结构。这种电动空调压缩机由 Denso Automotive 公司制造和研发。

（1）EKK 控制单元和 DC/AC 转换器

EKK 控制单元根据 IHKA 的要求对空调压缩机转速进行控制。此外，它还对 EKK 进行诊断并通过

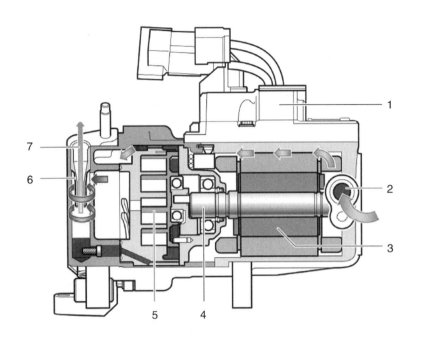

1.EKK控制单元和换流器（DC/AC 转换器） 2.低温和低压气态制冷剂接口（输入端）
3.三相交流电机 4.输入轴 5.螺旋截面盘片 6.油气分离器 7.高温和高电压气态制冷剂
接口（输出端）

图 2-133

PTCAN 与其他控制单元进行通信。DC/AC 转换器可将直流电压转换为用于驱动三相交流电机所需的交流电压。控制单元和 DC/AC 转换器集成在整个空调压缩机的铝合金壳体内，通过流经的气态制冷剂进行冷却。DC/AC 转换器温度超过 110℃时，EKK 控制单元就会将其关闭。通过提高转速用于自身冷却等各种措施可有效防止达到如此高的温度。由 EKK 进行温度监控。

（2）三相交流电机

使用一个三相交流同步电机作为空调压缩机的驱动装置。它采用一种内部转子结构，通过 6 个永久磁铁形成转子磁场。同步电机运行时的转速范围为 2000~9000r/min，且可进行无级调节。同时最大电功率为 5kW，如图 2-134 所示。

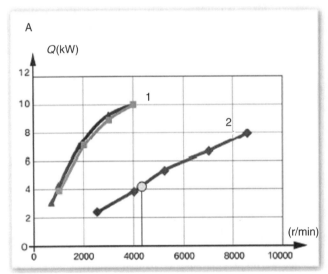
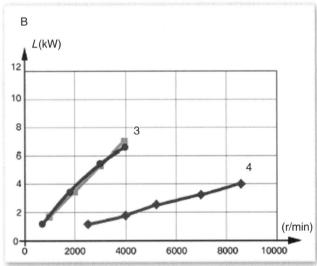

A.皮带驱动和电控压缩机冷却功率对比 B.皮带驱动和电动空调压缩机机械功率和电功率对比 1.皮带驱动式空调压缩机的冷却功率取决于发动机转速 2.电动空调压缩机的冷却功率取决于电动机转速 3.皮带驱动式空调压缩机的机械功率取决于发动机转速 4.电动空调压缩机的电功率取决于同步电机转速

图 2-134

（3）压缩机械机构。

使用螺旋形压缩机进行制冷剂压缩，螺旋截面盘片如图 2-135 所示。

螺旋截面外盘中的箭头显示了压缩后冷却剂的出口位置。螺旋截面外盘由同步电机通过一个轴驱动并进行偏心旋转。通过螺旋截面外盘上的两个开口吸入低温低压气态制冷剂并通过两个螺旋截面盘片的移动使其压缩、变热。制冷剂的压缩原理如图 2-136 所示。

经过三周旋转后，吸入的制冷剂压缩、变热，可通过外盘中部开口以气态形式释放。高温高电压气态制冷剂由此经油气分离器流至空调压缩机与冷凝器的接口。在混合动力车辆上对附属总成噪声方面有很高要求，由于在静止状态下和电动行驶期间发动机并不运行，因而无法掩盖附属总成的噪声。因此需对电动空调压缩机的噪声进行优化处理，在空调压缩机与冷凝器的接口处安装了一个专用消音器。

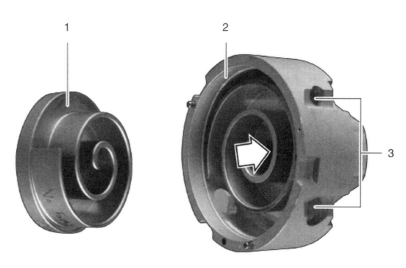

1.螺旋截面内盘 2.螺旋截面外盘 3.制冷剂入口

图 2-135

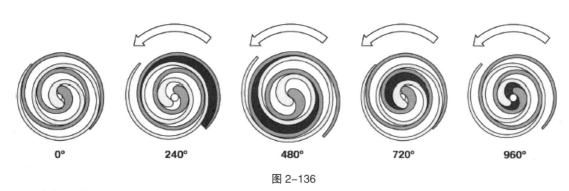

0°   240°   480°   720°   960°

图 2-136

（二）冷却系统

冷却系统与传统车辆上的冷却系统基本相同。循环回路中作为冷却剂使用的 R134a 可以在系统的不同位置吸收和释放热量。可以通过车辆前方的热交换器（冷凝器）将从车内和高电压蓄电池吸收的热量释放到环境空气中。启用乘员区空调系统或高电压蓄电池需要冷却时，电动空调压缩机就会接通，系统对相应位置进行冷却。此时可分别进行车内冷却和高电压蓄电池冷却。由高电压车载网络为电动空调压缩机提供所需能量，E72 的制冷剂循环回路如图 2-137 所示。

为了能够分别对车内和蓄电池进行冷却，在制冷剂循环回路中集成了专用电磁阀。该电磁阀可根据实际需要开启部分循环回路，因此可以保证系统高效和正常的调节特性。表 2-17 显示了阀门和电动空调压缩机之间的调控关系。

在此，IHKA 是主控控制单元。它根据接收的 BCP 和 HCP 请求向 HIM 发出指令，打开或关闭相应电磁阀。客户关闭空调压

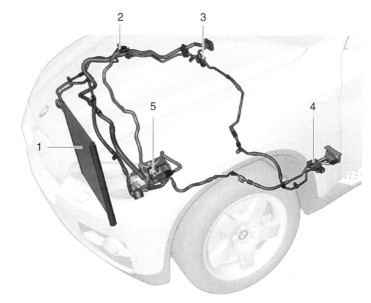

1.冷凝器 2.针对服务适配器 R134a（抽吸管路/压力管路）应注意：必须两侧同时进行抽吸 3.蒸发器的制冷剂关断阀 4.冷却总成的组合式膨胀和关断阀 5.电动空调压缩机

图 2-137

表 2-17

冷却位置	蒸发器电磁阀	冷却总成电磁阀	电动空调压缩机
高电压蓄电池	关闭	开启	接通
车内	开启	关闭	接通
高电压蓄电池和车内	开启	开启	接通
未进行冷却	关闭	关闭	关闭

缩机时，空调压缩机接通 / 关闭按钮上的 LED 就会熄灭，虽然空调压缩机可能仍处于接通状态以便对高电压蓄电池进行冷却。根据高电压蓄电池的 SoC 值，可在已建立行驶准备状态下（总线端 15 接通）向电动空调压缩机发出进行车内冷却的请求（星形 LED 亮起）。

第二节　典型故障

一、2009 年宝马 X6 显示混合动力电池电量过低

车型：E72。

故障现象：宝马 X6 显示混合动力电池电量过低。

故障诊断：一辆 2009 年宝马 X6 混合动力运动型多功能车行驶里程约 50000km，车型为 E72，搭载 N63 发动机。用户反映该车无法行驶。维修人员赶到现场后试车，发现仪表板显示"混合动力电池电量过低"。踩下制动踏板后，按下启动按钮发动机未能启动。由于混合动力电池电量过低且电量又无法及时地得到补充，车辆自然无法行驶。该车发动机的启动是由主动变速器中电机实现的。现在由于电量不足，电机无法运转，发动机也就无法启动。车载电网中设有辅助电池，这种电池与普通车辆所用的蓄电池相同。正常情况下，当混合动力电池的电量不足时，控制单元可将辅助电池输出的 12V 电压升高到 320V，从而可使电机运转并将发动机启动。但由于该车在发动机静止的情况下用电设备开启时间过长，使辅助电池的电量也被耗尽，所以发动机无法启动。

故障排除：维修人员首先关闭车上所有的用电器，然后用搭接线将救援车的蓄电池与故障车的辅助电池并联，启动救援车发动机为故障车的辅助电池充电。充电 20min 后，踩下制动踏板，连续按下 2 次启动按钮激活辅助电池升压模式。再次按下启动按钮，发动机顺利启动。

故障总结：发动机启动后，踩住加速踏板令发动机怠速保持在 2000r/min，以便为混合动力电池充电。5min 后混合动力电池的电量达到了 85%，关闭发动机试车，车辆行驶正常。

二、宝马 X6 检查控制信息 "驱动系统有故障"

车型：E72 配置，发动机 N63。

故障现象：检查控制信息 "驱动系统有故障"。

故障诊断：在 E72 上电动行驶时显示检查控制信息 "驱动系统有故障"。混合动力控制器处理器（HCP_72）控制单元中有故障码，存储记录有 01139F——HCP 电动机 A 转速信号识别到发动机倒转。另外可能出现车辆停滞。切换端子后 [通过启动停止按钮关闭，然后接通点火开关（端子 15）]，可继续行驶。

故障原因：检查控制信息 "驱动系统有故障" 和故障码存储器记录 "01139F" 的原因是电动行驶时发动机转速监控发生故障。

故障排除：处理客户投诉时使用 ISTA/D 进行诊断。执行相应的测试模块，然后用 ISTA/P 2.51.0 或更高的版本给车辆编程和设码。

第三章　宝马第 1.5 代 Active Hybrid 7（F04）车系

第一节　宝马第 1.5 代 Active Hybrid 7（F04）车系技术特点

一、简介

根据宝马高效动力性的要求，宝马集团很早便开始研发大量提高效率的措施，这些措施已经逐渐应用于所有车型系列并成为车辆标准配置。宝马 Active Hybrid 是宝马高效动力性研发战略的一个重要组成部分，以"最佳混合动力"模块化原理为基础。它可以针对不同车辆等级组合使用各种最佳组件。其主要研发目标一方面在于显著提高车辆效率，即在法律要求的循环工况试验中降低耗油量最多 20%，同时保证比宝马传统动力总成车辆的 CO_2 排放少。另一

图 3-1

方面，宝马集团力求推出市场上动力最强劲的混合动力车辆，如图 3-1 所示。

2010 年春季，宝马将继 Active Hybrid X6 之后，推出其第二款采用混合动力技术的批量生产车辆宝马 Active Hybrid 7（研发代码 F04）。与目前市场上所有其他混合动力车辆不同，Active Hybrid 7 不仅效率高，其功率和敏捷性也同样出色，在动力性能方面堪为众多竞争对手的绝对标杆。这种轻混合动力方案采用了宝马 TwinPower Turbo V8 和电动机组合，该电动机仅用于为发动机提供支持或减轻发动机负荷。电动驱动不仅提高了总功率，而且降低了驱动油耗。因此对于已经达到最佳效率的 V8 发动机而言，这是一项完美的补充。无论从静止状态加速，还是行驶过程中，宝马 Active Hybrid 7 的动力性能都比宝马 750i 更出色：以 6 缸发动机的耗油量提供接近 12 缸发动机的动力性能。混合动力系统仅比传统驱动装置重 75kg。8 挡自动变速器的结构与宝马 760i/Li 相同。

宝马 Active Hybrid 7 的驱动系统由一个功率更大的 N63 发动机（5500~6000r/min 时 330kW）和一个电动机（900~4500r/min）组成。最大可用系统功率为 342 kW（5500~6000 r/min），最大总扭矩达 700N·m。其百公里加速时间为 4.9s，在符合 EU5 要求的循环工况试验中耗油量为 9.4L。这相当于 CO_2 排放量为 219g/km。此外，它还符合美规 LEV-Ⅱ 排放标准。

（一）识别标志

1. 外部

宝马 Active Hybrid 车辆与其他宝马车辆的外部有多处不同。例如体现创新宝马 Active Hybrid 技术的独特外部颜色"Bluewater 金属漆"。这种外观颜色仅用于 Active Hybrid 车辆。客户也可以为其 Active Hybrid 车辆选择其他颜色并订购短轴距或长轴距 Active Hybrid 7（Active Hybrid 7/Active Hybrid 7L），外部识别标志如图 3-2 所示。

宝马 Active Hybrid 7 的轮辋外观设计独特。有运行方向要求的涡轮叶片形状不仅美观，而且有助于改善车辆的空气动力学特性（CO_2 排放减少 2g）。行李箱盖上带有"Active Hybrid 7"字样。两个 C 柱上也带有

1. "Bluewater 金属色"车漆 2.行李箱盖上的"Active Hybrid 7"字样 3.两个C柱上的"Active Hybrid 7"字样 4.带有"Active Hybrid 7"字样的登车护条，长轴距车型有4个，标准车型仅有前部2个 5.空气动力学特性车轮（Streamline 357）

图 3-2

相同字样。带有"Active Hybrid 7"字样的登车护条使登车区域更具品质。在行李箱内的高电压蓄电池饰板上还可以看到"Active Hybrid Power Unit"字样。

2. 内部

宝马 Active Hybrid 7 的牡蛎色 Nappa 真皮配置使得内部空间极具奢华品位，如图 3-3 所示。客户可根据需要在 CID 内显示混合动力特有动力 / 能量传递路线或最近 15min 的电能消耗情况。

1.组合仪表上的混合动力特有显示 2.CID内的混合动力特有显示

图 3-3

（二）电动机

F04 的电动机和 8 挡自动变速器如图 3-4 所示。

与曲轴连接、位于发动机和变速器之间的电动机功率为15kW，可在起步和加速期间为8缸发动机提供最大210N·m扭矩支持。电动机可通过降低转速最多600r/min减少油耗。此外，电动机还可根据行驶情况作为启动机或发电机使用。这一点对于拥堵的城市交通而言非常有利，因为发动机节能启/停功能可以随时启用，而且几乎不会产生任何干扰。在发电机式运行模式下，电动机通过回收利用制动和滑行能量产生电能并将其存储在锂离子蓄电池内。在此过程中，电动机功率可升至19kW。

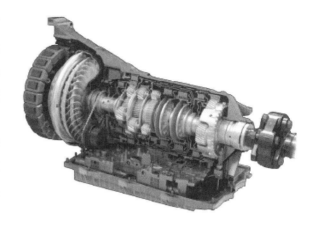

图3-4

（三）锂离子蓄电池

F04锂离子蓄电池如图3-5所示。

先进的轻混合动力驱动装置的技术亮点在于在汽车制造业采用了新型高效的锂离子蓄电池。这是所有蓄电池类型中能量密度最高的一种。它与传统12V蓄电池大小相仿，重量仅为28kg左右。由于这种蓄电池结构紧凑，因此可占用后部空调系统的安装空间并集成到车内。锂离子蓄电池的容量为0.9 kWh，特别适于轻混合动力车辆使用，因为根据车辆设计要求不需要功率更大的蓄电池。宝马Active Hybrid 7 和 Mercedes Benz S400 Hybrid 是全世界最先采用这种高效蓄电池技术的混合动力车辆。

（四）行驶情况

1. 发动机节能启/停功能

继宝马 Active Hybrid X6 之后，宝马 Active Hybrid 7 也采用了自动变速器和发动机节能启/停功能的组合，如图3-6所示。发动机节能启/停功能可在车辆怠速情况下，例如遇到红灯或堵车时关闭发动机。这样可以减少 CO_2 排放量并降低耗油量。高电压蓄电池在车辆静止状态下也能为空调和车辆照明等提供所需能量。如果高电压蓄电池电量不足，就会启动发动机，从而通过电动机为高电压蓄电池充电并为用电器提供充足的所需电能。此外，还首次实现了在发动机关闭状态下空调和通风装置继续运行，因为这些装置与电动机一样都通过高电压车载网络由锂离子蓄电池直接供电。这种能量管理方案还能实现有效的驻车空气调节，即根据需要在行驶前便使宝马 Active Hybrid 7 内部空间冷却至较低温度。

图3-5

2. 起步

只需松开制动踏板，发动机就会迅速、安静地启动。自动驻车功能处于启用状态时，只有踩下加速踏板才能启动发动机。只要达到怠速转速即可实现动力传输。由此产

图3-6

生的动态响应特性可通过电动机附带提供的驱动力矩得到进一步加强。从静止状态起步时宝马 Active Hybrid 7 对加速踏板移动自发响应产生的加速性能，无论是仅通过发动机驱动的传统车型还是竞争对手的混合动力车型都无法比拟。4.9s 的百公里加速时间使轿车趋近一流跑车水平。全新研发的液压蓄压器也能为动态起步提供支持，通过该蓄压器可使 8 挡自动变速器内更快建立启动力传输。

3. 行驶

在行驶过程中可根据车速和蓄电池充电状态按不同比例驱动发动机和电动机。低速至中速行驶时，发动机无法以最高效率工作。而电动机在较低转速时便可提供最大扭矩。高电压蓄电池电量充足时，可从高电压蓄电池获取所需电能，从而使发动机在更有效的负荷范围内运行并优化发动机效率。以恒定高速行驶时，发动机效率最佳。而电动机在该功率范围内则需要从高电压蓄电池获取过多的能量，因此主要通过发动机驱动。高电压蓄电池电量不足时，发动机的部分功率还用于通过电动机为蓄电池充电。

4. 加速

电动机的突出优势在于起步时可以提供非常直接而强大的功率输出。在加速和超车过程中，这种感觉会尤为突出。在交通信号灯处、斜坡上或超车过程中急加速时，如果高电压蓄电池电量充足，则可以提供额外的能量并通过电动机作为驱动功率使用。这项功能称为助推功能。通过发动机和电动机提供的总功率可以实现与使用大功率发动机车辆一样的行驶动力性和加速度。在此，电动机就相当于一种"电动涡轮"，在加速过程中为发动机提供助力并且不会造成任何额外的燃油消耗。

5. 制动能量回收利用

驾驶员松开加速踏板后，电动机的作用相当于发电机，可以在零油耗的情况下产生电流。也就是说，它可以像自行车发电机一样将行驶车辆的动能转化为电能。高电压蓄电池较大的存储容量有助于充分发挥回收利用潜能。混合动力驱动装置的主要优点是可以利用下坡行驶或制动时释放出的动能。能量不再仅仅转化为车轮制动器上的热能，而是通过以发电机方式工作的电动机转化为电能并存储在高电压蓄电池内。这些可以之后重复使用的能量不必通过发动机产生。稍稍踩下制动踏板时，电动机就会产生更多电流并起到发动机制动器的作用。这项功能称为能量回收利用或再生制动。只有在需要紧急制动的情况下，才需启用机械式车轮制动器。

（五）合作

为了更快地向市场提供各种创新性技术解决方案，宝马集团与其他制造商以两种方式进行合作。由此获得针对不同混合动力方案的组件，这些组件可以通过一个模块化系统针对各种车型研发出相应的高节能型驱动方案。就 Active Hybrid X6 所用的全混合动力而言，除 Daimler 外，Chrysler 和 General Motors 也加入了"全球混合动力科技研发团队"（Global Hybrid Cooperation）。宝马 Active Hybrid 7 所用的混合动力组件是宝马和 Daimler 合作的产物。其合作目标是对顶级车辆所用混合动力驱动组件进行研发和检验。除电动机和锂离子蓄电池外，宝马 Active Hybrid 7 高电压车载网络的供电电子装置也是这项合作的产物。车辆使用哪些混合动力组件由制造商根据具体市场要求决定。这种独立特性体现在宝马 Active Hybrid 7 的 8 缸发动机与电动驱动装置的组合方式上。宝马 Active Hybrid 以一种符合"最佳混合动力"战略，即针对不同车辆方案组合使用各种最佳组件的模块化原理为基础。因此，宝马 Active Hybrid7 的轻混合动力方案也像宝马 Active Hybrid X6 的全混合动力方案一样满足具体车型要求。在开展合作的过程中可以通过持续使用共同的组件、生产设备且供应商成本明显降低，因此客户也会从中受益。

（六）技术数据

Active Hybrid 7 仅为左侧驾驶型车辆。因此它不面对全球市场，而是仅限特定市场使用，如表 3-1 所示。

表 3-1

项目	单位	宝马 Active Hybrid 7	宝马 750i	Mercedes S 400 Hybrid	Lexus LS 600h
发动机和变速器					
结构形式 / 气缸数 / 每缸气门数		V/8/4	V/8/4	V/6/4	V/8/4
排量	cm	4395	4395	3498	4969
变速器		8 挡自动变速器	6 挡自动变速器	7 挡自动变速器	无级自动变速器
驱动方式		后轮驱动	后轮驱动	后轮驱动	四轮驱动
发动机最大功率	kW	5500~6000r/min 时 300	5500~6400 r/min 时 300	6000r/min 时 205	6400r/min 时 290
发动机扭矩	N·m/（r/min）	2000~4500 时 r/min 时 650	1750~4500r/min 时 600	2400~5000r/min 时 350	4000r/min 时 520
总系统功率	kW	5500~6000r/min 时 342	300	220	327
总扭矩		2000~3000r/min 时 700	600	385	无数据
蓄电池类型		锂离子蓄电池	—	锂离子蓄电池	镍氢蓄电池
动力性					
0~100 km/h 加速时间	s	4.9	5.2	7.2	6.3
最高车速（限速）	km/h	250	250	250	250
欧规市内耗油量	L/100 km	12.6	16.4	10.7	11.3
欧规市郊耗油量	L/100 km	7.6	8.5	6.3	8.0
欧规综合耗油量	L/100 km	9.4	11.4	7.9	9.3
CO_2 排放量	g/km	219	266	186	219

除技术数据外，F04 与 F01/F02 提供的选装配置也有所不同。下面总结了一些 F04 不提供的重要选装配置：

· xDrive 四轮驱动系统（供电电子装置占用了前桥主减速器的安装位置）

· Integral 主动转向系统

· 动态驾驶系统（主动侧翻稳定装置）

· 带有停车和起步功能的主动定速巡航控制系统

· 扩展型后座区空调系统（后部空调系统，安装位置由锂离子蓄电池占用）

二、动力传动系统

（一）改进型 N63 发动机

1. 概览

F04 采用了源自 F01/F02 的 N63B4400 发动机。但在以下方面对发动机进行了改进：

· 发动机管理系统

· 技术数据

· 附属总成

· 皮带传动机构

· 冷却系统

发动机管理系统（数字式发动机电子系统 DME）所用硬件与 F01/F02（MSD 85）基本相同，但增加了一个 CAN 接口。除 PT-CAN 和 PT-CAN2 外，F04 的 DME 还通过混合动力 CAN（H-CAN）与电动机电子装置通信。DME 的软件针对这一新型通信接口进行了相应调整：DME 对两个驱动装置进行协调，根据行驶情况将驾驶员的驱动力矩要求分配给发动机和电动机。

只有通过调整软件才能提高 N63 发动机的最大功率和最大扭矩。表 3-2 展示了 F01/F02 与 F04 的相关数据差异。

表 3-2

数据	单位	F01/F0 的 N63B4400	F04 的 N63B4400
最大功率（对应转速）	kW r/min	300 5500~6400	330 5500~6000
最大扭矩（对应转速）	N·m r/min	600 1750~4500	650 2000~4500

F04 取消了 N63 发动机的下列附属总成：

·启动机（由混合动力驱动装置的电动机启动发动机）

·14V 发电机（由高电压车载网络为 14V 车载网络提供能量）

·机械驱动式空调压缩机（由电动空调压缩机取代）

2. 皮带传动机构

由于取消了附属总成，因此 F04 的 N63 发动机使用了图 3-7 所示的简单皮带传动机构。

发动机通过皮带仅驱动机械冷却液泵和转向助力泵。所用皮带为多楔带。由于不是弹性皮带，因此也无法通过扭转减震器皮带轮上的"滚筒式张紧系统"张紧，而是必须使用专用张紧轮来张紧皮带。扭转减震器在 F01/F02 N63 发动机的基础上进行了相应调整。因为 F04 动力传动系统变化较大，集成电动机后，曲轴上的振动特性也发生了相应变化。

3. 冷却系统

F04 的 N63 发动机也采用两个彼此独立的冷却循环回路。其中一个用于发动机冷却；另一个是低温冷却循环回路，用于冷却增压空气、发动机管理系统以及电动驱动装置的供电电子装置。

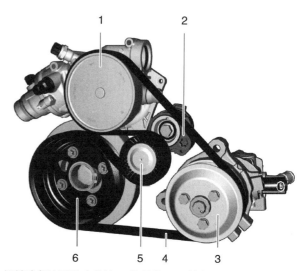

1.机械冷却液泵的皮带轮 2.张紧装置 3.转向助力泵的皮带轮 4.多楔带 5.张紧轮 6.扭转减震器上的皮带轮

图 3-7

4. 发动机冷却系统

用于发动机冷却的冷却循环回路也为废气涡轮增压器轴承座提供冷却液。功率 20 W 的电动辅助冷却液泵为机械主冷却液泵提供支持并确保在发动机关闭后仍对废气涡轮增压器进行冷却，如图 3-8 所示。

F04 发动机冷却循环回路在 F01/F02 的基础上进行了相应改进，现在与 E72 相同。安装电动辅助冷却液泵后，在抽吸侧不仅连接废气涡轮增压器轴承座，而且还连接变速器油 / 冷却液热交换器，这样可以改善变速器油的冷却效果。与使用 N63 发动机的其他车型一样，该泵在发动机关闭后仍可继续运行，以便排出废气涡轮增压器的余热。根据具体情况这一过程可能需要 15~20min。

5. 低温冷却循环回路

F04 的低温冷却循环回路以 F01/F02 N63 发动机为基础。在 F01/F02 上，该回路负责对增压空气和数字式发动机电子系统 DME 进行冷却。在 F04 上增加了一项任务：对电动驱动装置的供电电子装置，即 F04 的"电动机电子装置 EME"进行冷却。因此 F04 在 F01/F02 低温循环回路的基础上增加了一个循环回路，如图 3-9 所示。

F04 采用了 F01 增压空气和数字式发动机电子系统的低温冷却循环回路。用于电动机电子装置的附加循环回路由改进型补液罐、一个附加电动冷却液泵和电动机电子装置连接管路组成。EME 循环回路内的电动冷

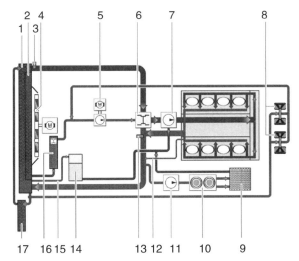

1.冷却液散热器 2.用于变速器冷却的冷却液散热器 3.散热器出口处的冷却液温度传感器 4.电风扇 5.用于涡轮增压器冷却的电动辅助冷却液泵 6.特性曲线式节温器 7.冷却液泵 8.废气涡轮增压器 9.暖风热交换器 10.双阀门 11.用于车辆暖风系统的电动辅助冷却液泵 12.气缸盖通风管路 13.发动机出口处的冷却液温度传感器 14.冷却液补液罐 15.冷却液散热器通风管路 16.变速器油/冷却液热交换器 17.独立安装的辅助冷却液散热器

图 3-8

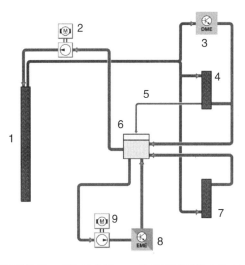

1.冷却液散热器 2.增压空气和DME冷却循环回路内的50W电动冷却液泵 3.数字式发动机电子系统DME 4.增压空气冷却器 5.通风管路 6.冷却液补液罐 7.增压空气冷却器 8.电动机电子装置EME 9.EME 冷却循环回路内的50W电动冷却液泵

图 3-9

却液泵最大功率为 50W，由 EME 根据冷却需要进行控制，如图 3-10 所示。

EME 循环回路与冷却液 / 空气热交换器之间没有直接连接。而是由补液罐作为混合器，即 EME 冷却循环回路的冷却液将热量释放给补液罐内的冷却液。因此基本上可以独立于增压空气冷却循环回路对 EME 进行冷却控制。增压空气和数字式发动机电子系统的冷却不会受到不利影响。在将冷却液输送至增压空气冷却器和数字式发动机电子系统前，先在冷却液 / 空气热交换器内对其进行冷却。

（二）电动机

1. 概览

电动机的制造商是 ZF Sachs AG，其经营范围是 ZF 集团的驱动和底盘组件。在 F04 内电动机用于执行以下功能：

· 发动机节能启停功能

· 为发动机提供支持（助推功能）

· 制动能量回收利用

发动机由电动机负责启动。因此 F04 不再使用传统启动机。F04 还取消了传统 14V 发电机。电动机与一个 DC/DC 转换器一起执行该项任务。

表 3-3 总结了电动机的技术数据。

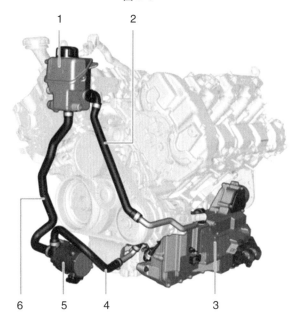

1.冷却液补液罐 2.电动机电子装置回流管路→冷却液补液罐 3.电动机电子装置 4.电动冷却液泵供给管路→电动机电子装置 5.电动冷却液泵50W 6.冷却液补液罐供给管路→电动冷却液泵

图 3-10

电动机是一个高电压组件。绕组电压由电动机电子装置产生，根据运行状态施加超过 100V 的电压。电动机电子装置还负责在电动机和发电机运行模式下控制电动机。

2. 安装位置

电动机的转子与发动机的曲轴和自动变速器的变矩器连接。因此动力传动系统的组件布置方式与并联式混合动力装置相同。发动机和电动机两个驱动装置的扭矩可以同时施加到变速器输入轴上。F04 电动机的安装位置如图 3-11 所示。

作为轻混合动力车型，F04 无法实现纯电动行驶。因此在电动机与发动机之间无须连接。所以在所有行驶状态下，曲轴、电动机和变速器输入轴的转速均相同。因此在 F04 上，电动机始终朝一个方向旋转。F04 的电动机不像 E72 主动变速器内的电动机那样发生方向变化。

3. 结构

最重要的电动机组件包括：

· 转子和定子
· 高电压接口
· 温度传感器
· 转子位置传感器
· 曲轴传感器

（1）转子和定子

在 F04 中针对电动驱动装置使用外部转子结构的永励式同步电动机。"外部转子"表示带有永久磁铁的转子以环形方式布置在外侧。可产生磁场的绕组布置在内侧，构成定子。电动机的结构如图 3-12 所示。

（2）温度传感器

在运行模式下，电动机的绕组温度不允许超过约 200℃。因此需通过一个温度传感器测量某一绕组内的温度。为此使用一个负温度系数（NTC）热敏电阻。电动机电子装置通过测量电压和电流确定电阻并由此计算出温度。当绕组温度接近最大允许温度（约 180℃）时，就会降低电动机功率。这项用于保护组件的功能由电动机电子装置控制。功率降至客户可能察觉到的程度时，就会发出一条相应的检查控制信息。电动机上的传感器如图 3-13 所示。

（3）转子位置传感器

表 3-3	
数据	F04 电动机
质量	约 23 kg
电动机运行模式下的额定电压	105 V
电动机运行模式下的最大功率	15kW
用于启动发动机的最大扭矩	210N·m，0~400r/min
电动机运行模式下的最大扭矩	160N·m，1000 r/min
发电机运行模式下的额定电压	135V
发电机运行模式下的最大功率	19kW

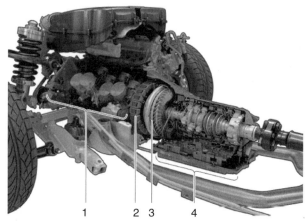

1.发动机（N63发动机） 2.电动机 3.自动变速器的变矩器 4.自动变速器（GA8HP70Z）

图 3-11

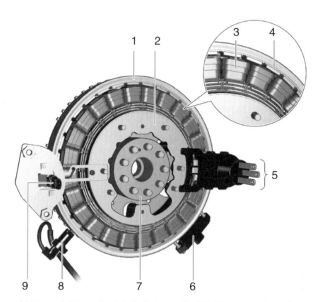

1.转子 2.定子 3.定子内的绕组 4.转子内的永久磁铁 5.高电压接口 6.转子位置传感器 7.转子（与曲轴连接的内侧部分） 8.曲轴传感器 9.温度传感器

图 3-12

转子位置传感器用于探测电动机转子的准确位置。与曲轴传感器不同，转子位置传感器还可以探测一个象限内的准确位置。这是精确控制电动机必不可少的一项要求，因为根据转子位置必须在定子绕组上产生电压。这样高的精准性是使用曲轴传感器无法达到的。曲轴传感器设计用于较高转速和准确测量车速。转子位置传感器的工作原理以转子的磁性变化为基础，因此转子外侧采用正弦结构。传感器元件由使用交流电压驱动的两个线圈构成。转子移动时，磁性就会发生变化，线圈上的感应电压和电流强度也会随之变化，由此可以确定转子位置。模拟传感器信号由电动机电子装置读取并进行处理。如果诊断系统的检测计划为此提出要求，则维修时可以单独更换转子位置传感器。转子位置传感器安装在变速器壳体外侧，转子位置传感器的安装位置如图 3-14 所示。

1.高电压接口　2.温度传感器接口　3.曲轴传感器　4.齿廓作为曲轴传感器的探测　5.正弦结构作为转子位置传感器的探测器　6.转子位置传感器

图 3-13

1.转子位置传感器

图 3-14

每次拆卸自动变速器或将其从发动机上拆下之前，都必须首先拆卸转子位置传感器，否则会造成转子位置传感器损坏。通过诊断系统进行校准是确保转子位置传感器正常工作的前提。进行校准时会探测机械公差，以便在以后的运行过程中能够准确探测转子位置。电动机电子装置探测并存储校准过程中的数据。出现以下情况时必须校准转子位置传感器：

· 更换了转子位置传感器

· 更换了电动机

· 更换了电动机电子装置

· 自行松开了变速器壳体、电动机或转子位置传感器的螺栓连接

通过诊断系统内的服务功能"转子位置传感器校准"进行校准。具体工作步骤如下：

①启用服务功能"转子位置传感器校准"。

②启动发动机并使其怠速运转，挂入驻车锁。

③启动校准过程并等待至服务功能发出"校准完成"反馈信息。

④结束服务功能并让车辆休眠。

服务功能的检测计划对上述工作步骤做出了明确规定。必须严格遵守检测计划中的说明。

（4）高电压接口

通过高电压接口可以输送用于电动机绕组的 3 个电压和电流。高电压接口将电动机与电动机电子装置连接在一起，电动机／电动机电子装置的高电压接口如图 3-15 所示。这种连接不是柔性导线连接，而是刚性

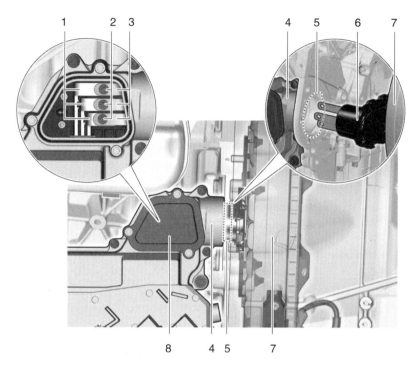

1.电动机电子装置的汇流排 2.用于连接汇流排的螺栓 3.电动机的汇流排 4.用于电动机高电压接口的电动机电子装置开口 5.曲轴箱上的法兰（在F01/F02上用于固定启动机，在F04上用于连接高电压接口） 6.电动机的高电压接口 7.电动机（转子） 8.电动机电子装置上的高电压接口盖板

图3-15

汇流排连接。向行驶方向看，汇流排从电动机左侧伸出。它带有塑料外皮，通过发动机曲轴箱上的启动机开口向前连接至电动机电子装置。电动机的汇流排与电动机电子装置的汇流排分别通过一个螺栓连接件连接起来。连接汇流排时必须使用正确的拧紧力矩。拧紧力矩过大（不允许的汇流排变形）和拧紧力矩过小都可能造成故障（电气连接不可靠）。

4.服务信息

维修时只能以整个单元的形式更换电动机。只有转子位置传感器可以单独更换。拆卸和安装时必须严格遵守维修说明。下列工作步骤非常重要，因此进行详细说明。

电动机是一个高电压组件。进行电动机方面的工作前，必须执行电气安全规定：关闭供电（无电压），固定住以防重新接通，确定系统无电压。拆卸：松开定子和转子的固定螺栓前，必须安装好定位螺栓。这些螺栓用于按规定距离固定定子和转子。这样可以防止松开固定螺栓后，因定子和转子相撞而造成损坏。安装：只有通过固定螺栓固定好转子和定子后，才能取下定位螺栓，否则转子和定子可能会在安装过程中相撞并造成损坏。故障部件分析：根据所在国家要求以及与经销商组织的协议，需将拆下的高电压组件（例如电动机）寄回制造商处进行分析。为了便于制造商准确确定故障原因，必须妥善处理拆下的高电压组件。必须避免在拆卸和发送过程中造成损坏。

高电压接口：必须严格按照规定拧紧力矩固定汇流排的连接螺栓。拧紧力矩过大或过小都可能导致连接故障及部件损坏。不允许使用高电压接口固定和支撑电动机，其设计结构不是用来支撑电动机重量的。

（三）改进型GA8HP70Z自动变速器

带N63发动机的F07采用自动变速器GA8HP70Z，在F04中这款变速器进行了一些调整。有关下列调整内容的具体说明如下：

· 变速器壳体

· 液力变矩器

· 在起步过程中为变速器提供液压压力

· 自适应变速器控制系统

1.硬件方面的一般性调整

相对于传统驱动装置车辆所用的GA8HP70Z自动变速器而言，混合动力传动系统的变速器壳体必须进行相应调整。为了支撑电动机，变速器壳体前部延长。由于长度增加（+47mm），变速器壳体内部也需要加固。为了将液压蓄压器集成到液压系统内，在变速器壳体内部增加和调整了液压通道。针对F04进行的这些结构调整使变速器重量比传统车辆的GA8HP70Z变速器增加约4kg。F04的混合动力驱动装置可提供700N·m的最大扭矩。由于相对于传统车辆的 N63 发动机（F07 最大扭矩 600 N·m）而言扭矩明显增大，因此液力变矩器也需要相应加强。行星齿轮组也需要针对 F04 进行加强。其他变速器组件已满足该最大扭矩设计要求，因此相对于 F07 的结构没有变化。

2. 液压蓄压器

（1）概览

F04 为客户提供发动机节能启 / 停功能，该功能可在车辆静止状态下关闭发动机。在发动机关闭期间变速器油泵不再受控运转，因此机油压力停止供应，换挡元件分离，在变速器内不再有动力传输。而宝马车辆要求起步过程强劲有力且不能察觉到明显延迟。因此不仅需要发动机快速启动——在 F04 上由电动机负责，而且还要求在发动机启动期间自动变速器内的换挡元件便已接合，以便车辆起步。而机械驱动变速器油泵无法在发动机启动期间迅速建立起所需的变速器油压力。因此在 F04 的自动变速器内使用了一个液压蓄压器。通过存储的变速器油可在变速器油泵建立起足够压力前，为换挡元件提供起步所需油液。发动机启动期间的变速器油压力时间曲线如图 3-16 所示。

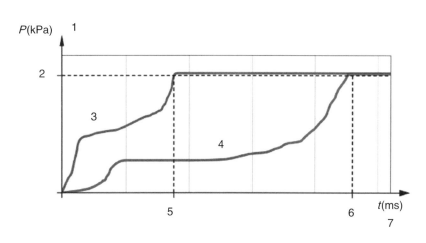

1.变速器油压力 2.液压操纵换挡元件所需的变速器油压力额定值 3.带有液压蓄压器时的变速器油压力曲线 4.没有液压蓄压器时的变速器油压力曲线 5.带有液压蓄压器的自动变速器做好起步准备的时刻 6.没有液压蓄压器的自动变速器做好起步准备的时刻 7.时间

图 3-16

（2）安装位置

液压蓄压器集成在自动变速器内。它安装在变速器油底壳内，向行驶方向看位于机械电子模块后，液压蓄压器的安装位置如图 3-17 所示。维修时可作为独立部件更换液压蓄压器。

（3）结构

液压蓄压器的结构如图 3-18 所示。液压蓄压器由一个液压缸构成。液压缸内有一个活塞可以克服弹簧的作用力移动。在张紧限位位置可通过电动机械方式使活塞锁止。

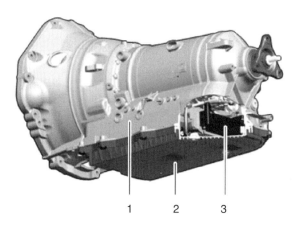

1.自动变速器壳体 2.变速器油底壳 3.液压蓄压器

图 3-17

电动机械式锁止机构包括钢球、一个张紧弹簧、一个分离弹簧和一个电磁铁。电磁铁的接通和关闭由变速器电子控制系统 EGS 控制。连接液压蓄压器的导线束安装在变速器壳体内。液压蓄压器缸体与变速器液压系统连接，但是之间没有连接阀。仅在液压蓄压器内装有一个元件可用作节流阀和单向阀。节流阀在液压蓄压器蓄能期间限制体积流量。液压蓄压器的蓄能过程与一般蓄能器相同，因此在描述过程中使用"蓄能"和"释能"的说法。单向阀用于在蓄能过程中使变速器油经过节流阀流入液压蓄压器内。在释能过程中，变速器油不会流经节流阀，而是直接通过此时打开的单向阀返回变速器的液压系统。因此单向阀不像想象的那样用于在完全蓄能状态下保持压力。处于完全蓄能状态时，液压蓄压器内的变速器油不承受压力。能量存储在张紧弹簧内。

（4）蓄能

只要发动机和变速器油泵运转，液压蓄压器就会蓄能，如图 3-19 所示。在蓄能过程中，变速器油通过节流阀流入液压缸内。此时仅通过变速器的液压系统获取少量油液，以免压力下降。变速器油在活塞上克服弹簧力做功。或者反过来说，能量存储在弹簧上。蓄能过程结束时，活塞越过锁止机构（钢球）到达限位位置。此时通过变速器油压力使活塞克服弹簧力保持在限位位置处。锁止机构也尚未工作。处于该限位位置时，液压蓄压器处于完全充满的状态。

（5）锁止

如果在液压蓄压器充满状态下关闭发动机且变速器油压力下降，弹簧就会稍稍松开。这样可使活塞移至锁止机构啮合位置。此时钢球以机械方式固定住活塞。此时接通的电磁铁可以固定住内部滑块，从而防止活塞进入用于释放的轨道内。为此所需的电功率很小（＜10W）。而且只有在发动机关闭期间，才需要该电功率。因此在整个行驶循环内，液压蓄压器的额外能量消耗可以忽略不计。液压蓄压器充满且锁止的状态如图 3-20 所示。

（6）释能

如果驾驶员希望再次起步，就要启动发动机。同时必须使自动变速器内的换挡元件接合，以便起步。所需变速器油压力由液压蓄压器通过释能过程提供。释能时，电磁铁关闭。内部滑块在另一个小弹簧（朝钢球方向驱动）的作用下滑动。此时钢球可以进入用于释放锁止机构的轨道（向内），由此释放活塞。蓄能过程中压在一起的弹簧向活塞施加作用力，从而向缸内的变速器油施加压力。液压蓄压器释能如图 3-21 所示。

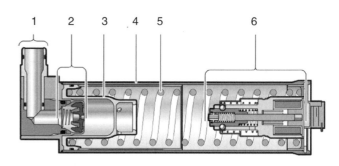

1.连接自动变速器液压系统的接口 2.节流阀和单向阀 3.液压活塞 4.液压缸 5.螺旋弹簧 6.电动机械式锁止机构

图 3-18

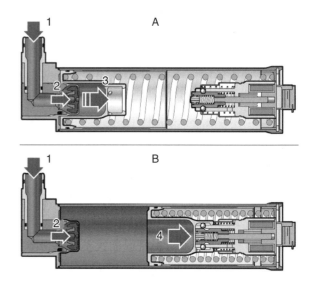

A.蓄能开始，状态"排空" B.蓄能结束，状态"充满" 1.变速器油从自动变速器的液压系统流入液压蓄压器内 2.通过节流阀限制变速器油的体积流量 3.变速器油向活塞施加作用力，使其移动并张紧螺旋弹簧 4.变速器油向活塞施加作用力，使其保持在"充满"限位位置处

图 3-19

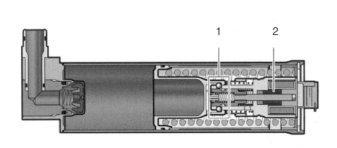

1.机械锁止机构 2.电磁铁已接通

图 3-20

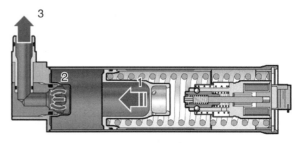

1.螺旋弹簧向活塞施加作用力，活塞随之移动并使变速器油从液压缸内排出 2.变速器油可流经节流阀和打开的单向阀 3.变速器油从液压蓄压器返回自动变速器的液压系统

图 3-21

如图 3-21 所示，活塞向左移动，从而使变速器油返回变速器的液压系统。变速器油不仅可以通过节流阀，尤其可以通过此时打开的单向阀溢出。以这种方式返回液压系统的变速器油足够接合换挡元件以便起步，之后重新通过变速器油泵产生变速器油压力。

3. 调整的功能

自适应变速器控制系统的基本功能适用于所有当前宝马自动变速器，也同样适用于 F04 的 GA8HP70Z 自动变速器。但是针对 F04 混合动力驱动装置的特点对一些程序部分和参数进行了调整。具体调整内容如下。

（1）减速时选挡

驾驶员松开加速踏板时，发动机燃油喷射停止（滑行断油）。此时会根据行驶坡度产生一个负力矩并导致车辆减速，该力矩称为"发动机制拖力矩"。发动机制拖力矩取决于发动机转速，高转速时的发动机制拖力矩比低转速时大，因此高转速时施加到车辆上的制动力也较大。此外，根据变速器传动比，低挡位时的制动力比高挡位时大。通过有效的"发动机制动作用"，在传统驱动装置车辆上完全可以实现行车制动器减负。因此，在这些车辆上识别出长时间制动操作或下坡行驶时，自适应变速器控制系统就会降低一个或多个挡位。但在混合动力车辆上并不需要如此程度的发动机制动作用。混合动力车辆的设计要求是尽可能通过电动机来产生车辆减速。因此在制动操作或长时间下坡行驶时，F04 的自适应变速器控制系统不会换低挡，而是尽量保持高挡位，这样可使发动机制拖力矩保持在较低水平。为了减轻行车制动器负荷，在 F04 中将电动机作为发电机使用，从而产生电气"发动机制动作用"，这样可以回收利用车辆移动产生的能量并将其存储在高电压蓄电池内。

（2）换高挡特性曲线

针对 F04 调整的自动变速器换高挡特性曲线有助于进一步降低耗油量。低负荷（< 30 %）加速时，自适应变速器控制系统比传统驱动装置车辆更早换入临近高挡位，这样可使连接转速达到 900~950r/min。这一点适用于行驶挡位 D，行驶挡位 S 的换高挡特性曲线没有任何变化。因此以恒定车速行驶时也可以保持很低的转速，从而有助于降低耗油量。所有宝马车辆都不以牺牲动力性为代价来提高效率。驾驶员通过加速踏板要求迅速加速时，电动机会根据需要为发动机提供支持。电动机以正常模式运行，从而显著提高驱动力矩。因此 F04 的驾驶员可以在更低的转速和油耗下，感受到与传统驱动装置车辆完全相同的动力传输自响应特性。

（四）车轴和后桥主减速器

由于变速器壳体延长，因此 F04 必须使用较短的传动轴。如表 3-4 所示，F04 所用后桥主减速器与 F01 750i 和 F02 750Li 不同。F04 使用源自 F01 760i 和 F02 760Li 的后桥主减速器 235L。增大主传动比和调整换高挡特性曲线都有助于保持较低转速水平，从而降低燃油消耗。

表 3-4

项目	F01 750i 或 F02 750Li	F04 Active Hybrid 7
后桥主减速器	225AL	235L
主传动比	3.462	2.813
半轴	VL3300I	VL4400I

F04 的半轴也必须与 F01 750i 和 F02 750Li 不同，因为必须针对所用后桥主减速器对其进行调整。

（五）发动机节能启停新功能

1. 概览

发动机节能启停基本功能源于使用 4 缸发动机和手动变速器的宝马 1 系和 3 系车辆。车辆停止、驾驶员挂入空挡并松开离合器踏板后，发动机节能启 / 停功能 MSA 就会关闭发动机。这样可以避免车辆静止时消耗燃油。在此期间通过 12 V 蓄电池为用电器供电。驾驶员重新踩下离合器踏板时，发动机自动启动，车辆可以继续行驶。对于 F04 而言，这是发动机节能启 / 停功能首次应用于使用自动变速器的混合动力车辆。与传统车辆不同，车辆静止时由高电压车载网络为用电器供电。

2. 客户角度的功能

（1）停车

车辆行驶期间，客户根本不会注意到发动机节能启 / 停功能，如图 3~22 所示。

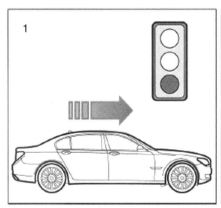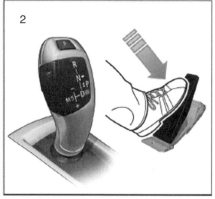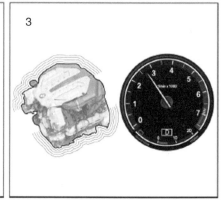

1.车辆正在行驶　2.选挡开关处于位置D，驾驶员踩下加速踏板　3.发动机正在运转，转速表和耗油量表显示当前行驶状况

图 3-22

发动机节能启 / 停功能用于车辆静止时关闭发动机。从客户角度来看，F04 停车以及接下来关闭发动机的过程如图 3-23 所示。

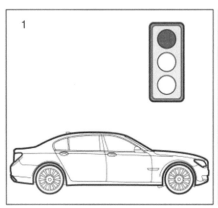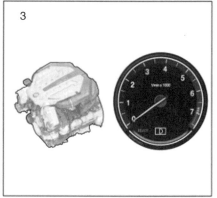

1.例如，遇到红灯时减速至车辆静止　2.选挡开关仍处于位置D，驾驶员踩下制动踏板以便车辆减速并停止　3.发动机关闭，转速表显示为0，总线端状态"行驶准备"通过一个脉冲信号"Ready"显示

图 3-23

在上述情况下，驾驶员通过操作制动踏板使车辆保持静止状态。如果驾驶员之前启用了"自动驻车"功能，则车辆完全静止后也可以松开制动踏板。之后通过 DSC 液压系统使车辆保持静止状态。在这种情况下，MSA 功能也会关闭发动机，而且只要车辆处于静止状态且驾驶员没有踩下加速踏板，就会一直保持关闭状态。

（2）起步

在自动变速器车辆上，驾驶员通过松开制动踏板，随即踩下加速踏板来要求车辆起步，如图 3-24 所示。

如果驾驶员通过操作制动踏板使车辆保持静止状态，那么一旦驾驶员松开制动踏板，发动机就会启动。如果通过"自动驻车"功能使车辆保持静止状态，那么只有驾驶员踩下加速踏板后发动机才会启动。

3. 分布式功能

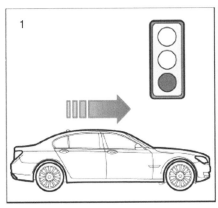 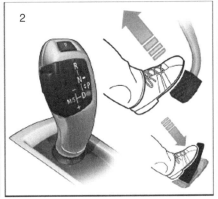 

1.驾驶员希望继续行驶（绿灯） 2.选挡开关仍处于位置D，驾驶员松开制动踏板，随即踩下加速踏板 3.发动机启动，转速表和耗油量表根据当前行驶状况重新正常显示

图 3-24

数字式发动机电子系统 DME 是发动机节能启 / 停功能的主控控制单元。该单元读取所有输入信号以及其他系统发送的禁止关闭因素和禁止接通因素。DME 根据这些信息决定何时关闭和重新启动发动机。通常情况下，如果在行驶挡位 D 下车速为零且车辆处于静止状态，就会关闭发动机。车速由车轮转速传感器、动态稳定控制系统以及集成式底盘管理系统来探测。根据制动信号灯开关信号或自动驻车功能状态识别是否保持静止状态。如果驾驶员发出"未操作"制动信号灯开关信号或加速踏板角度大于 0°（尤其是在已经启用自动驻车功能的情况下），原则上发动机就会自动启动。除这些基本适用条件外，发动机节能启 / 停功能还有一些限制条件。

（1）禁止关闭因素

"禁止关闭因素"是指车辆静止期间禁止关闭发动机的条件或状态，如表 3-5 所示。

表 3-5

来源	条件
电源管理系统（电动机电子装置）	高电压车载网络负荷较高（例如由于电动空调压缩机的功率要求较高），高电压蓄电池电量不足
自动恒温空调	暖风要求
发动机管理系统（数字式发动机电子系统）	发动机特殊情况，例如未达到怠速转速，冷却液温度过高或过低，发动机油温度过高，催化转换器温度过低，发动机自适应功能启用，活性炭罐清污功能启用
自动变速器（变速器电子控制系统）	变速器自适应功能启用，行驶挡位 S、M、N、R
启动和关闭逻辑（数字式发动机电子系统）	自上次关闭后尚未达到最低车速，识别出转向操作、较大转向角或调头操作

除行驶挡位 D 外，还可在行驶挡位 P 下关闭发动机。所有其他行驶挡位均为禁止关闭因素。

（2）要求启动的因素

如果存在某一要求启动的因素，则即使驾驶员没有发出起步信号，系统也会优先启动发动机，如表 3-6 所示。

表 3-6

来源	条件
电源管理系统（电动机电子装置）	高电压车载网络负荷较高（例如由于电动空调压缩机的功率要求较高），高电压蓄电池电量不足
自动恒温空调	暖风要求
自动变速器（变速器电子控制系统）	选择行驶挡位（S、M、N、R）
启动和关闭逻辑（数字式发动机电子系统）	识别出转向操作，车辆开始滑行

（3）停用条件

如果存在某一停用条件，则发动机节能启 / 停功能既不会自动关闭发动机，也不会自动启动发动机。发动机节能启 / 停功能此时处于被动状态。如果出现停用条件前便已自动关闭发动机，则驾驶员必须通过操作制动踏板和 START–STOP 按钮来重新启动。此时会通过一条检查控制信息提醒驾驶员注意，如表 3–7 所示。

表 3–7

来源	条件
发动机管理系统（数字式发动机电子系统）	故障状态（发动机、发动机管理系统、总线通信），发动机意外关闭（失速）
自动变速器（变速器电子控制系统）	故障状态
车辆运行模式	车辆处于运输模式
启动和关闭逻辑（数字式发动机电子系统）	通过服务功能暂时停用发动机节能启 / 停功能，识别出驾驶员离开，未有效识别出发射器，发动机室盖已打开

（4）输入 / 输出

图 3–25 总结了车辆发动机节能启 / 停功能的联网情况。

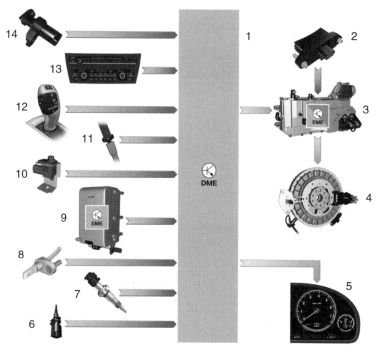

1.数字式发动机电子系统DME 2.电动机的转子位置传感器 3.电动机电子装置EME 4.电动机 5.组合仪表 6.车外温度传感器 7.冷却液温度传感器 8.车轮转速传感器 9.蓄能器管理电子装置SME 10.发动机室盖接触开关 11.安全带锁扣开关 12.选挡开关 GWS 13.自动恒温空调 14.曲轴传感器

图 3–25

三、混合动力制动系统

（一）系统概览

F04 的制动系统负责确保车辆可靠、稳定地减速。此外，它还能使车辆的制动能量不转化为热量，而是将其回收利用并通过电动机转化为电能。根据轻混合动力方案要求，F04 电动机的最大功率和最大扭矩明显低于 E72 等全混合动力车辆。因此可以通过回收利用方式产生的最大制动减速度也大大降低。这一重要边界条件造成了 F04 与 E72 混合动力制动系统的不同。表 3–8 总结了这些不同之处。

表 3–8 通过 F04 混合动力制动系统与 F01 制动系统的技术对比突出了 F04 混合动力制动系统特性。由于 F04 制动系统的制动踏板与制动助力器之间没有机械隔离装置，因此 F01 的行车制动器组件基本上都可以应用于 F04。仅增加或调整了以下组件：

· 制动主缸（柱塞式制动主缸）

表 3–8

项目	F04	E72
制动踏板与制动系统的连接	机械	电气（故障表现：机械）
回收利用时可达到的最大减速度	约 0.06g（0.6 m/s²）	0.3g（3m/s²）
制动要求分配（回收利用 / 液压）	严格规定	灵活可控

· 制动踏板行程传感器（在制动主缸上）

· 制动助力器（与制动主缸连接）

· 动态稳定控制系统（读取制动踏板行程传感器信号）

实现能量回收式制动需要以下混合动力驱动装置组件：

· 动态稳定控制系统（读取制动踏板行程信号，计算应由传动系统提供的额定能量回收式制动力矩）

· 数字式发动机电子系统（将额定能量回收式制动力矩传输给电动机电子装置，如果动力传动系统状态允许的话）

· 电动机电子装置（通过以发电机方式控制电动机实现额定制动力矩，将产生的电能转化为电压）

· 蓄能器管理电子装置（提供高电压蓄电池吸收能量能力的数据）

· 高电压蓄电池(存储产生的电能）

（二）功能

1. 液压和能量回收式制动

F04 用于液压制动和能量回收式制动的组件几乎彼此独立工作。每次操作制动踏板时，基本上都会形成液压部分和能量回收部分。液压部分及其与制动踏板行程的关系由组件设计结构决定。能量回收部分根据制动踏板行程（和其他边界条件）以电动方式控制，混合动力制动系统实现制动要求如图 3-26 所示。

（1）液压制动

驾驶员踩下制动踏板时，就会与制动助力器及液压制动系统建立起直接的机械连接。操作方式与传统车辆相同：

· 制动踏板—机械连接—制动助力器

· 制动助力器—气动助力—制动主缸

· 制动主缸—液压助力和两个制动回路分配—动态稳定控制系统

· 动态稳定控制系统—行驶动态协调控制系统和电子制动力分配系统—车轮制动器

（2）能量回收式制动

能量回收式制动的主要输入参数是加速踏板角度和制动踏板行程。在未踩下制动踏板但加速踏板角度为零时，电动机以发电机模式运行。电动机电子装

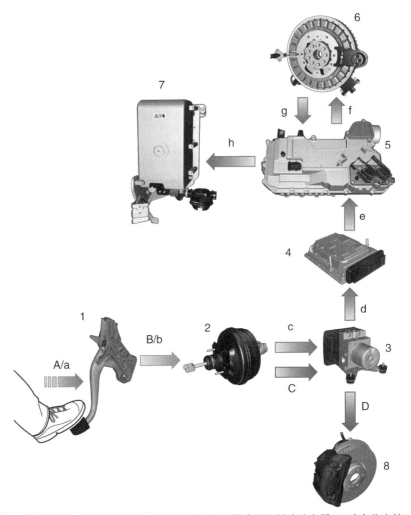

1.制动踏板 2.带有制动主缸和制动踏板行程传感器的制动助力器 3.动态稳定控制系统 4.数字式发动机电子系统 5.电动机电子装置 6.电动机 7.高电压蓄电池单元 8.4个车轮制动器 a.踩下制动踏板 b.制动踏板与制动助力器的机械连接 c.制动主缸上的制动踏板行程传感器向动态稳定控制系统发送电信号"制动踏板行程" d.动态稳定控制系统向数字式发动机电子系统发送总线信号"额定能量回收式制动力矩" e.数字式发动机电子系统向电动机电子装置发送总线信号"额定能量回收式制动力矩" f.用于控制电动机的相电压 g.由电动机产生的电能（交流电压） h.需要存储在高电压蓄电池内的电能（直流电压） A.踩下制动踏板 B.制动踏板与制动助力器的机械连接 C.制动主缸至动态稳定控制系统两个制动回路内的液压压力 D.动态稳定控制系统至车轮制动器4个制动管路内的液压压力

图 3-26

置通过控制电动机产生相当于传统车辆滑行模式下的整车制动力。此时回收利用的能量水平仍较低，如果此时踩下制动踏板，就会像所有传统制动系统一样首先需要经过响应行程，在此过程中无法进行液压制动。但此时已开始对制动踏板行程进行分析并通过电动机产生比纯滑行模式更大的制动力。如果响应行程后继续踩下制动踏板，则两种制动方式同时启用，因为此时在能量回收式制动的基础上又增加了液压制动。电动机产生的制动力随着制动踏板行程的增大而不断提高，直至达到最大值。在水平路面上，能量回收式制动的最大制动力可转化为 0.6 m/s² 的减速度。能量回收式制动通过电动机、自动变速器和后桥主减速器仅作用在 F04 后桥上。后桥与前桥的制动力比例不能超过规定限值，否则会影响行驶稳定性。因此能量回收式制动可达到的最大减速度限制在 0.6m/s²。实现能量回收式制动需要多个组件参与。表 3-9 总结了相关组件及其任务。

表 3-9

组件	输入参数	任务	输出参数
制动主缸	踩下制动踏板	通过集成式制动踏板行程传感器测量制动踏板行程	制动踏板行程
动态稳定控制系统	制动踏板行程	确定用于行车制动器和动力传动系统的制动力矩，计算并以总线信号形式提供有关行驶稳定性的信息	以能量回收方式通过动力传动系统产生的制动力矩规定值，有关行驶稳定性的信息
数字式发动机电子系统 DME	以能量回收方式产生的制动力矩大小，有关行驶稳定性的信息	协调发动机、自动变速器和电动机的功能	用于电动机的制动力矩规定值
电动机电子装置 EME	用于电动机的制动力矩规定值，高电压蓄电池状态参数	计算电动机产生制动力矩所需的相电压	电动机所需相电压，电动机制动力矩实际值，电功率大小
电动机	用于发电机运行模式的相电压	将机械能转化为电能	动力传动系统内的制动力矩电能
高电压蓄电池	由电动机产生的电能	存储电能	
蓄能器管理电子装置 SME	内部传感器测量信号	控制高电压蓄电池逆的能量流，监控和计算高电压蓄电池的状态参数	高电压蓄电池的充电状态，流入/流出高电压蓄电池的最大允许电流强度，高电压蓄电池的电压

（3）液压制动力和能量回收式制动力分配

电动机以正常模式运行时，动力传动系统内产生一个扭矩（除发动机扭矩外）。在发电机运行模式下，电动机使动力传动系统内产生一个制动力矩。该制动力矩向后车轮施加制动力。图 3-27 展示了液压制动力和能量回收式制动力的分配情况。前提是不存在不稳定的车辆状态且高电压蓄电池能够存储电能。

2. 特殊情况

能量回收式制动可通过动力传动系统向后车轮施加纵向力。它与横向力共同形成的合力不允许超过可传递的最大作用力，否则作用力传输就会中断且车辆进入不稳定状态。因此动态稳定控制系统持续监控后车轮的滑转率并结合其他数据计算出相应行驶状况下的车辆稳定性信息。只有在行驶稳定的情况下，才允许通过动力传动

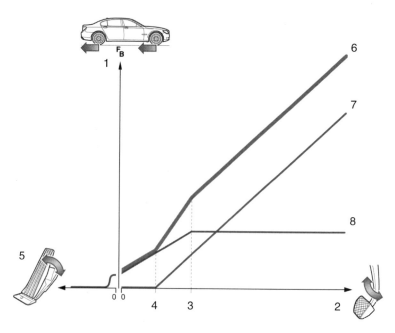

1.车轮上的制动力 2.制动踏板行程 3.可实现最大能量回收式制动力时的制动踏板行程 4.开始提供液压制动力时的制动踏板行程（响应行程结束） 5.加速踏板角度 6.总制动力 7.液压方式产生的制动力 8.能量回收方式产生的制动力

图 3-27

系统制动。计算通过动力传动系统产生的制动力矩规定值时，动态稳定控制系统也会考虑到这一点。如果高电压蓄电池已经完全充满，则无法继续存储电能。这种特殊情况可能导致无法进行能量回收式制动，但是很少发生。通过运行策略可确保在正常行驶期间留出充足的高电压蓄电池储备量。也就是说，系统会反复从高电压蓄电池获取能量从而使其充电状态保持在特定范围内，即使在长时间下坡行驶过程中也能存储能量回收式制动产生的电能。受工作原理所限，转速很低时电动机无法以发电机模式运行。车辆即将停止前，还会断开自动变速器内的液力变矩器锁止离合器。这两种情况都是车辆即将停止前无法实现能量回收式制动的原因所在。表 3-10 总结了致使能量回收式制动受限或无法实现的特殊情况。

表 3-10

标准	原因
后车轮的滑转率过大或牵引力控制系统干预功能启用（ABS/ASC/ DSC）	行驶稳定性
横向加速度较高	行驶稳定性
转向角较大	行驶稳定性
高电压蓄电池的充电状态大于约 80%	高电压蓄电池的容量和使用寿命
车速低于特定限值	无法实现动力传输和发电机运行模式

（三）系统组件

1. 柱塞式制动主缸

宝马车辆使用所谓的串联制动主缸，F04 使用结构特殊的柱塞式制动主缸，具有结构紧凑等优点。F04 选择这种制动主缸的原因是，其结构更有助于集成制动踏板行程传感器系统。F04 和 F01 制动主缸比较，如图 3-28 所示。

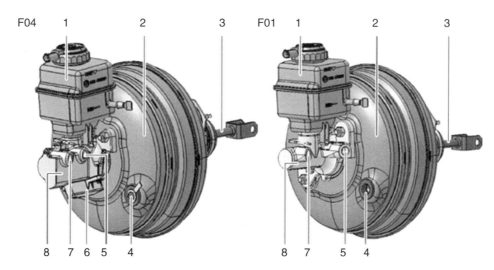

1.制动液补液罐 2.制动助力器壳体 3.连接制动踏板的连接杆 4.真空供给接口 5.用于制动回路 1 的制动管路接口（压杆活塞的压力室） 6.制动踏板行程传感器 7.用于制动回路 2 的制动管路接口（中间活塞的压力室） 8.制动主缸壳体

图 3-28

在 F04 制动主缸上带有制动回路接口，该接口伸入压杆活塞的压力室内，所在位置与 F01 不同。因此，F04 相关制动管路的长度和形状也与 F01 有所不同。由于 F04 和 F01 制动主缸的内部结构也有区别，因此通过压杆连接制动助力器的方式也不同。因此制动助力器也是 F04 的一个特有部件。制动助力器和制动主缸都是 F04 的特有组件，因此使用单独的零件编号。不允许与 F01/F02 组件调换。为了探测制动踏板行程，制动主缸内装有一个永久磁铁。操作制动踏板时，不仅制动主缸内的活塞移动，而且还会通过一个从动盘和一个推杆使永久磁铁移动。松开制动踏板时，一个螺旋弹簧将永久磁铁压回其初始位置。F04 的制动主缸和制动

踏板行程传感器如图 3-29 所示

永久磁铁的位置通过一个安装在外部的传感器元件来探测。传感器按照 PLCD（永磁线性非接触式位移）原理工作。通过两个线圈和一个集成在传感器壳体内的电子电路确定永久磁铁的位置。相同的传感器工作原理也应用于手动顺序换挡变速器和带有发动机节能启/停功能的手动变速器车辆上。维修时可作为独立部件更换制动踏板行程传感器，为此提供带有固定螺栓的维修套件。必须严格遵守维修说明中规定的固定螺栓拧紧力矩，即使高于限值也不允许。此外，更换制动踏板行程传感器时还必须遵守 ESD 安全规定并防止弄脏传感器。

2. 动态稳定控制系统

F04 的动态稳定控制系统与 F01/F02 基本相同。还针对混合动力制动系统调整了 DSC 控制单元的硬件和软件：

·制动踏板行程传感器：为传感器供电，读取传感器信号（调整控制单元插头，扩展软件）

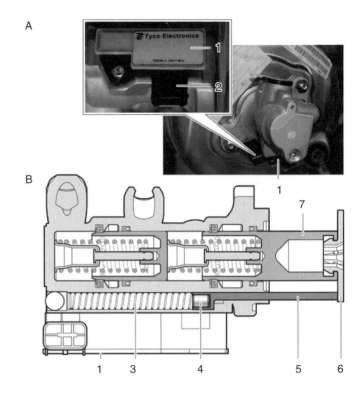

A.安装位置　B.剖面图　1.制动踏板行程传感器　2.制动踏板行程传感器的电气接口　3.螺旋弹簧　4.永久磁铁　5.挺杆　6.从动盘　7.活塞

图 3-29

·分析有关行驶稳定性的特性参数，以备计算和分配制动力时使用：车轮滑转率、ABS/ASC/DSC 干预、横向加速度、转向角

·计算由动力传动系统产生的能量回收式制动力并将数据发送给数字式发动机电子系统

四、总线系统

由于引入了混合动力技术，因此 F04 的总线系统与以前宝马车辆（F01/F02）的总线系统有所不同。

F04 沿用了 F01/F02 的主总线系统和子总线系统，此外还新增了一个总线系统混合动力 CAN（HCAN）。相对于 F01/F02 的总线系统而言，F04 增加、调整和取消了一些控制单元。

（一）总线概览

新的 F04 车型总线结构如图 3-30 所示。

1. 电动机电子装置（EME）

电动机电子装置如图 3-31 所示。

电动机电子装置用于持续控制和调节高电压车载网络内的电动机。为此需要一个双向逆变器将高电压蓄电池的高电压直流电压转化为用于电动机的三相交流电流。电动机处于发电机运行模式时，系统通过逆变器为高电压蓄电池充电。此外在 EME 内还集成了负责为低电压车载网络供电的 DC/DC 转换器。EME 连接在 PT-CAN 和 PTCAN2 上。EME 通过 H-CAN 与 DME 交流信息。

2. 混合动力 CAN（H-CAN）

H-CAN 上的信号电平如图 3-32 所示。作为附加总线系统，F04 使用了另一个 CAN 总线用于通信流量大的控制单元联网。混合动力 CAN 的数据传输率均为 500kBit/s。与以前的 CAN 总线系统一样，H-CAN 也采用双绞导线设计。使用双绞导线可改善总线系统的电磁兼容性。H-CAN 上逻辑"1"的信号电平为：

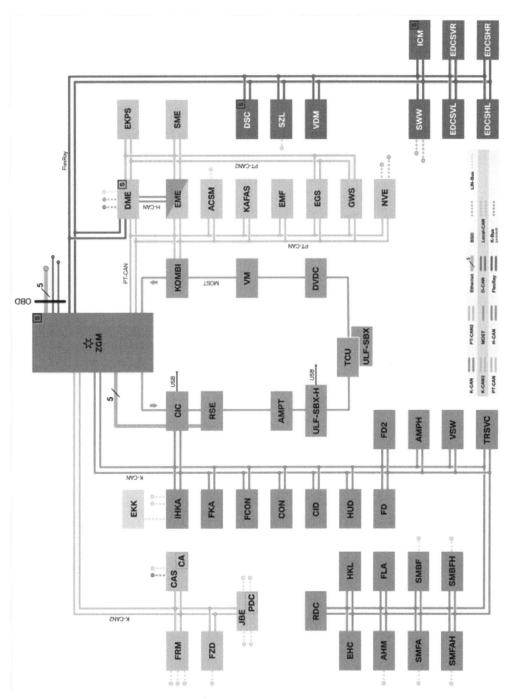

ACSM.碰撞和安全控制单元　AHM.挂车控制单元　AMPH.高保真音响放大器　AMPT.顶级高保真音响放大器　CA.舒适登车系统　CAS.便捷登车及启动系统　CIC.车辆信息计算机　CID.中央信息显示屏　CON.控制器　DME.数字式发动机电子系统　DSC.动态稳定控制系统　DVDC.DVD换碟机　EDC.SHL左后电子减震器控制系统卫星式控制单元　EDC.SHR右后电子减震器控制系统卫星式控制单元　EDC.SVL左前电子减震器控制系统卫星式控制单元　EDC.SVR右前电子减震器控制系统卫星式控制单元　EGS.变速器电子控制系统　EHC.车辆高度电子控制系统　EKK.电动空调压缩机　EKPS.电子燃油泵控制系统　EMF.电动机械式驻车制动器　EME.电动机电子装置　FCON.后座区控制器　FD.后座区显示屏　FD2.后座区显示屏2　FKA.后座区暖风和空调系统　FLA.远光灯辅助系统　FRM.脚部空间控制单元　FZD.车顶功能中心　GWS.选挡开关　HKL.行李箱盖举升装置　HUD.平视显示屏　ICM.集成式底盘管理系统　IHKA.自动恒温空调　JBE.接线盒电子装置　KAFAS.基于摄像机原理的驾驶员辅助系统　KOMBI.组合仪表　NVE.夜视系统电子装置　PDC.驻车距离监控系统　RDC.轮胎压力监控系统　OBD.诊断插座　RSE.后座区娱乐系统　SDARS.卫星调谐器（美规）　SMBF.前乘客座椅控制单元　SMBFH.前乘客侧后部座椅控制单元　SMFA.驾驶员座椅控制单元　SMFAH.驾驶员侧后部座椅控制单元　SME.蓄能器管理电子装置　SWW.换车道警告　SZL.转向柱开关中心　TCU.远程通信系统控制单元　TRSVC.倒车摄像机和侧视系统的控制单元　ULF-SBX.接口盒　ULF-SBX.High高级接口盒　VDM.垂直动态管理系统　VM.视频模块　VSW.视频开关　ZGM.中央网关模块

图 3-30

181

图 3-31

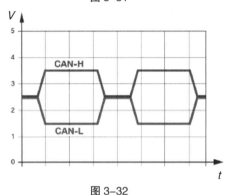

图 3-32

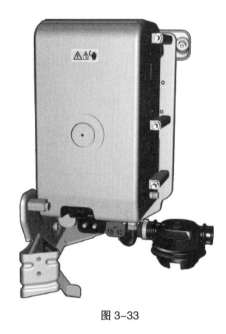

图 3-33

·CAN-H: 3.5 V

·CAN-L: 1.5 V

总线未启用时，低位和高位总线电平为 2.5V（逻辑零）。逻辑 1 以 2V 电压差进行传输。H-CAN 具有应急运行特性，也就是说，其中一个总线导线断路时，仍可通过完好的导线传输数据。

3. 蓄能器管理电子装置（SME）

F04 的高电压蓄电池，如图 3-33 所示。

SME 控制单元集成在高电压蓄电池内，主要执行以下功能：

·监控锂离子蓄电池的状态

·通过控制空调系统制冷剂循环回路内的关断阀进行高电压蓄电池冷却

·监控高电压车载网络是否出现绝缘故障

·通过控制接触器接通高电压系统

SME 控制单元是 PT-CAN2 上的总线设备。

4. 电动空调压缩机（EKK）

F04 使用一个电动空调压缩机。为了能够提供所需功率，电动空调压缩机（EKK）通过高电压驱动，它是一项宝马全新研发产品。EKK 可在所有行驶情况下确保混合动力车辆空调系统制冷剂循环回路通畅。除车内空间冷却外，还通过制冷剂循环回路对高电压蓄电池进行冷却。控制单元 EKK 固定在空调压缩机壳体上，通过 LIN 总线与 IHKA 连接。

（二）调整的控制单元

1.IHKA

由于 F04 使用了电动空调压缩机，因此针对 IHKA 控制单元的软件进行了相应调整。IHKA 控制单元是用于 EKK 的 LIN 主控单元。

2.Kombi（组合仪表）

F04 的组合仪表如图 3-34 所示。

图 3-34

驾驶员可在组合仪表内看到混合动力特有显示，为此调整了组合仪表相关软件。当前耗油量显示屏增加了混合动力显示内容。此外还显示混合动力特有的检查控制信息。

3.CIC

为了在中央信息显示屏 CID 内增加混合动力特有显示，在此对车辆信息计算机 CIC 进行了相应调整。通过在"车辆信息"菜单下选择"混合动力"，可在所有行驶状况下显示能量和动力传递路线以及高电压蓄电池充电状态。

4.DME

数字式发动机电子系统 DME 的软件针对电动机 / 发动机扭矩协调进行了相应调整。此外，DME 还有一个用于连接 EME 的 H-CAN 接口。

5.DSC

DSC 软件也针对能量回收式制动进行了相应调整。其中包括以硬件接口形式读取制动踏板行程传感器信号。

6.ACSM

全世界所有混合动力车辆都要求配备翻车识别装置，以便发生事故时停用高电压设备。通过带有翻车识别功能的中央传感器进行翻车识别。在美规 F01/F02 上已经采用了带有翻车识别功能的中央传感器，现在所有 F04 车辆都提供这项配置。由于带有翻车识别功能的中央传感器进行数据分析，因此 ACSM 必须进行相应调节。

（三）取消的控制单元

F04 没有主动转向系统，因为 EME 需要占用该系统所需的部分安装空间。而 Integral 主动转向系统只能与主动转向系统一起提供，因此 HSR 控制单元也一同取消。F04 不提供后部空调系统（HKA），因为其空间用于安装高电压蓄电池。由于调节过程复杂且订购数量较少，因此 F04 也不提供 ACC。

五、供电

F04 的车载网络可分为 3 个部分：

· 电动机驱动（交流高电压）

· 直流高电压车载网络

· 14V 车载网络

F04 的车载网络，如图 3-35 所示。

作为交流高电压车载网络（电动机）与直流高电压车载网络（高电压蓄电池）之间的连接元件，在 EME 内安装了一个双向 AC/DC 转换器。F04 的 14 V 车载网络基本上与 F01/F02 的能量车载网络相同。其主要区别在于，不再通过 14V 发电机而是通过 EME 内的 DC/DC 转换器供应能量。因此在车辆行驶过程中，14V 车载网络的电能供应不再取决于发动机转速。另一点不同之处在于，发动机不再通过传统启动机和 12V 蓄电池，而是通过电动机和高电压蓄电池启动。

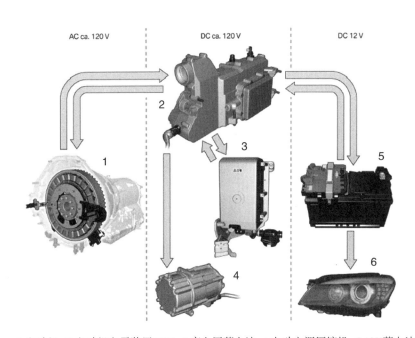

1.电动机 2.电动机电子装置EME 3.高电压蓄电池 4.电动空调压缩机 5.12V蓄电池 6.14V车载网络内的用电器

图 3-35

新控制单元通过以下总线端供电，如表 3-11 所示。

（一）能量管理系统

F04 的能量管理系统通过高电压电源管理系统进行调节和协调。高电压电源管理系统一方面调节高电压车载网络的能量流（AC 和 DC），另一方面调节高电压车载网络与低电压车载网络之间的

表 3-11	
控制单元	总线端
EME	总线端 30B
SME	总线端 30F
EKK	总线端 30B

能量流。低电压车载网络的电源管理系统以 F01/F02 的高级电源管理系统 APM 为基础。像以前一样，APM 包括降低用电器功率、关闭用电器、车载网络诊断和 12V 蓄电池诊断等功能。APM 仍旧集成在 DME 内。APM 从属于高电压电源管理系统，高电压电源管理系统集成在 EME 内。

1. 车辆启动能力

与 F01/F02 不同，F04 的发动机（VM）不再通过 12V 蓄电池而是通过高电压蓄电池启动。12V 蓄电池在 F04 上仅用于确保高电压系统启动。对 12V 蓄电池的要求不再是确保发动机启动的最低 SoC，而是在零下温度时防止 12V 蓄电池结冰以及确保高电压网络启动的最低 SoC。现在通过高电压运行策略确保发动机的启动能力。驻车期间，高电压蓄电池 SoC 必须足以确保驻车 6 周后能够重新启动发动机。如果长期驻车后由于高电压蓄电池 SoC 值较低而无法重新启动发动机，必须首先通过外部 14V 充电器和 DC/DC 转换器为高电压蓄电池充电。通过这种方式为高电压蓄电池充电时持续时间约 20min。电量充足时（用于启动发动机），CID 内出现一个黄色检查控制信息及相应文字。

2. 辅助启动

即使高电压蓄电池 SoC 较低，"辅助启动"功能也能确保发动机启动。此时将 14V 车载网络的能量传输至高电压车载网络，从而提高高电压蓄电池 SoC 以启动发动机。为了防止 14V 车载网络的车辆蓄电池电量过低，必须通过一个外部电源来提供能量（充电器或通过跨接启动）。外部电源的电压必须与 14V 车载网络的电压相同。外部电源必须保持连接状态一定时间，从而为高电压蓄电池充电。即接通外部电源后不能直接启动发动机。

（二）总线端控制

客户角度的总线端控制如图 3-36 所示。

1. 行驶准备

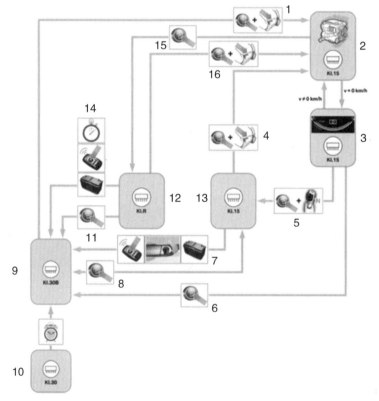

1.通过同时操作 START-STOP 按钮和制动踏板启动发动机 2.借助发动机行驶 3.通过总线端 15 进入行驶准备状态 4.通过同时操作 START-STOP 按钮和制动踏板启动发动机 5.将选挡杆挂入 N 挡并通过 START-STOP 按钮使发动机停止运转时，总线端 15 保持接通状态 15min（自动洗车功能） 6.通过操作 START-STOP 按钮从行驶准备状态切换到总线端 30B 7.车辆上锁或 12V 蓄电池电量过低时，总线端 15 关闭 8.通过操作 START-STOP 按钮在总线端 15 和总线端 30B 之间进行切换 9.总线端 30B 10.总线端 30 11.通过按压 START-STOP 按钮从总线端 R 切换到总线端 30R 12.总线端 R 13.总线端 15 14.如果超过 8min 或车辆已上锁或 12V 蓄电池 SoC 达到危险值，就会由总线端 R 切换为总线端 30B 15.通过按压 START-STOP 按钮从发动机运行状态（总线端 15）切换为总线端 R 16.通过同时操作 START-STOP 按钮和制动踏板启动发动机

图 3-36

组合仪表和 CID 内的行驶准备显示如图 3-37 所示。

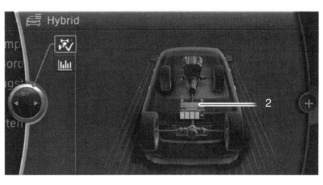

1.组合仪表内的准备显示 2.CID 内的准备显示

图 3-37

行驶准备状态是指堵车或遇到红灯时发动机已经关闭，但点火开关仍保持接通的一种状态。此时只要松开制动踏板或在自动驻车功能启用的情况下踩下加速踏板，发动机就会自动启动。在停车状态下直接启动发动机的另一种方式是向左或向右转动方向盘。行驶准备状态实际上是指总线端 15 到发动机运转之间的状态。在 F04 上触发行驶准备状态的前提是，发动机达到运行温度且高电压蓄电池电量足以在驻车期间为驻车用电器供应能量。与传统车辆不同，混合动力车辆处于行驶准备状态时不以发动机运转为依据。

（三）极性接错保护

极性接错保护功能用于防止客户跨接启动接反极性时对车载网络以及所连接的电气组件造成损坏。通常情况下，这项工作由发电机内的二极管来完成。由于 F04 取消了传统发电机（变速器内的电动机），因此这项工作由 EME 内的 DC/DC 转换器来完成。就是说，F04 没有独立的极性接错保护模块。

六、高电压蓄电池单元

（一）概览

高电压蓄电池单元是一个完整系统，不仅包含高电压蓄电池本身，还包括以下组件：

· 蓄能器管理电子装置 SME 电子控制单元

· 电动机械式接触器

· 高电压导线接口

· 低电压导线接口

· 制冷剂管路接口和冷凝液排泄管

· 排气管

高电压蓄电池单元的主要任务是从高电压车载网络吸收、存储电能并在需要时提供使用。此外，它还执行有助于确保高电压系统安全的重要任务，例如高电压接触监控。在 F04 上，高电压安全插头（又称为售后服务时断开连接）不是高电压蓄电池单元的组成部分。它不在行李箱凹槽内，而是在 12V 蓄

表 3-12

额定电压	126V
蓄电池电解槽	35×3.6V
可存储能量	800Wh
使用能量	400Wh
最大功率	19kW
存储技术	锂离子蓄电池
尺寸	370mm×222mm×234mm
质量	约28kg
冷却系统	通过制冷剂循环回路进行冷却

电池附近。F04 高电压蓄电池单元的系统供应商是 TEMIC Automotive Electric Motors GmbH 公司。由宝马 AG 与 Daimler AG 共同完成研发工作。下面汇总了高电压蓄电池单元的重要特点，如表 3-12 所示。

1. 安装位置和外部特征

F04 高电压蓄电池单元的安装位置与带有选装配置扩展型后座区空调系统 F02 的后部空调系统相同。因此，F04 无法提供选装配置扩展型后座区空调系统。高电压蓄电池单元上装有饰板，因此无法直接看到。取下饰板后可看到如图 3-38 所示的特征和接口。

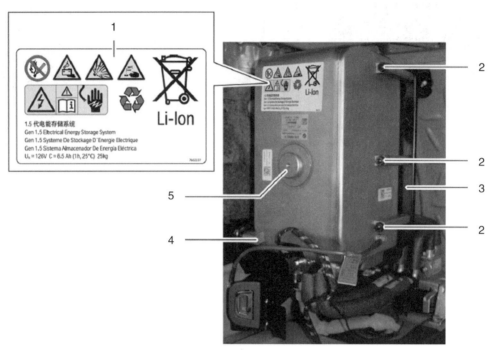

1.高电压蓄电池的警告提示牌 2.用于将高电压蓄电池单元固定在支架上的螺母 3.支架 4.用于将高电压蓄电池单元固定在支架上的螺栓 5.专用工具固定装置（宝马并不使用）

图 3-38

高电压蓄电池单元通过支架与左侧车身和后座椅靠背连接。为了便于拆卸和安装高电压蓄电池单元,维修站使用专用工具工作。但该专用工具并不用在图 3-38 中的柱头（序号 5）上，该柱头用于高电压蓄电池单元的制造过程。如图 3-39 所示，高电压蓄电池单元壳体与车辆接地之间通过一根独立导线实现导电连接。

2. 系统电路图

高电压蓄电池单元系统电路图如图 3-40 所示。

3. 高电压蓄电池

高电压蓄电池是高电压系统的实际蓄能器。通过串联总共 35 个电解槽（额定电压 3.6 V）得到 126V 额定电压。电解槽都采用圆柱形结构。每个电解槽上都有用于测量电解槽电压的分接头。电解槽之间装有防撞和抗震元件，用于防止电解槽受到机械损坏。电解槽采用锂离子蓄电池

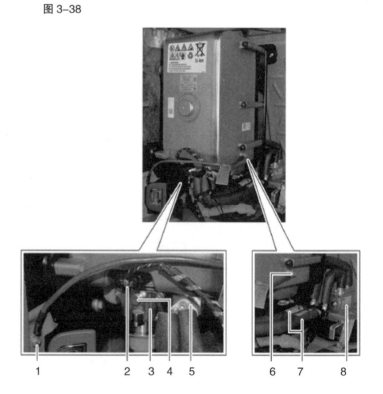

1.车身接地导线接口 2.低电压接口（用于蓄能器管理电子装置控制单元） 3.高电压接口 4.高电压接口安全螺栓 5.制冷剂管路接口 6.高电压蓄电池单元壳体上的接地导线接口 7.制冷剂管路 8.用于高电压蓄电池冷却的关断和膨胀组合阀

图 3-39

186

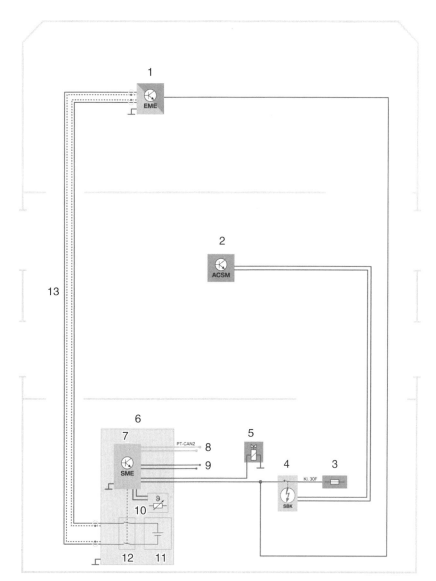

1.电动机电子装置EME 2.碰撞和安全控制单元ACSM 3.行李箱保险丝支架内的蓄能器管理电子装置保险丝 4.安全型蓄电池接线柱 5.关断和膨胀组合阀 6.高电压蓄电池单元 7.蓄能器管理电子装置SME 8.PT-CAN2导线 9.高电压接触监控导线 10.用于测量电解槽温度的温度传感器 11.高电压蓄电池 12.电动机械式接触器触点 13.带有屏蔽层的高电压导线

图 3-40

技术。该技术可提供目前市场上最高的能量密度和功率密度。高电压蓄电池的结构如图 3-41 所示。

采用锂离子技术的电解槽对电量过高、电压过高、电流过高和温度过高的情况都很敏感，因此对单个电解槽或电池组进行监控。由电池组（电解槽组）一侧的电子电路通过持续测量各个电解槽的电压以及4个不同位置的温度来执行这项监控任务。伸入电解槽之间的散热器用于电解槽冷却。电解槽与散热器在制造

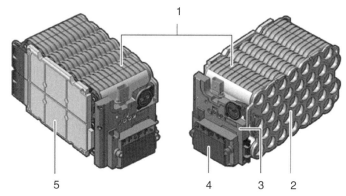

1.电解槽防护板 2.散热器 3.蓄能器管理电子装置SME 4.电动机械式接触器 5.用于电解槽监控的电子电路

图 3-41

187

过程中浇注在一起。通过散热器内的通道沿着电解槽输送制冷剂。如果某一电解槽内温度过高或压力过高，所有电解槽壳体内都会出现一个预定断裂部位。这样可以降低电解槽内的压力，由此释放出的气体通过排气管排出车外。通过高电压蓄电池单元内电动机械式接触器的触点可使高电压蓄电池与高电压车载网络连接或断开。在将高电压蓄电池接口向外引出之前，这些触点位于正极和负极上。电动机械式接触器由蓄能器管理电子装置 SME 控制。在此通过安全型蓄电池接线柱为接触器供电。高电压蓄电池上的警告提示牌如图 3-42 所示。

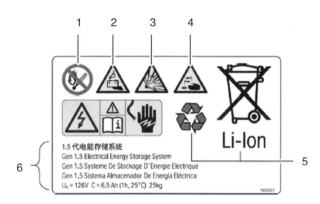

1.禁止标志：禁止明火、火焰和吸烟 2.警告标志：电池危险警告 3.警告标志：易爆物品警告 4.警告标志：腐蚀性物品警告 5.高电压蓄电池单元废弃处理说明：可由专业人员回收利用，不允许作为生活垃圾处理 6.多种语言说明："1.5 代电能存储系统 UN = 126V，C=6.5 Ah（1 h，25℃），25kg"

图 3-42

进行这些组件方面的所有工作时，都必须遵守高电压蓄电池的安全数据表。必须使用规定的人员保护装备。

4.蓄能器管理电子装置

针对高电压蓄电池使用寿命的要求比较严格（车辆使用寿命）。为了满足这些要求，不能随意使用高电压蓄电池。必须在严格规定的范围内使用高电压蓄电池，从而尽可能延长其使用寿命。相关边界条件如下：

·防止电解槽过热（通过冷却和 / 或限制电流强度）

·根据需要均衡所有电解槽的充电状态

·不能完全用完可存储的蓄电池能量

因此针对 F04 的高电压蓄电池也使用一个独立的控制单元来监控这些边界调节并根据需要进行干预。该控制单元称为"蓄能器管理电子装置 SME"，安装在高电压蓄电池单元内部，从外部无法对其进行操作。

SME 控制单元具体执行以下任务：

·控制冷却

·确定高电压蓄电池的充电状态（SoC）和老化状态（SoH）

·确定高电压蓄电池的可用功率，根据需要对电动机电子装置提出限制请求

·由电动机电子装置根据要求控制高电压系统的启动和关闭

·安全功能（例如高电压接触监控、绝缘监控）

·监控蓄电池电解槽的电压和温度以及电流强度

·向电动机电子装置发送车辆状态信息

SME 控制单元拥有独立的故障码存储器，可通过宝马诊断系统读取该存储器数据。

SME 控制单元对外的电气接口：

·12V 供电电压（从安全型蓄电池接线柱至为接触器和 SME 控制单元自身供电的总线端 30，总线端 31）

·PT-CAN2

·唤醒导线

·用于高电压接触监控的输送和回流导线

·关断和膨胀组合阀控制导线

5.高电压接口

连接高电压车载网络的高电压蓄电池单元接口采用插接连接件设计，通过一个安全螺栓防止意外松脱。

高电压蓄电池单元上的插头包含用于以下部件和功能的触点：

· 蓄电池正极和蓄电池负极

· 高电压接触监控

因此，高电压导线插头不仅带有高电压正极导线和负极导线触点，还带有高电压接触监控跨接线。插接连接件式设计要求从高电压蓄电池上拔下高电压导线时，先要拔出高电压接触监控跨接线，之后才能断开高电压连接。这样可在松开高电压插头时，通过断开电动机械式接触器触点使高电压系统自动关闭。这种做法是避免高电压系统给服务人员带来危险的辅助安全措施。服务员工进行高电压组件方面的所有工作前，必须遵守电气安全规定。

进行电压蓄电池单元高电压接口方面的工作前，必须使高电压系统断电（无电压），将其固定住以防重新接通并检查是否无电压，高电压蓄电池单元上的高电压接口如图 3-43 所示。

6. 高电压安全插头

F04 的高电压安全插头（售后服务时断开连接）位于行李箱凹槽内 12V 蓄电池附近，F04 的高电压安全插头如图 3-44 所示。

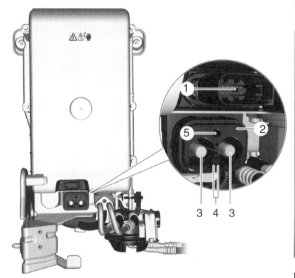

1.蓄能器管理电子装置SME插头　2.高电压插头　3.高电压接口　4.高电压接触监控接口　5.安全螺栓螺纹套

图 3-43

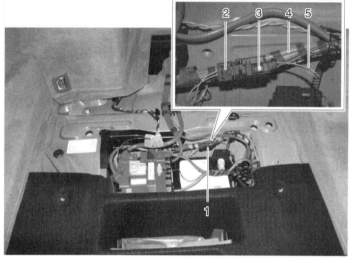

1.高电压安全插头（整体）　2.带有高电压接触监控电路导线的插口　3.可拆卸高电压安全插头　4.以机械方式接入高电压安全插头的其余车辆导线束　5.跨接线

图 3-44

高电压安全插头执行多项任务：

· 关闭高电压系统供电

· 固定住以防重新接通

F04 高电压安全插头的工作原理以断开高电压接触监控电路为基础。高电压系统持续监控该电路并在识别出断路情况时使其自动关闭。

7. 过载电流保护

F04 有多个装置可防止集成在高电压蓄电池单元内的高电压电路过载：

· 通过一个测量电阻测量电流强度并在超过限值时关闭高电压系统——由蓄能器管理电子装置通过软件控制，最终断开电动机械式接触器触点

· 测量电流强度并在超过限值时关闭高电压系统——由专门为此设计的电子关闭装置触发（不同于上述软件方案，在此采用硬件方案）

·与电解槽串联的保险丝在发生短路时自动断开电路

通过一个与电解槽串联的测量电阻确定电流强度。通过蓄能器管理电子装置或电子关闭装置进行分析。如果蓄能器管理电子装置识别出电流强度过高，则首先通过总线电码向电动机电子装置发出降低电流强度信号。在最理想的情况下，高电压电路内的电流强度降为零，之后才断开电动机械式接触器触点。这样可确保触点负荷非常低。另一种关闭方式可通过专用电子关闭装置实现，此时直接断开电动机械式接触器触点。这些电子过载电流保护装置设计要求其在保险丝断开前进行干预。只有电子保护措施无法做出反应或无法迅速做出反应时，额定电流强度为150A的保险丝才会断开。保险丝断开后，高电压系统不再运行。由于保险丝集成在高电压蓄电池单元内，因此无法单独更换。

8.冷却系统

为了尽可能延长高电压蓄电池的使用寿命并获得最大功率，需在规定温度范围内使用蓄电池。–25~+55℃时，高电压蓄电池处于可运行状态。但这些温度限值是指电解槽的实际温度而非车外温度。就温度特性而言，高电压蓄电池是一个惰性系统，即电解槽需要几个小时才能达到环境温度。因此在及其炎热或寒冷的环境下短暂停留并不表示电解槽也达到了同样的温度。高电压蓄电池的研发要求是，在较大的电解槽温度范围内提供启动发动机所需的充足功率。试验表明，即使在 –25℃及更低温度下也能启动发动机。需要注意的是，只有将车辆数日置于某一环境温度下，电解槽才会达到相同的环境温度。因此，由于环境温度较低而无法启动F04 发动机几乎是不可能的。但是如果出现这种极端情况的话，必须将车辆置于温暖环境内。上述温度限值对启动能力没有任何影响，因为高于 +55℃的温度不会影响到高电压蓄电池的安装位置。这一点已在"炎热地区"试验中得到验证。出现这种电解槽高温时，将通过软件限制高电压蓄电池输入和输出的电流强度，从而防止蓄电池损坏。通过冷却高电压蓄电池可使电解槽温度保持在明显较低的水平上。因此即使在频繁使用电动驱动装置以及车外温度较高的情况下也可使用混合动力功能，此外，还可以延长高电压蓄电池的使用寿命。F04 的制冷机循环回路如图 3-45 所示。

F04 的高电压蓄电池通过制冷剂进行冷却。因此空调系统的制冷剂循环回路针对高电压蓄电池单元进行了相应扩展。用于调节车内空气的膨胀阀和用于高电压蓄电池的膨胀阀并联在一起。蓄能器管理电子装置可以通过 PWM 信号控制和断开用于高电压蓄电池单元的关断和膨胀组合阀。这样可使制冷剂流至高电压蓄电池，在此膨胀、蒸发和冷却，如图 3-46 所示。

1.至高电压蓄电池单元的制冷剂管路分支　2.用于车内空间的膨胀阀接口　3.至高电压蓄电池的制冷剂管路　4.高电压蓄电池　5.用于高电压蓄电池的关断和膨胀组合阀　6.电动空调压缩机　7.冷凝器

图 3-45

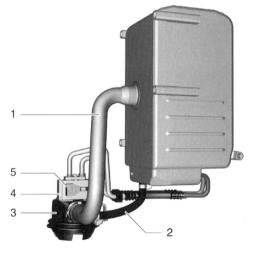

1.排气管　2.冷凝水排泄管　3.套管　4.关断和膨胀组合阀　5.关断阀电气接口　6.高电压蓄电池冷却组件

图 3-46

通过制冷剂对高电压蓄电池进行冷却以及由此获得的较大温差，可能造成高电压蓄电池内的水蒸气冷凝。这些冷凝水通过连接壳体底部的排泄管向外排出。该排泄管和另一个排气管汇集在高电压蓄电池外部，通过一个套管从车内导出。排气管用于补偿高电压蓄电池内部和外部较大的压力差。只有在电解槽损坏的情况下才会出现这种压力差，为了安全起见，损坏电解槽的壳体会打开，以便降低压力。释放出的气体通过排气管向车外排出。取决于电解槽温度的高电压蓄电池冷却和功能如图 3-47 所示。

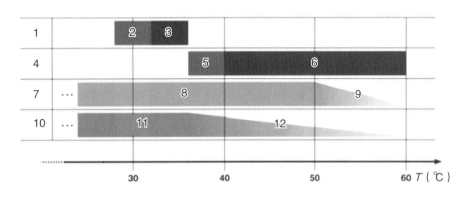

1.优先级较低的冷却　2.滞后范围：已经开始的冷却过程将继续进行，直至达到温度下限　3.接通范围：处于该温度范围时开始进行优先级较低的冷却　4.优先级较高的冷却　5.滞后范围：已经开始的冷却过程将继续进行，直至达到温度下限　6.接通范围：处于该温度范围时开始进行优先级较高的冷却　7.高电压蓄电池的可用电功率　8.高电压蓄电池的最大功率可用　9.限制高电压蓄电池的输出和输入功率，从而防止进一步产生热量　10.混合动力功能可用性（例如助推功能）　11.所有混合动力功能完全可用　12.持续减少或关闭混合动力功能，从而防止进一步产生热量

图 3-47

处于该温度范围时，无须对高电压蓄电池进行冷却，用于高电压蓄电池的膨胀阀处于关闭状态。温度升高且需要进行优先级较低的冷却时，SME 控制单元就会通过总线电码向 IHKA 控制单元发出高电压蓄电池冷却要求。IHKA 控制单元向 SME 控制单元反馈是否可提供用于高电压蓄电池的冷却功率。只有在可提供冷却功率的情况下，SME 控制单元才会打开用于高电压蓄电池的关断和膨胀组合阀。如果无法提供冷却功率，该组合阀就会保持关闭状态且优先冷却车内空间。如果电解槽温度继续升高，就必须对高电压蓄电池进行冷却。SME 控制单元再次向 IHKA 控制单元发出迫切的冷却要求"优先级较高的冷却"。但是为了防止高电压蓄电池损坏，用于高电压蓄电池的关断和膨胀组合阀在任何情况下都会处于开启状态。如果之前尚未接通电动空调压缩机，现在蓄能器管理电子装置就会根据要求通过 IHKA 控制单元启用压缩机。驾驶员关闭车内空调功能后也会启用。虽然冷却功率设计足以满足使用需求，但在极端边界条件下，高电压蓄电池温度仍可能会继续升高。在这种极端情况下，就会逐步减少或不再提供混合动力功能（例如助推功能）。这样做主要是为了保护高电压组件。如果温度继续升高，还会通过限制高电压蓄电池输入和输出电流强度来加强保护效果。由于高电压蓄电池与制冷剂循环回路连接，因此拆卸和安装时也需要进行与传统车辆空调系统类似的准备工作（例如抽真空）。在此也必须遵守维修说明。

（二）功能

1.启动高电压系统

通过电动机电子装置 EME 与蓄能器管理电子装置 SME 控制单元相互配合启动高电压系统。在此 EME 控制单元是主控单元，SME 控制单元是执行副控单元。相关指令以总线电码形式通过 PT-CAN2 传输。总线端 15 接通或存在驻车空气调节要求时，EME 控制单元发出启动高电压系统要求。启动过程分为多个步骤，只有在前一步骤顺利完成的情况下才会执行下一步骤。

①测试高电压车载网络。

②提高电压。

③接触器触点闭合。

在第一步测试高电压系统时检测高电压蓄电池和整个高电压车载网络是否处于准备就绪状态。其间还要求高电压接触监控电路必须处于闭合状态，以便高电压系统启动。即使已成功完成测试，接触器触点仍可能没有闭合。由于高电压电路电容的缘故（中间电路电容器），会有很高的接通电流经过，长期下去不仅会对中间电路电容器还会对接触器造成损坏。因此要事先让电压缓慢升高。为此首先使用于负极导线的接触器触点闭合。在此通过一个电子电路使正极导线电流保持约 2A 不变，从而为中间电路电容器充电。因此高电压车载网络内的电压在几百毫秒内提高到仅比高电压蓄电池电压稍低的程度，然后再使正极导线内的接触器触点闭合。成功启动后，SME 控制单元通过 PT-CAN2 向 EME 控制单元发送信号。如果启动失败，也会通过同样的方式发出故障状态信号。虽然高电压系统启动过程包含上述步骤，但是车辆启动时客户感觉不到延迟。F04 像 F01/F02 一样启动迅速。

2. 关闭高电压系统

关闭高电压系统分为正常关闭和快速关闭两种情况。正常关闭时主要是保护电气部件和检查高电压系统。例如只有电流强度降至接近零时才会断开电动机械式接触器触点，否则触点会承受较大负荷。

触发正常关闭过程的条件：

· 总线端 15 关闭

· 驻车空气调节和某一高电压控制单元的编程过程结束

· 高电压触点监控电路断路

无论通过哪种条件触发，正常关闭的基本过程相同：

①将高电压车载网络内的电流下调为零（EME）。

②断开高电压蓄电池单元内的接触器（SME）。

③高电压电路放电，即中间电路电容器主动放电和电动机绕组短路（EME）。

④检查高电压系统，例如电动机械式接触器触点是否按规定断开。

如果其间重新开始启动（例如由于驾驶员重新接通总线端 15），就会中断正常关闭过程。如果出现需要快速关闭高电压系统的情况，也会中断正常关闭过程。

3. 快速关闭高电压系统

只要出于安全原因必须尽快使高电压系统内的电压降至安全范围，就会快速关闭高电压系统。介绍这些状态和触发高电压系统快速关闭的信号：

· 事故：碰撞和安全模块识别到相应严重程度的事故→通过总线电码通信并将安全型蓄电池接线柱与 12V 蓄电池正极断开

· 短路监控：高电压蓄电池内的电流传感器识别到高电压导线内的电流强度过高或高电压蓄电池内的过电流保险装置启动

· 电解槽监控装置识别到危险情况，例如电压过低、电压过高、温度过高

· 高电压蓄电池单元的 12V 供电失灵→SME 控制单元不再工作

在所有上述情况下都会立即断开电动机械式接触器触点并使高电压电路放电，这样可以确保按照安全要求尽快关闭系统。

4. 充电策略和运行策略

高电压蓄电池的充电策略有两个主要目标：尽可能延长高电压蓄电池的使用寿命以及为继续吸收和释放能量提供储备。充电策略以达到这些主要目标为导向，在许多行驶情况下高电压蓄电池有助于提高车辆效率和动力性。为了达到第一个主要目标，除已经提到的调节电解槽温度外，还会调节可用能量含量。实际上并非从 0% 到 100% 利用全部充电范围，而是仅利用 30%~80% 之间的范围。取决于电解槽温度和计算出的高电压蓄电池老化状态，这个可用范围可能进一步受限。但在整个使用寿命范围内有足够大的可用能量含量来

实现混合动力特有的功能和优势。高电压蓄电池的充电状态在中央信息显示屏内以条形图形式显示。在此显示的条形数量（0~5）相当于充电策略使用 30%~80%。因此低于最低显示值和高于最高显示值时，始终仍有储备空间，如表 3-13 所示。

表 3-13

中央信息显示屏内的显示	显示的充电状态	实际充电状态
	0%	约 30%
	100%	约 80%

制动能量回收利用或发动机负荷点提高期间，电动机将多余能量转化为电能。高电压蓄电池存储这些电能并根据需要用于以下用途：

· 发动机关闭期间为 14V 车载网络供电
· 减轻发动机负荷及为其提供支持（效率提高）
· 用于助推功能（提高动力性）
· 用于驻车空气调节

5. 监控功能

高电压蓄电池单元或蓄能器管理电子装置在很大程度上参与了很多监控功能。其中包括：

· 用于确保高电压系统安全的监控功能
· 用于确保高电压蓄电池最佳运行条件的监控功能

就与安全有关的监控功能而言，在此要特别注意高电压蓄电池单元在高电压接触监控和绝缘监控方面的重要作用。在 F04 中高电压接触监控系统由以下高电压组件构成，高电压接触监控的系统电路图如图 3-48 所示。

用于控制和产生高电压接触监控检测信号的电子装置集成在 F04 的蓄能器管理电子装置内。高电压系统启动时开始产生检测信号，高电压系统关闭时停止产生检测信号。蓄能器管理电子装置产生一个矩形交流电信号作为检测信号，并将其输送到检测导线上。检测导线采用环形拓扑结构（与 MOST 总线相似）。在环形线路上的两个位置处对检测导线信号进行分析：在电动机电子装置内，最后在蓄能器管理电子装置内的环形线路端部。如果信号超出规定范围，就会识别为电路断路或检测导线短路。绝缘监控功能确定带电高电压部件（例如高电压导线）与车辆接地间的绝缘电阻是否高于或低于所需最低限值。如果绝缘电阻低于最低限值，就会存在车辆部件带有危险电压的可能。如果人员接触另一个带电高电压部件，就会存在电击危险。因此针对 F04 高电压系统提供全自动绝缘监控功能。蓄能器管理电子装置在高电压系统启用期间定期进行监控。在此车辆接地作为参考电位使用。如果没有附加措施，则通过这种方式只能确定高电压蓄电池单元内局部出现的绝缘故障。但是确定分布在车辆上的高电压导线与车辆接地间的绝缘故障也同样重要。因此所有高电压组

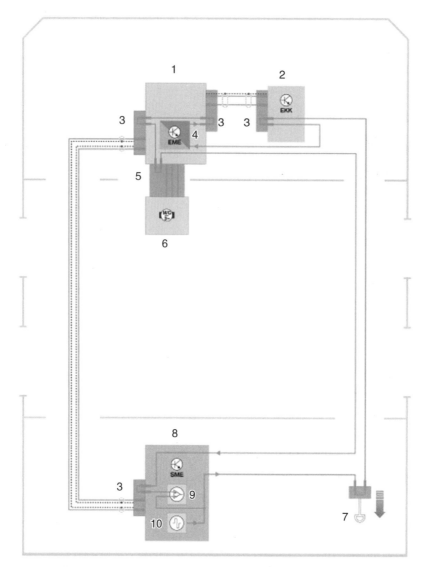

1.电动机电子装置（由供电电子装置和控制单元构成的单元） 2.电动空调压缩机（EKK）3.带高电压接触监控跨接线的高电压接口
4.EME控制单元 5.电动机与电动机电子装置之间的汇流排，通过带有高电压接触监控跨接线的盖板防止接触汇流排 6.电动机 7.高电
压安全插头 8.蓄能器管理电子装置（高电压蓄电池单元内） 9.连锁信号分析电路 10.连锁信号发生器

图 3-48

件导电壳体都与车辆接地导电连接。这样可以通过一个中央位置即高电压蓄电池确定整个高电压车载网络内的绝缘故障。高电压组件所有壳体与车辆接地的正确电气连接是正常执行绝缘监控功能的一个重要前提。因此维修期间中断该电气连接的情况下，重新连接时必须小心仔细。绝缘监控分两步进行。绝缘电阻低于第一限值时，对人员尚不构成直接危险。因此高电压系统仍保持启用状态，不会发出检查控制信息，但会在故障码存储器内存储故障状态。这样便于服务人员在下次维修时加以注意并检查高电压系统。低于较低的绝缘电阻第二限值时，不仅会在故障码存储器内记录，而且还会发出检查控制信息提示驾驶员到维修站进行检查。原则上服务人员无须自己测量绝缘电阻，这项工作由高电压系统通过绝缘监控功能进行。识别出绝缘故障时，服务人员必须通过诊断系统内的检测计划确定绝缘故障的实际位置。

（三）服务信息

1.拆卸和安装

只有诊断系统的检测计划有明确规定，才能在售后服务时更换整个高电压蓄电池单元。因为高电压蓄电池单元属于高电压组件，所以在开始工作前拆卸和安装时必须执行电气安全规定。此外，拆卸前还必须吸出制冷剂循环回路中的制冷剂，安装后重新加注。设计一个专用工具，以便将高电压蓄电池单元从车内抬出并重新装入车内，借此工具降低服务人员进行拆卸和安装时的身体负荷。

2. 充电和辅助启动

如果 F04 的 12V 蓄电池电量过低，则可以像传统车辆一样进行充电。运行策略通过控制高电压蓄电池的充电状态确保车辆长期停驶后仍能重新启动。但是如果由于高电压蓄电池电量过低导致无法重新启动，就会显示相应的检查控制信息。在这种情况下可通过 14V 车载网络为高电压蓄电池充电。将经过批准的蓄电池充电器连接在蓄电池正极接线柱和车辆接地上时，首先只能为 14V 车载网络供电并为 12 V 蓄电池充电。为了能够为高电压蓄电池充电，必须满足以下前提条件：

· 高电压蓄电池放电至无法启动发动机

· 两次尝试启动发动机都未成功或服务功能 "为高电压蓄电池充电" 启动

· 总线端 15 接通

· 连接了最低电压为 13.5V 的充电器。建议使用最大电流强度为 70A 的充电器，以便在为 14V 车载网络供电的同时，还能为高电压蓄电池充电提供额定电流

现在电动机电子装置中的 DC/DC 转换器作为升压转换器使用。随后电能由 14V 车载网络流至高电压车载网络并为高电压蓄电池充电。在此过程中必须关闭车内所有不需要的用电器。根据所用蓄电池充电器，充电过程最长可持续几分钟。只有出现相应的检查控制信息时，才允许结束高电压蓄电池的充电过程，高电压蓄电池的检查控制符号如图 3-49 所示。

对于所有与高电压蓄电池充电状态相关的检查控制信息来说，组合仪表内显示的检查控制符号都是一样的。驾驶员或售后服务人员可根据中

图 3-49

央信息显示屏内的说明文字了解具体含义。必须对高电压蓄电池电量过低的 F04 进行辅助启动时，具体过程与借助蓄电池充电器为高电压蓄电池充电时相似。必须注意，将供电车辆连接在 F04 上后无法立即建立起行驶准备状态，而是必须等到 F04 上显示高电压蓄电池电量充足的检查控制信息，然后才允许断开供电车辆与 F04 的连接。

3. 安全进行高电压系统方面的工作

进行 F04 高电压组件方面的工作前，必须遵守并落实电气安全规定：

· 必须关闭高电压系统（无电压）

· 必须防止高电压系统重新接通

· 必须确定高电压系统无电压

简要介绍需要在 F04 上落实的电气安全规定。

（1）准备工作

开始工作前必须采取防止溜车的措施（挂入自动变速器的驻车锁并启用驻车制动器）。必须关闭总线端 15 和总线端 R。必须关闭可能连接的充电器并断开接线。

（2）使高电压系统断电（无电压）

在 F04 中借助高电压安全插头关闭高电压系统（无电压）。为断开供电（无电压），必须将高电压安全插头从所属的插口中拉出。因此可以中断高电压接触监控电路，断电（无电压）后的高电压安全插头如图 3-50 所示。

（3）防止高电压系统重新接通

防止重新接通功能也由高电压安全插头来实现，准确地说是通过插口实现。为此需要一个普通挂锁（例如 ABUS 45/40），带挂锁的高电压安全插头如图 3-51 所示。

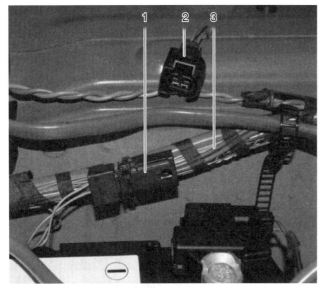

1.带有高电压接触监控电路导线的插口　2.取下的高电压安全插头　3.以机械方式接入高电压安全插头的其余车辆导线束

图 3-50

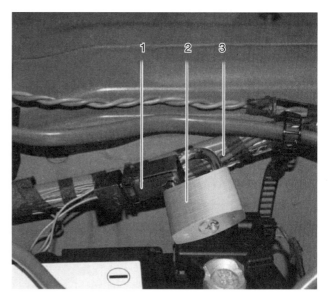

1.带有高电压接触监控电路导线的插口　2.挂锁　3.以机械方式接入高电压安全插头的其余车辆导线束

图 3-51

将挂锁插入插口并锁上挂锁后，无法连接高电压安全插头。这样可以有效防止无意间或在没有经过售后服务人员允许的情况下重新接通高电压系统。

（4）确定断电（无电压）

不通过测试仪或诊断系统确定是否断电，而是由高电压组件测量自身电压并通过总线信号向组合仪表发送测量结果。只有组合仪表从所有相关高电压组件处同时接收到无电压信号时，才会生成表示无电压的检查控制信息，组合仪表内的无电压显示如图 3-52 所示。

需要确定无电压时，售后服务人员必须接通总线端 15 并等到组合仪表内出现检查控制信息及上图所示的符号，然后才能确保高电压系统无电压。确定

1.无电压检查控制符号　2.检查控制信息 "混合动力系统关闭"

图 3-52

无电压后，必须重新关闭总线端 15 和总线端 R，然后再开始进行实际工作。如果没有显示检查控制信息，则不允许进行高电压组件方面的工作。

4. 发生事故后的处理方式

高电压系统的安全方案确保即使在发生事故期间或发生事故后，也不会给客户或售后服务人员带来危险。发生事故时高电压系统自动关闭，因此可从外部接触到的高电压组件部位不再有危险电压。高电压系统按以下方式关闭：

在正常运行状态下通过总线端 30F 为蓄能器管理电子装置供电。此外还为电动机械式接触器的线圈供电。发生事故时通过一个扩展的安全型蓄电池接线柱关闭。该部件包含一个附加的常闭触点。安全型蓄电池接线柱触发时，随着蓄电池正极导线以燃爆方式断开这个开关触点同时打开。因此可以中断蓄能器管理电子装置和接触器的供电。接触器触点断开，因此高电压蓄电池不再将危险电压输送到高电压车载网络内。从蓄能器

管理电子装置的供电导线处还有一个导线分到电动机电子装置。电动机电子装置以电子方式分析这个导线。发生事故时这个导线上的电压降到零，电动机电子装置使中间电路电容器放电并将电动机的绕组短路连接。发生事故后安全型蓄电池接线保持上述状态，因此蓄能器管理电子装置未处于运行准备状态。因此即使重新接通总线端15，高电压系统也保持停用状态。这种情况可确保安全，但是售后服务人员必须注意两个影响：

①因为蓄能器管理电子装置的总线信号缺失，所以组合仪表不显示无电压，因此售后服务人员不得进行高电压组件方面的工作。

②诊断系统无法与蓄能器管理电子装置通信且无法读取故障码存储器记录，因此也无法进行高电压蓄电池单元的诊断。

出于这个原因，发生事故造成安全型蓄电池接线触发时，必须对 F04 进行特殊处理。如果 F04 发生事故且造成安全型蓄电池接线触发，则进行高电压组件或安全型蓄电池接线方面的工作前，必须与宝马集团的技术支持（PUMA）联系。

七、供电电子装置

（一）安装位置和接口

F04 供电电子装置作为电子控制装置用于持续控制动力传动系内的同步电动机。在此该装置将高电压蓄电池的直流电压（120V DC）转换为用于控制三相交流电动机的电压（120V AC）或反向转换。为此需要一个双向逆变器。通过 DC/DC 转换器来确保 14V 车载网络供电。F04 的整个供电电子装置位于一个铝合金壳体内。在这个壳体内装有控制单元、DC/DC 转换器和 AC/DC 转换器。各组件无法更换，每次都要更换整个单元。整个单元简称为 EME。F04 的 EME 系统供货商是 Continental AG 公司。该系统是宝马 AG 与 Daimler AG 联合开发的产品，EME 的安装位置如图 3-53 所示。

1.电动机电子装置（EME）

图 3-53

电动机电子装置（EME）位于发动机上左侧，与油底壳等高，用 4 个螺栓固定。整个单元的重量约为 12kg，电动机电子装置的正视图和后视图如图 3-54 所示。

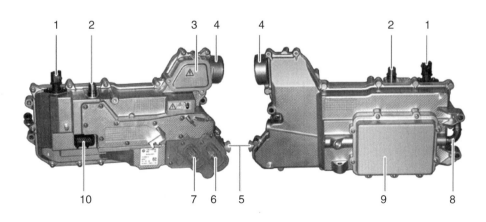

1.14V车载网络接口（正极导线） 2.冷却液回流接口 3.汇流排盖板（安装盖板） 4.电动机连接管 5.电动空调压缩机接口 6.高电压蓄电池接口（HV＋） 7.高电压蓄电池接口（HV－）8.冷却液供给接口 9.中间电路电容器盖板 10.信号插头（低电压插头）

图 3-54

电动机电子装置是一个高电压组件，高电压组件警告提示牌如图3-55所示。

每个高电压组件的壳体上都带有一个标志，售后服务人员或车主可以通过标志很直观地看出高电压可能带来的危险。只有满足以下前提条件时，才允许售后服务人员进行带标志的高电压组件方面的工作：资格认证、遵守安全规定、严格

图3-55

按维修说明操作。EME安装在车辆下部区域内涉水线以下。为了避免因温度变化及由此引起的湿气冷凝导致EME内部积水，在此需使用通风管路。通风管路端部位于EME上方较高位置。绝缘监控功能确定带电高电压部件（例如高电压导线）与车辆接地间的绝缘电阻是否高于或低于所需最低限值。如果绝缘电阻低于最低限值，就会存在车辆部件带有危险电压的可能。如果人员接触第二个带电高电压部件，就会存在电击危险。因此针对F04高电压系统提供全自动绝缘监控功能。蓄能器管理电子装置在高电压系统启用期间定期进行监控。在此车辆接地作为参考电位使用。如果没有附加措施，则通过这种方式只能确定高电压蓄电池单元内局部出现的绝缘故障。但是确定分布在车辆上的高电压导线与车辆接地间的绝缘故障也同样重要。因此高电压组件的所有导电壳体都与车辆接地导电连接。这样可以通过在一个中央位置执行绝缘监控功能确定整个高电压车载网络内的绝缘故障。高电压组件所有壳体与车辆接地的正确电气连接是正常执行绝缘监控功能的一个重要前提。因此维修期间中断该电气连接的情况下，重新连接时必须小心仔细。确保接触部位干净，例如无机油和油脂！

（二）系统概览

EME系统概览如图3-56所示。

（三）功能

EME内部由3个逻辑单元组成：逆变器、为14V车载网络供电的DC/DC转换器以及带混合动力主控功能的电子控制装置。逆变器和DC/DC转换器同样由电子控制装置控制。

EME组件执行以下功能：

· 通过DC/DC转换器为14V车载网络供电

· 为进行跨接启动从14V车载网络为高电压蓄电池充电

· 冷启动时为高电压蓄电池提供支持

· 调节电动机（转速、扭矩或电压）

· 通过汇流排接通电动机

· EME冷却

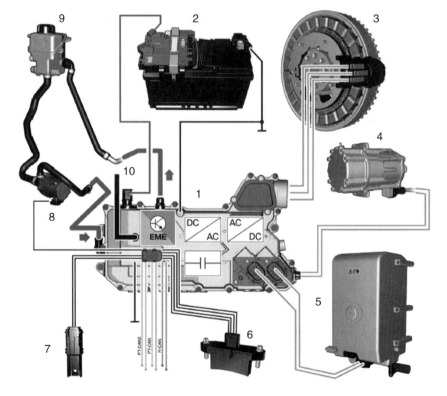

1.电动机电子装置 2.12V蓄电池 3.电动机 4.电动空调压缩机 5.高电压蓄电池 6.转子位置传感器 7.温度传感器（电动机绕组） 8.电动冷却液泵，50W 9.冷却液补液罐 10.通风管路

图3-56

· 电动空调压缩机（EKK）的高电压接口

· 高电压蓄电池的接口

· 与其他控制单元通信

· 中间电路电容器主动和被动放电到电压低于 60V

· 极性接错保护

· 为高电压接触监控主动分析信号（连锁）

· 自检和诊断功能

1.DC/DC 转换器

DC/DC 转换器将电功率从高电压车载网络传输到 14V 车载网络或反向传输。根据 DC/DC 的电压转换方向产生两种运行模式：

· 向下转换

· 向上转换

DC/DC 制动器的运行模式如图 3-57 所示。

（1）向下转换

向下转换（又称为下降模式）指的是由高电压层面向 14V 层面转换。在这种运行模式下 DC/DC 转换器的最大功率为 2.1kW 或 150A。额定电压可通过 EME 规定在 11.0~15.5V 范围内。DC/DC 转换器以 14V 的电压规定值运行。只要车辆处于运行状态，就会始终选择该运行模式。这样可以在车辆运行期间通过 DC/DC 转换器为 14V 车载网络提供电能。在此取代了以前为此所用的发电机。

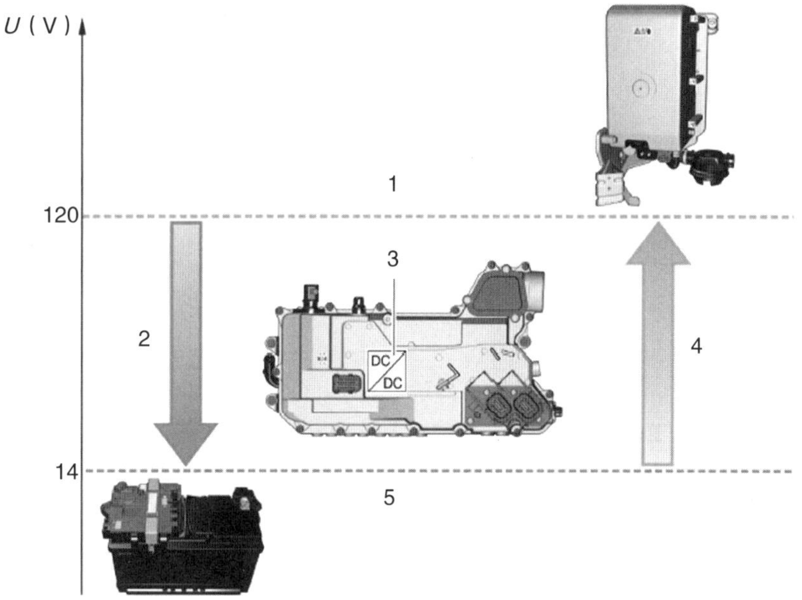

（2）向上转换

向上转换（又称为助推模式）指

1.120V电压层面 2.向下转换 3.EME内的DC/DC转换器 4.向上转换 5.14V电压层面

图 3-57

的是由 14V 层面向高电压层面转换。在这种运行模式下 DC/DC 转换器的传输功率为 0.5kW。通过这种方式可以为放电较多的高电压蓄电池充电。在以下条件下由 EME 自动启动充电过程：

· 高电压蓄电池的电压低于规定限值时

· 识别到充电器时（在 14V 车载网络内车载网络电压大于 13.5V）

· 连续两次启动发动机失败时

· 总线端 15 必须接通

如果高电压蓄电池的电压过低且发动机启动失败，则显示以下检查控制信息：车辆未处于行驶准备状态。如果再次启动发动机时仍失败，则显示以下检查控制信息：打开点火开关进行充电。也可以借助以下服务功能启动充电过程：为高电压蓄电池充电。从 14V 车载网络向高电压车载网络转换电压（为高电压蓄电池充电）时，显示以下检查控制信息：为高电压蓄电池充电。在以下情况下会中止这个过程：

· 高电压蓄电池的充电电流低于 1A 的限值

·从 14V 车载网络上取下了充电器

·出现故障或关闭点火开关。此后显示以下检查控制信息：充电过程结束

为 14V 车载网络供电且同时为高电压蓄电池充电时，应使用电流足够的充电器（最大充电电流至少为 70A）。关闭车内不需要的用电器（例如车外照明装置或空调系统）。

2. 电动机的接触连接

EME 内的供电电子装置通过 3 个汇流排与电动机连接。可以按以下方式松开触点：

遵守 3 条安全规定：使高电压系统断电（无电压）；防止高电压系统重新接通；确定高电压系统无电压。

①首先松开 3 个螺栓（如图 3-58 中 1），并取下盖板（如图 3-58 中 2）。

②向箭头方向翻起固定杆（如图 3-59 中 1）。因此可以中断高电压接触监控的电路。

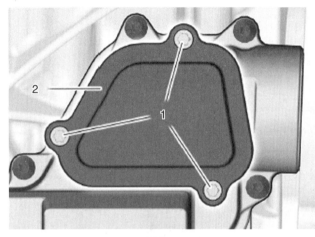

图 3-58

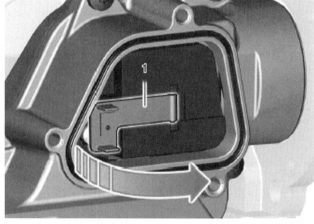

图 3-59

③松开螺栓（如图 3-60 中 1）。固定杆翻起后可以看到高电压接触监控的跨接线。

④现在可以拆卸盖板（如图 3-61 中 1）。可以看到汇流排（U、V、W）和螺栓。

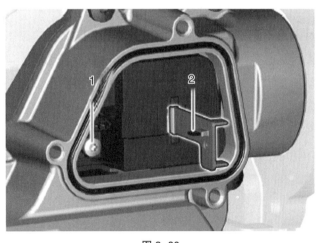

图 3-60

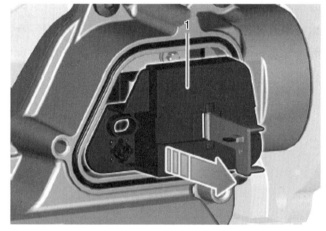

图 3-61

⑤松开螺栓（如图 3-62 中 1、2、3）。必须严格遵守规定的螺栓拧紧力矩，必要时取下汇流排。更换总成时必须更换电动机的密封件。安装时必须注意，不要造成密封件（至电动机的管路接口内和安装盖板内）损坏。

3. 高电压蓄电池的接口

高电压蓄电池的接口位于 EME 下部区域内，采用插接连接件结构。高电压蓄电池的插头包含用于以下部件和功能的触点：

·蓄电池正极

·蓄电池负极

·高电压接触监控

（1）插接连接件的设计结构为脱开高电压导线前首先必须松开并拔下高电压接触监控的跨接线（如图3-63中1）。

（2）然后将滑块（如图3-64中1）向下拉到第一个卡止位置。同时通过塑料盖板（如图3-64中2）部分盖住高电压接触监控的衬套（如图3-64中3）。现在可以将高电压导线的插头（如图3-64中4）拉出至第一个卡止位置。此后可将滑块（如图3-64中1）拉到第二个卡止位置并将高电压导线的插头（如图3-64中4）完全拔下。此时通过塑料盖板（如图3-64中2）完全盖住高电压接触监控的衬套（如图3-64中3）。

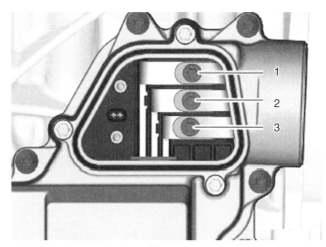

图3-62

图3-63

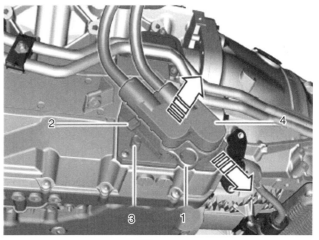

图3-64

4.EME 低电压插头

所有信号导线都通过 EME 的一个 28 针低电压插头连接在导线束上。

（1）供电

EME 内电子装置的供电（12V）通过总线端 30B 实现。信号插头内总线端 31 的接口不作为供电线脚使用。批量生产时供电电子装置实际的参考电压通过壳体提供。EME 的壳体通过 4 个螺栓固定在油底壳上，从而实现接地连接。

（2）CAN 接口

EME 通过 PT-CAN/PT-CAN2 与其他控制单元通信，通过 H-CAN 与 DME 通信。EME 有两个用于 HCAN 的串联终端电阻。每个电阻的阻值都为 60Ω（$60\Omega + 60\Omega = 120\Omega$）。EME 的 PT-CAN 接口没有终端电阻。

（3）温度传感器

在运行模式下，电动机的绕组温度不允许超过约 200℃。因此需通过一个温度传感器测量某一绕组温度内的温度。为此使用一个负温度系数的（NTC）热敏电阻。电动机电子装置通过测量电压和电流确定电阻并由此计算出温度。绕组温度接近最大允许温度时，就会在电动机电子装置的控制下降低电动机功率。

（4）转子位置传感器

转子位置传感器用于探测电动机转子的准确位置。这是精确控制电动机必不可少的一项要求，因为根据转子位置必须在定子绕组上产生相应电压。转子位置传感器输出一个模拟信号，该信号由电动机电子装置读取并处理。

（5）高电压接触监控（连锁）

用于控制和产生高电压接触监控检测信号（88Hz 方波信号）的电子装置集成在 F04 的蓄能器管理电子装置内。在环形线路上的两个位置处对检测导线信号进行分析：在电动机电子装置内，最后在蓄能器管理电子装置内的环形线路端部。如果该信号位于规定范围之外，则系统识别为电路断路或检测导线内短路并立即关闭高电压系统。关闭高电压系统时，中间电路电容器必须在规定时间内放电到规定电压。主动放电时，5s 内中间电路电容器上的电压降到 60V 以下。在被动放电的情况下，120s 后电压降到 60V 以下。

（6）替他信号

碰撞信号：碰撞和安全模块识别到相应严重程度的事故 → 通过独立的导线通信并将安全型蓄电池接线柱与 12V 蓄电池正极断开 → 产生至 SME 的信号并通过一个直接连接的硬件导线传输至 EME。

5.EME 冷却

电动机电子装置冷却循环回路如图 3-65 所示。

必须防止供电电子装置的半导体过热。因此 EME 单元通过冷却液循环回路来冷却。EME 循环回路与冷却液 / 空气热交换器之间没有直接连接，而是由补液罐作为混合器，即 EME 冷却循环回路的冷却液将热量释放给补液罐内的冷却液。因此基本上可以独立于增压空气冷却循环回路对 EME 进行冷却控制。增压空气和数字式发动机电子系统的冷却不会受到不利影响。在将冷却液输送至增压空气冷却器和数字式发动机电子系统前，先在冷却液 / 空气

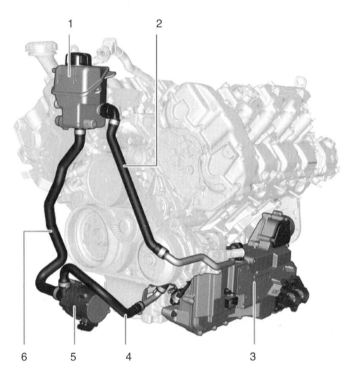

1.冷却液补液罐 2.电动机电子装置回流管路→冷却液补液罐 3.电动机电子装置 4.电动冷却液泵供给管路→电动机电子装置 5.电动冷却液泵，50W 6.冷却液补液罐供给管路→电动冷却液泵

图 3-65

热交换器内对其进行冷却。在此使用标准冷却液（50% 水和 50% 乙二醇）作为冷却介质。在这个循环回路内有一个电动冷却液泵（50W），冷却液泵由 EME 通过 PWM 信号控制转速和进行诊断。流量取决于功率，每分钟平均流量为 6L。

6.极性接错保护

极性接错保护功能用于防止客户跨接启动接反极性时，对车载网络以及所连接的电子组件造成后续损坏。通常情况下，这项工作由发电机内的二极管来完成。由于 F04 取消了传统发电机（变速器内的电动机），因此这个工作由 EME 内的 DC/DC 转换器来完成。就是说 F04 没有独立的极性接错保护模块。

（四）服务信息

只有满足以下所有前提条件的售后服务人员才允许进行带标志的高电压组件方面的工作：资格认证，遵守安全规定，严格按维修说明操作。确保 EME 壳体与车辆接地之间正确接触连接。必须确保使用正确的螺

栓和准确的拧紧力矩及拧紧顺序。必须确保接触部位干净，例如无机油和油脂！必须遵守安装顺序和维修方案。必须注意高电压插接连接件的拆卸和安装。只有高电压组件的所有可导电壳体都与车身接地连接（导电）时，绝缘监控功能才能工作。例如，只有借助这种导电连接，才能从供电电子装置出发可靠识别高电压导线与壳体之间的短路。如果壳体与接地之间无导电连接，则无法识别故障，因此对人有潜在危险。EME 自身无须保养。但在进行保养时需检查冷却液循环回路的液位。出于高电压安全考虑，不允许打开或分解 EME。只允许拆下安装盖板和松开 3 个汇流排（U、V、W）的触点。出现故障时始终更换整个 EME。出现损坏时（例如壳体破裂、设备上的插头损坏）也必须更换 EME。EME 可进行诊断和编程。

八、显示和操作元件

F04 组合仪表如图 3-66 所示。

混合动力特有运行状态在组合仪表内以及（根据要求）在中央信息显示屏内显示。

以下混合动力特有运行状态在组合仪表内显示：

· 行驶准备显示

· 助推功能显示

· 能量回收利用

图 3-66

这些状态始终在组合仪表内转速表下部显示。在 CID 和组合仪表内显示都需要接通总线端 15。在所有车辆运行状态下均可在 CID 内显示能量 / 动力传递路线以及高电压蓄电池充电状态。因此驾驶员可以得到混合动力系统在不同行驶状态下的工作方式概况。CID 内的混合动力特有显示通过菜单"车辆信息→混合动力"调出。

（一）行驶准备状态显示

组合仪表和 CID 内的行驶准备显示如图 3-67 所示。

 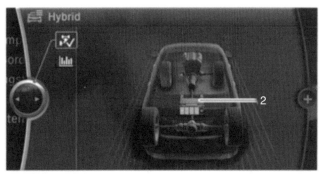

1.组合仪表内的准备显示　2.CID 内的准备显示

图 3-67

如果转速表指针位于零位置，同时在下部区域内蓝色圆弧及"READY"（准备）字样闪烁，则表明处于行驶准备状态、即车辆静止且发动机未运行。松开制动踏板、踩下加速踏板或转动方向盘时，发动机将启动且车辆可以开始移动。行驶准备期间发动机处于关闭状态。此时转速表指针位于 0 处。CID 内以 5 个区段蓝色表示高电压蓄电池的当前充电状态。松开制动踏板时以快速且低振动方式启动发动机。自动驻车功能处于启用状态时，只有踩下加速踏板才能启动发动机。在停车状态下启动发动机的另一种方式是向左或向右转动方向盘。此时将启动发动机，从而为驾驶员提供足够的转向助力。

（二）行驶期间显示

行驶期间的混合动力特有显示如图 3-68 所示。

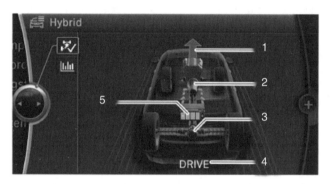

1.发动机的驱动力箭头 2.带电动机的自动变速器 3.后桥上的动力传递路线 4.当前行驶情况的文本信息"DRIVE" 5.高电压蓄电池的充电状态

图 3-68

与 F01/F02 相比，以恒定车速行驶期间组合仪表内的显示没有改变，仅多出了蓄电池符号和"Active Hybrid"字样。

CID 中按以下原则显示能量 / 动力传递路线：

·蓝色：电能

·红色：发动机能量

·箭头：能量 / 动力传递路线方向

恒定高速行驶时，发动机以最佳效率工作，因此通过发动机提供绝大部分驱动力。这种情况在 CID 中通过红色驱动力箭头表示。当高电压蓄电池充电状态不足时，发动机的部分功率还将用于通过电动机为蓄电池充电。客户可以通过自动变速器启用（蓝色）且蓝色箭头指向蓄电池符号方向识别出来。高电压蓄电池充电状态足够时，可以从高电压蓄电池获取支持车辆电动驱动所需的电能。因此发动机可以以较低（有利）的转速运行。在这种情况下箭头从指向蓄电池符号改为指向自动变速器符号。

（三）加速期间显示

助推功能显示如图 3-69 所示。

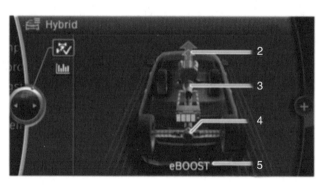

1.组合仪表中的助推功能显示 2.发动机驱动力箭头（红色）和电动机驱动力箭头（蓝色） 3.带电动机的自动变速器 4.后桥上的动力传递路线 5.当前行驶情况的文本信息"eBOOST"

图 3-69

急加速时（助推功能）会同时调用发动机和电动机的功率来驱动车辆。组合仪表内蓄电池符号右侧出现一个箭头和文本"eBOOST"，用于表示电能输出。此时转速表指针指示发动机当前转速，红色显示表示发动机耗油量。CID 内通过一个红色箭头（发动机驱动部分）和一个稍小的蓝色箭头（电动机部分）表示助推功能。此时发动机以红色显示。自动变速器内的电动机工作时通过变速器变成蓝色表示出来。5 个区段表示高电压蓄电池的充电状态。就是说一个区段相当于 20% 的高电压蓄电池充电状态。表示高电压蓄电池当前充电状态的最后一个区段以不同的蓝色色调显示。借此以形象化方式表示 0%~20% 范围内的中间挡。在上面的示例中 4 个区段完全亮起，这相当于达到 80% 的有效充电状态。为表示从两个驱动源至后桥车轮的动力传递路线，在此以两种颜色表示动力传递路线。红色表示发动机驱动部分，蓝色表示电动机部分。

（四）制动期间显示

惯性滑行时或制动期间组合仪表和 CID 内的混合动力显示如图 3-70 所示。

1.制动能量回收利用显示　2.发动机运行（以红色表示）　3.制动能量回收利用箭头　4.后桥上的动力传递路线　5.当前行驶情况的文本信息"CHARGE"

图 3-70

制动能量回收利用功能启用时通过组合仪表内指向蓄电池符号的一个蓝色箭头表示。制动踏板操纵减速度或力度不同，蓝色箭头的长度不同。因为发动机不再提供驱动力矩，所以红色驱动力箭头熄灭。因为现在电动机作为发电机工作且产生制动力矩，所以变速器以蓝色显示。此时电能传输到高电压蓄电池内。这种情况通过两个浅蓝色线条和指向高电压蓄电池方向的大蓝色箭头表示。从后车轮至半轴的动力传递路线通过运动的蓝色箭头显示。

（五）欧规和美规的区别

欧规和美规的区别如图 3-71 所示。

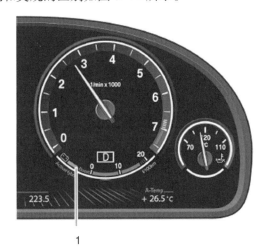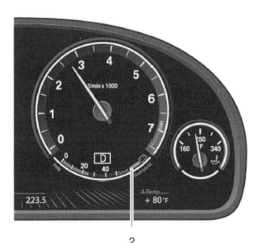

1.助推功能显示（欧规车型）　2.助推功能显示（美规车型）

图 3-71

205

在欧规车型和美规车型中，助推功能等混合动力特有显示采用完全对称的设计。其原因是，在欧洲要求耗油量显示中以升/100千米的方式表示，而美国则要求以英里/加仑方式表示。就是说，在欧规车辆中耗油量显示表示走过规定里程（100千米）时消耗多少燃油（升）。在美规车辆中则相反，即以规定燃油量（加仑）可以行驶多远（英里）。制动能量回收利用产生的能量可以以后用于启动发动机或助推功能，因此可以降低耗油量。为向驾驶员表示这个低耗油量，在欧规车辆中混合动力特有显示直接布置在耗油量显示左侧，即指向当前耗油量显示较小方向。在美规车辆中混合动力特有显示布置在耗油量显示右侧（英里方向），以便向驾驶员表明因回收了能量而能够行驶更远的距离。

（六）CID 内的其他显示

混合动力系统利用率显示，如图 3-72 所示。

在 CID 中可以显示最近 15min 行驶的混合动力系统利用率。每个蓝色条表示 1min 时间。蓝色条越高，混合动力系统利用率越高，因此越省油。每个条形都表示规定行驶时间内混合动力系统支持车辆驱动或回收制动能量的百分比。

（七）混合动力特有检查控制信息

当 F04 出现故障时，会通过检查控制信息提醒驾驶员。总结了混合动力特有的检查控制信息，如表 3-14 所示。

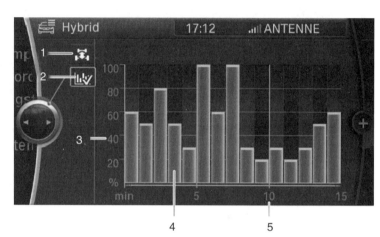

1.选择显示能量/动力传递路线 2.选择显示电能消耗 3.百分比刻度 4.以分钟为单位的条形图

图 3-72

表 3-14

控制信息	含义	原因
HYBRID	车辆未处于行驶准备状态 为进行充电，打开点火开关 正在为高电压蓄电池充电 充电过程结束 充电过程中断 高电压蓄电池功率 高电压蓄电池回收利用 高电压蓄电池使用寿命	高电压蓄电池电量过低 连接充电电源，驾驶员必须打开点火开关 正在充电 充电过程结束，蓄电池已充电 充电过程中断 高电压蓄电池功率过低 在未回收利用的情况下运行时间过长 高电压蓄电池的老化率达到使用寿命的 95%
	未进行制动能量回收	未进行制动能量回收。可以继续行驶。请到售后服务站进行检查
HYBRID	动力总成故障	动力总成故障 发动机不自动启动或关闭 必要时通过 Start/Stop 按钮启动发动机 驱动功能受限。请到宝马售后服务站进行检查
HYBRID	动力总成！只能缓慢行驶 动力总成！可达里程明显减小	动力总成故障 只能向前和向后缓慢行驶。可达里程明显减小。请到附近的宝马售后服务站进行检查

控制信息	含义	原因
	动力总成 小心停车	动力总成 小心停车并关闭发动机。给宝马抛锚救援人员打电话
	混合动力系统故障	绝缘故障
	混合动力系统关闭	高电压系统关闭

九、空调系统

与 E72 一样，F04 也使用一个电动空调压缩机。由于该压缩机带有一个电动驱动装置，因此可以不通过发动机驱动空调系统。无论是在纯电动行驶期间还是静止状态下，空调系统都可以为客户提供相同的制冷效果。在此采用专门的隔音部件用于隔绝噪声。例如，即使在车辆静止且发动机关闭的情况下，也几乎感觉不到空调系统的噪声。驻车空气调节功能首次在宝马批量生产车辆上使用。如果车辆停在炽热的阳光下，则车内高温可以在 2min 内降低近一半。客户可以通过车辆遥控器启用驻车空气调节功能。车辆内部明显凉下来，客户可以在车内放置其购买的物品。因此启动车辆时可以立即提供最大制冷功率，而无须像以前那样首先从出风口吹出经过加热的热空气。

（一）电动空调压缩机（EKK）

F04 中的电动空调压缩机（EKK）如图 3-73 所示。

电动空调压缩机是一个高电压组件，高电压组件警告提示牌如图 3-74 所示。

每个高电压组件的壳体上都带有一个标志，售后服务人员或车主可以通过标志很直观地看出高电压可能带来的危险。只有满

1.EKK高电压导线 2.EKK高电压插头 3.信号插头 4.低温和低压气态制冷剂接口（输入端）5.电动空调压缩机 6.高温和高电压气态制冷剂接口（输出端）及消音器

图 3-73

足以下所有前提条件的售后服务人员才允许进行带标志的高电压组件方面的工作：资格认证、遵守安全规定、严格按维修说明操作。售后服务人员进行高电压组件方面的工作前，必须通过执行安全规定关闭高电压系统。然后将所有高电压组件断电（无电压），从而确保安全地进行工作。如果售后服务人员忘记按规定关闭系统，则通过一个附加安全措施自动关闭高电压系统。信号插头内和高电压插头内都带有高电压接触监控跨接线（High Voltage Interlock Loop HVIL）。F04 的电动空调压缩机与 F01/F02 皮带驱动式空调压缩机的安装位置相同。由于 F04 的电动空调压缩机不通过多楔带驱动，因此纯理论上它可以安装在车辆的任何位置，但是出于空间原因和利用现有冷凝器连接的考虑没有更改其安装位置。

1. 电动空调压缩机的结构

EKK 的结构如图 3-75 所示。

图 3-75 展示了电动空调压缩机的结构。这种电动空调压缩机由 Visteon 公司制造和研发。

2.EKK 的供电

EKK 的供电如图 3-76 所示。

EKK 由高电压蓄电池的电能驱动。高电压蓄电池的高电压导线首先连接到 EME。EME 上有用于高电压导线接口。为保护 EME 与 EKK 之间的高电压导线，在此使用可在售后服务时更换的高电压保险丝。

3.EKK 控制单元和 DC/AC 转换器

EKK 控制单元根据 IHKA 的要求控制空调压缩机内三相交流电机的转速。EKK 通过 LIN 总线与 IHKA 通信。IHKA 是 EKK 的主控控制单元。DC/AC 转换器将直流电压转换为用于驱动

图 3-74

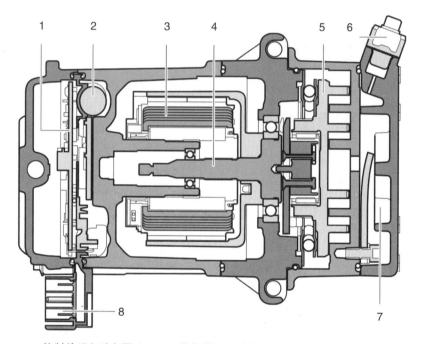

1.EKK控制单元和逆变器（DC/AC 转换器） 2.低温和低压气态制冷剂接口（输入端）3.三相交流同步电动机 4.输入轴 5.螺旋形盘 6.油气分离器 7.高温和高电压气态制冷剂接口（输出端） 8.高电压插头

图 3-75

1.EME上的高电压导线接口 2.电动机电子装置EME 3.EKK高电压保险丝 4.电动空调压缩机

图 3-76

208

三相交流电机所需的交流电压。EKK 控制单元和 DC/AC 转换器集成在整个空调压缩机的铝合金壳体内，通过流经的气态制冷剂进行冷却。DC/AC转换器温度超过110℃时，EKK控制单元就会将其关闭。通过提高转速用于自身冷却等各种措施可有效防止达到如此高的温度。在此由 EKK 控制单元进行温度监控。

4.三相交流电机

使用一个三相交流同步电机作为空调压缩机的驱动装置。它采用一种外部转子结构，通过 10 个永久磁铁形成转子磁场。同步电机的转速范围为 2000~8600r/min，且可进行无级调节。额定电功率为4.5kW（6500r/min 时），如图3-77 所示。

5.压缩机械机构

使用螺旋形压缩机制冷剂，螺旋形盘如图 3-78 所示。

螺旋形内盘由同步电机通过一个轴驱动并进行偏心旋转。通过固定式螺旋形外盘上的两个开口吸入低温低压气态制冷剂，然后通过两个螺旋形盘的移动使制冷剂压缩、变热。制冷剂的压缩原理如图3-79 所示。

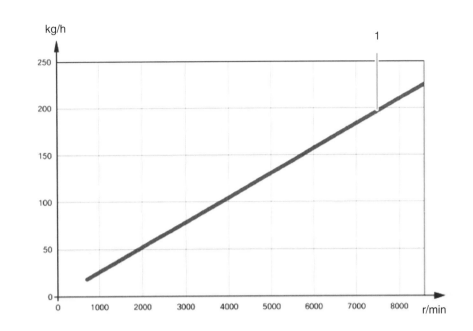

1.体积流量

图 3-77

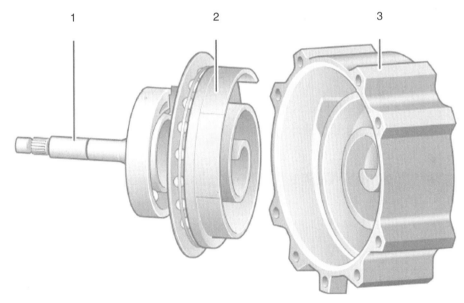

1.轴 2.螺旋形内盘 3.螺旋形外盘

图 3-78

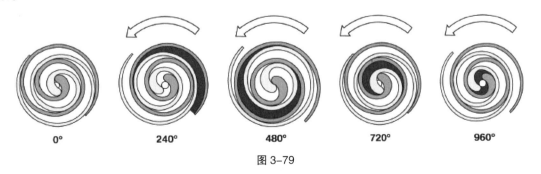

图 3-79

转动三圈后，吸入的制冷剂压缩、变热，可通过外盘中部的开口以气态形式释放。高温高电压气态制冷剂从此处经油气分离器向冷凝器方向流至空调压缩机接口。最大工作压力为3000kPa。由于静止状态下发动机不运行且因而无法掩盖附属总成的噪声，因此在混合动力车辆上对附属总成噪声的要求很高。因此对电动空调压缩机的噪声进行了优化处理。因此在至冷凝器的空调压缩机接口处安装了一个专用消音器。

（二）制冷剂循环回路

F04中的制冷机循环回路如图3-80所示。

F04的制冷剂循环回路与传统车辆基本相同。制冷剂循环回路中使用R134a作为冷却剂，制冷剂在系统的一个位置吸收热浪，在另一个位置释放热量。从车内和高电压蓄电池吸收的热量通过车辆前部的热交换器（冷凝器）释放到环境空气中。启用车内空调系统时或高电压蓄电池需要冷却时，就会接通电动空调压缩机，系统对相应位置进行冷却。此时可分别进行车内冷却和高电压蓄电池冷却。由高电压蓄电池为电动空调压缩机提供所需能量。使用宝马批准的PAG油作为润滑剂。为了能够分别对车内和蓄电池进行冷却，在制冷剂循环回路中集成了专用电磁阀。这些电磁阀可根据实际需要开启部分循环回路，因此可以保证系统高效性和正常的调节特性。表3-15所示给出了阀门和电动空调压缩机之间的控制关系。

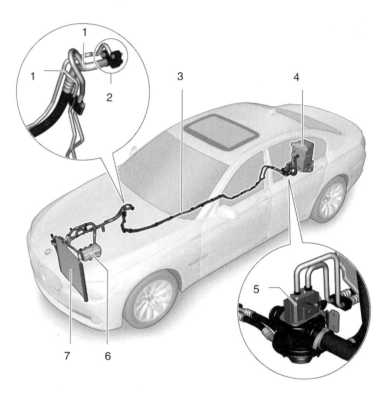

1.至高电压蓄电池的制冷剂管路分支 2.至车内膨胀阀的接口 3.至高电压蓄电池的制冷剂管路 4.高电压蓄电池 5.用于高电压蓄电池的关断和膨胀组合阀 6.电动空调压缩机 7.冷凝器

图3-80

表3-15

冷却位置	蒸发器电磁阀（车内）	膨胀阀电磁阀（高电压蓄电池）	电动空调压缩机
高电压蓄电池	关闭	开启	接通
车内	开启	关闭	接通
高电压蓄电池和车内	开启	开启	接通
未进行冷却	关闭	关闭	关闭

客户关闭空调压缩机时，空调压缩机接通/关闭按钮上的LED熄灭，虽然空调压缩机可能仍处于接通状态以便对高电压蓄电池进行冷却。根据高电压蓄电池的SoC值，可在行驶准备状态期间（总线端15接通）向电动空调压缩机发出进行车内冷却的请求（星形LED亮起）。

（三）驻车空气调节和保持冷却效果

1. 驻车空气调节

由于F04中的空调压缩机为电动驱动且高电压蓄电池的能量密度和功率密度较高，因此首次在F04中为客户提供驻车空气调节功能，F04遥控器如图3-81所示。

此时可以在开始行驶前将较热的车内空间冷却约2min。车外温度 > 15℃时，可以很方便地通过按压车辆遥控器上的第4个按钮启用这项功能。如果客户在出发前打开车门2min，则冷却时间会延长约30s。只有发动机运行后，才能重新启用驻车空气调节功能（重复锁止功能）。启用驻车空气调节功能的前提是高电压蓄电池充电状态足够（SoC约大于42%）。如果高电压蓄电池的充电状态不足，则会通过一条检查控制信息通知客户。也可以在车外温度超过15℃时通过现有的驻车暖风遥控器（SA536）启用驻车空气调节功能。在这种情况下，驻车空气调节功能结束后会启用驻车通风功能最多28min。启用总线端15后会结束驻车空气调节功能和驻车通风功能。受接收条件所限，其平均作用范围在车辆遥控器的作用范围之内。如果客户使用驻车暖风遥控器（按压打开/关闭按钮，然后按压启动按钮），则作用范围会明显提高（150m）。

1.用于启用驻车空气调节的按钮

图 3-81

2. 保持空调效果

IHKA 操作面板如图 3-82 所示。

保持冷却功能是另一项空气调节功能，通过电动空调压缩机可以实现这项功能。如果短时间离开车辆，随后要继续行驶，例如为车辆加油并希望车内温度保持舒适状态，则可以启用这项功能。

1.用于提高空气量的按钮

图 3-82

点火开关关闭时，可以通过按压提高空气量按钮启用保持冷却功能。此时车内温度最多保持6min。

第二节　典型故障

一、2010 年宝马 750Li 混合动力声音报警系统失效

故障现象：一辆 2010 年宝马 750Li 混合动力，车型 F04，车辆行驶了 34537 km。用户反映车辆行驶中经常出现"声音报警系统失效"的报警提示；中央信息显示屏有时突然变成黑屏，正在播放的 DVD 转换匣中的歌曲突然停止，音频系统自动切换到收音机模式；控制器调整失效。

故障诊断：接车后检查车辆，发现故障现象并没有当前存在。连接 ISID 进行诊断检测，读取和故障现象相关的故障存储内容如下。

CA9403- 信息（车辆状态，0x3A0）缺失，TRSVC 接收器，JBE / FEM / ZGM 发射器，34537km，无故障类型可用；

272-MOST 通信故障，34537 km；

800D01- VSW：FBAS 输入端 1 无视频信号或无同步信号，34537km，无故障类型可用；

B7F841 CIC：FBAS 输入端 1 视频或同步信号不存在，34537 km，无故障类型可用；

E2D401- 信息（车辆状态，0x3A0）有错误，接收器 CON，发射器 JBE / FEM-ZGM /DME/DDE / CAS，34537km，无故障类型可用；

E31401– 信息（车辆状态，0x3A0）有错误，接收器 FCON，发射器 JBE，34537km，无故障类型可用；

E5D416– 信息（车辆状态，0x3A0）有错误，接收器 CID，发射器 JBE，34537km，无故障类型可用；

E61416– 信息（车辆状态，0x3A0）有错误，接收器 FD，发射器 JBE，34537km，无故障类型可用；

E65416– 信息（车辆状态，0x3A0）有错误，接收器 FD2，发射器 JBE，34537km，无故障类型可用。

通过故障的表面意思分析，上述的故障存储都是出现在 34537 km 时。而故障码"800D01– VSW：FBAS 输入端 1 无视频信号或无同步信号；B7F841 CIC：FBAS 输入端 1 视频或同步信号不存在"可能和故障现象直接相关，其他的故障存储则可能是由于这几个故障关联信息缺失引起。查看几个相关故障内容的细节描述如表 3–16~ 表 3–18 所示。

表 3–16

272 –MOST 通信故障	
故障描述	如果 MOST 系统分析在 MOST 环形结构中识别到有故障的控制单元，该故障码存储器将进行记录。对此，请分析各 MOST 控制单元的下列故障记录： ・MOST：接收器未接收信息 ・控制单元：复位 ・控制单元：温度过高关闭 ・MOST 控制单元：温度过高关闭 ・控制单元：MOST 复位 ・MOST：控制单元未应答监控信息 ・MOST：一个控制单元已注销 ・MOST：实际配置不完整
故障识别条件	在快速测试过程中进行检测
保养措施	执行以下步骤 (ABL)：MOST 系统分析
驾驶员信息服务提示	目前无法使用快速删除功能删除该故障记录。如不满足故障设定条件，则在进行车辆重复测试时不记录该故障

表 3–17

800D01–VSW：FBAS 输入端 1 无视频信号或无同步信号	
故障描述	未识别到 FBAS 信号输入端 1 同步。不存储以下故障记录：信号，在公差之外
故障识别条件	供电电压大于 10V，总线端 KL. 15 接通
故障码存储记录条件	在 750ms 后便会记录该故障
保养措施	1. 检查相关视频源 (TRSVC) 2. 检查导线和插头 3. 检查 VSW 4. 执行下列测试模块：视频运行诊断
驾驶员信息服务提示	目前无法使用快速删除功能删除该故障记录。如不满足故障设定条件，则在进行车辆重复测试时不记录该故障

表 3–18

B7F841 CIC：FBAS 输入端 1 视频或同步信号不存在	
故障描述	如果测试视频信号的输入时，接通连接后约 8s 内不能识别到视频信号，则在视频诊断范围内记录这个故障
故障识别条件	供电电压介于 9~16V 之间，总线端 KL. 15 接通
故障码存储记录条件	在 1.6s 后便会记录该故障
保养措施	可能的故障原因： ・视频源 /VSW ・与视频源的接线损坏 ・视频信号输入端损坏
故障影响和抛锚说明	相应视频源上无图像（蓝屏表示无视频源，橙屏表示机头和 CID 之间的 LVDS 数据导线断路）

选择故障"272-MOST 通信故障"执行检测计划，ISTA 系统建议执行 MOST 系统分析。这和表 3-16 中的保养措施相符合。由于 MOST 所采用的环形结构，因此组件故障常会对整个系统产生影响。由此，组件故障将会在多个控制单元中产生故障记录。MOST 系统分析已进行了结构重组及简化。MOST 内的所有相关故障都将显示在车辆测试中（不再像原来那样合并为一个虚拟控制单元）。稳定性（MOST 环形结构闭合或中断）和控制单元在 MOST 环形结构内的顺序将在检测过程 "MOST 系统分析" 中进行评判。

MOST 系统分析结果如下：

车辆任务与保存的 MOST 环形结构配置之间存在不一致。下列控制单元参与了：

· RSE 后座区高级视听设备

· DVDC DVD 交换机

· AMPT 顶级高保真系统放大器

· VM 视频模块

· ULF-SBX-H 高级装备接口盒

而没有正确存储的 MOST 环形结构配置，则不能对 MOST 环形结构的状态做出可靠的判断。继续进行分析，检查故障码存储器是否存储有与 MOST 通信有关的故障。大多数涉及 MOST 环形结构通信的故障可以通过对怀疑的控制单元进行编程排除。

分析结果显示下列控制单元引起了 MOST 环形结构故障。

DVDC DVD 交换机（分配的星点数目是引起的故障的严重程度的一个尺度，并且从 1 排到 5）。这种情况下可能有下列故障原因：控制单元中有软件错误，控制单元有故障。为了排除故障，必须对控制单元重新编程 / 设码：DVDC DVD 交换机。

如果通过编程控制单元不能排除故障，则更新 DVDC DVD 交换机。

选择 "800D01- VSW：FBAS 输入端 1 无视频信号或无同步信号" 和 "B7F841 CIC：FBAS 输入端 1 视频或同步信号不存在" 执行检测计划，ISTA 系统建议执行下列测试模块：视频运行诊断。借助视频诊断可以检查内置信号源的所有输出端和内置汇点的所有输入端。在主机或后座区视听设备内启动检测。同时检查在输入端上是否有来自所有内置信号源的信号，视频诊断自动进行。

信号源可以是：

· 电子夜视装置

· 环视摄像机

· 视频模块

· DVD 转换匣

· Smartphone 视频连接

汇点可以是：

· 主机

· 视频开关

· 后座区视听设备

因为视频开关位于信号源和汇点之间，所以检查视频开关的输入端和输出端。车辆的视频信号如图 3-83 所示。

视频诊断结果显示信号源都可以正常显示测试图，未能发现任何故障。对车辆进行编程，编程结束后测试车辆，车辆的信息娱乐系统一切正常，车辆留厂观察。第二天试车发现车辆的信息显示屏一直显示黑屏状态，中央的控制器失效，车辆的整个音频控制系统失效。客户之前反映的故障现象都当前存在。再次连接 ISID

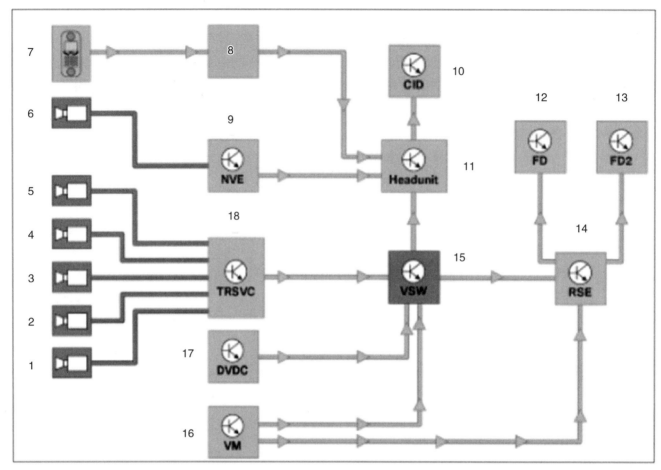

1.倒车摄像机 2.右侧外后视镜摄像机 3.左侧外后视镜摄像机 4.右侧保险杠摄像机 5.左侧保险杠摄像机 6.夜视电子摄像机
7.Smartphone 8.底板 9.夜视电子控制单元 10.中央信息显示器 11.汽车信息计算机或主机 12.后座区左显示器 13.后座区右显示器
14.后座区视听设备 15.视频开关 16.视频模块 17.DVD转换匣 18.环视摄像机

图 3-83

进行诊断检测，测试界面显示诊断测试树 MOST 总线的控制单元都为黄色状态，表示无法通信。诊断结果显示的故障内容如下。

· 301– 无法与下列装置通信：后座区视听设备

· 271– 无法与下列装置通信：DVD 机

· 123– 无法与下列装置通信：DVD 机

· 219– 无法与下列装置通信：功率放大器

· 63– 无法与下列装置通信：功率放大器

· 315– 无法与下列装置通信：视频模块

· 112– 无法与下列装置通信：ULF-SBX-H

· 386– 无法与下列装置通信：组合仪表

· 273– 无法与下列装置通信：主机

· 275– MOST 环形结构断裂

选择故障内容，根据检测计划执行 MOST 环形结构断裂的诊断步骤，环形结构断裂诊断集成在 MOST 系统分析中（从 F01 起）。为此，将读取 MOST 控制单元在环内的顺序，并显示环形结构断裂位置。结果显示仍旧无法准确地锁定故障点。故障现象仍旧当前存在。接下来通过排除法对 MOST 系统各个控制单元进行单独断开测试，断开某一个控制单元时，在这个控制单元的 MOST 端子接口通过一个专用的 MOST 光纤端接器连接，以排除是否由于这个控制单元内部引起的 MOST 环形线路断裂。根据第一次测量的故障内容"800D01- VSW：FBAS 输入端 1 无视频信号或无同步信号"和"B7F841 CIC：FBAS 输入端 1 视频或同步信号不存在"。视频开关 VSW 的信号输入端有视频模块 VM、DVDC、环视摄像机 TRSVC。首先断开视频模块 VM 的 MOST 接口，跨接上 MOST 光纤端接器如图 3-84 所示。中央信息显示器上立即显示出正常的图像，说明是视频模块 VM 内部的故障。

图 3-84

MOST 总线系统不仅负责传递车辆信息娱乐系统的声音信息，还传递信息娱乐的控制信息。图像信息是由主机通过 LVDS 传递给中央信息显示器。当 MOST 总线出现故障后首先车辆的信息娱乐系统的声音没有，包括倒车雷达警告系统的声音报警，因为雷达报警的声音是通过顶级高保真功率放大器传递到两个前面门扬声器。信息娱乐系统的控制也会失效（控制器无法调整），严重的中央信息显示屏黑屏。

故障排除：更换视频模块，对车辆进行编程设码，故障排除。

二、宝马混合动力发动机启动困难并启 / 停功能不好用

车型：F04，配置 N63 发动机。

行驶里程：52222km。

故障现象：客户反映 MSA 不好用，MSA 只能使用一次，当再次停车时 MSA 不起作用。关闭点火开关重启发动机，MSA 又恢复，但还是只能使用一次。

故障诊断：由于该车机油消耗严重，分解并维修了发动机后出现该故障。试车故障确实存在，MSA（节油启 / 停功能）有时候在等红绿灯时发动机不自动熄火；同时有时候在等红绿灯时，MSA 能使发动机自动熄火，但是在车辆起步 MSA 启动发动机时，启动以后发动机会自动熄火并在 CID 上面有故障显示，MSA 退出工作，重新关闭钥匙后故障消失。

用 ISID 测试，有故障码 216104：MSA，监控发动机转速建立过慢。根据故障码执行相应的检测计划，检查电机插头及高电压线插头没有腐蚀，测量高电压线电阻低于 100Ω，在标准范围以内。鉴于检测计划提示检查不出来结果，于是进入 ISID 服务功能查看到底是什么因素抑制了 MSA 正常使用，其具体路径是：服务功能—电动机—混合动力汽车—发动机启动 / 停止自动装置。进入以后，里面有以下几个选项：①发动机启动 / 停止自动装置概述；②历史存储器概述；③发动机未关闭（断开阻碍条件）或独立开始运转（通电请求条件）；④最后 10 个启动阻碍条件概述（发动机不运转）；⑤历史存储器复位；⑥结束服务功能。进入选项③，结果发现里面阻碍因素太多，于是对历史存储器进行复位再次试车。试车后再次读取哪些因素抑制了 MSA 启动，结果发现"自动变速器未准备就绪（变速器油温或齿轮油油位超出额定范围）"故障频率报了 22 次。读取变速器数据流，变速器油温在 90℃左右波动，所以排除油温的影响。同时因为冷车的时候也会出现该故障，就更进一步证明不是变速器油温导致的故障。怀疑可能是变速器里面的蓄压器有故障导致，指导更换其他相同车辆蓄压器再试车。与其他车辆互换蓄压器，试车故障依旧。怀疑是模块软件问题，对车

辆进行编程，故障依旧。重新查询 ISTA 安装电机的步骤，看是否有遗漏步骤未操作，同时询问维修人员：

①安装电机是否用专用工具（没有用），因为我们没有专用工具。

②安装好电机后是否匹配过电机转子位置传感器（没有匹配），因为没注意看。

③维修人员还反映在维修发动机后第一次启动时，发动机噪声非常大，像助力泵没有时产生的异响声音，但是过一会儿就消失了。

④对发动机熄火后再次启动发动机始终启动不起来，感觉电机运转无力。

基于以上得到的信息，同时结合 ISTA 维修步骤，因为在拆卸电机以后必须得有专用工具对电机的定子与转子进行定位，怀疑是没有定位导致的。重新拆变速器并拆卸电机，用其他办法对电机进行定位，装车再试，故障依旧。再次拆卸电机并分解电机，发现电机的转子和定子严重磨损，估计是定子的硅钢片绝缘层磨损导致产生涡流，从而使导磁能力下降，所以电机运转起来无力。重新订购新的电机并装车试车，故障消失。

故障总结：在做任何维修时，一定要仔细阅读维修流程，不然会引起不必要的维修。定子磨损是由于没有用专用工具定位转子与定子，此定位主要是调整转子与定子的间隙。具体步骤如下：

①安装电机前曲轴必须处在点火上止点位置前 150° 处。点火上止点位置前 150° 可用专用工具 11 8 570 检查，如图 3-85 所示。

②必要时将专用工具 12 0 001（装配辅助工具）用专用工具 12 0 002（螺栓）固定在电机上，如图 3-86 所示。

③将导向销上的电机小心地向后导入取下专用工具 12 0 001（安装辅助工具）和专用工具 12 0 002（旋动）。装入新的曲轴螺栓。

图 3-85

图 3-86

④旋出专用工具 12 0 011（导向销），如图 3-87 所示。注意：在这个工作步骤中不允许拆下专用工具 12 0 012（定位螺栓）！只可拆下专用工具 12 0 013（装配螺栓）。

⑤松开专用工具 12 0 013（装配螺栓），如图 3-88 所示。

⑥旋入定子螺栓，如图 3-89 所示。

⑦旋入新的曲轴螺栓，如图 3-90 所示。

⑧松开专用工具 12 0 012（定位螺栓），如图 3-91 所示。

图 3-87

图 3-88

图 3-89

图 3-90

图 3-91

第四章　宝马第 2.0 代混合动力系统

第一节　宝马第 2.0 代混合动力系统 F10H 车系

一、简介

（一）定位

在宝马高效动力性方面，宝马集团自 2012 年春季开始引入另一款混合动力车辆，这次涉及的车辆等级为 5 系轿车。宝马 Active Hybrid 5 是第三款采用混合动力技术的批量生产车型，通过首次将宝马 6 缸直列发动机与电动驱动装置组合，在运动驾驶乐趣和耐久性方面为同等级车辆树立了全新标准。宝马 Active Hybrid 5，研发代码为 F10H，以宝马 5 系轿车（F10）为基础。它是批量生产车型宝马 Active Hybrid X6 和宝马 Active Hybrid 7 所用传动技术的后继开发成果，Active Hybrid 5 是一款使用锂离子高电压蓄电池的全混合动力车辆。宝马 Active Hybrid 5 的驱动系统由一个采用 TwinPower 涡轮增压技术的 6 缸直列发动机（N55B30M0）、一个 8 挡自动变速器（GA8P70HZ）和一个电动机组成。宝马 535i 轿车在仅通过发动机驱动的情况下便已获得了理想效率，集成宝马 Active Hybrid 技术后可使耗油量和排放量进一步降低 10% 以上。在仅通过发动机驱动的情况下便已获得了理想效率的轿车上集成宝马 Active Hybrid 技术可使耗油量和排放量进一步降低 10% 以上。其驱动系统可产生 250 kW 系统功率。这样可使宝马 Active Hybrid 5 的 0~100km/h 加速时间提高至 5.9s，将平均耗油量降至 6.4L/100km，并将 CO_2 排放量限制在 149~163g/km（数值是否符合欧洲循环工况试验要求，取决于所选轮胎规格）。宝马 Active Hybrid 5 的电动驱动装置可实现最高车速为 60km/h 的纯电动零排放行驶。平均车速为 35km/h 时，高电压蓄电池可提供足够能量用于以纯电动方式行驶最远 4km。此外，混合动力特有发动机节能启/停功能还通过在停在交通信号灯前或堵车时关闭发动机创造了进一步提高效率的可能。宝马 Active Hybrid 5 的另一个独特特点是具有前瞻性的能量管理系统，该系统不仅能够根据当前行驶情况，而且还能根据即将出现的行驶情况调整运行策略，从而实现更高效的行驶。通过作为标准配置提供的驾驶体验开关，在宝马 Active Hybrid 5 上也能在"超级运动""运动""舒适""超级舒适"设置外选择 ECO PRO 模式，该模式支持非常轻松和最为省油的驾驶方式，因此最好选择纯电动驾驶方式。Active Hybrid X6 和 Active Hybrid 7 所用的高电压蓄电池仍是与其他汽车制造商合作的产品，而 Active Hybrid 5 所用的高电压蓄电池则为"宝马制造"，历代 Active Hybrid 车辆如图 4-1 所示。

（二）识别标志

1. 外部

宝马 Active Hybrid 5 的众多特点使其明显不同于传统 5 系轿车。其中包括代表创新宝马 Active Hybrid 技术的独特"水蓝色金属漆"外观颜色。在 5 系车型中，这种外观颜色仅应用于 Active Hybrid 车辆。当然，客户也可以为其 AciveHybrid 车辆选择其他颜色。登车护条、两侧 C 柱以及行李箱盖上的"Active Hybrid 5"字样都说明这是一辆混合动力车辆。此外，在发动机隔音盖板上也带有"Active Hybrid"字样。宝马 Active Hybrid 5 的另一个特点是排气装置的深色镀铬排气尾管。欧规 Active Hybrid 5 标配采用 V 形轮辐设计的 17 英寸轮辋。为了进一步提高车辆可达里程，还可选装采用带有全新运动型 5 辐 18 英寸空气动力学轮辋的车轮，这种车轮可减小车辆的空气阻力。新型混合动力车辆的另一个特点是来源于宝马 550i 设计样机的电镀镀铬宝马肾形格栅栅条，Active Hybrid 5 外视图如图 4-2 所示。

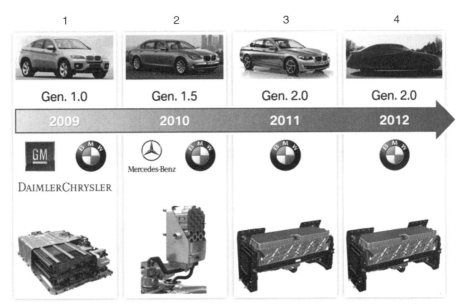

1.2009年底，E72作为首款宝马混合动力车辆投放于市场。在此所用的技术（所谓的1.0代）是 General Motors Daimlerchrysler与宝马合作开发的产品。使用一个镍氢电池作为电蓄能器 2.第二款宝马混合动力车辆于2010年上市，名为 Active Hybrid 7。它是一款采用1.5代技术的部分混合动力车辆。该技术与 Mercedes Benz 一起研发。在高电压车载网络内使用了高效锂离子蓄电池 3.Active Hybrid 5作为第三款宝马混合动力车辆于2011年底制造。使用一个锂离子蓄电池作为电蓄能器 4. 自2012年起采用2.0代技术的另一款宝马混合动力车辆上市

图 4-1

1. "水蓝色金属漆"车漆颜色 2. "Active Hybrid 5"字样 3.排气装置尾管（深色镀铬） 4. "Active Hybrid 5"字样 5.带有"Active Hybrid 5"字样的登车护条 6.18英寸空气动力学轮辋 7.带有电镀镀铬栅条的宝马肾形格栅 8.带有"Active Hybrid 5"字样的隔音盖板

图 4-2

2. 内部

宝马 Active Hybrid 5 的一些内部特点也与其他 F10 车辆不同。饮料罐支架盖板上带有"Active Hybrid 5"字样的徽标表明这是一辆混合动力车辆。混合动力特有运行状态和高电压蓄电池充电状态在组合仪表内以及（根据要求）在中央信息显示屏 CID 内显示。在 CID 和组合仪表内显示都需要打开点火开关。行李箱内带有"Active Hybrid Power Unit"字样的徽标表示高电压蓄电池单元的所在。

（三）能量管理系统

就像在宝马 Active Hybrid X6 和宝马 Active Hybrid 7 上一样，在宝马 Active Hybrid 5 上能量管理系统对于不同行驶情况下的效率和动力性也起到了重要作用。为了使用进一步以最大效率为目标的能量管理系统，宝

马 Active Hybrid 5 电动机电子装置的功能范围增加了一项具有前瞻性的行驶情况分析功能。为此，电动机电子装置与标配 Professional 导航系统联网，这样使其能够提前针对表明外部条件或驾驶员指令发生变化的数据进行分析。此外，电动机电子装置还控制附属总成和舒适功能使其以尽可能大的效率运行。广泛联网使电动机电子装置能够进行智能化能量管理，从而在各种条件下优化整车的运行策略。例如，如果探测到前方出现下坡路段，则可将高电压蓄电池内存储的电能完全用于提供驱动助力，因为在随后的下坡行驶过程中能够通过能量回收利用功能重新为高电压蓄电池充电。此外，还能在到达行驶目的地前及时尽可能为高电压蓄电池完全充电，从而在目的地区域确保最大电动行驶模式。

（四）行驶情况

Active Hybrid 5 与 Active Hybrid X6 和 Active Hybrid 7 一样有一系列混合动力特有的行驶情况。其中包括：

- 发动机节能启/停功能
- 起步和行驶（纯电动方式或发动机驱动方式）
- 加速（助推功能）
- 制动能量回收利用
- 滑行时没有能量消耗

滑行时没有能量消耗这种行驶情况是唯一一个新功能。

1. 滚动（滑行）

借助另一个首次在宝马 Active Hybrid 5 上引入的创新技术可通过在车辆静止状态下、城市交通行驶时以及高速行驶状态下关闭发动机来提高效率。如果不需要发动机提供驱动力，则即使在行驶期间也可通过混合动力系统关闭发动机。为此，车辆必须处于 ECO PRO 模式下且驾驶员不能踩下加速踏板。此后，在车速不超过 160km/h 的前提下就会关闭发动机，然后通过分离离合器使发动机与传动系的其他部分断开。随后在不影响发动机制动力矩的情况下，宝马 Active Hybrid 5 在路面上安静滑行，此时排放为零。为确保不受限制地运行所有安全和舒适功能，在此通过能量回收利用功能将一小部分动能转化为电能。

（五）技术数据

技术参数如表 4-1 所示。

表 4-1

项目	单位	宝马 535i	Active Hybrid 5
发动机和变速器			
结构形式		R6	R6
每缸气门数		4	4
排量	cm^2	2979	2979
变速器型号		GABHP45Z	GABP70HZ
驱动方式		后轮	后轮
发动机最大功率	kW r/min	225（306） 5800	225 5800
发动机最大扭矩	N·m	400	400
总系统功率	kW r/min		250 5800
高电压蓄电池类型		—	锂离子蓄电池
电动机功率	kW r/min		40 从 1800 起
电动机量大扭矩	N·m r/min		210 至 1300

项目	单位	宝马 535i	Active Hybrid 5
动力性			
0~100 km/h 加速时间	s	6.1	5.9
最高车速（限速）	km/h	250	250
耗油量和排放量			
欧洲市内循环工况耗油量	L/100 km	11.9	5.7*
欧洲市郊循环工况耗油量	L/100 km	6.4	6.7*
欧洲综合循环工况耗油量	L/100 km	8.4	6.4*
CO_2 排放量	g/km	195	149~163*

* 数值符合欧洲循环工况试验要求，取决于所选轮胎规格。下限值适用于标准轮胎：轮辋 8J×17，轮胎 225/55 R17（SA 2K1）。

（六）配置

Active Hybrid 5 同时提供左侧驾驶型车辆和右侧驾驶型车辆。除技术数据外，F10H 与 F10 提供的选装配置也有所不同。下面汇总了一些 F10H 不提供的重要选装配置：

· 四轮驱动系统 xDrive（前桥主减速器的部分安装位置由电动机电子装置占据）

· Integral 主动转向系统

· 动态驾驶系统（主动侧翻稳定装置）

· 滑雪袋和直通装载装置（由于使用了锂离子高电压蓄电池）

· 挂车牵引钩

以下配置属于标准配置：

· 4 区空调装置

· Professional 导航系统

二、动力传动系组件

（一）简介

6 缸直列发动机首次成为宝马 Active Hybrid 动力传动系的组成部分。可产生 225 kW 和 400N·m 最大扭矩的 3.0L 汽油发动机为获得更多驾驶乐趣和更高效率提供了有力保障。已经两次获国际"年度发动机大奖"的 6 缸发动机所用的宝马 TwinPower 涡轮增压技术包括一个双涡轮增压器、直接喷射装置和全可变气门调节系统。

F10H 既可以通过发动机也可以通过电动机进行驱动。车辆可通过纯电动方式、发动机驱动方式以及组合方式进行加速。针对任何一种情况都存在不同的满负荷曲线图，F10H 中 N55B30M0 发动机的满负荷特性曲线图如图 4-3 所示，F10H 中电动机的满负荷特性曲线图 4-4 所示。

发动机和电动机组合驱动方式下的 F10H 满负荷特性曲线图如图 4-5 所示。系统功率限制在最大扭矩 450N·m 和最大功率 250 kW。电动机的直接响应以及发动机略微迟缓的响应使得 F10H 的加速较之使用 N55B30M0 发动机的 F10 更为直接。

满负荷特性曲线图以一个共用图示方式展示了 F10H 的所有相关组件和系统功率，F10H 动力传动系组件和系统功率的满负荷特性曲线图如图 4-6 所示。

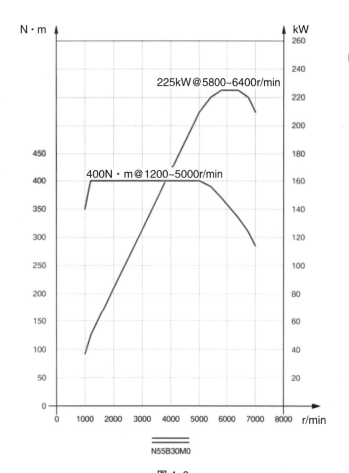

N55B30M0

图 4-3

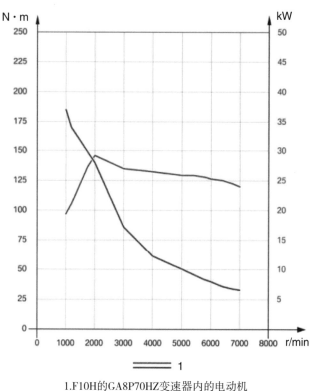

1

1.F10H的GA8P70HZ变速器内的电动机

图 4-4

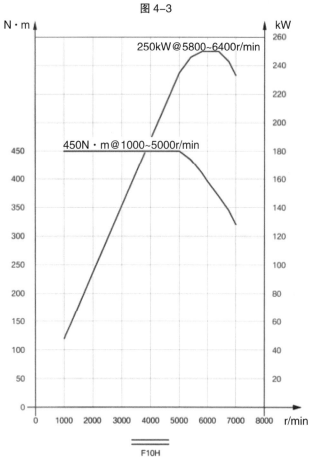

F10H

图 4-5

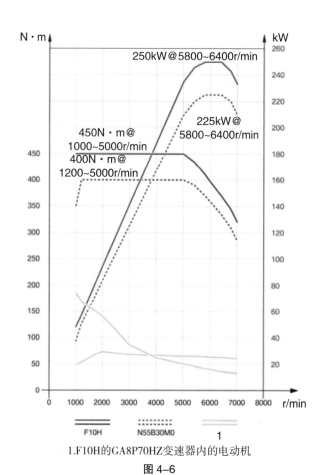

F10H   N55B30M0   1

1.F10H的GA8P70HZ变速器内的电动机

图 4-6

（二）改进型 N55 发动机

1.简介

2009 年底，宝马在宝马 535i GT 上引入了 N55 发动机。这是一款采用涡轮增压技术的 6 缸直列发动机。在 N55 发动机上首次将废气涡轮增压器、Valvetronic 和直接喷射装置组合在一起。宝马将这种组合称为涡轮增压 Valvetronic 直接喷射，简称 TVDI。为了将其应用在 Active Hybrid 5 上，针对 N55 发动机及其外围设备进行了相应改进。

2.皮带传动机构

F10H 是一款全混合动力车辆，这意味着能够以纯电动方式行驶，因此也能够提供助力转向系统和空调系统等功能。由于在此运行模式下发动机处于静止状态，因此无法驱动转向助力泵和制冷剂压缩机。因此这两个系统以电动方式驱动并脱离于皮带传动机构。在 F10H 上首次使用一个启动发电机来取代发电机。它能够在启动和关闭阶段或在纯电动行驶期间启动发动机。为了集成启动发电机以及适应变化的负荷情况，在此对 N55 发动机的皮带传动机构进行了调整，F10H 皮带传动结构如图 4-7 所示。

（1）启动时

宝马发动机采用所谓的右旋发动机。如果从前方看向发动机，曲轴沿顺时针方向旋转。为了在一个关闭阶段后或在电动行驶期间启动发动机，启动发电机必须使发动机旋转。皮带上部承受张力，下部处于放松状态。为了防止皮带打滑，在此通过下部皮带张紧器使其承受张力。启动发电机处于发动机运行模式下的皮带传动机构如图 4-8 所示。

（2）在充电运动模式下

启动发电机作为发电机驱动时，它从发动机处获取能量。发动机驱动启动发电机，因此皮带下部承受张力，上部不张紧。为了在充电运行模式下也能防止皮带打滑，在此通过上部皮带张紧器张紧皮带。启动发电机处

1.带皮带传动机构的减震器　2.上部皮带张紧器　3.启动发动机
4.皮带　5.下部皮带张紧器

图 4-7

1.启动发电机驱动发动机时的作用力方向　2.下部皮带张紧器的作用力方向

图 4-8

于发电机运行模式下的皮带传动机构如图4-9所示。

3. 真空系统

F10H的不同组件都依赖于真空供给。N55发动机利用机械真空泵产生所需真空。因为即使在N55发动机关闭时也必须保证真空供给，所以真空系统增加了一个电动真空泵。只要系统内的真空低于某个限值，就会启用电动真空泵。真空度由制动助力器内的一个压力传感器测量，该传感器源自带发动机节能启/停功能的车辆。如图4-10所示为相关组件概览。

4. 发动机支撑

在F10H中通过源自柴油发动机车辆的减震控制式支座支撑发动机。发动机支撑借助真空切换为较硬或较软，以保证发动机舒适启动和怠速运行平稳。用于控制发动机减震控制式支座的阀门由数字式发动机电子系统DME控制。F10H减震控制式支座的工作方式与柴油发动机车辆的减震控制式支座相同。施加真空后就会变软。这种情况与发动机怠速和启动位置相当，用于舒适减震。只要不再向支座上施加真空且自动调节到环境压力，支座就会变硬。在F10H的行驶运行模式下启用这个位置。减震控制式支座的真空供给通过F10H的上述真空系统实现。F10H发动机支撑如图4-11所示。

1.上部皮带张紧器的作用力方向　2.发动机驱动启动发电机时的作用力方向

图4-9

5. 排气装置

由于对F10H声音效果方面的要求较高，因此排气装置装备了一个可切换排气风门。该部件位于左侧尾管上，由数字式发动机电子系统DME控制，为此操纵一个电动转换阀在执行机构上施加真空。真空供给由F10H发动机舱内的真空系统实现。排气装置尾管还装备了亚光镀铬挡板，如图4-12所示。

6. 其他调整

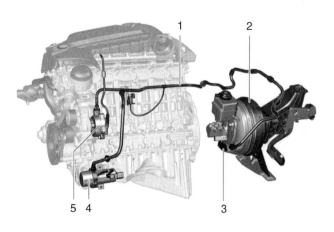

1.真空管路　2.制动助力器　3.压力传感器　4.电动真空泵　5.机械真空泵

图4-10

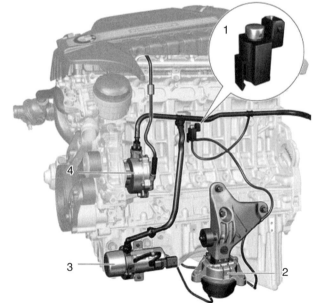

1.用于控制减震控制式支座的阀门　2.左侧减震控制式支座　3.电动真空泵　4.机械真空泵

图4-11

由于发动机节能启停过程频繁，因此设计要求 N55 发动机的支座能够承受这种提高的应力。F10H N55 发动机的隔音盖板带有 "Active Hybrid" 字样，F10H 车辆前端如图 4-13 所示。

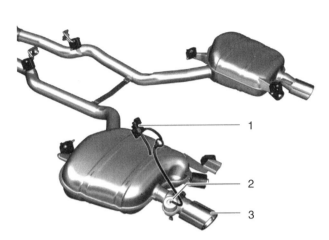

1.排气风门转换阀 2.排气风门执行机构 3.亚光镀铬挡板

图 4-12

1.F10H的隔音盖板

图 4-13

（三）燃油供给系统

F10H 的燃油供给系统以 F10 为基础。为了在 F10H 地板上铺设高电压导线，燃油箱容积缩减了 1L（现为 69L）。根据法规要求，在美规车辆中必须调整燃油箱排气。

与 F10 美规车辆一样，在 F10H 中燃油箱排气也通过一个活性炭罐实现，该部件可清除燃油箱内气体中的碳氢化合物（HC）。汇集在活性炭罐中的碳氢化合物输送至发动机并在那里燃烧，这个过程称为活性炭罐清污。因为清污只能在发动机运行时进行，而 F10H 运行时发动机不运行的阶段很频繁，所以必须调整 F10H 的燃油箱排气。为此燃油箱排气增加了一个截止阀和一个附加活性炭罐。美规车辆燃油箱排气如图 4-14 所示。

在 F10H 的某些运行阶段会关闭燃油箱排气截止阀。关闭截止阀时，活性炭罐的清污过程加速。此外，也没有来自燃油箱的气体经过活性炭罐。燃油箱的某个压力和温度范围属于截止阀关闭时的运行阶段。压力范围为从燃油箱内轻微真空至轻微过压，

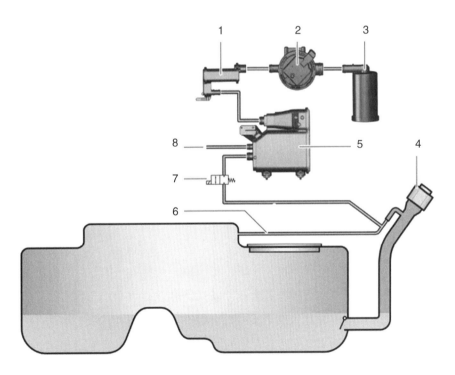

1.附加活性炭缸（活性炭蜂窝结构内） 2.燃油箱泄漏诊断（自然真空泄漏NVLD） 3.空气滤清器（纺纱滤网） 4.燃油加注管 5.活性炭罐 6.燃油箱排气管路 7.燃油箱排气截止阀 8.至发动机的清洁空气管路

图 4-14

温度范围为从略微高于冰点至运行温度状态。如果离开该压力或温度范围，则打开截止阀。燃油箱压力和温度由燃油箱维修盖上的一个传感器测得。美规车辆上燃油箱的维修盖如图4-15所示。

如果停用了行驶准备状态或离开了车辆，则截止阀始终保持打开。因此车辆加油时产生的过压可能通过燃油箱排气溢出。F10H燃油箱排气的另一个新组件是附加活性炭罐。该部件串联在活性炭罐后，含有压入蜂窝结构内的活性炭。蜂窝结构内的活性炭可以非常好地从缓慢流动的气体中过滤掉碳氢化合物（HC），因此用于满足法规规定。美规车辆燃油箱排气组件如图4-16所示。

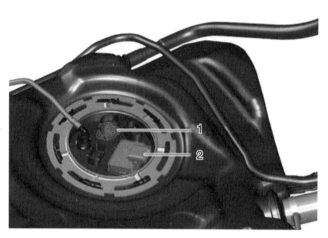

1.压力和温度传感器 2.燃油箱泄漏诊断（自然真空泄漏检测NVLD）的电子装置

图4-15

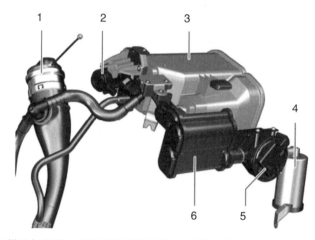

1.燃油加注管 2.燃油箱排气截止阀 3.活性炭罐 4.空气滤清器（纺纱滤网） 5.燃油箱泄漏诊断（自然真空泄漏检测NVLD） 6.附加活性罐（活性炭压入蜂窝结构内）

图4-16

（四）自动变速器

1.简介

F10H的自动变速器GA8P70HZ基于2009年F07中引入的GA8HP70Z变速器，该变速器同样由ZF公司生产。GA8HP70Z变速器结构如图4-17所示。

在结构空间相同的情况下，F10H中电动机、一个至发动机的分离离合器、一个扭转减震器和一个电动附加机油泵集成在8挡自动变速器内。此外，还针对在F10H中使用而调整了不同的部件。

2.结构和功能

（1）概览

在此调整了F10H自动变速器，以满足混合动力运行的特殊要求。为此更改了某些现有组件或用其他组件替代。GA8P70HZ变速器壳体的尺寸与GA8HP70Z变速器相同。

图4-17

GA8P70HZ变速器中有4个新组件：

· 扭转减震器

· 电动机

· 分离离合器

·用于变速器输入轴静止时提供变速器油压力的电动附加油泵

由于取消了液力变矩器，因此更改了自动变速器的片式制动器B。除了其本身的功能外，该部件作为F10H中的换挡元件还用于车辆起步和缓慢行驶，如图4-18所示。

GA8P70HZ变速器的以下变速器构架表示新组件如何集成在自动变速器内，GA8HP70Z变速器的结构示意图如图4-19所示。

（2）扭转减震器

在某些转速和运行状态下，发动机不平稳运行和由此产生的扭转震动可能引起嗡嗡声或嘎嘎声。为隔开扭转转动，F10H自动变速器使用一个扭转减震

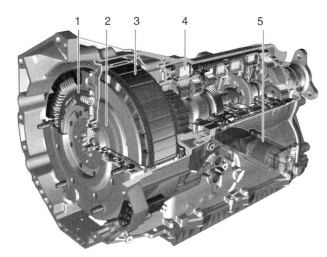

1.扭转减震器 2.分离离合器 3.电动机 4.片式制动器B 5.电动附加油泵

图4-18

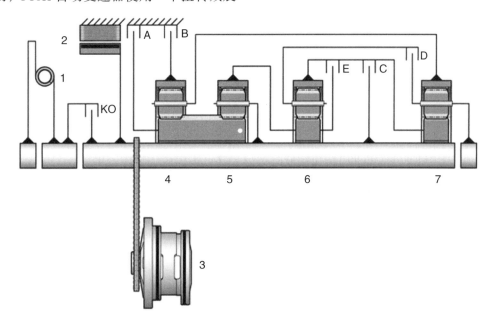

1.扭转减震器 2.电动机 3.机械油泵 4.齿轮组1 5.齿轮组2 6.齿轮组3 7.齿轮组4 A.片式制动器A B.片式制动器B C.片式离合器C D.片式离合器D E.片式离合器E KO.分离离合器

图4-19

器。扭转减震器将发动机飞轮与自动变速器分离离合器以机械方式连接在一起。扭转减震器损坏时可以更换。GA8HP70Z变速器的扭转减震器如图4-20所示。

（3）电动机

GA8P70HZ变速器的其他创新之处是，电动机和分离离合器集成在F10H的变速器内。这些组件位于扭转减震器后。电动机和分离离合器与扭转减震器一起占用了液力变矩器的结构空间。GA8HP70Z变速器内的电动机如图4-21所示。

（4）分离离合器

GA8P70HZ变速器装备了一个分离离合器，如图4-22所

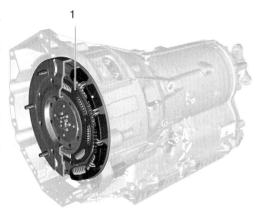

1.扭转减震器

图4-20

227

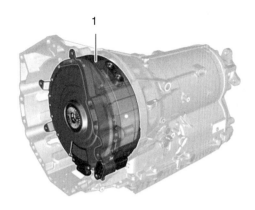

1.电动机
图4-21

1.分离离合器
图4-22

示。分离离合器和电动机位于一个共用壳体内。分离离合器采用湿式片式离合器结构,以便在某些运行状态下将发动机与电动机和传动系其余组件分离。例如,在纯电动行驶时以及车辆"滑行"时分离。为了保证不感觉到发动机的接合和分离,分离离合器具有较高的位置精度。只要分离离合器处于接合状态,电动机、变速器输入轴和发动机就会以相同转速转动,除了分离离合器内出于噪声考虑用于调节滑差的部分外。与自动变速器的所有离合器和片式制动器一样,分离离合器也由机械电子模块操纵。无压力时该部件处于分离状态,因此需利用变速器油压力使离合器接合。该压力通过电动附加油泵或机械油泵提供。因为分离离合器分离时机械油泵由电动机驱动,所以电动机失灵且变速器油温度低于0℃时分离离合器无法接合,因此车辆无法起步,因为无法控制电动附加油泵。

与GA8HP70Z变速器中的液力变矩器一样,分离离合器也能够通过滑差微调将发动机的转动不平稳性与传动系其余组件隔开,因此可在发动机转速很低时,显著降低车辆内的噪声水平。

（5）换挡元件

可以切换或改变所有挡位的制动器和离合器称为换挡元件。与GA8HP70Z变速器一样,GA8P70HZ变速器中也使用以下换挡元件:

·两个固定安装的片式制动器（制动器A和B）

·三个旋转的片式离合器（离合器C、D和E）

片式离合器（C、D和E）将驱动力矩传入行星齿轮箱。片式制动器（A和B）将力矩作用在变速器壳体上。系统以液压方式使离合器和制动器接合。为此液压油压力施加在活塞上,以便活塞将摩擦片套件压在一起,如图4-23和图4-24所示。

GA8HP70Z变速器的换挡元件在数量和布置方面与GA8P70HZ变速器相同。因此8个挡位也以相同的方式和方法产

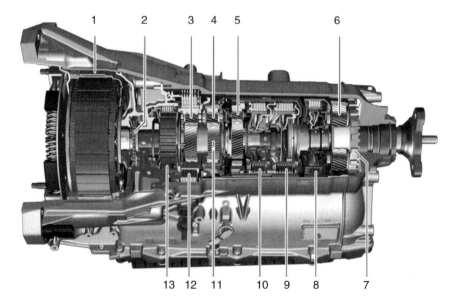

1.电动机 2.机械油泵驱动链条 3.齿轮组1 4.齿轮组2 5.齿轮组3 6.齿轮组4 7.驻车锁 8.片式离合器D 9.片式离合器E 10.片式离合器F 11.齿轮组1和2共用的太阳轮 12.片式离合器B 13.片式离合器C

图4-23

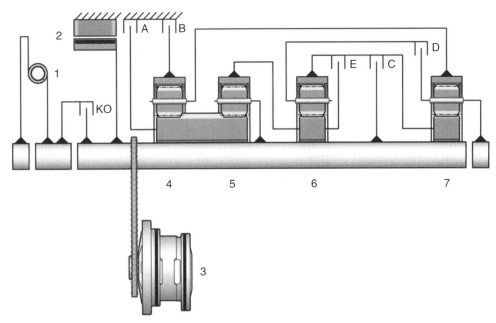

1.扭转减震器 2.电动机 3.机械油泵 4.齿轮组1 5.齿轮组2 6.齿轮组3 7.齿轮组4 A.片式制动器A B.片式制动器B C.片式离合器C D.片式离合器D E.片式离合器E KO.分离离合器

图 4-24

生。表 4-2 所示为在某一挡位下哪些换挡元件接合。

表 4-2

挡位	制动器 A	制动器 B	离合器 C	离合器 D	离合器 E
1	●	●	●		
2	●	●			●
3		●	●		●
4		●		●	●
5		●	●	●	
6			●	●	●
7	●		●	●	
8	●			●	●
R	●	●		●	

由于取消了液力变矩器,因此更改了自动变速器的片式制动器 B。在 F10H 的 GA8P70HZ 中车辆起步和缓慢行驶通过片式制动器 B 实现。为此增加了摩擦片数量并增大了其直径。为此根据使用目的有更多变速器油流过片式制动器 B,以保证冷却效果。

（6）机械电子模块

机械电子模块由液压控制单元和电子控制单元组合而成。该部件安装在变速器油底壳内。液压控制单元包含变速器控制系统的机械组件,例如阀门、减震器和执行机构。电子控制单元包含变速器的整个电子控制单元。电子控制单元以防油方式焊接。机械电子模块已针对在 GA8P70HZ 变速器中使用进行了调整。因此 GA8HP70Z 变速器内探测变速器转速的转速传感器在 GA8P70HZ 变速器中用于探测第一个齿轮组行星架的转速,为此转速传感器的脉冲信号轮与第一个齿轮组的行星架连接,这可用于起步时确定片式离合器 B 的滑差。在 GA8P70HZ 变速器内借助电动机的转子位置传感器确定变速器输入转速。GA8HP70Z 变速器的机械电子模块如图 4-25 所示。

229

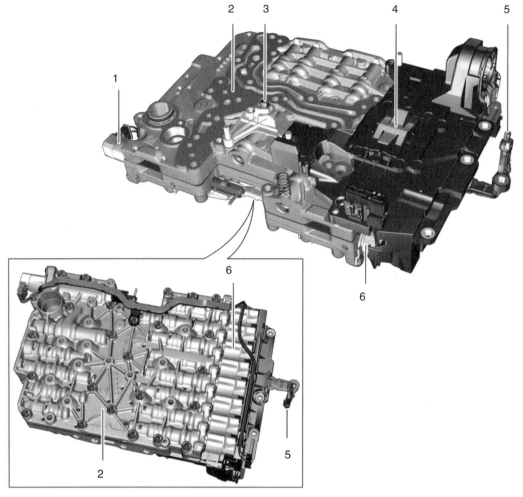

1.驻车锁电磁铁 2.液压控制单元 3.齿轮组1行星架转速传感器 4.电子控制单元 5.输出转速传感器 6.电子压力控制阀和电磁阀

图 4-25

（7）机油供给系统

GA8P70HZ 变速器的机油循环回路在其基本功能方面与 GA8HP70Z 变速器相同。在此机油有以下任务：

·润滑

·控制换挡元件

·冷却

它采用一种普通压力循环系统。除了源自 GA8HP70Z 的机械油泵外，F10H 自动变速器内还集成了一个电动附加油泵。GA8HP70Z 变速器的油泵如图 4-26 所示。

机械油泵由变速器输入轴的滚子齿形链驱动。分离离合器分离时通过电动机驱动，分离离合器接合时通过发动机和电动机组合驱动。在变速器输入轴以过低转速运行的阶段，电动附加油泵可以保证提供变速器油压力。与机械油泵一样，电动附加油泵也是一个叶片泵。该泵由一个无电刷直流电机驱动。控制电子装置集成在电动附加油泵的壳体内，由变速器电

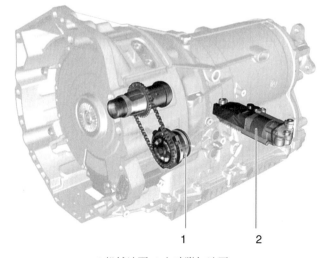

1.机械油泵 2.电动附加油泵

图 4-26

子控制系统 EGS 控制。电动附加油泵从变速器油温度 0℃ 起可以运行。在 GA8P70HZ 变速器中该部件占用了 F04 中已知的液压蓄压器的结构空间。与液压蓄压器一样，电动附加油泵损坏时也可以更换。电动附加油泵的安装位置如图 4-27 所示。

3. 服务信息

与传统 8 挡自动变速器一样，GA8P70HZ 也可配备从车辆底部安装的机械应急开锁装置和电子应急开锁装置。进行变速器机械应急开锁的工作步骤与传统 8 挡自动变速器相同，变速器机械应急开锁装置如图 4-28 所示。

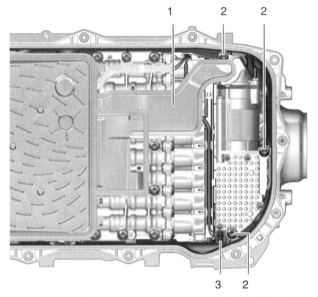

1.抽吸管路 2.电动附加油泵的螺栓连接点 3.电气接口

图 4-27

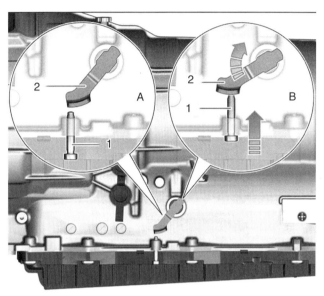

A.变速器驻车锁已挂入 B.变速器驻车锁已松开 1.调节螺栓 2.驻车锁杆

图 4-28

但是，进行电子应急开锁时，无论是在变速器内实现的技术流程还是由售后服务人员进行的操作步骤都有所不同。在传统车辆上，启动机运转后通过液力变矩器驱动机械变速器油泵。通过由此产生的变速器油压力可使驻车锁松开。在 F10H 上，分离离合器无须变速器油压力也处于分离状态。因此在 F10H 上可以不通过启动机转动来产生使驻车锁松开所需的变速器油压力，而是可以通过附加电动变速器油泵来产生变速器油压力。此外，也可以通过电动机驱动机械变速器油泵来产生所需变速器油压力，如表 4-3 所示。

为了实现电子应急开锁，需要完成一系列的操作步骤。通常需要进行驻车锁应急开锁前必须防止车辆溜车。

在传统车辆上进行电子应急开锁时需要操作电子选挡开关两次来向前移动一挡。传统车辆上的驻车锁电子应急开锁如图 4-29 所示。

表 4-3

带 GA8HP70Z 的传统车辆	带 GA8P70HZ 的 Active Hybrid 车辆
启动机运转	传统启动机运转
机械变速器油泵通过运转的启动机驱动并产生变速器油压力	机械变速器油泵通过电动机或电动变速器油泵产生变速器油压力
通过变速器油压力使驻车锁松开	通过变速器油压力使驻车锁松开

在 Active Hybrid 5 上只能向前操作选挡开关一次，在此会直接挂入空挡 N。F10H 上的驻车锁电子应急开锁展示了这点不同之处，如图 4-30 所示。

因此在 Active Hybrid 5 上电子应急开锁的工作步骤进行了简化。由于车辆除发动机外还有一个电动驱动装置，因此为客户和售后服务人员提供了另一种功能。如果发动机没有启动而电动驱动装置性能良好，通过电动驱动装置至少可使车辆移动数米。可在尝试启动期间通过习惯的电子选挡开关操作方式挂入前进挡 D 或

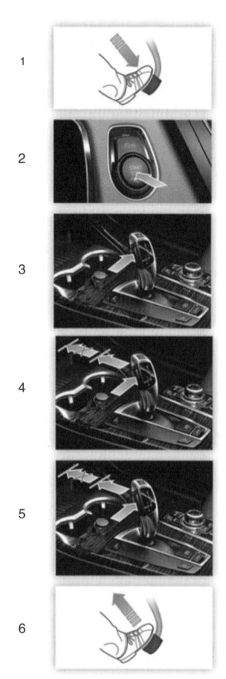

1.踩下制动踏板　2.按下START-STOP按钮　3.操作电子选挡杆开关上的开锁按钮　4.按住开锁按钮并将选挡开关向前推一挡，在此停住2s然后再松开　5.在继续按压开锁按钮的同时再次将选挡开关向前推一挡，然后松开　6.显示空挡N后即可松开制动踏板

图 4-29

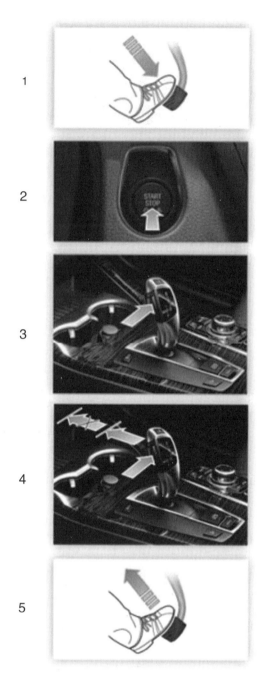

1.踩下制动踏板　2.按下START-STOP按钮　3.操作电子选挡杆开关上的开锁按钮　4.按住开锁按钮并将选挡开关快速向前推一挡，然后再松开　5.显示空挡N后即可松开制动踏板

图 4-30

倒车挡 R。松开制动踏板后便可通过电动驱动装置移动车辆。如果在传统车辆上进行电子应急开锁操作步骤，也会挂入倒车挡 R。如果忘记事先采取防止溜车的措施，车辆可能会突然自行移动。

三、电动机

（一）简介

Active Hybrid 5 中的电动机是一个永励式同步电机。该电动机能将高电压蓄电池的电能转化为动能，从而驱动车辆。因此不仅可以电动行驶（最大约 60km/h），也可以为发动机提供支持，例如超车过程中（例如助推功能）或换挡时的主动扭矩支持功能。在相反的情况下，电动机在制动时和惯性滑行时将动能转化为电能并将电能供给高电压蓄电池单元（能量回收利用）。电动机是一个高电压组件。每个高电压组件的壳体上都带有一个标志，售后服务人员或车主可以通过标志很直观地看出高电压可能带来的危险。只有满足以下前提条件时，才允许售后服务人员对带标志的高电压组件进行作业：具备资质，遵守安全规定，严格按照维修说明操作。通常情况下禁止在带电高电压组件上进行相关工作。如果某个工作步骤涉及高电压组件，则开始工作前必须将高电压系统切换到无电压并采取安全措施以防未经授权重新启动：

①关闭总线端 15。

②断开高电压安全插头。

③防止高电压安全插头重新接通。

④接通总线端 15。

⑤等待至组合仪表中显示检查控制信息"高电压系统已关闭"。

⑥关闭总线端 15 和总线端 R。

出于高电压安全考虑，不允许打开或分解电动机。有故障时应一起更换分离离合器和整个电动机。

（二）安装位置

F10H 电动机的安装位置和附属组件如图 4-31 所示。

电动机与扭转减震器和离合器一起构成了一个单元。这个单元集成在 8 挡自动变速器 GA8P70HZ 内，重量仅为 21kg。该部件代替液力变矩器安装在变速器壳体内。因此 F10H 自动变速器需要的结构空间与 F10 相同，F10H 电动机的固定如图 4-32 所示。

电动机通过 5 个螺栓固定在变速器壳体上。此外,传感器系统的插头也拧在变速器壳体上。

（三）结构

电动机的主要组件包括：

· 转子和定子

· 接口

· 温度传感器

· 转子位置传感器

· 冷却系统

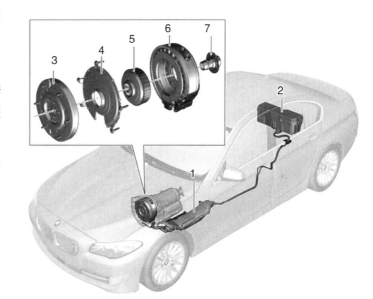

1.电动机电子装置 2.高电压蓄电池单元 3.扭转减震器 4.定子支架盖
5.分离离合器 6.电动机 7.空心轴

图 4-31

Active Hybrid 5 是一款全混合动力功率等级的混合动力车辆。与 F04 中的"部分混合动力"功率等级不同，在 F10H 中能够以纯电动方式行驶，因此需要一个离合器来将发动机与电动机和传动系其余组件隔开。在 F10H 上这个离合器集成在电动机内。F10H 的混合动力制动系统是并联式混合动力系统。发动机和电动机均以机械方式与驱动齿轮连接。驱动车辆时可以单独或同时使用两个驱动系统。

1. 转子和定子

F10H 电动机转子和定子如图 4-33 所示。

与 F04 不同，在 F10H 中电动机采用内部转子结构。"内部转子"表示带有永久磁铁的转子以环形方式

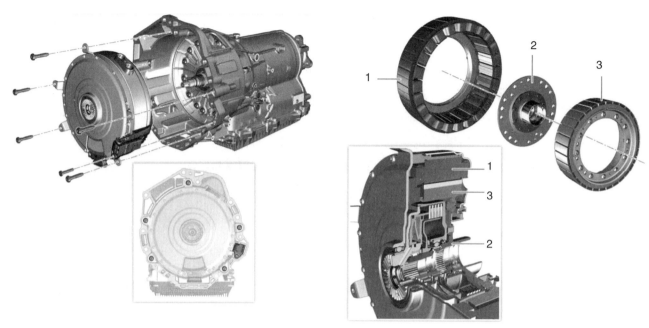

图 4-32

1.定子 2.带法兰的空心轴 3.转子

图 4-33

布置在内侧。可产生磁场的绕组布置在外侧，构成定子。F10H 电动机有 16 对电极。转子通过一个法兰支撑在转子空心轴上，空心轴则以形状连接方式与变速器输入轴连接。

2. 接口

F10H 电动机接口如图 4-34 所示。

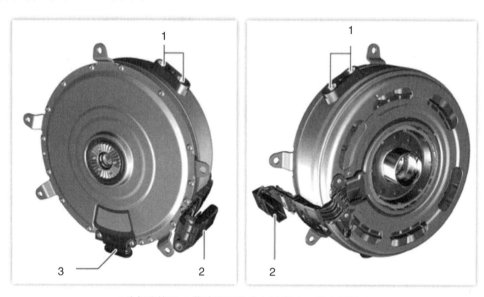

1.冷却液接口 2.传感器系统的电气接口 3.高电压接口

图 4-34

电动机壳体上有 3 个接口用于以下部件：

·两个冷却液管路

·转子位置传感器和温度传感器

·高电压导线

高电压接口如图 4-35 所示。

系统通过高电压接口为电动机绕组提供电能。高电压接口通过一根三相屏蔽高电压导线将电动机电子装置与电动机连接在一起。高电压插头拧在电动机电子装置和电动机上。不允许对高电压导线进行维修。损坏时原则上必须更换导线！

3. 传感器

F10H 电动机传感器如图 4-36 所示。

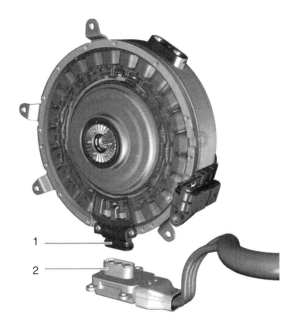

1.高电压接口 2.高电压插头

图 4-35

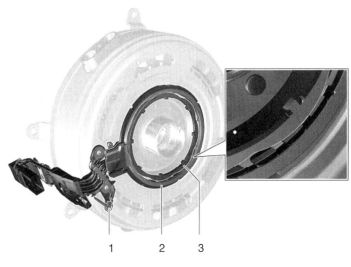

1.温度传感器 2.转子位置传感器的定子 3.转子位置传感器的转子

图 4-36

转子位置传感器用于探测电动机转子的准确位置。该传感器与同步电动机上的传感器结构类似，带有一个特殊形状的转子（与电动机转子连接在一起）以及一个定子（与电动机定子连接在一起）。通过转子转动在定子绕组内产生的感应相电压由电动机电子装置进行分析，从而计算转子位置角度。更换电动机或电动机电子装置时，需借助宝马诊断系统校准转子位置传感器。转子位置对于以场为主导精确控制电动机来说非常重要，从而为适应转子位置在定子绕组上产生电压。运行时电动机绕组不得超过某个温度。因此需通过一个温度传感器测量某一绕组内的温度。该部件设计结构为带有负温度系数（NTC）的可变电阻。NTC 越热，其电阻越小。电动机电子装置分析温度传感器的信号，如果绕组温度接近最大允许值，则降低电动机功率。不允许在宝马售后服务维修车间更换转子位置传感器或温度传感器。进行温度传感器的故障查询时必须注意以下事项，否则可能造成温度传感器毁坏：

· 电动机温度不超过约 50℃时，可以在温度传感器上直接施加的电压不超过约 15V

· 电动机温度不超过约 80℃时，可以在温度传感器上直接施加的电压最大不超过 10V

· 温度较高（例如电动机运行温度）时，在没有外部限流的情况下不允许在温度传感器上施加电压

4. 冷却系统

F10H 电动机冷却系统如图 4-37 所示。

定子支架与外部壳体之间有一个冷却通道用于冷却电动机，来自发动机冷却循环回路的冷却液经

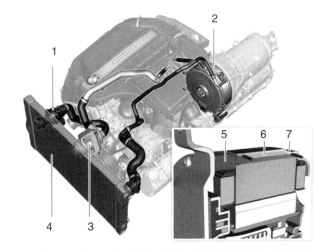

1.节温器 2.电动机 3.电动冷却液泵 4.冷却液散热器 5.定子支架 6.电动机冷却液通道 7.壳体

图 4-37

过这个通道，该冷却通道通过两个密封环向前和向后密封。F10H 冷却液循环回路如图 4-38 所示。

用于电动机电子装置冷却液循环回路的冷却液空气热交换器集成在冷却模块内。根据电动机电子装置的冷却要求，以需要和耗油量优化方式控制电动冷却液泵和电子扇。

5. 分离离合器

在 F10H 中有一个分离离合器集成在电动机的壳体内。分离离合器采用湿式片式离合器结构，以便在某些运行状态下将发动机与电动机和传动系其余组件分离。例如，在纯电动行驶时以及车辆"滑行"时分离。为了保证不感觉到发动机的接合和分离，分离离合器具有较高的位置精度。只要分离离合器处于接合状态，电动机、变速器输入轴和发动机就会以相同转速转动。与自动变速器的所有离合器和片式制动器一样，分离离合器也由机械电子模块操纵。无压力时该部件处于分离状态，因此需利用变速器油压力使离合器接合。该压力通过电动附加油泵或机械油泵提供。因为分离离合器分离时机械油泵由电动机驱动，所以电动机失灵且变速器油温度低于 0℃时

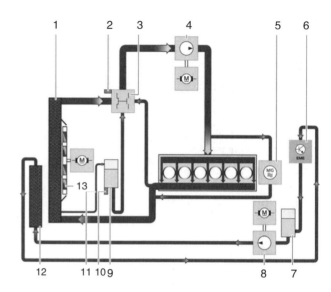

1.发动机和电动机的冷却液循环回路内的冷却液空气热交换器 2.加热线圈 3.特性曲线式节温器 4.发动机和电动机的冷却液循环回路内的电动冷却液泵电动机 5.电动机 6.电动机电子装置 7.电动机电子装置的冷却液循环回路内的补液罐 8.电动机电子装置的冷却液循环回路内的电动冷却液泵(50W) 9.发动机和电动机的冷却液循环回路内的补液灌 10.冷却液位开关 11.补偿管路 12.电动机电子装置的冷却液循环回路内的冷却液空气热交换器 13.电子扇

图 4-38

分离离合器无法接合，因此车辆无法起步。GA8HP70Z 变速器的分离离合器如图 4-39 所示。

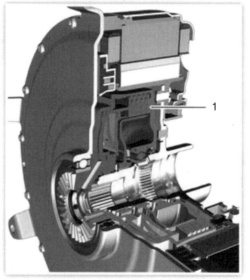

1.分离离合器
图 4-39

与 GA8HP70Z 变速器中的液力变矩器一样，分离离合器也能够通过滑差微调将发动机的转动不平稳性与传动系其余组件隔开。因此可在发动机转速很低时，显著降低车辆内的噪声水平。

6. 扭转减震器

在某些转速和运行状态下，发动机不平稳运行和由此产生的扭转震动可能引起嗡嗡声或嘎嘎声。为隔开扭转震动，F10H 自动变速器使用一个扭转减震器。扭转减震器将发动机飞轮与自动变速器分离离合器以机械方式连接在一起。扭转减震器损坏时可以更换，如图 4-40 所示。

（四）服务信息

必须更换电动机时，请注意以下提示内容。

执行开始工作前的电气安全规定。必须更换电动机时，应将由电动机、分离离合器与扭转减震器组成的单元整个更换。应使用规定的专用工具，如图 4-41 所示。

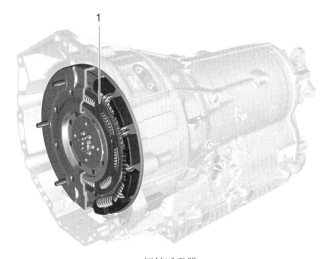

1.扭转减震器

图 4-40

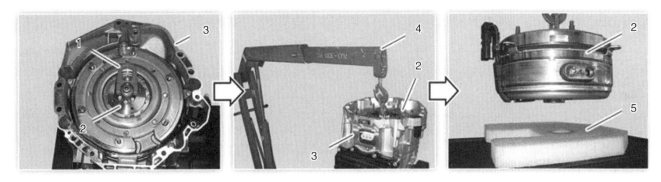

1.用于从自动变速器中取出带扭转减震器的电动机的专用工具(专用工具编号22973111) 2.带扭转减震器的电动机 3.自动变速器 4.车间起重机 5.用于放置带扭转减震器的电动机的专用工具(专用工具编号2297312)

图 4-41

更换电动机或电动机电子装置后，需借助宝马诊断系统进行转子位置传感器校准。只需更换扭转减震器时，可单独更换该部件。进行此项工作时也应使用规定的专用工具，如图 4-42 所示。

1.将专用工具用螺栓拧在自动变速器上 2.用于拔出扭转减震器的专用工具(专用工具编号2297313) 3.将专用工具用螺栓拧在扭转减震器上 4.扭转减震器 5.自动变速器 6.将扭转减震器用螺栓与电动机固定在一起

图 4-42

（五）技术数据（如表4-4所示）

表4-4

供应商	ZF Sachs AG
最大扭矩（<1s）	210 N·m，1300r/min 时
扭矩（持续）	80 N·m，最高至 900r/min
助推功率（<60s）	38kW，从 1800r/min 起
最大功率（<1s）	40kW，3000r/min 时
效率	最大至 91.8%
运行转速范围	0~7500r/min
额定预运行温度（冷却）	105℃
额定体积流量（冷却）	6L/min
重量（带扭转减震器和离合器）	约 21kg
定子外直径（带支架）	285mm
定子内直径	214mm
定子长度	85mm
转子外直径	212mm
转子内直径（带支架）	172mm

四、电动机电子装置

（一）简介

电动机电子装置是一个高电压组件，其主要任务是高电压与低电压车载网络之间的能量转换以及控制电动机。在此一方面将来自高电压蓄电池的直流电压转换为用于控制电动机（作为发动机）的三相交流电压，另一方面在电动机作为发电机工作时，电动机电子装置将电动机的三相交流电压转换为直流电压并

图 4-43

因此为高电压蓄电池充电。对于这两种运行方式来说都需使用双向 DC/AC 转换器，该转换器不仅可以作为逆变器工作，也可以作为直流整流器工作，F10H 电动机电子装置如图 4-43 所示。

12V 车载网络的供电通过同样集成在电动机电子装置内的单向 DC/DC 转换器来保证。电动机电子装置的壳体内还有一个控制单元，该控制单元的名称与电动机电子装置相同，简写为"EME"。EME 是一个中央混合动力控制单元，该控制单元通过较高的效率和提高的工作性能（例如电动行驶或制动能量回收利用）辅助降低耗油量和 CO_2 排放量。电动机电子装置是一个高电压组件！每个高电压组件的壳体上都带有一个标志，售后服务人员或车主可以通过标志很直观地看出高电压可能带来的危险。只有满足以下前提条件时，才允许售后服务人员对带标志的高电压组件进行作业：具备资质，遵守安全规定，严格按照维修说明操作。通常情况下禁止在带电高电压组件上进行相关工作。如果某个工作步骤涉及高电压组件，则开始工作前必须将高电压系统切换到无电压并采取安全措施以防未经授权重新启动：

①关闭总线端 15。

②断开高电压安全插头。

③防止高电压安全插头重新接通。

④接通总线端 15。

⑤等待至组合仪表中显示检查控制信息"高电压系统已关闭"。

⑥关闭总线端 15 和总线端 R。

出于高电压安全和保修方面的考虑，不允许打开或分解电动机电子装置。损坏时必须更换整个电动机电子装置。更换电动机电子装置后，必须借助宝马诊断系统使其运行。必须严格遵守维修说明。

（二）安装位置

F10H 电动机电子装置安装位置如图 4-44 所示。

电动机电子装置安装在自动变速器左侧的地板上。为了接触到电动机电子装置的接口，必须拆卸相应的地板饰板。

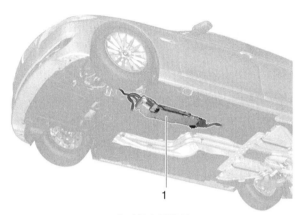

1.电动机电子装置

图 4-44

（三）任务

电动机执行很多任务，下面将详细描述：

·控制电动机

为了控制和调节高电压车载网络上的永磁电动机，电动机电子装置对电动机内的转子位置传感器和温度传感器进行分析

·控制高电压车载网络的启动和关闭

电动机电子装置可以促使高电压蓄电池单元内接触器的接通和关闭以及中间电路放电，此外还评估接触器的状态并授权为高电压组件供电。

·控制 DC/DC 转换器的功率

电动机电子装置内的 DC/DC 转换器将电能从高电压车载网络传输到 12V 车载网络内，同时承担普通车辆中发电机的功能。在此 EME 内的 DC/DC 转换器产生最大 2.4kW 的功率。在某个范围内额定电压可能由 EME 规定。借此为车辆的低电压车载网络提供能量。EME 和电动机替代以前为此使用的发电机

·控制电动制冷剂压缩机的功率

电动制冷剂压缩机的功率限制取决于主动驱动功能（助推功能、能量回收利用）和可供使用的高电压蓄电池功率

·用电器协调

根据高电压蓄电池的功率限值和高电压组件的当前功率需求规定对驱动来说可供使用的功率。如果要求减轻负荷，则可以根据运行状态减少或关闭高电压用电器。

·高电压车载网络诊断

这项功能用于收集有关高电压车载网络状态的数据，以用于设计将来的车辆项目（例如高电压蓄电池充电状态、运行模式等）。

·控制断路继电器

为避免附加蓄电池过度充电，从某个发动机转速起必须使断路继电器接合，借此连接附加蓄电池和车辆蓄电池。这项功能包括所属的诊断由电动机电子装置承担。

·控制发动机节能启停功能的禁止关闭因素或要求接通因素

如果 12V 车载网络的负荷过大，则生成禁止关闭因素或要求接通因素。禁止关闭因素的生成也取决于高

电压蓄电池的温度。

·高电压触点监控

高电压触点监控用于进行高电压系统方面的工作时保护人员。该功能识别高电压系统内断路的插头连接，从而立即关闭高电压系统。此外，高电压触点监控回路断路时，还会阻止高电压系统接通。高电压触点监控信号由蓄能器管理电子装置产生，该信号必须通过所有相关高电压组件包括所有高电压接口和相关盖板。

·控制高电压蓄电池冷却用制冷剂循环回路内的膨胀和截止组合阀

内部空间冷却和高电压蓄电池单元冷却可以彼此独立地运行。为了确保蓄电池冷却和内部空间冷却能够彼此独立地运行，制冷剂循环回路内集成了两个膨胀和截止组合阀。这些阀门可根据实际需要开启部分循环回路。因此可以保证系统高效性和正常的调节特性。暖风和空调器内用于车内空间的膨胀和截止组合阀由电动机电子装置控制，用于高电压蓄电池单元的膨胀和截止组合阀由蓄能器管理电子装置 SME 控制。

·控制电动真空泵

在纯电动行驶阶段发动机处于静止状态，因此无法控制机械真空泵。为了在这些阶段也能保证提供制动真空，在 F10H 中电动机电子装置还控制一个附加电动真空泵。

·运行策略

宝马 Active Hybrid 5 中另一项独一无二的能量管理特点是，不仅能够根据当前行驶情况，也能够根据即将来临的行驶情况调整运行策略。为达到这个目的，供电电子装置提前分析表示外部条件变化或驾驶员指令变化的数据，然后为此准备好动力传动系统和车辆电子系统的组件。为了有前瞻性地分析行驶情况，在此使用发动机和底盘控制系统以及车载驾驶员辅助系统传感器探测的数据。此外，导航系统内存储的有关驾驶员所选路线的数据也纳入计算中。

（四）系统电路图

F10H 电动机电子装置系统电路图如图 4-45 所示。

（五）接口

电动机电子装置上的接口可以划分为 5 个类别：

·低电压接口

·高电压接口

·电位补偿导线接口

·冷却液管路接口

·通风管路接口

图 4-46 所示为电动机电子装置的所有接口。随后介绍各个类别。

1. 低电压接口

F10H 电动机电子装置的低电压接口如图 4-47 所示。

电动机电子装置通过大横截面的一个蓄电池正极导线和一个接地导线与 12V 车载网络（总线端 30 和 31）连接。电动机电子装置内的 DC/DC 转换器通过这个连接为整个 12V 车载网络提供能量。这两个导线与电动机电子装置的接触连接不通过插接连接件实现，而是通过螺栓连接实现。所有其他导线和通过信号插头的信号具有按比例减小的电流强度。

2. 高电压接口

F10H 电动机电子装置的高电压接口如图 4-48 所示。

电动机电子装置上总共有 3 个高电压接口，用于连接至其他高电压组件的导线：

·连接至电动机

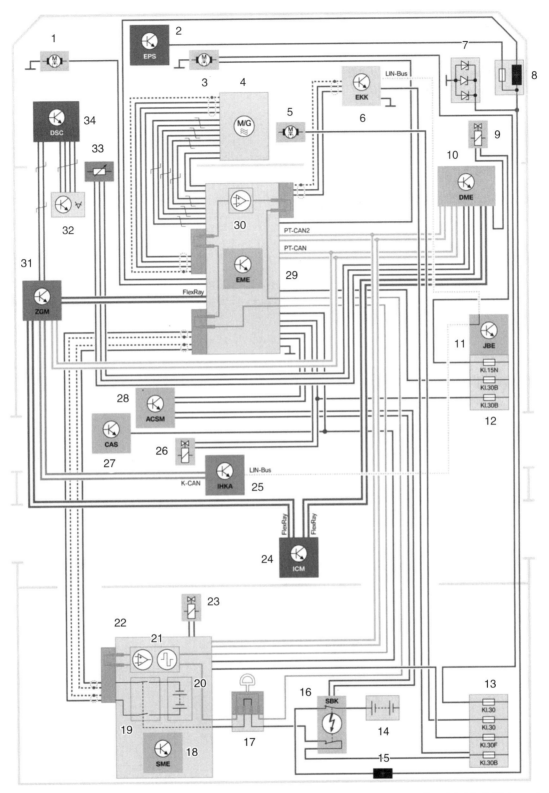

1.电动真空泵 2.电动机械式助力转向系统(Electronic Power Steering) 3.电动冷却液泵（电动机电子装置冷却循环回路） 4.电动机 5.集成式电动变速器油泵 6.电动制冷剂压缩机 7.极性接错保护 8.蓄电池正极接线柱 9.减震控制式支座阀 10.数字式发动机电子系统 11.接线盒电子装置 12.前部配电盒 13.行李箱配电盒 14.电池 15.过渡接线柱 16.安全型蓄电池接线柱 17.高电压安全插头（售后服务时断开连接） 18.蓄能管理电子装置 19.带电动机械式接触器的S盒 20.高电压蓄电池 21.蓄能器管理电子装置内用于高电压触点监控检测信号的分析电路和信号发生器 22.高电压电池单元 23.用于高电压蓄电池单元的膨胀和截止组合阀 24.集成式底盘管理系统 25.自动恒温空调 26.用于车内空间的膨胀和截止组合阀 27.便捷登车及启动系统 28.碰撞和安全模块 29.电动机电子装置 30.电动机电子装置内用于高电压触点监控检测信号的分析电路 31.中央网关模块 32.制动踏板行程传感器 33.真空力传感器 34.动态稳定控制系统

图 4-45

241

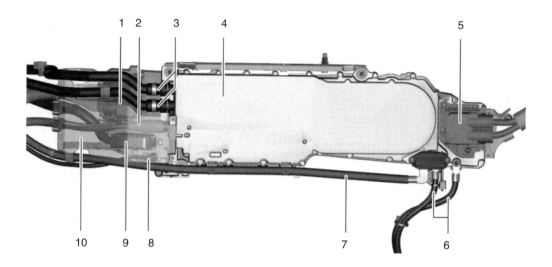

1.带三相高电压导线（至电动机）的插头 2.带高电压导线（至电动制冷剂压缩机）的插头 3.冷却液管路 4.电动机电子装置 5.带两个高电压导线（至高电压蓄电池单元）的插头 6.12V车载网络接口（DC/DC转换器） 7.接地导线和电位补偿导线 8.通风管路 9.信号插头 10.盖板，防撞护板

图 4-46

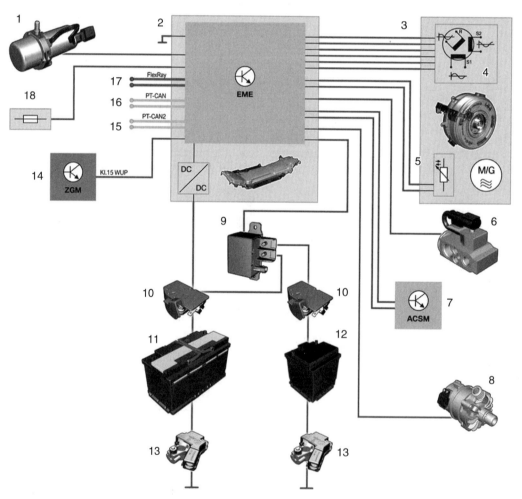

1.电动真空泵 2.电动机电子装置 3.电动机 4.转子位置传感器 5.温度传感器 6.用于车内空间的膨胀和截止组合阀 7.高级碰撞和安全模块ACSM 8.电动冷却液泵(EME冷却液循环回路) 9.断路继电器 10.安全型蓄电池接线柱 11.车辆蓄电池(12V) 12.附加蓄电池(12V) 13.智能型电池传感器 14.中央网关控制单元ZGM 15.动力传动系控制器区域网络2(PT-CAN2) 16.动力传动系控制器区域网络(PT-CAN) 17.用于汽车的快速实时容错总线系统FlexRay 18.前部配电盒

图 4-47

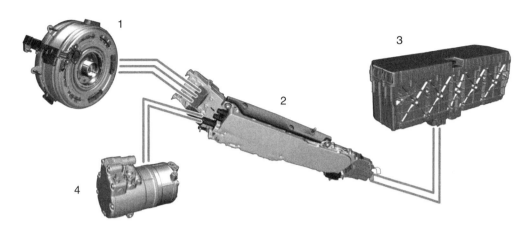

1.电动机 2.电动机电子装置 3.高电压蓄电池单元 4.电动制冷剂压缩机EKK

图 4-48

三相，交流电压，一个用于所有 3 个导线的屏蔽层，通过螺栓连接的高电压插头。

· 连接至高电压蓄电池

两芯，直流电压，每个导线一个屏蔽层，带机械锁止件的扁平高电压插头，通过接触簧片盖板上方的盖板和通过高电压触点监控电桥实现接触保护。

· 连接至电动制冷剂压缩机

两芯，直流电压，用于 2 个导线的一个屏蔽层，带机械锁止件的圆形高电压插头，通过接触簧片盖板上方的盖板和通过 EKK 控制单元供电断路实现接触保护。

无论扁平还是圆形高电压插头，松开或建立接触连接时都必须准确遵守规定顺序。

3. 高电压导线

高电压导线使高电压组件相互连接并带有鲜明的橙色导线护套。混合动力车辆制造商已在通过橙色警告色统一标记高电压导线方面达成一致。在此仅对 F10H 所用高电压导线进行概述，如图4-49 所示。

不允许对高电压导线进行维修。损坏时原则上必须更换导线！通常情况下禁止在带电高电压组件上进行相关工作。如果某个工作步骤涉及高电压组件，则开始工作前必须将高电压系统切换到无电压并采取安全措施以防未经授权重新启动：

· 关闭总线端 15

· 断开高电压安全插头

· 防止高电压安全插头重新接通

· 接通总线端 15

· 等待至组合仪表中显示检查控制信息高电压系统已关闭

· 关闭总线端 15 和总线端 R

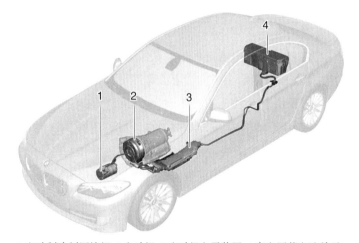

1.电动制冷剂压缩机 2.电动机 3.电动机电子装置 4.高电压蓄电池单元

图 4-49

（1）松开扁平高电压插头

在此所述的工作步骤适用于电动机电子装置上的相应高电压插头和高电压蓄电池单元上的高电压插头。

①松开高电压触点监控电桥。

插接状态下该电桥使高电压触点监控电路闭合。蓄能器管理电子装置持续监控高电压触点监控电路,只有电路闭合时高电压系统才处于启用状态。如果高电压触点监控电路通过松开电桥而断路,则高电压系统自动关闭。这是一种附加的安全措施,因为开始工作前售后服务人员已经将高电压系统切换到无电压,如图 4-50 所示。

②松开机械锁止件。

只有松开了高电压触点监控电桥后,才能向箭头方向推移机械锁止件。机械锁止件是高电压组件上高电压插头的组成部分。通过向箭头方向推移锁止件释放高电压导线上高电压插头的机械导向,因此可以进行下面的拉拔,如图 4-51 所示。

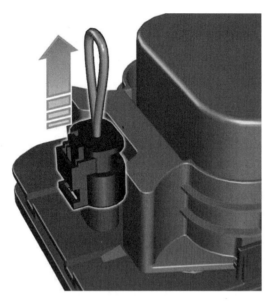

图 4-50

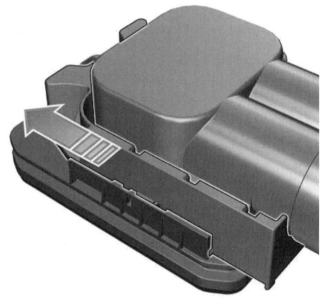

图 4-51

(2)拔下高电压导线的插头

现在可以向箭头方向拔下高电压导线的插头。将插头拔下几毫米后(如图 4-52 中 A),可感觉到反作用力较高。此后必须向相同方向继续拔下插头(如图 4-52 中 B)。插头达到位置(如图 4-52 中 A)后,决不允许将插头压回到高电压组件上,以免造成高电压组件上的插头损坏。高电压导线的高电压插头必须分两步向一个相同方向垂直拔下。拔下期间不允许反向移动。

重新连接高电压插头时,按相反顺序执行。图 4-53 所示为高电压组件上高电压插头的复杂结构,可以看出为什么松开和连接高电压插头时必须小心地进行。

(3)松开圆形高电压插头(如图 4-54 所示)

在此所述的工作步骤适用于电动机电子装置上的相应高电压插头和电动制冷剂压缩机上的高电压插头。图中所示工作步骤以 E82E 电动机电子装置为例,

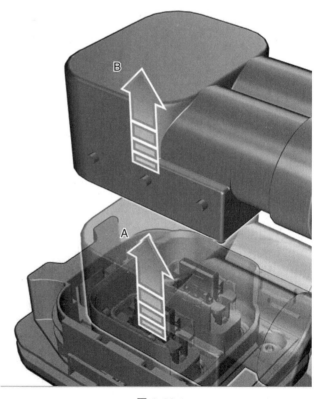

图 4-52

但完全适用于 F10H。

①高电压导线（如图 4-55 中 1）的插头位于组件（如图 4-55 中 2）的高电压接口上且已锁止。

②必须朝箭头方向（如图 4-56 中 1）将两个锁止元件（如图 4-56 中 2）压到一起，这样可以释放高电压组件接口上插头的机械锁止。

③继续将锁止元件压在一起时，必须沿箭头方向（如图 4-57 中 1）纵向拔出插头。

重新连接高电压导线时，建议像开始一样将锁止元件压到一起，由此确保锁止元件从插孔旁外侧滑过。如果不像开始一样将锁止元件压到一起，则向内推上时可能会滑落并造成损坏。推上结束时确保锁止元件卡入（咔嗒声）。此外，还应通过随后拉动插头检查锁止件是否卡入。如果高电压导线已连接，则高电压触点监控信号经过电动机电子装置上高电

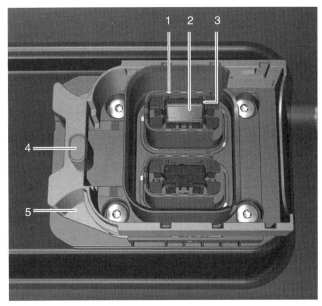

1.用于屏蔽的电气触点　2.用于高电压导线的电气触点　3.接触保护　4.机械锁止件　5.带高电压触点监控电路内电桥接口的插孔

图 4-53

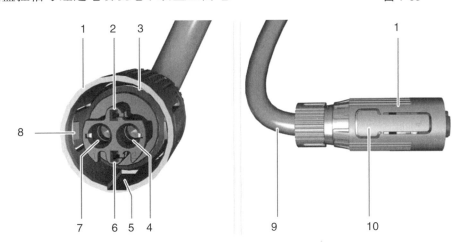

1.壳体　2.插头内用于电桥的接口1　3.用于屏蔽的接口　4.线脚2高电压接口（DC、负极）　5.机械设码　6.插头内用于电桥的接口2　7.线脚1高电压接口（DC，正极）　8.锁止元件　9.高电压导线　10.锁止元件操作部位

图 4-54

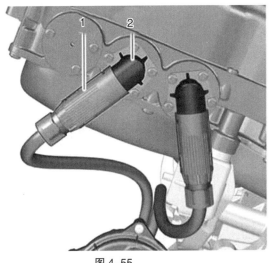

图 4-55

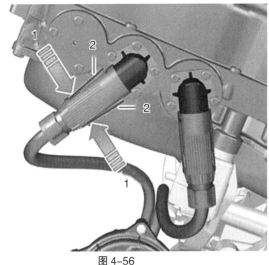

图 4-56

245

压插头内的电桥。如果电路断路，则会导致高电压系统关闭。这是一种附加技术安全措施，因为售后服务人员事先已使高电压系统断电。在电动制冷剂压缩机的圆形高电压插头内也有一个电桥，EKK 控制单元的供电导线经过该电桥。因此拔出圆形高电压插头时，高电压触点监控电路不会断路。但是高电压导线内的电流会中断，因为 EKK 控制单元不再需要任何功率。因此随后松开高电压插头时不会再产生电弧。

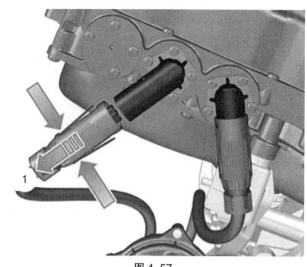

图 4-57

4. 电位补偿导线接口

绝缘监控功能确定带电高电压部件（例如高电压导线）与接地间的绝缘电阻是否高于或低于所需最低限值。如果绝缘电阻低于最低限值，就会存在车辆部件带有危险电压的可能。如果人员接触第二个带电高电压部件，就会存在电击危险。因此针对 F10H 高电压系统提供全自动绝缘监控功能。蓄能器管理电子装置在高电压系统启用期间定期进行监控。在此车辆接地作为参考电位使用。如果没有附加措施，则通过这种方式只能确定高电压蓄电池单元内局部出现的绝缘故障。但是确定分布在车辆上的高电压导线与接地间的绝缘故障也同样重要。

因此高电压组件的所有导电壳体都与接地导电连接。这样可以通过在一个中央位置执行绝缘监控功能确定整个高电压车载网络内的绝缘故障。如果电位补偿导线未按规定连接在高电压组件上，则不允许高电压系统运行。如果维修时更换高电压组件或车身部件，则组装时注意：必须按规定重新建立壳体与车身之间的连接。必须严格遵守维修说明（拧紧力矩，自攻螺钉）。

5. 冷却液管路接口

电动机电子装置通过独立的冷却循环回路冷却。

6. 通风管路接口

F10H 电动机电子装置通风管路如图 4-58 所示。

为了避免因温度变化及由此引起的湿气冷凝导致电动机电子装置内部积水，在此需使用通风管路。通风管路端部位于电动机电子装置之上。

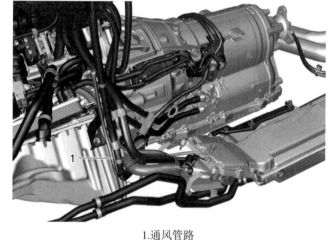

1. 通风管路

图 4-58

（六）能量流

1. 高电压蓄电池—电动机

图 4-59 所示为高电压蓄电池与电动机之间的能量流示意。

为控制和调节电动机，电动机电子装置内的双向逆变器将来自高电压蓄电池的直流电压转换为用于电动机的三相交流电。在发电机运行模式下通过逆变器重新为高电压蓄电池充电（能量回收利用）。

2. 高电压—低电压

图 4-60 所示为 F10H 中低电压车载网络与高电压车载网络之间的能量流示意。

与普通车辆不同，12V 车载网络不是通过发电机而是通过 DC/DC 转换器从高电压车载网络获得能量。与

F04 不同，F10H 中的电动机电子装置没有双向 DC/DC 转换器。这意味着能量只能从高电压车载网络传输到 12V 车载网络，无法从 12V 车载网络为高电压蓄电池充电。因为 F10H 中的发动机可随时从 12V 车载网络通过普通启动机启动，所以也不需要。

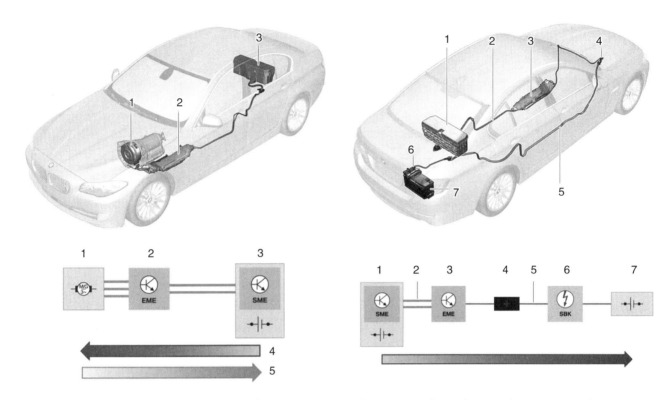

1.电动机 2.电动机电子装置 3.高电压蓄电池单元 4.电动机电子装置的供电电子装置以逆变器形式工作，可将高电压直流电转为三相高电压交流电 5.电动机电子装置的供电电子装置以直流整流器形式工作，可将三相高电压交流电转换为高电压直流电

图 4-59

1.高电压蓄电池单元 2.高电压导线 3.电动机电子装置 4.蓄电池正极接线柱 5.主电流导线 6.安全型蓄电池接线柱SBK 7.车辆蓄电池

图 4-60

（七）冷却系统

F10H 电动机电子装置冷却系统如图 4-61 所示。

电动机电子装置通过独立的冷却液循环回路进行冷却。冷却液循环回路包括：

· 一个高性能低温冷却器

· 一个 50W 冷却液泵

· 一个补液罐

· 冷却液管路

冷却液空气热交换器集成在冷却模块内。取决于电动机电子装置的冷却要求，根据需要以耗油量优化方式控制电动冷却液泵和电动风扇。 由于根据需要控制电动风扇和电动冷却液泵，因此可避免影响电子装置使用寿命的剧烈温度波动，并可达到以优化能量为主的冷却效果。

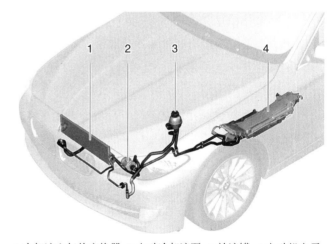

1.冷却液空气热交换器 2.电动冷却液泵 3.补液罐 4.电动机电子装置

图 4-61

（八）技术数据

技术参数如表 4-5 所示。

表 4-5

电动机电子装置	
供应商	Robet Bosch GmbH
重量	约 10kg
长度	875mm
高度	151mm
宽度	249mm
运行温度范围	−40~+80℃
供电电子装置	
运行电压范围	最大 385V DC
最大电流	150A（持续），400A（0.3s）
DC/DC 转换器	
额定输出电压	14V DC
最大输出电流	170A（持续）
最大输出功率	2.4kW（持续），3kW（峰值 100ms）

五、高电压蓄电池单元

（一）概览

高电压蓄电池单元是一个完整系统，不仅包含高电压蓄电池本身，还包括以下组件：

·蓄能器管理电子装置 SME 电子控制单元

·电动机械式接触器

·高电压导线接口

·信号导线接口

·电位补偿导线接口

·制冷剂管路接口和冷凝液排泄管

·电池监控电子装置

·排气管

高电压蓄电池单元的主要任务是从高电压车载网络吸收、存储电能并在需要时提供使用。它还执行有助于确保高电压系统安全的重要任务，例如高电压触点监控。在 F10H 上，高电压安全插头（又称为售后服务时断开连接）不是高电压蓄电池单元的组成部分。取而代之的是该部件位于行李箱内右侧的一个盖板下。F10H 的高电压蓄电池单元由宝马 AG 制造。高电压蓄电池单元的电池由 A123 Systems 公司制造。高电压蓄电池单元同样由宝马 AG 开发。F10H 的高电压蓄电池单元为 9 级危险物品（UN3090），不允许空运。

1. 安装位置和外部特征

高电压蓄电池单元安装在行李箱内，后座长椅后。因此 F10H 无法提供选装配置直通装载系统或滑雪袋。高电压蓄电池单元上装有饰板，因此无法直接看到。取下饰板后可看到特征和接口。高电压蓄电池单元通过两个支架与左侧和右侧车身连接。为了便于拆卸和安装高电压蓄电池单元，维修站使用专用工具工作。如图 4-62 所示，高电压蓄电池单元壳体与接地之间通过一根独立电位补偿导线实现导电连接。

高电压蓄电池单元上有一个警告提示牌，用于警告进行高电压组件作业时可能带来的危险，如图 4-63

248

所示。

对这些组件进行所有工作时都必须遵守高电压蓄电池的安全数据表。必须使用所规定的人员保护装备。

2. 系统电路图

高电压蓄电池单元系统电路图如图 4-64 所示。

3. 一般结构

如图 4-65 所示电路图表示高电压蓄电池单元的内部电气结构。

从这个电路图中可以看出，除了汇集在电池模块内的电池外，高电压蓄电池单元还包括以下电气/电子部件：

· 蓄能器管理电子装置 SME 控制单元

· 8 个电池监控电子装置（电池监控电路 CSC）

· 带接触器、传感器和过电流保险丝的接口盒

4. 高电压蓄电池

高电压蓄电池是高电压系统的实际蓄能器。通过串联总共 96 个电池（额定电压 3.3 V）得到 316.8V 额定电压。

高电压蓄电池单元由 8 个电池模块构成，如图 4-66 所示。每个电池模块都包含：

· 12 个电池

· 冷却用挤压成型件（5 个中间块和 2 个边缘块）

· 电池接触系统 ZKS

A123 Systems 公司的锂铁磷电池采用圆柱形状。这些电池是锂离子蓄电池，其负极由锂铁磷制成。电池负载容量高，坚固耐用。与其他锂离子电池

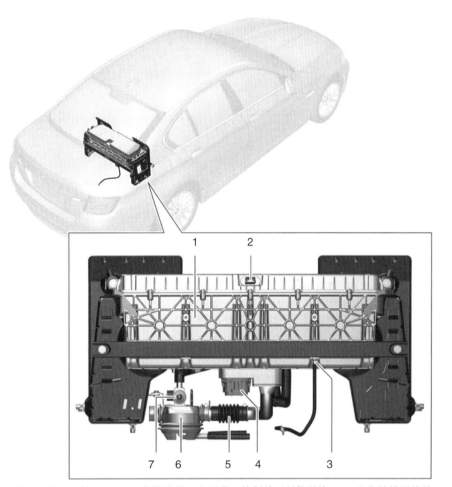

1.高电压蓄电池单元 2.用于蓄能器管理电子装置控制单元的信号接口 3.电位补偿导线接口 4.高电压接口 5.排气管 6.套管 7.制冷剂循环回路内的膨胀和截止组合阀

图 4-62

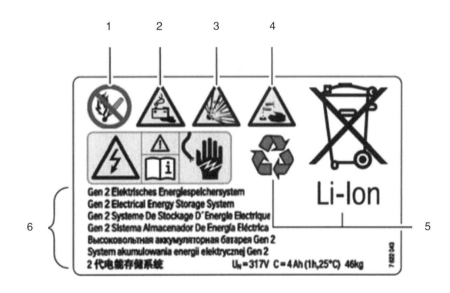

1.禁止标志：禁止明火、火焰和吸烟 2.警告标志：电池危险警告 3.警告标志：易爆物品警告 4.警告标志：腐蚀性物品警告 5.高电压蓄电池单元废弃处理说明：可由专业人员回收利用，不允许作为生活垃圾处理 6.多种语言说明：2代电能存储系统 U_N=317V，C=4Ah（1h，25℃）46kg

图 4-63

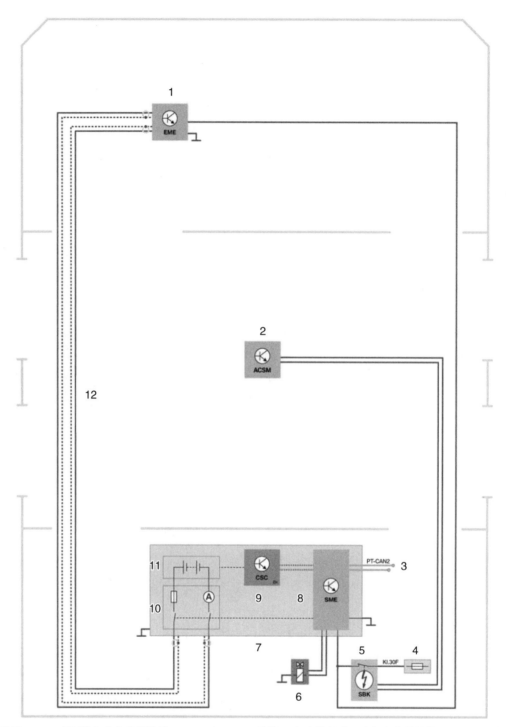

1.电动机电子装置EME 2.高级撞和安全控制单元ACSM 3.PT-CAN2导线 4.行李箱保险丝支架内的蓄能管理电子装置保险丝 5.安全型蓄电池接线柱 6.膨胀和截止组合阀 7.高电压蓄电池单元 8.蓄能管理电子装置SME 9.电池监控电子装置（电池监控电路CSC） 10.带电动机械式接触的外接接口（S盒） 11.高电压蓄电池的电池控制单元 12.带有屏蔽层的高电压导线

图 4-64

相比，锂铁磷电池的另一个优点是，电池内部不存在氧化剂，因此过度反应不剧烈。电池粘贴在冷却用挤压成型件内。首先黏接剂应通过良好的导热能力保证电池的热量很好地扩散到挤压成型件上。电池的塑料套管损坏时，黏接剂还起到绝缘作用。电池接触系统 ZKS 的两个部分借助激光焊接方法焊接在电池端子上。这些部件构成各电池的串联电路。为引出模块的电流，每个模块内都有两个抽头。这些抽头固定在前部电池接触系统上。相邻模块的抽头通过模块连接器连接。采用锂离子技术的电池对电量过高、电压过高、电流过高和

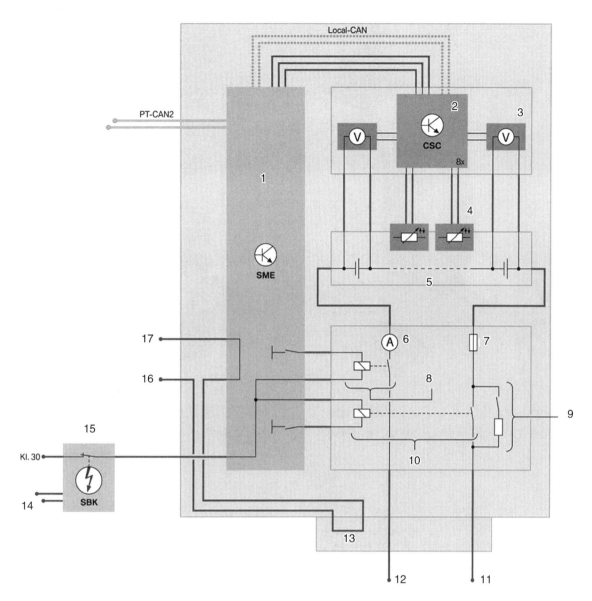

1.蓄能器管理电子装置 2.电池监控电子装置(电池监控电路CSC) 3.用于测量电池电压的传感器 4.用于测量电池温度的传感器 5.实际高电压蓄电池，由多个电池模块组成 6.用于测量高电压蓄电池单元负极导线内电流强度的传感器 7.高电压蓄电池单元正极导线内的过电流保险丝 8.高电压电池单元负极导线内的电动机械式接触器 9.预充电电路 10.高电压蓄电池单元正极导线内的电动机械式接触器 11.高电压蓄电池单元正极导线 12.高电压蓄电池单元负极导线 13.高电压触点监控电路内的电桥(高电压接口的组成部分) 14.从多功能乘员保护系统至安全型蓄电池接线柱可燃部件的控制导线 15.安全型蓄电池接线柱 16.高电压触点监控电路输出端 17.高电压触点监控电路输入端

图 4-65

温度过高的情况都很敏感。因此在电池模块两侧抽头的电路板固定在带集成式温度传感器的电池上。电池监控通过电池监控电子装置 CSC（电池监控电路）实现。为冷却电池，电池模块安装在蒸发器单元内。通过散热器内的通道沿着电池模块输送制冷剂。高电压蓄电池单元结构如图 4-67 所示。

　　发生碰撞时通过所谓的防撞板使作用力经过散热器传递，因此不直接由电池模块承受。这些部件位于电池模块之间。如果某个电池内出现不允许的高温或不允许的高电压，则通过安全阀排除（集成在可焊接的防扭转触点旁相应电池的两个盖板内）。这样可以卸除电池内的过压，由此释放出的气体通过排气管排出车外。通过高电压蓄电池单元内电动机械式接触器的触点可使高电压蓄电池与高电压车载网络连接或断开。在将高电压蓄电池接口向外连接之前，这些触点在正极和负极上。电动机械式接触器由蓄能器管理电子装置 SME

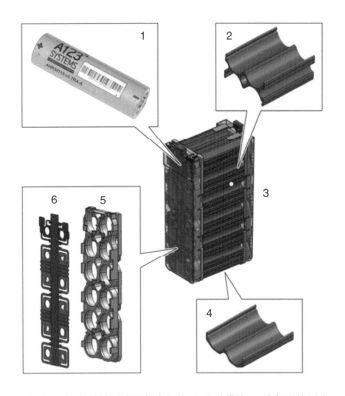

1.电池 2.冷却用挤压成型件中间块 3.电池模块 4.冷却用挤压成型件边缘块 5.电池接触系统固定支架 6.电池接触系统电池连接器

图 4-66

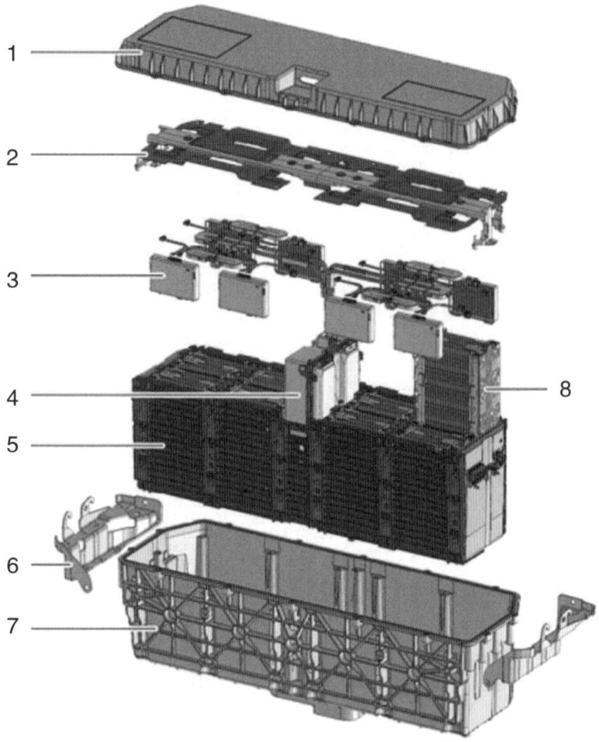

1.壳体盖 2.带避电器的屏蔽板 3.电池监控电子装置CSC 4.蓄能器管理电子装置SME 5.带防撞板的散热器 6.固定角铁 7.壳体 8.电池模块

图 4-67

控制。

5. 蓄能器管理电子装置

针对高电压蓄电池使用寿命的要求比较严格（车辆使用寿命）。为了满足这些要求，不能随意使用高电压蓄电池。取而代之的是，必须在严格规定的范围内使用高电压蓄电池，从而确保其使用寿命最大化。相关边界条件如下：

· 防止电池过热（通过冷却和/或限制电流强度）

· 根据需要均衡所有电池的充电状态

· 不要完全用完可存储的蓄电池能量

因此针对 F10H 的高电压蓄电池也使用一个独立的控制单元来监控这些边界条件并根据需要进行干预。该控制单元称为"蓄能器管理电子装置 SME"，安装在高电压蓄电池单元内部，从外部无法对其进行操作。因为 SME 控制单元位于高电压蓄电池单元内部，所以不允许在宝马售后服务维修车间内更换。SME 控制单元具体执行以下任务：

· 控制冷却系统

· 确定高电压蓄电池的充电状态（SoC）和老化状态（SoH）

· 确定高电压蓄电池的可用功率，根据需要对电动机电子装置提出限制请求

· 由电动机电子装置根据要求控制高电压系统的启动和关闭

· 安全功能（例如高电压触点监控、绝缘监控）

· 监控电池的电压和温度以及电流强度

· 向电动机电子装置发送车辆状态信息

SME 控制单元拥有独立的故障码存储器，可通过宝马诊断系统读取该存储器数据。

SME 控制单元对外的电气接口是：

- 12V 供电（用于 SME 供电的总线端 30F，总线端 31）
- PT-CAN2
- 唤醒导线
- 用于高电压触点监控的输出和返回导线
- 截止和膨胀组合阀控制导线
- 至 CSC 的局域 CAN 连接

6. 电池监控

为确保 F10H 中使用的锂离子电池正常运行，必须遵守某些边界条件：电池电压和电池温度不允许低于或超过某些数值，否则可能造成电池永久损坏。因此每个高电压蓄电池单元都包含多个电池监控电子装置，在此称为电池监控电路 CSC。

（1）电池监控电子装置

电池监控电子装置位于高电压蓄电池单元内部，因此售后服务员工接触不到。在经销商处不允许进行电池监控电子装置方面的工作。

电池监控电子装置具有以下任务：

- 测量和监控每个电池的电压
- 测量和监控每个电池模块某个位置处的温度
- 将测量参数信息传输给 SME 控制单元
- 执行平衡电池电压的过程

在此以很高的采样率测量电池电压。通过电压测量可以识别到充电过程和放电过程是否结束。借助电池温度可以识别到是否过载或存在电气故障。在其中一种情况下必须立即降低电流强度或关闭整个高电压系统，以避免电池进一步损坏。此外，测得的温度还用于控制冷却系统，以便电池始终在工作性能和使用寿命最佳的温度范围内运行。

（2）局域 CAN

共有 8 个 CSC 通过一个局域 CAN 彼此通信。局域 CAN 将所有 CSC 彼此连接在一起，用于 CSC 与 SME 通信。在此 SME 控制单元承担主控功能。这是一个最大 12 V 的低电压导线束。

（3）电池电压平衡

如果一个或多个电池的电池电压明显比所有其他电池低，则高电压蓄电池的可用能量含量因此受到限制。即"最弱"的电池决定能量释放：如果最弱电池的电压降到接近放电限值，则即使其他电池还存储有足够的能力，也必须结束放电过程。如果仍继续执行放电过程，则会因此造成最弱电池损坏。因此可通过一项功能平衡电池电压到接近相同的水平。这个过程也称为"电池对称"或"电池平衡"。为此 SME 控制单元在休眠阶段定期唤醒并互相比较所有电池电压。因为电池电压只能通过各电池有针对性的放电进行平衡，所以选择电池电压比最弱电池明显高的电池。通过局域 CAN 将请求发送给属于这些电池的电池监控电子装置后，可以启动和进行放电，直至平衡电压水平。放电电流经过集成在相应电池监控电子装置内的一个欧姆电阻，电池电压平衡电路原理图如图 4-68 所示。

电池电压平衡会造成损失，但是对于最大利用率和使用寿命来说有利且有必要。只有车辆静止时，才能执行这个过程。电池电压平衡的具体条件：

- 总线端 15 关闭且车辆或车载网络处于休眠状态

· 高电压系统已关闭

· 电池电压或各电池 SoC 的偏差大于某个限值

· 高电压蓄电池的总 SoC 大于某个限值

如果满足所述条件，则会完全自动进行电池电压平衡。因此客户既看不到检查控制信息，也无须为此进行特殊操作。如果电池电压的偏差过大或电池电压平衡未成功进行，则会在 SME 控制单元内生成一个故障码存储器记录。对此通过一条检查控制信息提醒客户注意这种车辆状态。此后必须借助宝马诊断系统分析故障码存储器并采取排除措施。

7. 外接接口（S 盒）

高电压蓄电池单元内有带独立壳体的接口单元，该单元也称为开关盒或简称为 S 盒。因为该单元位于高电压蓄电池单元内部，所以不允许在宝马售后服务维修车间内更换。

以下组件集成在接口单元内：

· 蓄电池负极电流通道内的电流传感器

· 蓄电池正极电流通道内的保险丝

· 两个电动机械式接触器（每个电流通道一个开关触点）

· 用于高电压系统缓慢启动的预充电电路

· 用于监控开关触点和测量蓄电池总电压的电压传感器

这些组件及其开关请查阅本章开始处高电压蓄电池单元的内部电路图。

8. 高电压接口

高电压蓄电池单元上有一个 2 针高电压接口，高电压蓄电池单元上的高电压插头如图 4-69 所示。

高电压接口不仅要完成将高电压蓄电池单元与高电压导线连接的主要任务，还要防止接触导电部件：实际触点带有塑料

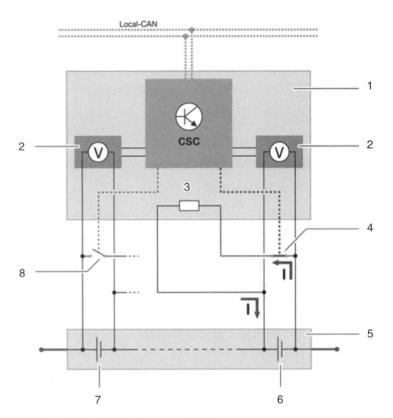

1.电池监控电子装置(电池监控电路CSC) 2.用于测量电池电压的传感器 3.放电电阻 4.用于某个电池放电的闭合(启用)触点 5.高电压蓄电池 6.通过放电使电池电压下降的电池 7.未放电的电池 8.用于某个电池放电的敞开(未启用)触点

图 4-68

1.带高电压触点监控电路内电桥接口的插孔 2.机械锁止件 3.用于高电压导线的电气触点 4.用于屏蔽的电气触点 5.接触保护

图 4-69

外套，因此人员无法直接接触。使用连接导线时，才能压下外套并进行接触。塑料滑块用于使插头机械卡止。此外，它还是安全功能的组成部分：如果高电压导线未连接，则滑块会盖住用于高电压触点监控的接口。只有按规定连接了高电压导线且插头已卡止时，才能接触到这个接口，同时才能插上电桥。借此可保证，只有高电压导线连接后，高电压触点监控电路才能闭合。这个原理适用于高电压蓄电池单元上和电动机电子装置上的高电压接口。因此只有高电压导线已连接且高电压触点监控电路已闭合时，高电压系统才处于启用状态。高电压接口如图 4-70 所示。

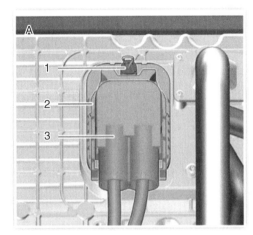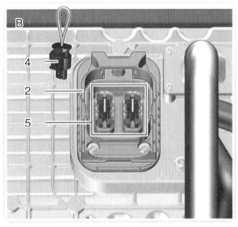

A.高电压接口，高电压导线已插上 B.高电压接口，高电压导线已松开 1.高电压触点监控电桥(已插上) 2.机械滑块 3.高电压导线的高电压插头 4.高电压触点监控电桥(已松开) 5.高电压蓄电池单元上的高电压接口

图 4-70

9. 高电压安全插头

F10H 的高电压安全插头（售后服务时断开连接）不是高电压蓄电池单元的直接组成部分。该部件单独安装在附加蓄电池附近，取下行李箱内右侧的一个盖板即可接触到。高电压安全插头的安装位置如图 4-71 所示。

与以前的 Active Hybrid 车辆一样，在 F10H 中高电压安全插头也有两个任务：

·将高电压系统切换到无电压

·防止重新接通

高电压安全插头或插上的电桥是高电压触点监控电路的一部分。如果将高电压安全插头的插头和插孔彼此拉开，则高电压触点监控电路就会断路。因此高电压系统自动关闭且切换到无电压。高电压安全插头的插头和插孔无法完全彼此拉开。两个部分以机械方式固定在一起，以防彼此拉开。为断开高电压触点监控电路，可以将两个部分彼此拉开，使挂锁能够用于防止重新接通。

1.行李箱内的保险丝支架 2.高电压安全插头

图 4-71

对高电压蓄电池单元高电压接口或另一个高电压组件进行作业前，必须将高电压系统切换为无电压，防止其重新接通并检查是否无电压。

10. 排气口

排气口用于平衡高电压蓄电池单元内部与外部之间的大压力差，同时用于防止弄脏高电压蓄电池单元内部。只有某个电池损坏时才能产生这种压力差。排气口还用于将温度波动时产生的冷凝水从高电压蓄电池单元中排出。高电压蓄电池单元壳体内的气体和冷凝水可以通过排气口排到外面。气体和冷凝水通过一个排气管引到套管，然后可以从那里排到外面。

11. 冷却系统

为了尽可能延长高电压蓄电池的使用寿命并获得最大功率，需在规定温度范围内使用蓄电池。-25~+55℃时，高电压蓄电池处于可运行状态。但这些温度限值是指电池的实际温度而非车外温度。就温度特性而言，高电压蓄电池单元是一个惰性系统，即电池需要几小时才能达到环境温度。因此在极其炎热或寒冷的环境下短暂停留并不表示电池也达到了同样的温度。上述温度限值对使用混合动力功能没有任何影响，因为高于+55℃的温度不会影响到高电压蓄电池单元的安装位置。通过冷却高电压蓄电池单元可使电池温度保持在明显较低的水平上。因此即使在频繁使用电动驱动装置以及车外温度较高的情况下也可使用混合动力功能。此外还可以延长高电压蓄电池单元的使用寿命。F10H 中的制冷剂循环回路如图 4-72 所示。

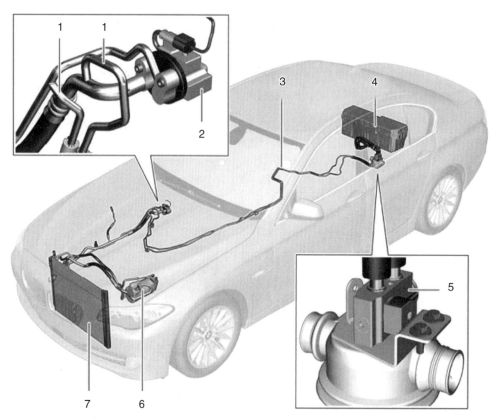

1.至高电压蓄电池单元的制冷剂管路分支 2.用于车内空间的膨胀和截止组合阀 3.至高电压蓄电池单元的制冷剂管路 4.高电压蓄电池单元 5.膨胀和截止组合阀 6.电动制冷剂压缩机 7.冷凝器

图 4-72

F10H 的高电压蓄电池单元通过制冷剂进行冷却。因此空调系统的制冷剂循环回路针对高电压蓄电池单元进行了相应扩展。用于调节车内空气的膨胀阀和用于高电压蓄电池单元的膨胀阀并联在一起。蓄能器管理电子装置可以通过 PWM 信号控制和断开用于高电压蓄电池单元的膨胀和截止组合阀。这样可使制冷剂流至高电压蓄电池，在此膨胀、蒸发和冷却。在此高电压蓄电池单元的冷却可以完全独立于车辆内部空间的冷却，因为其冷却通过一个独立的膨胀和截止组合阀来调节。高电压蓄电池单元的冷却组件如图 4-73 所示。

通过制冷剂对高电压蓄电池单元进行冷却以及由此获得的较大温差可能造成高电压蓄电池单元内的水蒸气冷凝。这些冷凝水经过一个排气管和一个套管从车内空间向外排出。排气管用于补偿高电压蓄电池单元内部和外部较大的压力差。只有在电池损坏的情况下才会出现这种压力差。安全起见，损坏电池的壳体会打开，以便降低压力。释放出的气体通过排气管向车外排出。在无须冷却高电压蓄电池单元的温度范围内，用于高电压蓄电池单元的膨胀和截止组合阀处于关闭状态。SME 控制单元根据冷却需要和冷却功率的可用性调节高电压蓄电池单元的冷却。冷却功率的可用性由 IHKA 控制单元查询和发出请求。此后 SME 控制单元控制膨胀和截止组合阀。由于高电压蓄电池单元与制冷剂循环回路连接，因此拆卸和安装时也需要进行与传统车辆空调系统类似的准备工作（例如抽真空）。在此也必须遵守维修说明。

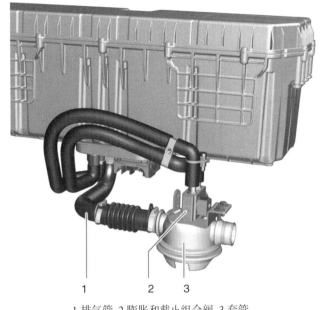

1.排气管　2.膨胀和截止组合阀　3.套管

图 4-73

（二）功能

1. 启动高电压系统

通过电动机电子装置 EME 与蓄能器管理电子装置 SME 控制单元相互配合启动高电压系统。在此 EME 控制单元是主控单元，SME 控制单元是执行副控单元。相关指令以总线电码形式通过 PT-CAN2 传输。总线端 15 接通或存在驻车空气调节要求时，EME 控制单元发出启动高电压系统要求。启动过程分为多个步骤，只有成功完成当前步骤才会继续进行下一步骤：

①测试高电压车载网络。

②提高电压。

③接触器触点闭合。

在第一步测试高电压系统时检测高电压蓄电池单元和整个高电压车载网络是否处于准备就绪状态。其间还要求高电压触点监控电路必须处于闭合状态，以便高电压系统启动。即使已成功完成测试，接触器触点仍可能没有闭合。由于高电压电路电容的缘故（中间电路电容器），会有很高的接通电流经过，长期下去不仅会对中间电路电容器还会对接触器造成损坏。因此要事先让电压缓慢升高。为此首先闭合用于负极导线的接触器触点。在此通过一个电子电路使正极导线内保持低恒定电流，从而为中间电路电容器充电。因此高电压车载网络内的电压在几百毫秒内提高到仅比高电压蓄电池单元电压稍低的程度。然后再使正极导线内的接触器触点闭合。成功启动后，SME 控制单元通过 PT-CAN2 向 EME 控制单元发送信号。如果启动失败，也会通过同样方式发出故障状态信号。虽然高电压系统启动过程包含上述步骤，但是车辆启动时客户感觉不到延迟。F10H 像 F10 一样启动迅速。

2. 正常降低高电压系统电压

降低高电压系统电压分为正常降低和快速关闭两种情况。正常降低时主要是保护电气部件和检查高电压系统。例如只有电流强度降至接近零时才会断开电动机械式接触器触点，否则触点会承受较大负荷。触发正常降低过程的条件：

·总线端 15 关闭

·驻车空气调节结束

·某个高电压控制单元的编程过程结束

无论通过哪种条件触发，正常降低的基本过程相同：

①将高电压车载网络内的电流下调为零（EME）。

②断开高电压蓄电池单元内的接触器（SME）。

③高电压电路放电，即中间电路电容器主动放电和电动机绕组短路（EME）。

④检查高电压系统，例如电动机械式接触器触点是否按规定断开。

关闭总线端15以及电压下降后的继续运行时间可能持续几分钟。例如，自动运行的监控功能是其中一个原因。如果在此期间出现重新启动的请求或满足某个要求快速关闭的条件，则正常降低过程中止。

3. 快速关闭高电压系统

在此最高目标是尽可能快速关闭高电压系统。只有安全起见高电压系统内的电压必须尽快降低到某个非危险数值时，才能执行这个快速关闭。以下给出了导致快速关闭的触发条件以及作用链。

·事故

高级碰撞和安全模块ACSM识别到发生事故。根据事故严重程度通过总线电码请求关闭或通过安全型蓄电池接线柱与12V蓄电池正极断开强制关闭。在第二种情况下自动中断电动机械式接触器的供电，因此其触点自动打开。

·过电流监控

在此借助高电压蓄电池单元内的电流传感器监控高电压车载网络内的电流强度。如果识别到电流强度过大，则SME控制单元促使电动机械式接触器强制打开。在高电流下强制打开会造成接触器触点剧烈磨损，但是可以防止其他部件损坏。

·短路保护

高电压蓄电池单元内有一个过电流保险丝，短路时可断开高电压电路。

·临界电池状态

如果某个电池监控电子装置识别到某个电池上电压过低、电压过高或温度过高，则也会导致强制打开电动机械式接触器（由SME控制单元控制）。尽管这可能导致触点磨损提高，但是这种快速关闭可防止相关电池毁坏。

·高电压蓄电池单元12V供电失灵

在这种情况下SME控制单元不再工作，同时无法再监控电池。出于这个原因，在此电动机械式接触器的触点也会自动打开。

·高电压触点监控

SME控制单元分析高电压触点监控信号并检查这个电路是否断路。存在断路时，SME控制单元可能促使高电压系统快速关闭。如果断开高电压安全插头（"售后服务时断开连接"）上的高电压触点监控，则不通过SME控制单元关闭，而是直接打开接触器。

在所有上述情况下都会立即断开电动机械式接触器触点并使高电压电路放电。这样可以确保按照安全要求尽快关闭系统。

4. 充电策略和运行策略

高电压蓄电池单元的充电策略有两个主要目标：尽可能延长高电压蓄电池单元的使用寿命以及为继续吸收和释放能量提供储备。充电策略以达到这些主要目标为导向，在许多行驶情况下高电压蓄电池单元有助于提高车辆效率和动力性。为了达到第一个主要目标，除已经提到的调节电池温度外，还会调节可用能量含量。实际上并非从0%到100%利用全部充电范围，而是仅利用25%~70%之间的范围。取决于电池温度和计算出的高电压蓄电池老化状态，这个可用范围可能进一步受限。但在整个使用寿命范围内有足够大的可用能量来实现混合动力特有的功能和优势。组合仪表KOMBI中以无级条形方式，在中央信息显示屏CID中以条形方式显示高电压蓄电池单元的触点状态。在此显示的数值相当于充电策略使用的数值（25%~70%）。因此低于最低显示值和高于最高显示值时，始终仍有储备空间，如表4-6所示。

制动能量回收利用或发动机负荷点提高期间，电动机将多余能量转化为电能。高电压蓄电池单元存储这些电能并根据需要用于以下用途：

· 为 12V 车载网络供电
· 减轻发动机负荷及为其提供支持（效率提高）
· 用于助推功能（提高动力性）
· 用于电动行驶
· 用于驻车空气调节

5. 监控功能

高电压蓄电池单元或蓄能器管理电子装置在很大程度上参与了很多监控功能。其中包括：

· 用于确保高电压系统安全的监控功能
· 用于确保高电压蓄电池最佳运行条件的监控功能

表 4-6

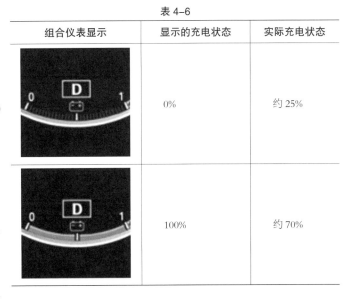

组合仪表显示	显示的充电状态	实际充电状态
	0%	约 25%
	100%	约 70%

就与安全有关的监控功能而言，在此要特别注意高电压蓄电池单元在高电压触点监控和绝缘监控方面的重要作用。高电压触点监控（High Voltage Interlock Loop）是一个避免进行高电压组件工作时发生危险的电路（如果事先未按规定关闭高电压车载网络）。如果这个电路断路，则会关闭高电压系统的供电或阻止高电压系统接通。在 F10H 中高电压触点监控由以图 4-74 所示高电压组件构成。

用于控制和产生高电压触点监控检测信号的电子装置集成在 F10H 的蓄能器管理电子装置 SME 内。高电压系统启动时开始产生检测信号，高电压系统关闭时停止产生检测信号。SME 产生一个矩形交流电信号作为检测信号，并将其输送到检测导线上。检测导线采用环形拓扑结构（与 MOST 总线相似）。在环形线路上的两个位置处对检测导线信号进行分析：在电动机电子装置内，最后在 SME 内的环形线路端部处。如果该信号位于规定范围之外，则系统识别为电路断路或检测导线内短路并立即关闭高电压系统。如果断开高电压安全插头（售后服务时断开连接）上的高电压触点监控，则会直接打开接触器，此外还关闭所有高电压组件。

绝缘监控功能确定带电高电压部件（例如高电压导线）与车辆接地间的绝缘电阻是否高于或低于所需最低限值。如果绝缘电阻低于最低限值，就会存在车辆部件带有危险电压的可能。如果人员接触第二个带电高电压部件，就会存在电击危险。因此针对 F10H 高电压系统提供全自动绝缘监控功能。SME 在高电压系统启用期间定期进行监控。在此车辆接地作为参考电位使用。如果没有附加措施，则通过这种方式只能确定高电压蓄电池单元内局部出现的绝缘故障。但是确定分布在车辆上的高电压导线与车辆接地间的绝缘故障也同样重要。因此高电压组件的所有导电壳体都与车辆接地导电连接。这样可以通过一个中央位置即高电压蓄电池单元确定整个高电压车载网络内的绝缘故障。高电压组件所有壳体与车辆接地的正确电气连接是正常执行绝缘监控功能的一个重要前提。因此维修期间中断该电气连接的情况下，重新连接时必须小心仔细。绝缘监控分两步进行。绝缘电阻低于第一限值时，对人员尚不构成直接危险。因此高电压系统仍保持启用状态，不会发出检查控制信息，但会在故障码存储器内存储故障状态，这样便于服务人员在下次维修时加以注意并检查高电压系统。低于较低的绝缘电阻第二限值时，不仅会在故障码存储器内记录，而且还会发出检查控制信息提示驾驶员到维修车间进行检查。原则上服务人员无须自己测量绝缘电阻，这项工作由高电压系统通过绝缘监控功能进行。识别出绝缘故障时，服务人员必须通过诊断系统内的检测计划确定绝缘故障的实际位置。除了高电压触点监控和绝缘监控外，还有以下其他监控功能：

· 安全型蓄电池接线柱的 12V 供电电压

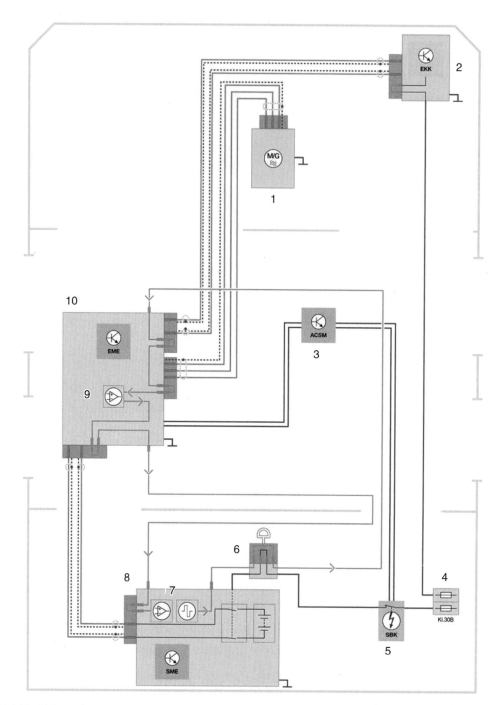

1.电动机 2.电动制冷剂压缩机 3.高级撞和安全控制单元ACSM 4.行李箱保险丝支架 5.安全型蓄电池接线柱 6.高电压安全插头(售后服务时断开连接) 7.蓄能器管理电子装置内用于高电压触点监控检测信号的分析电路和信号发生器 8.高电压蓄电池单元 9.电动机电子装置内用于高电压触点监控检测信号的分析电路 10.电动机电子装置

图 4–74

为了在发生相应严重程度的事故时能够关闭高电压系统，所有电动机械式接触器的电磁铁都由安全型蓄电池接线柱提供 12V 供电。如果发生事故时安全型蓄电池接线柱燃爆，则这个供电电压消失，接触器触点自动打开。

此外，SME 控制单元还以电子形式分析这个导线上的电压，同时促使高电压系统关闭，包括中间电路电容器放电和电动机主动短路。

·接触器触点

高电压系统关闭时 SME 控制单元请求接触器触点打开后，除了触点外还借助电压测量检查是否触点也已经打开。在最不可能的情况下（某个接触器触点还未打开），也不会给客户和售后服务人员带来直接危险。但是，为安全起见会阻止高电压系统重新启动。

· 预充电电路

例如，如果高电压系统启动期间发现预充电电流内有故障，则立即中止启动，高电压系统不进入运行状态。

· 温度过高

高电压蓄电池的冷却系统在所有行驶情况下都可保证电池温度处于最佳范围内。如果因故障而导致一个或多个电池的温度提高到离开最佳范围，则为保护电池首先会降低功率。如果温度继续提高且因此可能造成电池损坏，则会及时关闭高电压系统。

· 电压过低

在此通过不断监控和根据需要平衡电池电压来避免某个电池电压过低。整个高电压蓄电池的总电压也受监控且用于确定充电状态。如果总电压降低到高电压蓄电池完全放电，则会阻止继续放电。

（三）服务信息

1. 拆卸和安装

只有宝马诊断系统的检测计划有明确规定，才能在售后服务时更换整个高电压蓄电池单元。只允许通过保修部件流程，而不允许通过正常更换部件流程寄回损坏的高电压蓄电池单元。F10H 的高电压蓄电池单元为 9 级危险物品（UN 3090，不允许空运）。因为高电压蓄电池单元属于高电压组件，所以在开始工作前拆卸和安装时必须执行电气安全规定。此外，拆卸前还必须吸出制冷剂循环回路中的制冷剂，安装后重新加注。利用专用工具安装和拆卸高电压蓄电池单元，即将高电压蓄电池单元从车辆中取出和重新装回。借此工具降低服务人员进行拆卸和安装时的身体负荷。更换高电压蓄电池单元时，需借助宝马诊断系统试运行。

2. 高电压蓄电池单元充电

在此介绍高电压蓄电池单元电量过低时如何充电。如果 F10H 的 12 V 蓄电池电量过低，则可像传统车辆一样进行充电。运行策略调节高电压蓄电池单元的充电状态，使高电压蓄电池单元内始终保持某一能量值。因为过度放电可能造成高电压蓄电池损坏，所以长时间停放前必须借助充电状态显示确保高电压蓄电池单元充满电。

在特殊情况下也可以在停车状态下为高电压蓄电池单元充电。例如长时间停放前。为此必须执行以下步骤：

· 启动发动机

· 挂入 P 挡并拉紧驻车制动器

· 踩下制动踏板并保持不动

· 借助加速踏板使发动机转速保持在约 2000r/min

几分钟后高电压系统重新充满电。可以借助组合仪表中的充电状态显示检查充电状态。只有持续操作制动踏板时，才能成功执行充电过程，否则达不到所要求的高电压蓄电池充电状态。怠速时也可以执行充电过程，但是充电时间会明显延长。

3. 安全进行高电压系统方面的工作

对 F10H 的高电压组件进行工作前，必须遵守并落实电气安全规定：

· 必须将高电压系统切换为无电压

· 必须防止高电压系统重新接通

· 必须确定高电压系统断电

（1）准备工作

开始工作前必须采取防止溜车的措施（挂入变速器的驻车锁并拉紧驻车制动器）。拔下可能连接的充电电缆。必须关闭总线端 15 和总线端 R。

（2）将高电压系统切换为无电压

在 F10H 中借助高电压安全插头将高电压系统切换为无电压。切换为无电压，必须将插头从所属的插口中拉出，这样可使高电压触点监控电路断路，从而使高电压系统断电，此外还能使接触器供电中断。图 4-75 所示为高电压安全插头处于插上状态。高电压触点监控电路未断路。

图 4-75   图 4-76

为了能够将插孔和插头彼此拉开，必须松开如图 4-76 所示的机械锁止件。

只要松开了锁止件，就可以将插头从插孔中拉出几毫米。如果感觉到阻力，则不要继续或用力拉。高电压安全插头的插头和插孔无法完全彼此拉开，如图 4-77 所示。

（3）防止高电压系统重新接通

防止重新接通功能也由高电压安全插头来实现。为此需要一个普通挂锁（例如 ABUS 45/40）。通过彼此拉开高电压安全插头的插孔和插头露出连续经过两个部件的孔，必须将普通挂锁的锁扣插入这个孔中，如图 4-78 所示。

现在必须锁住挂锁。进行高电压系统工作期间必须将钥匙保存在安全的地方，以防未授权人打开该锁。通过在高电压安全插头上使用和锁止挂锁可以确保插头无法再插在一起。这样可以有效防止无意间或在没有经过售后服务人员允许的情况下重新接通高电压系统，如图 4-79 所示。

（4）确定切换到无电压

在宝马售后服务维修车间内不借助测量仪或宝马诊断系统确定是否无电压，而是由高电压组件测量自身电压并通过总线信号向组合仪表发送测量结果。只有组合仪表从所有相关高电压组件处同时接收到无电压信号时，才会生成表示无电压的检查控制信息。这个红色检查控制符号为带斜线的闪电符号，如图 4-80 所示。

需要确定无电压时，售后服务人员必须接通总线端 15 并等到组合仪表内出现检查控制信息及上图所示的符号，然后才能确保高电压系统无电压。确定无电压后，必须重新关闭总线端 15 和总线端 R，然后再开

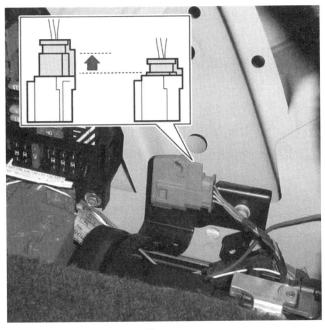
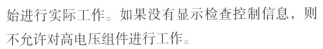

图 4-77

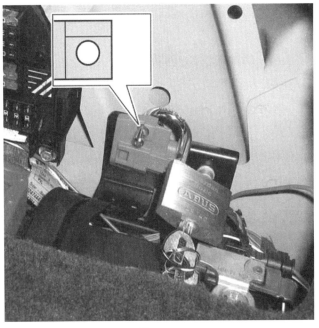

图 4-78

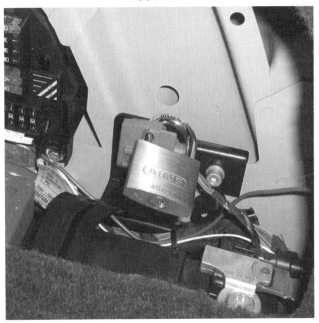

图 4-79

始进行实际工作。如果没有显示检查控制信息，则不允许对高电压组件进行工作。

4. 发生事故后的处理方式

高电压系统的安全方案确保即使在发生事故期间或发生事故后也不会给客户或售后服务人员带来危险。发生事故时高电压系统自动关闭，因此可从外部接触到的高电压组件部位处不再有危险电压。高电压系统按以下方式关闭。

在正常运行状态下通过总线端 30F 为蓄能器管理电子装置供电，此外还为电动机械式接触器的线圈供电。发生事故时通过一个扩展的安全型蓄电池接线柱关闭。该部件包括一个附加常闭触点。安全型蓄电池接线柱触发时，随着蓄电池正极导线以燃爆方式断开，这个开关触点同时打开。这个开关触点打开促使高电压蓄电池单元内的接触器直接打开，从而使高电压蓄电池单元无法再向高电压车载网络输送危险电压。电动机电子装置从高级碰撞和安全模块 ACSM 得到一个碰撞信号，此后电动机电子装置立即使中间电路电容器放电。发生事故后安全型蓄电池接线柱保持上述状态，因此高电压蓄电池单元未处于运行准备状态。因此即使重新接通总线端 15，高电压系统也保持停用状态。如果 F10H 发生事故且造成安全型蓄电池接线柱触发，则进行高电压组件或安全型蓄电池接线柱方面的工作前，必须与宝马集团的技术支持（PUMA）联系。

5. 运输模式

为保护高电压蓄电池单元，在运输模式下无法使用以下功能：

图 4-80

- 电动行驶
- 助推功能
- 发动机节能启 / 停功能

只有发动机运行时，才能在运输模式下为高电压蓄电池单元充电。

与其他车辆一样，在运输模式下也以检查控制信息形式显示 12V 蓄电池的充电状态。在 F10H 中，在运输模式下还显示有关高电压蓄电池单元充电状态的检查控制信息。高电压蓄电池单元充电状态分三级显示，如表 4-7 所示。

表 4-7

蓄电池状态	组合仪表显示	操作运行
高电压蓄电池充电状态正常	 OK HYBRID	无须进行其他操作
高电压蓄电池放电	 HYBRID	为高电压蓄电池充电
高电压蓄电池深度放电	 ! HYBRID	更换高电压蓄电池单元

如果高电压蓄电池单元已深度放电，则组合仪表中的显示保留至更换高电压蓄电池单元。将运输模式复位后，组合仪表中没有有关高电压蓄电池单元充电状态的检查控制信息。

（四）技术数据

与 F04 不同，在 F10H 中高电压蓄电池单元由宝马提供。下面概括了高电压蓄电池单元的重要特点，如表 4-8 所示。

表 4-8

额定电压	316.8V
电池	96 个，各 3.3V
可存储能量	1350Wh
已用能量	600Wh
最大功率	43.2kW
存储技术	锂离子蓄电池
尺寸（宽度、高度、深度）	约 690mm×237mm×210mm
质量	约 46kg
冷却系统	通过制冷剂（R134a）冷却

六、混合动力制动系统

（一）简介

Active Hybrid 5 的制动系统负责确保车辆可靠、稳定地减速。与 F04 一样，F10H 也可以通过两种不同方式减速：

- 普通液压制动

·能量回收式制动

通过能量回收式制动可以借助电动机将车辆动能转化为电能，由此将其供给高电压蓄电池单元。

Active Hybrid 5 的行车制动器基于普通 F10。因此在这个章节中仅介绍混合动力专用部件和功能。

与普通 F10 相比，可能使用以下新组件或更改的组件：

·电动真空泵

·制动真空压力传感器

·带制动踏板行程传感器的柱塞式制动主缸

（二）系统概览

F10H 混合动力制动系统的系统概览如图 4-81 所示。

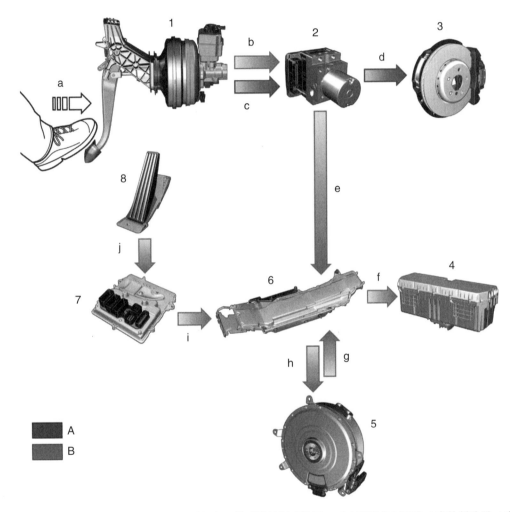

A.液压制动 B.能量回收式制动 1.制动踏板和带制动踏板行程传感器的制动装置 2.动态稳定控制系统 3.车轮制动器 4.高电压蓄电池单元 5.电动机 6.电动机电子装置 7.数字式发动机电子系统 8.加速踏板控制单元 a.踩下制动踏板 b.从制动踏板行程传感器至动态稳定控制系统的电信号制动踏板行程 c.从制动装置至动态稳定控制系统的液压压力 d.从动态稳定控制系统至4个车轮制动器的液压压力 e.从动态稳定控制系统至电动机电子装置的总线信息额定制动力矩 f.需要存储在高电压蓄电池内的电能（直流电压） g.由电动机产生的电能（交流电压） h.用于控制电动机的相电压 i.从数字式发动机电子系统至电动机电子装置的总线信息"加速板角度"（滑行模式下的能量回收利用） j.从加速踏板控制单元至数字式发动机电子系统的电信号"加速踏板角度"（滑行模式下的能量回收利用）

如图 4-81

（三）液压制动

F10H 液压制动如图 4-82 所示。

驾驶员踩下制动踏板时，就会与制动助力器及液压制动系统建立起直接的机械连接。操作方式与传统车辆相同：

· 制动踏板—机械连接—制动助力器
· 制动助力器—气动助力—制动主缸
· 制动主缸—液压助力和两个制动回路分配—动态稳定控制系统
· 动态稳定控制系统—行驶动态协调控制系统和电子制动力分配系统—车轮制动器

F10H 行车制动器与普通 F10 的区别主要是真空供给装置，如图 4-83 所示。

图 4-82

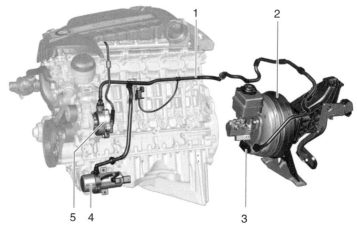

1.真空管路 2.制动助力器 3.制动真空压力传感器 4.电动真空泵 5.机械真空泵

图 4-83

在纯电动行驶阶段发动机处于静止状态，因此无法驱动机械真空泵。为了在此期间同样确保提供制动真空压力，F10H 上装有一个附加电动真空泵。制动助力器内的真空由制动真空压力传感器测量，然后由数字式发动机电子系统读取。电动真空泵的控制和监控由电动机电子装置进行。

（四）能量回收式制动

F10H 制动能量回收利用如图 4-84 所示。

能量回收式制动使制动能量回收利用成为可能。此时电动机以发电机形式工作，从而通过自动变速器—传动轴—后桥主减速器—半轴对驱动轮制动。通过电动机电子装置将在此产生的能量用于高电压蓄电池充电。宝马车辆使用串联制动主缸。与 F04 一样，F10H 也使用结构特殊的所谓柱塞式制动主缸，具有结构紧凑等优点。F10H 与 F04 一样选择了这个部件，因为采用这种结构时制动踏板行程传感器很容易集成在内。F10H 制动主缸内制动踏板行程传感器的机械结构和测量原理与 F04 相同。此外还扩大了响应行程，以便增大踏板行程实现纯能量回收式制动。

图 4-84

F10H 制动能量回收利用输入信号部件如图 4-85 所示。

能量回收式制动的主要输入参数是加速踏板角度和制动踏板行程。

· 制动踏板行程由制动踏板行程传感器测量，然后由动态稳定控制系统读取
· 加速踏板角度由加速踏板模块测量，然后由数字式发动机电子系统读取。

在未踩下制动踏板但加速踏板角度为零时，电动机以发电机模式运行。电动机电子装置通过控制电动机产生相当于传统车辆滑行模式下的整车制动力。此时回收利用的能量水平仍较低。如果此时踩下制动踏板，就会像所有传统制动系统一样首先需要经过响应行程，在此过程中无法进行液压制动。但此时已开始对制动踏板行程进行分析并通过电动机产生比纯滑行模式更大的制动力。如果响应行程后继续踩下制动踏板，则两种制动方式同时启用，因为此时在制动能量回收利用的基础上又增加了液压制动。通过电动机产生的制动力随制动踏板行程增加不断提高，直至达到最大。

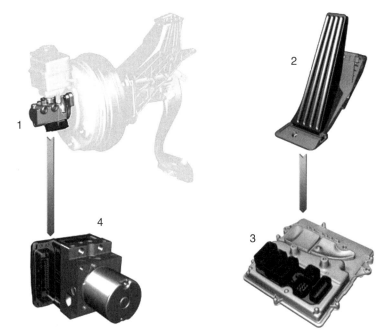

1.带制动踏板行程传感器的串联制动主缸　2.加速踏板模块　3.数字式发动机电子系统　4.动态稳定控制系统

图 4-85

特殊状态：

借助动力传动系进行的能量回收式制动仅作用于 F10H 后桥。后桥与前桥的制动力比例不能超过规定限值，否则会影响行驶稳定性。出于这个原因还限制了制动能量回收利用产生的最大减速度。能量回收式制动产生的最大允许制动力受限于打滑稳定性监控、横向加速度和稳定性调节过程。借此确保即使在制动能量回收利用期间，车辆也始终保持稳定的行驶状态。因此，从主动安全性角度来看，动态稳定控制系统有助于节省燃油。如果高电压蓄电池已经完全充满，则无法继续存储电能。这种特殊状态可能是无法回收利用制动能量的原因，这是偶尔发生的原因。通过运行策略可确保在正常行驶期间留出充足的高电压蓄电池储备量。也就是说，系统会反复从高电压蓄电池获取能量从而使其充电状态保持在特定范围内，即使在长时间下坡行驶过程中也能存储能量回收式制动产生的电能。

（五）液压制动力和能量回收式制动力分配

在发电机运行模式下，电动机使动力传动系统内产生一个制动力矩，该制动力矩向后车轮施加制动力。图4-86展示了液压制动力和能量回收式制动力的分配情况。前提是不存在不稳定的车辆状态且高电压蓄电池能够存储电能。

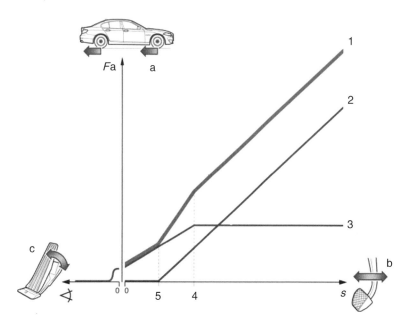

a.车轮上的制动力　b.制动踏板行程　c.加速板角度　1.总制动力　2.液压方式产生的制动力　3.能量回收方式产生的制动力　4.从可实现最大能量回收式制动力时起的制动踏板行程　5.从开始提供液压制动力时起的制动踏板行程（响应行程结束）

图 4-86

七、低电压车载网络

（一）供电

F10H 的 12V 车载网络基本上与 F10 的能量车载网络相同。主要区别在于，能量供给不再通过发电机，而是通过高电压车载网络实现。高电压蓄电池的高电压通过 EME 内的 DC/DC 转换器转换为低电压（约14V）。因此在行驶状态下 12V 车载网络的电能供给不再取决于发动机的转速。第二个区别在于，使用带有新功能的新组件——启动发电机。就像其名称一样，启动发电机可以所谓启动机和发电机运行。在发动机运行模式下（作为启动机），发动机处于工作温度时可以舒适启动发动机（部件在静止状态下而且在电动行驶期间）。启动发动机所需的能量取自附加蓄电池。直至现今首次启动发动机都通过传统启动机实现。如果发动机正在运行，则启动发电机像传统发电机一样以发电机模式工作。此时产生的能量存储在附加蓄电池内。启动发电机和附加蓄电池构成了独立的 12V 车载网络。在某些情况下，例如混合动力系统失灵时，启动发电机承担为标准 12V 车载网络提供能量的任务。在这种情况下两个 12V 车载网络通过一个断路继电器彼此连接。

1. 系统概览

F10H12V 供电的系统电路图如图 4-87 所示。

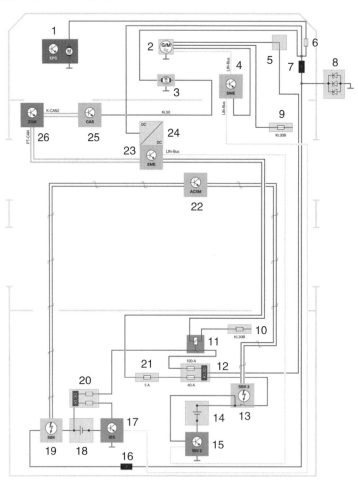

1.电子助力转向系统（电动机械式助力转向系统） 2.启动发电机 3.启动机 4.数字式发动机电子系统 5.发动机室配电盒 6.电子助力转向系统保险丝 7.跨接启动接线 8.极性接错保护模块 9.接线盒内总线端30B的保险丝 10.后部保险丝支架内总线端30B的保险丝 11.断路继电器 12.附加蓄电池的配电盒 13.安全型蓄电池接线柱 14.附加蓄电池 15.智能型蓄电池传感器2 16.过渡接线柱(从车内导线切换至地板上的导线) 17.智能型蓄电池传感器 18.12V蓄电池 19.安全型蓄电池接线柱 20.12V蓄电池上的配电盒 21.至EME的导线的保险丝（5A） 22.碰撞和安全模块 23.电动机电子装置 24.DC/DC转换器 25.便捷登车及启动系统 26.中央网关模块

图 4-87

2. 极性接错保护模块

发动机室内的供电组件如图 4-88 所示。

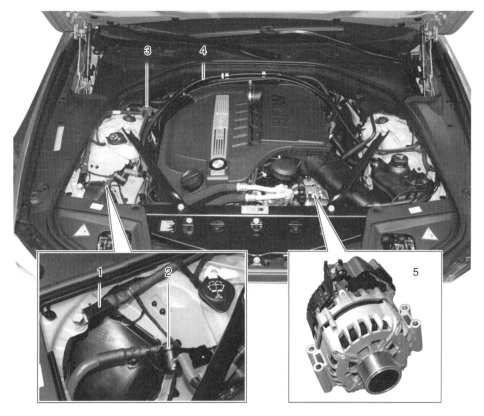

1.极性接错保护模块 2.发动机室配电盒 3.跨接启动接线柱 4.至启动发动机的蓄电池正极导线 5.启动发动机

图 4-88

极性接错保护用于避免极性接错时车载网络及其所连接的电子组件出现后续损坏，例如通过一个外部充电器为 12V 蓄电池充电期间。这个任务在带发动机的传统车辆中通过发电机内的二极管来保证。因为在 F10H 中没有传统发电机，所以极性接错保护必须通过一个新组件（极性接错保护模块）来实现。极性接错保护模块安装在发动机室内右侧前灯附近。该模块一侧与蓄电池正极导线连接，另一侧与接地连接。极性接错保护模块内部有 3 个齐纳二极管，可以在一定时间内限制反向施加的电压。让我们来复习一下：齐纳二极管是硅二极管，具有在朝阻隔方向运行时限制电压的特性。将一个外部电压电源（例如一个蓄电池充电器）与正确极性连接时就会运用到这一特性。在此情况下，齐纳二极管通过限制电压防止车辆车载网络电子组件电压过高。在相反的情况下，将一个外部电压电源与错误极性连接时，齐纳二极管也会像其他二极管一样产生非常低的电阻。这样可使外部电压电源实际形成短路连接，并将其电压降至接近零。这样不会使车辆上的电子组件承受错误施加的（负）电压，从而对其形成保护。如果长时间将外部电压电源与错误极性连接且持续通过极高电流，就会造成齐纳二极管损坏且无法继续发挥保护作用。在此个别情况下，也会造成车辆控制单元损坏。极性接错保护模块只能在有限时间内避免极性接错造成后续损坏。极性接错保护模块无法承受长时间极性接错，而且这样会造成该模块损坏，而且还可能对车载网络电子组件造成后续损坏。

（二）启动系统

启动系统由多个组件构成。

1. 启动发电机

启动发电机是一个既可作为电动机也可作为发动机运行的电动机。在发电机运行模式下，启动发电机由发动机通过多楔带驱动。此时产生的能量存储在附加蓄电池内。这个运行模式相当于现今所知的发电机运行模式。新特点是发动机运行模式,在此启动发电机可以在 12 V 车载网络电压不中断的情况下启动处于工作温度的发动机,此时由附加蓄电池提供发动机启动所需的能量。启动发电机结构如图 4-89 所示。

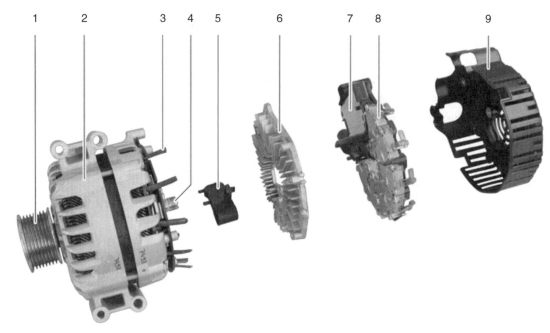

1.皮带轮 2.带定子绕组和转子的启动发电机的壳体 3.7个定子绕组中一个绕组的接口 4.滑环 5.用于激励电流的碳刷 6.供电电子装置散热器 7.带LN接口(至DME)的控制模块 8.供电电子装置7个模块中的一个模块 9.带通风口的护罩

图 4-89

启动发电机的构造基于带中间卡爪磁铁的侧电极电机(也称为爪极电机)。转子内的永久磁铁用于较高的启动力矩。转子内有一个带外部激励的直流电绕组用于优化功率。定子绕组的铜线采用四边形横截面。因

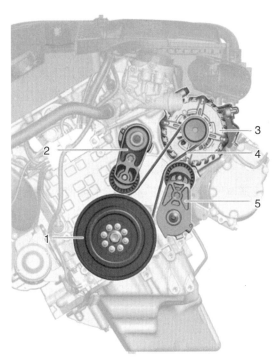

1.带皮带轮的扭转减震器 2.上部皮带张紧器 3.启动发电机 4.多楔带 5.下部皮带张紧器

图 4-90

此铜填充系数比圆形横截面高。定子和转子针对启动机功能(产生力矩)进行了专门调整。控制模块包括一个类似于传统发电机内发电机调节器的功能。此外,控制模块还控制启动发电机内的供电电子装置。启动期间控制模块检查转子磁化情况,通过壳体内的转子位置传感器检查启动发电机的转动角度以及转动速度。只要控制模块识别到发动机启动已完成,就会进入发电机运行模式。在此 DME 通过 LIN 总线规定控制模块的额定电压和激励电流。在发电机运行模式下产生的三相电流通过供电电子装置的 7 个模块(MOSFET 电路)转换为直流电。启动发电机可以在温度不超过 130 ℃的情况下运行。温度由启动发电机内部的一个温度传感器测量。启动发电机通过 4 个螺栓固定在发动机缸体上。上部螺栓长度约为 85mm,下部长度约为 105mm。启动发电机的电功率为 2.8kW(14V×200 A)。启动发电机的制造商是 Valeo 公司。皮带传动机构由于使用了电动制冷剂压缩机和电动机械式助力转向系统,因此 F10H 中启动发电机是 N55 发动机皮带传动机构中的唯一一个附属总成,F10H 中 N55 发动机的皮带传动机构如图 4-90 所示。

因为启动发电机不仅能作为发电机运行，也能作为发动机运行，所以在任何运行情况下都必须避免皮带打滑。因此在多楔带上部和下部各安装了一个皮带张紧器，启动发电机的发电机和发动机运行模式如图 4-91 所示。

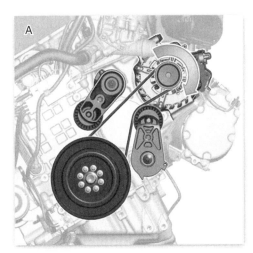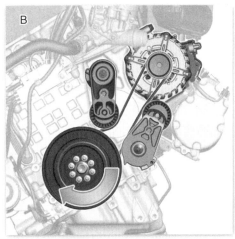

A.发动机运行模式（启动发动机） B.发动机运行模式（发动机运行且为附加蓄电池充电）

图 4-91

如果要启动处于工作温度的发动机，则在附加蓄电池充电足够时启动发电机作为发动机运行。DME 通过 LIN 总线将所需信息传输给启动发电机内的控制模块，启动发电机内的转子开始转动。因此皮带轮也开始转动，转动方向由发动机的设计结构决定。宝马发动机采用所谓的右旋发动机。如果从前方看向发动机，曲轴和扭转减震器都沿顺时针方向旋转。在动力传递的情况下多楔带上部张紧，多楔带下部松弛。为防止多楔带打滑，在此通过下部皮带张紧器张紧。皮带张紧器通过扭转弹簧以机械形式预紧，同时将多楔带向内压并以这种方式张紧皮带。通过启动发电机启动发动机时很快、噪声低且无震动。只要控制模块识别到发动机启动已完成，就会进入启动发电机的发电机运行模式。此时扭转减震器向右转动，将作用力通过多楔带传输到启动发电机的皮带轮上。在此张紧多楔带的下部。与发动机运行模式完全相反，在此必须张紧多楔带上部。张紧通过上部皮带张紧器实现。如果发动机正在运行，则可以在发电机模式和空挡模式之间选择。在发电机模式下启动发电机提供电流，在空挡模式下以无负荷方式转动且不提供电流。

（1）启动发动机

由于 F10H 中安装了普通启动机、启动发电机和电动机，因此发动机有 3 个不同的启动系统。按压 START-STOP 按钮后的发动机冷启动通过普通启动机实现。启动机启动时所需的能量取自标准车载网络的 12V 蓄电池。因为 F10H 是一款混合动力车辆，所以在此必须注意，按压 START-STOP 按钮后发动机可能不启动，例如由于发动机还未处于工作温度且高电压蓄电池充电状态足够。就是说，按压 START-STOP 按钮后建立行驶准备状态，此后车辆可以通过电动机起步。建立行驶准备状态后，发动机重新启动通过启动发电机实现。在此不仅可以在发动机停止阶段后，而且可以在有相应扭矩请求时电动行驶期间启动发电机。启动发电机启动发动机的能量取自附加蓄电池。启动发电机失灵时通过电动机启动发动机。电动机从高电压蓄电池获得为此所需的能量。

紧急情况表现如下：

·如果尽管进行控制但是发动机不通过普通启动机启动，则生成故障码存储器记录并切换为用启动发电机启动

·如果启动发电机失灵，则切换到通过电动机启动

· 如果发动机也无法通过电动机启动，则输出一条检查控制信息

切换总线端后，可以尝试用所有 3 个启动系统重新启动。

天气寒冷（至少低于 −10℃）时，不要期望能通过启动发电机成功启动发动机。在这样的温度下附加蓄电池的功率和通过多楔带传递的作用力不够。在这样的温度下通过电动机启动发动机也不是每次都能成功，因为高电压蓄电池可能无法提供所需功率。与 E72 和 F04 不同，除紧急情况外 F10H 中的发动机不再借助高电压蓄电池启动，而是借助 12V 蓄电池启动。就是说，启动发动机时，两个 12V 蓄电池必须提供足够的能量（充电状态）。因为高电压蓄电池无须为发动机启动提供储备（几个星期以上），所以可能从高电压蓄电池取出较多的能量。

（2）服务信息

不要修理损坏的启动发电机，而是整个更换。为确定启动发电机是否损坏，必须首先检查附加蓄电池（充电状态或健康状态）、供电导线（电阻）、供电导线螺栓连接（过渡电阻）、多楔带就位情况和张紧程度、接地导线和 LIN 总线连接。只有所有这些检查都失败时，才能更换启动发电机。拆卸和安装启动发电机时，必须按最新维修说明进行！

2. 附加蓄电池

附加蓄电池如图 4-92 所示。

启动发电机产生的电能主要存储在附加蓄电池内。该部件安装在行李箱内右侧。附加蓄电池是容量为 50Ah 的 AGM 蓄电池。与 12V 车辆蓄电池类似，附加蓄电池的电流、电压和电极温度也由一个智能型蓄电池传感器 IBS2 测量。此后结果通过 LIN 总线传输给上级控制单元（电动机电子装置 EME）。发生严重程度足够的事故时，安全型蓄电池接线柱 SBK2 负责断开附加蓄电池与启动发电机之间的蓄电池正极导线。安全型蓄电池接线柱 SBK2 紧靠在附加蓄电池正极旁边。附加蓄电池安全型蓄电池接线柱的燃爆式触发通过高级碰撞和安全模块 ACSM 实现。每次更换附加蓄电池时，都必须注册。

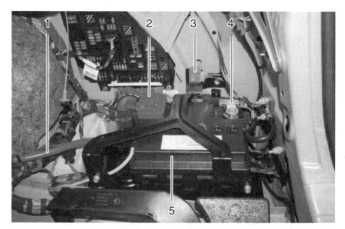

1.至配电盒的蓄电池正极导线　2.附加蓄电池安全型蓄电池接线柱SBK2　3.高电压安全插头　4.附加蓄电池智能型蓄电池传感器IBS2　5.附加蓄电池

图 4-92

3. 配电盒和断路继电器

配电盒和断路继电器如图 4-93 所示。

智能型蓄电池传感器 IBS2 通过小横截面导线从附加蓄电池的安全型蓄电池接线柱 SBK2 获得供电。蓄电池正极导线也从附加蓄电池的安全型蓄电池接线柱 SBK2 引至附加蓄电池的配电盒。从这个配电盒处其他导线引至启动发电机、断路继电器和电动机电子装置 EME。该配电盒不是新开发的产品，而是已在其他某些车型系列中使用。蓄电池正极导线从附加蓄电池的配电盒引至启动发电机。这个蓄电池正极导线的横截面为 110 mm²，不带过电流保险装置。配电盒下侧安装了一个断路继电器。两个 12V 车载网络可以通过这个断路继电器连接在一起。例如，如果附加蓄电池已充满电且发动机转速提高到 2500r/min，则连接两个 12V 车载网络。断路继电器的控制通过电动机电子装置 EME 实现。断路继电器接合前，应平衡两个 12V 车载网络内的电压。DME 确定电压值并将其发送给启动发电机。借此使可能出现的平衡电流降到最低，同时确保断路继电器的开关触点负荷较小。

由于转子内安装了中间卡爪磁铁，因此发动机转速超过 2500 r/min 时在空挡模式下（无负载转动的启动

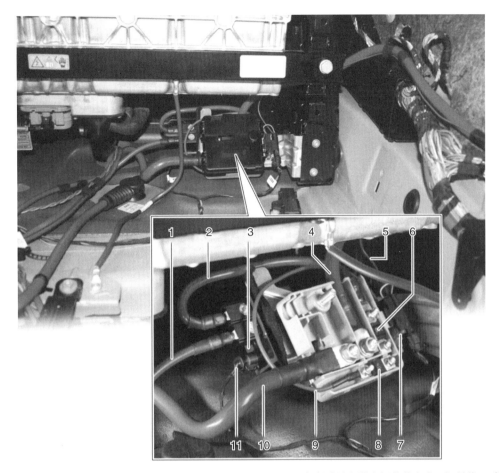

1.12V蓄电池配电盒与断路继电器之间的蓄电池正极导线 2.附加蓄电池配电盒与断路继电器之间的蓄电池正极导线 3.断路继电器 4.附加蓄电池与断路继电器之间的蓄电池正极导线 5.至EME的导线 6.100A保险丝 7.5A保险丝 8.40A保险丝 9.从40A保险丝至5A保险丝的导线 10.至启动发动机的蓄电池正极导线 11.断路继电器控制导线

图4-93

发电机）启动发电机产生感应电压，该电压以非期望的方式为附加蓄电池充电。为避免启动发电机和附加蓄电池损坏，从这个转速起断路继电器始终接合。借此将多余的电能引入传统12V车载网络。启动过程开始前打开断路继电器，以避免传统12V车载网络内电压突然降低。混合动力系统失灵时，启动发电机可以为车载网络用电器供电，在紧急情况下通过EME内的DC/DC转换器供电。在此可以停用某些功能，例如座椅加热。附加蓄电池的配电盒内有两个保险丝。100A保险丝用于保护从配电盒至断路继电器的蓄电池正极导线。配电盒是模块化结构的一个组件，因此始终安装40A保险丝。至EME的导线具有较小的横截面，因此还串联了一个5A保险丝。

（三）总线端控制

行驶准备如图4-94所示。

如果同时操作制动踏板和START-STOP按钮，则启用首次行驶准备。在此可以从任何总线端状态启用行驶准备（总线端30B、总线端R和总线端15）。在随后的行驶过程中，每次车辆停止时都自动达到行驶准备状态。只有车辆停下来（例如堵车时或在红绿灯处）且高电压蓄电池充电状态足够时，才启用行驶准备。行驶准备启用时通过转速表下部的"READY"字样亮起表示。从"行驶准备"状态出发，车辆可以根据扭矩要求以纯电动方式或以发动机方式起步。与只通过发动机驱动的普通车辆不同，混合动力车辆的行驶准备无法通过发动机运行识别出来。发动机不启动（所谓的无声启动）的前提是，高电压蓄电池充电足够且发动机处于工作温度。如果车辆静止时按压START-STOP按钮，则停用行驶准备。在此自动挂入行驶挡位P。自

273

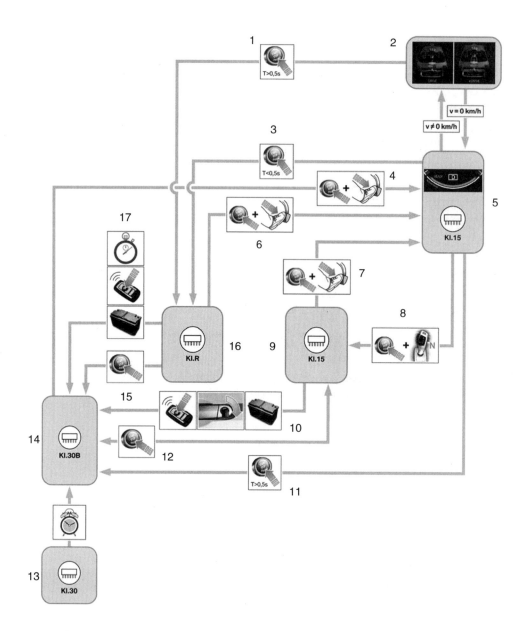

1.长时间按压 START-STOP按钮时，总线端状态从"总线端15行驶"切换为总线端R 2.以支持发动机或电动机方式行驶 3.短促按压 START-STOP按钮时，总线端状态就会由总线端15切换为总线端R 4.同时操作 START-STOP按钮和制动踏板时启用行驶准备功能（启动或不启动发动机） 5.通过启用总线15进入行驶准备状态 6.同时操作 START-STOP按钮和制动踏板时启用行驶准备功能（启动或不启动发动机)(由总线端R启动） 7.同时操作 START-STOP按钮和制动踏板时启用行驶准备功能(启动或不启动发动机)(由总线端15启动) 8.如果选挡杆已挂入位置N且用 START-STOP按钮结束了行驶准备，则总线端15保持接通状态15min（自动洗车设备功能） 9.总线端15 10.如果已锁止车辆或车辆蓄电池充电状态过低，则关闭总线端15 11. 长时间按压 START-STOP按钮时，总线端状态从行驶准备切换为总线端30B 12.通过操作START-STOP按钮在总线端15和总线端30B之间进行切换 13.总线端30 14.总线端30B 15.通过按压 START-STOP按钮从总线端R切换到总线端30B 16.总线端R 17.如果时间超过8min、车辆已锁止或车辆蓄电池充电状态过低，则从总线端R切换到总线端30B

图 4-94

动洗车设备功能除外：如果行驶准备接通时驾驶员挂入行驶挡位 N，然后按压 START-STOP 按钮，则行驶挡位 N 保持挂入状态且总线端 15 保持接通状态。

八、总线系统

F10H 总线系统以 F10 总线系统为基础。F10H 沿用了 F10 的所有主总线系统和子总线系统。相对于 F10

的总线系统而言，F10H 增加、调整和取消了一些控制单元。

（一）总线概览

新的 F10H 总线概览如图 4-95 所示。

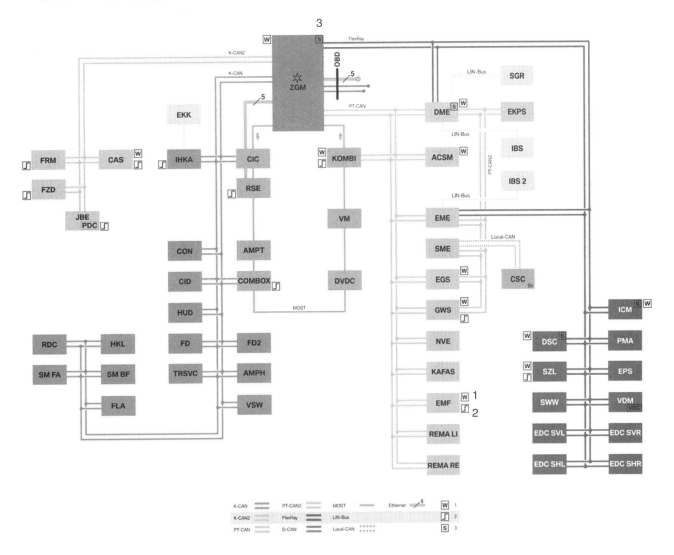

1.可唤式控制单元 2.有唤醒权限的控制单元 3.启动节点:用于 FlexRay总线系统启动和同步的控制单元 ACSM.高级撞和安全控制单元 AMPH.高保真音响放大器 AMPT.顶级高保真音响放大器 CAS.便捷登车及启动系统 CID.中央信息显示屏 CIC.车辆信息计算机 CON.控制器 CSC.电池监控电子装置（电池监控电路CSC）D-CAN.诊断控制区域网络 DME.数字式发动机电子系统 DSC.动态稳定控制系统 DVDC.DVD换碟机 EDC SHL.左后电子减震器控制系统卫星式控制单元 EDC SHR.右后电子减震器控制系统卫星式控制单元 EDC SVL.左前电子减震器控制系统卫星式控制单元 EDC SVR.右前电子减震器控制系统卫星式控制单元 EGS.变速器电子控制系统 EKK.电动制冷剂压缩机 EKPS.电子燃油泵控制系统 EME.电动机电子装置 EMF.电动机械式驻车制动器 EPS.电子助力转向系统(电动机械式助力转向系统) Ethernet.用于局域数据网络的有线数据网络技术 FD.后座区显示屏 FD2.后座区显示屏2 FLA.远光灯辅助系统 FlexRay.用于汽车的快速实时容错总线系统 FRM.脚部空间模块 FZD.车顶功能中心 GWS.选挡开关 HKL.行李箱盖举升装置 HUD.平视显示屏 ICM.集成式底盘管理系统 IBS.智能型蓄电池传感器 IBS 2.智能型蓄电池传感器2 IHKA.自动恒温空调 JBE.接线盒电子装置 K-CAN.车身控制器区域网络 K-CAN2.车身控制器区域网络2 KAFAC.基于摄像机原理的驾驶员助系统 KOMBI.组合仪表 LIN-BUS.局域互联网总线 Local-CAN.局域控制区网 MOST.多媒体传输系统 NVE.夜视系统电子装置 OBD.诊断插座 PDC.驻车距离监控系统 PT-CAN.动力传动系统控制器区域网络 PT-CAN2.动力传动系统控制器区域网络2 RDC.轮胎压力监控系统 REMA LI.左侧电动安全带收卷装置 REMA RE.右侧可逆电动安全带收卷装置 RSE.后座区娱乐系统 SGR.启动发电机 SMBF.前客座椅控制单元 SME.蓄能器管理电子装置 SMFA.驾驶员座椅控制单元 SWW.换车道警告 TRSVC.用于倒车摄像机、俯视系统和侧视系统的控制单元 VDM.垂直动态管理系统 VM.视频模块 VSW.视频开关 ZGM.中央网关模块

图 4-95

（二）新控制单元

1. 电动机电子装置 EME（如图 4-96 所示）

电动机电子装置用于持续控制和调节高电压车载网络内的永磁同步电机。为此需要一个双向 DC/AC 转换器将高电压蓄电池的高电压直流电压转化为用于电动

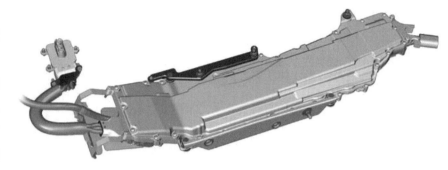

图 4-96

机的三相交流电压。电动机处于发电机运行模式时，系统通过逆变器为高电压蓄电池充电。此外，在 EME 内还集成了一个负责为低电压车载网络供电的 DC/DC 转换器。EME 连接在 PT-CAN、PT-CAN2 和 FlexRay 上。

2. 蓄能器管理电子装置 SME

SME 控制单元集成在高电压蓄电池内，无法从外部进行接触。为了尽可能延长高电压蓄电池的使用寿命，SME 控制单元负责在严格规定的范围内运行蓄电池。此外，SME 控制单元还负责启动和关闭高电压系统及安全功能（例如高电压触点监控、绝缘监控）以及确定高电压蓄电池的可用功率。SME 通过 PT-CAN2 与其他控制单元通信。

3. 电动制冷剂压缩机 EKK

F10H 像 E72 和 F04 一样使用一个电动制冷剂压缩机。为了能够提供所需功率，电动制冷剂压缩机 EKK 通过高电压驱动。EKK 可在所有行驶情况下确保空调系统的制冷剂循环回路通畅。除车内冷却外，还通过制冷剂循环回路对高电压蓄电池进行冷却。EKK 控制单元安装在制冷剂压缩机壳体上，通过 LIN 总线与 IHKA 连接。

4. 启动发电机 SGR

启动发动机如图 4-97 所示。

启动发电机用于启动发动机。既可在 MSA 关闭模式下，也可在电动行驶模式下进行启动。此外，启动发电机还为启动蓄电池充电，随后该蓄电池即可提供启动能量。启动发电机通过 LIN 总线与 DME 相连。

5. 智能型蓄电池传感器 2

智能型蓄电池传感器 2 监控附加蓄电池的电流、电压和电极温度。监控结果通过 LIN 总线传输至 EME。

6. 可逆电动安全带收卷装置 REMA LI 和 REMA RE

可逆电动安全带收卷装置 REMA 自 2011 年秋季开始应用于所有 F10 车辆，同时自上市起也应用于 F10H 车辆。两个安全带均配有该装置（REMA LI 和 REMA RE）。所有车门都关闭后，可逆电动安全带收卷装置就会降低以较低收卷力系上安全带时产生的安全

图 4-97

带松弛。通过消除安全带松弛可确保安全带与驾驶员或前乘客身体紧密贴合，从而可在发生碰撞时增强安全带约束作用。可逆电动安全带收卷装置的另一优点是，可在发生碰撞前以较高收卷力拉紧（乘员身上的）安全带，从而降低乘员从安全带中滑落的危险（也称为身体下滑）。

7. 电池监控电子装置（电池监控电路 CSC）

为确保 F10H 中使用的锂离子电池正常运行，必须遵守某些边界条件：电池电压和电池温度不允许低于

或超过某些数值，否则可能造成电池永久损坏。因此每个高电压蓄电池单元都包含多个电池监控电子装置，在此称为电池监控电路 CSC。共有 8 个 CSC 通过一个局域 CAN 彼此通信。局域 CAN 将所有 CSC 彼此连接在一起，用于 CSC 与 SME 通信。在此 SME 控制单元承担主控功能。这是一个最大 12V 的低电压导线束。

（三）调整的控制单元

IHKA 必须进行相应调整以便能够在所有运行状态下控制电动制冷剂压缩机 EKK。EKK 控制单元通过 LIN 总线与 IHKA 连接。为了能够显示行驶准备、电动行驶、制动能量回收利用和高电压蓄电池充电状态等其他与行驶相关的内容，对 KOMBI 进行了相应调整。此外，在检查控制信息中增加了混合动力特有信息。为了在中央信息显示屏 CID 内增加混合动力特有显示，对车辆信息计算机 CIC 进行了相应调整。通过在车辆信息菜单下选择混合动力可在所有行驶情况下显示能量流和动力传递路线以及高电压蓄电池充电状态。数字式发动机电子系统 DME 的软件针对电动机 / 发动机扭矩协调进行了相应调整。此外，DME 通过 LIN 总线与启动发电机进行通信。全世界所有混合动力车辆都要求配备翻车识别装置，以便发生翻车事故时停用高电压系统。通过集成在 ICM 控制单元内的传感器（滚动速率传感器和垂直加速度传感器）实现翻车识别功能。ACSM 必须针对传感器信号分析方面进行相应调整。辅助蓄电池上的安全型蓄电池接线柱根据需要由 ACSM 触发。动态稳定控制系统 DSC 的软件也针对能量回收式制动进行了相应调整。其中包括读取直接与 DSC 控制单元连接的制动踏板行程传感器信号（作为硬件接口）。EGS 控制单元针对更改的变速器进行了相应调整。例如电动变速器油泵通过 EGS 控制单元进行控制。由于更改了总线端控制（行驶准备），因此对 CAS 控制单元内的软件也进行了相应调整。

（四）取消的控制单元

与 F10 相比，一些选装配置未在 F10H 上提供。因此一些控制单元不再出现在总线概览中。如表 4-9 列出了取消的控制单元。

表 4-9

取消的控制单元	功能	取消原因
AL	主动转向系统	协调过程复杂，特别是在电动行驶期间（在 F10 上仅与 Integral 主动转向系统一起以套件形式提供）
HSR	Integral 主动转向系统	由于 Integral 主动转向系统中能与主动转向系统一起提供，因此 HSR 控制单元也一同取消
ACC	主动定速巡航控制系统	由于调节过程非常复杂且数量较小，因此在 F10H 上暂不提供 ACC
AHM	挂车模块	在纯电动行驶模式下调节过程复杂。对力求达到的运行策略影响巨大：行驶里程明显缩短且在纯电动行驶模式下速度降低
DDE	数字式柴油机电子系统	F10H 仅使用 N55 这一款发动机
BCU	蓄电池充电单元	在 F10H 上安装 12V 的电动机械式助力转向系统（电子助力转向系统 EPS）

九、显示和操作元件

混合动力特有运行状态和高电压蓄电池充电状态在组合仪表内以及根据需要在中央信息显示屏内显示。

可显示以下混合动力特有运行状态：

· 行驶准备显示

· 电动行驶显示

· 助推功能显示

· 能量回收利用

这些状态始终在组合仪表内转速表下部显示。CID 内的混合动力特有显示通过菜单 " 车辆信息→混合动力" 调出。在 CID 和组合仪表内显示都需要接通总线端 15。

（一）组合仪表内的显示

组合仪表内的高电压蓄电池充电状态和混合动力特有运行状态显示以 E72 或 F04 的显示方案为基础。接通总线端 15 后，在刻度盘 0 至 1 之间显示高电压蓄电池的当前充电状态。弧形显示条的填充状态表示高电压蓄电池的充电状态。刻度值 1 表示高电压蓄电池已完全充电。为了以最佳方式利用高电压系统，只有在长距离下坡行驶时才会使高电压蓄电池完全充电。处于正常运行模式时最高充电至约 80%。需要注意的是，显示的只是与客户相关的高电压蓄电池充电状态范围，相当于 25%~70% 的实际充电状态。也就是说，即使刻度值显示为零，混合动力系统仍带有较高电压。

下面列出了混合动力车辆的不同运行状态显示内容。

（1）行驶准备

如果转速表指针位于 0 位置，同时在下部区域内显示蓝色 READY（准备）字样，驾驶员就会知道此时处于所谓的行驶准备状态。此时车辆处于静止状态，可以随时通过踩下加速踏板使车辆移动。根据高电压蓄电池的充电状态、发动机温度和加速踏板位置可通过纯电动方式或发动机驱动车辆。例如车辆停在铁路道口或等待绿灯时，就会接通行驶准备状态。如果客户短时间驻车后重新行驶，操作 START-STOP 按钮后就会接通行驶准备状态。由于发动机仍

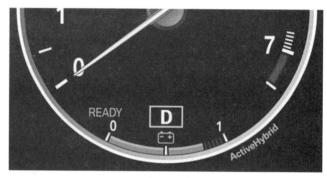

图 4-98

处于运行温度且高电压蓄电池电量充足，因此发动机不启动，如图 4-98 所示。

（2）电动行驶

在不超过约 55km/h 的车速下都可通过纯电动方式行驶。高电压蓄电池的输出功率通过左侧蓝色箭头显示。根据功率要求最多有 4 个箭头依次亮起。转速表指针此时处于 0 位置（发动机关闭）。如果所有 4 个箭头都已亮起时还需要额外提高功率，例如要求加速，就会接通发动机。就好像 4 个箭头推动着转速表指针，车辆由电动驱动切换为发动机驱动。以电动方式行驶时需要注意，行人和其他道路使用者会由于听不到发动机噪声而无法像以前那样感觉到车辆的存在。例如在驶入和驶出停车位置时要特别注意，如图 4-99 所示。

（3）发动机驱动模式

车速超过 55km/h 后就会以发动机驱动模式驱动车辆。转速表像以前一样显示当前发动机转速。在混合动力特有显示中只显示高电压蓄电池充电状态，如图 4-100 所示。

（4）助推功能

在超车等情况下急加速时会同时调用发动机和电动机的功率，从而为驾驶员提供最大功率。为此必须用

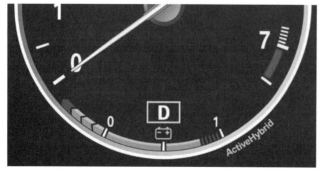

图 4-99

图 4-100

力向下踩下加速踏板（强制降挡）。转速表显示当前发动机转速，同时左侧所有 4 个箭头亮起。在不超过 160km/h 的车速下可以使用助推功能，如图 4-101 所示。

（5）制动能量回收利用

混合动力系统可在制动或滑行期间将制动能量转化为电能。通过这种能量回收利用功能为高电压蓄电池充电。制动能量回收利用功能通过右侧 3 个蓝色箭头显示。第一个箭头内的 "+" 符号用于避免与电动行驶箭头混淆。减速度或制动踏板操纵力度不同时，蓝色箭头的长度不同。车速低于约 15km/h 时，能量回收利用显示不会亮起，即使车辆正在滑行或刚刚制动，如图 4-102 所示。

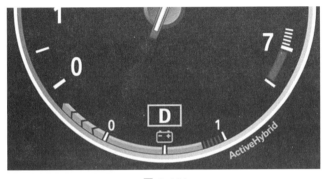

图 4-101   图 4-102

（二）中央信息显示屏内的显示

在所有车辆运行状态下均可在 CID 内显示能量流 / 动力传递路线以及高电压蓄电池充电状态。此外，用户可根据需要让系统显示最近 16min 的混合动力利用率和 ECO PRO 说明。这样，驾驶员可以大致了解在不同行驶状态下的混合动力系统工作原理以及混合动力车辆的最佳利用率。

1. 混合动力利用率（如图 4-103 所示）

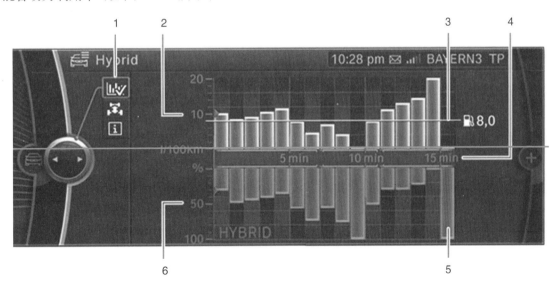

1.选择混合动力利用率显示 2.发动机耗油量刻度 3.发动机平均耗油量 4.时间轴（16分钟） 5.以分钟为单位的条形图 6.电动机利用率百分比刻度

图 4-103

在 CID 中可以显示最近 16min 行驶的混合动力系统利用率。每个显示条表示 1min 时间。在发动机关闭期间也计算时间。显示条越高，耗油量越高，电动机利用率越高。灰色显示条表示发动机耗油量。横线和图表右侧的数值表示平均耗油量。蓝色显示条表示电动机利用率百分比。在此期间电动机作为发电机（能量回收式制动期间）或电机（电动行驶期间）驱动。显示条越高，电动机利用率越高，由此所节省的燃油越多。显示竖轴上的两个红色标记表示上一分钟的显示条。

2. 能量流 / 动力传递路线

在 CID 内按以下原则显示能量流 / 动力传递路线：

· 蓝色：电能

· 红色：发动机能量

· 箭头：能量流 / 动力传递路线方向

在此以一种行驶情况为例进行显示并说明符号含义，可由此推导出其他行驶情况。急加速时 CID 内的混合动力显示如图 4-104 所示。

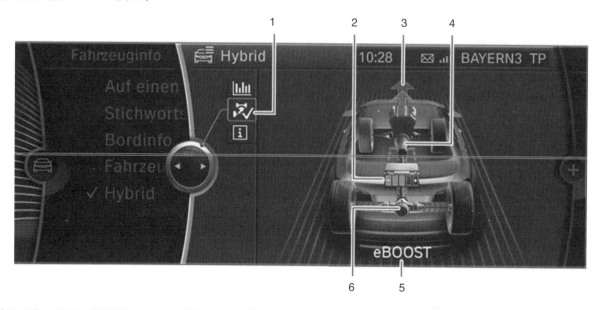

1.选择显示能量流/动力传递路线 2.高电压蓄电池的充电状态 3.发动机驱动力箭头(红色)和电动机驱动力箭头（蓝色） 4.带电动机的自动变速器 5.当前行驶情况的文本信息"eBOOST" 6.至后桥的动力传递路线

图 4-104

在 CID 内通过一个红色箭头（发动机驱动部分）和一个稍小的蓝色箭头（电动机部分）显示助推功能。此时发动机以红色显示。自动变速器内的电动机工作时通过变速器变成蓝色表示出来。五个区段表示高电压蓄电池的充电状态。就是说一个区段相当于 20% 的高电压蓄电池充电状态。当前高电压蓄电池充电显示的最高区段根据充电状态通过不同蓝色色调表示。借此以形象化方式表示 0%~20% 范围内的中间挡。在上面的示例中三个区段完全亮起。这相当于达到 60% 的有效充电状态。为表示从两个驱动源（发动机和电动机）至后桥车轮的动力传递路线，用两个箭头表示动力传递路线。红色箭头表示发动机驱动部分，蓝色箭头表示电动机部分。当前行驶情况也通过文本信息形式在车辆示意图下方显示。根据道路方向进行调整在 F10H 上首次成功地将导航系统数据与混合动力运行策略相互联系在一起。导航系统识别出前方路段并将数据传输给 EME。例如在驶入低流量路段前，EME 会从高电压蓄电池中获取少量能量或尝试通过能量回收利用在高电压蓄电池中存储尽可能多的电能，从而确保能量以纯电动方式在低流量路段行驶。通过这种方式可实现混合动力系统最佳利用率。执行这种智能型附加功能的前提条件是驾驶员已启用目的地引导功能。启用目的地引导并选择显示能量流 / 动力传递路线后，会显示附加符号和文本信息。能量流 / 动力传递路线显示的附加符号表示已识别出前方情况且混合动力驱动正在进行相关准备。

（1）下坡路段

"进行高电压蓄电池充电准备" 为了能够在下坡行驶期间通过能量回收利用为高电压蓄电池充电，高电压蓄电池必须能够吸收能量。电量充满的蓄电池无法继续吸收能量。因此在这种情况下，在下坡行驶前为高电压蓄电池放电。通过提高电动驱动比例来实现这一目的。这样还能降低耗油量。显示如图 4-105 所示。

（2）居民区或目的地街道

"进行 eDrive 准备" 在到达目的地街道或居民区前为高电压蓄电池充电。能够以纯电动方式驶过居民区或以纯电动驱动方式到达目的地。显示如图 4-106 所示。

（三）ECO PRO 模式

F10H 驾驶员可根据需要以更高效的方式驾驶车辆。通过驾驶体验开关可启用非常高效的模式，即所谓的 ECO PRO 模式。ECO PRO 模式一如既往地支持降低油耗的驾驶方式并负责协调混合动力系统从而达到车辆最大可达里程。

1. 启用和显示

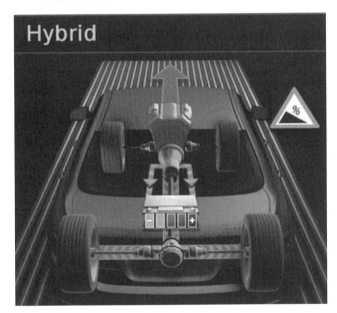

图 4-105

图 4-106

Active Hybrid 5 上的驾驶体验开关如图 4-107 所示。

通过驾驶体验开关启用 ECO PRO 模式。"COMFORT"（舒适）模式设为标准模式。需要启用 ECO PRO 模式时，必须在总线端 15 接通的情况下多次向 "COMFORT"（舒适）方向操作驾驶体验开关，直至组合仪表内显示 "ECO PRO"。关闭总线端 15 时就会停用 ECO PRO 模式，如图 4-108 所示。

启用 ECO PRO 模式后，会在 KOMBI 转速表挡位显示旁出现 "ECO PRO" 字样。在车速表下方会显示所谓的获益可达里程。获益可达里程表示能够通过调整驾驶方式延长的可达里程。启用 ECO PRO 模式时会自动调出该显示。以高效方式驾驶时就会以

图 4-107

1.ECO PRO 获益可达里程 2.ECO PRO模式处于启用状态

图 4-108

蓝色显示获益可达里程，否则以灰色显示该里程。启用 ECO PRO 模式后，在 CID 内还会显示一个 ECO PRO
模式配置窗口，如图 4-109 所示。

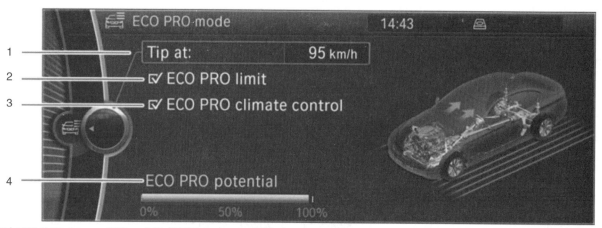

1.选择车速以输出ECO PRO提示 2.启用/停用超过ECO PRO限值时的说明 3.启用/停用ECO POR模式下的有限空调功能 4.显示通过当前
配置能够达到多高的节能百分比

图 4-109

如果驾驶员未采用高效方式驾驶车辆，例如加速过急或选挡错误，就会在CID内显示相应说明，如图4-110
所示。

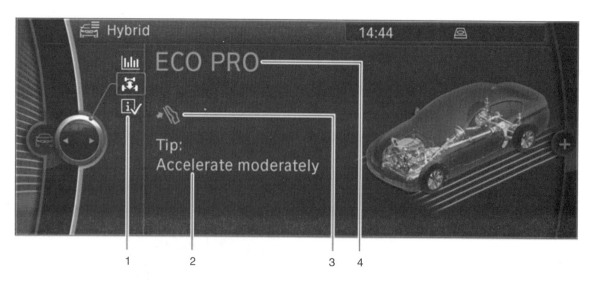

1."输出ECO PRO说明"处于启用状态 2.文本形式的说明，例如"适度加速" 3.图示形式的说明 4.菜单名称（ECO PRO说明）

图 4-110

2. 在 ECO PRO 模式下对什么有影响？

ECO PRO 模式可辅助驾驶员采取优化耗油量的驾驶方式并通过智能型能量和空调管理控制系统降低耗油量。主要通过以下措施降低耗油量：

· 通过更改自动变速器车辆的加速踏板特性曲线和换挡模式，辅助驾驶员采取优化耗油量的驾驶方式

· 减少电动舒适用电器

· 降低暖风和空调系统功率

· 在 ECO PRO 模式下发动机关闭阶段的数量和时间长短达到最大限度

3. 减少电动舒适用电器

在 ECO PRO 模式下允许在一定程度上降低舒适度。例如关闭车外后视镜加热功能（节省最多 100 W），将最高座椅加热温度限制在约 37.5℃（否则约为 42℃）。选择空调系统 ECO PRO 模式时，也会将这些功能复位到驾驶体验开关其他模式下启用的运行状态。

4. 降低暖风空调系统功率

在空调系统 ECO PRO 模式下，采用消耗少量能量且舒适度适度受限的最佳运行策略。在 ECO PRO 模式下，空调系统以更高效的协调方式，以较低的空气干燥和空气冷却功率进行工作。这样可以减少电能消耗。高电压蓄电池冷却始终具有最高优先级，启用 ECO PRO 模式不会使其受到影响。如果能在不制冷的情况下达到所需温度，就会关闭空调压缩机。用户可在 ECO PRO 模式设置下将空调系统 ECO PRO 模式复位到驾驶体验开关其他模式下启用的运行状态。重新调用 ECO PRO 模式时，车辆就会检测到相关设置。

（四）混合动力特有检查控制信息

F10H 出现故障时，就会通过检查控制信息提醒驾驶员。表 4-10 所示列出了主要的混合动力特有检查控制信息。

表 4-10

检查控制信息	含义	原因
	传动装置故障： 可达里程和驱动功率受限。可能无法重新启动发动机。请开到附近的 BMW 售后服务站	电动机失灵，电动真空泵失灵
	传动装置故障： 发动机未自动启动或关闭。必要时通过 START-STOP 按钮启动发动机。驱动功能受限。请到 BMW 售后服务站进行检查	EME 冷却故障，电动真空泵失灵，PT-CAN 或 FlexRay 失灵（例如短路）
	高电压蓄电池： 高电压蓄电池功率受限。可以继续行驶，必要时只能使用发动机。请到 BMW 售后服务站进行检查	高电压蓄电池功率过低
	高电压蓄电池充电	当前充电状态 高电压蓄电池在运输途中 （电量过低→充电）

检查控制信息	含义	原因
	高电压蓄电池正常	当前充电状态 高电压蓄电池在运输途中 正常
	更换高电压蓄电池	当前充电状态 高电压蓄电池在运输途中 蓄电池损坏
	高电压蓄电池： 高电压系统故障。关闭发动机后，可能无法继续行驶。请立即到附近的 BMW 售后服务站进行检查	绝缘故障
	高电压系统： 高电压系统关闭。无法继续启动发动机。只能由受过培训的 BMW 售后服务人员进行高电压组件保养	进行保养和维修时高电压系统无电压。高电压安全插头（售后服务时断开）已拉起，高电压触点监控电路断路

（五）操作

虽然使用了两种不同的驱动方式和两种不同的蓄能器，Active Hybrid 5 在操作上与传统车辆没有任何区别。为了实现动力和高效行驶，混合动力系统会根据不同参数自动进行最佳调节。在 F10H 上没有用于停用 / 启用发动机节能启 / 停功能的独立按钮。发动机节能启 / 停功能由混合动力系统进行自动控制。可通过将选挡杆挂入"DS"或"M/S"位置中断发动机关闭过程。在转鼓试验台上确定 F10H 发动机功率时，必须确保车辆不会以电动方式"行驶"。通过以下步骤可确保发动机在检测功率期间始终处于运转状态。

·车辆处于行驶准备状态
·停用行驶准备（总线端 R 接通且总线端 15 关闭）
·踩下制动踏板
·接通危险报警灯
·一直按住 DSC 按钮直至 CID 内出现"测试模式"信息

下次切换总线端或起步时会自动停用该测试功能。

十、空调系统

F10H 像以前的宝马 Active Hybrid 车辆一样使用一个电动制冷剂压缩机。由于该制冷剂压缩机带有一个电动驱动装置，因此可以不通过发动机驱动空调系统。无论是在纯电动行驶期间还是静止状态下，空调系统都可以为客户提供制冷效果。在此采用专门的隔音部件用于隔绝噪声。例如，即使在车辆静止且发动机关闭的情况下，也几乎感觉不到空调系统的噪声。源自 F04 的驻车空气调节和保持空调效果功能也同样应用于 F10H。

（一）系统概览

F10H 空调系统概览如图 4–111 所示。

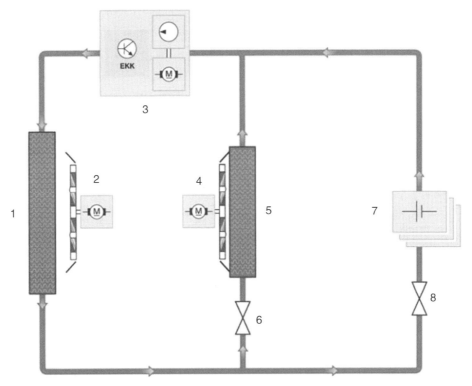

1.制冷剂循环回路内的冷凝器 2.电子扇 3.电动制冷剂压缩机 4.鼓风机电机 5.车内冷却用制冷剂循环回路内的蒸发器 6.制冷剂循环回路内的截止阀 7.高电压蓄电池 8.高电压蓄电池冷却用制冷剂循环回路内的膨胀和截止组合阀

图 4-111

图 4-111 展示了 F10H 的制冷剂循环回路。高电压蓄电池冷却用制冷剂循环回路与车内冷却用制冷剂循环回路并联。

（二）电动制冷剂压缩机

F10H 电动制冷剂压缩机如图 4-112 所示。

在高电压插头内除高电压触点外还集成有高电压触点监控电桥。高电压插头内的电桥触点采用前置式设计。也就是说，拔出高电压插头时首先断开高电压电桥触点。这样可以中断 EKK 控制单元供电，甚至在高电压插头完全拔出之前也中断高电压供电。这样可以确保在高电压触点上不会形成电弧。高电压触点采取了防触摸保护措施。电动制冷剂压缩机的高电压插头并非高电压触点监控电路的组成部分。压缩机的工作原理与 E72 或 F04 的工作原理相同。使用螺旋形压缩机压缩制冷剂。电动制冷剂压缩机的电功率为 4.5 kW，在 200~450V 的电压范围内为 EKK 供电，高于和低于该电压范围时就会降低功率或关闭 EKK。电动制冷剂压缩机的制造商是 Sanden 公司。

1.高温和高电压气态制冷剂接口（压力管路） 2.信号插头 3.EKK 高电压插头 4.消音器 5.电动制冷剂压缩机 6.低温和低压气态制冷剂接口（抽吸管路）

图 4-112

(三) 制冷剂循环回路

F10H 的制冷剂循环回路与 F04 结构相似。图 4-112 展示了制冷剂循环回路的主要组件及其安装位置。

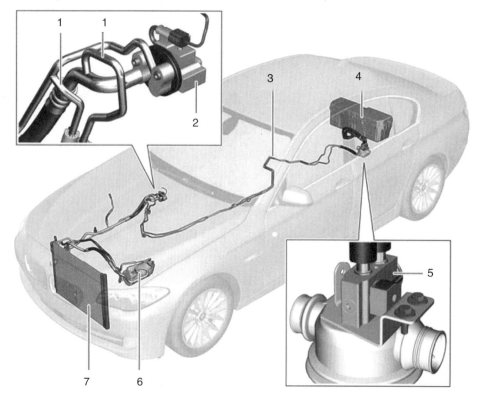

1.至高电压蓄电池的制冷剂管路分支　2.车内冷却用制冷剂循环回路内的膨胀和截止组合阀　3.至高电压蓄电池的制冷剂管路　4.高电压蓄电池　5.高电压蓄电池冷却用制冷剂循环回路内的膨胀和截止组合阀　6.电动制冷剂压缩机　7.制冷剂压缩机内的冷凝器

图 4-112

温度会对高电压蓄电池的使用寿命产生决定性的影响。因此高电压蓄电池的电池不应在过高或过低温度条件下输出功率或吸收电功率。最佳电池温度约为 20℃，蓄电池不应超过 40℃的最高温度。制冷剂循环回路中使用 R134a 作为冷剂，制冷剂在系统的一个位置吸收热量，在另一个位置释放热量。从车内和高电压蓄电池吸收的热量通过车辆前部的热交换器（冷凝器）释放到环境空气中。启用车内空调系统时或高电压蓄电池需要冷却时，就会接通电动制冷剂压缩机，系统对相应位置进行冷却。此时可分别进行车内冷却和高电压蓄电池冷却。由高电压蓄电池为电动空调压缩机提供所需能量。使用宝马批准的 PAG 油作为润滑剂。为了能够分别进行蓄电池冷却和车内冷却，在制冷剂循环回路内集成了专业电磁阀。这些电磁阀可根据实际需要开启部分循环回路，因此可以保证系统高效性和正常的调节特性。阀门和电动制冷剂压缩机之间的控制关系如表 4-11 所示。

表 4-11

冷却	用于蒸发器的膨胀和截止组合阀（车内）	用于高电压蓄电池的膨胀和截止组合阀	电动制冷剂压缩机
高电压蓄电池	关闭	开启	接通
车内	开启	关闭	接通
高电压蓄电池和车内	开启	开启	接通
不冷却	关闭	关闭	关闭

宝马诊断系统提供一项服务功能，可通过该功能控制制冷剂循环回路内的两个阀门。需要抽空制冷剂循环回路时可以使用这项服务功能。如果抽真空时使用可在两个分支管路内产生真空的空调加注和抽吸设备，

则无须控制两个阀门。通过两个分支管路内的真空，即使在阀门关闭情况下也可对制冷剂进行有效抽吸。如果使用仅在一个分支管路内产生真空的空调加注和抽吸设备，则必须使用这项服务功能来按专业方式完全抽空制冷剂。为了确保始终按专业方式抽真空，建议在通常情况下使用服务功能来控制阀门，抽空制冷剂前应使用诊断系统内的一项服务功能来控制和开启制冷剂循环回路内的两个阀门，这样可以确保按专业方式完全抽空制冷剂。由 IHKA 控制单元探测和确定是否以及何时需要多少冷却功率的要求。一方面，冷却车内的要求可能直接来自客户。另一方面，SME 控制单元也可能以总线信息形式向 IHKA 控制单元发出冷却高电压蓄电池的要求。IHKA 控制单元协调这些冷却要求并通过 LIN 总线启动电动制冷剂压缩机。根据温度确定冷却要求的优先级。例如车外温度较高且车内受热严重时，提高冷却功率具有更高的优先级。达到所需温度后，就会通过降低冷却功率和调低优先级来保持温度。这一点同样适用于电池温度。电池温度增至约 30℃时，就会开始冷却高电压蓄电池。由 SME 控制单元提出的冷却要求在此具有较低的优先级，因此可被高电压电源管理系统拒绝。电池温度较高时，高电压蓄电池冷却要求具有最高优先级且始终执行。

（四）驻车空气调节和保持空调效果

1. 驻车空气调节

由于 F10H 的制冷剂压缩机为电动驱动且高电压蓄电池的能量密度和功率密度较高，因此在 F10H 上为客户提供驻车空气调节功能。可在开始行驶前将较热的车内空间冷却约 2min。车外温度 >15℃时，可以很方便地通过按压车辆遥控器上的第 4 个按钮启用这项功能。如果客户在 2min 未满前打开车门，冷却时间就会延长约 30s。只有接通行驶准备后，才能重新启用驻车空气调节功能（重复锁止功能）。启用驻车空气调节功能的前提是高电压蓄电池电量充足（SOC> 约 42%）。也可以在车外温度超过 15℃时通过现有的驻车暖风遥控器（SA536）启用驻车空气调节功能。在这种情况下，驻车空气调节功能结束后会启用驻车通风功能最长 28min。启用总线端 15 后会结束驻车空气调节功能和驻车通风功能。受接收条件所限，其平均作用范围在车辆遥控器的作用范围之内。如果客户使用驻车暖风遥控器（按压打开 / 关闭按钮，然后按压启动按钮），则作用范围会明显提高（150 m）。

2. 保持空调效果

F10H 中控台如图 4-113 所示。

保持空调效果功能是一项扩展冷却功能，通过使用电动制冷剂压缩机加以实现。如果客户短时间离开车辆，随后要继续行驶，例如为车辆加油时希望车内保持舒适温度，则可以启用这项功能。可在点火开关关闭状态下通过按压用于提高空气量的按钮来启用保持空调效果功能。此时可通过根据需要控制电动制冷剂压缩机和通风，保持车内温度最长 6min。

1.用于提高空气量的按钮

图 4-113

第二节　宝马第 2.0 代混合动力系统 F01H/F02H 车系

一、简介

（一）定位

在宝马高效动力性方面，宝马集团自 2012 年夏季开始引入另一款 Active Hybrid 7。该 Active Hybrid 7 为全混合动力车辆，采用"第二代"混合动力技术。这项技术已在 Active Hybrid 5 上加以应用。根据短轴距或长轴距车型，新款 Active Hybrid 7 的研发代码为 F01H 或 F02H。因此 F01H/F02H 取代了以前研发代码为 F04 的 Active Hybrid 7。新款宝马 Active Hybrid 7 的驱动系统由一个采用 TwinPower 涡轮增压技术的 6 缸直列发动机（N55B3000）、一个 8 挡自动变速器（GA8P70HZ）和一个电动机组成。宝马 740i 轿车在仅通过发动机驱动的情况下便已获得了理想效率，集成宝马 Active Hybrid 技术后可使耗油量和排放量进一步降低约 14%。其驱动系统可产生 260kW 系统功率。这样可使 Active Hybrid 7 的 0~100 km/h 加速时间提高至 5.7s，将平均耗油量限制在约 6.8L /100km 并将 CO_2 排放量限制在约 158g/km（数值符合欧洲循环工况试验要求，取决于所选轮胎规格）。宝马 Active Hybrid 7 的电动驱动装置可实现最高车速为 60km/h 的纯电动零排放行驶。平均车速为 35km/h 时，高电压蓄电池可提供足够能量用于以纯电动方式行驶最远 4km。此外，混合动力特有发动机节能启 / 停功能还通过在停在交通信号灯前或堵车时关闭发动机创造了进一步提高效率的可能。第二代混合动力技术以及 F01H/F02H 的特点在于具有前瞻性的能量管理系统：该系统不仅能够根据当前行驶情况，而且还能根据即将出现的行驶情况调整运行策略，从而实现更高效的行驶。通过作为标准配置提供的驾驶体验开关，在宝马 Active Hybrid 7 上也能在"超级运动、运动、舒适和超级舒适设置外选择 ECO PRO 模式。该模式支持非常轻松和最为省油的驾驶方式，因此最好选择纯电动驾驶方式。E72 和 F04 所用的高电压蓄电池仍是与其他汽车制造商合作的产品，而 F01H/F02H 所用的高电压蓄电池则为"宝马制造"。

（二）识别标志

1. 外部

宝马 Active Hybrid 7 的众多特点使其明显不同于传统 7 系轿车，其中包括代表全新宝马 Active Hybrid 技术的独特水蓝色金属漆外观颜色。登车护条、两侧 C 柱以及行李箱盖上的 Active Hybrid 7 字样都说明这是一辆混合动力汽车。此外，在发动机隔音盖板上也带有"Active Hybrid"字样。Active Hybrid 7 标配采用双辐设计的 18 英寸轮辋。可选装 19 英寸、20 英寸以及在海湾区域国家可选装 21 英寸轮辋。为了降低耗油量，仅针对 F01H/F02H 车辆提供带有 18 英寸空气动力学轮辋（Streamline 357）的车辆，F01H ／ F02H 识别标志如图 4-114 所示。

1.行李箱盖上的"Active Hybrid 7"字样　2.两个C柱上的"Active Hybrid 7"字样　3.带有"Active Hybrid 7"字样的登车护条　4.18英寸标准轮辋　5.带有"Active Hybrid"字样的隔音盖板

图 4-114

2. 内部

宝马 Active Hybrid 7 的内部也与其他 F01H/F02H 车辆存在一些不同之处。混合动力特有运行状态和高电压蓄电池充电状态在组合仪表内以及根据要求在中央信息显示屏 CID 内显示。在 CID 和组合仪表内显示都需要打开点火开关。行李箱内带有 Active Hybrid Power Unit（Active Hybrid 电源装置）字样的徽标显示出高电压蓄电池单元的所在。

（三）能量管理系统

与第一款第二代混合动力车辆 F10H 相似，F01H/F02H 的运行策略也以创新功能而著称。其中包括具有前瞻性的能量管理系统和滑行时没有能量消耗功能，该功能随 F10H 引入，而且同样应用于 F01H/F02H。这些功能随 ECO PRO 模式启用而自动启用。在 F01H/F02H 上可以更好地使用标配 Professional 导航系统的数据。在 ECO PRO 模式下首次提供了前方道路预测辅助系统功能。该功能根据导航系统数据识别出前方路线上的弯道、地区入口、圆形交叉路口、T 形交叉路口、限速和高速公路出口，因此能够提前提醒驾驶员及早松开加速踏板。

（四）技术数据

技术数据如表 4-12 所示。

表 4-12

项目	单位	BMW 740I	BMW Active Hybrid 7
发动机和变速器			
结构形式		R6	R6
每缸气门数		4	4
排量	cm²	2979	2979
变速器		GA8HP45Z	GA8P70HZ
动力传动系统		后轮驱动	后轮驱动
主传动比		3.077	2.929
发动机最大功率	kW r/min	235 5800	235 5800
发动机最大扭矩	N·m （对应转速）	450 （1300~4500）	450 （1300~4500）
总系统功率	kW r/min	260 5800	
高电压蓄电池类型		—	锂离子
电动机功率	kW r/min	— —	40/55 自 1800
电动机最大扭矩	N·m r/min	—	210~1300

（五）配置

新款 Active Hybrid 7 提供欧规和美规车型，以及左侧和右侧驾驶型车辆。在美国和中国市场仅提供 F02H。除技术数据外，F01H/F02H 与 F01/F02 提供的选装配置也有所不同。下面汇总了一些 F01H/F02H 不提供的重要选装配置：

· 四轮驱动系统 xDrive（前桥主减速器的部分安装位置被电动机电子装置占用）

· Integral 主动转向系统

· 动态驾驶系统（主动侧翻稳定装置）

· 滑雪袋和直通装载装置（因为锂离子高电压蓄电池的安装位置）

· 挂车牵引钩

· 扩展型后座区空调系统（后部空调系统，安装位置被锂离子蓄电池占用）

以下配置属于标准配置：

- 4 区空调装置

- Professional 导航系统

宝马 Active Hybrid 首次在 F01H/F02H 上提供了选装配置主动定速巡航控制系统。具有停车和起步功能的主动定速巡航控制系统（ACC Stop&Go）是选装配置高级行驶辅助系统（SA5AT）的组成部分。具有停车和起步功能的 ACC 不仅能够识别出缓慢停止的车辆，而且还能识别出静止车辆并针对这些车辆做出反应。迄今为止，识别静止车辆还是独一无二的一项功能。F01H/F02H 较之传统 F01/F02 更小的后桥主传动比也有助于降低耗油量。通过降低转速水平，这项优势不仅在标准油耗下而且在日常运行中也显得尤为突出。F01H/F02H 的总线系统以 F01/F02 的总线系统为基础。F01H/F02H 沿用了 F01/F02 的主总线系统和子总线系统。相对于 F01/F02 的总线系统而言，F01H/F02H 增加、调整和取消了一些控制单元。

（一）总线概览

新的 F01H/F02H 总线概览如图 4-115 所示。

（二）新控制单元

在 F01H/F02H 上采用 "第二代" 混合动力技术。因此在 F01H/F02H 的总线概览中显示以下控制单元，这些控制单元并未安装在 F01/F02 上：

- 电动机电子装置 EME

- 蓄能器管理电子装置 SME

- 电池监控电子装置（电池监控电路 CSC）

- 电动制冷剂压缩机 EKK

- 启动发电机 SGR

- 智能型蓄电池传感器 2

上述控制单元已通过 F10H 而为大家所熟知。

（三）调整的控制单元

IHKA 必须进行相应调整以便能够在所有运行状态下控制电动制冷剂压缩机 EKK。EKK 控制单元通过 LIN 总线与 IHKA 连接。为了能够显示行驶准备、电动行驶、制动能量回收利用和高电压蓄电池充电状态等其他与行驶相关的内容，对组合仪表进行了相应调整。此外，在检查控制信息中增加了混合动力特有信息。在 F01H/F02H 上未安装多功能仪表显示屏。为了在中央信息显示屏 CID 内增加混合动力特有显示，对新型高级主控单元进行了相应调整。通过在 "车辆信息" 菜单下选择 "混合动力"，可在所有行驶状况下显示能量流和动力传递路线以及高电压蓄电池充电状态。数字式发动机电子系统 DME 的软件针对电动机 / 发动机扭矩协调进行了相应调整。此外，DME 通过 LIN 总线与启动发电机进行通信。全世界所有混合动力车辆都要求配备翻车识别装置，以便发生事故时停用高电压设备。通过集成在 ICM 控制单元内的传感器（滚动速率传感器和垂直加速度传感器）实现翻车识别功能。ACSM 必须针对传感器信号分析方面进行相应调整。辅助蓄电池上的安全型蓄电池接线柱根据需要由 ACSM 触发。动态稳定控制系统 DSC 的软件也针对能量回收式制动进行了相应调整。其中包括读取直接与 DSC 控制单元连接的制动踏板行程传感器信号（作为硬件接口）。EGS 控制单元针对更改的变速器进行了相应调整。例如电动变速器油泵通过 EGS 控制单元进行控制。由于更改了总线端控制（行驶准备），因此对 CAS 控制单元内的软件也进行了相应调整。

（四）取消的控制单元

与 F01/F02 相比，一些选装配置未在 F01H/F02H 上提供。因此一些控制单元不再出现在总线概览中。如表 4-13 所示列出了取消的控制单元。

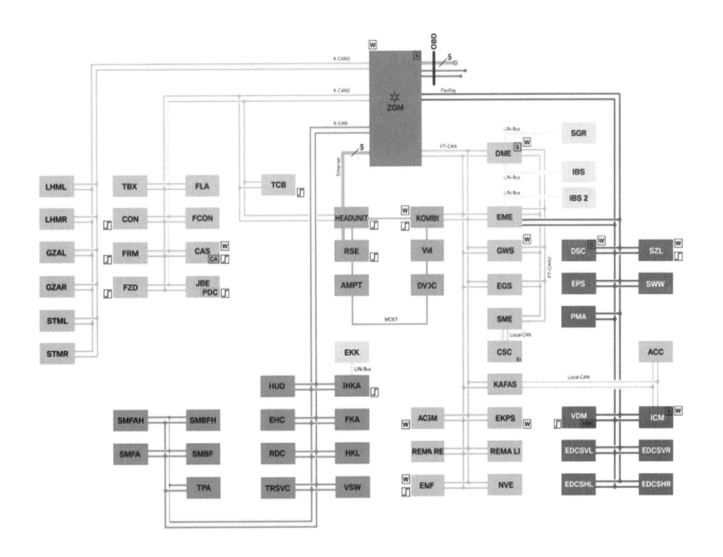

ACC.主动定速巡航控制系统 ACSM.高级碰撞和安全模块 AMPH.高保真音响放大器 AMPT.顶级高保真音响放大器 CAS.便捷登车及启动系统 CID.中央信息显示屏 CON.控制器 CSC.电池监控电子装置(电池监控电路CSC) D-CAN.诊断控制区域网络 DME.数字式发动机电子系统 DSC.动态稳定控制系统 DVDC.DVD换碟机 EDC SHL.左后电子减震器控制系统卫星式控制单元 EDC SHR.右后电子减震器控制系统卫星式控制单元 EDC SVL.左前电子减震器控制系统卫星式控制单元 EDC SVR.右前电子减震器控制系统卫星式控制单元 EGS.变速器电子控制系统 EHC.车辆高度电子控制系统 EKK.电动制冷剂压缩机 EKPS.电子燃油泵控制系统 EME.电动机电子装置 EMF.电动机械式驻车制动器 EPS.电子助力转向系统(电动机械式助力转向系统) Ethernet.用于局域数据网络的有线数据网络技术 FCON.后座区控制器 FD.后座区显示屏 FD2.后座区显示屏2 FLA.远光灯辅助系统 FlexRay.用于汽车的快速实时容错总线系统 FKA.后座区暖风和空调系统 FRM.脚部空间模块 FZD.车顶功能中心 GWS.选挡开关 GZAL.左侧定向照明 GZAR.右侧定向照明 HEADUNIT.高级主控单元 HKL.行李箱升降装置 HUD.平视显示屏 ICM.集成式底盘管理系统 IBS.智能型蓄电池传感器 IBS2.智能型蓄电池传感器2 IHKA.自动恒温空调 JBE.接线盒电子装置 KAFAS.基于摄像机原理的驾驶员辅助系统 K-CAN.车身控制器区域网络 K-CAN2.车身控制器区域网络2 K-CAN3.车身控制器区域网络3 KOMBI.组合仪表 LHML.左侧LED主车灯模块 LHMR.右侧LED主车灯模块 LIN-BUS.局域互联网总线 Local-CAN.局域控制区域网络 MOST.多媒体传输系统 NVE.夜视系统电子装置 OBD.诊断插座 PDC.驻车距离监控系统 PMA.驻车操作辅助系统 PT-CAN.动力传动系统控制区域网络 PI-CAN2.动力传动系统控制区域网络2 RDC.轮胎压力监控系统 REMAL.左侧可逆电动安全带收卷装置 REMARE.右侧可逆电动安全带收卷装置 RSE.后座区娱乐系统 SGR.启动发电机 SMBF.前乘客座椅控制单元 SMBFH.前乘客座椅后部座椅控制单元 SME.蓄能器管理电子装置 SMFA.驾驶员座椅控制单元 SMFAH.驾驶员侧后部座椅控制单元 STML.左侧前灯驱动控制单元 STMR.右侧前灯驱动控制单元 SWW.换车道警告系统 SZL.转向柱开关中心 TBX.触控盒(与触摸控制器一起提供,用于中国大陆地区) TCB.远程通信系统 TPA.远程通信系统平台附件 TRSVC.用于倒车摄像机、俯视系统和侧视系统的控制单元 VDM.垂直动态管理系统 VM.视频模块 VSW.视频开关 ZGM.中央网关模块

图 4-115

291

表 4-13

取消的控制单元	功能	取消原因
AL	主动转向系统	协调过程复杂，特别是在电动行驶期间（在 F01/F02 上，主动转向系统仅与 Integral 主动转向系统一起以套件形式提供）
HSR	Integral 主动转向系统	由于 Integral 主动转向系统只能与主动转向系统一起提供，因此 HSR 控制单元也一同取消
AHM	挂车模块	在纯电动行驶模式下调节过程复杂。对力求达到的运行策略影响巨大：行驶里程明显缩短且在纯电动行驶模式下速度降低
DDE	数字式柴油机电子系统	F01H/F02H 仅使用 N55 这一款发动机
BCU	蓄电池充电单元	在 F01H/F02H 上安装 12V 的电动机械式助力转向系统（电子助力转向系统 EPS）

三、显示和操作元件

混合动力特有运行状态及其他信息在组合仪表上以及根据需要在中央信息显示屏上显示。F01H/F02H 组合仪表上的显示与 F10H 有明显不同。中央信息显示屏上的更改主要不在内容方面，而是由于采用第三代高级主控单元而具有了新的外观特征。混合动力特有运行状态和高电压蓄电池运行状态在组合仪表内以及根据需要在中央信息显示屏内显示。可显示以下混合动力特有运行状态：

· 行驶准备

· 电动行驶

· 助推功能

· 制动能量回收利用

· 高电压蓄电池的充电状态

· 有关混合动力驱动装置以及 ECO PRO 模式利用率的提示

其中一些内容始终在转速表下部显示。其他内容必须由驾驶员调出。在 CID 和组合仪表内显示都需要接通总线端 15。F01H/F02H 的混合动力特有检查控制信息与 F10H 完全相同。F01H/F02H 与 F10H 相同，虽然具有两种不同的动力传动系统，但在行驶期间无须驾驶员进行任何附加操作。运行策略会根据当前驾驶员指令和很多其他输入参数立即做出反应。在此基础上以非常高效或动态的方式启用两个动力传动系统，从而满足驾驶员要求。

（一）组合仪表内的显示

F01H/F02H 有关混合动力特有运行状态和信息的显示方案在以下方面具有自身特色，与 F10H 有所不同：

· 电动行驶和制动能量回收利用：更改显示方向

· 高电压蓄电池的充电状态：图形 / 数字

· 驾驶体验开关：主要取决于所选模式

根据如图 4-116 所示可以看出，通过驾驶体验开关选择不同模式会对组合仪表内的显示产生什么影响。在 DSC 关闭、超级运动和运动模式下会出现大家熟悉的当前耗油量显示。在舒适和超级舒适模式下会显示高电压蓄电池的充电状态和所用电动驱动功率，在 ECO PRO 模式下则会持续显示所用驱动功率或制动能量回收利用期间的功率。一个白色标记根据功率情况在弧形刻度上移动。

为了说明不同之处，在下面的各子章节中将通过图形方式展示选择相关模式后的相应运行状态和信息显示。

1. 超级运动和运动模式

在牵引力关闭、超级运动和运动模式下无法以纯电动方式行驶，因此不会有相关显示。

（1）行驶准备

转速表位于 "0"，转速表下方显示蓝色 "READY"（准备）字样，如图 4-117 所示。

（2）发动机驱动行驶

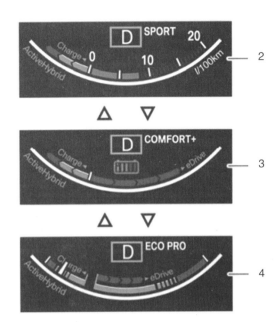

1.驾驶体验开关 2.牵引力关闭，超级运动和运动模式 3.超级舒适和舒适模式 4.ECO PRO模式

图 4-116

转速表像平时一样显示当前发动机转速，而当前耗油量通过一个红色圆弧显示，如图 4-118 所示。

图 4-117

图 4-118

（3）助推功能

在较高发动机转速下的转速表位置，同时在刻度右端显示" eBoost" 字样，当前耗油量显示最大值，如图 4-119 所示。

（4）制动能量回收利用

沿顺时针方向显示制动能量回收利用程度（与 F10H 不同）。只要驾驶员松开加速踏板，第一区段就会突出显示。启用的第一和第二区段表示通过电动机进行制动。突出显示的第三区段表示通过机械制动器进行制动，如图 4-120 所示。

图 4-119

图 4-120

2. 超级舒适和舒适模式

在此模式下，在行驶挡位显示下方通过一个较小的蓄电池符号持续显示高电压蓄电池充电状态。该蓄电池符号内的蓝色显示条数量显示大概的充电状态。在驾驶体验开关的其他模式下不出现该显示。除图形显示外还有充电状态数字显示：客户可通过车载计算机功能调出充电状态并根据需要让其持续显示。该显示又表示与客户相关的高电压蓄电池充电状态（0%~100%）。

（1）行驶准备：

转速表位于零，转速表下方显示蓝色"READY"（准备）字样，如图4-121所示。

（2）电动行驶

纯电动行驶期间的所用驱动功率通过4个区段形式显示。突出显示的区段越多，使用的驱动功率越大。区段沿逆时针方向排列（与F10H不同）。在刻度端部有"eDrive"字样，如图4-122所示。

图4-121

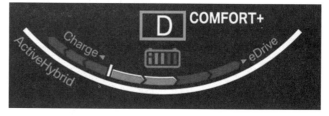

图4-122

（3）发动机驱动行驶

转速表像平时一样显示当前发动机转速，如图4-123所示。

（4）助推功能

在较高发动机转速下的转速表位置，同时在刻度右端显示"eBoost"字样，当前耗油量显示最大值，如图4-124所示。

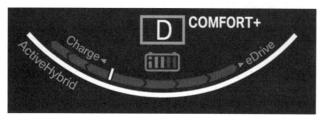

图4-123

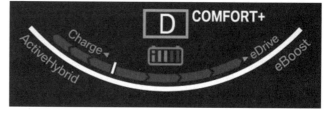

图4-124

（5）制动能量回收利用

沿顺时针方向显示制动能量回收利用程度（与F10H不同）。只要驾驶员松开加速踏板，第一区段就会突出显示。启用的第一和第二区段表示通过电动机进行制动。突出显示的第三区段表示通过机械制动器进行制动，如图4-125所示。

3.ECO PRO模式

在ECO PRO模式下通过一个白色标记突出显示运行状态。

（1）行驶准备

转速表位于"0"，转速表下方显示蓝色"READY"（准备）字样。刻度上的白色标记位于中间位置。在两种情况下均表示未使用任何驱动功率和未回收利用任何制动能量，如图4-126所示。

（2）电动行驶

纯电动行驶期间的所用驱动功率通过4个区段形式显示。突出显示的区段越多，使用的驱动功率越大。

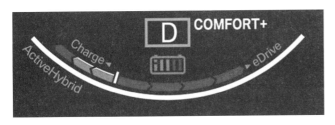

图 4-125

图 4-126

此外, 白色标记在弧形功率刻度上移动, 持续显示所用驱动功率。在4个区段端部有 "eDrive" 字样, 如图 4-127 所示。

（3）发动机驱动行驶

转速表像平时一样显示当前发动机转速。不显示表示电动驱动的区段。而是显示弧形功率刻度, 现在该刻度上有 "POWER"（功率）字样。此时白色标记的位置不再表示使用多少电动驱动功率, 而是表示调用多少发动机驱动功率, 如图 4-128 所示。

图 4-127

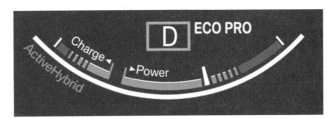

图 4-128

（4）助推功能

在较高发动机转速下的转速表位置, 同时在刻度右端显示 "eBoost" 字样。此时驾驶员不再以高效方式使用车辆。因此驾驶员会看到有关减小加速踏板角度的提示。同时, 功率刻度由蓝色（高效）变为灰色（低效）, 如图 4-129 所示。

（5）制动能量回收利用

沿顺时针方向显示制动能量回收利用程度（与 F10H 不同）。不是通过突出显示的区段而是通过白色标记进行显示, 此时该标记已越过中间位置向左移动, 如图 4-130 所示。

图 4-129

图 4-130

（二）中央信息显示屏内的显示

在 F01H/F02H 上, 中央信息显示屏 CID 内的混合动力特有显示也通过菜单 "车辆信息→混合动力" 调出。显示内容与 F10H 基本相同。根据第三代高级主控单元所规定的显示风格, 仅在细节和图形处理方面进行了更改。混合动力利用率的图形显示以示例方式对此进行展示, 如图 4-131 所示。

与 F10H 相比, 只有前方道路预测辅助系统功能以前没有。

1. 前方道路预测辅助系统

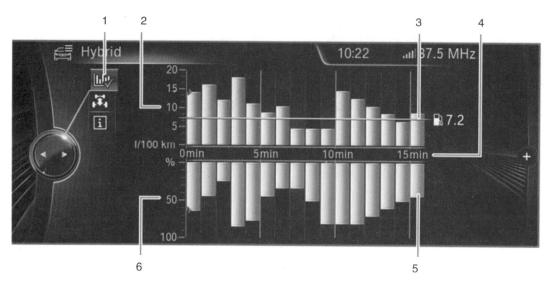

1.选择混合动力利用率显示 2.发动机耗油量刻度 3.发动机平均耗油量 4.时间轴（16min） 5.以分钟为单位的条形图 6.电动机利用率百分比刻度

图 4-131

滑行功能已通过 F10H 为大家所熟知。滑行时没有能量消耗表示即使在最高 160km/h 的车速下，如果无须发动机进行驱动，也会关闭发动机。同时会断开传动系统中的分离离合器，从而使车辆可在没有发动机制动作用的情况下移动。为了能够使用"滑行" 功能，驾驶员必须已选择 ECO PRO 模式。随后驾驶员松开加速踏板时，该功能就会在短时间后启用，此时发动机关闭且分离离合器断开。通过"滑行" 功能可以清楚看到提高效率的优势：在此运行状态下不会消耗任何燃油。在 F01H/F02H 上通过前方道路预测辅助系统为"滑行" 提供更好的支持。该前方道路预测辅助系统根据导航系统数据识别出前方路线上的弯道、地区入口、圆形交叉路口、T 形交叉路口、限速和高速公路出口，因此能够提前提醒驾驶员及早松开加速踏板。前方道路预测辅助系统显示如图 4-132 所示。

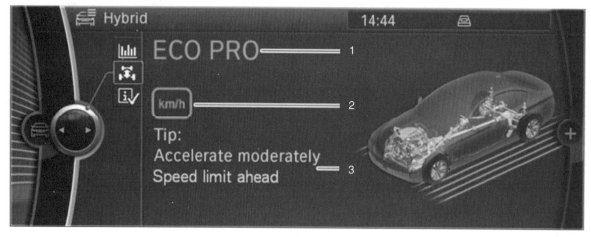

1.已选择ECO PRO模式 2.表示松开加速踏板原因的符号 3.说明松开加速踏板原因的文字提示

图 4-132

在前方道路预测辅助系统的帮助下，即使驾驶员不熟悉路况，也可实现更高效的驾驶。使用前方道路预测辅助系统的另一个前提条件是启用目的地引导功能。此外，在组合仪表内还会出现减小加速踏板角度的符号。

第三节　宝马第 2.0 代混合动力系统 F30H 车系

一、简介

（一）定位

宝马集团于 2012 年推出的宝马 Active Hybrid 3 将混合动力技术引入了紧凑型高级运动型轿车。Active Hybrid 3（研发代码 F30H）采用与 F10H 和 F01H/F02H 一样的 第 2.0 代混合动力技术。F30H 也是一款全混合动力车辆，使用一个锂离子蓄电池作为电动驱动装置的蓄能器。驱动系统由一个带集成式电动机的混合动力特有 8 挡自动变速器（GA8P70HZ）和一个采用宝马 TwinPower 涡轮增压技术的 225 kW 强劲 6 缸直列发动机（N55B30M0）组成。第 2.0 代混合动力技术以及 F30H 的特点在于具有前瞻性的能量管理系统：该系统不仅能够根据当前行驶情况，而且还能根据即将出现的行驶情况调整运行策略，从而确保更高效和不断再现的驾驶体验。与 F10H 或 F01H/F02H 不同，从 F30H 设计之初便开始考虑 Active Hybrid 技术。因此混合动力组件能够以最佳方式集成在车辆之中，例如行李箱内空间充足，而且又可灵活使用。毫无疑问，与采用传统驱动方式的宝马 335i 轿车相比，F30H 所用 Active Hybrid 技术的主要优点是可在进一步提高驱动功率的同时降低耗油量。Active Hybrid 3 可提供最大系统功率 250kW，可使车辆实现 5.3s 的 0~100km/h 加速时间。F30H 在欧洲循环工况试验中每 100km 只需 5.9L 汽油，较之采用传统驱动方式的 F30 轿车（带自动变速器的 335i）降低了约 18%。因此 Active Hybrid 3 再一次有力证明了提高效率与动力性能之间毫无任何冲突。采用第 2.0 代混合动力技术的所有车辆都具有相似特征、组件和功能。

F30H 独有方面：

- 识别标志和技术数据
- 改进型电动机电子装置（主要是壳体）
- 对拆卸和安装产生影响的高电压蓄电池安装位置
- 对混合动力制动系统所作更改
- 总线系统（F30 基础型车载网络取代 F10）
- 12V 供电
- 组合仪表和中央信息显示屏内的显示

（二）识别标志

1. 外部

与大家已熟知的宝马 Active Hybrid 车辆相似，F30H 也有一些特点与采用传统驱动方式的 F30 不同。对于 F10H 而言，有两个外部部件使其与传统 F10 有所不同：肾形格栅和排气尾管。对于 F30H 而言，这并不是明显的识别标志，因为客户也可通过 F30 设计套装订购 F30H 或与 M 运动套件一起订购。设计套装或 M 运动套件具有的肾形格栅及排气尾管特征也同样应用于 F30H。如果客户订购的 F30H 不包含任何一款设计套装，则排气尾管采用"亚光镀铬"设计。就车轮和轮胎而言，如果客户的 Active Hybrid 3 不包含任何设计套装或 M 运动套件，则标配"V 形轮辐 413"轮辋。如果客户为其 F30H 配置了一款设计套装或 M 运动套件，则标配所选设计套装的轮辋。F30 335i 的所有其他车轮和轮胎组合也可同样在 F30H 上订购。F30H 都具有以下独特的外部设计特征：

- "Active Hybrid 3"字样：在登车护条、两个 C 柱以及行李箱盖上各有一个这种字样
- 发动机的隔音盖板：该部件也带有一个混合动力特有字样（Active Hybrid）

"水蓝色金属漆"不仅可在 F30H 上订购，也能在传统 F30 车型上订购。为使 F30H 具有更高外观品质，

标配高光镀铬或高光黑色外饰。F30H采用哪种外饰设计取决于所订购的设计套装以及是否订购了选装配置"M 运动套件"。具体涉及以下部件：车外后视镜的三角支座、底座和框架、B 柱和后车窗凸台，如图 4-133 所示。

1.行李箱盖上的"Active Hybrid 3"字样 2.两个C柱上的"Active Hybrid 3"字样 3.铝合金高光外饰 4.黑色高光外饰 5.带有"Active Hybrid 3"字样的登车护条 6.18英寸标准轮辋（Streamline 419） 7.带有"Active Hybrid"字样的隔音盖板

图 4-133

2. 内部

宝马 Active Hybrid 3 车内也具有与传统 F30 不同的特色之处。在围绕电子选挡开关的装饰条上带有"Active Hybrid 3"字样，如图 4-134 所示。混合动力特有运行状态和高电压蓄电池充电状态可在组合仪表和中央信息显示屏 CID 内显示。引入新型第三代高级主控单元后，CID 内混合动力特有显示的外观品质获得提升，但显示内容与 F10H 基本相同。在 CID 和组合仪表内显示都需要打开点火开关。在另一个较小的细节方面，F30H 的 START-STOP 按钮也与采用传统驱动方式的 F30 有所不同：在 F30H 上没有用于停用发动机节能启/停功能的按钮。F30H 的运行策略可确保根据驾驶员体验开关位置和当前驾驶员指令始终关闭发动机——如果在当前行驶情况下有此必要的话。START-STOP 按钮如图 4-135 所示。

与采用传统驱动方式的相关车型相比，在迄今为止的 Active Hybrid 车辆行李箱内都存在使用略微受限的情况。其原因在于安装高电压蓄电池单元后减小了行李箱容积和可变化性。但在 F30H 上，高电压蓄电池单元位于行李箱底板下方。因此行李箱的可用区域不受任何阻隔和限制。因此行李箱容积与 F30 一样大，而且能够通过 F30H 同样配备的直

图 4-134

A.F30的START-STOP按钮带有用于停用发动机节能启/停功能的集成按钮 B.F30H的START-STOP按钮

图 4-135

298

通装载系统灵活扩大使用空间，如图 4-136 所示。

（三）运行策略

与第一款第 2.0 代混合动力车辆 F10H 相似，F30H 的运行策略也以创新功能而著称。其中包括具有前瞻性的能量管理系统和滑行时没有能量消耗功能，该功能随 F10H 引入，而且同样应用于 F30H。具有前瞻性的能量管理系统对有关前方路段的导航系统数据进行分析。在此会考虑到与目的地的距离、道路类型（例如低流量路段）以及上坡 / 下坡坡度。根据这些数据，如果即将途经下坡路段，就会对高电压蓄电池进行有针对性的放电。这样可使其能够吸收下坡行驶时回收利用的制动能量。反之，在上坡行驶前或进入低流

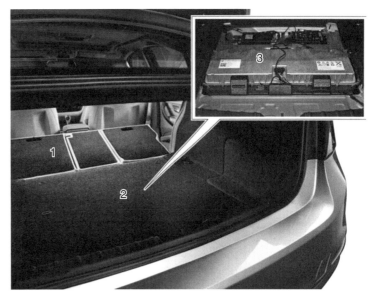

1.直通装载系统的已翻折后座椅靠背 2.行李箱底板 3.高电压蓄电池单元

图 4-136

量路段前，则会对高电压蓄电池进行有针对性的充电，从而为电动驱动装置提供用于辅助发动机甚至纯电动行驶的充足功率。滑行时没有能量消耗表示即使在最高 160km/h 的车速下，如果无须发动机进行驱动，也会关闭发动机。同时会断开传动系统中的分离离合器，从而使车辆可在没有发动机制动作用的情况下移动。只有电动机以适中功率作为发电机驱动。此时从车辆获得一些动能，由此产生的电能主要用于供应低电压车载网络。多余能量仍可用于为高电压蓄电池充电。为了能够使用滑行功能，驾驶员必须已选择 ECO PRO 模式。随后驾驶员松开加速踏板时，该功能就会在短时间后启用，此时发动机关闭且分离离合器断开。在舒适模式下也可获得滑行体验，例如在乡村公路上行驶时，在到达城市边界前通过轻微踩下制动踏板减小车速。通过滑行功能可以清楚看到提高效率的优势：在此运行状态下不会消耗任何燃油。

（四）技术数据

技术数据如表 4-14 所示。

表 4-14

项目	单位	BMW 335i	BMW Active Hybrid 3
发动机和变速器			
结构形式		R6	R6
每缸气门数		4	4
排量	cm³	2979	2979
变速器		GA8HP45Z	GA8P70HZ
动力传动系统		后轮驱动	后轮驱动
主传动比		3.154	2.813
发动机最大功率	kW r/min	225 5800	
发动机最大扭矩	N·m	400	
总系统功率	kW		250
总系统扭矩	N·m		450
高电压蓄电池类型		—	锂离子蓄电池

项目	单位	BMW 335i	BMW Active Hybrid 3
电动机功率	kW	—	40
电动机最大扭矩	N·m	—	210
动力性			
0~100km/h 加速时间	s	5.2	5.3
最高车速（限速）	km/h	250	250
耗油量和排放量			
欧规市内循环耗油量	L/100km	10.2	5.3
欧规市郊循环耗油量	L/100km	5.5	6.4
欧规循总耗油量	L/100km	7.2	5.9
CO_2 排放量	g/km	169	139

（五）配置

F30H 与 F10H 一样提供欧规和美规车型，以及左侧和右侧驾驶型车辆。在 F30H 上通过以最佳空间方式安装高电压蓄电池单元，客户在 F30H 上也可订购在 F10H 上无法实现的带有滑雪袋的直通装载系统。自适应底盘或可变传动比运动型转向系统也可作为选装配置为 F30H 提供。只有以下选装配置无法为 F30H 提供：

· xDrive 四轮驱动系统

· 挂车牵引钩

· Business 导航系统

· 具有停车和起步功能的主动定速巡航控制系统（针对上市之时，计划以后引入）

以下配置属于标准配置：

· 带有电子助力转向系统（Servotronic）功能的电动机械式助力转向系统

· 自动变速器

· 2 区自动空调

· Professional 导航系统适配装置（SA 6UF）

带有 8.8 英寸显示屏的高级主控单元安装在所有 F30H 上，以便在中央信息显示屏上提供更高质量的混合动力特有显示。但是导航功能不包含在 F30H 的标准配置范围内。该功能可作为选装配置（SA 609）供客户订购，由此可获得具有前瞻性的运行策略，以便更加高效地使用燃油。购买车辆以后，客户也可以通过获取授权代码获得导航功能。此外，F30H 较之传统 F30 335i 更小的后桥主传动比也有助于降低耗油量。通过降低转速水平，这项优势不仅在常规油耗下而且在日常高速运行状态下也显得尤为突出。F30H 略有减小的风阻系数也对日常运行状态下的耗油量具有积极影响。

二、动力传动系统

（一）结构

F30H 的动力传动系统与 F10H 结构基本相同，由以下主要组件构成：

· N55B30M0 发动机

· 燃油供给系统

· 电动机

· GA8P70HZ 自动变速器。

发动机和燃油供给系统在细节方面具有 F30H 特色，与标准型车辆 F30 或 F10H 有所不同。

（二）N55B30M0 发动机

与 F10H 一样，N55B30M0 应用于 F30H 时也进行了相应改进。与 F10H 所用发动机的共同之处包括：

- 最大功率为 225kW，最大扭矩为 400N·m
- 作为唯一的附属总成，皮带传动机构包括启动发电机和两个皮带张紧轮
- 通过一个机械真空泵和一个电动真空泵确保真空供给
- 由于发动机启动过程更加频繁，因此曲轴轴承采用了加强型设计
- 排气装置的左侧尾管上带有一个可切换排气风门

通过一个与带 N55B30M0 发动机的 F30 上一样的电动机械式执行机构进行操作（直接与 DME 控制单元相连）。因此操作方式与 F10H 上通过一个电动转换阀以真空方式进行操作不同，如图 4-137 所示。

除用于可切换排气风门的执行机构外，F30H 与 F10H 的不同之处还在于没有另一个真空执行机构。在 F30H 上不使用减震控制式发动机支座。试验表明，在与客户有关的运行状态下，现在所使用的具有持续减震功能的发动机支座可在发动机启动和关闭过程中达到较高舒适度。经过调整的 F30H 真空系统如图 4-138 所示。

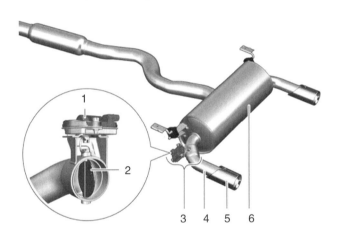

1.带减速器的电机 2.排气风门 3.电动机械式可切换排气风门
4.排气尾管 5.排气尾管上的外罩饰管（颜色取决于所订购的设计套装） 6.后消音器

图 4-137

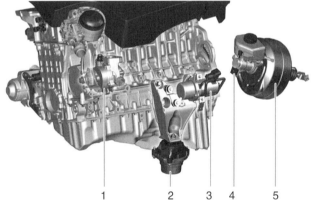

1.机械真空泵 2.发动机支座（不可控制） 3.电动真空泵 4.制动真空压力传感器 5.制动助力器

图 4-138

（三）燃油供给系统

F30H 的燃油供给系统以采用传统驱动方式的 F30 335i 为基础。所有 F30H 车型的燃油箱容积均为 57L，与传统 335i 的 60L 不同。与 F10H 一样，F30H 美规车辆也在燃油箱排气方面具有一些特点。这些技术措施可确保遵守有关碳氢化合物排放的法律规定，如图 4-139 所示。

下面列举当前第二代混合动力美规车辆的燃油箱排气特点：

- 燃油箱内的压力和温度传感器通过 LIN 总线以电气方式与 DME 控制单元连接
- 燃油箱排气截止阀，通过连接至数字式发动机电子系统的硬绞线进行控制
- 燃油箱泄漏诊断（自然真空泄漏检测 NVLD），以硬绞线方式与 DME 控制单元连接
- 带有蜂窝结构的附加活性炭罐

（四）电动机

F30H 传动系统中的电动机与 F10H 所用电动机具有相同的技术特点。电动机与分离离合器一起集成在自

动变速器 GA8P70HZ 内，在传统车辆上该位置安装的是液力变矩器。永励式步进电机可将存储在高电压蓄电池内的电能转化为机械能，从而驱动 F30H。范围涉及从为发动机提供支持（例如在超车过程中）直至纯电动行驶。反之，进行制动能量回收利用时，电动机作为发电机工作并将车辆动能转化为可存储在高电压蓄电池内的电能，如图 4-140 所示。

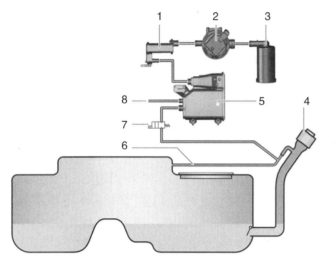

1.附加活性炭罐（活性炭压入蜂窝结构内）　2.燃油箱泄漏诊断（自然真空泄漏检测NVLD）　3.空气滤清器（纺纱滤网）　4.燃油加注管 5.活性炭罐 6.燃油箱排气管路 7.燃油箱排气截止阀 8.至发动机的清洁空气管路

图 4-139

1.电动机

图 4-140

电动机是一个高电压组件。每个高电压组件的壳体上都带有一个标记，售后服务人员或车主可以通过标记很直观地看出高电压可能带来的危险。只有满足以下前提条件的售后服务人员才允许对带标记高电压组件进行作业：具备资质，遵守电气安全规定，严格按照维修说明操作。下面总结了电动机的重要技术数据，如表 4-15 所示。

1. 接口

电动机与分离离合器一起构成一个单元。该单元的机械接口沿行驶方向向前与扭转减震器形成结构连接。沿行驶方向向后，转子通过一个空心轴以结构连接方式与变速器输入轴相连。电动机壳体通过 5 个螺栓以机械方式与变速器壳体相连。电气接口为三相高电压接口，可从车辆下面接触到。另一个用于温度传感器和转子位置传感器信号的低电压接口位于电动机壳体左侧。拆卸变速器前必须松开信号插头和高电压插头。电动机通过两个接口连接在发动机冷却液循环回路内。通过一个与发动机并联的冷却液支路进行电动机冷却，F30H 冷却液循环回路如图 4-141 所示。

2. 服务信息

表 4-15

供应商	ZF Sachs AG
最大扭矩（<1s）	210N·m，1300r/min
扭矩（持续）	80N·m，最高 900r/min
助推功率（<60s）	38kW，1800r/min 以上
最大功率（<1s）	40kW，3000r/min
效率	最高 91.8%
运行转速范围	0~7500r/min
额定预运行温度（冷却）	105℃
额定体积流量（冷却）	6L/min
重量（带扭转减震器和离合器）	约 21kg
定子外直径（带支架）	285mm
定子内直径	214mm
定子长度	85mm
转子外直径	212mm
转子内直径（带支架）	172mm

需要更换电动机时，必须注意以下说明：

开始工作前应先执行电气安全规定。需要更换电动机时，应该整个更换由电动机、分离离合器和扭转减震器组成的单元。必须使用特定专用工具，如图4-142所示。

更换电动机或电动机电子装置时，需借助宝马诊断系统校准转子位置传感器。只需更换扭转减震器时，可单独更换该部件。进行此项工作时也应使用规定的专用工具，如图4-143所示。

（五）GA8P70HZ 自动变速器

1.概览

F30H 的 GA8P70HZ 自动变速器与 F10H 和 F01H/F02H 的自动变速器结构相同。以下混合动力特有组件集成在与传统 GA8HP70Z 变速器相同的安装位置：

·扭转减震器，用于补偿发动机运转不平稳性

·分离离合器，用于使发动机与传动系统其余部分分离，从而实现纯电动行驶和滑行

·电动机，可作为发动机和发电机工作

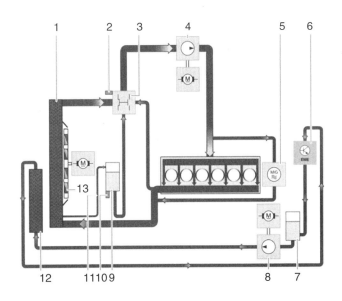

1.发动机和电动机冷却液循环回路内的冷却液/空气热交换器 2.加热线圈 3.特性曲线式节温器 4.发动机和电动机冷却液循环回路内的电动冷却液泵 5.电动机 6.电动机电子装置 7.电动机电子装置冷却液循环回路内的补液罐 8.电动机电子装置冷却液循环回路内的电动冷却液泵(50W) 9.发动机和电动机冷却液循环回路内的补液罐 10.冷却液液位开关 11.补偿管路 12.电动机电子装置冷却液循环回路内的冷却液/空气热交换器 13.电子扇

图 4-141

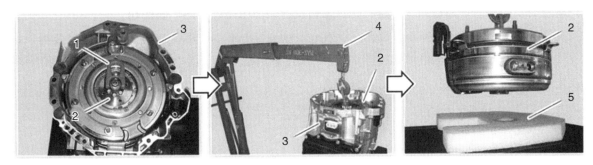

1.用于从自动变速器中取出带扭转减震器的电动机的专用工具（专用工具编号2297311） 2.带扭转减震器的电动机 3.自动变速器 4.车间起重机 5.用于放置扭转减震器的电动机的专用工具(专用工具编号2297312)

图 4-142

1.将专用工具用螺栓拧在自动变速器上 2.用于拔出扭转减震器的专用工具（专用工具编号2297313） 3.将专用工具用螺栓拧在扭转减震器上 4.扭转减震器 5.自动变速器 6.将扭转减震器用螺栓与电动机固定在一起

图 4-143

·附加电动变速器油泵，用于确保在变速器输入轴静止状态下提供变速器油压力

由于 GA8P70HZ 没有液力变矩器，因此必须由其他组件在起步和缓慢行驶时传输扭矩。电动机和片式制动器 B 负责此项工作。为此对片式制动器 B（又称为集成式起步元件）进行了较之传统 GA8HP70Z 变速器不同的改进。摩擦片数量增多且直径增大，从而能够在例如滑转起步时传输所需扭矩。自动变速器内的混合动力特有组件如图 4-144 所示。

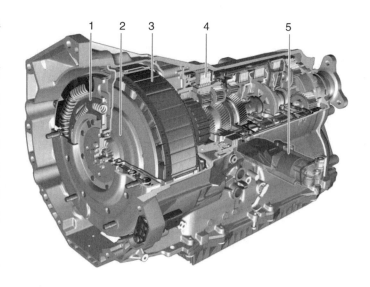

1.扭转减震器 2.分离离合器 3.电动机 4.片式制动器B 5.附加电动变速器油泵

图 4-144

在变速器内集成电动机的方案使 F30H 成为一款并联式混合动力车辆：发动机和电动机可以并行（同时）驱动车辆。通过发动机与电动机之间的分离离合器可使 F30H 成为全混合动力车辆，从而实现无须发动机的纯电动行驶。

2. 服务信息

与传统 8 挡自动变速器一样，GA8P70HZ 也可配备从车辆底部操作的机械应急开锁装置和电子应急开锁装置。进行变速器机械应急开锁的工作步骤与传统 8 挡自动变速器相同。但是，进行电子应急开锁时，无论是在变速器内实现的技术流程还是由维修人员进行的操作步骤都有所不同。在传统车辆上，启动机运转后通过液力变矩器驱动机械变速器油泵。通过由此产生的变速器油压力可使驻车锁松开。在 F30H 上，分离离合器无须变速器油压力也处于分离状态。因此在 F30H 上可以不通过启动机转动来产生使驻车锁松开所需的变速器油压力，而是可以通过附加电动变速器油泵来产生变速器油压力。此外，也可以通过电动机驱动机械变速器油泵来产生所需变速器油压力，如表 4-16 所示。

表 4-16

带有 GA8HP70Z 的传统车辆	带有 GA8P70HZ 的 Active Hybrid 车辆
启动机运转	传统启动机运转
机械变速器油泵通过运转的启动机驱动并产生变速器油压力	机械变速器油泵通过电动机或电动变速器油泵产生变速器油压力
通过变速器油压力使驻车锁松开	通过变速器油压力使驻车锁松开

为了实现电子应急开锁，需要完成一系列的操作步骤。通常需要：进行驻车锁应急开锁前必须防止车辆溜车。

在传统车辆上进行电子应急开锁时需要操作电子选挡开关两次来向前移动一挡，传统车辆上的驻车锁电子应急开锁如图 4-145 所示。

在 Active Hybrid 3 上只需向前操作选挡开关一次，在此会直接挂入空挡 N。图 4-146 展示了这点不同之处。

因此在 Active Hybrid 3 上电子应急开锁的工作步骤进行了简化。由于车辆除发动机外还有一个电动驱动装置，因此为客户和维修人员提供了另一种功能。如果发动机没有启动而电动驱动装置性能良好，通过电动驱动装置至少可使车辆移动数米。可在尝试启动期间通过习惯的电子选挡开关操作方式挂入前进挡 D 或倒车挡 R。松开制动踏板后便可通过电动驱动装置移动车辆。如果在传统车辆上进行电子应急开锁操作步骤，也会挂入倒车挡 R。如果忘记事先采取防止溜车的措施，车辆可能会突然自行移动。

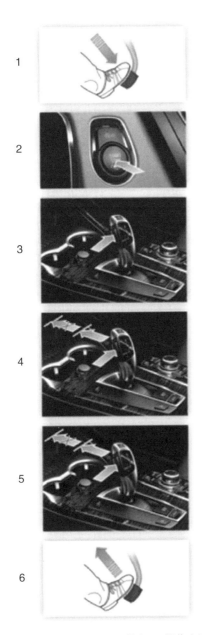

1.踩下制动踏板 2.按下START-STOP按钮 3.操作电子选挡杆开关上的开锁按钮 4.按住开锁按钮并将操作选挡开关向前推一挡，在此停住2s，然后再松开 5.在继续按压开锁按钮的同时再次（短时间）操作选挡开关向前推一挡，然后松开 6.显示空挡N后即可松开制动踏板

图4-145

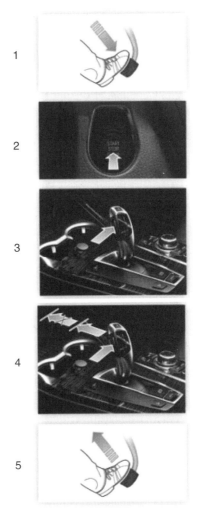

1.踩下制动踏板 2.按下START-STOP按钮 3.操作电子选挡杆开关上的开锁按钮 4.按住开锁按钮并操作选挡开关向前快速推一挡，然后再松开 5.显示空挡N后即可松开制动踏板

图4-146

三、电动机电子装置

（一）简介

F30H的电动机电子装置与F10H所装的非常相似，仅对壳体进行了些许改动，负责与F10H相同的工作。在此仅概括介绍主要特点并说明与F10H的不同之处。电动机电子装置是一个高电压组件！因此进行电动机电子装置作业前，必须执行电气安全规定。每个高电压组件的壳体上都带有一个标记，售后服务人员或车主可以通过标记很直观地看出高电压可能带来的危险。出于高电压安全和保修方面的考虑，不允许打开或分解电动机电子装置。损坏时必须更换整个电动机电子装置。更换电动机电子装置后，必须借助宝马诊断系统使其运行。必须严格遵守维修说明。除同名的控制单元（简称"EME"）外，电动机电子装置的壳体内还包括以下子组件：

· 双向DC/AC转换器，用于控制电动机使其作为发动机或发电机工作
· 单向DC/DC转换器，用于为低电压车载网络提供电能

·输出级，用于控制电动真空泵、两个12V蓄电池间的断路继电器以及用于车内的膨胀和截止组合阀

（二）安装位置

电动机电子装置安装位置如图4-147示。

F30H的电动机电子装置与F10H一样安装在自动变速器左侧的地板上。由于F30H车辆尺寸较小，其安装位置与左前侧千斤顶支点距离较近。进行需要举升车辆的维修工作时必须考虑到这一点。使用升降台或千斤顶举升F30H之前，必须将升降台或千斤顶准确定位于千斤顶支点下方，否则存在因升降台或千斤顶支在电动机电子装置上而在举升车辆过程中对其造成损坏的危险！为了接触到电动机电子装置的接口，必须拆卸相应地板饰板。

1.千斤顶支点

图 4-147

（三）任务

F30H的电动机电子装置与F10H的一样执行很多任务。简要概括如下：

· 控制电动机

· 控制高电压车载网络的启动和关闭

· 控制DC/DC转换器的功率以便为12V车载网络供电

· 用电器协调

· 高电压车载网络诊断

· 控制两个12V蓄电池间的断路继电器

· 高电压触点监控

· 控制车内冷却用制冷剂循环回路内的膨胀和截止组合阀

· 控制电动真空泵

· 具有前瞻性的运行策略

（四）接口

像F10H一样，F30H的电动机电子装置接口也划分为5个类别：

· 低电压接口

· 高电压接口

· 电位补偿导线接口

· 冷却液管路接口

· 通风管路接口

如图4-148展示了F30H的电动机电子装置及其接口。

1. 低电压接口

F30H电动机电子装置的低电压接口如图4-149所示。

电动机电子装置通过一个蓄电池正极导线和一个大横截面接地导线与12V车载网络（总线端30和31）连接。电动机电子装置内的DC/DC转换器通过该连接为整个12V车载网络提供能量。这两个导线与电动机电子装置的接触连接不通过插接连接件实现，而是通过螺栓连接实现。所有其他导线和通过低电压插头的信

306

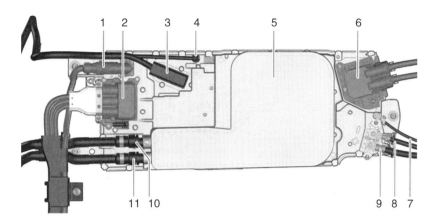

1.带高电压导线(至电动制冷剂压缩机)的插头 2.带三相高电压导线(至电动机)的插头 3.信号插头 4.通风管路 5.电动机电子装置 6.带两个高电压导线(至高电压蓄电池单元)的插头 7.电位补偿导线 8.接地导线 9.12V连接导线 10.冷却液供给管路 11.冷却液回管路

图 4-148

号具有按比例减小的电流强度。

2. 高电压接口

电动机电子装置高电压电压接口如图4-150所示。

电动机电子装置上总共有3个高电压接口,用于连接至其他高电压组件的导线:

·连接至电动机

三相,交流电压,一个用于所有3个导线的屏蔽层,通过螺栓连接高电压插头。

·连接至高电压蓄电池

两芯,直流电压,每个导线一个屏蔽层,带机械锁止件的扁平高电压插头,通过接触簧片盖板上方的盖板和通过高电压触点监控电桥实现接触保护。

·连接至电动制冷剂压缩机

两芯,直流电压,用于2个导线的一个屏蔽层,带机械锁止件的圆形高电压插头,通过接触簧片盖板上方的盖板和通过EKK控制单元供电断路实现接触保护。无论扁平还是圆形高电压插头,松开或建立接触连接时都必须准确遵守规定顺序。

3. 高电压导线

高电压导线使高电压组件相互连接并带有鲜明的橙色导线护套。松开高电压导线前必须执行电气安全规定。不允许对高电压导线进行维修。损坏时原则上必须更换导线。

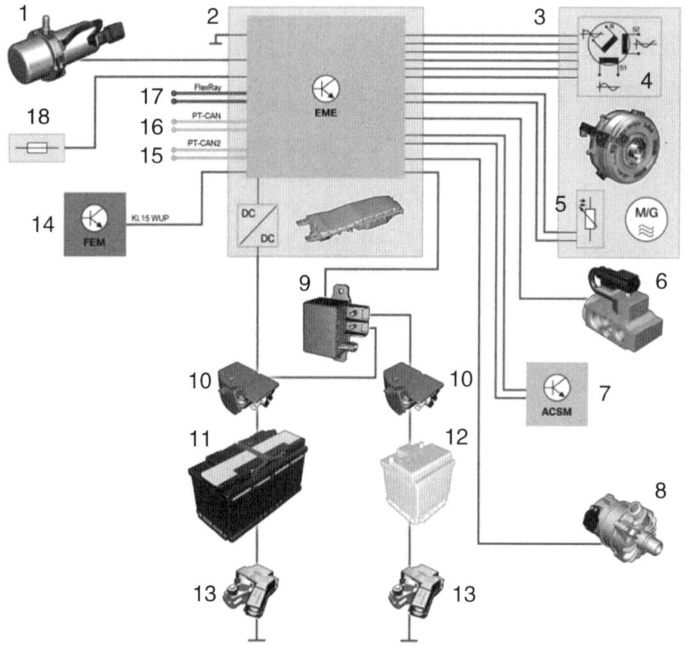

（1）松开扁平高电压插头

在此所述的工作步骤适用于电动机电子装置上的相应高电压插头和高电压蓄电池单元上的高电压插头。

1.电动真空泵 2.电动机电子装置 3.电动机 4.转子位置传感器 5.温度传感器 6.制冷剂循环回路内的膨胀和截止组合阀（用于车内空间） 7.碰撞和安全模块 8.电动冷却液泵（冷却液循环回路EME） 9.断路继电器 10.安全型蓄电池接线柱 11.车辆蓄电池（12V） 12.附加蓄电池（12V） 13.智能型蓄电池传感器（车辆蓄电池和附加蓄电池） 14.前部电子模块 15.PT-CAN2接口 16.PT-CAM接口 17.FlexRay接口 18.发动机室配电盒内的保险丝

图 4-149

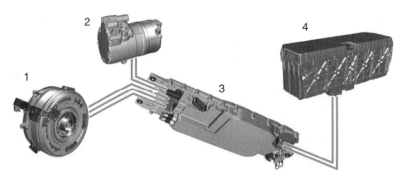

1.电动机 2.电动制冷剂压缩机EKK 3.电动机电子装置 4.高电压蓄电池单元

图 4-150

①松开高电压触点监控电桥。

插接状态下该电桥使高电压触点监控电路闭合。蓄能器管理电子装置持续监控高电压触点监控电路,只有电路闭合时高电压系统才处于启用状态。如果高电压触点监控电路通过松开电桥而断路,则高电压系统自动关闭。这是一种附加的安全措施,因为开始工作前售后服务人员已经将高电压系统切换到无电压,如图 4-151 所示。

②松开机械锁止件。

只有松开高电压触点监控电桥后,才能向箭头方向推移机械锁止件。机械锁止件是高电压组件上高电压插头的组成部分。通过向箭头方向推移锁止件释放高电压导线上高电压插头的机械导向,因此可以进行下面的拉拔,如图 4-152 所示。

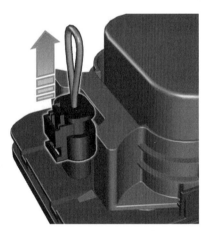

图 4-151

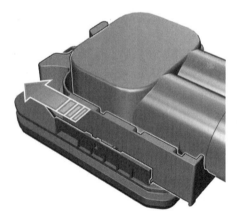

图 4-152

③拔下高电压导线的插头。

现在可以向箭头方向拔下高电压导线的插头。将插头拔下几毫米后（如图 4-153 中 A）,可感觉到反作用力较大。此后必须向相同方向继续拔下插头（如图 4-153 中 B）。插头达到位置（如图 4-153 中 A）后,决不允许将插头压回到高电压组件上,以免造成高电压组件上的插头损坏。高电压导线的高电压插头必须分两步向一个相同方向垂直拔下。拔下期间不允许反向移动。

重新连接高电压插头时,按相反顺序执行。

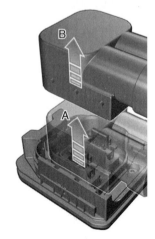

图 4-153

（2）松开圆形高电压插头

在此所述的工作步骤适用于电动机电子装置上的相应高电压插头和电动制冷剂压缩机上的高电压插头。工作步骤以 E82E 电动机电子装置为例，但完全适用于 F30H。

①高电压导线（如图 4-154 中 1）的插头位于组件（如图 4-154 中 2）的高电压接口上且已锁止。

②必须朝箭头方向（如图 4-155 中 1）将两个锁止元件（如图 4-155 中 2）压到一起，这样可以解除高电压组件接口上插头的机械锁止。

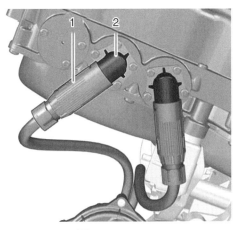

图 4-154

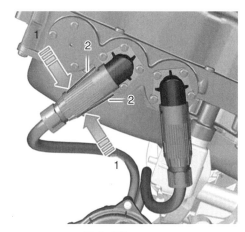

图 4-155

③继续将锁止元件压在一起时，必须沿箭头方向（如图 4-156 中 1）纵向拔出插头。

重新连接高电压导线时，建议像开始一样将锁止元件压到一起。因此确保锁止元件从插孔旁外侧滑过。如果不像开始一样将锁止元件压到一起，则向内推上时可能会滑落并造成损坏。推上结束时确保锁止元件卡入（咔嗒声）。此外，还应通过随后拉动插头检查锁止件是否卡入。如果高电压导线已连接，则高电压触点监控信号经过电动机电子装置上高电压插头内的电桥。如果电路断路，则会导致高电压系统关闭。这是一种附加技术安全措施，因为维修

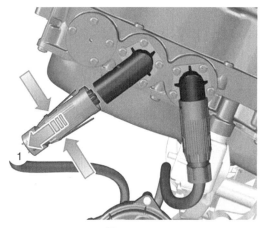

图 4-156

人员事先已使高电压系统断电。在电动制冷剂压缩机的圆形高电压插头内也有一个电桥。EKK 控制单元的供电导线经过该电桥。因此拔出圆形高电压插头时，高电压触点监控电路不会断路。但是高电压导线内的电流会中断，因为 EKK 控制单元不再需要任何功率，因此随后松开高电压插头时不会再产生电弧。

4. 电位补偿导线接口

绝缘监控功能确定带电高电压部件（例如高电压导线）与接地间的绝缘电阻是否高于所需最低限值。绝缘监控电路集成在蓄能器管理电子装置内，不仅识别该处而且还识别整个高电压车载网络内的绝缘故障。由于用于绝缘监控的参考电位是接地电位，因此高电压组件的所有导电壳体都必须与接地连接。为此针对电动机电子装置使用一根单独的电位补偿导线。如果电位补偿导线未按规定连接在高电压组件上，则不允许高电压系统运行。如果维修时更换高电压组件或车身部件，则组装时必须注意：必须按规定重新建立壳体与车身之间的连接。必须严格遵守维修说明（拧紧力矩，自攻螺钉）。

5. 冷却 / 通风

除电气接口外，F30H 的电动机电子装置还带有冷却液管路接口和通风管路接口。为了避免因温度变化及由此引起的湿气冷凝导致电动机电子装置内部积水，在此需使用通风管路。通风管路端部位于电动机电子装置上方，电动机电子装置上的通风管路如图 4-157 所示。

将电动机电子装置接入一个独立的冷却液循环回路内可确保能够释放出运行期间产生的供电电子装置余热。电动机电子装置通过独立的冷却液循环回路进行冷却。冷却液循环回路包括：

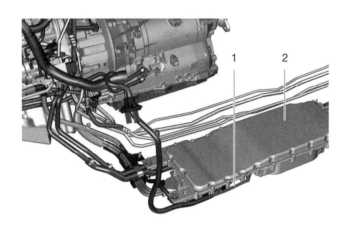

1.通风管路 2.电动机电子装置

图 4-157

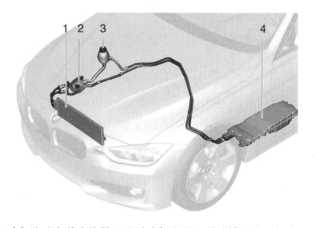

1.冷却液/空气热交换器 2.电动冷却液泵 3.补液罐 4.电动机电子装置

图 4-158

· 一个高性能低温散热器

· 一个 50W 冷却液泵

· 一个补液罐

· 冷却液管路

这些组件的安装位置以及 F30H 所有冷却液循环回路的系统方框图，电动机电子装置冷却液循环回路内的组件安装位置如图 4-158 所示，F30H 冷却液循环回路如图 4-159 所示。

电动机电子装置冷却液循环回路的冷却液 / 空气热交换器集成在冷却模块内。取决于电动机电子装置的冷却要求，根据需要以耗油量优化方式控制电动冷却液泵和电子扇。

（五）能量流

1. 高电压蓄电池—电动机

如图 4-160 所示为高电压蓄电池与电动机之间的能量流示意。

为控制和调节电动机，电动机电子装置内的双向逆变器将来自高电压蓄电池的直流电压转换为用于电动机的三相交流电。在发电机运行模式下通过逆变器重新为高电压蓄电池充电（能量回收利用）。

2. 高电压—低电压

如图 4-161 所示为 F30H 中低电压车载网络与高电压车载网络之间的能量流示意图。

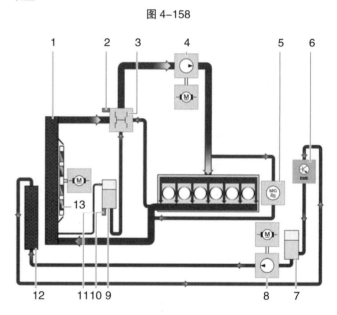

1.发动机和电动机冷却液循环回路内的冷却液空气热交换器 2.加热线圈 3.特性曲线式节温器 4.发动机和电动机冷却液循环回路内的电动冷却液泵 5.电动机 6.电动机电子装置 7.电动机电子装置冷却液循环回路内的补液罐 8.电动机电子装置冷却液循环回路内的电动冷却液泵(50W) 9.发动机和电动机冷却液循环回路内的补液罐 10.冷却液液位开关 11.补偿管路 12.电动机电子装置冷却液循环回路内的冷却液/空气热交换器 13.电子扇

图 4-159

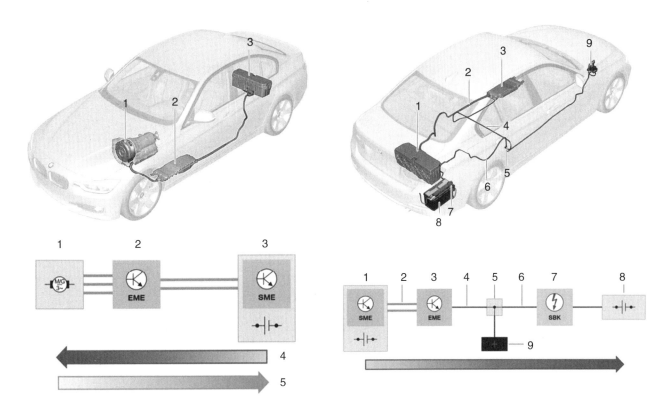

1.电动机 2.电动机电子装置 3.高电压蓄电池单元 4.电动机电子装置的供电电子装置以逆变器形式工作,可将高电压直流电转换为三相高电压交流电 5.电动机电子装置的供电电子装置以直流整流形式工作,可将三相高电压交流电转换为高电压直流电

图4-160

1.高电压蓄电池单元 2.高电压导线 3.电动机电子装置 4.连自/连至电动机电子装置的蓄电池正极导线 5.行李箱/底板过渡接线柱 6.连自/连至12V蓄电池的蓄电池正极导线 7.安全型蓄电池接线柱 SBK 8.12V蓄电池 9.蓄电池正极接线柱

图4-161

与普通车辆不同,12V车载网络不是通过发电机而是通过DC/DC转换器从高电压车载网络获得能量。与F10H一样,F30H电动机电子装置内的DC/DC转换器不是双向而是单向DC/DC转换器。这意味着,能量只能从高电压车载网络传输到12V车载网络。无法从12V车载网络为高电压蓄电池充电。

(六)技术数据

技术数据如表4-17所示。

表4-17

电动机电子装置	
供应商	Robet Bosch GmbH
质量	约10kg
运行温度范围	−40~+80℃
供电电子装置	
运行电压范围	最高385V DC
最大电流	150A(持续);400A(0.3s)
DC/DC转换器	
额定输出电压	14V DC
最大输出电流	170A(持续)
最大输出功率	2.4kW(持续);3kW(峰值100ms)

四、高电压蓄电池单元

(一)概览

F30H的高电压蓄电池单元与F10H完全相同。具有相同的尺寸、相同的技术数据和相同的内部结构。运行功能和安全性也相同。因此下面只概括介绍一些重要参数。高电压蓄电池单元是F30H电动驱动装置的蓄能器,由宝马AG自己制造。高电压蓄电池单元的锂离子电池由A123 Systems公司生产和供应。高电压蓄电池单元是一个完整系统,不仅包含电池本身,还包括以下组件:

·蓄能器管理电子装置SME电子控制单元

· 电动机械式接触器

· 高电压导线接口

· 信号导线接口

· 制冷剂管路接口和冷凝液排泄管

· 电池监控电子装置

· 排气口

除存储能量的任务外，F30H 的高电压蓄电池单元还负责有助于高电压系统安全性的主要工作。其中包括高电压触点监控和绝缘监控等。在 F30H 上，高电压安全插头（又称为售后服务时断开连接）不是高电压蓄电池单元的组成部分。位于高电压蓄电池单元后的行李箱底板下。F30H 的高电压蓄电池单元为 9 级危险物品（UN 3090），不允许空运。高电压蓄电池单元是一个复杂的高电压组件：必须遵守操作和安全规定。尤其是不允许锂离子电池过度充电且电池不得处于温度过高的环境中，否则有失火危险！切勿打开高电压蓄电池单元，否则产生的电流和电压会造成生命危险！通常情况下禁止在带电高电压组件上进行作业。如果某个工作步骤涉及高电压组件，则开始工作前必须将高电压系统切换为无电压并采取安全措施以防未经授权重新启动：

①关闭总线端 15。

②通过断开高电压安全插头将高电压系统切换为无电压。

③通过使用挂锁关闭高电压安全插头防止高电压系统重新接通。

④接通总线端 15。

⑤等待至组合仪表中显示检查控制信息"高电压系统已关闭"——只有通过这种方式才能按规定确定维修车间系统无电压。

⑥关闭总线端 15 和总线端 R。

（二）安装位置和接口

F30H 的高电压蓄电池单元位于行李箱内，但与 F10H 不同的是，它安装在行李箱底板下一个盖板下方。这一安装位置对于客户而言具有以下有利之处：

· 具有较大的可用行李箱容积：390L（F01H 为 360L）

· 选装配置直通装载系统：能够以很多方式使用行李箱空间

F30H 高电压蓄电池单元安装位置（俯视图），如图 4-162 所示。

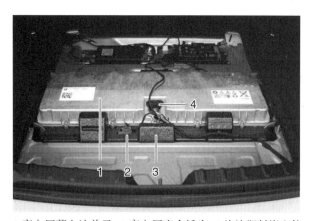

1.高电压蓄电池单元 2.高电压安全插头 3.泡沫塑料嵌入件
4.用于蓄能器管理电子装置控制单元的信号接口

图 4-162

高电压蓄电池单元壳体上有一个安全数据表，用于警告进行高电压组件作业时可能带来的危险，如图 4-163 所示。

对这些组件进行所有工作时都必须遵守高电压蓄电池的安全数据表。必须使用所规定的人员保护装备。在传统 F30 上，在白车身尾部的行李箱底板下带有一个凹槽，客户可将其用作附加行李箱。在 F30H 上，高电压蓄电池单元就安装在该凹槽内。高电压蓄电池单元与该凹槽框架直接用螺栓固定在一起。为此在凹槽左侧和右侧各有一个双头螺栓，在白车身上各有一个螺纹套。通过将高电压蓄电池单元壳体与白车身进行螺栓连接也可产生绝缘监控所需的电位补偿。在 F30H 的高电压蓄电池单元上没有单独的电位补偿导线。高电压蓄电池单元通过螺栓与白车身连接也可产生电位补偿。因此不允许对螺栓/套管进行喷漆。必须遵守相应螺栓/螺母的规定拧紧力矩。高电压蓄电池单元的 2 针高电压接口位于该单元底部。与 F10H 不同，F30H 的高电压接口和制冷剂管路接口可从车辆底部接触到，F30H 高电压蓄电池单元的下部接口如图 4-164 所示。

高电压接口与 F10H 一样带有一个接触保护装置、一个机械滑块和一个高电压触点监控电桥接口。制冷剂管路以及膨胀和截止组合阀与 F10H 一样通过螺栓与高电压蓄电池单元连接。拆卸高电压蓄电池单元前必须抽

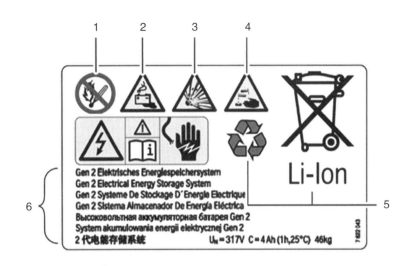

1.禁止标志：禁止明火、火焰和吸烟 2.警告标志：电池危险警告 3.警告标志：易爆物品警告 4.警告标志：腐蚀性物品警告 5.高电压蓄电池单元废弃处理说明:可由专业人员回收利用，不允许作为生活垃圾处理 6.多种语言说明:第2代电能存储系统 U_N=317V C=4Ah(1h, 25℃) 46kg

图 4-163

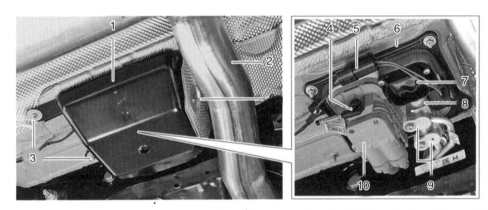

1.防石击护板 2.排气尾管 3.用于固定防石击护板的螺母 4.高电压触点监控电桥 5.控制导线内的插接连接件 6.弹性框架（密封件）7.排气口 8.膨胀和截止组合阀 9.制冷剂接口 10.高电压插头

图 4-164

空制冷剂循环回路，之后才能拆卸制冷剂管路以及膨胀和截止组合阀。出现电池故障时，可能会在高电压蓄电池单元内部产生过压。为了能够向外排出气体，提供了一个排气口。该排气口带有隔膜，隔膜可使气体透过，但不会使外部液体渗过。F30H 不需要 F10H 所用的排气管，因为在车辆外部已经带有高电压蓄电池单元的排气口。高电压蓄电池单元的整个下部接口区域和白车身凹槽内的开口都带有一个由弹性塑料制成的黑色框架。该框架起到密封作用，可防止水从外部进入行李箱内。此外，还通过一个黑色喷漆护板保护接口区域免受石击或其他机械影响。该护板通过 5 个螺母与车辆底板连接或与排气装置隔热板连接在一起。

（三）冷却系统

为了尽可能延长高电压蓄电池单元的使用寿命并获得最大功率，在 F30H 上也需要在规定温度范围内使用蓄电池。为此使用一个与 F10H 结构相似的冷却系统，通过制冷剂对高电压蓄电池进行冷却。空调系统的制冷剂循环回路增加了一个至高电压蓄电池的并联支路。F30H 与 F10H 的不同之处仅在于车辆的几何形状和高电压蓄电池的安装位置。F30H 制冷剂循环回路如图 4-165 所示。

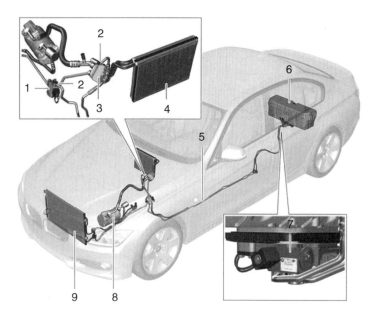

1.用于车内空间的截止阀 2.至高电压蓄电池单元的制冷剂管路分支 3.用于车内空间的膨胀阀 4.用于车内空间的蒸发器 5.至高电压蓄电池单元的制冷剂管路 6.高电压蓄电池单元 7.用于高电压蓄电池单元的膨胀和截止组合阀 8.电动制冷剂压缩机 9.冷凝器

图 4-165

在无须冷却高电压蓄电池单元的温度范围内，用于高电压蓄电池单元的膨胀和截止组合阀处于关闭状态。需要冷却高电压蓄电池单元时，蓄能器管理电子装置就会控制高电压蓄电池单元底部的膨胀和截止组合阀。这样可使制冷剂流至高电压蓄电池，在此膨胀、蒸发和冷却。在此高电压蓄电池单元的冷却可以完全独立于车辆内部空间的冷却，因为其冷却通过一个独立的膨胀和截止阀来调节。由于高电压蓄电池单元与制冷剂循环回路连接，因此拆卸和安装时也需要进行与传统车辆空调系统类似的准备工作（例如抽真空）。在此也必须严格遵守维修说明。

（四）高电压安全插头

F10H 的高电压安全插头（售后服务时断开连接）不是高电压蓄电池单元的直接组成部分。位于行李箱底板下高电压蓄电池单元后一个泡沫塑料嵌入件内。

与以前的 Active Hybrid 车辆一样，F30H 的高电压安全插头也执行两项工作：

·关闭高电压系统供电

·防止高电压系统重新接通

高电压安全插头或插接的电桥是高电压触点监控电路的一部分。如果将高电压安全插头的插头和插孔彼此拉开，则高电压触点监控电路就会断路。此外，高电压蓄电池单元内电动机械式接触器的供电也会中断。因此高电压系统自动关闭且切换到无电压。高电压安全插头的插头和插孔无法完全彼此拉开。两个部分以机械方式连接在一起，以防彼此拉开。为断开高电压触点监控电路，可将两个部分彼此拉开，使挂锁能够用于防止重新接通。对高电压蓄电池单元或其他高电压组件的高电压接口进行作业前，必须使高电压系统切换为无电压、防止其重新接通并检查是否已无电压。

（五）功能

F30H 的高电压蓄电池单元功能与 F10H 完全相同，因此在此仅作简要概述。高电压蓄电池单元的所有功能由蓄能器管理电子装置 SME 配合其他控制单元（例如电池监控电子装置 CSC、电动机电子装置 EME 或高级碰撞和安全模块 ACSM）进行控制。具体功能包括：

·启动高电压系统

系统自动测试高电压系统，提高电压，最后使电动机械式接触器的触点闭合。

·正常降低高电压系统电压

例如关闭总线端 15 或结束驻车空气调节时，就会正常降低高电压系统电压。首先将高电压车载网络内的电流调节为零，断开高电压蓄电池单元的接触器，使高电压电路（中间电路电容器）放电，并使电动机的线圈短路。通过最终测试检查高电压系统并自动正常降低电压。这一过程可能需要几分钟。

·快速关闭高电压系统

每次为安全起见需要将高电压系统内的电压尽快降至非危险数值时，就会执行这项功能。以下触发标准可能会导致快速关闭：事故，过电流监控响应，短路，一个电池出现危险情况，12V供电失灵，高电压触点监控响应。

· 充电策略和运行策略

为了达到高电压蓄电池的最大使用寿命，并非利用全部而是仅利用部分充电范围。虽然在组合仪表（车载计算机显示）内显示范围为0%~100%，但对应的实际充电状态为25%~70%。

· 监控功能

监控功能可确保高电压系统的安全以及高电压蓄电池单元的最佳运行条件。因此高电压触点监控和绝缘监控以及电池状态（电压、温度）监控都属于这些功能。

（六）服务信息

1. 拆卸和安装

只有宝马诊断系统的检测计划有明确规定，才能在售后服务时更换整个高电压蓄电池单元。只允许通过保修部件流程，而不允许通过正常更换部件流程寄回损坏的高电压蓄电池单元。F30H的高电压蓄电池单元为9级危险物品（UN 3090），不允许空运。因为高电压蓄电池单元属于高电压组件，所以在开始工作前进行拆卸和安装时必须执行电气安全规定。此外，拆卸前还必须吸出制冷剂循环回路中的制冷剂，并在安装后重新加注。安装和拆卸高电压蓄电池单元时通常需要使用与F10H相同的专用工具套件。但是不需要编号0 496 722的专用工具（带有滑轨的框架），因为F30H高电压蓄电池单元在行李箱内的安装位置不是很深。用于安装和拆卸高电压蓄电池单元的另外两个专用工具（起重工具和放置装置）也需要在F30H上使用，如图4-166所示。

通过安全螺栓可防止起重工具无意间松开高电压蓄电池单元，如图4-167所示。

与F10H不同，在F30H上无法完全借助车间起重机取出高电压蓄电池单元。必须通过两个维修人员从行李箱内将其取出。从凹槽内取出高电压蓄电池单元时要特别小心，以免损坏底部接口。更换高电压蓄电池单元时，需借助宝马诊断系统试运行。在此试运行期间将复位高电压蓄电池的一种"运输模式"。该"运输模式"可防止在运输或存放期间电动机械式接触器的触点闭合。只有在安装后复位该"运输模式"的情况下，高电压蓄电池单元和整个高电压系统才会进入准备状态。

2. 高电压蓄电池单元充电

可采用与F10H一样的方式为F30H的高电压蓄电池单元充电。运行策略确保在正常客户

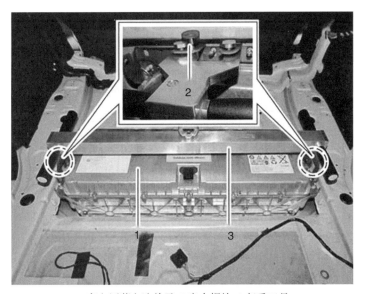

1.高电压蓄电池单元 2.安全螺栓 3.起重工具

图4-166

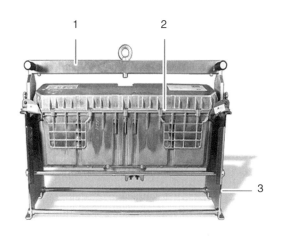

1.起重工具 2.高电压蓄电池单元 3.放置装置

图4-167

使用情况下高电压蓄电池单元始终充电状态充足。在长时间停放或长时间在维修车间放置时，应使高电压蓄电池单元完全充电，以免造成损坏。为此必须执行以下步骤：

- ·启动发动机
- ·挂入 P 挡并启用驻车制动器
- ·踩下制动踏板并保持不动
- ·借助加速踏板将发动机转速调节到约 2000r/min

几分钟后高电压系统重新充满电。可以借助组合仪表内的充电状态显示检查充电状态。

3. 安全进行高电压系统作业

对 F10H 的高电压组件进行作业前，必须遵守并执行电气安全规定：

- ·必须将高电压系统切换为无电压
- ·必须防止高电压系统重新接通
- ·必须确定高电压系统断电

（1）准备工作

开始工作前必须采取防止溜车的措施（挂入变速器的驻车锁并启用驻车制动器）。必须拔下可能连接的充电电缆。必须关闭总线端 15 和总线端 R。从电气安全角度来看，现在可以立即开始切换为无电压。不过高电压系统还处于启用状态，电流可能仍会经过接触器触点。切换为无电压时，这会导致触点承受负荷，可按以下方式避免该负荷：开始切换为无电压之前，让车辆或控制单元休眠。这样可以避免电动机械式接触器触点负荷，因为高电压系统会随着休眠正常降低电压。

（2）将高电压系统切换为无电压

在 F10H 上借助高电压安全插头将高电压系统切换为无电压。为切换为无电压，必须将插头从相应插孔中拉出，因此可以中断高电压触点监控电路。通过断开高电压触点监控电路使接触器供电中断，从而将高电压系统切换为无电压。

图 4-168 所示为高电压安全插头处于插上状态。高电压触点监控电路未断路。

为了能够将插孔和插头彼此拉开，必须通过按压松开机械锁止件。只要松开了锁止件，就可以将插头从插孔中拉出几毫米。如果感觉到阻力，则不要继续或用力拉。高电压安全插头的插头和插孔无法完全彼此拉开，如图 4-169 所示。

（3）防止高电压系统重新接通

防止重新接通功能也由高电压安全插头来实现。为此需要一个普通挂锁（例如 ABUS 45/40）。通过彼此拉开高电压安全插头的插孔和插头露出连续经过两个部件的孔。必须将挂锁的锁钩插入这个孔中，现在必须锁上挂锁。进行高电压系统作业期间必须将钥匙保存在安全的地方，以防非授权人员打开该锁。

图 4-168

通过在高电压安全插头上使用和锁上挂锁可以确保插头无法再插在一起。这样可以有效防止无意间或在未经售后服务人员允许的情况下重新接通高电压系统，如图 4-170 所示。

图 4-169

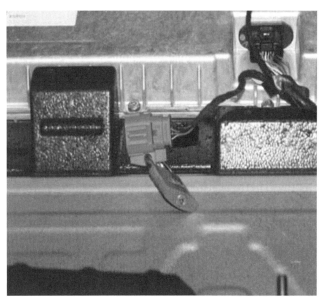

图 4-170

（4）确定系统无电压

在宝马维修车间内不借助测量设备或宝马诊断系统确定是否无电压，而是由高电压组件测量自身电压，并通过总线信号向组合仪表发送测量结果。只有组合仪表从所有相关高电压组件处同时接收到无电压信号时，才会生成表示无电压的检查控制信息。这个红色检查控制符号为带斜线的闪电符号，组合仪表内的无电压显示如图 4-171 所示。

需要确定无电压时，维修人员必须接通总线端 15，并等到组合仪表内出现检查控制信息及如图 4-171 所示的符号，然后才能确保高电压系统无电压。确定无电压后，必须重新关闭总线端 15 和总线端 R，然后再开始进行实际工作。如果没有显示检查控制信息，则不允许对高电压组件进行工作。

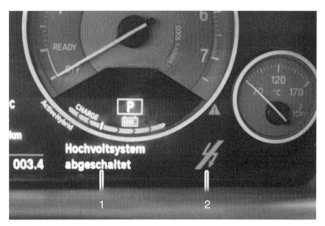

1.提示文本"高电压系统已关闭" 2.检查控制符号"高电压系统已切换为无电压"

图 4-171

4. 发生事故后的处理方式

高电压系统的安全方案确保即使在发生事故期间或发生事故后，也不会给客户或维修人员带来危险。发生事故时高电压系统自动关闭，因此可从外部接触到的高电压组件部位处不再有危险电压。高电压系统按以下方式关闭：

在正常运行状态下通过总线端 30B 为蓄能器管理电子装置供电。此外，还为电动机械式接触器的线圈供电。发生事故时，通过一个扩展的安全型蓄电池接线柱关闭。该部件包括一个附加常闭触点。安全型蓄电池接线柱触发时，随着蓄电池正极导线以燃爆方式断开这个开关触点同时打开。这个开关触点打开促使高电压蓄电池单元内的接触器直接打开，从而使高电压蓄电池单元无法再向高电压车载网络输送危险电压。电动机电子装置从高级碰撞和安全模块 ACSM 处接收一个碰撞信号。此后电动机电子装置立即使中间电路电容器放电。发生事故后，安全型蓄电池接线柱保持上述状态，因此高电压蓄电池单元未处于运行准备状态。因此即使重新接通总线端 15，高电压系统也保持停用状态。如果 F30H 发生事故且造成安全型蓄电池接线柱触发，则进行高电压组件或安全型蓄电池接线柱作业前，必须与宝马集团的技术支持部门（PUMA）联系。

5. 运输模式

为了保护高电压蓄电池单元，车辆处于运输模式时无法提供以下功能：

- 电动行驶
- 助推功能
- 发动机节能启/停功能

只要发动机运转，就会在运输模式下为高电压蓄电池单元充电。

显示蓄电池充电状态：

与其他车辆一样，在运输模式下也以检查控制信息形式显示 12V 蓄电池的充电状态。在 F10H 上，在运输模式下还显示

表 4-18

蓄电池充电状态	组合仪表内的显示	操作运行
高电压蓄电池充电状态正常	OK [−][+] HYBRID	无须进行其他操作
高电压蓄电池放电	[−][+] HYBRID	为高电压蓄电池充电
高电压蓄电池过度放电	[−][+] ! HYBRID	更换高电压蓄电池单元

有关高电压蓄电池单元充电状态的检查控制信息。高电压蓄电池单元充电状态分三级显示，如表 4-18 所示。

如果高电压蓄电池单元已过度放电，则组合仪表内的显示保留至更换高电压蓄电池单元。将运输模式复位后，组合仪表中没有有关高电压蓄电池单元充电状态的检查控制信息，之后可在车载计算机显示屏内调出充电状态。

（七）技术数据

下面概括了高电压蓄电池单元的重要特点，如表 4-19 所示。

表 4-19

额定电压	316.8V
电池	共 96 个，各 3.3V
可存储能量	1350Wh
可使用能量	675Wh
最大功率	43.2kW
存储技术	锂离子
尺寸（宽度、高度、深度）	约 690mm×237mm×210mm
重量	约 46kg
冷却系统	通过制冷剂（R134a）进行冷却

五、混合动力制动系统

（一）简介

在 F30H 底盘范围内，混合动力制动系统是较之采用传统驱动方式 F30 进行的最大技术改进。F30H 采用了源自 F30 335i 的以下组件/系统：

- 双铰接弹簧减震支柱前桥
- HA5 后桥
- 带有电子助力转向功能的电动机械式助力转向系统/带有电子助力转向功能

的可变传动比运动型转向系统

- 驻车制动器
- 制动助力器和制动主缸
- 车轮制动器
- DSC 液压单元和控制单元

虽然动态稳定控制系统在应用于 F30H 时保留了原有硬件，但为了实现制动能量回收利用对其软件进行了相应调整。与传统 F30 相比，弹簧/减震器系统专门针对 F30H 进行了相应调整。因此，虽然 F30H 车重略高，但是仍然可以提供像传统 F30 一样出色的行驶性能。更改后的弹簧/减震器调校对于维修人员而言具有重大影响：

对 F30H 进行四轮定位时，需要考虑到较之传统 F30 车辆高度已改变。宝马 Active Hybrid3 后桥处的车

辆高度比 335i 高 5mm。

与 F10H 一样，F30H 的混合动力制动系统也可进行制动能量回收利用，进而有助于提高效率，同时还能使驾驶员安全稳定地进行车辆减速。

F30H 混合动力制动系统在结构方面与 F10H 几乎完全相同。以下部件与传统 F30 的制动系统有所不同：

· 电动真空泵
· 制动真空压力传感器
· 制动踏板行程传感器
· DSC 软件

电动真空泵在发动机处于静止状态时（例如纯电动行驶期间），为制动助力器提供真空压力。为了确定何时需要启用电动真空泵，需要一个制动真空压力传感器。此外，还需要一个制动踏板行程传感器，用于发送有关驾驶员踩下制动踏板程度的信号。通过这一输入参数可以控制制动能量回收利用的程度。为此，DSC 软件对制动踏板行程传感器信号进行分析并以总线电码形式提供分析结果。此外，DSC 软件

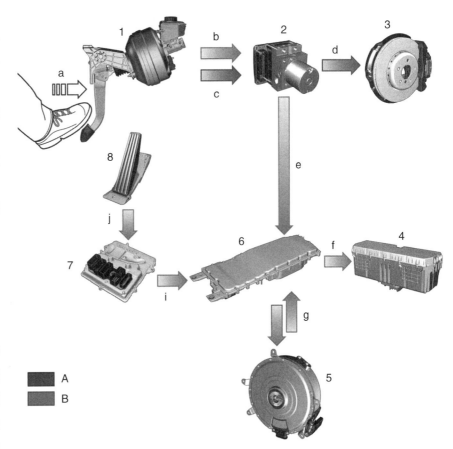

A.液压制动 B.能量回收式制动 1.制动踏板和带制动踏板行程传感器装置 2.动态稳定控制系统 3.车轮制动器 4.高电压蓄电池单元 5.电动机 6.电动机电子装置 7.数字式发动机电子系统 8.加速踏板模块 a.踩下制动踏板 b.从制动踏板行程传感器至动态稳定控制系统的电信号"动板行程" c.从制动装置至动态稳定控制系统的液压压力 d.从动态稳定控制系统至四个车轮制动的液压压力 e.从动态稳定控制系统至电动机电子装置的总线信息"额定制动力矩" f.需要存储在高电压电池内的电能(直流电压) g.由电动机产生的电能(交流电压)用于控制电动机的相电压 i.从数字式发动机电子系统至电动机电子装置的总线信息"加速踏板角度"(滑行模式下的能量回收利用) j.从加速板模块至数字式发动机电子系统的电信号"加速踏板角度"(滑行模式下的能量回收利用)

图 4-172

还持续监控转向角、横向加速度和后车轮滑转率。因为制动能量回收利用时制动力不是作用在所有四个车轮上，而是只施加在后车轮上，所以需要这个软件措施。该措施也称为混合动力稳定性管理，通常可以实现最大制动能量回收利用。在动态行驶状态达到临界水平前，混合动力稳定性管理将降低制动能量回收利用的程度，因此保证最高行驶稳定性。

（二）系统概览

系统概览如图 4-172 所示。

与 F10H 一样，F30H 的混合动力制动系统也是踏板连接式制动系统，在制动踏板、制动助力器与制动主缸之间始终存在机械连接。因此液压制动原理与传统车辆基本相同。唯一的不同之处在于制动踏板响应行程增大，以便为进行能量回收式制动增大踏板行程。在 F30H 上，随能量回收程度增大而进行的减速过程如下：

（1）驾驶员松开加速踏板：此时电动机已作为发电机运行。电动机电子装置通过控制电动机产生相当于传统车辆滑行模式下的整车制动力。此时回收利用的能量水平仍较低。

（2）驾驶员踩下制动踏板（仍在响应行程内）：电动机作为发电机驱动，使制动力随制动踏板行程增

大而提高。通过驱动桥（后桥）车轮进行减速，此时的减速度比滑行模式时大且制动能量回收利用较高。液压制动系统此时尚未启用。由于F30H的制动助力器和制动主缸与传统F30完全相同，因此踩下制动踏板时的响应行程也相同。研发试验表明，响应行程的大小足够用于计量制动能量回收利用，因此无须进行任何部件更改。

（3）驾驶员踩下制动踏板（超出响应行程范围）：电动机驱动，从而实现最大制动能量回收利用。

由此产生的制动力叠加到此时额外通过机械液压方式产生的制动力上。

如图4-173所示再次总结了这一过程。

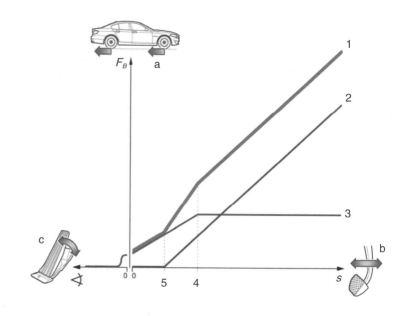

a.车轮上的制动力 b.制动踏板行程 c.加速踏板角度 1.总制动力 2.液压方式产生的制动力 3.能量回收方式产生的制动力 4.从可实现最大能量回收式制动力时起的制动踏板行程 5.从开始提供液压制动力时起的制动踏板行程(响应行程结束)

图4-173

（三）系统组件

1. 真空供给装置

在发动机运转期间，通过发动机以机械方式驱动的真空泵确保真空供给。在发动机静止期间，由电动真空泵执行这项工作。F30H真空系统如图4-174所示。

电动真空泵由电动机电子装置进行控制。电动机电子装置包括为此所需的电气输出级，根据需要接通和关闭电动真空泵。为了确定相关需要，在制动助力器内装有一个制动真空压力传感器。该传感器将一个模拟输出信号传输给数字式发动机电子系统，在此进行分析，随后以总线信号形式提供给电动机电子装置。

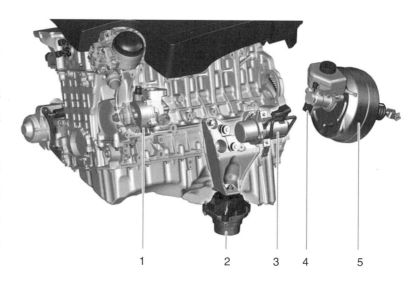

1.机械真空泵 2.发动机支座（不可控制） 3.电动真空泵 4.制动真空压力传感器
5.制动助力器

图4-174

2. 制动踏板行程传感器

与F10H不同，F30H的制动踏板行程传感器没有集成在制动主缸内。因此在F30H上可以使用与F30相同的制动主缸。制动踏板行程传感器直接安装在制动踏板上。该传感器的工作原理与车辆高度传感器相同。模拟输出信号由DSC控制单元读取和分析，以总线信号形式传输给电动机电子装置，在此确定是否将电动机作为发电机驱动以及驱动程度。如图4-175所示展示了制动踏板行程传感器的安装位置。

通过诊断系统的一项服务功能，可对制动踏板行程传感器进行初始化。在未踩下制动踏板的情况下对传感器信号进行自适应。

出现以下情况后，必须对制动踏板行程传感器进行初始化：

·更换了 DSC 控制单元

·更换了制动踏板行程传感器

·对踏板机构进行了机械作业

进行初始化时必须使用诊断系统。

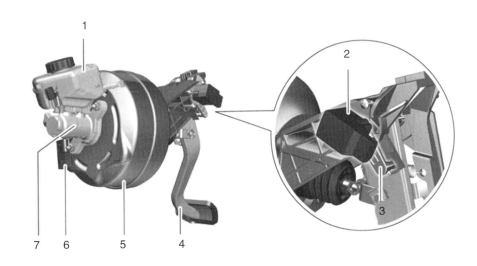

1.制动液补液罐 2.制动踏板行程传感器 3.制动踏板行程传感器与制动踏板间的连接杆 4.制动踏板 5.制动助力器 6.制动真空压力传感器 7.制动主缸

图 4-175

六、低电压车载网络

F30H 与 F10H 的低电压车载网络主要在 12V 供电方面有所不同。原因在于 F10H 以传统 F10 为基础，而 F30H 以 F30 为基础。因此有其他控制单元和组件连接在 12V 供电上。

（一）12V 供电

F30H 的 12V 车载网络一方面以 F30 的能量车载网络为基础，另一方面以 F10H 的混合动力部分为基础。在 F30H 上也不再通过传统发电机，而是主要通过高电压车载网络供应能量。高电压蓄电池的高电压通过 EME 内的 DC/DC 转换器转换为低电压（约 14 V）。启动发电机也像 F10H 一样与一个附加蓄电池相连。但 F30H 的附加蓄电池是传统的铅酸蓄电池（非 AGM 蓄电池），电容量为 40Ah。出现以下情况时就会使断路继电器接合，通常情况下该继电器使两个 12V 车载网络相互分离：

·附加蓄电池已完全充满，启动发电机继续产生电能，或由于出现故障 EME 的 DC/DC 转换器无法接收能量供给

因此，提供了另一种 12V 车载网络能量供应方式，从而提高可靠性。

1.系统概览

F30H 12V 供电的系统电路图如图 4-176 所示。

2.极性接错保护模块，配电盒

在发动机室内，就低电压系统而言有一些相同之处，也有一些混合动力特有之处。通过系统电路图展示了低电压车载网络的所有组件，F30H 跨接启动接线柱如图 4-177 所示，F30H 前部配电盒如图 4-178 所示。

与 F10H 一样，在 F30H 上也使用一个单独的极性接错保护模块来避免极性接错时车载网络及其连接的电子组件出现后续损坏。为此极性接错保护模块带有齐纳二极管，可在跨接启动接线柱与接地间进行切换（参见 12V 供电的系统电路图）。让我们来复习一下：齐纳二极管是硅二极管，具有在朝阻隔方向运行时限制电压的特性。将一个外部电压电源（例如一个蓄电池充电器）与正确极性连接时就会运用到这一特性。在此情况下，齐纳二极管通过限制电压防止车辆车载网络电子组件电压过高。在相反的情况下，将一个外部电压电源与错误极性连接时，齐纳二极管也会像其他二极管一样产生非常低的电阻。这样可使外部电压电源实际形成短路连接，并将其电压降至接近零。这样不会使车辆上的电子组件承受错误施加的（负）电压，从而对其形成保护。如果长时间将外部电压电源与错误极性连接且持续通过极高电流，就会造成齐纳二极管损坏且无法继续发挥保护作用。在此个别情况下，也会造成车辆控制单元损坏。极性接错保护模块只能在有限时间内

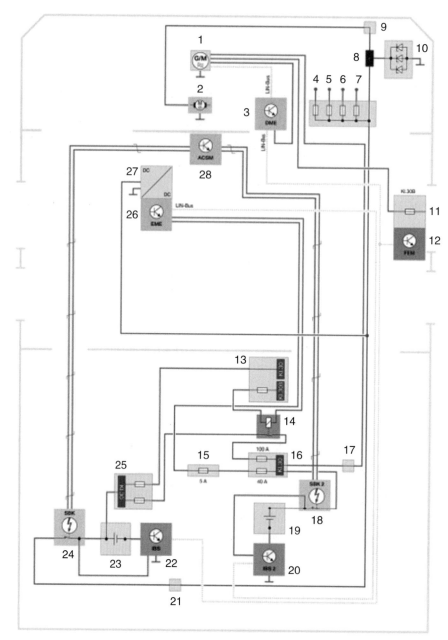

1.启动发电机 2.启动机 3.数字式发动机电子系统 4.从前部配电盒至电动机械式助力转向系统的供电导线（有保险丝保护） 5.从前部配电盒至电子扇继电的供电导线（有保险丝保护） 6.从前部配电盒至鼓风机电机的供电导线（有保险丝保护） 7.从前部配电盒至DSC液压单元的供电导线（有保险丝保护） 8.接启动接线柱 9.过渡接线柱（前围板上） 10.极性接错保护模块 11.启动发电机控制电子装置的前部电子模块内的总线端30B保险丝 12.前部电子模块FEM 13.行李箱配电盒内的保险丝 14.断路继电 15.从附加蓄电池配电盒至电动机电子装置的导线内的5A保险丝 16.附加蓄电池的配电盒 17.过渡接线柱（从车内导线切换至地板上的导线） 18.安全型电池接线柱2 19.附加蓄电池 20.智能型蓄电池传感器2 21.过渡接线柱（从车内导线切换至地板上的导线） 22.智能型蓄电池传感器 23.12V电池 24.安全型蓄电池接线柱 25.12V蓄电池上的配电盒 26.电动机电子装置 27.DC/DC转换器 28.撞和安全模块

图 4-176

避免极性接错造成后续损坏。极性接错保护模块无法承受长时间极性接错，而且这样会造成该模块损坏。而且还可能对车载网络电子组件造成后续损坏。

（二）启动系统

启动发电机结构如图 4-179 所示。

启动系统由多个组件构成：

·启动发电机

·附加蓄电池

·行李箱内的配电盒和断路继电器

F30H 的启动发电机与 F10H 结构相同。该电动机是一个侧电极电机，其转子同时带有永久磁铁和用于外部激励的励磁线圈。通过励磁线圈还能控制定子上的电压。电动机本身与转子位置传感器、控制模块和 7 个供电电子装置模块构成一个单元，出现故障时只能整个更换。控制模块和数字式发动机电子系统通过一个 LIN 总线相互通信。启动发电机通过这种方式获得有关运行模式（发动机／发电机）以及在发电机运行模式下所产生电压大小的指令。为了确定启动发电机是否损坏，必须首先检查附加蓄电池（充电状态或健康状态）、供电导线（电阻）、供电导线螺栓连接(过渡电阻)、多楔带就位情况和张紧程度、接地导线以及 LIN 总线连接。只有所有这些检查都失败时，才能更换启动发电机。启动发电机由发动机通过多楔带进行驱动(发电机运行模式)或通过多楔带启动发动机（发动机运行模式）。

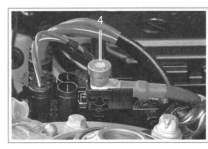

1.跨接启动接线柱盖板 2.前部配电盒盖板 3.充电器/跨接启动电缆的接地点 4.跨接启动接线柱

图 4-177

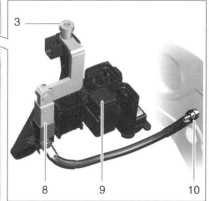

1.至供电配电模块PDM的蓄电池正极导线/过渡接线柱 2.从跨接启动接线柱至启动机的蓄电池正极导线 3.跨接启动接线柱 4.至电子扇继电器的供电导线（有保险丝保护）5.至电动机械式助力转向系统EPS的供电导线（有保险丝保护） 6.至DSC液压单元的供电导线（有保险丝保护） 7.至车内空间鼓风机电机的供电导线（有保险丝保护） 8.极性接错保护模块 9.电子扇继电器 10.接地点

图 4-178

带有两个皮带张紧器的皮带传动机构的工作原理也与 F10H 完全相同。启动发电机的发电机和发动机运行模式如图 4-180 所示。

启动发电机和附加蓄电池构成了独立的 12V 车载网络。启动发动机时（发动机运行模式）从附加蓄电池获取能量，在发电机运行模式下为附加蓄电池充电。由于转子内带有永久磁铁，启动发电机可在发动机运转期间一直产生电能。为了在附加蓄电池已充满的情况下不浪费这些电能，可通过接合断路继电器将大部分所产生能量用于供应传统 12V 车载网络。

出现以下两种情况时就会通过启动发电机启动发动机：

·发动机处于运行温度，之前通过发动机节能启／停功能处于静止状态或在行驶期间关闭，此时需要重新启动

·由于出现故障，接通总线端 15 后无法通过传统启动机进行首次启动

图 4-179

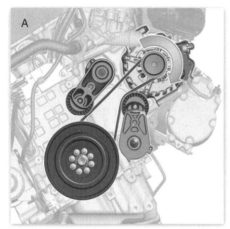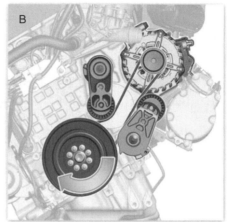

A.发动机运行模式（启动发动机） B.发电机运行模式（发动机运行且为附加蓄电池充电）

图4-180

由于F10H与F30H发动机室内的安装情况区别不大，因此图4-181展示与启动发电机有关的导线。该照片在拆卸前部配电盒盖板及隔音盖板后拍摄。

1. 附加蓄电池

F30H的附加蓄电池是一个传统铅酸蓄电池，电容量为40Ah，它与混合动力特有的行李箱内右侧配电盒一起安装在12V蓄电池上方，如图4-182所示。

每次更换附加蓄电池时都必须记录。大家已通过F10H了解到，附加蓄电池的电流、电压和电极温度由一个智能型蓄电池传感器IBS2探测，探测结果通过LIN总线传输至电动机电子装置EME。发生足够严重程度的事故时，安全型蓄电池接线柱SBK2负责断开附加蓄电池与启动发电机之间的蓄电池正极导线。安全型蓄电池接线柱SBK2紧靠在附加蓄电池正极旁边。附加蓄电池

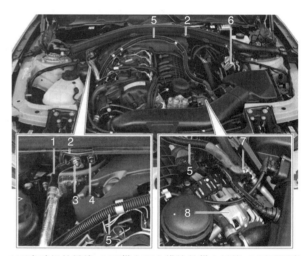

1.至启动机的导线 2.至供电配电模块的供电导线 3.用于至启动机的导线的过渡接线柱 4.用于至供电模块的导线的过渡接线柱 5.至启动发动机的导线 6.供电配电模块PDM 7.启动发电机上的导线接口 8.启动发电机

图4-181

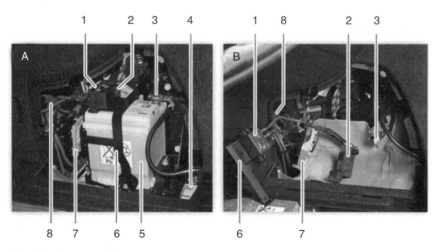

A.已装入附加蓄电池 B.已拆下附加蓄电池 1.断路继电 2.附加蓄电池安全型蓄电池接线柱SBK2 3.附加蓄电池智能型蓄电池传感器IBS2 4.12V蓄电池 5.附加蓄电池 6.附加蓄电池机械固定架 7.附加电池配电盒 8.蓄电池配电盒

图4-182

安全型蓄电池接线柱的燃爆式触发通过高级碰撞和安全模块 ACSM 实现。

2. 配电盒和断路继电器

附加蓄电池配电盒和断路继电器是大家已通过 F10H 熟知的组件。在 F30H 上仅安装位置发生了变化。它们位于包围附加蓄电池的固定架上，行李箱内的配电盒如图 4-183 所示。

智能型蓄电池传感器 IBS2 通过小横截面导线从附加蓄电池的安全型蓄电池接线柱 SBK2 获得供电。蓄电池正极导线也从附加蓄电池的安全型蓄电池接线柱 SBK2 引至附加蓄电池的配电盒。从这个配电盒处其他导线引至启动发电机、断路继电器和电动机电子装置 EME。配电盒与 F10H 相同，只是安装在图 4-183 所示的其他位置处。附加蓄电池的配电盒内有两个保险丝。100 A 保险丝用于保护从配电盒至断路继电器的蓄电池正极导线。配电盒是源自"标准模块"的一个组件，因此始终安装 40A 保险丝。至 EME 的导线具有

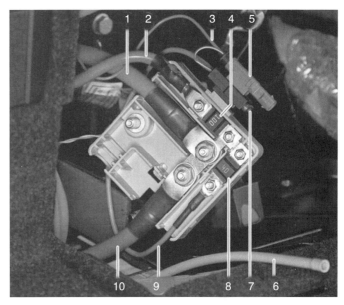

1.附加蓄电池与配电盒之间的蓄电池正极导线 2.附加蓄电池配电盒与断路继电器之间的蓄电池正极导线 3.IBS2供电导线 4.100A保险丝 5.用于至EME的导线和IBS2供电导线的插接连接件 6.附加蓄电池的排气管路 7.5A保险丝 8.40A保险丝 9.从40A保险丝至5A保险丝的导线 10.从配电盒至启动发电机的蓄电池正极导线

图 4-183

较小的横截面，因此还串联了一个 5A 保险丝。蓄电池正极导线从附加蓄电池的配电盒引至启动发电机。这根铜制蓄电池正极导线不带过电流保险装置——这是在附加蓄电池上也带有一个安全型蓄电池接线柱的主要原因之一。断路继电器也是已通过 F10H 为大家所熟知的一个部件，在 F30H 上位于附加蓄电池固定架上方。两个 12V 车载网络可以通过这个断路继电器连接在一起。例如，如果附加蓄电池已充满电且发动机转速超过 2500r/min，则连接两个 12V 车载网络。启动过程开始前打开断路继电器，以避免传统 12V 车载网络内电压突然降低。断路继电器的控制通过电动机电子装置 EME 实现。混合动力系统失灵时，启动发电机可以为车载网络用电器供电，在正常情况下通过 EME 内的 DC/DC 转换器供电。在这种情况下会接合断路继电器。根据车载网络内的总能量需求可在诸如使用舒适功能时停用座椅加热装置。

（三）总线端控制

F30H 的总线端控制与 F10H 完全相同。只有组合仪表内的行驶准备显示有所不同。

七、总线系统

F30H 总线系统以 F30 总线系统为基础。F30H 沿用了 F30 的所有主总线系统和子总线系统，还包括已通过 F10H 为大家所熟知的混合动力特有控制单元：

· 电动机电子装置 EME

· 蓄能器管理电子装置 SME

· 电池监控电子装置（电池监控电路 CSC）

· 电动制冷剂压缩机 EKK

· 启动发电机 SGR

· 用于附加蓄电池的智能型蓄电池传感器 2 IBS2

由于有一些选装配置并不提供，因此在 F30H 上有一些控制单元并未安装，例如挂车牵引钩 AHK。

（一）总线概览

F30H 总线概览如图 4-184 所示。

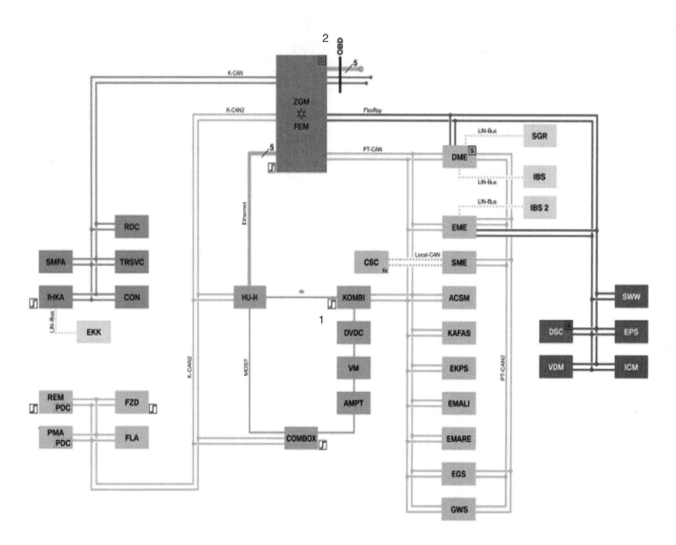

1.有唤醒权限的控制单元 2.启动节点：用于 FlexRay 总线系统启动和同步的控制单元 ACSM.高级碰撞和安全模块 AMPT.顶级高保真音响放大器 COMBOX.Combox(Combox 紧急呼叫， Combox 多媒体) CON.控制器 CSC.电池监控电子装置(电池监控电路CSC) D-CAN.诊断控制区域网络 DME.数字式发动机电子系统 DSC.动态稳定控制系统 DVDC.DVD换碟机 EGS.变速器电子控制系统 EKK.电动制冷剂压缩机 EKPS.电子燃油泵控制系统 EMALI.左侧电动安全带收卷装置 EMARE.右侧电动安全带收卷装置 EME.电动机电子装置 EPS.电子助力转向系统(电动机械式助力转向系统) Ethernet.用于局域数据网络的有线数据网络技术 FEM.前部电子模块 FLA.远光灯辅助系统 FlexRay.用于汽车的快速实时容错总线系统 FZD.车顶功能中心 GWS.选挡开关 HU-H.高级主控单元 ICM.集成式底盘管理系统 IBS.智能型蓄电池传感器 IBS2.智能型电池传感器2 IHKA.自动恒温空调 K-CAN.车身控制器区域网络 K-CAN2.车身控制器区域网络2 KAFAS.基于摄像机原理的驾驶员辅助系统 KOMBI.组合仪表 LIN-BUS.局域互联网总线 Local-CAN.局域控制区域网络 MOST.多路传输系统 OBD.诊断插座 PDC.驻车距离监控系统 PMA.驻车操作辅助系统 PT-CAN.动力传动系控制器区域网络 PT-CAN2.动力传动系控制器区域网络2 RDC.轮胎压力监控系统 REM.后部电子模块 REMALI.左侧可逆电动安全带收卷装置 REMARE.右侧可逆电动安全带收卷装置 SGR.启动发电机 SME.蓄能器管理电子装置 SMFA.驾驶员座椅模块 SWE.换车道警告系统 TRSVC.用于倒车摄像机、俯视系统和环视系统的控制单元 VDM.垂直动态管理系统 VM.视频模块 VSW.视频开关 ZGM.中央网关模块

图 4-184

（二）调整的控制单元

表 4-20 列出了与标准型车辆 F30 不同的经过调整的控制单元以及调整原因。

表 4-20

控制单元	调整原因
ACSM	由 ICM 分析传感器信号（翻车），触发附加蓄电池上的第二个安全型蓄电池换线柱
DME	电动机 / 发动机扭矩协调，与启动发电机通信（通过 LIN 总线）
DSC	分析制动踏板行程传感器信号，制动能量回收利用
EQS	混合动力特有换挡模式，控制附加电动变速器油泵
FEM	混合动力特有总线端控制（内燃机未运行时的行驶准备）
ICM	在 F30H 上始终采用带有滚动速率传感器和垂直加速度传感器的型号（法规要求识别翻车）
IHKA	控制电动制冷剂压缩机 EKK（通过 LIN 总线）
HU-H	在中央信息显示屏内生成混合动力特有显示
KOMBI	与行驶相关的附加混合动力特有显示以及混合动力特有检查控制信息

八、显示和操作元件

混合动力特有运行状态及其他信息在组合仪表上以及根据需要在中央信息显示屏上显示。F30H 组合仪表上的显示与 F10H 有明显不同。中央信息显示屏上的更改主要不在内容方面，而是由于采用第三代高级主控单元而具有了新的外观特征。

可显示以下混合动力特有运行状态和信息：

· 行驶准备

· 电动行驶

· 助推功能

· 制动能量回收利用

· 高电压蓄电池的充电状态

· 有关混合动力驱动装置以及 ECO PRO 模式利用率的提示

其中一些内容始终在转速表下部显示，其他内容必须由驾驶员调出。在中央信息显示屏和组合仪表内显示都需要接通总线端 15。F30H 的混合动力特有检查控制信息与 F10H 完全相同。F30H 与 F10H 相同，虽然具有两种不同的动力传动系统，但在行驶期间无须驾驶员进行任何附加操作。运行策略会根据当前驾驶员指令和很多其他输入参数立即做出反应。在此基础上以非常高效或动态的方式启用两个动力传动系统，从而满足驾驶员要求。在传统车辆上驾驶员可通过一个独立按钮停用发动机节能启 / 停功能。在 F30H 上没有这种按钮，但是可以通过将选挡杆挂入 DS 或 M/S 位置中断发动机关闭过程。

（一）组合仪表内的显示

1. 简介

F30H 有关混合动力特有运行状态和信息的显示方案在以下方面具有自身特色，与 F10H 有所不同：

· 行驶准备：明确的转速表指针位置"READY"

· 电动行驶和制动能量回收利用：更改显示方向

· 高电压蓄电池的充电状态：图形 / 数字

· 驾驶体验开关：主要取决于所选模式

根据图 4-185 所示可以看出，通过驾驶体验开关选择不同模式会对组合仪表内的显示产生什么影响。在 DSC 关闭、牵引力、超级运动和运动模式下会出现大家熟悉的当前耗油量显示。在舒适模式下会显示高电压蓄电池的充电状态和所用电动驱动功率。在 ECO PRO 模式下则会持续显示所用驱动功率或制动能量回收利用期间的功率。一个白色标记根据功率情况在弧形刻度上移动。

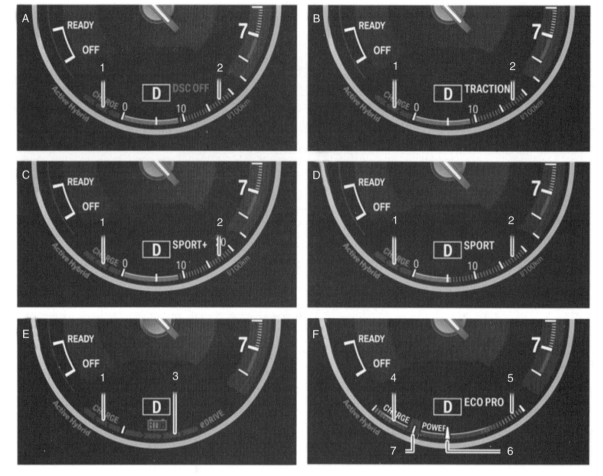

A.DSC关闭模式 B.牵引力模式 C.超级运动模式 D.运动模式 E.舒适模式 F.ECOPRO模式 1.用于显示制动能量回收利用程度的3个区段 2.连续显示当前耗油量 3.用于显示所用电动驱动功率的4个区段 4.表示制动能量回收利用程度的连续刻度 5.表示所用驱动功率的连续刻度 6.用于持续显示红色驱动功率或制动量回收利用程度的白色标记 7.白色标记的中间位置：既未使用驱动功率，也未回收利用制动能量

图 4-185

为了说明其他不同之处，对各运行状态和信息的显示分别进行图示说明并与 F10H 进行比较。有关 F10H 的图示内容适用于 F10H 上市之时。如果进行后续技术开发或车型改款，具体情况可能会在生产期间发生变化。

2. 高电压蓄电池的充电状态

在 F10H 上，总线端 15 接通时的高电压蓄电池充电状态在一个带有 0~1 刻度的弧形显示条上显示。弧形显示条的填充状态表示与客户有关的高电压蓄电池充电状态。0~1 显示的与客户有关的充电状态相当于 25%~70% 的实际充电状态。在 F30H 上，与客户有关的高电压蓄电池充电状态也在组合仪表内显示。如果客户通过驾驶体验开关选择舒适模式，就会在行驶挡位显示下方持续显示一个较小的蓄电池符号。该蓄电池符号内的蓝色显示条数量显示大概的充电状态。在驾驶体验开关的其他模式下不出现该显示。除图形显示外还有充电状态数字显示，客户可通过车载计算机功能调出充电状态并根据需要让其持续显示。该显示又表示与客户相关的高电压蓄电池充电状态（0%~100%），组合仪表内的充电状态显示如图 4-186 所示。

3. 行驶准备

动力传动系统（发动机和变速器）处于运行温度和静止状态时，启用行驶准备状态，此时发动机关闭。挂入行驶挡位 D 或 R 时，可通过松开制动踏板和踩下加速踏板使车辆移动。根据高电压蓄电池的充电状态

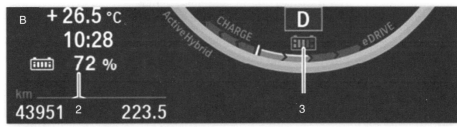

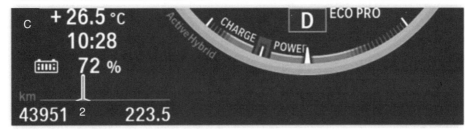

A.F10H B.F30H，舒适模式 C.F30H，ECO PRO模式 1.以弧形显示条形式连续显示 2.作为车载计算机功能的数字显示 3.以显示条形式显示

图 4-186

和温度以及加速踏板角度，通过电动驱动装置或发动机实现这一目的。在 F10H 上通过以下方式识别出组合仪表内的行驶准备：转速表位于"零"，转速表下方显示蓝色"READY"（准备）字样。F10H 行驶准备显示如图 4-187 所示。

在 F30H 上，转速表带有专门为此设计的"READY"（准备）位置表示行驶准备状态。因此无须显示附加"READY"字样。F30H 行驶准备显示如图 4-188 所示。

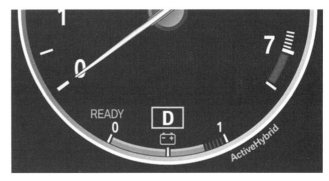

图 4-187

在舒适模式下，表示所用驱动功率以及制动能量回收利用程度的区段均不会突出显示。在 ECO PRO 模

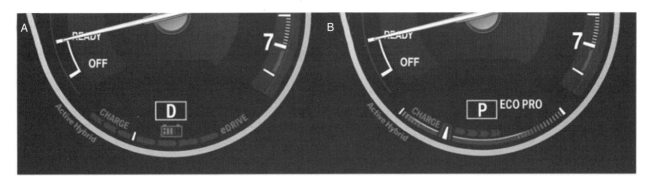

A.舒适模式 B.ECO PRO模式

图 4-188

329

式下，刻度上的白色标记位于中间位置。在两种情况下均表示未使用任何驱动功率和未回收利用任何制动能量。

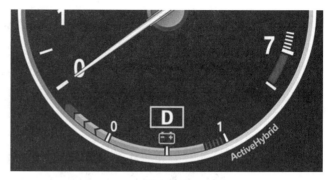
图 4-189

4. 电动行驶

在 F10H 和 F30H 上，纯电动行驶期间的所用驱动功率均通过 4 个区段形式显示。突出显示的区段越多，使用的驱动功率越多。在 F10H 上，这些区段沿顺时针方向指向转速表方向。F30H 电动行驶显示如图 4-189 所示。

而在 F30H 上，相关区段沿逆时针方向指向与 F10H 相反的方向。转速表保持在"READY"位置，F30H 电动行驶显示如图 4-190 所示。

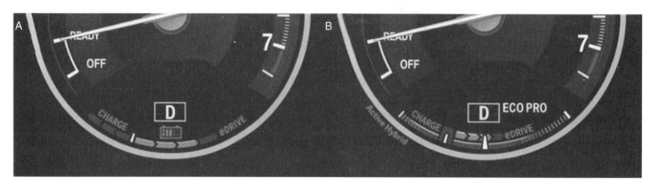

A.舒适模式 B.ECO PRO模式
图 4-190

在舒适模式和 ECO PRO 模式下，客户均可根据突出显示区段的数量获知所用驱动功率。此外，在 ECO PRO 模式下，白色标记在弧形功率刻度上移动，持续显示所用驱动功率。像 F10H 一样，突出显示 4 个区段时表示达到最大可用功率。如果驾驶员继续增大加速踏板角度，就会启动发动机。

5. 发动机运行模式

在两款车辆上，转速表像平时一样显示当前发动机转速。在 F10H 上根本看不到表示电动驱动的区段，只持续显示高电压蓄电池的充电状态，F30H 发动机运行模式显示如图 4-191 所示。

而在 F30H 舒适模式下，表示所用电动驱动功率以及制动能量回收利用程度的区段持续可见，但在发动机运行模式下不会突出显示。在 F30H ECO PRO 模式下不再显示表示电动驱动的区段，而是仅显示弧形功率刻度，现在该刻度上有"POWER"（功率）字样。此时白色标记的位置不再表示使用多少电动驱动功率，而是表示调用多少发动机驱动功率。F30H 发动机运行模式显示如图 4-192 所示。

图 4-191

6. 助推功能

启用助推功能时会同时启用两种驱动方式并确保最大加速度。在 F10H 上，通过较高发动机转速下的转

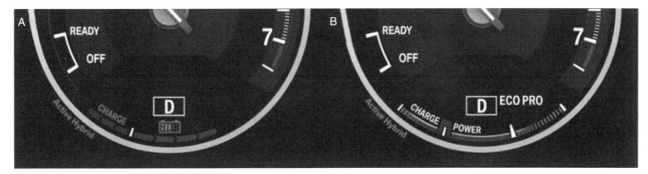

A.舒适模式 B.ECO PRO模式

图4-192

速表位置以及同时所有 4 个表示电动驱动的区段显示表现这一情况。F30H 助推功能如图 4-193 所示。

如果 F30H 驾驶员通过启用舒适模式使用助推功能，则不会突出显示表示电动驱动的区段，而是在刻度右端显示"eBOOST"字样。在 ECO PRO 模式下也会显示该字样，而且也会执行最大驱动功率。此时驾驶员不再以高效方式使用车辆。因此在 ECO PRO 模式下驾驶员会看到有关减小加速踏板角度的提示。同时，功率刻度由蓝色（高效）变为灰色（低效）。F30H 助推功能显示如图 4-194 所示。

图4-193

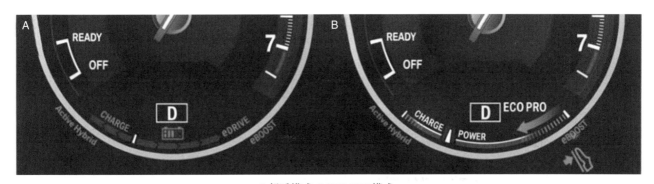

A.舒适模式 B.ECO PRO模式

图4-194

7. 制动能量回收利用

在 F10H 组合仪表内通过最多 3 个突出显示区段表示制动能量回收利用率。驾驶员松开加速踏板时，就会显示带有"+"符号的第一个区段。踩下制动踏板时则会突出显示另外两个区段。在 F10H 上，这些区段指向逆时针方向。F10H 制动能量回收利用显示如图 4-195 所示。

在 F30H 上，表示制动能量回收利用程度的显示朝相反方向指向顺时针方向。这一点适用于

图4-195

驾驶体验开关的所有模式。在除 ECO PRO 模式的所有模式下，最多可以突出显示 3 个区段：驾驶员松开加速踏板时就会突出显示第一个区段，踩下制动踏板时就会突出显示第二个和第三个区段。在 ECO PRO 模式下不是通过突出显示的区段而是通过白色标记进行显示，此时该标记已越过中间位置向左移动。F10H 制动能量回收利用显示如图 4-196 所示。

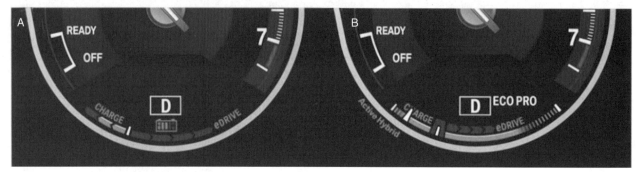

A.舒适模式 B.ECO PRO模式

图 4-196

（二）中央信息显示屏内的显示

在 F30H 上，中央信息显示屏 CID 内的混合动力特有显示也通过菜单"车辆信息→混合动力" 调出。显示内容与 F10H 基本相同。根据第三代高级主控单元所规定的显示风格，仅在细节和图形处理方面进行了更改。

1. 混合动力利用率统计

混合动力利用率统计如图 4-197 所示。

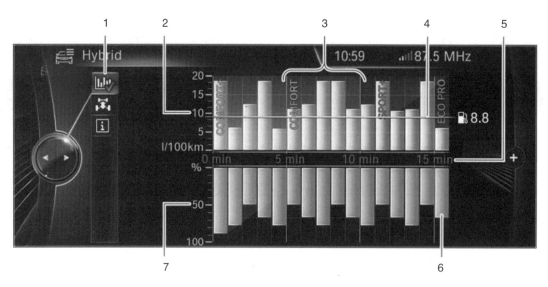

1.选择混合动力利用率显示 2.发动机耗油量刻度 3.使用舒适模式的时间段 4.发动机平均耗油量 5.时间轴(16min) 6.表示1min的显示条 7.表示电动传动系利用的百分比刻度

图 4-197

在 CID 中可以显示之前 16min 行驶期间的混合动力系统利用率。每个显示条表示 1 min 时间。在发动机关闭期间也计算时间。显示条越高，耗油量越高，电动机利用率越高。向上的灰色显示条表示发动机耗油量，横线和图表右侧的数值表示平均耗油量。与 F10H 不同的是，根据驾驶体验开关所选模式，不同阶段的颜色不同。通过这种方式，驾驶员可以识别出具体模式对耗油量的影响。蓝色显示条表示电动传动系使用程度的百分比。在此期间电动机作为发电机（制动能量回收利用期间）或发动机（电动行驶期间）驱动。发动机关闭且通过高电压蓄电池为车辆车载网络供电的静止阶段也通过蓝色显示条来表示。显示条越高，电动传动系利用率越高，由此所节省的燃油越多。显示竖轴上的两个红色标记表示前一分钟的显示条。

2.能量流 / 动力传递路线

F30HCID 内的能量流 / 动力传递路线显示与 F10H 的工作原理相同。

·蓝色：电能

·红色：发动机能量

·箭头：能量流 / 动力传递路线方向

在此以一种行驶状况为例，可由此推导出其他行驶情况。急加速时 CID 内的能量流 / 动力传递路线显示如图 4-198 所示。

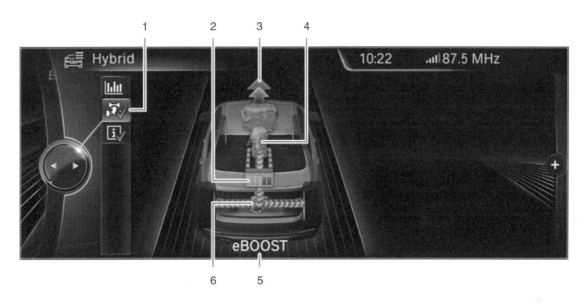

1.选择显示能量流/动力传送路线 2.高电压蓄电池的充电状态 3.发动机驱动力箭头(红色)和电动机动力箭头(蓝色) 4.带电动机的自动变速器 5.表示当前行驶情况的 "eBOOST" 字样 6.至后桥的动力传递路线

图 4-198

除采用新型外观设计外，该显示未在 F10H 基础上进行任何改动。该显示也可出现在分屏视图右侧，驾驶员也可通过该显示获知混合动力系统何时会根据前方路线优化运行策略。前提条件是车辆带有导航系统且目的地引导功能处于启用状态。电动机电子装置随即分析导航系统发出的总线电码并参考前方路段坡度、到目的地的距离以及前方道路类型。由于该功能与 F10H 相同，因此在驶入下坡路段前会使高电压蓄电池有针对性地放电，以便在下坡期间通过制动能量回收利用以非常高效的方式为其重新充电。通过事先为高电压蓄电池充电还能确保在居民区或即将到达目的地前进行电动行驶。如果这种混合动力系统准备工作正在进行，在能量流 / 动力传递路线显示中还会出现其他符号和说明文字。前方出现下破路段时 CID 内的能量流 / 动力传递路线显示如图 4-199 所示。

针对前方情况进行混合动力准备工作期间，符号（序号 2）带有灰色边框。情况实际发生时会显示相同符号，但是带有蓝色边框。

（三）ECO PRO 模式

与 F10H 和采用传统驱动方式的 F30 车型一样，驾驶员在 F30H 上也可以选择 ECO PRO 模式。ECO PRO 模式支持驾驶员在高效行驶期间针对更低耗油量优化运行策略，从而提高车辆可达里程。通过驾驶体验开关启用 ECO PRO 模式。在组合仪表内的行驶挡位旁显示 "ECO PRO" 字样，并转换到表示所用驱动功率的弧

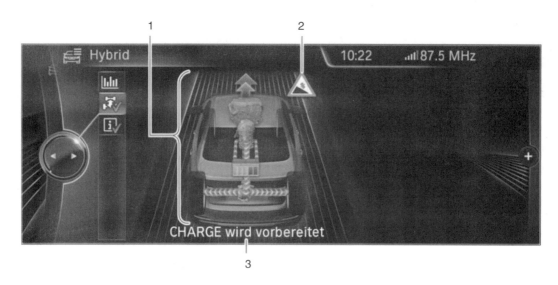

1.能量流/支力传递路线示意图　2.说明前方出现哪种情况/道路类型（此为下坡路段）的符号　3.说明文字"准备充电"

图 4-199

形刻度上。此外，还会以车载计算机功能用蓝色字体显示获益可达里程。获益可达里程是通过使用 ECO PRO 模式获得的附加可达里程。ECO PRO 模式显示如图 4-200 所示。

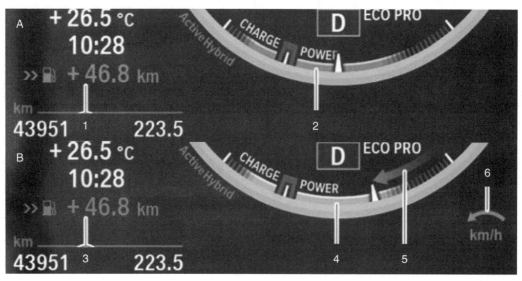

A.ECO PRO模式，高效驾驶方式　B.ECO PRO模式，高效范围以外的驾驶方式　1.采用蓝色字体的获益可达里程　2.蓝色的功率刻度　3.采用灰色字体的获益可达里程　4.灰色的功率刻度　5.箭头指示需要较低功率　6.指示需要较低功率的原因：超过了 ECO PRO限速

图 4-200

　　只有驾驶员在高效范围内使用车辆时，组合仪表内的 ECO PRO 显示才会呈现为蓝色。如果驾驶员离开高效范围，则获益可达里程和功率刻度均由蓝色变为灰色。在图 4-200 中，离开高效范围的原因是超过了驾驶员设定的 ECO PRO 限速。但是用力踩下加速踏板时，驾驶员也会看到指示需要较低功率的相应显示。通过这种方式，组合仪表内的显示在车辆高效运行期间为驾驶员提供相应支持。配置 ECO PRO 模式如图 4-201 所示。

　　启用 ECO PRO 模式后，驾驶员可通过一个自动打开的菜单进行模式配置。此时驾驶员可选择设置限速和启用降低功率的空调功能。这样可以直接降低耗油量，因为电动制冷剂压缩机以较低功率驱动。或者也可以间接降低耗油量，因为超过设定限速时驾驶员会看到一条提示，这种提示不仅可在组合仪表内显示，而且

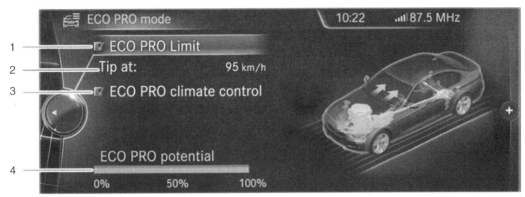

1.启用/停用超过ECO PRO限值时的说明　2.选择车速以输出ECO PRO提示　3.启用/停用在ECO PRO模式下降低功率的空调功能　4.显示通过当前配置能够达到多高的节能百分比

图 4-201

也能在中央信息显示屏内显示。ECO PRO 提示示例如图 4-202 所示。

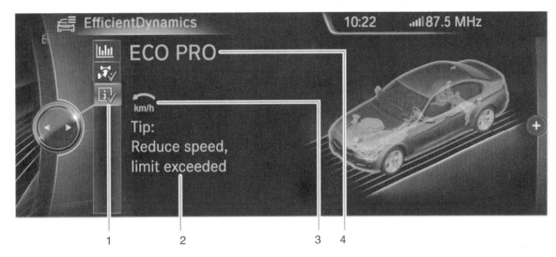

1."输出ECO PRO提示"处于启用状态　2.文本形式的提示，例如"请降低车速，已超过限速"　3.图示形式的提示　4.菜单名称（ECO PRO提示）

图 4-202

最后总结 ECO PRO 模式的技术措施，这些措施可在驾驶员采用高效驾驶方式期间为其提供支持：

- 更改了加速踏板特性曲线特性和自动变速器内的换挡模式
- 离开高效范围时提示驾驶员注意
- 降低电动舒适用电器（例如座椅加热装置）功率
- 降低暖风和空调系统功率
- 可在 160km/h 以下车速范围内实现"滑行时没有能量消耗"

九、空调系统

F30H 采用了源自 F10H 的用于车内空气调节和高电压蓄电池的系统。制冷剂循环回路的组件和功能都基本相同。具体功能包括：

- 在行驶期间进行车内空间冷却 / 加热
- 在车辆停止期间进行驻车空气调节和保持空调效果
- 冷却高电压蓄电池

F30H 的电动制冷剂压缩机与 F10H 结构相同，因此也使用一个螺旋式压缩机来压缩制冷剂。通过电动机电子装置为其提供高电压直流电压，最大电功率为 4.5kW。由于无论发动机是否运转均可驱动该压缩机，因此即使在电动行驶和停车情况下也能确保冷却功能。与 F10H 一样，F30H 的电动制冷剂压缩机也在高电压管路内带有消音器，用于确保在发动机静止状态下也能隔绝噪声发生。F30H 的电动制冷剂压缩机如图 4-203 所示。

电动制冷剂压缩机是一个高电压组件。只有满足以下前提条件的售后服务人员才允许对带标记高电压组件进行作业：具备资质，遵守电气安全规定，严格按照维修说明操作。拔下电动制冷剂压缩机上的高电压插头之前也必须将高电压系统切换为无电压。拔下高电压插头不会使高电压系统自动断开！与 F10H 一样，在 F30H 的制冷剂循环回路内也使用大家熟知的 PAG 油来进行组件润滑。除电动制冷剂压缩机外，在 F30H 的制冷剂循环回路内还有其他组件源自 F10H，例如膨胀和截止阀。但这些组件在其他车身上安装在其他位置处，因此制冷剂管路采用 F30H 特有的布置方式。如图 4-204 所示为制冷剂循环回路和组件安装位置概览。

与 F10H 不同，用于冷却车内空间的阀门不是膨胀和截止组合阀，而是根据所需安装空间将截止阀和膨胀阀彼此分离。对于用于冷却车内空间的截止阀以及用于冷却高电压蓄电池的膨胀和截止组合阀而言，均在未通电情况下关闭。为了开启

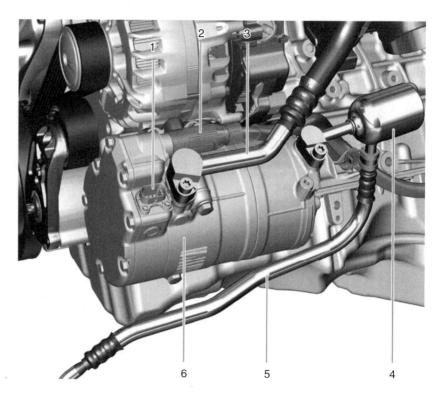

1.信号插头 2.EKK高电压插头 3.抽吸管路（低温和低压气态制冷剂） 4.消音器 5.压力管路（高温和高电压气态制冷剂） 6.电动制冷剂压缩机

图 4-203

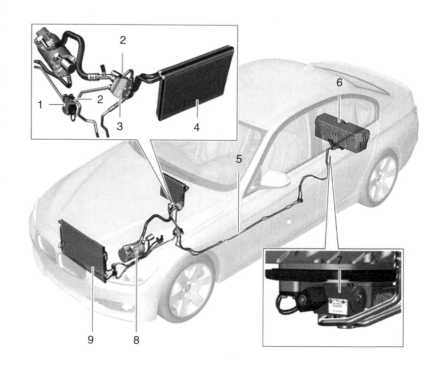

1.用于车内空间的截止阀 2.至高电压蓄电池单元的制冷剂管路分支 3.用于车内空间的膨胀阀 4.用于车内空间空气调节的蒸发器 5.至高电压蓄电池单元的制冷剂管路 6.高电压蓄电池单元 7.用于高电压蓄电池单元的膨胀和截止组合阀 8.电动制冷剂压缩机 9.冷凝器

图 4-204

这些阀门，必须施加电压。对于用于冷却车内空间的截止阀而言，该电压由电动机电子装置产生，用于高电压蓄电池的膨胀和截止组合阀则由蓄能器管理电子装置控制。宝马诊断系统提供一项服务功能，可用于控制制冷剂循环回路内的两个阀门，需要抽空制冷剂循环回路时可使用该服务功能。如果抽真空时使用可在两个分支管路内产生真空的空调加注和抽吸设备，则无须控制两个阀门。通过两个分支管路内的真空，即使在阀门关闭情况下也可对制冷剂进行有效抽吸。如果使用仅在一个分支管路内产生真空的空调加注和抽吸设备，则必须使用这项服务功能来按专业方式完全抽空制冷剂。因此为了确保始终按专业方式抽真空，建议在通常情况下使用该服务功能来控制阀门。抽空制冷剂前应使用诊断系统内的一项服务功能来控制和开启制冷剂循环回路内的两个阀门，这样可以确保按专业方式完全抽空制冷剂。驻车空气调节功能可由客户通过车辆遥控器（第四个按钮）来启用。为了能够进行驻车空气调节，需要高电压蓄电池具有足够高的充电状态且车外温度必须高于约 15℃。之后登车并接通总线端 15 时，驻车空气调节就会自动结束。保持空调效果功能可在总线端 15 关闭状态下通过按压用于提高空气量的按钮来启用。通过这种方式可以控制通风装置和电动制冷剂压缩机最长约 6min，从而使车内温度保持在舒适水平。

第四节　典型故障

宝马 F02H 高电压系统报警故障

车型：F02H。

行驶里程：70000km。

故障现象：客户反映车辆高速行驶过程中，突然报警高电压系统故障，然后紧接着自动减速，靠边停车。重新启动之后，挂挡无法行驶，拖车进店。

故障诊断：车辆拖车到店，无故障报警信息，车辆一切正常。诊断仪测试，存储有多个关于低压系统的故障及高电压系统关闭的故障码，如图 4-205 所示。

D01646	信息（加速踏板拉杆角度，40.1.4）缺失，接收器 ICM，发射器 DME /DDE
D01558	信息（电动机 2 车轮扭矩，41.3.4）缺失，接收器 ICM，发射器 DME /DDE
B7FC3A	后座区左显示器：低电压
21F191	高压蓄电池，预载：因激活放电保护而锁止
CE31E1	EME/DME（发动机转速）接口：发动机转速过高
D01570	信息（电动机 4 车轮扭矩，40.3.4）缺失，接收器 ICM，发射器 DME /DDE
E12C03	燃油油位传感器右侧：对正极短路
805B49	LHM2_R：低电压
E0EC01	信号（驱动系 2 数据，0x3F9）无效，DME / DDE 发射器
93076C	总线端 KL.30B 关闭：达到上部启动能力极限，然而妨碍关闭信号源或法定用电器已激活
480F20	EDCSVL：低电压
80321C	后部右外超声波传感器，信号线：对地短路或断路
2201E9	DC/DC 转换器：在 12 V 侧识别到反极性
801405	CON：低电压
B7F321	TCB：软件复位
44D1E1	EGS 供电：电压过低（7 至 9V）

图 4-205

从这么多故障码中可以看出主要分为这么几类：

①多个模块的电压过低故障。

②高电压系统切断故障。

③变速器应急模式故障。

由于第一次修 FO2H 车辆，对高电压系统不熟悉，所以一开始就寻求了技术部门的支持，按照技术部门的支持首先检查低压系统。由于多个模块的故障记忆都是电压过低，存储的电压细节为 8V 左右，由此可以确认故障时，低压系统确实是处于亏电状态。

（1）首先按照检测计划进行能源诊断，经测试蓄电池良好，没有损坏。

（2）检测车辆的休眠电流，正常。

（3）试车，再次休眠，测量蓄电池电压，经测量 12V 主蓄电池电压为 12.8V，启动辅助蓄电池 13V，正常。

图 4-206

接下来，按照技术部的建议检查轮胎状态，测量每个轮胎的周长，技术部告之混合动力对于轮胎状况特别敏感。测量完轮胎数据之后，发现前后轮胎相差不是很大，然后按照技术部建议，12km/h 巡航定速试车，同时使用 ISTA 读取四个车轮速度以及 CID 中的混合动力能量流。经过对比读取，四个轮速转速基本相同，相差不超过 1km/h。反馈给技术部之后，技术部表示轮胎没有问题，问题还应该出在低压系统上面，让再次检查低压系统的导线连接。经过检查发现了以下问题。EME 上，12V 导线接头有维修的痕迹，外部用电工绝缘胶带缠绕过（如图 4-206 所示），这显然不是宝马的标准维修流程。导线呈弯曲状态且接头安装位置有变形（如图 4-207 所示），几乎和负极接地线相连接。中间绝缘胶带破损，非常危险。

最后发现此车有技术升级 0012730300，升级的目的也是更换 EME 的低压正极导线。

因为潮湿，与 EME 连接的蓄电池正极接头容易被腐蚀。

由于较早腐蚀，个别情况正极接头有可能断裂。

图 4-207

车辆仍可行驶但是 12V 蓄电池无法被充电。当车载电压低于所需的 12V 时，车辆会弹出信息提示驾驶者尽快关闭发动机。但是由于电压不足，一旦发动机被关闭，将无法再次启动车辆。当然，此技术问题之前也注意到，但是在 DWH 上面可以查询到此车在 2016 年 2 月，61000km 时在其他店做过此技术升级。所以刚开始的检查也忽略了此问题。可是最后的问题是没有更换。按照技术升级措施执行导线更换之后，反复试车，故障没有再现。

故障总结：FO2H 车辆的低压蓄电池为高电压蓄电池通过 EME 中的 DC/DC 转换器转化为 14V 电压充电。那么在车辆正常行驶中，高电压蓄电池经过变速器内的高电压电机发电充到高电压蓄电池中，然后高电压蓄电池经过 EME 转换为 14V 低压为低压蓄电池供电。此车在行驶过程中，又与 EME 输出端的 12V 导线虚接，12V 车载网络无法得到持续的充电，在把 12V 蓄电池中的电量消耗完毕之后，系统就报警无法工作了。同时，EME 的 12V 供电也低压缺电，就会断开高电压系统，便无法行驶了。

第五章　宝马第 3.0 代混合动力系统

第一节　宝马第 3.0 代混合动力系统 F18 PHEV 车系

一、引言

（一）定位

宝马 Group 将于 2015 年春季在宝马 Efficient Dynamics（宝马高效动力）框架下推出另一混合动力汽车版本。宝马 530Le 是第七款搭载混合动力技术的量产汽车，它首次将宝马 4 缸汽油发动机与电动驱动装置组合，为该汽车细分市场树立了效率和可持续性的新标准。宝马 530Le 的开发序列代号为 F18 PHEV，以宝马 5 系加长型四门车 525Li（F18）为基础。它体现了量产车型宝马 Active Hybrid 5 和宝马 Active Hybrid 7 所使用的驱动技术的进一步发展。宝马 530Le 是一款采用锂离子高电压蓄电池的全混合动力车辆，可用家用插座充电。开发序列代号缩写 PHEV 代表 Plug-in Hybrid Electric Vehicle（插电式混合动力汽车）。宝马 530Le 的驱动系统由一个搭载 Twin Power 涡轮技术的 4 缸汽油发动机（N20B20M0）、一个 8 挡自动变速器（GA8P75HZ）和一个电机组成。与采用传统方式驱动的宝马 525Li 四门车相比，F18 PHEV 所采用的 Active Hybrid 技术的主要优点：在耗油量更低的同时进一步提高了驱动功率。宝马 530Le 百千米加速用时 7.1s，平均耗油量降低到百千米 2.0L，CO_2 排放量降至每千米 49g（根据中国版测试周期测得的数值，与所选轮胎规格有关）。宝马 530Le 的电驱动装置可以进行纯电动行驶，因此能实现零排放，最高车速为 120km/h，最大电动续航里程为 58km。此外，在交通信号灯前停车或堵车时，混合动力汽车专用的发动机自动启停功能可以关闭发动机，从而进一步节省能耗。利用标配的驾驶体验开关，可以在宝马 530Le 上选择 SPORT、COMFORT 和 ECO PRO 行驶模式。

通过一个附加按钮（eDRIVE 按钮），无须启动发动机，F18 PHEV 即可在纯电动模式下以 120km/h 的最大时速行驶。宝马混合动力汽车代次如图 5-1 所示。

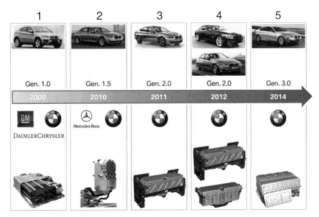

1.2009 年底，第 1.0 代宝马混合动力汽车 E72 上市。在该车型中用的技术（也就是我们所说的第 1.0 代）是 General Motors、Daimlerchrysler 和 BM 相互合作的成果。镍氢蓄电池用作电能储蓄器　2.名为 Active Hybrid 7 的第 1.5 代宝马混合动力汽车于 2010 年上市。这是一辆采用第 1.5 代技术的轻混合动力汽车。该项技术是与 Mercedes-Benz 共同研发而成的。在高电压车载网络中采用了高效的锂离子蓄电池　3.作为第 2.0 代混合动力车型，Active Hybrid 5 于 2011 年底投产。F10H 是第一台使用第 2.0 代混合动力技术的车辆。离子蓄电池用作电能储存器　4.2012 年，又一辆采用第 2.0 代技术的宝马混合动力汽车开始生产：第二款宝马 Active Hybrid 7 以开发序列代号 F01H/F02H 命名并代替了 F04。同时，宝马 Active Hybrid3（开发序列代号 F03H）上市　5.自 2014 年底起将专门为中国市场生产第一款第 3.0 代宝马混合动力汽车宝马 530Le（开发序列代号为 F18 PHEV）。这是一辆插电式混合动力汽车。离子电池用作电能储备。

图 5-1

（二）识别特征

1. 车身

宝马 530Le（F18 PHEV）与传统 F18 的区别体现在一系列特征上，两根 C 柱上以及发动机隔音板上的"eDRIVE"字样显示这是一辆混合动力汽车。530Le 标配不同的 18 英寸轮辋。为了进一步延长续航里程，车轮可选装五幅式运动型空气动力轮辋，从而减少车辆的空气阻力。通过后保险杠饰板左侧的充电接口盖可以看出宝马 530Le 是一辆插电式混合动力汽车。行李箱中带"eDRIVE Power Unit"字样的徽标提示此处有高电压蓄电池单元。F18 PHEV 外部识别特征如图 5-2 所示。

1.带"eDRIVE"和"530Le"字样的隔音板　2."530Le"字样和中文车型标识　3.C 柱（左右）"eDRIVE"字样　4.18 英寸轮辋　5.高电压蓄电池饰板上的"eDRIVE Power Unit"标识　6.充电接口盖

图 5-2

2. 内饰

内饰如图 5-3 所示。

与 F18 车辆相比，宝马 530Le 的内饰同样有其独一无二的特征。加油按钮位于驾驶员侧 A 柱饰板上。在启动 / 停止按钮下方可发现另一个特点：eDRIVE 按钮，借助该按钮，驾驶员可以纯电动模式快速行驶，时速可达 120km/h。在饮料杯架上方的翻盖上，带"eDRIVE"字样的徽标昭示着汽车的混合动力身份。此外，

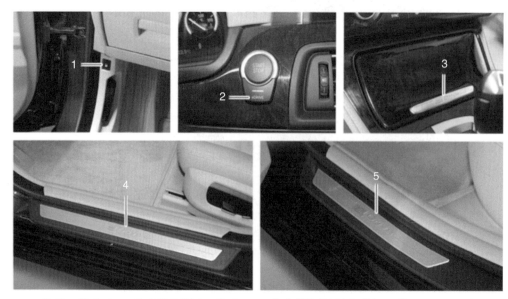

1.加油按钮　2.eDRIVE 按钮　3.带"eDRIVE"字样的徽标　4.带"eDRIVE"字样的前部车门槛板　5.带"eDRIVE"字样的后部车门槛板

图 5-3

在前后车门槛板上也能找到"eDRIVE"字样。混合动力汽车特有的运行状态和高电压蓄电池充电量显示在组合仪表中，根据用户要求也可显示在中央信息显示屏（CID）中。无论是CID中的显示还是组合仪表中的显示，都在打开点火开关后自动激活。F18 PHEV的车内空间与F18一致。

（三）行驶状况

和以往的宝马混合动力汽车一样，宝马530Le也具有一系列混合动力汽车特有的行驶状况。其中包括：

- 发动机自动启/停
- 起步和行驶（纯电动或使用发动机）
- 加速（Boost功能）
- 制动能量回收（能量回收）
- 空挡滑行

空挡滑行：利用这项创新可以确保，不仅在车辆静止时以及市区行驶时，而且在快速行驶也能通过关闭发动机而持续提高效率。如果不使用发动机驱动车辆，则能通过混合动力系统将其关闭，即使在行驶期间同样如此。在时速不超过160km/h的情况下可关闭发动机，并可通过自动变速器中的分离离合器将发动机与传动系的其他组件分开。随后宝马530Le就在路面上安静且无排放地滑行，而没有发动机牵引力矩的影响。为了确保所有安全和舒适便捷功能的使用不受限制，通过能量回收将一小部分动能转化为电能。能量回收的多少取决于所选的行驶模式。

（四）技术数据

技术数据如表5-1所示。

表 5-1

发动机和变速器	单位	Active Hybrid 5 N55B30M0	BMW 525Li N20B20M0	BMW 530Le N20B20M0
结构类型		R6	R4	R4
每缸气门数		4	4	4
排量	cm³	2979	1997	1997
变速器		GA8P70HZ	GA8HP45Z	GA8P75HZ
驱动方式		后轮	后轮	后轮
发动机最大功率	kW r/min	225 5800~6400	160 5000~6000	160 5000
发动机最大扭矩	N·m r/min	400 1250~5000	310 1350~4800	310 1350~4800
系统总功率	kW r/min	250 5800		210
高电压蓄电池类型		锂离子蓄电池	—	锂离子蓄电池
电机功率	kW	40	—	70
电机最大扭矩	N·m	210	—	250

（五）装备

宝马530Le只有左座驾驶型车辆。F18 PHEV和F18不仅在技术数据上不同，其差异还体现在所提供的特种装备上。F18 PHEV中不提供的重要特种装备：

- xDrive全轮系统
- 整体式主动转向控制
- Dynamic Drive（主动式侧翻稳定装置）

- 后座区冷藏箱和后行李箱通入式装载系统（由于放置了锂离子高电压蓄电池）
- 平视显示系统 HUD
- 挂车挂钩

下列装备属于标配范围：

- 4 区空调
- 专业版导航系统

二、驱动系统组件

（一）引言

4 缸汽油发动机首次成为宝马混合动力驱动系统的组成部分。2.0L 发动机功率为 160kW，最大扭矩 310N·m，确保实现更高可持续性和更大能效。4 缸发动机的宝马 TwinPower 涡轮技术包括一个 Twin Scroll 双涡流涡轮增压器、直接喷射系统和 Valvetronic 全变量电子气门控制系统。

（二）改进的 N20 发动机

为了应用在宝马 530Le 中，对 N20 发动机及其外围设备进行了更改。

1. 齿形皮带启动系统

在 F18 PHEV 中采用新研发的启动系统。这是一个能在所有条件下启动发动机的齿形皮带启动系统，如图 5-4 所示。该齿形皮带启动系统占据了皮带传动和传统发电机的安装空间。以前位于皮带传动中的附加组件由新组件取代，或者它们的功能集成在新的控制单元中，如表 5-2 所示。

表 5-2

皮带传动系统中的组件	替换组件	背景
转向辅助泵	电动助力转向系统 EPS	利用电动助力转向系统 EPS 可任意决定转向助力和复位力。因此能使转向和行驶特性与当时的行驶状况理想匹配
制冷压缩机	电动制冷压缩机 EKK	发动机在电动行驶期间静止，所以不能驱动制冷压缩机，因此使用一个电动制冷压缩机
发电机	电机—电子伺控系统 EME	电机—电子伺控系统借助集成式 DC/DC 转换器将高电压转换成 12V 电压并向 12V 车载网络供电
真空泵	电动真空泵	发动机在电动行驶期间静止，所以不能驱动机械真空泵，因此，除了机械真空泵还使用一个电动真空泵

齿形皮带启动机产生的扭矩通过一根齿形皮带和一个减震器传输到曲轴上，并通过这种方式启动发动机。为了能可靠传递启动机的扭矩，使用一根机械式张紧轮。发动机启动后，曲轴自由轮将齿形皮带启动系统与曲轴分离，这样整个系统在发动机运行期间静止。齿形皮带设计用于整个车辆使用寿命，无须定期更换。

（1）优点

使用齿形皮带启动系统可获得以下优势：

- 发动机启动过程十分快速、安静、无震动
- 发动机可在任何情况下启动。例如，齿形皮带启动系统可重新启动一个马上要熄火的发动机，

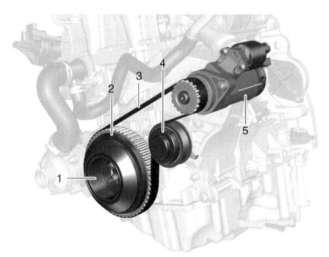

1.减震器 2.曲轴自由轮 3.齿形皮带 4.张紧轮 5.齿形皮带启动机

图 5-4

这样就可以将发动机的启动与运行策略或行驶状况完美地匹配

· 齿形皮带启动系统具有良好的冷启动和热启动性能

（2）齿形皮带启动机

F18 PHEV 的齿形皮带启动机是一个经过调整的滑动螺旋传动式启动机，带有双中间轴和永久励磁直流电机。齿形皮带启动机额定功率为 1.7kW，最大扭矩 96N·m。该启动机免维护，如有损坏，只允许整体更换。F18 PHEV 齿形皮带启动机如图 5-5 所示。

齿形皮带启动机和曲轴之间的传动比小于传统启动机飞轮上的传动比。为了在启动机尺寸不变的情况下仍达到足够大的扭矩，安装了第二个行星齿轮变速器。

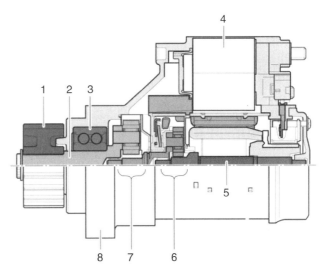

1.齿形皮带轮 2.转子轴 3.角接触球轴承 4.接通继电器 5.直流电机 6.后部行星齿轮变速器 7.前部行星齿轮变速器 8.壳体

图 5-5

与传统滑动螺旋传动式启动机相比，由于在飞轮中不进行单轨运行过程，因此取消或调整了下列组件，如表 5-3 所示。

表 5-3

组件	取消	调整
接通继电器		
离合杆	×	
辊式自由轮	×	
小齿轮		×
单轨弹簧	×	
转子轴		×
壳体		×
转子轴座		×

行驶期间，一般使用齿形皮带启动机启动发动机。不过，在有些情况下由自动变速器中的电机承担这个任务（例如车辆静止并且高电压系统能提供电能）。齿形皮带启动机生产商为 Denso 公司。

（3）张紧轮。

齿形皮带的张紧系统使用一个机械式张紧轮。它用一个螺栓固定在机组支架上。通过张紧轮中的一个弹簧和一个偏心机构产生辊子按压皮带所需要的力，塑料饰盖保护张紧轮不受污染，F17 PHEV 张紧轮如图 5-6 所示。

在售后服务中必须确保张紧轮的专业定位以及齿形皮带张紧度的正确调节。为此，底板必须位于机组支架上的专用凹口中。必须用规定扭矩拧紧固

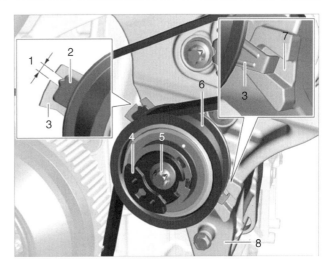

1.调节窗 2.指针 3.底板 4.偏心机构 5.固定螺栓 6.张紧轮 7.底部凹部 8.机组支架

图 5-6

定螺栓。安装齿形皮带时可调节齿形皮带的张紧度，并且可通过张紧轮上的指针检查。如果在发动机关闭的情况下指针位于底板上的调节窗内，说明齿形皮带张紧度调节正确。在发动机启动过程中，指针位置可能因齿形皮带启动系统中的负荷变化而超出调节窗。在此种情况下这是正常的，不需要校正齿形皮带的张紧度。安装张紧轮或调节齿形皮带张紧度时，必须遵守最新维修说明。如果张紧轮未按规定固定或齿形皮带张紧度调节错误，可能导致齿形皮带启动系统损坏或失灵。

（4）曲轴自由轮

曲轴自由轮由自带的自由轮和一个减震器组成。曲轴自由轮在车辆启动时连接齿形皮带轮和曲轴，并且以这种方式传递由齿形皮带启动机产生的扭矩。在发动机运行过程中，自由轮将齿形皮带轮与曲轴断开，使得齿形皮带启动系统静止。该自由轮是一个卡辊式自由轮。这种自由轮具有下列特征：

· 快速的反应特性

· 无噪声

· 磨损小

· 适于高转速

与其他宝马车型一样，减震器由一个固定盘（质量小）和一个震动圈（质量大）组成。两者通过一个减震元件（由弹性体制成）相互连接，因此可相对旋转几度。固定盘同时也是自由轮外圈的定位座，与曲轴拧在一起，F18 PHEV 曲轴自由轮如图 5-7 所示。

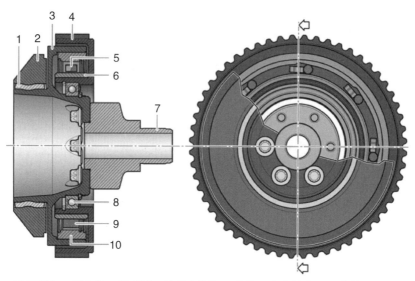

1.减震元件 2.固定盘 3.震动圈 4.齿形皮带轮 5.弹簧 6.自由轮内圈 7.曲轴 8.滚珠轴承 9.辊子 10.自由轮外圈

图 5-7

（5）车辆启动

齿形皮带轮驱动自由轮内圈（如图 5-8 中 4）。自由轮内圈顺时针旋转，在弹簧（如图 5-8 中 2）作用下将辊子（如图 5-8 中 3）压入自由轮外圈（如图 5-8 中 1）的卡键中。通过夹紧作用，在自由轮内圈、辊子以及自由轮外圈之间产生力的传递。与曲轴相连的自由轮外圈被同时带动，以这种方式驱动曲轴。

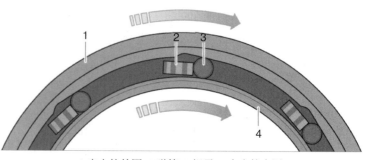

1.自由轮外圈 2.弹簧 3.辊子 4.自由轮内圈
图 5-8

（6）发动机运行期间

曲轴驱动自由轮外圈（如图5-9中1）。自由轮外圈超过自由轮内圈（如图5-9中4）。辊子（如图5-9中3）顶着弹簧（如图5-9中2）被压入越来越大的自由轮外圈空腔中，并且在这个位置保持离心力（如图5-9中F_Z），辊子从而完全从自由轮内圈脱出。力的传递因此被取消，自由轮内圈静止。

2. 真空系统

F18 PHEV的不同组件依赖于真空供给。N20发动机通过一个机械真空泵产生必要的真空。由于必须在N20发动机不运行阶段仍确保真空供应，因此给真空系统增加了一个电动真空泵。真空系统中的数值一旦低于特定极限值，电动真空泵就激活。真空度由制动助力器中的一个压力传感器探测，该传感器也用在其他带发动机自动启/停功能的汽车上。如图5-10所示是相关组件的一览。

3. 发动机支座

在F18 PHEV上，发动机安装在阻尼可调支座上，与其他搭载柴油发动机的车辆相同。这种支座利用真空调节减震系统的软硬度，以保证发动机启动时和怠速时的舒适性。为了降低发动机启动时的震动，使用隔套在左右两侧将发动机支座抬高并缩短了发动机支撑臂。数字式发动机电子伺控系统DME控制一个阀门，以控制阻尼可调的发动机支座。F18 PHEV阻尼可调的支座与柴油车工作方式相同。如果施加真空，支座就变软。该设置用于发动机的怠速和启动，从而确保舒适地减震。一旦不再给支座施加真空并恢复到环境压力，支座就变硬。该设置在F18 PHEV的行驶模式中激活。前面提到的F18 PHEV真空系统为阻尼可调的支座提供真空，如图5-11所示。

4. 排气装置

由于F18 PHEV的隔音要求提高，因此排气装置使用一个可开关的废气风门。该废气风门位于右侧排气尾管中并利用真空操

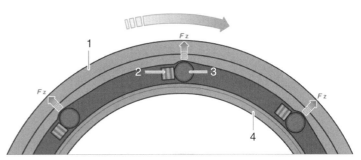

1.自由轮外圈 2.弹簧 3.辊子 4.自由轮内圈 F_Z.离心力

图5-9

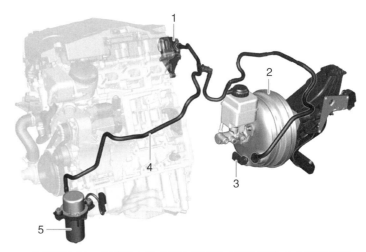

1.机械真空泵 2.制动助力器 3.压力传感器 4.真空管路 5.电动真空泵

图5-10

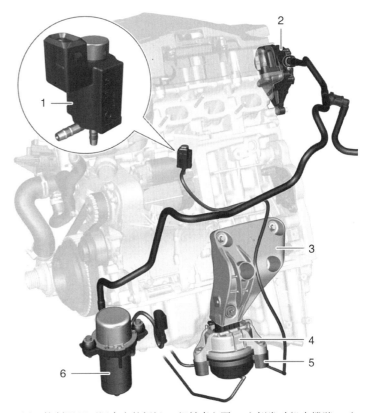

1.用于控制阻尼可调支座的阀门 2.机械真空泵 3.左侧发动机支撑臂 4.左侧阻尼可调支座 5.左侧隔离 6.电动真空泵

图5-11

纵。转换阀由 DEM 控制并确保用来自发动动机室的真空操纵废气风门。F18 PHEV 排气装置如图 5-12 所示。

5. 其他调整

在 F18 PHEV 中，N20 发动机的隔音板上带有"eDRIVE"字样。F18 PHEV 隔音板如图 5-13 所示。

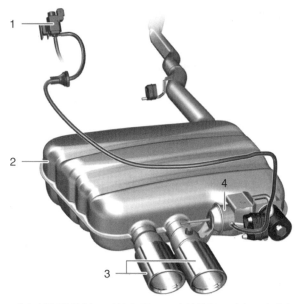

1.废气风门转换阀 2.后消音器 3.亚光镀铬板 4.废气风门执行器

图 5-12

1.F18 PHEV中的隔音板

图 5-13

（三）燃油供应装置

为运行发动机，F18 PHEV 装备一个不锈钢燃油压力燃油箱。这样在纯电动行驶模式下可以确保汽油蒸气留在燃油压力燃油箱中。只有在发动机运行过程中才通过活性炭过滤器吸入新鲜空气以进行扫气，并且汽油蒸气进入燃烧室。由于电机—电子伺控系统安装在左后桥的前面，所以必须根据安装空间调整燃油压力燃油箱。现在，燃油箱的可用容积为 38L。

1. 组件及其安装位置

F18 PHEV 燃油供应装置组件如图 5-14 所示。燃油压力燃油箱通过一个夹紧箍直接固定在车身上。

2. 系统概览

F18 PHEV 燃油供应装置组件如图 5-15 所示。

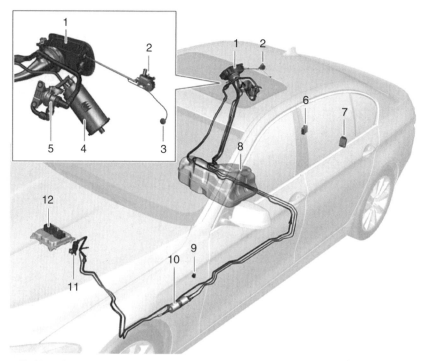

1.带盖帽的加油口盖 2.加油口盖上锁伺服电机 3.加油口盖紧急解锁拉线 4.活性炭过滤器 5.燃油箱隔离阀 6.燃油泵控制单元 7.燃油箱压力电子控制系统TFE 8.燃油压力燃油箱 9.加油口盖解锁按钮 10.燃油滤清器 11.燃油箱排气阀 12.数字式发动机电子伺控系统DME

图 5-14

压力燃油箱内部的部件在技术上没有变化。燃油泵由一个直流电机驱动。电动燃油泵（EKP）控制单元承担调节和控制功能。供油管路中的燃油压力约为6Pa，通过一个限压阀控制在该水平上。F18 PHEV的燃油箱中有一个辅助引流泵。由于防旋流罐中的引流泵（外购件）与燃油箱底板的距离相对较远，因此有必要使用一个辅助引流泵。为了能在所有运行和行驶状态下确保可靠加注防旋流罐，使用了一个抽吸口位置较低的辅助引流泵。

3. 系统电路图

F18 PHEV燃油供应装置系统电路图如图5-16所示。

发生碰撞时，电动燃油泵（EKP）控制单元立即切断燃油泵驱动的供电。此时，EKP通过PT-CAN从碰撞安全模块获得信息。燃油箱隔离阀在通电时打开，不通电时则关闭。F18 PHEV发生碰撞时，燃油箱隔离阀不主动通电（阀门保持关闭），TFE也不生成任何故障记录。这样，只要相关部件（例如压力温度传感器）没有损坏，就不会禁止汽车随后加油以及其他功能（扫气等）。

4. 加油

加油前必须给燃油压力燃油箱排气。要启动加油过程，必须先按下加油按钮。加油按钮位于驾驶员侧的

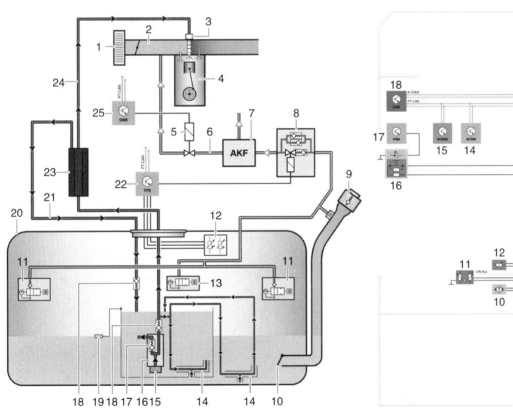

1.空气滤清器滤芯 2.进气系统 3.喷射阀 4.发动机 5.燃油箱排气阀TEV 6.扫气空气管路 7.活性炭过滤器 8.燃油箱隔离阀 9.带过压的燃油箱盖 10.单向阀 11.工作通风阀 12.压力温度传感器 13.加注通风阀 14.引流泵 15.集滤器 16.电动燃油泵EKP 17.限压阀 18.止回阀 19.燃油油位杠杆式传感器 20.燃油压力燃油箱 21.燃油回流管 22.燃油箱压力电子控制系统TFE 23.燃油滤清器 24.燃油供油管 25.数字式发动机电子伺控系统DME

图5-15

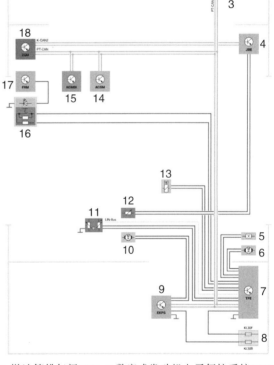

1.燃油箱排气阀TEV 2.数字式发动机电子伺控系统DME 3.环境压力传感器 4.接线盒电子装置JBE 5.加油口盖位置传感器 6.加油口盖上锁伺服电机 7.燃油箱压力电子控制系统TFE 8.行李箱配电盒 9.燃油泵控制单元 10.电动燃油泵EKP 11.压力温度传感器 12.燃油油位杠杆式传感器 13.燃油箱隔离阀 14.碰撞安全模块ACSM 15.组合仪表KOMBI 16.带照明的加油按钮 17.脚部空间模块 18.中央网关模块

图5-16

A 柱饰板区域中，如图 5-17 所示。燃油箱压力电子控制系统分析按钮状态。按钮从脚部空间模块（端子 58g）获得环境照明 / 夜间照明信号。

燃油箱压力电子控制系统 TFE 通过燃油箱中的压力温度传感器监控当前运行状态，然后通过打开燃油箱隔离阀来控制减压。这样，清洁后的燃油蒸气通过活性炭过滤器回到混合气制备系统中，然后在发动机中燃烧。加油口盖上锁伺服电机被激活，然后可以手动打开加油口盖和燃油箱盖。F18 PHEV 的燃油供应装置没有燃油箱泄漏诊断功能。在燃油供应装置上进行维修工作前必须启动加油程序，从而卸除燃油箱中的压

图 5-17

力。在维修期间应让加油口盖和燃油箱盖保持打开状态，避免重新建立压力。在组合仪表中向驾驶员显示加油准备就绪状态。如果加油口盖在约 10min 内未打开，随后会重新自动锁上。加油口盖的位置通过一个霍尔传感器识别。加油过程结束且关闭加油口盖后，通过燃油箱压力电子控制系统重新锁上加油口盖并关闭燃油箱隔离阀。不允许在高电压蓄电池充电的同时给燃油箱加油。在连接了充电电缆的情况下，应确保与易燃材料保持足够的安全距离。否则，在充电电缆插上和拔下不当的情况下存在人员伤害或财产损坏的危险。

（四）自动变速器

1. 引言

F18 PHEV 的自动变速器 GA8P75HZ 基于 2009 年末引入到 F07 中的 GA8HP70Z 变速器，同样由 ZF 公司生产。F18 PHEV GA8P75HZ 变速器的结构与这款变速器十分相似，如图 5-18 所示。

2. 结构和功能

（1）概览

为了满足插电式混合动力汽车的要求，对自动变速器进行了调整，为此更换了部分原有组件或用其他组件代替。此外，从变速器部分中取出了一部分减震系统，将集成有离心摆的双质飞轮与发动机固定连接。通过一个插接式齿轮与变速器连接。由于电机尺寸更大并安装有辅助扭转减震器，GA8P75HZ 变速器外壳比 GA8P70HZ 变速器长 30mm。GA8P75HZ 变速器中的混合动

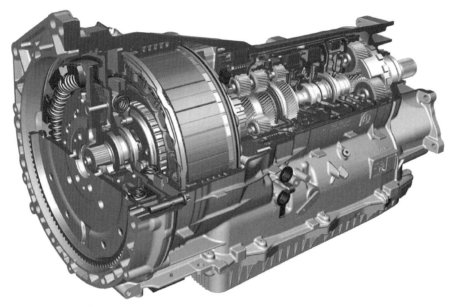

图 5-18

力部分由 5 个组件构成：

· 双质飞轮

· 辅助扭转减震器

· 分离离合器

· 电机

· 相对于 GA8P70HZ 进行过改进的电动辅助机油泵，用于在变速器输入轴静止时供应变速器油压

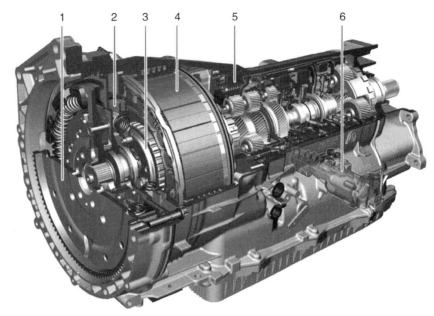

与 GA8P70HZ 变速器一样，在 GA8P75HZ 变速器中也加强了多片式制动器 B。多片式制动器 B 除了起到换挡元件的作用，还必须实现车辆的起步和蠕行，因此有必要进行加强。F18 PHEV GA8P75HZ 变速器如图 5-19 所示。

1.双质飞轮（包括带扭转减震器和离心力摆） 2.辅助扭转减震器 3.分离离合器 4.电机 5.多片式制动器B 6.电动辅助机油泵

图 5-19

下面是 GA8P75HZ 变速器的变速器骨架，说明是如何将新组件集成到自动变速器中的，如图 5-20 所示。

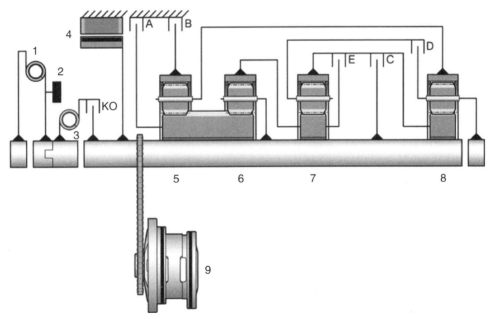

1.扭转减震器 2.离心力摆 3.辅助扭转减震器 4.电机 5.齿轮组1 6.齿轮组2 7.齿轮组3 8.齿轮组4 9.机械式机油泵 A.多片式制动器A B.多片式制动器B C.多片式离合器C D.多片式离合器D E.多片式离合器E KO.分离离合器

图 5-20

（2）双质飞轮

为了降低耗油量和 CO_2 排放量，还采用了高增压发动机，减少了气缸数量并降低了可行驶转速。但是采取这些措施将加剧在做功冲程阶段加速和在压缩冲程阶段制动时所产生的曲轴不均匀运转状态。该不均匀运转状态是造成所串联的驱动系发生扭转震动的原因。为了消除扭转震动，在 F18 PHEV 的自动变速器中使用

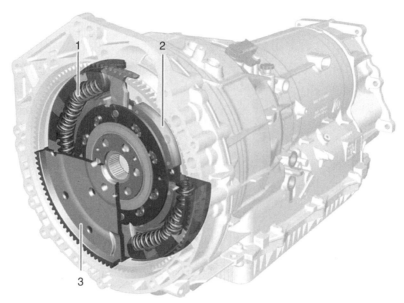

1.扭转减震器 2.离心力摆 3.双质飞轮

图 5-21

一个双质飞轮。双质飞轮在发动机曲轴和电机之间建立机械连接。它由一个扭转减震器和一个离心力摆构成。双质飞轮重约 11kg，损坏时可单独更换。F18 PHEV GA8P75HZ 如图 5-21 所示。

离心力摆集成在双质飞轮中，几乎可以完全消除产生的扭转震动。它包含一个法兰，减震体可在该法兰的规定轨道上运动。无论在法兰上还是在减震体上都加工出弧形曲线轨道，用作运动轨道。减震体分别通过两个辊子与法兰连接，并可以沿着曲线轨道来回运动。F18 PHEV GA8P75HZ 如图 5-22 所示。

离心力摆是若干个摆动体（减震件）。它们逆着发动机扭转震动方向摆动，从而抵消震动。在低转速下，当干扰震动加剧时，减震件的偏角变得特别大，这使得车内噪声水平得到改善。

（3）电机

GA8P75HZ 变速器的又一创新点是电机、辅助扭转减震器和分离离合器固定集成在 F18 PHEV 的变速器

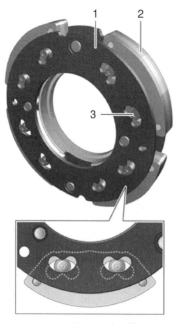
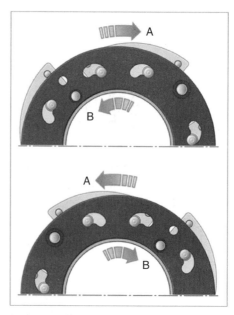

1.法兰 2.减震体 3.辊子 A.摆动的减震体 B.发动机扭转震动

图 5-22

壳体中。这些组件位于双质飞轮后面。电机、扭转减震器和分离离合器连同双质飞轮一起共同占据了液压变矩器的安装空间。F18 PHEV GA8P75HZ，如图 5-23 所示。

（4）换挡元件

制动器和离合器被称为换挡元件，能够实现所有挡位的切换。与 GA8HP70Z 变速器相同，在 GA8P75HZ 变速器中使用以下换挡元件：

·两个固定的多片式制动器（制动器 A 和 B）

·三个围绕的多片式离合器（离合器 C、D 和 E）

多片式离合器（C、D 和 E）将驱动扭矩传导到行星齿轮组中。多片式制动器（A 和 B）将扭矩顶向变速器壳体。离合器和制动器以液压方式接合。为此给一个活塞施加油压，从而让活塞压紧摩擦片组。F18 PHEV GA8P75HZ 如图 5-24 所示。

GA8HP75Z 变速器换挡元件的数目和布置与 GA8HP70Z 变速器相同，因此以相同的方式产生 8 个挡位。如表 5-4 显示哪个换挡元件在哪个挡位中接合。

由于不再使用变矩器，因此更改了自动变速器的多片式制动器 B。在 F18 PHEV 的 GA8P75HZ 变速器中，通过多片式制动器 B 实现车辆的起步和蠕动。为此增加了盘片数量并扩大了盘片直径。为确保充分冷却，变

1.电机

图 5-23

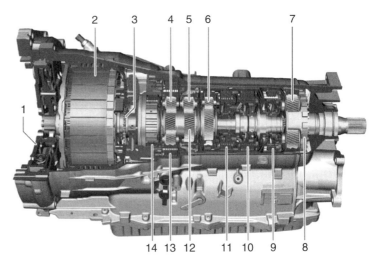

1.双质飞轮 2.电机 3.机械式油泵驱动链条 4.齿轮组1 5.齿轮组2 6.齿轮组3 7.齿轮组4 8.驻车锁止器 9.多片式离合器D 10.多片式离合器C 11.多片式离合器E 12.齿轮组1和2共用中心齿轮 13.多片式制动器B 14.多片式制动器A

图 5-24

表 5-4

挡位	制动器 A	制动器 B	离合器 C	离合器 D	离合器 E
1	●	●	●		
2	●	●			●
3		●	●		●
4		●		●	●
5		●	●	●	
6			●	●	●
7	●		●	●	
8	●			●	●
R	●	●		●	

速器油根据需要流过集成式启动元件（多片式制动器 B）。

（5）机械电子模块

机械电子模块由液压换挡机构和电子控制单元组成。控制单元布置在变速器下部区域，被油底壳包围。液压换挡机构包括变速器控制系统的机械组件，如阀门、减震器和执行器。为了用在 GA8P75HZ 中，对机械电子模块进行了调整，例如现在通过转速传感器的转速信号计算启动离合器（多片式制动器 B）的滑差。在 GA8P75HZ 变速器中，借助电机的转子位置传感器确定变速器输入转速。F18 PHEV GA8P75HZ 如图 5-25 所示。

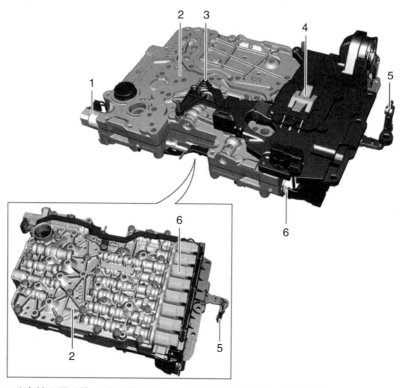

1.驻车锁止器磁铁 2.液压换挡机构 3.行星齿轮架齿轮组1转速传感器 4.电子控制单元 5.输出转速传感器 6.电子压力控制阀和电磁

图 5-25

（6）机油供给

GA8P75HZ 变速器的机油回路在基本功能上与 GA8HP70Z 变速器一致。在此，机油具有以下作用：

· 润滑

· 控制换挡元件

· 冷却

这是一个传统的压力循环系统。除了用在 GA8HP70Z 中的机械式机油泵，F18 PHEV 的自动变速器中还集成了一个电动辅助机油泵。F18 PHEV GA8P75HZ 如图 5-26 所示。

机械式机油泵由变速器输入轴的一根滚动铰接式齿形链驱动。分离离合器断开时通过电机进行驱动，分离离合器接合时通过发

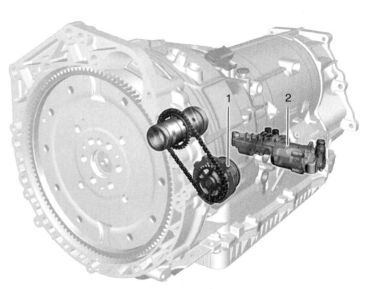

1.机械式机油泵 2.电动辅助机油泵

图 5-26

动机和电机的组合进行驱动。在变速器输入轴转速过低的工作阶段，为了在出现负荷请求时缩短变速器的反应时间，电动辅助机油泵补偿液压系统中的泄漏。与机械式机油泵一样，电动辅助机油泵也是一台叶片泵，它由一个无电刷的直流电机驱动。电子控制装置集成在电动辅助机油泵的壳体中，由电子变速器控制系统 EGS 控制。自变速器油温 –5℃ 起，可驱动电动辅助机油泵。在特殊情况下，例如电机失灵，电动辅助机油泵也可以自 –15℃ 的温度起以紧急运行模式工作，以接合分离离合器。这样驾驶员在电机失灵的情况下仍然能够继续行驶。在 GA8P75HZ 变速器中，它占据 GA8HP70Z 中所用的液压脉冲存储器的安装空间。与液压脉冲存储器一样，电动辅助机油泵在损坏时也可更换。F18 PHEV 电动辅助机油泵安装位置如图 5-27 所示。

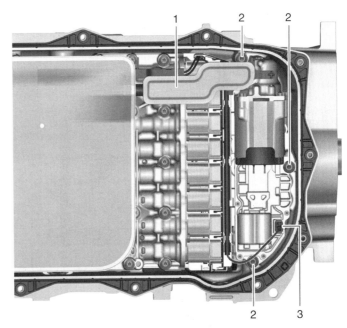

1.吸管 2.电动辅助机油泵螺旋连接点 3.电气接口

图 5-27

（7）机油冷却装置

机油冷却装置如图 5-28 所示。

3. 售后服务提示

除了发动机，车辆还有一个电驱动装置，因此客户和售后服务人员可以使用纯电动驱动功能。在启动时可以通过电子选挡开关进行常规操作，此时可挂入行驶挡 D 或倒车挡 R。松开制动踏板后，车辆以电驱动方式移动。与传统 8 挡自动变速器一样，GA8P75HZ 也能进行电动紧急解锁。在传统车辆中，启动电机旋转，通过变矩器驱动机械式变速器油泵。在建立起变速器油压后，可移出驻车锁止器。而在 GA8P75HZ 中，无须变速器油压即可断开分离离合器。因此，在 GA8P75HZ 中不需要通过电机旋转来产生用于移出驻车锁止器的变速器油压，而是可以通过辅助

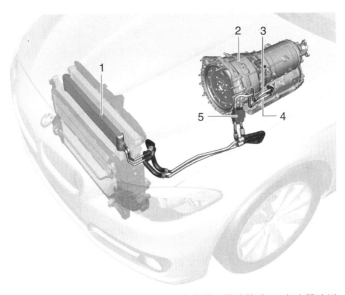

1.变速器油冷却器 2.自动变速器 3.变速器油供给管路 4.变速器油回流管路 5.节温器

图 5-28

电动变速器泵油建立起变速器油压。或者用电机驱动机械式变速器油泵，从而建立起变速器油压。以下操作对自动变速器的电子式和机械式紧急解锁均适用：进行驻车锁止器的紧急解锁前，必须将车辆固定好以防其自行移动。

（1）电子紧急解锁

F18 PHEV 驻车锁止器的电子紧急解锁如图 5-29 所示。

电子紧急解锁较困难或者根本不起作用的情况：

· 车辆停在斜面上（驱动系中有张力）

· 变速器油温极高或极低（黏度改变）

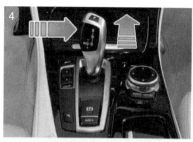

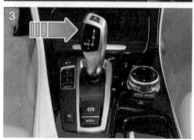

1.踩下制动踏板并在整个过程中一直踩住 2.按下启动/停止按钮并在整个过程中一直按住 3.按下电子选挡开关上的解锁按钮 4.按住解锁按钮，将选挡开关移至N挡并在该位置上保持约5s 5.一旦挂入变速器空挡位置N，组合仪表中就显示一条检查控制信息 6.现在可以松开制动踏板、启动/停止按钮、选挡开关和解锁按钮

图 5-29

三、电机

（一）引言

F18 PHEV 中的电机是一台永久励磁的同步电机。它能将高电压蓄电池的电能转换成动能，由此驱动车辆。车辆既能在电动模式中以不超过 120km/h 的时速行驶，也能对发动机提供支持，例如在超车过程中（加速功能），或者在换挡时主动支持发动机的扭矩。相反，在制动时和滑行模式中电机将动能转化成电能并提供给高电压蓄电池（能量回收）。电机是一个高电压组件。

每个高电压组件的壳体上均安有一个标记（如图 5-30 所示），它直观地提示售后服务人员或每个车辆用户，可能因高电压面临危险。带有相应标志的高电压组件只允许由满足以下所有前提条件的售后服务人员操作：具有相应资格，遵守安全规定，准确按照维修说明操作。

通常禁止在带电的高电压组件上操作。在执行每个涉及高电压组件的工作步骤之前，必须切断高电压系统的电压并保险锁死，以防未经授权重新使用：

· 切断端子 15

· 充电插头未连接在车辆上

· 等待车辆进入"休眠模式"（启动 / 停止按钮上的字符不再亮起即可确定）

图 5-30

· 断开高电压安全插头

· 防止高电压安全插头被重新接通

· 接通端子 15

· 等待组合仪表中显示检查控制信息"高电压系统已断开"

· 断开端子 15 和端子 R

出于高电压安全性的考虑，不得打开电机或以其他方式拆解。

（二）名称和标记

1. 电机名称

在技术文档中，为准确识别电机，使用电机名称。但是电机标记对于售后服务十分重要。

2. 电机标记

为了准确地识别和匹配，电机带有一个标记。该标记还用于官方许可。电机标记与发动机标记相匹配。

通过电机标记可在电机上找到电机序列号。该序列号与标记搭配使用，能准确识别各款电机，如表5-5所示。

表5-5

位置	含义	索引	说明
1	电机开发者	G I J	变速器中／变速器上的电机 BMW电机 外购电机
2	电机类型（套装钢板外径）	A B C D E	＜200mm ＞200mm＜250mm ＞250mm＜300mm ＞300mm 小直径的外部转子
3	基础电机设计更改	0或1 2～9	基础电机 更改，例如板材切割变化（偶数号预留给摩托车，奇数号预留给乘用车）
4	电机类型（电机工作方法）	N U O P R S T	异步电机 直流电机 轴流电机 永久励磁同步电机 可开关磁阻电机 电励同步电机 横流电机
5+6	扭矩	0～…	例如25=250N·m
7	型号认证相关（需要重新进行型号认证的更改）	A B～Z	标准 根据需要，例如长度和绕组的调整

电机标识的形式如GC1P25A。

（三）技术数据

技术数据如表5-6所示。

表5-6

供货商	ZF Friedrichshafen AG
最大扭矩（＜1s）	250N·m，在0~2700r/min
扭矩（持续）	98N·m，在0~3100r/min
最大功率（＜10s）	70kW，自2700r/min起
功率（持续）	32kW，自3100r/min起
效率	最高96%
最大电流	450A
工作转速范围	0~7200r/min
重量（不含扭转减震器）	约26kg

（四）安装位置

F18 PHEV电机的安装位置和辅助组件如图5-31所示。

混合动力组件作为单独的组件集成在变速器钟形罩中，占据了液压变矩器在变速器壳体中的安装空间。

（五）结构

电机主要组件有：

· 转子和定子

· 接口

· 转子位置传感器

· 冷却装置

F18 PHEV 中的混合动力系统是所谓的并联式混合动力系统。发动机和电机均与驱动轮机械连接。车辆驱动时，两个驱动系统既能单独使用也能同时使用。混合动力组件作为单独的组件集成在变速器钟形罩中，占据了液压变矩器在变速器壳体中的安装空间。

1. 转子和定子

F18 PHEV 电机的转子和定子如图 5-32 所示。

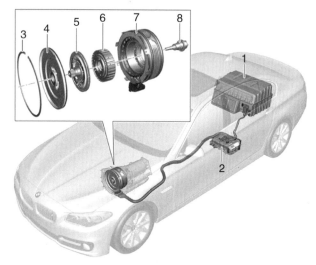

1.高电压蓄电池单元 2.电机—电子伺控系统 3.防松环 4.电机盖板 5.辅助扭转减震器 6.分离离合器 7.电机 8.空心轴

图 5-31

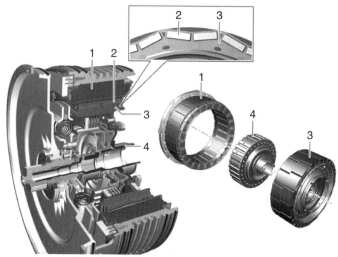

1.定子 2.永久磁铁 3.转子 4.带分离离合器外壳的空心轴

图 5-32

F18 PHEV 中的电机（牵引电机）结构采用内部转子的形式。内部转子表示带永久磁铁的转子呈环形排布在内部。产生旋转场的绕组位于外部并构成定子。F18 PHEV 的电机有 8 对极偶。定子固定在转子空心轴上的一个法兰上方，空心轴与变速器输入轴相嵌连接。

2. 接口

F18 PHEV 电机接口如图 5-33 所示。

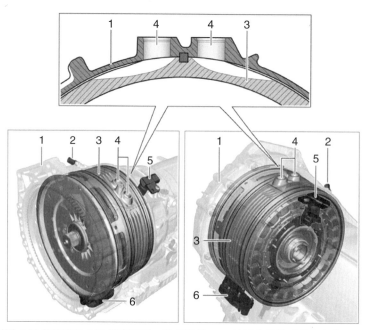

1.变速器钟形罩 2.温度传感器 3.冷却液通道 4.冷却液接口 5.转子位置传感器电气接口 6.高电压接口

图 5-33

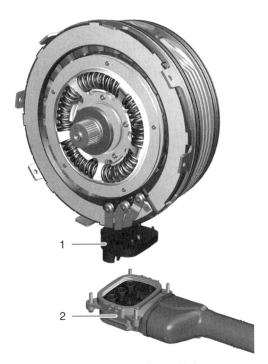

1.高电压接口 2.高电压插头

图 5-34

自动变速器壳体上有 4 个电机接口，分别用于：

· 温度传感器

· 两根冷却液管

· 转子位置传感器

· 高电压导线

（1）高电压接口

F18 PHEV 电机的高电压接口如图 5-34 所示。

通过高电压接口给电机的绕组输送电能。高电压接口通过一根屏蔽式三相高电压导线将电机—电子伺控系统与电机连接。高电压插头旋接在电机—电子伺控系统和电机上。不允许修理高电压导线。如果导线损坏，必须更换！

3. 传感器

F18 PHEV 电机传感器如图 5-35 所示。

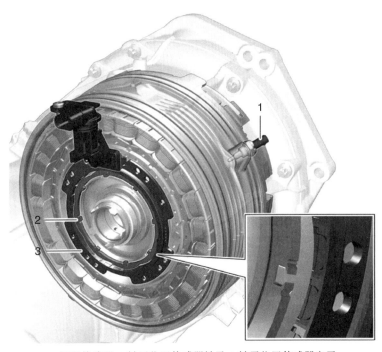

1.温度传感器 2.转子位置传感器转子 3.转子位置传感器定子

图 5-35

为了电机—电子伺控系统能正确计算定子绕组电压的振幅和相位并正确生成电压，必须知道转子的确切位置。转子位置传感器承担这个任务。它的结构与同步电机类似，并且带有一个特殊外形的转子以及一个定子，转子连接电机的转子，定子连接电机的定子。电机—电子伺控系统评估通过转子旋入定子绕组而生成的相电压并计算出转子位置角度。更换自动变速器或电机—电子伺控系统后，需要借助诊断系统校准转子位置传感器。电机的组件在工作时不允许超过特定温度。用一个温度模型和一个温度传感器监控电机温度。该

传感器被设计为带负温度系数（NTC）的可变电阻器，测量自动变速器壳体上的冷却液出口温度。NTC 越高，电阻值就越小。电机—电子伺控系统分析温度传感器的信号，将这些信号与计算出的温度模型进行比较，如果电机温度接近允许的最高值，就降低电机功率。不再在一个定子绕组上安装单独的温度传感器。在宝马售后服务修理厂中不允许更换转子位置传感器。

4. 分离离合器

F18 PHEV 是一辆全混合动力汽车。与第 2.0 代混合动力汽车（F10H、F30H、F01H/F02H）不同，F18 PHEV 在电动行驶中能达到高得多的车速。与 GA8P70HZ 变速器一样，发动机也通过一个分离离合器与电机和传动系的其余部分断开。在 F18 PHEV 中，这个分离离合器布置在辅助扭转减震器和电机之间。分离离合器固定集成到电机壳体中。它被设计为开放结构的湿式多片离合器，因此优化了摩擦损耗。为了在特定运行

状态下将发动机与电机和传动系的其他部分断开，使用分离离合器。例如，在纯电动行驶时以及在"空挡滑行"行驶状态中就会进行这种脱离。分离离合器具有很高的调节精度，这样就不会感觉到发动机的连接和断开。一旦分离离合器接合，电机、变速器输入轴和发动机就以相同的转速旋转。通过变速器油进行分离离合器的冷却。与自动变速器的所有离合器和多片式制动器一样，分离离合器也由机械电子模块操纵。分离离合器在失压状态下断

1.辅助扭转减震器 2.分离离合器

图 5-36

1.辅助扭转减震器 2.分离离合器

图 5-37

开。因此，要接合离合器就需要变速器油压。通常通过机械式机油泵提供该压力。在特殊情况下，例如电机失灵时，也可通过电动辅助油泵接合分离离合器。不过，这种情况会有损舒适性。由于分离离合器断开后通过电机驱动机械式机油泵，因此当电机失灵以及变速器油温低于 –15℃ 时分离离合器无法接合，也就不能执行起步过程，如图 5-36、图 5-37 所示。

与传统变速器中的变矩器一样，F18 PHEV 中的分离离合器能够通过滑差微调功能防止发动机的不均匀运转状态传递到传动系的其他部分。这样就能在极低的发动机转速下明显改善车内的噪声水平。

5. 辅助扭转减震器

在特定转速和运行状态下，4 缸汽油发动机的不均匀运转和由此产生的扭转震动可能引起强烈的嗡嗡声或咔嗒声。为了消除这种扭转震动，除了双质飞轮，在 F18 PHEV 的电机前还使用一个扭转减震器。扭转减震器在发动机的双质飞轮和分离离合器之间建立机械连接。

（六）冷却

为了在任何情况下都能确保电机的温度可靠性，在 F18 PHEV 中使用冷却液冷却电机。为了达到此目的，电机连接在发动机的冷却液循环中，F18 PHEV 发动机和电机的冷却液循环如图 5-38 所示。

为了冷却定子绕组，在定子支架和自动变速器壳体之间有一个冷却通

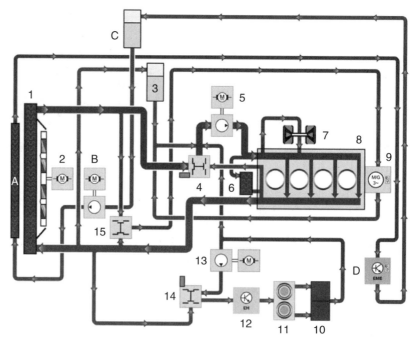

A.冷却液—空气热交换器（电机—电子伺控系统的冷却液循环） B.电动冷却液泵（电机—电子伺控系统的冷却液循环，80W） C.冷却液热膨胀平衡罐（电机—电子伺控系统的冷却液循环） D.电机—电子伺控系统EME 1.冷却液空气热交换器（发动机和电机的冷却液循环） 2.电动风扇 3.冷却液热膨胀平衡罐（发动机和电机的冷却液循环） 4.特性曲线节温器 5.电动冷却液泵（发动机和电机的冷却液循环，400W） 6.发动机油冷却器 7.废气轮增压器 8.发动机 9.电机 10.暖风热交换器 11.双水阀 12.电加热装置 13.加热循环回的电动冷却液泵 14.电动转换阀 15.电机节温器

图 5-38

道，冷却液通过该通道从发动机冷却回路中流出。冷却通道分别通过两个密封环向前和向后密封。变速器油进行转子的冷却，油雾状的变速器油吸收热量并在变速器油冷却器上将热量排到大气中。F18 PHEV电机的冷却装置如图5-39所示。

电机自带一个节温器，将冷却液进流温度调到约80℃的最佳范围。由于电机工作温度低于发动机工作温度，因此这种调节是必要的。节温器通过一个石蜡恒温元件进行调节，该石蜡恒温元件根据冷却液温度膨胀。此时不存在电动控制，F18 PHEV电机节温器运行状态如图5-40所示。

冷却液温度较低时，节温器是关闭的，例如在暖机阶段就是这种情况。此时，节温器堵住冷却液—空气热交换器的冷却液，将发动机的冷却液输送到电机。通过这种方式可迅速达到最佳工作温度。由于发动机冷却液温度高，节温器因此部分打开。这导致来自发动机的高温冷却液与来自冷却液—空气热交换器的低温冷却液相互混合。在连接电机的冷却液供给管路中以这种混合模式自行调节冷却液温度，基本等于约80℃的最佳温度范围。如果冷却液—空气热交换器的冷却液温度额外上升，节温器就完全打开。例如，当发动机节温器打开冷却液大循环时，就会出现这种情况。由于额外升温，节温器

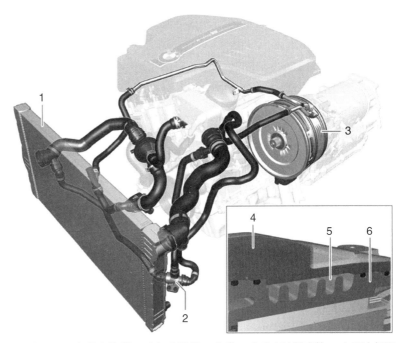

1.冷却液—空气热交换器 2.电机节温器 3.电机 4.自动变速器壳体 5.电机冷却液管路 6.定子支架

图5-39

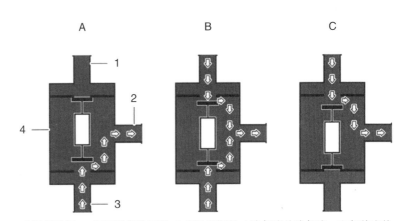

A.节温器关闭 B.节温器部分打开 C.节温器打开 1.冷却液从冷却液—空气热交换器过来 2.冷却液流至电机 3.冷却液从发动机过来 4.节温器

图5-40

关闭来自发动机的冷却液管路。现在，来自冷却液—空气热交换器的所有冷却液都流入电机中。

（七）售后服务提示

在售后服务中不允许打开电机前的盖板。在电机、辅助扭转减震器、分离离合器以及转子位置传感器本身上不允许进行任何操作。只要这些组件有一个损坏，就要更换整个自动变速器。拆卸自动变速器前应使用电气安全规定。更换自动变速器或电机—电子伺控系统后，需要借助诊断系统校准转子位置传感器。双质飞轮可单独更换。此时务必按照最新维修说明操作。

四、电机—电子伺控系统

（一）引言

电机—电子伺控系统EME用作电机的电子控制装置。它还负责将高电压蓄电池中的直流电压（最高约

393V 直流电）转换成三相交流电压（最高约 360V 交流电），从而控制用作发动机的电机。相反，当电机作为发电机工作时，电机—电子伺控系统将电机的三相交流电压转换为直流电压，以此给高电压蓄电池充电。例如在制动能量回收（能量回收）时就进行这种转换。对于这两种运行模式，需要一个双向 DC/AC 转换器用作逆变器和整流器。凭借同样集成在电机—电子伺控系统中的 DC/DC 转换器确保 12V 车载网络的电源供应。F18 PHEV 的整个电机—电子伺控系统位于铝合金壳体中。在这个壳体中安装有控制单元、双向 DC/AC 转换器以及用于 12V 车载网络供电的 DC/DC 转换器。不过，EME 控制单元还承担其他任务。例如在 EME 中还集成了高电压电源管理系统，用于管理高电压蓄电池中的可用高电压。此外，EME 还带有负责控制 12V 执行器的各种末级。电机—电子伺控系统是一个高电压组件。每个高电压组件的壳体上均安有一个标志，它直观地提示售后服务人员或每个车辆用户，可能因高电压面临危险。带有相应标志的高电压组件只允许由满足以下所有前提条件的售后服务人员操作：具有相应资格，遵守安全规定，准确按照维修说明操作。出于高电压安全性和保修的考虑，不得打开电机—电子伺控系统或以其他方式拆解。如果电机—电子伺控系统损坏，务必整个更换。更换电机—电子伺控系统后，必须借助宝马诊断系统将其投入使用。应严格遵守维修说明。

（二）技术数据

技术数据如表 5-7 所示。

表 5-7

电机—电子伺控系统	
供货商	Robert Bosch GmbH
重量	约 19kg
长度	493mm
高度	398mm
宽度	208mm
工作温度范围	−40~+85℃
功率控制装置	
工作电压范围	250~430V DC
输出电流	200A（持续）；450A（0.3s）
DC/DC 转换器	
额定输出电压	14V DC
输出电流	180A（持续）；200A（0.3s）
输出功率	2.4kW（持续）；2.8kW（峰值100ms）

（三）安装位置

F18 PHEV 电机—电子伺服系统的安装位置如图 5-41 所示。

电机—电子伺控系统安装在后桥前的左侧底板上。为了接触到电机—电子伺控系统的所有接口，必须将其整个拆下。

（四）接口

电机—电子伺控系统上的接口可分为 4 类：

· 低压接口

· 高电压接口

· 电位平衡导线接口

· 冷却液管路接口

F18 PHEV 电机—电子伺控系统的接口及导线如图 5-42 所示。

1. 低压接口

在电机—电子伺控系统上的外部低压插头上汇总了以下导线和信号：

· EME 控制单元的供电（前部配电盒端子 30B 和接地）

· FlexRay 总线系统

· PT-CAN 总线系统

· PT-CAN2 总线系统

· 唤醒导线

· 用于碰撞信息的 ACSM 信号线

· 控制车内组合式膨胀阀和单向阀

· 高电压触点监测装置电路输入端和输出端（EME 控制单元分析信号，在电路断路时触发高电压系统的断开）

· 控制电动真空泵

· EME 的电动冷却液泵：按脉冲宽度调制的信号

· 分析电机上的转子位置传感器

图 5-41

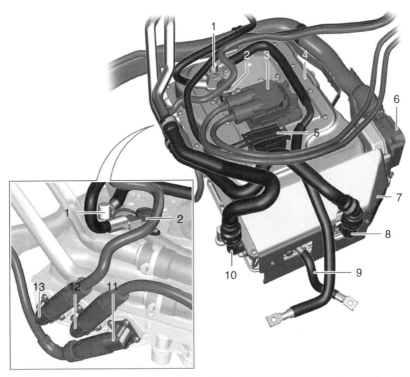

1.DC/DC转换器-12V输出端 2.DC/DC转换器+12V输出端 3.至高电压蓄电池的高电压导线（DC） 4.电机—电子伺控系统壳体 5.低压插头 6.至电机的高电压导线（AC） 7.防冲击装置 8.冷却液回流管路接口 9.电位平衡导线接口 10.冷却液供给管路接口 11.至电动制冷压缩机的高电压接口 12.至电加热装置的高电压接口 13.充电接口的交流充电高电压接口

图 5-42

- 分析电机上的温度传感器
- 辅助蓄电池的智能型蓄电池传感器 IBS2：LIN 总线
- 至充电接口模块 LIM 的信号线

这些导线和信号的电流强度相对较低。电机—电子伺控系统通过两个单独的低压接口和大横截面导线与12V 车载网络（端子 30 和 31）相连。通过该连接，电机—电子伺控系统中的 DC/DC 转换器向整个 12V 车载网络供电。通过螺栓连接实现这两根导线与电机—电子伺控系统的接触。下面是一张简化的电路图，再次汇总了电机—电子伺控系统的低压接口，如图 5-43 所示。

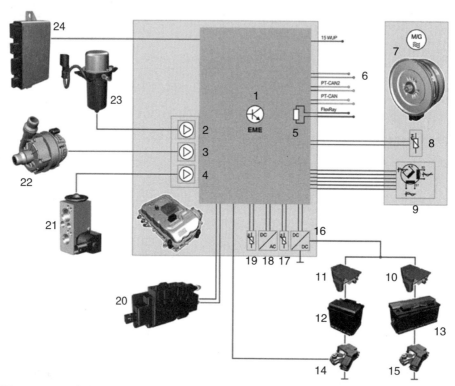

1.电机—电子伺控系统EME 2.用于控制电动真空泵的末级 3.用于控制电动冷却液泵的末级（EME的冷却液续航） 4.用于控制可闭锁的膨胀的末级 5.FlexRay终端电阻 6.高电压触点监测装置信号线 7.电机（整体） 8.温度传感器（NTC电阻器）测量电机出端上的冷却液温度 9.转子位置传感器 10.安全蓄电池接线柱SBK 11.辅助蓄电池的安全蓄电池接线柱SBK2 12.12V辅助蓄电池 13.12V蓄电池 14.智能型蓄电池传感器2 IBS2 15.智能型蓄电池传感器IBS 16.单向DC/DC转换器 17.DC/DC转换器上的温度传感器（NTC电阻器） 18.双向DC/AC转换器 19.转换器上的温度传感器（NTC电阻器） 20.碰撞安全模块 21.车内组合式膨胀阀和单向阀 22.电动冷却液泵（80W） 23.电动真空泵 24.充电接口模块LIM

图 5-43

2. 高电压接口

在电机—电子伺控系统上共有 5 个高电压接口，用于连接其他高电压组件导线如表 5-8 所示。

表 5-8

电机	旋接式高电压插头	触点上方盖板
高电压蓄电池	带机械锁的扁平高电压插头	·触头片上方的盖板 ·高电压触点监测装置
电动制冷压缩机	圆形高电压插头	触点上方的盖板（接触保护）
电加热装置	圆形高电压插头	触点上方的盖板（接触保护）
充电接口（交流充电）	圆形高电压插头	触点上方的盖板（接触保护）

下面是一张简化的电路图，显示了电机—电子伺控系统和其他高电压组件之间的高电压连接，如图5-44所示。

3. 高电压导线

高电压导线将高电压组件相互连接并用橙色电缆保护套标志。混合动力汽车制造商达成共识，统一用橙色警告色对高电压导线进行标记。此处是F18 PHEV所用高电压导线的概览，F18 PHEV高电压组件和高电压导线如图5-45所示。

不允许修理高电压导线。如果高电压导线损坏，必须更换！

通常禁止在带电的高电压组件上操作。在执行每个涉及高电压组件的工作步骤之前，必须切断高电压系统的电压并保险锁死，以防未经授权重新使用：

·切断端子15

·充电插头未连接在车辆上

·等待车辆进入休眠模式（启动/停止按钮上的字符不再亮起即可确定）

·断开高电压安全插头

·防止高电压安全插头被重新接通

·接通端子15

·等待组合仪表中显示检查控制信息高电压系统已断开

·断开端子15和端子R

（1）松开扁平高电压插头

①高电压触点监测装置电桥。

在能松开高电压插头之前，必须先松开高电压触点监测装置的电桥。电桥在插入状态下接合高电压触点监测装置的电路。控制单元SME和EME持续监控高电压触点监测装置的电路。只有当

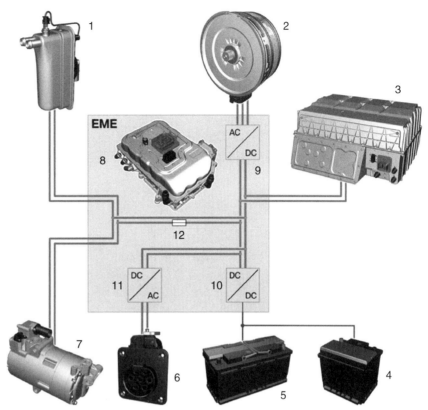

1.电加热装置 2.电机 3.高电压蓄电池 4.辅助电池（12V） 5.车辆电池（12V） 6.高电压充电接口 7.电动制冷压缩机 8.电机—电子伺控系统（整体） 9.双向DC/AC转换器 10.单向DC/DC转换器 11.单向AC/DC转换器 12.过电流保护装置[在电动制冷压缩机和电加热装置的供电导线中（80A）]

图5-44

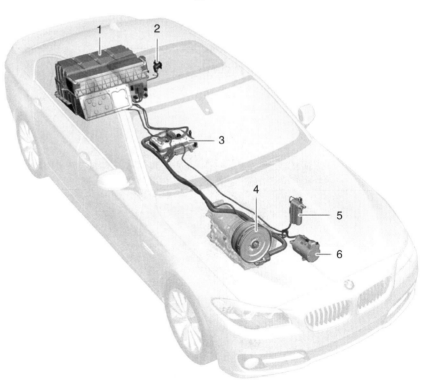

1.高电压蓄电池单元 2.高电压充电接口 3.电机—电子伺控系统EME 4.电机 5.电加热装置 6.电动制冷压缩机EKK

图5-45

电路闭合时，高电压系统才激活。如果高电压触点监测装置的电路因电桥松开而断路，自动高电压系统自动关闭。这是一项附加安全措施，因为售后服务人员在工作前就已切断高电压系统电压。如果在高电压系统激活状态下拔下高电压触点监测装置的电桥，将导致安全接触器硬性断开。结果可能造成磨损提高，甚至损坏触点，如图5-46所示。

②松开机械锁。

只有在高电压触点监测装置电桥松开后，才能沿箭头方向推动机械锁。机械锁是高电压组件（例如电机—电子伺控系统）高电压插头的组成部分。沿箭头方向推动锁止件，就释放了高电压导线上的高电压插头机械导向件，接下来才允许拔下高电压导线，如图5-47所示。

③拔下高电压导线插头。

现在可沿箭头方向拔下高电压导线插头。将插头拔出几毫米后（如图5-48中A），能感到反作用力增大。然后必须沿着相同方向继续拔出插头（如图5-48中B）。在插头达到位置（如图5-48中A）

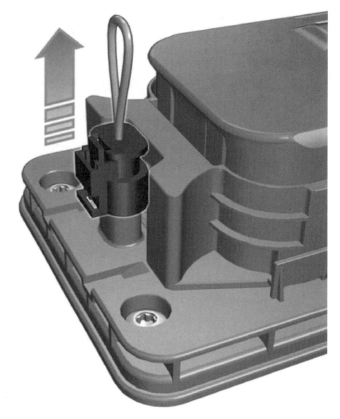

图5-46

后，绝对不允许重新将其按压在高电压组件上的插头上。这样可能会损坏高电压组件插孔上的接触保护。高电压导线的高电压插头必须分两步沿着相同方向垂直拔出。在拔出过程中不允许反转运动方向。

在高电压系统激活的情况下，不允许拉拔高电压触点监测装置的电桥。

重新安装高电压导线时应以倒序操作。

围绕着高电压导线的两个触点，还各有一个用于屏蔽的触点。此外，高电压接口提供带电部件防接触保护。原有触点外面包裹塑料，这样就能避免直接接触。只有在连接高电压导线时，才需要将包覆推开，然后进行

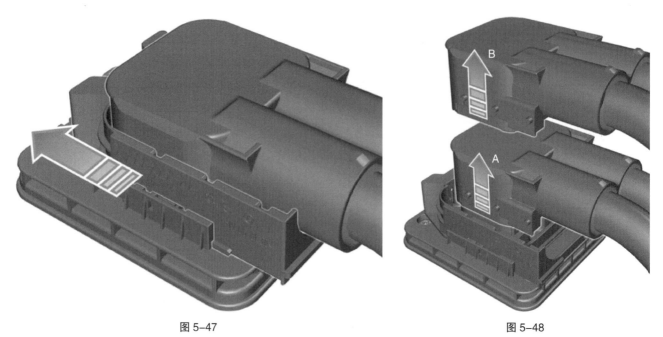

图5-47   图5-48

连接。F18 PHEV 高电压组件上的扁形高电压插头示例如图 5-49 所示。

（2）松开圆形高电压插头

以电机—电子伺控系统上连接电加热装置高电压导线的高电压接口为例，显示如何松开圆形高电压插头的工作步骤。

①圆形高电压插头（如图 5-50 中 1）插在相应高电压组件的高电压接口（如图 5-50 中 2）上并被上锁。

②必须沿箭头方向（如图 5-51 中 1）将两个锁止件（如图 5-51 中 2）压紧，这样就能从高电压组件接口上松开插头的机械锁。

③继续压紧锁止件，同时沿箭头方向（如图 5-52 中 1）拔下插头。

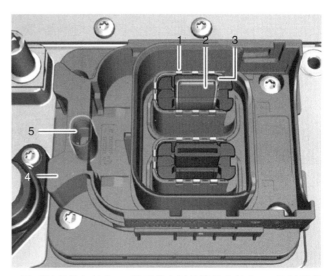

1.用于屏蔽的电触点 2.用于高电压导线的电触点 3.接触保护
4.机械锁 5.插孔及高电压触点监测装置电路中的电桥接口
图 5-49

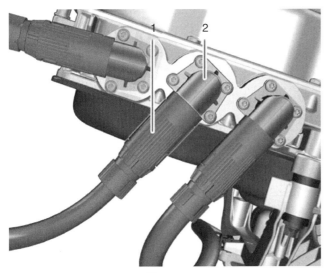

图 5-50

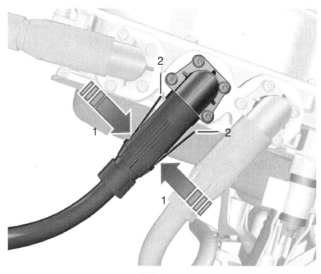

图 5-51

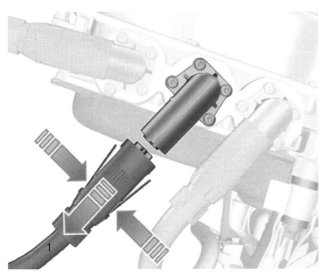

图 5-52

重新连接高电压导线时，无须压紧锁止件，而是将插头纵向推到组件高电压接口上即可。此时应注意锁止件是否卡止（咔嚓声）。然后拉一拉插头，再次检查锁止件是否卡止。F18 PHEV 圆形高电压插头结构示例如图 5-53 所示。

高电压插头中的电桥保障电气安全。在高电压导线与高电压组件相连之后，高电压触点监测装置的信号流经该电桥。在高电压导线与电动制冷压缩机和电加热装置连接后，EKK 或 EH 控制单元的供电流经电桥。如果这些电路中有一个断路，就会导致相关高电压导线中的电流自动跌落到零。由于电桥两个触点在高电压触点之前，因此该措施可避免在松开高电压

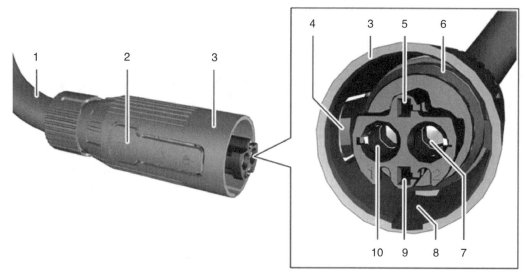

1.高电压导线 2.锁止件操纵点 3.插头外壳 4.锁止件 5.用于插头中的电桥的接口1 6.用于屏蔽的接口 7.线脚2高电压接口 8.机械设码 9.用于插头中的电桥的接口2 10.线脚1高电压接口

图 5-53

插头时产生电弧。

4.电位平衡导线接口

绝缘监控装置确定激活的高电压部件（例如高电压导线）与地线之间的绝缘电阻是高于还是低于要求的最小值。如果绝缘电阻低于该最小值，就存在车辆零件带不安全电压的危险。如果有人接触另一个激活的高电压部件，会存在触电危险。因此 F18 PHEV 高电压系统有一个全自动工作的绝缘监控功能。在高电压系统激活期间，由电池电子管理系统以固定时间间隔执行该功能。此时，汽车地线用作参考电位。如果没有辅助措施，通过这种方式只能确定高电压蓄电池单元局部出现的绝缘故障。但是，确定铺设在车辆中的至接地的高电压导线是否有绝缘故障也很重要。出于这个原因，高电压组件的所有导电外壳都与地线导电连接。这样就能通过一个中央位置的绝缘监控来确定整个高电压车载网络中的绝缘故障。如果电位平衡导线未按规定连接在高电压组件上，则不允许运行高电压系统。如果在维修中更换高电压组件或车身部件，组装时应注意下列事项：必须按规定恢复壳体和车身之间的连接。严格遵守维修说明（拧紧力矩、自攻螺栓）。

5.冷却液管接口

电机—电子伺控系统由一个独立的冷却液循环进行冷却。

6.通气口

壳体下面有 3 个通气口，这样就不会因温度变化和因此可能出现的湿气冷凝而造成水分积聚在电机—电子伺控系统内部。此外，通气口还能平衡壳体内部和环境之间的压力。为了完成这两项任务，通气口有一层气体可透过而液体却无法透过的薄膜，F18 PHEV 电机—电子伺控系统的通风口如图 5-54 所示。

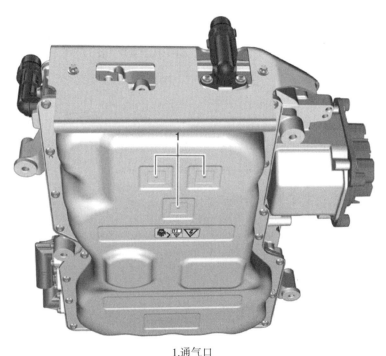

1.通气口

图 5-54

（五）任务

电机—电子伺控系统内部有 4 个部件：

- 双向 DC/AC 转换器
- 单向 AC/DC 转换器
- DC/DC 转换器
- EME 控制单元

中间电路电容器也是功率控制电路的组成部分，用于平整电压并过滤高频部分。

电机—电子伺控系统借助上述部件执行以下功能：

- 出现故障和行驶状态不稳定时限制驱动系的扭矩
- 通过 EME 控制单元控制内部部件
- 通过 DC/DC 转换器为 12V 车载网络供电
- 借助 DC/AC 转换器调节电机（转速、扭矩）
- 高电压电源管理
- 电机触点控制
- 高电压蓄电池触点控制
- 在静止模式中给高电压蓄电池充电
- 在行驶模式中高电压蓄电池充电（通过能量回收）
- 电动制冷压缩机触点控制
- 电加热装置触点控制
- 与其他控制单元通信，特别是 DME、SME 和 DSC
- 冷却电机—电子伺控系统
- 为冷却 EME 而控制电动冷却液泵
- 控制电动真空泵
- 控制车内组合式膨胀阀和单向阀
- 分析备用智能型蓄电池传感器
- 主动分析用于高电压触点监控（高电压连锁）的信号
- 将中间电路电容器主动和被动放电到 60V 以下的电压
- 自检和诊断

（六）DC/DC 转换器

F18 PHEV 电机—电子伺控系统中的 DC/DC 转换器在技术上能采取以下运行模式：

- 待机（即使在发生组件故障或短路、功率控制装置关闭时）
- 向下转换（Buck 模式；电流流向低压侧，转换器调节低压侧电压）
- 高电压中间电路放电（连锁故障、事故、主控单元请求）

电机—电子伺控系统不运行时，DC/DC 转换器处于待机状态。当 EME 控制单元因端子状态而没有供电时，就是这种情况。但是，如果存在故障，EME 控制单元也会促使 DC/DC 转换器采取待机运行模式。在这种运行模式中，两个车载网络之间绝对没有任何电能传递，两者的电流相互隔离。向下转换运行模式另称为 Buck 模式，这是高电压系统激活时的标准运行模式。DC/DC 转换器将电能从高电压车载网络传递到 12V 车载网络中，并且承担传统车辆中的发电机功能。为此，DC/DC 转换器必须将高电压车载网络的交流电压降为低压车载网络的电压。此时，高电压车载网络中的电压取决于高电压蓄电池的电量（269 ~ 393V）等因素。

DC/DC 转换器控制低压车载网络中的电压，使得 12V 蓄电池可以最佳充电，并且根据蓄电池的电量和温度将电压调整到约 14V。DC/DC 转换器的连续输出功率为 2400W。F18 PHEV DC/DC 转换器的功能方式如图 5-55 所示。

F18 PHEV 中的 DC/DC 转换器技术也能实现向上转换运行模式（Boost 模式），就像 F04 中的 DC/DC 转换器。但是，在 F18 PHEV 中并不使用这种运行模式。因为这样就无法借助 12V 车载网络中的电能给 F18 PHEV 的高电压蓄电池充电。高电压系统（正常或快速）关闭时，DC/DC 转换器采取上一次的运行模式。高电压系统关闭时，必须在 5s 内放电到 60V 以下的安全电压。出于这个目的，DC/DC 转换器包含一个中间电路电容器的放电电路。放电电路首先尝试将存储在中间电路电容器中的电能传递到低压车载网络中。如果这样并未导致电压下降足够快速，就通过一个主动连接的电阻放电。通过这种方式，在短短 5s 内就可以给高电压车载网络放电。出于安全考虑，此外还有一个永久并联的放电电阻，即被动放电电阻。如果前两项放电措施因故障而不起作用，该电阻本身仍能使高电压车载网络可靠放电。但电压降到 60V 以下的放电时间会比较长，最长可达 120s。F18 PHEV 高电压中间电路的放电如图 5-56 所示。

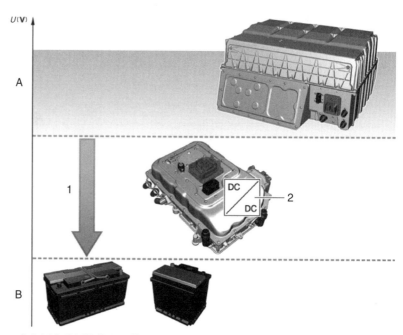

A.高电压车载网络的电压等级，269 ~ 393V　B.低压车载网络的电压等级，约14V
1.向下转换　2.电机—电子伺控系统中的DC/DC转换器

图 5-55

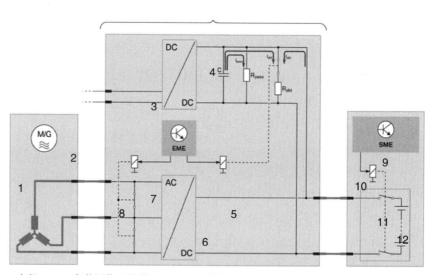

1.电机　2.12V车载网络上的接口　3.DC/DC转换器　4.电机—电子伺控系统（整体）　5.继电器（用于电容器主动放电）　6.双向DC/AC转换器　7.EME控制单元　8.继电器（用于短接电机绕组）　9.高电压蓄电池单元　10.SME控制单元　11.电动机械式接触器　12.高电压蓄电池　C.中间电路电容器　R_{pass}.被动放电电阻　R_{akt}.主动放电电阻

图 5-56

借助一个温度传感器测量 DC/DC 转换器的温度，并且由 EME 控制单元监控该温度。尽管使用冷却液冷却，但如果温度仍超出允许范围，EME 控制单元为保护组件就会降低 DC/DC 转换器的功率。

（七）用于控制电机的功率控制装置

用于控制电机的功率控制装置主要由双向 DC/AC 转换器构成。这是带一个 2 芯直流电压接口和一个三相交流电压接口的脉冲倒相器。该 DC/AC 转换器可作为逆变器工作，此时如果要将电机作为发动机工作，就将电能从高电压蓄电池传递到电机。DC/AC 转换器也能作为整流器工作，将电能从电机传递到高电压蓄电池。这种运行模式出现在制动能量回收中，此时电机作为发电机工作并产生电能。F18 PHEV 双向 DC/AC 转换器的运行模式如图 5-57 所示。

DC/AC 转换器的运行模式由 EME 控制单元决定。为此，EME 控制单元从 DEM 控制单元接收电机要提供的扭矩（数值和正负号）的标准值，是一个主要输入端参数。EME 控制单元根据这个标准值和电机的当前运行状态（转速和扭矩）确定 DC/AC 转换器的运行模式以及电机相电压的振幅和频率。根据这些规定值按节拍控制 DC/AC 转换器的功率半导体。除了 DC/AC 转换器，功率控制装置还包括 DC/AC 转换器交流电压侧所有 3 个相位中的电流传感器。EME 控制单元借助电流传感器的信号监控功率控制装置和电机中转换的电功率以及由电机产生的扭矩。通过电流传感器和电机转子位置传感器的

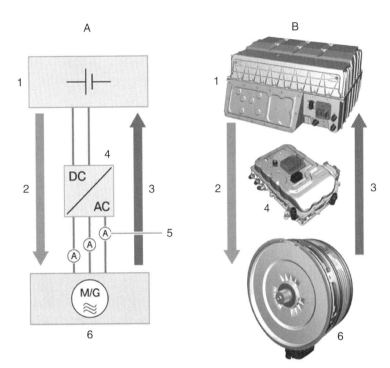

A.示意图　B.组件图示　1.高电压蓄电池　2.作为逆变器的运行模式，电机用作发动机　3.作为整流器的运行模式，电机用作发电机　4.DC/AC 转换器　5.电流传感器　6.电机

图 5-57

信号，电机—电子伺控系统调节回路闭合。在设计开发中将电机—电子伺控系统和电机的性能数据进行了相互匹配。这样，电机—电子伺控系统能持续提供 40kW 的电功率以及 70kW 的瞬时最大功率。为了避免功率控制装置过载，DC/AC 转换器上还另有一个温度传感器。如果根据该传感器信号识别到功率半导体温度过高，EME 控制单元就减小提供给电机的功率，以保护功率控制装置。

（八）高电压电源管理

高电压车载网络的电源管理包含两个子功能：一个用于行驶模式；另一个用于充电模式。

在行驶模式中协调从高电压蓄电池至高电压用电器的电流，而在能量回收期间则协调至高电压蓄电池的电流。为此，EME 控制单元执行以下查询步骤并一直重复：

· 查询高电压蓄电池的可用功率（信号提供：SME）

· 查询高电压蓄电池可接收的功率（信号提供：SME）

· 查询电驱动装置请求的驱动或制动功率（信号源：DME）

· 查询用于空气调节（电加热装置、电动制冷压缩机、自动恒温空调）的请求功率

· 决定电功率的分配，与用电器控制单元通信

高电压电源管理在充电模式中还有另一个任务：控制来自车辆外部通过 EME 输送至高电压蓄电池以及可能输送至电加热装置或电动制冷压缩机的电流。这个在 EME 中不断重复的过程由以下几个步骤组成：

· 查询外部可用功率（信号源：LIM）

· 查询高电压蓄电池可接收的功率（SME）

· 查询空气调节所需的功率（IHKA）

· 请求 EME 所需功率

· 与高电压蓄电池接收器（SME 控制单元）和空气调节系统接收器（冷暖空调控制单元）通信，告之可用部分功率

外部可用功率的大小不是任意的，而是受到电力网络和 EME 的限制。因此必须先查询可用功率，然后才进行分配。高电压蓄电池无法接收任意数量的功率，例如要视蓄电池电量而定，因此同样必须先查询该数值。根据高电压蓄电池的温度或驾驶员的空气调节请求，空气调节系统也需要电功率。在充电模式中，这个电功率的大小是高电压电源管理系统第三重要的输入信号。系统利用这些信息控制来自外部的请求功率并将其分配给用电器。

（九）其他高电压用电器的供电

电机—电子伺控系统不仅给电机供电，电动制冷压缩机和电加热装置也从电机—电子伺控系统获得高电压级供电。但是，在电机—电子伺控系统并没有为此实施复杂的控制功能。相反，电机—电子伺控系统作为简单的配电盒为高电压蓄电池提供直流高电压。为了防止连接这两个高电压用电器的高电压导线在短路时过载，电机—电子伺控系统带有一个高电压保险装置用于电动制冷压缩机和电加热装置。高电压保险装置的额定电流强度为 80A。高电压保险装置不能单独更换，为此必须更换整个 EME。

（十）控制电动真空泵

EME 通过 CAN 总线接收来自 DEM 的制动真空传感器信号。EME 只提供用于控制电动真空泵的硬件。EME 控制单元另外还收到来自 DSC 控制单元的数值，例如行驶速度和制动踏板操纵情况。我们已从带发动机自动启/停功能的传统动力汽车上了解了制动真空传感器的原理。和这些车辆一样，F18 PHEV 中的制动真空传感器也安装在制动助力器壳体上。传感器由数字式发动机电子伺控系统供电，它发回一个与制动助力器中的真空有关的电压信号。这个传感器模拟信号由 DME 控制单元换算成实际的制动真空，然后通过 CAN 总线提供给 EME。EME 控制单元分析制动真空信号，将行驶动态参数（例如行驶速度）和制动踏板操纵情况考虑在内，由此决定是否要接通电动真空泵。此外，该功能逻辑还考虑到滞后量，这样就不会不停地接通和关闭电动真空泵。相反，在达到要求的最低制动真空水平前一直保持接通状态。电机—电子伺控系统包括末级（半导体继电器），利用它可接通和关闭电动真空泵的供电。使用 DC/DC 转换器的输出电压直接接通电动真空泵，此时可能出现最高 30A 的接通电流。为了保护末级和导线，对电流强度进行电子限制。不进行电动真空泵的功率或转速控制，而只是接通和关闭真空泵。通过制动真空传感器根据真空的消失来识别电动真空泵的失灵。此时至少有法律规定的减速度（制动踏板力提高）可用。DSC 此时实现一种液压制动助力功能，即根据驾驶员对踏板的踩踏生成一个液压增强的回路压力。优点：即使在这种故障情况下也只需要较小的踏板力；缺点：踏板反馈发生变化。

（十一）冷却

电机—电子伺控系统由一个独立的冷却液循环进行冷却，F18 PHEV 电机—电子伺控系统的冷却液循环如图 5-58 所示，F18 PHEV 电

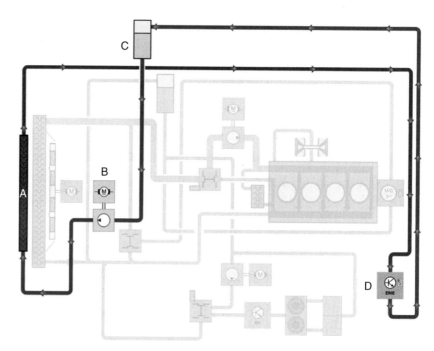

A.冷却液-空气热交换器（电机—电子伺控系统冷却液循环） B.电动冷却液泵（电机—电子伺控系统冷液循环，80W） C.冷却液热膨胀平衡罐（电机—电子伺控系统冷却液循环） D.电机—电子伺控系统EME

图 5-58

机—电子伺控系统冷却液循环安装位置如图 5-59 所示。

冷却液循环组成部分：

· 一个冷却液—空气热交换器

· 一个电动冷却液泵（80W）

· 一个热膨胀平衡罐

· 冷却液管

冷却液—空气热交换器集成在冷却模块中。根据电机—电子伺控系统的冷却请求，以优化的需求量和消耗量控制电动冷却液泵和电动风扇。通过根据需求控制电动风扇和电动冷却液泵，避免可能有损电子装置使用寿命的剧烈温度波动以及省电地进行冷却。在热膨胀平

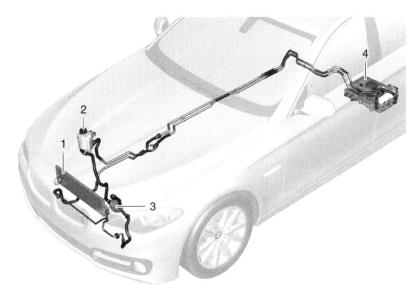

1.冷却液—空气热交换器 2.冷却液热膨胀平衡罐 3.电动冷却液泵（80W） 4.电机—电子伺控系统EME

图 5-59

衡罐中未安装电动液位传感器。因此售后服务具有以下特点：由于未安装电动液位传感器，不能直接识别因冷却系统泄漏等造成的冷却液损坏，而是在冷却液损失时电机—电子伺控系统温度上升到正常工作范围之外。在这种情况下降低电机—电子伺控系统的功率并相应输出一条检查控制信息。售后服务人员在故障查询时必须检查是否可能有以下故障：

· 因泄漏等原因造成的冷却液损失

· 冷却液—空气热交换器卡住

· 电动风扇不工作或受到限制

· 冷却液泵不工作

· 冷却液管或接口损坏

· 要冷却的组件损坏（EME）

如果显示冷却系统中温度过高，这可能有多个原因，也包括冷却液损失。因此，在故障查询时应系统地检查所有冷却系统组件。给电机—电子伺控系统冷却液循环排气时，操作步骤与传统汽车一样。与其他宝马车辆一样，使用水和防冻防蚀剂 G48 的混合液作为冷却液。高电压蓄电池充电期间，电机—电子伺控系统中的功率控制装置工作。由于在电机—电子伺控系统中转换的电功率很大，所以此时会产生热量。必须借助此处所述的冷却液循环排散这些热量。因此，只要在电机—电子伺控系统中存在高温，即使在充电期间电动冷却液泵和电动风扇仍能启动；在高电压蓄电池充电期间，冷却液泵和电动风扇能自动接通。在车前盖打开状态下工作时或者在电机—电子伺控系统的冷却液循环上操作时，不允许给高电压蓄电池充电。冷却液泵和电动风扇可在以下车辆状态下启动：

· 端子 15 接通，行驶就绪状态

· 端子 15 接通，非行驶就绪状态

· 高电压蓄电池充电

只要端子 15 接通，电机—电子伺控系统的功率控制电路就开始工作。通过这种方式，不仅高电压车载网络（电动制冷压缩机和电加热装置）而且 12V 车载网络均通过 DC/DC 转换器供电。如果由于此时产生热量而识别到有冷却需求，就接通冷却液泵，需要时还接通电动风扇。在端子 15 接通状态下，冷却液泵和电动风扇可自动接通。因此，在车前盖打开状态下工作时或者在电机—电子伺控系统的冷却液循环上

操作时，务必切断端子 15。

五、高电压蓄电池单元

（一）概览

高电压蓄电池单元是一个整体系统，由以下基本组件构成：

· 带有自己的单格电池的电池模块

· 电池监控电子装置 CSC

· 电池电子管理系统控制单元 SME

· 安全盒

· 接口（电气系统、冷却液、排气）

· 热交换器

· 导线束

· 壳体和固定件

高电压蓄电池单元主要负责吸取、存储高电压车载网络中的电能，并在需要时重新提供电能。此外，它还承担有保障高电压系统安全的基本任务，例如进行高电压触点监测。通过制动能量回收（能量回收）以及通过外部电力网络可给高电压蓄电池充电。为了达到 F18 PHEV 需要的电动续航里程，可存储的电量储备有一定的大小要求。这影响到高电压蓄电池单元的体积和重量。高电压蓄电池单元安装在行李箱中，通过 4 个支架固定在车身上。在 F18 PHEV 中，高电压安全插头（也称 ServiceDisconnect）不是高电压蓄电池单元的组成部分，它位于行李箱中右部的一块盖板下面。高电压蓄电池单元是一个复杂的高电压组件，务必遵守处理和安全规定。锂离子电池尤其不得过度充电，不允许受过高温的影响，否则存在失火危险！通常禁止在带电的高电压组件上操作。在执行每个涉及高电压组件的工作步骤之前，必须切断高电压系统的电压并保险锁死，以防未经授权重新使用：

·切断端子 15

·充电插头未连接在车辆上

·等待车辆进入休眠模式（启动 / 停止按钮上的字符不再亮起即可确定）

·断开高电压安全插头

·防止高电压安全插头被重新接通

·接通端子 15

·等待组合仪表中显示检查控制信息高电压系统已断开

·断开端子 15 和端子 R

根据目前信息版本，在上市后的售后服务中不更换高电压蓄电池单元的单个组件。也就是说，单个组件损坏时一律更换整个高电压蓄电池单元。计划以后允许更换 SME 和 S 盒。

1. 技术数据

F18 PHEV 的高电压蓄电池单元由中国苏州 Bosch 公司制造。高电压蓄电池单元的单格电池由 Samsung 公司生产。高电压蓄电池单元的研发同样由 Bosch 公司进行。F18 PHEV 高电压蓄电池中使用的单格电池属于锂离子电池类（电池型号：NMCo-/LMO-Blend）。锂离子电池的阳极材料上是一种锂金属氧化物。NMCo-/LMO-Blend 这个名称说明了该电池型号所使用的材料，一部分是镍锰钴的混合物，另一部分是锂锰氧化物。所选择的阳极材料可针对在电动车中的使用而优化高电压蓄电池的各种特性（能量密度高、充电循环次数多）。与通常的蓄电池一样，阴极材料采用石墨，锂离子在放电时嵌入石墨中。通过单格电池中使用的材料，总共可产生 3.78V 的额定电压，如表 5-9 所示。

表 5-9

电机	363V（额定电压） 最小 269V，最大 395V（电压范围）
单格电池	96 个单格电池串联（每个 3.87V 和 40Ah）
可存储电量 可用电量	14.5kWh 12kWh
最大功率（放电）	90kW（短时） 36kW（长时）
最大功率（交流充电）	3.5kW
总重量	218kg
尺寸	600mm×800mm×410mm
冷却系统	冷却液（水/乙二醇）

2. 安装位置

高电压蓄电池单元安装在行李箱内后排座椅后面位置。因此不能为 F18 PHEV 订购特种装备后行李箱通入式装载系统或后座区冷藏箱。高电压蓄电池单元由一块饰板遮盖，因此无法直接看见。要触到高电压蓄电池单元上的接口，必须拆下后排座椅靠背。F18 PHEV 高电压蓄电池单元的安装位置如图 5-60 所示。

除了高电压接口，高电压蓄电池单元还有一个信号接口。通过这个接口给集成在高电压蓄电池单元中的控制单元供电并提供总线、传感器和监控信号。为冷却高电压蓄电池，它连接在一个独立的冷却液循环中。不必拆下高电压蓄电池单元就能断开电导线（高电压接口和信号接口）以及冷却液管。高电压蓄电池单元位于车厢内部。如果单格电池内部因严重故障（单格电池内部短路）而发生化学反应，必须通过一根排气管向外排走产生的气体，以实现压力平衡。高电压蓄电池单元借助四个支架与车身相连。通过这种方式，重力以及行驶期间产生的加速力作用在车身上。在行李箱中无法直接够到固定螺栓，松开螺栓时必须先拆下几块饰板。拆卸高电压蓄电池单元时必须先执行最新维修说明中规定的所有准备工作（诊断、切断电压、拆卸饰板等）。为了更方便地拆卸和安装高电压蓄电池单元，售后服务修理厂有一个专用工具可用。F18 PHEV 高电压蓄电池单元的固定如图 5-61 所示。

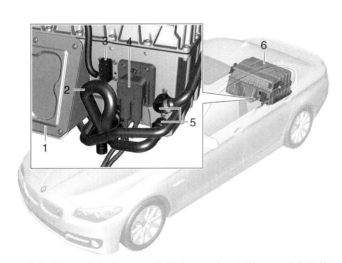

1.维修盖板 2.排气管 3.SME信号接口 4.高电压接口 5.冷却液管路接口 6.高电压蓄电池单元

图 5-60

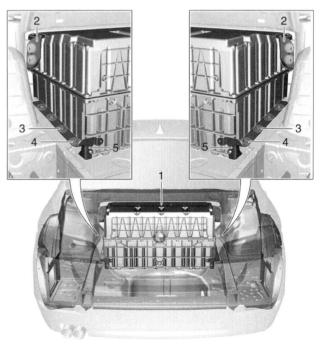

1.高电压蓄电池单元 2.上支架 3.固定螺栓（通过它实现电位平衡） 4.固定螺栓 5.下支架

图 5-61

电位平衡:

与宝马 Active Hybrid 汽车不同,并非通过一个单独的电位平衡螺栓而是通过两个固定螺栓建立高电压蓄电池单元壳体与车身之间的电气连接。高电压蓄电池单元和接地之间的低欧姆连接是自动绝缘监控功能正常运行的关键前提条件,因此必须注意规定的拧紧力矩。此外,还必须确保高电压蓄电池单元壳体和车身相应的孔上没有油漆、腐蚀或污染。安装固定螺栓时必须严格遵守工作步骤:

· 清洁接触面并让另一个人检查
· 用规定扭矩拧紧固定螺栓
· 让另一个人检查扭矩
· 两个人都必须在汽车档案中记录已正确执行

3. 系统电路图

F18 PHEV 高电压系统中的高电压蓄电池单元系统电路图如图 5–62 所示。

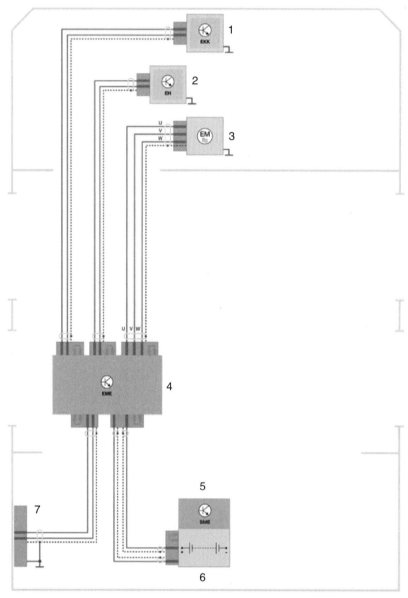

1.电动制冷压缩机EKK 2.电加热装置 3.电机 4.电机—电子伺服控制系统EME 5.电池电子管理系统(SME) 6.高电压蓄电池的电池模块 7.高电压充电接口

图 5–62

（二）外部特征

1. 提示牌

高电压蓄电池单元壳体上有3块提示牌，警告在高电压蓄电池单元上作业时存在危险，F18 PHEV高电压蓄电池单元上的提示牌如图5-63所示，F18 PHEV警告牌如图5-64所示。

2. 电气接口

（1）低电压接口

在F18 PHEV的高电压蓄电池单元上有一个信号接口，它将高电压蓄电池单元与12V车载网络连接。

该信号接口带有以下导线：

· 通过端子30F和端子31给SME控制单元供电

· 用于电动机械式接触器供电的端子30碰撞信号

· 车身网域控制器唤醒导线

· 高电压触点监测装置导线的输入端和输出端

· 控制组合式膨胀阀和单向阀（作为冷却装置的一部分）的输出端（+12V和接地）

· 为冷却高电压蓄电池单元而控制电动冷却液泵（按脉冲宽度调制的信号）

· PT-CAN2

（2）高电压接口

在高电压蓄电池单元上有一个高电压接口，将高电压蓄电池单元与电机—电子伺控系统相连。

在售后服务中不允许修理或更换这个高电压接口。

3. 冷却液管路接口

通过冷却液接口向高电压蓄电池单元提供冷却液并保持在最佳温度范围中，F18 PHEV高电压蓄电池单元的冷却液接口如图5-65所示。

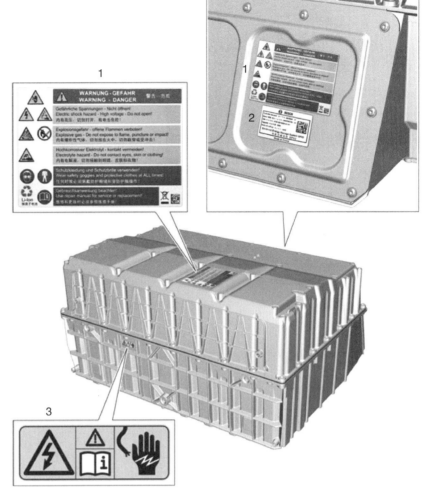

1.警告牌 2.带技术数据的提示牌 3.高电压组件警告牌

图5-63

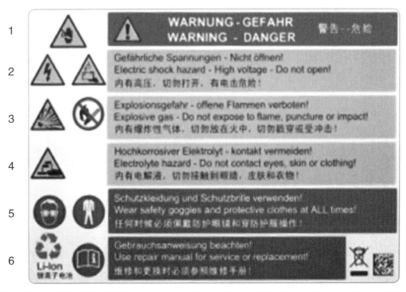

1.警告标志：警告不要接触高电压 2.警告标志：高电压警告和蓄电池危险警告 3.警告标志：爆炸危险物警告，禁止标记，禁止火焰、明火和烟雾 4.警告标志：腐蚀性物质警告 5.注意：戴防护眼镜，穿防护服 6.高电压蓄电池单元废弃处理提示：可由专门人员回收，不允许丢弃在垃圾中

图5-64

为了避免在拔下冷却液管时冷却液从高电压蓄电池单元中流出，必须堵住高电压蓄电池单元上的接口。

4. 排气口

排气单元有两个任务。第一个任务是平衡高电压蓄电池单元内外较大的压差。这种压差只可能在单格电池损坏时出现。在这种情况下出于安全考虑，单格电池受损的电池模块的壳体自动打开，以卸除压力。结果气体首先会存留在高电压蓄电池单元壳体中，然后从那里通过排气单元排到大气中。排气单元的第二个任务是，向外输送高电压蓄电池单元内形成的冷凝水。除了技术组件，在高电压蓄电池单元内还有空气。如果由于环境温度较低或激活了冷却功能而导致空气或壳体被冷却液冷却，空气中

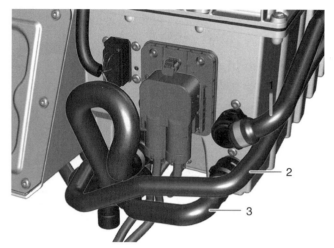

1.冷却液回流管路　2.冷却液管路（从冷却液热膨胀平衡罐至电动冷却液泵）　3.冷却液供给管路

图 5-65

的一部分水蒸气就会凝结，这样就在高电压蓄电池单元内部形成少量冷凝水。这不会妨碍功能。下一次加热空气或壳体时冷凝水会重新蒸发，壳体内的压力同时略微升高。排气单元使受热空气向外逸出，由此再次平衡压力。此时，含在空气中的水蒸气被一同向外输送，通过这种方式就可以将原先呈液态的冷凝水排出。

（三）冷却系统

为了最大限度地延长高电压蓄电池单元的使用寿命并达到尽可能高的功率，高电压蓄电池单元在一个确定的温度范围中工作。基本上高电压蓄电池单元在 -40 ~ 60℃的车外温度下可以使用。但是，鉴于使用寿命和性能，将最佳范围限制在一个明显更窄的范围内。该范围介于 +25 ~ 40℃之间。这里指的是单格电池温度，而不是车外温度。如果单格电池温度持续明显超出该范围，同时又有高功率输出，就会对单格电池的使用寿命产生不利影响。为了抵消这种效应以及在所有车外温度下确保最大性能，F18 PHEV 的高电压蓄电池单元有一个自动工作的冷却装置。如果 F18 PHEV 在极低的环境温度下长时间关闭，单格电池也会处于这个低温下。在这种情况下，车辆起步时可能不提供全部电驱动功率。在 F18 PHEV 中没有安装高电压蓄电池单元加热装置。

1. 概览

F18 PHEV 空气调节系统概览如图 5-66 所示。

电动冷却液泵输送冷却液流过冷却液循环。只要冷却液温度低于电池模块，就可以只靠冷却液循环来冷却电池模块。冷却液温度因此升高，不再足以将电池模块温度维持在所需范围中。在这种情况下必须降低冷却液温度，这借助一个冷却液—制冷剂热交换器（即冷

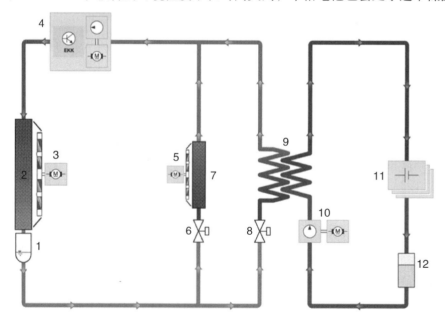

1.干燥瓶　2.冷凝器　3.电动风扇　4.电动制冷压缩机　5.车内风扇　6.组合式膨胀阀和单向阀　7.车内蒸发器　8.组合式膨胀阀和单向阀　9.冷却装置（冷却液—制冷剂热交换器）　10.电动冷却液泵（50W）　11.高电压蓄电池单元　12.冷却液热膨胀平衡罐（高电压蓄电池单元冷却液循环）

图 5-66

却装置）进行。该冷却装置是高电压蓄电池冷却液循环和空调制冷剂循环之间的接口。当冷却装置上的组合式膨胀阀和单向阀受电动控制并因此而打开时，液态制冷剂流入冷却装置并蒸发。此时，制冷剂从周围环境中吸取热量，并且也从在冷却液循环中流过的冷却液中吸收热量。电动制冷压缩机重新压缩制冷剂，然后输送到冷凝器，在这里恢复液态，由此，制冷剂可重新吸收热量。F18 PHEV 空气调节系统概览安装位置如图 5-67 所示。

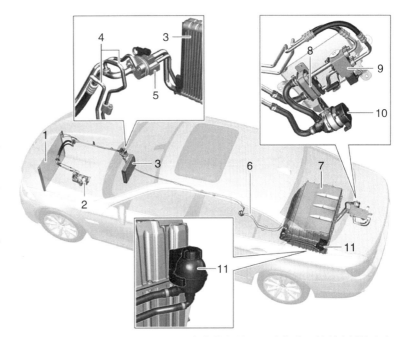

1.冷凝器 2.电动制冷压缩机EKK 3.车内蒸发器 4.至冷却装置的制冷剂管路支路 5.组合式膨胀阀和单向阀（车内） 6.至冷却装置的制冷剂管路 7.高电压蓄电池单元 8.冷却装置（冷却液—制冷剂热交换器） 9.组合式膨胀阀和单向阀 10.电动冷却液泵（50W） 11.冷却液热膨胀平衡罐

图 5-67

2. 功能

冷却系统的功能产生两种运行状态：

·冷却装置关闭

·冷却装置接通

（1）冷却装置关闭的运行状态

如果单格电池温度已在最佳范围内或在该范围之下，则采用冷却装置关闭的运行状态。当车辆在适中的车外温度下以较低的电功率行驶时，就属于这种情况。冷却装置关闭的运行状态特别高效，因为不需要额外能量来冷却高电压蓄电池单元。

相关组件按如下方式工作：

·如果必须冷却车厢内部，则电动制冷压缩机不工作或者以降低的功率运行

·冷却装置上的组合式膨胀阀和单向阀关闭，电动冷却液泵断开

（2）冷却装置接通的运行状态

单格电池温度达到约 30℃时，就已开始冷却高电压蓄电池。首先，SME 控制单元通过一个按脉冲宽度调制的信号接通电动冷却液泵，这样冷却液就进行循环并将少量热量从电池模块上带走（循环模式）。如果电池温度继续上升，作为第二个措施，SME 控制单元分两个优先级向 IHKA 控制单元发送一个冷却需求请求。然后 IHKA 决定是冷却车厢内部、高电压蓄电池单元还是两个都冷却。如果 SME 发送优先级较低的冷却请求且车厢内部的冷却需求较高，IHKA 可能会拒绝冷却请求。然而，如果 SME 发送优先级高的冷却请求，则总是会冷却高电压蓄电池单元。在冷却装置接通的运行状态中，组件按如下方式工作：

·SME 控制单元发出冷却需求请求

·高电压电源管理许可后，SME 控制单元控制电动冷却液泵（如果尚未实施）和冷却装置上的组合式膨胀阀和单向阀。阀门因此而打开，制冷剂因此流入冷却装置

尽管这个过程需要使用高电压车载网络中的电量，但是具有很大的重要性，只有这样才能确保单格电池使用寿命长、工作效率高。

3. 系统组件

（1）电动冷却液泵

高电压蓄电池单元冷却液循环中的电动冷却液泵的功率为 50W。它用一个支架固定在冷却装置上，位于行李箱凹槽右边。F18 PHEV 高电压蓄电池单元的电动冷却液泵如图 5-68 所示。

电池电子管理系统根据需要借助一个按脉冲宽度调制的信号控制电动冷却液泵。通过行李箱配电盒的端子30B进行供电。

（2）冷却液热膨胀平衡罐

冷却液热膨胀平衡罐位于高电压蓄电池单元左边，拆掉几块行李箱饰板后可够到。F18 PHEV高电压蓄电池单元冷却液循环的冷却液热膨胀平衡罐如图5-69所示。

在热膨胀平衡罐中未安装电动液位传感器。因此售后服务具有以下特点：由于未安装电动液位传感器，不能直接识别因冷却系统泄漏等造成的冷却液损坏，而是在冷却液损失时单格电池温度上升到正常工作范围之外。SME探测到这个情况，降低功率并输出一条相应的检查控制信息。售后服务人员在故障查询时必须检查是否可能有以下故障：

· 因泄漏等原因造成的冷却液损失

· 冷却液泵不工作

· 冷却液管或接口损坏

· 要冷却的组件损坏（高电压蓄电池单元）

如果显示冷却系统中温度过高，这可能有多个原因，也包括冷却液损失。因此，在故障查询时应系统地检查所有冷却系统组件。给电机—电子伺控系统冷却液循环排气时，操作步骤与传统汽车一样。在诊断系统中有一个激活排气程序的售后服务

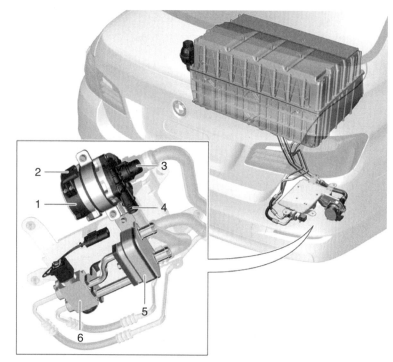

1.电气接口　2.电动冷却液泵　3.进气侧冷却液管接口　4.压力侧冷却液管接口　5.冷却装置（冷却液—制冷剂热交换器）　6.组合式膨胀阀和单向阀

图5-68

1.冷却液热膨胀平衡罐　2.高电压蓄电池单元

图5-69

功能。与其他冷却液循环一样，使用水和防冻防蚀剂G48的混合液作为冷却液。

（3）冷却装置

冷却装置的任务是借助制冷剂冷却高电压蓄电池单元冷却液循环中的冷却液。因此，冷却装置由一个冷却液—制冷剂热交换器和一个组合式膨胀阀和单向阀组成。组合式膨胀阀和单向阀由SME控制单元通过一根直接导线控制。电气控制分为两个状态：

· 0V控制电压表示阀门保持关闭

· 12V控制电压打开阀门

与我们对空调器传统膨胀阀的了解一样，这个膨胀阀和单向阀也按温度调节它的开启度，即根据制冷剂的温度。当组合式膨胀阀和单向阀打开时，制冷剂可流入冷却装置。制冷剂此时膨胀、蒸发并通过这种方式

吸取周围的热量。利用该效应来冷却冷却装置第二个回路中流经的冷却液。F18 PHEV 冷却装置如图 5-70 所示。

（四）电气和电子组件

F18 PHEV 高电压蓄电池单元系统电路图如图 5-71 所示。

从显示的电路图可以看出，除了集中在 8 个电池模块中本身的单格电池，F18 PHEV 高电压蓄电池单元还包含以下电气 / 电子部件：

· 电池电子管理系统控制单元 SME

· 8 个电池监控电子装置（Cell Supervisory Circuits，CSC）

· 带接触器和传感器的安全盒

除了电气组件，高电压蓄电池单元还包括冷却液管和冷却通道以及电池模块的机械固定元件。

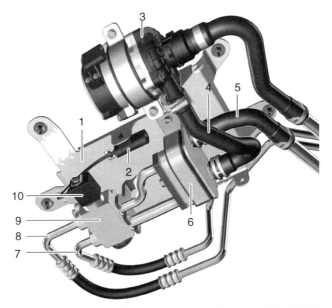

1.支承板 2.电磁铁电气接口 3.电动冷却液泵 4.冷却液供给管路 5.冷却液回流管路 6.冷却液—制冷剂热交换器 7.制冷剂管路（吸管） 8.制冷剂管路（高电压管路） 9.组合式膨胀阀和单向阀 10.控制阀门的电磁铁

图 5-70

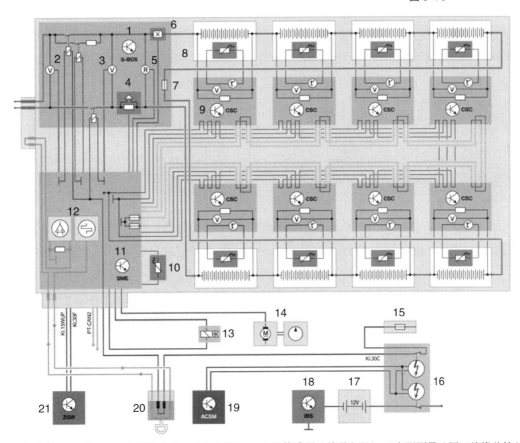

1.安全盒 2.电压传感器（车辆侧） 3.电压传感器（蓄电池侧） 4.电流传感器（并联电阻） 5.电阻测量（用于绝缘监控） 6.电流传感器（霍尔传感器） 7.保险丝（250A） 8.电池模块 9.电池监控电子装置（Cell Supervisory Circuit，CSC） 10.冷却液温度传感器 11.电池电子管理系统（SME） 12.高电压触点监测装置的电路控制 13.组合式膨胀阀和单向阀 14.电动冷却液泵 15.行李箱配电盒 16.安全蓄电池接线柱SBK 17.12V蓄电池 18.智能型蓄电池传感器IBS 19.ACSM及用于触发安全蓄电池接线柱的控制线 20.高电压安全插头（Service Disconnect） 21.中央网关模块ZGM

图 5-71

379

1. 电池电子管理系统（SME）

人们对高电压蓄电池的使用寿命提出了很高的要求（车辆寿命）。为了满足这些要求，不能随意使用高电压蓄电池。而应在一个确切定义的范围内使用高电压蓄电池，这样使用寿命和性能才能达到最大。其中包括以下边界条件：

· 在最佳温度范围内使用单格电池（冷却以及在必要时限制电流强度）
· 必要时相互平衡各个单格电池的电量
· 在特定范围内充分利用可存储的蓄电池电量

为遵守这些边界条件，在 F18 PHEV 的高电压蓄电池单元中安装了一个控制单元，即电池电子管理系统 SME。

SME 控制单元必须完成以下任务：

· 按住电机—电子伺控系统 EME 的请求控制高电压系统的启动和关闭
· 分析所有单格电池的测量信号、电压和温度以及高电压电路中的电流强度
· 控制高电压蓄电池单元的冷却系统
· 确定高电压蓄电池的电量（State of Charge，SoC）和老化状态（State of Health，SoH）
· 确定高电压蓄电池的可用功率，需要时向电机—电子伺控系统提出功率限制要求
· 安全功能（例如电压、电流和温度监控、高电压触点监测、绝缘监控）
· 识别故障状态，存储故障记录，向电机—电子伺控系统通报故障状态

基本上可通过诊断系统应答 SME 控制单元，并且还可对其编程。对于故障查询，重要的是知道在 SME 控制单元故障码存储器中不仅可能记录了控制单元故障，而且还可能记录了高电压蓄电池单元中其他组件的故障参考注释。故障记录可分为不同类别，视严重程度和仍然可用的功能而定：

· 立刻关闭高电压系统

当高电压系统的安全性受到故障影响时，或因故障而存在高电压蓄电池受损的危险时，立刻关闭高电压系统并断开电动机械式接触器的触点。然后，驾驶员可让车辆滑行，将汽车停在路边。通过 12V 车载网络中的电能仍能确保转向助力、制动助力和 DSC 调节功能。

· 功率受限

当高电压蓄电池无法再提供全部功率或全部电能时，为保护组件将限制驱动功率和续航里程。在这种情况下，驾驶员能以明显降低的驱动功率继续行驶一小段距离到达最近的宝马售后服务点或者将车停在选定的地方。

· 对客户没有直接影响的故障

例如当 SME 或 CSC 控制单元之间的通信短暂受到干扰时，这并不表示高电压系统的功能受限或者高电压系统的安全性受到威胁。此时只生成一条故障记录，必须由宝马售后服务借助诊断系统加以分析。不显示检查控制信息。供客户使用的功能不受限制。

通过高电压蓄电池单元的维修盖板可够到 SME 控制单元。SME 控制单元的电气接口包括：

· SME 控制单元的 12V 供电（行李箱配电盒端子 30F 和端子 31）
· 接触器的 12V 供电（端子 30 碰撞信号）
· PT-CAN2
· 辅助诊断 CAN
· 本地 CAN
· 便捷进入及启动系统 CAS 的唤醒导线

- 高电压触点监测装置的输入端和输出端
- 控制冷却装置上的组合式膨胀阀和单向阀的导线
- 冷却液温度传感器
- 用于控制高电压蓄电池单元电动冷却液泵的导线

通过一根专用的 12V 导线给高电压蓄电池单元中的接触器供电。这根导线被称为端子 30 碰撞信号（简称端子 30C）。端子名称中的 C 表明，12V 供电在发生事故（碰撞）时断开。这根导线是安全蓄电池接线柱的另一个输出端，这意味着安全蓄电池接线柱触发时该供电导线也断开。此外，该导线经过高电压安全插头，这样高电压系统电压切断时接触器的供电也被切断。在这两种情况下，高电压蓄电池单元中的两个接触器均自动断开。本地 CAN 将 SME 控制单元与电池监控电子装置 CSC 相互连接。

2. 电池模块

高电压蓄电池单元由 8 个串联的电池模块组成。每个电池模块分配有一个电池监控电子装置。电池模块本身由 12 个串联的单格电池组成。每个单格电池的额定电压为 3.78V，额定电容为 40Ah，F18 PHEV 高电压蓄电池的结构如图 5-72 所示。

电池模块位于高电压蓄电池单元中。电池模块及其固定件上的所有操作均不允许。

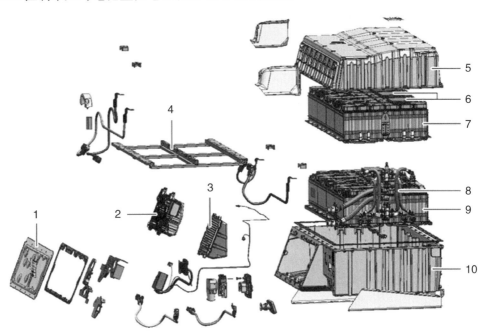

1.高电压蓄电池单元上的维修盖板　2.安全盒（S盒）　3.电池电子管理系统（SME）　4.上部电池模块支撑架　5.上部壳体　6.电池监控电子装置　7.上部电池模块　8.冷却液管　9.下部电池模块　10.下部壳体

图 5-72

3. 电池监控电子装置

为确保 F18 PHEV 中的锂离子电池正常工作，必须遵守特定的边界条件：单格电池电压和单格电池温度不允许高于和低于特定数值，否则电池可能长期受损。出于这个原因，高电压蓄电池单元包含 8 个电池监控电子装置，它们被称为 CSC（Cell Supervisory Circuit）。F18 PHEV 电池监控电子装置如图 5-73 所示。

以极高的采样率进行单格电池电压的测量。通过电压测量可识别充电以及放电过程的结束。温度传感器安装在电池模块上，从传感器的测量值可推断各个单格电池的温度。根据单格电池温度可识别过载或电气故障。在这样的情况下必须立即减小电流强度或断开整个高电压系统，以避免继续损坏蓄电池。此外，为了使蓄电池始终在对蓄电池性能和使用寿命最有利的温度范围内工作，测得的温度还用于控制冷却系统。每个电池模块的单格电池温度各由两个 NTC 温度传感器测量。电池监控电子装置通过本地 CAN 通报由其测得的数值。本地 CAN 将所有电池监控电子装置相互连接并与 SME 控制单元连接。在 SME 控制单元中进行测量值的分析，需要时做出反应（例如控制冷却系统）。F18 PHEV 平衡单格电池电压原理电路图如图 5-74 所示。

如果一个或多个单格电池的电压明显低于其他单格电池，高电压蓄电池的可用电量将因此受限。电量最弱的单格电池决定放电时的耗电何时结束。在电量最弱的单格电池电压下降到放电极限值后，即使其他单格电池还有足够的电量，也必须结束放电过程。如果尽管如此仍然继续放电过程，电量最弱的单格电池会永久

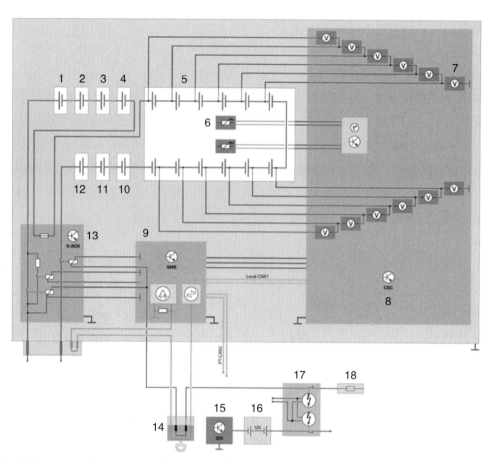

1.电池模块1 2.电池模块2 3.电池模块3 4.电池模块4 5.电池模块5 6.电池模块上的温度传感器 7.单格电池上的电压测量装置 8.电池监控电子装置 9.电池电子管理系统（SME） 10.电池模块6 11.电池模块7 12.电池模块8 13.安全盒 14.高电压安全插头（Service Disconnect） 15.智能型蓄电池传感器IBS 16.12V蓄电池 17.安全蓄电池接线柱SBK 18.行李箱配电盒

图 5-73

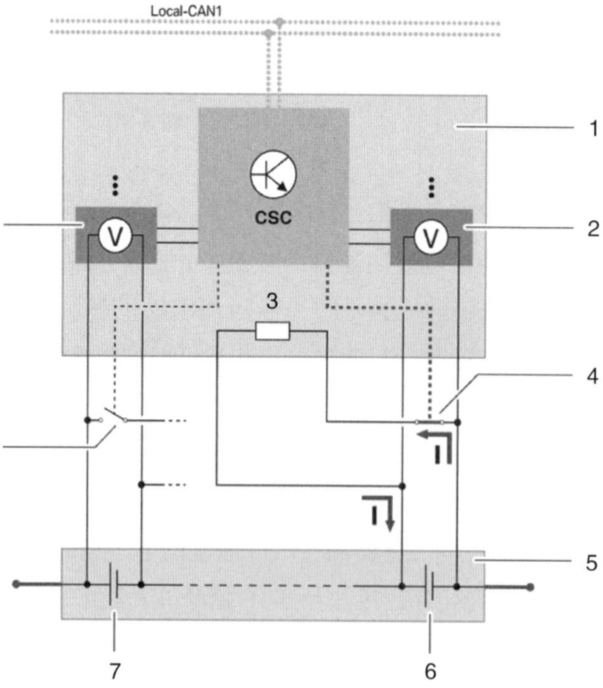

1.电池监控电子装置 2.单格电池电压测量传感器 3.放电电阻器 4.用于单个电池放电的闭合（激活）触点 5.电池模块 6.通过放电而降低电池电压的单格电池 7.不放电的单格电池 8.用于单个电池放电的断开的（未激活）触点

图 5-74

受损。出于这个原因，有一个功能将单格电池电压平衡到一个大致相同的水平。这个过程也称为单格电池平衡。为此，SME 控制单元将所有单格电池电压相互比较。在这个过程中，电压明显高于其余单格电池的那些单格电池有针对性地放电。SME 控制单元通过本地 CAN1 向属于这些单格电池的电池监控电子装置发出请求，从而启动放电过程。为此，每个电池监控电子装置都包含一个用于每个单格电池的欧姆电阻器，一旦相应的电子触点接合，放电电流就能流经该电阻器。放电过程启动后，即使主控制单元在此期间切换到休眠模式，仍通过电池监控电子装置自主执行或继续执行放电过程。这就需要 CSC 控制单元从直接与端子 30F 连接的电池电子管理系统获得供电。当所有单格电池的电压水平处于一个规定的狭窄区间时，放电过程自动结束。单格电池平衡一直继续，直至所有单格电池的电压水平相同。平衡单格电池电压是一个损耗电能的过程，但是损失的电能极少。相反，高电压蓄电池却能获得续航里程和使用寿命的最大化优势，因此平衡单格电池电压在总体上是有效且必要的。这个过程当然只能在车辆处于静止状态时进行。

下面是平衡单格电池电压的详细条件：

- 端子 15 断开且车辆或车载网络已休眠
- 高电压系统已关闭
- 单格电池电压的偏差或各个单格电池电量的偏差大于一个极限值
- 高电压蓄电池总电量大于一个极限值

在规定条件都满足后，自动平衡单格电池电压。因此，客户既不会收到检查控制信息，也不必为此采取特殊措施。但是，如果单格电池电压偏差过大或者电池电压平衡未成功进行，则在 SME 控制单元中产生一条故障记录。通过一条检查控制信息提醒客户注意该故障状态。然后必须借助诊断系统分析故障码存储器并更换高电压蓄电池单元。电池监控电子装置位于高电压蓄电池单元中。电池监控电子装置上的所有操作均不允许。

4. 安全盒（S 盒）

在每个高电压蓄电池单元内部有一个自带壳体的接口单元，被称为安全盒或简称 S 盒。以下组件集成在安全盒中：

- 蓄电池负极接线柱电路中的电流传感器（并联电阻）
- 蓄电池正极接线柱电路中的电流传感器（霍尔传感器）
- 保险丝（250A）
- 两个电动机械式接触器（每个电流电路各一个开关触点）
- 用于慢速启动高电压系统的预充电电路
- 用于监控开关触点、测量蓄电池总电压的电压传感器
- 用于监控绝缘电阻的电阻测量

将保险丝布置在该位置的好处是，如果保险丝损坏，上部和下部电池模块（各 4 个）的电流相互断开，即使在最糟糕的损坏情况下，通过这种方法在整个系统中最多仍有一半的总电压。安全盒中的保险丝不可作为零件单独更换。S 盒中如有损坏，只能整个更换（如果许可这样操作）。

5. 导线束

高电压蓄电池单元内有两个导线束：

- 连接 CSC 与 SME 控制单元的导线束
- 连接 SME 与信号接口的导线束

通过各个测量导线和控制导线建立 SME 控制单元与安全盒之间的连接。由于在安全盒中有用于电压测量的分压抽头，却在电池电子管理系统中进行分析，所以在 SME 和 S 盒之间存在两个导线束。一个是信号导线（包括电流传感器信号、接触器控制），另一个是传送电压信号测量结果以及绝缘测量结果的高电压导线。

（五）功能

在 F18 PHEV 中通过电机—电子伺控系统 EME 控制和协调高电压系统的中央功能。高电压蓄电池单元和 SME 控制单元对于高电压系统的中央功能具有重要意义。具体功能有：

- 启动
- 正常关闭
- 快速断开
- 蓄电池管理
- 高电压蓄电池充电
- 监控功能

1. 启动

无论以下哪个事件触发了高电压系统的启动，启动顺序都是相同的：

- 接通端子 15 或建立行驶就绪状态
- 高电压蓄电池开始充电
- 车辆进行行驶准备（高电压蓄电池或车厢内部的空气调节）

高电压系统启动时的各个步骤：

- EME 控制单元通过 PT-CAN2 上的总线电码请求启动
- 通过自诊断功能检测高电压车载网络
- 持续提高高电压电路中的电压
- 接触器的触点完全接合

主要通过 EME 控制单元和 SME 控制单元进行高电压车载网络的检测。此时检查与安全有关的各个条件，例如高电压触点监测装置的电路或绝缘电阻。不过，在启动时也必须满足所有子系统运行准备就绪等功能性条件。由于高电压电路带有电容值很高的电容器（功率控制装置中的中间电路电容器），因此不允许简单地接合电动机械式接触器的触点。极高的电流脉冲不仅会损坏高电压蓄电池，而且会损坏中间电路电容器和接触器的触点。首先要接合负极上的接触器。正极上的接触器并联一个带电阻的可开关电路。现在它被激活，一个受电阻限制的接通电流给中间电路电容器充电。如果中间电路电容器的电压大致达到蓄电池的电压值，就接合高电压蓄电池单元正极上的接触器。现在，高电压系统完全做好运行准备。启动期间在车中能听见依次进行的接触器接合声，这不表示功能异常。如果高电压系统中没有故障，高电压系统整个启动过程在约 0.5s 后结束。SME 控制单元通过 PT-CAN2 以总线电码形式向 EME 控制单元通报启动成功。故障状态也通过相同的方式通报，例如如果接触器触点未能成功接合后。

2. 正常关闭

高电压系统的关闭分为正常关闭和快速切断。此处所说的正常关闭一方面可保护所有相关部件，另一方面还包括监控与安全有关的高电压系统组件。如果下列条件或标准成立，则正常关闭高电压系统：

- 端子 15 由驾驶员断开且延时时间结束（通过 EME 控制）
- 停车空调、停车预热装置或高电压蓄电池温度调节功能结束
- 高电压蓄电池充电过程结束
- 高电压控制单元的编程过程

正常关闭顺序基本相同，不受要触发的事件的影响。关闭过程按以下各个步骤进行：

- EME 在延时时间结束后通过 PT-CAN2 上的总线电码发出关闭命令
- 高电压车载网络上的系统（EME、EKK、EH）将高电压车载网络中的电流降低至零

- 高电压电路放电，即中间电路电容器（EME）主动放电，电机（EME）和电动制冷压缩机（EKK）的绕组短接
- 高电压蓄电池单元中的接触器断开（通过 SME 控制）
- 检查高电压系统，例如检查电动机械式接触器的触点是否已正确断开

无论是端子 15 切断后的延时时间，还是关闭本身，都可能占用几分钟的时间。例如，自动运行的监控功能可能是造成这个情况的一个原因。如果其间或者存在一个重新启动的请求或者出现一个要求快速断开的条件，则会中断正常关闭过程。

3. 快速断开

此时，最高目标是尽可能快速地断开高电压系统。出于安全考虑必须尽快将高电压系统中的电压降至一个安全数值时，总是进行这种快速断开。以下说明快速断开的触发条件以及一系列结果。

- 事故

碰撞安全模块 ACSM 识别一起事故。根据事故严重性，通过总线电码请求断开或通过切断安全蓄电池接线柱与 12V 蓄电池正极以燃爆方式强行断开。在第二种情况下，电动机械式接触器的供电自动切断，接触器触点因此自动断开。

- 过电流监控

借助高电压蓄电池单元中的两个电流传感器监控高电压车载网络中的电流强度。如果识别到一个电流强度过大，SME 控制单元促使电动机械式接触器硬性断开。如果在强电流下采取这种断开方式，就会在接触器触点上产生严重的磨损，但是为了保护其他部件不受损坏，也只能接受。

- 短路保护

在每个高电压蓄电池中有一根在短路时断开高电压电路的过电流保险丝。

- 单格电池临界状态

当电池监控电子装置在一个单格电池上识别极端低电压、高电压或温度过高时，同样会导致电动机械式接触器硬断开（通过 SME 控制单元控制）。尽管这可能再次导致触点磨损的提高，但为了避免相关单格电池的损坏，仍有必要进行这种快速断开。

- 高电压蓄电池单元的 12V 供电失灵

在这种情况下，SME 控制单元不再工作，也无法再监控单格电池。出于这个原因，电动机械式接触器的触点此时也自动断开。

- 高电压触点监测装置

SME 控制单元分析高电压触点监测装置的信号并检查该电路是否存在断路。发生断路时，SME 控制单元可促使高电压系统快速断开。如果高电压触点监测装置从高电压安全插头（Service Disconnect）上分离，则不通过 SME 控制单元断开高电压系统，而是直接断开接触器。

除了切断高电压电路，中间电路电容器（EME）还放电且电机（EME、EKK）绕组短接。高电压控制单元一方面通过总线电码收到对此的请求，另一方面通过高电压电路中电流强度的突然下降识别该状态。

4. 充电

高电压蓄电池充电时，无论是通过能量回收、发动机负载点上升还是从外部电力网络充电，SME 控制单元都起到重要作用。SME 控制单元根据单格电池的电量和温度决定高电压蓄电池目前可接收的最大电功率。该数值以总线电码的形式通过 PT-CAN2 传递至 EME 控制单元。在那里运行的高电压电源管理功能协调各个功率需求。充电期间，SME 控制单元持续确定已经达到的电量并监控高电压蓄电池的所有传感器信号。为了确保最佳充电过程，SME 控制单元还根据这些数值不断计算最大充电功率的当前值并且将这些数值通报给EME 控制单元。充电过程期间，高电压蓄电池的冷却系统也由 SME 控制单元持续控制，这有助于实现快速

和高效的充电过程。为了能够达到尽量高的电动续航里程，应在连接充电电缆的情况下预先进行车内的温度调节（加热或冷却）。为此所需的电能就可立即重新输送给高电压蓄电池。通过这种方式，同时将锂离子电池调至工作温度。

5. 监控功能

高电压蓄电池单元或电池电子管理系统参与大量监控功能并起到关键作用。其中包括：

· 用于确保高电压系统安全性的监控

· 用于确保最佳高电压蓄电池单元工作条件的监控

高电压触点监测装置（High Voltage Interlock Loop）是一个保护性电路，如果事先没有按规定断开高电压车载网络，它可以避免在高电压组件上工作时出现危险。当这个电路断路时，高电压系统的供电断开或阻止接通高电压系统的供电。在 F18 PHEV 中，高电压触点监测装置由图 5-75 所示的高电压组件组成。

控制和产生高电压触点监测装置检测信号的电子装置集成在 F18 PHEV 的电池电子管理系统 SME 中。高电压系统启动时开始产生检测信号，高电压系统关闭后信号的产生结束。SME 产生一个矩形交流电信号作为检测信号，然后将信号馈送入检测导线。检测导线的拓扑结构呈环形（与 MOST 总线的拓扑结构相似）。在环形结构中的两个位置上分析检测导线的信号，在电机—电子伺控系统中和最后在环形结构最末端，即 SME 中。如果信号超出明确定义的范围，则中断电路，或者如果在检测导线中识别到短路，则立即断开高电压系统。如果高电压触点监测装置从高电压安全插头（Service Disconnect）上分离，则直接断开接触器。另外，所有高电压组件断开。绝缘监控确定激活的高电压部件（例如高电压导线）和车辆接地之间的绝缘电阻是否高于或低于要求的最小值。如果绝缘电阻低于该最小值，则存在车辆零件带不安全电压的危险。如果有人接触另一个激活的高电压部件，会存在触电危险。因此 F18 PHEV 高电压系统有一个全自动工作的绝缘监控功能。高电压系统激活期间，由 SME 以特定的时间间隔（每分钟一次）通过电阻测量执行该功能（间接绝缘监控）。此时，汽车地线用作参考电位。如果没有辅助措施，通过这种方式只能确定高电压蓄电池单元局部出现的绝缘故障。但是，确定铺设在车辆中的至接地的高电压导线是否有绝缘

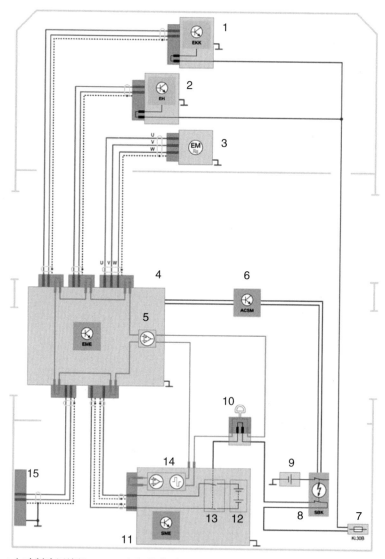

1.电动制冷压缩机EKK 2.电加热装置 3.电机 4.电机—电子伺控系统EME 5.电机—电子伺控系统中的高电压触点监测装置检测信号分析电路 6.行李箱配电盒 7.安全蓄电池接线柱 8.12V蓄电池 9.高电压安全插头（Service Disconnect） 10.高电压蓄电池单元 11.电池模块 12.存储器电子管理系统中的高电压触点监测装置检测信号分析电路和信号发生器 13.接触器 14.高电压充电接口 15.碰撞安全模块ACSM

图 5-75

故障也很重要。出于这个原因，高电压组件的所有导电外壳都与汽车地线导电连接，这样就能从高电压蓄电池的一个中央位置来确定整个高电压车载网络中的绝缘故障。绝缘监控功能正常工作的重要前提条件是所有高电压组件壳体与汽车地线的电气连接正确无误。维修工作期间将这个电气连接断开后，必须相应谨慎地将其恢复。绝缘监控功能的反应分两挡进行。当绝缘电阻低于第一个极限值时，对人员还没有直接危险。因此高电压系统仍激活，不输出检查控制信息，但是故障状态自然存储在故障码存储器中。这样，下次进厂维修期间，售后服务人员就会注意到这个故障状态并可以检查高电压系统。绝缘电阻低于更低的第二极限值时，不仅记录故障码，而且还输出一条要求驾驶员寻找修理厂的检查控制信息。售后服务人员必须测量绝缘电阻，不过基本上无须自己测量高电压系统，通过绝缘监控功能执行这个任务。如果识别到绝缘故障，售后服务人员必须借助诊断系统中的检测计划确定发生绝缘故障的实际位置。除了高电压触点监测和绝缘监控，还有以下监控功能：

· 安全蓄电池接线柱的 12V 供电

为了能在具有相应严重程度的事故中快速切断高电压系统，所有电动机械式接触器的电磁铁由安全蓄电池接线柱供 12V 电。如果安全蓄电池接线柱在事故中分离，供电电压就消失并且接触器触点自动断开。此外，SME 控制单元电子分析这根导线上的电压并且同样促使高电压系统断开，同时中间电路电容器放电且电机主动短接。

· 接触器触点

高电压系统关闭时，在 SME 控制单元请求断开接触器触点后，借助一个与触点并联的电压测量装置检查触点是否确实已断开。在接触器触点未断开的情况下（几乎不可能发生），还不存在直接危及客户或售后服务人员的危险。尽管如此，出于安全考虑还是阻止高电压系统重新启动。

· 预充电电路

如果确定预充电电路中有故障，例如在高电压系统启动期间，则立即取消启动，高电压系统不运行。

· 温度过高

高电压蓄电池的冷却系统在所有运行状态中都确保单格电池温度处于最佳范围中。如果一个或多个单格电池的温度因故障而升高，以至超出最佳范围，则首先降低功率以保护单格电池。如果温度继续升高并因此产生单格电池损坏的威胁，高电压系统就会及时断开。

· 电压过低

通过持续监控以及需要时进行单格电池电压平衡，可以避免某个单格电池上的电压过低。整个高电压蓄电池的总电压同样受监控，并且用于电量的确定。当总电压降低以至高电压蓄电池完全放电时，将阻止继续放电。

（六）维修

1. 在高电压系统上安全操作

对 F18 PHEV 高电压组件进行作业之前，必须遵守和落实电气安全规定：

· 必须切断高电压系统的电压

· 必须把高电压系统保险锁死以防重新接通

· 必须确定高电压系统处于电源切断状态

（1）准备工作

工作开始之前必须固定车辆以防止其自行移动（必须挂入变速器驻车挡并拉紧驻车制动器）。必须断开端子 15 和端子 R。如车辆上连接有充电电缆，必须拔下。此外，车载网络必须处于休眠模式（Sleep mode）。启动 / 停止按钮上的字符不再亮起即可确定。

（2）切断高电压系统的电压

在 F18 PHEV 中，借助高电压安全插头切断高电压系统电压。要切断电压，应将插头从相应插孔中拔出。

由此断开高电压触点监测装置的电路，并因此切断高电压系统电压。此外，接触器的供电也被切断。如图 5-76 所示显示插上状态的高电压安全插头。高电压触点监测装置的电路未断开。

为了能够将插孔和插头彼此分离，必须松开图 5-77 中显示的机械锁。

图 5-76

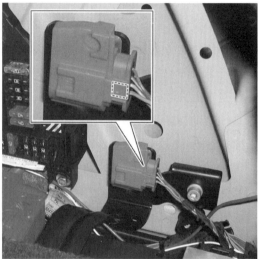

图 5-77

锁止件松开后，可将插头从插孔中拔出数毫米。如果感到阻力，切勿继续或者更用力地拉拔。高电压安全插头的插头和插孔无法被完全拉开，如图 5-78 所示。

（3）防止高电压系统被重新接通

同样应保险锁死高电压安全开关防止重新接通。为此需要一个市售的 U 形锁（例如 ABUS® 45/40）。拉开高电压安全插头的插孔和插头后，一个穿过这两个部件的孔露出来。在这个孔中可穿入市售 U 形锁的锁闩，如图 5-79 所示。

现在锁住 U 形锁。在高电压系统上操作期间，应将钥匙存放在一个安全的地方，以防未经授权的人员打开锁。由于在高电压安全插头上安装并锁住了 U 形锁，所以无法再插紧插头。这样可有效避免在售后服务人

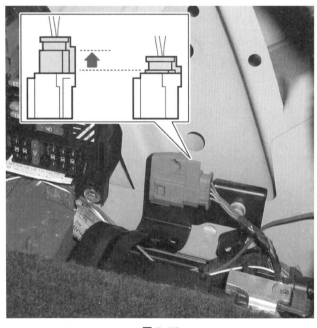

图 5-78

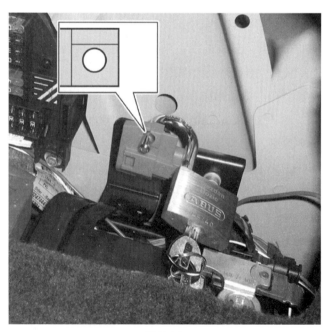

图 5-79

员不知情和未同意的情况下重新接通高电压系统，如图5-80所示。

（4）确认断电

在宝马售后服务修理厂中并不借助测量仪或宝马诊断系统确认断电，而是由高电压组件自己测量电压，然后通过总线信号将测量结果传输给组合仪表。只有当组合仪表从所有相关高电压组件一致收到断电通知时，才生成一条显示断电的检查控制信息。这个黄色的检查控制图标是中间带一条画线的高电压蓄电池。此外还出现文本信息"高电压系统已停用"，如图5-81所示。

要确认断电，售后服务人员必须接通端子15，然后等到看见检查控制信息及图5-81中所示的图标出现在组合仪表中。此时才能确认高电压系统已断电。确定无电压后，必须重新断开端子15和端子R，然后才开始实际操作。如果未显示检查控制信息，则不允许在高电压组件上进行作业！

2. 拆卸和安装

在售后服务中，宝马诊断系统告诉售后服务人员是更换SME、S盒还是整个高电压蓄电池单元。由于高电压蓄电池单元是一个高电压组件，因此在操作开始前的拆卸和安装工作中必须运用电气安全规定。此外，拆卸前必须将冷却液排出，安装后必须重新注入冷却液。借助一个专用工具进行高电压蓄电池单元的安装和拆卸，使用该工具可将高电压蓄电池单元从车中吊出，然后可重新吊入。使用这个专用工具，在拆卸和安装中能减轻售后服务人员的体力负担。更换高电压蓄电池单元后，需要借助宝马诊断系统进行试运行。

图 5-80

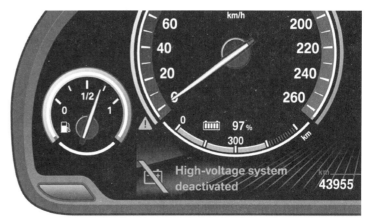

图 5-81

3. 发生事故后的工作步骤

高电压系统的安全设计确保即使在事故发生期间和事故发生后对客户、救援人员或售后服务人员也不产生威胁。事故发生时自动断开高电压系统，这样可从外部接触到的高电压组件位置上不再带有危险的电压。

按如下方式实现高电压系统的断开：

在正常运行中通过端子30F给电池电子管理系统供电。此外还给电动机械式接触器的绕组供电。事故发生时，通过一个扩展的安全蓄电池接线柱实现高电压系统的断开。它包含一个附加的断开接点。安全蓄电池接线柱触发时，这个开关触点在蓄电池正极导线分离的同时断开。开关触点的断开使得高电压蓄电池单元中的接触器直接断开，这样高电压蓄电池单元就无法再向高电压车载网络输送危险的电压。电机—电子伺控系统从碰撞安全模块ACSM收到一个碰撞信号。然后，电机—电子伺控系统立即给中间电路电容器放电。事故发生后，安全蓄电池接线柱仍然处于上述状态，高电压蓄电池单元就不会准备就绪。这样，即使重新接通端子15，高电压系统仍保持未激活状态。

4. 运输模式

为了保护高电压蓄电池单元，以下功能在运输模式中不可用：

· 电动行驶

· 加速功能

· 发动机自动启停

如果发动机运转，高电压蓄电池单元在运输模式中将一直充电。显示蓄电池电量和其他车辆一样，在运输模式中以检查控制信息的形式显示 12V 蓄电池的电量。对于 F18 PHEV，在运输模式中还附加显示一条有关高电压蓄电池单元电量的检查控制信息。高电压蓄电池单元的蓄电池电量分三级显示如表 5-10 所示。

表 5-10

蓄电池电量	组合仪表上的显示	行动
高电压蓄电池电量正常	OK ⊟⊞ HYBRID	无须进行其他操作
高电压蓄电池放电	⊟⊞ HYBRID	给高电压蓄电池充电
高电压蓄电池过度放电	⊟⊞ ! HYBRID	更换高电压蓄电池单元

如果高电压蓄电池单元过度放电，组合仪表上的显示就一直保留，直至高电压蓄电池单元被更换。在复位运输模式后，组合仪表上不再显示有关高电压蓄电池单元电量的检查控制信息。

六、高电压蓄电池充电

（一）充电概述

1. 引言

电动车的充电过程相当于传统动力车辆的加油过程。充电在本章中相应表示：

· 车辆中的高电压蓄电池充电

· 静止期间（不通过制动能量回收）

· 通过电能的输入

· 此电能由车辆外部的交流电源提供

· 并且通过一根充电电缆输入车辆

由于使用一根充电电缆，因此也称其为电导（有线）充电。充电时，不仅在车辆内而且在车辆外都需要组件。在车辆中需要一个充电接口和一个用于电压转换的功率控制装置。在车辆外，除了交流电源和充电电缆还需要一个执行保护和控制任务的设备。在标准和开发中称该设备为电动汽车供电设备 VSE。电动汽车供电设备（EVSE）可集成在充电电缆中，也可以是固定安装式充电站的组成部分（也称为充电墙盒）。EVSE 建立与交流电源的连接，用于满足车辆充电时的电气安全要求。此外，必须通过引导线建立与车辆的通信。由此可安全地启动充电过程并在车辆和 EVSE 之间交换充电参数（例如最大电流强度）。交流电源电压可处于 100 ~ 240V 的范围内。该电压单相输送给车辆。在交流电源方面，理论最大充电功率为 $P_{max}=U_{max} \times I_{max}=230V \times 16A=3.7kW$。

对于宝马售后服务修理厂的员工，必须注意以下充电安全规定：

不允许在高电压蓄电池充电的同时给车辆加油！在充电电缆插入的情况下不可加油并且与易燃材料保持充分的安全距离，否则在充电电缆插上和拔下不当的情况下存在人员伤害或财产损坏的危险，例如因燃油燃烧。F18 PHEV 连接交流电源充电期间，绝对不允许在高电压系统上进行任何操作。充电过程中，电动冷却液泵和电动风扇可为冷却电机—电子伺控系统而自动接通。因此，当充电电缆连接在 F18 PHEV 上时，不允许在电机—电子伺控系统和高电压蓄电池单元的冷却系统上以及在电动风扇上进行操作。

2. 充电方式概览

基本上，F18 PHEV 的高电压蓄电池只能用最大充电功率 3.7kW 的交流电充电（交流充电）。F18 PHEV 中的高电压蓄电池充电方式基本上由各国特有的充电基础设施所决定。如表 5-11 所示列出了在中国可用的充电方式。在此，充电功率和由此导致的充电时间一律基于电源功率，而非基于高电压蓄电池充电所用的充电功率。充电功率总是小于可用的电源功率。F18 PHEV 不支持使用直流电的充电方式（直流充电）。

表 5-11

国家	充电功率	充电时间	插头（型号）	充电附件
中国	单相，3.7kW 交流电	~6:40h（1.8kW） ~3:15h（1.8kW）	中国规格	充电电缆 1.8kW 交流电充电站 3.7kW

3. 电动汽车供电设备

电动汽车供电设备 EVSE 建立与交流电源的连接，用于满足车辆充电时的电气安全要求。此外通过引导线建立与车辆的通信。由此可安全地启动充电过程并向车辆通报充电参数（例如最大电流强度）。EVSE 可集成在充电电缆中（移动式解决方案），也可以是固定安装式充电站的组成部分（也称为充电墙盒）。在这两种情况下，EVSE 包含以下零部件：

· 故障电流防护开关（FI）

· 交流电源是否已连接且是否可用的显示

· 相位（L1）和零线（N）的分离开关

· 生成引导信号的电子电路

· 连贯的安全引线（PE）

（1）移动解决方案

集成在充电电缆中的型号也称为 In-Cable-Box（电缆集成盒），设计用于移动用途。这个解决方案的体积小、重量轻，充电电缆连同 EVSE 很容易在车辆中运输。F18 PHEV 供移动使用的 EVSE 如图 5-82 所示。

EVSE 连接交流电源时使用一个家用插座，因此限制了充电时的最大电流强度。一个为中国交流电源提供的此类产品可在电流强度不超过 8A 或充电功率不超过 1.8kW 的条件下使用。在最理想的条件下，事先已完全放电的 F18 PHEV 高电压蓄电池重新充满电（约 12kWh 净电量）的持续时间约为 6 小时 40 分钟。宝马售后服务人员不得在充电电缆或在 EVSE 上进行任何保养或维修工作。如果充电电缆或 EVSE 损坏或功能异常，应联系制造商。

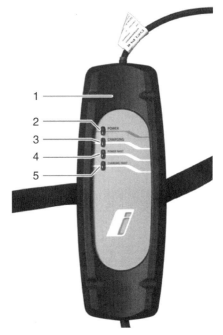

1.宝马i移动式EVSE 2.供电可用性显示（黄色） 3.充电显示（绿色） 4.存在接地或供电中有故障的显示（视市场而定）（黄色） 5.充电故障显示（红色）

图 5-82

（2）固定安装的充电站

由于其尺寸和电气要求的缘故，该规格的电动汽车供电设备必须固定安装，例如在客户房屋旁边或在车库内。在公共场所也能建设这种充电站，例如停车场。只能由经过相应培训的专业电工进行固定安装型充电站的安装、保养和维修。宝马售后服务人员无权进行这些操作。

（3）交流充电站

交流充电站可与交流电源单相（全球）、两相（美国）或三相（常见于德国）连接，但是与要充电的车辆的连接始终为单相。与移动式解决方案不同，此时理论上的最大电流强度为32A，最大充电功率为7.4kW。这些最大值取决于安装现场电气安装中所用导线截面的大小。专业电工在安装中根据导线截面配置充电站，使得可借助引导信号将相应的最大电流强度传递给车辆。F18 PHEV的充电电子控制系统通常只支持使用最大功率3.7kW进行充电。通过引导线上的通信及接近电阻，可避免使用高电流强度充电。如图5-83显示制造商Mennekes生产的交流充电站以及与之匹配的充电电缆插头，F18 PHEV连接车辆的充电电缆插头如图5-84所示。

其他制造商生产的交流充电站或用于其他国家的规格可能与此处显示的规格不同。

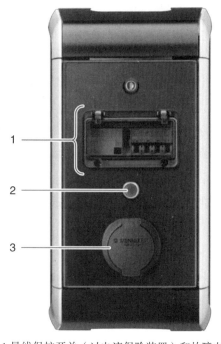

1.导线保护开关（过电流保险装置）和故障电流防护开关（FI）　2.用于中断和继续充电过程的按钮　3.将充电电缆连接在充电站上的盖板和插孔

图 5-83

（二）用交流电压充电

尽管F18 PHEV的高电压蓄电池有时也能通过能量回收由电机充电，但是在F18 PHEV连接当地供电企业的交流电网后才执行标准充电过程。在该过程中从交流电源中汲取电能并输送到F18 PHEV的直流高电压车载网络。此时，F18 PHEV可连接在一个交流充电站上或通过In-Cable-Box（电缆集成盒）充电。后一种充电方式的优势是，给高电压蓄电池充电时，充电电缆可连接在每个带保护触点的家用插座上。中国的充电电流强度受插座限制，最大值为8A。在中国，交流电源供电时的最大充电功率为1840W（$P=U \times I=230V \times 8A$）。

事先已完全放电的F18 PHEV高电压蓄电池（可存储电量约12kWh净电量）重新充满电所需时间为6小时40分钟（纯计算值）。为了减少在较长时间段内的最大充电功率，充电过程中绝不会使用最大充电电流。因此实际充电时间延长。随着电量的增加，只能越来越慢地给高电压蓄电池充电。如果将F18 PHEV连接在一个交流充电站上，则能提供的最大可用充电功率为3.7kW。前提条件是，交流充电站是专为此设计的。

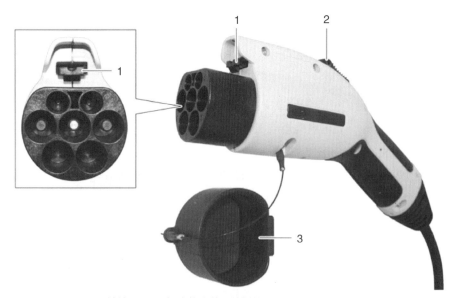

1.机械锁　2.用于插头拔出前机械解锁的按钮　3.充电插头护罩

图 5-84

1. 系统电路图

F18 PHEV 3.7kW 交流充电的系统电流图如图 5-85 所示。

2. 充电电缆

集成有移动式电动汽车供电设备充电电缆如图 5-86 所示。

充电电缆是指以下组件的集合：

· 各国特有的家用插座插头，带保护触点

· 各国特有插头和 In-Cable-Box（电缆集成盒）之间的电缆连接

· In-Cable-Box（电缆集成盒）（EVSE）

· In-Cable-Box（电缆集成盒）和车辆接口插头之间的电缆连接

· 车辆接口的插头

充电电缆是交流电源和车辆的直流高电压车载网络之间的电气连接。在一个带保护触点的家用插座（不包含 EVSE）上连接交流电源。在这种情况下，EVSE 的电路和功能集成在充电电缆中。F18 PHEV 的这根电缆与车辆上的充电接口相匹配，一律为单相规格（相位 L1 和零线 N），始终包含安全引线 PE 以及引导线和充电插头识别导线。插头设计结构确保首先与保护触点连接。通过安全引线将车辆地线接地。充电电缆可收纳在行李箱中的充电电缆盒内。宝马售后服务人员不得在充电电缆或在 EVSE 上进行任何保养或维修工作。如果充电电缆或 EVSE 损坏或功能异常，应联系制造商，F18 PHEV 电流强度设置带菜单如图 5-87 所示。

通过车辆中的设置菜单，使用标准充电电缆充电时可限制插座上的最大电流强度。如果插座上的电流强度不够或者未知，建议将电流强度调至降低或微弱。如果在进厂维修期间更改由客户设置的电流强度大小，则务必确保在交车给客户前重新恢复该电流强度，否则存在客户私人的民用电源过载且客户将保险丝触发误解为车辆故障的危险。交车前应一律将最大充电电流恢复至客户设置。

3. 高电压蓄电池充电时必须注意哪些方面？

不允许在高电压蓄电池充电的同时给燃油箱加油！在充电电缆插入的情况下不可加油，并且与易燃材料保

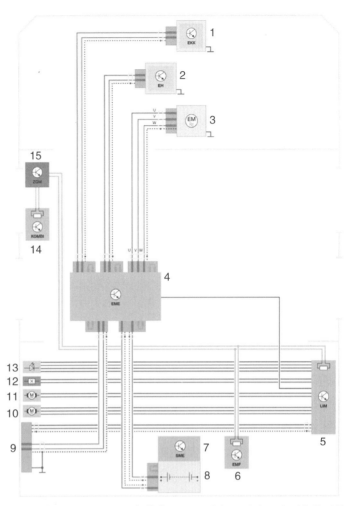

1.电动制冷压缩机EKK 2.电加热装置EH 3.电机 4.电机—电子伺控系统EME 5.充电接口模块LIM 6.电动机械式驻车制动器EMF 7.电池电子管理系统（SME） 8.高电压蓄电池 9.车辆上的充电接口 10.插头上锁驱动机构 11.充电接口盖驱动机构 12.充电接口盖传感器 13.环境和状态照明 14.组合仪表KOMBI 15.中央网关模块ZGM

图 5-85

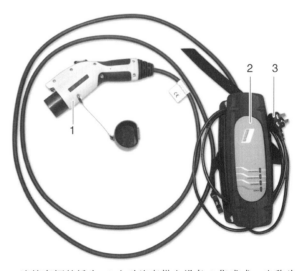

1.连接车辆的插头 2.电动汽车供电设备 [集成式，也称为 In-Cable-Box（电缆集成盒）] 3.连接家用插座的插头

图 5-86

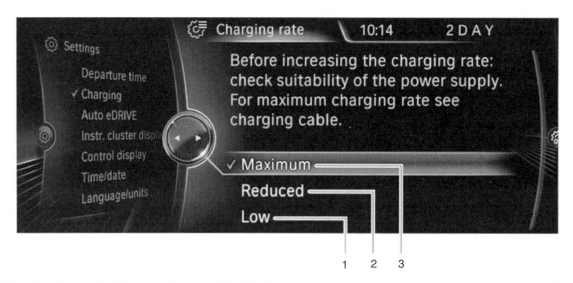

1.电流微弱，约为可用电流强度的50%（通过充电插头识别导线告知）　2.电流降低，约为可用电流强度的75%（通过充电插头识别导线告知），但至少为6A　3.电流最大，为可用电流强度的100%（通过充电插头识别导线告知）

图 5-87

持充分的安全距离。否则，在充电电缆插上和拔下不当的情况下存在人员伤害或财产损坏的危险，例如因燃油燃烧。通过家用插座给高电压蓄电池充电意味着在插座上持续存在高负荷，而在家中使用其他用电器时不会出现这种情况。因此务必注意以下提示：

· 不得使用适配接头或加长导线

· 首先将 EVSE 与家用插座连接，接着与车辆上的充电插座连接

· 充电后，先从车辆上拔下充电插头，然后从墙上拔下充电插头

· 避免绊倒危险以及充电电缆和插座的机械负荷

· 切勿将充电插头插在损坏的插座上

· 切勿使用损坏的充电电缆

· 充电插头和充电电缆在高电压蓄电池充电时可能变热。如果变得过热，说明插座不适用于充电或者充电电缆损坏。立即中断充电并让专业电工进行检查

· 反复发生充电故障或充电中断时，联系具备资格的售后服务人员

· 只能使用防潮耐候的充电插座

· 勿用手指或物体接触插头的触点范围

· 绝对不可自行修理或更改充电电缆

· 清洁前拔下两边的电缆。切勿浸入液体中

· 充电期间请勿清洗车辆

· 只在经过专业电工检测的插座上充电

· 注意维修说明中关于在不明基础设施 / 不明插座上充电的特别提示。然后在车辆中将充电电流设置为微弱

4. 车辆上的充电接口

F18 PHEV 上的充电接口位于后部保险杠饰板左侧。充电接口盖通过一个电驱动机构上锁和解锁。这个电驱动机构的控制通过充电接口模块进行。按压充电接口盖，可在解锁后将其打开。充电接口盖和接线图显示如图 5-88 所示。

充电接口的高电压导线与电机—电子伺控系统连接。相位 L1 和零线 N 设计为屏蔽式高电压导线，其末

端是一个连接电机—电子伺控系统交流电接口的圆形高电压插头。引导线和充电插头识别导线（接近线）为单芯信号线。这些信号线同样为屏蔽线，其末端是充电接口模块 LIM 中的一个插头。安全引线紧邻充电接口，与车辆接地点电气连接。车辆接地点通过这种方式接地。只要车辆处于上锁状态，充电插头就电动锁止在 F18 PHEV 的充电接口上。在车辆充电接口周围排布着一个环形光导管，用于显示充电状态。光导管的照明由两个通过 LIM 控制的 LED 灯提供。车辆上的充电接口只能与高电压导线作为一个整体一起更换。

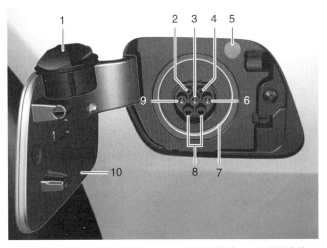

1.充电接口护罩 2.接近线接口 3.PE安全引线接口 4.引导线接口
5.充电插头紧急解锁装置 6.零线N接口 7.环境照明 8.接口未占用
9.相位L1接口 10.充电接口盖

图 5-88

5. 充电接口模块 LIM

LIM 实现车辆和充电站之间的通信。通过端子 30F 进行 LIM 控制单元的供电。此外，如果插上充电电缆，LIM 可唤醒车辆车载网络中的控制单元。另外还有一根直接从 LIM 控制单元至电机—电子伺控系统的导线。只有当 LIM 控制单元通过这根导线上的信号许可充电过程时，电机—电子伺控系统才开始转换电压并因此启动充电过程。F18 PHEV LIM 的安装位置如图 5-89 所示。

LIM 的主要任务是：

· 通过引导线和充电插头识别导线与 EVSE 通信

· 协调充电过程

· 控制显示充电状态的 LED

· 识别充电接口盖状态

· 控制充电插头锁电机

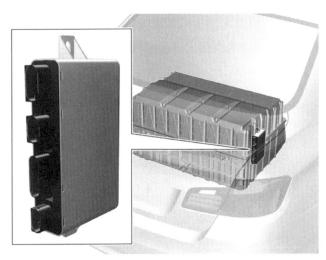

图 5-89

F18 PHEV 充电接口模块输入 / 输出如图 5-90 所示。

（1）通过引导线和充电插头识别导线与 EVSE 通信

引导线和充电插头识别导线为单芯信号线。这些信号线为屏蔽式，其末端是充电接口模块 LIM 中的一个插头。通过充电插头识别导线，可以识别充电插头插在车辆上的充电接口中以及确定充电电缆的最大载流能力。在充电电缆的插头中，一个欧姆电阻串联在接近接口和安全引线之间。LIM 加载一个测量电压并测定充电插头识别导线中的电阻值多大。该电阻值表明所用充电电缆允许的最大电流强度（视导线截面而定）。在 IEC61851 标准第 1 版第 3 部分中规定了电阻和电流强度的对应。为确定和传输最大可用电流强度，需要一根引导线。引导信号是一个双极矩形信号（−12 ~ +12V）。电压大小和脉冲负载参数用于 EVSE 和 F18 PHEV 之间各种状态的通信：

· 电动车已做好充电准备（是 / 否）

· 存在故障（是 / 否）

· 交流电源可提供的最大充电电流

·充电已结束。

（2）协调充电过程

LIM 控制单元负责协调充电过程的开始和结束如图 5-91 所示。

充电过程开始时，客户进行两个操作：

·设置充电开始

·连接充电电缆

客户可以借助 CID 中的控制器和菜单在车辆中设定充电开始。客户在此可选择在连接充电电缆后立即充电还是规定一个要启动充电过程的时间。如果客户连接与交流电源相连的充电电缆，LIM 控制单元就唤醒车载网络中的控制单元（如果尚未通过其他事件唤醒）。为此，LIM 控制单元使用与 CAS 控制单元直接连接的唤醒导线。然后 LIM 控制单元检查充电的功能前提条件并通过 PT-CAN 获得有关安全相关情况的信息。总结检查如下：

·行驶就绪状态关闭

·行驶速度为零

·驻车锁止器已挂入

·充电电缆已连接（接近线）

·与 EVSE 的通信正常（控制线）

·高电压系统激活且无故障

如果所有充电前提条件均满足，EME 中的高电压电源管理向 EME 中的功率控制装置请求一个充电功率，然后充电过程开始。此时，EME 控制单元不仅发送充电功率标准值，而且还规定最大充电电压和最大充电电流的极限值。这些数值取决于高电压蓄电池的当前状态（例如电流和温度）和其余车载网络功率需求（例如空气调节的功率需求）。EME 控制单元智能化地落实这些标准值，即不仅考虑到这些标准值，还要兼顾其他边界条件。其中包括EME本身的状态(故障、温度)

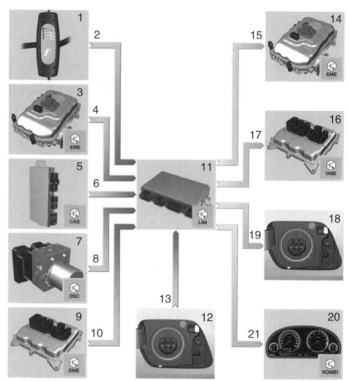

1.电动汽车供电设备EVSE 2.关于交流电源是否可用、充电电缆是否已按规定连接以及可用最大电流强度的信息 3.电机—电子伺控系统EME 4.请求的充电功率、充电电源和充电电流强度（标准值） 5.便捷进入及启动系统CAS 6.端子状态，行驶就绪状态已关闭 7.动态稳定控制系统DSC 8.行驶速度 9.数字式发动机电子伺控系统DME 10.驻车锁止器状态 11.充电接口模块LIM 12.车辆上的充电接口 13.充电接口盖和充电插头的状态 14.电机—电子伺控系统EME 15.设置的充电功率、充电电压和充电电流强度的实际值，充电许可 16.数字式发动机电子伺控系统DME 17.关于充电电缆是否已插上和充电过程是否激活的信息 18.充电接口 19.控制用于环境照明和充电状态显示的LED，控制充电插头锁 20.组合仪表 21.充电信息显示信号

图 5-90

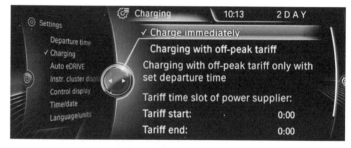

图 5-91

以及受交流电源和充电电缆限制的电缆强度。只有当车辆（LIM）和 EVSE 之间的通信通过引导线成功启动后，才将电压加载在相位 L1 上。这进一步提高了对客户和售后服务人员的保护，避免发生触电危险。

（3）控制显示充电状态的 LED。

在车辆充电接口周围排布着一个显示充电状态的环形光导管。此外，这个光导管还用于充电接口的背景照明。光导管的照明由两个通过 LIM 控制的 LED 灯提供。

①环境照明。

在插上和拔下充电插头时，充电接口环境照明帮助驾驶员指引方向。一旦充电接口盖打开，两个 LED 就呈白色亮起。只要总线系统激活，环境照明就保持接通状态。一旦识别充电插头已正确插上，就断开环境照明并显示初始化设置的状态，如图 5-92 所示。

②初始化设置。

充电插头正确插上后，立即启动初始化设置。初始化设置阶段持续达 10s。此时，LED 以 1Hz 的频率呈橙色闪烁。初始化设置成功后，可开始给高电压蓄电池充电，如图 5-93 所示。

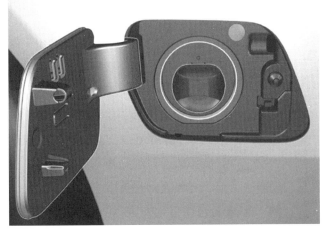

图 5-92

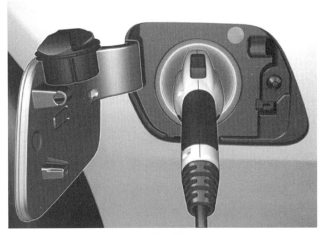

图 5-93

③充电已激活。

LED 呈蓝色闪烁表示当前激活了高电压蓄电池充电过程。闪烁频率约为 0.7Hz。

④充电暂停。

如果初始化设置阶段成功结束并且以后才开始充电（例如，自一个电价优惠的时间起充电），就存在充电暂停或充电准备就绪状态。在这种情况下，LED 呈蓝色长亮，如图 5-94 所示。

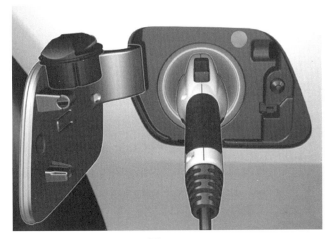

图 5-94

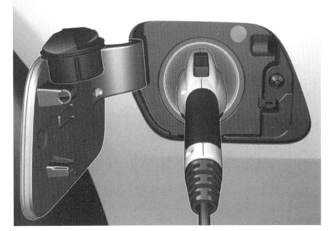

图 5-95

⑤充电已结束。

LED 呈绿色亮灯表示高电压蓄电池的充电状态为充满电，如图 5-95 所示。

⑥充电故障。

如果在充电过程中出现故障，则 LED 呈红色闪烁告之该状态，如图 5-96 所示。此时，LED 以约 0.5s 的频率闪烁 3 次，3 次之间的间隔约 0.8s，闪烁总时长 12s。

充电插头插上后或车辆解锁/上锁后，激活用于这些显示的 LED 12s。如果在这段时间内车辆重新解锁/

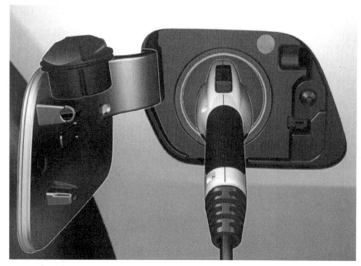

图 5-96

上锁，则显示持续时间再延长 12s。

（4）打开充电接口盖

充电接口盖通过中控锁锁止。解锁后必须按压充电接口盖。这样就操纵一个推顶装置将充电接口盖支起。此外，充电接口杯的盖帽中还安装了一个传感器（霍尔传感器）。霍尔传感器的状态指示充电接口盖的信息（已打开 / 已关闭）。

（5）充电插头锁

充电插头同样通过中控锁锁止。一个电动操纵的锁止销用于此目的。充电插头的电动锁可防止在车辆上锁的情况下拔下充电插头。按下充电插头机械上锁按钮，充电过程中断。此时在充电插头中操纵一个微开关。该开关的状态由 EVSE 读取。发生电气故障时，例如锁止电机失灵，可手动解锁充电插头。紧急解锁操纵按钮位于充电接口右侧上方，拉拔这个按钮可解锁充电插头。

6.EME 中的功率控制装置

在 EME 中安装有功率控制装置，负责将来自充电接口的交流电压转换成高电压蓄电池充电所需的直流电压。交流电压被单相输送给电机—电子伺控系统。可由 EME 处理的输入电压允许处于以下范围内：100 ~ 240V，50Hz 或 60Hz。功率控制装置模块是一个单向 AC/DC 转换器，即一个整流器。在与输入端电隔离的输出端上，EME 提供一个可电子调节的直流电压或流过一个可电子调节的直流电流。输出电压和输出电流的参数来自 EME 控制单元中的高电压电源管理功能。这些数值经过计算并由 EME 调节，能确保高电压蓄电池得到最佳充电并且 F18 PHEV 中的其他用电器获得充足的电能供给。EME 的设计使得它能在输出端上提供 3.7kW 的最大电功率。

七、混合动力制动系统

（一）引言

宝马 530Le 制动系统的任务是让车辆安全稳定地减速。F18 PHEV 可通过两种不同的方式减速：

· 传统的液压制动

· 再生制动

通过再生制动可借助电机将车辆动能转化为电能并给高电压蓄电池单元供电。F18 PHEV 的行车制动器以传统的 F18 的制动器为基础。与传统的 F18 相比，另外使用了以下新组件或经过改进的组件：

· 电动真空泵

· 制动真空传感器

· DSC 单元制动踏板角度传感器

（二）系统概览

F18 PHEV 混合动力制动系统概览如图 5-97 所示。

1. 真空泵

除了机械真空泵，F18 PHEV 还有一个电动真空泵用于纯电动行驶。为了提高制动过程中的能量回收效率，可脱开后桥的液压制动回路。为此在制动液储液罐和 DSC 单元之间集成了一根附加吸管，F18 PHEV 真空供

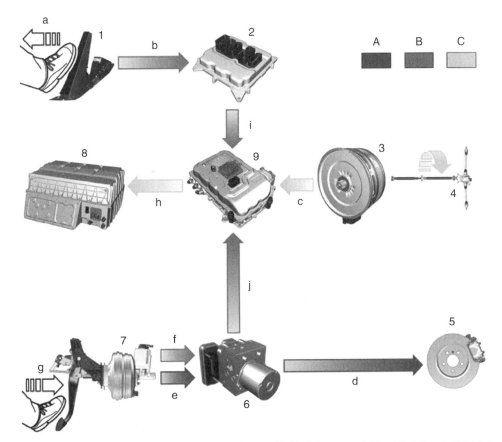

A.液压制动 B.信号流 C.再生制动 1.加速踏板模块 2.数字式发动机电子伺控系统DME 3.电机 4.驱动系 5.后轮制动器 6.动态稳定控制系统DSC 7.带制动踏板角度传感器和制动助力器的制动踏板 8.高电压蓄电池单元 9.电机—电子伺控系统EME a.松开加速踏板 b.从加速踏板模块发送至数字式发动机电子伺控系统的电子信号加速踏板角度（滑行模式中的能量回收） c.由电机产生的电能（交流电压AC） d.从动态稳定控制系统至车轮制动器的液压压力 e.从制动助力器至动态稳定控制系统的液压压力 f.从制动踏板角度传感器发送至动态稳定控制系统的电子信号制动踏板角度 g.操纵制动踏板 h.整流后的高电压（DC），用于存储在高电压蓄电池单元中 i.从数字式发动机电子伺控系统发送至电机—电子伺控系统的总线信息加速踏板角度（滑行模式中的能量回收） j.从动态稳定控制系统发送至电机—电子伺控系统的总线信息标准制动力矩

图 5-97

应装置如图 5-98 所示。

发动机在纯电动行驶期间静止，因此不能驱动机械真空泵。为了在这种行驶状况还能确保制动真空的供应，在 F18 PHEV 中控制一个辅助电动真空泵。制动助力器中的真空由制动真空传感器记录并由数字式发动机电子伺控系统读取。通过电机—电子伺控系统进行电动真空泵的控制和监控。

（三）液压制动

F18 PHEV 液压制动如图 5-99 所示。

如果驾驶员踩下制动踏板，则

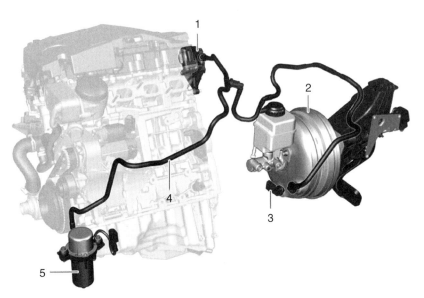

1.机械真空泵 2.制动助力器 3.制动真空传感器 4.真空管路 5.电动真空泵

图 5-98

与制动助力器形成一个直接的机械连接，并因此连接液压制动系统。与传统车辆中的操纵相同：

· 制动踏板—机械连接—制动助力器

· 制动助力器—气动助力器—制动主缸

· 制动主缸—液压助力和两个制动回路的划分—动态稳定控制系统

· 动态稳定控制系统—动态行驶调节和电子制动力分配—车轮制动器

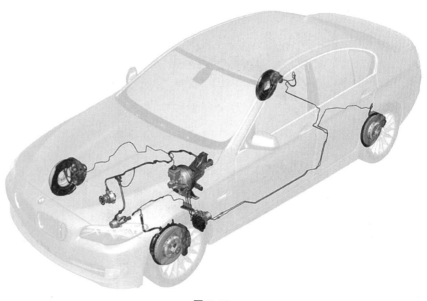

图 5-99

如图 5-100 所示显示制动期间使用传统行车制动器建立制动压力的情况。

动态稳定控制系统（DSC）的硬件由 Bosch 公司提供。Bosch 的零件名称 ESP9 HEV Premium。这个名称

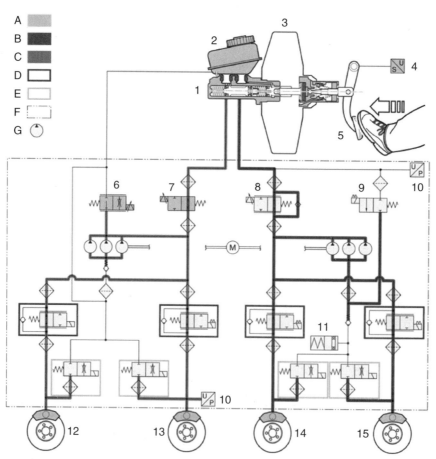

A.供混合动力汽车（HEV）应用的附加组件 B.前桥上的液压制动压力 C.后桥上的液压制动压力 D.ABS（防抱死系统）恒压阀 E.ABS（防抱死系统）减压阀 F.DSC液压单元 G.DSC泵（第6活塞泵） 1.串联式制动主缸 2.制动液储液罐 3.制动助力器 4.制动踏板角度传感器 5.制动踏板 6.压力调节阀 7.断开阀 8.转换阀 9.建压阀 10.制动压力传感器 11.脉冲存储器 12.左后轮制动器 13.右后轮制动器 14.左前轮制动器 15.右前轮制动器

图 5-100

可按如下方式逐一解码：

   ·E= 电子

   ·S= 稳定

   ·P= 程序

   ·9= 代次

   ·HEV= 混合动力电动车

   ·Premium= 最高装备等级（最多数量的执行器和传感器）

由于在宝马上将大量附加软件功能集成在了控制单元中，因此不使用术语 ESP，而使用宝马自己的术语 DSC（动态稳定控制系统）。与传统制动系统的根本区别在 DSC 液压单元区域中。为了能通过能量回收向高电压蓄能器中输送尽量多的电能，有必要在尽可能多的制动过程中脱开后桥上的液压系统。因此，在各个工作点上不利用后桥摩擦制动器减速车辆，而是通过电机的能量回收性能。图 5-101 中的组件表明为实现液压系统的脱开而需要做出的更改。不带混合动力系统的车辆可能带有一个结构相同的 DSC 单元，但是没有标记为黄色的供混合动力汽车应用的规格。在所有不允许制动能量回收的运行状态中，液压行车制动器的工作与不带混合动力系统的传统车辆一样。图 5-100 显示在无电机能量回收的情况下使用制动系统时液压制动压力的走向。

（四）再生制动

F18 PHEV 制动能量回收如图 5-101 所示。

再生制动实现制动能量回收。此时，电机作为发电机工作并且通过自动变速器—传动轴—后驱动桥—输出轴制动驱动轮。使用此时产生的能量通过电机—电子伺控系统为高电压蓄能器充电。与 F10H 和 F04 不同，在串联式制动主缸上未安装制动踏板位移传感器。取而代之的是，直接在制动踏板上使用了一个制动踏板角度传感器。通过这种安排，无须调整串联式制动主缸。此外，制动踏板的空程扩大到

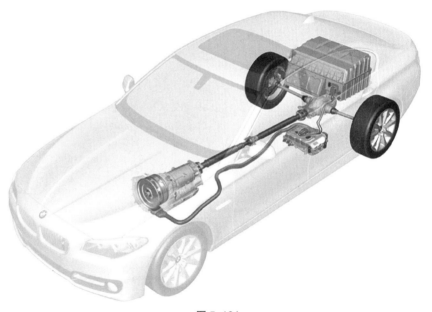

图 5-101

2.25mm 的总值。因此，轻微制动完全可由后桥上的电机能量回收性能来承担。在这种运行状态中，车轮制动器的制动摩擦片只是轻靠在制动盘上，并不产生制动效果。这可以提高驱动装置的效率，因为有更多的可用能量返回到高电压蓄电池中。F18 PHEV 制动能量回收输入信号部件如图 5-102 所示。

加速踏板角度和制动踏板行程是再生制动的关键输入参数。

   ·制动踏板角度由制动踏板角度传感器测探并换算为制动踏板行程，然后由动态稳定控制系统读取

   ·加速踏板角度由加速踏板模块探测，然后由数字式发动机电子伺控系统读取。

在制动踏板未踩下但加速踏板角度为零时，电机就作为发电机工作。电机—电子伺控系统控制电机，为整车产生一个与传统车辆在滑行模式中相当的制动力。视所选的行驶模式而定，通过滑动能量回收产生的减速度大小有所不同。

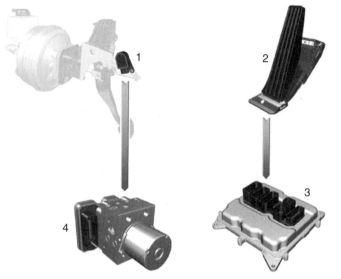

1.带制动踏板角度传感器的制动踏板 2.加速踏板模块 3.数字式发动机电子伺控系统DME 4.动态稳定控制系统DSC

图 5-102

1.脱开后桥车轮制动器

脱开后桥车轮制动器，DSC 9 Premium HEV 液压系统概览如图 5-103 所示。

一旦压过制动踏板上增大的空行程，在两个制动回路中都能形成一个液压制动力。不同于前桥车轮制动器，在后桥车轮制动器上无法控制至车轮制动器的制动压力。后桥制动回路通过一个断开阀脱开。现在，由电机的能量回收功率产生所需的制动功率。

2.连接后桥车轮制动器

连接后桥车轮制动器，DSC 9 Premium HEV 液压系统概览如图 5-104 所示。

如果请求的制动功率超过电机的最大能量回收功率，制动系统额外使用传统的后桥车轮制动器。为了向驾驶员传递一种高品质的制动踏板操纵感，即使在这种混合模式中，踏板仍然通过断开阀与后桥制动回路保持脱离。动态稳定控制系统 DSC 是主控制单元，按如下方式分配制动力：

· 通过电机进行再生制动

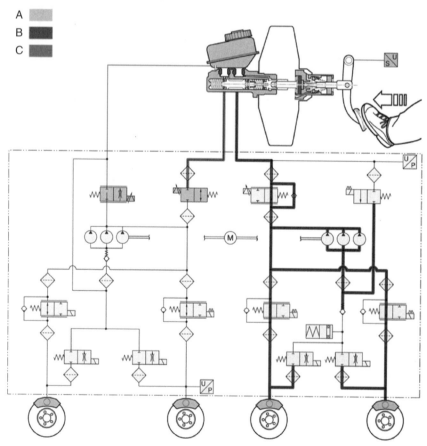

A.供混合动力汽车（HEV）应用的附加组件 B.前桥上的液压制动压力 C.后桥上的液压制动压力

图 5-103

· 通过 DSC 泵进行液压制动

DSC 控制单元确定额外需要的制动功率并计算后桥车轮制动器上应为此产生的液压压力。DSC 泵通过一个按脉冲宽度调制的信号（PWM 信号）控制，并且通过一个附加的吸管从储液罐抽吸制动液。通过 DSC 泵产生的输送压力由后桥制动回路中的一个附加制动压力传感器测量并传输至 DSC 控制单元。调节经过极其精确的匹配，这样驾驶员就不会感觉到车轮制动器脱开和连接时的转换。由于这在有些运行状态中可能会提高 DSC 泵的调节极限，因此使用一个带集成式节流阀的附加压力调节阀。压力调节阀同样通过一个 PWM 信号控制，因此可运动到不同的开启位置（漏隙）。一个集成式节流阀负责精细调整，这样系统可精确调节最小的制动压力变化。在以下运行状态中连接后桥的液压制动回路：

- 超过最大再生制动功率
- 车辆行驶状态不稳定
- 高电压蓄电池处于临界温度范围内
- 高电压蓄能器已充满

3. 紧急制动功能

借助传动系进行的再生制动只作用于 F18 PHEV 的后桥上。后桥上的制动力与前桥上的制动力之比不得超过一个特定值，否则就会影响行车稳定性。也是出于这个原因，通过制动能量回收能达到的最大减速度是有限的。通过再生制动产生的最大允许制动力受到滑差、横向加速度的稳定性监控和稳定性调节过程的制约。因此要确保车辆即使在制动能量回收期间也保持稳定的行驶状态。如果 DSC 控制单元发现行车状态不稳定，则放弃使用再生制动，并且 DSC 控制单元通过稳定措施进行干预。

（五）通过液压和通过能量再生产生的制动力的划分

如图 5-105 所示概括了总制动力如何划分成液压和能量再生两部分。该图的前提条件是，不存在不稳定的行程状态且高电压蓄电池能接收电能。

八、低压车载网络

（一）供电

F18 PHEV 的 12V 车载网络与 F18 的能量车载网络大体相同。主要区别在于，不再由发电机而是由高电压车载网络进行供电。通过 EME 中的 DC/DC 转换器将高电压蓄电池中的高电压转换为

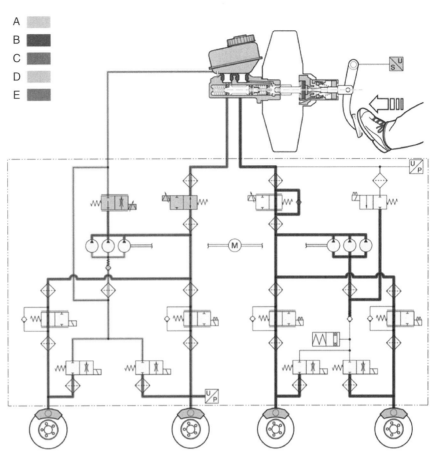

A.供混合动力汽车（HEV）应用的附加组件　B.前桥上的液压制动压力　C.后桥上的液压制动压力　D.吸入压力（DSC泵）　E.输送压力（DSC泵）

图 5-104

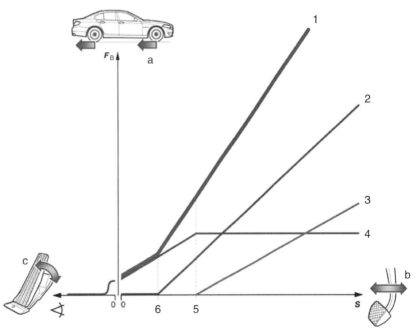

a.车轮上的制动力　b.制动踏板行程　c.加速踏板角度　1.总制动力　2.通过液压产生的前桥制动力　3.通过液压产生的后桥制动力　4.通过能量再生产生的制动力　5.制动踏板行程，自该行程起最大可用能量再生制动力生效　6.制动踏板行程，自该行程起液压制动力开始（制动踏板上的空程结束）

图 5-105

低电压（约 14V）。在行驶模式中，12V 车载网络的供电因此不再取决于发动机转速。另一个区别是，齿形皮带启动机和辅助蓄电池形成一个独立的 12V 车载网络，它通过辅助蓄电池充电单元（Battery Charge Unit，BCU）与 12V 标准车载网络连接。

1. 系统概览

F18 PHEV 12V 供电系统电路图如图 5-106 所示。

2. 反极性保护模块

发动机室中供电组件如图 5-107 所示。

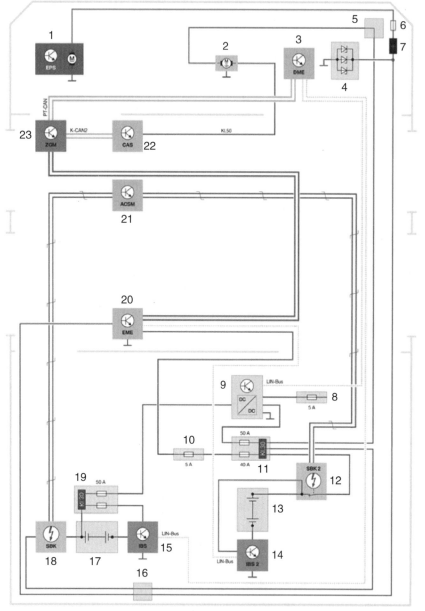

反极性保护用于在极性反接时避免车载网络和与之连接的电子组件发生后续损坏，例如 12V 蓄电池通过外部充电器充电期间。在搭载发动机的传统车辆中，这个任务由发动机中的二极管确保。由于在 F18 PHEV 中没有传统的发电机，必须通过一个新组件进行反极性保护，即反极性保护模块。反极性保护模块安装在发动机室内，右侧大灯附近。一侧连接蓄电池正极导线，另一侧与地线连接。在反极性保护模块内部有 3 个齐纳二极管，能够在一段时间内限制反向加载的电压。提示：齐纳二极管是具有特殊性能的硅二极管，在工作中沿锁止方向限制电压。当极性正确地连接一个外部电源时，例如蓄电池充电器，就使用这个性能。在这种情况下，齐纳二极管通过限制电压防止车辆车载网络的电子组件电压过高。在相反情况下，如果极性错误地连接了一个外部电源，齐纳二极管和其他二极管一样，其作用视同一个极低欧姆的电阻。这样，外部电源实际上短路，电压几乎降至零。因此，错误的（负）电压不会加载到车辆中的电子组件上，电子组件受到保护。如果外部电源在较长时间段内一直极性错误地连接并且此时持续有极高

1.电动助力转向EPS　2.齿形皮带启动机　3.数字式发动机电子伺控系统DME　4.反极性保护模块　5.发动机室配电盒　6.电动助力转向保险装置　7.跨接启动接线柱　8.后部保险丝支架中的端子30F保险丝　9.辅助蓄电池充电单元　10.EME导线保险丝（5A）　11.辅助蓄电池配电盒　12.安全蓄电池接线柱2　13.辅助蓄电池　14.智能型蓄电池传感器2　15.智能型蓄电池传感器　16.配电盒　17.12V蓄电池　18.安全蓄电池接线柱　19.12V蓄电池上的配电盒　20.电机—电子伺控系统EME　21.碰撞安全模块ACSM　22.便捷进入及启动系统CAS　23.中央网关模块ZGM

图 5-106

的电流流动，齐纳二极管会被损毁且无法再实施保护作用。在这种极其罕见的情况下，车辆控制单元也会损坏。反极性保护模块只能在有限的时间内避免极性反接带来的后续损坏。反极性保护模块承受不住长时间的极性反接，会因此而损毁。之后就可能在车载网络的电子组件上产生后续损坏。

（二）启动系统

1. 辅助蓄电池

F18 PHEV 辅助蓄电池如图 5-108 所示。

齿形皮带启动机需要的电能由辅助蓄电池提供。辅助蓄电池安装在行李箱内右侧位置上。辅助蓄电池是一个电容 50Ah 的 AGM 电池。和 12V 车辆蓄电池一样，辅助蓄电池的电流、电压和电极温度由一个智能型蓄电池传感器 IBS2 探测，然后通过 LIN 总线将结果传输至上一级控制单元，即电机—电子伺服系统 EME。EME 通过 CAN 总线将信号转发至 DME。发生足够严重的事故时，安全蓄电池接线柱 SBK2 确保切断辅助蓄电池与齿形皮带启动机之间的蓄电池正极导线。这个安全蓄电池接线柱 SBK2 直接位于辅助蓄电池正极上。辅助蓄电池的安全蓄电池接线柱通过碰撞安全模块 ACSM 以燃爆方式触发。每次更换辅助蓄电池都需要登记。

2. 配电盒

F18 PHEV 辅助蓄电池配件盒如图 5-109 所示。

1.跨接启动接线柱（负极接头） 2.反极性保护模块 3.辅助蓄电池的蓄电池正极导线 4.跨接启动接线柱（正极接头） 5.转接接线柱（辅助蓄电池至齿形皮带启动机） 6.齿形皮带启动机

图 5-107

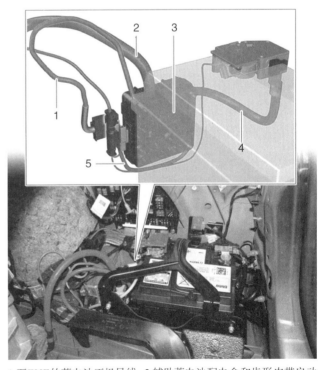

1.至齿形皮带启动机的蓄电池正极导线 2.至配电盒的蓄电池正极导线 3.辅助蓄电池充电单元BCU 4.辅助蓄电池的安全蓄电池接线柱SBK2 5.辅助蓄电池（50Ah） 6.辅助蓄电池的智能型蓄电池传感器IBS2

图 5-108

1.至EME的蓄电池正极导线 2.辅助蓄电池配电盒和齿形皮带启动机之间的蓄电池正极导线 3.辅助蓄电池配电盒 4.辅助蓄电池和辅助蓄电池配电盒之间的蓄电池正极导线 5.BCU和辅助蓄电池配电盒之间的蓄电池正极导线

图 5-109

智能型蓄电池传感器 IBS2 通过一根横截面很小的导线从辅助蓄电池的安全蓄电池接线柱 SBK2 获得供电。蓄电池正极导线也从辅助蓄电池的安全蓄电池接线柱 SBK2 连接至辅助蓄电池的配电盒。其他导线从该配电盒连接至齿形皮带启动机、辅助蓄电池的充电单元和电机—电子伺控系统 EME。该配电盒并非新产品，在其他一些车型系列中已经使用。蓄电池正极导线从辅助蓄电池的配电盒连接至齿形皮带启动机。该蓄电池正极导线的横截面为 110mm²，没有使用一个单独的保险丝进行过电流保护。在辅助蓄电池配电盒中有两根保险丝。100A 的保险丝保护从配电盒至 BCU 的蓄电池正极导线。配电盒是一个模块式组件，因此始终安装有 40A 保险丝。至 EME 的导线横截面较小，因此还串联了一根 5A 保险丝。

3. 辅助蓄电池充电单元

辅助蓄电池充电单元（BCU）由一个控制单元以及一个单向 DC/DC 转换器组成，它连接启动系统与标准车载网络。辅助蓄电池充电单元安装在辅助蓄电池前面，利用一个单独的支架固定在车身上。它的任务是给辅助蓄电池充电。辅助蓄电池充电单元通过一个 LIN 信息从数字式发动机电子伺控系统获知辅助蓄电池充电的标准电压。辅助蓄电池充满电后，通过 DME 断开辅助蓄电池充电单元。通过这种方式可在电动行驶期间或在高速公路上行驶时降低车载网络中的电能消耗。该系统带来的好处是：通过 BCU 中的 DC/DC 转换器实现电隔离。通过齿形皮带启动机启动发动机时，这种电隔离可以避免标准车载网络中的电流波动。如果用一个 12V 外部充电器给 12V 车载网络充电，BCU 就能识别。当车辆未被唤醒却用一个外部充电器（在 12V 车载网络中）充电，BCU 也能通过该功能给启动蓄电池充电。

（三）行驶就绪状态的总线端控制

从驾驶员视角看 F18 PHEV 中的总线端控制如图 5-110 所示。

如果踩下制动踏板并同时按下启动 / 停止按钮，将激活第一个行驶就绪状态。此时，可从每个端子状态（端子 30B、端子 R 和端子 15）激活行驶就绪状态。转速表下部文字"READY"亮起，通知驾驶员行驶就绪状态已激活。车辆可视扭矩要求以纯电动模式或以发动机模式从"行驶就绪状态"中起步。与只用发动机驱动的传统车辆不同，在混合动力汽车上无法通过发动机运转而识别出行驶就绪状态。发动机不启动（即人们所

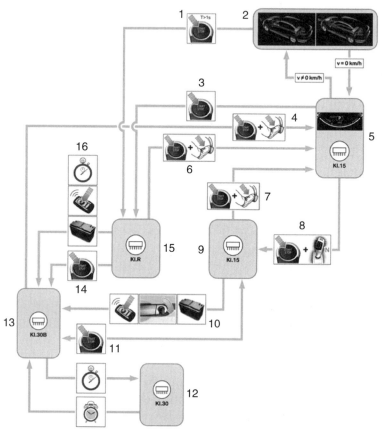

1.长按启动/停止按钮，端子状态从端子15行驶切换至端子R（如果在4s内按压启动/停止按钮3次，也起到该作用）　2.在发动机或电机的支持下行驶　3.通过按压启动/停止按钮，端子状态从端子15切换至端子R　4.按压启动/停止按钮并同时踩下制动踏板，激活行驶就绪状态（启动或不启动发动机）　5.行驶就绪且端子15激活　6.按压启动/停止按钮并同时踩下制动踏板，激活行驶就绪状态（启动或不启动发动机；从端子R启动）　7.按压启动/停止按钮并同时踩下制动踏板，激活行驶就绪状态（启动或不启动发动机；从端子15启动）　8.如果将挡杆挂入N位置并用启动/停止按钮而退出了行驶就绪状态，端子15保持接通15min　9.端子15（尚未行驶就绪）　10.车辆上锁后、车辆蓄电池电量过低时、驾驶员侧车门或驾驶员安全带打开后，如果不存在阻碍端子15断开的因素，则端子15断开　11.通过按压启动/停止按钮，端子状态在端子15和端子30B之间切换　12.端子30　13.端子30B　14.通过按压启动/停止按钮，端子状态从端子R切换至端子30B　15.端子R　16.时间过去8min后，车辆上锁后或车辆蓄电池电量过低时，从端子R切换至端子30B

图 5-110

说的静音启动）的前提条件是，高电压蓄电池充满电且发动机处于工作温度或 eDRIVE 模式已激活。在车辆静止的情况下按压启动 / 停止按钮，即可退出行驶就绪状态，此时自动挂入挡位 P。如果驾驶员在行驶就绪状态接通的情况下挂入挡位 N 并随后按下启动 / 停止按钮，则车辆一直挂在挡位 N 中且端子 15 保持接通状态。

九、总线系统

F18 PHEV 的总线系统以 F18 的总线系统为基础。在 F18 PHEV 中也使用了 F18 的所有主总线和子总线系统。与 F18 的总线系统相比，应增加和调整数个控制单元，而有些控制单元在 F18 PHEV 中根本不必安装。

（一）总线概览

显示由此得到的 F18 PHEV 总线概览如图 5-111 所示。

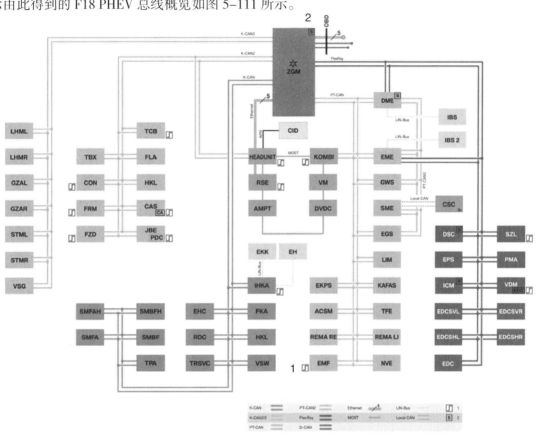

1.具有唤醒能力的控制单元 2.启动节点：用于启动和同步FlexRay总线系统的控制单元 ACSM.碰撞安全模块 AMPT.顶级高保真放大器 CAS.便捷进入及启动系统 CON.控制器 CSC.电池监控电子装置 D-CAN.诊断控制器区域网络 DME.数字式发动机电子伺控系统 DSC.动态稳定控制系统 DVDC.DVD光盘转换匣 EDCSHL.左后卫星式电子减震控制系统 EDCSHR.右后卫星式电子减震控制系统 EDCSVL.左前卫星式电子减震控制系统 EDCSVR.右前卫星式电子减震控制系统 EGS.电子变速器控制系统 EKK.电动制冷压缩机 EKPS.电子燃油泵控制系统 EME.电机—电子伺控系统 EMF.电动机械式驻车制动器 EPS.电动助力转向系统 Ethernet.局域数据网的有线数据网络技术 FLA.远光灯辅助系统 FKA.后座区自动空调 FlexRay.快速实时且容错的车用总线系统 FRM.脚部空间模块 FZD.车顶功能中心 GWS.选挡按钮 HEADUNIT.主机 HKL.后行李箱箱盖提升装置 ICM.一体式底盘管理系统 IBS.智能型蓄电池传感器 IBS2.智能型蓄电池传感器2 IHKA.自动恒温空调 JBE.接线盒电子装置 K-CAN.车身控制器区域网络 K-CAN2.车身控制器区域网络2 K-CAN3.车身控制器区域网络3 KAFAS.基于摄像机的驾驶员辅助系统 KOMBI.组合仪表 LHML.左侧LED大灯控制模块 LHMR.右侧LED大灯控制模块 LIM.充电接口模块 LIN总线.局域互联网总线 本地CAN.本地控制器区域网络 MOST.多媒体传输系统 NVE.电子夜视装置 OBD.诊断插座 PDC.驻车距离报警系统 PT-CAN.传动系控制器区域网络 PT-CAN2.传动系控制器区域网络2 RDC.轮胎压力监控系统 REMALI.左侧可逆电动自动收卷器 REMARE.右侧可逆电动自动收卷器 RSE.后座区视听设备 SMBF.前乘客侧座椅模块 SMBFH.前乘客侧后部座椅模块 SME.电池电子管理系统 SMFA.驾驶员侧座椅模块 SMFAH.驾驶员侧后部座椅模块 STML.左侧大灯驱动模块 STMR.右侧大灯驱动模块 TBX.触控盒 TCB.远程通信盒 TFE.燃油箱压力电子控制系统 SZL.转向柱开关中心 TRSVC.倒车摄像头、俯视功能和侧视功能控制单元 VDM.垂直动态管理系统 VM.视频模块 VSG.虚拟发声器 VSW.视频开关 ZGM.中央网关模块

图 5-111

图 5-112

（二）新控制单元

1.电机—电子伺控系统 EME（如图 5-112 所示）

电机—电子伺控系统的任务是控制和调节高电压车载网络中的永久励磁同步电机。为此，有必要使用一个双向 DC/AC 转换器，将高电压蓄电池的直流高电压转换为电机的三相交流电压。在电机的发电模式中，通过逆变器给高电压蓄电池重新充电。此外，在 EME 中集成一个负责低压车载网络供电的 DC/DC 转换器。EME 连接在 PT-CAN、PT-CAN2 和 FlexRay 上。

2.电池电子管理系统（SME）

SME 控制单元集成在高电压蓄电池单元中，具备相应资格的售后服务人员可通过

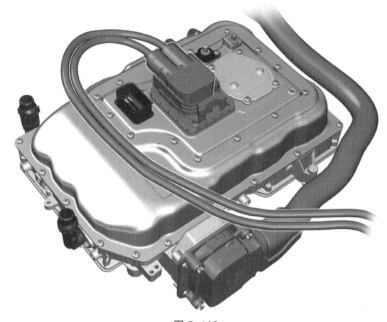

图 5-112

维修盖板够到 SME 控制单元。为了最大限度地延长高电压蓄电池使用寿命，SME 控制单元确保它在一个准确定义的范围（电量和温度）内工作。SME 控制单元的其他任务还包括：启动和关闭高电压系统、安全功能（例如高电压触点监测、绝缘监控）和确定高电压蓄电池的可用功率。SME 通过 PT-CAN2 与其他控制单元通信。

3.电池监控电子装置（Cell Supervisory Circuits，CSC）

为确保 F18 PHEV 中的锂离子电池正常工作，必须遵守特定的边界条件：单格电池电压和单格电池温度不允许高于和低于特定数值，否则电池可能长期受损。出于这个原因，每个高电压蓄电池单元包含多个电池监控电子装置，它们被称为"电池监控电子装置 CSC"。通过一个本地 CAN 进行共 8 个 CSC 的相互通信。本地 CAN 将所有 CSC 相互连接并且用于和 SME 的通信。SME 控制单元此时承担主控制单元的功能。这是一个带 12V 最大电压的低压导线束。在售后服务中不允许更换电池监控电子装置。

4.电动制冷压缩机 EKK

与以前的宝马 Active Hybrid 车辆一样，在 F18 PHEV 中也使用一个电动制冷压缩机。为了能够提供必要的功率，利用高电压电驱动电动制冷压缩机 EKK。EKK 在所有行驶状况中都能实现空调器的制冷剂循环。除了冷却车内，还通过制冷剂循环冷却高电压蓄电池单元的冷却液循环。EKK 控制单元位于制冷压缩机壳体内，通过 LIN 总线与 IHKA 连接。

5.电加热装置 EH

由于采用混合动力汽车概念，宝马 530Le 的发动机在许多行驶状况中产生的热量损失明显减少，并且发动机无法将冷却液循环加热至必需的温度。出于这个原因，F18 PHEV 配备一个电加热装置。这个装置的功能在原理上和直通式加热器相同。电加热装置控制单元位于电加热装置壳体中，通过 LIN 总线与 IHKA 连接。

6.智能型蓄电池传感器 2

智能型蓄电池传感器 2 监控辅助蓄电池的电流、电压和电极温度，监控结果通过 LIN 总线传输给 EME。

7.燃油箱压力电子控制系统 TFE

燃油箱压力电子控制系统 TFE 通过燃油箱中的压力温度传感器监控当前运行状态，然后通过打开燃油箱隔离阀来控制减压。这样，清洁后的汽油蒸气通过活性炭过滤器流入环境中。加油口盖上锁伺服电机被激活，然后可以手动打开加油口盖和燃油箱盖。

8. 充电接口模块

F18 PHEV 充电接口模块如图 5-113 所示。

9. 虚拟发声器 VSG

速度不超过 50km/h 时, 虚拟发声器 (VSG) 控制单元会发出声响, 以便在纯电动行驶期间让其他交通参与者可察觉到本车。

(三)调整的控制单元

为了能在所有运行状态中控制电动制冷压缩机, 必须调整 IHKA。EKK 控制单元通过 LIN 总线与 IHKA 连接。为了能够附加显示行驶就绪状态、电动行驶、制动能量回收和高电压蓄电池电量等与

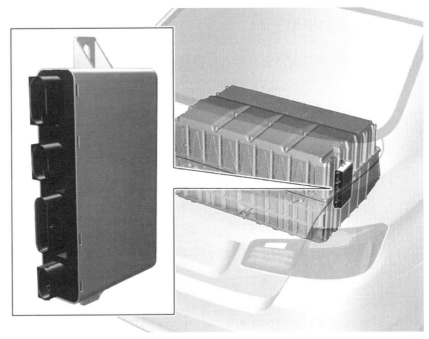

图 5-113

行驶有关的内容, 调整了组合仪表。此外, 检查控制信息中还增加了混合动力特有的信息。由于电机 / 发动机的扭矩协调调整了数字式发动机电子伺控系统 DME 的软件, 为了在翻车时切断高电压系统, 全球都要求混合动力汽车具备翻车识别功能, 借助集成在 ICM 控制单元中的传感器 (侧倾角传感器和垂直加速传感器) 实现翻车识别功能。在这些传感器信号的分析方面, 必须调整 ACSM。在必要情况下, 由 ACSM 触发辅助蓄电池上的安全蓄电池接线柱。动态稳定控制系统 DSC 的软件也为再生制动进行了调整。其中包括读取直接与 DSC 控制单元相连的制动踏板行程传感器的信息。由于变速器的更改而调整了 EGS 控制单元。这样, 电动变速器油泵就通过 EGS 控制单元控制。由于更改了总线端控制 (行驶就绪状态), 最后还调整了 CAS 控制单元中的软件。

(四)取消的控制单元

与 F18 相比, 有些特种装备在 F18 PHEV 中不提供。出于这个原因, 有些控制单元在总线概览中不再画出。取消的控制单元如表 5-12 所示。

表 5-12

取消的控制单元	功能	取消原因
AL	主动转向控制	调校复杂, 尤其在电动行驶中 (在 F18 中, 主动转向控制只与整体式主动转向控制配套提供)
HSR	整体式主动转向控制	由于整体式主动转向控制只与主动转向控制配套提供, 因此也取消了 HSR 控制单元
ACC	主动定速控制	由于控制极其复杂且件数极少, 因此目前在 F18 PHEV 中不提供 ACC
AHM	挂车模块	纯电动行驶模式期间的调校复杂。对目标运行策略影响较大: 纯电动行驶模式中的行驶里程明显缩短且车速更低
DDE	数字式柴油机电子伺控系统	在 F18 PHEV 中只使用 N20 发动机
HUD	平视显示系统	

十、显示和操作元件

混合动力汽车特有的运行状态以及高电压蓄电池充电量显示在组合仪表中，根据用户要求也可显示在中央信息显示屏中。显示以下混合动力汽车特有的运行状态：

- 行驶就绪状态显示
- 电动行驶显示
- MAX eDRIVE 显示
- 加速功能显示
- 能量回收

这些信息一直在组合仪表中的转速表下部显示。通过菜单"车辆信息→eDRIVE"调用混合动力汽车特有的 CID 显示。无论是 CID 中的显示还是组合仪表中的显示，均随着端子 15 的接通而激活。

（一）组合仪表中的显示

1. 运行状态的显示

下面总结了混合动力汽车不同运行状态的显示。

（1）行驶就绪状态

当转速表指针停在 0 且同时在下部区域中显示绿色 READY 字样时，通知驾驶员行驶就绪。即车辆静止并可随时通过踩下加速踏板移动车辆。根据高电压蓄电池电量、eDRIVE 模式的状态和加速踏板的位置，以纯电动模式或利用发动机驱动车辆。例如当车辆在铁路道口或红灯前停下时，行驶就绪状态接通。但如果发动机因为有功率请求而启动过一次，也会运转一段时间（约 1min）以加热催化转化器。如果客户已将车辆熄火然后一小段时间后想要继续行驶，则在按下启动 / 停止按钮后接通行驶就绪状态。由于发动机仍处于工作温度且高电压蓄电池已充满电，所以发动机不启动，如图 5-114 所示。

（2）电动行驶

车辆能在纯电动模式下以最高 80km/h（取决于运行状态）的车速行驶。右侧蓝色箭头表示高电压蓄电池输出的功率，如图

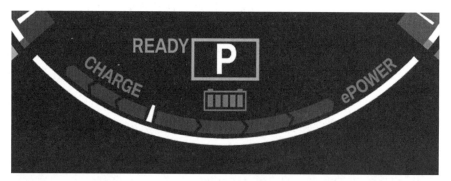

图 5-114

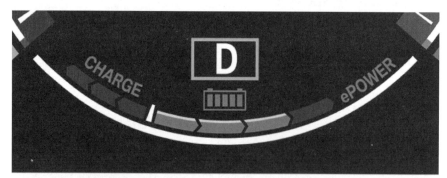

图 5-115

5-115 所示。根据功率请求，最多依次亮起 4 个箭头，转速表指针此时停在 0 处（发动机关闭）。这些箭头的显示视所选行驶模式（COMFORT 或 ECO PRO）而不同。当所有 4 个箭头均亮起时，如果有额外的功率请求，例如加速需求，则启动发动机。在电动行驶时应考虑到，由于没有发动机噪声，行人和其他交通参与者可能会听不到车辆的声音。例如，在驶入或驶离停车位时，应特别小心！

（3）MAX eDRIVE

客户可根据需要激活 MAX eDRIVE 模式，以最高 120km/h 的车速进行纯电动模式行驶。续航里程最高 58km。要激活该模式，必须按下启动 / 停止按钮下方的 eDRIVE 按钮，MAX eDRIVE 模式可在 COMFORT 或 ECO PRO 模式中激活，从而阻止发动机启动，如图 5-116 所示。

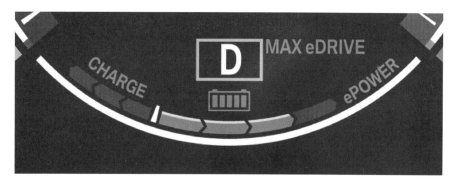

图 5-116

（4）发动机模式

根据所选行驶模式（ECO PRO、COMFORT、SPORT、MAX eDRIVE）和与之相关的最高车速 80km/h 或 120km/h，用发动机驱动车辆。转速表像往常一样显示当前发动机转速。在混合动力汽车特有的显示中，只有高电压蓄电池电量显示仍激活，如图 5-117 所示。

（5）加速功能

猛烈加速时，例如在超车过程中，除了发动机，同时还调用电机功率，这样，就有最大功率供驾驶员使用。为此，必须用力踩下加速踏板（强迫降挡）。转速表显示当前发动机转速，并且左侧 4 个箭头同时亮起。此外，还显示"eBOOST"字样，如图 5-118 所示。

图 5-117

（6）制动能量回收

混合动力系统能够将动能转换为电能，例如在制动时或在滑行模式中。通过这种能量回收给高电压蓄电池充电。根据所选行驶模式，用左侧 3 个蓝色箭头显

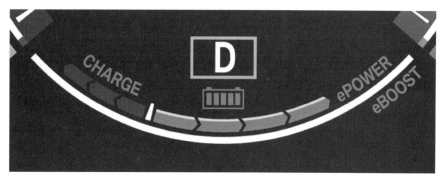

图 5-118

示能量回收。蓝色箭头的长度视减速度或制动踏板踩踏强度而有所不同。车速低于约 15km/h 时，即使车辆处于滑行模式中或正在制动，制动能量回收的显示也不会亮起。这些箭头的显示视所选行驶模式（COMFORT 或 ECO PRO）而不同。

2. 固定指示灯和车载电脑显示

组合仪表包括混合动力特有的、法律规定的固定指示灯，F18 PHEV 带固定指示灯和车载电脑显示的组合仪表如图 5-119 所示。

（二）中央信息显示屏上的显示

在所有车辆运行状态中，都能在 CID 中显示能量流 / 动力流以及高电压蓄电池电量。此外，用户可根据需要让 CID 显示最近 16min 的 eDRIVE 使用情况和 ECO PRO 提示。这样，驾驶员可了解混合动力系统在不同行驶状况中的功能方式以及混合动力汽车的最佳使用情况。

1. eDRIVE 的使用

混合动力系统使用的显示如图 5-120 所示。

在 CID 中可显示最近 16min 内的混合动力系统使用。每个条块代表 1min 的时间段。在发动机停止阶段中也计数时间。条块越高，说明耗油量越大或电机的使用越多。灰色条块显示发动机耗油量。图表右边的一条直线和一个数值显示平均耗油量。蓝色条块显示电机使用所占的百分比份额。其中，电机可能作为发电机（制动能量回收时）或作为电机（电动行驶时）工作。条块越高，说明电机使用强度越大，与之相关的燃油节省也越多。显示中垂直轴线上的两个红色标记表示最后 1min 的条块。

2. 能量流 / 动力流

在 CID 中按以下原理显示能量流 / 动力流：

· 蓝色：电能

· 红色：发动机的能量

· 箭头：能量流 / 动力流方向

此处显示一种行驶状况，以此为例解释各个图标的含义。其他行驶状况与之类似，强烈加速期间 CID 中的混合动力显示如图 5-121 所示。

在 CID 中用红色箭头（发动机部分）和略小的蓝色箭头（电机部分）显示加速功能。此时，

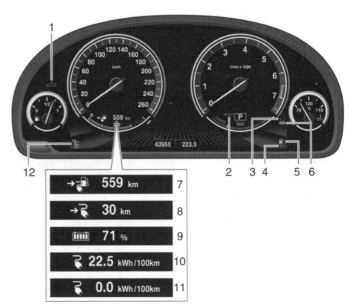

1.车辆总故障（系统故障）2.READY（行驶就绪状态激活）3.电机或功率控制装置过热 4.充电电缆已连接 5.高电压蓄电池正在充电 6.高电压蓄电池电量过低 7.总续航里程 8.电动续航里程 9.高电压蓄电池电量 10.电驱动平均能耗 11.电驱动即时能耗 12.外部发声器CCM禁用

图 5-119

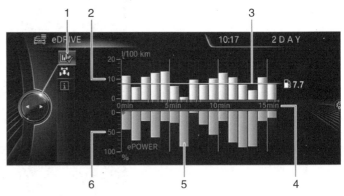

1.eDRIVE使用显示的选项 2.发动机油耗刻度 3.发动机平均油耗 4.时间轴（16min）5.分钟的条块显示 6.电机使用的百分比刻度

图 5-120

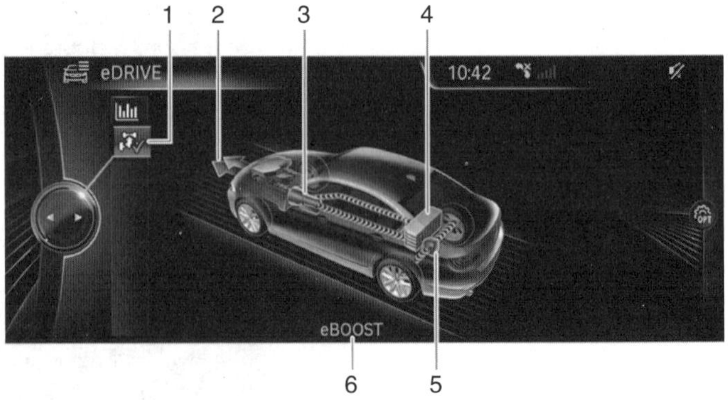

1.能量流/动力流显示选项 2.发动机驱动箭头（红色）和电机驱动箭头（蓝色）3.带电机的自动变速器 4.高电压蓄电池的电量 5.至后桥的动力流 6.当前行驶状态（例如ePOWER、POWER、eBOOST、CHARGE）的文本信息

图 5-121

412

发动机显示为红色。蓝色的自动变速器表示变速器中的电机激活。用 5 个区段表示高电压蓄电池的电量。即一个区段相当于高电压蓄电池电量的 20%。为了显示传递到后轮的动力流来自两个驱动源（发动机和电机），用两个箭头表示动力流。红色箭头表明发动机部分，蓝色箭头表明电机部分。在车辆图标下方还以信息文本的形式显示当前行驶状况。

（三）ECO PRO 模式

F18 PHEV 的驾驶员可根据需要更加节能地驾驶车辆。通过驾驶体验开关可激活特别节能的模式，即我们所说的 ECO PRO 模式。ECO PRO 模式始终支持节能的驾车方式并确保混合动力系统的协调，以达到车辆的最大续航里程。

1. 激活和显示

F18 PHEV 中央控制台如图 5-122 所示。

ECO PRO 模式通过驾驶体验开关激活。程序 COMFORT 为默认设置。要激活 ECO PRO 模式，必须在端子 15 接通的情况下反复朝 COMFORT 方向推按驾驶体验开关，直至组合仪表中显示 ECO PRO。在断开端子 15 后，就关闭了 ECO PRO 模式。在组合仪表中，挡位显示器旁的转速表内显示 ECO PRO 字样，由此表示 ECO PRO 模式已激活。ECO PRO 模式激活后，另外还在 CID 中出现一个用于配置 ECO PRO 模式的窗口，如图 5-123 所示。

如果驾驶员未节能地驾驶车辆，例如加速过于猛烈或者挡位选择错误，就会在 CID 中显示相应提示。

图 5-122

2. 在 ECO PRO 模式下什么会受到影响？

ECO PRO 模式帮助驾驶员采用节能的驾驶方式，并通过一个能量和空调管理智能控制系统降低耗油量。以下措施在根本上有利于降低耗油量：

· 通过加速踏板特性线和自动变速器换挡程序的特征改变，支持驾驶员采用节能的驾驶方式

· 减少舒适性用电器

· 减低冷暖空调功率

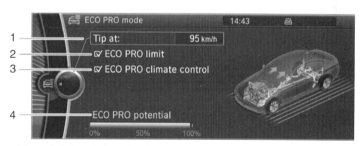

1.选择一个速度，在该速度下将输出ECO PRO提示 2.在超过ECO PRO极限时激活/停用提示 3.在ECO PRO模式中激活/停用受限的空气调节 4.显示按照当前配置能达到百分之多少的节能潜力

图 5-123

· 可能的发动机停止阶段的数量和时长在 ECO PRO 模式中得以最大化

3. 减少舒适性用电器

在 ECO PRO 模式中，容忍在一定程度上降低舒适性。例如关闭外后视镜加热装置（最多节能 100W）和将座椅加热最高温度限制到约 37.5℃（正常情况下为 42℃）。在取消空气调节的 ECO PRO 模式之后，这些功能就恢复到在驾驶体验开关其他程序中所激活的运行状态上。

4. 减低冷暖空调功率

在空气调节的 ECO PRO 模式中，使用一个优化的运行策略，减少能源的使用，合理地限制舒适性。空调器在 ECO PRO 模式中工作时进行能耗协调，以较低的功率干燥和冷却空气，因此需要的电能降低。高电压蓄电池的冷却始终具有最高优先级，不受 ECO PRO 模式激活的影响。只要不制冷就能达到要求的温度，空调压缩机即关闭。

1.eDRIVE按钮

图 5-124

（四）MAX eDRIVE 模式

客户可根据需要激活 MAX eDRIVE 模式，以最高 120km/h 的车速进行纯电动模式行驶。要激活该模式，必须按下启动 / 停止按钮下方的 eDRIVE 按钮。在每种行驶模式中均可激活 MAX eDRIVE 模式。要求：选挡开关不在运动模式换挡槽中。在组合仪表中，挡位显示器旁的转速表内显示 "MAX eDRIVE" 字样，由此表示 MAX eDRIVE 模式已激活，F18 PHEV 启动 / 停止按钮如图 5-124 所示。

强迫降挡时或通过选挡杆换到运动模式时，发动机自动启动并且停用 MAX eDRIVE 模式。此时自动激活 Auto eDRIVE 模式。电动行驶最大续航里程在很大程度上取决于驾车方式（加速和车速）以及车

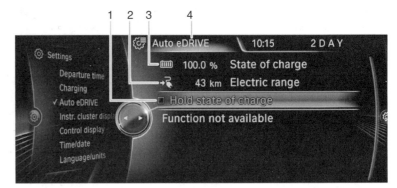

1.保持电量 2.电动续航里程 3.高电压蓄电池电量（SoC） 4.Auto eDRIVE菜单

图 5-125

外温度，当然还有附加用电器。为了达到最大电动行驶续航里程，应在进行外部充电期间预先进行车内温度调节。这样，行驶期间原本为调节温度所需的电能可用于实现更大的电动行驶续航里程。如果车辆在较长时间停放后或者在极低的车外温度下以 MAX eDRIVE 模式行驶，会导致功率降低，甚至电驱动无法使用。其原因可能是高电压蓄电池单元电池模块中的单格电池温度过低。

（五）Auto eDRIVE 模式

Auto eDRIVE 模式始终激活。例外：选挡开关在手动 / 运动模式位置。根据高电压蓄电池的电量，车辆自动选择最佳驱动方式或最佳驱动方式的组合。对于高电压蓄电池电量（SoC）大于 5% 的情况，车辆可以最高约 80km/h 的速度进行纯电动行驶。在 80km/h 以上或功率请求更高时，发动机启动。车速低于该极限值时，发动机重新关闭。如果高电压蓄电池电量（SoC）低于 5%，可适当加速到最大约 55km/h 的车速，进行电动行驶。

（六）保持电量

例如，如果需要在以后的行驶中使用存储的电能，可通过菜单项设置和 Auto eDRIVE 下的 iDirve 进行相应的选择。此时，在菜单中显示高电压蓄电池的当前电量和电动续航里程，如图 5-125 所示。

选择"保持电量"功能的前提条件是：

·行驶模式 SPORT、COMFORT 或 ECO PRO 已激活（但选挡开关不在手动 / 运动模式位置）

· 高电压蓄电池的电量处于专门规定的范围中

该功能激活后，高电压蓄电池的放电将降到最小。尽管高电压蓄电池充满电，但是车辆仍像 SoC 低于 5% 时那样行驶。

以下事件将导致退出"保持电量"功能：

· 通过 iDrive 停用
· 激活行驶模式 SPORT 或 MAX eDRIVE
· 切换端子

（七）负载上升

负载上升是指发动机负载在转速保持不变的同时上升。由此带来功率上升并可在最佳范围中驱动发动机。此时要平衡一个作用在发动机上的阻力，使得一方面发动机负载上升，另一方面转速保持恒定不变。例如，可以在车辆只用发动机驱动的情况下接通空调器或后窗加热装置。DME 通过控制节气门向发动机输送更多新鲜空气，从而承担起平衡额外阻力的任务。此外，还提高燃油喷射量。发动机负载上升，处于能效和油耗的最佳范围内。然而，该调节十分精确，以至于转速不提高，而是只补偿出现的阻力。在 F18 PHEV 中，电机在发电机模式中产生一个反向力矩。如上所述，DME 平衡这个反向力矩，发动机以最佳状态运行。此时获得的电能用于给高电压蓄电池充电。通过这种方式，高电压蓄电池充电时对发动机的影响仍是正面的。除了已有的功率请求，负载还会上升。对驾驶员来说，不会感觉到这个过程。决定负载上升时间点和上升量的影响因素包括：

· 高电压蓄电池的电量
· 发动机温度
· 发动机负载
· 行驶模式

（八）负载降低

为了减少耗油量，在高电压蓄电池充满电的情况下可通过负载降低给发动机卸载。虽然不以纯电动模式驱动车辆，但此时有针对性地给高电压蓄电池放电并且降低 SoC 值。

（九）混合动力特有的检查控制信息

如果在 F18 PHEV 中出现故障，通过检查控制信息告知驾驶员。总结了混合动力特有的最重要的检查控制信息，如表 5-13 所示。

表 5-13

检查控制信息	含义	原因
	总续航里程低	高电压蓄电池电量低 燃油储备少
	高电压蓄电池在工作中和运输途中的当前电量（电量过低→充电）	高电压蓄电池电量低
	检查充电电缆	充电电缆识别装置有故障。未能识别已插上的充电插头。客户应在起步前检查插头是否还插着
	无法充电	车辆充电系统或者基础设施（充电电缆、充电站等）有故障

检查控制信息	含义	原因
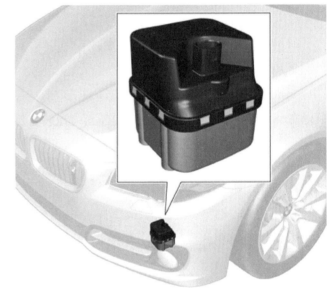 (油箱图标)	加油（可以／拒绝／识别）	识别到混合动力汽车压力油箱的加油要求
(声学行人保护OFF图标)	声学行人保护装置失灵	VSG 中存在内部故障或者另一个控制单元发生导致 CAN 通信失巡的损坏
(HYBRID 电池图标)	绝缘故障，高电压触点监测装置中有故障	高电压系统的高电压蓄电池有故障。发动机熄火后可能无法继续行驶。请直接查找最近的 BMW 售后服务
(断开电池图标)	高电压系统已断开	保养、售后服务和维修时切断高电压系统的电压。高电压安全插头（Service Disconnect）已拔下，高电压触点监测装置电路断开 用于中国市场的图标显示

（十）声学行人保护装置

车辆在纯电动模式中以不超过约 25km/h 的车速行驶时，行人可能听不见车辆的声音。出于这个原因，在车速不超过 50km/h 的情况下借助声学行人保护装置发出声响，这样其他交通参与者就能发现车辆。自车速约 50km/h 起，完全关闭声音输出，但控制单元在声音输出关闭时继续激活。这样安排的原因是，自 50km/h 的车速起，主要会听到风噪声和轮胎滚动噪声。在 F18 PHEV 上标配声学行人保护装置，它只在纯电动行驶期间激活。

1. 系统组件

虚拟发声器 VSG 位于车辆左前区域中。在虚拟发声器的壳体中集成了控制单元，通过 K-CAN3 连接在车辆电压系统中。F18 PHEV 虚拟发声器安装位置如图 5-126 所示。

2. 系统电路图

F18 PHEV 虚拟发声器 VSG 系统电路图如图 5-127 所示。

十一、空调系统

与以往的宝马 Active Hybrid 车辆一样，在 F18 PHEV 中使用一个电动制冷压缩机。由于制冷压缩机带有一个电驱动装置，因此可独立于发动机驱动空调器。这样，即使在纯电动行驶期间和车辆静止时，空调器冷却功能对客户来说也没有变化。一个专用消音器确保听觉上的舒适性。这样即使在发动机关闭的情况下，例如在停车时，也几乎不会听到空调器工作的声音。为了冷却高电压蓄电池单元冷却液循环中的冷却剂，使用了一个冷却装置。我们所知的停车空调和恒温空调功能在 F18 PHEV 同样提供。

图 5-126

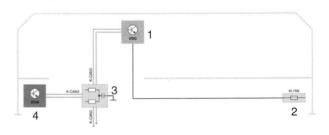

1.虚拟发声器　2.保险丝　3.CAN端接器　4.中央网关模块ZGM

图 5-127

（一）系统概览

F18 PHEV 空气调节系统概览如图 5-128 所示。

图中显示 F18 PHEV 高电压蓄电池单元的制冷剂循环和冷却液循环。冷却高电压蓄电池单元的制冷剂循环和冷却车内的制冷剂循环并联。空调制冷剂循环和高电压蓄电池单元冷却液循环与一个冷却液—制冷剂热交换器连接。高电压蓄电池温度对蓄电池使用寿命有着重要影响。因此，高电压蓄电池的单格电池既不能在过高温度下也不能在过低温度下输出其功率或接收电功率。最佳单格电池温度约为 20℃；单格电池的最高温度不应超过 40℃。R134a 用作回路中循环的制冷剂，它在系统的一个位置上吸收热量，在另一个位置上重新释放这些热量。从车内和高电压蓄电池吸取的热

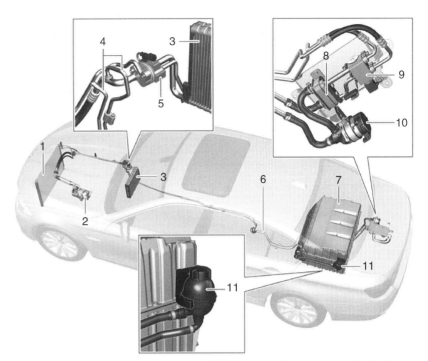

1.冷凝器 2.电动制冷压缩机EKK 3.车内蒸发器 4.高电压蓄电池单元制冷剂管路支路 5.组合式膨胀阀和单向阀（车内） 6.高电压蓄电池单元制冷剂管路 7.高电压蓄电池单元 8.冷却装置（冷却液—制冷剂热交换器） 9.组合式膨胀阀和单向阀 10.电动冷却液泵（50W） 11.冷却液热膨胀平衡罐

图 5-128

量通过车辆前部的冷凝器排放到大气中。激活车内空调时或请求用于高电压蓄电池的冷却功率时，电动制冷压缩机接通，系统向相应位置提供制冷。此时，车内冷却和高电压蓄电池的冷却可相互独立地进行。电动空调压缩机从高电压蓄电池中获得为此所必需的电能。由 BWM 许可的聚烃基乙二醇（PAG）润滑油用作润滑剂。用于电动制冷压缩机的润滑油必须获得许可。在制冷剂循环中集成了专用的组合式膨胀阀和单向阀，这样蓄电池冷却和车内冷却可相互独立地进行。这些阀门只打开实际需要的那部分回路。这样可确保系统的高能效和正常的调节特性。冷却液通过一个电动冷却液泵驱动并通过高电压蓄电池抽取。此时，热量从温度较高处流至温度较低处。冷却时，单格电池向冷却液排散热量。只要冷却液温度低于单格电池，就可以只靠冷却液循环来冷却电池模块。但是冷却液温度因此升高，在一段时间后不再足以将单个电池的温度维持在所需范围中。然后必须降低冷却液温度，这借助一个冷却液—制冷剂热交换器（即我们所说的冷却装置）进行。这是从冷却液循环至空调器制冷剂循环的接口。当制冷剂循环中的组合式膨胀阀和单向阀受电动控制并因此打开时，液态制冷剂流入冷却装置并蒸发。此时，制冷剂从周围环境中吸取热量，并且也从在冷却液循环中流过的冷却液中吸收热量。电动制冷压缩机重新压缩制冷剂，在冷凝器中重新转变为液态。由此，制冷剂可重新吸收热量。如表 5-14 显示在这个过程中如何控制阀门和电动制冷压缩机。

表 5-14

冷却	蒸发器的组合式膨胀阀和单向阀（车内）	高电压蓄电池单元的组合式膨胀阀和单向阀	电动制冷压缩机
高电压蓄电池单元	关闭	敞开	接通
车厢内部	敞开	关闭	接通
高电压蓄电池单元和车内	敞开	敞开	接通
无冷却	关闭	关闭	关闭

IHKA 控制单元探测和计算是否需要和需要多少冷却功率的请求。车内冷却请求一方面可能直接来自客户。另一方面，SEM 控制单元也可能以总线信息的形式向 IHKA 控制单元发送一个高电压蓄电池冷却请求。IHKA 控制单元协调这些冷却请求并通过 LIN 总线控制电动制冷压缩机。冷却请求的优先顺序取决于温度，例如车外温度高且车内强烈受热时，就请求一个高优先级的较大的冷却功率。达到所需温度后，降低冷却功率并维持该温度，优先级调低。单格电池温度的情况与之相似。单格电池升温到约 30℃时，就已开始冷却高电压蓄电池。由 SME 控制单元提出的冷却请求此时优先性还较低，可能被高电压电源管理系统拒绝。单格电池温度更高时，高电压蓄电池的冷却请求获得最高优先级并且一定会被执行。

（二）电动制冷压缩机 EKK

F18 PHEV 电动制冷压缩机 EKK 如图 5-129 所示。

电动制冷压缩机是一个高电压组件！

每个高电压组件的壳体上均安有一个标志，它直观地提示售后服务人员或每个车辆用户，可能因高电压面临危险。带有相应标志的高电压组件只允许由满足以下所有前提条件的售后服务人员操作：具有相应资格，遵守安全规定，准确按照维修说明操作。售后服务人员在高电压组件上操作前，必须通过运用安全规定而切断高电压系统。之后所有高电压组件都无电压，可安全地进行操作。针对售后服务人员忘记正常切断高电压系统的情况，另外准备了一个安全措施，可使高电压系统自动断开。除了高电压触点，在高电压插头中还集成了一个桥形触点。首先执行高电压插头中的桥形触

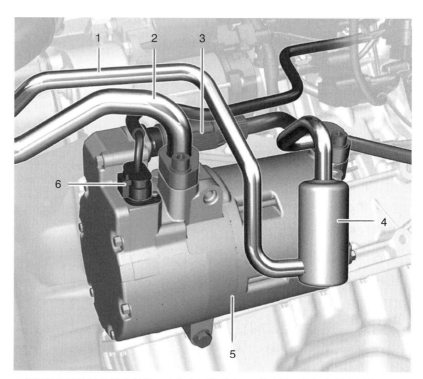

1.高温高电压的气态制冷剂接口（高电压管路）　2.低温低压的气态制冷剂接口（吸管）3.EKK高电压插头　4.消音器　5.电动制冷压缩机EKK　6.信号插头

图 5-129

点接触，即拔下高电压插头后首先会断开高电压电桥的触点。EKK 控制单元的供电因此断开，这导致高电压插头完全拔下前高电压侧的功率请求接近零。这样确保在高电压触点上不会产生电弧。高电压触点带防接触保护功能。电动制冷压缩机的高电压插头不是高电压触点监测电路的一部分。压缩机的功能原理与 F30H 中或 F01H 中使用的压缩机原理一致。使用螺旋式压缩机（也称为涡流式）压缩制冷剂。电动制冷压缩机的电功率约为 5kW。EKK 的高电压处于 288 ~ 400V 的电压范围内。如果电压高于或低于这个范围，就会降低功率或断开 EKK。电动制冷压缩机的制造商为 Sanden 公司。

（三）停车空调和恒温空调

1.停车空调

F18 PHEV 中的制冷压缩机采用电驱动并且高电压蓄电池的能量和功率密度高，鉴于这个实际情况在 F18 PHEV 中为客户提供一个停车空调。在发车前可将温度较高的车厢内部冷却约 2min。车外温度高于 15℃时，按下汽车遥控器的第 4 个按钮可便捷地激活该功能。如果客户在 2min 时间快要结束时打开车门，冷却时间将延长约 30s。行驶就绪状态接通后，才能重新激活停车空调（重复断电机构）。激活停车空调的前提条件是高电

压蓄电池电量充足（SoC> 约42%）。车外温度高于15℃时，在停车预热装置（SA536）遥控器上同样可激活停车空调。在这种情况下，停车空调功能结束后将激活停车通风最多28min。无论是停车空调功能还是停车通风功能，均随着端子15的激活而结束。由接收条件所决定的平均作用距离在汽车遥控器的作用距离范围之内。如果客户使用停车预热装置的遥控器（按下打开/关闭按钮，然后按下启动按钮），可大大增加作用距离（150m）。

2.恒温空调

恒温空调功能是另一个通过使用电动制冷压缩机实现的冷却功能。如果客户要短暂离开车辆然后继续行驶，例如在车辆加油期间要保持舒适的车内温度，就可激活该功能。关闭行驶就绪状态后，在CID中自动显示一个菜单，驾驶员可直接激活或设置空气调节以及充电选项。在恒温空调激活后，将根据需要控制电动制冷压缩机和通风装置，从而保持车内温度。

十二、电加热装置

宝马530Le的暖风热交换器集成在发动机和电机的冷却液循环中。在通过发动机进行相应加热时，可达到足够的加热功率来控制车内温度。由于采用混合动力汽车概念，宝马530Le的发动机在许多行驶状况中产生的热量损失明显减少，并且发动机无法将冷却液循环加热至必需的温度。出于这个原因，F18 PHEV配备一个电加热装置。这个装置的功能在原理上和直通式加热器相同。通过一个转换阀可建立一个独立的加热回路，由电动冷却液泵维持回路的循环。电加热装置是一个高电压组件！带有相应标志的高电压组件只允许由满足以下所有前提条件的售后服务人员操作：具有相应资格，遵守安全规定，准确按照维修说明操作。F18 PHEV发动机和电机冷却液循环中的加热回路如图5-130所示。

（一）安装位置和接口

F18 PHEV加热回路安装位置如图5-131所示。F18 PHEV电加热装置上的接口如图5-132所示。

（二）作用方式

如果驾驶员在空调操作面板上设置所需的温度，IHKA计算出一个相应的标准温度并将该温度与电加热装置的实际出口温度进行比较。为此，在电加热装置上有一个温度传感器。IHKA控制单元通过这种方式可

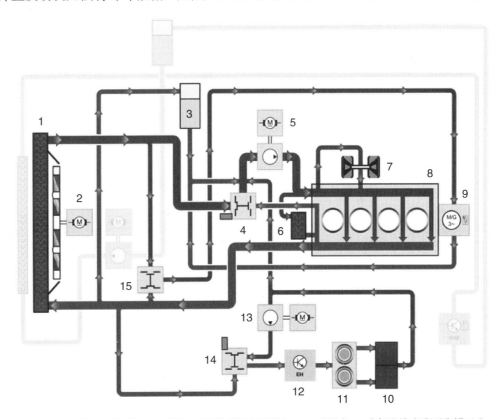

1.冷却液—空气热交换器（发动机和电机的冷却液循环） 2.电动风扇 3.冷却液热膨胀平衡罐（发动机和电机的冷却液循环） 4.特性曲线节温器 5.电动冷却液泵（发动机和电机的冷却液循环，400W） 6.发动机油冷却器 7.废气涡轮增压器 8.发动机 9.电机 10.暖风热交换器 11.双水阀 12.电加热装置 13.电动冷却液泵（用于加热回路） 14.电动转换阀 15.电机节温器

图5-130

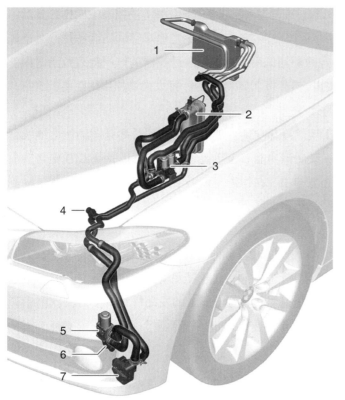

1.暖风热交换器 2.电加热装置 3.双水阀 4.至冷却液循环的接口 5.电动转换阀 6.来自冷却液循环的接口 7.电动冷却液泵（20W）

图 5-131

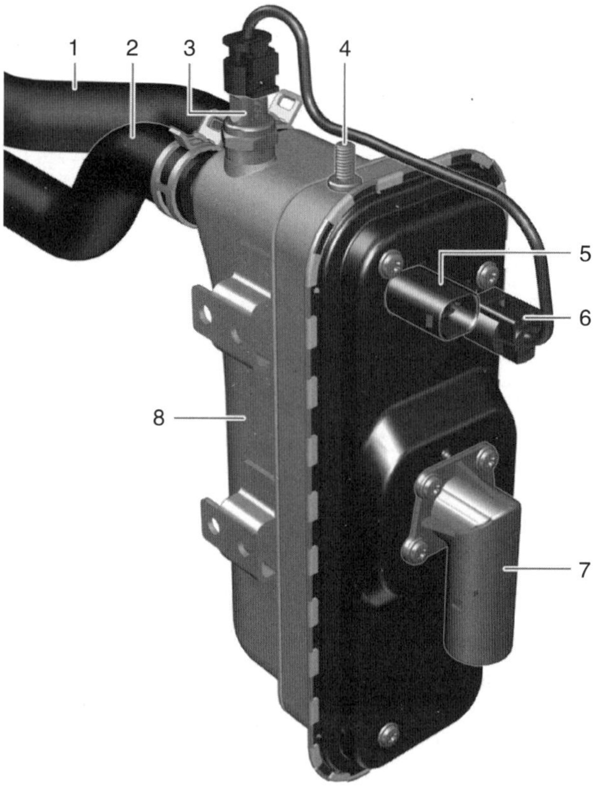

1.冷却液供给管路接口 2.冷却液回流管路接口 3.电加热装置出口处的冷却液温度传感器 4.电位平衡导线接口 5.信号插头（低压插头）6.传感器接口 7.高电压插头接口 8.电加热装置壳体

图 5-132

决定发动机热量是否足以加热车内还是要接通电加热装置。如果冷却液温度过低，电加热装置总共可分5挡加热。通过这种调节，电加热装置始终按照需要进行加热。

1.冷却液温度低

冷却液温度较低时，例如发车后不久或在纯电动行驶模式中，通过接线盒电子装置控制电动转换阀。电动转换阀阻止发动机冷却液循环的进流。现在，电动冷却液泵将冷却液抽到电加热装置中并进行加热，并通过双水阀按照需要将冷却液输送到暖风热交换器中，F18 PHEV 冷却液温度较低时的加热回路如图 5-133 所示。

2.冷却液温度高

被发动机加热的冷却液流经不通电而打开的转换阀、电加热装置和双水阀，到达

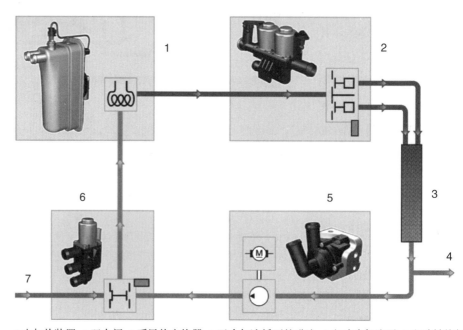

1.电加热装置 2.双水阀 3.暖风热交换器 4.至冷却液循环的进流 5.电动冷却液泵 6.电动转换阀 7.来自冷却液循环的进流

图 5-133

暖风热交换器。冷却液在这里将一部分热量排向流经暖风热交换器的空气，最后重新流回发电机冷却液循环中。电加热装置此时关闭，但电动冷却液泵激活，F18 PHEV 冷却液温度较高时的加热回路如图 5-134 所示。

3. 加热调节装置

电动冷却液泵、电动转换阀以及双水阀为 12V 组件，通过接线盒电子装置控制。电加热装置的最大电功率为 5.5kW（280V 和 20A）。电加热功能通过 3 个加热盘管实现，其功率分别约为 0.75kW、1.5kW 和 2.25kW。在电加热装置内部，通过

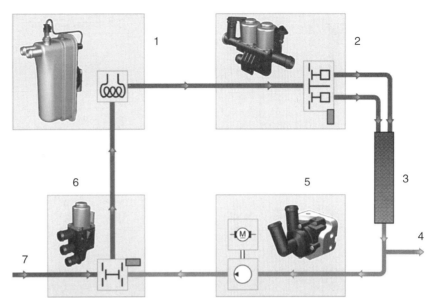

1.电加热装置　2.双水阀　3.暖风热交换器　4.至冷却液循环的进流　5.电动冷却液泵　6.电动转换阀　7.来自冷却液循环的进流

图 5-134

电子开关（Power MOSFET）控制加热盘管的接通（单个或共同），F18 PHEV 电加热装置中的加热盘管如图 5-135 所示。

测量通过各线束的电流并且用控制单元控制电加热装置。在 250 ~ 400V 的电压范围内流过最高 20A 的电流。如果电压高于或低于这个范围，则降低功率。耗电量提高时，用一个硬件电路切断供电。该电路的设计能够确保在控制单元内发生故障时可靠地断电。在电加热装置内部，高电压电路和低压电路之间实现了电隔离。F18 PHEV 电加热装置方框图如图 5-136 所示。

LIN 总线和供电（端子 30B）的接口位于低压插头上。电加热装置圆形插头的高电压触点有防接触保护功能。电加热装置的高电压插头不是高电压触点监测电路的一部分。除了高电压触点，在高电压插头中还集成了一个桥形触点。首先执行高电压插头中的桥形触点接触，即拔下高电压插头后首先会断开高电压电桥的触点。EH 控制单元的供电因此断开，这导致高电压插头完全拔下前高电压侧的功率请求接近零。这样确保在高电压触点上不会产生电弧。通过单独或组合接通单个加热盘管，可实现 6 个加热挡。由 IHKA 控制单元通过 LIN 总线发出加热装置接通请求，如表 5-15 所示。

达到最高温度时或超过允许的最大电流强度时，通过 EH 自动限制加热功率。此外，在行驶

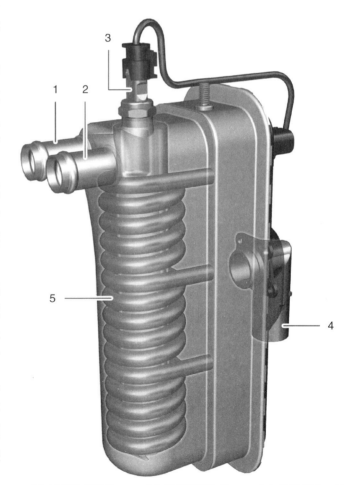

1.冷却液供给管路接口　2.冷却液回流管路接口　3.电加热装置出口处的冷却液温度传感器　4.高电压插头接口　5.3个加热盘管

图 5-135

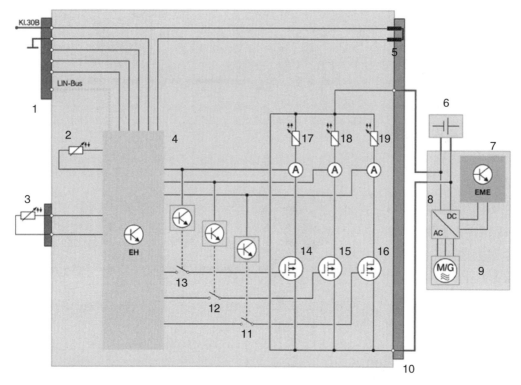

1.低压插头 2.电加热装置EH控制单元线路板温度传感器 3.回路中的冷却液温度传感器 4.电加热装置EH（控制单元） 5.高电压插头中的电桥 6.高电压蓄电池 7.电机—电子伺控系统EME 8.EME中的双向AC/DC转换器 9.电机 10.电加热装置上的高电压插头 11.加热盘管3中电流过高时的硬件断开 12.加热盘管2中电流过高时的硬件断开 13.加热盘管1中电流过高时的硬件断开 14.加热盘管1的电子开关（Power MOSFET） 15.加热盘管2的电子开关（Power MOSFET） 16.加热盘管3的电子开关（Power MOSFET） 17.加热盘管1 18.加热盘管2 19.加热盘管3

图 5-136

表 5-15

加热盘管	加热挡
1	1
2	2
3	3
1+3	4
2+3	5
1+2+3	6

模式 ECOPRO 中或自高电压蓄电池一特定电量起，降低电加热装置的功率。系统中发生故障时，断开电加热装置。电加热装置无须维护。用作冷却液的是由水和浓缩冷却液 G48 按比例 50：50 制成的混合液。

第二节　宝马第 3.0 代混合动力系统 F15 PHEV 车系

一、F15 PHEV 高电压组件

（一）简介

1.定位

在宝马高效动力方面，宝马集团自 2015 年春季开始引入另一款混合动力车辆。宝马 X5 xDrive 40e 是第

8 款采用混合动力技术的批量生产车型，通过首次组合使用宝马 4 缸发动机与电机为同等级车辆树立了全新的效率和耐久性标准。宝马 X5 xDrive 40e 研发代码为 F15 PHEV，以 X5（F15）为基础。混合动力技术基于对批量生产车型宝马 Active Hybrid 5 和宝马 Active Hybrid 7 所用驱动技术的不断后续研发。宝马 X5 xDrive40e 是一款使用锂离子高电压蓄电池单元的全混合动力车辆，可通过例如家用插座进行充电。研发代码中的缩写 PHEV 代表"插电式混合动力电动汽车"。宝马 X5 xDrive 40e 的驱动系统由一个 TwinPower 涡轮增压技术 4 缸汽油发动机（N20B20M0）、一个 8 挡自动变速器（GA8P75HZ）和一个电机组成。毫无疑问，与采用传统驱动方式的宝马 X5 相比，F15 PHEV 所用 Active Hybrid 技术的主要优点是可在进一步提高驱动功率的同时降低耗油量。宝马 X5 xDrive40e 的 0 ~ 100km/h 加速时间为 6.8s，耗油量降至平均 3.3L/100km，二氧化碳排放量降至 77g/km。宝马 X5 xDrive40e 的电动驱动装置可实现最高车速为 120km/h 的纯电动零排放行驶。最远电动可达里程为 31km。此外，混合动力特有发动机节能启 / 停功能还通过在停在交通信号灯前或堵车时关闭发动机创造进一步提高效率的可能。通过标配驾驶体验开关，在宝马 X5 xDrive 40e 上也可选择行驶模式"运动""舒适""ECO PRO"。通过一个附加按钮（eDRIVE 按钮），可在不接通发动机的情况下使 F15 PHEV 实现最高 120km/h 的纯电动行驶。

2. 识别标志

（1）外部

宝马 X5 xDrive 40e 的一系列特征使其与传统 F15 明显不同。行李箱盖和发动机隔音盖板上的"eDRIVE"字样表明这是一款混合动力汽车。X5 xDrive 40e 的标配轮辋有多种形式。为了进一步提高可达里程，可以选装运动型 5 辐 19 英寸空气动力学轮辋车轮，该车轮可减小车辆空气阻力。前围板左侧充电接口盖表明宝马 X5 xDrive40e 是一款插电式混合动力汽车，F15 PHEV 外部识别特征如图 5-137 所示。

1. 带"eDRIVE"字样的隔音盖板 2.19 英寸空气动力学轮辋 3. 行李箱盖上的"eDrive"字样 4. 充电接口盖 5.X5 xDrive 40e 车型名称

图 5-137

（2）内部

F15 PHEV 内部识别标志如图 5-138 所示。

宝马 X5 xDrive 40e 的一些内部特征也使其与 F15 明显不同。在驾驶员侧 A 柱饰板上带有加油按钮。此外，在中控台按钮组件下方带有 eDRIVE 按钮。驾驶员可通过该按钮的切换性能选择不同功能并实现最高 120km/h

1.带 "eDRIVE" 字样的徽标 2.加油按钮 3.eDRIVE 按钮 4.带 "eDrive" 字样的登车护条

图 5-138

的纯电动行驶。此外，在前部和后部登车护条上也带有 "eDrive" 字样。混合动力特有运行状态和高电压蓄电池单元充电状态在组合仪表内以及（根据需要）在中央信息显示屏 CID 内显示。在 CID 和组合仪表内显示都需要打开点火开关。F15 PHEV 的车内空间情况与 F15 几乎完全相同。由于高电压蓄电池单元装在行李箱内，因此装载高度损失了几毫米。

3. 行驶情况

与之前的宝马混合动力车辆一样，宝马 X5 xDrive40e 也有一系列混合动力特有的行驶情况。其中包括：

· 也可在 eDRIVE 模式下实现全部 xDrive 功能

· 发动机节能启 / 停功能

· 起步和行驶（纯电动或发动机驱动）

· 加速（助推功能）

· 制动能量回收利用

· 滑行

滑行：

通过另一项创新技术可通过在静止状态下、城市交通行驶时以及高速行驶状态下关闭发动机来提高效率。如果不需要发动机提供驱动力，在行驶期间也可通过混合动力系统关闭发动机。之后，在车速不超过 160km/h 的情况下可关闭发动机并通过自动变速器内的分离离合器与传动系统的其他部分断开。之后，宝马 X5 xDrive40e 在不受发动机反拖力矩影响的情况下安静滑行。为了确保不受限制地运行所有安全和舒适功能，通过能量回收利用功能将一小部分动能转化为电能。能量回收利用的程度取决于所选行驶模式。

4. 技术数据

技术参数如表 5-16 所示。

5. 配置

除技术数据外，F15 PHEV 与 F15 提供的选装配置也有所不同。下面汇总了一些 F15 PHEV 不提供的重要选装配置：

表 5–16

发动机和变速器	单位	宝马 Active Hybrid X6	宝马 xDrive 35i	宝马 xDive 40e
结构形式		V8	R6	R4
每缸气门数		4	4	4
排量	cm³	4395	2979	1997
变速器		混合动力主动变速器	GA8HP45Z	GA8P75HZ
驱动方式		四轮驱动	四轮驱动	四轮驱动
发动机最大功率	kW r/min	300 5500 ～ 6400	225 5800 ～ 6400	180 5000 ～ 6500
发动机最大扭矩	N·m r/min	600 1750 ～ 4500	400 1200 ～ 5000	350 1350 ～ 4800
总系统功率	kW	357	—	230
高电压蓄电池单元		镍氢蓄电池	—	锂离子蓄电池
电机功率	kW	67	—	83
电机最大扭矩	N·m	2600	—	250

- Integral 主动转向系统
- 动态驾驶系统（主动侧翻稳定装置）
- 后座区空调系统
- 第三排座椅

以下配置属于标准配置：

- 自适应舒适底盘
- 驻车暖风 / 驻车空气调节（高电压）

（二）驱动组件

1. 简介

4 缸汽油发动机首次成为宝马混合动力驱动装置的组成部分。这款 2.0L 发动机功率 180kW、最大扭矩 350 N·m，为更高耐用性和更高效率提供了有力保障。4 缸发动机所用宝马 TwinPower 涡轮增压技术包括双涡管涡轮增压器、直接喷射装置和全可变气门调节系统 Valvetronic。

2. 改进型 N20 发动机

N20 发动机及其外围设备针对宝马 X5 xDrive 40e 进行了相应改进。详细介绍各项改进情况如表 5–17 所示。

表 5–17

皮带传动机构组件	替换为	背景
转向助力泵	电子助力转向系统 EPS	通过电子助力转向系统可自由确定转向助力及复位力。因此系统可根据相应行驶状况以最佳方式调节转向和车辆性能
制冷剂压缩机	电动制冷剂压缩机 EKK	由于在电动行驶期间发动机处于静止状态，无法驱动制冷剂压缩机。因此采用一个电动制冷剂压缩机
发电机	电机电子装置 EME	电机电子装置通过集成式 DC/DC 转换器将高电压转化为 12V 电压并输送至 12V 车载网络
真空泵	电动真空泵	由于在电动行驶期间发动机处于静止状态，无法驱动机械真空泵。因此除机械真空泵外还采用一个电动真空泵

（1）齿形皮带启动系统

在 F15 PHEV 上采用了全新开发的启动系统。该系统为齿形皮带启动系统，可在所有条件下启动发动机。该齿形皮带启动系统占据了皮带传动机构和传统发电机的安装空间。之前位于皮带传动机构内的附属总成被新组件所取代或者功能被集成到新控制单元内，F15 PHEV 齿形皮带启动系统如图5-139 所示。

齿形皮带启动机产生的扭矩通过齿形皮带以及带单向离合器的齿形皮带盘传至曲轴并通过这种方式启动发动机。为了能够安全传输启动机扭矩，采用了一个机械张紧轮。启动发动机后，带单向离合器的齿形皮带盘将齿形皮带启动系统与曲轴断开，从而

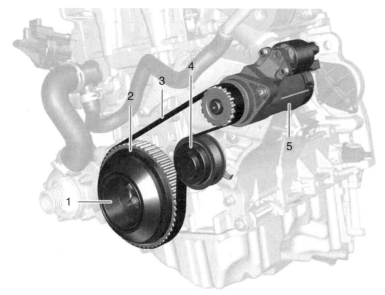

1.减震器 2.带单向离合器的齿形皮带盘 3.齿形皮带 4.张紧轮 5.齿形皮带启动机

图 5-139

使该系统在发动机运行期间处于静止状态。齿形皮带的设计使用寿命与车辆使用寿命相同，无须更换。

①优点。

采用齿形皮带启动系统具有以下优点：

· 启动发动机时非常迅速、安静且震动较小

· 可在任何情况下启动发动机

例如齿形皮带启动系统可使刚刚关闭的发动机重新启动。这样可根据运行策略或行驶情况完美调节发动机的启动。

· 齿形皮带启动系统具有很好的冷启动和热启动性能

②齿形皮带启动机。

F15 PHEV 的齿形皮带启动机是经过调整的、带双中间减速机构和永励式直流电机的螺旋推移传动式启动机。齿形皮带启动机可提供 1.7kW 额定功率和 96N·m 最大扭矩。它无须保养，出现故障时只能整个更换。F15 PHEV 齿形皮带启动机如图 5-140 所示。

齿形皮带启动机与曲轴间的传动比小于采用传统启动机时飞轮处的传动比。为在启动机尺寸不变的情况下产生足够高的扭矩，装有另一个行星齿轮箱。由于与传统螺旋推移传动式启动机相比在此不与飞轮啮合，因此取消或调整了以下组件，如表 5-18 所示。

行驶期间，启动发动机时基本上都会使用齿形皮带启动机。但在某些情况下也会由自动变速器内的电机来执行这项任务（例如

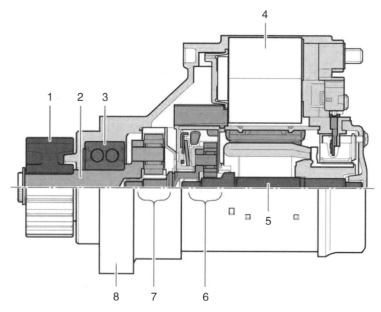

1.齿形皮带轮 2.转子轴 3.角接触球轴承 4.啮合继电器 5.直流电机 6.后部行星齿轮箱 7.前部行星齿轮箱 8.壳体

图 5-140

表 5-18

组件	取消	调整
啮合继电器		×
啮合杆	×	
自由滚轮	×	
小齿轮	×	
啮合弹簧	×	
转子轴		×
壳体		×
转子轴轴承		×

静止车辆和高电压系统可提供电能时）。齿形皮带启动机的制造商是 Denso 公司。

③张紧轮。

在此采用一个机械张紧轮作为齿形皮带的张紧系统。通过一个螺栓将其固定在附属总成支架上。将张紧轮压到齿形皮带上所需的作用力通过张紧轮上的一个弹簧和一个偏心轮机械机构来实现，此外通过一个塑料盖罩来防止污物进入。F15 PHEV张紧轮如图 5-141 所示。

进行维修时，必须注意按照专业方式进行张紧轮定位并正确调节齿形皮带张紧程度。为此必须使底板位于附属总成支架上的专用凹槽内。必须按规定力矩拧紧固定螺栓。可在安装齿形皮带时调节其张紧程度并通过张紧轮上的一个指针进行检查。如果在发动机关闭状态下指针位于底板上的调节窗范围内，则齿形皮带张紧调节无误。在发动机启动过程中，指针位置可能

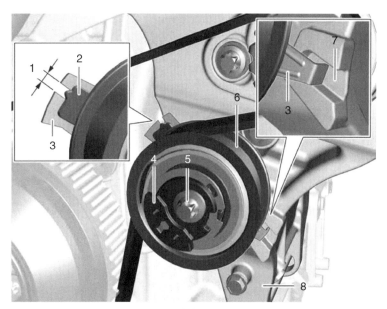

1.调节窗 2.指针 3.用于附属总成支架底板的锁止装置 4.偏心轮机械机构
5.固定螺栓 6.张紧轮 7.用于底板的凹槽 8.附属总成支架

图 5-141

会因齿形皮带启动系统内的负荷变化而超出调节窗范围。在此情况下这属于正常现象，无须进行齿形皮带张紧校正。安装张紧轮或进行齿形皮带张紧调节时必须遵守当前维修说明。未按规定固定张紧轮或对齿形皮带张紧进行错误调节可能会导致齿形皮带启动系统损坏或失灵。

④带单向离合器的齿形皮带盘。

带单向离合器的齿形皮带盘由实际单向离合器和减震器构成。发动机启动时，带单向离合器的齿形皮带盘使齿形皮带轮与曲轴连接并通过这种方式传输齿形皮带启动机产生的扭矩。在发动机运行期间，单向离合器使齿形皮带轮与曲轴断开，齿形皮带启动系统处于静止状态。所用单向离合器为卡辊式单向离合器。这种单向离合器具有以下特点：

· 快速响应

· 无噪声

· 低磨损

· 适用于高转速

与其他宝马车型一样，所用减震器也由一个固定盘（小质量块）和一个飞轮齿圈（大质量块）组成。两个部件通过一个减震元件（由弹性体构成）相互连接，因此可以相对扭转几度。同时固定盘还用于固定单向离合器外环并用螺栓与曲轴固定在一起，F15 PHEV 带单向离合器的齿形皮带盘如图 5-142 所示。

⑤发动机启动。

发动机启动，如图 5-143 所示。

齿形皮带轮驱动单向离合器内环（如图 5-143 中 4）。单向离合器内环

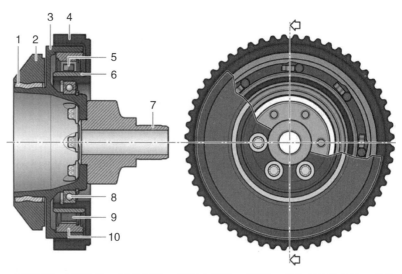

1.减震元件 2.固定盘 3.飞轮齿圈 4.齿形皮带轮 5.弹簧 6.单向离合器内环 7.曲轴 8.球轴承 9.滚子 10.单向离合器外环

图 5-142

沿顺时针转动并在弹簧（如图 5-143 中 2）和滚子（如图 5-143 中 3）的作用下压入单向离合器外环（如图 5-143 中 1）的夹紧楔内。通过夹紧作用在单向离合器内环、滚子与单向离合器外环之间形成动力连接。与曲轴相连的单向离合器外环随之转动并通过这种方式驱动曲轴。

⑥在发动机运行期间，如图 5-144 所示。

齿形皮带轮驱动单向离合器外环（如图 5-144 中 1）。单向离合器外环"超越"单向离合器内环（如图 5-144 中 4）。通过克服弹簧（如图 5-144 中 2）作用力将滚子（如图 5-144 中 3）压入单向离合器外环变大腔室内并通过离心力（如图 5-144 中 Fz）使滚子保持不动，从而使滚子从单向离合器内环上完全抬起。这样可消除动力连接并使单向离合器内环保持静止状态。

（2）真空系统

F15 PHEV 有很多组件都需要真空供给。N20 发动机通过一个机械真空泵产生所需真空压力。由于在 N20 发动机未运行状态下也必须确保真空供给，因此真空系统增加了一个电动真空泵。只要真空系统内的数值低于某个限值，就会启用电动真空泵。真空压力由制动助力器内的一个压力传感器探测，该传感器已通过带发动机节能启 / 停功能的车辆为大家所熟知。如图 5-145 所示为相关组件概览。

（3）发动机支撑

在 F15 PHEV 上通过源自柴油发动机车辆的减震控制式支座支撑发动机。发动机支撑借助真空进行软硬模式切

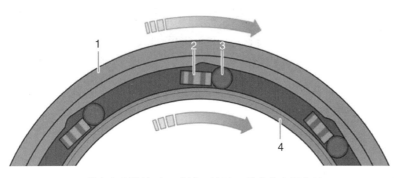

1.单向离合器外环 2.弹簧 3.滚子 4.单向离合器内环

图 5-143

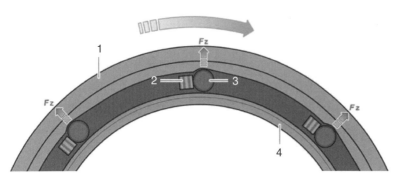

1.单向离合器外环 2.弹簧 3.滚子 4.单向离合器内环 Fz.离心力

图 5-144

换，从而确保发动机舒适启动和怠速运行平稳。为了改善发动机启动时的减震效果，通过间隔衬套升高了左侧和右侧发动机支座并缩短了发动机支撑臂。用于控制发动机减震控制式支座的阀门由数字式发动机电子系统 DME 控制。F15 PHEV 减震控制式支座的工作方式与柴油发动机车辆的减震控制式支座相同。对其施加真空后就会变软。此时相当于发动机怠速和启动时的位置，可确保舒适减震。只要不再向支座施加真空且自动调节到环境压力，支座就会变硬。在 F15 PHEV 行驶模式下启用这个位置。减震控制式支座的真空供给通过上述 F15 PHEV 真空系统实现。F15 PHEV 发动机支撑如图 5-146 所示。

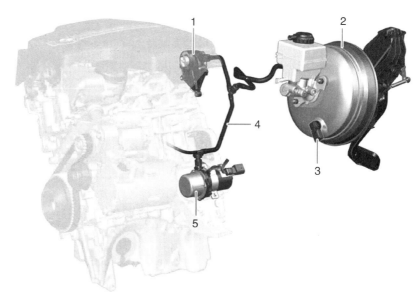

1.机械真空泵 2.制动助力器 3.压力传感器 4.真空管路 5.电动真空泵

图 5-145

3. 燃油供给系统

F15 PHEV 配备不锈钢压力燃油箱来确保发动机运行。这样可在纯电动行驶模式下确保汽油蒸气留在压力燃油箱内。只有在发动机运行期间才会通过活性炭罐吸入新鲜空气进行清污且汽油蒸气进入燃烧室内。压力燃油箱仍位于其原来的安装空间，因为高电压蓄电池单元装在行李箱内，其可用容积为 85L。

（1）组件及其安装位置（如图 5-147 所示）

压力燃油箱通过张紧带直接固定在车身上。

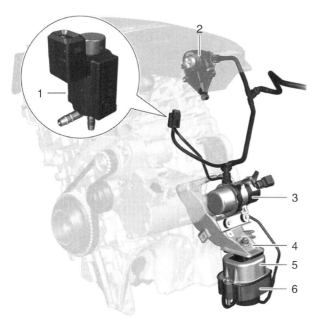

1.用于控制减震控制式支座的阀门 2.机械真空泵 3.电动真空泵 4.左侧发动机支撑臂 5.左侧减震控制式支座 6.左侧间隔衬套

图 5-146

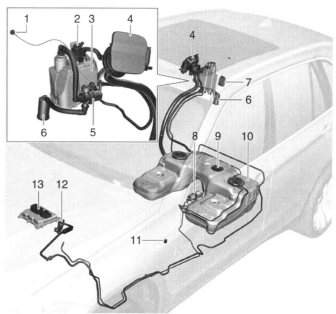

1.用于燃油箱盖板应急开锁的拉线 2.燃油箱关断阀 3.活性炭罐 4.带盖罩的燃油箱盖板 5.燃油箱隔离阀 6.外部空气滤清器 7.燃油箱功能电子系统 TFE 8.外部燃油滤清器（根据国家规格） 9.燃油泵控制系统 10.压力燃油箱 11.燃油箱盖板开锁按钮 12.燃油箱通风阀 13.数字式发动机电子系统 DME

图 5-147

（2）系统概览

F15 PHEV 燃油供给系统如图 5-148 所示。

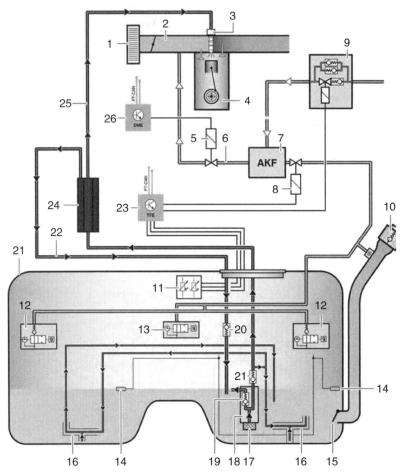

1.空气滤清器 2.进气装置 3.喷射阀 4.发动机 5.燃油箱通风阀TEV 6.清洁空气管路 7.活性炭罐 8.用于电动行驶的燃油箱关断阀 9.活性炭罐与大气之间的燃油箱隔离阀 10.带安全阀的燃油箱盖 11.压力和温度传感器 12.运行通风阀 13.加注通风阀 14.燃油油位杆状传感器 15.单向阀 16.引流泵 17.抽吸滤网 18.电动燃油泵 EKP 19.溢流阀 20.单向阀 21.压力燃油箱 22.燃油回流管路（仅限带有外部燃油滤清器时） 23.燃油箱功能电子系统TFE 24.外部燃油滤清器（仅限燃油质量较差的国家） 25.燃油供给管路 26.数字式发动机电子系统 DME

图 5-148

压力燃油箱内的部件并未采用新技术。由一个直流电机驱动燃油泵。由电动燃油泵 EKP 控制单元进行调节和控制。供给管路内的燃油压力约为 600kPa，通过一个溢流阀调节至该水平。在 F15 PHEV 燃油箱内有两个引流泵。一个引流泵向燃油槽加注燃油，用于在所有运行和行驶状态下确保可靠加注。另一个附加引流泵位于辅助室内，用于确保主室可靠加注。

（3）系统电路图

F15 PHEV 燃油供给系统电路图如图 5-149 所示。

发生碰撞时，电动燃油泵 EKP 控制单元就会立即切断燃油泵驱动供电。EKP 通过 PT-CAN 从碰撞和安全模块接收相关信息。燃油箱隔离阀在通电状态下处于打开状态，不通电时处于关闭状态。因此 F15 PHEV 发生碰撞时不会使燃油箱隔离阀通电（保持关闭状态），也不会通过 TFE 进行任何故障码存储器记录。因此只要相关部件（例如压力和温度传感器）没有损坏，就不会禁止之后为车辆加油或执行其他功能（清污等）。

（4）加油

加油前必须对压力燃油箱进行通风。开始加油程序时必须首先操作加油按钮。加油按钮位于驾驶员侧 A

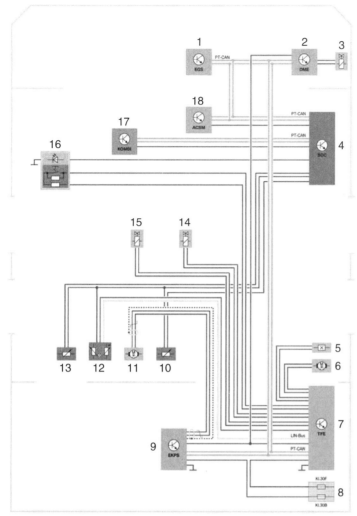

1.变速器电子控制系统EGS 2.数字式发动机电子系统DME 3.燃油箱通风阀TEV 4.车身域控制器BDC 5.燃油箱盖板位置传感器 6.用于锁止燃油箱盖板的执行机构 7.燃油箱功能电子系统TFE 8.行李箱配电盒 9.燃油泵控制系统 10.右侧燃油油位杆状传感器 11.电动燃油泵EKP 12.压力和温度传感器 13.左侧燃油油位杆状传感器 14.燃油箱关断阀 15.燃油箱隔离阀 16.带有照明装置的加油按钮 17.组合仪表KOMBI 18.碰撞和安全模块ACSM

图 5-149

柱区域。只有车辆处于唤醒状态时只能执行按钮功能。由燃油箱功能电子系统对按钮状态进行分析。按钮从脚部空间模块处接收定向/夜间照明信号（总线端 58g）。F15 PHEV加油按钮如图 5-150 所示。

燃油箱功能电子系统 TFE 通过燃油箱内的压力和温度传感器监控当前运行状态，之后通过开启燃油箱通风路径内的阀门控制压力下降情况。根据车辆状态，燃油箱隔离阀或燃油箱关断阀必须打开。加油期间会在活性炭罐内临时存储燃油蒸气。只有处于发动机驱动模式并启用清污功能时，才会将存储的蒸气输送至发动机内。燃油箱降低压力后，就会释放燃油箱盖板。此时用于锁止燃油箱盖板的执行机构受控，燃油箱盖板和燃油箱盖可以手动方式打开。只要燃油箱内的压力测量值高于规定限值，就不会授权燃油箱盖板开锁。此外还会打开燃油箱隔离阀，以便在行驶期间燃油箱压力达到系统限值时降低燃油箱压力。处于停车状态时通过一个集成在燃油箱隔离阀内的机械阀来执行上述功能。在欧规 F15 PHEV 上，燃油供给系统没有燃油箱泄漏诊断功能。燃油箱隔离阀位于活性炭罐与大气之间，因此也称为大气隔离阀AIV。此外，在燃油箱与活性炭罐之间还有一个燃油箱关断阀。燃油箱关断阀不通电时处于打开状态。通过燃油箱隔离阀可使燃油箱

系统与大气隔离。燃油箱、活性炭罐、清洁空气管路直至燃油箱通风阀构成了一个压力系统。该系统用于在美规车辆上执行法规要求的泄漏诊断。燃油箱隔离阀在停车以及电动行驶期间处于关闭状态，而燃油箱关断阀处于打开状态。启动发动机时会关闭燃油箱关断阀并打开燃油箱隔离阀，从而借助发动机对活性炭罐进行清污。此时燃油箱关断阀使燃油箱内的压力保持不变。燃油箱隔离阀与燃油箱关断阀组合使用可在纯电动行驶状态下满足法规要求的排放限值。在美规F15 PHEV 上，燃油供给系统带有燃油箱泄漏诊断功能。对燃油供给系统进行维修作业前必须启动加油程

图 5-150

序，从而使燃油箱内的压力降低。维修期间应使燃油箱盖板和燃油箱盖打开，以免压力再次升高。驾驶员可在组合仪表内看到燃油箱就绪状态显示。如果在约 10min 内燃油箱盖板未打开，之后就会重新自动锁止。通过一个霍尔传感器识别燃油箱盖板位置。完成加油过程并关闭燃油箱盖后，就会通过燃油箱功能电子系统重新锁止燃油箱盖板并关闭燃油箱隔离阀。不允许在高电压蓄电池单元充电的同时加注燃油箱。接有充电电缆时要与易燃物品保持充足安全距离，否则未按规定插入或拔出充电电缆时存在人员受伤或物品损坏的危险。

4. 自动变速器

（1）简介

F15 PHEV 的自动变速器 GA8P75HZ 基于 2009 年底 F07 引入的 GA8HP70Z 变速器，而且也由 ZF 公司生产，其结构与 F15 PHEV 的 GA8P75HZ 自动变速器相似。F15 PHEV GA8P75HZ 变速器如图 5-151 所示。

（2）结构和功能

①概览

为了满足插电式混合动力汽车的要求，对自动变速器进行了相应调整。为此对一些现有组件进行了调整或用其他组件进行了替代。此外，将部分减震系统从变速器范围分离出来并作为集成有离心摆式减震器的双质量飞轮与发动机牢固连接在一起，通过花键与变速器连接。由于电机较大且带有附加扭转减震器，GA8P75HZ 变速器壳体比 GA8P70HZ 变速器加长了 30mm。GA8P75HZ 变速器内的混合动力装置包括 5 个组件：

· 双质量飞轮

· 附加扭转减震器

· 分离离合器

· 电机

· 在 GA8P70HZ 基础上改进的电动附加油泵，用于在变速器输入轴静止时提供变速器油压力

与 GA8P70HZ 变速器一样，在 GA8P75HZ 变速器内也通过增加直径和摩擦片数量对片式制动器 B 进行了加强并配备了主动控制式机油冷却系统。这是因为除执行换挡元件功能外，还需要用于车辆起步和缓慢行驶。F15 PHEV GA8P75HZ 如图 5-152 所示。

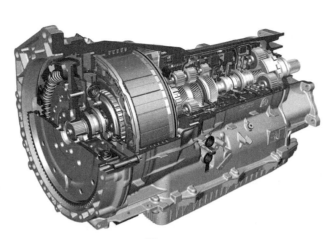

图 5-151

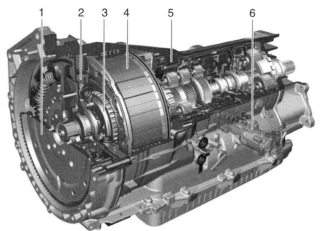

1.双质量飞轮（包括扭转减震器和离心摆式减震器） 2.附加扭转减震器 3.分离离合器 4.电机 5.片式制动器 B 6.电动附加油泵

图 5-152

下面的 GA8P75HZ 变速器结构示意图展示了新组件如何集成在自动变速器内，如图 5-153 所示。

②双质量飞轮。

为了降低耗油量和二氧化碳排放量，在此使用高负荷发动机、减少气缸数量并降低可行驶转速。但这些

措施会使因做功行程加速以及压缩行程减速而产生的曲轴转动不均匀性增高。这种转动不均匀性会导致所连接的传动系统扭转震动。为隔开扭转震动，F15 PHEV 自动变速器使用一个双质量飞轮。双质量飞轮使发动机曲轴与电机之间形成机械连接。它由扭转减震器和离心摆式减震器构成。双质量飞轮重约 11kg，出现故障时可单独更换，如图 5-154 所示。

离心摆式减震器集成在双质量飞轮内，几乎可以完全消除出现的扭转震动。它由一个法兰构成，在该法兰上减震器配重块可在规定轨道上移动。在法兰和减震器配重块内都集成有用作运行通道的弧形曲线轨道。减震器配重块分别通过两个滚子与法兰连接，可沿曲线轨道来回移动。F15 PHEV GA8P75HZ 离心摆式减震器的结构和工作原理如图 5-155 所示。

离心摆式减震器由多个摆动的配重块（减震器配重块）组成。其震动方向与发动机的扭转震动相反，并对后者进行补偿。转速较低时，严格来说即出现明显干扰性震动时，减震器配重块的摆幅非常大，这样可改善车内声音效果。

③电机。

GA8P75HZ 变速器的其他创新之处还包括将电机、附加扭转减震器和分离离合器集成在 F15 PHEV 变速器壳体内。这些组件位于双质量飞轮后。电机、扭转减震器和分离离合器与双质量飞轮一起占据了液力变矩器的安装空间。F15 PHEV GA8P75HZ 变速器内的电机如图 5-156 所示。

④换挡元件。

可以切换或改变所有挡位的制动器和离合器称为换挡元件。与 GA8HP70Z 变速器一样，在 GA8P75HZ 变速器内也使用以下换挡元件：

· 两个固定安装的片式制动器（制动器 A 和 B）

· 三个旋转的片式离合器（离合器 C、D 和 E）

片式离合器（C、D 和 E）将驱动力矩传入行星齿轮箱。片式制动器（A 和 B）将力矩作

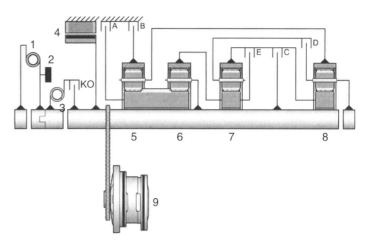

1.扭转减震器 2.离心摆式减震器 3.附加扭转减震器 4.电机 5.齿轮组1 6.齿轮组2 7.齿轮组3 8.齿轮组4 9.机械油泵 A.片式制动器A B.片式制动器B C.片式离合器C D.片式离合器D E.片式离合器E KO.分离离合器

图 5-153

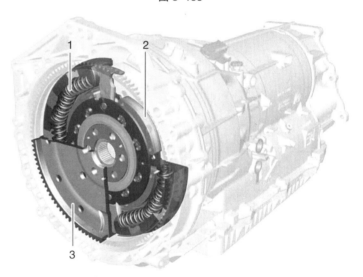

1.扭转减震器 2.离心摆式减震器 3.双质量飞轮

图 5-154

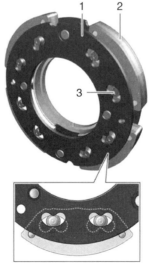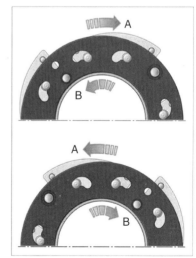

1.法兰 2.减震器配重块 3.滚子 A.摆动的减震器配重块 B.发动机的扭转震动

图 5-155

433

用在变速器壳体上。系统以液压方式使离合器和制动器接合。为此将液压油压力施加在活塞上，以便活塞将摩擦片套件压在一起。F15 PHEV GA8P75HZ 变速器概览如图 5-157 所示。

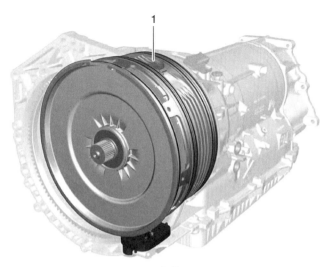

1.电机
图 5-156

GA8HP75Z 变速器的换挡元件在数量和布置方面与 GA8HP70Z 变速器相同。因此 8 个挡位也以相同方式产生。如表 5-19 所示，列出哪个挡位下哪个换挡元件接合。

由于取消了液力变矩器，对自动变速器的片式制动器 B 进行了调整。在 F15 PHEV 的 GA8P75HZ 中，通过片式制动器 B 实现车辆起步和缓慢行驶。为此增加了摩擦片数量并增大了其直径。为了确保充分冷却，可根据需要使变速器油流过集成式起步元件（片式制动器 B）。

⑤机械电子模块。

机械电子模块由液压换挡机构和电子控制单元组合而成。控制单元位于变速器下部区域，被油底壳所包围。液压换挡机构包含变速器控制系统的机械组件，例如阀门、减震器和执行机构。机械电子模块已针对在 GA8P75HZ 中使用进行了相应调整，例如现在可通过传感器（如图 5-158 中 3）的转速信号计算出起步离合器（片式制动器 B）的滑转率。在 GA8P75HZ 变速器内借助电机的转子位置传感器确定变速器输入转速。

⑥机油供给系统。

GA8P75HZ 变速器机油循环回路的基

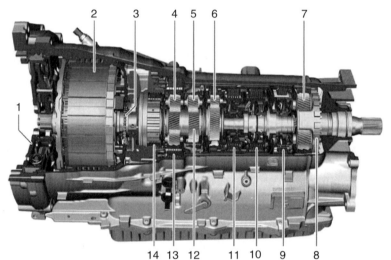

1.双质量飞轮 2.电机 3.机械油泵驱动链条 4.齿轮组1 5.齿轮组2 6.齿轮组3 7.齿轮组4 8.驻车锁 9.片式离合器D 10.片式离合器C 11.片式离合器E 12.齿轮组1和2共用的太阳轮 13.片式制动器B 14.片式制动器A
图 5-157

表 5-19

挡位	制动器 A	制动器 B	离合器 C	离合器 D	离合器 E
1	●	●	●		
2	●	●			●
3		●	●		●
4		●		●	●
5		●	●	●	
6			●	●	●
7	●		●	●	
8	●			●	●
R	●	●		●	

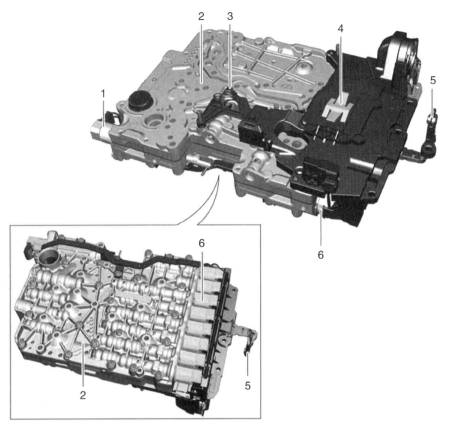

1.驻车锁电磁铁 2.液压换挡机构 3.齿轮组1行星架转速传感器 4.电子控制单元 5.输出转速传感器 6.电子压力控制阀和电磁阀

图 5-158

本功能与 GA8HP70Z 变速器相同。在此机油执行以下任务:

· 润滑

· 控制换挡元件

· 冷却

它是一种普通压力循环系统。除源自 GA8HP70Z 的机械油泵外,在 F15 PHEV 自动变速器内还集成有一个电动附加油泵,如图 5-159 所示。

机械油泵由变速器输入轴的滚子齿形链驱动。分离离合器分离时通过电机驱动,分离离合器接合时通过发动机和电机组合驱动。在变速器输入轴转速过低的运行阶段,电动附加油泵可对液压系统泄漏进行补偿,以便根据负荷要求降低变速器响应时间。与机械油泵一样,电动附加油泵也是一个叶片泵。它由一个无电刷直流电机驱动。控制电子装置集成在电动附加油泵的壳体内,由变速

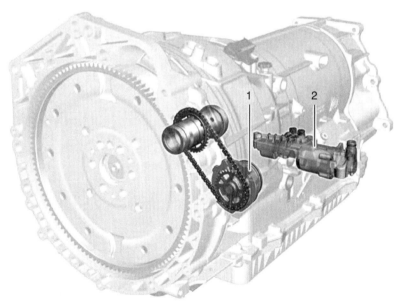

1.机械油泵 2.电动附加油泵

图 5-159

器电子控制系统 EGS 控制。电动附加油泵从变速器油温度 -5℃ 起可以运行。在电机失灵等特殊情况下，电动附加油泵也可从 -15℃ 起便以应急模式运行，从而使分离离合器闭合。这样即使在电机失灵情况下，驾驶员也可继续行驶。在 GA8P75HZ 变速器中，它占据了 GA8HP70Z 所用液压蓄压器的安装空间。与液压蓄压器一样，电动附加油泵出现故障时也可进行更换。F15 PHEV 电动附加油泵的安装位置如图 5-160 所示。

⑦机油冷却系统。

F15 PHEV GA8P75HZ 机油冷却系统如图 5-161 所示。

（3）服务信息

由于车辆除发动机外还有一个电动驱动装置，为客户和售后服务人员提供了纯电动驱动性能。尝

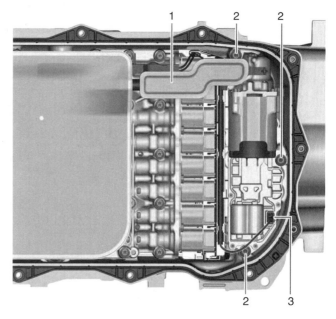

1.抽吸管路 2.电动附加油泵的螺栓连接点 3.电气接口

图 5-160

试启动时可通过电子选挡开关以常用操作方式挂入前进挡 D 或倒车挡 R。松开制动踏板后，车辆就会借助电动驱动装置开始移动。与传统 8 挡自动变速器一样，GA8P75HZ 也具有电气应急开锁功能。在传统车辆上，启动机转动并通过液力变矩器驱动机械变速器油泵。借助由此形成的变速器油压力可松开驻车锁。但在 GA8P75HZ 内，分离离合器处于分离状态（没有变速器油压力）。因此在 GA8P75HZ 内不通过启动机自身转动产生用于松开驻车锁的变速器油压力，而是可通过附加电动变速器油泵产生变速器油压力。也可由电机驱动机械变速器油泵从而产生变速器油压力。自动变速器的电子和机械应急开锁功能通常要求：在进行驻车锁应急开锁前必须固定住车辆以防溜车。

①电子应急开锁。

电子应急开锁如图 5-162 所示。

很难执行或根本无法执行电子应急开锁的情况包括：

· 车辆位于斜坡上（传动系统内受力过大）

· 变速器油温度很高或很低（黏度改变）

（三）电机

1. 简介

F15 PHEV 所用电机是一个永励式同步电机。它可将高电压蓄电池单元的电能转化为动能，从而驱动车辆，不仅可实现最高约 120km/h 的电动行驶，也可为发动机提供支持。例如，在超车过程中（助推功

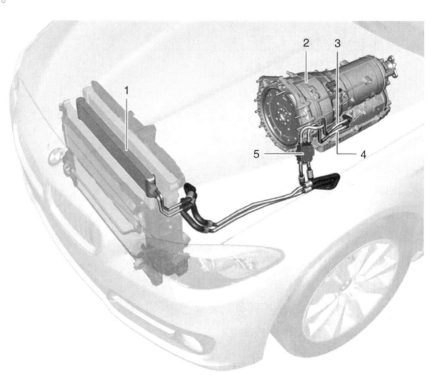

1.变速器油冷却器 2.自动变速器 3.变速器油供给管路 4.变速器油回流管路 5.节温器

图 5-161

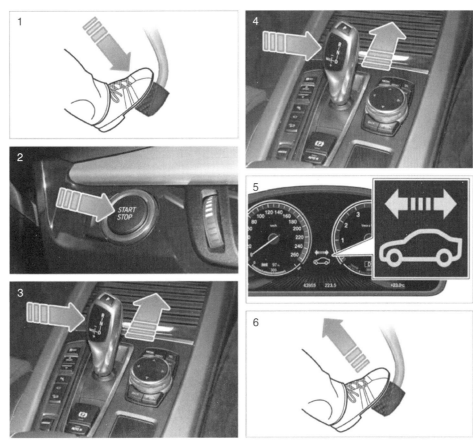

1.踩下制动踏板并在此期间一直踩住 2.按下 START-STOP 按钮并在此期间一直按住 3.操作电子选挡开关上的开锁按钮 4.按住开锁按钮，将选挡开关移到位置N并保持在该位置直至位置N指示灯亮起 5.只要挂入变速器空挡N，组合仪表上就会出现一条检查控制信息 6.可以松开制动踏板、START-STOP 按钮、选挡开关和开锁按钮

图 5-162

能）或换挡时提供主动扭矩支持。在相反的情况下，电机可在制动和惯性滑行时将动能转化为电能并将其存储在高电压蓄电池单元内（能量回收利用）。电机是一个高电压组件。

在每个高电压组件的壳体上都有一个标志，售后服务人员或任何其他车辆用户均可通过该标志直观看出高电压可能具有的危险。只有满足以下前提条件的售后服务人员才允许对带标志的高电压组件进行作业：具备资质，遵守安全规定，严格按照维修说明操作。通常情况下禁止进行带电高电压组件作业。在进行涉及高电压组件的工作步骤前，必须将高电压系统切换为无电压并采取安全措施以防未经授权重新启动：

·关闭总线端 15
·车上未连接充电插头
·等待车辆进入休眠模式（START-STOP 按钮上的字体不发光）
·断开高电压安全插头
·固定住高电压安全插头以防重新接通
·接通总线端 15
·等待组合仪表显示检查控制信息高电压系统已关闭
·关闭总线端 15 和总线端 R

出于高电压安全考虑，不允许打开或解体电机。

2.名称和代码

（1）电机名称

在技术文档中使用电机名称来准确识别电机。但进行维修时，电机代码非常重要。

（2）电机代码

电机上标有用于明确识别和分配的代码。获得主管部门批准时也需要该代码。电机代码与发动机代码类似。在电机上电机代码下方是电机序列号。利用该序列号和代码可明确识别每个电机，如表5-20所示。

表5-20

位置	含义	索引	说明
1	电机开发商	G I J	变速器内／上的电机 宝马电机 外购电机
2	电机类型（挡板套件外径）	A B C D E	< 200mm > 200mm 且 <250 mm >250mm 且 <300 mm >300mm 外部转子直径较小
3	标准型电机方案更改	0 ~ 1 2 ~ 9	标准型电机 更改，例如面板切割变化（偶数用于摩托车，奇数用于轿车）
4	电机类型 （电机工作方式）	N U O P R S T	异步电机 直流电机 轴流电机 永磁激励式同步电机 开关磁阻电机 电流激励式同步电机 横流电机
5 + 6	扭矩	0 ~………	例如 25 = 250 N·m
7	形式认证事宜（要求进行新形式认证的更改）	A B ~ Z	标准 根据需要，例如长度和绕组调整

电机代码形式如下：GC1P25A。

3. 技术数据

技术参数如表5-21所示。

表5-21

供应商	ZF Friedrichshafen AG
最大扭矩（< 1s）	250N·m，0~2700r/min
扭矩（持续）	98N·m，0~3100r/min
最大功率（< 10s）	83kW，3170r/min
功率（持续）	55kW，自 5000r/min 起
效率	最高 96%
最大电流	450A
运行转速范围	0~7200r/min
重量（不包括扭转减震器）	约 26kg

4. 安装位置

F15 PHEV 电机的安装位置和附属组件如图5-163所示。

混合动力组件作为单个组件集成在变速器壳体内，在变速器壳体内占据液力变矩器的安装空间。

5. 结构

电机的主要组件包括：

· 转子和定子

· 接口

· 转子位置传感器

· 冷却系统

F15 PHEV 的混合动力系统是所谓的并联式混合动力系统。发动机和电机均与驱动齿轮机械连接。驱动车辆时不仅可以单独而且也可以同时使用两种驱动系统。

（1）转子和定子

F15 PHEV 电机的转子和定子如图 5-164 所示。

F15 PHEV 的电机（牵引电机）采用内部转子结构。内部转子表示带有永久磁铁的转子以环形方式布置在内侧。可产生磁场的绕组布置在外侧，构成定子。F15 PHEV 的电机有 8 个极对。转子通过一个法兰支撑在转子空心轴上，空心轴以形状连接方式与变速器输入轴连接。

（2）接口

F15 PHEV 电机接口如图 5-165 所示。

在自动变速器壳体上有 4 个电机接口用于：

· 温度传感器

· 两个冷却液管路

· 转子位置传感器

· 高电压导线

F15 PHEV 电机高电压接口如图 5-166 所示。

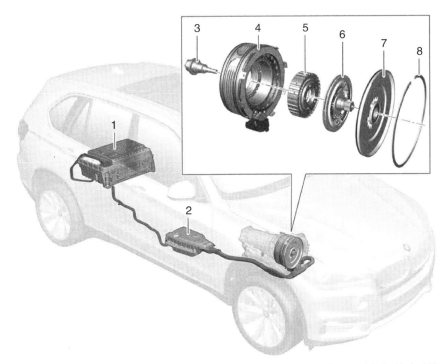

1.高电压蓄电池单元　2.电机电子装置　3.空心轴　4.电机　5.分离离合器　6.附加扭转减震器　7.电机端盖　8.卡环

图 5-163

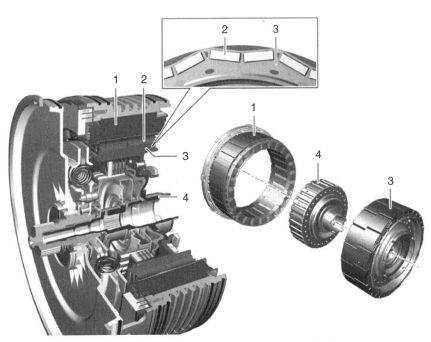

1.定子　2.永久磁铁　3.转子　4.带分离离合器外壳的空心轴

图 5-164

系统通过高电压接口为电机绕组提供电能。高电压接口通过一根三相屏蔽高电压导线将电机电子装置与电机连接在一起。高电压插头拧在电机电子装置和电机上。不允许对高电压导线进行修理。损坏时原则上必须更换导线。

（3）传感器

F15 PHEV 电机传感器如图 5-167 所示。

为确保电机电子装置正确计算和产生定子内绕组电压的振幅和相位，必须了解准确的转子位置。这项任

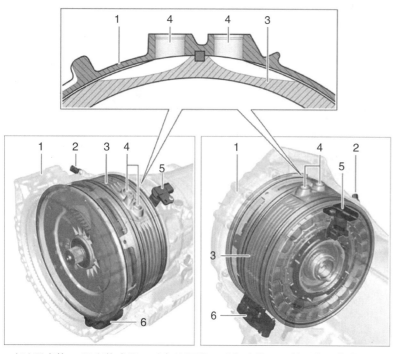

1.变速器壳体 2.温度传感器 3.冷却液通道 4.冷却液接口 5.转子位置传感器电气接口 6.高电压接口

图 5-165

1.高电压接口 2.高电压插头

图 5-166

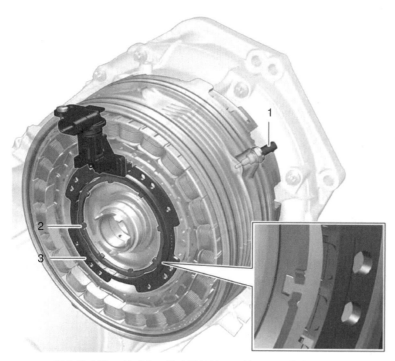

1.温度传感器 2.转子位置传感器的转子 3.转子位置传感器的定子

图 5-167

务由转子位置传感器来执行。该传感器与同步电机结构类似，带有一个特殊形状的转子（与电机转子连接在一起）和一个定子（与电机定子连接在一起）。通过转子转动在定子绕组内产生的感应相电压由电机电子装置进行分析，从而计算转子位置角度。更换自动变速器或电机电子装置时，需借助诊断系统校准转子位置传感器。运行时电机组件不得超过特定温度。通过一个温度模型和一个温度传感器来监控电机温度。该传感器设计为采用负温度系数（NTC）的可变电阻，测量自动变速器壳体上的冷却液输出温度。NTC 越热，其电阻越小。电机电子装置分析温度传感器信号并将其与温度模型计算值进行比较，如果电机温度接近最大允许值就会根据需要降低电机功率。在定子绕组上不再安装单独的温度传感器。不允许在宝马维修车间更换转子位置传感器。

（4）分离离合器

F15 PHEV 是一款全混合动力汽车。与第二代混合动力汽车（F10H、F30H、F01H/F02H）不同，F15 PHEV 能够以更高车速进行电动行驶。与 GA8P70HZ 变速器相同，在此也通过一个分离离合器使发动机与电机和传动系统其余组件分离。在 F15 PHEV 上，分离离合器位于附加扭转减震器与电机之间。分离离合器集成在电机壳体内。它作为湿式片式离合器采用断开设计并以此降低了摩擦损失。它用于在某些运行状态下使发动机与电机和传动系统其余组件分离。例如纯电动行驶时或车辆滑行时。为确保不会察觉到发动机的接合和分离，分离离合器具有较高执行精度。只要分离离合器处于接合状态，电机、变速器输入轴和发动机就会以相同转速转动。通过变速器油对分离离合器进行冷却。与自动变速器的所有离合器和片式制动器一样，分离离合器也由机械电子模块操纵。无压力时它处于分离状态，因此需利用变速器油压力使离合器接合。通常情况下，该压力由机械油泵提供。在电机失灵等特殊情况下也可通过电动附加油泵使分离离合器接合。但这会对舒适性产生影响。由于分离离合器分离时机械油泵由电机驱动，电机失灵且变速器油温度低于 –15℃ 时分离离合器无法接合，因此车辆无法起步。GA8P75HZ 变速器的分离离合器如图 5-168 所示。

1.附加扭转减震器 2.分离离合器

图 5-168

与传统变速器的液力变矩器一样，F15 PHEV 的分离离合器也能通过滑差微调将发动机的不平稳运转与传动系统其余组件隔开。这样可在发动机转速很低情况下显著改善车内噪声水平。

（5）附加扭转减震器

在某些转速和运行状态下，发动机不平稳运行和由此产生的扭转震动可能会产生嗡嗡声或嘎嘎声。为隔开上述扭转震动，在 F15 PHEV 发动机前除双质量飞轮外还有一个扭转减震器。扭转减震器使发动机的双质量飞轮与分离离合器之间形成机械连接。

6. 冷却

为在任何情况下都能确保电机的热运行安全，在 F15 PHEV 上通过冷却液对其进行冷却，为此将电机接入发动机的冷却液循环回路内。F15 PHEV 发动机和电机的冷却液循环回路如图 5-169 所示。

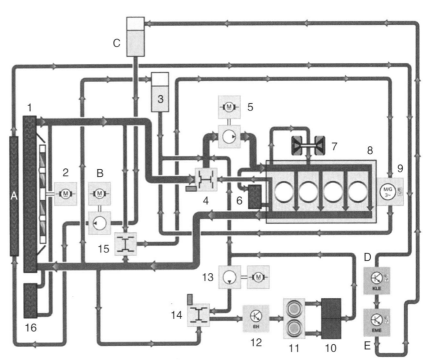

A.冷却液空气热交换器（电机和电子装置以及便捷充电电子装置的冷却液循环回路）B.电动冷却液泵（电机电子装置的冷却液循环回路，80W）C.冷却液补液罐（电机电子装置的冷却液循环回路）D.便捷充电电子装置KLE E.电机电子装置EME 1.冷却液空气热交换器（发动机和电机的冷却液循环回路）2.电子扇 3.冷却液补液罐（发动机和电机的冷却液循环回路）4.特性曲线式节温器 5.电动冷却液泵（发动机和电机的冷却液循环回路，400W）6.发动机油冷却器 7.废气涡轮增压器 8.发动机 9.电机 10.暖风热交换器 11.双加热阀 12.电气加热装置 13.用于暖风循环回路的电动冷却液泵 14.电动转换阀 15.电机节温器 16.独立安装的冷却液空气热交换器

图 5-169

441

定子支架与自动变速器壳体之间有一个冷却通道用于冷却定子绕组，来自发动机冷却循环回路的冷却液经过该通道。该冷却通道前后分别通过两个密封环进行密封。通过变速器油对转子进行冷却，变速器油以油雾形式吸收热能并在变速器油冷却器处将其释放到环境空气中。F15 PHEV 电机冷却系统如图5-170 所示。

电机带有独立节温器，可将冷却液供给管路温度调节到约 80℃ 的最佳范围。这样设计是因为电机运行温度低于发动机。通过随冷却液温度膨胀的蜡制元件实现节温器调节，在此不进行电气控制。F15 PHEV 电机节温器运行状态如图5-171 所示。

冷却液温度较低时，节温器处于关闭状态。例如在暖机阶段，此时节温器阻断冷却液空气热交换器的冷却液并将发动机的冷却液引至电机。通过这种方式可迅速达到最佳运行温度。来自发动机的较热冷却液使得节温器部分打开。这样会使来自发动机的较热冷却液与来自冷却液空气热交换器的较凉冷却液混合。冷却液供给管路内的冷却液通过该混合模式以约 80℃ 的最佳温度范围输送至电机。冷却液空气热交换器的冷却液温度也升高时，节温器就会完全打开。例如发动机的节温器打开大冷却液循环

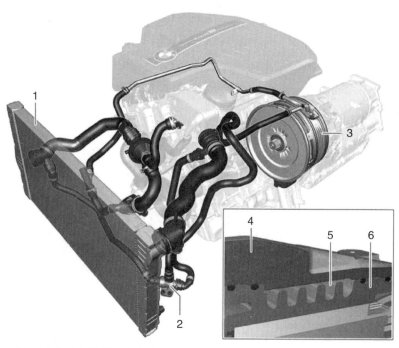

1.冷却液空气热交换器 2.电机节温器 3.电机 4.自动变速器壳体 5.电机冷却液通道 6.定子支架

图 5-170

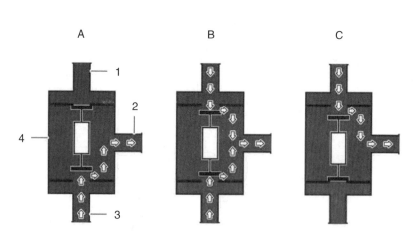

A.节温器关闭 B.节温器部分打开 C.节温器打开 1.冷却液来自冷却液空气热交换器 2.冷却液流向电机 3.冷却液来自发动机 4.节温器

图 5-171

回路时。在额外受热的作用下，节温器会关闭连接发动机的冷却液管路，此时来自冷却液空气热交换器的全部冷却液流入电机内。

7. 服务信息

维修时不允许打开电机前的端盖。不允许对电机、附加扭转减震器、分离离合器以及转子位置传感器本身进行任何作业。任何上述组件出现故障时都必须更换整个自动变速器。拆卸自动变速器前必须遵守电气安全规定。更换自动变速器或电机电子装置后，需借助宝马诊断系统校准转子位置传感器。双质量飞轮可以单独更换。

（四）电机电子装置

1. 简介

电机电子装置（EME）用作电机的电子控制装置。同时该装置也负责将高电压蓄电池单元的直流电压（最

442

高约399V DC）转换为用于控制电机（作为电机）的三相交流电压（最高约360V AC）。反之，将电机用作发电机，电机电子装置将电机的三相交流电压转换为直流电压，从而为高电压蓄电池单元充电。例如进行制动能量回收利用时。对于这两种运行方式来说都需使用双向DC/AC转换器，该转换器可作为逆变器和直流整流器工作，通过同样集成在电机电子装置内的DC/DC转换器来确保为12V车载网络供电。F15 PHEV的整个电机电子装置位于一个铝合金壳体内。在该壳体内装有控制单元、双向DC/AC转换器以及用于为12V车载网络供电的DC/DC转换器。EME控制单元还执行其他任务。例如负责管理高电压蓄电池单元所提供高电压的高电压电源管理系统也集成在EME内。此外，EME还带有用于控制12 V执行机构的不同输出级。电机电子装置是一个高电压组件，在每个高电压组件的壳体上都有一个标志，售后服务人员或任何其他车辆用户均可通过该标志直观看出高电压可能具有的危险。只有满足以下前提条件的售后服务人员才允许对带标志的高电压组件进行作业：具备资质，遵守安全规定，严格按照维修说明操作。出于高电压安全和保修方面的考虑，不允许打开或解体电机电子装置。出现故障时必须更换整个电机电子装置。更换电机电子装置后，必须借助宝马诊断系统使其运行。必须严格遵守维修说明。

2. 技术数据

技术数据如表5-22所示。

表5-22

电机电子装置	
供应商	宝马公司
重量	约17.5kg
长度	751mm
高度	364mm
宽度	168mm
运行温度范围	−40~+85℃
冷却方式	冷却液
供电电子装置	
运行电压范围	250 ~ 430V DC
输出电流	200A（持续）；450A（0.3s）
DC/DC 转换器	
额定输出电压	14V DC
输出电流	180A（持续）；200A（0.3s）
输出功率	2.4 kW（持续）；2.8 kW（峰值100ms）

3. 安装位置

F15 PHEV电机电子装置的安装位置如图5-172所示。

电机电子装置位于后桥前方右侧地板上。为能接触到电机电子装置的所有接口，必须将其整个拆下。

4. 接口

F15 PHEV电机电子装置的导线/管路和接口如图5-173所示。

电机电子装置上的接口可分为4类：

· 低电压接口

· 高电压接口

· 电位补偿导线接口

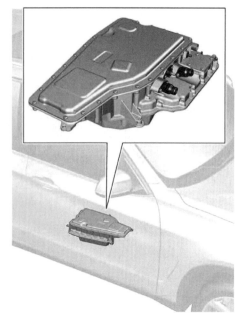

图 5-172

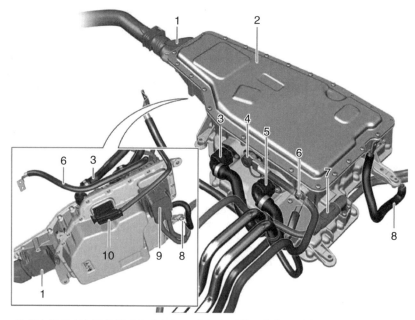

1.连接电机的高电压导线（交流电） 2.电机电子装置壳体 3.冷却液回流 4.DC/DC转换器+12 V输出端 5.冷却液供给管路接口 6.DC/DC转换器−12V输出端 7.用于便捷充电电子装置交流电充电的高电压接口 8.电位补偿导线接口 9.连接高电压蓄电池单元的高电压导线（直流电） 10.低电压插头

图 5-173

· 冷却液管路接口

（1）低电压接口

在电机电子装置的外部低电压插头上汇集以下导线和信号：

· EME 控制单元供电（前部配电盒的总线端 30B 和接地）

· FlexRay 总线系统

· PT-CAN 总线系统

· PT-CAN2 总线系统

· 唤醒导线

· 用于发送碰撞信号的 ACSM 信号导线

· 控制车内空间截止阀

· 高电压触点监控电路输入端和输出端（EME 控制单元分析信号并在电路断路时关闭高电压系统，形成 SME 的冗余）

· 控制电动真空泵

· 用于 EME 的电动冷却液泵：PWM 信号

· 分析电机的转子位置传感器信号

· 分析电机的温度传感器信号

· 附加蓄电池的智能型蓄电池传感器 IBS2：LIN 总线

· 连接充电接口模块 LIM 的信号导线

这些导线和信号的电流强度相对较小。通过两个独立的低电压接口和横截面较大的导线使电机电子装置与 12V 车载网络（总线端 30 和 31）连接。电机电子装置内的 DC/DC 转换器通过该连接为整个 12 V 车载网络提供能量。两根导线与电机电子装置的接触连接通过螺栓连接实现。如图 5-174 所示再次以简化电路图形式概括展示了电机电子装置的低电压接口。

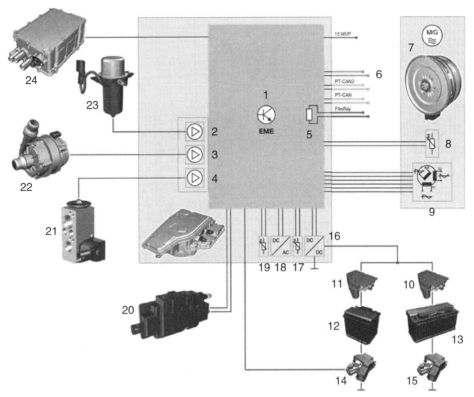

1.电机电子装置EME 2.用于控制电动真空泵的输出级 3.用于控制电动冷却液泵的输出级（EME的冷却液循环回路） 4.用于控制截止阀的输出级 5.FlexRay终端电阻 6.高电压触点监控信号导线 7.电机（整体） 8.温度传感器（NTC电阻）测量电机输出端的冷却液温度 9.转子位置传感器 10.安全型蓄电池接线柱SBK 11.附加蓄电池安全型蓄电池接线柱SBK2 12.附加12V蓄电池 13.12V蓄电池 14.智能型蓄电池传感器IBS2 15.智能型蓄电池传感器IBS 16.单向DC/DC转换器 17.DC/DC转换器上的温度传感器（NTC电阻） 18.双向DC/AC转换器 19.DC/AC转换器上的温度传感器（NTC电阻） 20.碰撞和安全模块 21.车内空间截止阀 22.电动冷却液泵（80W） 23.电动真空泵 24.便捷充电电子装置KLE

图 5-174

（2）高电压接口

电机电子装置上总共只有3个高电压接口，用于连接其他高电压组件的导线。用于电动制冷剂压缩机和电气加热装置的接口现在位于便捷充电电子装置上，如表5-23所示。

简化电路图展示了电机电子装置与其他高电压组件之间的高电压连接，如图5-175所示。

（3）高电压导线

高电压导线使高电压组件相互连接并带有橙色导线护套。混合动力车辆制造商已在通过橙色警告色统一标志高电压导线方面达成一致。在此对 F15 PHEV 所用高电压导线进行概述，如图5-176所示。

不允许对高电压导线进行修理。损坏时必须更换整个高电压导线！通常情况下禁止进行带电高电压组件作业。在进行涉及高电压组件的工作步骤前，必须将高电压系统切换为无电压并采取安全措施以防未经授权重新启动：

·关闭总线端15

·车上未连接充电插头

表 5-23

连接组件	触点数量，电压形式，屏蔽层
电机	·三相 ·交流电压 ·1个屏蔽层，用于所有3根导线
高电压蓄电池单元	·2芯 ·直流电压 ·每根导线1个屏蔽层
便捷充电电子装置（交流电充电）	·2芯 ·交流电压 ·2根导线1个屏蔽层

445

·等待车辆进入休眠模式（START-STOP 按钮上的字体不发光）

·断开高电压安全插头

·固定住高电压安全插头以防重新接通

·接通总线端 15

·等待组合仪表显示检查控制信息高电压系统已关闭

·关闭总线端 15 和总线端 R

①高电压触点监控电桥。

松开高电压插头前，必须首先松开高电压触点监控电桥。电桥处于插入状态时使高电压触点监控电路闭合。SME 和 EME 控制单元持续监控高电压触点监控电路。只有电路闭合时才会启用高电压系统。如果通过松开电桥使高电压触点监控电路断开，高电压系统就会自动关闭。这是一项附加安全措施，因为开始作业前售后服务人员已将高电压系统切换为无电压。如果在高电压系统处于启用状态时拔出高电压触点监控电桥，就会导致安全接触器强制断开，结果可能会导致触点磨损加剧甚至损坏，如图 5-177 所示。

②松开机械锁止件。

只有松开高电压触点监控电桥后，才能朝箭头方向推动机械锁止件。机械锁止件是高电压组件（例如电机电子装置）上高电压插头的组成部分。朝箭头方向推动锁止件可实现高电压插头在高电压导线上的机械导向，从而进行下面的拉拔，如图 5-178 所示。

③拔出高电压导线的插头。

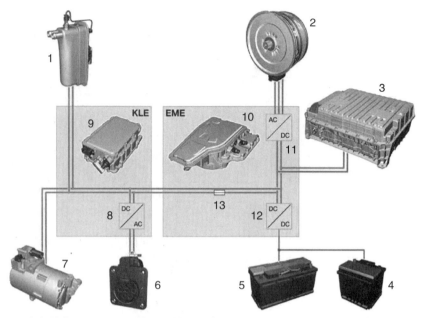

1.电气加热装置 2.电机 3.高电压蓄电池单元 4.附加蓄电池（12 V） 5.车辆蓄电池（12V） 6.高电压充电接口 7.电动制冷剂压缩机 8.单向 AC/DC 转换器 9.便捷充电电子装置 10.电机电子装置（整体） 11.双向DC/AC转换器 12.单向DC/DC转换器 13.过电流保险丝，在连接电动制冷剂压缩机和电气加热装置的供电导线内（80A）

图 5-175

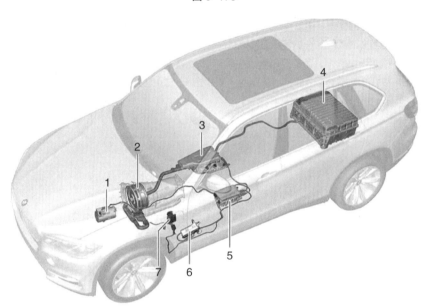

1.电动制冷剂压缩机EKK 2.电机 3.电机电子装置EME 4.高电压蓄电池单元 5.便捷充电电子装置KLE 6.电气加热装置EH 7.高电压充电接口

图 5-176

现在可朝箭头方向拔出高电压导线的插头。将插头拔出几毫米后（如图 5-179 中 A）会感觉到较大反作用力，之后必须朝相同方向继续拔出插头（如图 5-179 中 B）。插头到达位置（如图 5-179 中 A）后，切勿将插头重新压回高电压组件上，否则可能会导致高电压组件插孔上的接触保护装置损坏。必须分两步朝同一方向垂直拔出高电压导线的高电压插头。拔出期间不允许反向移动。

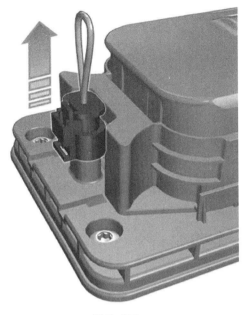

图 5-177

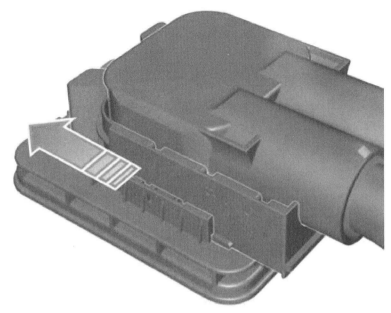

图 5-178

在高电压系统启用状态下不允许拔出高电压触点监控电桥。重新连接高电压导线时按相反顺序进行，如图 5-180 所示。

围绕高电压导线的两个电气触点各有一个屏蔽触点。此外，高电压触点还可防止接触导电部件。触点本身带有塑料外套，从而防止直接接触。只有连接高电压导线时才压开外套并进行接触。

④ 松开圆形高电压插头。

a. 圆形高电压插头（如图 5-181 中 1 所示）插入并锁止在相应高电压组件的高电压接口（如图 5-181 中 2 所示）处。

b. 必须朝箭头方向（如图 5-182 中 1）挤压两个锁止元件（如图 5-182 中 2 所示），这样可松开高电压

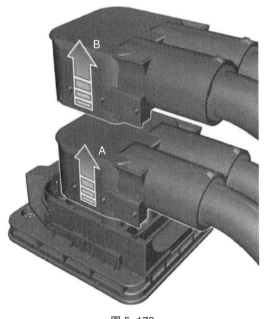

图 5-179

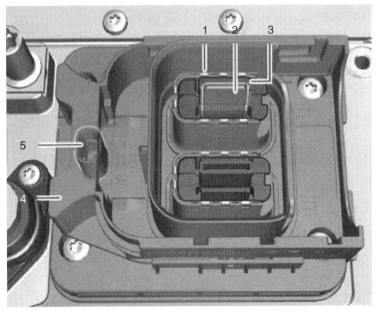

1.屏蔽电气触点 2.高电压导线的电气触点 3.接触保护 4.机械锁止件 5.带高电压触点监控电路内电桥接口的插孔

图 5-180

447

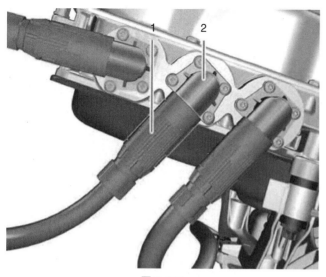

图 5-181

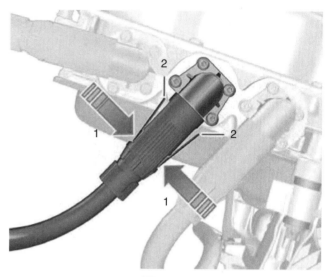

图 5-182

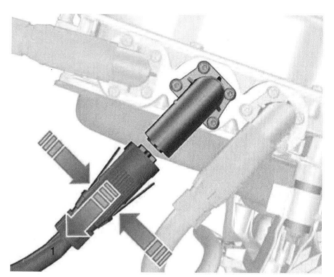

图 5-183

组件接口上的插头机械锁止件。

c. 将锁止元件继续压到一起时，必须朝箭头方向（如图 5-183 中 1 所示）纵向拔出插头。

重新连接高电压导线时无须将锁止元件压到一起，只需将插头纵向推到组件高电压接口上即可。在此必须确保锁止元件卡止（咔嗒声）。此外，还应通过随后拉动插头检查锁止件是否卡止。F15 PHEV 圆形高电压插头结构示例如图 5-184 所示。

高电压插头内的电桥用于确保电气安全。将高电压导线连接到高电压组件上时，高电压触点监控信号经过该电桥。将高电压导线连接到电动制冷剂压缩机和电气加热装置上时，EKK 或 EH 控制单元供电经过该电桥。上述某一电路断路时，就会使相关高电压导线内的电流也自动归零。由于电桥两个触点相对高电压触点来说位置靠前，因此该措施可防止松开高电压插头时产生电弧。

（4）电位补偿导线接口

绝缘监控功能确定带电高电压部件（例如高电压导线）与接地之间的绝缘电阻是否高于或低于所需最低限值。如果绝缘电阻低于最低限值，就会存在车辆部件带有危险电压的可能。如果人员接触第二个带电高电压部件，就会存在电击危险。因此针对 F15 PHEV 高电压系统提供全自动绝缘监控功能。

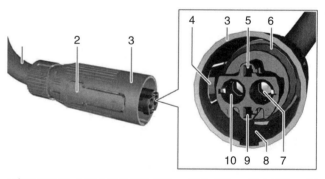

1.高电压导线 2.锁止元件操作部位 3.插头壳体 4.锁止元件 5.插头内电桥接口1 6.用于屏蔽的接口 7.高电压接口，线脚2 8.机械设码 9.插头内电桥接口2 10.高电压接口，线脚1

图 5-184

蓄能器管理电子装置在高电压系统启用期间定期进行监控，在此车辆接地作为参考电位使用。在不采取附加措施的情况下，通过这种方式只能确定高电压蓄电池单元内局部出现的绝缘故障。但确定车辆所铺设高电压导线与接地之间的绝缘故障也非常重要。因此高电压组件的所有导电壳体都与接地导电连接，这样可通过在一个中央位置执行绝缘监控功能确定整个高电压车载网络内的绝缘故障。未按规定将电位补偿导线连接到高电压组件上时，不允许高电压系统运行。如果维修时更换高电压组件或车身部件，组装时应注意：必须按规定重新使壳体与车身之间形成连接。必须严格遵守维修说明（拧紧力矩，自攻螺钉）。

（5）冷却液管路接口

电机电子装置通过一个单独的冷却循环回路进行冷却。

（6）排气口

为了避免因温度变化及由此引起的湿气冷凝导致电机电子装置内部积水，在壳体底部有3个排气口。此外，这些排气口还能实现壳体内与环境之间的压力平衡。为了完成上述两项任务，这些排气口带有透气但不透水的隔膜。F15 PHEV 电机电子装置的排气口如图 5-185 所示。

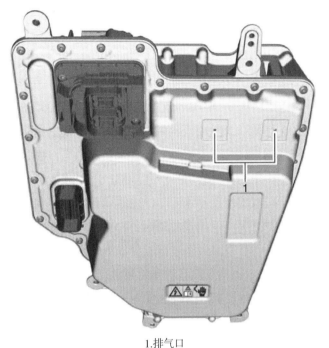

1.排气口

图 5-185

5. 任务

电机电子装置内部由 4 个子组件构成：

· 双向 DC/AC 转换器

· 单向 AC/DC 转换器

· DC/DC 转换器

· EME 控制单元

供电电子电路也由中间电路电容器构成，用于平滑电压和过滤高频部分。电机电子装置通过上述子组件执行以下功能：

· 出现故障和不稳定的行驶状态时限制传动系统的力矩

· 通过 EME 控制单元控制内部子组件

· 通过 DC/DC 转换器为 12 V 车载网络供电

· 通过 DC/AC 转换器调节电机（转速，扭矩）

· 高电压电源管理系统

· 电机的接触连接

· 高电压蓄电池单元的接触连接

· 在静态运行模式下为高电压蓄电池单元充电

· 在行驶运行模式下为高电压蓄电池单元充电（通过能量回收利用）

· 与其他控制单元进行通信，特别是 DME、SME 和 DSC

· 冷却电机电子装置

· 控制用于冷却 EME 的电动冷却液泵

· 控制电动真空泵

· 控制车内空间截止阀

· 分析第二个智能型蓄电池传感器

· 主动分析高电压触点监控信号（高电压连锁）

· 中间电路电容器主动和被动放电到 60V 以下

· 自检和诊断

6.DC/DC 转换器

从技术角度而言，F15 PHEV 电机电子装置内的 DC/DC 转换器能够启用以下运行模式：

· 待机（即使出现组件故障或短路、供电电子装置关闭时）

· 向下转换（下降模式；能量流至低电压侧，转换器调节低电压侧的电压）

· 高电压中间电路放电（连锁故障，事故，主控单元要求）

电机电子装置停用时，DC/DC 转换器处于待机状态。根据总线端状态等未向 EME 控制单元供电时就会出现这种情况。但出现故障时，EME 控制单元也会要求 DC/DC 转换器执行待机运行模式。在此运行模式下不会在两个车载网络间进行能量传输，并断开二者之间的导电连接。运行模式向下转换又称为下降模式，是

高电压系统启用状态下的正常运行模式。DC/DC 转换器将电能从高电压车载网络传输到 12V 车载网络内，同时执行普通车辆的发电机功能。为此，DC/DC 转换器必须将来自高电压车载网络的变化电压降至低电压车载网络的电压。在此高电压车载网络内的电压取决于高电压蓄电池单元的充电状态（269 ~ 399V）等。DC/DC 转换器通过调节低电压车载网络内的电压确保为 12V 蓄电池提供最佳充电，同时根据蓄电池的充电状态和温度调节约14V电压。DC/DC 转换器的持续输出功率为 2400 W，F15 PHEVDC/DC 转换器的工作原理如图 5-186 所示。

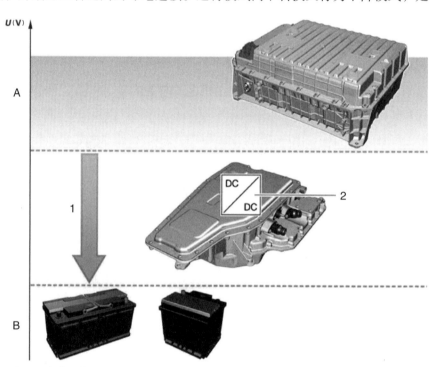

A.高电压车载网络电平，269 ~ 399V B.低电压车载网络电平，约14V 1.向下转换 2.电机电子装置内的DC/DC转换器

图 5-186

F15 PHEV 的 DC/DC 转 换 器技术也可实现运行模式向上转换（又称为助推模式），例如就像 F04 的 DC/DC 转换器。但在 F15 PHEV 上不使用这种运行模式。因此无法通过 12V 车载网络的能量为 F15 PHEV 高电压蓄电池单元充电。（正常或快速）关闭高电压系统时，采用之前的 DC/DC 转换器运行模式。关闭高电压系统时，必须在 5s 内放电至没有危险的 60V 电压以下。为此 DC/DC 转换器有一个中间电路电容器放电电路。该放电电路首先尝试将存储在中间电路电容器内的能量传输至低电压车载网络。如果该能量不足以确保快速降低电压，就会通过一个为此主动连接的电阻进行放电。通过这种方式使高电压车载网络在 5s 内放电。出于安全考虑，还有一个始终并联连接的被动放电电阻。即使故障导致前两项放电措施无法正常进行，该电阻也能确保高电压车载网络可靠放电。放电至 60V 电压以下的所需时间较长，最长为 120s。F15 PHEV 高电压中间电路放电如图 5-187 所示。

DC/DC 转换器的温度由一个温度传感器测量并通过 EME 控制单元监控。如果在冷却液冷却的情况下温度仍超出允许范围，EME 控制单元就会降低 DC/DC 转换器功率以保护组件。

7. 用于控制电机的供电电子装置

用于控制电机的供电电子装置主要由双向DC/AC转换器构成。它是一个脉冲变流器，带有一个两芯直流电压接口和一个三相交流电压接口。该DC/AC转换器可作为逆变器工作，作为电机工作时将电能从高电压蓄电池单元传输至电机。DC/AC转换器也可作为整流器工作，将电能从电机传输至高电压蓄电池单元。进行制动能量回收利用时采用这种运行模式，此时电机作为发电机工作并产生电能。F15 PHEV双向DC/AC转换器的运行模式如图5-188所示。

DC/AC转换器的运行模式由EME控制单元决定。为此，EME控制单元从DME控制单元接收主要输入参数即电机提供的扭矩规定值（数量和符号）。EME控制单元根据该规定值和当前电机运行状态（转速和扭矩）确定DC/AC转换器的运行模式以及电机相电压的振幅和频率。根据这些规定值以脉冲方式控制DC/AC转换器的功率半导体。除DC/AC转换器外，供电电子装置还包括DC/AC转换器交流电压侧所有三相内的电流传感器。EME控制单元通过电流传感器信号监控供电电子装置和电机内的电功率以及电机产生的扭矩。通过电流传感器信号以及电机内

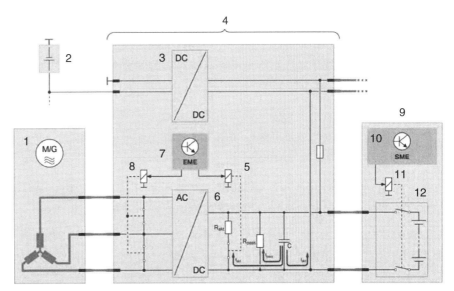

1.电机 2.12V车载网络接口 3.DC/DC转换器 4.电机电子装置（整体） 5.继电器（用于电容器主动放电） 6.双向DC/AC转换器 7.EME控制单元 8.继电器（用于电机绕组短路） 9.高电压蓄电池单元 10.SME控制单元 11.电动机械式接触器 12.高电压蓄电池单元 C.中间电路电容器 R_{pass}.被动放电电阻 R_{akt}.主动放电电阻

图5-187

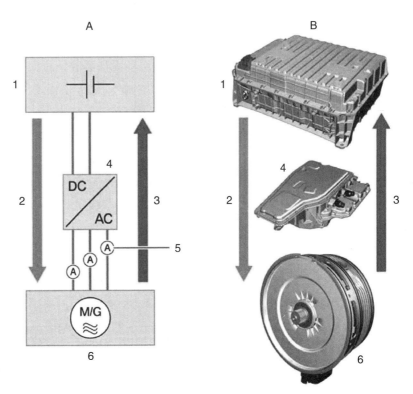

A.示意图 B.带有组件的图示 1.高电压蓄电池单元 2.逆变器运行模式，电机作为电动机工作 3.整流器运行模式，电机作为发电机工作 4.DC/AC转换器 5.电流传感器 6.电机

图5-188

转子位置传感器信号可接通电机电子装置控制电路。电机电子装置和电机的功率数据在研发过程中进行了相互协调。因此电机电子装置能够持续提供50kW电功率并短时提供83kW最大功率。为了防止供电电子装置过载，在DC/AC转换器上还有一个温度传感器。如果根据该传感器信号识别出功率半导体温度过高，EME控制单元就会降低输出至电机的功率，以保护供电电子装置。

8. 高电压电源管理系统

高电压车载网络电源管理系统包括两项子功能：一项用于行驶运行模式；一项用于充电运行模式。在行驶运行模式下协调从高电压蓄电池单元至高电压用电器的能量流以及在能量回收利用期间至高电压蓄电池单元的能量流。为此 EME 执行以下计算步骤并不断重复：

- 对高电压蓄电池单元可提供功率进行查询（信号来源：SME）
- 对高电压蓄电池单元可吸收功率进行查询（信号来源：SME）
- 对电动驱动装置要求的驱动和制动功率进行查询（信号来源：DME）
- 对要求的空调系统功率进行查询（电气加热装置、电动制冷剂压缩机、IHKA）
- 决定如何分配电功率并与用电器控制单元进行通信

在充电运行模式下，高电压电源管理系统还有另一项任务，即控制从车辆外部通过 EME 至高电压蓄电池单元以及根据需要通过便捷充电电子装置至电气加热装置或电动制冷剂压缩机的能量流。在 EME 内始终不断重复以下各项步骤：

- 对外部可提供功率进行查询（信号来源：KLE）
- 对高电压蓄电池单元可吸收功率进行查询（SME）
- 对空调系统所需功率进行查询（IHKA）
- 要求的 EME 所需功率
- 将可提供的部分功率传输至高电压蓄电池单元接收装置（SME 控制单元）和空调系统（IHKA 控制单元）

外部可提供的功率并非大小不限，而是会受到电网和 EME 的限制，因此必须在进行分配前先查询可分配的功率。高电压蓄电池单元根据其充电状态等可能无法吸收任意大小的功率，因此同样必须先查询相关数值。根据高电压蓄电池单元温度或驾驶员提出的空调要求，空调系统也需要电功率，该功率数值是充电运行模式下用于高电压电源管理系统的第三个重要输入参数。通过这些信息对外部要求的功率进行控制并分配给用电器。

9. 其他高电压用电器的供电

不仅电机通过电机电子装置供电，便捷充电电子装置直接与电机电子装置相连，确保为电动制冷剂压缩机和电气加热装置提供高电压供电。但并未为此在便捷充电电子装置内实现复杂的控制功能，而是将便捷充电电子装置用作高电压直流配电盒，由高电压蓄电池单元为其提供能量。为防止短路时连接两个高电压用电器的高电压导线过载，电机电子装置带有用于电动制冷剂压缩机和电气加热装置的高电压保险丝。高电压保险丝的额定电流强度为 80 A。高电压保险丝无法单独更换，为此始终需要更换 EME。

10. 控制电动真空泵

EME 通过 CAN 总线从 DME 接收制动真空压力传感器的信号。EME 仅提供用于控制电动真空泵的硬件。此外，EME 控制单元还从 DSC 控制单元接收车速和制动踏板操作等数值。制动真空压力传感器基本已通过采用传统驱动方式且带有发动机节能启 / 停功能的车辆为大家所熟知。与这些车辆相同，在 F15 PHEV 上该传感器也安装在制动助力器壳体上。数字式发动机电子系统为传感器供电，同时传感器发回取决于制动助力器内真空的电压信号。DME 控制单元将该模拟传感器信号转化为实际制动真空压力并通过 CAN 总线发送给 EME。EME 控制单元分析制动真空压力信号，考虑行驶动力参数（例如车速）和制动踏板操作并由此确定是否需要接通电动真空泵。此外，功能逻辑还考虑滞后情况，因此电动真空泵不会持续接通和关闭，而是在达到所需最小制动真空压力前保持接通状态。电机电子装置带有一个输出级（半导体继电器），用于接通和关闭电动真空泵的供电。根据需要可将 DC/DC 转换器输出电压直接连接至电动真空泵。接通电流最高可达30A。为了保护输出级和导线，通过电子方式限制电流强度。不对电动真空泵进行功率或转速限制，而是仅接通和关闭电动真空泵。制动真空压力传感器可根据不再提供真空识别出电动真空泵失灵。至少会提供法律规定的减速度（提高踏板力）。在此由 DSC 实现液压制动助力功能，即根据驾驶员操作的压力产生液压增强的循环压力。优点：即使在此故障情况下踏板力也较小；缺点：踏板反馈发生变化。

11. 冷却

电机电子装置和便捷充电电子装置通过一个独立的冷却液循环回路进行冷却，F15 PHEV 电机电子装置的冷却液循环回路如图 5-189 所示，F15 PHEV 电机电子装置的冷却液循环回路安装位置如图 5-190 所示。

冷却液循环回路包括：

· 1 个冷却液空气热交换器

· 1 个电动冷却液泵（80W）

· 1 个补液罐

· 冷却液管路

冷却液空气热交换器集成在冷却模块内。根据电机电子装置的冷却要求结合需要以耗油量优化方式控制电动冷却液泵和电子扇。由于根据需要控制电子扇和电动冷却液泵，因此可避免影响电子装置使用寿命的剧烈温度波动，并达到能量优化式的冷却效果。在补液罐内未安装电气液位传感器。因此维修时需要注意以下事项：由于未安装电气液位传感器，因冷却系统泄漏等造成冷却液损耗时无法直接识别出来。而出现冷却液损耗时，电机电子装置的温度会超出正常运行范围。在此情况下会降低电机电子装置的功率并输出相应检查控制信息。进行故障查询时，售后服务人员必须检查是否存在以下故障：

· 因泄漏等情况造成冷却液损耗

· 冷却液空气热交换器堵塞

· 电子扇不运行或功能受限

· 冷却液泵不运行

· 冷却液管路或接口损坏

· 需要冷却的组件损坏（EME）

显示冷却系统内温度过高时，可能存在多种原因，其中也包括冷却液损耗。因此，进行故障查询时必须系统化检查冷却系统的所有组件。电机电子装置的冷却液循环回路通风方式

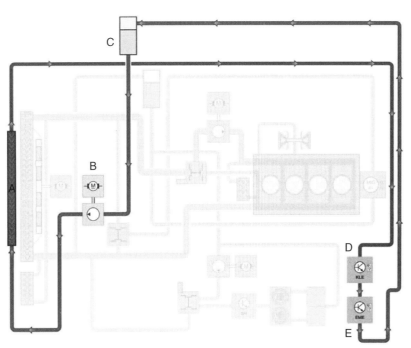

A.冷却液空气热交换器（电机电子装置的冷却液循环回路） B.电动冷却液泵（电机电子装置的冷却液循环回路，80W） C.冷却液补液罐（电机电子装置的冷却液循环回路） D.便捷充电电子装置 E.电机电子装置EME

图 5-189

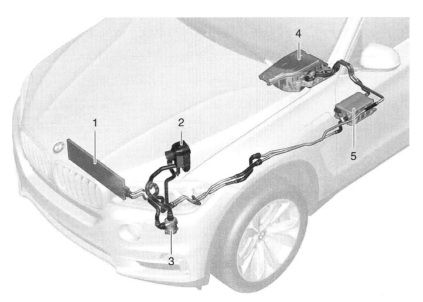

1.冷却液空气热交换器 2.冷却液补液罐 3.电动冷却液泵（80W） 4.电机电子装置EME 5.便捷充电电子装置KLE

图 5-190

与传统车辆相似。使用宝马车辆常用的水和防冻防腐剂的混合液 G48 作为冷却液。高电压蓄电池单元充电期间，电机电子装置内的供电电子装置工作。由于电机电子装置内转换的电功率较大，因此也会产生热量。必须借助在此所述的冷却液循环回路排出热量。因此充电期间电机电子装置内出现相应高温时，电动冷却液泵和电子扇也可能会启动。高电压蓄电池单元充电期间可能会自动接通冷却液泵及电子扇，因此在发动机室盖打开状态下或对电机电子装置的冷却液循环回路进行作业时不允许为高电压蓄电池单元充电。

可在以下车辆状态下控制冷却液泵和电子扇：

· 总线端 15 已接通，行驶准备已就绪

· 总线端 15 已接通，行驶准备未就绪

· 为高电压蓄电池单元充电

总线端 15 已接通时，电机电子装置的供电电子电路工作，借此通过 DC/DC 转换器为高电压车载网络（电动制冷剂压缩机和电气加热装置）和 12 V 车载网络提供能量。如果根据在此产生的热量识别出冷却要求，就会接通冷却液泵并根据需要接通电子扇。总线端 15 接通时可能会自动接通冷却液泵和电子扇。因此在发动机室盖打开状态下或对电机电子装置的冷却液循环回路进行作业时务必关闭总线端 15。

（五）高电压蓄电池单元

1. 概览

高电压蓄电池单元是由以下主要组件组成的整个系统：

· 带实际电池的电池模块

· 电池监控电子装置 CSC

· 蓄能器管理电子装置 SME 控制单元

· 安全盒

· 接口（电气、冷却液、排气）

· 热交换器

· 导线束

· 壳体部件和固定部件

高电压蓄电池单元的主要任务是从高电压车载网络吸收、存储电能并在需要时提供使用以及将其转化为化学能。此外，其主要任务还包括确保高电压系统安全，例如进行高电压触点监控。可通过制动能量回收利用或外部电网为高电压蓄电池单元充电。为使 F15 PHEV 达到预期电动可达里程，对可存储的备用能量进行了相应计算。这决定了高电压蓄电池单元的容积和重量。高电压蓄电池单元安装在行李箱内，通过 3 个连接点固定在车身上。在 F15 PHEV 上，高电压安全插头（又称为售后服务断电开关）不是高电压蓄电池单元的组成部分。该部件位于行李箱内右侧的一个盖板下。高电压蓄电池单元是一个复杂的高电压组件，必须遵守操作和安全规定。尤其是不允许锂离子电池过载且电池不得处于温度过高的环境中，否则有失火危险！通常情况下禁止进行带电高电压组件作业。在进行涉及高电压组件的工作步骤前，必须将高电压系统切换为无电压并采取安全措施以防未经授权重新启动：

· 关闭总线端 15

· 车上未连接充电插头

· 等待车辆进入休眠模式（START-STOP 按钮上的字体不发光）

· 断开高电压安全插头

· 高电压蓄电池单元 5 固定住高电压安全插头以防重新接通

· 接通总线端 15

454

· 等待组合仪表显示检查控制信息高电压系统已关闭

· 关闭总线端 15 和总线端 R

（1）技术数据

F15 PHEV 的高电压蓄电池单元由宝马在德国丁果耳芬进行生产。高电压蓄电池单元的电池由 Samsung 公司生产。高电压蓄电池单元同样由宝马自行研发。在 F15 PHEV 高电压蓄电池单元内使用的电池组属于锂离子电池类型（电池类型为 NMCo/LMO 混合）。锂离子电池的阳极材料原则上是锂金属氧化物。"NMCo/LMO 混合"这一名称说明了这种电池类型使用的金属，一方面是镍、锰和钴的混合物，另一方面是锂锰氧化物。通过选择阳极材料优化了电动车所用高电压蓄电池单元的特性（能量密度较高、使用寿命较长）。像往常一样使用石墨作为阴极材料，放电时锂离子存储在石墨内。根据蓄电池内使用的材料，电池额定电压为 3.7V，如表 5-24 所示。

表 5-24

电压	355V（额定电压） 269 ~ 399V（电压范围）
电池	96 个电池串联（每个电池均为 3.7 V 和 26Ah）
可存储能量 可用能量	9.2kWh 6.8kWh
最大功率（放电）	83kW（短时） 43kW（持续）
最大功率（交流电充电）	53kW（短时） 35kW（持续）
总重量	105kg
尺寸	508mm×781mm×287mm
冷却系统	制冷剂（R134a）

（2）安装位置

高电压蓄电池单元安装在行李箱内行李箱盖板下。这样设计的优点是，可对 F15 PHEV 后座椅靠背进行翻折从而形成水平装载空间。在此可提供选装配置"直通装载系统"，但是需要根据安装空间放弃选装配置"第三排座椅"。高电压蓄电池单元被行李箱地板盖住，因此无法直接看到。为了接触到高电压蓄电池单元接口，必须拆下行李箱地板和杂物槽。F15 PHEV 高电压蓄电池单元的安装位置如图 5-191 所示。

高电压蓄电池单元除高电压接口外还带有一个信号接口。通过该接口为集成在高电压蓄电池单元内的控制单元提供电压、总线信号、传感器信号和监控信号。为对高电压蓄电池单元进行冷却将其接入一个单独的制冷剂循环回路内。可在无须拆卸高电压蓄电池单元的情况下断开导线（高电压和信号接口）和制冷剂管路。高电压蓄电池单元位于车内空间。如果电池内部由于严重故障（电池内部短路）出现化学反应，必须通过排气单元向外排出所产生的气体从而确保压力平衡。在排气单元下方行李箱地板内有一个橡胶防尘套，可确保与环境密封隔离。高电压蓄电池单元通

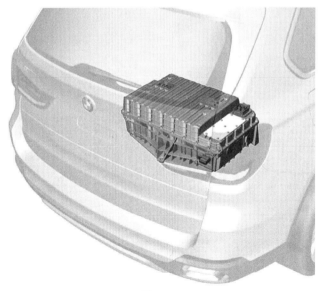

图 5-191

过3个连接点与车身连接。通过这种方式可使重力以及行驶期间产生的加速力作用在车身上。固定螺栓无法直接从行李箱内接触到，因此必须事先拆下多个饰板才能松开螺栓。拆卸高电压蓄电池单元时必须首先进行当前维修说明中规定的所有准备工作（诊断、切换为无电压、拆卸饰板等）。为了便于拆卸和安装高电压蓄电池单元，维修站使用带有相应专用工具的专用起重装置。F15 PHEV高电压蓄电池单元的固定方式如图5-192所示，F15 PHEV电位补偿螺栓如图5-193所示。

与宝马Active Hybrid车辆不同，不通过一个单独的电位补偿螺栓，而是通过3个固定螺栓使高电压蓄电池单元壳体与车身之间形成电气连接。高电压蓄电池单元壳体与接地之间的低电阻连接是确保自动绝缘监控功能正常运行的一个重要前提条件，因此必须遵守规定的拧紧力矩。此外还应注意，无论是高电压蓄电池单元壳体还是车身都不允许在相应开孔处涂漆、腐蚀或有污物，如图5-194所示。

安装固定螺栓时必须遵守准确的工作步骤：
· 清洁接触面并让第二个人进行检查
· 按规定力矩拧紧固定螺栓
· 让第二个人检查扭矩
· 两人必须将准确工作情况记录在车辆档案内
（3）系统电路图
F15 PHEV高电压网络内高电压蓄电池单元的系统电路图如图5-195所示。

2.外部特征
（1）提示牌
在高电压蓄电池单元壳体上有一个提示牌，用于

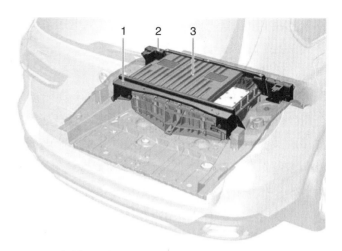

1.后部横梁上部 2.前部横梁上部 3.高电压蓄电池单元
图 5-192

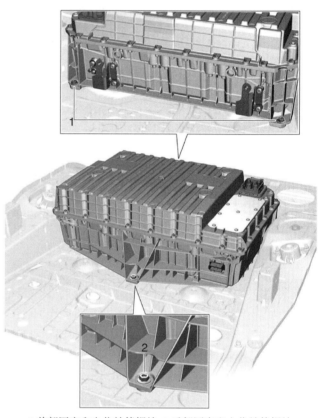

1.前部固定和电位补偿螺栓 2.后部固定和电位补偿螺栓
图 5-193

图 5-194

456

警告进行高电压蓄电池单元作业时存在相关危险。F15 PHEV 高电压蓄电池单元上的提示牌如图 5-196 所示，F15 PHEV 警告提示牌如图 5-197 所示。

（2）电气接口

①低电压接口。

在 F15 PHEV 的高电压蓄电池单元上有一个信号接口，该接口使高电压蓄电池单元与 12V 车载网络相连。

信号接口带有以下导线：

·通过总线端 30F 和总线端 31 为 SME 控制单元供电

·总线端 30 碰撞信号，用于为电动机械式接触器供电

·车身域控制器唤醒导线

·高电压触点监控导线的输入端和输出端

·用于控制膨胀和截止组合阀（作为冷却系统的组成部分）的输出端（+12V 和接地）

·PT-CAN2

②高电压接口。

在高电压蓄电池单元上有一个高电压接口，高电压蓄电池单元通过该接口与电机电子装置连接。

（3）排气口

排气单元有两项任务。第一项任务是补偿高电压蓄电池单元内部和外部的较大压力差。只有某一电池损坏时才会产生这种压力差。在此情况下，出于安全原因，损坏电池的电池模块壳体会打开，以便降低压力。气体首先存于高电压蓄电池单元壳体内，从此处可通过排气单元排到外面。排气单元的第二项任务是向外输送高电压蓄电池单元内部产生的冷凝物。在高电压蓄电池单元内部除技术组件外还有空气。通过较低环境温度或启用冷却功能后通过制冷剂对空气或壳体进行冷却时，空气中的部分水蒸气就会冷凝。因此在高电压蓄电池单元内部可能会形成少量冷凝物。

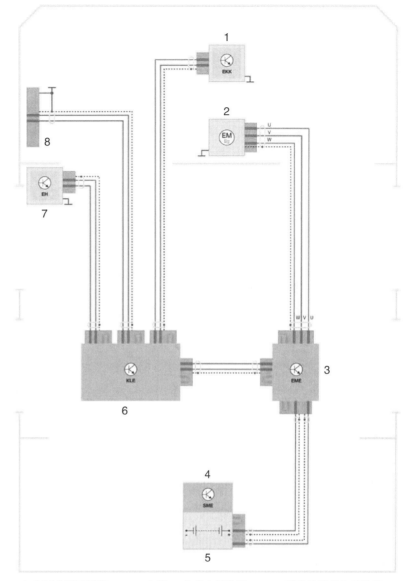

1.电动制冷剂压缩机EKK 2.电机 3.电机电子装置EME 4.蓄能器管理电子装置SME 5.高电压蓄电池单元电池模块 6.便捷充电电子装置KLE 7.电气加热装置 8.高电压充电接口

图 5-195

图 5-196

这不会对功能产生任何影响。空气或壳体再次受热时冷凝物就会重新蒸发，同时壳体内的压力稍稍增大。排气单元可通过向外排出受热空气进行压力补偿，同时会将空气中包含的水蒸气（通过这种方式也将之前的液态冷凝物）一同向外排出。

3. 冷却系统

为了尽可能延长高电压蓄电池单元的使用寿命并获得最大功率，需在规定温度范围内运行蓄电池。车外温度为 –40 ~ +60℃时，高电压蓄电池单元基本上处于可运行状态。就使用寿命和功率而言，最佳范围明显缩小，即 +25 ~ +40℃，此为电池温度而非车外温度。如果在功率输出较高的同时电池温度持续明显超出该范围，就会影响电池的使用寿命。为了消除该影响并在所有车外温度条件下确保最大功率，F15 PHEV 的高电压蓄电池单元带有自动运行的冷却装置。如果长时间（例如多日）将 F15 PHEV 停放在极低环境温度条件下，电池也会变为与环境温度相同。在此情况下，开始行驶时可能无法提供最大电动驱动功率。在 F15 PHEV 上未安装高电压蓄电池单元加热装置。

（1）概览

F15 PHEV 空调系统概览如图 5-198 所示。F15 PHEV 空调系统的系统概览如图 5-199 所示。

（2）功能

根据冷却系统的功能可实现两种运行状态：

·冷却系统关闭

·冷却系统接通

① 冷却系统关闭运行状态。

电池温度已处于或低于最佳范围时就会启用冷却系统关闭运行状态。车辆在适中环境温度下以较低电功率行驶时就会启用该运行状态。冷却系统关闭运行状态非常高效，因为无须附加能量来对高电压蓄电池单元进行冷却。

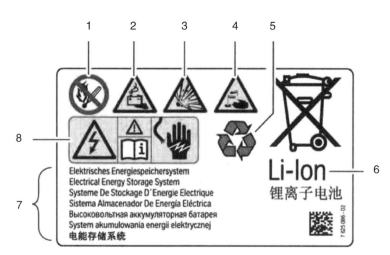

1.禁止标志：禁止火焰、明火和吸烟 2.警告标志：蓄电池危险警告 3.警告标志：易爆物品警告 4.警告标志：腐蚀性物品警告 5.高电压蓄电池单元废弃处理说明：可由专业人员回收利用，不允许作为生活垃圾处理。说明：遵守维修说明 6.高电压蓄能器技术说明 7.提示此为高电压蓄能器（不同语言）8.警告标志：高电压组件标志和电击危险提示。遵守维修说明

图 5-197

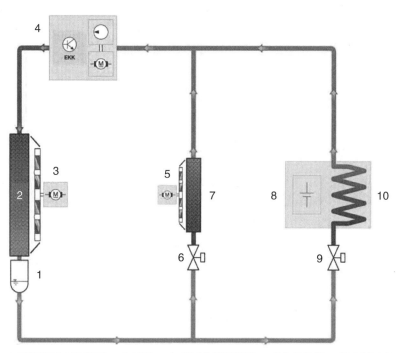

1.干燥器瓶 2.冷凝器 3.电子扇 4.电动制冷剂压缩机 5.车内鼓风机 6.截止阀（车内空间）7.车内空间蒸发器 8.高电压蓄电池单元 9.膨胀和截止组合阀 10.冷却总成（制冷剂热交换器）

图 5-198

相关组件按以下方式工作：

· 需要对车内空间进行冷却时，电动制冷剂压缩机不运行或以较低功率运行

· 高电压蓄电池单元上的膨胀和截止组合阀关闭

②冷却系统接通运行状态。

电池温度达到约30℃时，就会开始冷却高电压蓄电池单元。SME 控制单元以两个优先级向 IHKA 控制单元提出冷却要求，之后 IHKA 决定是否对车内空间、高电压蓄电池单元或二者进行冷却。SME 提出优先级较低的冷却要求且车内空间冷却要求较高时，IHKA 可能会拒绝提出的冷却要求。但 SME 提出优先级较高的冷却要求时始终会对高电压蓄电池单元进行冷却。进行冷却时，IHKA 要求电机电子装置内的高电压电源管理系统提供用于电动制冷剂压缩机的电功率。在冷却运行状态下组件工作方式如下：

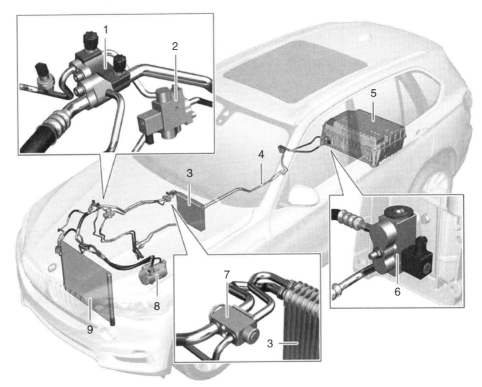

1.加注和抽真空接口 2.截止阀（车内空间） 3.车内空间蒸发器 4.至高电压蓄电池单元的制冷剂管路 5.高电压蓄电池单元 6.膨胀和截止组合阀 7.用于车内空间的膨胀阀 8.电动制冷剂压缩机 EKK 9.冷凝器

图 5-199

· SME 控制单元提出冷却要求

· IKHA 授权后，SME 控制单元控制高电压蓄电池单元上的膨胀和截止组合阀。通过这种方式使该阀打开，制冷剂流入高电压蓄电池单元内

· 电动制冷剂压缩机运行

膨胀阀后方压力下降后，高电压蓄电池单元管路和冷却通道内的制冷剂蒸发。在此制冷剂吸收电池模块和电池的热量并对其进行冷却。蒸发的制冷剂离开高电压蓄电池单元，经电动制冷剂压缩机压缩并在冷凝器内液化。虽然该过程需要高电压车载网络提供能量，但其意义非常重大。只有这样才能确保电池具有较长使用寿命和较高效率。电池温度明显低于最佳运行温度（20℃）时，其功率会暂时受限且能量转换效率也不理想。这是无法避免的锂离子蓄电池化学效应。如果长时间（例如多日）将 F15 PHEV 停放在极低环境温度条件下，电池也会变为与环境温度相同。在此情况下，开始行驶时可能无法提供最大电动驱动功率。但客户并不会有所察觉，因为此时由发动机驱动车辆。

（3）热交换器

在高电压蓄电池单元内部，制冷剂在管路和冷却通道（铝合金材质）内流动。通过入口管路流入的制冷剂在高电压蓄电池单元接口后分入上部和下部热交换器。流经供给管路的制冷剂在热交换器内分入两个冷却通道并通过流经冷却通道吸收电池模块的热量。在冷却通道端部将制冷剂输送至相邻冷却通道内，由此回流并继续吸收电池模块的热量。在端部，相应热交换器的两个回流管路汇集为一个共同的回流管路。共同的回

流管路将蒸发的制冷剂输送回高电压蓄电池单元接口。在上部热交换器的供给管路上装有一个温度传感器，传感器信号用于控制和监控冷却功能。该信号直接由 SME 控制单元读取，F15 PHEV 高电压蓄电池单元内的冷却组件如图 5-200 所示。

4.内部结构

电气和电子组件：

F15 PHEV 高电压蓄电池单元系统电路图如图 5-201 所示。

从上面的电路图中可以看出，除汇集在 6 个电池模块内的电池本身外，F15 PHEV 的高电压蓄电池单元还包括以下电气 / 电子部件：

· 蓄能器管理电子装置 SME 控制单元

· 6 个电池监控电子装置（电池监控电路 CSC）

· 带接触器和传感器的安全盒

除电气组件外，高电压蓄电池单元还包括制冷剂管路、冷却通道以及电池模块的机械固定元件。

① 蓄能器管理电子装置 SME。

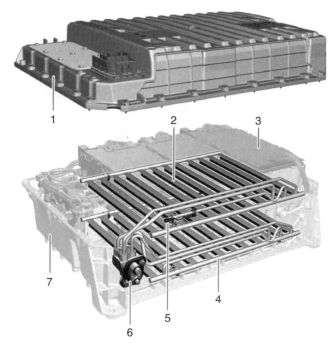

1.上半部分壳体　2.上部热交换器连接上部冷却通道　3.电池模块　4.下部热交换器、电池模块连接器、上部热交换器回流管路　5.制冷剂管路温度传感器　6.膨胀和截止组合阀连接法兰　7.下半部分壳体

图 5-200

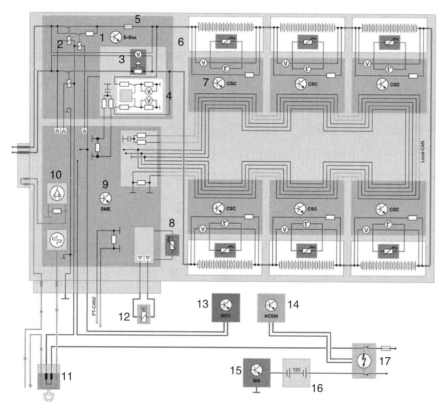

1.安全盒　2.接触器　3.电压/电流传感器（分流器）　4.电阻测量（用于绝缘监控）　5.保险丝（350A）　6.电池模块　7.电池监控电子装置（电池监控电路 CSC）　8.冷却液温度传感器　9.蓄能器管理电子装置SME　10.高电压触点监控电路控制装置　11.高电压安全插头（售后服务断电开关）　12.膨胀和截止组合阀　13.车身域控制器　14.带有安全型蓄电池接线柱触发用控制导线的ACSM　15.智能型蓄电池传感器IBS　16.12V蓄电池　17.安全型蓄电池接线柱

图 5-201

针对高电压蓄电池单元使用寿命的要求比较严格（车辆使用寿命）。为了满足这些要求，不能随意运行高电压蓄电池单元，而是必须在严格规定的范围内运行高电压蓄电池单元，从而确保其使用寿命和功率最大化。相关边界条件如下：

- 在最佳温度范围内运行电池（通过冷却以及根据需要限制电流强度）
- 根据需要均衡所有电池的充电状态
- 在特定范围内使用可存储的蓄电池能量

为了遵守这些边界条件，在 F15 PHEV 的高电压蓄电池单元内装有一个蓄能器管理电子装置 SME 控制单元。SME 控制单元需要执行以下任务：

- 由电机电子装置 EME 根据要求控制高电压系统的启动和关闭
- 分析有关所有电池电压和温度的测量信号以及高电压电路内的电流强度
- 控制高电压蓄电池单元冷却系统
- 确定高电压蓄电池单元的充电状态（SoC）和老化状态（SoH）
- 确定高电压蓄电池单元的可用功率，根据需要对电机电子装置提出限制请求
- 安全功能（例如电压、电流和温度监控、高电压触点监控）
- 识别出故障状态，存储故障码存储器记录并向电机电子装置发送故障状态

原则上可通过诊断系统使 SME 控制单元做出响应并对其进行编程。进行故障查询时必须清楚，在 SME 控制单元的故障码存储器内不仅可存储控制单元故障，而且还可查阅高电压蓄电池单元内其他组件的故障记录。这些故障码存储器记录根据严重程度和尚可提供的功能分为不同类型：

- 立即关闭高电压系统

因出现故障影响高电压系统安全或产生高电压蓄电池单元损坏危险时，就会立即关闭高电压系统并断开电动机械式接触器触点。之后驾驶员可让车辆滑行并例如停在路边。通过 12V 车载网络提供能量确保转向助力、制动助力和 DSC 调节。

- 限制功率

高电压蓄电池单元无法继续提供最大功率或全部能量时，为了保护组件会限制驱动功率和可达里程，此时驾驶员可在驱动功率明显降低的情况下继续行驶较短距离，可行驶至最近的宝马维修站或将车辆停放在所选地点。

- 对客户没有直接影响的故障

例如 SME 或 CSC 控制单元间的通信短时受到干扰时，不表示功能受限或危及高电压系统安全，只会产生一个故障码存储器记录，必须由宝马维修站通过诊断系统对该记录进行分析。在此不显示检查控制信息，不会影响客户所使用的功能。可通过高电压蓄电池单元维修盖接触到 SME 控制单元。

SME 控制单元的电气接口包括：

- SME 控制单元 12V 供电（行李箱配电盒的总线端 30F 和总线端 31）
- 接触器 12 V 供电（总线端 30 碰撞信号）
- PT-CAN2
- 局域 CAN，2 个
- 便捷登车及启动系统 CAS 的唤醒导线
- 高电压触点监控输入端和输出端
- 冷却总成上用于控制膨胀和截止组合阀的导线
- 冷却液温度传感器

由一个专用的 12V 导线为高电压蓄电池单元内的接触器供电。该导线称为总线端 30 碰撞信号，简称为总线端 30C。总线端名称中的 C 表示发生事故（碰撞）时关闭该 12V 电压。该导线是安全型蓄电池接线柱的一个（第二个）输出端。即触发安全型蓄电池接线柱时也会断开该供电导线。此外，该导线穿过高电压安全插头，因此关闭高电压系统供电时也会关闭接触器供电。因此在上述两种情况下，高电压蓄电池单元内的两个接触器会自动断开。

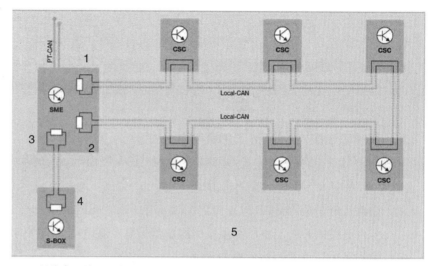

1.CSC导线束局域CAN终端电阻 2.CSC导线束局域CAN终端电阻 3.SME局域CAN终端电阻 4.安全盒局域CAN终端电阻 5.高电压蓄电池单元

图 5-202

局域 CAN 使 SME 控制单元与电池监控电子装置 CSC 相互连接并通过一个专用局域 CAN 连接安全盒。F15 PHEV 局域 CAN 系统电路图如图 5-202 所示。

② 电池模块。

高电压蓄电池单元由 6 个串联连接的电池模块构成。每个电池模块都分配有一个电池监控电子装置。电池模块自身由 16 个串联连接的电池构成。每个电池的额定电压为 3.7V，额定电容量为 26Ah，如图 5-203 所示。

电池模块位于高电压蓄电池单元内。电池模块及其固定部件的所有相关作业只能由具备资质的维修车间人员进行。

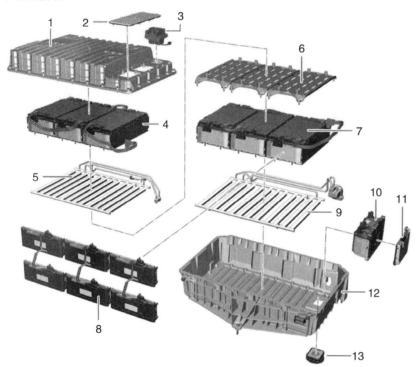

1.上部壳体 2.高电压蓄电池单元上的维修盖 3.高电压插头 4.上部电池模块 5.热交换器上部件 6.用于上部电池模块的支撑框架 7.下部电池模块 8.电池监控电子装置 9.热交换器下部件 10.安全盒（S盒） 11.蓄能器管理电子装置 SME 12.下部壳体 13.排气单元

图 5-203

③电池监控电子装置

为确保 F15 PHEV 所用锂离子电池正常运行，必须遵守特定边界条件：电池电压和电池温度不允许低于或高于特定数值，否则可能导致电池持续损坏。因此高电压蓄电池单元带有 6 个称为电池监控电路 CSC 的电池监控电子装置。F15 PHEV 电池监控电子装置如图 5-204 所示。

电池电压测量以极高扫描频率实现。通过电压测量可识别出充电和放电过程结束。温度传感器安装在电池模块上，根据其测量值可确定各电池的温度。借助电池温度可识别出是否过载或出现电气故障。出现任何上述情况时都必须立即降低电流强度或完全关闭高电压系统，以免电池进一步损坏。此外，测量温度还用于控制冷却系统，以便电池始终在最有利于功率和使用寿命的温度范围内运行。每个电池模块分别通过 3 个 NTC 温度传感器来测量电池温度。电池监控电子装置通过局域 CAN 传输其测量值。该局域 CAN 使所有电池监控电子装置相互连接并与 SME 控制单元连接。在 SME 控制单元内对测量值进行分析并根据需要做出相应反应（例如控制冷却系统）。如果一个或多个电池的电压明显低于其他电池，高电压蓄电池单元的可用能含量就会因此受限。因此放电时由最弱电池决定何时停止释放能量。如果最弱电池的电压降至放电限值，即使其他电池还存有充足能量也必须结束放电过程。如果仍继续放电过程，就会因此造成最弱电池损坏。因此可通过一项功能使电池电压调节至几乎相同的水平。该过程也称为电池平衡。F15 PHEV 平衡电池电压的电路原理图如图 5-205 所示。

为此 SME 控制单元将所有电池电压进行相互比较。在此过程中对电压明显高于其余的电池进行有针对性的放电。SME 控制单元通过局域 CAN 1 将相关请求发送至这些电池的电池监控电子装置，从而启动放电过程。为此每个电池监控电子装置都针对各电池带有一个欧姆电阻，相应电子触点闭合后放电电流就会流过该电阻。启动放电过程后由电池监控电子装置负责执行该过程，或在其间主控控制单元切换为休眠模式的情况下继续执行该过程。通过与总线端 30F 直接相连的蓄能器管理电子装置为 CSC 控制单元供电来实现这一点。所有电池的电压处于规定的较小范围内时，放电过程就会自动结束。电池平衡继续进行，直至所有电池达到相同电压水平。在平衡电池电压的过程中会造成损失，但损失的电能极小。而优势在于可使可达里程和高电压蓄电池单元使用寿命最大化，因此总体而言平衡电池电压非常有利且十分必要。当然，只有车辆静止时才会执行该过程。

平衡电池电压的具体条件包括：

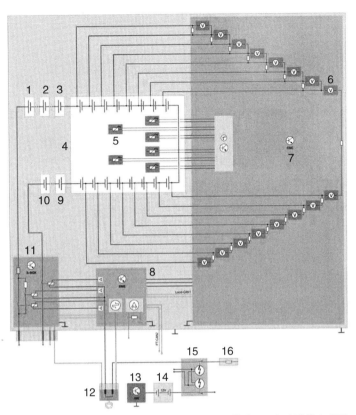

1.电池模块1 2.电池模块2 3.电池模块3 4.电池模块4 5.电池模块上的温度传感器 6.电池电压测量 7.电池监控电子装置 8.蓄能器管理电子装置 SME 9.电池模块5 10.电池模块6 11.安全盒 12.高电压安全插头（售后服务断电开关） 13.智能型蓄电池传感器IBS 14.12V蓄电池 15.安全型蓄电池接线柱SBK 16.行李箱配电盒

图 5-204

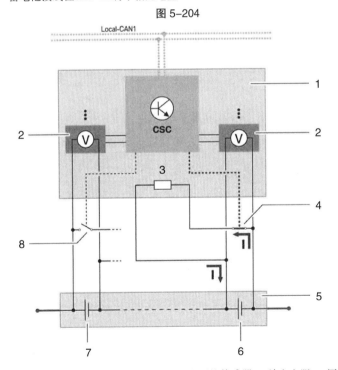

1.电池监控电子装置 2.用于测量电池电压的传感器 3.放电电阻 4.用于某个电池放电的闭合（启用）触点 5.电池模块 6.通过放电使其电压下降的电池 7.未放电的电池 8.用于某个电池放电的断开（未启用）触点

图 5-205

- 总线端 15 关闭且车辆或车载网络处于休眠状态
- 高电压系统已关闭
- 电池电压或各电池 SoC 的偏差大于相应限值
- 高电压蓄电池单元的总 SoC 大于相应限值

如果满足所述条件，就会自动进行电池电压平衡。因此客户既看不到检查控制信息，也无须为此进行特殊操作。如果电池电压的偏差过大或电池电压平衡未顺利进行，就会在 SME 控制单元内生成一个故障码存储器记录。通过一条检查控制信息提醒客户注意这种车辆状态。之后必须通过诊断系统分析故障码存储器并更换高电压蓄电池单元的损坏组件。电池监控电子装置位于高电压蓄电池单元内。电池监控电子装置的所有相关作业只能由具备资质的维修车间人员进行。

④安全盒（S 盒）。

在每个高电压单元内都有一个带独立壳体的接口单元，该单元称为开关盒或简称为 S 盒。在安全盒内集成了以下组件：

- 蓄电池负极电流路径内的电流传感器（分流器）
- 保险丝（350A）
- 两个电动机械式接触器（每个电流路径一个开关触点）
- 用于缓慢启动高电压系统的预充电电路
- 用于监控开关触点和测量蓄电池总电压的电压传感器
- 用于监控绝缘电阻的电阻测量

这些组件及其连接参见本章开始处的高电压蓄电池单元内部电路图。安全盒内的保险丝不可作为单个部件进行更换。安全盒内出现故障时始终应将其作为整个部件进行更换。

⑤导线束。

在高电压蓄电池单元内有两个导线束：

- 用于连接 CSC 与 SME 控制单元的导线束
- 用于连接 SME 与安全盒和信号接口的导线束

5. 功能

在 F15 PHEV 上由电机电子装置 EME 控制和协调高电压系统的主要功能。高电压蓄电池单元和 SME 控制单元对于高电压系统的主要功能非常重要。具体包括：

- 启动
- 正常关闭
- 快速关闭
- 蓄电池管理
- 高电压蓄电池单元充电
- 监控功能

（1）启动

无论以下哪项作为触发因素，高电压系统的启动顺序始终相同：

- 接通总线端 15 或建立行驶准备状态
- 需要开始进行高电压蓄电池单元充电
- 使车辆做好行驶准备（高电压蓄电池单元或车内空间空气调节）

高电压系统的具体启动步骤如下：

·EME 控制单元通过 PT-CAN2 上的总线电码要求启动

·通过自诊断功能检查高电压车载网络

·持续提高高电压电路内的电压

·使接触器触点完全闭合

主要通过 EME 控制单元和 SME 控制单元来进行高电压车载网络检查。在此检查与安全有关的标准，例如高电压触点监控电路或绝缘电阻。而且还必须满足启动所需的功能条件，例如所有子系统处于运行准备状态。由于高电压电路带有电容值较高的电容器（供电电子装置内的中间电路电容器），因此不允许电动机械式接触器触点简单闭合。电流脉冲过高会导致高电压蓄电池单元、中间电路电容器以及接触器触点损坏。首先会使负极上的接触器闭合。与正极上的接触器并联有一个带电阻的可切换电流路径。此时启用该电流路径，受电阻限制的接通电流使中间电路电容器充电。中间电路电容器电压与蓄电池电压大致相等时，就会使高电压蓄电池单元正极上的接触器闭合。此时高电压系统完全处于运行准备状态。启动期间先后闭合接触器时会发出响声，这不表示出现功能故障。高电压系统未出现故障时，会在约 0.5s 内关闭高电压系统整个启动过程。成功启动后，SME 控制单元就会通过 PT-CAN2 向 EME 控制单元发送总线电码。如果例如继电器某一触点未顺利闭合，也会通过相同方式发送故障状态信号。

（2）正常关闭

关闭高电压系统分为正常关闭和快速关闭两种情况。在此所说的正常关闭，一方面保护所有相关部件，另一方面还监控与安全有关的高电压系统组件。

满足以下条件或标准时，就会正常关闭高电压系统：

·驾驶员关闭总线端 15 且继续运行时间结束（由 EME 进行控制）

·驻车空气调节、驻车暖风或高电压蓄电池单元调节功能结束

·高电压蓄电池单元充电过程结束

·车载网络蓄电池充电过程结束

·某个高电压控制单元的编程过程

正常关闭时，无论通过何种因素触发，基本上都始终按照如下具体步骤保持相同顺序：

·继续运行时间结束后 EME 通过 PT-CAN2 上的总线电码发送关闭信号

·高电压车载网络上的系统（EME、EKK、EH）将高电压车载网络内的电流降为零

·断开高电压蓄电池单元内的接触器（由 SME 进行控制）

·电机绕组短路

·检查高电压系统，例如电动机械式接触器触点是否按规定断开

·高电压电路放电，即中间电路电容器（EME）主动放电

根据需要分多个阶段进行中间电路电容器放电：

·首先会尝试供应 12V 车载网络蓄电池的存储能量

·如果无法实现，就会通过可接通电阻进行中间电路电容器放电

·如果中间电路电容器未在 5s 内放电至 60V 以下，就会通过被动电阻使其放电

F15 PHEV 正常关闭原理如图 5-206 所示。

无论是关闭总线端 15 后的继续运行还是关闭过程本身都可能需要持续几分钟。例如，自动运行的监控功能是其中一个原因。如果在此期间出现重新启动要求或满足某项快速关闭条件，就会中止正常关闭过程。

（3）快速关闭

在此以尽快关闭高电压系统为最高目标。高电压系统内的电压需要尽快降至安全数值时，就会执行快速

关闭过程。如下列出了导致快速关闭的触发条件及作用链：

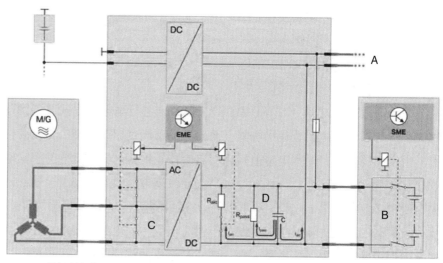

A.关闭所有高电压组件 B.接触器断开 C.电机绕组短路 D.中间电路电容器放电

图 5-206

· 事故

碰撞和安全模块 ACSM 识别到发生事故。根据事故严重程度通过总线电码请求关闭或通过安全型蓄电池接线柱与 12 V 蓄电池正极断开强制关闭。在第二种情况下自动中断电动机械式接触器的供电，因此其触点自动断开。

· 过电流监控

在此通过高电压蓄电池单元内的电流传感器监控高电压车载网络内的电流强度。如果识别到电流强度过大，SME 控制单元就会要求强制断开电动机械式接触器。在高电流下断开会使接触器触点严重磨损，但为了避免其他部件损坏，这一点必须容忍。

· 短路保护

在每个高电压蓄电池单元内都有一个短路时断开高电压电路的过电流保险丝。

· 临界电池状态

如果一个电池监控电子装置识别出一个电池的电压过低、电压过高或温度过高，也会在 SME 控制单元控制下强制断开电动机械式接触器。尽管这可能会导致触点磨损增大，但这种快速关闭可防止相关电池毁坏。

· 高电压蓄电池单元 12V 供电失灵

在此情况下 SME 控制单元不再工作且无法再监控电池。出于该原因，在此电动机械式接触器的触点也会自动断开。

· 高电压触点监控

SME 控制单元分析高电压触点监控信号并检查该电路是否断路。出现断路情况时，SME 控制单元可要求快速关闭高电压系统。如果断开高电压安全插头（售后服务断电开关）上的高电压触点监控，则不通过 SME 控制单元关闭，而是直接断开接触器。除高电压电路断路外，还会使中间电路电容器放电（EME）并使电机绕组（EME、EKK）短路。高电压控制单元一方面通过总线电码接收相关请求，另一方面通过高电压电路内的电流强度突然降低识别出这种状态。

（4）充电

通过回收利用能量、提高发动机负荷点或外部电网为高电压蓄电池单元充电时，SME 控制单元同样起到非常重要的作用。SME 控制单元根据电池充电状态和温度确定高电压蓄电池单元当前可吸收的最大电功率。该数值以总线电码形式通过 PT-CAN2 传输至 EME 控制单元。在此运行的高电压电源管理系统功能协调各项功率要求。充电期间 SME 控制单元持续确定已达到的充电状态并监控高电压蓄电池单元的所有传感器信号。为了确保最佳充电运行过程，SME 控制单元也根据这些数值持续计算当前最大充电功率数值并将其发送至 EME 控制单元。在充电过程中，SME 控制单元还会持续控制高电压蓄电池单元冷却系统，从而确保快速有效的充电过程。为了实现尽可能远的电动可达里程，连接充电电缆时应对车内空间进行预先空气调节（加热或冷却）。可立即将所需电能重新输送回高电压蓄电池单元。通过这种方式也可同时使锂离子电池达到运行温度。

（5）监控功能

高电压蓄电池单元或蓄能器管理电子装置在很大程度上参与了很多监控功能。其中包括：

·用于确保高电压系统安全的监控功能

·用于确保高电压蓄电池单元最佳运行条件的监控功能

就与安全有关的监控功能而言，在此要特别注意高电压蓄电池单元在高电压触点监控和绝缘监控方面的重要作用。高电压触点监控（High Voltage Interlock Loop）是一个可在事先未按规定关闭高电压车载网络的情况下避免进行高电压组件作业时发生危险的电路。如果该电路断路，就会关闭高电压系统的供电或阻止高电压系统供电接通。在 F15 PHEV 上，由以下所示高电压组件构成高电压触点监控。F15 PHEV 高电压触点监控系统电路图如图 5-207 所示。

用于控制和产生高电压触点监控检测信号的电子装置集成在 F15 PHEV 的蓄能器管理电子装置 SME 内。

高电压系统启动时开始产生检测信号，高电压系统关闭时停止产生检测信号。SME产生一个矩形交流电信号作为检测信号并将其发送到检测导线上。检测导线采用环形拓扑结构（与 MOST 总线相似）。在环形线路上的两个位置处对检测导线信号进行分析：在电机电子装置内，最后在 SME内环形线路端部。如果该信号位于规定范围之外，则系统识别为电路断路或检测导线内短路并立即关闭高电压系统。如果断开高电压安全插头（售后服务断电开关）上的高电压触点监控，则直接断开接触器。此外，还会关闭所有高电压组件。绝缘监控功能确定带电高电压部件（例如高电压导线）与车辆接地间的绝缘电阻是否高于或低于所需最低限值。如果绝缘电阻低于最低限值，就会存在车辆部件带有危险电压的可能。如果人员接触第二个带电高电压部件，就会存在电击危险，因此针对 F15 PHEV 高电压系统提供全自动绝缘监控功能。与之前的高电压蓄电池单元不同，现在绝缘监控功能位于安全盒内。这样设计的优点是无须再将高电压导线引至SME。安全盒在高电压系统启用期间通过定期（约每隔 5s）测量电阻进行绝缘监控（间接绝缘监控）。在此车辆接地作为参考电位使用。在不采取附加措施的情况下，通过这种方式只能确定高电压蓄电池单元内局部出现的绝缘故障。但确定车辆所铺

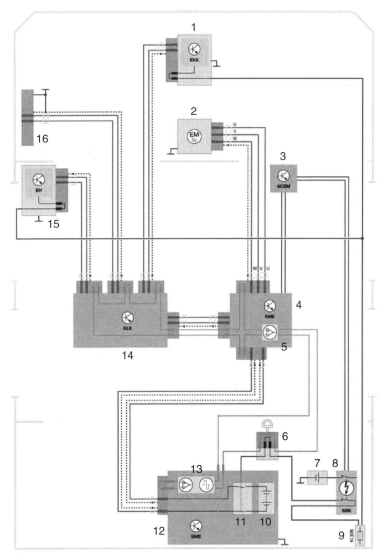

1.电动制冷剂压缩机EKK 2.电机 3.碰撞和安全模块ACSM 4.电机电子装置EME 5.电机电子装置内用于高电压触点监控检测信号的分析电路 6.高电压安全插头（售后服务断电开关） 7.12V蓄电池 8.安全型蓄电池接线柱 9.行李箱配电盒 10.电池模块 11.接触器 12.高电压蓄电池单元 13.蓄能器电子装置内用于高电压触点监控检测信号的分析电路和信号发生器 14.便捷充电电子装置 15.电气加热装置 16.高电压充电接口

图 5-207

设高电压导线与车辆接地之间的绝缘故障也非常重要。因此高电压组件的所有导电壳体都与车辆接地导电连接，这样可通过一个中央位置即高电压蓄电池单元确定整个高电压车载网络内的绝缘故障。高电压组件所有壳体与车辆接地的正确电气连接是正常执行绝缘监控功能的一个重要前提。因此如果维修期间中断了该电气连接，必须小心仔细地重新建立连接。绝缘监控分两步进行。绝缘电阻低于第一限值时，对人员尚不构成直接危险。因此高电压系统仍保持启用状态，不会发出检查控制信息，但会在故障码存储器内存储故障状态。这样便于售后服务人员在下次维修时加以注意并检查高电压系统。低于较低的绝缘电阻第二限值时，不仅会在故障码存储器内存储记录，而且还会发出检查控制信息提示驾驶员到维修车间进行检查。原则上售后服务人员无须自己测量绝缘电阻，这项工作由高电压系统通过绝缘监控功能进行。识别出绝缘故障时，售后服务人员必须通过诊断系统内的检测计划确定绝缘故障的实际位置。除高电压触点监控和绝缘监控外，还有以下其他监控功能：

· 安全型蓄电池接线柱的 12V 供电电压

为在发生相应严重程度的事故时能够关闭高电压系统，所有电动机械式接触器的电磁铁都由安全型蓄电池接线柱提供 12V 供电。如果发生事故时安全型蓄电池接线柱燃爆断开，该供电电压就会消失且接触器触点自动断开。此外，SME 控制单元还会以电子形式分析该导线电压，同时促使高电压系统关闭，包括中间电路电容器放电和电机主动短路。

· 接触器触点

高电压系统关闭时 SME 控制单元要求断开接触器触点后，通过测量触点并联电压检查触点是否也已实际断开。某个接触器触点未断开的可能性很小，不会给客户和售后服务人员带来直接危险。但为了安全起见，会防止高电压系统重新启动。

· 预充电电路

例如，如果启动高电压系统期间发现预充电电路内有故障，就会立即中止启动过程且高电压系统不运行。

· 温度过高

在所有运行状态下高电压蓄电池单元的冷却系统均确保电池温度处于最佳范围内。如果因故障导致一个或多个电池的温度升高并超出最佳范围，就会为了保护电池首先降低功率。如果温度继续升高且可能由此造成电池损坏，就会及时关闭高电压系统。

· 电压过低

在此通过持续监控并根据需要平衡电池电压来避免某个电池电压过低。整个高电压蓄电池单元的总电压同样受到监控并用于确定充电状态。如果总电压降低导致高电压蓄电池单元完全放电，就会阻止继续放电。

6. 修理

（1）安全进行高电压系统作业

下面的高电压蓄电池单元修理说明仅列出了一般工作内容和步骤，原则上只应遵守当前适用维修说明中的规定和说明。进行 F15 PHEV 高电压组件作业前，必须遵守并执行电气安全规定：

· 必须将高电压系统切换为无电压

· 必须固定住高电压系统以防重新接通

· 必须确定高电压系统无电压

以下将简要介绍需在 F15 PHEV 上遵守的电气安全规定：

① 准备工作。

开始作业前必须固定住车辆以防溜车（挂入变速器驻车锁并拉紧驻车制动器）。必须关闭总线端 15 和总线端 R。必须拔出车上连接的充电电缆。此外，车辆车载网络必须处于休眠模式。可通过 STAT-STOP 按钮不发光进行识别。

② 将高电压系统切换为无电压。

在 F15 PHEV 上借助高电压安全插头将高电压系统切换为无电压。切换为无电压时，必须从相应插口中拔出插头。这样可使高电压触点监控电路断路从而将高电压系统切换为无电压，此外还会中断接触器的供电。

a. 如图 5-208 所示为高电压安全插头处于插入状态。高电压触点监控电路未断开。

b. 为将插孔与插头彼此拉开，必须松开如图 5-209 所示的机械锁止件。

c. 松开锁止件后便可将插头从插孔中拉出几毫米。如果感觉到阻力，则不要继续或用力拉。高电压安全插头的插头和插孔无法完全彼此拉开，如图 5-210 所示。

③ 固定住高电压系统以防重新接通。

固定住以防重新接通也同样通过高电压安全插头实现，为此需要一个普通挂锁（例如 ABUS®

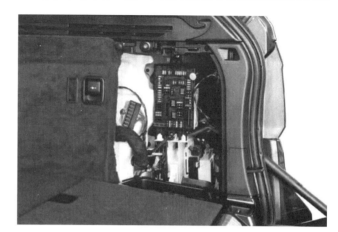

图 5-208

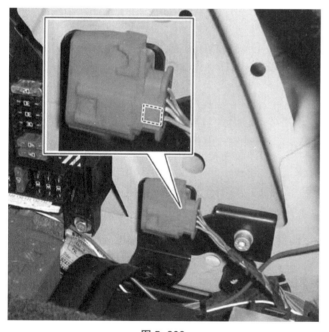

图 5-209

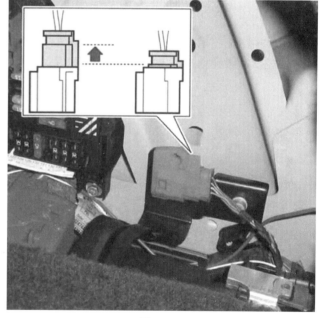

图 5-210

45/40）。通过将高电压安全插头的插孔和插头彼此拉开露出经过两个部件的通孔，必须将普通挂锁的卡箍穿入该孔中，如图 5-211 所示。

现在必须锁住挂锁。进行高电压系统作业期间必须将钥匙保存在安全的地方，以防有人未经授权打开该锁。通过在高电压安全插头上使用和锁止挂锁可确保插头无法再插在一起。这样可有效防止无意间或在未经售后服务人员允许的情况下重新接通高电压系统，如图 5-212 所示。

④ 确定系统无电压。

在宝马售后服务维修车间内不借助测量仪或宝马诊断系统确定是否无电压，而是通过高电压组件自行测量电压并通过总线信号向组合仪表发送测量结果。只有组合仪表从所有相关高电压组件处同时接收到系统无电压信号时，才会生成显示系统无电压的检查控制信息。该黄色检查控制符号为带斜线的高电压蓄电池单元。

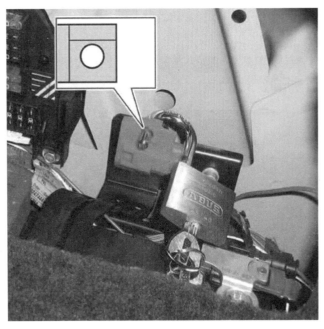

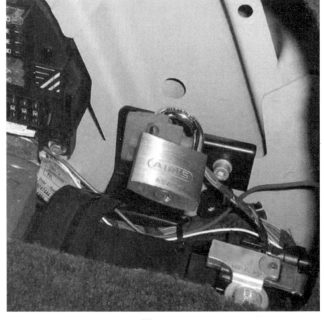

图 5-211　　　　　　　　　　　　　　图 5-212

此外，还会出现高电压系统已停用信息。

　　需要确定系统无电压时，售后服务人员必须接通总线端 15 并等到组合仪表显示检查控制信息及图 5-213 中符号，之后才能确保高电压系统无电压。确定系统无电压后，必须重新关闭总线端 15 和总线端 R，之后再开始进行实际作业。如果没有显示检查控制信息，则不允许进行高电压组件作业！

　　（2）发生事故后的处理方式

　　高电压系统的安全方案确保即使在发生事故期间或发生事故后，也不会给客户、救援人员或售后服务人员带来危险。发生事故时高电压系统自动关闭，因此可从外部接触到的高电压组件部位不再有危险电压。

　　高电压系统按以下方式关闭：

　　在正常运行状态下通过总线端 30F 为蓄能器管理电子装置供电，此外还为电动机械式接触器的线圈供电。发生事故时通过一个扩展型安全型蓄电池接线柱关闭。该部件包括一个附加常闭触点。安全型蓄电池接线柱触发时，随着蓄电池正极导线燃爆断开该开关触点同时断开。该开关触点断开会促使高电压蓄电池单元内的接触器直接断开，从而使高电压蓄电池单元无法再向高电压车载网络输送危险电压。电机电子装置从碰撞和安全模块 ACSM 得到一个碰撞信号，之后电机电子装置立即使中间电路电容器放电。发生事故后安全型蓄电池接线柱保持上述状态，因此高电压蓄电池单元未处于运行准备状态。因此即使重新接通总线端 15，高电压系统也保持停用状态。如果 F15 PHEV

图 5-213

发生事故且造成安全型蓄电池接线柱触发，则进行高电压组件或安全型蓄电池接线柱作业前必须联系宝马集团的技术支持部门（PUMA）。

（3）运输模式

为保护高电压蓄电池单元，在运输模式下无法使用以下功能：

· 电动行驶

· 助推功能

· 发动机节能启/停功能

只有发动机运行时，才能在运输模式下为高电压蓄电池单元充电。

显示蓄电池充电状态：

与其他车辆一样，在运输模式下也以检查控制信息形式显示 12V 蓄电池的充电状态。在 F15 PHEV 上，在运输模式下还显示有关高电压蓄电池单元充电状态的检查控制信息。高电压蓄电池单元充电状态分三级显示，如表 5-25 所示。

表 5-25

蓄电池状态	组合仪表显示	操作
高电压蓄电池单元充电状态正常		无须进行其他操作
高电压蓄电池单元放电		高电压蓄电池单元充电
高电压蓄电池单元深度放电		更换高电压蓄电池单元

如果高电压蓄电池单元已深度放电，则组合仪表的显示保留至更换高电压蓄电池单元。将运输模式复位后，组合仪表不再显示有关高电压蓄电池单元充电状态的检查控制信息。

（六）高电压蓄电池单元充电

1. 充电概述

（1）简介

电动车的"充电"过程相当于传统驱动车辆的"加油"过程。因此在本章中"充电"表示：

· 车辆所用高电压蓄电池单元充电

· 在车辆静止状态下（不通过制动能量回收利用）

· 通过供电

· 由车辆外部交流电压网络提供能量

· 通过一根充电电缆传输至车辆

由于使用了充电电缆，因此也称为导电（接线）充电。充电时既需要车内组件，也需要车外组件。在车辆上需要一个充电接口和一个供电电子装置用于转换电压。在车辆外部，除交流电压网络和一根充电电缆外，还需要一个执行保护和控制功能的设备。在相关标准和研发部门内将该设备称为电动车辆供电设备。电动车辆供电设备（EVSE）可集成在充电电缆内或作为固定安装式公共充电站或家用充电箱的组成部分。EVSE 负责与交流电压网络建立连接并满足车辆充电电气安全要求。此外，还必须通过控制导线与车辆建立通信。这样可以安全启动充电过程并在车辆与 EVSE 之间交换充电参数（例如最大电流强度）。交流电压网络电压可介于 100～240V，通过单相方式传输至车辆。交流电压网络的理论最大充电功率为 $P_{max} = U_{max} \times I_{max}$= 230V × 16A = 3.7kW。

宝马售后服务人员应遵守以下有关充电的重要安全规定：

不允许同时进行车辆加油和高电压蓄电池单元充电！插有充电电缆时不要加油，应与易燃物品保持充足安全距离，否则未按规定插入或拔出充电电缆时存在因燃油燃烧等导致人员受伤或物品受损的危险。F15 PHEV 连接交流电压网络进行充电时，不允许进行任何高电压系统作业。在充电过程中，为了冷却电机电子装置可能会自动接通电动冷却液泵和电子扇。因此在 F15 PHEV 接有充电电缆的情况下不允许对电机电子装置和高电压蓄电池单元的冷却系统以及电子扇进行任何作业。只能由经过相应培训的电气专业人员而非 BMW 售后服务人员进行充电电缆、电动车辆供电设备、家用插座或充电站方面的工作。

（2）充电方式概览

原则上只能通过 3.7kW 最大充电功率的交流电（交流电充电）为 F15 PHEV 充电。在 F15 PHEV 上高电压蓄电池单元的充电方式主要取决于不同国家的充电基础设施。如表 5-26 所示概括了可能采用的充电方式。在此充电功率和所需充电时间始终涉及网络功率，而非进行高电压蓄电池单元充电的充电功率。充电功率始终小于可提供的网络功率。在 F15 PHEV 上不支持通过直流电充电。

表 5-26

国家	充电功率	充电时间	插头（型号）	充电附件
欧盟	单相，3.7kW 交流电	3:50 h（2.7kW） 2:45 h（3.7kW）	型号 2 IEC62196-2	充电电缆 2.7kW 交流电充电站 3.7kW
美国	单相，3.7 kW 交流电	7:40 h（1.4kW） 2:45 h（3.7kW）	型号 1 IEC62196-2	充电电缆 1.4kW 交流电充电站 3.7kW
日本	单相，3.7 kW 交流电	7:50 h（1.3kW） 2:45 h（3.7kW）	型号 1 IEC62196-2	充电电缆 1.3 kW 交流电充电站 3.7 kW
中国	单相，3.7 kW 交流电	5:15 h（1.8kW） 2:45 h（3.7kW）	型号 CN	充电电缆 1.8kW 交流电充电站 3.7kW

（3）电动车辆供电设备。

电动车辆供电设备 EVSE 负责与交流电压网络建立连接并满足车辆充电电气安全要求。此外，还通过控制导线与车辆建立通信。这样可以安全启动充电过程并向车辆传输充电参数（例如最大电流强度）。EVSE 可集成在充电电缆内（移动方案）或作为固定安装式公共充电站或家用充电箱的组成部分。在这两种情况下，EVSE 都带有以下子组件：

· 故障电流保护开关（FI）

· 显示交流电压网络是否连接和可用

· 相位（L1）和零线（N）的断路开关

· 用于产生控制信号的电子电路

· 连续式地线（PE）

① 移动方案。

集成在充电电缆内的型号采用 ICCPD 标准（缆上控制保护装置），或简称为"集成式电缆箱"，设计用于移动使用。该方案的体积和重量均较小，能够在车内轻松运输充电电缆及 EVSE。F15 PHEV 用于移动使用的 EVSE 如图 5-214 所示。

由于使用普通家用插座将该 EVSE 连接到交流电压网络上，因此限制了最大充电电流强度。操作和使用带有集成式 EVSE 的充电电缆时，必须参考相关制造商的使用说明。不允许宝马售后服务人员对充电电缆或 EVSE 进行保养或维修工作。充电电缆或 EVSE 损坏或故障时应联系制造商。

② 固定安装式充电站。

这种电动车辆供电设备型号根据其尺寸和电气要求必须以固定方式安装，例如客户屋内或车库内。在公共场所例如停车场也可设立这种充电站。只能由经过相应培训的电气专业人员进行固定安装式充电站的安装、保养和维修。不允许宝马售后服务人员进行相关工作。

③ 交流电充电站。

可通过单相（全球范围）、双相（美国）或三相（在德国普及）方式将交流电充电站连接至交流电压网络，但始终通过单相方式与需要充电的车辆进行连接。在此理论上最大电流强度可为 32A，最大充电功率可为 7.4kW。这些最大值由安装场地电气安装所用导线横截面大小所决定。进行安装时，电气专业人员根据导线横截面进行充电站配置，从而确保通过控制信号可将相应最大电流强度传输至车辆。通常情况下，F15 PHEV 的充电电子装置仅支持以 3.7kW 最大功率进行充电。通过控制导线或接近电阻进行通信，可避免以过高电流强度进行充电。如图 5-215 和图 5-216 展示了 Mennekes 制造商的一种交流电充电站以及充电电缆上的相应插头。

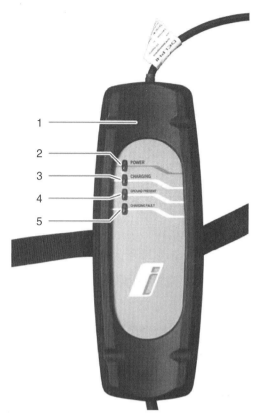

1.宝马i移动式EVSE 2.有效供电显示（黄色）3.充电显示（绿色） 4.接地显示（黄色） 5.充电期间故障显示（红色）

图 5-214

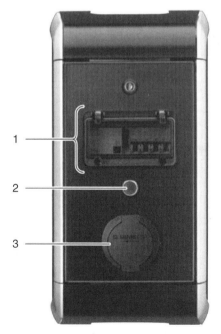

1.导线保护开关（过电流保险丝）和故障电流保护开关（FI） 2.用于中断和继续充电过程的按钮 3.用于连接充电电缆和充电站的端盖和插孔

图 5-215

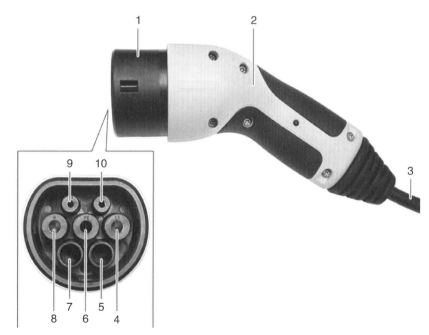

1.机械导向件/插头壳体 2.手柄/插头壳体 3.充电电缆 4.相位L1接口 5.相位 L3接口（在F15 PHEV上不使用） 6.地线接口 7.相位L2接口（在F15 PHEV上不使用） 8.零线接口 9.接近导线接口 10.控制导线接口

图 5-216

提供给其他国家的其他制造商或型号的交流电充电站可能与上述型号有所不同。

2. 交流电压充电

虽然 F15 PHEV 的高电压蓄电池单元也可通过电机以制动能量回收利用方式进行部分充电，但当 F15 PHEV 与本地能源供应公司的交流电压网络连接时就会进行"正常"充电过程。此时，从交流电压网络获取能量并传输至 F15 PHEV 的直流电压高电压车载网络。在此可将 F15 PHEV 与交流电充电站连接或通过"集成式电缆箱"进行充电。这种充电方式的优势在于，进行高电压蓄电池单元充电时可将充电电缆连接到任何带有保护触点的普通家用插座上。在此绝对不会以最大充电电流进行充电。开始时以恒定电流充电，临近结束时切换为恒定电压。因此实际充电持续时间延长，电池使用寿命提高。将 F15 PHEV 与交流电充电站连接时，也可提供约 3.7kW 的最大充电功率。前提是交流电充电站采用了相应设计。

（1）系统电路图

F15 PHEV 3.7kW 交流电充电系统电路图如图 5-217 所示。

（2）充电电缆

充电电缆如图 5-218 所示。

充电电缆包括以下组件：

· 用于带保护触点的普通家用插座的不同国家规格插头

· 不同国家规格插头与集成式电缆箱之间的电缆连接

· 集成式电缆箱（EVSE）

· 集成式电缆箱与连接车辆接口的插头之间的电缆连接

· 用于车辆接口的插头

充电电缆使交流电压网络与车辆直流电压高电压车载网络之间形成电气连接。通过带保护触点的普通家用插座（不包含 EVSE）连接交流电压网络。在此情况下，EVSE 的电路和功能集成在充电电缆内，因此将其称为集成式电缆箱。F15 PHEV 使用的这种充电电缆针对车辆充电接口始终采用单相设计（相位 L1 和零线 N），始终

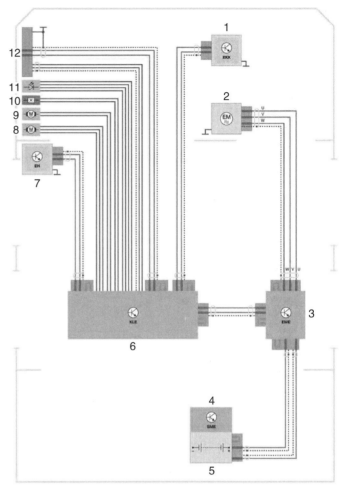

1.电动制冷剂压缩机EKK 2.电机 3.电机电子装置EME 4.蓄能器管理电子装置 SME 5.高电压蓄电池单元 6.便捷充电电子装置 7.电气加热装置EH 8.插头锁止驱动装置 9.充电接口盖驱动装置 10.充电接口盖传感器 11.定向和状态照明 12.车上的充电接口

图 5-217

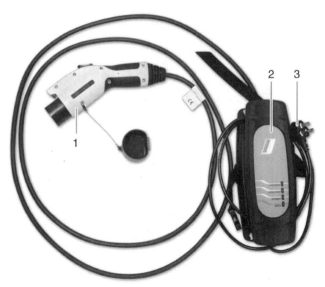

1.用于连接车辆的插头 2.电动车辆供电设备（集成型，又称为"集成式电缆箱"） 3.用于连接家用插座的插头

图 5-218

带有地线 PE 以及控制导线和充电插头识别导线。插头的设计原理可确保首先与保护触点连接。通过地线使车辆接地。可将充电电缆存放在行李箱内的充电电缆盒内。操作和使用带有集成式 EVSE 的充电电缆时，必须参考相关制造商的使用说明。不允许宝马售后服务人员对充电电缆或 EVSE 进行保养或维修工作。充电电缆或 EVSE 损坏或故障时应联系制造商。F15 PHEV 电流强度设置菜单如图 5-219 所示。

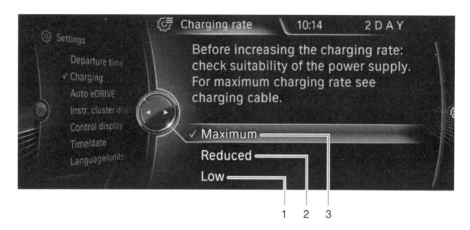

1."较低"充电电流约为50%电流强度（通过充电插头识别导线了解），但最低6A 2."降低"充电电流约为75%电流强度（通过充电插头识别导线了解），但最低6A 3."最大"充电电流为100%电流强度（通过充电插头识别导线了解）

图 5-219

可通过车上的"设置"菜单限制使用标准充电电缆充电时插座上的最大电流强度。如果插座上的最大允许电流强度不够或不明，建议调节为降低或较低电流强度。如果到访维修车间时需要更改客户设置的电流强度，必须确保在将车辆交付客户前重新使其复位。否则，存在客户私人家用电压网络过载并将触发保险丝错误判断为车辆故障的危险。必须在交付车辆前将最大充电电流恢复为客户设置数值。

（3）高电压蓄电池单元充电时应注意什么？

不允许在高电压蓄电池单元充电的同时加注燃油箱！插有充电电缆时不要加油，与易燃物品保持充足安全距离。否则，未按规定插入或拔出充电电缆时存在因燃油燃烧等导致人员受伤或物品损坏的危险。通过家用插座为高电压蓄电池单元充电会导致插座上出现较高持续负荷，在其他家用情况下不会出现这种情况。因此必须遵守以下说明：

· 不要使用适配器或延长电缆

· 首先将 EVSE 与家用插座连接，之后与车辆充电插座连接

· 充电后首先拔出车上的充电插头，之后拔出墙上的充电插头

· 避免绊倒危险以及充电电缆和插座机械负荷

· 不要将充电插头插在损坏的插座上

· 不要使用损坏的充电电缆

· 进行高电压蓄电池单元充电时，充电插头和充电电缆可能会变热。如果变得过热，则充电插座不适于进行充电或充电电缆已损坏。应立即中止充电并让电气专业人员进行检查

· 反复出现充电故障或中断情况时，联系具有资质的售后服务人员

· 只能使用防潮和防侵蚀的插座

· 不要用手指或物体接触插头触点区域

· 切勿自行维修或改进充电电缆

· 进行清洁前将电缆两侧均拔出。不要浸入液体内

· 充电期间不允许洗车

· 只能在经过电气专业人员检查的插座上进行充电

· 在不了解的基础设施／插座上充电时，遵守用户手册内的特殊说明。之后在车上将充电电流设置为较低

（4）车上的充电接口

F15 PHEV 的充电接口位于左前侧围板处。通过一个电动驱动装置使充电接口盖上锁和开锁。通过便捷充电电子装置对该电动驱动装置进行控制。充电接口盖只有在变速器位置 P 和车辆中控锁开锁状态下才能打开。可在其开锁后通过按下充电接口盖将其打开。充电接口盖和接口分配情况如图 5-220 所示。

充电接口的高电压导线与便捷充电电子装置相连。相位 L1 和零线 N 采用带有屏蔽层的高电压导线设计，端部通过一个圆形高电压插头连接便捷充电电子装置的交流电接口。控制导线和充电插头识别导线（接近导线）使用普通信号导线。这些信号导线也带有屏蔽层，端部通过一个中间插头连接便捷

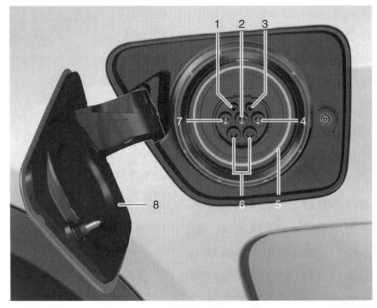

1.接近导线接口 2.地线PE接口 3.控制导线接口 4.零线N接口 5.定向照明/状态照明 6.未使用的接口 7.相位 L1 接口 8.充电接口盖

图 5-220

充电电子装置内的插头。地线在充电接口附近与车辆接地电气连接。通过这种方式使车辆接地。使用欧盟型号（型号 2 插头）时，充电插头始终会在充电过程前自动锁止。使用美国 / 中国型号（型号 1/CN 插头）时，在车辆上锁的情况下插头会一直保持锁止状态。在车辆充电接口周围有一圈可显示充电状态的环形光导纤维。通过一个由便捷充电电子装置控制的 RGB LED 对光导纤维进行照明。车上的充电接口只能与高电压导线作为一个单元一起更换。

（5）便捷充电电子装置

便捷充电电子装置 KLE 可实现车辆与充电站之间的通信。通过总线端 30F 为 KLE 控制单元供电。此外插入充电电缆时，便捷充电电子装置可唤醒车辆车载网络内的控制单元。便捷充电电子装置将交流电充电电压转化为直流电压并将其传输给 EME 从而使其能够为高电压蓄电池单元充电。F15 PHEV KLE 组件如图 5-221 所示。

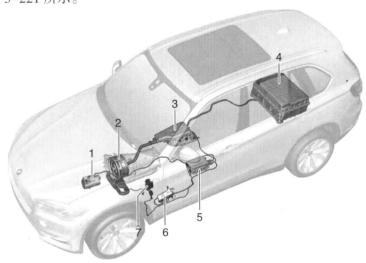

1.电动空调压缩机 2.电机 3.电机电子装置 4.高电压蓄电池单元 5.便捷充电电子装置 6.电气加热装置 7.充电接口

图 5-221

便捷充电电子装置的主要任务是：

· 通过控制导线和充电插头识别导线与 EVSE 进行通信

· 控制用于显示充电状态的 LED

· 识别充电接口盖的状态

· 控制用于锁止充电接口盖的电机

· 将交流电压转化为直流电压（AC/DC 转换器）

· 为电动空调压缩机提供高电压

· 为电气加热装置提供高电压

充电接口模块的输入 / 输出如图 5-222 所示。

①通过控制导线和充电插头识别导线与

EVSE 进行通信。

控制导线和充电插头识别导线使用普通信号导线。这些信号导线带有屏蔽层，端部连接便捷充电电子装置内的一个插头。通过充电插头识别导线可识别出将充电插头插入车辆充电接口并确定充电电缆最大电流负载能力。在充电电缆插头内，在接近接口与地线之间接有一个欧姆电阻。便捷充电电子装置施加测量电压并确定充电插头识别导线上的电阻值。电阻值说明所用充电电缆允许的最大电流强度（根据导线横截面）。在标准 IEC 61851‑1ed. 3 中规定了电阻和电流强度的分配情况。控制导线用于确定和传输最大可用充电电流强度。控制信号是双极方波信号（−12～+12 V）。电压大小和占空因数用于在 EVSE 与 F15 PHEV 之间进行不同状态的通信：

· 电动车已做好充电准备（是 / 否）

· 出现故障（是 / 否）

· 交流电压网络可提供的最大充电电流

· 充电结束

② 协调充电过程。

由 EME 内的高电压电源管理系统负责协调充电过程的开始和结束。充电过程开始时，客户有两项工作要做：

· 设置充电开始

· 连接充电电缆

F15 PHEV 设置充电开始菜单如图 5‑223 所示。

客户可通过控制器和 CID 内的

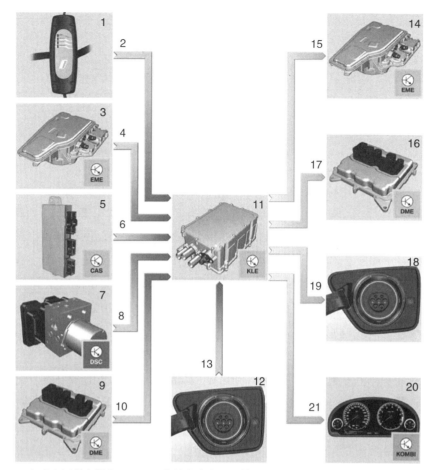

1.电动车辆供电设备EVSE　2.有关交流电压网络是否可用、充电电缆是否正确连接以及最大可用电流强度的信息　3.电机电子装置EME　4.所要求的充电功率、充电电压和充电电流强度（规定值）　5.便捷登车及启动系统CAS　6.总线端状态，行驶准备已关闭　7.动态稳定控制系统DSC　8.车速　9.数字式发动机电子系统DME　10.驻车锁状态　11.便捷充电电子装置　12.车上的充电接口　13.充电接口盖和充电插头的状态　14.电机电子装置EME　15.所设置充电功率、充电电压和充电电流强度的实际值，充电授权　16.数字式发动机电子系统DME　17.有关充电电缆是否插入和充电过程是否启用的信息　18.充电接口　19.控制用于定向照明和充电状态显示的LED，控制充电插头锁止装置　20.组合仪表　21.用于显示充电信息的信号

图 5‑222

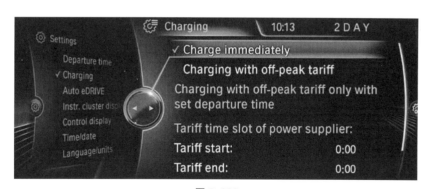

图 5‑223

菜单设置车辆充电开始。客户可选择连接充电电缆后立即开始充电或规定开始充电的时间。客户连接与交流电压网络相连的充电电缆后，便捷充电电子装置就会唤醒车载网络内的控制单元（如果尚未因其他事件而发生）。为此，便捷充电电子装置使用与 BDC 控制单元直接相连的唤醒导线。之后，便捷充电电子装置检查

进行充电的功能前提并通过 PT-CAN 获取与安全有关的条件。

下面总结了上述检查内容：

· 行驶准备功能关闭

· 驻车锁已挂入

· 充电电缆已连接（接近）

· 与 EVSE 通信正常（控制）

· 高电压系统处于正确启用状态

满足所有充电前提条件时，EME 内的高电压电源管理系统就会要求便捷充电电子装置提供充电功率并开始充电过程。此时 EME 控制单元不仅发送充电功率规定值，而且还发送最大充电电压和最大充电电流限值。这些数值取决于高电压蓄电池单元的当前状态（例如充电状态和温度）以及剩余车载网络功率需求（例如用于空调系统）。EME 控制单元以智能化方式执行这些规定值，即不仅考虑规定值而且还考虑其他边界条件。其中包括 EME 自身状态（故障，温度）以及通过交流电压网络和充电电缆限制的电流强度。只有通过控制导线成功启动车辆（KLE）与 EVSE 之间的通信时，才会向相位 L1 施加电压。这样还能加强针对客户和售后服务人员的电流危险防护。

③ 控制用于显示充电状态的 LED。

在车辆充电接口周围有一圈可显示充电状态的环形光导纤维。此外，这些光导纤维还用于充电接口定向照明。通过一个由便捷充电电子装置控制的 RGB LED 对光导纤维进行照明。

定向照明：

充电接口定向照明用于在插上和拔出充电电缆时为驾驶员提供方向引导。只要充电接口盖处于打开状态，RGB LED 就会发出白光。只要总线系统处于启用状态，定向照明就会保持接通状态。识别出正确插入充电插头后，就会关闭定向照明并显示初始化状态，如图 5-224 所示。

初始化：

正确插入充电插头后 0 ~ 3s 就会立即开始初始化。初始化阶段最长持续 10s。其间 RGB LED 以橙色和 1Hz 频率闪烁。成功初始化后可开始为高电压蓄电池单元充电，如图 5-225 所示。

充电过程启动：

通过 RGB LED 以蓝色闪烁表示目前正处于高电压蓄电池单元充电过程。闪烁频率约为 0.7Hz。

充电暂停：

初始化阶段已顺利完成且以后才会开始充电（例如自低费用时刻起充电）时，充电暂停或充电就

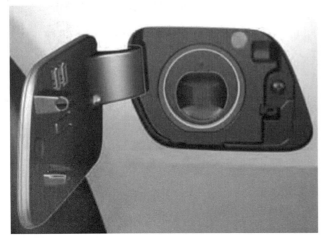

图 5-224

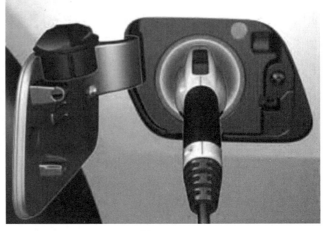

图 5-225

绪。在此情况下，RGB LED 以蓝色持续亮起，如图 5-226 所示。

充电结束：

RGB LED 发出绿光时表示高电压蓄电池单元充电状态为"已完全充电"，如图 5-227 所示。

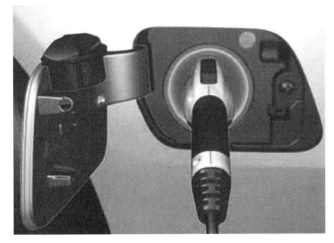

图 5-226

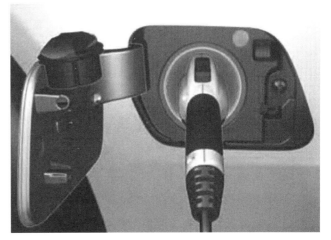

图 5-227

充电期间故障：

如果在充电过程中出现故障，就会通过 RGB LED 以红色闪烁表示相关状态。在此 RGB LED 在 12s 内以约 0.5Hz 的频率闪烁 3 次，每三组暂停约 0.8s，如图 5-228 所示。

插入充电插头或车辆开锁 / 上锁 12s 后就会启用执行上述显示功能的 RGB LED。如果在此期间重新进行车辆开锁 / 上锁，显示持续时间就会再延长 12s。

④打开充电接口盖。

充电接口盖通过中控锁锁止。开锁后必须按下充电接口盖。这样可操纵一个弹出装置从而竖起充电

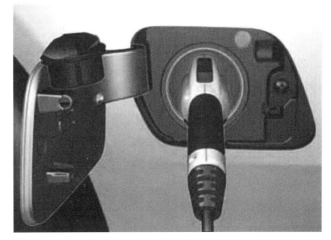

图 5-228

接口盖。此外，在充电接口盖罩内装有一个传感器（霍尔传感器），该霍尔传感器的状态表明充电接口盖的状态（已打开 / 已关闭）。

⑤充电插头锁止。

使用欧盟型号（型号 2 插头）时，充电插头始终会在充电过程前自动锁止。使用美国 / 中国型号（型号 1/CN 插头）时，在车辆上锁的情况下插头会一直保持锁止状态。电气锁止充电插头可防止在车辆锁止状态下拔出充电插头。出现电气故障时（例如上锁电机失灵），可通过手动方式使充电插头开锁。应急开锁拉线位于发动机室内左前车轮罩处。拉动该按钮可使充电插头开锁。

（6）便捷充电电子装置内的供电电子装置

供电电子装置安装在便捷充电电子装置内，用于将来自充电接口的交流电压转化为高电压蓄电池单元充电所需的直流电压。交流电压通过单相方式传输至便捷充电电子装置。便捷充电电子装置可处理的输入电压范围在 100 ~ 240V，50Hz 或 60Hz。供电电子装置模块是一个单向 AC/DC 转换器，即整流器。便捷充电电子装置在与输入端电隔离的输出端提供电子调节式直流电压或流过电子调节式直流电流。由 EME 控制单元内的"高电压电源管理系统"功能提出输出电压和输出电流要求。计算数值并由 KLE 进行调节时，确保

可为高电压蓄电池单元进行最佳充电并为 F15 PHEV 上的其他用电器提供充足电能。便捷充电电子装置的设计确保在其输出端侧可提供最大电功率 3.7kW。

（七）混合动力制动系统

1. 简介

宝马 X5 xDrive 40e 的制动系统负责确保车辆可靠、稳定地减速。车辆减速功能包括：

· 传统液压制动部分

· 能量回收式制动部分

通过能量回收式制动可借助电机将车辆动能转化为电能，由此为高电压蓄电池单元供电。F15 PHEV 的行车制动器基于普通 F15。因此在此章节仅介绍混合动力特有部件和功能。与普通 F15 相比，主要使用了以下新组件或改进组件：

· 制动踏板角度传感器

· 制动真空压力传感器

· 改进型真空制动系统

· 改进型 DSC 单元

2. 系统概览

F15 PHEV 混合动力制动系统概览如图 5-229 所示。

真空泵：

制动助力器内的真空由制动真空压力传感器探测并由数字式发动机电子系统读取。电动真空泵的控制和监控由电机电子装置进行。除机械真空泵外，F15 PHEV 还有一个用于电动行驶的电动真空泵。在纯电动行驶期间发动机处于静止状态，因此无法驱动机械真空泵。为在上述行驶情况下也能确保提供制动真空压力，在 F15 PHEV 上装有一个附加电动真空泵。F15 PHEV 真空供给装置如图 5-230 所示。

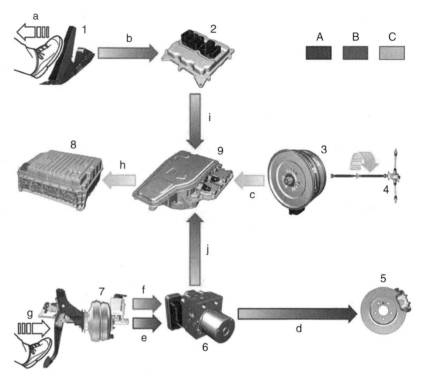

A.液压制动 B.信号流 C.能量回收式制动 1.加速踏板模块 2.数字式发动机电子系统 DME 3.电机 4.传动系统 5.后部车轮制动器 6.动态稳定控制系统 DSC 7.带制动踏板角度传感器和制动装置的制动踏板 8.高电压蓄电池单元 9.电机电子装置 EME a.松开加速踏板 b.从加速踏板模块至数字式发动机电子系统的电信号"加速踏板角度"（惯性滑行时的能量回收利用） c.由电机产生的电能（交流电压 AC） d.从动态稳定控制系统至车轮制动器的液压压力 e.从制动装置至动态稳定控制系统的液压压力 f.从制动踏板角度传感器至动态稳定控制系统的电信号"制动踏板角度" g.踩下制动踏板 h.经过整流的高电压（DC）用于存储在高电压蓄电池单元内 i.从数字式发动机电子系统至电机电子装置的总线信息"加速踏板角度"（惯性滑行时的能量回收利用） j.从动态稳定控制系统至电机电子装置的总线信息"额定制动力矩"

图 5-229

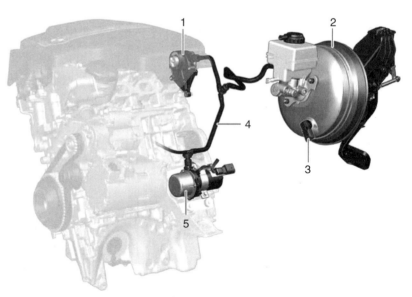

1.机械真空泵 2.制动助力器 3.制动真空压力传感器 4.真空管路 5.电动真空泵

图 5-230

480

3. 液压制动

F15 PHEV 液压制动如图 5-231 所示。

通过驾驶员脚部动作可操作制动助力器，通过制动踏板角度传感器可探测制动操作。制动踏板角度传感器信号可导致 DSC 单元内的一个隔离阀关闭。该隔离阀对后桥液压制动回路与制动装置进行隔离。在此情况下，通过驾驶员脚部动作进行控制，制动装置只能在前桥建立液压制动压力。后桥制动回路通过 DSC 内的隔离阀与制动装置隔离。通过可提供的能量回收式制动能量延缓提供后桥制动功率并根据需要通过液压制动能量进行补充。液压制动部分通过 DSC 泵产生。在此，DSC 泵通过制动液补液罐

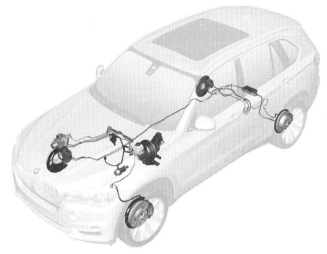

图 5-231

与 DSC 装置间的抽吸管路抽吸制动液并将其输送至后桥车轮制动器用于液压减速。动态稳定控制系统 DSC 单元的硬件由 Bosch 公司提供。Bosch 名称为 ESP9HEV Premium。

该名称构成如下：

· E = 电子

· S = 稳定

· P = 程序

· 9 = 代系

· HEV = 混合动力电动汽车

· Premium = 最高开发阶段（执行机构和传感器系统数量最多）

由于宝马在控制单元内集成了大量附加软件功能，因此不采用名称 ESP，而是采用宝马专用名称动态稳定控制系统 DSC。与传统制动系统相比的一个主要区别在于 DSC 液压单元方面。为了能够通过能量回收利用将尽可能多的能量输送至高电压蓄能器内，需要在尽可能多的制动过程中与后桥液压系统隔开。这样在不同运行时刻并非通过后桥摩擦制动器而是通过电机的能量回收利用功能使车轮减速。图 5-231 中带有黄色标记的组件展示了与液压系统进行隔离所需的调整。

处于以下运行状态时会降低能量回收利用程度或禁止能量回收利用：

· 识别出不稳定行驶状况时会降低后桥能量回收利用程度

· 识别出紧急制动时会以纯液压方式执行驾驶员的减速要求，从而能够根据需要迅速对各车轮进行液压调节干预

· 无法进行能量回收利用时（例如高电压蓄能器已充满电），会按上述方式执行驾驶员的制动要求。在此情况下后桥能量回收利用为零，DSC 泵产生车辆减速所需的全部液压制动压力

4. 能量回收式制动

F15 PHEV 制动能量回收利用如图 5-232 所示。

能量回收式制动使制动能量回收利用成为可能。

图 5-232

在此电机以发电机形式工作，从而通过自动变速器、传动轴、前桥和后桥主减速器以及半轴对驱动轮制动。通过电机电子装置可将由此产生的能量用于高电压蓄电池单元充电。与F10H和F04不同，在串联制动主缸上未使用制动踏板行程传感器，而是直接在制动踏板上安装了制动踏板角度传感器。此外，制动踏板的空行程总计增加了2.25 mm。这样，踩下制动踏板时可在此范围内以纯发电机形式在不需要液压制动压力的情况下进行减速。在此运行状态下，车轮制动器的制动摩擦片只是靠在制动盘上，但不产生制动功率。这样可提高驱动装置的效率，因为可将更多可用能量输送回高电压蓄电池单元内。F15 PHEV制动能量回收利用输入信号相关部件如图5-233所示。

能量回收式制动的主要输入参数是加速踏板角度和制动踏板行程。

· 制动踏板角度由制动踏板角度传感器探测、换算为制动踏板行程，并由动态稳定控制系统读取

· 加速踏板角度由加速踏板模块探测，并由数字式发动机电子系统读取

在未踩下制动踏板但加速踏板角度为零的情况下，电机以发电机模式运行。电机电子装置通过控制电机产生相当于传统车辆滑行模式下的整车制动力。根据所选行驶模式，通过滑行能量回收利用会形成不同的减速情况。

（1）隔离后桥车轮制动器

电路图如图5-234展示了现有能量回收利用功率100%足够提供

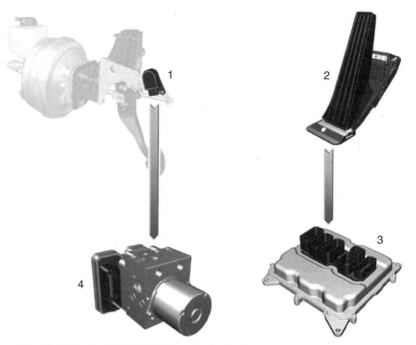

1.带制动踏板角度传感器的制动踏板　2.加速踏板模块　3.数字式发动机电子系统 DME　4.动态稳定控制系统DSC

图 5-233

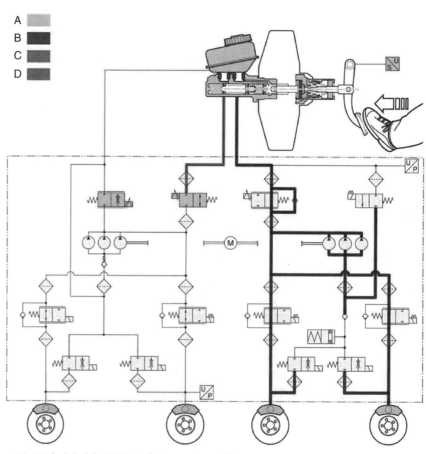

A.用于混合动力车辆的附加组件（HEV）　B.前桥上的液压制动压力　C.进行能量回收式制动时后桥上的液压制动压力　D.用于接合制动摩擦片的后桥上的较小液压制动压力

图 5-234

所需后桥制动功率的特殊情况。

只要踩过制动踏板增大空行程，就可在两个制动回路内建立制动压力。但与前桥车轮制动器不同，在后桥车轮制动器上无法实现直接从制动装置向车轮制动器提供制动压力。后桥制动回路通过隔离阀隔离。所需制动功率此时通过电机的能量回收利用功率产生。

（2）接通后桥车轮制动器

DSC9 Premium HEV 接通后桥车轮制动器的液压系统概览如图 5-235 所示。

如果所要求的制动功率超过了电机的最大能量回收利用功率，制动系统也会使用后桥的传统车轮制动器。为使驾驶员获得一流制动踏板感受，即使在此混合模式下也通过隔离阀使后桥制动回路保持隔离状态。动态稳定控制系统 DSC 用作主控控制单元，按如下方式划分制动力：

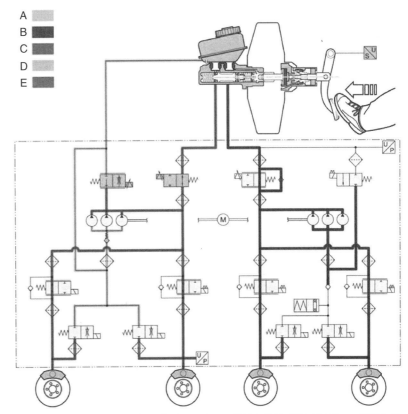

A.用于混合动力车辆的附加组件（HEV） B.前桥上的液压制动压力 C.后桥上的液压制动压力 D.抽吸压力（DSC泵） E.输送压力（DSC泵）

图 5-235

· 通过电机进行能量回收式制动

· 通过 DSC 泵进行液压制动

DSC 控制单元确定额外所需的制动功率，并计算为此需要产生的后桥车轮制动器液压压力。通过一个脉冲宽度调制信号（PWM 信号）对 DSC 泵进行控制，并通过一个附加抽吸管路从补液罐抽吸制动液。通过 DSC 泵产生的输送压力由后桥制动回路内的一个附加制动压力传感器进行测量并传输至 DSC 控制单元。为使驾驶员在隔离和接通车轮制动器时不会产生任何过渡感，对调节功能进行了非常精确的调节。由于在某些运行状态下可能会超过 DSC 泵的调节限值，因此使用了一个带有集成式节流阀的附加调压阀。该调压阀也通过一个 PWM 信号进行控制，因此可移动到不同开启位置（泄漏间隙）。集成式节流阀负责进行精调，从而使系统也能够对最细微的制动压力变化进行精确调节。

（3）紧急制动功能

借助传动系统进行的能量回收式制动只能在 F15 PHEV 后桥实现。后桥与前桥的制动力比例不能超过规定限值，否则会影响行驶稳定性。出于该原因，也限制了可通过制动能量回收利用产生的最大减速度。通过能量回收式制动产生的最大允许制动力受限于打滑稳定性监控、横向加速度和稳定性调节过程。这样可确保即使在制动能量回收利用期间，车辆也始终保持稳定的行驶状态。如果 DSC 控制单元识别出不稳定的行驶状态，就会停止能量回收式制动，且 DSC 控制单元会采取稳定性措施。驾驶员踩下制动踏板时，就会与制动助力器及液压制动系统建立起直接的机械连接。操作方式与传统车辆相同。

如图 5-236 所示，展示了在无法进行能量回收利用的紧急情况下如何建立制动压力。

5. 液压制动力和能量回收式制动力分配

如图 5-237 所示，总结了如何将全部制动力分为液压部分和能量回收式部分，前提是不存在不稳定的车辆状态且高电压蓄能器能够吸收电能。

（八）低电压车载网络

1. 供电

F15 PHEV 的 12V 车载网络基本上与 F15 的能量车载网络相同。主要区别在于，能量供给不再通过发电机而是通过高电压车载网络实现。高电压蓄电池单元的高电压通过 EME 内的 DC/DC 转换器转换为低电压（约 14V）。因此在行驶状态下 12V 车载网络的电能供应不再取决于发动机的转速。另一个区别是，齿形皮带启动机和附加蓄电池构成了一个独立的 12V 车载网络，该网络通过附加蓄电池充电单元（BCU）与标准 12V 车载网络相连。

（1）系统概览

F15 PHEV 12V 供电的系统电路图如图 5-238 所示。

（2）极性接错保护模块

发动机室内的供电组件如图 5-239 所示。

极性接错保护用于避免极性接错时车载网络及其所连接的电子组件出现后续损坏，例如通过外部充电器为 12V 蓄电池充电期间。这项任务在配备发动机的传统车辆上通过发电机内的二极管来确保。由于在 F15 PHEV 上没有传统发电机，因此极性接错保护必须通过一个新组件即极性接错保护模块来实现。极性接错保护模块安装在发动机室内右侧前灯附近。该模块一侧与蓄电池正极导线连接，另一侧与接地连接。在极性接错保护模块内部有 3 个齐纳二极管，可在特定时间内限制反向施加的电压。请记住：齐纳二极管是具有特殊特性的硅二极管，接入阻隔方向时可限制电压。将外部电压电源例如蓄电池充电器与正确极性连接时会用到该特性。在此情况下，齐纳二极管可通过限制电压防止车辆车载网络的电子组件电压过高。在相反情况下，如果将外部电压电源与错误极性

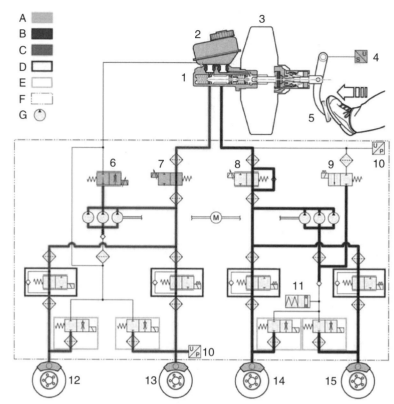

A.用于混合动力车辆的附加组件（HEV） B.前桥上的液压制动压力 C.后桥上的液压制动压力 D.ABS稳压阀（制动防抱死系统） E.ABS减压阀（制动防抱死系统） F.DSC液压单元 G.DSC泵（第6个活塞泵） 1.串联制动主缸 2.制动液补液罐 3.制动助力器 4.制动踏板角度传感器 5.制动踏板 6.调压阀 7.隔离阀 8.转换阀 9.升压阀 10.制动压力传感器 11.蓄压器 12.左后制动器 13.右后制动器 14.左前制动器 15.右前制动器

图 5-236

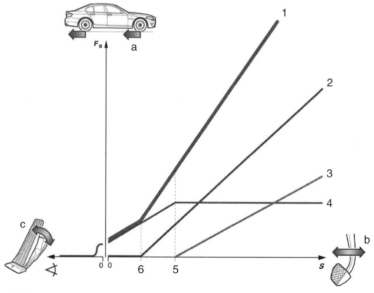

a.车轮上的制动力 b.制动踏板行程 c.加速踏板角度 1.总制动力 2.液压方式产生的前桥制动力 3.液压方式产生的后桥制动力 4.能量回收方式产生的制动力 5.从可实现最大能量回收式制动力时起的制动踏板行程 6.从开始提供液压制动力时起的制动踏板行程（制动踏板空行程结束）

图 5-237

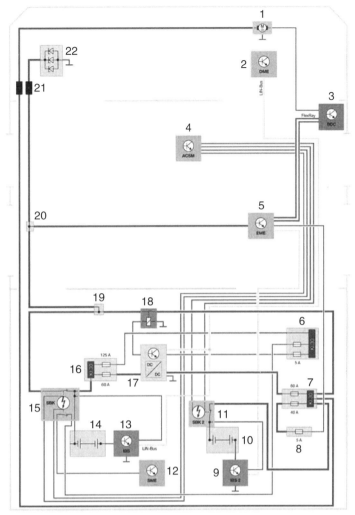

1.齿形皮带启动机 2.数字式发动机电子系统DME 3.车身域控制器BDC 4.碰撞和安全模块ACSM 5.电机电子装置EME 6.后部配电盒 7.附加蓄电池配电盒 8.EME连接导线的保险丝（5A） 9.智能型蓄电池传感器2 10.附加蓄电池 11.安全型蓄电池接线柱2 12.安全盒（KL30C） 13.智能型蓄电池传感器 14.12V车辆蓄电池 15.蓄能器管理电子装置 16.12V蓄电池上的配电盒 17.12V蓄电池，附加蓄电池充电单元 18.断路继电器 19.车辆蓄电池与附加蓄电池间的连接点 20.车辆蓄电池与EME间的连接点 21.跨接启动接线柱 22.极性接错保护模块

图 5-238

连接，齐纳二极管的作用就会像其他二极管即极低欧姆电阻一样。这样会使外部电压电源实际短路并使其电压几乎降至零。因此车上的电子组件不会承受错误施加的（负极）电压从而受到保护。如果外部电压电源长时间与错误极性连接且持续通过极高电流，齐纳二极管则会毁坏且无法继续执行其保护功能。在此特殊情况下，车辆控制单元也会受损。极性接错保护模块只能在有限时间内防止因极性接错出现后续损坏。极性接错保护模块无法承受持续接错极性，由此会造成模块损坏。之后，车载网络的电子组件也可能会出现后续损坏。

2.启动系统

（1）附加蓄电池

F15 PHEV 车辆蓄电池和附加蓄电池如图5-240所示。

齿形皮带启动机所需能量由附加蓄电池提供。它安装在行李箱内车辆蓄电池旁。附加蓄电池是容量为50Ah的AGM蓄电池。与12V车辆蓄电池相似，附加蓄电池的电流、电压和电极温度也由一个智能型蓄电池传感器IBS2探测。之后通过LIN总线将相关结果发送给上级控制单元即电机电子装置EME。EME通过CAN总线将信号发送至DME。发生相应严重程度的事故时，安全型蓄电池接线柱SBK2负责断开附加蓄电池与齿形皮带启动机之间的蓄电池正极导线。该安全型蓄电池接线柱 SBK2 紧靠在附加蓄电池正极旁。通过碰撞和安全模块 ACSM 实现附加蓄电池安全型蓄电池接线柱的燃爆式触发。智能型蓄电池传感器 IBS2 通过小横截面导线从附加蓄电池的安全型蓄电池接线柱 SBK2 获得供电。从附加蓄电池的安全型蓄电池接线柱 SBK2 处也有蓄电池正极导线引至附加蓄电池配电盒。从该配电盒处有其他导线引至齿形皮带启动机、附加蓄电池充电单元、应急启动继电器和电机电子装置 EME。该配电盒不是新开发的产品，而是已在一些其他车型系列中使用。每次更换附加蓄电池时都必须注册。

（2）附加蓄电池配电盒

从附加蓄电池配电盒处有蓄电池正极导线引至齿形皮带启动机。该蓄电池正极导线横截面为 110 mm²，未配备单独的过电流保险丝。在附加蓄电池配电盒内有两个保险丝。60A 保险丝用于保护从配电盒至 BCU 的蓄电池正极导线。配电盒是一个"模块化结构"组件，因此始终安装 40A 保险丝。EME 连接导线具有较小横截面，因此还串联了一个 5A 保险丝。

（3）附加蓄电池充电单元

附加蓄电池充电单元（BCU）由一个控制单元和一个单向 DC/DC 转换器组成，并使启动系统与标准车载网络相连。附加蓄电池充电单元安装在附加蓄电池旁，并通过一个独立支架固定在车身上。它的任务是为附加蓄电池充电。附加蓄电池充电单元通过 LIN 信息从数字式发动机电子系统获得为附加蓄电池充电的额定电压。附

1.极性接错保护模块　2.电子扇继电器　3.跨接启动接线柱（负极接口）　4.齿形皮带启动机正极导线　5.接线分配点（附加蓄电池至齿形皮带启动机）　6.连自车辆蓄电池的蓄电池正极导线　7.跨接启动接线柱（正极接口）

图 5-239

1.安全型蓄电池接线柱，蓄电池正极导线至齿形皮带启动机　2.蓄电池配电盒　3.车辆蓄电池　4.用于跨接启动接线柱的蓄电池正极导线　5.智能型蓄电池传感器　6.用于附加启动机的蓄电池正极导线　7.附加蓄电池充电单元BCU　8.应急启动继电器　9.附加蓄电池配电盒　10.附加蓄电池至附加蓄电池配电盒的蓄电池正极导线　11.附加蓄电池安全型蓄电池接线柱SBK2　12.附加蓄电池（50Ah）　13.附加蓄电池智能型蓄电池传感器IBS2

图 5-240

加蓄电池完全充满电后就会通过 DME 关闭附加蓄电池充电单元。通过这种方式可在电动行驶或高速公路行驶期间降低车载网络的能量消耗。该系统提供的优点是可通过 BCU 内的 DC/DC 转换器断开导电连接。断开导电连接可防止通过齿形皮带启动机启动发动机时标准车载网络出现电压降。BCU 能够识别出通过外部 12V 充电器为 12V 车载网络充电。通过该功能，在车辆未唤醒状态下 BCU 也可通过外部充电器（在 12V 车载网络内）为附加蓄电池充电。

（4）紧急措施。

作为抛锚预防措施执行过紧急启动功能。如果附加蓄电池失灵或故障，则无法再通过齿形皮带启动机进行启动。出于该原因，在车载网络蓄电池与附加蓄电池间有一个应急启动继电器。该应急启动继电器通过 BCU 进行控制。BCU 通过 LIN 总线从 DME 接收控制要求。

3. 针对行驶准备进行总线端控制

F15 PHEV 驾驶员角度的总线端控制如图 5-241 所示。

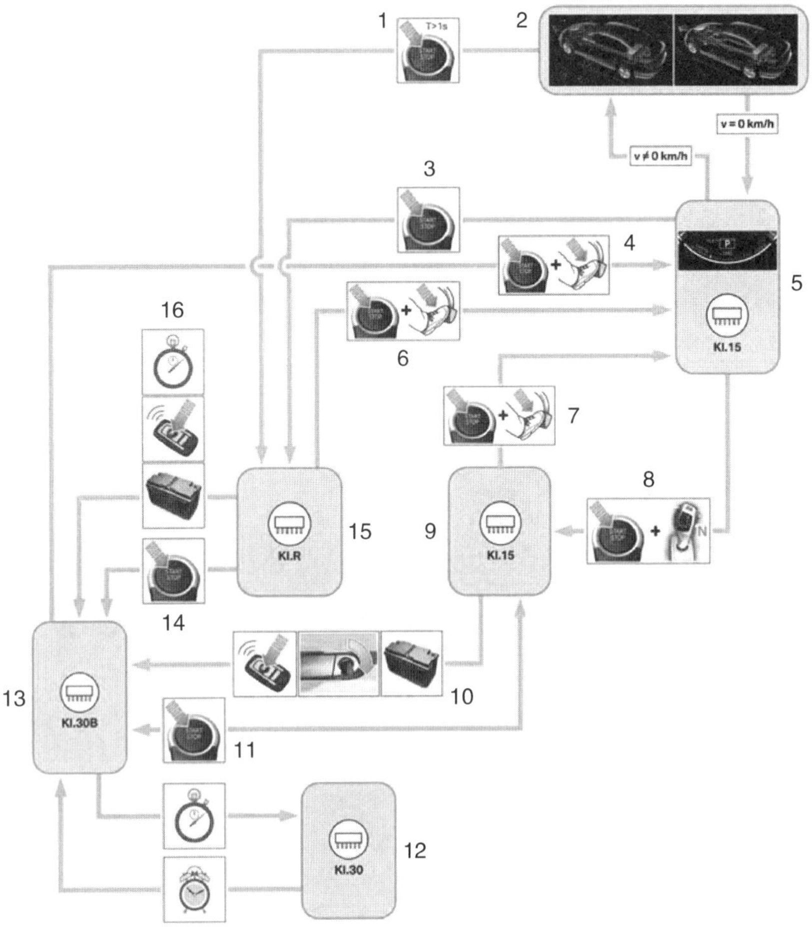

如果同时操作制动踏板和 START-STOP 按钮，就会启用首次行驶准备。此时可从任何总线端状态启用行驶准备（总线端 30B、总线端 R 和总线端 15）。行驶准备启用时，会通过转速表下部"READY"字样亮起提醒驾驶员注意。在"行驶准备"状态下，车辆可根据扭矩要求以纯电动方式或以发动机方式起步。与只通过发动机驱动的传统车辆不同，混合动力车辆的行驶准备无法通过发动机运行识别出来。不启动发动机即所谓"无声启动"的前提是，高电压蓄电池单元电量充足且发动机达到运行温度或 eDRIVE 模式已启用。如果车辆静止时按下 START-STOP 按钮，就会停用行驶准备。此时自动挂入行驶挡位"P"。自动洗车设备功

1.长按 START-STOP 按钮时，总线端状态从总线端 15 切换为总线端 R（在 4s 内操作 START-STOP 按钮 3 次时也会执行该功能） 2.以支持发动机或电机方式行驶 3.按下 START-STOP 按钮时，总线端状态从总线端 15 切换为总线端 R 4.同时操作 START-STOP 按钮和制动踏板时，会启用行驶准备（启动或不启动发动机） 5.在总线端 15 启用状态下进入行驶准备 6.同时操作 START-STOP 按钮和制动踏板时，会启用行驶准备（启动或不启动发动机）（从总线端 R 启动） 7.同时操作 START-STOP 按钮和制动踏板时，会启用行驶准备（启动或不启动发动机）（从总线端 15 启动） 8.如果选挡杆已挂入位置 N 且已通过 START-STOP 按钮结束行驶准备，则总线端 15 保持接通状态 15min（自动洗车设备功能） 9.总线端 15（尚未建立行驶准备） 10.如果没有任何总线端 15 禁止关闭的因素，在车辆已锁止、车辆蓄电池电量过低、驾驶员车门或驾驶员安全带已打开的情况下就会关闭总线端 15 11.操作 START-STOP 按钮时，在总线端 15 与总线端 30B 间切换总线端状态 12.总线端 30 13.总线端 30B 14.按下 START-STOP 按钮时，总线端状态从总线端 R 切换为总线端 30B 15.总线端 R 16.如果超过 8min、车辆已锁止或车辆蓄电池电量过低，就会从总线端 R 切换为总线端 30B

图 5-241

能除外：如果行驶准备接通时驾驶员挂入行驶挡位"N"，之后按下 START-STOP 按钮，则行驶挡位"N"保持挂入状态且总线端 15 保持接通状态。

（九）总线系统

F15 PHEV 总线系统以 F15 总线系统为基础。F15 PHEV 也采用了 F15 的所有主总线系统和子总线系统。与 F15 的总线系统相比，F15 PHEV 增加、调整和取消了一些控制单元。由此形成的 F15 PHEV 总线概览，如图 5-242 所示。

1. 新控制单元

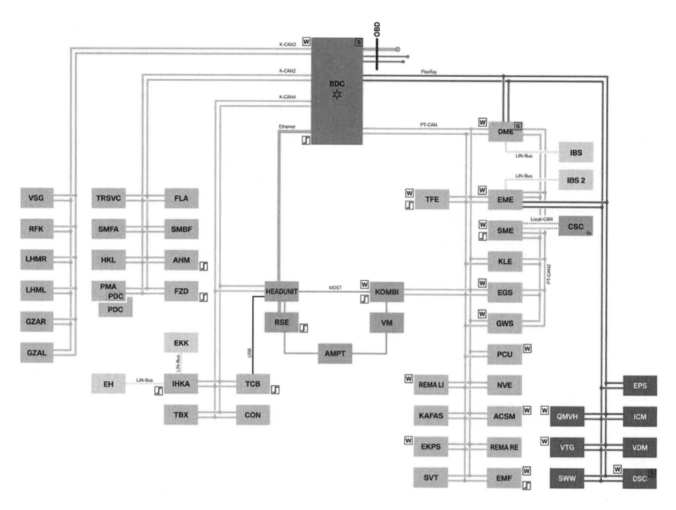

ACSM.高级碰撞和安全模块　AHM.挂车模块　AMPT.顶级高保真音响放大器　BDC.车身域控制器　CON.控制器　CSC.电池监控电子装置（电池监控电路）　D-CAN.诊断控制器区域网络　DME.数字式发动机电子系统　DSC.动态稳定控制系统　EGS.变速器电子控制系统　EH.电气加热装置　EKK.电动制冷剂压缩机　EKPS.电子燃油泵控制系统　EME.电机电子装置　EMF.电动机械式驻车制动器　EPS.电子助力转向系统（电动机械式助力转向系统）　Ethernet.用于局域数据网络的有线数据网络技术　FLA.远光灯辅助系统　FlexRay.用于汽车的快速实时容错总线系统　FZD.车顶功能中心　GWS.选挡开关　GZAL.左侧定向照明　GZAR.右侧定向照明　HEADUNIT.Headunit　HKL.行李箱盖举升装置　ICM.集成式底盘管理系统　IBS.智能型蓄电池传感器　IBS 2.智能型蓄电池传感器2　IHKA.自动恒温空调　K-CAN2.车身控制器局域网络2　K-CAN3.车身控制器局域网络3　K-CAN4.车身控制器局域网络4　KAFAS.基于摄像机的驾驶员辅助系统　KLE.便捷充电电子装置　KOMBI.组合仪表　LHML.左侧LED主车灯模块　LHMR.右侧LED主车灯模块　LIN-BUS.局域互联网总线　Local-CAN.局域控制器区域网络　MOST.多媒体传输系统　NVE.夜视系统电子装置　OBD.诊断插座　PCU.电源控制单元　PDC.驻车距离监控系统　PT-CAN.动力传动系控制器区域网络　PT-CAN2.动力传动系控制器局域网络2　QMVH.后桥横向力矩分配功能（动态驱动力分配系统）　REMA LL.左侧可逆电动安全带收卷装置　REMARE.右侧可逆电动安全带收卷装置　RFK.倒车摄像机　RSE.后座区娱乐系统　SMBF.前乘客座椅模块　SME.蓄能器管理电子装置　SMFA.驾驶员座椅模块　SVT.电子转向助力系统　SWW.车道变更警告系统　TBX.触控盒　TCB.远程通信系统盒　TFE.燃油箱功能电子系统　TRSVC.用于倒车摄像机、俯视系统和侧视系统的控制单元　VDM.垂直动态管理系统　VM.视频模块　VSG.车辆发声器　VTG.分动器

图 5-242

（1）电机电子装置 EME

电机电子装置 EME 如图 5-243 所示。

电机电子装置 EME 的任务是控制和调节高电压车载网络内的永励式同步电机。为此需要一个双向 DC/AC 转换器将高电压蓄电池单元的高电压直流电压转化为用于电机的三相交流电压。电机处于发电机运行模式时，通过整流器为高电压蓄电池单元重新充电。此外，在 EME 内还集成了一个 DC/DC 转换器，用于为低电压车载网络供电。EME 与 PT-CAN、PT-CAN2 和 FlexRay 相连。

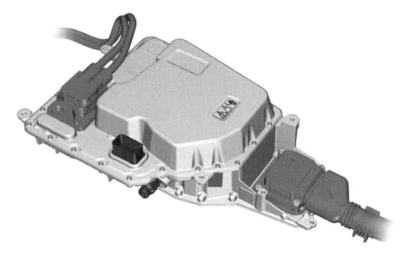

图 5-243

（2）蓄能器管理电子装置 SME

SME 控制单元集成在高电压蓄电池单元内。为了尽可能延长高电压蓄电池单元的使用寿命，SME 控制单元负责在严格规定的范围内（充电状态和温度）运行蓄电池。此外，SME 控制单元还负责启动和关闭高电压系统及安全功能（例如高电压触点监控）以及确定高电压蓄电池单元可用功率。SME 通过 PT-CAN2 与其他控制单元通信。

（3）电池监控电子装置（电池监控电路 CSC）

为确保 F15 PHEV 所用锂离子电池正常运行，必须遵守特定边界条件：电池电压和电池温度不允许低于或高于特定数值，否则可能导致电池持续损坏。因此高电压蓄电池单元带有多个称为电池监控电路 CSC 的电池监控电子装置。共有 6 个 CSC 通过一个局域 CAN 相互通信。局域 CAN 将所有 CSC 彼此连接在一起，用于与 SME 进行通信。在此 SME 控制单元执行主控功能。它是一个最大 12V 的低电压导线束。

（4）电动制冷剂压缩机 EKK

在 F15 PHEV 上使用与之前宝马 Active Hybrid 车辆一样的电动制冷剂压缩机。为了能够提供所需功率，电动制冷剂压缩机 EKK 通过高电压驱动。EKK 可在所有行驶情况下确保空调系统的制冷剂循环回路通畅。除冷却车内空间外，还通过制冷剂循环回路对高电压蓄电池单元的冷却液循环回路进行冷却。EKK 控制单元位于制冷剂压缩机壳体内，通过 LIN 总线与 IHKA 连接。

（5）电气加热装置 EH

由于采用混合动力方案，宝马 X40e 发动机在很多行驶情况下产生的余热显著降低，无法使冷却液循环回路加热至所需温度。因此 F15 PHEV 带有一个电气加热装置。其工作原理与连续加热器基本相同。EH 控制单元位于电气加热装置壳体内，通过 LIN 总线与 IHKA 连接。

（6）智能型蓄电池传感器 2

智能型蓄电池传感器 2 监控附加蓄电池的电流、电压和电极温度，通过 LIN 总线将监控结果传输至 EME。

（7）燃油箱功能电子系统 TFE

燃油箱功能电子系统 TFE 通过燃油箱内的压力和温度传感器监控当前运行状态并通过开启燃油箱隔离阀控制压力下降情况。因此经过清洁的汽油蒸气可通过活性炭罐进入环境中。此时用于锁止燃油箱盖板的执行机构受控，燃油箱盖板和燃油箱盖可以手动方式打开。

（8）便捷充电电子装置

便捷充电电子装置如图 5-244 所示。

通过便捷充电电子装置可使车辆与交

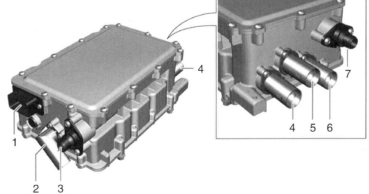

1.低电压接口　2.充电盖板高电压接口　3.回流至冷却系统　4.电机电子装置高电压接口　5.电气加热装置高电压接口　6.电动制冷剂压缩机高电压接口　7.从电机电子装置供给

图 5-244

流电网充电站进行通信,从而进行高电压蓄电池充电。可通过所有可自由使用的插接连接件和全球的交流电网来运行便捷充电电子装置。便捷充电电子装置将交流电网电压转化为高电压直流电压从而为车上的高电压蓄电池单元充电。在驻车状态下,通常是夜间在车库内进行车辆充电。在此必须根据可提供的交流电网功率对充电过程进行调节。此外,便捷充电电子装置还带有用于电动制冷剂压缩机 EKK 和电气加热装置 EH 的高电压接口,因此只要充电电缆与交流电网相连就会在不汲取高电压蓄电池单元能量的情况下通过冷却或加热对车辆进行预先空气调节。此外,便捷充电电子装置还控制充电插头和充电盖板的锁止装置。充电插头周围的照明和显示装置也通过便捷充电电子装置进行控制。便捷充电电子装置以高于 94% 的效率运行。这些高功率输出端产生的热量又可能会使其他组件,例如电子控制装置形成危险。因此必须对相应组件进行充分冷却。为此将便捷充电电子装置接入电机电子装置的冷却液循环回路内。

在便捷充电电子装置上总共有 4 个高电压接口,用于连接至其他高电压组件的导线,如表 5-27 所示。

表 5-27

连接组件(圆形高电压插头)	触点数量、电压形式、屏蔽层、接触保护
电动制冷剂压缩机	·2 芯 ·直流电压 ·2 根导线 1 个屏蔽层 ·触点上方盖板(接触保护)
电气加热装置	·2 芯 ·直流电压 ·2 根导线 1 个屏蔽层 ·触点上方盖板(接触保护)
充电接口(交流电充电)	·2 芯 ·交流电压 ·2 根导线 1 个屏蔽层 ·触点上方盖板(接触保护)
便捷充电电子装置(交流电充电)	·2 芯 ·交流电压 ·2 根导线 1 个屏蔽层 ·触点上方盖板(接触保护)

(9)车辆发声器 VSG

车辆发声器 VSG 如图 5-245 所示。

VSG 控制单元在 50km/h 以下车速时产生噪声,从而在纯电动行驶期间引起其他道路使用者的注意。某些国家法规要求使用车辆发声器,因此安装情况根据具体国家型号而定(例如中国、日本、韩国)。

2. 调整的控制单元

为了能在所有运行状态下控制电动制冷剂压缩机 EKK,对 IHKA 进行了相应调整。EKK 控制单元通过 LIN 总线与 IHKA 连接。为了能够显示行驶准备、电动行驶、制动能量回收利用和高电压蓄电池单元充电状态等其他与行驶相关的内容,对 KOMBI 进行了相应调整。此外,在检查控制信息中增加了混

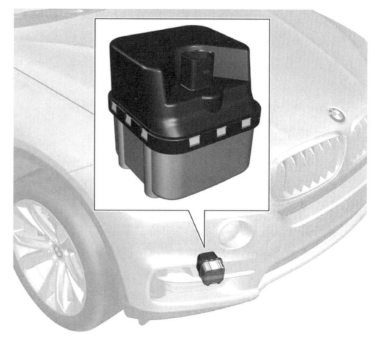

图 5-245

合动力特有信息。数字式发动机电子系统 DME 的软件针对电机 / 发动机扭矩协调进行了相应调整。全世界所有混合动力车辆都要求配备翻车识别装置，以便发生翻车事故时停用高电压系统。通过集成在 ICM 控制单元内的传感器（滚动速率传感器和垂直加速度传感器）实现翻车识别功能。ACSM 针对传感器信号分析进行了相应调整。附加蓄电池的安全型蓄电池接线柱可根据需要由 ACSM 触发。动态稳定控制系统 DSC 的软件也针对能量回收式制动进行了相应调整。其中包括读取直接与 DSC 控制单元连接的制动踏板行程传感器信号。EGS 控制单元针对调整后的变速器进行了相应调整。例如电动变速器油泵通过 EGS 控制单元进行控制。由于调整了总线端控制（行驶准备），因此对 CAS 控制单元内的软件也进行了相应调整。

图 5-246

（十）显示和操作元件

1. 电动驱动模式

在 F15 PHEV 上可通过 eDRIVE 按钮（如图 5-246 所示）对电动驱动系统进行以下模式的配置：

· AUTO eDRIVE
· MAX eDRIVE
· SAVE BATTERY

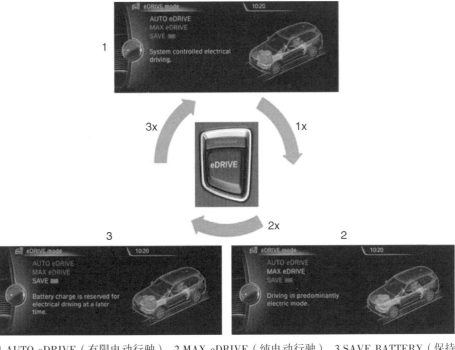

1.AUTO eDRIVE（有限电动行驶）　2.MAX eDRIVE（纯电动行驶）　3.SAVE BATTERY（保持 SoC）

图 5-247

为此中控台内带有采用切换按钮设计的 eDRIVE 按钮，唤醒车辆或建立行驶准备时会自动切换为 AUTO eDRIVE 模式。3 种 eDRIVE 驱动模式可与大家熟知的驾驶体验开关模式即 SPORT、COMFORT 和 ECO PRO 结合使用。F15 PHEV eDRIVE 模式如图 5-247 所示。

2.AUTO eDRIVE

AUTO eDRIVE 始终处于启用状态。选挡开关处于手动 / 运动位置时除外。在 AUTO eDRIVE 模式下，车辆根据高电压蓄电池单元充电状态自动选择最佳驱动组合。通过组合仪表显示向驾驶员提供有关功率大小要求的视觉反馈。如果驾驶员要求功率超过了最大可用电功率，就会以舒适方式自动接通发动机。AUTO eDRIVE 模式基本上可分为两部分，即放电阶段（电量消耗）和保持阶段（电量维持）。高电压蓄能器 SoC 为 100%～12% 时执行放电阶段。在此范围内，F15 PHEV 可在约 70 km/h 车速（美规 105km/h）以下电动行驶。车速超过 70km/h（美规 105km/h）或功率要求较高时就会接通发动机。如果在电动行驶范围内车速降至 70km/h（美规 105km/h）以下就会关闭发动机。如果超出该效率优化型 eDRIVE 范围，就会在负荷和车速要求较高时自动启动发动机。SoC 超过约 3% 以及不足 3% 时也会启动发动机。

3.MAX eDRIVE

通过 eDRIVE 按钮选择 MAX eDRIVE 模式时，可在高电压蓄能器已充电且电量充足的情况下根据需要以电动驱动装置最大功率进行零排放行驶。前提是选挡开关未处于手动／运动位置。最大电动行驶速度已增至 120km/h。在此可以非常轻松舒适地通过加速踏板来控制电功率且不会意外接通发动机。启用 MAX eDRIVE 模式后就会在组合仪表挡位显示旁的转速表内出现"MAX eDRIVE"字样。但在任何紧急行驶情况下都可能会接通发动机并调用全部系统功率。可能随时需要通过将选挡开关切换为 S 位置或将加速踏板踩至强制降挡位置来启用发动机。此时会自动启用 Auto eDRIVE 模式。可实现的电动可达里程在很大程度上取决于驾驶方式（加速度和车速）、车外温度以及附加设施。为了实现最大电动可达里程，应在外部充电期间对车内空间进行预先空气调节，这样可利用行驶期间所需能量实现更大电动可达里程。如果在长时间驻车后且车外温度极低的情况下以 MAX eDRIVE 模式行驶，可能会导致电动驱动装置的功率降低甚至无法运行。原因可能在于高电压蓄电池单元电池模块内的电池温度过低。

4.SAVE BATTERY

SAVE BATTERY 模式的选择也通过 eDRIVE 按钮实现。在此模式下会保存高电压蓄电池单元的能量用于之后的电动行驶，从而为接下来的市区行驶提供足够能量。启用 SAVE BATTERY 模式后就会保持高电压蓄电池单元的当前充电状态。此外，如果在 SAVE BATTERY 模式下充电状态不足 50% SoC，就会在行驶情况允许时通过能量回收利用存储能量或通过有效调节负荷点产生能量。

5. 组合仪表内的显示

（1）运行状态显示。

混合动力特有运行状态和高电压蓄电池单元充电状态在组合仪表内以及根据需要在中央信息显示屏内显示。可显示以下混合动力特有运行状态。下面总结了混合动力车辆的不同运行状态显示内容。

① 行驶准备。

如果转速表指针位于"0"位置，同时在下部区域显示蓝色"READY"字样，驾驶员就会知道此时处于所谓的行驶准备状态。此时车辆处于静止状态，可以随时通过踩下加速踏板使车辆移动。根据高电压蓄电池单元的充电状态、eDRIVE 模式状态和加速踏板位置可通过纯电动方式或发动机驱动车辆。例如车辆停在铁路道口或等红灯时就会接通行驶准备状态。但如果由于功率要求启动了发动机，发动机也会运行约 1min 从而加热催化转换器。如果客户驻车后很快就希望重新行驶，操作 START–STOP 按钮后就会接通行驶准备状态。由于发动机仍处于运行温度且高电压蓄电池单元电量充足，因此发动机不启动，如图 5-248 所示。

② 电动行驶。

在 70km/h 车速以下（根据运行状态）

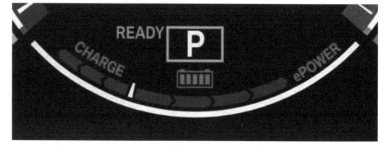

图 5-248

可进行纯电动行驶。高电压蓄电池单元的输出功率通过右侧蓝色箭头显示。根据功率要求，最多有 4 个箭头依次亮起。转速表指针此时处于"0"位置（发动机关闭）。根据所选行驶模式（COMFORT 或 ECO PRO），箭头显示方式不同。如果所有 4 个箭头都已亮起时提出额外的功率要求例如加速要求，就会接通发动机。电动行驶时应注意，行人和其他道路使用者会由于听不到发动机噪声而无法像以前那样感觉到车辆的存在。例如在驶入和驶出停车位置时要特别注意，如图 5-249 所示。

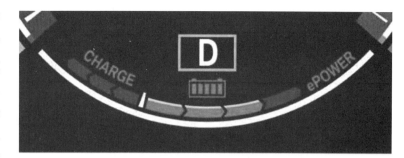

图 5-249

③ MAX eDRIVE。

根据需要，客户可启用 MAX eDRIVE 模式在 120km/h 以下车速进行纯电动行驶，最远可达里程为 31km。启用时必须操作中控台内的 eDRIVE 按钮。可在 COMFORT 和 ECO PRO 模式下启用 MAX eDRIVE 模式，从而防止启动发动机，如图 5-250 所示。

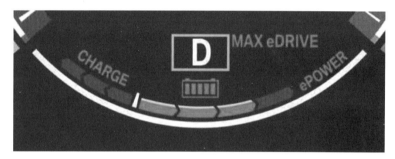

图 5-250

④ SAVE BATTERY。

在此模式下会保存高电压蓄电池单元的能量用于之后的电动行驶，从而为接下来的市区行驶提供足够能量。启用 SAVE BATTERY 模式后就会保持高电压蓄电池单元的当前充电状态，如图 5-251 所示。

⑤ 发动机驱动模式。

根据所选行驶模式（SPORT）以发动机驱动模式驱动车辆。转速表像平时一样

图 5-251

显示当前发动机转速。混合动力特有显示只显示高电压蓄电池单元充电状态，如图 5-252 所示。

⑥ 助推功能。

在超车等情况下急加速时会同时调用发动机和电机的功率，这样可为驾驶员提供最大功率。为此必须用力踩下加速踏板。转速表显示当前发动机转速，同时左侧所有 4 个箭头亮起。此外还会出现"eBOOST"字样，如图 5-253 所示。

⑦ 制动能量回收利用。

混合动力系统可在例如制动或滑行期间将制动能量转化为电能。通过这种能量回收利用可为高电压蓄电池单元充电。根据所选行驶模式通过左侧 3 个蓝色箭头显示能量回收利用情况。减速度或制动踏板操纵力度不同时，蓝色箭头的长度不同。车速低于约 15km/h 时，制动能量回收利用显示不会亮起，即使车辆正在滑行或刚刚制动。根据所选行驶模式（COMFORT 或 ECO PRO），箭头显示方式不同，如图 5-254 所示。

图 5-252

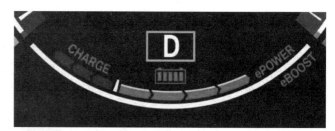

图 5-253

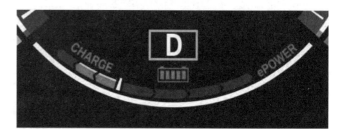

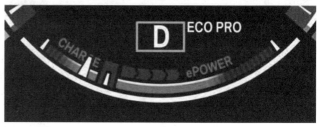

图 5-254

（2）固定式指示灯和车载计算机显示

组合仪表包含混合动力特有以及法规要求的固定式指示灯。F15 PHEV 带有固定式指示灯和车载计算机显示的组合仪表如图 5-255 所示。

· 行驶准备显示

· 电动行驶显示

· MAX eDRIVE 显示

· SAVE BATTERY 显示

· 助推功能显示

· 能量回收利用

这些状态始终在组合仪表转速表下部显示。可通过菜单"车辆信息→eDRIVE"在 CID 内调出混合动力特有显示。在 CID 和组合仪表内显示都需要接通总线端 15。

6. 中央信息显示屏内的显示

在所有车辆运行状态下均可在 CID 内显示能量流/动力传递路线以及高电压蓄电池单元充电状态。此外，用户可根据需要让系统显示最近 16min 的 eDRIVE 利用率和 ECO PRO 说明。这样驾驶员可以大致了解在不同行驶状态下的混合动力系统工作原理

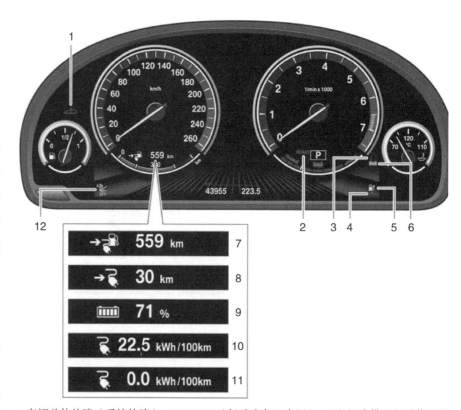

1.车辆总体故障（系统故障） 2.READY（行驶准备已启用） 3.电机或供电电子装置过热 4.充电电缆已连接 5.为高电压蓄电池单元充电 6.高电压蓄电池单元电量过低 7.总可达里程 8.电动驱动可达里程 9.高电压蓄电池单元充电状态 10.电动驱动装置的平均耗电量 11.电动驱动装置的当前耗电量 12.CCM停用外部发声器

图 5-255

494

以及混合动力车辆的最佳利用率。

（1）eDRIVE 利用率

混合动力系统利用率显示如图 5-256 所示。

在 CID 内可显示最近 16min 行驶的混合动力系统利用率。每个显示条表示 1min 时间。在发动机关闭期间也计算时间。显示条越高，耗油量越高，电机利用率越高。灰色显示条表示发动机耗油量。横线和图表右侧的数值表示平均耗油量。蓝色显示条表示电机利用率百分比。在此电机作为发电机（能量回收式制动期间）或电动机（电动行驶期间）驱动。显示条越高，电机利用率越高，由此所节省的燃油越多。显示竖轴上的两个红色标记表示最近几分钟的显示条。

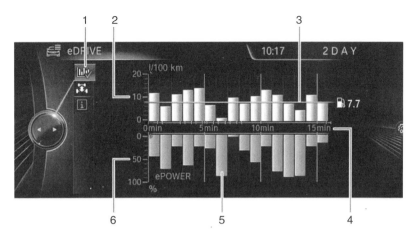

1.选择eDRIVE利用率显示　2.发动机耗油量刻度　3.发动机平均耗油量　4.时间轴（16min）　5.以分钟为单位的条形图　6.电机利用率百分比刻度

图 5-256

（2）能量流 / 动力传递路线

在 CID 内按以下原则显示能量流 / 动力传递路线：

·蓝色：电能

·红色：发动机能量

·箭头：能量流 / 动力传递路线方向

在此以一种行驶情况为例进行显示并说明符号含义。可由此推导出其他行驶情况。急加速时 CID 内的混合动力显示如图 5-257 所示。

在 CID 内通过一个红色箭头（发动机驱动部分)和一个稍小的蓝色箭头（电机部分）表示助推功能。在此发动机以红色显示。自动变速器内的电机工作时通过变速器变成蓝色表示出来。5 个区段表示高电压蓄电池单元的充电状态。一个区段相当于 20% 的高电压蓄电池单元充电状态。为表示从两个驱动源(发动机和电机）至后桥车轮的动力传递路线，用两个箭头表示动力传递路线。红

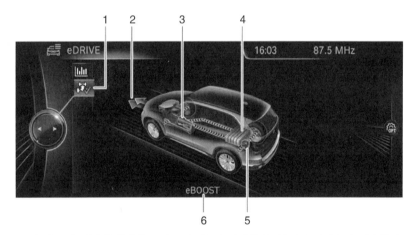

1.选择能量流/动力传递路线显示　2.发动机驱动力箭头（红色）和电机驱动力箭头（蓝色）　3.带电机的自动变速器　4.高电压蓄电池单元充电状态　5.至后桥的动力传递路线　6.表示当前行驶状态的文本信息（例如 ePOWER、POWER、eBOOST、CHARGE）

图 5-257

色箭头表示发动机驱动部分，蓝色箭头表示电机部分。当前行驶情况也通过车辆示意图下方的文本信息进行显示。

7.ECO PRO 模式

F15 PHEV 驾驶员可根据需要以更高效的方式驾驶车辆。通过驾驶体验开关可启用非常高效的模式，即所谓的 ECO PRO 模式。ECO PRO 模式一如既往地支持降低油耗的驾驶方式并负责协调混合动力系统从而实现车辆最大可达里程。

（1）启用和显示

F15 PHEV 中控台如图 5-258 所示。

通过驾驶体验开关启用 ECO PRO 模式。COMFORT 模式设为标准模式。需要启用 ECO PRO 模式时，必须在总线端 15 接通情况下多次朝 COMFORT 方向操作驾驶体验开关，直至组合仪表内显示"ECO PRO"。关闭总线端 15 时就会停用 ECO PRO 模式。启用 ECO PRO 模式后，就会在组合仪表挡位显示旁的转速表内出现"ECO PRO"字样。启用 ECO PRO 模式后，在 CID 内还会显示一个 ECO PRO 模式配置窗口。配置 ECO PRO 模式如图 5-259 所示。

如果驾驶员未采用高效方式驾驶车辆，例如加速过急或选挡错误，就会在 CID 内显示相关提示。

图 5-258

（2）在 ECO PRO 模式下对什么有影响？

ECO PRO 模式可辅助驾驶员采取优化耗油量的驾驶方式并通过能量和空调管理系统智能型控制降低耗油量。主要通过以下措施降低耗油量：

· 通过更改自动变速器车辆的加速踏板特性曲线和换挡模式，辅助驾驶员采取优化耗油量的驾驶方式

· 减少电动舒适用电器

· 降低暖风和空调系统的功率

1.选择车速以输出 ECO PRO 提示 2.启用/停用超过 ECO PRO 限值时的提示 3.启用/停用 ECO PRO 模式下的有限空调功能 4.显示通过当前配置能够达到的节能百分比

图 5-259

· 在 ECO PRO 模式下发动机关闭阶段的数量和时间长短达到最大限度

（3）减少电动舒适用电器

在 ECO PRO 模式下允许在一定程度上降低舒适度。例如关闭车外后视镜加热功能（节省最多 100W），将最高座椅加热温度限制在约 37.5℃（否则约为 42℃）。选择空调系统 ECO PRO 模式时，也会将这些功能复位到驾驶体验开关其他模式下启用的运行状态。

（4）降低暖风和空调系统功率

在空调系统 ECO PRO 模式下，采用消耗少量能量且舒适度适当受限的最佳运行策略。在 ECO PRO 模式下，空调系统以更高效的协调方式，以较低的空气干燥和空气冷却功率进行工作。这样可以减少电能消耗。高电压蓄电池单元冷却始终具有最高优先级，启用 ECO PRO 模式不会使其受到影响。如果能在不制冷的情况下达到所需温度，就会关闭空调压缩机。

8.提高负荷

提高负荷点指的是在转速不变的情况下提高发动机的负荷。这样可以提高功率并在最佳范围内运行发动机。在此会平衡反作用于发动机的相应阻力，从而一方面提高发动机负荷，另一方面始保持转速恒定。例如在仅通过发动机驱动的车辆上接通空调系统或后窗玻璃加热装置。由 DME 通过控制节气门向发动机输送更多新鲜空气的方式来平衡额外阻力。此外，还会提高喷射的燃油量。发动机的负荷提高且就效率和耗油量而言处于理想范围内。但该调节过程非常精确，因此不会提高转速，而是只平衡出现的阻力。在 F15 PHEV 上，电机在发电机运行模式下会产生反力矩。如上所述，DME 平衡该反力矩，发动机以理想方式运行。在此获

得的电能用于为高电压蓄电池单元充电。通过这种方式，在高电压蓄电池单元充电时也可对发动机产生积极影响。除已提出的功率要求外还会提高负荷点。驾驶员不会察觉到这一过程。提高负荷点的时刻和程度受以下因素影响：

- 高电压蓄电池单元充电状态
- 发动机温度
- 发动机负荷
- 行驶模式

9. 降低负荷点

为了降低耗油量，可在高电压蓄电池单元电量充足时通过降低负荷点来减轻发动机负荷。此时高电压蓄电池单元有针对性地进行放电且 SoC 值降低，但车辆并未以纯电动方式驱动。

10. 混合动力特有检查控制信息

F15 PHEV 出现故障时，就会通过检查控制信息提醒驾驶员注意。如表 5-28 所示总结了主要的混合动力特有检查控制信息。

表 5-28

检查控制信息	含义	原因
	总可达里程较低	蓄电池电量较低。燃油储备较低
	在运行模式下以及运输途中的高电压蓄电池当前充电状态（电量过低→充电）	蓄电池电量较低
	检查充电电缆	充电电缆识别错误。无法探测到插入的充电插头 客户应在起步前检查插头是否还处于插入状态
	无法充电	车辆充电系统或基础设施（充电电缆、充电站等）故障
	加油（可以/拒绝/识别）	混合动力压力燃油箱识别出加油要求
	声学式行人保护功能失灵	VSG 内部故障或其他控制单元故障导致 CAN 通信失灵
	绝缘故障，高电压触点监控电路故障	高电压系统的高电压蓄电池故障。关闭发动机后，可能无法继续行驶。请立即到附近的宝马售后服务站进行检查
	高电压系统关闭	进行保养、维修和修理时高电压系统切换为无电压。高电压安全插头（售后服务断电开关）已拔出，高电压触点监控电路已断路

11. 声学式行人保护

车辆以约 25km/h 以下车速进行纯电动行驶时，行人可能不会听到任何声音。出于该原因通过声学式行人保护在 50km/h 以下车速时产生噪声，从而引起其他道路使用者的注意。自车速约 50km/h 起就会停止声音输出，但在停止声音输出期间控制单元仍处于启用状态。自车速 50km/h 起，风噪和轮胎滚动噪声就会占据上风。声学式行人保护在某些国家规格（日本、中国、韩国）的 F15 PHEV 上使用且仅在纯电动行驶期间处于启用状态。

（1）系统组件

车辆发声器 VSG 位于车辆左前侧区域内。控制单元集成在车辆发声器壳体内并通过 K-CAN3 接入车辆车载网络。F15 PHEV 车辆发声器的安装位置如图 5-260 所示。

（2）系统电路图

F15 PHEV 车辆发声器 VSG 系统电路图如图 5-261 所示。

（十一）空调系统

F15 PHEV 像之前的宝马 Active Hybrid 车辆一样使用一个电动制冷剂压缩机。由于该制冷剂压缩机带有一个电动驱动装置，因此可以不通过发动机驱动空调系统。无论是在纯电动行驶期间还是静止状态下，空调系统都可为客户提供制冷效果。在此采用专用隔音部件来隔绝噪声。例如即使在车辆静止且发动机关闭的情况下，也几乎感觉不到空调系统的噪声。为对高电压蓄电池单元制冷剂循环回路内的制冷剂进行冷却，使用了一个冷却总成。在 F15 PHEV 上也提供大家熟知的驻车空气调节和保持空调效果功能。

1. 系统概览

F15 PHEV 空调系统的系统概览如图 5-262 所示。

如图 5-262 展示了 F15 PHEV 高电压蓄电池单元的制冷剂循环回路和冷却液循环回路。用于冷却高电压蓄电池单元的制冷剂循环回路与用于冷却车内空间的制冷剂循环回路并

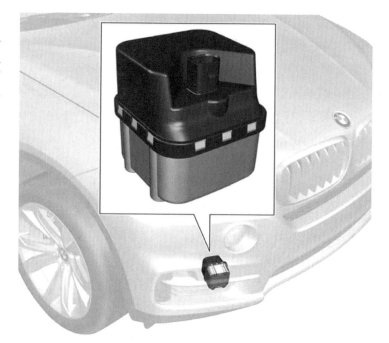

图 5-260

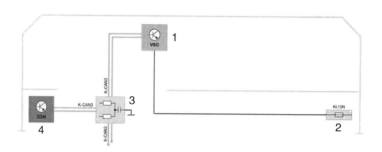

1.车辆发声器 2.保险丝 3.CAN 终止器 4.中央网关模块 ZGM

图 5-261

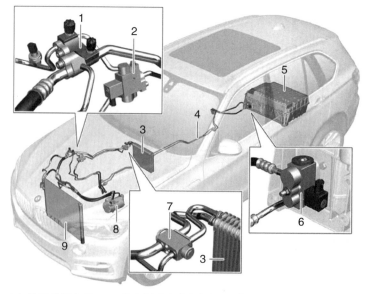

1.加注和抽真空接口 2.截止阀（车内空间） 3.车内空间蒸发器 4.至高电压蓄电池单元的制冷剂管路 5.高电压蓄电池单元 6.膨胀和截止组合阀 7.用于车内空间的压力控制式膨胀 8.电动制冷剂压缩机EKK 9.冷凝器

图 5-262

联。其温度对高电压蓄电池单元的使用寿命具有决定性的影响。因此高电压蓄电池单元的电池不应在过高或过低温度条件下输出功率或吸收电功率。最佳电池温度约为 20℃；蓄电池不应超过 40℃的最高温度。在制冷剂循环回路中使用 R134a 作为制冷剂，制冷剂在系统的一个位置吸收热量并在另一个位置释放热量。从车内空间和高电压蓄电池单元吸收的热量通过车辆前部的冷凝器释放到环境空气中。启用车内空间空调系统时或提出高电压蓄电池单元冷却要求时，就会接通电动制冷剂压缩机，系统对相应位置进行冷却。在此可相互独立地进行车内空间冷却和高电压蓄电池单元冷却。电动空调压缩机从高电压蓄电池单元获取所需能量。使用宝马批准的 PAG 油作为润滑剂。该润滑油必须准许用于电动制冷剂压缩机。为了能够相互独立地进行蓄电池冷却和车内空间冷却，在制冷剂循环回路内集成了专用膨胀和截止阀。这些阀门仅根据实际需要开启部分循环回路，因此可以确保系统高效性和正常调节特性。对制冷剂循环回路内的截止阀进行电动控制并使其打开时，制冷剂就会流入冷却总成并蒸发，此时吸收环境热量。电动制冷剂压缩机压缩制冷剂，在冷凝器内使其重新变为液态聚集状态，这样可使制冷剂能够重新吸收热量。如表 5-29 列出了阀门和电动制冷剂压缩机的控制情况。

表 5-29

冷却	用于蒸发器的截止阀（车内空间）	用于高电压蓄电池单元的膨胀和截止组合阀	电动制冷剂压缩机
高电压蓄电池单元	关闭	打开	接通
车内空间	打开	关闭	接通
高电压蓄电池单元和车内空间	打开	打开	接通
不冷却	关闭	关闭	断开

由 IHKA 控制单元探测并确定是否以及需要多少冷却功率的要求。一方面，冷却车内空间的要求可能直接来自客户。另一方面，SME 控制单元也可能以总线信息形式向 IHKA 控制单元发出冷却高电压蓄电池单元的要求。IHKA 控制单元协调这些冷却要求并通过 LIN 总线启动电动制冷剂压缩机。根据温度确定冷却要求的优先级，例如车外温度较高且车内急剧升温时，提高冷却功率具有更高优先级。达到所需温度后，就会通过降低冷却功率和调低优先级来保持温度。这一点同样适用于蓄电池温度。电池温度达到约 30℃时，就会开始冷却高电压蓄电池单元。由 SME 控制单元提出的冷却要求在此仍具有较低优先级，因此可能会被高电压电源管理系统拒绝。电池温度较高时，高电压蓄电池单元冷却要求具有最高优先级且始终执行。

2. 电动制冷剂压缩机 EKK

F15 PHEV 电动制冷剂压缩机 EKK 如图 5-263 所示。

电动制冷剂压缩机是一个高电压组件。在每个高电压组件的壳体上都有一个标志，售后服务人员或任何其他车辆用户均可通过该标志直观看出高电压可能具有的危险。只有满足以下前提条

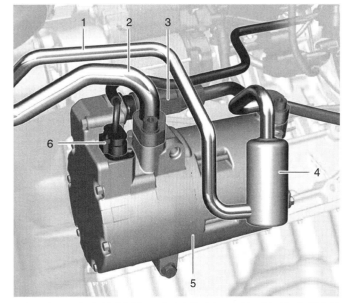

1.高温高电压气态制冷剂接口（压力管路） 2.低温低压气态制冷剂接口（抽吸管路） 3.EKK高电压插头 4.消音器 5.电动制冷剂压缩机 EKK 6.信号插头

图 5-263

件的售后服务人员才允许对带标志的高电压组件进行作业：具备资质，遵守安全规定，严格按照维修说明操作。售后服务人员进行高电压组件作业前，必须执行安全规定并关闭高电压系统。之后所有高电压组件均切换为无电压并可安全进行相关作业。针对售后服务人员忘记按规定关闭系统的情况，通过一项附加安全措施来自动关闭高电压系统。在高电压插头内，除高电压触点外还集成有一个触点电桥。高电压插头内的电桥触点采用前置式设计，即拔出高电压插头时首先断开高电压电桥触点。这样可以中断 EKK 控制单元供电，从而使高电压侧功率要求降为零，即便此时仍未完全拔出高电压插头。这样可确保在高电压触点上不会形成电弧。高电压触点采取了防触摸保护措施。电动制冷剂压缩机的高电压插头不是高电压触点监控电路的组成部分。压缩机的工作原理与 F30H 或 F01H 的工作原理相同。使用螺旋形压缩机压缩制冷剂。电动制冷剂压缩机的电功率约为 5kW。在 288 ~ 400V 电压范围内为 EKK 提供高电压。高于和低于该电压范围时就会降低功率或关闭 EKK。电动制冷剂压缩机的制造商是 Visteon 公司。

3. 驻车空气调节和保持空调效果

（1）驻车空气调节

由于 F15 PHEV 的制冷剂压缩机为电动驱动且高电压蓄电池单元的能量密度和功率密度较高，因此 F15 PHEV 可为客户提供驻车空气调节功能。进行驻车空气调节时，IHKA 决定需要采取哪些驻车暖风、驻车冷却或驻车通风措施。启用驻车空气调节的前提是高电压蓄电池单元电量充足（SoC> 约 30%）。客户设置出发时间时，IHKA 根据环境条件决定是否需要驻车暖风、驻车冷却或驻车通风。例如客户要求启用驻车空气调节，但是也可以通过纯驻车通风达到所需空气调节效果。在此客户无法设置规定值或不会考虑客户要求。由 EME 内的高电压管理系统释放功率，所依据的特性曲线要求仅释放可确保实现电中性的功率。在此，插座 / 充电箱的充电功率具有决定性作用。确保客户在驻车空气调节后看到几乎 100% 的可达里程显示具有优先级。温度超过 0℃时可达到舒适的车内空间温度。温度低于 –10℃时通过限制功率来限制可达到的车内空间温度，但与不进行驻车空气调节的情况相比，去除冰雪肯定更加容易。所需运行时间也由 IHKA 确定并取决于车外温度。在此可规定两个出发时间。如果已启用过两次驻车空气调节，只有在行驶情况下才能使其重新运行。最大运行时间为 30min。如果客户延迟或车辆未在出发时间运行，继续运行时间会延长 15min。也可通过宝马 Remote App 对出发时间进行设置。

（2）保持空调效果

保持空调效果功能是一项扩展冷却功能，通过使用电动制冷剂压缩机加以实现。如果客户短时离开车辆后需要继续行驶，例如在车辆加油期间希望保持舒适的车内温度，就可启用这项功能。关闭行驶准备后会在 CID 内自动出现一个菜单，提示驾驶员可直接启用或设置空调系统或充电选项。启用保持空调效果后就会根据需要控制电动制冷剂压缩机和通风，从而保持车内温度。

（十二）电气加热装置

F15 PHEV 的暖风热交换器集成在发动机和电机的冷却液循环回路内。通过发动机相应受热时，可提供充足的加热功率用于进行车内空间温度调节。由于采用混合动力方案，F15 PHEV 的发动机在很多行驶情况下产生的余热显著降低，无法使冷却液循环回路加热至所需温度。因此 F15 PHEV 带有一个电气加热装置。其工作原理与连续加热器基本相同。可通过一个转换阀形成一个独立的暖风循环回路，通过一个电动冷却液泵使其保持循环状态。电气加热装置是一个高电压组件！只有满足以下前提条件的售后服务人员才允许对带标记的高电压组件进行作业：具备资质，遵守安全规定，严格按照维修说明操作。F15 PHEV 发动机和电机冷却液回路内的暖风循环回路如图 5-264 所示。

1. 安装位置和接口

F15 PHEV 暖风循环回路的安装位置如图 5-265 所示，F15 PHEV 电气加热装置上的接口如图 5-266 所示。

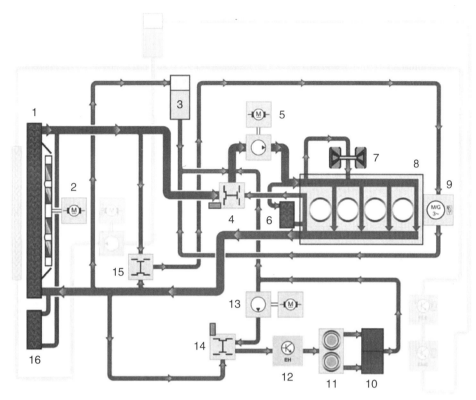

1.冷却液空气热交换器（发动机和电机的冷却液循环回路） 2.电子扇 3.冷却液补液罐（发动机和电机的冷却液循环回路） 4.特性曲线式节温器 5.电动冷却液泵（发动机和电机的冷却液循环回路，400W） 6.发动机油冷却器 7.废气涡轮增压器 8.发动机 9.电机 10.暖风热交换器 11.双加热阀 12.电气加热装置 13.电动冷却液泵（用于暖风循环回路，20W） 14.电动转换阀 15.电机节温器 16.独立安装的冷却液空气热交换器

图 5-264

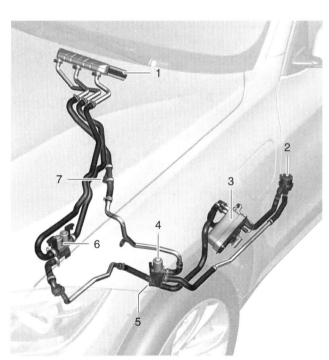

1.暖风热交换器 2.电动冷却液泵（20 W） 3.电气加热装置 4.电动转换阀 5.连自冷却液循环回路的接口 6.双加热阀 7.连至冷却液循环回路的接口

图 5-265

1.冷却液供给管路接口 2.冷却液回流管路接口 3.电气加热装置输出端冷却液温度传感器 4.电位补偿导线接口 5.信号插头（低电压插头） 6.传感器接口 7.高电压插头接口 8.电气加热装置壳体

图 5-266

2. 工作原理

驾驶员在 IHKA 操作面板上调节所需温度时，IHKA 就会计算出相应的设定温度，并将其与电气加热装置的实际输出温度进行比较。为此在电气加热装置上有一个温度传感器。IHKA 控制单元通过这种方式决定发动机的热量是否足够用于加热车内空间或是否需要接通电气加热装置。冷却液温度过低时，电气加热装置可分 5 挡进行加热。通过该调节，电气加热装置可始终根据需要进行加热。

（1）冷却液温度较低

冷却液温度较低时例如刚刚起步后或纯电动行驶期间，通过车身域控制器控制电动转换阀。由此使电动转换阀阻断发动机冷却液循环回路的供给。此时通过电动冷却液泵向电气加热装置泵送冷却液，使其加热并根据需要通过双加热阀将其输送至暖风热交换器。F15 PHEV 冷却液温度较低时的暖风循环回路如图 5-267 所示。

（2）冷却液温度较高

通过发动机变热的冷却液经过未通电时打开的转换阀、电气加热装置和双加热阀流入暖风热交换器。在此将部分热量传递给流经暖风热交换器的空气并最终重新到达发动机冷却液循环回路。此时电气加热装置关闭，但电动冷却液泵仍启用，F15 PHEV 冷却液温度较高时的暖风循环回路如图 5-268 所示。

（3）暖风调节

电动冷却液泵、电动转换阀和双加热阀是 12V 组件，由车身域控制器进行控制。电气加热装置的最大电功率为 4.6kW（280V 和 20A）。电气加热装置通过功率约为 0.75kW、1.5kW 和 2.25kW 的 3 个加热线圈实现功能。在电气加热装置内通过电子开关（Power MOSFET）切换加热线圈（单独或一起）。F15 PHEV 电气加热装置上的加热线圈如图 5-269 所示。

流经各线路的电流经过测量并由电气加热装置控制单元进行控制。电压范围为 250～400V 时，最大电流为 20 A。高于和低于该电压范围时就会降低功率。耗电量提高时，通过关闭硬件中断能量供应。该电路的设计确保控制单元内出现故障时可安全断开供电。在电气加热装置内断开高电压电路与低电压电路间的导电连接。F15 PHEV 电气加热装置的系统方框图如图 5-270 所示。

在低电压插头上带有 LIN 总线接口和供电装置（总线端 30B）。用于电气加热装置的圆形插头高电压触点采取了防触摸保护措

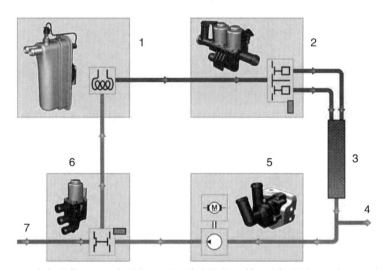

1.电气加热装置 2.双加热阀 3.暖风热交换器 4.供给冷却液循环回路 5.电动冷却液泵 6.电动转换阀 7.由冷却液循环回路供给

图 5-267

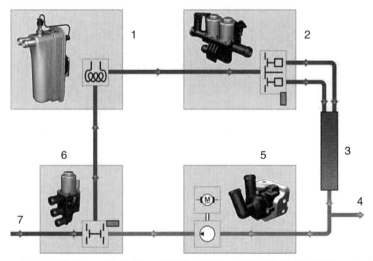

1.电气加热装置 2.双加热阀 3.暖风热交换器 4.供给冷却液循环回路 5.电动冷却液泵 6.电动转换阀 7.由冷却液循环回路供给

图 5-268

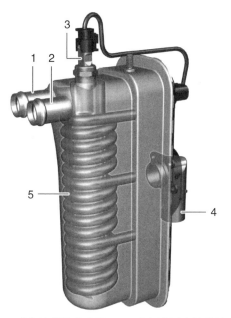

1.冷却液供给管路接口 2.冷却液回流管路接口 3.电气加热装置输出端冷却液温度传感器 4.高电压插头接口 5.3个加热线圈

图 5-269

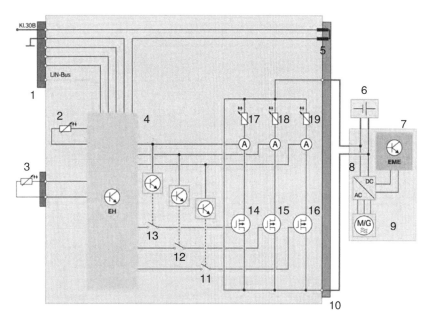

1.低电压插头 2.电气加热装置 EH 控制单元印刷电路板温度传感器 3.回流管路内冷却液温度传感器 4.电气加热装置EH（控制单元） 5.高电压插头内的电桥 6.高电压蓄电池单元 7.电机电子装置EME 8.EME内的双向AC/DC转换器 9.电机 10.电气加热装置上的高电压插头 11.加热线圈3内电流过高时关闭硬件 12.加热线圈2内电流过高时关闭硬件 13.加热线圈1内电流过高时关闭硬件 14.用于加热线圈1的电子开关（Power MOSFET） 15.用于加热线圈2的电子开关（Power MOSFET） 16.用于加热线圈3的电子开关（Power MOSFET） 17.加热线圈1 18.加热线圈2 19.加热线圈3

图 5-270

施。电气加热装置的高电压插头不是高电压触点监控电路的组成部分。在高电压插头内，除高电压触点外还集成有一个触点电桥。高电压插头内的电桥触点采用前置式设计，即拔出高电压插头时首先断开高电压电桥触点。这样可以中断 EH 控制单元供电，从而使高电压侧功率要求降为零，即便此时仍未完全拔出高电压插头。这样可确保在高电压触点上不会形成电弧。通过单独或组合接通单个加热线圈可实现 6 个加热挡。IHKA 控制单元通过 LIN 总线发送加热装置接通要求，如表 5-30 所示。

　　达到最高温度或超过最大允许电流强度时，就会通过 EH 自动限制加热功率。此外，在 ECO PRO 行驶模式下以及达到高电压蓄电池单元特定充电状态时也会降低电气加热装置功率。出现系统故障时就会关闭电气加热装置。电气加热装置无须保养。冷却液使用50∶50的水和冷却液浓缩液 G48 形成的常用混合液。

表 5-30

加热线圈	加热挡	加热功率（kW）
1	1	0.75
2	2	1.5
3	3	2.25
1+3	4	3.0
2+3	5	3.75
1+2+3	6	4.5

二、高电压蓄电池单元

（一）简介

　　本产品信息介绍宝马 X5 xDrive 40e（研发代码为 F15 PHEV）高电压蓄电池单元（位置如图 5-271）的结构以及对其进行修理时的特殊事项。与宝马 i 车型一样，在宝马混合动力车辆上也首次实现了可通过相应培训的售后服务人员更换高电压蓄电池单元内的组件，并以此方式进行修理。但在 F15 PHEV 上高电压蓄电池单元不再作为整个配件提供，因此也不再未经后续修理便进行更换。针对宝马经销商处的员工提供有关高电压蓄电池单元修理的特殊认证措施。

图 5-271

（二）高电压蓄电池单元

1. 概览

概览，如表 5-31 所示。

与之前的宝马 Active Hybrid 车辆一样，高电压蓄电池单元是电动驱动装置的蓄能器。F15 PHEV 是宝马品牌的首款插电式混合动力电动汽车。F15 PHEV 采用第 3.0 代高电压蓄电池单元。与 1.0 和 2.0 代高电压蓄电池单元出现故障时需要整个更换不同，3.0 代出现故障时可以进行修理。与宝马 Active Hybrid 车辆一样，F15 PHEV 也配备一个可为高电压蓄电池充电

表 5-31

技术数据	1.0 代	1.5 代	2.0 代	3.0* 代	3.0 代
用途	E71	F04	F01/F02H、F10H、F30H	F18 PHEV * 仅限中国	F15 PHEV
制造商	Bosch	TEMIC	BMW	Bosch	BMW
技术	镍氢蓄电池	锂离子蓄电池	锂离子蓄电池	锂离子蓄电池	锂离子蓄电池
电池数量	260 个	35 个	96 个	96 个	96 个
电池电压	1.2V 7.7Ah	3.6V 6.5Ah	3.3V 4Ah	3.78V 40Ah	3.7V 26Ah
电容					
额定电压	312V	126V	317V	363V	355V
电压范围	234 ～ 422V			269 ～ 395 V	269 ～ 399 V
可存储能量	2.4kWh	0.8kWh	1.35kWh	14.5kWh	9.2kWh
可用能量	1.4kWh	0.4kWh	0.6kWh	12kWh	6.8kWh
最大功率	57kW 短时	19kW	43kW	90kW 短时 36kW 持续	83kW 短时 43kW 持续
重量	83kg	28kg	46kg	218kg	105kg

的电机。除通过电机外，在插电式车辆上还可通过充电插座从家用电网进行外部充电。通过回收利用制动能量也可为高电压蓄电池充电。混合动力技术基于对批量生产车型宝马 Active Hybrid 5 和宝马 Active Hybrid 7 所用驱动技术的不断后续研发。宝马 X5 xDrive 40e 的驱动系统由一个 TwinPower 涡轮增压技术 4 缸汽油发动机（N20B20M0）、一个 8 挡自动变速器（GA8P75HZ）和一个电机组成。在带有电动驱动装置的车辆上，高电压蓄电池相当于发动机驱动车辆的燃油箱。为使 F15 PHEV 达到所需可达里程，需要存储的能量经过相应计算，这决定了蓄能器的容积和重量。高电压蓄电池单元位于 F15 PHEV 行李箱地板下方，这样可对一些车辆特性产生积极影响：

· 由于安装位置较低降低了车辆重心，因此尤其可减小转弯行驶时的侧倾
· 与传统车辆（例如宝马 Active Hybrid 5）相比，车内空间不会因高电压蓄电池单元受到限制
· 通过安装在行李箱地板内可形成水平装载面，并可使用直通装载功能

· 维修时易于接近高电压
蓄电池单元，因此可减少修理费
用

F15 PHEV 电动驱动装置位
置如图 5-272 所示。

（1）技术数据

F15 PHEV 的高电压蓄电池
单元由以下主要组件构成：

· 带有实际电池的电池模块

· 电池监控电子装置

· 安全盒（S 盒）

· 蓄能器管理电子装置 SME
控制单元

· 两件式热交换器

· 导线束

· 接口（电气、制冷剂、排气）

· 壳体部件和固定部件

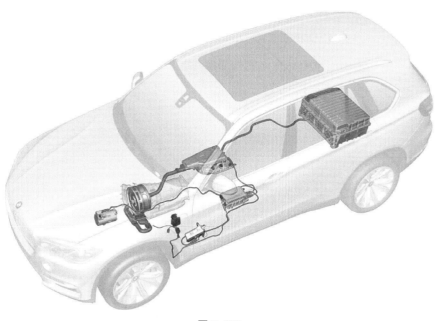

图 5-272

电池由韩国公司 Samsung SDI 向宝马 Dingolfing 工厂提供。在此将电池组装成电池模块并与其他组件一
起安装为完整的高电压蓄电池单元。SME 控制单元和电池监控电子装置的制造商是 Preh 公司。在 F15 PHEV
高电压蓄电池内使用的电池组属于锂离子电池类型（电池类型为 NMCo/LMO 混合）。锂离子电池的阳极材料
原则上是锂金属氧化物。"NMCo/LMO 混合"这一名称说明了这种电池类型使用的金属。一方面是镍、锰和
钴的混合物，另一方面是锂锰氧化物。通过选择阳极材料优化了电动车所用高电压蓄电池特性（能量密度较高、
使用寿命较长）。像往常一样使用石墨作为阴极材料，放电时锂离子存储在石墨内。根据蓄电池内使用的材料，
电池额定电压为 3.7V。如表 5-32 所示总结了 F15 PHEV 高电压蓄电池的一些重要技术数据。

表 5-32

电压	355V（额定电压） 最小 269V，最大 399V（电压范围）
电池	96 个电池串联（每个电池均为 3.7V 和 26Ah）
最大可存储能量 最大可用能量	9.2kWh 6.8kWh
最大功率（放电）	83kW（短时） 43kW（持续）
最大功率（交流电充电）	3.7kW
总重量	105kg
尺寸	508mm×781mm×287mm
冷却系统	制冷剂 R134a

（2）安装位置

高电压蓄电池单元安装在行李箱内盖板下。这样设计的优点是，可对 F15 PHEV 后座椅靠背进行翻折从
而形成水平装载空间，但是需要根据安装空间放弃选装配置"第三排座椅"。高电压蓄电池单元被行李箱地
板盖住，因此无法直接看到。为了接触到高电压蓄电池单元接口，必须拆下行李箱地板和杂物槽。F15 PHEV

的高电压蓄电池单元安装位置如图5-273所示。

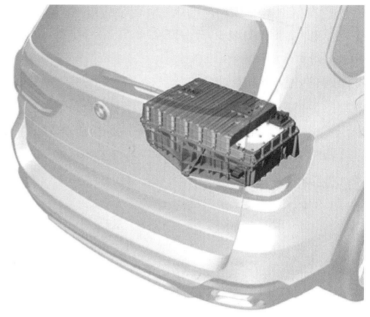

高电压蓄电池单元最重要的外部特征是:

· 高电压导线或高电压接口

· 12V车载网络接口

· 制冷剂管路或制冷剂接口

· 提示牌

· 排气单元

高电压蓄电池单元除高电压接口外还有一个12V车载网络接口。通过该接口为集成在高电压蓄电池单元内的控制单元提供电压、总线信号、传感器信号和监控信号。为对高电压蓄电池进行冷却,将其接入制冷剂循环回路内。高电压蓄电池单元上的提示牌

图5-273

向进行相关组件作业的人员说明所用技术及可能存在的电气和化学危险。高电压蓄电池单元的电压远远高于60V。因此进行任何高电压蓄电池单元作业前都必须遵守电气安全规定:

· 切换为无电压

· 固定住防止重新接通

· 确定系统无电压

无法通过组合仪表准确确定系统无电压时,不允许在车辆上继续作业。有生命危险!之后必须由电气专业人员使用相应测量仪器/测量方法确定系统无电压。在此情况下必须联系技术支持部门。此外,必须隔离车辆并用隔离带隔开车辆。可在无须拆卸高电压蓄电池单元的情况下断开导线(高电压和12V车载网络接口)和制冷剂管路。高电压蓄电池单元位于车内。如果因严重故障导致电池产生过压,必须向外排出所产生的气体。位于高电压蓄电池单元壳体地板上的排气单元通过行李箱地板上的一个开口与大气相连。在行李箱地板上带有防止车内进水的密封条。与其他Active Hybrid车辆一样,所用高电压安全插头(售后服务断电开关)不是高电压蓄电池单元的组成部分。它位于行李箱内右后侧一个盖板后。

(3)系统电路图

F15 PHEV高电压网络内高电压蓄电池单元的系统电路图如图5-274所示。

2.外部特征

(1)机械接口

高电压蓄电池单元的壳体通过3个螺栓固定在F15 PHEV的行李箱地板上。此外,前部和后部各通过一个横梁来支撑壳体。通过这种方式可使重力以及行驶期间产生的加速力作用在车身上。固定螺栓无法直接从上方接触到,因此必须事先拆卸多个车内饰板、后座椅及横梁。拆卸高电压蓄电池单元时必须首先进行维修说明中规定的所有准备工作(诊断、切换为无电压、拆卸车内饰板等)。松开固定螺栓前必须将用于抬出的专用工具(多功能起重工具2 360 081)固定在高电压蓄电池单元上方。与宝马Active Hybrid车辆不同,不通过另一个电位补偿螺栓而是通过固定螺栓在壳体与车身之间建立电气连接。高电压蓄电池单元壳体与接地之间的低电阻连接是确保自动绝缘监控功能正常运行的重要前提条件。因此应注意所有安装螺栓的拧紧力矩是否正确。此外还应注意,无论是高电压蓄电池单元壳体还是车身都不允许在相应开孔处涂漆、腐蚀或有污物。如有必要,安装固定螺栓前必须露出裸露金属。

固定安装螺栓时必须遵守准确的工作步骤：

·清洁接触面并让第二个人进行检查

·按规定力矩拧紧安装螺栓

·让第二个人检查扭矩

·两人必须将准确工作情况记录在车辆档案内

F15 PHEV 高电压蓄电池单元的固定如图 5-275 所示。

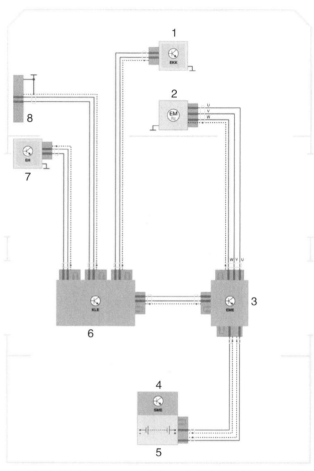

1.电动制冷剂压缩机 EKK 2.电机 3.电机电子装置EME 4.蓄能
器管理电子装置 SME 5.高电压蓄电池单元 6.便捷充电电子装置
7.电气加热装置 8.充电插座

图 5-274

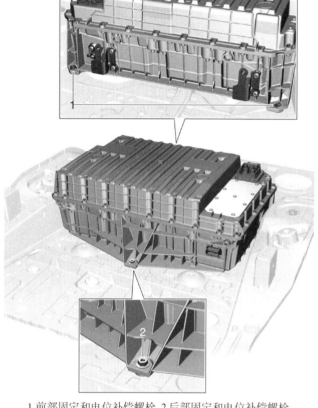

1.前部固定和电位补偿螺栓 2.后部固定和电位补偿螺栓

图 5-275

在高电压蓄电池单元壳体上进行任何安装时都只能使用自攻螺钉。允许通过 Kerb Konus 螺纹套对下半部分壳体端盖上的螺纹进行修理。在 F15 PHEV 的高电压蓄电池单元上装有两个提示牌：一个型号铭牌和一个警告提示牌。型号铭牌提供逻辑信息（例如零件编号）和最重要的技术数据（例如额定电压）。警告提示牌提醒注意高电压蓄电池单元采用锂离子技术且电压较高以及可能存在的相关危险。

拆卸维修盖后，售后服务人员便可从内部轻松插上和拔下安全盒上的高电压导线。在此必须更换维修盖密封件，从而确保高电压蓄电池单元可靠密封。

（2）电气接口

①高电压接口。

在高电压蓄电池单元上带有一个 2 芯高电压接口，高电压蓄电池单元通过该接口与高电压车载网络连接。

F15 PHEV 高电压蓄电池单元上部接口如图5-276所示。

围绕高电压导线的两个电气触点各有一个屏蔽触点。这样可使高电压导线屏蔽层（每根导线各有一个屏蔽层）一直持续到高电压蓄电池单元壳体内，从而有助于确保电磁兼容性 EMV。此外，高电压接口还可防止接触导电部件。触点本身带有塑料外壳，从而防止直接接触。只有连接导线时才压开外套并进行接触。塑料滑块用于机械锁止插头。此外，它还是安全功能的组成部分：未连接高电压导线时，滑块盖住高电压触点监控电桥的接口。只有按规定连接了高电压导线且插头已卡止时，才能接触到该接口并插上电桥。这样可以确保，只有连接了高电压导线时，高电压触点监控电路才会闭合。该原理适用于 F15 PHEV 的所有扁平高电压接口（高电压蓄电池单元、电机电子装置）。因此只有连接所有高电压导线后，高电压系统才会启用。这样可以额外防止接触可能带电的接触面。F15 PHEV 高电压接口如图5-277所示。

与高电压蓄电池单元的所有其他组件一样，高电压接口可作为单独部件进行更换。前提条件是由具备资质的售后服务人员进行并且严格遵守维修说明。

② 12V 车载网络接口。

在 F15 PHEV 高电压蓄电池单元上带有一个连接 12V 车载网络的接口，带有以下接口：

· SME 控制单元导线接口

· 膨胀和截止组合阀控制接口

SME 控制单元接口带有以下导线：

· 通过总线端 30F 和总线端 31 为 SME 控制单元供电

· 总线端 30 碰撞信号，用于为电动机械式接触器供电

· 车身域控制器唤醒导线

· 高电压触点监控导线的输入端和输出端

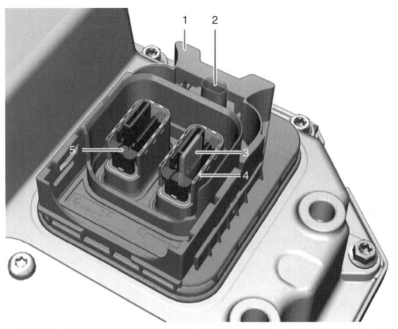

1.机械滑块　2.带高电压触点监控电路内电桥接口的插孔　3.高电压导线触点　4.屏蔽触点　5.接触保护

图 5-276

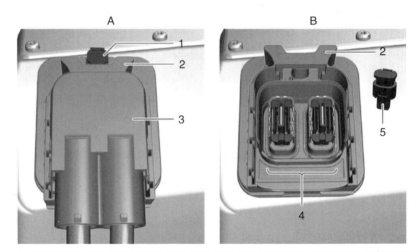

A.已插上高电压导线的高电压接口　B.已松开高电压导线的高电压接口　1.高电压触点监控电桥（已插上）　2.机械滑块　3.高电压导线的高电压插头　4.高电压接口　5.高电压触点监控电桥（已松开）

图 5-277

508

· 用于控制截止和膨胀组合阀的输出端（+12V
和接地）

· PT-CAN2

F15 PHEV 高电压蓄电池单元下部接口如图
5-278 所示。

③ 高电压安全插头。

F15 PHEV 的高电压安全插头（售后服务断电开
关）不是高电压蓄电池单元的直接组成部分。因此
作为汽车标准将高电压安全插头的颜色由橙色变为
了绿色。高电压安全插头作为独立部件安装在行李
箱内右后侧。F15 PHEV 售后服务断电开关的安装位
置如图 5-279 所示。

与在 Active Hybrid 车辆上一样，高电压安全插
头也执行两项任务：

· 将高电压系统切换为无电压

· 固定住防止重新接通

高电压安全插头或插接电桥是高电压触点监控
电路的一部分。如果将高电压安全插头的插头和插
孔彼此拉开，高电压触点监控电路就会断路。高电
压安全插头的插头和插孔无法完全彼此拉开。两个
部分以机械方式连接在一起，以防彼此拉开。将两
个部分彼此拉开至能够使用挂锁固定住以防重新接
通的程度，便可断开高电压触点监控电路。

（3）排气单元

排气单元有两项任务。第一项任务是补偿高电压
蓄电池单元内部和外部的较大压力差。只有某一电池
损坏时，才会产生这种压力差。在此情况下，出于安
全原因，损坏电池的电池模块壳体会打开，以便降
低压力。气体首先存在于高电压蓄电池单元壳体内，
从此处可通过排气单元排到外面。此外，热交换器
泄漏和制冷剂溢出时，压力会升高。F15 PHEV 排气
单元横截图如图 5-280 所示。

排气单元的第二项任务是向外输送高电压蓄电
池单元内部产生的冷凝物。在高电压蓄电池单元内
部除技术组件外还有空气。通过较低环境温度或启
用冷却功能后通过制冷剂对空气或壳体进行冷却时，
空气中的部分水蒸气就会冷凝。因此在高电压蓄电
池单元内部可能会形成少量液态水，这不会对功能
产生任何影响。空气或壳体再次受热时水就会重新

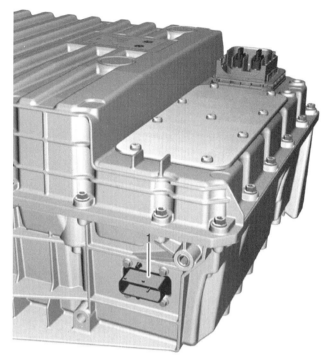

1.12V车载网络接口

图 5-278

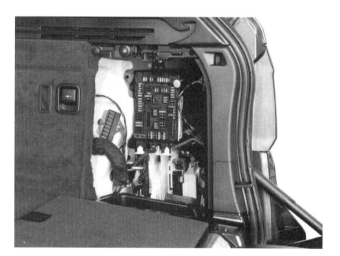

图 5-279

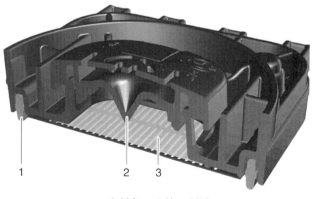

1.密封条 2.心轴 3.隔膜

图 5-280

蒸发，同时壳体内的压力稍稍增大。排气单元可通过向外排出受热空气进行压力补偿，同时会将空气中包含的水蒸气（通过这种方式也将之前的液态冷凝物）一同向外排出。为了完成上述任务，排气单元带有一个透气（和水蒸气）但不透水的隔膜。在隔膜上方有一个心轴，高电压蓄电池单元内过压较高时该心轴会毁坏隔膜。在上方通过一个两件式盖板来防止粗杂质进入。F15 PHEV 排气单元的固定如图 5-281 所示。

维修时可将排气单元作为一个整体进行更换。排气单元出现机械损伤时建议进行更换。高电压蓄电池单元壳体也出现裂纹等损坏情况时，需与技术支持部门协商确定适宜的后续处理方式。使用 EoS 测试仪进行最终测试时应使用适用于 F15 PHEV 排气单元的检测适配器。

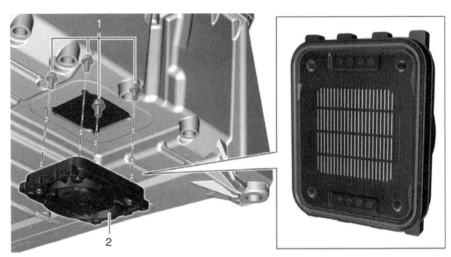

1.固定螺栓 2.排气单元

图 5-281

（4）制冷剂循环回路接口

为对高电压蓄电池进行冷却，将其接入空调系统制冷剂循环回路内。为了能够根据需要进行冷却，在高电压蓄电池单元上有一个电控膨胀和截止组合阀。膨胀和截止组合阀以硬绞线方式与 SME 控制单元连接在一起，并由该控制单元直接进行控制。供电中断时阀门关闭，此时没有制冷剂流入高电压蓄电池单元内。阀门只能识别出"关闭"和"打开"位置。通过热学方式调节流入的制冷剂量。

3.冷却系统

（1）概览

为了尽可能延长高电压蓄电池的使用寿命并获得最大功率，需在规定温度范围内使用蓄电池。原则上在 −40 ～ +55℃范围内（实际电池温度）高电压蓄电池单元处于可运行状态。就温度特性而言，高电压蓄电池单元是一个惰性系统，即电池需要几个小时才能达到环境温度。在极其炎热或寒冷的环境下短暂停留并不表示电池也已达到同样温度。就使用寿命和功率性能而言，最佳电池温度范围明显缩小，为 +25 ～ +40℃。如果在功率输出较高的同时电池温度一直明显超出该范围，就会降低电池的使用寿命。为了消除该影响并在所有车外温度条件下确保最大功率，F15 PHEV 的高电压蓄电池单元带有自动运行的冷却装置。在 F15 PHEV 上未安装高电压蓄电池单元加热装置。F15 PHEV 高电压蓄电池单元的运行温度范围如图 5-282 所示。

F15 PHEV 标配用于高电压蓄电池的冷却系统如图 5-283 所示。为此将其接入空调系统制冷剂循环回路内。

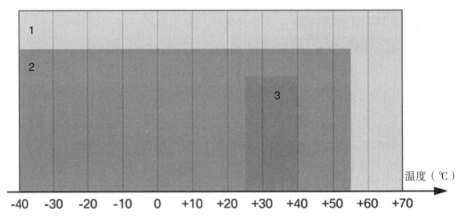

1.一般温度范围（存储区域） 2.高电压蓄电池单元工作范围 3.高电压蓄电池单元最佳工作范围

图 5-282

510

F15 PHEV 的高电压蓄电池单元直接通过制冷剂 R134a 进行冷却，因此空调系统的制冷剂循环回路由两个并联支路构成：一个用于车内空间冷却；一个用于高电压蓄电池单元冷却。两个支路都有膨胀和截止阀，用于相互独立地控制冷却功能。蓄能器管理电子装置可通过施加电压控制并打开高电压蓄电池单元上的膨胀和截止组合阀。这样可使制冷剂流入高电压蓄电池单元内，在此膨胀、蒸发和吸收环境热量。车内空间冷却同样根据需要来进行。蒸发器前的截止阀也可通过电气方式进行控制，但由电机电子装置 EME 进行控制。蒸发器前的膨胀阀以纯压力控制方式工作。F15 PHEV 带有高电压蓄电池单元的制冷剂循环回路如图 5-284 所示。

将液态制冷剂喷入热交换器内时制冷剂蒸发。蒸发的制冷剂通过这种方式吸收环境空气的热量并使其冷却。之后电动制冷剂压缩机将气态制冷剂压缩至较高电压力水平。之后通过冷凝器将热量排放到环境空气中并使制冷剂重新变为液态聚集状态。在 F15 PHEV 上根据高电压蓄电池单元的安装位置采用了两个上下叠加的电池模块。为了确保通过制冷剂可使电池充分冷却，采用了一个两件式热交换器。热

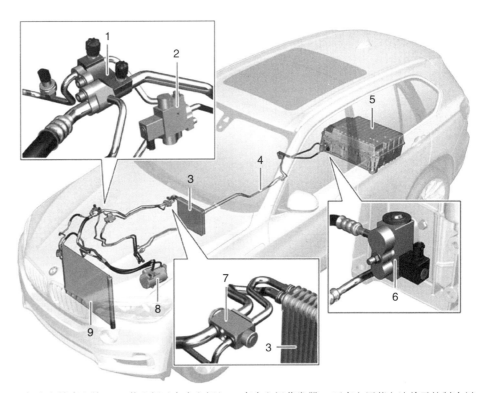

1.加注和抽真空接口 2.截止阀（车内空间） 3.车内空间蒸发器 4.至高电压蓄电池单元的制冷剂管路 5.高电压蓄电池单元 6.膨胀和截止组合阀 7.用于车内空间的膨胀阀 8.电动制冷剂压缩机 EKK 9.冷凝器

图 5-283

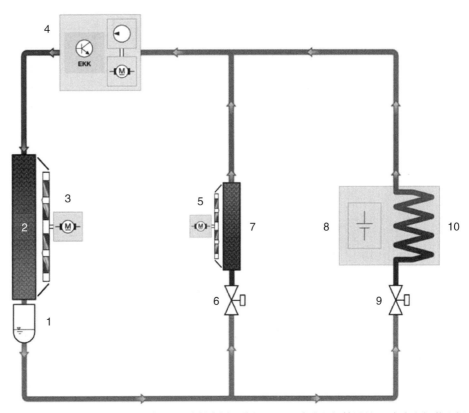

1.干燥器瓶 2.冷凝器 3.电子扇 4.电动制冷剂压缩机EKK 5.车内空间鼓风机 6.车内空间截止阀 7.车内空间蒸发器 8.高电压蓄电池单元 9.膨胀和截止组合阀 10.热交换器

图 5-284

交换器分别位于 3 个上部和 3 个下部电池模块下方。它由铝合金平管构成，与内部制冷剂管路相连。F15 PHEV 高电压蓄电池单元内的冷却系统如图 5-285 所示。

（2）功能

根据冷却系统的功能可实现两种运行状态：

· 关闭冷却系统

· 接通冷却系统

主要根据电池温度、车外温度以及高电压蓄电池获取或输送的功率来启用这些运行状态。SME 控制单元根据输入参数决定需要哪种运行状态。如图 5-286 展示了输入参数、SME 控制单元的作用以及控制所用执行机构。

① "关闭冷却系统" 运行状态。

电池温度已处于或低于最佳范围时就会启用 "关闭冷却系统" 运行状态。车辆在适中环境温度下以较低电功率行驶时通常就会

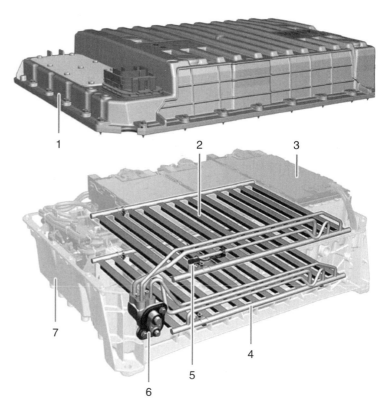

1.壳体上部件 2.上部热交换器，上部冷却通道连接装置 3.电池模块 4.下部热交换器，电池模块连接器，上部热交换器回流管路 5.制冷剂管路温度传感器 6.膨胀和截止组合阀连接法兰 7.壳体下部件

图 5-285

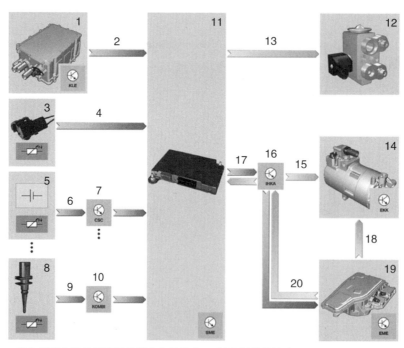

1.便捷充电电子装置KLE 2.高电压蓄电池单元进行外部充电的信息 3.制冷剂供给管路处的制冷剂温度传感器 4.制冷剂温度信号 5.高电压蓄电池上的温度传感器 6.电池模块温度信号 7.电池监控电子装置CSC 8.车外温度传感器 9.车外温度信号 10.组合仪表KOMBI 11.SME控制单元（高电压蓄电池单元内） 12.膨胀和截止组合阀 13.膨胀和截止组合阀控制信号 14.电动制冷剂压缩机EKK 15.通过LIN总线传输的电动制冷剂压缩机控制信号 16.自动恒温空调 17.提出冷却要求 18.提供高电压功率 19.电机电子装置EME 20.要求高电压功率

图 5-286

512

启用该运行状态。"关闭冷却系统"运行状态非常高效，因为无须其他能量来对高电压蓄电池进行冷却。相关组件按以下方式工作：

· 需要对车内空间进行冷却时，电动制冷剂压缩机不运行或以较低功率运行
· 高电压蓄电池单元上的膨胀和截止组合阀关闭

② "接通冷却系统"运行状态。

电池温度增加到约 30℃ 时，就会开始冷却高电压蓄电池。SME 控制单元以两个优先级向 IHKA 控制单元提出冷却要求。之后 IHKA 决定是否对车内空间、高电压蓄电池单元或二者进行冷却。SME 提出优先级较低的冷却要求且车内空间冷却要求较高时，IHKA 可能会拒绝提出的冷却要求。但 SME 提出优先级较高的冷却要求时始终会对高电压蓄电池单元进行冷却。进行冷却时，IHKA 要求电机电子装置内的高电压电源管理系统提供用于电动制冷剂压缩机的电功率。在冷却运行状态下组件工作方式如下：

· SME 控制单元提出冷却要求
· IKHA 授权后，SME 控制单元控制高电压蓄电池单元上的膨胀和截止组合阀。通过这种方式使该阀打开，制冷剂流入高电压蓄电池单元内
· 电动制冷剂压缩机运行

膨胀阀后压力下降后，高电压蓄电池单元的管路和冷却通道内的制冷剂蒸发。在此制冷剂吸收电池模块和电池的热量并对其进行冷却。蒸发的制冷剂离开高电压蓄电池单元，经电动制冷剂压缩机压缩并在冷凝器内液化。虽然该过程需要高电压车载网络提供能量，但其意义非常重大：只有这样才能确保电池具有较长使用寿命和较高效率。电池温度明显低于最佳运行温度（20℃）时，其功率会暂时受限且能量转换效率也不理想。这是无法避免的锂离子蓄电池化学效应。如果长时间（例如多日）将 F15 PHEV 停放在极低环境温度条件下，电池也会变为与环境温度相同。在此情况下，开始行驶时可能无法提供最大电动驱动功率，但客户并不会有所察觉，因为此时由发动机驱动车辆。

（3）系统组件

①热交换器。

在高电压蓄电池单元内部，制冷剂在管路和铝合金冷却通道内流动。通过入口管路流入的制冷剂在高电压蓄电池单元接口后分入上部和下部热交换器。流经供给管路的制冷剂在热交换器内分入两个冷却通道并通过流经冷却通道吸收电池模块的热量。在冷却通道端部将制冷剂输送至相邻冷却通道内，由此回流并继续吸收电池模块的热量。在端部，各热交换器的两个回流管路汇集为一个共同的回流管路。共同的回流管路将蒸发的制冷剂输送回高电压蓄电池单元接口。在下部热交换器的供给管路上装有一个温度传感器，传感器信号用于控制和监控冷却功能。该信号直接由 SME 控制单元读取。F15 PHEV 高电压蓄电池单元内的冷却组件如图 5-287 所示。

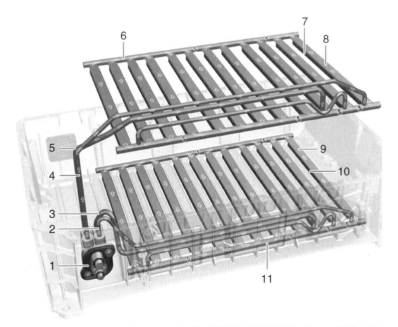

1.膨胀和截止组合阀连接法兰 2.下部热交换器压力侧供给管路 3.下部热交换器抽吸侧回流管路 4.上部热交换器压力侧供给管路 5.上部热交换器抽吸侧回流管路 6.压力侧连接管 7.上部热交换器 8.上部热交换器压力侧输入端 9.下部热交换器回流管路 10.下部热交换器压力侧输入端 11.抽吸侧连接管

图 5-287

为了确保冷却通道完成排出电池模块热量的任务，必须以均匀分布的作用力将冷却通道整个面积压到电池模块上。该压紧力通过嵌入冷却通道的弹簧条产生。弹簧条针对电池模块几何形状和下半部分壳体进行了相应调节。下部热交换器的弹簧支撑在高电压蓄电池单元的下半部分壳体上，从而将冷却通道压到电池模块上。上部热交换器的弹簧支撑在电池模块连接器之间的铝合金导轨上。制冷剂管路、冷却通道和弹簧条共同构成了一个单元，进行修理时可单独更换该单元。为简单起见，该单元也称为热交换器，但不要与传统车辆前部的热交换器混淆。两个热交换器均为较长组件，但较长的冷却通道并不采用自支撑设计，而是采用相对较薄的壁厚。这样一方面具有出色的导热性，另一方面也因此导致机械稳定性较弱。处于安装状态时这不是什么缺点，因为高电压蓄电池单元壳体可确保机械稳定性，但在维修过程中进行热交换器操作时要特别小心。更换热交换器时必须严格遵守维修说明并要特别小心。需由两人来安装新的热交换器，以免造成新部件损坏。

②制冷剂温度传感器。

不直接测量制冷剂温度，而是将温度传感器安装在高电压蓄电池单元内一段制冷剂管路上。根据制冷剂管路温度可确定流入的制冷剂温度以及可提供的冷却功率。制冷剂温度传感器以硬线方式与SME控制单元相连，在此进行信号分析。该传感器是一个NTC电阻，其电阻值随温度升高而减小。出现故障时可单独更换制冷剂温度传感器。

③膨胀和截止组合阀。

膨胀和截止组合阀通过限制流通截面降低制冷剂压力，从而使制冷剂蒸发。这样可吸收环境热量并使电池模块冷却。此外还可关断制冷剂循环回路，从而确保不再有制冷剂流入热交换器内。F15 PHEV膨胀和截止组合阀如图5-288所示。

SME控制单元通过一根直接线控制膨胀和截止组合阀。电气控制装置可识别出两种状态：0V控制电压表示阀门保持关闭状态，12V控制电压表示阀门打开。与传统的空调系统膨胀阀一样，该膨胀和截止组合阀也通过热学方式即根据制冷剂温度自动调节其开度。

4. 内部结构

（1）电气和电子组件

F15 PHEV高电压蓄电池单元系统电路图如图5-289所示。

从电路图中可以看出，除汇集在6个电池模块内的电池本身外，F15 PHEV的高电压蓄电池单元还包括以下电气/电子部件：

· 蓄能器管理电子装置SME控制单元

· 6个电池监控电子装置（电池监控电路CSC）

· 带接触器、传感器、过电流保险丝和绝缘监控的安全盒

除电气组件外，高电压蓄电池单元还包括制冷剂管路、冷却通道以及电池模块的机械固定元件。

①蓄能器管理电子装置SME。

1.制冷剂抽吸管路接口 2.制冷剂压力管路接口 3.膨胀和截止组合阀 4.膨胀和截止组合阀电气接口 5.高电压蓄电池单元壳体下部件

图 5-288

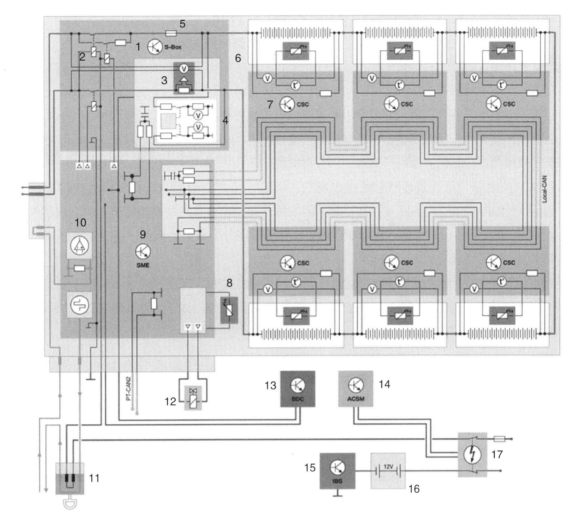

1.安全盒（S盒） 2.接触器 3.电流和电压传感器 4.绝缘监控 5.主电流保险丝（350A） 6.电池模块 7.电池监控电子装置（电池监控电路CSC），制冷剂管路 8.制冷剂管路温度传感器 9.蓄能器管理电子装置SME 10.高电压触点监控电路控制装置 11.高电压安全插头（售后服务断电开关） 12.制冷剂管路的膨胀和截止组合阀 13.车身域控制器BDC 14.带有触发安全型蓄电池接线柱的控制导线的ACSM 15.智能型蓄电池传感器IBS 16.12V蓄电池 17.安全型蓄电池接线柱SBK

图 5-289

F15 PHEV 蓄能器管理电子装置的安装位置如图 5-290 所示。

针对高电压蓄电池使用寿命的要求比较严格（车辆使用寿命）。为了满足这些要求，不能随意使用高电压蓄电池，而是必须在严格规定的范围内使用高电压蓄电池，从而确保其使用寿命和功率最大化。相关边界条件如下：

· 在最佳温度范围内运行电池（通过冷却以及根据需要限制电流强度）

· 根据需要均衡所有电池的充电状态

· 在特定范围内使用可存储的蓄电池能量

为了遵守这些边界条件，在 F15 PHEV 的高电压蓄电池单元内装有一个控制单元即蓄能器管理电子装置 SME。SME 控制单元需要执行以下任务：

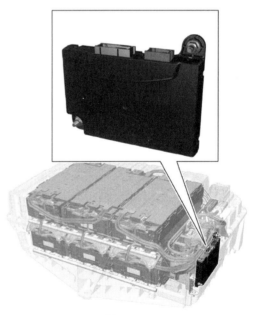

图 5-290

- 由电机电子装置 EME 根据要求控制高电压系统的启动和关闭
- 分析有关所有电池电压和温度的测量信号以及高电压电路内的电流强度
- 控制高电压蓄电池单元冷却系统
- 确定高电压蓄电池的充电状态（SoC）和老化状态（SoH）
- 确定高电压蓄电池的可用功率并根据需要对电机电子装置提出限制请求
- 安全功能（例如电压和温度监控、高电压触点监控）
- 识别出故障状态，存储故障码存储器记录并向电机电子装置发送故障状态

原则上 SME 控制单元可通过诊断系统做出响应，而且也可进行编程。进行故障查询时必须清楚，在 SME 控制单元的故障码存储器内不仅可存储控制单元故障，而且还可查阅高电压蓄电池单元内其他组件的故障记录。这些故障码存储器记录根据严重程度和尚可提供的功能分为不同类型：

- 立即关闭高电压系统

因出现故障影响高电压系统安全或产生高电压蓄电池损坏危险时，就会立即关闭高电压系统并断开电动机械式接触器触点。之后驾驶员可让车辆滑行并例如停在路面上。通过 12V 车载网络提供能量确保转向助力、制动助力和 DSC 调节。

- 限制功率

高电压蓄电池无法继续提供最大功率或全部能量时，为了保护组件会限制驱动功率和可达里程。此时驾驶员可在驱动功率明显降低的情况下继续行驶较短距离，可行驶至最近的宝马维修站点或将车辆停放在所选地点。

- 对客户没有直接影响的故障

例如 SME 或 CSC 控制单元之间的通信短时受到干扰时，不表示功能受限或危及高电压系统安全。只会产生一个故障码存储器记录，必须由宝马维修站点通过诊断系统对该记录进行分析。在此不显示检查控制信息，不会影响客户所使用的功能。

从高电压蓄电池单元外部无法接触到 SME 控制单元。为在出现故障时更换 SME 控制单元，必须事先打开高电压蓄电池单元。只允许由具备资质的相关工作人员来打开高电压蓄电池单元。此外还必须严格按照维修说明来进行，特别要在打开前进行规定的检查工作。

SME 控制单元的电气接口包括：

- SME 控制单元 12V 供电（车内配电盒的总线端 30F 和总线端 31）
- 接触器 12V 供电（总线端 30 碰撞信号）
- PT-CAN2
- 局域 CAN1 和 2
- 车身域控制器 BDC 唤醒导线
- 高电压触点监控输入端和输出端
- 制冷剂循环回路内的截止和膨胀组合阀控制导线
- 制冷剂温度传感器

由一个专用的 12V 导线为高电压蓄电池单元内的接触器供电。该导线称为总线端 30 碰撞信号，简称为总线端 30C。总线端名称中的 C 表示发生事故（碰撞）时关闭该 12V 电压。该导线是安全型蓄电池接线柱的一个（第二个）输出端，即触发安全型蓄电池接线柱时也会断开该供电导线。此外，该导线穿过高电压安全插头，因此关闭高电压系统供电时也会关闭接触器供电。因此在上述两种情况下，高电压蓄电池单元内的两个接触器会自动断开。局域 CAN 1 使 SME 控制单元与电池监控电子装置 CSC 相互连接。局域 CAN 2 用于实

现 SME 控制单元与 S 盒之间的通信。通过该总线可传输测量的电流强度等信息。

② 电池模块。

高电压蓄电池单元由 6 个串联连接的电池模块构成。与 I12 不同，每个电池模块只分配有一个电池监控电子装置。电池模块自身由 16 个串联连接的电池构成。每个电池的额定电压为 3.7V，额定电容量为 26 AH。电池模块的顺序是固定的，从前部下方开始。F15 PHEV 电池模块的布置如图 5-291 所示。

更换电池模块时必须按顺序进行，因为该顺序存储在诊断系统内用于将来进行分析。

③ 电池监控。

每个高电压蓄电池单元内都带有电池监控电子装置。因此只允许由具备资质的相关工作人员来进行修理。为确保 F15 PHEV 所用锂离子电池正常运行，必须遵守特定边界条件：电池电压和电池温度不允许低于或高于特定数值，否则可能导致电池持续损坏。因此高电压蓄电池单元带有 6 个研发名称为电池监控电路 CSC 的电池监控电子装置。F15 PHEV 高电压蓄电池单元内的每个电池模块都有一个电池监控电子装置。与 I12 不同，电池监控电子装置经过相应改进后现在可对 16 个电池进行监控。F15 PHEV 电池监控电子装置如图 5-292 所示。

电池监控电子装置执行以下任务：

· 测量和监控每个电池的电压
· 测量和监控电池模块多处的温度
· 将测量参数传输给 SME 控制单元
· 执行电池电压补偿过程

在此以极高扫描率（每 20ms 测量一次）测量电池电压。通过电压测量可以识别出充电和放电过程结束。温度传感器安装在电池模块上，根据其测量值可确定各电池的温度。借助电池温度可以识别是否过载

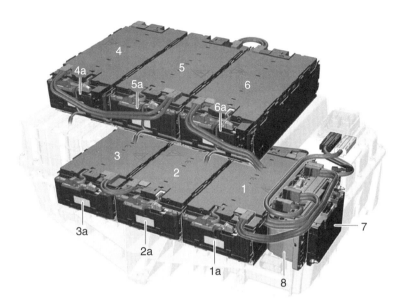

1.电池模块1 1a.电池监控电子装置 2.电池模块2 2a.电池监控电子装置 3.电池模块3 3a.电池监控电子装置 4.电池模块4 4a.电池监控电子装置 5.电池模块5 5a.电池监控电子装置 6.电池模块6 6a.电池监控电子装置 7.蓄能器管理电子装置SME 8.安全盒（S盒）

图 5-291

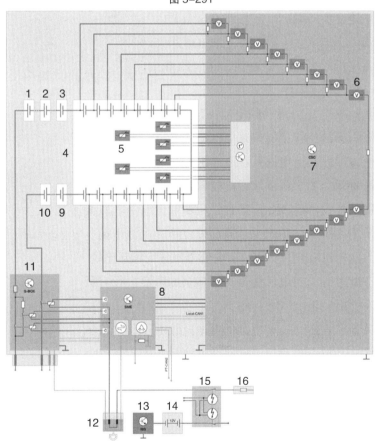

1.电池模块1 2.电池模块2 3.电池模块3 4.电池模块4 5.电池模块上的温度传感器 6.电池电压测量 7.电池监控电子装置4 8.蓄能器管理电子装置SME 9.电池模块5 10.电池模块6 11.安全盒（S盒） 12.高电压安全插头（售后服务断电开关） 13.智能型蓄电池传感器IBS 14.12V蓄电池 15.安全型蓄电池接线柱SBK 16.前部配电盒

图 5-292

或出现电气故障。出现以上一种情况时必须立即降低电流强度或完全关闭高电压系统，以免电池进一步损坏。此外，测得的温度还用于控制冷却系统，以便电池始终在工作性能和使用寿命最佳的温度范围内运行。由于电池温度是一个重要参数，因此每个电池模块装有 6 个 NTC 温度传感器，其中 3 个是另外 3 个的冗余装置。电池监控电子装置通过局域 CAN 1 传输其测量值。该局域 CAN 1 使所有电池监控电子装置相互连接并与 SME 控制单元相连。在 SME 控制单元内对测量值进行分析并根据需要做出相应反应（例如控制冷却系统）。局域 CAN 1 和 2 的传输速度均为 500kbit/s。与采用相同传输速度的 CAN 总线一样，总线导线采用绞线形式。此外，两个局域 CAN 端部采用终端形式。用于局域 CAN 1 两端分别 120Ω 的终端电阻位于 SME 控制单元内。

用于局域 CAN 2 两端分别 120Ω
的终端电阻位于：

· SME 控制单元内

· S 盒控制单元内

F15 PHEV 高电压蓄电池单元局域 CAN 电路原理图如图 5-293 所示。

在查询故障期间测量局域 CAN 电阻时，在所有总线设备已连接且终端正常的情况下会得到约 60Ω 的数值。如果一个或多个电池的电压明显低于所有其他电池，高电压蓄电池的可用能含量就会因此受限。因此放电时由最弱的电池决定何时停止释放能量：如果最弱电池的电压降至放电限值，即使其他电池还存有充足能量也必须结束放电过程。如果仍继续放电过程，就会因此造成最弱电池损坏。因此可通过一项功能使电池电压调节至几乎相同的水平。该过程也称为电池平衡。为此 SME 控制单元将所有电池电压进行相互比较。在此过程中对电压明显高于其余的电池进行有针对性的放电。SME 控制单元通过局域 CAN 1 将相关请求发送至这些电池的电池监控电子装置，从而启动放电过程。为此每个电池监控电子装置都针对各电池带有一个欧姆电阻，相应电子触点闭合后放电电流就会流过该电阻。启动放电过程后由电池监控电子装置负责执行该过程，或在其间主控控制单元切换为休眠模式的情况下继续执行该过程。通过与总线端 30F 直接相连的蓄能器管理电子装置为 CSC 控制单元供电来实现这一点。所有电池的电压处于规定的较小范围内时，放电过程就会自动结束。电池平衡继续进行，直至所

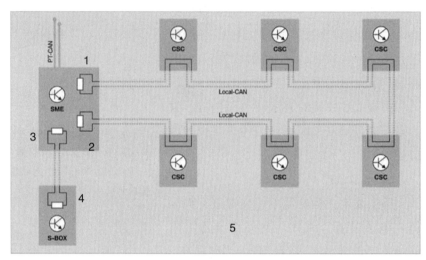

1.SME控制单元内的局域CAN 1终端电阻　2.SME控制单元内的局域CAN 1终端电阻　3.SME控制单元内的局域CAN 2终端电阻　4.安全盒内的局域CAN 2终端电阻　5.高电压蓄电池单元

图 5-293

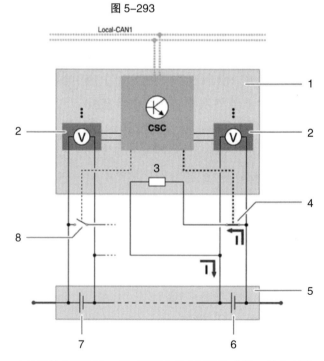

1.电池监控电子装置　2.用于测量电池电压的传感器　3.放电电阻　4.用于某个电池放电的闭合（启用）触点　5.电池模块　6.通过放电使其电压下降的电池　7.未放电的电池　8.用于某个电池放电的断开（未启用）触点

图 5-294

有电池达到相同电压水平，F15 PHEV 平衡电池电压电路原理图如图 5-294 所示。

在平衡电池电压的过程中会造成损失，但损失的电能极小（小于 0.1% SoC）。而优势在于可使可达里程和高电压蓄电池使用寿命最大化，因此总体而言平衡电池电压非常有利且十分必要。当然只有车辆静止时才会执行该过程。平衡电池电压的具体条件包括：

- 总线端 15 关闭且车辆或车载网络处于休眠状态
- 高电压系统已关闭
- 电池电压或各电池 SoC 的偏差大于相应限值
- 高电压蓄电池的总 SoC 大于相应限值

如果满足所述条件，就会自动进行电池电压平衡。因此客户既看不到检查控制信息，也无须为此进行特殊操作。即使更换电池模块后，SME 控制单元也会自动识别出电池电压平衡需求。如果电池电压的偏差过大或电池电压平衡未顺利进行，就会在 SME 控制单元内生成一个故障码存储器记录。通过一条检查控制信息提醒客户注意这种车辆状态，之后必须通过诊断系统对故障码存储器进行分析并进行相应修理工作。

④安全盒（S 盒）

F15 PHEV 安全盒的安装位置发图 5-295 所示。

每个高电压单元内都有带独立壳体的接口单元，该单元称为开关盒或简称为 S 盒。由于该单元位于高电压蓄电池单元内，因此只允许由具备资质的维修车间人员进行更换。安全盒内集成了以下组件：

- 蓄电池负极电流路径内的电流传感器
- 蓄电池正极电流路径内的保险丝
- 两个电动机械式接触器（每个电流路径一个开关触点）
- 用于缓慢启动高电压系统的预充电电路
- 用于监控开关触点、测量蓄电池总电压和监控绝缘电阻的电压传感器
- 用于绝缘监控的电路

⑤导线束。

在高电压蓄电池单元内有两个导线束：

- 用于连接 CSC 与 SME 控制单元的导线束
- 用于连接 SME 与 12V 车载网络接口的导线束

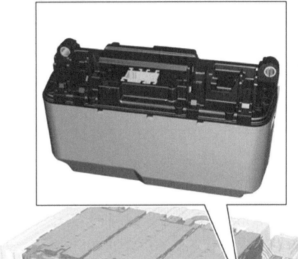
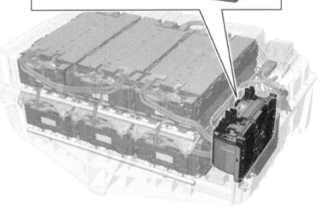

图 5-295

不允许对导线束进行维修。如果电缆与插头之间的连接损坏或松动，必须更换整个导线束。

（2）机械组件

高电压蓄电池单元的机械组件包括：

- 壳体上部件和下部件
- 两部分壳体之间的密封件
- 维修盖
- 维修盖密封件

- 上部和下部热交换器
- 排气单元
- 模块隔板
- SME 和 S 盒支架

5. 功能

在 F15 PHEV 上由电机电子装置 EME 控制和协调高电压系统的主要功能。具体包括：

- 从直流电压转换为三相交流电压（电机运行模式）
- 从三相交流电压转换为直流电压（发电机运行模式）
- 从高电压转换为低电压（12V 蓄电池充电）
- 高电压电源管理系统
- 控制 12V 执行机构
- 使中间电路电容器放电

高电压蓄电池单元和 SME 控制单元对于高电压系统的主要功能非常重要。具体包括：

- 启动
- 正常关闭
- 快速关闭
- 蓄电池管理
- 高电压蓄电池充电
- 监控功能

（1）启动

无论以下哪项作为触发因素，高电压系统的启动顺序始终相同：

- 接通总线端 15 或建立行驶准备状态
- 需要开始进行高电压蓄电池充电
- 使车辆做好行驶准备（高电压蓄电池或车内空间空气调节）

高电压系统的具体启动步骤如下：

- EME 控制单元通过 PT-CAN/PT-CAN2 上的总线电码要求启动
- 通过自诊断功能检查高电压系统
- 持续提高高电压系统内的电压
- 使接触器触点完全闭合

主要通过 EME 控制单元和 SME 控制单元来进行高电压系统检查。在此检查与安全有关的标准，例如高电压触点监控电路或绝缘电阻。而且还必须满足启动所需的功能条件，例如所有子系统处于运行准备状态。由于高电压系统带有电容值较高的电容器（供电电子装置内的中间电路电容器），因此不允许电动机械式接触器触点简单闭合。电流脉冲过高会导致高电压蓄电池、中间电路电容器以及接触器触点损坏。首先会使负极上的接触器闭合。与正极上的接触器并联有一个带电阻的可切换电流路径。此时启用该电流路径，受电阻限制的接通电流使中间电路电容器充电。中间电路电容器电压与蓄电池电压大致相等时，就会使高电压蓄电池单元正极上的接触器闭合，此时高电压系统完全处于运行准备状态。启动期间先后闭合接触器时会发出响声，这不表示出现功能故障。高电压系统未出现故障时，会在约 0.5s 内完成高电压系统整个启动过程。成功启动后，SME 控制单元就会通过 PT-CAN2 向 EME 控制单元发送总线电码。如果例如继电器某一触点未顺利闭合，也会通过相同方式发送故障状态信号。

（2）正常关闭

关闭高电压系统分为正常关闭和快速关闭两种情况。在此所说的正常关闭，一方面保护所有相关部件，另一方面监控与安全有关的高电压系统组件。满足以下条件或标准时，就会正常关闭高电压系统：

·驾驶员关闭总线端15且继续运行时间结束（由EME进行控制）

·驻车空气调节、驻车暖风或高电压蓄电池调节功能结束

·高电压蓄电池充电过程结束

正常关闭时，无论通过何种因素触发，都始终按照如下具体步骤保持相同顺序：

·继续运行时间结束后EME通过PT-CAN/PT-CAN2上的总线电码发送关闭信号

·高电压车载网络上的系统（EME、EKK、EH）将高电压车载网络内的电流降为零

·断开高电压蓄电池单元内的接触器（由SME进行控制）

·电机绕组短路

·检查高电压系统，例如电动机械式接触器触点是否按规定断开

高电压系统放电，即中间电路电容器（EME）主动放电：

·首先会尝试供应12V车载网络蓄电池的存储能量

·如果无法实现，就会通过可接通电阻进行中间电路电容器放电

·如果中间电路电容器未在5s内放电至60V以下，就会通过被动电阻使其放电

F15 PHEV正常关闭原理如图5-296所示。

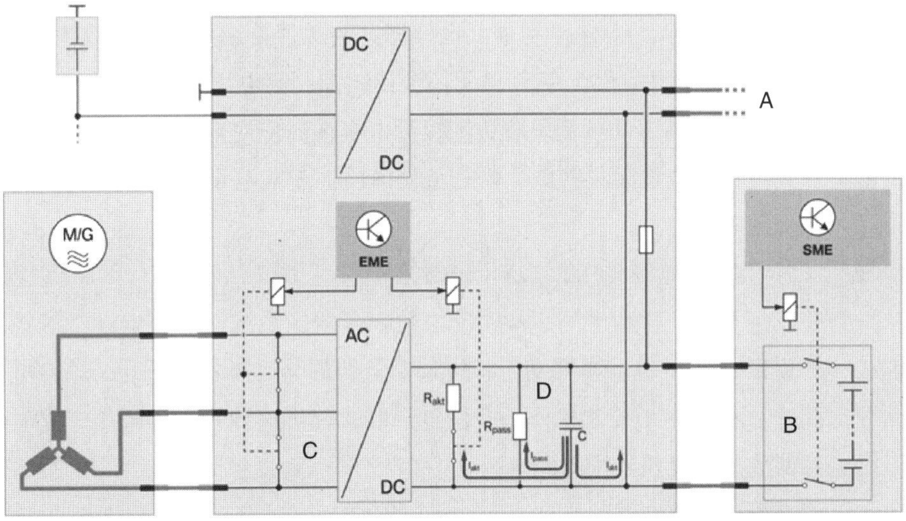

根据需要分多个阶段进行中间电路电容器放电。无论是关闭总线端15后继续运行还是关闭过程本身都可能持续几分钟。例如，自动运行的监控功能是其中一个原因。如果在此期间出现重新启动要求或满足某项快速关闭条件，就会中止正常关闭过程。

（3）快速关闭

在此以尽快关闭高电压系统为最高目标。高电压系统内的电压需要尽快降至安全数值时，就会执行快速关闭过程。

A.关闭所有高电压组件 B.接触器断开 C.电机绕组短路 D.中间电路电容器放电

图5-296

·事故

碰撞和安全模块ACSM识别出发生事故。根据事故严重程度通过总线电码请求关闭或通过安全型蓄电池接线柱与两个12V蓄电池正极断开来强制关闭。在第二种情况下自动中断电动机械式接触器的供电，因此其触点自动断开。

·过电流监控

在此通过高电压蓄电池单元内的电流传感器监控高电压车载网络内的电流强度。如果识别到电流强度过大，SME控制单元就会要求强制断开电动机械式接触器。在高电流下断开会使接触器触点严重磨损，但为了

避免其他部件损坏，这一点必须容忍。

· 短路保护

每个高电压蓄电池内都有一个短路时断开高电压电路的过电流保险丝。

· 临界电池状态

如果一个电池监控电子装置识别出一个电池上电压过低、电压过高或温度过高，也会在 SME 控制单元控制下强制断开电动机械式接触器。尽管这可能会导致触点磨损增大，但是这种快速关闭可防止相关电池毁坏。

· 高电压蓄电池单元 12V 供电失灵

在此情况下 SME 控制单元不再工作且无法再监控电池。出于该原因，在此电动机械式接触器的触点也会自动断开。

除高电压系统断路外，还会使中间电路电容器（EME）放电并使电机（EME、EKK）绕组短路。高电压控制单元一方面通过总线电码接收相关请求，另一方面通过高电压电路内的电流强度突然降低识别出这种状态。

（4）充电

通过回收利用能量、提高发动机负荷点或外部电网为高电压蓄电池充电时，SME 控制单元同样起到非常重要的作用。SME 控制单元根据电池充电状态和温度确定高电压蓄电池单元目前可吸收的最大电功率。该数值以总线电码形式通过 PT-CAN2 传输至 EME 控制单元。在此运行的高电压电源管理系统功能协调各项功率要求。充电期间 SME 控制单元持续确定已达到的充电状态并监控高电压蓄电池的所有传感器信号。为了确保最佳充电运行过程，SME 控制单元也根据这些数值持续计算当前最大充电功率数值并将其发送至 EME 控制单元。在充电过程中，SME 控制单元还会持续控制高电压蓄电池冷却系统，从而确保快速有效的充电过程。为了实现尽可能长的电动可达里程，连接充电电缆时应对车内空间进行预先空气调节（暖风或制冷）。所需电能不从高电压蓄电池单元获取，而是直接由便捷充电电子装置来提供。

（5）监控功能

· 安全型蓄电池接线柱的 12V 供电电压

为在发生相应严重程度的事故时能够关闭高电压系统，所有电动机械式接触器的电磁铁都由安全型蓄电池接线柱提供 12V 供电。如果发生事故时安全型蓄电池接线柱断开，该供电电压就会消失且接触器触点自动断开。此外，SME 主控控制单元还会以电子形式分析该导线上的电压，同时要求关闭高电压系统，包括中间电路电容器放电和电机主动短路。

· 高电压触点监控

SME 控制单元分析高电压触点监控信号并检查该电路是否断路。出现断路情况时，SME 控制单元可要求快速关闭高电压系统。

在 F15 PHEV 上，高电压触点监控由高电压组件构成，如图 5-297 所示。

用于控制和产生高电压触点监控检测信号的电子装置集成在 F15 PHEV 的蓄能器管理电子装置 SME 内。高电压系统启动时开始产生检测信号，高电压系统关闭时停止产生检测信号。SME 产生一个矩形交流电信号作为检测信号并将其输送到检测导线上。检测导线采用环形拓扑结构（与 MOST 总线相似）。在环形线路上的两个位置处对检测导线信号进行分析：在电机电子装置内，最后在 SME 内环形线路端部处。如果该信号位于规定范围之外，则系统识别为电路断路或检测导线内短路并立即关闭高电压系统。如果断开高电压安全插头（售后服务断电开关）上的高电压触点监控，则直接断开接触器。此外，还会关闭所有高电压组件。

· 接触器触点

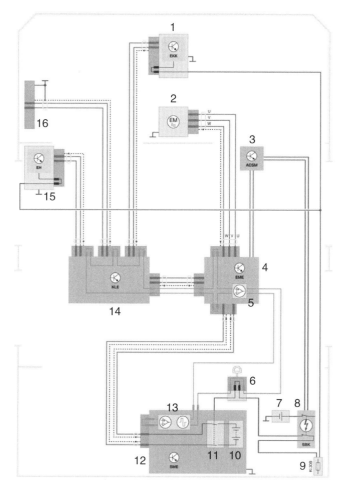

1.电动制冷剂压缩机EKK 2.电机 3.碰撞和安全模块ACSM 4.电机电子装置EME 5.电机电子装置内用于高电压触点监控检测信号的分析电路 6.高电压安全插头（售后服务断电开关） 7.12V蓄电池 8.安全型蓄电池接线柱SBK 9.行李箱配电盒 10.电池模块 11.接触器 12.高电压蓄电池单元 13.蓄能器管理电子装置内用于高电压触点监控检测信号的分析电路和信号发生器 14.便捷充电电子装置KLE 15.电气加热装置EH 16.高电压充电接口

图 5-297

高电压系统关闭时SME控制单元要求断开接触器触点后，会通过测量触点并联电压检查触点是否也已实际断开。某个接触器触点未断开的可能性很小，不会给客户和售后服务人员带来直接危险。但是为了安全起见会防止高电压系统重新启动。因此无法继续使用电动驱动装置行驶。

· 预充电电路

例如启动高电压系统期间发现预充电电路内有故障，就立即中止启动过程且高电压系统不运行。

· 温度过高

在所有行驶情况下高电压蓄电池的冷却系统均确保电池温度处于最佳范围内。如果因故障导致一个或多个电池的温度升高并超出最佳范围，为了保护电池首先会降低功率。如果温度继续升高且可能由此造成电池损坏，就会及时关闭高电压系统。

· 电压过低

在此通过不断监控和根据需要平衡电池电压来避免某个电池电压过低。整个高电压蓄电池的总电压同样受到监控并用于确定充电状态。如果总电压降低导致高电压蓄电池电量过低，就会防止继续放电，因此无法继续使用电动驱动装置行驶。

· 绝缘监控功能确定带电高电压部件（例如高电压导线）与车辆接地间的绝缘电阻是否高于或低于所需最低限值

如果绝缘电阻低于最低限值，就会存在车辆部件带有危险电压的可能。如果人员接触第二个带电高电压部件，就会存在电击危险。因此针对F15 PHEV高电压系统提供全自动绝缘监控功能。与之前的高电压蓄电池单元不同，现在绝缘监控功能位于安全盒内。这样设计的优点是无须再将高电压导线引至SME。安全盒通过局域CAN将相关结果发至SME控制单元并对这些测量结果进行分析。安全盒在高电压系统启用期间通过定期（约每隔5s）测量电阻进行绝缘监控（间接绝缘监控）。在此车辆接地作为参考电位使用。在不采取附加措施的情况下，通过这种方式只能确定高电压蓄电池单元内局部出现的绝缘故障。但是确定分布在车上高电压导线与车辆接地间的绝缘故障也同等重要，因此高电压组件的所有导电壳体都与车辆接地导电连接。这样可以通过一个中央位置即高电压蓄电池单元确定整个高电压车载网络内的绝缘故障。

绝缘监控分两步进行。绝缘电阻低于第一限值时，对人员尚不构成直接危险。因此高电压系统仍保持启用状态，不会发出检查控制信息，但会在故障码存储器内存储故障状态。这样便于售后服务人员在下次维修时加以注意并检查高电压系统。低于较低的绝缘电阻第二限值时，不仅会在故障码存储器内存储记录，而且还会发出检查控制信息提示驾驶员到维修车间进行检查。由于这种绝缘故障不会对客户或售后服务人员造成直接危害，因此高电压系统保持启用状态且客户可以继续行驶。不过还是应该尽快到宝马维修站点进行高电压系统检查。为了识别出导致绝缘故障的高电压系统组件，必须由售后服务人员对故障进行系统限定。原则上售后服务人员无须自己测量绝缘电阻，这项工作由高电压系统通过绝缘监控功能进行。识别出绝缘故障时，售后服务人员必须通过诊断系统内的检测计划确定绝缘故障的实际位置。高电压组件所有壳体与车辆接地的正确电气连接是正常执行绝缘监控功能的一个重要前提。因此如果维修期间中断了该电气连接，必须小心仔细地重新建立连接。

6. 服务信息

进行 F15 PHEV 高电压组件作业前，必须遵守并执行电气安全规定：

· 必须将高电压系统切换为无电压
· 必须固定住防止高电压系统重新接通
· 必须确定高电压系统无电压

（三）修理

1. 前提条件

下面的高电压蓄电池单元修理说明只是列出了一般的工作内容和步骤。原则上只应遵守当前适用维修说明中的规定和说明。

（1）组织方面

必须满足一些组织前提才允许对高电压蓄电池单元进行有针对性的修理工作。这些前提条件既涉及经销商也涉及售后服务人员。只允许在具有相应资质维修车间人员的经销商处修理高电压蓄电池单元。此外经销商必须提供所需专用工具和相应修理工位。最重要的专用工具包括：

· 双柱升降台
· 用于安装和拆卸高电压蓄电池单元的可移动车间起重装置和多功能举升装置
· 可移动总成升降台 MHT 1200 及适配装置（用于固定高电压蓄电池单元）
· 高电压蓄电池单元电池模块充电器
· 用于修理高电压蓄电池单元后进行试运行的 EoS 测试仪
· 用于安装和拆卸电池模块的起重工具
· 用于松开高电压蓄电池单元内卡子的塑料装配楔（编号 2 298 505）
· 用于安装电缆夹的专用工具
· 隔离带
· 建议使用带有闪电符号标签的黄色警示锥筒

高电压蓄电池单元修理工位必须洁净、干燥、无油脂、无飞溅火花，因此必须避免紧靠车辆清洗场所或车身修理工位。必要时应使用活动隔板或隔离带进行隔离。

负责修理高电压蓄电池单元的售后服务人员同样必须满足重要前提条件：

· 资质
· 精准使用诊断系统和专用工具
· 严格遵守维修说明

只允许具备高电压蓄电池单元修理资质的售后服务人员进行相关工作。包括进行过高电压本质安全车辆作业专业人员培训、F15 PHEV 高电压系统培训、特别是 F15 PHEV 高电压蓄电池单元修理培训。进行故障查询时应在拆卸和打开高电压蓄电池单元前使用宝马诊断系统。只有符合检测计划且满足"外部没有机械损伤"前提条件时，才能打开高电压蓄电池单元并根据检测计划更换损坏组件。除更换损坏组件外，不允许对高电压蓄电池单元内部进行任何修理工作。例如导线束损坏时不允许进行维修，而是只能进行更换。更换损坏组件时，必须严格遵守维修说明中规定的工作步骤。使用维修说明中规定的专用工具也非常重要。售后服务人员满足所有上述前提条件时，可准确并高质量地进行高电压蓄电池单元修理。

（2）安全规定

· 高电压蓄电池单元修理工位必须洁净（无油脂、无污物、无碎屑）、干燥（无溢出液体）且无飞溅火花（不靠近车身维修区域），因此必须避免紧靠车辆清洗场所（清洗车间）或车身修理工位。必要时应使用活动隔板进行隔离

· 为了防止未经授权进入工位（资质不够、客户、到访者等）以及无法确保高电压本质安全或出现不明状态时应使用隔离带，离开工作区域时建议竖立带有闪电符号的黄色警告提示

· 拆卸盖板前应清除高电压蓄电池单元盖板区域内的残留水分和粗杂质

· 进行每项工作步骤之时、之前和之后应对作业组件仔细进行直观检查。例如拆卸某一组件时应检查由此松开的其他组件是否损坏壳体或内部高电压组件损坏时，必须联系技术支持部门，微小划痕情况除外。为安全起见，应立即停止高电压蓄电池单元作业

· 为修理高电压蓄电池单元而打开壳体端盖后首先应直观检查是否存在机械损伤

· 在打开的高电压蓄电池单元内进行作业前必须使固定在电池模块 3 与 4 之间的高电压导线与接口侧断开，从而中断串联连接

· 工作中断时应盖上拆下的壳体端盖并通过拧入几个螺栓防止无意间打开。将黄色警示锥筒放在壳体端盖上并用隔离带隔开工作区域

· 在高电压组件或连接件上或在其附近不要使用带有尖锐刃口或边缘的工具或物体

例如禁止使用螺丝刀、侧面切刀、刀具等。允许使用装配楔（鱼骨）。在 12V 车载网络导线束上允许使用组合钳打开导线扎带。

· 只能使用组合钳打开高电压导线上的电缆夹或将高电压导线连同支架部件一起拆卸。安装电缆夹时应使用相应的专用工具

· 拆卸和安装电池模块时，松开螺栓和进行拆卸时必须注意，不要松开电池模块上的塑料盖板，下面装有导电电池接触系统。塑料盖板松开时应将其固定住。如果无法固定或盖板断裂，必须更换电池模块

· 高电压蓄电池单元内有污物时，明确原因后应对相关部位进行仔细清洁。在此批准使用以下清洁剂：酒精、风挡玻璃清洗液、玻璃清洗液、蒸馏水、带塑料盖的吸尘器

· 不要将任何工具遗忘在设备内，关闭壳体端盖前检查工具箱内的工具是否完整

· 遗失或掉落在高电压蓄电池单元内的小部件或螺栓务必要取出。为确保修理高电压蓄电池单元时不丢失螺栓，建议使用磁力工具

· 由于热交换器采用很平的设计结构，因此拆卸和安装时的损坏风险较高。进行热交换器操作时必须非常谨慎，因为热交换器损坏（弯曲、凹陷）时无法确保对电池模块进行冷却，这样会使车辆可达里程和功率明显下降。重新安装前必须使用规定清洁剂清洁密封件和密封面（排气单元、高电压插头、12V 插头、热交换器接口）

· 电解液

电解液的主要部分结合在固体阳极材料锂镍锰钴氧化物内和固体阴极材料石墨内。高电压蓄电池单元内的自由电解液量非常小。出现泄漏情况时可能会释放电解液和溶剂蒸气。接触皮肤或眼睛后需用大量清水进行冲洗并马上就医。

发生火灾时主要会产生易燃气体、污浊气体和对健康有害的物质，例如一氧化碳、二氧化碳、氢气和碳

氢化合物。注意切勿吸入！应供给充足新鲜空气。呼吸停止时应进行人工呼吸并马上就医。

发生火灾时应通知消防部门。立即清理区域并保护事故地点，在不造成人员伤害的情况下进行灭火并使用相应灭火剂，例如水、泡沫或二氧化碳灭火器。

（3）电气和机械诊断

· 分析影响拆卸的故障（例如双保护带）

· 分析无法准确说明高电压蓄电池单元内部状态的故障（例如内部绝缘故障）

· 根据检测计划（诊断）确定修理措施并打印位置图。只有完成高电压蓄电池单元全部修理工作后才允许删除故障码存储器记录

· 需要更换电池模块时，应确定正常电池模块的充电状态和电压水平

· 更换所有电池模块时，使用新电池模块的充电状态作为参考值。读取时，将充电器/放电器连接在新电池模块上，读取充电状态/电压并将其用作所有其他电池模块的额定电压

· 直观检查处于安装状态的壳体、接口以及排气单元是否存在污物和损坏。排气单元隔膜损坏可能说明电池损坏。如果是这种情况，打开高电压蓄电池单元进行内部结构检查时需要特别小心

（4）从车上拆下高电压蓄电池单元

· 抽吸制冷剂

· 拆卸后座椅靠背横梁

· 通过售后服务断电开关切断高电压系统供电并确定系统无电压

· 拆卸高电压蓄电池单元横梁

· 断开接口（12V车载网络、高电压、制冷剂）

· 用塞子封住制冷剂管路接口

· 将可移动车间起重装置及多功能起重工具安装到高电压蓄电池单元上，进行固定并直观检查是否正确就位

· 松开高电压蓄电池单元上的固定螺栓

· 抬出高电压蓄电池单元

· 全方位直观检查壳体是否存在污物和损坏

· 因高电压蓄电池单元不明状态出现故障时检查是否出现热异常

· 运输至作为修理工位的可移动总成升降台处

2. 修理拆下的高电压蓄电池单元

下面的高电压蓄电池单元修理说明只是列出了一般的工作内容和步骤。原则上只应遵守当前适用维修说明中的规定和说明。

（1）普通措施和预防措施

高电压蓄电池单元是一个尺寸较大、重量较重的组件。只有与壳体及内部固定的电池模块组合在一起，高电压蓄电池单元才能实现行驶模式下所需的最大稳定性（刚度）。更换电池模块和电池监控电子装置时，必须将所更换组件的序列号和安装位置填入打印的记录并输入蓄能器管理电子装置SME内。为此在诊断系统内有一项服务功能用于修理高电压蓄电池单元后进行试运行，否则蓄能器管理电子装置SME会自动规定新的安装位置，这样会导致位置分配错误。重新修理高电压蓄电池单元时会显示针对错误安装位置的诊断故障，结果会更换错误的电池模块或错误的电池监控电子装置。

（2）打开前的工作

工位准备：

· 准备可移动总成升降台及适配装置

- 工位洁净

- 远离溢出液体

- 工位上没有工具或其他物体

- 建议使用独立空间，从空间上与其他工位隔开或使用隔离带进行空间隔离

- 附近没有飞溅火花，否则应竖起相应隔板

（3）拆卸高电压蓄电池单元的两部分壳体

开展高电压蓄电池单元所有工作步骤时，原则上必须遵守当前维修说明。拆卸两部分壳体时按以下规定步骤执行，首先清除壳体端盖的所有污物和可能存在的水分。批准使用以下清洁剂：

- 酒精

- 风挡玻璃清洗液

- 玻璃清洗液

- 蒸馏水

- 带塑料盖的吸尘器

之后松开维修盖的螺栓并用吸尘器清除螺栓孔污物，取下维修盖。打开维修盖后松开高电压连锁的插头以及安全盒上的两根高电压导线，之后松开壳体端盖的螺栓并用吸尘器清除螺栓孔污物，小心取下壳体端盖。应直观检查打开的高电压蓄电池单元是否存在损坏和进水。如果发现损坏，应立即停止工作并联系电气专业人员或技术支持部门。每次进行拆卸后都必须更换维修盖以及两部分壳体的螺栓和密封件。应对壳体上部件和壳体下部件上的密封件接触面进行清洁。

（4）拆卸电池模块

下面的高电压蓄电池单元修理说明只是列出了一般的工作内容和步骤。原则上只应遵守当前适用维修说明中的规定和说明。拆卸电池模块或电池监控电子装置（CSC）前，必须打印诊断系统位置图。首先必须遵守安全规定并断开电池模块 3 与电池模块 4 之间的高电压导线。在此必须按照位置图使用防水销对所有电池模块和电池监控电子装置进行编号。拆卸电池模块前，应拔出相应电池模块的高电压插头。首先必须拆下相应的电池监控电子装置。为此使电池监控电子装置的插头开锁并松开，以便能够通过侧面锁止机构拆下电池监控电子装置。之后可松开电池模块的固定螺栓。如有必要可松开大范围的 CSC 环形导线束，松开时可根据需要使用装配楔。切勿使用带有尖锐棱边的物体。小心抬出电池模块，为了便于操作可使用专用工具抬出，此时要注意电池模块之间能否顺畅通过。将电池模块底部向下以防滑防倒方式放在一个洁净平面上。为在拆卸上部电池模块后能够拆下上部热交换器，应松开前部螺栓并小心抬出热交换器。抬出热交换器时，必须握住各端，否则由于长度较长或机械稳定性较弱存在较大损坏危险。拆卸上部热交换器后可拆下模块隔板。此时可从上方接触到下部电池模块，应拆下相应电池模块的高电压插头，之后可松开电池模块的固定螺栓。必须首先拆卸下部电池模块才能拆卸相应的下部电池监控电子装置。为此使电池监控电子装置的插头开锁并松开。拆卸电池模块后可通过侧面锁止机构拆下电池监控电子装置。如有必要，可松开大范围的 CSC 环形导线束。松开时，可根据需要使用装配楔，切勿使用带有尖锐棱边的物体。小心抬出电池模块，为此使用专用工具抬出，此时要注意电池模块之间能否顺畅通过。将电池模块底部向下以防滑防倒方式放在一个洁净平面上。

（5）安装电池模块前的准备工作

安装新电池模块前必须使新电池模块的充电状态达到之前读取的剩余电池模块水平。安装电池模块前应对高电压蓄电池单元、热交换器和电池模块底部进行清洁。更换所有电池模块时，可使用一个电池模块的电压作为所有其他电池模块的额定充电电压，从而确保充电时间最小化（通过充电器读取）。

（6）安装电池模块

安装电池模块前应将电池监控电子装置装到电池模块上。使用专用工具重新小心抬起电池模块，在此要注意相邻部件。安装时应按规定力矩拧紧电池模块的螺栓。安装下部电池模块后将 CSC 导线束的插头与电池监控电子装置连接在一起。插上相关电池模块的高电压插头。安装上部热交换器前应安装和固定模块隔板，之后可安装上部热交换器。使用专用工具小心将上部电池模块抬到热交换器上并按规定力矩拧紧固定螺栓。接下来可将电池监控电子装置固定在上部电池模块上并卡止相关插头。之后连接电池模块 3 和 4 之间的高电压导线。应将新电池模块的序列号及其在高电压蓄电池单元内的安装位置记录在从诊断系统中打印的单子上。在维修车间信息系统 ISTA 内有一项服务功能用于修理后进行高电压蓄电池单元试运行。在此必须将新电池模块的序列号输入蓄能器管理电子装置内。

（7）拆卸电池监控电子装置

拆卸电池模块或电池监控电子装置（CSC）前，必须打印诊断系统位置图。首先必须遵守安全规定并断开电池模块 3 和 4 之间的高电压导线。在此必须按照位置图使用防水销对所有电池模块和电池监控电子装置进行编号。松开大范围的 CSC 环形导线束，松开时可根据需要使用装配楔。切勿使用带有尖锐棱边的物体。拔出并拆下上部电池监控电子装置的插头。拆卸下部电池监控电子装置时应拆下电池模块，之后可松开电池监控电子装置。

（8）安装电池监控电子装置

应将新电池监控电子装置的序列号及其在高电压蓄电池单元内的安装位置记录在从诊断系统中打印的单子上。将电池监控电子装置固定并插在电池模块上。按照与拆卸时相反的顺序安装之前拆下的组件，之后连接电池模块 3 和 4 之间的高电压导线。在维修车间信息系统 ISAT 内有一项服务功能用于修理后进行高电压蓄电池单元试运行。在此必须将新电池模块的序列号输入蓄能器管理电子装置内。需要更换多个电池监控电子装置时必须注意，必须记录和输入序列号及安装位置，否则会自动规定安装位置。如果输入了错误的安装位置，以后出现故障时就会显示电池监控电子装置针对该错误安装位置报告的所有故障，结果可能会在错误位置进行更换！

（9）拆卸热交换器

拆卸上部热交换器时应拆下上部电池模块。拆卸下部热交换器时还应拆下模块隔板、下部电池模块和 CSC 环形导线束。抬出热交换器时，必须握住各端，否则由于长度较长或机械稳定性较弱存在较大损坏危险。

（10）安装热交换器

仅拆卸和安装热交换器时，应更换散热器接口上的密封环。安装下部热交换器前应按照维修说明调整下半部分壳体后端的塑料线脚。损坏的塑料线脚必须更换。安装新热交换器时，必须握住各端，否则由于长度较长或机械稳定性较弱存在较大损坏危险。安装下部热交换器后应再次使用专用工具小心抬起下部电池模块。在此要注意，应将电池监控电子装置装到电池模块上。装入电池模块的螺栓并按规定力矩拧紧。安装下部电池模块后将 CSC 导线束的插头与电池监控电子装置连接在一起。插上相关电池模块的高电压插头。安装上部热交换器前应固定模块隔板，之后可安装上部热交换器。使用专用工具小心将上部电池模块抬到热交换器上并按规定力矩拧紧固定螺栓。接下来可将电池监控电子装置固定在电池模块上并卡止相关插头，之后连接电池模块 3 和 4 之间的高电压导线。

（11）安装高电压蓄电池单元的壳体上部件

检查壳体上部件和下部件的密封面并清洁可能存在的污物。必须更换壳体部件的密封件。安装壳体上部件前应检查电池模块 3 和 4 之间的高电压导线是否已插上。安装壳体上部件时应注意不要让尖锐棱边接触密封件。由于采用自攻螺栓，因此使用工具继续工作前必须用手小心安装，否则存在壳体下部件螺纹损坏危险。不允许使用电动螺丝刀，否则可能会导致螺栓／螺纹断开，必须更换螺栓。如果拧紧螺栓时未达到规定力矩或螺纹损坏，则应更换该螺栓连接件。要求至少一个螺栓连接件完好无损且不允许进行再加工。所有其他螺栓连接件均可进行再加工。对螺纹进行再加工时必须将壳体上部件放在高电压蓄电池单元上，从而避免被金属屑弄脏。如果所有螺栓连接件均损坏，则应更换壳体下部件。进行维修时必须在壳体下部件内螺纹损坏的情况下使用 Kerb Konus 螺纹套对壳体开孔进行修理。必须从高电压蓄电池单元中去除可能产生的金属屑，按规定力矩拧紧新螺栓。此时打开维修盖，将两根高电压导线插在安全盒上并将高电压连锁的插头固定在高电压插头上，之后盖上并安装维修盖。必须更换维修盖的密封件和螺栓。

3. 后续工作

（1）使用 EoS 测试仪进行最终测试（如图 5-298 所示）

安装前必须使用 EoS 测试仪进行测试。安装适用于排气单元的检测适配器。连接用于压力接口、高电压插头和 12V 车载网络插头接口的检测接口。现在开始进行总测试。首先进行密封性测试，之后进行耐压强度、绝缘电阻和 SME 绝缘监控测试。现在读取故障码存储器记录，

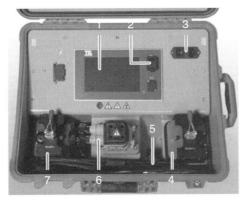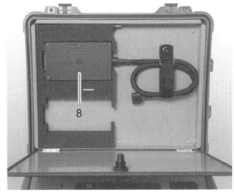

1.用于操作的触摸屏 2.用于更新的USB接口 3.电源线缆和主开关接口 4.I01压力检测罩 5.连接电缆 6.高电压插头 7.F15 PHEV压力检测罩 8.用于高电压测试的继电器盒

图 5-298

如果没有故障就会输出测试码。读取检测码并进行记录以便稍后输入诊断系统，或直接扫描 DMC 矩阵码数据。最后通过 EoS 测试仪设置运输位，从而确保无法启用接触器。最后进行诊断时使用服务功能高电压蓄电池单元试运行在输入检测码后复位运输位，从而启用接触器并将 FASTA 数据传输至维修车间系统。

（2）将高电压蓄电池单元装入车内（如图 5-299 所示）

使用可移动车间起重装置并借助多功能起重装置小心将高电压蓄电池单元移入车内。抬起高电压蓄电池单元时应注意锁止件和中间位置。安装高电压蓄电池单元前应确保用于排气单元的密封环正确就位。缓慢降下高电压蓄电池单元并对齐螺栓孔。放入固定螺栓并完全降下高电压蓄电池单元。按规定力矩拧紧固定螺栓。

安装固定螺栓时必须遵守准确的工作步骤：

· 清洁接触面并让第二个人进行检查

· 按规定力矩拧紧固定螺栓

· 让第二个人检查力矩

· 两人必须将准确工作情况记录在车辆档案内

固定空调管路前应更换 O 形环，之后应插入高电压导线插头和 12V 车载网络导线接口。

（3）最终电气诊断

应在诊断系统内启动进行高电压蓄电池单元试运行的服务功能。通过 EoS 测试仪输入并通过 DMC 读取检测码。所更换组件的序列号和安装位置通过蓄能器管理电子装置传输至诊断系统并记录在 FASTA 内。由诊断系统授权接触器，之后读取故障码存储器

图 5-299

记录，最后将高电压蓄电池单元充满电并加注空调系统。

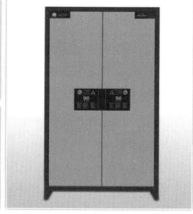

（四）废弃处理

1. 存放高电压蓄电池单元直至废弃处理

只允许将高电压蓄电池单元及其组件例如电池模块存放在带有自动灭火装置的空间内。此外，必须装有火灾探测器，从而确保即使在工作时间以外也能发现失火情况。原则上不允许将高电压蓄电池单元放在地面上，而是只能放在架子上。必须将各电池模块存放在可上锁的安全柜内。高电压蓄电池单元故障但未损坏时，可像启动蓄电池一样将其放在运输容器内，如图5-300所示。

图5-300

2. 存放损坏的蓄能器

出现以下情况时就会视为蓄能器损坏：

·高电压蓄电池单元带有可见失火痕迹

·高电压蓄电池单元具体部位可见高温形成迹象

·高电压蓄电池单元冒烟

·高电压蓄电池单元外部面板变形或破裂

必须将损坏的高电压蓄能器临时存放在户外带有特殊标记的容器内至少48h，之后才允许进行最终废弃处理，如图5-301所示。

存放位置必须与建筑物、车辆或其他易燃材料例如垃圾容器距离至少5m。必须将外部损坏的高电压蓄电池单元放在耐酸且防漏凹槽内，以免溢出的电解液流入土壤。同样还要防止消防用水肆意横流。

图5-301

3. 确定运输能力

为了避免发生危险，应对技术状态进行评估。根据有关确定运输能力的指导准则进行检查。只允许由额外参加过培训学院相应培训（培训08807）的电气专业人员或高电压蓄电池单元作业专业人员来确定。

（1）确定可进行诊断的电池模块的运输能力

如果对车辆进行诊断时发现某一电池模块损坏，将由高电压蓄电池单元作业专业人员根据维修说明在维修车间评估运输电池模块的能力来确定运输能力。

（2）确定无法进行诊断的电池模块的运输能力

如果例如发生事故后无法通过维修车间系统对某一车辆或高电压蓄电池单元进行诊断来确定电池模块是否完好，应按以下规定步骤进行。根据有关确定运输能力的指导准则进行检查。只允许由额外参加过培训学院相应培训的电气专业人员或高电压蓄电池单元作业专业人员来确定。

确定运输能力分为两个部分：

·电气评估

- 外观评估

（3）电气评估

检查运输能力时必须首先通过诊断功能完成电池模块的测试模块，同时确定运输能力电气评估。如果无法进行诊断，必须由电气专业人员来确定。

（4）外观评估

进行外观评估时检查以下标准。

- 冒烟
- 烧焦痕迹
- 形成高温
- 壳体裂缝或开口
- 壳体凹痕、变形、改变
- 受腐蚀影响的部件/组件
- 接口松动、松开、损坏
- 序列号/标签、安全标签无法读取
- 有可疑水渍

如果有一项或多项为肯定答案，应向电气专业人员或技术支持部门说明进一步的工作步骤！此外还必须使用隔离带隔离拆下的高电压蓄电池单元。如果高电压蓄电池单元还在车内，必须锁止并隔离车辆。

4. 高电压蓄电池单元电池模块废弃处理

（1）基础

需要进行废弃处理时，由宝马售后服务负责人联系所在市场相关专业废弃处理机构。委托废弃处理供应商时应确保其满足多边协议 259 的条款。如果不了解该废弃处理机构或遇到有关废弃处理的所有问题，可向所在市场相应环境管理专家（EME）求助。宝马售后服务负责人负责包装物品并确保物品安全。蓄能器未损坏时可使用配件的运输包装。蓄能器已损坏且有液体溢出时，必须使用专用容器并将其作为危险物品运送。宝马售后服务负责人确保进行废弃处理前将损坏的电池模块或高电压蓄电池单元临时存放 48h 并让电气专业人员来确定运输能力。直到运输前都应按照规定（包括当地工作说明）存放电池模块或高电压蓄电池单元。特别要注意，不要因使用起重机车运输、受潮等原因导致运输包装和/或高电压蓄电池单元损坏。因发现运输包装损坏等原因怀疑不再具备高电压蓄电池单元运输能力时，必须使用维修说明重新确定是否具有运输能力。

（2）运输损坏和故障的电池模块

可根据多边协议 259 在道路交通（ADR）中运送损坏和故障的电池模块。至今为止，比利时、丹麦、德国、法国、爱尔兰、意大利、卢森堡、荷兰、挪威、葡萄牙、瑞典、瑞士、西班牙和英国已签署了多边协议。

为此必须满足以下条件：

- 运送物品标有"损坏/故障的锂离子蓄电池"或"损坏/故障的锂金属蓄电池"
- 按照包装说明 P908 或 LP904 对电池和蓄电池进行包装
- 在运输单据内注明"根据 ADR（M259）第 1.5.1 款商定运送事宜"
- 每次运送都必须报告主管机关（BAM 联邦材料研究和检测所）（无须批准）
- 在正常运送条件下容易快速分解、发生危险反应、形成火焰、产生危险热量或释放出有毒、腐蚀性或易燃气体或蒸气的电池和蓄电池，只能在遵守主管机关（BAM 联邦材料研究和检测所）规定条件的情况下进行运送

第三节　宝马第3.0代混合动力系统 G11/G12 PHEV 车系

一、G11/G12 PHEV 高电压组件

（一）简介

1.定位

通过宝马 740e iPerformance、740Le iPerformance 和 740Le xDrive iPerformance 车型，宝马为纯粹驾乘乐趣扩充了更多创新车型。宝马 7 系最新型号采用插电式混合动力驱动装置，不仅实现了品牌特有的行驶动力性与局域性零排放电动行驶的完美结合，同时还能确保长途行驶最高效率。宝马 740e、740Le 和 740Le xDrive 实现了出色动力性与极低耗油量的完美结合。通过将宝马高效动力技术宝马 eDrive 与宝马双涡管涡轮汽油发动机结合在一起实现了高效、动力性的插电式混合动力驱动装置，它与宝马品牌的行驶动力性、局域性零排放电动行驶和高效性形成完美契合。从长远考虑，宝马集团计划在核心品牌的所有车型中都提供插电式混合动力车辆。所有集团车型都会从宝马 i 获益。蓄电池组电池、电机以及电机电子装置的基本技术将不断应用于将来的插电式混合动力车型。短途市区行驶或通勤行驶时可使用纯电动方式运行。长途行驶时，车辆通常处于"混合模式"。在新款宝马 7 系插电式混合动力车型中，4 缸汽油发动机 B48 与电动驱动装置组合使用。

在高效动力方面进一步开发混合动力驱动系统的目的在于提高电动行驶比例。同时为了确保品牌特有的动力性、正常日常使用以及最佳长途行驶性能，宝马集团采用所谓的高度电气化方案。将来 Power eDrive 技术的特点是电机功率显著提高且高电压蓄电池容量加倍。在此针对将来混合动力系统开发的驱动组件可达到 500kW 以上的系统功率。所用锂离子蓄电池的存储容量也以最高 20kWh 而远超过当前混合动力系统的数值。宝马 740e、740Le 和 740Le xDrive 的研发代码是 G11/G12 PHEV，在此基于 G11/G12。混合动力技术基于对批量生产车型宝马 Active Hybrid 7 和宝马 Active Hybrid 3 所用驱动技术的继续开发。G11/G12 PHEV 是使用锂离子高电压蓄电池的全混合动力车辆，例如可通过家用插座进行充电。研发代码中的缩写 PHEV 代表插电式混合动力电动车辆。G11/G12 PHEV 的驱动系统由一个采用双涡管涡轮技术（B48）的 4 缸汽油发动机、一个 8 挡自动变速器（GA8P75HZ）和一个电机组成。毫无疑问，与采用传统驱动方式的宝马 7 系相比，G11/G12 PHEV 所用混合动力技术的主要优势在于可在进一步提高驱动功率的同时降低耗油量。G11/G12 PHEV 的电动驱动装置可实现最高车速为 140 km/h 的纯电动零排放行驶。最大电动可达里程约为 48km（使用 xDrive 时约为 45km）。此外，混合动力特有发动机节能启停功能还通过停在交通信号灯前或堵车时关闭发动机创造了进一步提高效率的可能。通过标配驾驶体验开关，在 G11/G12 PHEV 上也可选择行驶模式运动舒适 ECO PRO 和自适应。通过 eDRIVE 按钮 G11/G12 PHEV 能够以最高 140 km/h 的车速纯电动行驶，而无须启动发动机。G11/G12 PHEV 是第 5 款宝马 3.0 代混合动力车辆。这一代的所有车辆不仅是插电式混合动力车辆，而且是带锂离子高电压蓄电池的全混合动力车辆。

2.识别标志

（1）外部

G11/G12 PHEV 与传统 G11/G12 存在一系列特征差异。C 柱上以及发动机隔音盖板上的"eDrive"字样表明这是一款混合动力车辆。左侧前围板充电接口盖表明这是一款插电式混合动力车辆。最后车辆行李箱盖上的车型名称 740e、740Le 或 740Le xDrive 进一步表明了与传统 7 系的区别。G11/G12 PHEV 外部识别标志如图 5-302 所示。

1.行李箱盖上的车型名称740e或740Le 2.带蓝色标志的轮毂盖板 3.充电接口盖 4.两个前部侧围板上的"i"字样 5.空气风门上的蓝色标志 6.带"eDrive"字样的隔音盖板 7.两个 C 柱上的"eDrive"字样

图 5-302

（2）内部

G11/G12 PHEV 内部识别标志如图 5-303 所示。

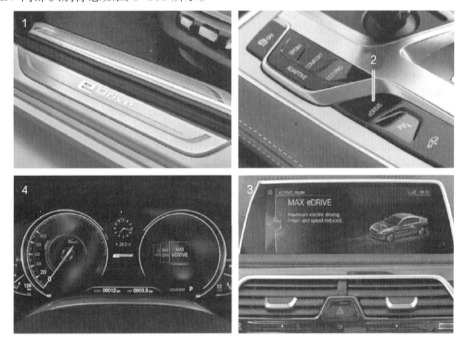

1.带照明和"eDrive"字样的登车护条 2. eDRIVE 按钮 3.中央信息显示屏CID内的 eDRIVE 菜单 4.组合仪表 KOMBI 内的混合动力特有显示

图 5-303

G11/G12 PHEV 内部也有一些特征与传统 G11/G12 不同。eDRIVE 按钮位于中控台按钮区域内。驾驶员可通过该按钮的切换功能选择不同功能并实现最高 40km/h 的纯电动行驶。另一个特点是位于驾驶员脚部空间内的加油按钮。在前部登车护条上也带有 eDrive 字样。混合动力特有的运行状态和高电压蓄电池单元的充电状态在组合仪表 KOMBI 内以及（根据要求）在中央信息显示屏 CID 内显示。打开点火开关时启用 CID 和组合仪表内的显示。

与 G11/G12 相比，1G11/G12 PHEV 的车内空间配置保持不变。G11/G12 PHEV 行李箱容积略微减小。

3. 技术数据

技术参数如表 5-33 所示。

表 5-33

发动机和变速器	单位	BMW 740i G11	BMW Active Hybrid 7 F01H	BMW 740e G11 PHEV
结构形式		R6	R6	R4
每缸气门数		4	4	4
排量	cm³	2998	2979	1998
变速箱		GA8HP50Z	GA8P70HZ	GA8P75HZ
驱动		后部	后部	后部
发动机最大功率	kW r/min	240 5500~6500	235 5800~6000	190 5000~6500
发动机最大扭矩	N·m r/min	450 1380~5000	450 1300~4500	400 1550~4400
总系统功率	kW	—	260	240
高电压蓄电池单元		—	锂离子	锂离子
电机峰值功率	kW	—	—	83
电机最大扭矩	N·m	—	210	250

4. 配置

除技术数据外，G11/G12 PHEV 与 G11/G12 提供的选装配置也有所不同。下面简要汇总了 G11/G12 PHEV 不提供的重要选装配置：

· 手动电控换挡（Steptronic）运动型变速器（SA 2TB）

· Executive Drive Pro（SA 2VS）

· 应急车轮（SA 300）

· 挂车牵引钩（SA 3AC）

· 扩展型后座区空调系统（SA 4NF）

· 驻车暖风（SA 536）

· 遥控驻车（SA 5DV）

· 远程服务（SA 6AP）

· 后座区音频操作（SA 6FK）

· 宝马个性化冷藏箱（SA 791）

在此简要汇总了只有 G11/G12 PHEV 才提供的重要选装配置：

· 带换挡拨片的手动电控换挡（Steptronic）变速器（SA 2TE）

· 声学式行人保护（SA 4U9）

· eDrive 服务（SA 6AG）

· 充电电缆，取消（SA 8BL）

5. 更改概览

为了能在 G11/G12 PHEV 中使用，在此更改了某些组件 / 系统。如表 5-34 所示列出了其中一些组件 / 系统。

表 5-34

车型	BMW 740i、740Li	BMW 740e、740Le
发动机	B58 发动机（240kW）	B48 发动机（190kW）
真空泵	皮带传动机构内的机械真空泵	附加电动真空泵
发动机支撑	传统	减震控制式支座
燃油箱	后桥前的燃油箱	行李箱下的压力燃油箱
自动变速器	GA8HP50Z 带液力变矩器锁止离合器的液力变矩器	GA8P75HZ 电机，双质量飞轮和分离离合器
变速器油泵	仅机械变速器油泵	机械和电动变速器油泵
制动器	传统制动系统	带改进型 DSC 单元、制动踏板角度传感器和制动真空压力传感器的混合动力制动系统
底盘配置型号	选装配置整体式主动转向系统（12V） 选装配置 Executive Drive Pro	选装配置整体式主动转向系统（12V）
12V 供电	行李箱车辆蓄电池 发动机室附加蓄电池 （车载网络支持）	行李箱车辆蓄电池 行李箱附加蓄电池 （启动系统）
发电机	传统发电机	由 EME 替代
加热装置	传统	电气加热装置（高电压）
空调压缩机	机械空调压缩机	电动空调压缩机（高电压）

（二）驱动组件

1.简介

在 G11/G12 PHEV 中 B48B20O0 属于宝马混合动力驱动装置的组成部分。G11/G12 PHEV 所用的 2.0L 发动机功率 190kW，最大扭矩 400N·m，为更高耐用性和更高效率提供了有力保障。

2.改进型 B48 发动机

B48 发动机及其外围设备针对 G11/G12 PHEV 进行了相应改进。下面详细介绍各项改进情况，如表 5-35 所示。

表 5-35

皮带传动机构组件	替换为	背景
空调压缩机	电动空调压缩机 EKK	由于电动行驶期间发动机处于静止状态，因此无法驱动空调压缩机，因此采用电动驱动的空调压缩机
发电机	电机电子装置 EME	电机电子装置通过集成式 DC/DC 转换器将高电压转换为 12V 电压并输送至 12V 车载网络
真空泵	电动真空泵	由于电动行驶期间发动机处于静止状态，因此无法驱动机械真空泵，因此除机械真空泵外还采用一个电动真空泵

（1）真空系统

G11/G12 PHEV 有很多组件都需要真空供给。B48 发动机通过一个机械真空泵来产生所需真空压力。由于在 B48 发动机未运行时也需要确保真空供给，因此真空系统增加了一个电动真空泵。只要真空系统内的数值低于特定限值，就会启用电动真空泵。真空度由制动助力器内的一个压力传感器测量，该传感器源自带发动机节能启停功能的车辆。如图 5-304 所示为 G11/G12 PHEV 真空系统相关组件概览。

535

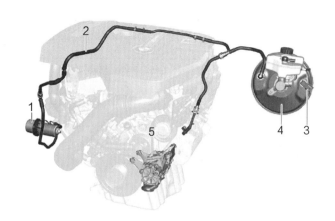

1.电动真空泵 2.连接电动真空泵的真空管路 3.压力传感器 4.制动助力器 5.机械真空泵

图 5-304

制式支座的工作方式与柴油发动机车辆的减震控制式支座相同。承受真空压力后就会变软。这种情况与发动机怠速和启动位置相当,用于舒适减震。只要不再向支座施加真空且自动调节到环境压力,支座就会变硬。在 G11/G12 PHEV 的行驶模式下启用这个位置,减震控制式支座的真空供给通过 G11/G12 PHEV 的上述真空系统实现。G11/G12 发动机支撑如图 5-305 所示。

3.燃油供给系统

G11/G12 PHEV 配备了不锈钢压力燃油箱来确保发动机运行。这样可在纯电动行驶模式下确保汽油蒸气留在压力燃油箱内。只有在发动机运行期间,才会通过活性炭罐吸入新鲜空气进行清污且汽油蒸气进入燃烧室内。

(1)组件及其安装位置

G12 PHEV 欧规燃油供给系统组件如图 5-306 所示。

① 燃油箱隔离阀。

如果达到系统限值,则打开燃油箱隔离阀,以便在行驶期间降低燃油箱压力。处于停车状态时通过一个集成在燃油箱隔离阀内的机械阀来执行上述功能。此外,加油前也会打开阀门,以便为压力燃油箱排气。通电时打开燃油箱隔离阀。发生碰撞时燃油箱隔离阀不主动通电(保持闭合状态),也不会通过燃油箱功能电子系统生成故障码存储器记录。只要相关部件(例如压力和温度传感器)未损坏,则既不会因此而禁止随后为车辆加油,也不会禁用其他功能(清污等)。

(2)发动机支撑

在 G11/G12 PHEV 中通过源自柴油发动机车辆的减震控制式支座支撑发动机。发动机支撑借助真空切换为较硬或较软,以保证发动机舒适启动和怠速运行平稳。用于控制发动机减震控制式支座的阀门由数字式发动机电子系统 DME 控制。G11/G12 PHEV 减震控

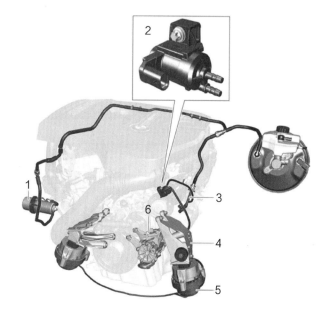

1.电动真空泵 2.用于控制减震控制式支座的阀门 3.真空管路接口 4.左侧发动机支撑 5.左侧减震控制式支座 6.机械真空泵

图 5-305

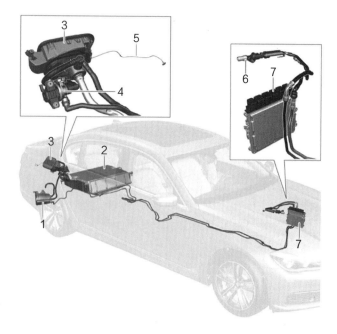

1.活性炭罐 2.压力燃油箱(铸铝合金壳体内) 3.带盖罩的燃油箱盖板 4.燃油箱隔离阀 5.燃油箱盖板应急开锁拉线 6.燃油箱通风阀 7.数字式发动机电子系统DME

图 5-306

② 燃油箱关断阀。

在美规车辆中还使用燃油箱关断阀。其用途是进行法规要求的燃油箱泄漏诊断。通电时关闭燃油箱关断阀。

③ 压力燃油箱。

G12 PHEV 压力燃油箱如图 5-307 所示。

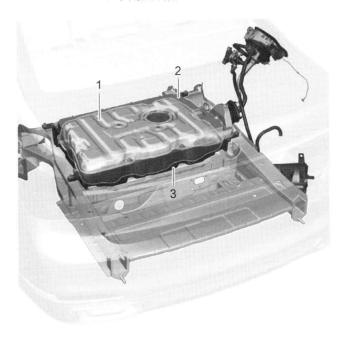

1.压力燃油箱（不锈钢材质） 2.壳体上部件（铸铝合金材质）
3.壳体下部件（铸铝合金材质）

图 5-307

发生碰撞时，燃油泵电子控制装置立即切断燃油泵驱动装置的供电。在此燃油泵电子控制装置从碰撞和安全模块得到相关信息。

（3）加油

加油前必须为压力燃油箱排气。开始加油过程时，必须首先操作驾驶员脚部空间内的一个按钮。只有车辆处于唤醒状态时，才能执行按钮功能。由燃油箱功能电子系统对按钮状态进行分析。G11/G12 PHEV 加油按钮如图 5-309 所示。

油箱功能电子系统 TFE 借助燃油箱内的压力和温度传感器监控当前运行状态，随后通过开启燃油箱排气路径内的阀门控制压力下降情况。降低压力后控制用于锁止燃油箱盖板的执行机构，此后可以手动打开燃油箱盖板及燃油箱盖。如果在约 10min 内燃油箱盖板未打开，则随后重新自动锁止。在此通过一个霍尔传感器识别燃油箱盖板位置。加油期间在活性炭罐内临时存储燃油蒸气。只有处于发动机驱动模式并启用清污功能时，才会将存储的蒸气输送至发动机内。

在 G11/G12 PHEV 中高电压蓄电池单元位于标准燃油箱安装空间（后排座椅下）内。因此降低了重心，同时可以更好地利用行李箱（装载面平坦，直通装载系统）。容量为 46L 的压力燃油箱集成在行李箱下。该部件位于与车身粘接连接的铸铝合金壳体内。该壳体可提高车身刚度并改善防碰撞性能。

（2）系统电路图

G11/G12 PHEV 燃油供给系统电路图如图 5-308 所示。

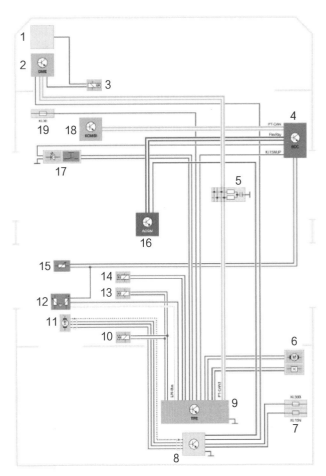

1.集成式供电模块PDM 2.数字式发动机电子系统DME 3.清洁空气管路截止阀（仅限美规） 4.车身域控制器BDC 5.CAN终端电阻 6.燃油箱盖板锁止件 7.后部配电盒 8.燃油泵电子控制装置 9.燃油箱功能电子系统TFE 10.燃油箱隔离阀（仅限美规） 11.电动燃油泵EKP 12.压力和温度传感器 13.燃油箱隔离阀（仅限欧规） 14.燃油箱关断阀（仅限美规） 15.燃油油位传感器 16.碰撞和安全模块ACSM 17.加油按钮 18.组合仪表KOMBI 19.左前配电盒

图 5-308

图 5-309

对燃油供给系统进行维修作业前必须启动加油程序，以便降低燃油箱内的压力。维修期间让燃油箱盖板以及燃油箱盖保持打开状态，以免压力再次升高。完成加油过程并关闭燃油箱盖板后，就会通过燃油箱功能电子系统重新锁止燃油箱盖板并关闭燃油箱隔离阀。不允许在高电压蓄电池单元充电的同时向燃油箱加油。充电电缆已连接时，应与易燃物品保持足够的安全距离，否则未按规定插入或拔下充电电缆时，有造成人员受伤或物品损坏的危险。

4. 自动变速器

（1）简介

G11/G12 PHEV 的自动变速器 GA8P75HZ 基于 2009 年底 F07 引入的 GA8HP70Z 变速器，而且也由 ZF 公司生产，其结构与 G11/G12 PHEV 的自动变速器 GA8P75HZ 非常相似。GA8P75HZ 变速器如图 5-310 所示。

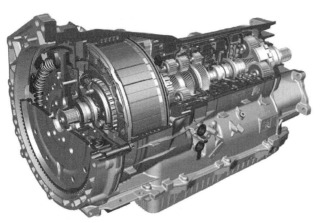

图 5-310

（2）结构和功能

①概览。

为了满足插电式混合动力车辆的要求，在此对自动变速器进行了调整。为此更改了某些现有组件或用其他组件替代。此外，将部分减震系统从变速器范畴分离出来并作为集成有离心摆式减震器的双质量飞轮与发动机牢固连接在一起。在此通过花键与变速器连接。由于电机较大且带有附加扭转减震器，因此 GA8P75HZ 变速器壳体比 GA8P70HZ 变速器加长了 30mm。

GA8P75HZ 变速器内的混合动力装置包括 5 个组件：

· 双质量飞轮
· 附加扭转减震器
· 分离离合器
· 电机
· 在 GA8P70HZ 基础上改进的电动变速器油泵，用于在变速器输入轴静止时提供机油压力

与 GA8P70HZ 变速器一样，在 GA8P75HZ 变速器内也通过增加直径和摩擦片数量对片式制动器 B 进行了加强并配备了主动控制式机油冷却系统。因为它们除执行换挡元件功能外，还用于确保车辆起步和缓慢行驶。GA8P75HZ 如图 5-311 所示。

下面的 GA8P75HZ 变速器结构示意图展示了新

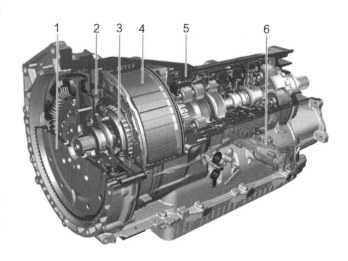

1.双质量飞轮（包括扭转减震器和离心摆式减震器） 2.附加扭转减震器 3.分离离合器 4.电机 5.片式制动器 B 6.电动变速器油泵

图 5-311

组件如何集成在自动变速器内。GA8P75HZ 变速器的结构示意图如图 5-312 所示。

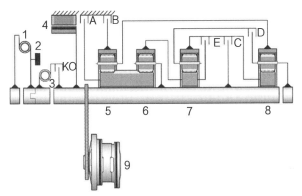

1.扭转减震器 2.离心摆式减震器 3.附加扭转减震器 4.电机 5.齿轮组1 6.齿轮组 2 7.齿轮组3 8.齿轮组4 9.机械变速器油泵 A.片式制动器A B.片式制动器B C.片式离合器C D.片式离合器D E.片式离合器E KO.分离离合器

图 5-312

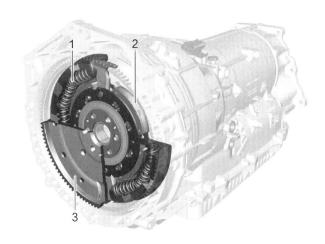

1.扭转减震器 2.离心摆式减震器 3.双质量飞轮

图 5-313

离心摆式减震器由多个摆动的配重块（减震器配重块）组成。其震动方向与发动机的扭转震动相反，并对后者进行补偿。转速较低时，严格来讲即明显出现干扰性震动时，减震器配重块的摆幅非常大，这样可改善车内空间的声音效果。

③ 电机。

GA8P75HZ 变速器的其他创新之处还包括将电

② 双质量飞轮。

在此主要通过使用高增压发动机、减少气缸数量和降低可行驶转速来降低耗油量和二氧化碳排放量。但是这些措施会使因做功行程加速以及压缩行程减速而产生的曲轴转动不均匀性增高。这种转动不均匀性导致后面连接的传动系统出现扭转震动。为隔开扭转震动，G11/G12 PHEV 自动变速器使用一个双质量飞轮。双质量飞轮使发动机曲轴与电机之间形成机械连接。它由扭转减震器和离心摆式减震器构成。双质量飞轮重约 11kg，损坏时可单独更换。GA8P75HZ 变速器的双质量飞轮如图 5-313 所示。

离心摆式减震器集成在双质量飞轮内，几乎可以完全消除出现的扭转震动。它由一个法兰构成，在该法兰上减震器配重块可在规定轨道上移动。在法兰和减震器配重块内部集成有用作运行通道的弧形曲线轨道。减震器配重块分别通过两个滚柱与法兰连接，可沿曲线轨道来回移动。GA8P75H 离心摆式减震器的结构和工作原理如图 5-314 所示。

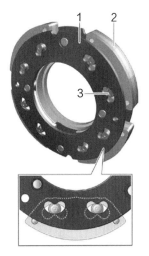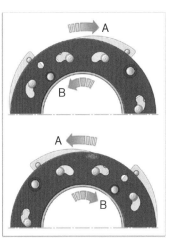

1.法兰 2.减震器配重块 3.滚柱 A.摆动的减震器配重块 B.发动机的扭转震动

图 5-314

机、附加扭转减震器和分离离合器以固定方式集成在 G11/G12 PHEV 变速器壳体内。这些组件位于双质量飞轮后。电机、扭转减震器和分离离合器与双质量飞轮一起占据了液力变矩器的结构空间。GA8P75HZ 变速器内的电机如图 5-315 所示。

④换挡元件。

可以切换或改变所有挡位的制动器和离合器称为换挡元件。与 GA8HP70Z 变速器一样，在 GA8P75HZ 变速器内也使用以下换挡元件：

1.电机

图 5-315

GA8P75HZ 变速器的换挡元件在数量和布置方面与 GA8HP70Z 变速器相同。因此 8 个挡位也以相同的方式和方法产生。如表 5-36 展示了在哪个挡位下哪个换挡元件接合。

由于取消了液力变矩器，因此更改了自动变速器的片式制动器 B。在 G11/G12 PHEV 的 GA8P75HZ 变速器内通过片式制动器 B 实现车辆起步和缓慢行驶。为此增加了摩擦片数量并增大了其直径。为了确保充

·两个固定安装的片式制动器（制动器 A 和 B）
·三个旋转的片式离合器（离合器 C、D 和 E）

片式离合器（C、D 和 E）将驱动力矩传入行星齿轮箱。片式制动器（A 和 B）将力矩作用在变速器壳体上。系统以液压方式使离合器和制动器接合。为此液压油压力施加在活塞上，以便活塞将摩擦片套件压在一起。GA8P75HZ 变速器概览如图 5-316 所示。

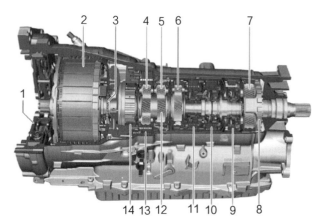

1.双质量飞轮 2.电机 3.机械变速器油泵驱动链条 4.齿轮组1 5.齿轮组2 6.齿轮组3 7.齿轮组4 8.驻车锁 9.片式离合器D 10.片式离合器C 11.片式离合器E 12.齿轮组1 和 2 共用的太阳轮 13.片式制动器B 14.片式制动器A

图 5-316

表 5-36

挡位	制动器 A	制动器 B	离合器 C	离合器 D	离合器 E
1	●	●	●		
2	●	●			●
3		●	●		●
4		●		●	●
5		●	●	●	
6			●	●	●
7	●		●	●	
8	●			●	●
R	●	●		●	

分冷却，可根据需要使变速器油流过集成式起步元件（片式制动器 B）。

⑤ 机械电子模块。

机械电子模块由液压换挡机构和电子控制单元组合而成。控制单元位于变速器下部区域，被油底壳所包围。液压换挡机构包含变速器控制系统的机械组件，例如阀门、减震器和执行机构。机械电子模块已针对 GA8P75HZ 进行了相应调整，例如现在可通过传感器（如图 5-317 中 3）的转速信号计算出起步离合器（片式制动器 B）的滑转率。在 GA8P75HZ 变速器内借助电机的转子位置传感器确定变速器输入转速。

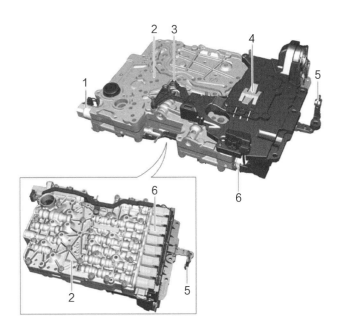

1.驻车锁电磁铁 2.液压换挡机构 3.齿轮组 1 行星架转速传感器
4.电子控制单元 5.输出转速传感器 6.电子压力控制阀和电磁阀

图 5-317

⑥机油供给系统。

GA8P75HZ 变速器机油循环回路的基本功能与 GA8HP70Z 变速器相同。在此机油有以下任务：

· 润滑

· 控制换挡元件

· 冷却

它是一种普通压力循环系统。除了源自 GA8HP70Z 的机械变速器油泵外，G11/G12 PHEV 自动变速器内还集成了一个电动变速器油泵。GA8P75HZ 变速器油泵如图 5-318 所示。

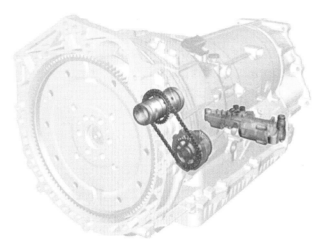

图 5-318

机械变速器油泵由变速器输入轴的滚子齿形链驱动。分离离合器分离时通过电机驱动，分离离合器接合时通过发动机和电机组合驱动。在变速器输入轴转速过低的运行阶段，电动变速器油泵可对液压系统泄漏进行补偿，以便在有负荷要求的情况下降低变速器响应时间。与机械变速器油泵一样，电动变速器油泵也是一个叶片泵，它由一个无电刷直流电机驱动。电子控制装置集成在电动变速器油泵的壳体内，由变速器电子控制系统 EGS 控制。电动变速器油泵从变速器油温度 -5℃ 起可以运行。在电机失灵等特殊情况下，电动变速器油泵也可从 -15℃ 起以应急模式运行，从而使分离离合器接合。即使在电机失灵时，驾驶员也可以借此继续行驶。在 GA8P75HZ 变速器内，它占据了 GA8HP70Z 所用液压蓄压器的结构空间。与液压蓄压器一样，电动变速器油泵损坏时也可以更换。GA8P75HZ 变速器电动变速器油泵安装位置如图 5-319 所示。

⑦ 机油冷却。

GA8P75HZ 变速器机油冷却如图 5-320 所示。

（3）服务信息

与传统 8 挡自动变速器一样，GA8P75HZ 也具有

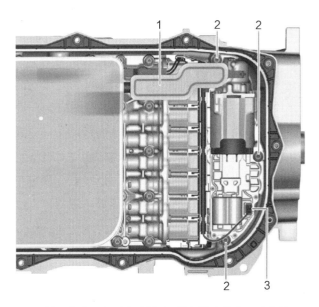

1.抽吸管路 2.电动变速器油泵的螺栓连接点 3.电气接口

图 5-319

变速器电子应急开锁功能。为此在传统车辆中，启动机转动并通过液力变矩器驱动机械变速器油泵。借助由此形成的变速器油压力可松开驻车锁。但是在 GA8P75HZ 中，在无变速器油压力的情况下分离离合器处于分

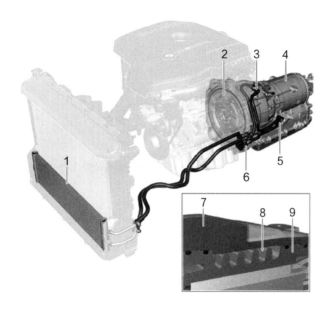

1.变速器油冷却器 2.电机 3.变速器油管路接口（用于电机冷却）4.自动变速器 5.变速器油管路接口（用于自动变速器冷却）6.变速器油节温器 7.自动变速器壳体 8.电机变速器油通道 9.定子支架

图 5-320

（三）电机

1.简介

G11/G12 PHEV 中的电机是永励式同步电机，它可将高电压蓄电池单元的电能转化为动能，从而驱动车辆。因此不仅可以电动行驶（最高约 140km/h），也可以为发动机提供支持，例如超车过程中（助推功能）或换挡时的主动扭矩支持。在相反的情况下，电机可在制动时和滑行模式下将动能转化为电能并将其存储在高电压蓄电池单元内（能量回收利用）。电机是一个高电压组件。每个高电压组件的壳体上都带有一个标志，售后服务人员或任何其他车辆用户均可通过标志直观看出高电压可能带来的危险。只有满足以下所有前提条件的售后服务人员才允许对带标志的高电压组件进行作业：具备资质，遵守安全规定，严格按照维修说明操作。通常情况下禁止进行带电高电压组件作业。在进行涉及高电压组件的任何工作步骤前，都必须将高电压系统切换为无电压并采取安全措施以防未经授权重新启动：

· 充电插头未连接在车辆上

· 建立车辆状态"驻车"（例如通过长时间按压音量调节器）

· 等待车辆进入"休眠模式"（START/STOP 按钮上的字体不发光）

· 断开高电压安全插头

· 固定住高电压系统，以防通过高电压安全插头重新接通

离状态。因此无法通过启动机自身转动产生用于松开驻车锁的变速器油压力。取而代之的是，可以通过附加电动变速器油泵产生变速器油压力。也可由电机驱动机械变速器油泵，从而产生变速器油压力。自动变速器的电子和机械应急开锁功能通常要求：进行变速器应急开锁前，必须固定住车辆以防溜车。G11/G12 PHEV 驻车锁电子应急开锁如图 5-321 所示。

出现以下情况时可能会阻止或妨碍进行变速器电子应急开锁：

· 车辆位于斜坡上（传动系处于拉紧状态）

· 变速器油温度很高或很低（黏度改变）

成功进行变速器电子应急开锁后，车辆只能挪移，不能牵引。

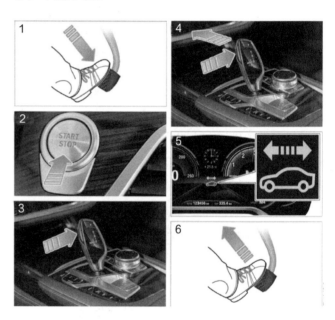

1.踩下制动踏板且在此期间一直踩住 2.按下 START/STOP 按钮并在此期间一直按住 3.操作电子选挡开关上的开锁按钮 4.按住开锁按钮，将选挡开关移动到位置 N 并保持在该位置约5s 5.只要挂入自动变速器挡位 N（空挡），组合仪表 KOMBI 上就会出现一条检查控制信息 6.可以松开制动踏板、START/STOP 按钮、选挡开关和开锁按钮

图 5-321

542

· 启用 PAD 模式（例如通过 0.8s 内按压 START/STOP 按钮 3 次）

· 等待组合仪表显示检查控制信息"高电压系统已关闭"

· 建立车辆状态"驻车"

出于高电压安全考虑，不允许打开或解体电机。

2. 名称和代码

（1）电机名称

在技术文档中使用电机名称来准确识别电机。但在售后服务方面，电机代码非常重要。

（2）电机代码

电机上标有用于明确识别和分配的代码。获得主管部门批准时也需要这个代码。电机代码与发动机代码类似。在电机上，电机代码下方是电机序列号。利用该序列号和代码可明确识别每个电机，如表 5-37 所示。

表 5-37

序号	含义	索引	说明
1	电机开发商	G I J	变速器内 / 上的电机 BMW 电机 外购电机
2	电机类型（挡板套件外径）	A B C D E	< 200mm > 0mm < 250mm > 0mm < 300mm > 0mm 外部转子直径较小
3	标准型电机方案更改	0 或 1 2~9	标准型电机 更改，例如面板切割变化（偶数用于摩托车，奇数用于轿车）
4	电机类型（电机工作方式）	N U O P R S T	异步电机 直流电机 轴流电机 永久磁铁激励式同步电机 开关式磁阻电机 电流激励式同步电机 横流电机
5+6	扭矩	0~…	例如 25=250N·m
7	形式认证事宜（要求进行新形式认证的更改）	A B~Z	标准 根据需要，例如长度和绕组调整

3. 技术数据

技术参数如表 5-38 所示。

表 5-38

供货商	ZF Friedrichshafen AG
额定扭矩	250N·m
峰值功率	83kW
30min 最大功率	55kW
效率	最高 93%
最大电流	450A（AC EF）
运行转速范围	0~7200r/min
重量（不包括扭转减震器）	约 22.4kg

4.安装位置

G11/G12 PHEV 电机安装位置如图 5-322 所示。

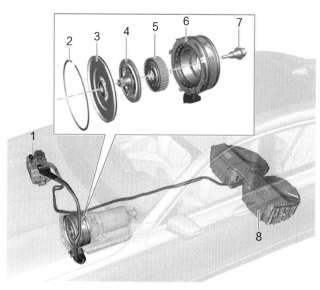

1.电机电子装置 2.卡环 3.电机端盖 4.附加扭转减震器 5.分离离合器 6.电机 7.空心轴 8.高电压蓄电池单元

图 5-322

G11/G12 PHEV 的电机（牵引电机）采用内部转子结构。"内部转子"表示带有永久磁铁的转子以环形方式布置在内侧。用于产生旋转磁场的绕组布置在外侧，构成定子。G11/G12 PHEV 的电机有 8 个极对。转子通过一个法兰支撑在转子空心轴上，空心轴以形状连接方式与变速器输入轴连接。

（2）接口

G11/G12 PHEV 电机接口如图 5-324 所示。

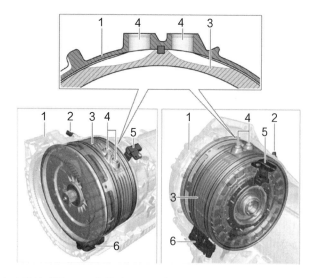

1.变速器钟形罩 2.温度传感器 3.冷却通道 4.冷却介质接口（变速器油）5.转子位置传感器电气接口 6.高电压接口

图 5-324

混合动力组件作为单个组件集成在变速器钟形罩内，在变速器壳体内占据液力变矩器的结构空间。

5.结构

电机的主要组件包括：

· 转子和定子

· 接口

· 转子位置传感器

· 冷却系统

G11/G12 PHEV 的混合动力系统是并联式混合动力系统。发动机和电机均与驱动轮机械连接。驱动车辆时不仅可以单独而且可以同时使用两种动力传动系统。

（1）转子和定子

G11/G12 PHEV 电机转子和定子如图 5-323 所示。

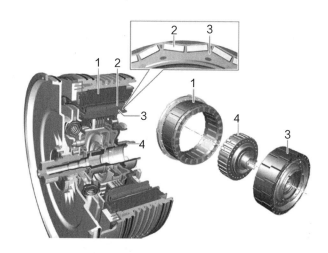

1.定子 2.永久磁铁 3.转子 4.带分离离合器外壳的空心轴

图 5-323

在自动变速器壳体上有以下 4 个电机接口：

· 温度传感器

· 冷却系统（通过变速器油）

· 转子位置传感器

· 高电压导线

G11/G12 PHEV 电机高电压接口如图 5-325 所示。

系统通过高电压接口为电机绕组提供电能。高电压接口通过一根三相屏蔽高电压导线将电机电子装置与电机连接在一起。高电压插头拧在电机电子装置和电机上。不允许对高电压导线进行修理，损坏时原则上必须更换导线。

（3）传感器

G11/G12 PHEV 电机传感器，如图 5-326 所示。

1.温度传感器 2.转子位置传感器的转子 3.转子位置传感器的定子

图 5-326

为确保电机电子装置正确计算和产生定子内绕组电压的振幅和相位，必须了解准确的转子位置。这项任务由转子位置传感器来执行。为此该传感器的结构与同步电机类似，带有一个特殊形状的转子（与电机转子连接在一起）以及一个定子（与电机定子连接在一起）。通过转子转动在定子绕组内产生的感应相电

1.高电压接口 2.高电压插头

图 5-325

压由电机电子装置进行分析，从而计算转子位置角度。更换自动变速器或电机电子装置时，需借助诊断系统校准转子位置传感器。运行时电机组件不得超过特定温度。在此通过一个温度模型和一个温度传感器来监控电机温度。该传感器设计为采用负温度系数（NTC）的可变电阻，用于测量自动变速器壳体上的冷却液输出温度。NTC 越热，其电阻越小。电机电子装置分析温度传感器信号并将其与温度模型计算值进行比较，如果电机温度接近最大允许值，就会根据需要降低电机功率。在某个定子绕组上不再安装单独的温度传感器。暂时不允许在宝马售后服务维修车间更换转子位置传感器。

（4）分离离合器

G11/G12 PHEV 是全混合动力车辆。与第二代混合动力车辆（F10H、F30H、F01H/F02H）不同，G11/G12 PHEV 能够以高得多的车速电动行驶。与 GA8P70HZ 变速器相同，在此也通过一个分离离合器使发动机与电机和传动系其余组件分离。在 G11/G12 PHEV 中这个分离离合器布置在附加扭转减震器和电机之间。分离离合器以固定方式集成在电机壳体内。作为湿式片式离合器，采用断开设计并以此优化摩擦损失。它用于在特定运行状态下使发动机与电机和传动系其余组件分离。例如，在纯电动行驶时以及车辆"滑行"时分离。为了保证不感觉到发动机的接合和分离，分离离合器具有较高的位置精度。只要分离离合器处于接合状态，电机、变速器输入轴和发动机就会以相同转速转动。通过变速器油对分离离合器进行冷却。与自动变速器的所有离合器和片式制动器一样，分离离合器也由机械电子模块操纵。无压力时该部件处于分离状态。因此需利用变速器油压力使离合器接合。通常情况下，该压力由机械变速器油泵提供。在电机失灵等特殊情况下，

也可通过电动变速器油泵使分离离合器接合，但是这会影响舒适性。由于分离离合器分离时机械变速器油泵由电机驱动，因此电机失灵且变速器油温度低于 –15℃ 时分离离合器无法接合，从而造成车辆无法起步。GA8P75HZ 变速器的分离离合器如图 5-327 所示。

1.附加扭转减震器 2.分离离合器

图 5-327

与传统变速器中的液力变矩器一样，G11/G12 PHEV 中的分离离合器能够通过滑差微调将发动机的不平稳转动与传动系其余组件隔开，这样可在发动机转速很低时显著改善车内噪声情况。

（5）附加扭转减震器

在某些转速和运行状态下，4 缸汽油发动机不平稳运行和由此产生的扭转震动可能会产生较大的嗡嗡声或嘎嘎声。为隔开这些扭转震动，在 G11/G12 PHEV 电机前除双质量飞轮外还有一个扭转减震器。扭转减震器使发动机的双质量飞轮与分离离合器之间形成机械连接。

6.冷却

为在任何情况下都能确保电机的热运行安全性，在 G11/G12 PHEV 中通过变速器油对其进行冷却。为此将电机接入变速器的冷却循环回路内。定子支架与自动变速器壳体之间有一个冷却通道用于冷却定子绕组，变速器油经过该通道。该冷却通道前后分别通过两个密封环进行密封。在此同样通过变速器油对转子进行冷却，变速器油以油雾形式吸收热能并在变速器油冷却器处将其释放到环境空气中。G11/G12 PHEV 电机冷却如图 5-328 所示。

7.服务信息

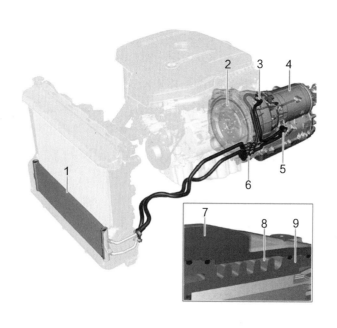

1.变速器油冷却器 2.电机 3.变速器油管路接口（用于电机冷却）4.自动变速器 5.变速器油管路接口（用于自动变速器冷却）6.变速器油节温器 7.自动变速器壳体 8.电机变速器油通道 9.定子支架

图 5-328

维修时不允许打开电机前的端盖。不允许进行电机、附加扭转减震器、分离离合器以及转子位置传感器本身的任何工作。这些组件的某个组件损坏时，必须更换整个自动变速器。拆卸自动变速器前必须遵守电气安全规定。更换自动变速器或电机电子装置后，需借助宝马诊断系统校准转子位置传感器。双质量飞轮可单独更换。

（四）电机电子装置

1. 简介

电机电子装置 EME 用作电机的电子控制装置，同时也负责将高电压蓄电池单元的直流电压（额定电压351V）转换为用于控制电机（作为电动机）的三相交流电压。反之，电机作为发电机工作时，电机电子装置将电机的三相交流电压转换为直流电压，从而为高电压蓄电池单元充电。例如，进行制动能量回收利用时就会出现这种情况。对于这两种运行模式来说都需使用双向 DC/AC 转换器，该转换器可作为逆变器和直流整流器工作。在此通过同样集成在电机电子装置内的 DC/DC 转换器，确保从高电压车载网络为 12V 车载网络供电。G11/G12 PHEV 的整个电机电子装置位于一个铝合金壳体内。在该壳体内装有控制单元、双向 DC/AC 转换器以及用于 12V 车载网络供电的 DC/DC 转换器。EME 控制单元还执行其他任务。例如，管理高电压蓄电池单元所提供电能的高电压电源管理系统同样集成在 EME 内。此外，EME 还带有用于控制 12V 执行机构的不同输出级。电机电子装置是一个高电压组件，每个高电压组件的壳体上都带有一个标志，售后服务人员或任何其他车辆用户均可通过标志直观看出高电压可能带来的危险。只有满足以下所有前提条件的售后服务人员才允许对带标志的高电压组件进行作业：具备资质，遵守安全规定，严格按照维修说明操作。出于高电压安全和保修考虑，不允许打开或分解电机电子装置。损坏时必须更改整个电机电子装置。更换电机电子装置后，必须借助宝马诊断系统使其投入运行。必须严格遵守维修说明。

2. 技术数据

技术参数如表 5-39 所示。

表 5-39

电机电子装置	
供货商	Robert Bosch GmbH
重量	约 10kg
运行温度范围	−40~+105℃（环境温度） −40~+85℃（冷却液温度）
冷却	冷却液
供电电子装置	
运行电压范围	240~410V DC
输出电流	420A（10s）
DC/DC 转换器	
额定输出电压	14V DC
输出电流（持续）	172~200A（取决于温度）
输出功率（持续）	2.4~2.8kW（取决于温度）

3. 安装位置

G11/G12 PHEV 电机电子装置的安装位置如图 5-329 所示。

电机电子装置安装在发动机室内右侧后部。

4. 接口

G11/G12 PHEV 电机电子装置接口及导线如图 5-330 所示。

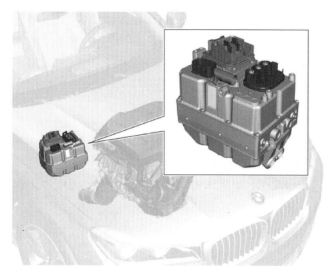

图 5-329

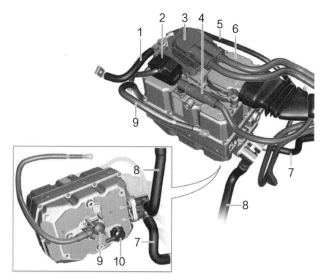

1.电位补偿导线接口 2.低电压插头 3.连接高电压蓄电池单元的高电压导线（DC） 4.连接便捷充电电子装置的高电压接口 5.蓄电池负极导线 6.连接电机的高电压导线（AC） 7.冷却液回流管路 8.冷却液供给管路 9.DC/DC转换器+12V输出端 10.排气装置

图 5-330

电机电子装置上的接口可以划分为 4 个类别：

· 低电压接口

· 高电压接口

· 电位补偿导线接口

· 冷却液管路接口

（1）低电压接口

在电机电子装置上的低电压插头中汇总了以下导线和信号：

· 混合动力配电盒的总线端 30

· 左前配电盒的总线端 30

· 总线端 30C（总线端 30 碰撞信号）

· 接地

· FlexRay 总线系统

· PT-CAN 总线系统

· PT-CAN3 总线系统

· 高电压触点监控电路的输入端和输出端（EME 控制单元分析信号并在电路断路时通过蓄能器管理电子装置 SME 关闭高电压系统）

· 控制车内空间截止阀

· 控制电动真空泵

· 分析电机上的转子位置传感器信号

· 分析电机上的温度传感器信号

· 附加蓄电池的智能型蓄电池传感器（LIN 总线）

通过两个独立的低电压接口和横截面较大的导线将电机电子装置与 12V 车载网络（总线端 30 和 31）连接。电机电子装置内的 DC/DC 转换器通过这个连接为整个 12V 车载网络提供能量。这两根导线与电机电子装置的接触连接分别通过一个螺栓连接实现。如图 5-331 所示再次以简化电路图形式概括展示了电机电子装置的低电压接口。

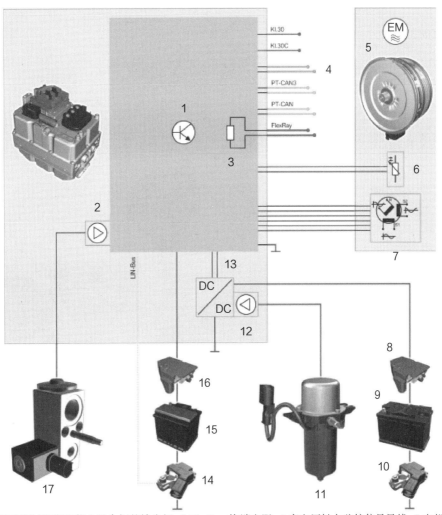

1.电机电子装置EME 2.用于控制膨胀和截止组合阀的输出级 3.FlexRay 终端电阻 4.高电压触点监控信号导线 5.电机（整体） 6.温度传感器 7.转子位置传感器 8.安全型蓄电池接线柱SBK 9.12V蓄电池 10.智能型蓄电池传感器IBS 11.电动真空泵 12.用于控制电动真空泵的输出级 13.单向DC/DC转换器 14.智能型蓄电池传感器2 IBS2 15.附加12V蓄电池 16.安全型蓄电池接线柱2SBK2 17.膨胀和截止组合阀（车内空间）

图 5-331

（2）高电压接口

电机电子装置上总共只有3个高电压接口，用于连接其他高电压组件的导线。用于电动空调压缩机和电气加热装置的接口现在位于便捷充电电子装置上，如表5-40和表5-41所示。

表 5-40

连接组件	触点数量，电压形式，屏蔽层
电机	·三相 ·交流电压 ·1个屏蔽层，用于所有3根导线
高电压蓄电池单元	·2针 ·直流电压 ·每根导线1个屏蔽层
便捷充电电子装置	·2针 ·直流电压 ·2根导线1个屏蔽层

表 5-41

连接组件	连接方式	接触保护
电机	螺栓连接的高电压插头	触点上方盖板
高电压蓄电池单元	带机械锁止件的扁平高电压插头	·接触簧片上方盖板 ·高电压触点监控
便捷充电电子装置	圆形高电压插头	触点上方盖板

简化电路图展示了电机电子装置与其他高电压组件之间的高电压连接，如图 5-332 所示。

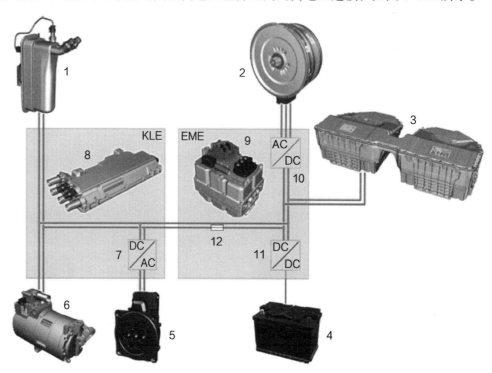

1.电气加热装置 2.电机 3.高电压蓄电池单元 4.12V蓄电池 5.充电接口 6.电动空调压缩机 7.单向 AC/DC 转换器 8.便捷充电电子装置
9.电机电子装置（整体） 10.双向DC/AC转换器 11.单向DC/DC转换器 12.过流保险丝（60A）

图 5-332

（3）高电压导线

高电压导线用于高电压组件相互连接，带有橙色电缆护套。混合动力车辆制造商已在通过橙色警告色统一标志高电压导线方面达成一致。在此对 G11/G12 PHEV 所用高电压导线进行概述。G11/G12 PHEV 高电压组件和高电压导线如图 5-333 所示。

不允许对高电压导线进行修理，损坏时必须完全更换高电压导线。高电压导线弯曲半径如图 5-334所示。

不允许过度弯曲或弯折高电压导线！弯曲半径不得小于 70mm！过度弯折 / 弯曲高电压导线可能导致导线屏蔽层损坏，进而形成高电压车载网络绝缘故障。通常情况下禁止进行带电高电压组件作业。在进行涉及高电压组件的任何工作步骤前，都必须

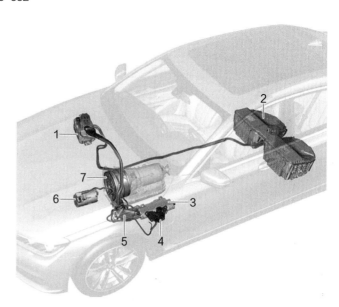

1.电机电子装置EME 2.高电压蓄电池单元 3.便捷充电电子装置KLE 4.充电接口 5.电气加热装置 6.电动空调压缩机EKK 7.电机

图 5-333

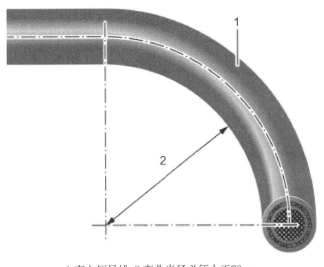

1.高电压导线 2.弯曲半径必须大于70mm

图 5-334

将高电压系统切换为无电压并采取安全措施以防未经授权重新启动：

· 充电插头未连接在车辆上
· 建立车辆状态"驻车"（例如通过长时间按压音量调节器）
· 等待车辆进入"休眠模式"（START/STOP 按钮上的字体不发光）
· 断开高电压安全插头
· 固定住高电压系统，以防通过高电压安全插头重新接通
· 启用 PAD 模式（例如通过 0.8s 内按压 START/STOP 按钮 3 次）。
· 等待组合仪表显示检查控制信息"高电压系统已关闭"

· 建立车辆状态"驻车"

① 松开扁平高电压插头。

高电压触点监控电桥：

松开高电压插头前，必须首先松开高电压触点监控电桥。插接状态下该电桥使高电压触点监控电路闭合。SME 和 EME 控制单元持续监控高电压触点监控电路。只有电路闭合时才会启用高电压系统。 如果通过松开电桥使高电压触点监控电路断开，则高电压系统自动关闭。这是一种附加的安全措施，因为开始工作前宝马高电压技师已将高电压系统切换到无电压。 如果在高电压系统处于启用状态时拔出高电压触点监控电桥，则会导致安全接触器"强制"断开。结果可能导致触点磨损加剧甚至损坏，如图 5-335 所示。

松开机械锁止件：

只有松开高电压触点监控电桥后，才能向箭头方向推移机械锁止件。机械锁止件是高电压组件（例如电机电子装置）上高电压插头的组成部分。向箭头方向推动锁止件可实现高电压导线上高电压插头机械导向，从而进行下面的拉拔，如图 5-336 所示。

拔出高电压导线插头：

现在可向箭头方向拔出高电压导线插头。将插头拔出几毫米后（如图 5-337 中 A）会感觉到较大反作用力。然后必须向相同方向继续拔出插头（如图 5-337 中 B）。插头达到位置（如图 5-337 中 A）后，决不允许将插头压回到高电压组件上，压回会造成高电压组件插孔上的接触保护损坏。必须分两步朝同一方向垂直拔出高电压导线的高电压插头。拔下期间不允许反向移动。

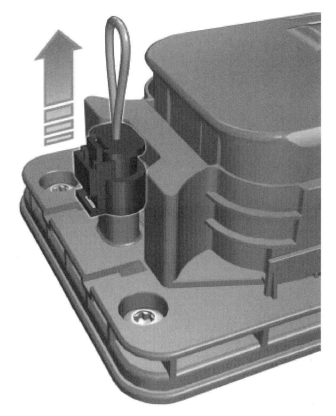

图 5-335

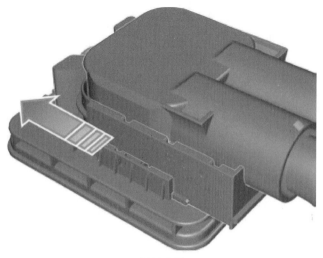

图 5-336

高电压系统已启用时，不允许拔出高电压触点监控电桥。重新连接高电压导线时按相反顺序进行。

G11/G12 PHEV 高电压组件上的扁平高电压插头示例如图 5-338 所示。

围绕高电压导线的两个电气触点各有一个屏蔽层触点。此外，高电压接口还可防止接触导电部件。触点本身带有塑料外套，从而防止直接接触。只有连接高电压导线时，才能压下外套并进行接触。

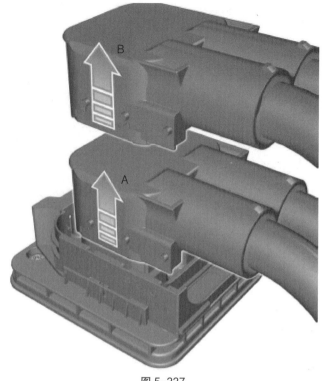

图 5-337

1.屏蔽层的电气触点 2.高电压导线的电气触点 3.接触保护 4.机械锁止件 5.带高电压触点监控电路内电桥接口的插孔

图 5-338

②松开圆形高电压插头。

以电机电子装置至便捷充电电子装置的高电压导线为例，展示了松开圆形高电压插头的工作步骤。根据安装位置可能安装了不同插头，在此通过插头前部上的附加黑色滑块来区分。两种型号，G11/G12 PHEV 松开圆形高电压插头如图 5-339 所示。

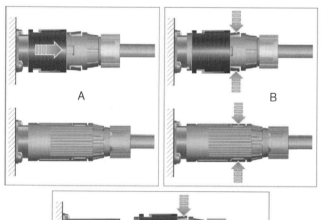

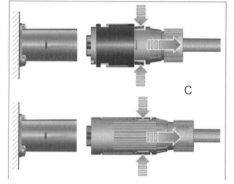

A.圆形高电压插头插在相应高电压组件的高电压接口上且已锁止。对于带黑色滑块的插头来说，必须将插头向箭头方向推到限位位置 B.必须向箭头方向挤压两个锁止元件，这样可松开高电压组件接口上的插头机械锁止件 C.在将锁止元件继续压到一起期间，必须沿纵向向箭头方向拔出插头

图 5-339

重新连接高电压导线时无须将锁止元件压到一起，将插头沿纵向推到组件的高电压接口上并在必要时向前推移滑块即可。在此必须确保锁止元件卡入（咔嗒声）。此外，还应通过随后拉动插头检查锁止件是否卡入，如图 5-340 所示。

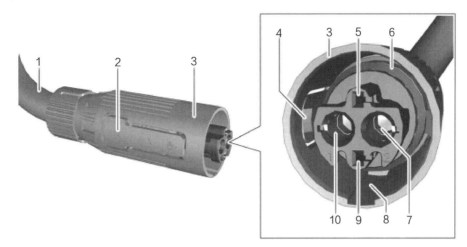

1.高电压导线 2.锁止元件操作部位 3.插头壳体 4.锁止元件 5.未使用 6.用于屏蔽的接口 7.高电压接口，线脚 2 8.机械设码 9.未使用 10.高电压接口，线脚1

图 5-340

与以前的高电压插头不同，在 G11/G12 PHEV 中不再分析高电压插头中电桥的接口。

（4）电位补偿导线接口

绝缘监控功能确定带电高电压部件（例如高电压导线）与接地之间的绝缘电阻是否高于或低于所需最低限值。如果绝缘电阻低于最低限值，就会存在车辆部件带有危险电压的可能。如果人员接触第二个带电高电压部件，就会存在电击危险。因此针对 G11/G12 PHEV 高电压系统提供全自动绝缘监控功能。蓄能器管理电子装置在高电压系统启用期间定期对其进行监控。在此车辆接地作为参考电位使用。如果没有附加措施，则通过这种方式只能确定高电压蓄电池单元内局部出现的绝缘故障。但确定车内所铺设高电压导线与接地间的绝缘故障也同样非常重要。因此高电压组件的所有导电壳体都与接地导电连接，这样可以通过在一个中央位置执行绝缘监控功能来确定整个高电压车载网络内的绝缘故障。

如果电位补偿导线未按规定连接在高电压组件上，则不允许高电压系统运行。如果维修时更换高电压组件或车身部件，则组装时应注意，必须按规定重新建立壳体与车身之间的连接。必须严格遵守维修说明（拧紧力矩、自攻螺钉）。

（5）冷却液管路接口

在此通过一个独立的冷却液循环回路对电机电子装置进行冷却。

（6）排气口

为了避免因温度变化及由此引起的湿气冷凝导致电机电子装置内部积水，在壳体底部有 3 个排气口。此外，这些排气口还能实现壳体内部与环境之间的压力平衡。为了完成这两个任务，排气口带有一个透气但不透水的隔膜，如图 5-341 所示。

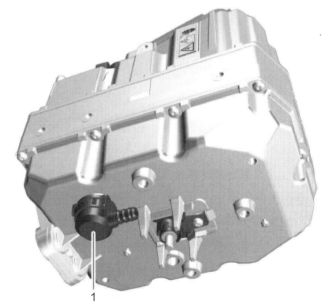

1.排气装置

图 5-341

5.任务

电机电子装置内部由 3 个子组件构成：

· 双向 DC/AC 转换器

· 单向 DC/DC 转换器

· EME 控制单元

用于平滑电压和过滤高频部分的中间电路电容器也是供电电子电路的组成部分。电机电子装置借助上述子组件执行以下功能：

· 出现故障和行驶状态不稳定时限制传动系的力矩

· 通过 EME 控制单元控制内部子组件

· 通过 DC/DC 转换器为 12V 车载网络供电

· 借助 DC/AC 转换器调节电机（转速、扭矩）

· 高电压电源管理系统

· 电机的接触连接

· 高电压蓄电池单元的接触连接

· 在行驶模式下为高电压蓄电池单元充电（通过能量回收利用）

· 与其他控制单元通信，特别是 DME、SME 和 DSC

· 冷却电机电子装置

· 控制电动真空泵

· 控制用于车内空间的截止阀

· 分析第二个智能型蓄电池传感器

· 主动分析高电压触点监控信号（高电压连锁）

· 中间电路电容器主动和被动放电到 60V 以下

· 自检和诊断

6.DC/DC 转换器

从技术角度而言，G11/G12 PHEV 电机电子装置内的 DC/DC 转换器能够执行以下运行模式：

· 待机（即使出现组件故障或短路、供电电子装置关闭时）

· 向下转换（下降模式：能量流至低电压侧，转换器调节低电压侧的电压）

电机电子装置停用时，DC/DC 转换器处于"待机"状态。根据总线端状态等不向 EME 控制单元供电时，就会出现这种情况。但是出现故障时，EME 控制单元也会要求 DC/DC 转换器执行待机运行模式。在这个运行模式下两个车载网络之间不传输能量，二者的电气连接彼此断开。运行模式向下转换又称为下降模式，是高电压系统启用状态下的正常运行模式。此后 DC/DC 转换器将电能从高电压车载网络传输到 12V 车载网络内，同时执行普通车辆中发电机的功能。为此 DC/DC 转换器必须将来自高电压车载网络的变化电压降到低电压车载网络内的电压。在此高电压车载网络内的电压取决于高电压蓄电池单元的充电状态等。

此时 DC/DC 转换器调节低电压车载网络内的电压，从而为 12V 蓄电池提供最佳充电，同时根据蓄电池的充电状态和温度调节约 12V 电压。DC/DC 转换器的持续输出功率约为 2800 W（取决于温度）。G11/G12 PHEV DC/DC 转换器工作原理如图 5-342 所示。

G11/G12 PHEV 中的 DC/DC 转换器技术也能实现运行模式"向上转换"（助推模式），例如 F04 中的 DC/DC 转换器，但在 G11/G12 PHEV 中不使用这种运行模式。因此无法利用来自 12V 车载网络的能量为 G11/G12 PHEV 的高电压蓄电池单元充电。关闭高电压系统时，采用之前的 DC/DC 转换器运行模式。关闭高

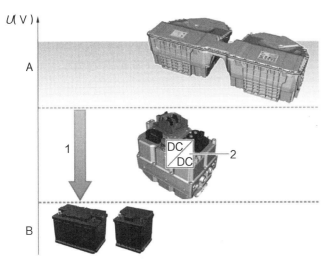

A.高电压车载网络电平 B.低电压车载网络电平，约12V 1.向下转换 2.电机电子装置内的DC/DC转换器

图5-342

DC/DC 转换器的温度由一个温度传感器测量并通过 EME 控制单元监控。如果在冷却液冷却的情况下温度仍超出允许范围，则 EME 控制单元降低 DC/DC 转换器功率以保护组件。

7. 用于控制电机的供电电子装置

用于控制电机的供电电子装置主要由双向 DC/AC 转换器构成。它是一个脉冲变流器，带有一个两芯直流电压接口和一个三相交流电压接口。该 DC/AC 转换器可作为逆变器工作，此时负责将电能从高电压蓄电池单元传输至作为电动机工作的电机。DC/AC 转换器也可作为直流整流器工作，此时负责将电能从电机传输至高电压蓄电池单元。进行制动能量回收利用时采用这种运行模式，此时电机作为发电机工作并产生电能，如图 5-344 所示。

DC/AC 转换器的运行模式由 EME 控制单元决定。为此作为主要输入参数 EME 控制单元从 DME 控制单元得到电机提供的扭矩规定值（数量和符号）。EME 控制单元根据这个规定值和当前电机运行状态（转速和扭矩）确定 DC/AC 转换器的运行模式以及电机相电压的振幅和频率。根据这些规定值以节拍方式控制 DC/AC 转换器的功率半导体。除 DC/AC 转换器外，供电电子装置还包括 DC/AC 转换器交流电压侧所有三相内的电流传感器。EME 控制单元通过电流传感器信号监控供电电子装置和电机内的电功率以及电机产生的扭矩。通过电流传感器信号以及电机

电压系统时，必须在 5s 内放电至没有危险的 60V 电压以下。为此 AC/DC 转换器有一个用于中间电路电容器的放电电路。通过这种方式可使高电压车载网络的放电时间低于 5s。出于安全考虑，还有一个始终并联的被动放电电阻。即使故障导致前两项放电措施无法正常进行，该电阻本身也能确保高电压车载网络可靠放电。放电至电压低于 60V 的所需时间较长，最长为 120s。G11/G12 PHEV 高电压中间电路放电如图 5-343 所示。

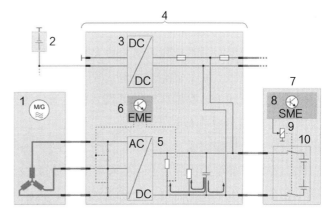

1.电机 2.12V车载网络接口 3.DC/DC转换器 4.电机电子装置（整体） 5.双向DC/AC转换器 6.EME控制单元 7.高电压蓄电池单元 8.SME控制单元 9.电动机械式接触器 10.高电压蓄电池单元C中间电路电容器

图5-343

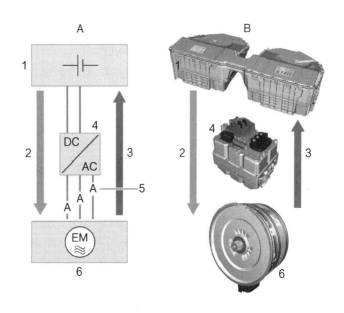

A.示意图 B.组件图示 1.高电压蓄电池单元 2.逆变器运行模式，电机作为电动机工作 3.直流整流器运行模式，电机作为发电机工作 4.DC/AC转换器 5.电流传感器 6.电机

图 5-344

内转子位置传感器信号可接通电机电子装置控制电路。电机电子装置和电机的功率数据在研发过程中进行了相互协调，因此电机电子装置能够持续提供55kW电功率并短时提供63kW最大功率。为了避免供电电子装置过载，在DC/AC转换器上有另一个温度传感器。如果根据这个信号识别出功率半导体温度过高，EME控制单元就会降低输出至电机的功率以保护供电电子装置。

8. 高电压电源管理系统

高电压车载网络电源管理系统包括两项子功能：一项用于行驶模式，一项用于充电模式。在行驶模式下协调从高电压蓄电池单元至高电压用电器的能量流以及在能量回收利用期间至高电压蓄电池单元的能量流。为此EME执行并不断重复以下计算步骤：

①查询高电压蓄电池单元可提供的功率（信号来源：SME）。

②查询高电压蓄电池单元可吸收的功率（信号来源：SME）。

③查询电动驱动装置要求的驱动或制动功率（信号来源：DME）。

④查询要求的空调系统功率（电气加热装置，电动空调压缩机，IHKA）。

⑤决定如何分配电功率并与用电器控制单元进行通信。

在充电模式下，高电压电源管理系统还有一项任务：控制从车辆外部通过EME至高电压蓄电池单元以及根据需要通过便捷充电电子装置至电气加热装置或至电动空调压缩机的能量流。在EME内不断重复的过程由以下单个步骤构成：

①查询外部可提供的功率（信号来源：KLE）。

②查询高电压蓄电池单元可吸收的功率（SME）。

③查询需要提供给空调系统的功率（IHKA）。

④EME要求的所需功率。

⑤将可提供的部分功率信息传输至高电压蓄电池单元接收器（SME控制单元）和空调系统（IHKA控制单元）。

外部可提供的功率并非大小不限，而是会受到电网和EME的限制，因此必须在进行分配前首先查询可提供的功率。高电压蓄电池单元根据其充电状态等可能无法吸收任意大小的功率，因此同样必须首先查询这个数值。根据高电压蓄电池单元温度或驾驶员给出的空调要求，空调系统也需要电功率，该功率数值是充电运行模式下用于高电压电源管理系统的第三个重要输入信号。在此根据这些信息对外部要求的功率进行控制并分配给用电器。

9. 其他高电压用电器供电

不仅电机由电机电子装置供电，便捷充电电子装置直接与电机电子装置连接，从而确保为电动空调压缩机和电气加热装置提供高电压供电。但并未为此在便捷充电电子装置内实现复杂的控制功能。而是将便捷充电电子装置用作简单的直流高电压配电盒，由高电压蓄电池单元为其提供该电压。为防止短路时连接两个高电压用电器的高电压导线过载，电机电子装置带有用于电动空调压缩机和电气加热装置的高电压保险丝。高电压保险丝的额定电流强度为60A。这个高电压保险丝无法单独更换，为此每次都需要更换EME。

10. 控制电动真空泵

制动真空压力传感器位于制动助力器壳体上，其信号由动态稳定控制系统DSC进行分析。电机电子装置EME从动态稳定控制系统DSC得到有关制动真空度、车速和制动踏板操作情况的信号。EME控制单元分析这些信号，然后由此确定是否接通电动真空泵。此外，功能逻辑还考虑滞后情况，以便不持续接通和关闭电动真空泵，而是在达到所需最小制动真空压力前保持接通状态。电机电子装置带有一个输出级（半导体继电器），用于接通和关闭电动真空泵供电。根据需要可将DC/DC转换器输出电压直接连接至电动真空泵。在此接通电流最大可能达到30A。为保护输出级和导线，在此通过电子方式限制电流强度。在此不控制电动真空泵的功率或转速，而是仅接通和关闭电动真空泵。制动真空压力传感器可根据不再提供真空识别出电动真空泵失灵。在这种情况下启动发动机，从而通过机械真空泵维持真空供给。但是至少确保法律规定的减速度（提高踏板力）。在此通过DSC实现液压制动助力功能，即根据驾驶员施加的压力产生液压增强的循环回路压力。

- 优点：即使在此故障情况下踏板力也较小
- 缺点：踏板反馈情况发生变化

11. 冷却

电机电子装置和便捷充电电子装置通过一个独立的冷却液循环回路进行冷却。用于 EME、KLE 和增压空气冷却器的冷却液循环回路如图 5-345 所示。

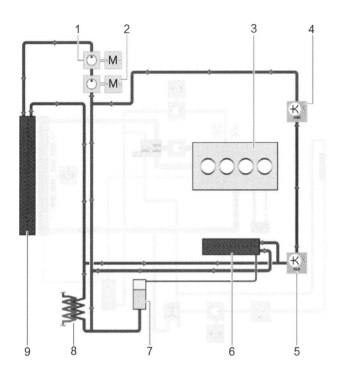

1.电动冷却液泵　2.电动冷却液泵　3.发动机　4.电机电子装置EME
5.便捷充电电子装置KLE　6.集成式间接增压空气冷却器（空气冷却液热交换器）　7.冷却液补液罐　8.通过冷却液冷却的空调冷凝器（冷却液制冷剂热交换器）　9.散热器（空气冷却液热交换器）

图 5-345

冷却液循环回路包括：

- 一个冷却液制冷剂热交换器
- 两个空气冷却液热交换器
- 两个电动冷却液泵（均为 80W）
- 一个补液罐
- 冷却液管路

G11/G12 PHEV 的冷却液循环回路组件安装位置如图 5-346 所示。

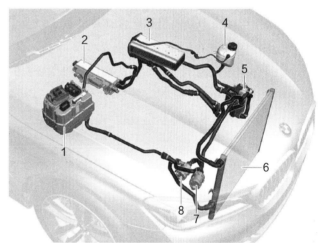

1.电机电子装置EME　2.便捷充电电子装置KLE　3.集成式间接增压空气冷却器（空气冷却液热交换器）　4.冷却液补液罐　5.通过冷却液冷却的空调冷凝器（冷却液制冷剂热交换器）　6.散热器（空气冷却液热交换器）　7.电动冷却液泵　8.电动冷却液泵

图 5-346

散热器（空气冷却液热交换器）集成在冷却模块内。取决于电机电子装置的冷却要求，根据需要以耗油量优化方式控制电动冷却液泵和电子扇。由于根据需要控制电子扇和电动冷却液泵，因此可避免影响电子装置使用寿命的剧烈温度波动，同时达到能量优化方式的冷却效果。电动冷却液泵和／或电子扇不由电机电子装置 EME 控制，而是由数字式发动机电子系统 DME 通过 LIN 总线控制。发动机为冷却增压空气而运行时或需要冷却高电压组件或车内空间时可以进行控制。在补液罐内未安装电气液位传感器，因此维修时应注意以下事项：由于未安装电气液位传感器，因冷却系统泄漏等造成冷却液损耗时无法直接识别出来，而是出现冷却液损耗时，电机电子装置的温度会升高到超出正常运行范围。在这种情况下降低电机电子装置功率并输出相应检查控制信息。进行故障查询时，售后服务员工必须检查是否存在以下故障：

- 因泄漏等情况造成冷却液损耗
- 散热器（空气冷却液热交换器）堵住
- 电子扇不运行或功能受限
- 冷却液泵不运行
- 冷却液管路或接口损坏
- 需要冷却的组件损坏（EME）

显示冷却系统内温度过高时，可能存在多种原因，其中也包括冷却液损耗。因此进行故障查询时，必须系统化检查冷却系统的所有组件。电机电子装置的冷却液循环回路排气方式与传统车辆相似。使用宝马车辆常用的水和防冻防腐剂的混合液 G48 作为冷却液。高电压蓄电池单元充电期间，DC/DC 转换器、高电压电源管理系统和电机电子装置内的总线通信处于运行状态。由于电机电子装置内转换电功率，在此也会产生热量，必须借助在此所述的冷却液循环回路排出热量。因此充电期间电机电子装置内出现相应高温时，电动冷却液泵和电子扇也可能会启动。高电压蓄电池单元充电期间可能会自动接通冷却液泵及电子扇，因此在发动机室盖打开的状态下进行工作时或对电机电子装置冷却液循环回路进行工作时，不允许为高电压蓄电池单元充电。在以下车辆状态下可能控制冷却液泵和电子扇：

- 存在车辆状态"行驶"
- PAD 模式已启用
- 为高电压蓄电池单元充电

PAD 模式已启用时，电机电子装置的供电电子电路处于运行状态。DC/DC 转换器通过这种方式为高电压车载网络（电动空调压缩机和电气加热装置）以及 12V 车载网络提供能量。如果根据此时产生的热量识别出冷却要求，则接通冷却液泵并根据需要接通电子扇。在车辆状态"行驶"时或 PAD 模式已启用时，可能会自动接通冷却液泵和电子扇。因此在发动机室盖打开的状态下进行工作时或对电机电子装置冷却液循环回路进行工作时，务必确保车辆处于车辆状态"驻车"或"停留"。

（五）高电压蓄电池单元

1. 概览

高电压蓄电池单元是由以下主要组件构成的整个系统：

- 带实际电池的电池模块
- 电池监控电子装置
- 安全盒 S-Box
- 蓄能器管理电子装置 SME 控制单元
- 四件式蒸发器
- 导线束
- 接口（电气、制冷剂、排气）
- 壳体部件和固定部件

高电压蓄电池单元的主要任务是从高电压车载网络吸收、存储电能并根据需要提供使用以及将其转化为化学能量。此外，还执行有助于确保高电压系统安全的重要任务，例如高电压触点监控。可通过制动能量回收利用或外部电网为高电压蓄电池单元充电。为使 G11/G12 PHEV 达到预期电动可达里程，对可存储的备用能量进行了相应计算。这决定了高电压蓄电池单元的容积和重量。高电压蓄电池单元安装在行李箱内，通过 3 个连接点固定在车身上。在 G11/G12 PHEV 中，高电压安全插头（又称为售后服务断电开关）不是高电压蓄电池单元的组成部分。取而代之的是该部件位于行李箱内右侧的一个盖板下。高电压蓄电池单元是一个复杂的高电压组件，必须遵守操作和安全规定。尤其是不允许锂离子电池过度充电且电池不得处于温度过高的环境中，否则有失火危险！通常情况下禁止进行带电高电压组件作业。在进行涉及高电压组件的任何工作步骤前，都必须将高电压系统切换为无电压并采取安全措施以防未经授权重新启动：

- 充电插头未连接在车辆上
- 建立车辆状态"驻车"（例如通过长时间按压音量调节器）
- 等待车辆进入"休眠模式"（START/STOP 按钮上的字体不发光）
- 断开高电压安全插头
- 固定住高电压系统，以防通过高电压安全插头重新接通
- 启用 PAD 模式（例如通过 0.8s 内按压 START/STOP 按钮 3 次）
- 等待组合仪表显示检查控制信息"高电压系统已关闭"
- 建立车辆状态"驻车"

（1）技术数据

G11/G12 PHEV 的高电压蓄电池单元由宝马在德国丁果耳芬生产。高电压蓄电池单元的电池由三星公司生产。高电压蓄电池单元同样由宝马自行研发。在 G11/G12 PHEV 高电压蓄电池单元内使用的蓄电池组电池属于锂离子电池类型（电池类型为 NMCo/LMO 混合）。锂离子电池的阳极材料原则上为锂金属氧化物。"NMCo/LMO 混合"这一名称说明了这类电池所用的金属，一方面是镍、锰和钴的混合物，另一方面是锂锰氧化物。通过选择阳极材料优化了混合动力车辆所用高电压蓄电池单元的特性（能量密度高、充电循环次数长）。像往常一样使用石墨作为阴极材料，放电时锂离子沉积在石墨内。根据蓄电池组电池内所用材料，总计额定电压为 3.66V，如表 5-42 所示。

表 5-42

电压	351.4V（额定电压） 最小 269V，最大 398V（电压范围）
蓄电池组电池	96 个蓄电池组电池串联（每个电池均为 3.66V 和 26Ah）
最大可存储能量 最大可用能量	9.1kWh 7.31kWh
最大功率（放电）	83kW（短时）
最大功率（交流电充电）	3.7kW
总重量	112.6kg
尺寸	541mm × 1134mm × 271mm
冷却系统	制冷剂，取决于市场使用 R1234yf 和 R134a

（2）安装位置

G11/G12 PHEV 的高电压蓄电池单元安装位置如图 5-347 所示。

高电压蓄电池单元安装在后桥前方中间位置。这样带来的优点是降低了 G11/G12 PHEV 的重心，从而改善了行驶特性。所有接口均可从车辆底部接触到 G11/G12 PHEV 的高电压蓄电池单元固定方式如图 5-348 所示。

高电压蓄电池单元通过 8 个支架和 10 个固定螺栓与车身连接。通过这种方式可使重力以及行驶期间产生的加速力作用在车身上。所有固定螺栓均可从车辆底部接触到。不过需要松开螺栓时，必须事先拆卸多个饰板、排气装置和传动轴。为便于拆卸和安装高电压蓄电池单元，在此使用带有相应固定装置的可移动总成

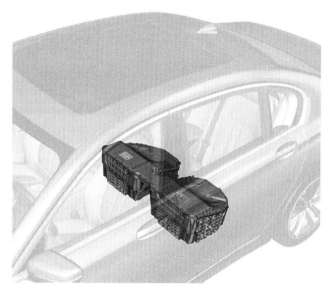

图 5-347

1.固定螺栓 2.支架

图 5-348

升降台。

在此通过一根独立的电位补偿导线使高电压蓄电池单元壳体与车身间形成电气连接。高电压蓄电池单元壳体与接地之间的低电阻连接是确保自动绝缘监控功能正常运行的一项重要前提条件。因此必须遵守规定的拧紧力矩。此外还必须注意，无论是高电压蓄电池单元壳体还是车身，都不允许在相应部位涂漆、腐蚀或有污物。

安装固定螺栓时必须遵守准确的工作步骤：

· 清洁接触面并让另外一人进行检查

· 按规定力矩拧紧固定螺栓

· 让另外一人检查力矩

· 两人必须将准确工作情况记录在车辆档案内。

（3）系统电路图

G11/G12 PHEV 的高电压网络内高电压蓄电池单元的系统电路图如图 5-349 所示。

2.外部特征

（1）提示牌

高电压蓄电池单元壳体上有三个铭牌，即一个型号铭牌和两个警告提示牌。型号铭牌提供逻辑信息（例如零件编号）和最重要的技术数据（例如额定电压）。警告提示牌一方面指出采用了锂离子技术，另一方面指出高电压蓄电池单元内电压较高，从而提醒注意可能存在相关危险。G11/G12 PHEV 的高电压蓄电池单元壳体上的提示牌如图 5-350 所示。

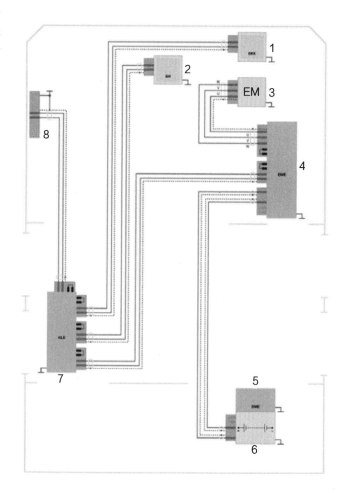

1.电动空调压缩机EKK 2.电气加热装置 3.电机 4.蓄能器管理电子装置SME 5.高电压蓄电池单元电池模块 6.电机电子装置EME 7.便捷充电电子装置KLE 8.充电接口

图 5-349

560

1.高电压蓄电池单元警告提示牌 2.带有技术数据的型号铭牌 3.高电压蓄电池单元壳体下部件 4.高电压组件警告提示牌 5.高电压蓄电池单元壳体上部件

图 5-350

（2）电气接口

高电压蓄电池单元除高电压接口外还有一个信号接口。为对高电压蓄电池单元进行冷却，在此将其接入制冷剂循环回路内，如图 5-351 所示。

可在无须拆卸高电压蓄电池单元的情况下断开导线（高电压和信号接口）和制冷剂管路。

①低电压接口。

在 G11/G12 PHEV 的高电压蓄电池单元上左侧有一个信号接口。通过该接口为集成在高电压蓄电池单元内的控制单元提供电压、总线信号、传感器信号和监控信号。信号接口带有以下导线：

· 通过总线端 30F 和总线端 31 为 SME 控制单元供电

· 总线端 30 碰撞信号，用于为电动机械式接触器供电

· 高电压触点监控导线的输入端和输出端

· 用于控制膨胀和截止组合阀（作为冷却系统的组成部分）的输出端（+12V 和接地）

· PT-CAN2

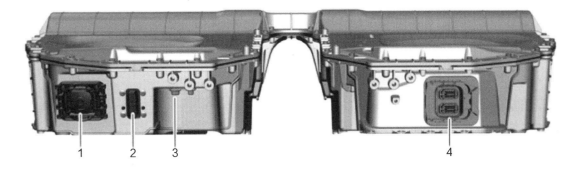

1.排气单元 2.信号插头 3.制冷剂管路接口 4.高电压接口

图 5-351

② 高电压接口。

在高电压蓄电池单元上右侧有一个高电压接口，高电压蓄电池单元通过该接口与电机电子装置连接。

（3）排气单元

排气单元有两项任务。第一项任务是补偿高电压蓄电池单元内部和外部之间的较大压力差。只有某一蓄电池组电池损坏时才会产生这种压力差。在此情况下，出于安全原因，蓄电池组电池已损坏的电池模块壳体会打开，以便降低压力。随后气体首先存在于高电压蓄电池单元壳体内。从此处可通过排气单元排到外面。排气单元的第二项任务是向外输送高电压蓄电池单元内部产生的冷凝物。在高电压蓄电池单元内部除技术组件外还有空气。通过较低环境温度或通过启用冷却功能（制冷剂）对空气或壳体进行冷却时，空气中的部分水蒸气就会冷凝。因此在高电压蓄电池单元内部可能会形成少量冷凝物。这不会对功能产生任何影响。空气或壳体再次受热时冷凝物就会重新蒸发，同时壳体内的压力稍稍增大。排气单元可通过向外排出受热空气进

行压力补偿，此时会将空气中包含的水蒸气连同之前的液态冷凝物一起向外排出。

3.冷却系统

为了尽可能延长高电压蓄电池单元的使用寿命并获得最大功率，应在规定温度范围内运行蓄电池。车外温度 −40 ～ +60℃时，原则上高电压蓄电池单元已准备就绪。就使用寿命和功率而言，最佳范围明显缩小，即 +25 ～ +40℃，此为电池温度而非车外温度。如果在功率输出较高的同时电池温度持续明显超出该范围，就会影响蓄电池组电池的使用寿命。为了消除该影响并在所有车外温度条件下确保最大功率，G11/G12 PHEV 的高电压蓄电池单元带有自动运行的冷却装置。如果长时间（例如多日）将 G11/G12 PHEV 停放在很低的环境温度下，蓄电池组电池也会变为与环境温度一样低。在此情况下，开始行驶时可能无法提供最大电动驱动功率。在 G11/G12 PHEV 上未安装高电压蓄电池单元加热装置。

（1）概览

G11/G12 PHEV 空调系统的系统概览如图 5-352 所示，G11/G12 PHEV 空调系统安装位置的系统概览如图 5-353 所示。

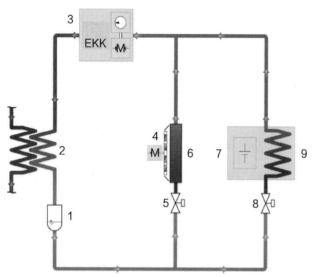

1.干燥器瓶 2.通过冷却液冷却的空调冷凝器（冷却液制冷剂热交换器） 3.电动空调压缩机EKK 4.车内空间鼓风机 5.车内空间膨胀和截止组合阀 6.车内空间蒸发器 7.高电压蓄电池单元 8.高电压蓄电池单元膨胀和截止组合阀 9.蒸发器

图 5-352

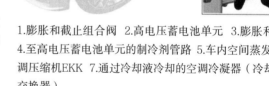

1.膨胀和截止组合阀 2.高电压蓄电池单元 3.膨胀和截止组合阀 4.至高电压蓄电池单元的制冷剂管路 5.车内空间蒸发器 6.电动空调压缩机EKK 7.通过冷却液冷却的空调冷凝器（冷却液制冷剂热交换器）

图 5-353

（2）功能

根据冷却系统的功能可实现两种运行状态：

· 冷却系统关闭

· 冷却系统接通

① "冷却系统关闭" 运行状态。

电池温度已处于或低于最佳范围时就会启用 "冷却系统关闭" 运行状态。车辆在适中环境温度下以较低电功率行驶时就会启用该运行状态。"冷却系统关闭" 运行状态非常高效，因为无须其他能量来对高电压蓄电池进行冷却。相关组件按以下方式工作：

· 只需对车内空间进行冷却时，电动空调压缩机不运行或降低功率运行

· 高电压蓄电池单元上的膨胀和截止组合阀关闭

② "冷却系统接通"运行状态。

蓄电池组电池温度增至约 30℃时，就会开始冷却高电压蓄电池单元。SME 控制单元以两个优先级向 IHKA 控制单元提出冷却要求。之后 IHKA 决定是否对车内空间、高电压蓄电池单元或二者进行冷却。SME 提出优先级较低的冷却要求且车内空间冷却要求较高时，IHKA 可能会拒绝提出的冷却要求。但 SME 提出优先级较高的冷却要求时，始终会对高电压蓄电池单元进行冷却。进行冷却时，IHKA 要求电机电子装置内的高电压电源管理系统提供用于电动空调压缩机的电功率。在冷却运行状态下，组件工作方式如下：

· SME 组件提出冷却要求

· IKHA 授权后，SME 控制单元控制高电压蓄电池单元上的膨胀和截止组合阀。通过这种方式使该阀门打开，制冷剂流入高电压蓄电池单元内

· 电动空调压缩机运行

膨胀阀后压力下降后，高电压蓄电池单元的管路和冷却通道内的制冷剂蒸发。此时制冷剂吸收电池模块或蓄电池组电池的热量并对其进行冷却。随后蒸发的制冷剂离开高电压蓄电池单元，经电动空调压缩机压缩并由通过冷却液冷却的空调冷凝器液化。虽然该过程需要获取高电压车载网络能量，但其意义非常重大。只有这样才能确保蓄电池组电池具有较长使用寿命和较高效率。蓄电池组电池温度明显低于 20℃最佳运行温度时，其功率会暂时受限且能量转换效率也不理想。这是无法避免的锂离子蓄电池化学效应。如果长时间（例如多日）将 G11/G12 PHEV 停放在很低的环境温度下，则蓄电池组电池也会变为与环境温度一样低。在此情况下，开始行驶时可能无法提供最大电动驱动功率，但客户并不会有所察觉，因为此时由发动机驱动车辆。

（3）系统组件

在高电压蓄电池单元内部，制冷剂在管路和冷却通道（铝合金材质）内流动。通过入口管路流入的制冷剂在高电压蓄电池单元接口后分为上部和下部蒸发器。流经供给管路的制冷剂分别进入相应蒸发器内并通过流经冷却通道吸收电池模块的热量。在右侧和左侧蒸发器端部处汇集为一个共同的回流管路。这根共同的回流管路将蒸发的制冷剂输送回高电压蓄电池单元接口。在左下蒸发器的供给管路上装有一个温度传感器，该传感器信号用于控制和监控冷却功能。由 SME 控制单元直接读取该信号，如图 5-354 所示。

4. 内部结构

电气和电子组件：

G11/G12 PHEV 的高电压蓄电池单元系统电路图，如图 5-355 所示。

从上面的电路图中可以看出，除汇集在 6 个电池模块内的蓄电池组电池本身外，高电压蓄电池单元还包括以下电气／电子部件：

· 蓄能器管理电子装置 SME 控制单元

· 6 个电池监控电子装置（电池监控电路 CSC）

· 带接触器、传感器、过电流保险丝和绝缘监

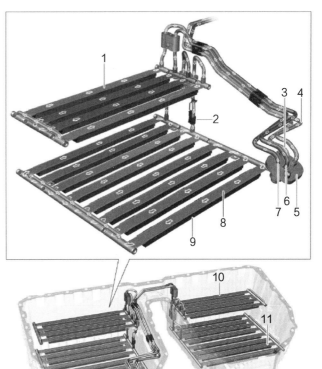

1.蒸发器（左上，沿行驶方向看）　2.制冷剂温度传感器　3.左侧蒸发器压力阶段供给管路（沿行驶方向看）　4.右侧蒸发器压力阶段供给管路　5.膨胀和截止组合阀连接法兰　6.右侧蒸发器抽吸侧回流管路　7.左侧蒸发器抽吸侧回流管路　8.蒸发器（左下）　9.弹簧条　10.蒸发器（右上）　11.蒸发器（左上）

图 5-354

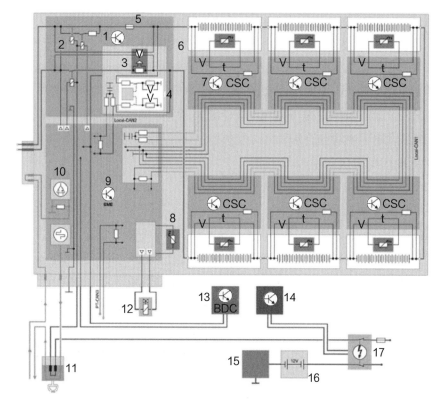

1.安全盒S-Box 2.接触器 3.电流和电压传感器 4.绝缘监控 5.主电流保险丝（350A） 6.电池模块 7.电池监控电子装置（电池监控电路CSC） 8.制冷剂管路温度传感器 9.蓄能器管理电子装置SME 10.高电压触点监控电路控制装置 11.高电压安全插头（售后服务断电开关） 12.制冷剂管路的膨胀和截止组合阀 13.车身域控制器BDC 14.带有安全型蓄电池接线柱触发用控制导线的ACSM 15.智能型蓄电池传感器IBS 16.12V蓄电池 17.安全型蓄电池接线柱SBK

图 5-355

控的安全盒

除电气组件外，高电压蓄电池单元还包括制冷剂管路、冷却通道以及电池模块的机械固定元件。

① 蓄能器管理电子装置 SME。

针对高电压蓄电池使用寿命的要求比较严格（车辆使用寿命）。为了满足这些要求，不能随意运行高电压蓄电池，而是必须在严格规定的范围内运行高电压蓄电池，从而确保其使用寿命和功率最大化。相关边界条件如下：

· 在最佳温度范围内运行电池（通过冷却以及根据需要限制电流强度）

· 根据需要均衡所有电池的充电状态

· 在特定范围内充分利用可存储的蓄电池能量

为了遵守这些边界条件，在 G11/G12 PHEV 的高电压蓄电池单元内装有一个蓄能器管理电子装置 SME 控制单元。

SME 控制单元需要执行以下任务：

· 由电机电子装置 EME 根据要求控制高电压系统的启动和关闭

· 分析所有蓄电池组电池的测量信号、电压和温度以及高电压电路内的电流强度

· 控制高电压蓄电池单元的冷却系统

· 确定高电压蓄电池的充电状态（SoC）和老化状态（SoH）

· 确定高电压蓄电池的可用功率并根据需要对电机电子装置提出限制请求

· 安全功能（例如电压和温度监控、高电压触点监控）

· 识别出故障状态、存储故障码存储器记录并向电机电子装置发送故障状态

原则上可通过诊断系统使 SME 控制单元做出响应并对其进行编程。进行故障查询时必须清楚，在 SME 控制单元的故障码存储器内不仅可存储控制单元故障，而且还可查阅高电压蓄电池单元内其他组件的故障记录。这些故障码存储器记录根据严重程度和尚可提供的功能分为不同类型：

· 立即关闭高电压系统：因出现故障影响高电压系统安全或产生高电压蓄电池损坏危险时，就会立即关闭高电压系统并断开电动机械式接触器触点

· 限制功率：高电压蓄电池无法继续提供最大功率或全部能量时，就会限制驱动功率和可达里程从而保护组件，此时驾驶员可在驱动功率明显降低的情况下继续行驶较短距离

· 对客户没有直接影响的故障：例如 SME 或 CSC 控制单元之间的通信短时受到干扰时，不表示功能受限或危及高电压系统安全。只会产生一个故障码存储器记录，须由宝马售后服务部门通过诊断系统对该记录进行分析。不出现检查控制信息，不会影响客户所使用的功能

从高电压蓄电池单元外部无法接触到 SME 控制单元。出现故障需要更换 SME 控制单元时，必须事先打开高电压蓄电池单元。只允许由具备资质的相关工作人员来打开高电压蓄电池单元。此外，还必须严格按照维修说明来进行，特别要在打开前进行规定的检查工作。SME 控制单元的电气接口包括：

· SME 控制单元 12V 供电（左前配电盒的总线端 30 和总线端 31）

· 接触器 12V 供电（总线端 30C 碰撞信号）

· PT-CAN3

· 局域 CAN1 和 2

· 高电压触点监控输入端和输出端

· 制冷剂循环回路内膨胀和截止组合阀的控制导线

· 制冷剂温度传感器

由一个专用 12V 导线为高电压蓄电池单元内的接触器供电。该导线称为总线端 30 碰撞信号，简称总线端 30C。总线端名称中的 C 表示发生事故（碰撞）时关闭该 12V 电压。该导线是安全型蓄电池接线柱的一个（第二个）输出端。即触发安全型蓄电池接线柱时也会断开该供电导线。此外，该导线穿过高电压安全插头，因此将高电压系统切换为无电压时也会关闭接触器供电。因此在上述两种情况下，高电压蓄电池单元内的两个接触器会自动断开。局域 CAN1 使 SME 控制单元与电池监控电子装置 CSC 相互连接。局域 CAN2 用于实现 SME 控制单元与安全盒之间的通信。通过该总线可传输例如电流强度测量值等信息，G11/G12 PHEV 的高电压蓄电池单元局域 CAN 电路原理图如图 5-356 所示。

② 电池模块。

高电压蓄电池单元由 6 个串联连接的电池模块构成。每个电池模块都分配有一个电池监控电子装置。电池模块本身由 16 个串联连接的电池构成。每个电池的额定电压为 3.66V，额定容量为 26Ah，如图 5-357 所示。

电池模块位于高电压蓄电池单元内。电池模块及其固定部件的所有相关作业只能由具备资质的维修车间人员进行。

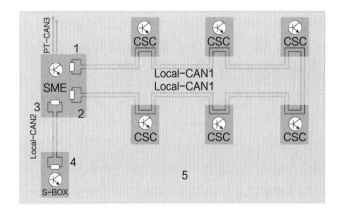

1.SME控制单元内的局域CAN1终端电阻 2.SME控制单元内的局域CAN1终端电阻 3.SME控制单元内的局域CAN2终端电阻 4.安全盒内的局域CAN2终端电阻 5.高电压蓄电池单元

图 5-356

③电池监控电子装置。

为确保 G11/G12 PHEV 所用锂离子电池正常运行，必须遵守特定边界条件：电池电压和电池温度不允许低于或超过特定数值，否则可能造成蓄电池组电池永久损坏。因此高电压蓄电池单元带有 6 个研发名称为电池监控电路CSC的电池监控电子装置。G11/G12 PHEV 的电池监控电子装置如图 5-358 所示。

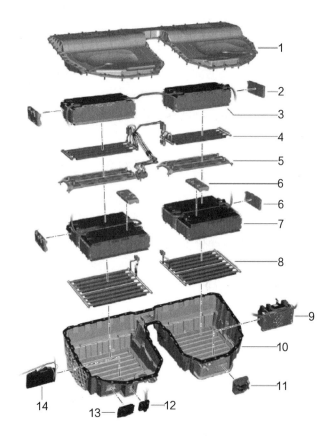

1.壳体上部件 2.上部电池监控电子装置 3.上部电池模块 4.上部蒸发器 5.模块隔板 6.下部电池监控电子装置 7.下部电池模块 8.下部蒸发器 9.安全盒 10.壳体下部件 11.高电压接口 12.信号插头 13.排气单元 14.蓄能器管理电子装置SME

图 5-357

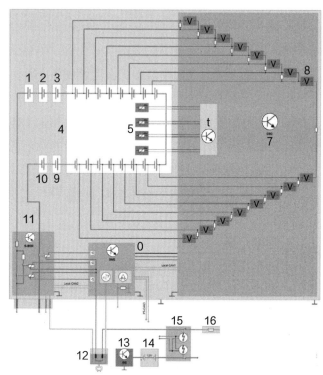

1.电池模块1 2.电池模块2 3.电池模块3 4.电池模块4 5.电池模块处的温度传感器 6.电池电压测量 7.电池模块4处的电池监控电子装置 8.蓄能器管理电子装置SME 9.电池模块5 10.电池模块6 11.安全盒S-Box 12.高电压安全插头（售后服务断电开关）13.智能型蓄电池传感器IBS 14.12V蓄电池 15.安全型蓄电池接线柱SBK 16.左前配电盒

图 5-358

在此以极高扫描率（每 20ms 测量一次）测量电池电压。通过测量电压可识别出充电和放电过程结束。温度传感器安装在电池模块上，根据其测量值可确定各蓄电池组电池的温度。根据电池温度可识别出过载或电气故障。出现任何上述情况时都必须立即降低电流强度或完全关闭高电压系统，以免蓄电池组电池进一步损坏。此外，测量温度还用于控制冷却系统，以便始终在最有利于功率和使用寿命的温度范围内运行蓄电池组电池。由于电池温度是一项重要参数，因此每个电池模块都有 3 个 NTC 温度传感器，其中一个为冗余传感器。电池监控电子装置通过局域 CAN 传输其测量数值。该局域 CAN1 使所有电池监控电子装置相互连接并与 SME 控制单元相连。在 SME 控制单元内对测量值进行分析并根据需要做出相应反应（例如控制冷却系统）。如果一个或多个蓄电池组电池的电池电压明显低于所有其他蓄电池组电池，高电压蓄电池的可用能含量就会因此受限。放电时由最弱的蓄电池组电池决定何时停止释放能量：如果最弱电池的电压降至放电限值，则即使其他蓄电池组电池还存有充足能量，也必须结束放电过程。如果仍继续放电过程，就会因此造成最弱蓄电池组电池永久损坏。因此可通过一项功能使电池电压调节至几乎相同的水平。该过程也称为电池平衡。G11/G12 PHEV 电池电压平衡电路原理图如图 5-359 所示。

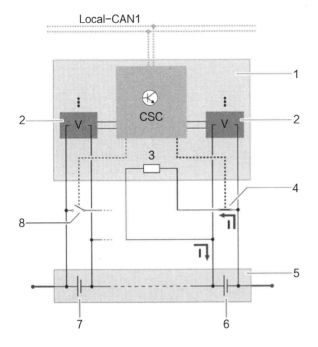

Local-CAN1

1.电池监控电子装置　2.用于测量电池电压的传感器　3.放电电阻
4.用于某一蓄电池组电池放电的触点闭合（启用）　5.电池模块
6.通过放电降低电压的蓄电池组电池　7.未放电的蓄电池组电池
8.用于某一蓄电池组电池放电的触点断开（未启用）

图 5-359

为此 SME 控制单元将所有电池电压进行相互比较。在此过程中对电池电压明显较高的蓄电池组电池进行有针对性的放电。SME 控制单元通过局域 CAN1 将相关请求发送至这些蓄电池组电池的电池监控电子装置，从而启动放电过程。为此每个电池监控电子装置都有一个针对各蓄电池组电池的欧姆电阻，相应电子触点闭合后放电电流就会流过该电阻。启动放电过程后由电池监控电子装置独自负责执行该过程，即使在此期间主控控制单元切换为休眠模式也会继续执行。通过与总线端30 直接相连的蓄能器管理电子装置为 CSC 控制单元供电来实现这一点。所有蓄电池组电池的电压均处于较小规定范围内时，放电过程就会自动结束。电池平衡过程会一直进行，直至所有电池达到相同电压水平。在平衡电池电压的过程中会造成损失，但损失的电能极小（小于 0.1%SoC）。而优势在于可使可达里程和高电压蓄电池单元使用寿命最大化，因此总体而言平衡电池电压非常有利且十分必要。当然，只有在车辆静止状态下才会执行该过程。平衡电池电压的具体条件包括：

· 车辆处于车辆状态"驻车"

· 高电压系统已关闭

· 电池电压或各电池 SoC 的偏差大于相应限值

· 高电压蓄电池的总 SoC 大于相应限值

如果满足上述条件，就会自动平衡电池电压。因此客户既看不到检查控制信息，也无须为此进行特殊操作。即使更换电池模块后，SME 控制单元也会自动识别出电池电压平衡需求。如果电池电压的偏差过大或电池电压平衡未顺利进行，就会在 SME 控制单元内生成一个故障码存储器记录。此时通过一条检查控制信息提醒客户注意该故障状态。之后必须通过诊断系统对故障码存储器进行分析并进行相应修理工作。电池监控电子装置位于高电压蓄电池单元内。电池监控电子装置的所有相关作业只能由具备资质的维修车间人员进行。

④ 安全盒（S 盒）

在每个高电压蓄电池单元内都有一个带独立壳体的接口单元，该单元称为安全盒或简称为 S 盒。在安全盒内集成有以下组件：

· 蓄电池负极电流路径内的电流传感器

· 蓄电池正极电流路径内的保险丝

· 两个电动机械式接触器（每个电流路径一个开关触点）

· 用于缓慢启动高电压系统的预充电电路

· 用于监控开关触点、测量蓄电池总电压和监控绝缘电阻的电压传感器

· 用于绝缘监控的电路

⑤ 导线束。

在高电压蓄电池单元内有两个导线束：

- 用于连接 CSC 与 SME 控制单元的通信导线束
- 用于连接 SME 和 S 盒与 12V 车载网络接口的通信导线束

5. 功能

在 G11/G12 PHEV 上由电机电子装置 EME 控制和协调高电压系统的主要功能。高电压蓄电池单元和 SME 控制单元对于高电压系统的主要功能非常重要。具体包括：

- 启动
- 正常关闭
- 快速关闭
- 蓄电池管理
- 高电压蓄电池充电
- 监控功能

（1）启动

无论以下哪项作为触发因素，高电压系统的启动顺序始终相同：

- 接通总线端 15 或建立行驶准备就绪状态
- 需要开始高电压蓄电池充电
- 使车辆做好行驶准备（高电压蓄电池或车内空间空气调节）

高电压系统的具体启动步骤如下：

- EME 控制单元通过 PT-CAN/PT-CAN2/PT-CAN3 上的总线电码要求启动
- 通过自诊断功能检查高电压系统
- 持续提高高电压系统内的电压
- 使接触器触点完全闭合

主要通过 EME 控制单元和 SME 控制单元进行高电压系统检查。在此检查与安全有关的标准，例如高电压触点监控电路或绝缘电阻。而且还必须满足启动所需的功能条件，例如所有子系统处于运行准备就绪状态。由于高电压系统带有电容值较高的电容器（供电电子装置内的中间电路电容器），因此不允许电动机械式接触器触点简单闭合。电流脉冲过高会导致高电压蓄电池、中间电路电容器以及接触器触点损坏。首先会使负极上的接触器闭合。与正极上的接触器并联有一个带电阻的预充电电路。此时启用该电路，受电阻限制的接通电流使中间电路电容器充电。中间电路电容器电压大致达到蓄电池电压数值时，就会断开预充电电路并使高电压蓄电池单元正极上的接触器闭合。此时高电压系统处于完全准备就绪状态。在车辆内可听到启动期间先后闭合接触器时发出的响声，这不表示出现功能故障。高电压系统未出现故障时，会在约 0.5s 内完成高电压系统整个启动过程。成功启动后，SME 控制单元就会通过 PT-CAN3 向 EME 控制单元发送总线电码。如果例如接触器某一触点未顺利闭合，也会通过相同方式发送故障状态信号。

（2）正常关闭

高电压系统关闭分为正常关闭和快速关闭两种情况。在此所说的正常关闭，一方面保护所有相关部件，另一方面还监控与安全有关的高电压系统组件。满足以下条件或标准时，就会正常关闭高电压系统：

- 驾驶员建立车辆状态"驻车"或"停留"（总线端 15 关闭，继续运行时间结束，由 EME 进行控制）
- 驻车空气调节、驻车暖风或高电压蓄电池单元调节功能结束
- 高电压蓄电池单元充电过程结束
- 车载网络蓄电池充电过程结束
- 进行某高电压控制单元编程

正常关闭时，无论通过何种因素触发，都始终按照如下具体步骤保持相同顺序：

·继续运行时间结束后 EME 通过 PT-CAN/PT-CAN2/PT-CAN3 上的总线电码发送关闭指令

·高电压车载网络上的系统（EME、KLE、EKK、EH）将高电压车载网络内的电流降为零

·电机绕组短路

·断开高电压蓄电池单元内的接触器（由 SME 进行控制）

·检查高电压系统，例如电动机械式接触器触点是否按规定断开

·高电压电路放电，即中间电路电容器（EME）主动放电

根据需要分多个阶段进行中间电路电容器放电：

·首先会尝试供应 12V 车载网络蓄电池的存储能量

·如果无法实现，就会通过可接通电阻使中间电路电容器放电

·如果中间电路电容器未在 5s 内放电至 60V 电压以下，就会通过被动电阻使其放电

G11/G12 PHEV 的正常关闭原理如图 5-360 所示。

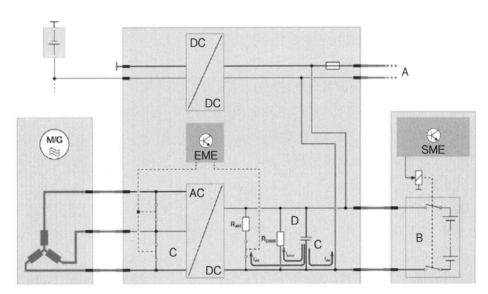

A.关闭所有高电压组件 B.断开接触器 C.电机绕组短路 D.中间电路电容器放电

图 5-360

无论是切换为车辆状态"驻车"还是关闭过程本身都可能持续几分钟。例如自动运行的监控功能是原因之一。如果在此期间出现重新启动要求或存在某项快速关闭条件，就会中止正常关闭。

（3）快速关闭

在此以尽快关闭高电压系统为最高目标。出于安全考虑需要将高电压系统内的电压尽快降至安全数值时，就会执行快速关闭过程。下面列出了导致快速关闭的触发条件以及作用链：

·事故：碰撞和安全模块 ACSM 识别出发生事故。根据事故严重程度，通过总线电码请求关闭或通过断开安全型蓄电池接线柱与两个 12V 蓄电池的正极来强制关闭。在第二种情况下会自动中断电动机械式接触器的供电，从而使其触点自动断开

·过电流监控：在此通过高电压蓄电池单元内的电流传感器监控高电压车载网络内的电流强度。如果识别到电流强度过大，则 SME 控制单元促使电动机械式接触器强制断开。在高电流下断开会使接触器触点严重磨损，但为了避免其他部件损坏，必须容忍这一点

·短路保护：每个高电压蓄电池内都有一个短路时断开高电压电路的过电流保险丝

·临界电池状态：如果某个电池监控电子装置识别到某个蓄电池组电池上电压过低、电压过高或温度

569

过高，则也会导致强制断开电动机械式接触器（由 SME 控制单元控制）。尽管这可能会导致触点磨损加剧，但这种快速关闭可防止相关蓄电池组电池毁坏

· 高电压蓄电池单元 12V 供电失灵：在此情况下 SME 控制单元不再工作，无法再监控蓄电池组电池。出于该原因，此时电动机械式接触器的触点也会自动断开

除高电压系统断路外，还会使中间电路电容器（EME）放电并使电机（EME、EKK）绕组短路。为此高电压控制单元一方面通过总线电码接收相关请求，另一方面通过高电压电路内电流强度突然降低识别出这种状态。

（4）充电

通过回收利用能量、提高发动机负荷点或从外部电网为高电压蓄电池充电时，SME 控制单元同样发挥重要作用。SME 控制单元根据蓄电池组电池的充电状态和温度确定高电压蓄电池单元当前可吸收的最大电功率。该数值以总线电码形式通过 PT-CAN3 传输至 EME 控制单元。在此运行的高电压电源管理功能协调各项功率要求。充电期间 SME 控制单元持续确定已达到的充电状态并监控高电压蓄电池的所有传感器信号。为了确保最佳充电过程，SME 控制单元也根据这些数值持续计算当前最大充电功率数值并将其发送至 EME 控制单元。在充电过程中，SME 控制单元还会持续控制高电压蓄电池单元冷却系统，从而确保快速有效的充电过程。为了实现尽可能长的电动可达里程，连接充电电缆时应对车内空间进行预先空气调节（暖风或制冷）。在此不从高电压蓄电池单元获取所需电能，而是由便捷充电电子装置直接来提供。

（5）监控功能

高电压蓄电池单元或蓄能器管理电子装置在很大程度上参与了很多监控功能。其中包括：

· 用于确保高电压系统安全的监控功能

· 用于确保高电压蓄电池最佳运行条件的监控功能

就与安全有关的监控功能而言，在此要特别注意高电压蓄电池单元在高电压触点监控和绝缘监控方面的重要作用。高电压触点监控（High Voltage Interlock Loop）是一个可在事先未按规定关闭高电压车载网络的情况下避免进行高电压组件作业时发生危险的电路。如果该电路断路，就会关闭高电压系统的供电或阻止接通高电压系统的供电。在 G11/G12 PHEV 上，由以下高电压组件构成高电压触点监控，G11/G12 PHEV 的高电压触点监控系统电路图如图 5-361 所示。

用于控制和产生高电压触点监控检测信号的电子装置集成在 G11/G12 PHEV 的蓄能器管理电子装置 SME 内。高电压系统启动时开始产生检测信号，高

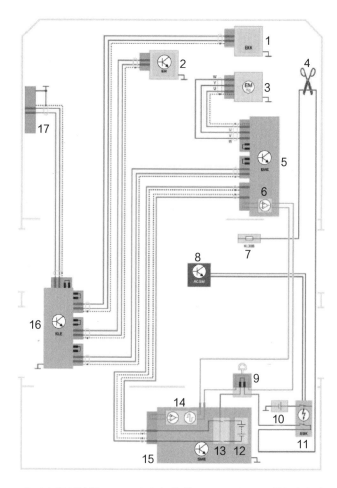

1.电动空调压缩机 EKK 2.电气加热装置 EH 3.电机 4.救援切割部位 5.电机电子装置 EME 6.电机电子装置内用于高电压触点监控检测信号的分析电路 7.左前配电盒 8.碰撞和安全模块 ACSM 9.高电压安全插头（售后服务断电开关） 10.车辆蓄电池 11.安全型蓄电池接线柱 SBK 12.电池模块 13.接触器 14.蓄能器管理电子装置内用于高电压触点监控检测信号的分析电路 15.蓄能器管理电子装置 SME 16.便捷充电电子装置 KLE 17.充电接口

图 5-361

电压系统关闭时停止产生检测信号。SME 产生一个频率约 88Hz 的矩形交流电信号作为检测信号并将其发送到检测导线上。检测导线采用环形拓扑结构（与 MOST 总线相似）。在环形线路的两个部位对检测导线信号进行分析：在电机电子装置内，最后在 SME 内的环形线路端部处。如果该信号位于规定范围之外，则识别为电路断路或识别为检测导线内对车辆接地短路并立即关闭高电压系统。如果断开高电压安全插头（售后服务断电开关）处的高电压触点监控，就会直接断开接触器，此外还会关闭所有高电压组件。绝缘监控功能确定带电高电压部件（例如高电压导线）与车辆接地间的绝缘电阻是否高于或低于所需最低限值。如果绝缘电阻低于最低限值，就会存在车辆部件带有危险电压的可能。如果人员接触第二个带电高电压部件，就会存在电击危险。因此针对 G11/G12 PHEV 的高电压系统提供全自动绝缘监控功能。与宝马 i 车辆的高电压蓄电池单元不同，现在在安全盒内进行绝缘监控。这样设计的优点是无须再将高电压导线引至 SME。安全盒在高电压系统启用期间通过测量电阻定期（约每隔 5s）进行绝缘监控（间接绝缘监控）。在此车辆接地作为参考电位使用。在不采取附加措施的情况下，通过这种方式只能确定高电压蓄电池单元内局部出现的绝缘故障。但确定车内所铺设高电压导线与车辆接地间的绝缘故障也同样非常重要。因此高电压组件的所有导电壳体都与车辆接地导电连接。这样可以通过一个中央位置即高电压蓄电池单元确定整个高电压车载网络内的绝缘故障。高电压组件所有壳体与车辆接地的正确电气连接是正常执行绝缘监控功能的一项重要前提。因此如果维修期间中断了该电气连接，必须小心地重新建立连接。绝缘监控分两步进行。绝缘电阻低于第一限值时，对人员尚不构成直接危险。因此高电压系统仍保持启用状态，此时不会发出检查控制信息，但会在故障码存储器内存储故障状态，这样便于宝马高电压技师在下次到车间维修时加以注意并检查高电压系统。低于较低的绝缘电阻第二限值时，不仅会在故障码存储器内存储记录，而且还会发出检查控制信息，以要求驾驶员到维修车间进行检查。但是原则上宝马高电压技师无须自己测量绝缘电阻，这项工作由高电压系统通过绝缘监控功能进行。识别出绝缘故障时，宝马高电压技师必须通过诊断系统内的检测计划确定绝缘故障的实际位置。除高电压触点监控和绝缘监控外，还有以下其他监控功能：

· 安全型蓄电池接线柱的 12V 供电电压：为在发生相应严重程度的事故时能够快速关闭高电压系统，所有电动机械式接触器的电磁铁都由安全型蓄电池接线柱提供 12V 供电。如果发生事故时安全型蓄电池接线柱燃爆，则这个供电电压消失，接触器触点自动断开。此外，SME 控制单元还以电子形式分析该导线上的电压，同时促使高电压系统关闭，包括中间电路电容器放电和电机主动短路

· 接触器触点：高电压系统关闭时 SME 控制单元要求断开接触器触点后，通过测量触点并联电压检查触点是否也已真正断开。即使出现某接触器触点未断开这种不大可能发生的情况，也不会给客户和售后服务人员带来直接危险。但出于安全考虑会阻止高电压系统重新启动

· 预充电电路：例如如果启动高电压系统期间发现预充电电路内有故障，就会立即中止启动过程且高电压系统不会运行

· 温度过高：在所有运行状态下，高电压蓄电池单元的冷却系统均可确保蓄电池组电池的温度处于最佳范围内。如果因故障导致一个或多个蓄电池组电池温度升高并超出最佳范围，就会首先通过降低功率来保护蓄电池组电池。如果温度继续升高且可能由此造成蓄电池组电池损坏，就会及时关闭高电压系统

· 电压过低：在此通过持续监控和根据需要平衡电池电压来避免某个蓄电池组电池电压过低。整个高电压蓄电池单元的总电压同样受到监控并用于确定充电状态。如果总电压降低到高电压蓄电池单元完全放电，则会阻止继续放电

6. 修理

（1）安全进行高电压系统作业

下面的高电压蓄电池单元修理说明仅列出了常规工作内容和步骤。原则上只应遵守当前适用维修说明中

的规定和说明。进行 G11/G12 PHEV 的高电压组件作业前，必须遵守并执行电气安全规定：

·必须将高电压系统切换为无电压

·必须固定住高电压系统防止重新接通

·必须确定高电压系统无电压

简要介绍如何在 G11/G12 PHEV 中执行电气安全规定。

① 准备工作。

开始作业前必须固定住车辆以防溜车（挂入变速器驻车锁）。必须拔出车上连接的充电电缆。必须建立车辆状态"驻车"（例如通过长时间按压音量调节器）。此外，车辆车载网络必须处于"休眠模式"（Sleep mode）。可通过 START/STOP 按钮不发光进行识别。

② 将高电压系统切换为无电压。

在 G11/G12 PHEV 上借助高电压安全插头（绿色）将高电压系统切换为无电压。为切换为无电压，必须将插头从所属的插口中拉出。这样可使高电压触点监控电路断路，从而将高电压系统切换为无电压。此外，也会中断接触器的供电，如图 5-362 所示。

图 5-362

只要松开了锁止件（如图 5-364 中 2），即可将插头从插孔（如图 5-364 中 1）中拉出几毫米。 如

图 5-364

为将插孔与插头彼此拉开，必须松开插图所示的红色机械锁止件，如图 5-363 所示。

图 5-363

果感觉到阻力，则不要继续或用力拉。高电压安全插头的插头和插孔无法完全彼此拉开。

③固定住高电压系统以防重新接通。

在高电压安全插头处同样需要进行固定以防重新接通。为此需要一个普通挂锁（例如 ABUS® 45/40）。将高电压安全插头的插孔和插头彼此拉开可露出经过两个部件的通孔（如图 5-365 中 1）。必须将普通挂锁的锁箍插入这个孔中。

现在必须锁住挂锁。进行高电压系统工作期间必须将钥匙保存在安全的地方，以防未授权人员打开该

图 5-365

锁。通过在高电压安全插头上使用和锁止挂锁可确保插头无法再插在一起。这样可有效防止无意间或在未经宝马高电压技师允许的情况下重新接通高电压系统，如图 5-366 所示。

图 5-366

④ 确定无电压。

在宝马售后服务维修车间内不借助测量仪或宝马诊断系统确定无电压。而是由高电压组件测量自身电压并通过总线信号向组合仪表发送测量结果。只有组合仪表从所有相关高电压组件处同时接收到无电压信号时，才会生成显示无电压的检查控制信息。

该红色检查控制符号为带斜线的闪电符号。此外还会出现文本信息"高电压系统已停用"。G11/G12 PHEV 检查控制符号"高电压系统已停用"如图 5-367 所示。

图 5-367

为确定无电压，宝马高电压技师必须接通 PAD 模式并等到组合仪表显示检查控制信息及符号。之后才能确保高电压系统无电压。确定无电压后必须重新建立车辆状态"驻车"，然后再开始进行实际工作。如果没有显示检查控制信息，则不允许进行高电压组件作业！在这种情况下必须联系宝马集团的技术支持部门（PUMA）！

（2）发生事故后的处理方式

高电压系统的安全方案也能确保在发生事故期间或发生事故后，不会给客户、救援人员或售后服务人员带来危险。发生事故时高电压系统自动关闭，因此可从外部接触到的高电压组件部位处不再有危险电压。高电压系统按以下方式关闭：

在正常运行状态下通过总线端 30 为蓄能器管理电子装置供电，此外还为电动机械式接触器的线圈供电。发生事故时通过一个扩展型安全型蓄电池接线柱关闭。该部件包括一个附加常闭触点。安全型蓄电池接线柱触发时，随着蓄电池正极导线以燃爆方式断开，这个开关触点同时断开。这个开关触点断开促使高电压蓄电池单元内的接触器直接断开，从而使高电压蓄电池单元无法再向高电压车载网络输送危险电压。电机电子装置从碰撞和安全模块 ACSM 得到一个碰撞信号。此后电机电子装置立即使中间电路电容器放电。发生事故后安全型蓄电池接线柱保持上述状态，因此高电压蓄电池单元未处于运行准备就绪状态。因此即使重新接通 PAD 模式或车辆状态"行驶"，高电压系统也保持停用状态。进行高电压事故车辆作业前，必须遵守 ISTA 中以下文件的说明和提示：

· 有关处理电动车辆的安全说明

· 事故车辆评估

· 发生事故后对高电压蓄电池单元进行外观检查

（3）救援切割部位

G11/G12 PHEV 的救援切割部位安装位置如图 5-368 所示。

图 5-368

采用第二个救援切割部位是因为救援服务机构要求在带有电动驱动系统的车辆上必须有两个彼此分开的救援切割部位。原则上第二个救援切割部位位于车辆内高电压安全插头的相对侧。如果高电压安全插头位于行李箱内，则救援切割部位位于发动机室内。救援切割部位是一根与总线端 30C 相连的导线。总线端 30C 为安全盒内的接触器供电。该导线在标志部位断开，从而确保接触器断开。断开后可重新对救援切割部位进行修理。

（4）运输模式

为保护高电压蓄电池单元，在运输模式下无法使用以下功能：

· 电动行驶

· 助推功能

· 发动机节能启 / 停功能

只有发动机运行时，才能在运输模式下为高电压蓄电池单元充电。

（六）高电压蓄电池单元充电

1. 充电概述

（1）简介

电动车辆的"充电"过程相当于传统驱动方式车辆的"加油"过程。因此，"充电"表示：

· 车辆内高电压蓄电池单元充电

· 在车辆静止状态下（不通过制动能量回收利用）

· 通过供应电能

· 由车辆外部交流电压网络提供能量

· 通过一根充电电缆传输至车辆

由于使用了充电电缆，因此也称为导电（接线）充电。充电时既需要车辆上的组件，也需要车辆以外的组件。在车辆上需要一个充电接口和一个用于转换电压的供电电子装置。交流电压网络电压可介于 100 ~ 240V 之间。在此为 G11/G12 PHEV 输送单相电压。宝马售后服务人员应遵守以下有关充电的重要安全规定：

不允许同时进行车辆加油和高电压蓄电池单元充电！插有充电电缆时不要加油，要与易燃物品保持充足安全距离，否则未按规定插入或拔出充电电缆时存在因燃油燃烧等导致人员受伤或物品受损的危险。连接交流电压网络进行充电时，不允许进行任何高电压系统作业。在充电过程中，为了冷却电机电子装置，可能会自动接通电动冷却液泵和电子扇。因此在接有充电电缆的情况下，不允许对电机电子装置和高电压蓄电池单元的冷却系统以及电子扇进行任何作业。

（2）充电方式概览

原则上只能通过交流电（交流电充电）以 3.7kW 最大充电功率为 G11/G12 PHEV 的高电压蓄电池单元充电。G11/G12 PHEV 高电压蓄电池单元的充电方式主要取决于具体国家的充电基础设施。如表 5-43 所示概括了最重要市场的充电方式，在此充电功率和所需充电时间始终涉及电网功率，而非进行高电压蓄电池单元充电的充电功率。充电功率始终小于可提供的电网功率。在 G11/G12 PHEV 上不支持通过直流电充电。

表 5-43

国家	充电功率	充电时间	插头（型号）	充电附件
欧规	单相，3.7kW 交流电	~3：20h（2.7kW） ~2：30h（3.7kW）	型号 2 IEC62196-2	充电电缆 2.7kW 交流电充电站 3.7kW
美国	单相，3.7kW 交流电	~6：30h（1.4kW） ~2：30h（3.7kW）	型号 1 IEC62196-2	充电电缆 1.4kW 交流电充电站 3.7kW
日本	单相，3.2kW 交流电	~6：00h（1.5kW） ~3：00h（3kW） ~2：40h（3.2kW）	型号 1 IEC62196-2	充电电缆 1.5~3kW 交流电充电站 3.2kW
中国	单相，3.7kW 交流电	~5：00h（1.8kW） ~2：30h（3.7kW）	型号 CN	充电电缆 1.8kW 交流电充电站 3.7kW

（3）电动车辆供电设备

可实现充电功能的车辆以外的组件称为"电动车辆供电设备 EVSE"。因此"电动车辆供电设备 EVSE"是所有用于与交流电压网络建立连接并确保充电期间电气安全的组件和防护设施的统称。因此"EVSE"代表以下组件：

- 充电插头
- 充电电缆
- 电源插头
- 充电箱
- 充电站
- 故障电流保护开关（FI）
- 相线（L1）和零线（N）的断路开关
- 通信电路（控制导线和接近导线）
- 显示交流电压网络是否连接和可用
- 连续式或开关式地线（PE）

只允许由经过相应培训的电气专业人员，而非宝马售后服务人员进行电动车辆供电设备例如充电插头、充电电缆、家用插座或充电站的相关作业。根据 EVSE，通过不同方式将需要充电的车辆与交流电压网络进行连接。

① 充电电缆。

充电电缆设计用于移动使用。所有防护和通信设施都集成在"缆上控制盒"内。该方案的体积和重量均较小，能够在车辆内轻松运输充电电缆，如图5-369所示。

由于使用普通家用插座将充电电缆与交流电压网络进行连接，因此限制了最大充电电流强度。操作和使用充电电缆时，必须参考相关制造商的使用说明。不允许宝马售后服务人员对充电电缆或缆上控制盒进行任何保养或维修工作。充电电缆损坏或有故障时应联系制造商。

②固定安装式充电站。

这种电动车辆供电设备型号根据其尺寸和电气要求必须以固定方式安装，例如客户屋内或车库内。在公共场所例如停车场也可设立这种充电站。只允许由经过相应培训的电气专业人员进行固定安装式充电站的安装、保养和维修。不允许宝马售后服务人员进行相关作业。

③交流电充电站。

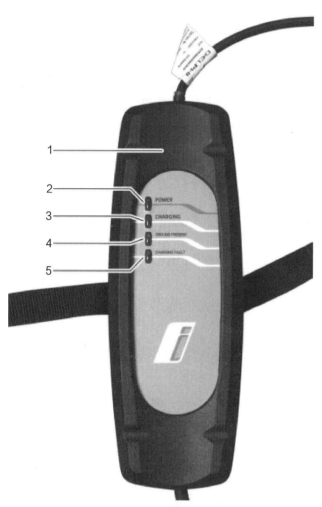

1.缆上控制盒 2.有效供电显示（黄色） 3.充电显示（绿色）
4.接地显示（黄色） 5.充电期间故障显示（红色）

图 5-369

可通过单相（全球范围）、双相（美国）或三相（在德国普及）方式将交流电充电站与交流电压网络连接，但设计要求始终通过单相方式与需要充电的车辆连接。与移动方案不同，在此理论上最大电流强度可达32A，最大充电功率可达7.4kW。这些最大值由安装场地电气安装所用导线横截面大小所决定。进行安装时，电气专业人员根据导线横截面进行充电站配置，从而确保通过控制信号将相应最大电流强度传输至车辆。通常情况下，G11/G12 PHEV 的充电电子装置仅支持以3.7kW 最大功率进行充电。通过控制导线或接近电阻进行通信可避免以过高电流强度充电。如图5-370 和图5-371 展示了一种交流电充电站以及充电电缆上的相应插头。

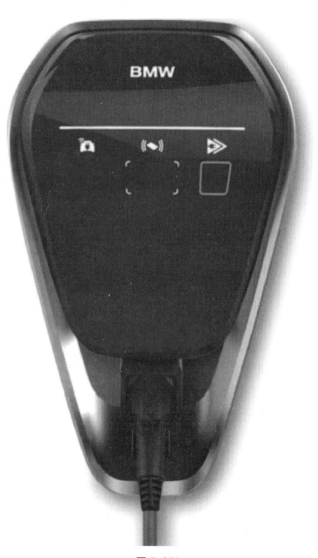

图 5-370

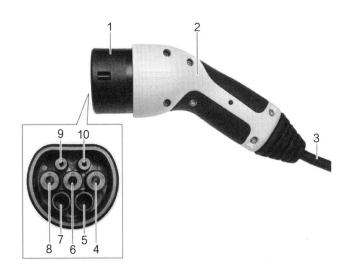

1.机械导向件/插头壳体 2.手柄/插头壳体 3.充电电缆 4.相线 L1 接口 5.相线 L3 接口（在 G11/G12 PHEV 上不使用） 6.地线接口 7.相线 L2 接口（在 G11/G12 PHEV 上不使用） 8.零线接口 9.控制导线接口 10.接近导线接口

图 5-371

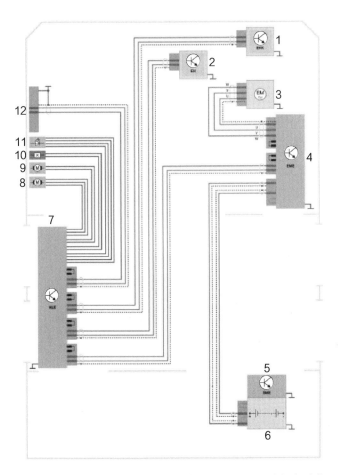

1.电动空调压缩机EKK 2.电气加热装置EH 3.电机 4.电机电子装置EME 5.蓄能器管理电子装置SME 6.高电压蓄电池单元 7.便捷充电电子装置KLE 8.插头锁止驱动装置 9.充电接口盖驱动装置 10.充电接口盖传感器 11.定向和状态照明 12.车辆上的充电接口

图 5-372

其他制造商的交流电充电站或用于其他国家的型号可能与上述型号有所不同。

2.交流电压充电

虽然 G11/G12 PHEV 的高电压蓄电池单元也可通过电机以能量回收利用方式进行部分充电，但当 G11/G12 PHEV 与本地能源供应公司的交流电压网络连接时就会进行"正常"充电过程。此时从交流电压网络获取能量并输送至直流电压高电压车载网络。为此可将 G11/G12 PHEV 与交流电充电站连接或通过充电电缆进行充电。绝对不要以最大电流强度进行充电。开始时以恒定电流充电，临近结束时切换为恒定电压。因此实际充电持续时间延长，蓄电池组电池使用寿命提高。将 G11/G12 PHEV 与交流电充电站连接时，也可提供约 3.7kW 的最大充电功率（前提是交流电充电站采用了相应设计）。

（1）系统电路图。

G11/G12 PHEV 的 3.7kW 交流电充电的系统电路图如图 5-372 所示。

（2）充电电缆

带有缆上控制盒的充电电缆如图 5-373 所示。

充电电缆包括以下组件：

·用于带保护触点的普通家用插座的不同国家规格插头

·不同国家规格插头与缆上控制盒之间的电缆连接

·缆上控制盒

·缆上控制盒与用于车辆侧接口的插头之间的电缆连接

·用于车辆侧接口的插头

充电电缆使交流电压网络与车辆高电压车载网络间形成电气连接。通过带保护触点的普通家用插座连接到交流电压网络。G11/G12 PHEV 使用的这种充电电缆针对车辆充电接口始终采用单相设计（相线 L1 和零线 N），始终带有地线 PE 以及控制导线和接近导线（充电插头识别）。插头设计确保首先与保护触点连接。通过地线使车辆地线接地。可通过行李箱内左侧的充电电缆袋牢固放置并固定充电电缆。操作和使用带有缆上控制盒的充电电缆时，必须参考相关制造商的使用说明。不允许宝马售后服务人员对充

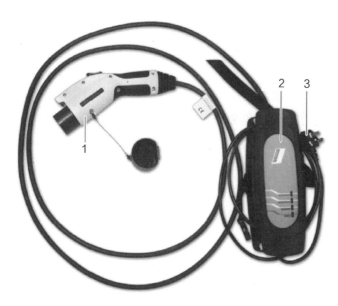

1.用于连接到车辆的插头 2.缆上控制盒 3.用于连接到普通家用插座的插头

图 5-373

温度传感器监控电源插头触点。温度监控功能用于保护电源插头。确定温度升高时，就会降低充电电流。改进型充电电缆暂时使用约 1 年。

② 设置充电电流强度。

通过"我的车辆"菜单，可通过车辆限制使用标准充电电缆在插座上充电时的最大电流强度。通常情况下建议在不了解的插座上充电时将最大允许电流强度设置为"较低"。G11/G12 PHEV 用于设置充电电流强度的菜单如图 5-375 所示。

电电缆或缆上控制盒进行任何保养或维修工作。充电电缆或缆上控制盒损坏或有故障时应联系制造商。

① 暂时使用的充电电缆。

已开始为一些车辆配备改进型充电电缆，如图 5-374 所示。由于无法提供所有型号的充电电缆，因此仅针对特定市场开放这项服务。

充电电缆的功率数值没有改变。与之前充电电缆的不同之处在于，可确保更好的防水性并通过一个

图 5-374

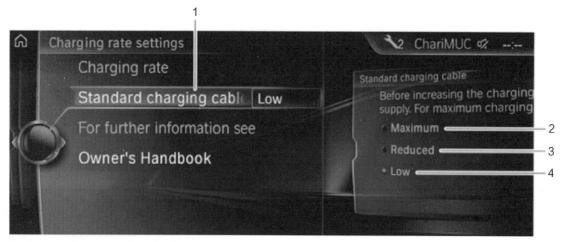

1.用于设置充电电流强度的菜单项 2."最大"充电电流为100%电流强度（通过充电插头识别导线了解） 3."降低"充电电流约为75%电流强度（通过充电插头识别导线了解），但最低为6A 4."较低"充电电流约为50%电流强度（通过充电插头识别导线了解），但最低为6A

图 5-375

如果到访维修车间时更改了客户设置的电流强度，则必须确保将车辆交付客户前重新使其复位，否则存

在客户私人家用电压网络过载且客户将家用保险丝熔断理解为故障情况的危险。必须在交付车辆前将最大充电电流恢复为客户设置数值。

（3）高电压蓄电池单元充电时应注意什么？

不允许在高电压蓄电池单元充电的同时加注燃油箱！插有充电电缆时不要加油，与易燃物品保持充足的安全距离。否则未按规定插入或拔下充电电缆时，存在因燃油燃烧等导致人员受伤或物品受损的危险。通过普通家用插座为高电压蓄电池单元充电会导致插座上出现较高的持续负荷，在其他家用情况下不会出现这种情况。因此必须遵守以下说明：

- 不要使用适配器或延长电缆
- 首先将 EVSE 与家用插座连接，之后与车辆上的充电插座连接
- 充电后首先拔出车辆上的充电插头，然后拔出墙上的充电插头
- 避免绊倒危险以及充电电缆和插座承受机械负荷
- 不要将充电插头插在损坏的插座上
- 不要使用损坏的充电电缆

- 进行高电压蓄电池单元充电时，充电插头和充电电缆可能会变热。如果变得过热，则插座不适用充电或充电电缆已损坏。应立即中止充电并让电气专业人员进行检查

- 反复出现充电故障或中断情况时，联系具有资质的售后服务人员
- 仅使用防潮和防侵蚀的插座
- 不要用手指或物体接触插头触点区域
- 切勿自行维修或改进充电电缆
- 进行清洁前将电缆两侧拔出，不要浸入液体内
- 充电期间不允许洗车
- 仅在经过电气专业人员检查的插座上进行充电

- 在不了解的基础设施/插座上充电时,注意用户手册内的特殊说明,然后在车辆上将充电电流设置为"较低"

（4）车辆上的充电接口

G11/G12 PHEV 的充电接口位于左前侧围板上。在此通过电动驱动装置使充电接口盖上锁和开锁。由便捷充电电子装置对该电动驱动装置进行控制。充电接口盖仅在变速器位置 P 和车辆中控锁开锁状态下才能打开。可在开锁后通过按下充电接口盖将其打开。充电接口盖和接口分配情况，G11/G12 PHEV 车辆上的充电接口如图 5-376 所示。

充电接口的高电压导线与便捷充电电子装置相连。相线 L1 和零线 N 采用带有屏蔽层的高电压导线设计，端部通过一个圆形高电压插头连接便捷充电电子装置的交流电接口。控制导线和充电插头识别导线（接近导线）使用普通信号导线。这些信号导线也带有屏蔽层，端部通过一个中间插头连接便捷充电电子装置内的一个插头。地线在充电接口附近与车辆接地电气连接。通过这种方式使车辆地线接地。使用

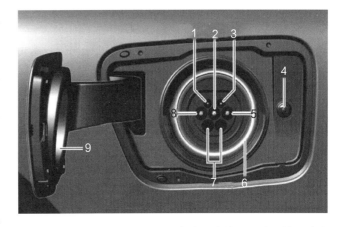

1.接近导线接口 2.地线PE接口 3.控制导线接口 4.充电接口盖锁止机械机构 5.零线N接口 6.充电状态显示 7.未使用的接口 8.相线L1接口 9.充电接口盖

图 5-376

欧规型号（型号2插头）时，充电插头始终会在充电过程前自动锁止。使用美国/中国型号（型号1/CN插头）时，只要车辆上锁，插头就会一直保持锁止状态。在车辆充电接口周围有一圈充电状态显示。这是一种环形光导纤维。在此通过一个由便捷充电电子装置控制的RGB LED进行充电状态显示照明。车辆上的充电接口只允许与高电压导线作为一个单元一起更换。

（5）便捷充电电子装置

便捷充电电子装置KLE可实现车辆与充电站之间的通信。G11/G12 PHEV的便捷充电电子装置KLE如图5-377所示。

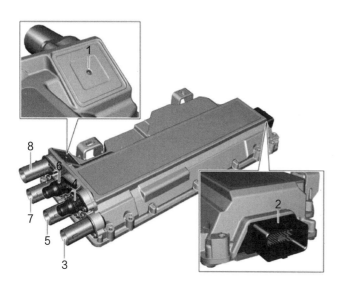

1.排气口 2.低电压接口/信号接口 3.电气加热装置高电压接口 4.冷却液回流接口 5.电动空调压缩机高电压接口 6.冷却液供给接口 7.电机电子装置EME高电压接口 8.充电接口高电压接口

图5-377

便捷充电电子装置的主要任务是：

· 通过控制导线和接近导线与EVSE进行通信
· 控制充电状态显示
· 识别充电接口盖的状态
· 控制用于锁止充电插头的电机
· 将交流电压转化为直流电压（AC/DC转换器）
· 为电动空调压缩机提供高电压
· 为电气加热装置提供高电压

①通过控制导线和充电插头识别导线与EVSE进行通信。

控制导线和接近导线使用普通信号导线。这些信号导线带有屏蔽层，端部连接便捷充电电子装置内的一个插头。通过接近导线可识别出充电插头插入车辆充电接口内并确定充电电缆最大电流负载能力。在充电电缆插头内，在接近接口与地线之间接有一个欧姆电阻。便捷充电电子装置施加测量电压并确定充电插头识别导线上的电阻值。电阻值说明所用充电电缆允许的最大电流强度（根据导线横截面）。在标准IEC 61851-1 ed.3中规定了电阻和电流强度的分配情况。控制导线用于确定和传输最大可用充电电流强度。控制信号为双极方波信号（-12~+12V）。电压大小和占空因数用于EVSE与车辆之间进行不同状态的通信：

· 高电压车辆已做好充电准备（是/否）
· 存在故障（是/否）
· 交流电压网络可提供的最大充电电流
· 充电电流
· 充电结束

② 协调充电过程。

由EME内的高电压电源管理系统负责协调充电过程的开始和结束。充电过程开始时，客户有两项工作要做：

· 设置充电开始
· 连接充电电缆

G11/G12 PHEV用于设置充电开始的菜单如图5-378所示。

客户可通过控制器和CID内的菜单设置车辆充电开始。在此可选择连接充电电缆后立即开始充电或规定充电过程必须结束的最多3个出发时间。设置一个出发时间后，还可设置一个低费率充电时间窗。客户连接

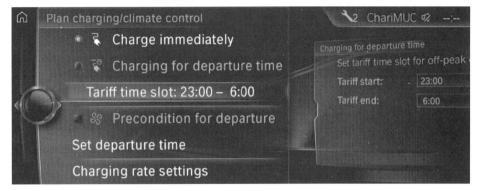
图 5-378

与交流电压网络相连的充电电缆后，便捷充电电子装置就会唤醒车载网络内的控制单元（如果尚未因其他事件而唤醒）。这项工作通过一个与 BDC 控制单元相连的唤醒导线来进行。之后，便捷充电电子装置检查进行充电的功能前提并通过 PT-CAN3 获取与安全有关的条件。下面概括列出了这些检查内容：

· 行驶准备就绪关闭
· 驻车锁已挂入
· 充电电缆已连接（接近）
· 与 EVSE 的通信正常（控制）
· 高电压系统无故障且处于启用状态。

如果满足所有充电前提，EME 内的高电压电源管理系统就会要求便捷充电电子装置提供充电功率并开始充电过程。此时 EME 控制单元不仅发送充电功率规定值，而且还规定最大充电电压和最大充电电流限值。这些数值取决于高电压蓄电池单元的当前状态（例如充电状态和温度）以及剩余车载网络的功率需求（例如用于空调系统）。EME 控制单元以智能化方式执行这些规定值，即不仅考虑规定值而且也考虑其他边界条件，其中包括 EME 自身状态（故障、温度）以及通过交流电压网络和充电电缆限制的电流强度。只有通过控制导线成功启动车辆（KLE）与 EVSE 之间的通信时，才会向相线 L1 施加电压，这样还能加强针对客户和售后服务人员的电流危险防护。

③ 控制充电状态显示。

通过便捷充电电子装置控制充电状态显示。

定向照明：

充电接口定向照明用于在插入和拔出充电插头时为驾驶员提供方向引导。只要充电接口盖处于打开状态，RGB LED 就会发出白光。只要总线系统处于启用状态，定向照明就会保持接通状态。只要识别出已正确插入充电插头，就会关闭定向照明并显示初始化状态，如图 5-379 所示。

初始化：

正确插入充电插头后 0 ~ 3s 就会开始初始化。初始化阶段最长持续 10s。其间 RGB LED 以 1Hz 频率闪烁橙光。成功初始化后可开始为高电压蓄电池单元充电，如图 5-380 所示。

图 5-379

图 5-380

充电启用：

通过 RGB LED 以蓝色闪烁表示目前正处于高电压蓄电池单元充电过程。闪烁频率约为 0.7Hz。充电暂停：初始化阶段已顺利完成且以后才会开始充电（例如从低费率时刻起充电）时，就会出现充电暂停或充电就绪。在此情况下，RGB LED 以蓝色持续亮起，如图 5-381 所示。

充电结束：

RGB LED 发出绿光时表示高电压蓄电池单元充电状态为"已完全充电"，如图 5-382 所示。

充电过程故障：

如果在充电过程中出现故障，就会通过 RGB LED 以红色闪烁表示相关状态。此时 RGB LED 在 12s 内以约 0.5Hz 频率闪烁 3 次，三组之间暂停约 0.8s，如图 5-383 所示。

图 5-381

图 5-382

图 5-383

插入充电插头或车辆开锁 / 上锁 12s 后就会启用充电状态显示。如果在此期间重新进行车辆开锁 / 上锁，则显示持续时间就会再延长 12s，直至达到 120s 最长显示持续时间。

④打开充电接口盖。

充电接口盖通过中控锁锁止。开锁后必须按下充电接口盖。这样可操纵一个弹出装置使充电接口盖竖起。此外在充电接口盖罩内装有一个传感器（霍尔传感器）。该霍尔传感器的状态表明充电接口盖的状态（已打开 / 已关闭）。

⑤锁止充电插头。

使用欧规型号（型号 2 插头）时，充电插头始终会在充电过程前自动锁止。使用美国 / 中国型号（型号 1/CN 插头）时，只要车辆上锁插头就会一直保持锁止状态。电气锁止充电插头可防止在车辆锁止状态下拔出充电插头。出现电气损坏（例如上锁电机失灵）时，可通过手动方式使充电插头开锁。应急开锁拉线位于发动机室内左前车轮罩处。拉动该按钮可使充电插头开锁。G11/G12 PHEV 充电插头应急开锁如图 5-384 所示。

图 5-384 中展示了试生产状态下的充电插头应急开锁装置。批量生产型号像 F45 PHEV 一样采用蓝色按钮和绿色拉线。

（6）便捷充电电子装置内的供电电子装置

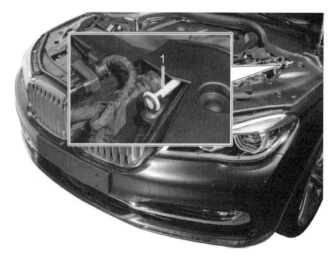
1.带有充电插头应急开锁拉线的按钮
图 5-384

负责将来自充电接口的交流电压转化为高电压蓄电池单元充电所需直流电压的供电电子装置位于便捷充电电子装置内。交流电压通过单相方式传输。便捷充电电子装置可处理的输入电压范围为，100～240V，50Hz 或 60Hz。供电电子装置模块是一个单向 AC/DC 转换器，即整流器。便捷充电电子装置在与输入端电隔离的输出端处提供电子调节式直流电压，或流过电子调节式直流电流。由 EME 控制单元内的高电压电源管理功能提出输出电压和输出电流规定。EME 计算并调节数值，从而确保为高电压蓄电池单元进行最佳充电并为 G11/G12 PHEV 的其他用电器提供充足的电能。便捷充电电子装置设计用于确保在其输出端提供 3.7kW 最大电功率。

（7）能量优化的充电模式

能量优化的充电模式是一项提高充电效率的措施。在通信车载网络内仅运行充电模式所需的控制单元。所有连接总线端 30B 的其他控制单元均不运行。

（8）宝马显示屏钥匙

对于 G11/G12 PHEV 来说，也可通过选装配置形式订购宝马显示屏钥匙（SA 3DS）。宝马显示屏钥匙将遥控器、识别发射器和一个触摸显示屏集成到一把钥匙上。在 G11/G12 PHEV 上，该显示屏钥匙还显示其他信息。

① 锁屏上的新显示。

G11/G12 PHEV 宝马显示屏钥匙锁屏如图 5-385 所示。

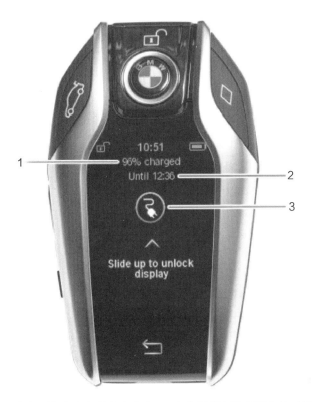

1.高电压蓄电池当前充电状态　2.高电压蓄电池充满电的时刻
3.与充电接口上充电状态显示类似的充电状态

图 5-385

② "可达里程"菜单内的新显示。

G11/G12 PHEV 的宝马显示屏钥匙的"可达里程"菜单如图 5-386 所示。

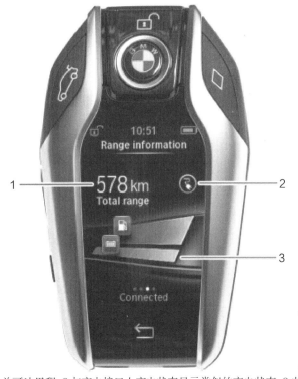

1.总可达里程　2.与充电接口上充电状态显示类似的充电状态　3.电动可达里程

图 5-386

（七）混合动力制动系统

1.简介

G11/G12 PHEV 的制动系统的任务是确保车辆可靠、稳定地减速。车辆减速功能包括：

· 传统液压制动部分

· 能量回收式制动部分

通过能量回收式制动可借助电机将车辆动能转化为电能，从而为高电压蓄电池单元充电。G11/G12 PHEV 的行车制动器以传统 G11/G12 的行车制动器为基础，因此本章仅介绍混合动力特有部件和功能。与普通 G11/G12 相比，主要使用了以下新组件或改进型组件：

· 制动踏板角度传感器

· 制动真空压力传感器

· 改进型真空制动系统

· 改进型 DSC 单元

2. 系统概览

G11/G12 PHEV 的混合动力制动系统概览如图 5-387 所示。

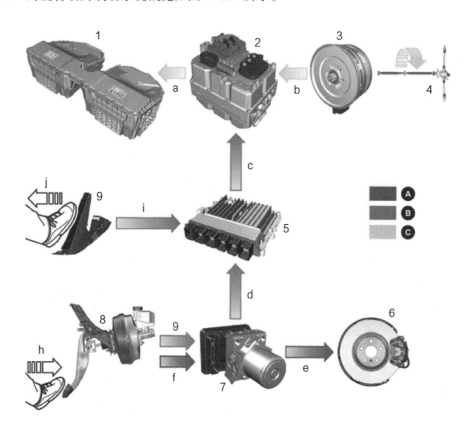

A.液压制动 B.信号流 C.能量回收式制动 1.高电压蓄电池单元 2.电机电子装置EME 3.电机 4.传动系统 5.数字式发动机电子系统DME 6.车轮制动器 7.动态稳定控制系统 DSC 8.带制动踏板角度传感器和制动装置的制动踏板 9.加速踏板模块 a.用于存储在高电压蓄电池单元内的、经过整流的高电压（DC） b.由电机产生的电能（交流电压AC） c.从DME至EME的"加速踏板角度"总线信息（惯性滑行时的能量回收利用） d.从DSC至DME的"额定制动力矩"总线信息 e.从DSC至车轮制动器的液压压力 f.从制动装置至DSC的液压压力 g.从制动踏板角度传感器至DSC的"制动踏板角度"电信号 h.操作制动踏板 i.从加速踏板模块至DME的"加速踏板角度"电信号（惯性滑行时的能量回收利用） j.松开加速踏板

图 5-387

在纯电动行驶期间发动机处于静止状态，因此无法驱动机械真空泵。为在此行驶情况下也能确保提供制动真空压力，在 G11/G12 PHEV 上会启用一个附加电动真空泵。在此由电机电子装置控制和监控电动真空泵。G11/G12 PHEV 真空供给系统如图 5-388 所示。

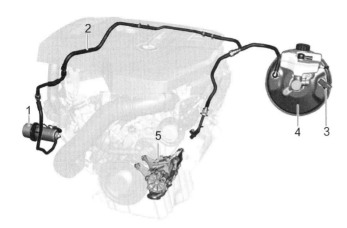

3. 液压制动

G11/G12 PHEV 液压制动如图 5-389 所示。

1.电动真空泵 2.真空管路 3.制动真空压力传感器 4.制动助力器
5.机械真空泵

图 5-388

图 5-389

　　通过驾驶员脚部动作可操作制动装置，通过制动踏板角度传感器可探测制动操作。根据制动踏板角度传感器信号，在动态稳定控制系统 DSC 内切换阀门，使制动液注入 DSC 蓄压器油室内。这样可人为延长制动踏板的空行程。这样延长空行程可进一步实现制动能量回收利用。达到特定制动踏板行程后，就会关闭阀门并重新在车轮制动器上施加驾驶员的液压影响。制动能量回收利用取消时，就会借助回流泵从蓄压器内将制动液输送至车轮制动器。

　　DSC 单元的硬件由 TRW 公司提供。这样在不同运行时刻并非通过后桥摩擦制动器，而是通过电机的能量回收利用功率使车辆减速。处于以下运行状态时会降低能量回收利用程度或禁止能量回收利用：

　　·识别出不稳定行驶状况时会降低后桥能量回收利用程度

　　·识别出紧急制动时会以纯液压方式执行驾驶员的减速要求，从而能够根据需要迅速对各车轮进行液压调节干预

　　·无法进行能量回收利用时（例如高电压蓄电池已充满电），会按所述方式执行驾驶员的制动要求。在此情况下相应车桥上的能量回收利用为零，DSC 泵产生完全用于车辆减速的所需液压制动压力

　　4. 能量回收式制动

　　能量回收式制动可实现制动能量回收利用。此时电机以发电机形式工作，从而通过自动变速器—传动轴—后桥主减速器—半轴对驱动轮进行制动。通过电机电子装置将在此产生的能量用于为高电压蓄电池单元充电。与 F10H 和 F04 不同，在串联制动主缸上未使用制动踏板行程传感器。而是直接在制动踏板上使用制动踏板角度传感器。此外还增大了制动踏板的空行程。因此操作制动踏板时可在此范围内以纯发电机形式在无须液压制动压力的情况下进行减速。在此运行状态下，车轮制动器的制动摩擦片只是靠在制动盘上，但不产生制动功率。这样可提高驱动装置的效率，因为可将更多可用能量输送回高电压蓄电池单元内。G11/G12 PHEV 用于制动能量回收利用输入信号的部件如图 5-390 所示。

　　能量回收式制动的主要输入参数是加速踏板角度和制动踏板行程。

　　·制动踏板角度由制动踏板角度传感器探测、换算为制动踏板行程并由动态稳定控制系统读取

　　·加速踏板角度由加速踏板模块探测并由数字式发动机电子系统读取

　　在未踩下制动踏板但加速踏板角度为零时，电机以发电机模式运行。电机电子装置通过控制电机产生相当于传统车辆滑行模式下的整车制动力。根据所选行驶模式，通过滑行能量回收利用会形成不同的减速度。

　　紧急制动功能：

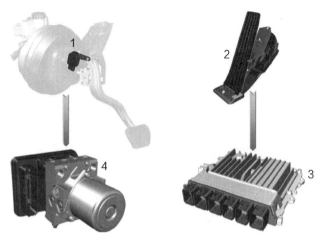

1.带制动踏板角度传感器的制动踏板 2.加速踏板模块 3.数字式发动机电子系统DME 4.动态稳定控制系统DSC

图 5-390

能量回收式制动借助传动系仅对 G11/G12 PHEV 的后桥或对四轮驱动车辆的两个车桥施加影响。后桥与前桥的制动力比例不允许超过规定限值，否则会影响行驶稳定性。出于该原因也限制了可通过制动能量回收利用产生的最大减速度（最大 0.07g）。通过能量回收式制动产生的最大允许制动力受限于打滑稳定性监控、横向加速度和稳定性调节过程。这样可确保即使在制动能量回收利用期间，车辆也始终保持稳定的行驶状态。如果 DSC 控制单元识别出不稳定的行驶状态，就会停止能量回收式制动且 DSC 控制单元会采取稳定性措施。驾驶员操作制动踏板时，就会与制动助力器及液压制动系统形成直接的机械连接。操作方式与传统车辆相同。

5. 液压制动力和能量回收式制动力分配

如图 5-391 总结了全部制动力如何分为液压部分和能量回收式部分。图中的前提是不存在不稳定的行驶状态且高电压蓄电池能够吸收电能。

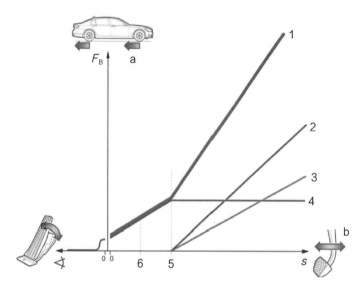

a.车轮上的制动力 b.制动踏板行程 c.加速踏板角度 1.总制动力 2.液压方式产生的前桥制动力 3.液压方式产生的后桥制动力 4.能量回收方式产生的制动力 5.制动踏板的空行程 6.通过DSC功能人为延长制动踏板的空行程

图 5-391

（八）低电压车载网络

1. 供电

G11/G12 PHEV 的 12V 车载网络与 G11/G12 的能量车载网络基本相同。主要区别在于，不再通过发电机而是通过高电压车载网络来实现能量供给。高电压蓄电池单元的高电压通过电机电子装置 EME 内的 DC/DC 转换器转换为低电压（约 12V）。因此在行驶过程中，12V 车载网络的电能供应不再取决于发动机转速。另一个区别是，启动机和附加蓄电池构成了一个独立的 12V 车载网络，该网络通过附加蓄电池充电单元（BCU）与标准 12V 车载网络相连。在 G11/G12 PHEV 上，附加蓄电池位于行李箱内右侧。

G11/G12 PHEV 12V 供电的系统电路图如图 5-392 所示。

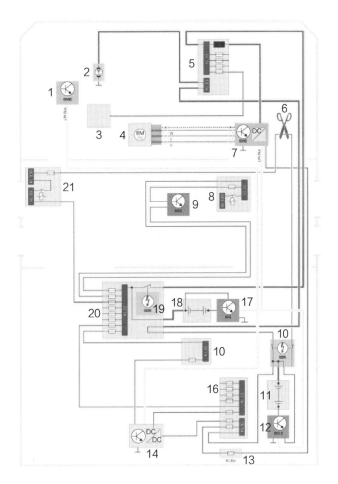

1.数字式发动机电子系统DME　2.启动机　3.集成式供电模块（PDM）　4.电机　5.发动机室配电盒　6.救援切割部位　7.电机电子装置EME
8.右前配电盒　9.车身域控制器BDC　10.安全型蓄电池接线柱2 SBK2　11.附加蓄电池　12.智能型蓄电池传感器2 IBS2　13.混合动力配电盒
14.附加蓄电池充电单元BCU　15.后部配电盒　16.右侧蓄电池配电盒　17.智能型蓄电池传感器IBS　18.蓄电池　19.安全型蓄电池接线柱SBK
20.蓄电池配电盒　21.左前配电盒

图 5-392

2. 启动系统

（1）启动机

B48 发动机可通过传统启动机或电机来启动。如表5-44展示了何时以及在何前提下采用相应的启动方式。

表 5-44

启动方式	车速	选挡杆位置	温度 / 加速踏板角度	发动机启动方式
START/STOP 按钮	0km/h（静止）	P/N	变速器和发动机 > -10℃ 变速器或发动机 < -10℃	电机 小齿轮启动机
系统启动	0~8km/h	所有位置	变速器和发动机 > 10℃且加速踏板角度较小 变速器或发动机 < 10℃或加速踏板角度较大	电机 小齿轮启动机
系统启动	> 8km/h	所有位置	所有	小齿轮启动机

（2）附加蓄电池

G11/G12 PHEV 附加蓄电池如图 5-393 所示。

1.安全型蓄电池接线柱2 SBK2　2.附加蓄电池　3.智能型蓄电池传感器2 IBS2

图 5-393

启动机所需能量由附加蓄电池提供。附加蓄电池安装在行李箱内。附加蓄电池是容量为 60Ah 的 AGM 蓄电池。与 12V 车辆蓄电池相似，附加蓄电池的电流、电压和电极温度也由一个智能型蓄电池传感器 IBS2 探测。此后结果通过 LIN 总线发送给上级控制单元即电机电子装置 EME。EME 通过 CAN 总线将信号发送至 DME。事故达到一定严重程度时，安全型蓄电池接线柱 SBK2 负责断开附加蓄电池与启动机之间的蓄电池正极导线。安全型蓄电池接线柱 SBK2 紧靠在附加蓄电池正极旁。通过碰撞和安全模块 ACSM 实现附加蓄电池安全型蓄电池接线柱 SBK2 的燃爆式触发。智能型蓄电池传感器 IBS2 通过小横截面导线从附加蓄电池的安全型蓄电池接线柱 SBK2 获得供电。每次更换附加蓄电池时都必须注册。蓄电池正极导线从安全型蓄电池接线柱 SBK2 连接至启动机。此外还有另外 3 根导线从安全型蓄电池接线柱 SBK2 引出：

· 一根用于为 IBS2 供电（无保险丝）

· 一根连接为附加蓄电池充电的 BCU（通过一个 60A 保险丝保护）

· 一根连接 EME（通过一个 5A 保险丝保护）

（3）附加蓄电池充电单元

附加蓄电池充电单元由一个控制单元和一个单向 DC/DC 转换器组成，用于连接启动系统与标准车载网络。附加蓄电池充电单元安装在行李箱内，它的任务是为附加蓄电池充电。附加蓄电池充电单元通过 LIN 信息从数字式发动机电子系统 DEM 获得为附加蓄电池充电的额定电压。附加蓄电池完全充满后，就会通过 DME 关闭附加蓄电池充电单元。通过这种方式可在电动行驶或高速公路行驶期间降低车载网络的能量消耗。该系统提供的优点是可通过附加蓄电池充电单元内的 DC/DC 转换器断开导电连接。断开导电连接可防止通过启动机启动发动机时标准车载网络出现电压降。附加蓄电池充电单元能够识别出通过外部 12V 充电器为 12V 车载网络充电。在车辆未唤醒状态下通过外部充电器（在 12V 车载网络内）充电时，充电单元也可通过该功能为附加蓄电池充电。

（4）跨接启动接线柱

G11/G12 PHEV 的蓄电池正极接线柱如图 5-394 所示。

在跨接启动接线柱旁有一个标签，上面标注了正确或错误极性。在 G11/G12 PHEV 上不提供 Active Hybrid 车辆所用的那种极性接错保护模块。

3.行驶准备就绪总线端控制

G11/G12 PHEV 的驾驶员角度的总线端控制如图

图 5-394

5-395 所示。

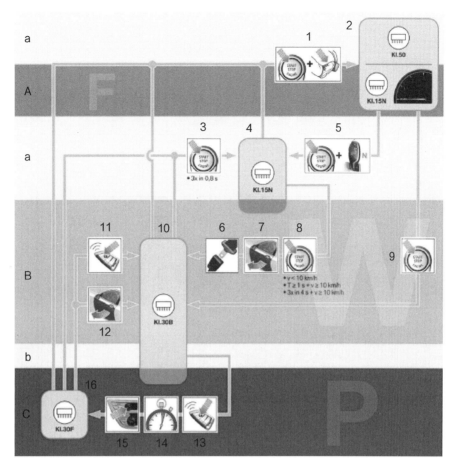

A.车辆处于行驶状态 B.车辆处于停留状态 C.车辆处于驻车状态 a.建立行驶准备就绪、结束行驶准备就绪或检测/分析/诊断的过渡状态 b.驻车功能过渡状态 1.操作START/STOP按钮+制动踏板+有效识别发射器位于车内 2.行驶准备就绪已建立，总线端15 N（总线端50）3.操作START/STOP按钮（0.8s内3次）+ 有效识别发射器位于车内 4.总线端15N 5.操作START/STOP按钮+选挡位处于位置"N" 6.松开驾驶员安全带（车速低于0.1 km/h，驾驶员车门打开，选挡杆不在位置"N"，未踩下制动器，近光灯关闭，无OBD通信，未处于诊断模式，未处于安装模式） 7.切换车门触点（车速低于0.1km/h，驾驶员安全带打开，选挡杆不在位置"N"，未踩下制动器，近光灯关闭，无OBD通信，未处于诊断模式，未处于安装模式） 8.操作START/STOP按钮 + 车辆静止或操作START/STOP按钮至少1s + 车速不低于10 km/h或在4s内操作START/STOP按钮至少3次 + 车速不低于10km/h 9.操作START/STOP按钮 10.总线端30B 11.使车辆开锁 12.停留状态交互活动或驻车功能交互活动 13.使车辆上锁 14.3min没有客户交互活动 15.长按音量调节器 16.总线端30F

图 5-395

如果有一个有效识别发射器位于车内且同时操作制动踏板和 START/STOP 按钮，就会启用行驶准备就绪。此时可从任何总线端状态启用行驶准备就绪（总线端 30F、总线端 30B 和总线端 15N）。通过组合仪表内 ePOWER 显示的指针提示驾驶员注意行驶准备就绪。在此情况下，指针位于"READY"中间部位。在"行驶准备就绪"状态下，车辆可根据扭矩要求以纯电动方式或以发动机方式起步。与仅通过发动机驱动的传统车辆不同，在混合动力车辆上无法通过发动机运转来识别行驶准备就绪。发动机不启动即"无声启动"的前提是，高电压蓄电池电量充足且发动机达到运行温度或 eDRIVE 模式已启用。如果车辆静止时按下 START/STOP 按钮，就会停用行驶准备就绪。此时会自动挂入行驶挡位"P"。自动洗车设备功能除外。如果驾驶员在行驶准备就绪接通状态下挂入行驶挡位"N"，随即按下 START/STOP 按钮，则行驶挡位"N"保持挂入状态且总线端 15 保持接通状态。

（九）总线系统

G11/G12 PHEV 的总线系统以 G11/G12 的总线系统为基础。G11/G12 PHEV 使用了 G11/G12 的所有主总

线系统和子总线系统。与 G11/G12 的总线系统相比，G11/G12 PHEV 增加了一些新的控制单元并调整和取消了一些控制单元。

1. 总线概览

由此形成的 G11/G12 PHEV 总线概览如图 5-396 所示。

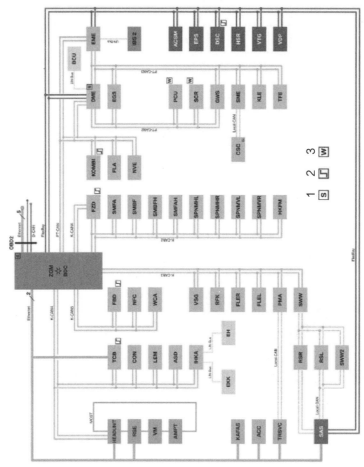

1.启动节点：用于FlexRay总线系统启动和同步的控制单元　2.有唤醒权限的控制单元　3.还与总线端15 WUP连接的控制单元　ACC.主动定速巡航控制系统　ACSM.碰撞和安全模块　AMPT.顶级高保真音响放大器　ASD.仿真声效设计　BDC.车身域控制器　BCU.蓄电池充电单元　CON.控制器　CSC.电池监控电子装置（电池监控电路）　D-CAN.诊断控制器区域网络　DME.数字式发动机电子系统　DSC.动态稳定控制系统　EGS.变速器电子控制系统　EH.电气加热装置　EKK.电动空调压缩机　EME.电机电子装置　EPS.电子助力转向系统（电动机械式助力转向系统）　Ethernet.用于局域数据网络的有线数据网络技术　FBD.远程操作服务　FLA.远光灯辅助系统　FLEL.左侧前部车灯电子装置　FLER.右侧前部车灯电子装置　FlexRay.用于汽车的快速实时容错总线系统　FZD.车顶功能中心　GWS.选挡开关　HEADUNIT.Headunit　HKFM.行李箱盖功能模块　HSR.后桥侧偏角控制系统　IBS2.智能型蓄电池传感器2　IHKA.自动恒温空调　K-CAN2.车身控制器局域网络2　K-CAN3.车身控制器局域网络3　K-CAN4.车身控制器局域网络4　K-CAN5.车身控制器局域网络5　KAFAS.基于摄像机的驾驶员辅助系统　KLE.便捷充电电子装置　KOMBI.组合仪表　LEM.灯光效果管理系统　LIN-BUS.局域互联网总线　Local-CAN.局域控制器区域网络　MOST.多媒体传输系统　NFC.近距离通信系统　NVE.夜视系统电子装置　OBD2.诊断插座　PCU.电源控制单元　PMA.驻车操作辅助系统　PT-CAN.动力传动系控制器区域网络　PT-CAN2.动力传动系控制器局域网络2　PT-CAN3.动力传动系控制器局域网络3　RFK.倒车摄像机　RSE.后座区娱乐系统　RSL.左侧雷达传感器　RSR.右侧雷达传感器　SAS.选装配置系统　SCR.选择性催化剂还原　SMBF.前乘客座椅模块　SMBFH.前乘客侧后部座椅模块　SME.蓄能器管理电子装置　SMFA.驾驶员座椅模块　SMFAH.驾驶员侧后部座椅模块　SPNMHL.左后座椅气动模块　SPNMHR.右后座椅气动模块　SPNMVL.左前座椅气动模块　SPNMVR.右前座椅气动模块　SWW.车道变更警告系统（主控单元）　SWW2.车道变更警告系统（副控单元）　TCB.远程通信系统盒

图 5-396

2. 新控制单元

与 G11/G12 相比，G11/G12 PHEV 安装了一些新控制单元。

（1）电机电子装置

G11/G12 PHEV 的电机电子装置如图 5-397 所示。

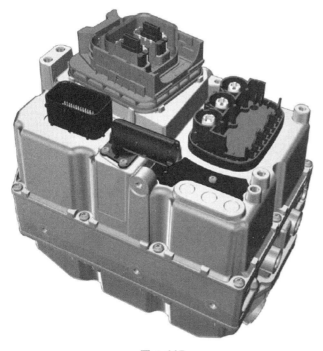

图 5-397

电机电子装置 EME 的任务是控制和调节高电压车载网络内的永励式同步电机。为此需要一个双向 DC/AC 转换器将高电压蓄电池单元的高电压直流电压转换为用于电机的三相交流电压。电机处于发电机运行模式时，系统通过逆变器为高电压蓄电池单元充电。此外在 EME 内还集成有一个 DC/DC 转换器，用于为低电压车载网络供电。EME 与 PT-CAN、PT-CAN3 和 FlexRay 相连。

（2）蓄能器管理电子装置 SME

SME 控制单元集成在高电压蓄电池单元内。为使高电压蓄电池单元的使用寿命最大化，SME 控制单元负责在严格规定的范围内（充电状态和温度）运行蓄电池。此外，SME 控制单元还负责启动和关闭高电压系统及安全功能（例如高电压触点监控）以及确定高电压蓄电池单元的可用功率。SME 通过 PT-CAN3 与其他控制单元通信。

（3）电池监控电子装置（电池监控电路 CSC）

为确保 G11/G12 PHEV 所用锂离子电池正常运行，必须遵守特定边界条件：电池电压和电池温度不允许低于或超过特定数值，否则可能会造成蓄电池组电池永久损坏。因此每个高电压蓄电池单元都包含多个称为"电池监控电路 CSC"的电池监控电子装置。共有 6 个 CSC 通过一个局域 CAN 相互通信。局域 CAN 将所有 CSC 彼此连接在一起，并与 SME 进行通信。在此 SME 控制单元执行主控功能，它是一个最大 12V 的低电压导线束。

（4）电动空调压缩机 EKK

G11/G12 PHEV 使用一个电动驱动的空调压缩机。为了能够提供所需功率，电动空调压缩机 EKK 通过高电压驱动。EKK 可在所有行驶情况下确保空调系统运行。除车内空间冷却外，还通过制冷剂循环回路对高电压蓄电池单元进行冷却。EKK 控制单元位于空调压缩机壳体内，通过 LIN 总线与 IHKA 连接。

（5）电气加热装置

由于采用混合动力方案，G11/G12 PHEV 的发动机在很多行驶情况下产生的余热显著降低，无法使冷却液循环回路加热至所需温度。因此 G11/G12 PHEV 带有一个电气加热装置。其工作原理与连续加热器基本相同。EH 控制单元位于电气加热装置壳体内，通过 LIN 总线与 IHKA 连接。

（6）智能型蓄电池传感器 2

智能型蓄电池传感器 2 监控附加蓄电池的电流、电压和电极温度。监控结果通过 LIN 总线传输至 EME。

（7）燃油箱功能电子系统 TFE

燃油箱功能电子系统 TFE 借助燃油箱内的压力和温度传感器监控当前运行状态，随后通过开启燃油箱排气路径内的阀门控制压力下降情况。降低压力后控制用于锁止燃油箱盖板的执行机构，此后可以手动打开燃油箱盖板及燃油箱盖。

（8）便捷充电电子装置

G11/G12 PHEV 便捷式充电电子装置如图 5-398 所示。

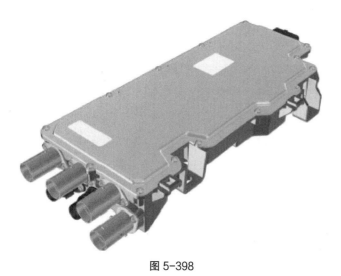

图 5-398

便捷充电电子装置 KLE 可使车辆与交流电压网络充电站之间进行通信，从而为高电压蓄电池充电。便捷充电电子装置将电网交流电压转化为高电压直流电压，从而为车辆上的高电压蓄电池单元充电。通常是在驻车状态下夜间在车库内进行车辆充电。在此必须根据可用电网功率对充电过程进行调节。此外，便捷充电电子装置还带有用于电动空调压缩机 EKK 和电气加热装置的高电压接口。因此只要充电电缆与交流电网相连，就会在不汲取高电压蓄电池单元能量的情况下，通过冷却或加热方式对车辆进行预空气调节。此外，便捷充电电子装置还控制充电插头和充电盖板的锁止装置。充电插头周围的照明和显示也通过便捷充电电子装置进行控制。

（9）附加蓄电池充电单元

附加蓄电池充电单元（BCU）安装在行李箱内后部，由一个控制单元和一个单向 DC/DC 转换器组成。它使用于启动机和附加蓄电池的独立 12V 车载网络与标准 12V 车载网络相连。它的任务是为附加蓄电池充电。附加蓄电池充电单元通过 LIN 信息从数字式发动机电子系统 DEM 获得为附加蓄电池充电的额定电压。附加蓄电池完全充满电后，就会通过 DME 关闭附加蓄电池充电单元。通过这种方式可在电动行驶或高速公路行驶期间降低车载网络的能量消耗。该系统提供的优点是可通过附加蓄电池充电单元内的 DC/DC 转换器断开导电连接。断开导电连接可防止启动发动机时标准 12V 车载网络内出现电压降。附加蓄电池充电单元能够识别出通过外部 12V 充电器为 12V 车载网络充电。在车辆未唤醒状态下通过外部充电器（在 12V 车载网络内）充电时，充电单元也可通过该功能为附加蓄电池充电。

（10）车辆发声器

G11/G12 PHEV 的车辆发生器如图 5-399 所示。

有些国家法规要求使用车辆发声器 VSG，因此仅针对一些国家型号提供（例如中国、日本、韩国）。

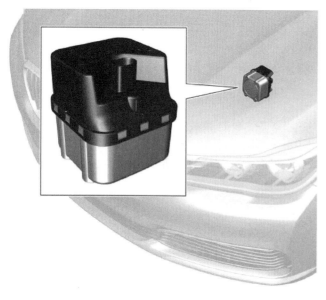

图 5-399

3. 调整的控制单元

为了能在所有运行状态下控制电动空调压缩机 EKK，对 IHKA 进行了相应调整。EKK 控制单元通过 LIN 总线与 IHKA 连接。为了能够显示行驶准备就绪、电动行驶、制动能量回收利用和高电压蓄电池单元充电状态等其他与行驶相关的内容，对 KOMBI 进行了相应调整。此外，在检查控制信息中增加了混合动力特有信息。数字式发动机电子系统 DME 的软件针对电机 / 发动机扭矩协调进行了相应调整。在全球范围内混合动力车辆都要求配备翻车识别装置，以便发生翻车事故时停用高电压系统。通过集成在 ACSM 控制单元内的传感器（滚动速率传感器和垂直加速度传感器）实现翻车识别功能。ACSM 针对传感器信号分析进行了相应调整。由 ACSM 根据需要触发附加蓄电池上的安全型蓄电池接线柱。动态稳定控制系统 DSC 的软件针对能量回收式制动进行了相应调整。其中包括读取直接与 DSC 控制单元连接的制动踏板行程传感器信号。EGS 控制单元针对更改的变速器进行了相应调整，例如通过 EGS 控制单元控制电动变速器油泵。

（十）显示和操作元件

1.电动驱动模式

G11/G12 PHEV eDRIVE 按钮和驾驶体验开关如图 5-400 所示。

1.eDRIVE 按钮 2.驾驶体验开关

图 5-400

2.AUTO eDRIVE

每次重新启动车辆时都会启用 AUTO eDRIVE 模式。例外：选挡开关处于手动 / 运动位置。

在 AUTO eDRIVE 模式下，车辆根据高电压蓄电池单元充电状态自动选择最佳驱动组合。通过组合仪表向驾驶员提供有关功率大小要求的视觉反馈。如果驾驶员功率要求超过了最大可用电功率，就会以舒适方式自动接通发动机。AUTO eDRIVE 模式原则上可分为两部分，即放电阶段（电量消耗）和保持阶段（电量维持）。高电压蓄电池的有效充电状态介于 23%~98% 范围内。在放电阶段，G11/G12 PHEV 可在不超过约 80 km/h 的情况下电动行驶。车速超过 80km/h 或功率要求较高时，就会接通发动机。如果在电动行驶范围内车速降至 80km/h 以下，就会关闭发动机。如果超出该效率优化的 eDRIVE 范围，就会在负荷和车速要求较高时自动启动发动机，G11/G12 PHEV 中央信息显示屏内的 AUTO eDRIVE 如图 5-402 所示。

3. MAX eDRIVE

通过 eDRIVE 按钮选择 MAX eDRIVE 模式时，可在高电压蓄电池已充电或电量充足的情况下根据需要以电动驱动装置最大功率进行零排放行驶。前提是选挡开关未处于手动 / 运动位置。在此情况下，最高电动车

在 G11/G12 PHEV 上可通过 eDRIVE 按钮按以下驱动模式配置电动驱动系统：

· Auto eDRIVE
· MAX eDRIVE
· BATTERY CONTROL

为此中控台内带有采用切换按钮设计的 eDRIVE 按钮。唤醒车辆或建立行驶准备就绪时会自动切换为 AUTO eDRIVE 模式。3 种驱动模式可与常用的行驶模式 SPORT、COMFORT 和 ECO PRO 组合使用。G11/G12 PHEV 驱动模式如图 5-401 所示。

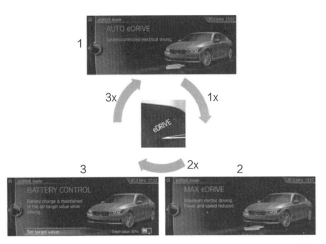

1.AUTO eDRIVE（受限电动行驶） 2.MAX eDRIVE（纯电动行驶） 3.BATTERY CONTROL（保持充电状态）

图 5-401

图 5-402

速为 140km/h。在此可以非常轻松舒适地通过加速踏板来控制电功率且不会意外接通发动机。在组合仪表内通过显示"MAX eDRIVE"字样表示 MAX eDRIVE 模式。不过在任何行驶情况下出现紧急情况时，都可能会接通发动机并调用全部系统功率。可随时通过将选挡开关切换至 S 位置或将加速踏板踩至强制降挡位置来启用发动机。此时会自动启用 AUTO eDRIVE 模式。可实现的电动可达行驶里程在很大程度上取决于驾驶方式（加速度和车速）、路段类型以及车外温度和相应辅助用电器。为了实现最大电动可达里程，应在外部充电期间对车内空间进行预空气调节。这样可利用行驶期间所需能量实现更长的电动可达里程。如果长时间驻车后在车外温度很低的情况下车辆以 MAX eDRIVE 模式行驶，则可能导致电动驱动装置功率降低甚至无法运行。原因可能在于高电压蓄电池单元电池模块内的电池温度过低。G11/G12 PHEV 中央信息显示屏内的 MAX eDRIVE 如图 5-403 所示。

图 5-403

图 5-404

5.组合仪表内的显示

（1）显示运行状态

混合动力特有运行状态和高电压蓄电池单元充电状态在组合仪表内以及根据需要在中央信息显示屏内显示。以下显示会出现在组合仪表内（根据行驶情况）。

· 行驶准备就绪显示

· 电动行驶显示

· eDRIVE 范围

· MAX eDRIVE 显示

· BATTERY CONTROL 显示

· 助推功能显示

· 能量回收利用

G11/G12 组合仪表行驶准备就绪如图 5-406 所示。

4.BATTERY CONTROL

BATTERY CONTROL 模式也通过 eDRIVE 按钮来选择。在此模式下会保存高电压蓄电池单元的能量用于之后的电动行驶，从而为接下来的市区行驶提供充足能量。驾驶员可在 30%~80 % 的范围内调节高电压蓄电池的充电状态。G11/G12 PHEV 中央信息显示屏内 BATTERY CONTROL 如图 5-404 所示，G11/G12 PHEV 中央信息显示屏内的 BATTERY CONTROL 设置如图 5-405 所示。

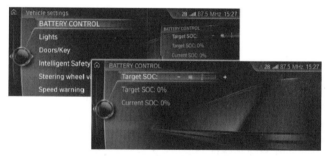

图 5-405

1.eDRIVE 范围；在此范围内可进行纯电动行驶。在MAX eDRIVE模式下，高亮显示范围最高可达到140km/h 2.CHARGE；根据减速度或制动踏板操纵力度，指针显示能量回收利用情况 3.READY；行驶准备就绪已建立 4.POWER；在此范围内可进行纯电动行驶 5.模式显示；在此所示为eDRIVE模式 6.高电压蓄电池充电显示；通过车载计算机调出冷却液温度 7.eBoost；在急加速期间，指针处于eBoost范围内

图 5-406

①行驶准备就绪。

在 G11/G12 PHEV 上，通过组合仪表右侧显示提示行驶准备就绪。在此情况下，指针位于"READY"中间部位。此时车辆处于静止状态，可随时通过操纵加速踏板使车辆移动。

根据高电压蓄电池单元的充电状态、eDRIVE 模式和加速踏板位置，可通过纯电动方式或发动机来驱动车辆。例如车辆停在铁路道口或等红灯时，就会接通行驶准备就绪。如果根据功率要求启动了发动机，发动机也会运行约 1min 从而加热催化转换器。如果客户驻车后很快就希望重新行驶，则操作 START/STOP 按钮后就会接通行驶准备就绪。由于发动机仍处于运行温度且高电压蓄电池单元电量充足，因此发动机不启动。

②电动行驶。

电动行驶 ePower 范围为蓝色。蓝色范围可能会根据行驶情况和 eDRIVE 模式发生变化。如果在指针到达标志范围端部时进一步提出功率要求（例如加速要求），就会接通发动机。

电动行驶时应注意，行人和其他道路使用者会由于听不到发动机噪声而无法像以前那样感觉到车辆的存在。例如在驶入和驶出停车位时要特别注意！

③ 助推功能。

在超车等情况下急加速时会同时调用发动机和电机的功率，这样可为驾驶员提供最大功率。为此必须用力踩下加速踏板。指针处于 eBoost 范围内。

④ MAX eDRIVE。

客户可根据需要通过启用 MAX eDRIVE 模式，以不超过 140 km/h 的车速纯电动行驶。启用时必须操作中控台内的 eDRIVE 按钮。可在 COMFORT 和 ECO PRO 模式下启用 MAX eDRIVE 模式。

⑤ 制动能量回收利用。

混合动力系统可在例如制动或滑行期间将动能转化为电能。通过这种能量回收利用为高电压蓄电池单元充电。根据减速度或制动踏板操纵力度，指针显示能量回收利用情况。

⑥ BATTERY CONTROL。

如果需要例如节省电动可达里程用于之后的行驶，可通过该功能保持特定的高电压蓄电池充电状态。可对该充电状态进行调节（30%~80%）。如果当前充电状态过低，就会在行驶期间为蓄电池充电。该充电过程会提高平均耗油量。

（2）固定式指示灯

组合仪表包含混合动力特有以及法规要求的固定式指示灯。如图 5-407 所示为中国规格的组合仪表。

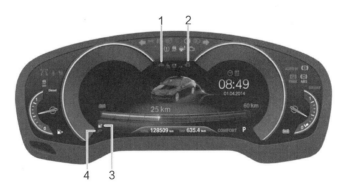

1.车辆综合故障（系统故障） 2.电机或电机电子装置过热 3.为高电压蓄电池充电 4.充电电缆已连接

图 5-407

（3）模式显示

如图 5-408 所示为不同行驶模式下的组合仪表。

6. 中央信息显示屏内的显示

在 CID 内通过菜单"车辆信息 > eDRIVE"调出混合动力特有显示。CID 和组合仪表内的显示都需要车辆处于"停留"状态。在所有车辆运行状态下均可在 CID 内显示能量流 / 动力传递路线以及高电压蓄电池单元充电状态。此外，用户可根据需要让其显示 eDRIVE 使用情况。这样驾驶员可以大致了解在不同行驶状态下的混合动力系统工作原理以及混合动力车辆的最佳使用情况。

1.COMFORT 2.ECO PRO 3.SPORT

图 5-408

（1）eDRIVE 使用

G11/G12 PHEV 混合动力系统使用显示如图 5-409 所示。

在 CID 内可显示最近 10km 的混合动力系统使用情况。每个显示条表示 1km 行驶时间。灰色显示条表示发动机耗油量。横线和图表右侧数值表示平均耗油量。

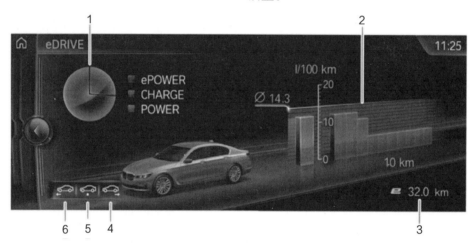

1.包含驱动方式使用比例的扇形图 2.耗油量显示 3.电动行驶公里数 4.耗油量历史记录 5.当前能量流 6.根据道路变化进行调整

图 5-409

（2）能量流 / 动力传递路线

在 CID 内按以下原理显示能量流 / 动力传递路线：

·蓝色：电能

·红色：发动机能量

·箭头：能量流 / 动力传递路线方向

在此以一种行驶情况为例进行显示并说明符号含义。可由此推导出其他行驶情况。G11/G12 PHEV 急加速时 CID 内的混合动力显示如图 5-410 所示。

在 CID 内通过一个橙色箭头（发动机驱动部分）和一个稍小的蓝色箭头（电机部分）表示助推功能。在此用橙色表示发动机。自动变速器内的电机启用时，通过变速器变成蓝色表示出来。用 5 个区段表示高电压蓄电池单元的充电状态。一个区段代表 20% 的高电压蓄电池单元充电状态。为表示从两个驱动源（发动机和电机）至车轮的动力传递路线，用两个箭头表示动力传递路线。红色箭头表示发动机驱动部分，蓝色箭头表示电机部分。当前行驶情况也通过车辆示意图下方的文本信息进行显示。

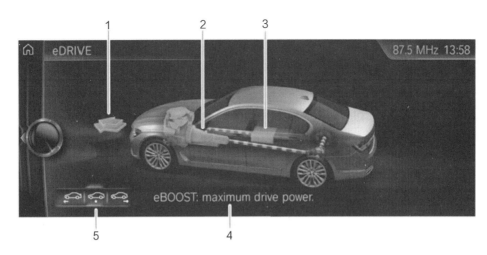

1.电机驱动力箭头（蓝色）和发动机驱动力箭头（橙色） 2.带电机的自动变速器 3.高电压蓄电池充电状态 4.有关当前行驶状态的文本信息 5.选择显示；从左向右：根据道路变化进行调整，当前能量流，耗油量历史记录

图 5-410

（3）根据道路变化进行调整

目的地引导处于启用状态时，混合动力驱动装置根据路线变化进行调整，以最佳方式利用混合动力系统。对已出现的情况和前方情况进行识别，在 CID 内进行显示并使混合动力驱动装置做好相关准备。G11/G12 PHEV 中央信息显示屏如图 5-411 所示。

图 5-411

7.ECO PRO 模式

G11/G12 PHEV 驾驶员可根据需要以更高效的方式驾驶车辆。通过驾驶体验开关可启用非常高效的模式，即 ECO PRO 模式。ECO PRO 模式一如既往地支持降低油耗的驾驶方式并负责协调混合动力系统从而达到车辆最大总可达里程。

（1）启用和显示

G11/G12 PHEV eDRIVE 按钮和驾驶体验开关如图 5-412 所示。

通过驾驶体验开关启用 ECO PRO 模式。"COMFORT" 模式设为标准模式。组合仪表切换为 ECO PRO 模式。

1.eDRIVE 按钮 2.驾驶体验开关

图 5-412

8. 提高负荷点

提高负荷点指的是在转速不变的情况下提高发动机负荷。这样可以提高功率并在最佳范围内运行发动机。在此会平衡反作用于发动机的相应阻力，从而一方面提高发动机负荷，另一方面保持转速恒定。例如在仅通过发动机驱动的车辆上接通空调系统或后窗玻璃加热装置。由 DME 通过控制节气门向发动机输送更多新鲜空气来平衡额外阻力。此外还会提高喷射的燃油量。发动机负荷提高并处于最佳效率和耗油量范围内。不过该调节过程非常精确，因此不会提高转速，而是仅平衡出现的阻力。在 G11/G12 PHEV 上，电机在发电机运行模式下会产生反力矩。如上所述，DME 平衡该反力矩，发动机以最佳方式运行。此时获得的电能用于为高电压蓄电池单元充电。通过这种方式，在高电压蓄电池单元充电时也可对发动机产生积极影响。除已提出的功率要求外还会提高负荷点。驾驶员不会察觉到这一过程。提高负荷点的时刻和程度受以下因素影响：

- 高电压蓄电池单元充电状态
- 发动机温度
- 发动机负荷
- 行驶模式

9. 降低负荷点

为了降低耗油量，可在高电压蓄电池单元电量充足时通过降低负荷点来减轻发动机负荷。此时高电压蓄电池单元有针对性地放电且充电状态值降低，但车辆并未以纯电动方式驱动。

10. 前方道路预测辅助系统

与所有当前混合动力车辆一样，G11/G12 PHEV 也带有"滑行"功能。"滑行时没有能量消耗"表示即使在最高约 160km/h 的车速下，如果无须发动机进行驱动，也会关闭发动机。同时会断开传动系中的分离离合器，从而使车辆可在没有发动机制动作用的情况下移动。通过"滑行"功能可以清楚看到提高效率的优势：在此运行状态下不消耗燃油。在 G11/G12 PHEV 上通过前方道路预测辅助系统为"滑行"提供更好的支持。该前方道路预测辅助系统根据导航系统数据识别出前方线上的弯道、地区入口、交通环岛、丁字路口、限速和高速公路出口，因此能够提前提醒驾驶员及早松开加速踏板。在前方道路预测辅助系统帮助下，即使驾驶员不熟悉路况，也可实现更高效的驾驶。

11. 混合动力特有检查控制信息

G11/G12 PHEV 出现故障时，就会通过检查控制信息提醒驾驶员注意。如表 5-45 所示总结了最重要的混合动力特有检查控制信息。

表 5-45

检查控制信息	含义	原因
	检查充电电缆	充电电缆识别错误。无法探测到插入的充电插头。客户应在出发前检查插头是否还处于插入状态
	声学式行人保护功能失灵	VSG 内部故障或其他控制单元损坏导致 CAN 通信失灵
	绝缘故障，高电压触点监控故障	高电压系统的高电压蓄电池故障。关闭发动机后，可能无法继续行驶。请立即到附近的 BMW 售后服务部门进行检查
	高电压系统已关闭	进行保养、维修和修理时高电压系统切换为无电压。高电压安全插头（售后服务断电开关）已拔出，高电压触点监控电路断路
	起火危险	高电压蓄电池内温度过高

（十一）空调系统

像之前的宝马混合动力车辆一样，G11/G12 PHEV 也使用一个电动驱动的空调压缩机。由于空调压缩机带有一个电动驱动装置，因此可以不通过发动机驱动空调系统。无论是在纯电动行驶期间还是静止状态下，空调系统都可以为客户提供制冷效果。在此采用专用隔音装置来隔绝噪声。因此即使在发动机关闭的静止状态下，也几乎感觉不到空调系统的噪声。

通过车辆的冷却系统对高电压蓄电池单元进行冷却。在 G11/G12 PHEV 上也提供驻车空气调节功能。

1.系统概览

G11/G12 PHEV 空调系统的系统概览如图 5-413 所示，G11/G12 PHEV 空调系统概览如图 5-414 所示。

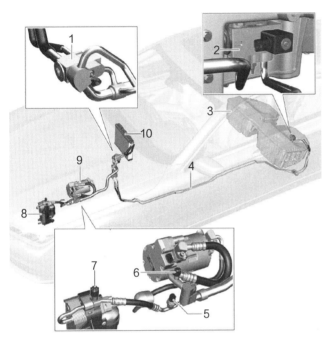

1.膨胀和截止组合阀（车内空间） 2.膨胀和截止组合阀（高电压蓄电池单元） 3.高电压蓄电池单元 4.至高电压蓄电池单元的制冷剂管路 5.制冷剂压力传感器 6.低压接口（用于抽吸、抽真空和加注） 7.高电压接口（用于抽吸、抽真空和加注） 8.通过冷却液冷却的空调冷凝器（冷却液制冷剂热交换器） 9.电动空调压缩机EKK 10.蒸发器（车内空间）

图 5-413

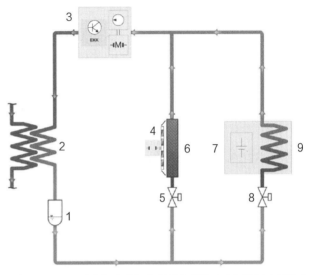

1.干燥器瓶 2.通过冷却液冷却的空调冷凝器（冷却液制冷剂热交换器） 3.电动空调压缩机 EKK 4.车内空间鼓风机 5.车内空间膨胀和截止组合阀 6.车内空间蒸发器 7.高电压蓄电池单元 8.高电压蓄电池单元膨胀和截止组合阀 9.蒸发器

图 5-414

G11/G12 PHEV 的制冷剂循环回路用于冷却高电压蓄电池单元的制冷剂循环回路与用于冷却车内空间的制冷剂循环回路并联。高电压蓄电池单元的温度对其使用寿命具有决定性影响。因此高电压蓄电池单元的电池不应在过高或过低温度条件下输出功率或吸收电功率。最佳电池温度约为 20℃；蓄电池组电池不应超过 40℃ 的最高温度。在循环回路中使用 R134a 或 R1234YF 作为冷却剂，制冷剂在系统的一个位置吸收热量，在另一个位置重新释放热量。从车内空间和高电压蓄电池单元吸收的热量在通过冷却液冷却的空调冷凝器内传递给冷却液。启用车内空间空调系统时或提出高电压蓄电池单元冷却功率要求时，电动驱动的空调压缩机接通，系统对相应位置进行冷却。在此可相互独立地进行车内空间冷却和高电压蓄电池单元冷却。由高电压蓄电池单元为电动空调压缩机提供所需能量。只允许使用宝马授权用于电动空调压缩机的制冷剂油作为润滑剂。为了能够相互独立地进行蓄电池冷却和车内空间冷却，在制冷剂循环回路内集成了一个专用的膨胀和截止阀。这些阀门仅根据实际需要开启部分循环回路。这样可以确保系统的高效性和正常调节特性。对相应制冷剂循环回路内的截止阀进行电动控制并使其打开时，液态制冷剂就会流入冷却总成并蒸发。此时吸收环境热量。电动空调压缩机重新压缩制冷剂，在通过冷却液冷却的空调冷凝器内使其重新变为液态聚集状态。这样可使制冷剂能够重新吸收热量。如表 5-46 展示了阀门与电动空调压缩机的相应控制情况。

表 5-46

冷却	膨胀和截止组合阀（车内空间）	膨胀和截止组合阀（高电压蓄电池单元）	电动空调压缩机
高电压蓄电池单元	关闭	打开	接通
车内空间	打开	关闭	接通
高电压蓄电池单元和车内空间	打开	打开	接通
不冷却	关闭	关闭	断开

由 IHKA 控制单元探测和确定是否以及何时需要多少冷却功率的要求。一方面，车内空间冷却要求可能直接来自客户。另一方面，SME 控制单元也可能以总线信息形式向 IHKA 控制单元发出高电压蓄电池单元冷却要求。IHKA 控制单元协调这些冷却要求并通过 LIN 总线控制电动空调压缩机。根据温度确定冷却要求的优先级，例如车外温度较高且车内空间急剧升温时，就会要求具有更高优先级的更高冷却功率。达到所需温度后，就会通过降低冷却功率来保持温度并调低优先级。这一点同样适用于蓄电池组电池温度。蓄电池组电池温度增至约 30℃ 时，就会开始冷却高电压蓄电池单元。由 SME 控制单元提出的冷却要求在此具有较低优先级，因此可能会被高电压电源管理系统拒绝。电池温度较高时，高电压蓄电池单元冷却要求具有最高优先级且始终执行。此外，为了降低噪声也会限制电动空调压缩机的转速。这取决于鼓风机设置和车速。如果在两个膨胀和截止组合阀关闭状态下因损坏导致电动空调压缩机运行，则可能会造成空调系统损坏。

2.电动空调压缩机

G11/G12 PHEV 电动空调压缩机 EKK 如图 5-415 所示。

电动空调压缩机是一个高电压组件。在每个高电压组件的壳体上都有一个标志，售后服务人员或任何其

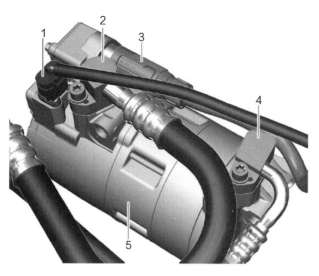

1.信号插头 2.低压管路（低温和低压气态制冷剂） 3.高电压插头 4.高电压管路（高温和高电压气态制冷剂） 5.电动空调压缩机 EKK

图 5-415

他车辆用户均可通过该标志直观看出高电压可能具有的危险。只有满足以下所有前提条件的售后服务人员才允许对带标志的高电压组件进行作业：具备资质，遵守安全规定，严格按照维修说明操作。宝马高电压技师进行高电压组件作业前，必须在执行安全规定的情况下关闭高电压系统。之后所有高电压组件均切换为无电压并可安全进行相关作业。针对宝马高电压技师忘记按规定关闭系统的情况，通过一项附加安全措施来自动关闭高电压系统。在高电压插头内，除高电压触点外还集成有一个接触电桥。高电压插头内的电桥触点采用前置式设计，即拔出高电压插头时首先断开高电压电桥触点。这样可以中断 EKK 控制单元供电，因此在还未完全拔出高电压插头前便可使高电压功率要求降为零，这样可确保在高电压触点上不会形成电弧。高电压触点采取了防触摸保护措施。电动空调压缩机的高电压插头不是高电压触点监控电路的组成部分。压缩机的工作原理与 F30H 和 F01H 的工作原理相同。使用螺旋形压缩机压缩制冷剂。电动制冷剂压缩机的电功率约为 4.5 kW。EKK 的电压范围为 205~410V，高于和低于该电压范围时就会降低功率或关闭 EKK。

3.驻车空气调节

由于 G11/G12 PHEV 的空调压缩机为电动驱动且高电压蓄电池单元的能量密度和功率密度较高，因此在 G11/G12 PHEV 上为客户提供驻车空气调节功能。进行驻车空气调节时，IHKA 决定需要采取哪些驻车暖风、驻车冷却或驻车通风措施。启用驻车空气调节的前提条件是：

· 高电压蓄电池单元电量充足（充电状态＞约30%）或充电电缆已连接

· 发动机已关闭或行驶准备就绪已停用

· 通风出风口已打开，以便出风

客户可通过不同方式来启用驻车空气调节功能：

· 通过 CID 内的菜单直接接通或进行时间编程

· 通过识别发射器上的按钮（第四个按钮）

· 通过一个宝马 Remote App

G11/G12 PHEV 的暖风热交换器集成在发动机和电机的冷却液循环回路内。通过发动机相应受热时，可提供充足加热功率用于进行车内空间温度调节。由于采用混合动力方案，G11/G12 PHEV 发动机在很多行驶情况下产生的余热显著降低，无法使冷却液循环回路加热至所需温度。因此 G11/G12 PHEV 带有一个电气加热装置。其工作原理与连续加热器基本相同。可通过一个转换阀形成一个独立的加热循环回路，通过一个电动冷却液泵使其保持循环状态。电气加热装置是一个高电压组件！只有满足以下所有前提条件的售后服务人员才允许对带标志的高电压组件进行作业：具备资质，遵守安全规定，严格按照维修说明操作。G11/G12 PHEV 冷却液循环回路内的暖风循环回路如图 5-416 所示。

1.安装位置和接口

G11/G12 PHEV 暖风循环回路如图 5-417 所示，G11/G12 PHEV 电气加热装置接口如图 5-418 所示。

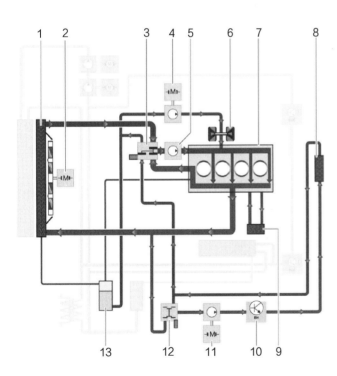

1.散热器 2.电子扇 3.热量管理模块 4.电动冷却液泵 5.冷却液泵 6.废气涡轮增压器 7.发动机 8.暖风热交换器 9.发动机油冷却器 10.电气加热装置 11.电动冷却液泵（暖风循环回路） 12.电动转换阀 13.补液罐

图 5-416

1.冷却液循环回路接口 2.连至冷却液循环回路的接口 3.电动转换阀 4.暖风热交换器 5.电气加热装置 6.电动冷却液泵

图 5-417

601

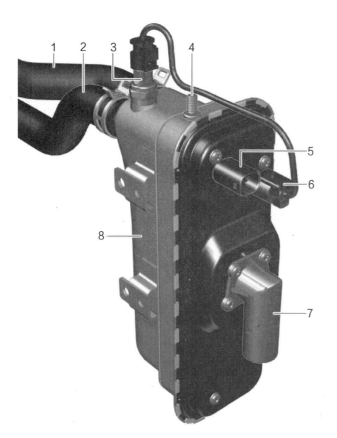

1.冷却液供给管路（自电动冷却液泵） 2.冷却液供给管路（至暖风热交换器） 3.冷却液温度传感器 4.电位补偿导线接口 5.信号插头（低电压插头） 6.冷却液温度传感器接口 7.高电压插头接口 8.壳体

图 5-418

通过发动机变热的冷却液经过未通电时打开的转换阀和电气加热装置流入暖风热交换器。在此将部分热量传递给流经暖风热交换器的空气并最终重新到达发动机冷却液循环回路。此时电气加热装置关闭，但电动冷却液泵仍处于启用状态。

（3）暖风调节

电动冷却液泵和电动转换阀均为 12V 组件，通过车身域控制器 BDC 进行控制。电气加热装置的最大电功率为 5.5kW（280V 和 20A）。电气加热装置由 3 个功率相同的加热线圈构成，这 3 个加热线圈以相位错开方式通过脉冲宽度调制（PWM）以节拍方式接通。在此通过 PWM 信号内的持续接通时间控制加热线圈的功率。在电气加热装置内通过电子开关（Power MOSFET）以节拍方式接通加热线圈。G11/G12 PHEV 电气加热装置内的加热线圈如图 5-419 所示，G11/G12 PHEV 电气加热装置系统方框图如图

2.工作原理

驾驶员在 IHKA 操作面板上调节所需温度时，IHKA 就会计算出相应的设定温度并将其与电气加热装置的实际输出温度进行比较。为此在电气加热装置输出端上有一个冷却液温度传感器。IHKA 控制单元通过这种方式能够确定发动机的热量是否足够用于加热车内空间或是否需要接通电气加热装置。冷却液温度过低时，电气加热装置可分 6 挡进行加热。通过该调节，电气加热装置可始终根据需要进行加热。

（1）冷却液温度较低

冷却液温度较低时，例如刚刚起步后或纯电动行驶期间，通过车身域控制器 BDC 控制电动转换阀。由此使电动转换阀阻断发动机冷却液循环回路供给。此时通过电动冷却液泵向电气加热装置泵送冷却液，使其加热并输送至暖风热交换器。

（2）冷却液温度较高

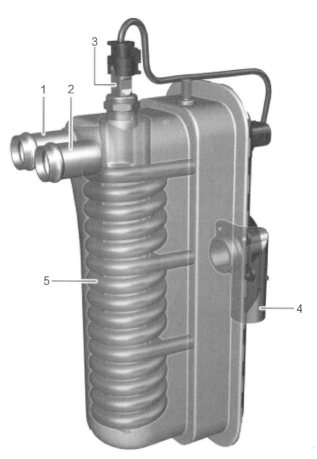

1.冷却液供给管路接口（自电动冷却液泵） 2.冷却液供给管路接口（至暖风热交换器） 3.冷却液温度传感器 4.高电压插头接口 5.加热线圈（3个）

图 5-419

5-420 所示。

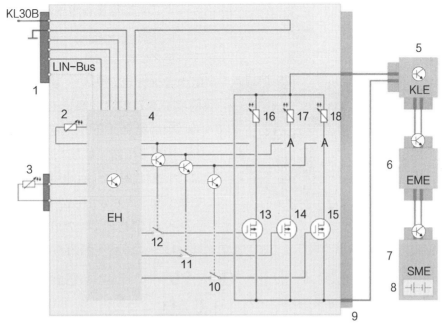

1.低电压插头 2.温度传感器（控制单元印刷电路板） 3.冷却液温度传感器 4.电气加热装置（控制单元） 5.便捷充电电子装置KLE 6.电机电子装置EME 7.蓄能器管理电子装置SME 8.高电压蓄电池单元 9.电气加热装置上的高电压插头 10.加热线圈 3 内电流过高时关闭硬件 11.加热线圈 2 内电流过高时关闭硬件 12.加热线圈1内电流过高时关闭硬件 13.用于加热线圈1的电子开关（Power MOSFET）14.用于加热线圈2的电子开关（Power MOSFET）15.用于加热线圈3的电子开关（Power MOSFET）16.加热线圈1 17.加热线圈2 18.加热线圈3

图 5-420

流经各线路的电流经过测量并由电气加热装置控制单元进行控制。电压范围为 250~400V 时，最大电流为 20A。高于和低于该电压范围时就会降低功率。耗电量提高时，通过一个硬件电路中断能量供应。该电路设计确保控制单元内出现故障时可安全断开供电。

在电气加热装置内断开高电压电路与低电压电路间的导电连接。在低电压插头上带有用于 LIN 总线和供电（总线端 30B）的接口。用于电气加热装置的圆形插头高电压触点采取了防触摸保护措施。电气加热装置的高电压插头不是高电压触点监控电路的组成部分。与 F30 PHEV 不同，在 G11/G12 PHEV 的高电压插头内未集成接触电桥。通过 3 个加热线圈的相位错开式脉冲宽度调制（PWM）可实现约 550W（相当于 10 %）至最大 5.5kW 的无级加热功率。IHKA 控制单元通过 LIN 总线发送加热装置接通要求。达到最高温度或超过最大允许电流强度时，就会通过电气加热装置自动限制加热功率。此外，在 ECO PRO 驾驶模式下以及达到特定高电压蓄电池单元充电状态后，也会降低电气加热装置功率。出现系统故障时关闭电气加热装置。电气加热装置无须保养。冷却液使用 50：50 的水和冷却液浓缩液形成的常用混合液 G48。

二、G11/G12 PHEV 高电压蓄电池单元

（一）简介

本产品信息介绍宝马 740e/740Le（研发代码为 G11/G12 PHEV）高电压蓄电池单元的结构以及对其进行修理时的特殊事项。本文件不能替代维修说明，仅用于向学员提供所需背景知识和补充说明。与宝马 i 车型一样，在 3.0 代宝马混合动力车辆上也可通过专业售后服务人员对高电压蓄电池单元内的组件进行更换并以此方式进行修理。在 G11/G12 PHEV 上，高电压蓄电池单元不作为整个配件提供，因此也无法再在未经进一步修理的情况下进行更换。针对宝马经销商员工提供有关高电压蓄电池单元修理的特殊培训认证措施如图

图 5-421

5-421 所示。

（二）高电压蓄电池单元

1. 概览

与之前的宝马 Active Hybrid 车辆一样，高电压蓄电池单元是电动驱动装置的蓄能器。G11/G12 PHEV 是继 F15 PHEV、F45 PHEV 和 F30 PHEV 之后，宝马品牌的第四款插电式混合动力电动车辆。G11/G12 PHEV 也采用新一代的 3.0 代高电压蓄电池单元。与 1.0 和 2.0 代高电压蓄电池单元出现故障时需要整个更换不同，3.0 代出现故障时可以进行修理。

（1）高电压蓄电池代次

1.0 ~ 2.0 代，如图 5-422 所示，如表 5-47 所示。

图 5-422

表 5-47

技术数据	1.0 代	1.5 代	2.0 代
应用	E72	F04	F01/F02H，F10H，F30H
制造商	Bosch	TEMIC	BMW
技术	镍氢	锂离子	锂离子
蓄电池组电池数量	260 个	35 个	96 个
电池电压 电容量	1.2V 7.7Ah	3.6V 6.5Ah	3.3V 4Ah
额定电压	312V	126V	317V
电压范围	234~422V	无数据	无数据
可存储能量	2.4kWh	0.8kWh	1.35kWh
可用能量	1.4kWh	0.4kWh	0.6kWh
最大功率	57kW（短时）	19kW	43kW
重量	83kg	28kg	46kg

3.0代，如图5-423所示，如表5-48所示。

F18 PHEV*　　F15 PHEV　　F45 PHEV　　F30 PHEV

图 5-423

表 5-48

技术数据	F18 PHEV * 仅限中国	F15 PHEV	F45 PHEV	F30 PHEV
制造商	Bosch	BMW	BMW	BMW
技术	锂离子	锂离子	锂离子	锂离子
蓄电池组电池数量	96 个	96 个	80 个	80 个
电池电压 电容量	3.78V 40Ah	3.7V 26Ah	3.66V 26Ah	3.66V 26Ah
额定电压	363V	355V	293V	293V
电压范围	269~395V	269~399V	225~328V	225~328V
可存储能量	14.5kWh	9.2kWh	7.7kWh	7.8kWh
可用能量	12kWh	6.8kWh	5.7kWh	5.8kWh
最大功率	90kW（短时） 36kW（持续）	83kW（短时） 43kW（持续）	67kW（短时） 32kW（持续）	65kW（短时） 45kW（持续）
重量	218kg	105kg	90kg	88kg

与所有宝马 Active Hybrid 车辆一样，G11/G12 PHEV 也配备一个可为高电压蓄电池充电的电机。除电机外，在插电式混合动力车辆上还可通过充电插座从家用电网对高电压蓄电池单元进行外部充电。也可通过制动能量回收利用为高电压蓄电池充电。在带有电动驱动装置的车辆上，高电压蓄电池相当于发动机驱动车辆的燃油箱。为使 G11/G12 PHEV 达到预期可达里程，对需要存储的能量进行了相应计算。高电压蓄电池单元安装在后桥前方中间位置。G11/G12 PHEV 高电压组件和高电压导线如图5-424所示。

（2）技术数据

G11/G12 PHEV 的高电压蓄电池单元由以下主要组件构成：

· 带实际电池的电池模块

· 电池监控电子装置

· 安全盒（S-Box）

· 蓄能器管理电子装置 SME 控制单元

· 四件式蒸发器

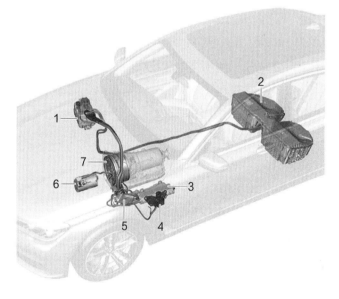

1.电机电子装置EME 2.高电压蓄电池单元 3.便捷充电电子装置KLE 4.充电接口 5.电气加热装置 6.电动空调压缩机EKK 7.电机

图 5-424

· 导线束

· 接口（电气、制冷剂、排气）

· 壳体部件和固定部件

蓄电池组电池由韩国公司 Samsung SDI 向宝马丁戈尔芬工厂提供。在此将蓄电池组电池组装成电池模块并与其他组件一起安装为完整的高电压蓄电池单元。SME 控制单元和电池监控电子装置的制造商为 Preh 公司。在 G11/G12 PHEV 高电压蓄电池内使用的蓄电池组电池属于锂离子电池类型（电池类型为 NMCo/LMO 混合）。锂离子电池的正极基本上由锂金属氧化物构成。"NMCo/LMO 混合"这一名称说明了这类电池所用的金属，一方面是镍、锰、钴的混合物，另一方面是锂锰氧化物。像往常一样使用石墨作为负极材料，放电时锂离子沉积在石墨内。这样选择优化了电动车辆所用高电压蓄电池的特性（能量密度高、使用寿命长）。根据蓄电池组电池内所用材料，总计额定电压为 3.66V。如表 5-49 所示总结了 G11/G12 PHEV 高电压蓄电池单元的一些重要技术数据。

表 5-49

电压	351.4V（额定电压） 最小 269V，最大 398V（电压范围）
蓄电池组电池	96 个蓄电池组电池串联（每个电池均为 3.66V 和 26Ah）
最大可存储能量 最大可用能量	9.2kWh 7.4kWh
最大功率（放电）	83kW（短时）
最大功率（交流电充电）	3.7kW
总重量	112.6kg（无固定角铁）
尺寸	541mm×1134mm×271mm
冷却系统	制冷剂 R1234yf 或 R134a（根据市场情况）

（3）安装位置

高电压蓄电池单元安装在后桥前方中间位置。这样带来的优点是降低了 G11/G12 PHEV 的重心，从而改善了行驶特性。所有接口均可从车辆底部接触到。G11/G12 PHEV 的高电压蓄电池单元安装位置如图 5-425 所示。

最重要的外部特征包括：

· 高电压导线和高电压接口

· 12V 车载网络接口

· 制冷剂管路和制冷剂接口

· 提示牌

· 排气单元

高电压蓄电池单元除高电压接口外还有一个 12V 车载网络接口。通过该接口为集成在高电压蓄电池单元内的控制单元提供电压、总线信号、传感器信号和监控信号。为对高电压蓄电池单元进行冷却，在此将其接入制冷剂循环回路内。高电压蓄电池单元上的提示牌向进行相关组件作业的人员说明所用技术及可能存在的电气和化学危险。高电压蓄电池单元的电压远远高于 75V。因此进行任何高电压蓄电池单元作业前，都必须遵守电气安全规定：

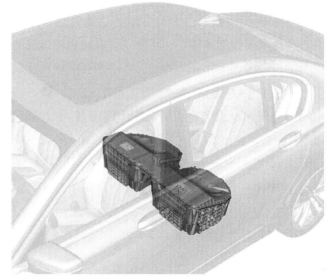

图 5-425

· 切换为无电压

· 固定住以防重新接通

· 确定系统无电压

无法通过组合仪表准确确定系统无电压时,不允许在车辆上继续作业。有生命危险!之后必须由宝马电气专业人员使用相应测量仪器/测量方法确定系统无电压。在这些情况下必须联系技术支持部门或宝马电气专业人员!此外,必须隔离车辆并用隔离带隔开车辆!可在无须拆卸高电压蓄电池单元的情况下断开导线(高电压和12V车载网络接口)和制冷剂管路。高电压蓄电池单元位于车内空间以外。如果由于严重故障导致蓄电池组电池产生过压,不必通过排气管向外排出所产生的气体。通过高电压蓄电池单元下部壳体上的一个排气单元便可进行压力补偿。与其他Active Hybrid车辆一样,所用高电压安全插头(售后服务断电开关)不是高电压蓄电池单元的组成部分,它位于行李箱内右后侧一个盖板后。

(4)系统电路图

G11/G12 PHEV的高电压网络内高电压蓄电池单元的系统电路图如图4-426所示。

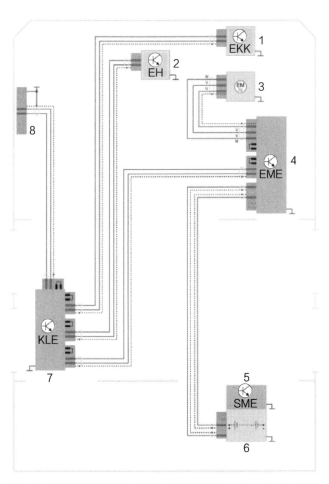

1.电动空调压缩机EKK 2.电气加热装置EH 3.电机 4.电机电子装置EME 5.蓄能器管理电子装置SME 6.高电压蓄电池单元电池模块 7.便捷充电电子装置KLE 8.充电接口

图5-426

2.外部特征

(1)提示牌

在G11/G12 PHEV的高电压蓄电池单元上装有3个提示牌,即一个型号铭牌和两个警告提示牌。型号铭牌提供逻辑信息(例如零件编号)和最重要的技术数据(例如额定电压)。警告提示牌一方面指出采用了锂离子技术,另一方面指出高电压蓄电池单元内电压较高,从而提醒注意可能存在相关危险。

(2)机械接口

高电压蓄电池单元通过8个支架和10个固定螺栓与车身连接。通过这种方式可使重力以及行驶期间产生的加速力作用在车身上。所有固定螺栓均可从车辆底部接触到。不过需要松开螺栓时,必须事先拆卸多个饰板、排气装置和传动轴。G11/G12 PHEV的高电压蓄电池单元固定方式如图5-427所示。

两个侧面支架(如图5-427中2)吸收发生事故时的作用力。其余支架(如图5-427中3)吸收正常情况下产生的作用力。拆卸高电压蓄电池单元时,必须首先进行当前维修说明中规定的所有准备工作(诊断、切换为无电压、抽吸制冷剂、拆卸饰板等)。松开固定螺栓前,必须将带有相应固定装置的可移动总成升降台放在高电压蓄电池单元下方。通过两个固定螺栓使高电压蓄电池单元壳体与车身之间形成电气连接。高电压蓄电池单元壳体与接地之间的低电阻连接是确保自动绝缘监控功能正常运行的一项重要前提条件,因此应注意所有安装螺栓的拧紧力矩是否正确。此外还必须注意,无论是高电压蓄电池单元壳体还是车身都不允许在相应开孔处涂漆、腐蚀或有污物。如有必要,固定安装螺栓前,必须露出裸露金属。

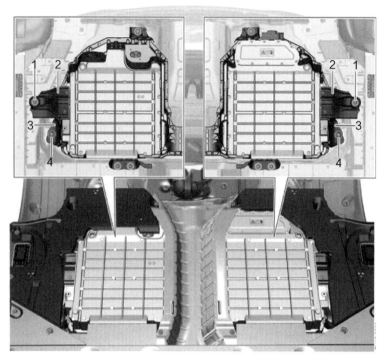

1.固定螺栓　2.支架（吸收发生事故时的作用力）3.支架（吸收正常情况下的作用力）　4.固定螺栓和电位补偿螺栓

图 5-427

固定电位补偿螺栓时，必须执行准确的工作步骤：

· 清洁接触面并让另外一人进行检查

· 按规定力矩拧紧安装螺栓

· 让另外一人检查力矩

· 两人必须将准确工作情况记录在车辆档案内

在高电压蓄电池单元壳体上进行任何安装时，都只能使用自攻螺钉。允许通过 Kerb Konus 螺纹套对壳体下部件上的螺纹进行修理。

（3）电气接口

①高电压接口。

在高电压蓄电池单元上带有一个 2 针高电压接口，高电压蓄电池单元通过该接口与高电压车载网络连接。G11/G12 PHEV 的高电压蓄电池单元上的高电压接口如图 5-428 所示。

围绕高电压导线的两个电气触点各有一个屏蔽层触点。这样可使高电压导线屏蔽层（每根导线各有一个屏蔽层）一直持续到高电压蓄电池单元壳体内，从而有助于确保电磁兼容性。

此外，高电压接口还可防止接触导电部件。触点本身带有塑料外套，从而防止直接接触。只有连接导线时，才压开外套并进行接触。塑料滑块用于机械卡止插头。此外它还是一项安全功能的组成部分，未连接高电压导线时，滑块会盖住高电压触点监控电桥接

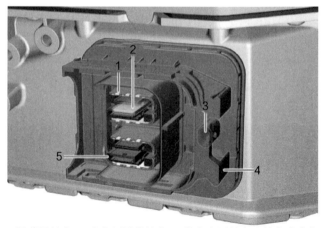

1.屏蔽层触点　2.高电压导线触点　3.带高电压触点监控电路内电桥接口的插孔　4.机械滑块　5.接触保护

图 5-428

608

口。只有按规定连接高电压导线且插头卡止时，才能接触到该接口并插上电桥。这样可确保，只有连接高电压导线时，高电压触点监控电路才会闭合。该原理适用于 G11/G12 PHEV 的所有扁平高电压接口（高电压蓄电池单元、电机电子装置）。因此只有连接电机电子装置、便捷充电电子装置和高电压蓄电池单元上的所有高电压接口时，高电压系统才会启用，这样可以额外防止接触可能带电的接触面。G11/G12 PHEV 的高电压接口如图 5-429 所示。

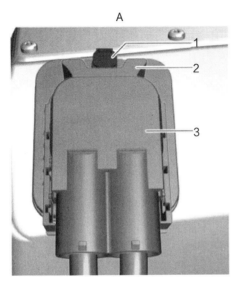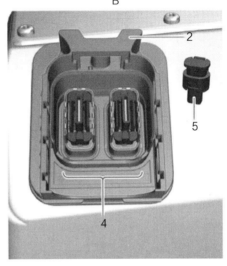

A.已插上高电压导线的高电压接口　B.已松开高电压导线的高电压接口　1.高电压触点监控电桥（已插上）　2.机械滑块　3.高电压导线的高电压插头　4.高电压接口　5.高电压触点监控电桥（已松开）

图 5-429

与高电压蓄电池单元的所有其他组件一样，高电压接口可作为单独部件进行更换，前提是由专业售后服务人员严格按照维修说明来进行。

② 12V 车载网络接口。

在 G11/G12 PHEV 的高电压蓄电池单元上带有一个 12V 车载网络接口，可实现以下连接：

·通过总线端 30 和总线端 31 为 SME 控制单元供电

·用于为电动机械式接触器供电的总线端 30C 碰撞信号

·高电压触点监控导线的输入端和输出端

·用于控制截止和膨胀组合阀的输出端（+12V 和接地）

·PT-CAN3

G11/G12 PHEV 的高电压蓄电池单元上的信号插头如图 5-430 所示。

③高电压安全插头。

G11/G12 PHEV 的高电压安全插头（售后服务断电开关）不是高电压蓄电池单元的直接组成部分，因此根据汽车标准将高电压安全插头颜色由橙色改为了绿色。高电压安全插头作为独立部件安装在行

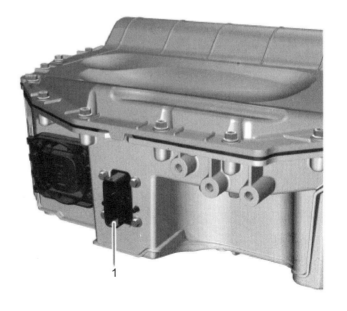

1.12V车载网络接口

图 5-430

609

李箱内右后侧。G11/G12 PHEV 的高电压安全插头安装位置如图 5-431 所示。

图 5-431

与在 Active Hybrid 车辆上一样，高电压安全插头也执行两项任务：

· 将高电压系统切换为无电压
· 固定住以防重新接通

高电压安全插头或插接电桥是高电压触点监控电路的一部分。如果将高电压安全插头的插头和插孔彼此拉开，高电压触点监控电路就会断路。高电压安全插头的插头和插孔无法完全彼此拉开。两个部分以机械方式固定在一起，以防彼此拉开。需要断开高电压触点监控电路时，可将两个部分彼此拉开，直至能够使用挂锁固定住以防止重新接通。

（4）排气单元

排气单元有两项任务。第一项任务是补偿高电压蓄电池单元内部和外部之间的较大压力差。只有某一蓄电池组电池损坏时，才会产生这种压力差。在此情况下，出于安全原因，蓄电池组电池已损坏的电池模块壳体会打开，以便降低压力。之后，气体首先存在于高电压蓄电池单元壳体内。从此处可通过排气单元排到外面。此外蒸发器泄漏和制冷剂溢出时，压力会升高，G11/G12 PHEV 的排气单元横截面如图 5-432 所示。

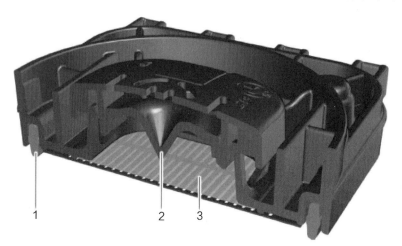

1.密封件 2.心轴 3.隔膜

图 5-432

排气单元的第二项任务是向外输送高电压蓄电池单元内部产生的冷凝物。在高电压蓄电池单元内部除技术组件外还有空气。通过较低环境温度或通过启用冷却功能（制冷剂）对空气或壳体进行冷却时，空气中的部分水蒸气就会冷凝，因此在高电压蓄电池单元内部可能会形成少量液态水，这不会对功能产生任何影响。空气或壳体再次受热时，水就会重新蒸发，同时壳体内的压力稍稍增大。排气单元可通过向外排出受热空气进行压力补偿。此时会将空气中包含的水蒸气连同之前的液态冷凝物一起向外排出。为了完成上述任务，排气单元带有一个透气（和水蒸气）但不透水的隔膜。在隔膜上方有一个心轴，高电压蓄电池单元内过压较高时，该心轴会毁坏隔膜。在隔膜上方有一个两件式盖板，可防止较大污物进入。排气单元安装在壳体下部件上，G11/G12 PHEV 的排气单元固定方式如图 5-433 所示。

维修时，可将排气单元作为一个整体进行更换。如果排气单元出现机械损伤或隔膜损坏，则必须更换排气单元。使用 EoS 测试仪进行最终测试时，应使用适用于 G11/G12 PHEV 的排气单元的检测适配器。

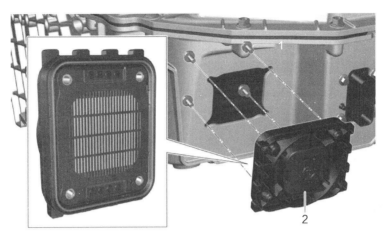

1.固定螺栓 2.排气单元

图 5-433

（5）制冷剂循环回路接口

为对高电压蓄电池单元进行冷却，在此将其接入空调系统制冷剂循环回路内。为了能够根据需要进行冷却，在高电压蓄电池单元上有一个电气控制式膨胀和截止组合阀。膨胀和截止组合阀通过硬绞线与 SME 控制单元连接，由该控制单元直接控制。供电中断时阀门关闭，此时没有制冷剂流入高电压蓄电池单元内。阀门只能识别出"关闭"和"打开"位置。通过热学方式调节制冷剂流入量。

3.冷却系统

（1）概览

为了尽可能延长高电压蓄电池的使用寿命并获得最大功率，应在规定温度范围内运行蓄电池。温度在 –40 ～ +55℃ 范围内（实际电池温度）时，原则上高电压蓄电池单元处于可运行状态。就温度特性而言，高电压蓄电池单元是一个惰性系统，即电池需要几个小时才能达到环境温度。在极其炎热或寒冷的环境下短暂停留并不表示电池已经达到环境温度。但就使用寿命和功率性能而言，最佳电池温度范围明显缩小。该范围为 +25 ～ +40℃。如果在功率输出较高时电池温度持续明显超出该范围，就会影响蓄电池组电池使用寿命。为了消除该影响并在所有车外温度条件下确保最大功率，G11/G12 PHEV 的高电压蓄电池单元带有自动运行的冷却装置。在 G11/G12 PHEV 上未安装高电压蓄电池单元加热装置，G11/G12 PHEV 的高电压蓄电池单元的温度适用范围如图 5-434 所示。

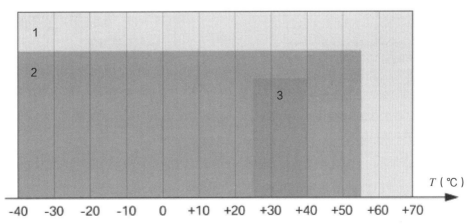

1.一般温度范围（存储区域）2.高电压蓄电池单元工作范围 3.高电压蓄电池单元最佳工作范围

图 5-434

G11/G12 PHEV 标配高电压蓄电池冷却系统。为此将其接入空调系统制冷剂循环回路内，G11/G12 PHEV

整个制冷剂系统如图 5-435 所示。

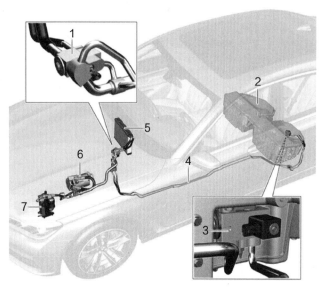

1.膨胀和截止组合阀 2.高电压蓄电池单元 3.膨胀和截止组合阀 4.至高电压蓄电池单元的制冷剂管路 5.车内空间蒸发器 6.电动空调压缩机 EKK 7.通过冷却液冷却的空调冷凝器（冷却液制冷剂热交换器）

图 5-435

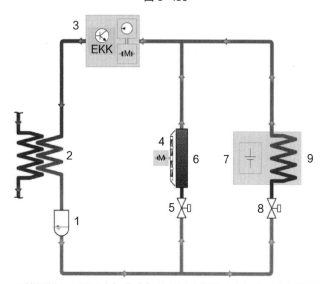

1.干燥器瓶 2.通过冷却液冷却的空调冷凝器（冷却液制冷剂热交换器） 3.电动空调压缩机EKK 4.车内空间鼓风机 5.车内空间膨胀和截止组合阀 6.车内空间蒸发器 7.高电压蓄电池单元 8.高电压蓄电池单元膨胀和截止组合阀 9.高电压蓄电池单元蒸发器

图 5-436

高电压蓄电池单元内的冷却组件如图 5-437 所示。

（2）功能

根据冷却系统的功能可实现两种运行状态：

· 冷却系统关闭

· 冷却系统接通

G11/G12 PHEV 的高电压蓄电池单元直接通过制冷剂 R1234yf 或 R134a（根据市场）进行冷却。空调系统制冷剂循环回路由两个并联支路构成。一个用于冷却车内空间，一个用于冷却高电压蓄电池单元。两个支路各有一个膨胀和截止组合阀，用于相互独立地控制冷却功能。蓄能器管理电子装置可通过施加电压控制并打开高电压蓄电池单元上的膨胀和截止组合阀。这样可使制冷剂流入高电压蓄电池单元内，在此膨胀、蒸发和吸收环境热量。车内空间冷却同样根据需要来进行。蒸发器前的膨胀和截止组合阀也能够以电气方式受控，即由电机电子装置 EME 控制，G11/G12 PHEV 的高电压蓄电池单元制冷剂循环回路如图 5-436 所示。

将液态制冷剂喷入蒸发器内时，制冷剂蒸发。蒸发的制冷剂通过这种方式吸收环境空气热量并使其冷却。随后电动空调压缩机将气态制冷剂压缩至较高电压力水平。之后通过空调冷凝器将热量传递给冷却液并使制冷剂重新变为液态聚集状态。在 G11/G12 PHEV 上根据高电压蓄电池单元安装位置装有两层电池模块。为按照布置规定确保对电池模块进行充分冷却，在此使用一个 4 件式蒸发器。它由铝合金平管构成，与内部制冷剂管路相连。G11/G12 PHEV 的

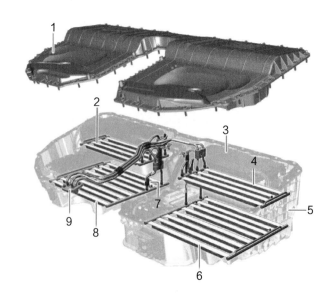

1.壳体上部件 2.热交换器（左上，沿行驶方向看） 3.电池模块 4.蒸发器（右上） 5.下半部分壳体 6.蒸发器（右下） 7.制冷剂管路温度传感器 8.蒸发器（左下） 9.膨胀和截止组合阀连接法兰

图 5-437

主要根据电池温度、车外温度以及高电压蓄电池获取或输送的功率来启用这些运行状态。SME 控制单元根据输入参数决定需要哪种运行状态。需要冷却时，就会通过 SME 控制并打开膨胀和截止组合阀，否则阀门保持关闭状态。如图 5-438 展示了输入参数、SME 控制单元的作用以及控制所用执行机构。

① "冷却系统关闭"运行状态。

电池温度处于或低于最佳范围时，会启用"冷却系统关闭"运行状态。车辆在适中环境温度下以较低电

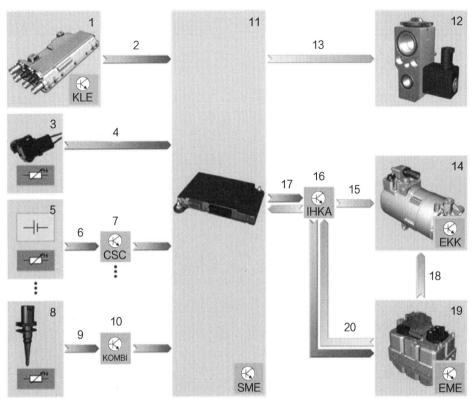

1.便捷充电电子装置KLE 2.高电压蓄电池单元进行外部充电的信息 3.制冷剂供给管路处的制冷剂温度传感器 4.制冷剂温度信号 5.高电压蓄电池上的温度传感器 6.电池模块温度信号 7.电池监控电子装置CSC 8.车外温度传感器 9.车外温度信号 10.组合仪表KOMBI 11.SME控制单元（高电压蓄电池单元内）12.膨胀和截止组合阀 13.膨胀和截止组合阀控制信号 14.电动空调压缩机EKK 15.通过LIN总线传输的电动空调压缩机控制信号 16.自动恒温空调IHKA 17.提出冷却要求 18.提供高电压功率 19.电机电子装置EME 20.提出高电压功率要求

图 5-438

功率行驶时，通常会启用该运行状态。"冷却系统关闭"运行状态非常高效，因为无须其他能量来对高电压蓄电池进行冷却。相关组件按以下方式工作：

· 需要对车内空间进行冷却时，电动空调压缩机不运行或降低功率运行

· 高电压蓄电池单元上的膨胀和截止组合阀关闭

② "冷却系统接通"运行状态。

蓄电池组电池温度增至约30℃时，就会开始冷却高电压蓄电池。SME 控制单元以两个优先级向 IHKA 控制单元提出冷却要求。之后 IHKA 决定是否对车内空间、高电压蓄电池单元或二者进行冷却。SME 提出优先级较低的冷却要求且车内空间冷却要求较高时，IHKA 可能会拒绝提出的冷却要求。但 SME 提出优先级较高的冷却要求时，始终会对高电压蓄电池进行冷却。进行冷却时，IHKA 要求电机电子装置内的高电压电源管理系统提供用于电动空调压缩机的电功率。在冷却运行状态下，组件工作方式如下：

· SME 控制单元提出冷却要求

· IKHA 授权后，SME 控制单元控制高电压蓄电池单元上的膨胀和截止组合阀。通过这种方式使该阀门

打开，制冷剂流入高电压蓄电池单元内

· 电动空调压缩机运行

蒸发的制冷剂离开高电压蓄电池单元，经电动空调压缩机压缩并在通过冷却液冷却的空调冷凝器内液化。虽然该过程需要获取高电压车载网络能量，但其意义非常重大。只有这样才能确保蓄电池组电池具有较长使用寿命和较高效率。蓄电池组电池温度明显低于20℃最佳运行温度时，其功率会暂时受限且能量转换效率也不理想。这是无法避免的锂离子蓄电池化学效应。如果长时间（例如多日）将G11/G12 PHEV停放在极低环境温度条件下，蓄电池组电池也会变为与环境温度一样低。在此情况下，开始行驶时可能无法提供最大电动驱动功率。但客户并不会有所察觉，因为此时由发动机驱动车辆。

（3）系统组件

①蒸发器。

在高电压蓄电池单元内部，制冷剂在管路和冷却通道（铝合金材质）内流动。通过入口管路流入的制冷剂在高电压蓄电池单元接口后分入上部和下部蒸发器。流经供给管路的制冷剂分别进入相应蒸发器内并通过流经冷却通道吸收电池模块的热量。在右侧和左侧蒸发器端部处汇集为一个共同的回流管路。这根共同的回流管路将蒸发的制冷剂输送回高电压蓄电池单元接口。在左下蒸发器的供给管路上装有一个温度传感器，该传感器信号用于控制和监控冷却功能，由SME控制单元直接读取该信号。G11/G12 PHEV的高电压蓄电池单元内的冷却组件如图5-439所示。

为了确保冷却通道排出电池模块热量，必须以均匀分布的作用力将冷却通道整个平面压到电池模块上。通过嵌入冷却通道的弹簧条产生该压紧力。针对电池模块几何形状和下半部分壳体以及模块隔板对弹簧条进行了相应调节。下部蒸发器的弹簧条支撑在高电压蓄电池单元的壳体下部件上，从而将冷却通道压到电池模块上。上部蒸发器的弹簧条支撑在模块隔板上。相应制冷剂管路、冷却通道和弹簧条共同构成了一个单元，进行修理时可单独更换该单元。为简单起见，该单元也称为蒸发器，但不要与传统车辆前部的热交换器混淆。在此4个蒸发器为壁厚相对较薄的组件。这样一方面具有非常出色的导热特性，另一方面也因此导致机械稳定性较弱。处于安装状态时这不是什么缺点，因为高电压蓄电池单元壳体可确保机械稳定性。但在维修过程中进行蒸发器操作时要特别小心。更换蒸发器时，必须严格遵守维修说明并要特别小心。

②制冷剂温度传感器。

在此不直接测量制冷剂温度，而是将温度传感器安装在高电压蓄电池单元内一段制冷剂管路上。SME控制单元连接，在此进行信号分析。该传感器是一个NTC电阻，其电阻值随温度升高而减小。出现故障时，可单独更换制冷剂温度传感器。

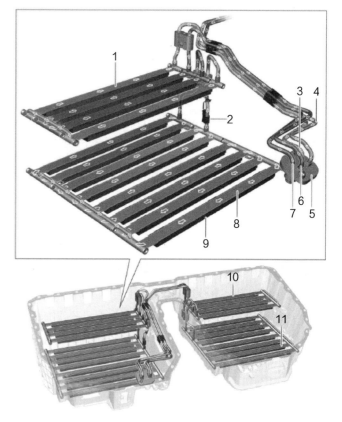

1.蒸发器（左上，沿行驶方向看）2.制冷剂温度传感器 3.左侧蒸发器压力阶段供给管路（沿行驶方向看）4.右侧蒸发器压力阶段供给管路 5.膨胀和截止组合阀连接法兰 6.右侧蒸发器抽吸侧回流管路 7.左侧蒸发器抽吸侧回流管路 8.蒸发器（左下）9.弹簧条 10.蒸发器（右上）11.蒸发器（左上）

图5-439

③ 膨胀和截止组合阀。

膨胀和截止组合阀使流入的液态制冷剂膨胀，从而使其压力和温度降低。在此也有部分制冷剂蒸发。通过降低温度可使制冷剂吸收环境热量，从而冷却电池模块。此外还可关断制冷剂循环回路，从而确保不再有制冷剂流入蒸发器内。G11/G12 PHEV 的膨胀和截止组合阀如图 5-440 所示。

SME 控制单元通过一根直接线控制膨胀和截止组合阀。电气控制装置可识别出两种状态：0V 控制电压表示阀门保持关闭状态；12V 控制电压表示阀门打开。与传统空调系统膨胀阀一样，该膨胀和截止阀也通过热学方式即根据制冷剂温度自动调节其开度。

4.内部结构

（1）电气和电子组件

G11/G12 PHEV 的高电压蓄电池单元系统电路图如图 5-441 所示。

从这个电路图可以看出，除汇集在 6 个电池模块内的蓄电池组电池本身外，高电压蓄电池单元还包括以下电气 / 电子部件：

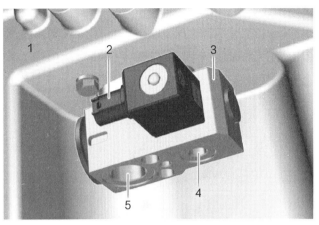

1.高电压蓄电池单元壳体下部件 2.膨胀和截止组合阀电气接口 3.膨胀和截止组合阀 4.制冷剂压力管路接口 5.制冷剂抽吸管路接口

图 5-440

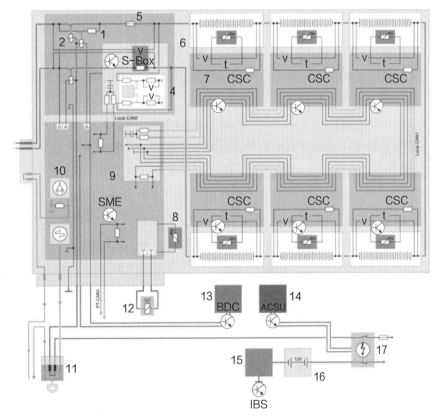

1.安全盒S-Box 2.接触器 3.电流和电压传感器 4.绝缘监控 5.主电流保险丝（350A）6.电池模块 7.电池监控电子装置（电池监控电路CSC）8.制冷剂管路温度传感器 9.蓄能器管理电子装置SME 10.高电压触点监控电路控制装置 11.高电压安全插头（售后服务断电开关）12.制冷剂管路的膨胀和截止组合阀 13.车身域控制器BDC 14.带有安全型蓄电池接线柱触发用控制导线的ACSM 15.智能型蓄电池传感器IBS 16.12V蓄电池 17.安全型蓄电池接线柱SBK

图 5-441

- 蓄能器管理电子装置 SME 控制单元
- 6 个电池监控电子装置（电池监控电路 CSC）
- 带接触器、传感器、过电流保险丝和绝缘监控的安全盒

除电气组件外，高电压蓄电池单元还包括制冷剂管路、冷却通道以及电池模块的机械固定元件。

①蓄能器管理电子装置 SME。

G11/G12 PHEV 的蓄能器管理电子装置安装位置如图 5-442 所示。

1.通信导线束接口 2.CSC 导线束接口

图 5-442

针对高电压蓄电池使用寿命的要求比较严格（车辆使用寿命）。为了满足这些要求，不能随意运行高电压蓄电池，而是必须在严格规定的范围内运行高电压蓄电池，从而确保其使用寿命和功率最大化。相关边界条件如下：

- 在最佳温度范围内运行电池（通过冷却以及根据需要限制电流强度）
- 根据需要均衡所有电池的充电状态
- 在特定范围内充分利用可存储的蓄电池能量

为了遵守这些边界条件，在 G11/G12 PHEV 的高电压蓄电池单元内装有一个蓄能器管理电子装置 SME 控制单元。SME 控制单元需要执行以下任务：

- 由电机电子装置 EME 根据要求控制高电压系统的启动和关闭
- 分析所有蓄电池组电池的测量信号、电压和温度以及高电压电路内的电流强度
- 控制高电压蓄电池单元的冷却系统
- 确定高电压蓄电池的充电状态（SoC）和老化状态（SoH）
- 确定高电压蓄电池的可用功率并根据需要对电机电子装置提出限制请求
- 安全功能（例如电压和温度监控、高电压触点监控）
- 识别出故障状态，存储故障码存储器记录并向电机电子装置发送故障状态

原则上可通过诊断系统使 SME 控制单元做出响应并对其进行编程。进行故障查询时必须清楚，在 SME 控制单元的故障码存储器内不仅可存储控制单元故障，而且还可查阅高电压蓄电池单元内其他组件的故障记录。这些故障码存储器记录根据严重程度和尚可提供的功能分为不同类型：

- 立即关闭高电压系统：因出现故障影响高电压系统安全或产生高电压蓄电池损坏危险时，就会立即关闭高电压系统并断开电动机械式接触器触点
- 限制功率：高电压蓄电池无法继续提供最大功率或全部能量时，就会限制驱动功率和可达里程从而保护组件。此时驾驶员可在驱动功率明显降低的情况下继续行驶较短距离
- 对客户没有直接影响的故障：例如 SME 或 CSC 控制单元之间的通信短时受到干扰时，不表示功能受限或危及高电压系统安全。只会产生一个故障码存储器记录，须由宝马维修站通过诊断系统对该记录进行分析。在此不显示检查控制信息，不会影响客户所使用的功能

从高电压蓄电池单元外部无法接触到 SME 控制单元。出现故障需要更换 SME 控制单元时，必须事先打开高电压蓄电池单元。只允许由具备资质的相关工作人员来打开高电压蓄电池单元。此外，还必须严格按照维修说明来进行，特别要在打开前进行规定的检查工作。SME 控制单元的电气接口包括：

- SME 控制单元 12V 供电（左前配电盒的总线端 30 和总线端 31）
- 接触器 12V 供电（总线端 30C 碰撞信号）
- PT-CAN3
- 局域 CAN1 和 2
- 高电压触点监控输入端和输出端
- 制冷剂循环回路内膨胀和截止组合阀的控制导线
- 制冷剂温度传感器

由一个专用 12V 导线为高电压蓄电池单元内的接触器供电。该导线称为总线端 30 碰撞信号，简称为总线端 30C。总线端名称中的 C 表示发生事故（碰撞）时关闭该 12V 电压。该导线是安全型蓄电池接线柱的一个（第二个）输出端，即触发安全型蓄电池接线柱时，也会断开该供电导线。此外，该导线穿过高电压安全插头，因此将高电压系统切换为无电压时，也会关闭接触器供电。因此在上述两种情况下，高电压蓄电池单元内的两个接触器会自动断开。局域 CAN1 使 SME 控制单元与电池监控电子装置 CSC 相互连接。局域 CAN2 用于实现 SME 控制单元与安全盒之间的通信。通过该总线可传输例如电流强度测量值等信息。

② 电池模块。

高电压蓄电池单元由 6 个串联连接的电池模块构成。每个电池模块仅配有一个电池监控电子装置。电池模块本身由 16 个串联连接的电池构成。每个电池的额定电压为 3.66V，额定容量为 26Ah。电池模块的顺序是固定的，从左前方下部开始（沿行驶方向看）。根据电池模块的连接以及电池监控电子装置的布置方式，在极性方面分为两种不同的电池模块类型。订购配件时务必要注意这一点。G11/G12 PHEV 的电池模块布置方式如图 5-443 所示。

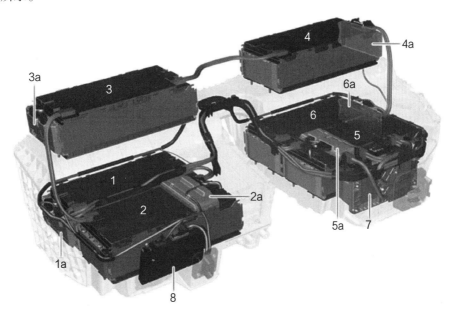

1.电池模块 1 1a.电池监控电子装置1a 2.电池模块2 2a.电池监控电子装置2a 3.电池模块3 3a.电池监控电子装置3a 4.电池模块4 4a.电池监控电子装置4a 5.电池模块5 5a.电池监控电子装置5a 6.电池模块6 6a.电池监控电子装置6a 7.安全盒S-Box 8.蓄能器管理电子装置SME

图 5-443

更换电池模块时，必须注意与相应电池监控电子装置的匹配关系，因为该匹配关系存储在诊断系统内用于将来进行分析。

③ 电池监控。

每个高电压蓄电池单元内都带有电池监控电子装置，因此只允许由具备资质的相关工作人员来进行修理。为确保 G11/G12 PHEV 所用锂离子电池正常运行，必须遵守特定边界条件：电池电压和电池温度不允许低于或超过特定数值，否则可能造成蓄电池组电池永久损坏。因此高电压蓄电池单元带有 6 个研发名称为电池监控电路 CSC 的电池监控电子装置。在 G11/G12 PHEV 的高电压蓄电池单元内，每个电池模块都有一个电池监控电子装置。该装置监控 16 个电池。

电池监控电子装置执行以下任务：

· 测量和监控每个蓄电池组电池的电压
· 测量和监控电池模块多处的温度
· 将测量参数传输给 SMS 控制单元
· 执行蓄电池组电池电压补偿过程

在此以极高扫描率（每 20ms 测量一次）测量电池电压。通过测量电压可识别出充电和放电过程结束。温度传感器安装在电池模块上，根据其测量值可确定各蓄电池组电池的温度。根据电池温度可识别出过载或电气故障。出现任何上述情况时，都必须立即降低电流强度或完全关闭高电压系统，以免蓄电池组电池进一步损坏。此外，测量温度还用于控制冷却系统，以便始终在最有利于功率和使用寿命的温度范围内运行蓄电池组电池。由于电池温度是一项重要参数，因此每个电池模块都有 3 个 NTC 温度传感器，其中一个为冗余传感器。

电池监控电子装置通过局域 CAN1 传输其测量数值。该局域 CAN1 使所有电池监控电子装置相互连接并与 SME 控制单元相连。在 SME 控制单元内对测量值进行分析并根据需要做出相应反应（例如控制冷却系统）。局域 CAN1 和 2 的传输速度均为 500kbit/s。与采用相同传输速度的 CAN 总线一样，总线导线采用绞线形式。此外，两个局域 CAN 端部都以终端电阻终止。用于局域 CAN1 各 120Ω 的终端电阻位于 SME 控制单元内。

用于局域 CAN2 各 120Ω 的终端电阻位于：

· SME 控制单元内
· S 盒控制单元内

G11/G12 PHEV 的高电压蓄电池单元局域网络 CAN 电路原理图如图 5-444 所示。

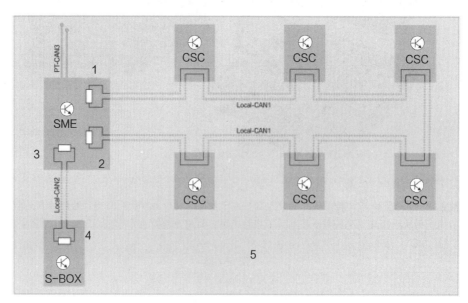

1.SME 控制单元内的局域CAN1终端电阻 2.SME控制单元内的局域CAN1终端电阻 3.SME控制单元内的局域CAN2终端电阻 4.安全盒内的局域CAN2终端电阻 5.高电压蓄电池单元

图 5-444

在查询故障期间测量局域 CAN 电阻时，在所有总线设备已连接且终端电阻正常的情况下会得到约 $60\,\Omega$ 的数值。如果一个或多个蓄电池组电池的电压明显低于所有其他蓄电池组电池，高电压蓄电池的可用能含量就会因此受限。放电时，由最弱的蓄电池组电池决定何时停止释放能量：如果最弱电池的电压降至放电限值，则即使其他蓄电池组电池还存有充足能量，也必须结束放电过程。如果仍继续放电过程，就会因此造成最弱蓄电池组电池永久损坏。因此可通过一项功能使电池电压调节至几乎相同的水平。该过程也称为电池平衡。

为此 SME 控制单元将所有电池电压进行相互比较。在此过程中对电池电压明显较高的蓄电池组电池进行有针对性的放电。SME 控制单元通过局域 CAN1 将相关请求发送至这些蓄电池组电池的电池监控电子装置，从而启动放电过程。为此每个电池监控电子装置都有一个针对各蓄电池组电池的欧姆电阻，相应电子触点闭合后放电电流就会流过该电阻。启动放电过程后由电池监控电子装置独自负责执行该过程，即使在此期间主控控制单元切换为休眠模式也会继续执行。通过与总线端 30 直接相连的蓄能器管理电子装置为 CSC 控制单元供电来实现这一点。所有蓄电池组电池的电压均处于较小规定范围内时，放电过程就会自动结束。电池平衡过程会一直进行，直至所有电池达到相同电压水平。G11/G12 PHEV 的电池电压平衡电路原理图如图 5-445 所示。

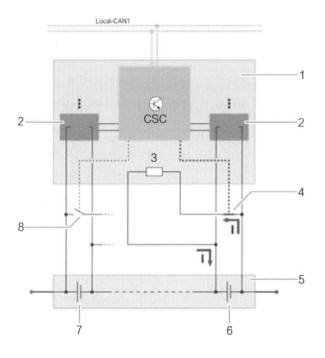

1.电池监控电子装置　2.用于测量电池电压的传感器　3.放电电阻
4.用于某一蓄电池组电池放电的触点闭合（启用）　5.电池模块
6.通过放电降低电压的蓄电池组电池　7.未放电的蓄电池组电池
8.用于某一蓄电池组电池放电的触点断开（未启用）

图 5-445

在平衡电池电压的过程中会造成损失，但损失的电能极小（小于 0.1% SoC）。而优势在于可使可达里程和高电压蓄电池单元使用寿命最大化，因此总体而言平衡电池电压非常有利且十分必要。当然只有在车辆静止状态下才会执行该过程。平衡电池电压的具体条件包括：

· 车辆处于车辆状态"驻车"
· 高电压系统已关闭
· 电池电压或各电池 SoC 的偏差大于相应限值
· 高电压蓄电池的总 SoC 大于相应限值

如果满足上述条件，就会自动平衡电池电压。因此客户既看不到检查控制信息，也无须为此进行特殊操作。即使更换电池模块后，SME 控制单元也会自动识别出电池电压平衡需求。

如果电池电压的偏差过大或电池电压平衡未顺利进行，就会在 SME 控制单元内生成一个故障码存储器记录。此时通过一条检查控制信息提醒客户注意该故障状态。之后必须通过诊断系统对故障码存储器进行分析并进行相应修理工作。

④安全盒（S盒）。

G11/G12 PHEV 的安全盒安装位置如图 5-446 所示。

在每个高电压蓄电池单元内都有一个带独立壳体的接口单元，该单元称为安全盒或简称为 S 盒。在所有高电压蓄电池单元内都带有安全盒。因此只允许由具备资质的相关工作人员来进行更换。在安全盒内集成有以下组件：

· 蓄电池负极电流路径内的电流传感器
· 蓄电池正极电流路径内的保险丝

1.连接高电压接口的正极 2.自电池模块1的负极 3.通信导线束接口 4.自电池模块6的正极 5.连接高电压接口的负极

图 5-446

- 两个电动机械式接触器（每个电流路径一个开关触点）
- 用于缓慢启动高电压系统的预充电电路
- 用于监控开关触点、测量蓄电池总电压和监控绝缘电阻的电压传感器
- 用于绝缘监控的电路

⑤导线束。

在高电压蓄电池单元内有两个导线束：

- 用于连接 CSC 与 SME 控制单元的通信导线束
- 用于连接 SME 和 S 盒与 12V 车载网络接口的通信导线束

不允许对导线束进行维修。如果电缆与插头之间的连接损坏或松动，必须更换整个导线束。

（2）机械组件

高电压蓄电池单元的机械组件包括：

- 壳体上部件和壳体下部件
- 壳体上部件与壳体下部件之间的密封垫
- 4 个蒸发器
- 排气单元
- 2 个模块隔板
- SME 和 S 盒支架

5.功能

在 G11/G12 PHEV 上由电机电子装置 EME 控制和协调高电压系统的主要功能。具体包括：

- 从直流电压转换为三相交流电压（电机运行模式）
- 从三相交流电压转换为直流电压（发电机运行模式）
- 从高电压转换为低电压（12V 蓄电池充电）
- 高电压电源管理系统
- 控制 12V 执行机构
- 使中间电路电容器放电

高电压蓄电池单元和 SME 控制单元对于高电压系统的主要功能非常重要。具体包括：

- 启动
- 正常关闭
- 快速关闭
- 蓄电池管理
- 高电压蓄电池充电
- 监控功能

（1）启动

无论以下哪项作为触发因素，高电压系统的启动顺序始终相同：

- "唤醒"车辆并建立行驶准备就绪

・需要开始高电压蓄电池充电

・使车辆做好行驶准备（高电压蓄电池或车内空间空气调节）

高电压系统的具体启动步骤如下：

・EME 控制单元通过 PT-CAN/PT-CAN2/PT-CAN3 上的总线电码要求启动

・通过自诊断功能检查高电压系统

・通过预充电电路持续提高高电压系统内的电压

・使接触器触点闭合

主要通过 EME 控制单元和 SME 控制单元进行高电压系统检查。在此检查与安全有关的标准，例如高电压触点监控电路或绝缘电阻。而且还必须满足启动所需的功能条件，例如所有子系统处于运行准备就绪状态。由于高电压系统带有电容值较高的电容器（供电电子装置内的中间电路电容器），因此不允许电动机械式接触器触点简单闭合。电流脉冲过高会导致高电压蓄电池、中间电路电容器以及接触器触点损坏。首先会使负极上的接触器闭合。与正极上的接触器并联有一个带电阻的预充电电路。此时启用该电路，受电阻限制的接通电流使中间电路电容器充电。中间电路电容器电压大致达到蓄电池电压数值时，就会断开预充电电路并使高电压蓄电池单元正极上的接触器闭合。此时高电压系统处于完全准备就绪状态。

在车辆内可听到启动期间先后闭合接触器时发出的响声，这不表示出现功能故障。高电压系统未出现故障时，会在约 0.5s 内完成高电压系统整个启动过程。成功启动后，SME 控制单元就会通过 PT-CAN3 向 EME 控制单元发送总线电码。如果例如接触器某一触点未顺利闭合，也会通过相同方式发送故障状态信号。

（2）正常关闭

高电压系统关闭分为正常关闭和快速关闭两种情况。在此所说的正常关闭，一方面保护所有相关部件，另一方面监控与安全有关的高电压系统组件。满足以下条件或标准时，就会正常关闭高电压系统：

・驾驶员建立车辆状态"驻车"或"停留"（总线端 15 关闭，继续运行时间结束，由 EME 进行控制）

・驻车空气调节、驻车暖风或高电压蓄电池单元调节功能结束

・高电压蓄电池单元充电过程结束

・车载网络蓄电池充电过程结束

・进行某高电压控制单元编程

正常关闭时，无论通过何种因素触发，都始终按照如下具体步骤保持相同顺序：

・继续运行时间结束后 EME 通过 PT-CAN/PT-CAN2/PT-CAN3 上的总线电码发送关闭指令

・高电压车载网络上的系统（EME、KLE、EKK、EH）将高电压车载网络内的电流降为零

・电机绕组短路

・断开高电压蓄电池单元内的接触器（由 SME 进行控制）

・检查高电压系统，例如电动机械式接触器触点是否按规定断开

高电压系统放电，即中间电路电容器（EME）主动放电：

・首先会尝试供应 12V 车载网络蓄电池的存储能量

・如果无法实现，就会通过可接通电阻使中间电路电容器放电

・如果中间电路电容器未在 5s 内放电至 60V 电压以下，就会通过被动电阻使其放电

G11/G12 PHEV 正常关闭原理如图 5-447 所示。

根据需要分多个阶段进行中间电路电容器放电。无论是切换为车辆状态"驻车"还是关闭过程本身都可能持续几分钟。例如自动运行的监控功能是原因之一。如果在此期间出现重新启动要求或存在某项快速关闭条件，就会中止正常关闭。

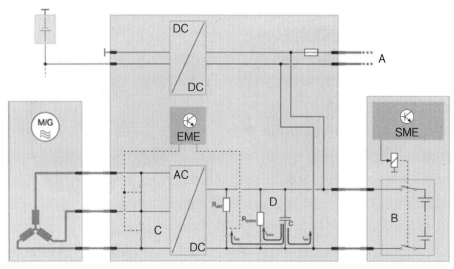

A.关闭所有高电压组件 B.断开接触器 C.电机绕组短路 D.中间电路电容器放电

图 5-447

（3）快速关闭

在此以尽快关闭高电压系统为最高目标。出于安全考虑需要将高电压系统内的电压尽快降至安全数值时，就会执行快速关闭过程。下面列出了导致快速关闭的触发条件以及作用链：

· 事故： 碰撞和安全模块 ACSM 识别出发生事故。根据事故严重程度，通过总线电码请求关闭或通过断开安全型蓄电池接线柱与两个 12V 蓄电池的正极来强制关闭。在第二种情况下会自动中断电动机械式接触器的供电，从而使其触点自动断开

· 过电流监控： 在此通过高电压蓄电池单元内的电流传感器监控高电压车载网络内的电流强度。如果识别出电流强度过大，SME 控制单元就会要求强制断开电动机械式接触器。在高电流下断开会使接触器触点严重磨损，但为了避免其他部件损坏，必须容忍这一点

· 短路保护：每个高电压蓄电池内都有一个短路时断开高电压电路的过电流保险丝

· 临界电池状态：如果某个电池监控电子装置识别出某个蓄电池组电池电压过低、电压过高或温度过高，则会在 EME 控制单元控制下强制断开电动机械式接触器。尽管这可能会导致触点磨损加剧，但这种快速关闭可防止相关蓄电池组电池毁坏

· 高电压蓄电池单元 12V 供电失灵： 在此情况下 SME 控制单元不再工作，无法再监控蓄电池组电池。出于该原因，此时电动机械式接触器的触点也会自动断开

除高电压系统断路外，还会使中间电路电容器（EME）放电并使电机（EME、EKK）绕组短路。高电压控制单元一方面通过总线电码接收相关请求，另一方面通过高电压电路内电流强度突然降低识别出这种状态。

（4）充电

通过回收利用能量、提高发动机负荷点或从外部电网为高电压蓄电池充电时，SME 控制单元同样发挥重要作用。SME 控制单元根据蓄电池组电池的充电状态和温度确定高电压蓄电池单元当前可吸收的最大电功率。该数值以总线电码形式通过 PT-CAN3 传输至 EME 控制单元。在此运行的高电压电源管理功能协调各项功率要求。充电期间 SME 控制单元持续确定已达到的充电状态并监控高电压蓄电池的所有传感器信号。为了确保最佳充电过程，SME 控制单元也根据这些数值持续计算当前最大充电功率数值并将其发送至 EME 控制单元。在充电过程中，SME 控制单元还会持续控制高电压蓄电池单元冷却系统，从而确保快速有效的充电过程。为了实现尽可能长的电动可达里程，连接充电电缆时，应对车内空间进行预先空气调节（暖风或制冷）。在此不从高电压蓄电池单元获取所需电能，而是由便捷充电电子装置直接来提供。

（5）监控功能

①安全型蓄电池接线柱的 12V 供电电压。

为在发生相应严重程度的事故时能够快速关闭高电压系统，所有电动机械式接触器的电磁铁均由安全型蓄电池接线柱提供 12V 供电。如果发生事故时安全型蓄电池接线柱断开，该供电电压就会消失，接触器触点会自动断开。此外，SME 控制单元还会以电子形式分析该导线上的电压，同时促使高电压系统关闭，包括中间电路电容器放电和电机主动短路。

②高电压触点监控。

SME 控制单元分析高电压触点监控信号并检查该电路是否断路。出现断路情况时，SME 控制单元可促使快速关闭高电压系统。在 G11/G12 PHEV 上，由以下所示高电压组件构成高电压触点监控，如图 5-448 所示。

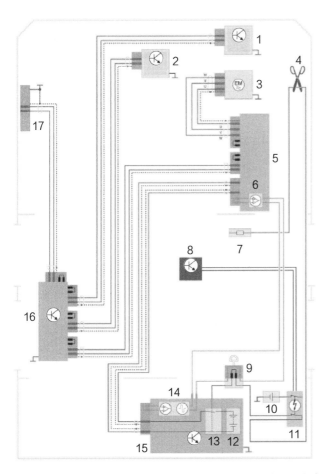

1.电动空调压缩机 EKK 2.电气加热装置 EH 3.电机 4.救援切割部位 5.电机电子装置 EME 6.电机电子装置内用于高电压触点监控检测信号的分析电路 7.左前配电盒 8.碰撞和安全模块 ACSM 9.高电压安全插头（售后服务断电开关）10.车辆蓄电池 11.安全型蓄电池接线柱 SBK 12.电池模块 13.接触器 14.蓄能器管理电子装置内用于高电压触点监控检测信号的分析电路 15.蓄能器管理电子装置 SME 16.便捷充电电子装置 KLE 17.充电接口

图 5-448

用于控制和产生高电压触点监控检测信号的电子装置集成在 G11/G12 PHEV 的蓄能器管理电子装置 SME 内。高电压系统启动时开始产生检测信号，高电压系统关闭时停止产生检测信号。SME 产生一个频率约 88Hz 的矩形交流电信号作为检测信号并将其发送到检测导线上。检测导线采用环形拓扑结构（与 MOST 总线相似）。在环形线路的两个部位对检测导线信号进行分析：在电机电子装置内以及最后在环形线路端部 SME 内。如果信号在规定范围之外，就会识别为电路断路或检测导线内对车辆接地短路并立即关闭高电压系统。如果断开高电压安全插头（售后服务断电开关）处的高电压触点监控，就会直接断开接触器。此外，还会关闭所有高电压组件。

③接触器触点。

高电压系统关闭时 SME 控制单元要求断开接触器触点后，通过测量触点并联电压检查触点是否也已实际断开。即使出现某接触器触点未断开这种不大可能发生的情况，也不会给客户和售后服务人员带来直接危险。但出于安全考虑会阻止高电压系统重新启动。之后无法继续通过电动驱动装置行驶。

④预充电电路。

例如如果启动高电压系统期间发现预充电电路内有故障，就会立即中止启动过程且高电压系统不会运行。

⑤温度过高。

在所有行驶情况下高电压蓄电池单元的冷却系统均确保蓄电池组电池温度处于最佳范围内。如果因故障导致一个或多个蓄电池组电池温度升高并超出最佳范围，就会首先通过降低功率来保护蓄电池组电池。如果温度继续升高且可能由此造成蓄电池组电池损坏，就会及时关闭高电压系统。

⑥ 电压过低。

在此通过持续监控和根据需要平衡电池电压来避免某个蓄电池组电池电压过低。整个高电压蓄电池的总电压同样受到监控并用于确定充电状态。如果总电压降低导致高电压蓄电池电量过低，就会阻止继续放电，之后无法继续通过电动驱动装置行驶。

⑦ 绝缘监控。

绝缘监控功能确定带电高电压部件（例如高电压导线）与车辆接地间的绝缘电阻是否高于或低于所需最低限值。如果绝缘电阻低于最低限值，就会存在车辆部件带有危险电压的可能。如果人员接触第二个带电高电压部件，就会存在电击危险。因此针对 G11/G12 PHEV 的高电压系统提供全自动绝缘监控功能。与宝马 i 车辆的高电压蓄电池单元不同，现在在安全盒内进行绝缘监控。这样设计的优点是无须再将高电压导线引至SME。安全盒通过局域 CAN2 将相关结果发至 SME 控制单元并对这些测量结果进行分析。安全盒在高电压系统启用期间通过测量电阻定期（约每隔 5s）进行绝缘监控（间接绝缘监控）。在此车辆接地作为参考电位使用。在不采取附加措施的情况下，通过这种方式只能确定高电压蓄电池单元内局部出现的绝缘故障。但确定车内所铺设高电压导线与车辆接地间的绝缘故障也同样非常重要。因此高电压组件的所有导电壳体都与车辆接地导电连接。这样可以通过一个中央位置即高电压蓄电池单元确定整个高电压车载网络内的绝缘故障。绝缘监控分两步进行。绝缘电阻低于第一限值时，对人员尚不构成直接危险。因此高电压系统仍保持启用状态，此时不会发出检查控制信息，但会在故障码存储器内存储故障状态。这样便于售后服务人员在下次车间维修时加以注意并检查高电压系统。低于较低的绝缘电阻第二限值时，不仅会在故障码存储器内存储记录，而且还会发出检查控制信息，以要求驾驶员到维修车间进行检查。由于这种绝缘故障不会对客户或售后服务人员构成直接危险，因此高电压系统保持启用状态且客户可以继续行驶。不过还是应该尽快到宝马维修站进行高电压系统检查。为了识别出导致绝缘故障的高电压系统组件，必须由售后服务人员对故障进行系统限定。原则上售后服务人员无须自己测量绝缘电阻，这项工作由高电压系统通过绝缘监控功能进行。识别出绝缘故障时，售后服务人员必须通过诊断系统内的检测计划确定绝缘故障的实际位置。高电压组件所有壳体与车辆接地的正确电气连接是正常执行绝缘监控功能的一项重要前提。因此如果维修期间中断了该电气连接，必须小心地重新建立连接。

6. 服务信息

进行 G11/G12 PHEV 的高电压组件作业前，必须遵守并执行电气安全规定：

·必须将高电压系统切换为无电压

·必须固定住高电压系统防止重新接通

·必须确定高电压系统无电压

第四节　宝马第 3.0 代 eDrive X1　F49 PHEV 车系

一、高电压组件

（一）简介

1.配置

在宝马高效动力框架下，宝马集团于 2016 年 9 月份进一步推出了混合动力版汽车。宝马 X1 xDrive 25Le 是新款的量产汽车，其特点是采用混合动力技术，将宝马 3 缸汽油发动机与电力驱动装置进行整合，在效率和可持续性方面设立了该类汽车领域的新标准。宝马 X1 xDrive 25Le 拥有 F49 PHEV 开发代码，并以 X1 sDrive 20Li（F49）为基础进行开发。混动技术根据宝马 Active Hybrid 5、宝马 Active Hybrid 7 和宝马 i 所进行的进一步开发为基础。宝马 X1 xDrive 25Le 是一款全混动汽车，配备锂离子高电压蓄电池单元，该装置可以通过家用插座进行充电。 开发代码中 PHEV 简写代表插电式混合动力电动车。宝马 X1 xDrive 25Le 的驱动系统包括双排气涡轮增压技术（B38A15M0）3 缸汽油发动机、前驱动轮上的 6 速自动换挡装置（AISIN F21 250FT）以及驱动后驱动齿轮的电机。与传统动力的宝马 F49 相比，F49 PHEV 中所使用的混动技术的主要优势是进一步增加了驱动功率，同时降低了油耗。宝马 X1 xDrive 25Le 的百公里加速时间为 7.4s，百公里油耗降低至 1.8L 的平均值，二氧化碳排放量降低至 44g/km。宝马 X1 xDrive 25Le 后轮电驱动装置使该汽车在不超过 120km/h 时速的行驶状态下实现零排放。电动行驶的最大里程为 60km。在高电压蓄电池单元充分充电的条件下，如果电力驱动更为高效，混动启 / 停功能同样可以确保发动机的恒定关停状态。这种状况比较常见，比如，时走时停的交通、等交通信号灯或堵车时。通过标准版驱动体验开关，宝马 X1 xDrive 25Le 还可以选装 SPORT、COMFORT 和 ECO PRO 驱动模式。通过附加按钮（eDrive 按钮），F49 PHEV 使用纯电动驾驶模式便可实现 120km/h 时速，无须启动发动机。此外，宝马 eDrive 技术配备导电 xDrive 四轮驱动系统，与宝马 i8 首次应用的技术相同。

2.识别标志

（1）外部

宝马 X1 xDrive 25Le 通过一系列明显的特征与传统 F49 区分开来。"e"在型号中作为一个识别标志添加到型号"225xe"命名中，并在 C 柱和发动机隔音罩上添加"eDrive"铭刻文字，表明这是一款混动汽车。宝马 X1 xDrive 25Le 标配 18 英寸铝轮圈（568 设计）。充电插座盖板布置在前侧面板左侧，表明宝马 X1 xDrive 25Le 是一款插电式混动汽车。F49 PHEV 外部识别标志如图 5-449 所示。

1.左前门右侧附有型号名称"xDrive 25Le"　2.蓝色空气进口栅　3.隔音罩配备"eDrive"标识　4.充电插座盖板在左侧面板上带有"i"标识　5.轮毂中心带有"宝马i"徽标　6.C 柱（左侧和右侧）带有"eDrive"铭文　7.门槛处覆有带"eDrive"铭刻的盖板

图 5-449

（2）内饰

F49 PHEV 内部标识特征如图 5-450 所示。

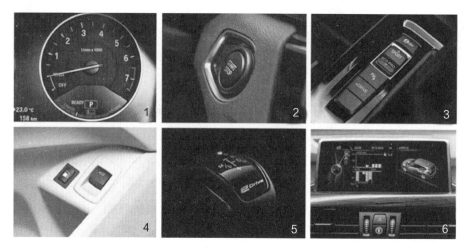

1.组合仪表带有混动特征　2.发动机启/停按钮处不带有MSA开关　3.eDrive按钮位于驾驶体验开关左侧　4.加油按钮　5.带有"eDrive"铭刻的挡位选择开关　6.带有混动特征的中央数据显示屏

图 5-450

　　F49 PHEV 内部装置同样通过一系列特征与 F49 区分开来。续航按钮位于储物箱前侧，在驾驶员门内部。第二个特征是中控台上的驾驶体验开关：eDrive 按钮。配备该按钮后，驾驶员可以通过切换功能选择不同的功能，并且完全依靠电力驱动即可达到 120km/h 时速。汽车内部配备不带 MSA 功能的启停按钮。前门槛盖板装饰条及自动变速器选挡开关上同样带有"eDrive"铭刻。组合仪表显示混动驾驶状态以及高电压蓄电池单元的充电状态，并且可以根据功能选择在中央数据显示屏上显示。CID 及组合仪表显示在汽车启动时启用。F49 PHEV 乘客车厢与 F49 几乎相同。因为高电压蓄电池单元位于汽车下部，油箱从 61L 缩减至 35L。这个空间用来在汽车下部安装高电压蓄电池单元。因为后部脚踏板进行了轻微的改装，以便创造空间安装电机和高电压蓄电池单元，因此行李舱的空间缩减了 60L 左右。行李舱底部镶板下方的储物盒因此被删减掉。第 2 排座椅的位置进行了加高。F49 PHEV 的总体高度比 F49 低 21mm。

　　3. 行驶状态

　　宝马 X1 xDrive 25Le 具备一系列混动驾驶状态，与之前的宝马混动汽车相同。包括：

· 电动 xDrive 功能（前提是高电压蓄电池充分充电）

· 发动机自动启停功能

· 启动和驾驶（全电动或发动机）

· 加速（eBOOST 功能）

· 制动能量再生系统

· 滑行

滑行功能：

　　这项创新技术确保通过关闭发动机实现效率的持续递增，不仅在汽车静止和市区交通过程中可以实现，即便在高速驾驶时仍然可以实现。驾驶过程中如果无须启动发动机，在旅途中即可通过混动系统关闭发动机。时速达到 160km/h 时可以关闭发动机，并且可以通过断开电机传动断开驱动装置。宝马 X1 xDrive 25Le 在高速公路上即可实现静音行使零排放状态。为了确保所有安全功能和传统功能不受限制，少部分动能通过能量回收装置被转换为电能。能量回收的等级取决于所选择的驾驶模式。

　　4. 技术数据

技术参数如表5-50所示。

表5-50

发动机和传动	单位	BMWX1 sDrive 18Li	BMWX1 xDrive 25Li	BMWX1 xDrive 25Le
设计		R3	R4	R3
每个气缸的气门数量		4	4	1499
排量	cm^3	1499	1998	1499
变速器		AISIN F21 250FT	AISIN F22 350	AISIN F21 250FT
驱动		前轮驱动	四驱	四驱
最大功率，发动机	kW r/min	100 4400	170 5000	100 4400
发动机的最大扭矩	N·m r/min	220 1250	350 1250	220 1250
整个系统的功率	kW r/min	—	—	170
高电压蓄电池单元		—	—	锂离子
电机功率	kW	—	—	70
电机的最大扭矩	N·m	—	—	165

5.装备

F49 PHEV 和 F49 不仅在技术数据上存在差别，在一系列任选设备上也存在差别。F49 PHEV 未安装的重要选装装备汇总如下：

· 挂车牵引钩
· 紧凑型备用车轮
· 后部乘客舱的可移动座椅
· M 运动悬挂
· 可变运动型转向系统

下述设备属于标配设备的一部分：

· 6 速自动变速器
· 停车加热 / 停车空调（高电压）
· 电动助力转向系统
· 568 设计的 18 英寸铝制车轮
· 组合仪表进行了扩展和加强

（二）驱动组件

本文件仅针对 F49 PHEV 的适应和变化进行说明。

1. 系统概览

F49 PHEV 驱动系统概况如图 5-451 所示。

（1）技术数据

技术参数如表 5-51 所示。

1.3缸汽油发动机 2.6速自动变速器 3.高电压启动器电动发电机 4.高电压蓄电池单元 5.加压油箱（35L） 6.电机 7.电机电子装置（EME） 8.减速装置 9.便捷充电电子装置KLE

图 5-451

表 5-51

组件	说明	特性值
汽油发动机 B38A15M0	3 缸汽油 涡轮增压前侧直喷，横向安装 F49PHEV 特别适应	100kW 220N·m
自动变速器	6 速自动变速器 混动适应 辅助电动油泵	250N·m
高电压启动器电动发电机 EMP120.66	启动，eBOOST 和充电功能 通过传动皮带连接	12kW 60N·m 18000r/min （发动机最高转速） $i=1$：2.57（传动皮带比率）
高电压蓄电池单元	汽车专属壳罩 高电压模块组件	154×26.5Ah 锂离子电池 11 电池模块，每个含 14 个电池
燃油箱	PHEV 专用加压油箱	35L
电机 EMP156.162	电气后轮驱动	70kW 165N·m 14000r/min （发动机最高转速）
电机电子装置（EME）LEB452D	集成式 DC/DC 转换器 电机转换器 高电压启动电动发电机转换器	电机转换器，450A；高电压启动电动发电机转换器，200A
减速装置 GE1F49GK	1 速自动变速器 超出 130km/h 的解耦组件	$i=12.5$：1（比率）
便捷充电电子装置 KLE SLE35	集成式高电压配电器 集成式充电界面模块（LIM）	充电 3.5kW

（2）性能数据

下文的扭矩和功率输出图对 xDrive 25Le 和 xDrive 25Li 的驱动装置进行了对比。因为发动机并非与电机直接相连，但是仅通过道路连接，仅在曲柄轴扭矩和曲柄轴输出相等的情况下出现，即可比值。扭矩和系统输出在各类齿轮机构中呈现，因此根据两个总成是否通过曲柄轴相互连接来构成理论消耗。因为电机在高速行驶过程中与后轴断开，当超过对应的发动机转速（汽车速度）时，系统输出和扭矩减少至发动机的基础扭矩和基础输出，低速行驶范围内汽油发动机和电机相互补充时所具备的优势。

①扭矩图。

xDrive 25Li 和 xDrive 25Le 扭矩图如图 5-452 所示。

②功率和扭矩图。

xDrive 25Li 和 xDrive 25Le 扭矩图如图 5-453 所示。

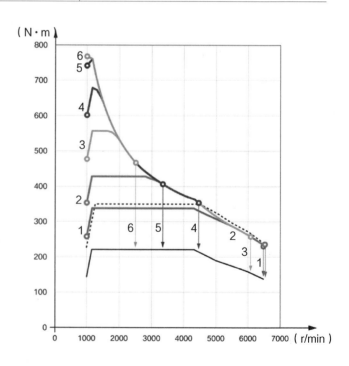

A.B48发动机（xDrive 25Li）　B.B38发动机　1.1挡　2.2挡　3.3挡 4.4挡5.5 挡　6.6挡

图 5-452

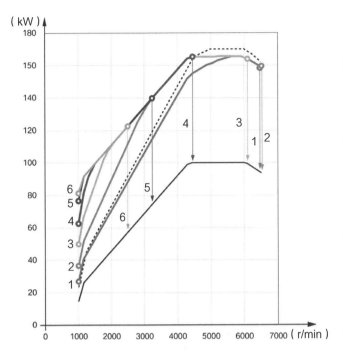

A.B48发动机（xDrive 25Li）　B.B38发动机　1.1挡　2.2挡　3.3挡
4.4挡 5.5挡　6.6挡

图 5-453

（3）消耗数据。

欧盟（EU）区域在判定采用发动机及电机组合驱动的混动汽车的消耗时采用特殊的法规。在本文中，假定驱动循环单纯地通过电动方式及发动机的方式，然后可以采用特定的公式对比判定得出的数值。该数据仅代表发动机的行驶里程油耗。因为纯电力驾驶时不需要燃油，所以未披露电力驱动装置的消耗。因此，仅可以得出驱动循环所产生的油耗，甚至在使用混动技术时会低估汽车消耗，判定消耗数据时设计驾驶风格以及驾驶路线等状况。不同的路况对混动技术节能所具备的效应如下：

· 市区驾驶

与发动机相比，电力驱动装置在这种情况下所具备的优势最大。电力驱动装置可以处理恒定的启动和停止阶段，不会损失任何效率。通过制动能量回收系统，频繁制动所产生的能量转换成电流，而非热量。所产生的电流在驾驶员稍后的加速行驶过程中输送至电力驱动装置。较低的最大行驶速度增加了电力驱动装置的效率。如果具备充电基础设施，高电压蓄电池可以保持较高的充电状态，从而确保较大的电力驱动行驶里程。

· 通勤交通

如果采用复合模式进行混动驱动，发动机处理的部分将会增加，从而导致油耗增加。如果具备充电基础设施，高电压蓄电池可以充电。因此，行驶路段可以分为纯电动行驶路段以及混合行驶路段。如果驾驶员的驾驶风格符合预期，部分制动能可以被转换成电流。电机 eBOOST 功能在加速行驶时可以支持发动机。

· 长途旅程

长距离高速公路部分恒速行驶时，能量节省程度最低。制动能回收量在交通量不固定时较低。因此，电力驱动装置在高速行驶时的效率较低。如果高电压蓄电池没电，发动机必须执行附加任务来产生高电压。高电压系统附加组件所产生的额外重量可以通过能量回收进行弥补。传统汽车和混动汽车的油耗示意图如图 5-454 所示。

混动驱动是对宝马 Efficient Dynamic 的一种改进。驾驶过程中，该技术可以按照下述方式应用：

· 增加系统输出

· 可以降低油耗

简言之，驾驶员可以选择运动驾驶风格来提供较高的系统性能，从而实现节能。与此类似，驾驶员可以选择预期的驾驶风格并通过该技术降低油耗。

2. 改进版 B38 发动机

F49 PHEV 内的 B38A15M0 发动机如图 5-455 所示。

这是宝马混动驱动装置的第一个 3 缸汽油发动机。这款 1.5L 发动机可以产生 100kW 以及 220N·m 的最大扭矩，是可持续性和高效的可靠保障。这款 3 缸发动机的宝马 Twin Power 涡轮增压技术配置中包含双涡旋排气涡轮增压器、燃油直喷和可变电子气门控制装置。B38 发动机及其边缘部门进行了改造，以便适合宝马

629

X1 xDrive 25Le 使用。各项改动的详细信息如图 5-456 所示。

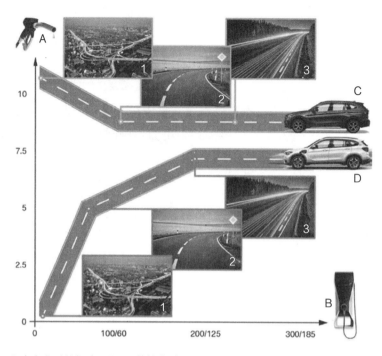

A.百公里油耗　B.上次充电后的行驶里程　C.传统发动机　D.宝马eDrive　1.市区环境　2.通勤交通　3.长途旅程

图 5-454

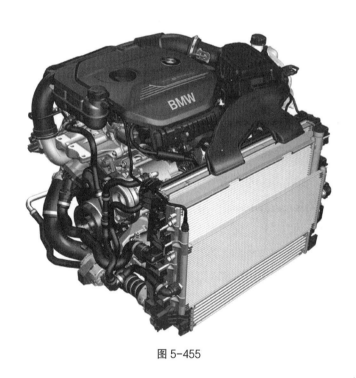

图 5-455

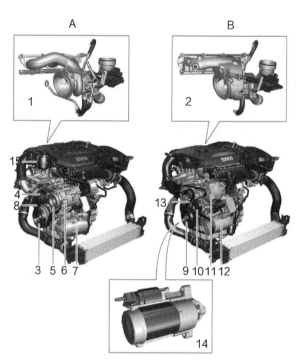

A.B38 PHEV发动机　B.B38基础发动机　1.钢排气歧管　2.铝制排气歧管　3.带集成弓形弹簧的减震器　4.前冷却液泵　5.皮带摆动张紧装置　6.高电压启动器电动发电机　7.电动空调压缩机EKK（高电压组件）　8.驱动皮带8 PK　9.带集成式橡胶隔离组件的减震器　10.侧冷却液泵　11.12V发电机　12.空调压缩机　13.驱动皮带6 PK　14.小齿轮启动器　15.低温冷却液回路的膨胀箱

图 5-456

（1）皮带传动的改装

F49 PHEV 的传动皮带必须根据高电压启动器电动发电机和不同的载荷进行改装，配置了一款新的皮带张紧装置，用来确保皮带装置实现最大 60N·m 的传动，从而确保启动器电动发电机在发动机运行过程中进行发电。因为作用力加大，机械冷却液泵的驱动轴轴承进行了改进，传动皮带加宽，带有改装版断开皮带轮的减震器与改装要求相匹配，如表5-52所示。

表5-52

传动皮带的组件	替换组件	背景
空调压缩机	电动空调压缩机	在电动行驶过程中，发动机处于备用状态，因此无法为空调压缩机提供动力。这也是为何使用电动空调压缩机的原因
12V发电机	高电压启动器电动发电机	为了确保即便在汽车静止时仍然可以为高电压系统提供高电压电流，因此高电压启动器电动发电机与汽油发动机的传动皮带集成为一体。这种布置即便在汽车静止和发动机运行状态下也可以提供高电压电流。电动机电子装置通过DC/DC转换器将高电压电流转换成12V，从而可以为汽车电气系统提供12V电流。
皮带张紧器	皮带摆动张紧装置	发动机通过高电压启动电动发电机启动。此外，高电压启动电动发电机可以向曲柄轴输出附加扭矩（eBOOST功能）或接收曲柄轴的附加扭矩（能量回收）。摆动皮带张紧器可确保传动皮带在所有驾驶状态（eBOOST/能量回收）下具备必要的张紧状态，从而实现所产生的所有扭矩的可靠传输
驱动皮带6PK	驱动皮带8PK	为了确保通过传动皮带实现高等级传动以及回收高电压启动电动发电机输出的能力，应采用加固的传动皮带
带集成式橡胶隔离组件的减震器	带集成弓形弹簧的减震器	因为传动皮带产生的作用力，带断开皮带轮的减震器进行了改造，从而满足相应的要求。与带有集成式橡胶隔离组件的减震器不同，带有集成式弓形弹簧的减震器可以实现更大的转动角。高电压启动电动发电机通过这种配置可以便捷地耦合
曲柄箱侧面的冷却液泵	曲柄箱前侧的冷却液泵	高电压启动器电动发电机需要较大的安装空间，因此对冷却液泵的安装位置进行了改动。此外，因为传动皮带作用力更高，所以对叶轮轴承进行了加固

因为是3缸设计，所以B38发动机的扭转震动必须在传动皮带中抵消。因此，F49 PHEV中使用了一种带断开皮带轮的减震器。该装置的操作原理与双质量飞轮类似。F49 PHEV中带断开皮带轮的减震器如图5-457所示。

与其他宝马车型类似，减震器的组成包括固定轮（如图5-457中1，小质量）、飞轮（如图5-457中3，大质量）。这些装置通过减震组件（如图5-457中2）连接，在小角度下可以自由旋转。固定轮（如图5-457中1）通过螺栓连接在曲柄箱前端面上。为了避免从发动机或曲柄轴向传动皮带传输扭转震动，配备了一个断开皮带轮（如图5-457中4）。改装置通过滚珠轴承（如图5-457中8）定位在连接毂上，与曲柄轴呈反方向转动。直径不同的两个弓形弹簧（如图5-457中5和6）在皮带轮（如图5-457中4）内部抵消了这种转动。它们采用连接法兰（如图5-457中9）支撑，因此降低了震动。弓形弹簧安装在皮带轮内的空间，皮带轮内灌装油脂。灌装油脂后可以增加弓形弹簧

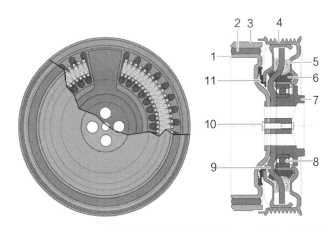

1.固定轮 2.减震组件（采用高弹体制作而成） 3.飞轮 4.皮带轮
5.弓形弹簧（小直径） 6.弓形弹簧（大直径） 7.连接毂 8.滚珠
轴承 9.连接法兰 10.铆接 11.摩擦环

图5-457

的使用寿命，并降低噪声。减震器与皮带轮之间的摩擦环（如图 5-457 中 11）可以对皮带轮进行密封，避免内部受到污染。如果出现漏油现象，必须更换带断开皮带轮的减震器。

（2）启动 B38 发动机

F49 PHEV 采用首次在宝马 I12 中使用的高电压启动电动发电机。这是一种带齿的启动电动机系统，确保在所有条件下均可启动发动机。高电压启动器电动发电机同样可用于能量回收和 eBOOST。高电压启动器电动发电机的功能包括：

- 对高电压蓄电池单元进行充电
- 启动发动机
- 增加发动机的负载点
- 发动机的 eBOOST 功能

F49 PHEV 不再配备传统的启动机。汽油发动机只可通过高电压启动器电动发电机启动。F49 PHEV 的高电压启动器电动发电机如图 5-458 所示。

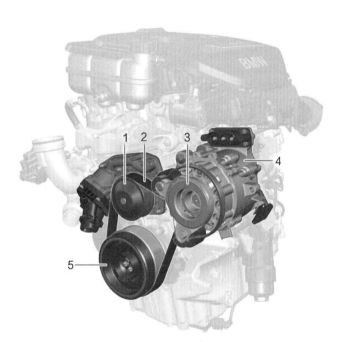

1.机械冷却液泵 2.多楔带 3.皮带摆动张紧装置 4.高电压启动器电动发电机 5.带集成弓形弹簧的减震器

图 5-458

皮带相匹配，传动皮带取决于负载情况，从而确保传动皮带的充分装进。摆动皮带张紧器在 F49 PHEV 内的安装位置如图 5-459 所示。

维修时，可以通过开口扳手松开摆动皮带张紧器，并通过组装螺栓保留在原位。图中显示了所提供的摆动皮带张紧器的安装位置。摆动皮带张紧器固定在壳罩上后，传动皮带已经合理放置，组装螺栓必须拆除。采用开口扳手呈逆时针方向松开摆动皮带张紧器，直至可以拆下组装螺栓。

（3）皮带摆动张紧装置

摆动皮带张紧器的壳罩通过 3 个螺丝直接安装在高电压启动器电动发电机壳罩上。张紧弹簧产生夹固作用力并通过两个张紧轮传动至传动皮带。两个张紧轮可以朝着对方旋转，并通过同心轴承朝着壳罩旋转。通过这种智能设计，摆动皮带张紧器时刻与传动

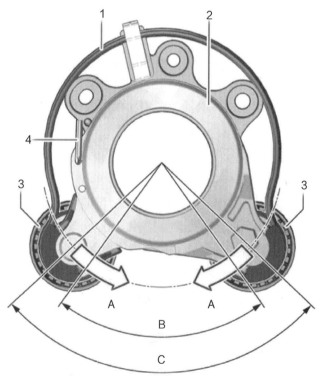

A.夹固作用力 B.中性位置 C.安装位置 1.张紧弹簧 2.壳罩 3.张紧轮 4.组装螺栓

图 5-459

632

①启动和 eBOOST 功能。

宝马发动机被称为右旋转发动机。如果你在作用力输出侧端面的对面进行观察，曲柄轴呈顺时针方向旋转。在启 / 停阶段及电动行驶阶段启动发动机时，高电压启动器电动发电机必须旋转发动机。传动皮带的上部被拉紧，下部呈松弛状态。为了防止传动皮带打滑，可旋转摆动皮带张紧器使下部处于张紧状态。eBOOST 功能状态下摆动皮带张紧器的操作原理与启动时的操作原理相同。F49 PHEV 中高电压启动电动发电机在电动模式下的皮带传动如图 5-460 所示。

②能量回收。

如果通过高电压启动电动发电机回收能量，该装置从发动机提取能量。此时，发动机为高电压启动器电动发电机供能。传动皮带的下部被拉紧，上部呈松弛状态。为了防止皮带在能量回收过程中打滑，可旋转摆动皮带张紧器使皮带上部保持张紧状态。F49 PHEV 中高电压启动器电动发电机在发电机模式下的皮带传动如图 5-461 所示。

1.摆动皮带张紧器作用力的方向　2.高电压启动电动发电机为发动机供能时的作用力方向

图 5-460

（4）与进气口和排气系统的适应

在排气歧管区域可以发现进气口和排气系统方面的主要改造。F49 与 F49PHEV 的废气涡轮增压器之间的差别如图 5-462 所示。

F49 中 3 缸汽油发动机配备铝制排气歧管，歧管通过冷却液冷却。相反，F49 PHEV 配备钢排气歧管，无须附加冷却液管道。配备采用冷却液冷却的铝制排气歧管时，如果采用纯电动的方式驾驶，三元催化转换器的降温过大，因此，排放等级可能超标。

1.摆动皮带张紧器作用力的方向　2.发动机为高电压启动器电动发电机功能时的作用力方向

图 5-461

而钢排气歧管未配备任何冷却液管道，所产生的热量不会快速发散。这就意味着三元催化转换器在纯电力驾驶状态下保持操作温度的时间更长。F49 中 3 缸汽油发动机配备铝制排气歧管，歧管通过冷却液冷却。相反，F49 PHEV 配备钢排气歧管，无须附加冷却液管道。配备采用冷却液冷却的铝制排气歧管时，如果采用纯电动的方式驾驶，三元催化转换器的降温过大。因此，排放等级可能超标。而钢排气歧管未配备任何冷却液管道，所产生的热量不会快速发散。这就意味着三元催化转换器在纯电力驾驶状态下保持操作温度的时间更长。

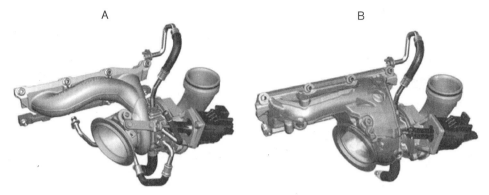

A.钢排气歧管（F49 PHEV）　B.钢排气歧管（F49 PHEV）

图 5-462

（5）冷却系统的改造

F49 冷却液管道与 F49 PHEV 冷却液回路中组件概况如图 5-463 所示。

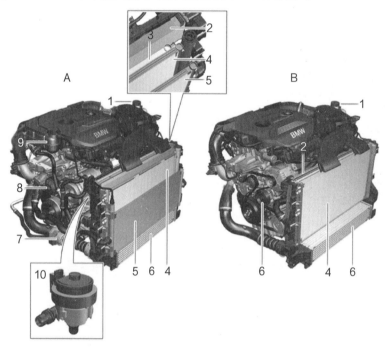

A.F49 PHEV车型发动机　B.F49 车型发动机　1.高温冷却液回路的冷却液膨胀箱　2.高温散热器　3.变速器冷油器　4.空调冷凝器　5.低温散热器　6.中冷器　7.电动冷却液泵（80W）　8.机械冷却液泵　9.低温冷却液回路的冷却液膨胀箱　10.电动冷却液泵（20W）

图 5-463

F49 PHEV 中的冷却系统配备一个附加冷却液回路，因此，与 F49 存在区别，F49 单纯采用发动机运行。这种配置不仅可以发散发动机产生的热量，还可以冷却高电压组件。为了满足相关冷却要求，两个冷却液回路分为高温冷却液回路和低温冷却液回路。

3. 燃料供给

为了对发动机进行操作，F49 PHEV 配备了采用不锈钢制作的加压油箱。因此，在纯电力驾驶状态下，这种装置可以确保汽油烟留在加压油箱内。只有在发动机运行的状态下方可通过炭罐吸入新鲜空气，汽油烟直接流入燃烧室。加压油箱的有效容积为 35L。

（1）燃油供给组件

F49 PHEV 中的燃油供给组件如图 5-464 所示。

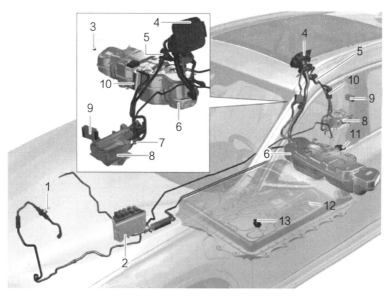

1.油箱通气阀 2.数字式电动机电子装置DME 3.油箱盖的紧急释放电缆 4.带盖罩的油箱盖 5.电力驾驶状态下的油箱止回阀 6.加压油箱（35L） 7.炭罐和大气环境之间的油箱隔离阀 8.炭罐 9.混合压力加油电子控制单元（TFE） 10.外部空气滤清器 11.电子油泵控制装置 12.高电压蓄电池单元 13.油箱盖解锁按钮

图 5-464

从技术上来讲，加压油箱内部的组件并不是新型产品。电动油泵通过交流电动机驱动。该系统通过数字式电动机电子装置（DME）控制。DME 通过脉冲宽度调制信号（PWN 信号）传送预期加油量相关的信息。"电子油泵控制装置"控制单元对该信息进行评估，并转换为三相 AC 电压，以便根据要求启用电动燃油泵。最大加油速率条件下，供油线路的油压约为 600kPa。燃油准备流程的其他信息见 B38/B48 发动机的产品信息公告。

（2）加油

加压油箱在补充注油前必须排气。进行加油时，首先必须按下所有"加油"按钮。加油按钮位于靠近驾驶室内储物箱的位置，储物箱位于驾驶员门上。该按钮仅在汽车处于"唤醒"状态下方可工作。按钮状态通过混动压力加油电子控制单元进行评估。F49 PHEV 加油按钮如图 5-465 所示。

图 5-465

混动压力加油电子控制单元（TFE）可以通过油箱中的压力 / 温度传感器对当前操作状态进行监控，然后通过打开油箱通气通道中的气门控制压力。油箱隔离阀或油箱止回阀必须打开，取决于汽车状态。在加油过程中，燃油蒸气临时存储在炭罐内。存储的燃油蒸气仅在发动机运行状态下通过启用净化返回至发动机。油箱压力降低后，油箱盖松开。锁定油箱盖的执行机构被启用，带有油箱盖罩的油箱盖可以手动打开。因此，只要油箱内的测量压力超过指定的阈值，油箱盖锁就无法打开。驾驶过程中如果油箱压力达到系统极限，油箱隔离阀同样会被打开，以降低油箱压力。当汽车停止时，通过与油箱隔离阀集成为一体的机械阀门实现这种操作。油箱隔离阀位于炭罐和大气环境之间，因此该装置又被叫作"大气隔离阀"或 AIV。油箱和炭罐之间额外配备一个油箱止回阀。油箱止回阀处于断电状态时打开。油箱系统通过油箱隔离阀与大气环境隔离。油箱、炭罐以及与油箱通气阀门连接的吹扫空气线路形成压力系统。在停车状态及电力驾驶状态下，油箱隔离阀闭合，而油箱止回阀打开。启动发动机时，油箱止回阀闭合，油箱隔离阀打开，以便借助发动机对炭罐进行吹扫。在这一过程中，油箱止回阀可以保持油箱中的压力。油箱隔离阀及油箱止回阀的组合在确保符合法定排放要求的同时还可以实现纯电力驾驶。油箱盖的位置通过霍尔效应传感器识别。如果油箱盖在10min左右的时间内未被打开，该装置将自动再次锁闭。加油完成后，油箱盖闭合，并通过混动压力加油电子控制单元再次锁闭，油箱隔离阀闭合。

（3）混动压力加油电子控制单元的系统电路图

F49 PHEV 中混动压力加油电子控制单元的系统电路图如图 5-466 所示。

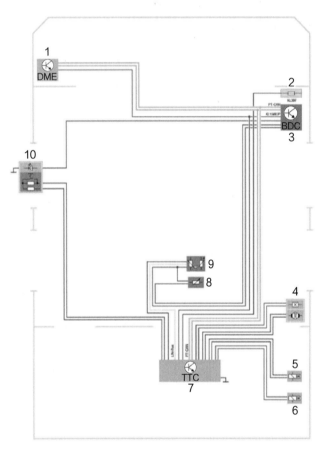

1.数字式电动机电子装置DME 2.右前供电配电盒 3.车身域控制器（BDC） 4.带定位传感器的油箱盖锁的驱动控制器 5.油箱止回阀 6.油箱隔离阀 7.混合压力加油电子控制单元（TFE） 8.油位传感器 9.油箱压力传感器及温度传感器组合 10.带照明装置的加油按钮

图 5-466

（4）维修说明

压力油箱可以进行压降检查，因此可以通过油箱压力传感器间接检查密封性。美国和韩国版忽略了自然真空泄漏检查（NVLD）装置。为了监控压力油箱的密封性，汽车处于停止状态时，温度传感器在数字电机电子装置（DME）进行循环读值，并通过油箱压力传感器进行对比。因为温度（环境温度）变化同样会导致油箱压力变化，所以通过对比两个阀门可以得出关于压力油箱气密性的间接结论。此时，两个阀门必须以固定关系相对变化。但是，仅在汽车停止状态下发生温度变化时才会起作用。如果温度保持恒定，则无法得出任何结论。宝马诊断系统ISTA 具备维修功能，以便调整油箱压力传感器。在下述状况下需要对油箱压力传感器进行调整：

· 重启油箱压力传感器时

· 重启混动压力加油电子控制单元（TFE）时

· 重启数字电动机电子装置（DME）时

· 油箱压力传感器在压力油箱外部长期存放时

为了顺利对传感器进行调整，油箱的加油液位禁止超过75%。事先需要排出燃油。对供油装置进行检修前，必须启动加油程序，以便释放油箱中的压力。油箱盖及其盖罩在检修过程中必须保持打开，以便排除再生压力蓄积的可能性。禁止在对高电压蓄电池充电时进行加油。连接充电电缆时，应确保与易燃材料的充分安全距离。否则，如果充电电缆不当连接或断开可能造成人员受伤和财产损失。

4.自动变速器

亚洲版6速自动换挡装置的主要功能与技术数据见F45驱动装置的信息。本PHEV汽车需要进行的改动，F49 PHEV 中6速自动换挡装置的概况如图5-467所示。

F49 PHEV 配电大家熟悉的来自I12（宝马i8）的 AISIN 6速自动变速器。与I12相反，挡位执行机构可以通过F49 PHEV操作。各种挡位通过常规电缆进行操作。F49 PHEV 不提供手动变速器。

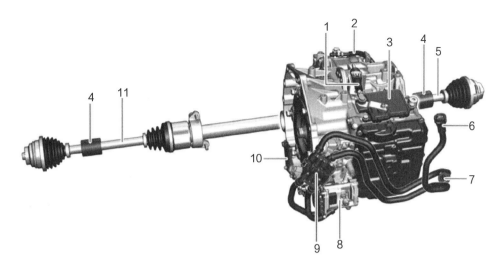

1.挡位杆的电缆 2.变速器通气孔 3.电子变速控制装置EGS 4.减震器 5.左前变速器输出轴 6.恒温器至变速器油冷器的变速器机油管路 7.变速器油冷器至恒温器的变速器机油管路 8.电动变速器油泵 9.恒温器 10.启动电动机的密封盖 11.右前变速器输出轴

图 5-467

（1）技术数据

技术参数如表5-53所示。

表 5-53

挡位	传动比
1挡	4.459
2挡	2.508
3挡	1.556
4挡	1.142
5挡	0.851
6挡	0.672
倒挡	3.185
主传动比	3.944

（2）变速器燃油供给

F49 PHEV 中的变速器供油装置如图 5-468 所示。

与所有自动变速器转换器类似，GA6F21AW 内部配备变速器输入装置处配备一个机械变速器油泵，负责为液压系统供油。但是，该款汽车存在发动机关闭状态下使用电动机的驾驶模式。根据自动变速器的配置，这就意味着变速器输入装置（扭矩转换器）没有速度，因此无法通过机械变速器油泵供油。但是，变速器输出装置（差速器）处通过转轮应用速度。速度差值通过自动变速器消除，从而通过附加的电动变速器油泵保障必要的润滑作用。此外，还可以通过发动机自动启/停功能（MSA）随时关停发动机。如果出现这种状况，自动变速器机电一体化装置中的变速器机油（因内部自然泄漏）回流至储油槽。为了确保机电一体化装置不会出现空转，并且为变速机构输送充足的变速器机油，附加电动变速器油泵同样被启用。F49 与 F49 PHEV 中的电动变速器油泵概况如图 5-469 所示。

在没有配备电力驱动装置（F49）的汽车中，当发动机其他自动功能停止发生时，同样通过附加电动变速器油泵为自动变速器供油。这是一种通过低压直流电压（DC）驱动的电动机。因为驾驶中不需要这种装置，所以它的功率明显偏低。在 F49 PHEV 车型中，电动变速器油泵通过低压交流电压（AC）供能，需要较高的输出。变速器油泵电子控制装置需要配备转换器（DC/AC 转换器）。与 I12（宝马 i8）截然不同，F49 PHEV 中的电子控制装置及电动变速器油泵位于同一个单元。电动变速器油泵的开关切换要求来自电子变速器控制（EGS）控制单元。电子控制装置不具备诊断功能。此类装置仅能读取相应的报告，并根据请求启用电动变速器油泵的电动机。F49 PHEV 润滑油供油示意图如图 5-470 所示。

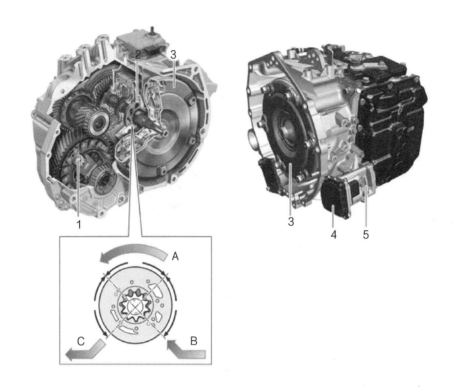

A.旋转方向　B.输入　C.输出　1.差速器　2.机械变速器油泵　3.液压扭矩转换器　4.变速器油泵的电子控制装置　5.电动变速器油泵（80W）

图 5-468

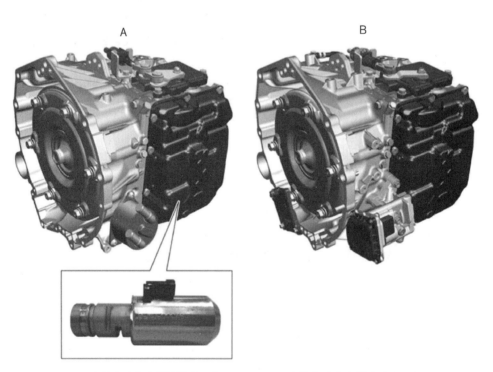

A.F49中的电动变速器油泵（DC）　B.F49 PHEV中的电动变速器油泵（AC）

图 5-469

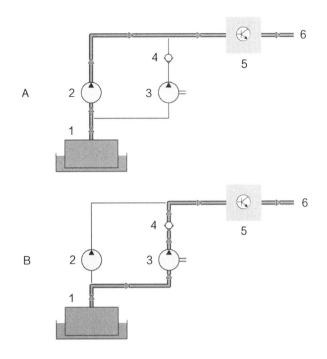

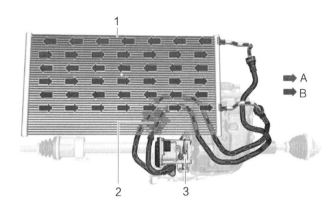

（3）冷却

F49 PHEV 中自动变速器的冷却油回路如图 5-471 所示。

A.恒温器至变速器冷油器的油路　B.变速器冷油器至恒温器的油路　1.变速器冷油器　2.恒温器　3.电动变速器油泵

图 5-471

A.启动汽油发动机　B.汽油发动机关闭　1.变速器油泵　2.机械变速器油泵　3.电动变速器油泵　4.止回阀　5.机电一体化模块　6.润滑油回路

图 5-470

空调冷凝器及高温散热器之间存在一个附加变速器冷油器。当达到相应的变速器油温时，油回路借助恒温器直接穿过变速器冷油器。F49 PHEV 变速器冷油器的恒温器如图 5-472 所示。

1.滑块　2.石蜡元件　3.弹簧

图 5-472

恒温器通过石蜡元件控制，石蜡元件经变速器机油加热膨胀。因此，滑块挤压弹簧，变速器机油返回口被释放。自动变速器与变速器冷油器之间形成一个油回路。

如表5-54列述了恒温器打开和关闭时的温度概况。

表 5-54

恒温器位置	温度（℃）
闭合	< 76
完全打开	96

（4）变速器紧急释放装置

F49 PHEV 的变速器紧急释放装置如图 5-473 所示。

图 5-473

F49 PHEV 电子变速器控制系统电路图如图 5-474 所示。

（6）维修说明

①拖车。

进行拖车时，F49 PHEV 车型只可通过装卸平台（如图 5-475 中 C）运输。为了避免损害自动变速器及带减速齿轮的电机，不得通过双轴（如图 5-475 中 A）或后轴（如图 5-475 中 B）拖动汽车。

②空挡教学。

为了确认挡位选择开关的位置，电子变速器控制（EGS）装置配备一个挡位传感器。该装置位于 EGS 内部，并且恒定连接在挡位拉杆轴上。如果改变挡位选择开关的挡位（P、R、N、D），挡位传感器信号将发生变化。该装置将当前挡位信息持续反馈至 EGS。F49 中电子变速器控制装置的挡位传感器如图 5-476 所示。

与 F49 相似，F49 PHEV 可以通过松开挡位选择开关套筒下方的拉杆触发紧急释放装置。驻车锁止释放前必须固定车辆以防溜滑。

（5）系统电路图

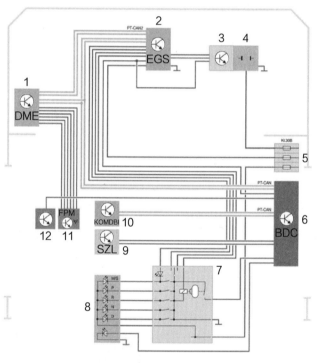

1.数字式电动机电子装置DME 2.电子变速控制装置EGS 3.电动变速器油泵的电子控制装置 4.电动变速器油泵 5.前配电箱 6.车身域控制器（BDC） 7.挡位选择开关 GWS 8.挡位指示器 9.转向柱开关中心（SZL） 10.组合仪表KOMBI 11.加速踏板模块 12.制动灯开关

图 5-474

640

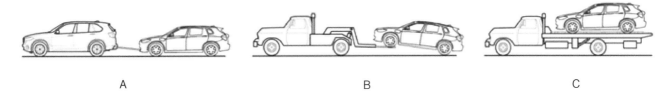

A.双轴拖车　B.后轴拖车　C.通过装卸平台拖车

图 5-475

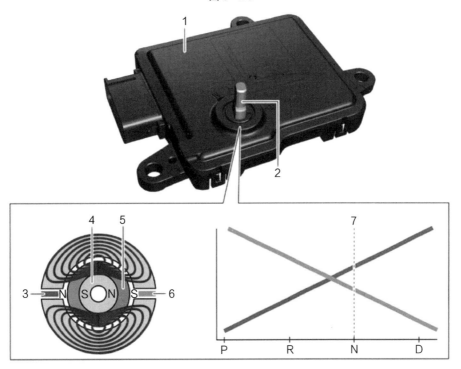

1.电子变速控制装置EGS　2.挡位传感器　3.霍尔集成电路1　4.轴　5.霍尔集成电路 2　6.永久磁铁　7.空挡时的传感器信号　D.驱动（前进）　N.空挡　P.泊车　R.倒退（倒挡）

图 5-476

传感器通过线性霍尔集成电路以一种非接触的方式进行操作。这些电路根据可用磁场改变它们的电压。永磁体位于内部，安装方式确保其可以通过轴进行旋转。转动挡位拉杆时，磁场线以不同的角度与霍尔集成电路相交，然后改变它们的输出电压。挡位传感器通过"空挡教学"维修功能可以再次重置。

空挡位置需要在下述情况下进行教学：

· 更换电子变速器控制装置（EGS）时

· 更换选择器拉杆时

· 每次拆装和安装电子变速器控制装置（EGS）后

5. 电机变速器

（1）介绍

F49 PHEV 是一款"全混动汽车"，与第二代混动汽车（F10H、F30H、F01H/F02H）截然不同，F49 PHEV 车型电力驾驶的速度远远高于第二代混动汽车。在这种配置条件下，F49 PHEV 纯电力驾驶的速度可以达到 120km/h，与汽油发动机混合驾驶时可以达到 130km/h。超过这一速度后，电力驱动不再工作，甚至会对电机造成损害。在相对较高的驾驶速度条件下，电机与驱动装置断开。为了实现这一操作，电机变速器中除了配备差动器单元并且比率固定（12.5）外，该装置中还配备了一个电启动离合器。电机变速器如图 5-477 和图 5-478 所示。

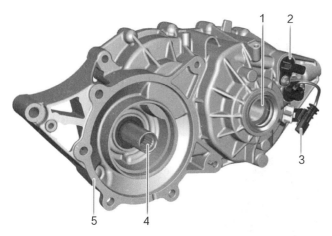

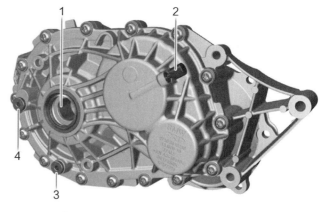

1.右侧输出　2.执行机构（螺线管）　3.挡位传感器（霍尔效应传感器）　4.带花键套筒的驱动装置　5.电机法兰

图 5-477

1.左侧输出　2.带盖板的通气接口　3.带密封环的放油塞　4.带密封环的注油塞

图 5-478

（2）结构和功能

电机变速器通过螺丝连接在电机上，并且附于后桥支撑上。12.5：1 的固定齿轮比通过壳式离合器（电机离合器）将电机的速度和扭矩传送至后驱动轮，在能量回收过程中，还会回传至电机。如果需要并提出要求，电机通过电机离合器与后轮驱动恒定连接。但是，如果超出下述速度阈值，电机离合器打开，从而阻断通过后桥进行的电力驱动。

· ECO PRO 模式下：100km/h

· AUTO eDRIVE（与汽油发动机组合运行）：130 km/h

该装置支持发动机，并且如有必要会显示电动四轮驱动装置。为了防止高速行驶对电机造成损害，电机离合器在时速超过 130km 后保持恒定打开状态。电机变速器通过变速器中的变速器机油（BOT 448 SAF-XO EP40 FM3+）进行润滑。变速器机油无更换浊气，仅需在进行检修时将机油加满即可。因此，变速器壳罩配备两个螺丝，通过螺丝可以进行放油和注油。电机变速器未安装驻车锁止器。F49 PHEV 的驻车锁止器锁止前驱动轮，位于自动变速器（AISIN F21 250FT）内。电机变速器重量为 21kg 左右。电机变速器中的独立组件如图 5-479 所示。

（3）电机离合器

通过与电机变速器壳罩集成为一体的电机离合器，建立启动力传输装置，并且在电机和爪式驱动轮（爪式离合器）断开。电机的无缝耦合与解耦通过适应电机速度和对侧通过驱动轮的速度（差速器壳）实现。速度传送至电动机电子装置，并通过电机转子位置传感器和驱动轮速度传感器（DSC）进行评估。一个霍尔效应传感器记录爪的位置，然后通过脉冲宽度调制信号（PWM 信号）传送至电机电子（EME）装置。如果发送关闭电机离合器的请求信号，会产生一个 2.3 ~ 3.2A 的启用电流。电机离合器闭合后，电机即刻驱动后桥上的从动轮，并且线圈上的电流减少（1.2A 保持电流），确保充分保持爪式离合器

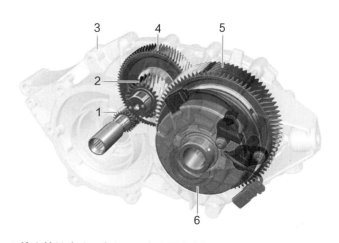

1.输入轴尺寸（23齿）　2.变速器小齿轮（24齿）　3.电机变速器壳罩　4.变速器大齿轮（81齿）　5.差动器单元齿轮（85齿）　6.电机离合器

图 5-479

的投入。这是因为相关爪的作用力还用于此处的摩擦式连接。如果线圈无作用电流，线圈作为执行机构"抵制"电机离合器的盘式弹簧，预拉紧盘式弹簧确保离合器被打开。通过调整电机速度，电机离合器的摩擦式连接（可能处于负荷状态）进行附加释放，确保电机离合器的释放状态。通过电机离合器进行的壳式动力传动（通过电动机电子装置启用）在特定驾驶条件下用来断开电机。比如，这一动作在时速超过130km后的最后一步执行，或者在滑行状态执行。

电机离合器采用变速器机油（BOT 448 SAF-XO EP40 FM3+）进行润滑。电机离合器概况如图5-480所示，电机离合器的操作原理如图5-481所示，电机离合器的接线概况如图5-482所示。

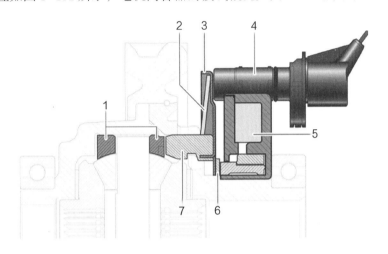

1.爪式离合器　2.膜片弹簧　3.霍尔效应传感器的传感器盘　4.传感器盘的位置检测传感器（霍尔效应传感器）　5.线圈（执行机构）
6.止推垫圈　7.凸轮环

图 5-480

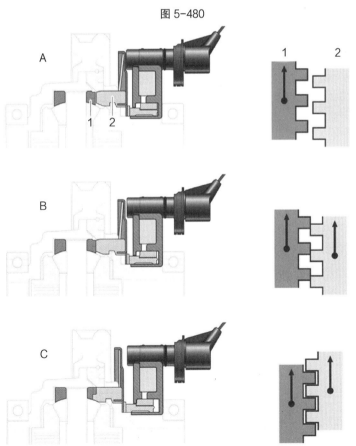

1.爪式离合器　2.凸轮环　A.离合器打开　B.待定状态的离合器　C.离合器闭合

图 5-481

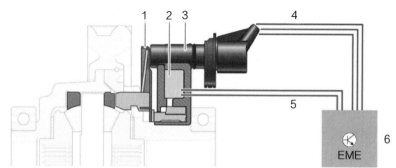

1.霍尔效应传感器的传感器盘 2.线圈（执行机构） 3.传感器盘的位置检测传感器（霍尔效应传感器） 4.与EME连接的PWM信号回路 5.启用线圈（执行机构）的电路 6.电机电子装置（EME）

图 5-482

霍尔效应传感器提供信号来判定离合器位置。但是，信号可以拥有不同的数值。

· 电机离合器闭合：90%

· 电机离合器打开：10%

电机离合器的霍尔效应传感器信号如图 5-483 所示。

A

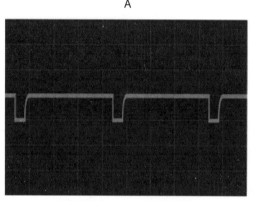

B

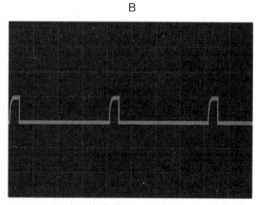

A.电机离合器闭合（90% 工作周期）　　　　　B.电机离合器打开（10% 工作周期）

图 5-483

如果出现故障，比如，传感器信号线路断开、电机离合器打开后不再闭合，宝马诊断系统 ISTA 含有各类试验模块对系统进行检查。

（4）维修信息

在进行检修时，电机离合器可以单独替换。安装 / 拆除该装置时，电机轴必须清理之前涂抹的油脂。此外，必须小心操作，确保电机转子轴不承受负载，以免损害电机的带槽球轴承。详细信息见当前的检修说明。

（三）安装位置

F49 PHEV 高电压组件安装位置如图 5-484 所示。

1.组件

每个高电压组件的壳罩或壳上粘贴一个警示标签，让检修人员及汽车使用人员可以直观地识别高

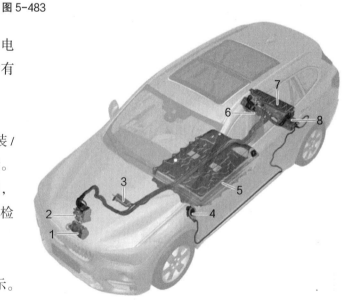

1.电动空调压缩机（EKK） 2.高电压启动电动发电机（HV-SGR）
3.电气加热装置EH 4.充电插座 5.高电压蓄电池单元 6.电机
（EM） 7.电机电子装置（EME） 8.便捷充电电子装置KLE

图 5-484

电压电流可能引发的危害。只有符合所有条件要求的检修人员方可对指定高电压组件进行检修：合理的资质，符合安全规则，符合维修说明规定的程序。严禁对带电高电压组件进行检修。在开始涉及高电压组件的每项操作前，必须断开高电压系统的电源（如图 5-485 所示），并确保不会重新连接后方可进行检修。

・关闭终端 15

・充电塞未与汽车连接

・等待使汽车处于"睡眠"模式（查看启/停按钮灯是否熄灭进行确认）

・打开高电压安全接头

・固定高电压安全接头，防止再次重启

・打开终端 15

・等待，直至组合仪表显示"高电压系统关闭"

・关闭终端 15 和终端 R

出于高电压安全考虑，除高电压蓄电池外，禁止打开或拆除其他高电压组件。

2. 冷却

（1）介绍

F49 PHEV 中的冷却系统配备附加冷却液回路及一个加热器回路，因此与 F49 单纯使用发动机存在差别。这种配置不仅可以发散发动机产生的热量，还可

1.行李舱右侧照明　2.高电压售后服务断电开关的盖板和支架
3.高电压安全插头（售后服务断电开关）

图 5-485

以冷却高电压组件。高电压组件设计的温度范围通常较大。但是，为了确保在任何条件下的热操作安全性，高电压组件采用冷却液冷却。即便如此，发动机的高温冷却液回路（HT 冷却液回路）高温条件使得在这种配置下仍然无法使用。因此额外配置一个温度范围明显较低（最高温度 100℃ 左右）的低温冷却液回路（LT 冷却液回路）。一个附加冷却液回路用于加热。因为各类条件的差别，发动机冷却液回路或高电压组件产生的有用热能通常无法时刻保障。比如，纯电力驾驶，或临时打开发动机（时走时停交通）。在这种状态下，可使用附加加热器回路及电气加热系统（高电压组件）。高电压组件采用 LT 冷却液回路冷却，但是高电压蓄电池除外。高电压蓄电池采用可切换的冷却回路进行冷却，以便保持电池组及高电压蓄电池单元内部组件的较低温度。

（2）带加热器回路的冷却液回路的概况

F49 PHEV 总冷却液回路（HT 和 LT）以及加热器回路如图 5-486 所示。

伤害危险：

高电压组件壳罩在驾驶过程中可以达到 105℃。如果需要进行维修，应等待足够长的时间进行冷却，比如，拆除驱动单元。

（3）低温冷却液回路

高电压组件通过独立的冷却液回路（低温冷却液回路）进行冷却，如图 5-487 所示。

冷却液回路的组成：

・冷却液/空气热交换器

・电动冷却液泵（80W）

・膨胀箱

・冷却液线路

F49 PHEV 电机电子装置的冷却液回路安装位置如图 5-488 所示。

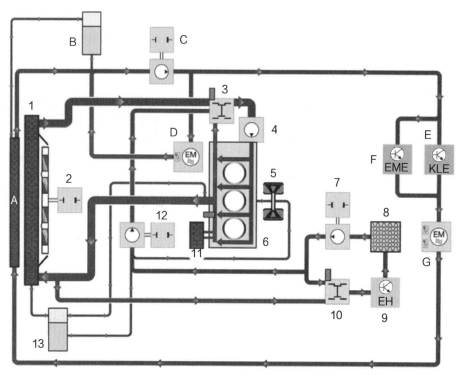

A.冷却液/空气热交换器（高电压组件的冷却液回路） B.冷却液膨胀箱（高电压组件的冷却液回路） C.电动冷却液泵（电动机电子装置的冷却液回路，80W） D.高电压启动电动发电机（HV-SGR） E.便捷充电电子装置KLE F.电机电子装置（EME） G.电机 1.冷却液/空气热交换器 2.电动风扇 3.恒温器（发动机） 4.机械冷却液泵（发动机） 5.排气涡轮增压器 6.B38发动机 7.加热器回路的电动冷却液泵（20W） 8.热交换器 9.电气加热装置 10.电动转换阀（加热器回路） 11.油水热交换器 12.排气涡轮增压器的电动冷却液泵 13.冷却液膨胀箱（发动机的冷却液回路）

图 5-486

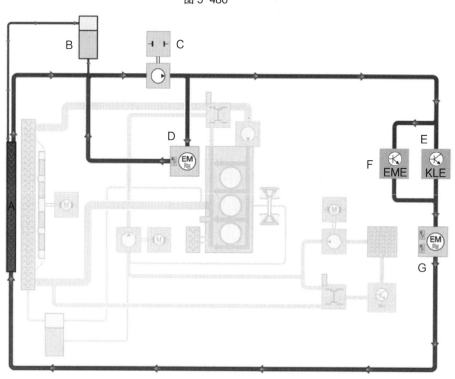

A.冷却液/空气热交换器（高电压组件的冷却液回路） B.冷却液膨胀箱（高电压组件的冷却液回路） C.0W 电动冷却液泵（高电压组件的冷却液回路） D.高电压启动器电动发电机（HV-SGR） E.便捷充电电子装置KLE F.电机电子装置（EME） G.电机（EM）

图 5-487

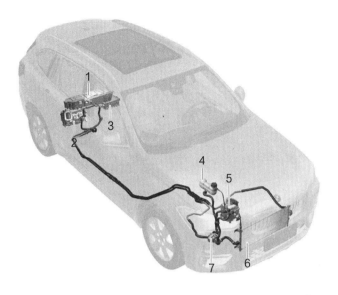

1.电机电子装置（EME） 2.电机（EM） 3.便捷充电电子装置 KLE 4.冷却液膨胀箱 5.高电压启动器电动发电机（HV-SGR） 6.冷却液/空气热交换器 7.电动冷却液泵（80W）

图 5-488

冷却液 / 空气热交换器与冷却模块集成为一体。根据电机电子装置的冷却要求，电动冷却液泵及电扇进行启用，从而可以降低消耗等级。通过电扇和电动冷却液泵的需求驱动启用操作，较强的温度偏差可以避免对高电压组件中的电子装置的使用寿命产生不利影响，从而实现能源优化冷却方式。膨胀箱未安装电动液面传感器。但是在维修中应注意系列特殊现象：冷却系统中的冷却液损耗（比如因为泄漏）与电动液面传感器直接识别的信息不符。如果出现冷却液损耗，低温冷却液回路的温度将超出正常操作范围。如果电动机的功率下降，则将发出相应的检查控制信号。检修员工在排除故障的过程中必须检查下述故障原因：

- 冷却液损耗，比如：因为泄漏
- 冷却液 / 空气热交换器故障
- 电扇不工作或被限制

- 冷却液泵不工作
- 冷却液管路或接口损坏
- 需要冷却的组件发生故障

导致冷却系统温度过高的原因有若干，其中包括冷却液损耗。因此，冷却系统的所有组件在故障排除过程中必须进行系统性地检查。排空低温冷却液回路时应根据当前的检修说明执行。宝马汽车中采用大家所熟知的水、防冻剂及 G48 腐蚀抑制剂的混合物作为冷却液。

冷却液泵及电扇在对高电压蓄电池单元充电时可以自动打开。因此，进行维修时，不得在发动机舱盖打开或 EME 冷却液回路工作的状态下进行高电压蓄电池单元充电。

冷却液泵及电扇在下述车况下可以启用：

- 终端 15 打开，驾驶准备就绪
- 终端 15 打开，未进行驾驶准备
- 高电压蓄电池单元正在充电

终端 15 打开后，电机电子装置的电力电子开关开始工作。高电压电气系统（EKK 及电气加热装置）及 12V 汽车电气系统均通过 DC/DC 转换器供电。如果因温度上升导致需要冷却，则冷却液泵打开，如有必要，甚至打开电扇。终端 15 打开时，冷却液泵和电扇可以自动打开。因此在发动机舱盖打开状态下进行检修或对 EME 冷却液回路进行检修时，需要保持终端 15 关闭。

（四）电机

1.介绍

F49 PHEV 的电机是一款设计为内转子的永久励磁同步机，即旋转转子位于电机"内部"。该装置可以将高电压蓄电池单元的电能转换为动能，动能通过电机变速器驱动汽车后轮。通过后轮纯电力驱动可以达到 120km 左右的最大时速，通过 eBOOST 功能还可以辅助发动机，比如，超车或负载较高时。另一种情况，电机在制动或滑行模式下将动能转换为电能，并输送至高电压蓄电池单元（能量回收）。电机属于高电压组件。每个高电压组件的壳罩或壳上粘贴一个警示标签，让检修人员及汽车使用人员可以直观地识别高电压电流可能引发的危害。只有符合所有条件要求的检修人员方可对指定高电压组件进行检修：合理的资质，符合安全规则，符合维修说明规定的程序。严禁对带电高电压组件进行检修。在开始涉及高电压组件的每项操作前，必须断开高电压系统的电源，并确保不会重新连接后方可进行检修。

·关闭终端15

·充电塞未与汽车连接

·等待使汽车处于"睡眠"模式（查看启/停按钮灯是否熄灭进行确认）

·打开高电压安全接头

·固定高电压安全接头，防止再次重启

·打开终端15

·等待，直至组合仪表显示"高电压系统关闭"

·关闭终端15和终端R

出于高电压安全考虑，除高电压蓄电池外，禁止打开或拆除其他高电压组件。

2.名称和标识

（1）电机的名称

技术文件中所采用的名称为"电机"，以便明确的识别电机设备。但是，电机的标识与服务相关。

（2）电机的标识

电机配备一个标识以便对其进行明确的识别和判定。政府机关审批通过中同样需要标识。电机的标识与发动机的标识等同。电机的序号可以在电机上的电机标识上查找，如图5-489所示。通过编号（连同标识）可以对每个独立的电机进行清晰的识别，如表5-55所示。

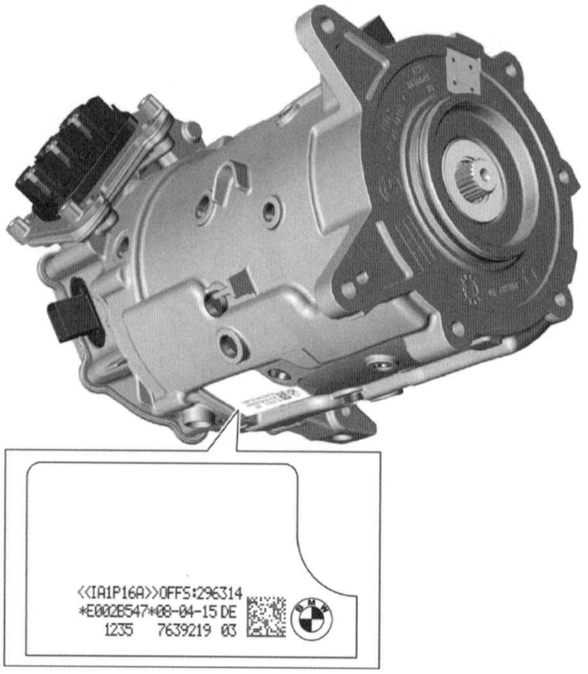

图 5-489

表 5-55

位置	含义	索引	说明
1	电机的开发者	G I J	变速器中的电机 电机，宝马 电机，外部
2	电机类型（叠片的外径）	A B C D E	< 200mm > 200mm< 250mm > 250mm< 300mm > 300mm 小径外部转子
3	电机本体概念的变更	0 或 1 2~9	机械本体 变更，板材切割变更（摩托车为偶数，乘客汽车为奇数）
4	电机类型（发动机程序）	N U O P R S T	异步电机 直流电机 轴流电机 永久励磁同步电机 开关磁阻电机 电动励磁同步电机 横流电机
5 + 6	扭矩	0~…	比如：25 = 250N·m
7	相关形式试验（如有变更，需要进行新的形式试验）	A B ~ Z	标准 根据要求。比如：与长度和线圈适应

648

3. 技术数据

技术参数如表 5-56 所示。

表 5-56

开发者	BMW
最大扭矩	165N·m/0~2900r/min
最大功率	65kW
功率（持续）	28kW
操作电压（$U_{最小}$~$U_{最大}$）	225~360V
最大电流	420A
效率	最高 96%
转速区间	0~14000r/min
重量（不含扭转减震器）	31.3kg 左右

4. 安装位置

F49 PHEV 安装位置及电机的二次组件如图 5-490 所示。

电机螺接在后桥上的电机变速器上，通过电力驱动后轮。

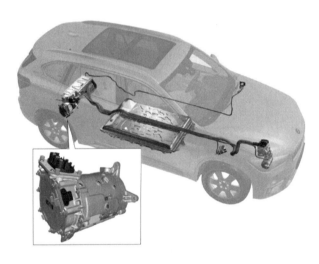

图 5-490

了改进和优化。转子的永磁体和叠片组重新进行了布置，对磁场线的性能产生了积极的影响。一方面，提高了扭矩。另一方面，定子线圈中的电流等级较低，因而效率高于常规同步电机。

电机的主要组件：

· 转子和定子

· 连接件

· 转子位置传感器

· 冷却

F49 PHEV 中的混动系统被称为平行混动系统。发动机及电机通过链轮进行机械耦合。驾驶过程中，

5. 设计

电机转子包括转子叠片组、永磁体及转子轴。碟片组及磁体型号构成电机的旋转电磁电路。磁体的磁场（连同定子线圈的磁场）产生电机的部分机械扭矩。转子轴将产生的扭矩传送至传动装置。极对的数量为 4，在确保合理的设计复杂性的同时，还可以扭矩曲线在每次转动时尽量保持恒定。磁体呈 V 形布置。如图 5-491 描述了同步电机的基础设计。

为了提高技术数据，结构（主要是转子）进行

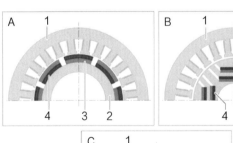

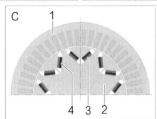

A.常规同步电机　B.同步电机EMP242（E82E、I01、I12）　C.同步电机EMP156.162（F49 PHEV）　1.定子　2.叠片组合，转子
3.永磁体南磁极　4.永磁体北磁极

图 5-491

两种驱动系统可以单独使用或同时使用。

（1）转子和定子

F49 PHEV 电子的转子和定子横截面图如图 5-492 所示。

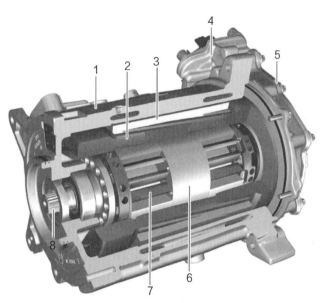

1.电机壳罩 2.线圈（U、V、W） 3.定子 4.高电压连接件（U、V、W） 5.盖子（维修中禁止打开） 6.转子 7.永磁体 8.转子轴

图 5-492

F49 PHEV 电机高电压连接件如图 5-494 所示。电能通过高电压连接件输送至电机的线圈。高

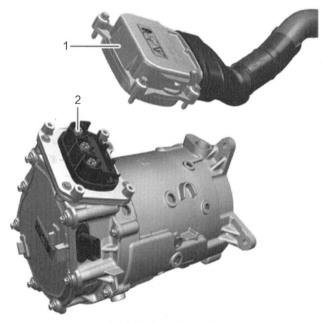

1.高电压插头 2.高电压接口

图 5-494

F49 PHEV 中的电机结构属于内转子结构。"内转子"是表示转子通过永磁体呈环形布置在内侧。定子收缩进电机壳罩内。F49 PHEV 的电机在转子内有4 对电极。两个带槽球轴承位于轴的两端，对转子起支撑作用。

（2）连接件

F49 PHEV 电机连接件如图 5-493 所示。

①高电压接口。

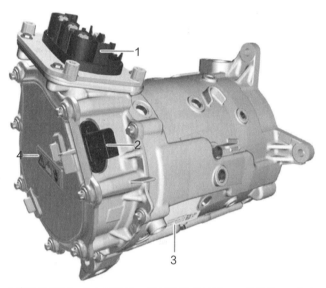

1.高电压接口 2.电气接线，转子位置传感器 3.型号牌 4.高电压组件警示标签

图 5-493

电压连接件通过三相屏蔽高电压电缆将电机电子装置及电机相连。高电压接头通过螺丝固定在电机电子装置及电机上。禁止修理高电压电缆。如有损坏，该线路必须全部更换！

（3）传感器

F49 PHEV 电机传感器如图 5-495 所示。

为了对定子线圈电压进行正确计算，并确保电机电子装置根据振幅和相位层产生电压，必须知道转子的精确位置。转子位置传感器就承担这一任务。转子结构与同步电机的转子结构类似，并且它有一个特殊成形的转子与电机转子相连，并由一个与电机定子相连的定子。转子在定子线圈中旋转产生的电压通过电机电子装置进行评估，然后根据评估结果计算

1.转子位置传感器的转子　2.转子位置传感器的定子

图 5-495

转子位置的角度。更换电机电子装置时，必须借助诊断系统对转子位置传感器进行校准。电机组件在运行过程中不得超过特定的温度。配备一个温度模块和两个冗余温度传感器，以便监控电机的温度。它们设计为带有一个负温度系数（NTC）的可变电阻器，并在定子线圈头的两个点进行温度测量。NTC 越热，电阻越低。电机电子装置对温度传感器的信号进行评估，通过计算温度模块进行对比，如果必要，当电机温度接近最大许可值时可以降低电机的功率，以免损害组件。宝马维修车间内禁止更换转子位置传感器。

6.冷却

电机通过低温冷却液回路进行冷却。F49 PHEV 高电压组件的低温冷却液回路如图 5-496 所示。

电机的设计温度范围较大。但是，为了保障电

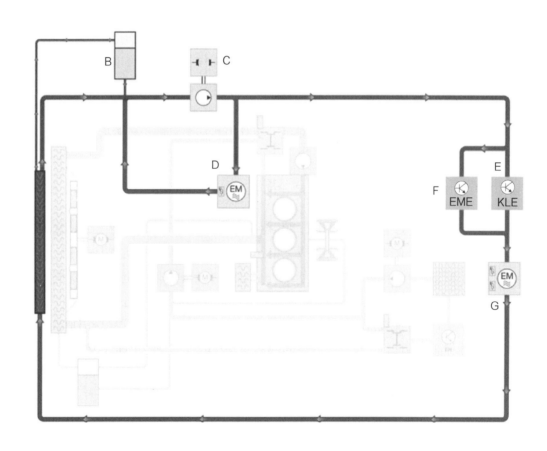

A.冷却液/空气热交换器（高电压组件的冷却液回路）　B.冷却液膨胀箱（高电压组件的冷却液回路）　C.80W电动冷却液泵（高电压组件的冷却液回路）　D.高电压启动器电动发电机（HV-SGR）　E.便捷充电电子装置KLE F.电机电子装置（EME）　G.电机（EM）

图 5-496

机在任何条件下热操作的安全性，该装置采用冷却液冷却。为了冷却定子线圈，在定子和电机壳罩之间存在一个冷却液管道，高电压组件的低温冷却液回路为冷却液管道供给冷却液。冷却液在输入（供给）侧的温度

可以达到 70℃。与发动机相比，虽然电机在能量转换中的损失较低，它的壳罩温度仍然能达到 105℃。转子通过转子空气循环冷却系统进行冷却。在这种配置条件下，空气流过转子中的冷却液管道以及壳罩内的冷却液管道，空气在壳罩内被水冷却。这就确保了一个更为平衡和偏低的转子温度。

①伤害危险。

高电压组件壳罩在驾驶过程中可以达到105℃。如果需要进行维修，应等待足够长的时间进行冷却，比如，拆除驱动单元。

7.维修信息

F49 PHEV 的电机没有任何注油装置，仅有两个带槽球轴承，球轴承上带有注油装置，以便进行润滑。因此，电机不需要维护。作为一项基本原理，F49 PHEV 的电机禁止在宝马维修中进行修理或打开。电机和电机变速器这两个组件可以单独更换，即相互独立。接到客户投诉后，通过诊断的方式判定故障。如果诊断发现电机/电机变速器系统存在故障，该系统必须从汽车后桥上拆除。如果无法明确判定造成故障的组件，咨询专家部门意见后，整个系统（电机和电机变速器）必须更换。否则，组件必须断开。因此，两个组件的安装方式必须确保它们的稳定性。所有螺丝连接拆掉后，可以通过起重机小心地将变速器从电机上拆除。在此过程中，必须确保电机的转子轴不会承受任何载荷，以免损害带槽球轴承。根据诊断结果，对故障组件进行更换，其余组件连同全新组件进行组装。安装新的电机或新的电机电子装置（EME）后，或者 EME 重新编程后，必须在 EME 中检查转子位置传感器的偏移并进行编程（若需）。相关诊断工作即出于这个目的。转子位置传感器偏移角铭刻在电机型号牌上，组件安装后也可以看见该型号牌，并且通过汽车提升机提起汽车后可以查看该型号牌。型号牌位于电机保护盖罩下方，从下方可以轻易看到。拆除电机前，必须遵守电气安全规则。伤害危险：高电压组件壳罩在驾驶过程中可以达到 105℃。如果需要进行维修，应等待足够长的时间进行冷却，比如，拆除驱动单元。更换电机或电机电子装置后，必须通过诊断系统对转子位置传感器进行调整。

（五）电机电子装置

1.介绍

电机电子装置（EME）作为电机和高电压启动器电动发电机的电子控制装置。该装置负责将高电压蓄电池单元（最高 340V DC 左右）的直流电压转换成三相 AC 电压，用来启用电机和高电压启动电动发电机，在此过程中，电机和高电压启动器电动发电机作为电动机。相反，当电机和高电压启动器电动发电机作为发电机工作时，电机电子装置将三相 AC 电压转换成直流电压，并为高电压蓄电池单元充电。比如，在制动能量再生（能量回收）过程中发生此类操作。为了进行这两种模式的操作，有必要配备 DC/AC 双向转换器，该装置可以作为换流器和整流器进行工作。DC/DC 转换器同样与电机电子装置即成为一体，确保 12 V 汽车电气系统的电压供给。F49 PHEV 的整个电机电子装置位于一个铝制壳罩内。控制单元（DC/AC 双向转换器以及 12V 汽车电气系统的 DC/DC 转换器）位于该壳罩内。EME 控制单元还承担其他任务。比如：高电压动力管理，对高电压蓄电池单元的可用高电压进行管理，同样与 EME 集成为一体。此外，EME 有各类输出级，负责 12V 执行机构的启用。电机电子装置属于高电压组件，每个高电压组件的壳罩或壳上粘贴一个警示标签，让检修人员及汽车使用人员可以直观地识别高电压电流可能引发的危害。只有符合所有条件要求的检修人员方可对指定高电压组件进行检修：合理的资质，符合安全规则，符合维修说明规定的程序。出于高电压安全考虑，电机电子装置不得打开或拆卸。如果出现故障，必须对整个电机电子装置进行更换。电机电子装置更换完成后，必须通过宝马诊断系统方可投入运行。遵守检修说明相关的信息。

2.技术数据

技术参数如表 5-57 所示。

表 5-57

电动机电子装置	
供应商	Delphi
重量	16.6kg
长度	744.3mm
高度	160.6mm
宽度	248.1mm
工作温度范围	−40~+105℃
冷却	冷却液
电机的电力电子装置	
工作电压范围	200V~340V DC
输出电流	250A（连续）；450A（最高 10s）
高电压启动器电动发电机的电力电子装置	
工作电压范围	200~−340V DC
输出电流	150A（连续）；288A（最高 0.3s）
DC/DC 转换器	
额定输出电压	14V DC
输出电流	180A（连续）；200A（0.3s）
输出功率	2.4kW（连续）；2.8kW（最高 10s）

3. 安装位置

F49 PHEV 电机电子装置的安装位置如图 5-497 所示。

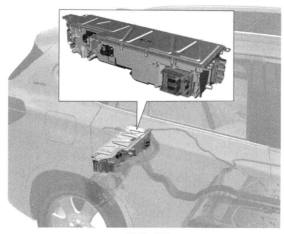

图 5-497

电机电子装置安装在后桥下方的汽车底部。为了实现电机电子装置的所有接线，该组件必须完全拆除。EME 的上部接线位于行李箱底部盖板下方螺丝拧固的盖子下方。

4. 连接件

电机电子装置的接线可以分为 4 类：

· 低压接口

· 高电压接口

· 3 个螺纹孔，用于等电位连接

· 冷却液线路的接线

F49 PHEV 电机电子装置的接线如图 5-498 所示。

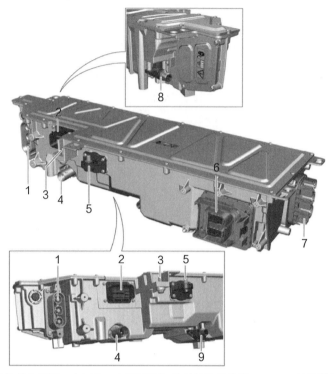

1.与高电压启动器电动发电机相连的高电压接口（AC） 2.低压接头/信号接头的接线 3.DC/DC转换器输出-12V 4.用于便捷充电电子装置交流充电的高电压接口 5.输出，DC/DC转换器+12 V 6.与高电压蓄电池单元相连的高电压接口（DC） 7.与电机相连的高电压接口（AC） 8.用于冷却液回流管路的接口 9.用于冷却液供给管路的接口

图 5-498

等电位连接的螺纹孔如图 5-499 所示。

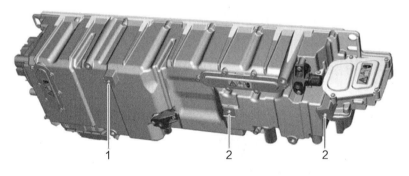

1.螺纹孔（M6螺纹） 2.螺纹孔（M8螺纹）

图 5-499

（1）低压接口

电机电子装置外部低压接头连接下述线路和信号：

· 用于 EME 控制单元的电源（引自配电箱的终端 30B，位于前侧和地面）

· FlexRay 总线系统

· PT-CAN 总线系统

· PT-CAN2 总线系统

· 唤醒导线

· 引自 ACSM 的信号线路，用于传送碰撞信息

· 汽车内部截止阀的动作

· 高电压连锁回路电路的输入和输出（EME 控制单元评估信号，如果出现电路干扰，将切断高电压系统。SME 冗余）

· 启用电动真空泵

· 电动冷却液泵（PME）：脉冲宽度调制信号

· 电机转子位置传感器的评估

· 电机温度传感器的评估

· 高电压启动器电动发电机的转子位置传感器的评估

· 高电压启动器电动发电机的温度传感器的评估

此类线路和信号的电流等级相对较低。电机电子装置通过两个独立的低压连接和大横截面线路与 12V 汽车电气系统相连（终端 30 和终端 31）。通过这种配置与电机电子装置内的 DC/DC 转换器接通，并为整个 12 V 汽车电气系统提供能量。带有电机电子装置的这两条线路通过螺丝进行连接。

如图 5-500 所示通过简单的接线图描述了电机电子装置的低压接口。

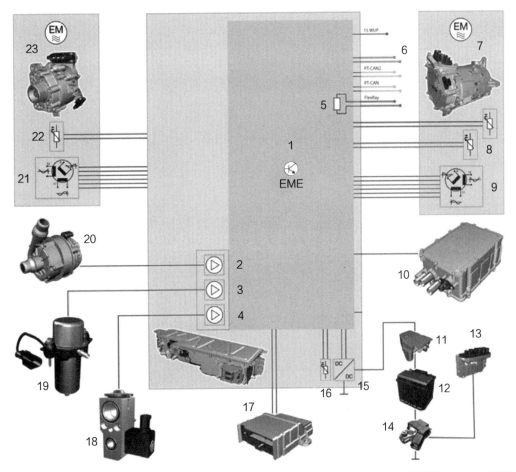

1.电机电子装置（EME）　2.启用80W电动冷却液泵的输出级（LT 冷却液电路）　3.启用电动真空泵的输出级　4.启用汽车内部膨胀阀和截止阀的输出级　5.终端电阻器，FlexRay　6.高电压连锁回路的信号线路　7.电机（整个）　8.电机定子线圈中的温度传感器　9.电机中的转子位置传感器　10.便捷充电电子装置KLE 11.安全型蓄电池接线柱SBK　12.12V蓄电池　13.数字式电动机电子装置DME 14.智能型蓄电池传感器IBS　15.单向DC/DC转换器　16.DC/DC转换器中的温度传感器（负温度系数传感器）　17.碰撞安全模块　18.膨胀和截止组合阀，乘客舱　19.电动真空泵　20.电动冷却液泵　21.高电压启动器电动发电机中的转子位置传感器　22.高电压启动器电动发电机中的温度传感器　23.高电压启动器电动发电机

图 5-500

（2）高电压接口

在电机电子装置中，共有 4 个与其他高电压组件线路相连的高电压接口。电动空调压缩机及电气加热装

655

置当前位于便捷充电电子装置上，如表5-58所示。

表5-58

与组件的连接	接点数量，电压类型，屏蔽
电机	· 三相 · AC 电压 · 3 个线路的 1 个屏蔽
高电压启动器电动发电机	· 三相 · AC 电压 · 3 个线路的 1 个屏蔽
高电压蓄电池单元	· 两销 · 直流电压 · 每条线路 1 个屏蔽
便捷充电电子装置（交流充电）	· 两销 · AC 电压 · 每两条线路 1 个屏蔽

下列简单的接线图描述了电机电子装置与其他高电压组件之间的高电压接口，如图5-501所示。

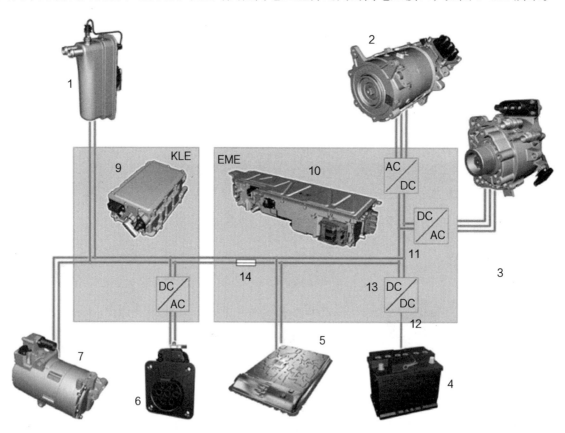

1.电气加热装置　2.电机　3.高电压启动器电动发电机　4.蓄电池（12 V）　5.高电压蓄电池单元　6.充电插座　7.电动空调压缩机（EKK）　8.单向AC/DC转换器　9.便捷充电电子装置　10.电机电子装置（整个）　11.电机的双向DC/AC转换器　12.高电压启动器电动发电机的双向DC/AC转换器　13.单向DC/DC转换器　14.60A防过载电流保护

图 5-501

（3）高电压电缆。

高电压电缆连接高电压组件，并且采用橘色电缆套标识。混动汽车制造商已达成统一意见：高电压电缆采用警示黄色进行标识。F49 PHEV 高电压组件和高电压电缆如图 5-502 所示。

禁止修理高电压电缆。如有损坏，该线路必须全部更换！高电压电缆的弯曲半径禁止过度弯曲或扭结，弯曲半径不得小于 70 mm。过度弯曲 / 扭结高电压电缆会损害电缆护套，导致汽车高电压电气系统隔离故障。严禁对带电高电压组件进行检修。在开始涉及高电压组件的每项操作前，必须断开高电压系统的电源，并确保不会重新连接后方可进行检修。

·关闭终端 15

·充电塞未与汽车连接

·等待使汽车处于"睡眠"模式（查看启 / 停按钮灯是否熄灭进行确认）

·打开高电压安全接头

·固定高电压安全接头，防止再次重启

·打开终端 15

·等待，直至组合仪表显示"高电压系统关闭"

·关闭终端 15 和终端 R

（4）电位补偿线路的连接

绝缘监控装置判定带电高电压组件（比如高电压电缆）与地面之间的隔离电阻是否超过或低于规定的最小值。如果隔离电阻低于最小值，则汽车零件存在产生危险电压的风险。如果有人碰触带电的二次高电压组件，则可能遭受电击。如果人员接触第二个带电高电压组件，就会存在电击危险。因此，F49 PHEV 的高电压系统配备了全自动绝缘监控装置。高电压系统启用后，它通过蓄电池管理电子装置进行定期监控。地面作为基准电位。在不通过附加措施的条件下，这种方式只可以判定高电压蓄电池单元中的局部绝缘故障。但是，判定汽车中高电压电缆至地面的绝缘故障同等重要。因此，高电压组件的所有导电壳罩与地面进行导电连接。通过这种布置，整个高电压电气系统中的隔离故障可以从绝缘监控的中心点发现。如果电位补偿电缆未与高电压组件合理连接，禁止操作高电压系统。如果维修时拆掉高电压组件或本体组件，则在组装时必须遵守下述程序：壳罩和本体之间必须建立恰当的连接。必须严格遵守检修说明（无故障的、整齐的电气连接；四眼原则；准确的紧固扭矩以及文件记录）。

（5）冷却液线路的连接

电机机械电子装置通过低温冷却液回路冷却。冷却液线路连接见本章起始部分的图形。

（6）通风口

通风口与壳罩一侧集成为一体，防止电机电子装置内部积水（温度变化、空气水分凝结等原因所致）。通风口还可以确保壳罩内部和周边区域的压力补偿。为了实现这两个目的，通风口配备了一个隔膜，隔膜属于透气不透水型装置。F49 PHEV 电机电子装置的通风口如图 5-503 所示。

5. 任务

电机电子装置的内部有下述 4 个子组件构成：

·电机的双向 DC/AC 转换器

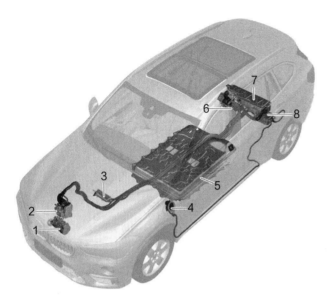

1.电动空调压缩机（EKK）　2.高电压启动器电动发电机（HV-SGR）　3.电气加热装置EH 4.充电插座　5.高电压蓄电池单元 6.电机（EM）　7.电机电子装置（EME）　8.便捷充电电子装置 KLE

图 5-502

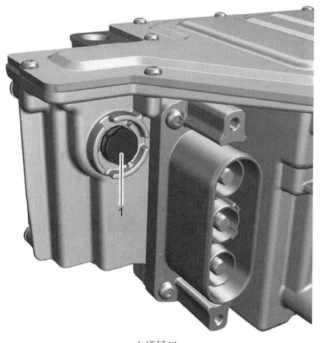

1.通风口

图 5-503

- 高电压启动电动发电机的双向 DC/AC 转换器
- 单向 DC/DC 转换器
- EME 控制单元

链路电容器还是换挡装置电力电子装置的一个元件。该装置可以控制电压并过滤高频部分。

电机电子装置通过前文所述的子组件执行下述功能：

- 故障或驾驶状态不稳定时，驱动装置的扭矩限制
- 通过 EME 控制单元控制内部子组件
- 通过 DC/DC 转换器为 12V 电气系统供电
- 通过 DC/AC 转换器控制电机（速度，扭矩）
- 通过 DC/AC 转换器控制高电压启动电动发电机（速度，扭矩）
- 高电压电力管理
- 接触电动机
- 高电压启动电动发电机的接点
- 高电压蓄电池单元的接触
- 驾驶时对高电压蓄电池单元进行充电（通过能量回收）
- 与其他控制单元的通信，尤其是 DME、SME 及 DSC
- 冷却高电压组件
- 启用电动冷却液泵，对高电压组件进行冷却
- 启用电动真空泵
- 启用汽车内部的截止阀
- 启用高电压连锁回路的信号评估
- 启用链路电容器，并将电压被动发电至低于 60V
- 自检测和诊断

6. DC/DC 转换器

F49 PHEV 电机电子装置中的 DC/DC 转换器可以适应下述操作模式：

- 备用（组件故障、短路、电力电子装置闭合）
- 降压模式（能量传送至低压侧，转换器调整低压侧的电压）
- 高电压链路电容器放电（连锁故障、事故、控制要求）

电机电子装置未投入运行时，DC/DC 转换器处于"备用"模式。当未向 EME 控制单元供给指定电压时会出现这种状况，比如，终端状态。但是如果存在故障，EME 控制单元会促使 DC/DC 转换器进行"备用"模式。在这种操作模式中，两个汽车电气系统之间不存在能量传输，电流相互独立。当高电压系统处于启用状态时，降压模式是一种正常的操作模式。DC/DC 转换器将高电压电气系统的电能传送至 12V 汽车电气系统，并在常规汽车中承担发电机的功能。DC/DC 转换器必须降低高电压电气系统至汽车低压电气系统的电压变化。汽车高电压电气系统中的电压（比如）取决于高电压蓄电池单元的充电状态（220 ~ 300V）。汽车低压电气系统中的电压可以控制 DC/DC 转换器，确保 12V 蓄电池处于最佳充电状态，并根据充电状态及蓄电池的温

度将电压设定在14V左右。DC/DC转换器的持续输出功率为2400W。F49 PHEV DC/DC转换器的操作原理如图5-504所示。

F49 PHEV中的DC/DC转换器技术还可以启用"eBOOST"操作模式，与F04中的DC/DC转换器相同。但是，F49 PHEV中未使用这种操作模式。因此，无法通过12V汽车电气系统为F49 PHEV的高电压蓄电池充电。高电压系统关停（常规关停或快速关停）过程中，DC/DC转换器保留最后一种操作模式。为了对高电

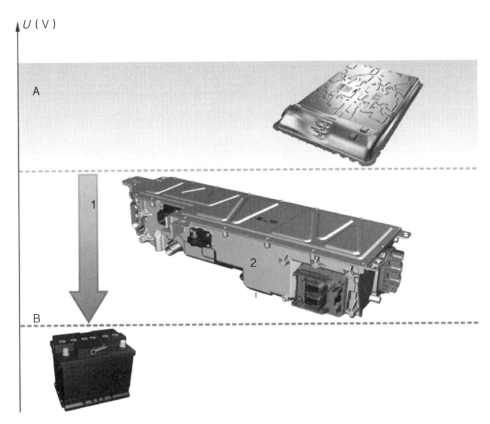

A.汽车高电压电气系统，220~300V B.汽车低压电气系统，约14V 1.降频转换 2.EME中的DC/DC转换器

图 5-504

压系统进行关停，系统必须在5s内放电至低于60V的安全电压。DC/DC转换器为链路电容器配置了一个放电电路。首先，放电电路尝试将链路电容器中存储的能量输送至汽车低压系统。如果该项动作未能引发电压的快速降低，则通过启用的电容器实施放电。高电压电气系统通过这种方式在5s内放电。从安全角度考虑，还配置了一种被动放电电容器（平行开关）。在前两种方式出现故障无法工作时，通过这种方式可以确保高电压电气系统的放电。将电压放电至低于60V的周期较长，最长时间为120s。F49 PHEV高电压链路电容器放电如图5-505所示。

DC/DC转换器的温度通过温度传感器测量，并通过EME控制单元进行监控。如果温度超过许可范围，即便采用冷却液进行冷却，EME控制单元仍将降低DC/DC转换器的功率，以便保护组件。

7.启用电机的电力电子装置

启用电机的电力电子装置主要采用DC/AC转换器制作而成。这是一种带有双销DC电压接口和三相AC电压接口的脉冲转换器。在其作为电动机工作时，这种DC/AC转换器可以作为换流器工作，并且可以将高电压蓄电池单元的能量传导至电机。但是，DC/AC转换器也可以作为一种整流器，并将电机的电能传导至高电压蓄电池单元。这种动作在制动能再生过程中执行，在此过程中，电机作为发电机并且可以产生电能。F49 PHEV双向DC/AC转换器的操作模式如图5-506所示。

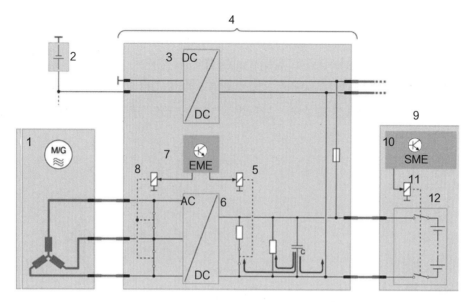

1.电机　2.与12V汽车电气系统进行的连接　3.DC/DC转换器　4.电机电子装置（整个）　5.继电器（用于启用电容器放电）　6.双向DC/AC转换器　7.EME控制单元　8.继电器（用于电机线圈短路）　9.高电压蓄电池单元　10.SME控制单元　11.机电式接触器　12.高电压蓄电池单元　C.链路电容器

图5-505

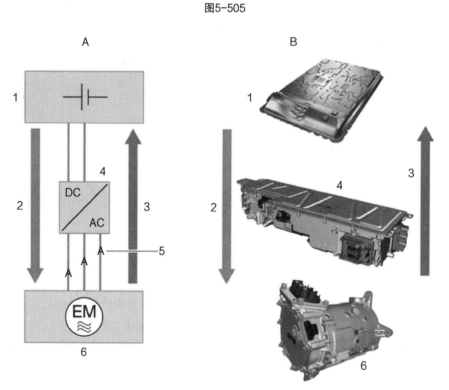

A.示意图　B.带组件的示意图　1.高电压蓄电池单元　2.操作模式为转换器时，电机为发动机　3.操作模式为整流器时，电机为交流发电机　4.DC/AC转换器　5.电流传感器　6.电机

图 5-506

DC/AC转换器的操作模式通过EME控制单元界定。EME控制单元还接收DME控制单元发出的设定值（主要输入变量），电机应为DME控制单元提供扭矩（数量和信号）。通过这个设定值以及电机的当前操作状态（发动机转速和扭矩），EME控制单元可以判定DC/AC转换器的操作模式以及电机相位电压的振幅和频率。根据此类规范，DC/AC转换器的功率半导体元件被同步启用。除DC/AC转换器外，电力电子装置还含有电流传感器，电流传感器位于DC/AC转换器AC电压侧的3个相位内。通过电流传感器发出的信号，EME

660

控制单元对应用于电力电子装置及电机的电动功率以及电机所产生的扭矩进行监控。电机电子装置的控制回路通过到电机内电流传感器和转子位置传感器的信号关闭。电机电子装置和电机的性能数据相互协调。为了避免电力电子装置超负荷，DC/AC 转换器中还配备了另外一个温度传感器。如果通过这种信号发现功率半导体元件温度超高，EME 控制单元可以降低输送至电机的功率，以便保护电力电子装置。

8. 高电压电力管理

高电压电气系统的功率管理包括两个子功能，一个用于驱动模式，一个用于充电模式。在驾驶模式条件下，高电压蓄电池单元产生的能量传送至高电压用电装置，能量在能量回收过程中协同输送至高电压蓄电池单元。EME 执行下述动作，并且一直重复：

·查询高电压蓄电池单元是否有可用功率（信号源：SME）

·查询高电压蓄电池单元可以使用何种功率（信号源：SME）

·查询电力驱动装置所需的驱动或制动功率（信号源：DME）

· 查询空调所需的功率（电气加热装置、EKK、IHKA）

· 判定发送至用电装置控制单元的电动功率和通信

在充电模式条件下，高电压电力管理需要执行另一项任务：它通过 EME 可以控制从汽车外部传导至高电压蓄电池单元的能量，如有必要，它还可以通过便捷充电电子装置控制传导至电气加热装置或电动空调压缩机的能量。EME 一直重复下述各项步骤：

·查询外部是否有可用功率（信号源：KLE）

·查询高电压蓄电池单元可以使用何种功率（SME）

·查询空调所需的功率（IHKA）

·要求来自 EME 的必要功率

·可用局部功率与接收器、高电压蓄电池单元（SME 控制单元）、加热和空调系统的沟通（IHKA 控制单元）

外部可用功率无法处于较高等级；它受到功率网络和 EME 的限制。因此，在其可以进行分配前必须查询可用功率。根据其充电状态，比如，高电压蓄电池单元无法吸收任意数量的功率，这就是必须首先对该数值进行查询的原因。根据高电压蓄电池单元的温度或驾驶员发出的加热或空调要求，加热及空调系统同样需要提供电动功率。该数值是高电压电力管理在充电模式下第三重要的输入信号。通过该信息对所需功率进行控制并配送至用电装置。

9. 其他高电压用电装置的供电

电机电子装置不仅为电机提供电压，便捷充电装置与电机电子装置直接相连，并保障以高电压的形式为电动空调压缩机及电气加热装置提供电压。但是，便捷充电电子装置在该项操作中不存在复杂的控制功能。相反，电机电子装置作为（由高电压蓄电池单元提供）高电压直流电压的一种简单分配器，为了避免两个高电压用电装置的高电压电缆在短路时出现超载，电机电子装置中为 EKK 和电气加热装置分别配备了高电压保险丝。高电压保险丝的标称电流等级为 60 A。高电压保险丝不得单独更换。因此，通常需要更换整个电机电子装置（EME）。

10. 启用电动真空泵

电机电子装置（EME）通过 CAN 总线接收数字电动机电子装置（DME）发出的制动真空传感器信号。EME 仅提供启用电动真空泵的硬件。EME 控制单元还接收动态稳定控制系统（DSC）控制单元的数值信息，比如驾驶速度及刹车踏板操作。制动真空泵主要用于带有发动机自动启停功能的常规驱动汽车。与此类汽车类似，F49 PHEV 的制动伺服装置壳罩上同样安装了制动真空泵。DME 为传感器提供电压，传感器根据制动伺服装置中的真空条件返回电压信号。这种传感器模拟信号通过 DME 控制单元转换成实际的制动真空，通过 CAN 总线输送至 EME。EME 控制单元对制动真空信号进行评估，包括动态处理特点（比如驾驶速度）以及刹车踏板动作，并判定电动真空泵是否应该打开。此外，功能逻辑参考延后作用，以免电动真空泵持续打开和关闭。或者，电动真空泵保持持续打开状态，直至达到规定的最小制动真空等级。电机电子装置包含一个输出级（半导体继电器），电动真空泵的电源通过该装置可以进行打开和关闭操作。根据需要，DC/DC转换器的输出级可以直接切换至电动真空泵。

在该项流程中，最大打开电流为30A。电流等级进行电子限制，以便保护输出级和线路。电动真空泵未配备功率或发动机转速控制装置，只是简单地打开和关闭。通过制动真空传感器可以检测电动真空泵的故障，如果发现故障，则无法提供真空条件。但是至少具备法律规定的刹车装置（制动踏板作用力增加）。DSC将实现一种液压制动伺服辅助，即根据驾驶员的作用力产生一种液压增强的压力。优点：在故障条件下，刹车踏板的作用力同样较低；缺点：制动踏板响应被改动。

11. 高电压连锁回路

集成在F49 PHEV蓄电池管理电子装置（SME）内用于控制与产生高电压连锁回路检测信号的电子装置。高电压系统启动时开始产生检测信号，高电压系统关闭时停止产生检测信号。F49 PHEV中的高电压连锁回路如图5-507所示。

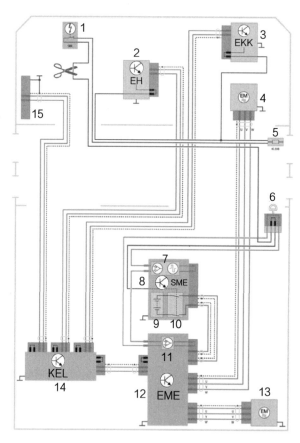

1.安全蓄电池接线柱 2.电气加热装置 3.电动空调压缩机（EKK） 4.高电压启动器电动发电机 5.前配电箱 6.高电压安全插头（售后服务断电开关） 7.高电压连锁回路的试验信号的评估电路 8.蓄电池管理电子装置（SME） 9.电池模块 10.接触器 11.高电压连锁回路的试验信号的评估电路 12.电机电子装置（EME） 13.电机 14.便捷充电电子装置KLE 15.充电插座

图 5-507

通过蓄电池管理电子装置产生一个矩形交流信号，并传送至测试引线。测试引线有一个环形拓扑（与MOST总线类似）。测试引线的信号在环内的两个点进行评估：电机电子装置（EME）及环形拓扑结束时的蓄电池管理电子装置内。如果信号超出固定范围，则电路断开，或汽车接地被识别为短路，高电压系统立即被关闭。如果断开高电压安全插头（售后服务断电开关）处的高电压连锁回路，就会直接断开接触器，此外还会关闭所有高电压组件。

12. 冷却

电机通过低温冷却液回路进行冷却。便捷充电电子装置（KLE）冷却液入口处的分支法兰将对与电机连接的冷却液电路进行划分，并在冷却液出口处引导至位于便捷充电电子装置中的另一个分支法兰。F49 PHEV 高电压组件的低温冷却液电路如图 5-508 所示。

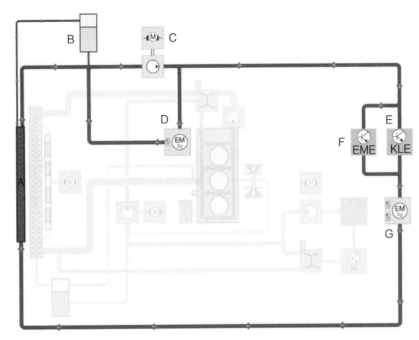

A.冷却液/空气热交换器（高电压组件的冷却液回路）　B.冷却液膨胀箱（高电压组件的冷却液回路）　C.80W电动冷却液泵（高电压组件的冷却液回路）　D.高电压启动器电动发电机（HV-SGR）　E.便捷充电电子装置KLE　F.电机电子装置（EME）　G.电机（EM）

图 5-508

（六）高电压启动器电动发电机

1. 介绍

F49 PHEV 中，位于常规交流发电机位置的高电压启动器电动发电机替换了启动电动机（F49 PHEV 中无附加的启动电动机）及交流发电机的功能。该装置主要用来启动 B38 发动机，在驾驶过程中如果没有充足的充电电压通过电机电子装置中的 DC/DC 转换器为 12V 汽车电气系统供电，该装置可以为高电压蓄电池单元进行充电。高电压启动器电动发电机通过三相 AC 电压操作，还含有各类传感器。高电压启动器电动发电机的功能和功率电子装置位于电机电子装置（EME）内。为了在常规交流发电机的安装位置容纳高电压启动器电动发电机的较大尺寸，B38 发动机进行了改动，比如改变水泵的位置。总之，F49 PHEV 中高电压启动器电动发电机具备下述功能：

· 启动 B38 发动机

· 通过提高 B38 发动机的负载点为高电压蓄电池充电

· B38 发动机的 eBOOST 功能

· 通过降低负载点为高电压蓄电池放电

· 通过制动能再生对高电压蓄电池进行充电

高电压启动器电动发电机属于高电压组件。每个高电压组件的壳罩或壳上粘贴一个警示标签，让检修人员及汽车使用人员可以直观地识别高电压电流可能引发的危害。只有符合所有条件要求的检修人员方可对指定高电压组件进行检修：合理的资质，符合安全规则，符合维修说明规定的程序。为了确保高电压安全，高电压启动器电动发电机不得打开或拆卸。如果发生故障，通常需要对整个高电压启动器电动发电机进行更换。作为启动电动机，高电压启动器电动发电机被设计为在所有天气和温度条件下将发动机加速至一个安全的启动速度。因此无须安装独立的启动电动机。根据驾驶速度、发动机转速及高电压蓄电池的充电状态等各项因素，通过提高发动机的负载点在高电压启动器电动发电机中产生一个三相 AC 电压。之后可以通过 EME 转换成直流电压并输送至高电压蓄电池（通过 EME）。这种充电类型在发动机的操作范围在汽车处于静止状态大幅降低时尤其有效。高电压蓄电池充满电状态下，仅产生汽车电气系统所消耗的电能。在"eBOOST"操作模式中，高电压启动器电动发电机在任何驾驶速度条件下均可产生附加扭矩，附加扭矩添加至发动机产生的扭矩，因此有利于 F49 PHEV 的加速。这种功能的使用取决于相应的驾驶模式。eBOOST 工程通常持续数秒钟，并且用于在排气涡轮增压器无法产生充足的充电压力时辅助发动机。如果功率要求非常高，比如强制降挡或在运动模式下，可实现超增压。此时，只要存在动力需求，附加扭矩将持续传送至曲柄轴。为了降低 F49 PHEV 在高电压蓄电池充满电时的油耗，负载点降至指定充电状态。此时，发动机的扭矩消失，被高电压启动器电动发电机所取代。高电压启动器电动发电机参与能量回收，与后桥上的电机相同。因此，高电压启动器电动发电机中生成一个负扭矩，负扭矩在超速行驶阶段还可以对发动机进行制动。与后桥上的电机不同，此处所产生的输出功率较低。高电压启动器电动发电机的功率（交流发电机和电动模式）并非仅仅取决于高电压启动器电动发电机内的状态。诸如高电压蓄电池或电机电子装置等其他系统在温度超高时同样可以引起高电压启动器电动发电机功率的降低。在超低温或低充电状态下，高电压蓄电池中的电流可以进行调整，以便保护高电压蓄电池。从扭矩设定点设置切换至电流设定点设置，以便对高电压蓄电池进行充电。如果高电压蓄电池出现电气故障，在高电压蓄电池打开它的接触器后，可以通过电机电子装置和高电压启动器电动发电机保持汽车高电压电气系统。此时，从扭矩设定点设置切换至电压设定点设置。如果出现严重的电气故障，通过定子线圈的极短路将高电压启动器电动发电机置于安全状态。高电压电气系统在这种条件下没有高电压供给。但是，高电压启动器电动发电机产生一个特定的扭矩电阻，该电阻在速度增加时减小。当高电压启动器电动发电机达到 2500r/min 时对应的发动机转速为 970r/min 左右，负扭矩大概为 4N·m。

2. 技术数据

高电压启动器电动发电机的性能数据汇总如表 5-59 所示。

表 5-59

变量	单位	数值
供应商	—	Delphi
最大供给电压	V	390
峰值功率（最高 30s）	kW	15
持续输出	kW	8
转速（最大）	r/min	18000
电动机（最大）扭矩（最高 1s）	N·m	60
重量	kg	10.22

表中所列的高电压启动器电动发电机的数据代表的是最大可能值。在正常操作条件下，高电压启动器电动机产生的最大持续功率为 8kW，最频繁的转速工作范围为 2300~10000r/min。

3. 安装位置

高电压启动器电动发电机安装在 F49 PHEV 发动机舱内前端传统交流发电机的位置。F49 PHEV 高电压启动器电动发电机安装位置如图 5-509 所示。

图 5-509

4.设计

F49 PHEV 中的高电压启动器电动发电机是一种同步电机。该装置的一般结构和操作原理与带有内部转子的永久励磁同步电机相对应。转子安装在内部，并配备永磁体。定子为环形，位于转子外部，环绕转子。它的形状为穿通三相线圈的铁芯。如果向定子应用一个三相交流电压，定子线圈产生一个旋转的磁场，旋转磁场"牵拉"转子内的磁体。在这种情况下，高电压启动器电动发电机发挥电动机的功能，通过提供附加扭矩辅助发动机（eBOOST 功能）。在充电模式中，旋转的转子产生改性磁场，从而在定子线圈中产生交流电压，高电压启动器电动发电机的连接如图 5-510 和图 5-511 所示。

1.冷却液线路的接口　2.高电压接口　3.低压接口（信号线路）
4.皮带轮

图 5-510

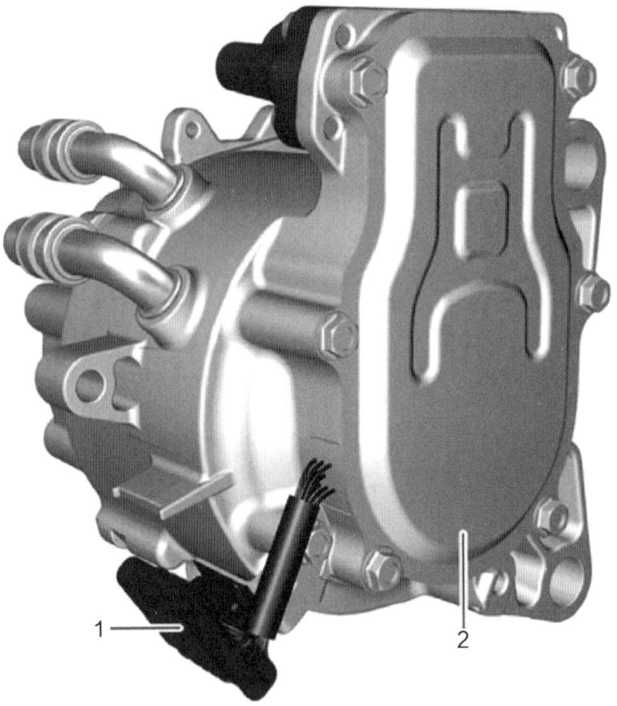

1.低压接口（信号线路）　2.盖罩

图 5-511

传感器：

高电压启动器电动发电机的传感器通过 EME 进行读取和评估。

①温度传感器。

为了避免温度过高损害组件，高电压启动器电动发电机内配备了一个温度传感器。温度传感器是一个负温度系数的热变电阻，位于定子线圈。转子的温度未直接测量，但是可以通过定子内温度传感器的测量数值进行判定。信号同样由 EME 读取和评估。如果出现故障，影响高电压启动器电动发电机性能的情景有下述两种：

- 如果温度传感器提供一项不真实的数值，高电压启动器电动发电机的功率被缩减至 8kW。这样做的

目的旨在防止温度进一步增加，此外还出现一个带有功率缩减说明的检查控制信息

· 如果温度进一步升高或传感器信号故障，高电压启动器电动发电机被置于安全状态（主动短路），汽车进入应急操作。此外，还出现检查控制信息：无法启动发动机。温度传感器在维修中不得单独替换

②转子位置传感器。

为了确保定子线圈的定压可以进行精确计算，并且 EME 可以根据振幅和相位产生电压，必须知道转子的精确设置角度。因此，高电压启动器电动发电机中配备了一个转子位置传感器。转子位子传感器固定在高电压启动电动发电机的定子上，根据倾斜传感器原理进行工作。转子位置传感器中有 3 个线圈。其他两个线圈各移动 90°。这些线圈中产生的电压可以提供转子角度设置相关的信息。转子位置传感器由高电压启动器电动发电机的制造商安装在相应线列，确保其可以时刻进行精确调整。如果传感器信号在发动机运行过程中出现故障，高电压启动器电动发电机切换至应急操作。这样可以使汽车行驶至最近的宝马维修站。在这种紧急操作中，一旦发动机熄火将无法再次启动。如果传感器信号在发动机静止状态下出现故障，高电压启动器电动发电机切换至安全状态（主动短路），无法启动发动机。如果出现这种状况，汽车只能通过后桥的电机进行驱动。在前述两种情况下，相应的检查控制信息通过组合仪表显示。转子位置传感器在维修中不得单独替换。

5.外部接口和驱动

（1）机械接口

F49 安装和高电压启动器电动发电机的皮带驱动如图 5-512 所示。

1.冷却液泵皮带轮　2.驱动皮带　3.皮带摆动张紧装置　4.高电压启动电动发电机　5.皮带轮，曲柄轴

图 5-512

高电压启动器电动发电机固定在 B38 发动机内，与曲柄轴呈轴向平行，并且与辅助组件的皮带驱动装置集成为一体。高电压启动器电动机通过组件托架中的两个螺丝安装在高电压启动器电动发电机上。为了确保皮带在机动和发电机模式下可以正确地张紧，配备了一个摆动皮带张紧器。这种装置直接固定在高电压启动器电动发电机上。高电压启动器电动发电机的皮带电压高于常规皮带驱动的电压。因此，在对皮带传动装置进行维修时应特别注意。更换皮带时需要一种断开工具。

（2）高电压接口

高电压接口设计为三相交流接口。相关高电压接头通过两个螺丝与接口连接，并防止电极出现反转。高电压启动器电动发电机中的高电压接头不属于高电压连锁回路的一部分。这就意味着高电压启动器电动发电机在高电压接头被拔出后仍然可以产生高电压。在高电压接头拔出后对高电压启动器电动发电机进行操作时，必须避免作为高电压启动器电动发电机运行，因为该装置同样会产生危险的高电压。

6.冷却

高电压启动器电动发电机的设计工作温度较大。为了在高温条件下保护高电压启动器电动发电机，该装

置与低温冷却电路集成为一体。在不利条件下，壳罩可以达到的最高温度为105℃左右。同时，高电压启动器电动发电机与高电压组件的低温冷却液电路集成为一体。因为发动机附近存在附加热负荷，因此配备不受热吸收影响的一个较小低温冷却液电路。高电压启动器电动发电机通过低温冷却液电路进行冷却。F49 PHEV高电压组件的低温冷却液回路如图5-513所示。

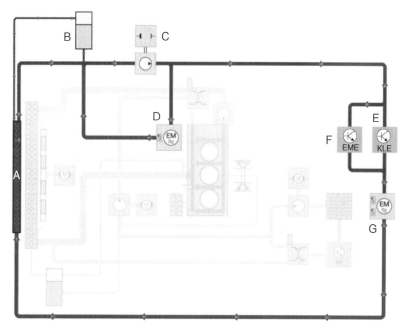

A.冷却液/空气热交换器（高电压组件的冷却液回路）　B.冷却液膨胀箱（高电压组件的冷却液回路）　C.80W电动冷却液泵（高电压组件的冷却液回路）　D.高电压启动器电动发电机（HV-SGR）　E.便捷充电电子装置KLE　F.电机电子装置（EME）　G.电机（EM）

图5-513

伤害危险：高电压组件壳罩在驾驶过程中可以达到105℃。如果需要 进行维修，应等待足够长的时间进行冷却。

（七）便捷充电模块

1.介绍

便捷充电电子装置KLE建立了汽车和充电站之间的沟通。KLE控制单元通过终端30F供给电压。连接充电电缆时，便捷充电电子装置同样唤醒高电压蓄电池需要的汽车电气系统中的部分控制单元。便捷充电电子装置将交流充电电压转换成直流电压，转换效率为95%，并传送至EME，EME对高电压蓄电池单元进行充电。在前述充电效率条件下（同时取决于温度条件），充电功率在最大3.7kW AC时（比如，通过Wallbox充电），可以为高电压蓄电池输送3.5kW DC的充电功率。便捷充电电子装置同时还具备高电压分配器的功能，为电气加热装置和电动空调压缩机供电。F49 PHEV中配备改装软件的便捷充电电子装置属于F15 PHEV已安装组件的通用零件。便捷充电电子装置的重量为5.5kg。便捷充电电子装置属于高电压组件，每个高电压组件的壳罩或壳上粘贴一个警示标签，让检修人员及汽车使用人员可以直观地识别高电压电流可能引发的危害。只有符合所有条件要求的检修人员方可对指定高电压组件进行检修：合理的资质，符合安全规则，符合维修说明规定的程序。出于高电压安全考虑，便捷充电电子装置不得打开或拆卸。

2.接口

便捷充电电子装置的接口如图5-514所示。

F49 PHEV便捷充电电子装置的输入/输出如图5-515所示。

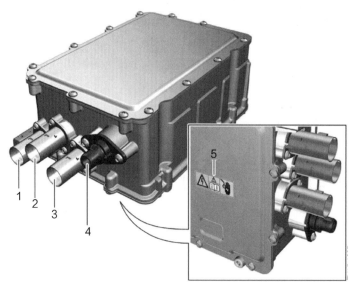

1.电机电子装置的高电压接口　2.电动空调压缩机的高电压接口　3.电气加热装置的高电压接口　4.冷却液接口（回路）　5.高电压组件警示标签

图 5-514

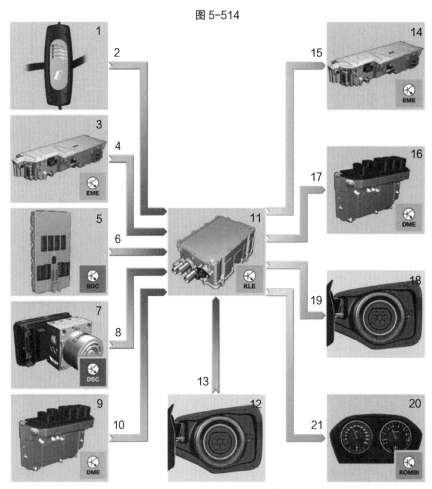

1.电动汽车供电设备（EVSE）　2.交流电压网络是否可用、充电电缆是否正确连接以及最大可用电流等级等信息　3.电机电子装置（EME）　4.所需的充电功率、充电电压和充电电流等级（设定值）　5.车身域控制器（BDC）　6.终端状态，驾驶准备就绪关闭　7.动态稳定控制系统DSC　8.车速　9.数字式电动机电子装置DME　10.驻车器状态　11.便捷充电电子装置　12.车上的充电插座　13.充电插座盖板及充电插头的状态　14.电机电子装置（EME）　15.设定充电功率的实际值、充电电压和充电电流的等级、放电　16.数字式电动机电子装置DME　17.充电电缆是否连接及充电程序是否启用相关的信息　18.充电插座　19.定位器照明LED和充电状态显示启用、充电插头锁的启用　20.组合仪表　21.充电信息显示相关的信号

图 5-515

3. 任务

便捷充电电子装置的主要功能是：

· 通过控制线路和充电插头检测线路与 EVSE 进行通信

· 启用充电状态显示 LED

· 检测充电插座盖板的状态

· 启用锁定充电插头的电机

· 为电热系统提供高电压电力

· 为电气空调压缩机提供高电压

· 将交流电压转换成滞留电压（AC/DC 转换器）

4. 便捷充电电子装置中的电力电子装置

电力电子装置为高电压蓄电池单元将交流电压转换成直流电压，该装置封装在便捷充电电子装置内。交流电压以单相电源的形式为便捷充电电子装置供电。输入电压（可以通过便捷充电电子装置处理）的范围为 100~240V，50Hz 或 60 Hz。输出侧与输入侧相独立，便捷充电电子装置提供一种电子可调直流电压或电子可调直流电流。输出电压和输出电流的功能参数源自 EME 控制单元中的"高电压电力管理"功能。相关数值通过 EME 进行计算和调整，确保高电压蓄电池单元进行优化充电，并确保为 F49 PHEV 中的其他用电装置提供充足的电能。电力电子装置模块是一个单项 AC/DC 转换器，即整流器。便捷充电电子装置的设计确保它们可以在输出侧提供 3.5kW 的最大电动功率。

5. 冷却

便捷充电电子装置通过低温冷却液电路冷却。便捷充电电子装置（KLE）冷却液入口处的分支法兰将对与电机连接的冷却液电路进行划分，并在冷却液出口处引导至位于便捷充电电子装置中的另一个分支法兰。F49 PHEV 高电压组件的低温冷却液回路如图 5-516 所示。

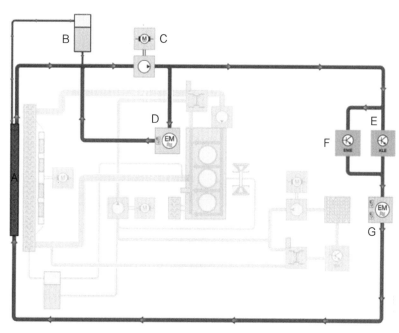

A.冷却液/空气热交换器（高电压组件的冷却液回路）　B.冷却液膨胀箱（高电压组件的冷却液回路）　C.80W电动冷却液泵（高电压组件的冷却液回路）　D.高电压启动器电动发电机（HV-SGR）　E.便捷充电电子装置KLE　F.电机电子装置（EME）　G.电机（EM）

图 5-516

（八）高压蓄电池单元

高电压蓄电池单元由布置在同一层的 11 个电池模块构成。每个模块由 14 个锂离子电池及其他部件构成，锂离子电池标称电压为 3.6V，最小容量为 26.5 Ah。I01、I12 或 F15 PHEV 的高电压蓄电池中的锂离子电池以串联的形式布置，而 F49 PHEV 的一个模块中的 14 个锂离子电池按照 2P7S 的形式布置。这就意味着每两块电池以并联的形式形成一组，7 组电池在模块中以串联的形式布置。因此可以提供 277.2 V 的合计标称电压，标称容量为 53Ah。每个独立模块的标称电压为 25.2 V，这种电压远远低于 60V 的危险直流电压。但是，根据充电状态不同，高电压蓄电池的实际电压将会出现变化。蓄电池可以存储的能量为 14.7kWh，仅有 70% 可用，因此可以输出的能量为 10.7kWh。F49 PHEV 中的高电压蓄电池单元是第三代产品，与 F15 PHEV 中安装的高电压蓄电池单元相同。职工具备合理资质并经过培训后，在维修中也可以拆除第 3 代高电压蓄电池；独立的组件（比如蓄电池管理电子装置、S 盒、电池监控电路或电池模块）可以进行更换。F49 PHEV 高电压蓄电池单元的结构如图 5-517 所示。

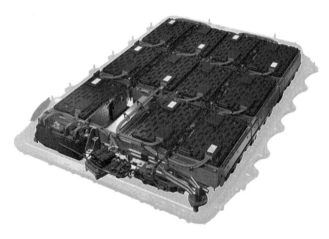

图 5-517

高电压蓄电池单元属于一种高电压组件。每个高电压组件的壳罩或壳上粘贴一个警示标签，让检修人员及汽车使用人员可以直观地识别高电压电流可能引发的危害。只有符合所有条件要求的检修人员方可对指定高电压组件进行检修：合理的资质，符合安全规则，符合维修说明规定的程序。

（九）高电压蓄电池单元的充电

1. 一般充电信息

（1）介绍

电动汽车的"充电"程序相当于常规驱动汽车的"加油"程序。在本节中"充电"是指：

· 为汽车中的高电压蓄电池单元充电

· 汽车静止（并非通过制动能量再生）

· 通过电能进行充电

· 通过汽车外部的交流电压网络提供电能

· 电能通过充电电缆输送至汽车

使用充电电缆时，充电程序又被称为传导充电（接通电网）。

充电程序涉及汽车的内部和外部组件。电压转换涉及汽车的充电插座和电力电子装置。除了交流电压网络及充电电缆外，还需要一个可以发挥保护和控制功能的汽车外部装置。这种装置叫作"电动汽车供电设备（EVSE）"，属于标配装置，当前正在研发中。电动汽车供电设备（EVSE）可以与充电电缆集成为一体，或者作为公共固定充电站或家用 Wallbox 的一个元件。EVSE 建立了与交流电压网络之间的沟通，并且可以满足汽车充电时的电力安全要求，此外还可以通过控制线路建立与汽车的沟通。通过这种布置，可以安全地启动充电程序，并更换汽车和 EVSE 之间的充电参数（比如，最大电流等级）。交流电压网络的电压范围为 100~240V。交流电压通过单相电源输送至汽车。交流电压网络侧可以实现的最大理论充电功率为 $P_{max}=U_{max} \times I_{max} =230V \times 16A =3.7kW$。宝马维修站职工在充电时必须遵守下述安全规则：高电压蓄电池单元进行充电时禁止给车辆加油！接通充电电缆后不得启动加油程序，应确保与易燃材料的充分安全距离。否则，如果充电电缆不当连接或断开可能造成人员受伤和财产损失，比如燃油。F49 PHEV 与交流电压网络连接进行充电时不得对高电压系统进行任何操作。冷却液泵及电扇在对高电压蓄电池单元充电时可以自动开启。因此,当F49 PHEV接通充电电缆后,不得对电机和高电压蓄电池单元的冷却系统及电扇进行操作。充电电缆、电动汽车供电设备、家用插座或充电站相关的操作只可由具备资格的电气专业人员执行,而非宝马售后服务人员。

（2）充电方案概览

F49 PHEV的高电压蓄电池单元一般只能通过交流电（交流充电）以3.7kW的最大充电功率进行充电,如表5-60所示。F49 PHEV高电压蓄电池单元的充电方案通常根据国家的充电基础设施确定。充电功率及充电时间通常与电源功率相关,而非用来为高电压蓄电池单元充电的充电功率。充电功率通常低于可用的电源功率。

表5-60

国家	充电功率	充电时间	接头（类别）	充电附件
中国	单相, 3.7kW AC	~5.67h（1.8kW） ~2.75h（3.7kW）	CN型	充电电缆1.8kW 交流充电站3.7kW

（3）电动汽车供电设备

EVSE建立了与交流电压网络之间的沟通,并且可以满足汽车充电时的电力安全要求,此外还可以通过控制线路建立与汽车的沟通。通过这种布置,可以安全地启动充电程序,并更换汽车和EVSE之间的充电参数（比如,最大电流等级）。EVSE可以与充电电缆集成为一体（移动组合）,或者作为公共固定充电站或家用Wallbox的一个元件。在前述两种方案中,EVSE含有下述子组件:

· 漏电保护继电器（FI）
· 显示AC电压网络是否接通以及是否可用
· 相位（L1）和中性导体（N）的断开开关
· 产生控制信号的电子开关
· 连续保护接地（PE）

①移动组合。

该版本与充电电缆集成为一体,是移动使用的ICCPD（电缆内控制和保护装置）或"电缆盒"的指定标准。该组合的体积和重量较低,充电装置和EVSE随车携带简便。F49 PHEV移动用EVSE如图5-518所示。

当典型家用电源插座用于EVSE及AC电源网络之间的连接时,禁止采用最大电流等级进行充电。关于装有集成式EVSE的充电电缆的操作和使用,请咨询相关制造商的操作说明。宝马维修站的员工不得对充电电缆或EVSE进行维护或检修。如果充电电缆或

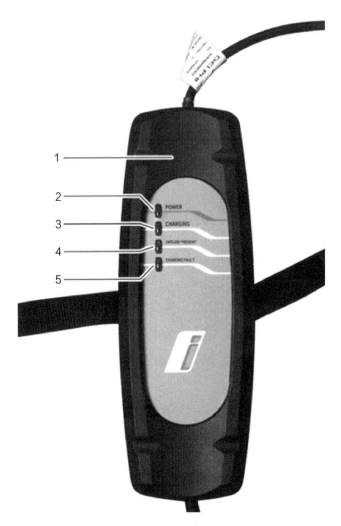

1.宝马移动EVSE 2.电源可用性显示（黄） 3.充电显示（绿）
4.接地显示（黄） 5.充电中故障显示（红）
图5-518

EVSE 出现缺陷或故障，必须联系制造商。

②永久充电站。

这种电动汽车供电设备版本安装时必须产生永久的占地和电气要求，比如家中或客户的车库。这种充电站也可以在公共区域建立，比如停车场。永久充电站的安装、维护和检修必须由具备资格的电气专业人员执行。宝马维修站的员工未获授权执行此项任务。

③交流充电站。

交流充电站可以通过单相（全球）、双相（美国）或三相（主要是德国）电源与建立交流电源网络与需要进行充电的汽车之间的连接，但是，汽车通常设计为单相供电。与移动解决方案相比，通过该项充电方案可以实现 32A 的最大电流等级或 7.4kW 的最大充电功率。但是，最大值仍然取决于安装现场电气线路的横截面积。电气专业人员根据线路横截面积安装充电站，确保通过控制信号将各自的最大电流等级输送至汽车。F49 PHEV 的便捷充电电子装置通常仅支持 3.7kW 最大功率的充电。控制线路及接近（充电插头检测）电阻器执行的通信可以避免充电时超出规定电流等级。

如图 5-519 和图 5-520 描述了国家电网的交流充电站以及充电电缆中的恰当接头。

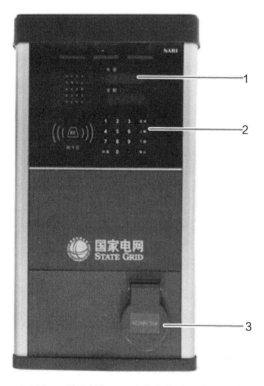

1.显示屏　2.输入按钮　3.连接充电站和充电电缆的盖子和套管

图 5-519

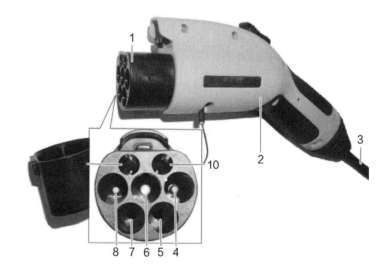

1.机械导座/接头壳罩　2.手柄/接头壳罩　3.充电电缆　4.中性导线接口
5.相位L3的接口（F49 PHEV中未使用）　6.PE导线的接口　7.相位L2
的接口（F49 PHEV中未使用）　8.相位L1的接口　9.接近线路的接口
10.控制线路的接口

图 5-520

其他制造商或其他国家版本的交流充电站可能与此图存在区别。

2. 通过 AC 电压充电

虽然 F49 PHEV 的高电压蓄电池单元也可以通过电机的能量回收进行部分充电，当 F49 PHEV 与当地供电公司的交流电压网络连接时将执行"正常"充电程序。AC 电压网络输出能量并向 F49 PHEV 的高电压电气系统输入直流电压。F49 PHEV 可以与交流充电站相连或通过"电缆盒"充电。这种充电方案的优势是在为高电压蓄电池单元充电时，充电电缆可以与带有保护接点的任何典型家用电源插座相连。最大充电电流下，不执行充电程序。在开始阶段通过恒定的电流进行充电。临近结束时切换至恒定电压进行充电。因此，实际充电时间增加，蓄电池组电池的使用寿命也被延长。如果 F49 PHEV 与交流充电站连接，最大可能的充电功率为 3.7kW 左右。交流充电站必须根据这一参数进行设计。

（1）系统电路图

F49 PHEV 3.7kW 交流充电系统电路图如图 5-521 所示。

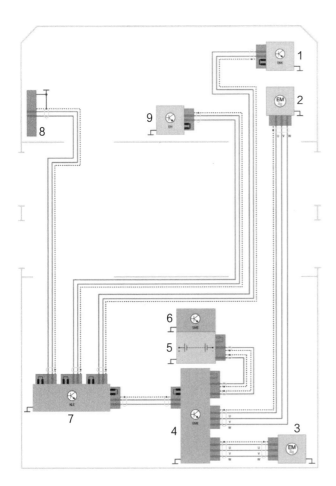

1.电动空调压缩机（EKK）　2.高电压启动器电动发电机（HV-SGR）　3.电机（EM）　4.电机电子装置（EME）　5.高电压蓄电池单元　6.蓄电池管理电子装置（SME）　7.便捷充电电子装置 KLE　8.车上的充电插座　9.电气加热装置 EH

图 5-521

（2）充电电缆

带集成式电动汽车供电设备的充电电缆版本如图 5-522 所示。

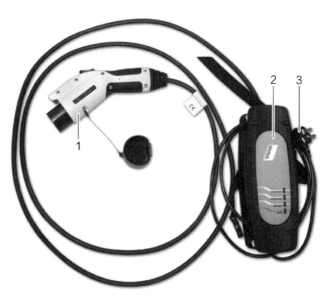

1.连接汽车接口的接头　2.电动汽车用电设备（集成式，被称作"电缆盒"）　3.连接典型家用电源插座的接头

图 5-522

充电电缆用来连接下述组件：

· 与带有保护接点的典型家用电源插座连接的国家版专用接口

· 具体国别市场接头与"电缆盒"之间连接插头

· "电缆盒"（EVSE）

· "电缆盒"与汽车接口接头之间的连接插头

· 与汽车接口相连的接头

充电电缆属于 AC 电压网络和汽车高电压直流系统之间的电气连接装置。AC 电压侧的连接装置为带有保护接点的典型家用电源插座，该装置不含 EVSE。开关和 EVSE 功能在这种情况下与充电电缆集成为一体。这种配置被称为"电缆盒"。F49 PHEV 的充电电缆通常设计为单相供电，与汽车上的充电插座（相位 L1 和中性导线 N）相符，并且通常包含保护接地 PE 以及控制线路和充电插头检测线路。插头的设计确保第一时间在带有保护接点的情况下进行连接。该装置通过保护接地装置进行接地。充电电缆可以存放在行李箱的充电电缆区。宝马维修站的员工不得对充电电缆或 EVSE 进行维护或检修。如果充电电缆或 EVSE 出现缺陷或故障，必须联系制造商。F49 PHEV 电流等级设置菜单如图 5-523 所示。

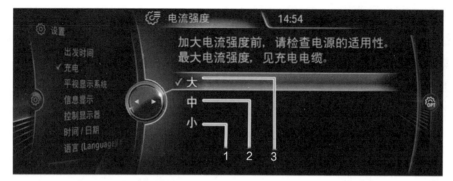

1. "小"充电电流，约50%许可电流等级（通过充电插头检测线路传送信息），最小电流为6A。 2. "中"充电电流，75%许可电流等级（通过充电插头检测线路传送信息），最小电流为6A。 3. "大"充电电流，100%许可电流等级（通过充电插头检测线路传送信息）

图 5-523

使用插座上的标准充电电缆进行充电时，可以通过汽车上的"设置"按钮设置最大电流等级。如果电源插座的最大许可电流等级不足或未知，建议将电流等级调整至"中"或"低"。在维护过程中如果更改了客户设定的电流等级，必须确保在将汽车交付至客户前进行重置。否则，可能导致客户的私人家用电源超载，并且可能客户将保险丝动作误判为汽车的故障。汽车移交前必须重置客户设置的最大充电电流。

（3）对高电压蓄电池单元进行充电时保修遵守哪些原则？

禁止在高电压蓄电池单元充电时给车辆加油！接通充电电缆后不得启动加油程序，应确保与易燃材料的充分安全距离。否则，如果充电电缆不当连接或断开可能造成人员受伤和财产损失，比如燃油。通过典型家用电源插座对高电压蓄电池单元充电会对电源插座产生其他家用电器不会产生的持续高负荷，因此，必须遵守下述说明：

· 不得使用适配器或外接电缆

· 首先连接 EVSE 和家用插座，然后连接汽车上的插座

· 充电完成后，首先拔出汽车上的充电插头，然后拔出墙上的插头

· 充电电缆和电源插座应避免发出有害负荷与机械负荷

· 不得将充电插头插入受损的插座

· 不得使用受损的充电电缆

· 充电插头和充电电缆在进行高电压蓄电池单元充电时会出现发热现象。如果此类组件过热，则表示充电插座不适合进行充电或者充电电缆受损。应当立即停止充电，请电气专业人员检查电源插座及充电电缆

· 如果出现重复充电故障或连接断开，请联系具备合理资格的维修员工

· 插座必须配备防潮和天气保护设施

· 手指或肢体不得碰触接头的连接区域

· 不得私自修理或更改充电电缆

· 进行清理前，请拔出两段电缆。切勿浸入液体中

· 不得在充电时洗车

· 充电插座必须由电气专业人员进行检查后方可使用

· 如果不熟悉 / 不了解充电基础设施 / 电源插座的情况，必须遵守使用说明。将充电电流设定为"小"

（4）车上的充电插座

F49 PHEV 上的充电插座位于前壁板左侧。充电插座盖板通过电机加锁和解锁。该电机的驱动操作通过便捷充电电子装置控制。充电插座只有在变速杆位于 P 挡位并且汽车中央锁定系统解锁的状态下方可打开。盖板解锁后，按下充电插座盖后即可打开。充电插座盖板及接头的布置图如图 5-524 所示。

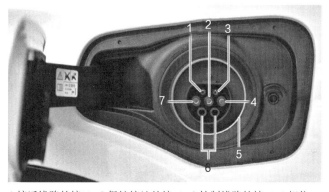

1.接近线路的接口 2.保护接地的接口 3.控制线路的接口 4.相位L1的接口 5.定位器照明/状态照明 6.闲置接口 7.中性导线N的接口

图 5-524

充电插座的高电压电缆与便捷充电电子装置相连。相位 L1 和中性导线 N 设计为屏蔽高电压电缆，通过的高电压圆接头在便捷充电电子装置交流连接上进行终接。控制线路及充电插头检测线路（接近线路）属于简单的信号线路。这些信号线路同样进行屏蔽，并通过插头适配器在便捷充电电子装置的一个接头上进行终接。保护接地与地面进行电气连接，位于充电插座的附近位置。通过这种方式进行接地。对于 F49 PHEV，只要汽车锁闭，接头将一直保持锁闭状态。围绕汽车上的充电插座有一个环形光纤导线，该导线用来显示充电状态。光纤导线通过 RGB LED 点亮，而 RGB LED 通过便捷充电电子装置控制。汽车上的充电插座必须连同高电压电缆一并更换。

（5）便捷充电电子装置

便捷充电电子装置的接口如图 5-525 和图 5-526 所示。

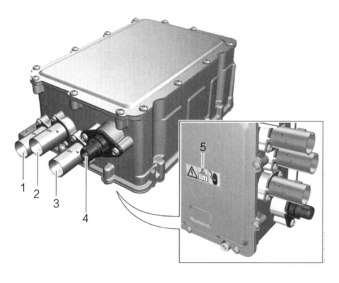

1.电机电子装置的高电压接口 2.电动空调压缩机的高电压接口 3.电气加热装置的高电压接口 4.冷却液接口（回路） 5.高电压组件警示标签

图 5-525

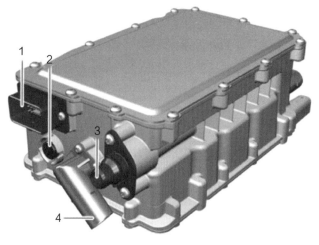

1.低压接口/信号接口 2.通风口 3.冷却液接口（供给） 4.充电接头插座的接口

图 5-526

便捷充电电子装置属于高电压组件。每个高电压组件的壳罩或壳上粘贴一个警示标签，让检修人员及汽车使用人员可以直观地识别高电压电流可能引发的危害。只有符合所有条件要求的检修人员方可对指定高电压组件进行检修：合理的资质，符合安全规则，符合维修说明规定的程序。出于高电压安全考虑，便捷充电电子装置不得打开或拆卸。便捷充电电子装置 KLE 建立了汽车和充电站之间的沟通。KLE 控制单元通过终端 30F 供给电压。连接充电电缆时，便捷充电电子装置同样唤醒高电压蓄电池需要的汽车电气系统中的部分控制单元。便捷充电电子装置将交流充电电压转换成直流电压，转换效率为 95%，并传送至 EME，EME 对高电压蓄电池单元进行充电。在前述充电效率条件下（同时取决于温度条件），充电功率在最大 3.7kW AC 时（比如，通过 Wallbox 充电），可以为高电压蓄电池输送 3.5kW DC 的充电功率。便捷充电电子装置同时还具备高电压分配器的功能，为电气加热装置和电动空调压缩机供电。F49 PHEV 中配备改装软件的便捷充电电子装置属于 F15 PHEV 已安装组件的通用零件。便捷充电电子装置的重量为 5.5kg。便捷充电电子装置的主要功能是：

- 通过控制线路和充电插头检测线路与 EVSE 进行通信
- 启用充电状态显示 LED
- 检测充电插座盖板的状态
- 启用锁定充电插头的电动机
- 为电气加热装置提供高电压
- 为电气空调压缩机提供高电压
- 将交流电压转换成滞留电压（AC/DC 转换器）

F49 PHEV 便捷充电电子装置的输入 / 输出如图 5-527 所示。

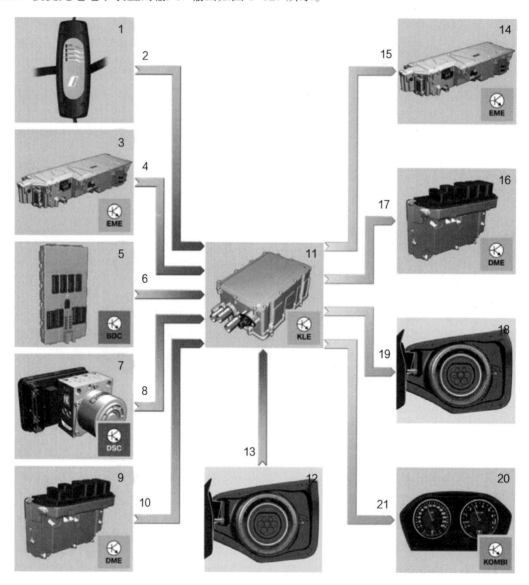

1.电动汽车供电设备（EVSE） 2.交流电压网络是否可用、充电电缆是否正确连接以及最大可用电流等级等信息 3.电机电子装置（EME） 4.所需的充电功率、充电电压和充电电流等级（设定值） 5.车身域控制器（BDC） 6.终端状态，驾驶准备就绪关闭 7.动态稳定控制系统DSC 8.车速 9.数字式电动机电子装置DME 10.驻车器状态 11.便捷充电电子装置 12.车上的充电插座 13.充电插座盖板及充电插头的状态 14.电机电子装置（EME） 15.设定充电功率的实际值、充电电压和充电电流的等级、放电 16.数字式电动机电子装置DME 17.充电电缆是否连接及充电程序是否启用相关的信息 18.充电插座 19.定位器照明LED和充电状态显示启用、充电插头锁的启用 20.组合仪表 21.充电信息显示相关的信号

图 5-527

①通过控制线路和充电插头检测线路与 EVSE 进行通信。

控制线路及充电插头检测线路属于简单的信号线路。这些信号线路均经过屏蔽，并在便捷充电电子装置中进行终接。通过充电插头检测线路可以检测识别汽车的充电插座中充电插头的连接状态，并可以判定充电电缆的最大载流能力。接近接口及 PE 导线之间的充电电缆的接头与一个欧姆电阻器相连。便捷充电电子装置发出一个测试电压，并计算充电插头检测线路中的电阻值。通过电阻值可以判定充电电缆允许的最大电流等级（与线路横截面有关）。判定和传输最大可用充电电流等级时需要用到控制线路。控制信号为双极性矩形信号（-12 ~ +12 V）。电压和工作周期用于 EVSE 与 F49 PHEV 之间不同状态的通信：

- 电动汽车充电准备就绪（是 / 否）
- 故障显示（是 / 否）
- 交流电压网络可以提供的最大充电电流
- 充电完成

②协调充电程序。

通过 EME 中的高电压电力管理对充电程序的启动和结束进行协调。客户在启动充电程序时应执行下述两项操作：

- 设定充电开始时间
- 连接充电电缆

F49 PHEV 充电启动设置菜单如图 5-528 所示。

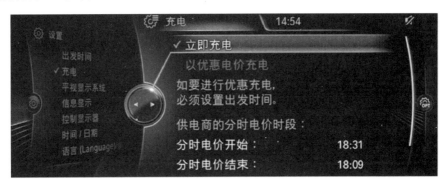

图 5-528

客户通过控制器和中央信息显示屏（CID）菜单设定和调整汽车充电的开始时间。客户可以选择在连接充电电缆或立即开始充电程序，或者指定充电程序的开始时间。当客户连接充电电缆与交流电压网络时，便捷充电电子装置唤醒汽车电子系统中的控制单元（若控制单元未被其他状况唤醒）。在该项操作中，便捷充电电子装置通过与 BDC 控制的单元直接相连的唤醒线路执行。之后，便捷充电电子装置检查充电的必备条件，并通过传动装置 CAN 接收相关安全条件的信息。此类检查操作汇总如下：

- 驾驶准备就绪关闭
- 驻车器启动
- 充电电缆连接（接近）
- EVSE 通信 OK（控制）
- 高电压系统启用且无故障

如果满足所有必要的充电条件，EME 中的高电压电力管理向便捷充电电子装置发出充电电力需求信号，然后启动充电程序。EME 控制单元不仅发送充电电力设定值信息，并且还指定最大充电电压和最大充电电流的极限值。此类数值根据高电压蓄电池单元的当前条件（比如充电状态和温度）及汽车其余电气系统的电力需求（比如空调）判定。EME 控制单元智能地实施此类设定值，比如，其不仅参考设定值，并且还参考其他边际条件。此类条件包括电机电子装置的实际状态（故障、温度）以及交流电源网络和充电电缆限制的电流等级。

只有在汽车（KLE）和 EVSE 通过控制线路成功建立通信后才为相位 L1 提供电压。这种配置进一步确保了客户和检修员工的安全，以免受到电击危害。

③启用充电状态显示 LED。

围绕汽车上的充电插座有一个环形光纤导线，该导线用来显示充电状态。光纤导线通过 RGB LED 点亮，而 RGB LED 通过便捷充电电子装置控制。

定位器照明：

在驾驶员连接或断开充电插头的操作中，充电插座的定位器照明装置起到导向作用。RGB LED 在充电插座盖板打开后即刻点亮呈白色。只要总线系统启用，定位器照明将保持点亮状态。充电插头正确连接并经过确认后，定位器照明关闭，显示初始化状态，如图 5-529 所示。

图 5-529

图 5-530

初始化：

充电插头正确连接后 0 ~ 3s 开始初始化。最长初始化时间为 10s。在此期间，RGB LED 闪烁显示黄灯，闪烁频率为 1Hz。初始化完成后，高电压蓄电池单元可以开始充电，如图 5-530 所示。

正在充电：

高电压蓄电池单元执行充电程序时，RGB LED 闪烁显示蓝灯，闪烁频率为 0.7Hz 左右。

定期充电：

当处于初始化顺利完成并在一定时间后启动充电（即，以优惠电价充电）状态时，显示定期充电或充电准备就绪。在这种情况下，RGB LED 点亮恒定显示蓝色，不闪烁，如图 5-531 所示。

充电完成：

图 5-531

图 5-532

RGB LED 显示绿色时表示高电压蓄电池单元"充满电"，如图 5-532 所示。

充电中的故障：

如果充电过程中出现故障，则 RGB LED 闪烁红灯。RGB LED 在 12s 时间内闪烁 3 次，频率为 0.5Hz，各组之间的时间间隔为 0.8s，如图 5-533 所示。

RGB LED 的显示功能在连接充电插头或解锁 / 锁定汽车 12s 后启用。如果汽车在这个过程中再次锁定 / 解锁，则需要再等 12s。

④打开充电插座盖板。

充电插座盖板通过中央锁定系统锁定。解锁后必须按下充电插座盖板，然后作用在推杆上，充电插座

盖板弹起。充电插座盖板内还安装了一个传感器（霍尔效应传感器）。霍尔效应传感器的状态可以提供关于充电插座盖板状态（打开 / 关闭）相关的信息。

⑤锁定充电插头。

对于 F49 PHEV 车型，只要汽车锁闭，接头将一直保持锁闭状态。充电插头的电气锁止器可防止充电插头在车辆锁闭时断开。如果出现电气故障（比如车辆锁闭故障），可以手动解锁充电插头。紧急断开电缆位于左前车轮拱罩的发动机舱内。推动按钮可解锁充电插头，如图 5-534 所示。

图 5-533

1.带充电接头紧急断开电缆（绿色）的按钮（蓝色）

图 5-534

（6）便捷充电电子装置中的电力电子装置

电力电子装置为高电压蓄电池单元将交流电压转换成直流电压，该装置封装在便捷充电电子装置内。交流电压以单相电源的形式为便捷充电电子装置供电。输入电压（可以通过便捷充电电子装置处理）的范围为 100~240V，50Hz 或 60Hz。电力电子装置模块是一个单项 AC/DC 转换器，即整流器。输出侧与输入侧相独立，便捷充电电子装置提供一种电子可调直流电压或电子可调直流电流。输出电压和输出电流的功能参数源自 EME 控制单元中的"高电压电力管理"功能。相关数值通过 EME 进行计算和调整，确保高电压蓄电池单元进行优化充电，并确保为 F49 PHEV 中的其他用电装置提供充足的电能。便捷充电电子装置的设计确保它们可以在输出侧提供 3.7kW 的最大电动功率。

（十）混合制动系统

行车制动和停车制动系统的结构和组件不仅在动态稳定控制系统（DSC）方面存在差别，在增加制动作用力的真空源方面也存在差别。

1.制动能量回收

混动汽车中，大多数的制动能量并非转换为无用的热能，而是转换成电流。这种电流临时存储在高电压蓄电池单元中，在后期可以根据需要输送至驱动系统。因此，F49 PHEV 中的制动作用力可以进行下述分类：

· 液压制动

· 再生制动

· 液压及再生组合制动

制动作用力的分布示意图如图 5-535 所示。

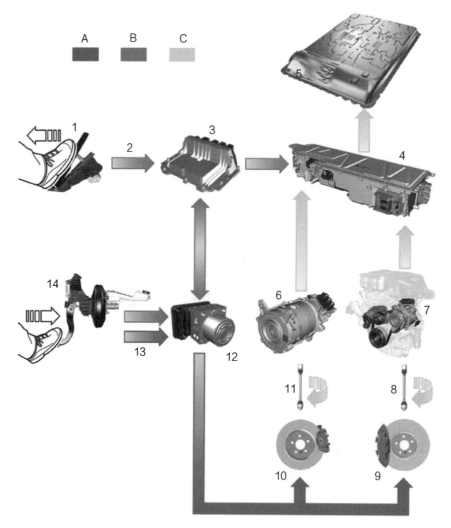

A.液压制动　B.信号路径　C.再生制动　1.加速踏板模块　2.带有加速踏板角度的数据记录　3.数字式电动机电子装置DME　4.电机电子装置（EME）　5.高电压蓄电池单元　6.电机　7.高电压启动器电动发电机　8.前桥上的再生制动扭矩　9.前轮液压制动　10.后轮液压制动　11.后桥上的再生制动扭矩　12.动态稳定控制系统 DSC　13.带有加速踏板角度的数据记录　14.制动踏板

图 5-535

判定再生制动等级主要有两个输入变量：加速踏板角度及刹车踏板角度。如果数字电机电子装置（DME）检测到加速踏板未按下，则要求电机电子装置（EME）在滑行模式下启用电机和高电压启动器电动发电机开始回收能量。如果驾驶员额外踩下制动踏板，动态稳定控制系统（DSC）通过制动踏板上的制动踏板传感器检测到预期的减速度，并将信息传送至数字电动机电子装置（DME）。DME 计算电机及高电压启动器电动发电机在预期减速度下的能量回收功率。在可能的情况下不使用车轮制动，直至达到 1.1 m/s² 的最大可能再生减速度。但是，制动片作用于制动盘可以减少间距（备用快速制动），并保持刹车盘的清洁。

2. 解耦车轮制动

动态稳定控制系统（DSC）中的改动用来解耦液压制动，从而启用再生制动实现能量回收。

（1）DSC 液压回路图

F49 PHEV 中 MK100 高端混动的 DSC 液压回路图如图 5-536 所示。

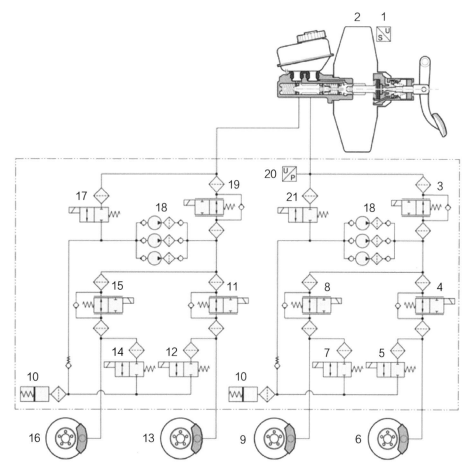

1.制动踏板行程传感器 2.制动助力器 3.分离器阀（制动回路 1） 4.进气阀（右前） 5.排气阀（左前） 6.车轮制动（右前） 7.排气阀（左后） 8.进气阀（左后） 9.车轮制动（左后） 10.低压蓄能器 11.排气阀（右后） 12.进气阀（右后） 13.车轮制动（右后） 14.排气阀（左前） 15.进气阀（左前） 16.车轮制动（左前） 17.切换阀（制动回路 2） 18.6活塞液压泵 19.分离器阀（制动回路 2） 20.制动压力传感器 21.切换阀（制动回路 1）

图 5-536

通过 F49 PHEV 的制动系统可以为再生制动提供更大的制动踏板行程。这种配置通过 DSC 液压控制单元中的智能功能序列启用。通过这种配置在再生制动中会有一种自然踏板的感觉，与常规汽车之间仅存在细微的差别。如果后桥电机离合器打开（>130km/h），滑行模式或制动过程中不存在通过电机提供的能量回收。在这种驾驶速度（>130km/h）条件下，制动产生的能量完全被抑制，滑行模式下只有通过高电压启动器电动发电机提供的能量回收。能量回收在低速行驶时同样会降低，因此，时速低于 10km/h 时完全通过液压进行制动。否则，电机会出现不规则减速，这种设置可以确保驾驶舒适性不受影响。在过渡阶段，再生制动功率降低，液压制动功率增加，以便确保平稳制动。再生制动的减少通过液压制动进行无缝补偿。如图 5-537 所示，以车轮制动为例描述了 DSC 液压控制单元在再生制动过程中的工作流程。红色箭头表示在相关制动状况中的主要功能。

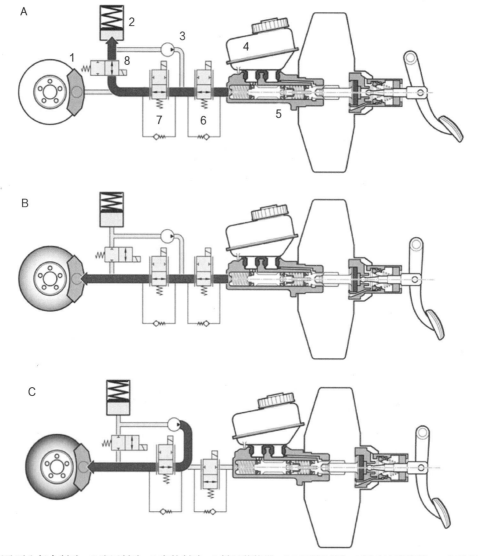

A.再生制动　B.液压及再生复合制动　C.液压制动　1.车轮制动　2.低压蓄能器　3.DSC液压泵　4.制动液膨胀箱　5.串联制动主缸　6.分离器阀　7.进气阀　8.排气阀

图 5-537

（2）DSC 液压功能

①情形 A：再生制动。

达到特定点前，制动踏板只能用来读取 DSC 控制单元发出的减速请求。制动液体积被串联制动主缸抑制，与 DSC 单元中的低压蓄能器集成为一体。排气阀打开。通过制动踏板行程传感器读取驾驶员的制动要求，并通过 DSC 控制单元计算转化成制动扭矩。该信息通过 FlexRay 数据总线传送至 DME。电机电子装置（EME）将制动扭矩输送至后桥上的电机和汽油发电机中的高电压启动器电动发电机。制动片和制动盘之间的间隙降至最小，确保制动片的灵巧动作。

②情形 B：液压和再生复合制动。

如果在再生（交流发电机）模式下达到最大制动功率，并且刹车踏板行程持续增加，则排气阀闭合，并且不对蓄积的液压进行检查。电机和液压制动的效果在这种情况下相互叠加。

③情形 C：抑制再生制动。

再生制动在这种情形下被液压制动取代。因此，活塞液压泵将低压蓄能器中收集的制动液输送至车轮制动，并确保压力蓄积与当前的减速要求相对应。该回路通过分离器阀闭合。如果驾驶员可以通过分离器阀上

682

的截止阀增加制动作用力。如果出现故障，再生制动效果立即终止，通过DSC单元中的活塞液压泵立即产生必要的制动压力。

④再生制动系统中的故障。

如果再生制动系统出现故障，则完全通过液压操作的车轮进行制动，驾驶员可以明显感觉到制动操作的减损现象，组合仪表显示对应的报警信息。

3. 真空供给

F49 PHEV中的真空系统如图5-538所示。

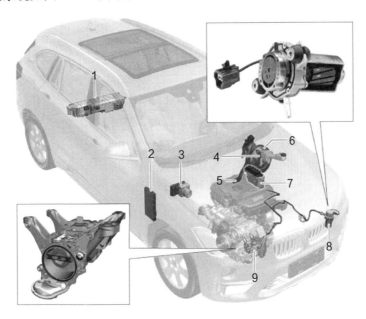

1.电机电子装置（EME） 2.车身域控制器（BDC） 3.动态稳定控制系统DSC 4.制动真空压力传感器 5.制动踏板 6.制动助力器 7.数字式电动机电子装置DME 8.电动真空泵 9.机械真空泵

图 5-538

为了确保制动伺服装置在制动过程中可以辅助驾驶员，需要配备充足的真空源。B38发动机通过机械真空泵产生必要的真空。因为在B38发动机停转的阶段仍需保障真空供给，所以真空系统通过电动真空泵进行增强。当真空系统中的真空值降至低于预定阈值时，电动真空泵被启用。真空数据通过制动伺服装置中的制动真空传感器进行记录，该装置在配备发动机自动启/停功能的汽车中已经有所了解。F49 PHEV中的真空源示意图如图5-539所示，F49 PHEV中制动真空源的信号形式如图5-540所示。

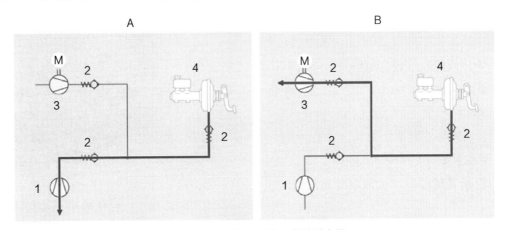

A.使用发动机驱动 B.电气驱动 1.机械真空泵 2.止回阀 3.电动真空泵 4.制动助力器

图 5-539

683

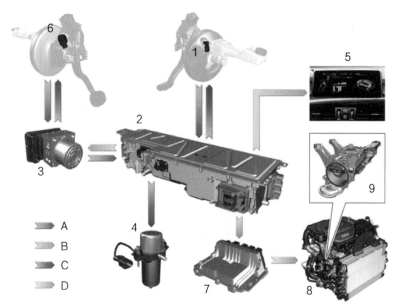

A.信息输入 B.信息输出 C.电压输出 D.发动机启动请求信号 1.制动真空压力传感器 2.电机电子装置（EME） 3.动态稳定控制系统 DSC 4.电动真空泵 5.中央数据显示屏 CID 6.制动踏板行程传感器 7.数字式电动机电子装置DME 8.汽油发动机（B38） 9.机械真空泵

图 5-540

电机电子装置（EME）是控制电动真空泵的中央控制单元。该装置为制动真空传感器供电并读取压力信号。如有必要，EME可以启用电动真空泵。达到规定的真空等级撤销电动真空泵启用。如果电动真空泵提供的真空压力不足，则通过DSC液压控制单元进行压力蓄积辅助提供制动动力。如果电动真空源出现故障，则禁止进行纯电力驾驶。如果出现这种状况，EME在踩下制动踏板后发送一个启动发动机的请求信号。汽油发动机打开后通过机械真空泵保障真空状态。通过中央数据显示屏（CID）告知驾驶员故障信息。

4. 维修说明

（1）制动踏板行程传感器

制动踏板角度传感器可以通过宝马诊断系统ISTA投入运行。该装置在执行下述任务后必须投入运行：

· DSC 控制单元编程

· 更换制动踏板角度传感器

· 更换 DSC 控制单元

（2）真空系统

宝马诊断系统功能包含各类不同的测试序列对电动真空源进行检查。本节中，应注意真空源是通过电机电子装置（EME）控制的。因此，故障排除路径如下：

· 1 级：驱动

· 2 级：混动汽车

· 3 级：电动机电子装置

· 4 级：真空系统

通过宝马诊断系统还可以读取电动真空泵的工作时间。

5. 车轮转速传感器

F49 PHEV 中的车轮轴承单元如图5-541所示。

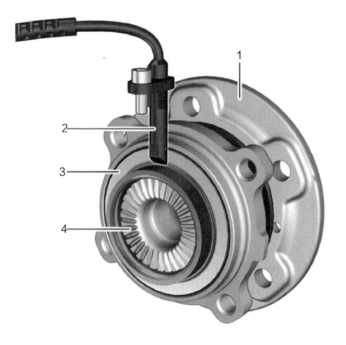

1.车轮轴承单元 2.车轮转速传感器 3.多极传感器齿轮 4.正齿轮传动装置

图 5-541

车轮转速传感器启用后可以采集多极传感器齿轮的转速及转向相关的信息。F49 PHEV 配备 SA：5DP。如图 5-542 显示的是带有转向检测的车轮速度传感器发出的信号。

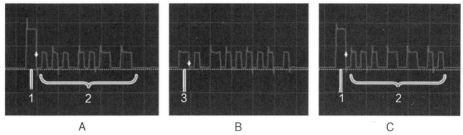

A.前进信号　B.车轮静止信号　C.倒车信号　1.车轮旋转信息　2.转向信息　3.车轮静止时的信息

图 5-542

为了正常发挥各自的功能，各类辅助系统均需提供车轮转速、车轮静止（如图 5-542 中 3）及转向（如图 5-542 中 2）相关的信息。这种信息从带有转向检测的车轮转速传感器通过数据记录（曼彻斯特编码）传送至 DSC 控制单元。车轮旋转信息（如图 5-542 中 1）通过 28mA 电流输出。转向相关的信息（如图 5-542 中 2）通过 14mA 电流输出。如果车轮静止（如图 5-542 中 3），28 mA 降至 14 mA。车轮转速通过"车轮转动"信号频率（如图 5-542 中 1）判定。动态稳定控制系统（DSC）根据车轮转速恒定计算当前的滑移曲线。滑移曲线是再生制动和液压制动的重要输入变量。转速相关的车轮角度及车轮转速信号的频率随着车轮尺寸而变化。如果前桥和后桥使用的车轮／轮胎组合的差别较大，禁止在极限条件下使用再生制动。为了避免汽车驾驶状况出现不稳定，存在已保存的滑移曲线的条件下不会执行再生制动。在这种情形中，完全由液压制动系统提供全部制动动力。如果使用未经审批的车轮／轮胎组合，禁止使用再生制动系统。

6. 系统电路图

F49 PHEV 中制动系统的系统电路图如图 5-543 所示。

（十一）汽车低压电气系统

1. 电源

F49 PHEV 的 12V 汽车电气系统与 F49 的能源电气系统基本相同。主要差别是本系统不再需要通过交流发电机供电，而是通过高电压电气系统供电。高电压蓄电池单元的高电压通过电机电子装置（EME）中的 DC/DC 转换器被转换成较低的电压(约 14V)。因此，

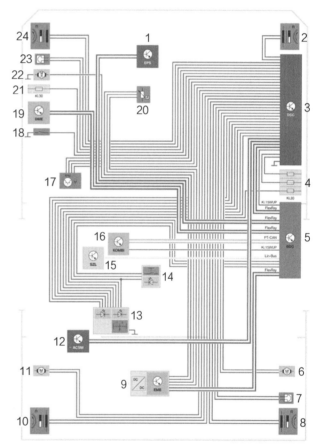

1.电子动力转向（机电动力转向）EPS　2.车轮转速传感器，右前　3.动态稳定控制系统（DSC）　4.右前供电配电盒　5.车身域控制器（BDC）　6.执行机构，右后电子停车制动　7.制动片磨损传感器，后　8.车轮转速传感器，右后　9.电机电子装置（EME）　10.车轮转速传感器，左后　11.执行机构，电子停车制动，左后　12.碰撞安全模块（ACSM）　13.电子停车制动按钮　14.用于动态稳定控制系统（DSC）的按钮　15.转向柱开关中心（SZL）　16.组合仪表 KOMBI　17.加速踏板模块　18.制动灯开关　19.数字式电动机电子装置 DME　20.制动真空压力传感器　21.配电箱，发动机舱　22.电动真空泵　23.制动片磨损传感器，前　24.车轮转速传感器，左前

图 5-543

685

12V 汽车电气系统的电源不再取决于驾驶时的发动机的转速。高电压启动器电动发电机产生汽车低压电气系统所需的能量，并通过高电压蓄电池和电机电子装置中的 DC/DC 转换器为其间接供电。

F49 PHEV 12V 电源系统电路图如图 5-544 所示。

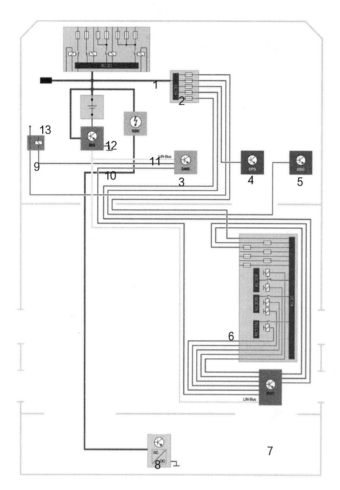

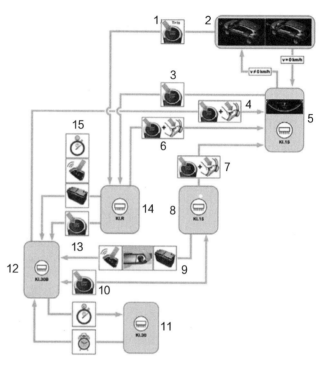

1.配电模块（PDM）　2.蓄电池配电箱　3.电机电子装置（DME）4.电动转向（EPS）　5.动态稳定控制系统（DSC）　6.配电箱，乘客舱　7.车身域控制器（BDC）　8.带 DC/DC 转换器的电机电子装置（EME）9.电扇继电器　10.蓄电池智能传感器　11.安全蓄电池接线柱　12.12V 汽车蓄电池　13.跳线跨接启动端点

图 5-544

1.保持按下启/停按钮，终端状态从终端15变为终端 R（4s内按下3次启/停按钮也可以发挥该功能）　2.通过发动机或电机驾驶　3.按下启/停按钮，终端状态从终端15变为终端 R　4.同时按下启/停按钮和制动踏板时，启用驾驶准备（启动或不启动发动机）　5.含已启用的终端15的驾驶准备　6.同时按下启/停按钮和制动踏板时，启用驾驶准备（启动或不启动发动机，通过终端 R 启动）7.同时按下启/停按钮和制动踏板时，启用驾驶准备（启动或不启动发动机）（通过终端15启动）　8.终端15（仍未驾驶准备）9.汽车锁定后，终端15关闭，汽车蓄电池充电状态过低，或驾驶室车门或驾驶座安全带打开，前提是终端15未配备关闭禁止器10.按下启/停按钮，终端状态在终端15和终端30B 之间转换　11.终端30　12.终端30B　13.按下启/停按钮时，终端状态从终端 R 变为终端30B　14.终端 R　15.如果按下时间超过8min、汽车已经锁闭，或汽车蓄电池的充电状态过低，从终端 R 变为终端30B

图 5-545

2.驾驶准备的终端控制

F49 PHEV 驾驶视角的终端控制如图5-545所示。

同时按下制动踏板及启 / 停按钮时启用第一个驾驶准备。此时通过每个终端状态启用驾驶准备（终端30B、终端 R 和终端15）。驾驶准备启用后，发动机转速指针的位置从刻有"关闭"的静止位置移动至超过"准备"的区域，为驾驶员提供指示性信息。进入"驾驶准备"状态（"准备"刻度）后，根据所需的扭矩，汽车可以在纯电力驱动后发动机驱动的状态下启动。与配备单一发动机传动单元的传统汽车相比，混动汽车的驾驶准备在运行发动机时无法确认。不启动发动机（被称之为"无声启动"）的必要条件是：高电压蓄电池单元充分充电，发动机处于工作温度或被启用 eDRIVE 模式。车辆处于静止时，按下启 / 停按钮即可关闭驾驶准备。

（十二）总线系统

F49 PHEV 的总线系统以 F49 的总线系统为基础。F49 中的所有主总线和子总线系统同样应用于 F49 PHEV。与 F49 的总线系统相比，新系统中添加了一些新的控制单元，部分控制单元必须进行改动，而部分控制单元完全未在 F49 PHEV 中进行安装。

1. 总线概览

F49 PHEV 的总线概览如图 5-546 所示。

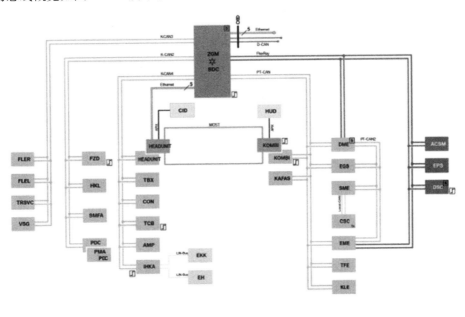

1.FlexRay总线系统启动和同步相关的启动节点控制单元 2.带唤醒授权的控制单元

ACSM.碰撞安全模块　AMP.扩音器　BDC.车身域控制器　CID.中央信息显示屏　CON.控制器　CSC.电池监控电路（F49 PHEV）　DME.数字式发动机电子系统　DSC.动态稳定控制系统　EGS.变速器电子控制系统　EH.电气加热装置（F49 PHEV）　EKK.电动空调压缩机（F49 PHEV）　EME.电机电子装置（F49 PHEV）　EPS.电子动力转向系统　FLEL.左前灯电子装置　FLER.右前灯电子装置　FZD.顶棚功能中心　HEADUNIT.主单元　HKL.智能尾门自动操作系统　IHKA.一体化自动加热/空调系统　KAFAS.基于摄像机原理的驾驶员辅助功能　KLE.便捷充电电子装置（F49 PHEV）　KOMBI.组合仪表　PDC.驻车距离报警器　PMA.自动泊车辅助系统　SMFA.座椅模块，驾驶员　SME.蓄电池管理电子装置（F49 PHEV）　TBX.Touchbox　TCB.远程通信系统盒　TFE.混动压力加油电子控制单元（F49 PHEV）　TRSVC.后视摄像头和侧视控制单元　VSG.汽车声音发生器（F49 PHEV）　ZGM.中央网关模块　HUD.平视显示器

图 5-546

2. 新控制系统

（1）电机电子装置（EME）

电机电子装置如图 5-547 所示。

电机电子装置的功能是启用并恒定控制汽车高电压电气系统中的励磁同步电机以及高电压启动器电动发电机。这就必须用到两个双向 DC/AC 转换器，DC/AC 转换器将高电压蓄电池单元中的直流高电压转换成三相交流电压，并输送至这两个高电压组件。在发电机模式中，高电压蓄电池单元通过换流器进行充电。EME 还集成配置了 DC/DC 转换器，DC/DC 转换器为低压电气系统供电。EME 与 PT-CAN、PT-CAN2 和 FlexRay 相连。

（2）蓄电池管理电子装置（SME）

SME 控制单元集成在高电压蓄电池单元内。为了尽量延长高电压蓄电池单元的使用寿命，蓄电池管理电子装置控制单元确保高电压蓄电池单元在精确界定的范围（充电状态和温度）内运行。蓄电池管理电子装置的其他控制单元包括高电压系统的启动和关闭、安全功能（即高电压连锁回路）以及高电压蓄电池单元可用

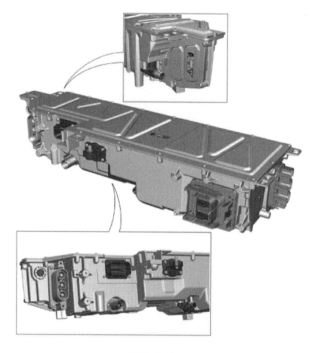

图 5-547

功率的判定。蓄电池管理电子装置通过 PT-CAN2 与其他控制单元进行通信。

（3）电池监控电子装置（CSC）

为确保 F49 PHEV 所用锂离子电池正常运行，必须遵守特定条件：电池电压和电池温度不允许超过或低于特定数值，否则可能造成蓄电池组电池永久损坏。因此，每个高电压蓄电池单元配有数个电池监控电子装置。5 个电池监控电子装置相互之间通过局部 CAN 进行通信。局部 CAN 与所有 CSC 相连，并用来与 SME 进行通信。蓄电池管理电子装置控制单元在此发挥控制功能。这是一种电压最大为 12V 的低压线束。

（4）电动空调压缩机（EKK）

F49 PHEV 中配备了一个电动空调压缩机。为了确保提供必要的动力，电动空调压缩机（EKK）需在高电压条件下运行。EKK 使得空调系统制冷剂回路可在任何驾驶条件下运行。除了乘员舱冷却外，高电压蓄电池的冷却液回路同样通过制冷剂回路进行冷却。电动空调压缩机控制单元位于空调压缩机壳罩内，通过 LIN 总线与集成式自动加热/空调系统（IHKA）相连。

（5）电气加热装置 EH

因为这款汽车的混动概念，宝马 xDrive 25Le 发动机配置在很多车型上，所以 F49 PHEV 配备了电气加热装置。原则上，这种功能与快热式热水器相似。电气加热控制单元位于电气加热装置的壳罩内，通过 LIN 总线与集成式自动加热/空调（IKHA）相连。

（6）混合压力加油电子控制单元（TFE）

混动压力加油电子控制单元（TFE）通过油箱中的压力/温度传感器监控当前的工作状况，通过打开油箱隔离阀控制压力降低状况。清洁的汽油烟通过炭罐排放至环境中。锁定油箱盖的执行机构驱动装置被启用，带有加油孔盖罩的油箱盖可以手动打开。

（7）便捷充电电子装置

F49 PHEV 便捷充电电子装置如图 5-548 所示。

通过便捷充电电子装置可以建立汽车和交流网络充电站之间的连接，从而对高电压蓄电池进行充电。便捷充电电子装置可以通过所有插头连接及全球交流电网进行操作。便捷充电电子装置将交流电源电压转换成高电压直流电压，以便对汽车上的高电压蓄电池单元进行充电。汽车在驻车状态下充电，通常在车库内进行通宵充电。充电程序必须与相关的交流电源相匹配。

此外，还配备了与电动空调压缩机（EKK）及电气加热（EH）相连的高电压接口。通过这种配置，

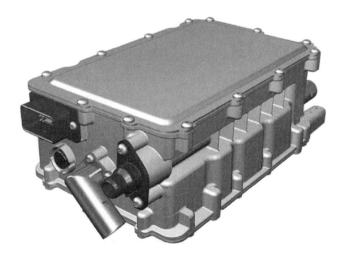

图 5-548

汽车在充电电缆与交流电源相连的过程中可以进行预热 / 预冷操作, 无须高电压蓄电池单元提供能量。便捷充电电子装置还负责控制充电插头和充电插座盖罩的锁止机构。便捷充电电子装置还控制充电插头的照明和显示。便捷充电电子装置的工作效率超过 94%。这种高功率输出会产生热量, 进而损害其他集成式组件, 比如控制电子装置。必须确保组件充分冷却。因此, 便捷充电电子装置与高电压组件的低温冷却液回路集成为一体。便捷充电电子装置共有 4 个高电压接口与其他高电压组件的线路相连。

（8）实时监控（RTM）

实时监控如图 5-549 所示。

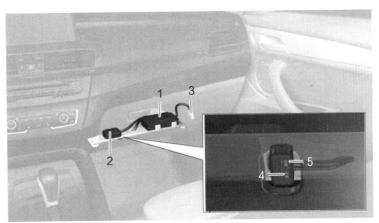

1.RTM主设备 2.天线 3.RTM 接头 4.电源指示灯 LED 5.故障指示灯LED

图 5-549

根据地方政府的要求, 与 F18 PHEV 一样, F49 PHEV 安装了 RTM。与 F18 PHEV 相比, F49 PHEV 在华晨宝马工厂组装车间内安装 RTM, 售后工作中无须再次安装。

3. 改装的控制单元

需对 IHKA 进行改装, 以便确保电动空调压缩机（EKK）在所有操作条件下均可以启用。电动空调压缩机控制单元通过 LIN 总线与 IHKA 进行通信。为了确保驾驶准备、制动能再生以及高电压蓄电池充电状态等与驾驶员相关信息的附加显示, 对组合仪表进行了改装。此外, 检查控制信息通过混动专用信息增强。数字发动机电子装置（DME）的软件进行了改动, 以便协调电机 / 发动机的扭矩。全球要求混动汽车配备侧翻检测装置, 确保出现侧翻时关闭高电压系统。侧翻检测借助与底盘管理控制单元集成为一体的传感器（旋转速率传感器及垂直加速传感器）实现。对 ACSM 进行改装以便可以评估这些传感器的信号。动态稳定控制（DSC）软件同样进行了改动, 以便适应再生制动。改动内容涉及刹车踏板角度传感器的读取, 制动踏板角度传感器与 DSC 控制单元直接相连。因为变速器进行了改动, 所以对 EGS 控制单元也进行了改动。比如, 电子变速器油泵通过 EGS 控制单元进行控制。因为终端控制（驾驶准备）进行了改动, BDC 控制单元中的软件同样进行了相应改动。

（十三）显示和控制

1. 电气驾驶模式

eDRIVE 按钮和驾驶体验开关如图 5-550 所示。

F49 PHEV 中, 电力驾驶系统通过 eDRIVE 按钮可以在下述模式中配置：

图 5-550

- Automatic eDRIVE 模式
- MAX eDRIVE 模式
- SAVE BATTERY 模式。

出于此目的，eDRIVE 按钮位于仪表盘内。这种按钮设计为下按按钮。当汽车被唤醒并且建立驾驶准备后，自动切换至 AUTO eDRIVE 模式。eDRIVE 驾驶模式可以与大家所熟悉的驾驶体验开关模式相结合，比如 SPORT 模式、COMFORT 模式与 ECO-PRO 模式。F49 PHEV eDRIVE 模式如图 5-551 所示。

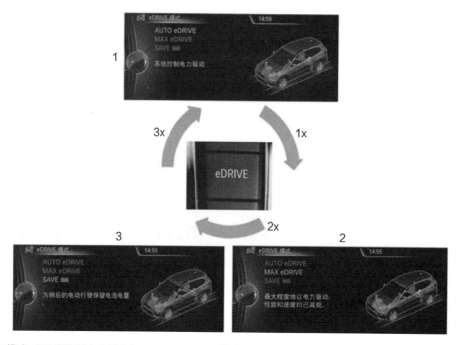

1.AUTO eDRIVE 模式（系统控制电力驱动）　2.MAX eDRIVE 模式（纯电力驱动）　3.SAVE BATTERY 模式（保留SoC）

图 5-551

2.Automatic eDRIVE 模式

AUTO eDRIVE 通常处于启用状态。例外情况：挡位选择开关处于手动 /Sport 程序位置。AUTO eDRIVE 模式下，汽车根据高电压蓄电池单元的充电状态自动选择最佳的驾驶模式组合。驾驶员可从组合仪表上直观了解所需功率情况。如果驾驶员的功率请求值超出最大可用电功率，则发动机自动便捷地启用。原则上，AUTO eDRIVE 模式可分为两部分：充电消耗阶段及充电维持阶段。当高电压蓄电池单元的充电状态从 100% 降至 3% 时，处于充电消耗阶段。在这个范围内，F49 PHEV 可使用电动驾驶，且时速可达 80 km。行驶速度超过 80km/h 或动力要求较高时，可起用发动机。当驾驶速度低于 80km/h（电动驾驶范围）时，发动机关闭。超出 eDRIVE 效率优化范围后，荷载和速度要求较高时，汽油发动机自动启动。当充电状态处于或低于 3% 时，启动汽油发动机。

3.MAX eDRIVE 模式

当高电压蓄电池单元充电状态充足时，可通过 eDRIVE 按钮选用 MAX eDRIVE 模式且驾驶员可零排放的情况下实现最大功率的电力驱动驾驶。但前提条件是挡位选择开关未处于手动 /Sport 程序位置。电力驱动的最大速度为 120km/h。电功率通过加速踏板实现非常便捷和简单的控制，这样可避免意外启动发动机。挡位指示器旁边的发动机转速显示屏中显示 "MAX eDRIVE"，表示 MAX eDRIVE 模式已经启用。即便如此，仍可在各种驾驶状态下启动发动机，并调用整个系统动力。将挡位选择开关切换至 S 挡位，或按下加速踏板直至跳挡可以随时启动发动机。在此过程中，Auto eDRIVE 模式可自动启用。驾驶风格（加速及速度）及环境温度（以及二次用电装置）对可以实现的电动行驶里程的影响非常大。为了实现最大电动行使里程，乘客舱的预热/预冷操作应在进行外部充电时执行。旅途过程中可能需要用到预热/预冷所需的能量，因此通过这种操作可以实现更远的电动行驶里程。如果在长期停用或非常冷的环境温度条件下以 Max eDRIVE 模式启动车辆，可能导致动力降低乃至无法进行电动驾驶。高电压蓄电池单元的电池模块中的温度过低是可能造成这种现象的原因之一。

4.SAVE BATTERY 模式

SAVE BATTERY 模式同样通过 eDRIVE 按钮选择。在这种模式中，高电压蓄电池单元为稍后的电动行驶保留能量，以便为随后的市区驾驶保留充分的电能。启用 SAVE BATTERY 模式后可以保持高电压蓄电池单元的当前充电状态，如果激活该模式时高电压电池充电状态低于 90%，则系统会对高电压蓄电池充电至 90%；若激活时充电状态不低于 90%，则系统将保持当前的充电状态。

5.组合仪表显示功能

（1）行驶状态显示

组合仪表显示混动驾驶状态以及高电压蓄电池单元的充电状态，并且可以根据功能选择在中央数据显示屏上显示。下文列述了各种混动行驶状态。

①驾驶准备。

当发动机转速指针处于“0”位，同时下方显示蓝色“准备”字样时，表示处于“驾驶”准备状态。这就表示汽车处于静止状态，可随时踩下加速踏板启动。根据高电压蓄电池单元的充电状态、eDRIVE 模式的状态以及加速踏板的位置，汽车可以进行纯电动行驶或运行发动机。如果（示例）汽车在铁路道口或红灯时保持静止，则驾驶准备打开。但如果发动机启动一次（如因动力需求），它仍需运行 1min 对催化剂转化器进行加热。如果客户停止车辆并且想在随后再次驾驶，则可以按下启/停按钮打开驾驶准备。因为发动机仍然处于工作温度，并且高电压蓄电池单元电能充足，发动机无须启动，如图 5-552 所示。

②电力驱动。

汽车纯电动行驶最高时速可达 75km（取决于操作状态）。高电压蓄电池单元的输出动力在蓝色箭头右侧显示。根据动力需求，最多亮起 4 个箭头。转速表指针位于“0”位（发动机关闭）。根据所选择的驾驶模式（COMFORT 或 ECO PRO），箭头显示也有所不同。如果所有箭头亮起，则发动机在出现附加动力需求时打开，如果加速，如图 5-553 所示。

图 5-552

电动驾驶过程中应特别注意，行人及其他车辆无法听到典型传统发动机的正常噪声。因此需要特别注意，比如停车过程中！

③ MAX eDrive 模式。

启用 MAX eDRIVE 模式后，驾驶员可根据需要在纯电力驱动下可以达到 125km/h 的最大速度。电动行驶里程最高可达 41km。位于中控台的 eDRIVE 按钮必须按下后方能启用这种模式。Max eDRIVE 模式可以在 COMFORT 和 ECO PRO 模式下启用，以免发动机启动，如图 5-554 所示。

④ SAVE BATTERY 模式。

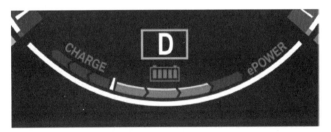

图 5-553

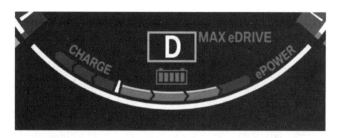

图 5-554

图 5-555

5-556 所示。

⑥ eBOOST 功能。

在快速加速过程中（比如超车），除了发动机输出动力外，还通过高电压启动器电动发电机输出动力。这种装置可以为驾驶员输出最大的动力。此时，必须用力踩下加速踏板。转速表显示发动机的当前转速，同时亮起左侧的 4 个箭头。同时显示"eBOOST"，如图 5-557 所示。

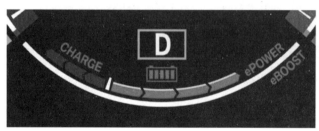

图 5-557

左侧的 3 个箭头显示。根据减速度或制动踏板的启用强度，蓝色箭头的长度发生相应变化。车速低于15km/h 时，即便处于滑行模式或进行制动，制动能量再生仍保持熄灭状态。这些箭头随着所选择的驾驶模式(COMFORT 或 ECO PRO)而发生变化,如图 5-558所示。

（2）永久指示灯及车载电脑显示

下述附加信息为驾驶员提供关于行驶里程和消耗相关的数据。F49 PHEV 组合仪表显示如图 5-559所示。

在这种模式中，高电压蓄电池单元为稍后的电动行驶保留能量，以便为随后的市区驾驶保留充分的电能。启用 SAVE BATTERY 模式后可以保持高电压蓄电池单元的当前充电状态，如图 5-555 所示。

⑤通过发动机驾驶。

根据所选定的驾驶模式（SPORT），汽车通过发动机驱动。转速表显示发动机的当前转速。混动模式显示中仅显示高电压蓄电池单元的充电状态，如图

图 5-556

⑦制动能量再生。

混动系统可以将动能转换成电能，比如制动或高速滑行模式中。高电压蓄电池单元通过能量回收进行充电。根据所选定的驾驶模式，能量回收通过

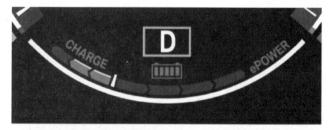

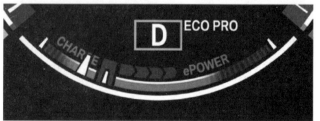

图 5-558

图 5-559

常位于组合仪表上转速表的下部。在 CID 中通过"汽车信息 > eDRIVE"菜单调出混动显示模式。当终端 15 打开后，CID 和组合仪表显示同时启用。

6. 中央数据显示屏中的显示信息

在任何驾驶状态下，CID 可以显示能量 / 动力流以及高电压蓄电池单元的充电状态。此外，使用者可以查看 eDRIVE 最近 16 min 使用情况，并根据需要显示 ECO PRO 信息。这种显示可以为驾驶员提供混动系统在不同驾驶状态下的工作原理概况以及混动汽车的优化使用等想信息。

（1）eDRIVE 使用

混动系统的使用状况显示如图 5-560 所示。

混动系统在最近 16min 的使用情况在 CID 内显示。一个长条代表 1min。此外，还对发动机停转周期进行计时。长条越高，油耗越高或电机的使用率越高。灰色长条代表发动机的油耗。图形右方的直线及数值表示平均油耗。蓝色长条表示电机

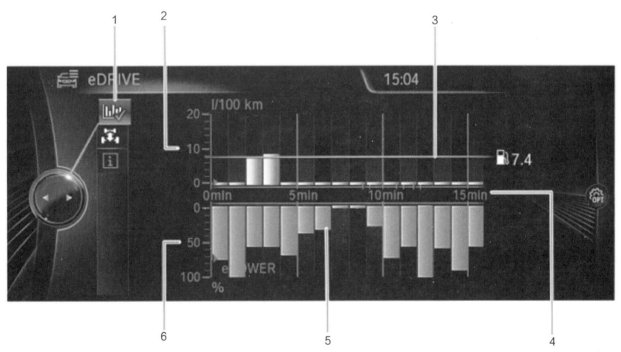

1.eDRIVE 使用状况显示相关的选项　2.发动机的消耗比例　3.发动机的平均油耗　4.时间轴（16min）　5.分钟条形图　6.电机使用的百分比

图 5-560

使用的百分比。在此条件中，电机可以作为交流发电机（制动回收）运行，后作为电动机（电动驾驶）运行。长条越高表示混动系统的使用率越高，油耗越经济。垂直轴上的两个红色标记表示条形图的起始时间。

（2）能量 / 动力流

CID 中根据下述原则显示能量 / 动力流：

· 蓝色：电能

· 红色：发动机的能量

· 箭头：能量 / 动力流的方向

如图 5-561 演示了驾驶情形的一个示例以及各个符号所代表的含义。根据本图可以推理得出其他驾驶情形。

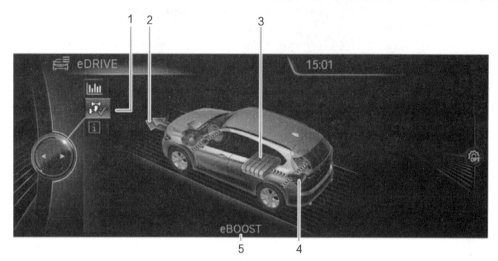

1.能量/动力流显示的选择　2.发动机的驱动箭头（红色）以及电机的驱动箭头（蓝色）　3.高电压蓄电池单元的充电状态　4.带电机变速器的电机　5.当前驾驶状态相关的文字信息（比如：ePOWER、POWER、eBOOST、CHARGE）

图 5-561

在 CID 中，采用一个红色箭头（发动机部分）及较小的蓝色箭头（电机部分）表示 eBOOST 功能。发动机用红色表示，发动机在自动变速器中的活动用蓝色变速器表示。高电压蓄电池单元分为 5 段，用以表示充电状态，一个分段代表高电压蓄电池单元的 20 % 的充电状态。动力流用两个箭头表示，代表车轮的两个动力来源（发动机和电机）。红色箭头表示发动机的比例，蓝色箭头表示电机的比例。车辆下的文字表示当前的驾驶情形。

7.ECO PRO 节能模式

驾驶员可根据需要实现 F49 PHEV 的更高效驾驶。通过驾驶体验开关即可启用这种高效的模式（被称为 ECO PRO 模式）。ECO PRO 模式恒定支持以降低消耗为基础的驾驶风格，并确保混动系统的协调，从而实现汽车的最大行驶里程。

（1）启用和显示

F49 PHEV 中控台如图 5-562 所示。

ECO PRO 模式通过驾驶体验开关启用。"COMFORT"程序设定为标准程序。终端 15 打开后，驾驶体验开关必须按至"COMFORT"方向方可启用 ECO PRO 模式；组合仪表中将显示"ECO PRO"。ECO PRO 模式在关闭终端 15 时被禁用。ECO PRO 模式启用后在组合仪表中显示，"ECO PRO"文字信

图 5-562

息在挡位指示器一侧的转速表中显示。ECO PRO 模式启用后，中央数据显示屏弹出另一个窗口，以对 ECO PRO 模式进行配置。配置 ECO PRO 模式如图 5-563 所示。

694

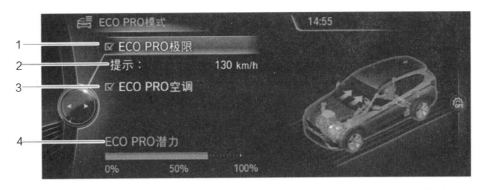

1.ECO PRO速度选择提示　2.关于超过 ECO PRO 限速的启用/禁用信息　3.ECO PRO 模式中空调限制的启用/禁用　4.通过当前配置可能实现潜力的百分比

图 5-563

如果驾驶员未进行经济驾驶（比如，加速过猛或挡位选择错误），CID 中将显示相关信息。

（2）影响 ECO PRO 模式的状况

ECO PRO 模式支持驾驶员优化节能的驾驶风格，并通过能量的智能控制及空调管理降低油耗。有助于降低油耗的主要措施如下：

· 改动后的加速踏板特征曲线以及带有自动变速器的换挡程序有助于驾驶员应用最佳油耗的驾驶风格

· 减少舒适性用电装置

· 降低加热 / 空调系统的动力

· 发动机潜在关闭周期的次数和长度在 ECO PRO 模式中最大化

（3）减少舒适型用电装置

在 ECO PRO 模式下采用特定的措施降低可接纳的舒适性。比如，车外后视镜加热被关闭（最高节省100W），座椅加热最高温度被限定为 37.5 ℃（通常为 42 ℃）左右。ECO PRO 模式撤销空调控制选项，这些功能同样被重置为行使条件，此类功能在驾驶体验开关的其他程序中启用。

（4）降低加热 / 空调系统的动力

关于空调控制，ECO PRO 模式中使用一项以可接受舒适性极限为手段降低能耗的优化操作策略。ECO PRO 模式中的空调系统以一种更为高效的方式工作，降低空气干燥度和冷却温度，因此所需电能降低。首先冷却高电压蓄电池单元且其不受 ECO PRO 模式的影响。如果无须冷却即可达到所需温度，则关闭空调压缩机。

8. 负载点增加

在恒定发动机转速条件下增加发动机的负载被称为负载点增加。这样可以增加性能以使可以最佳距离范围运行发动机。所产生的阻力（对发动机起反作用）必须进行补偿，一方面确保增加发动机负载，另一方面确保速度的恒定。比如，纯发动机驾驶驱动的汽车中打开空调系统或车辆后座加热。附加阻力通过 DME 补偿。DME 通过启用节流阀为发动机提供更多的新鲜空气。喷油量同样增加。发动机的负载增加，并且在效率和油耗方面实现更加优化的范围。但是，如果发动机转速停止增加并且仅产生被补偿的阻力时，相应控制措施将精准执行。F49 PHEV 汽车中，高电压启动器电动发电机在交流发电机模式中产生一个反扭矩。如上所述，DME 对这种反扭矩进行补偿，发动机以更加优化的方式操作。所获取的电能用来为高电压蓄电池单元充电。通过这种方式，发动机在高电压蓄电池单元充电过程中同样受到积极的影响。除现有动力需求外，还有其他负载点增加的情况。这一过程对驾驶员无明显影响。负载点增加的时间和等级中起决定性作用的因素如下：

· 高电压蓄电池单元的充电状态

· 发动机的温度

· 发动机的负载

· 驾驶模式

9. 负载点降低

为了降低油耗，如果高电压蓄电池单元充电状态充足，可以通过降低负载点解除发动机运行。在这一过程中，高电压蓄电池单元选择性地放电，充电状态下降，即便汽车并未进行纯电动驾驶。

10. 混动检查控制信息

如果 F49 PHEV 出现故障，则通过价差控制信息通知驾驶员。以下列述了关键的混动控制检查信息，如表 5-61 所示。

表 5-61

检查控制信息	含义	原因
	总行驶里程过低	高电压蓄电池充电状态低 油位低
	高电压蓄电池在运行和交通过程中的当前充电状态（充电状态过低 → 充电）	高电压蓄电池充电状态低
	检查充电电缆	充电电缆信号故障。无法检测所连接的充电插头。客户在启动前应检查接头是否仍处于连接状态
	无法充电	汽车或基础设施中的充电系统存在故障（充电电缆、充电站等）
	加油（可能 / 倾斜 / 检测）	检测到混动压力油箱的加油需求
	驾驶声音保护故障	VSG 或其他控制单元存在内部故障，导致 CAN 通信故障
	隔离故障，高电压连锁回路故障	高电压系统的高电压存在故障。停止发动机后，可能无法继续行驶。请立即联系附近的宝马服务站
	高电压系统关闭	高电压系统关闭，处于维护、维修和检修断电状态。高电压安全接头（售后服务断电开关）被拔出，高电压连锁回路的电路被切断

11. 驾驶声音保护

单纯通过电动机驱动汽车时，行人在汽车速度达到 25km/h 左右之前可能无法听到汽车的声音。所以在车速低于 50km/h 时通过驾驶声音保护程序发出一种噪声，确保被其他人听到。车速达到 50km/h 后禁用播音程序，但是控制单元在禁用播音的过程中保持启用状态。车速达到 50km/h 后风和轮胎的噪声将非常明显。F49 PHEV 仅在部分国家版本中使用驾驶声音保护（日本、中国、韩国），仅在纯电动驾驶条件下启用。

（1）系统组件

车辆声音发生器（VSG）位于汽车右前方。控制单元与车辆声音发生器的壳罩集成为一体，并通过K-CAN3与汽车电气系统集成为一体。F49 PHEV汽车声音发生器安装位置如图5-564所示。

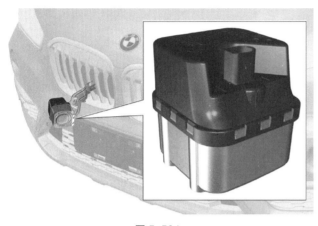

图 5-564

（2）系统电路图

F49 PHEV汽车声音发生器的系统电路图如图5-565所示。

（十四）空调控制功能

F49 PHEV汽车使用了与之前宝马混动汽车相同的电动空调压缩机。因为空调压缩机有一个电机，所以空调系统的运行可以不受发动机的影响。因此，即便在纯电动行驶和车辆停止状态下，客户也可以享受到空调的冷却效果。空调以静音的模式运行，让您备感舒适。比如，车辆保持静止并且发动机关闭后，空调的声音也几乎听不到。车辆配备冷却单元用来冷却高电压蓄电池单元冷却液回路中的冷却液。F49 PHEV还提供熟悉的停车冷却及传统冷却功能。

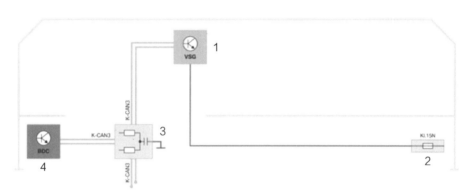

1.汽车声音发生器 2.保险丝 3.CAN终接器 4.车身域控制器

图 5-565

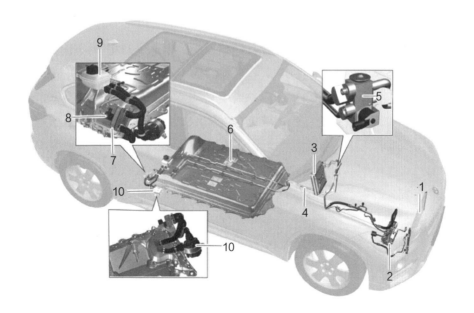

1.冷凝器 2.电动空调压缩机（EKK） 3.乘员舱热交换器 4.至高电压蓄电池冷却单元的制冷剂管路 5.用于热交换器的膨胀和截止组合阀 6.高电压蓄电池单元 7.冷却单元（冷却液制冷剂热交换器） 8.膨胀和截止组合阀 9.冷却液膨胀箱 10.电动冷却液泵（50W）

图 5-566

1. 系统概览

F49 PHEV 空调控制系统的概况如图 5-566 所示，F49 PHEV 内的制冷剂回路如图 5-567 所示。

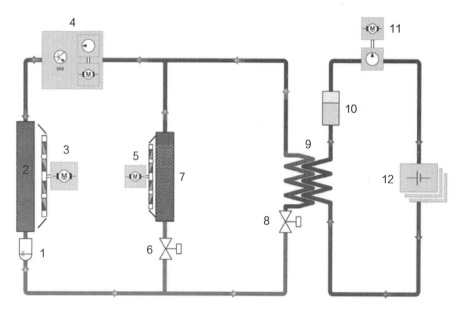

1.干燥器瓶　2.冷凝器　3.电动风扇　4.电动空调压缩机（EKK）　5.乘员舱鼓风机　6.膨胀和截止组合阀（乘员舱）　7.乘员舱热交换器　8.膨胀和截止组合阀（高电压蓄电池）　9.冷却单元（冷却液制冷剂热交换器）　10.冷却液膨胀箱（高电压蓄电池单元冷却液循环回路）　11.电动冷却液泵（50W）　12.高电压蓄电池单元

图 5-567

图 5-567 中描述了 F49 PHEV 中的制冷剂回路和冷却液回路。高电压蓄电池单元直接通过冷却液进行冷却，冷却液回路通过冷却液—制冷剂热交换器与制冷剂回路相连，被称为冷却单元。因此，空调系统制冷剂循环回路由两个并联支路构成。一个用于冷却车内空间，一个用于冷却高电压蓄电池单元。每个分支回路配备一个膨胀和截止阀，以便独立控制各自的空调功能。蓄电池管理电子装置（SME）通过应用电压可以启用并打开组合膨胀截止阀。通过这种配置，制冷剂可以流入冷却单元，进而对外部流过的高电压蓄电池单元的冷却液进行膨胀、脱水和冷却等各项操作。乘客舱的冷却也是通过一种基于条件的方式执行。蒸发器上游的组合膨胀截止阀同样可以通过 BDC 进行电动启用。温度对高电压蓄电池单元的使用寿命起决定性作用。温度过高或过低，将导致高电压蓄电池单元中的电池无法提供或吸收电能。最佳电池温度为20℃左右；蓄电池组电池最高温度不得超过 40℃。R134a 作为制冷剂在回路中循环，制冷剂在系统中的一个点吸收热量并在另一个点释放热量。当汽车内部启用空调系统或高电压蓄电池单元需要冷却时，电动空调压缩机打开，系统为相关的位置点提供冷风。汽车内部冷却及高电压蓄电池单元的冷却相互独立。电动空调压缩机从高电压蓄电池单元中接收所需的能量。采用宝马批准的 PAG 机油为润滑剂。电动空调压缩机使用的机油必须经过审批。因此，蓄电池冷却和乘客舱内部冷却可以相互独立地执行，特殊的组合膨胀截止阀与制冷剂回路集成为一体。此类装置仅打开实际需要的回路部分，从而确保整个系统的高效与合理控制。冷却液通过电动冷却液泵"抽取"，然后泵送穿过高电压蓄电池。热能从较热的零件流动至温度较低的零件。冷却过程中，蓄电池组电池向冷却液发散热能。只要冷却液的温度比蓄电池组电池温度低，就可以单纯通过冷却液循环进行冷却。冷却液温度增加，并且无法将蓄电池组电池的温度保持在预定范围内。在这种情况下必须降低冷却液的温度，可以通过冷却液—制冷剂热交换器（被称之为冷却单元）降低冷却液的温度。冷却单元是冷却液回路及空调系统制冷剂回路之间的交界面。如果制冷剂回路中的组合膨胀截止阀被电动启用打开，液态制冷剂流入冷却单元并进行脱水。它从周围环境中吸收热量，也包括冷却液回路中的冷却液。EKK 再次压缩冷凝器中的制冷剂，使其成为液态。最后，制冷剂可以再次吸收热能。如制

冷剂回路内的截止阀使用电气方式启用并打开，液态制冷剂将流入冷却单元并蒸发。此过程将吸收周围环境热量。EKK 再次压缩冷凝器中的制冷剂，使其成为液态。最后，制冷剂可以再次吸收热能。阀门和电动空调压缩机的控制方式如表 5-62 所示。

表 5-62

被冷却的组件	蒸发器的组合膨胀截止阀（乘客舱）	高电压蓄电池单元的组合膨胀截止阀	电动空调压缩机（EKK）
高电压蓄电池单元	闭合	打开	启用
乘员舱	打开	闭合	启用
高电压蓄电池单元与乘客舱	打开	打开	启用
无冷却	打开	闭合	关闭

通过 IHKA 控制单元计量冷却需求并判定释放状态和冷却功率。一方面，客户可以发出冷却需求对乘客舱进行冷却。另一方面，蓄电池管理电子装置可以数据总线信息的形式向 IHKA 控制单元发送高电压蓄电池单元需要冷却的请求信号。IHKA 控制单元协调此类冷却要求并通过互联网总线启用电动空调压缩机。冷却需求的优先级根据温度进行排序，比如，环境温度较高并且乘客舱非常热，则提高乘客舱冷却需求的优先级。如果达到预期温度，则冷却功率降至保持温度的层级，优先级下降。蓄电池组电池温度冷却原理与此相似。如果蓄电池组电池温度达到 32℃ 左右，则启动高电压蓄电池单元的冷却流程。此时，蓄电池管理电子装置发出的冷却需求的优先级通常较低。比如，该需求可能被高电压电源管理装置拒绝。随着电池温度的升高，高电压蓄电池单元的冷却需求上升至最高优先级，保持时刻进行冷却。

2 电动空调压缩机（EKK）

电动空调压缩机（EKK）如图 5-568 所示。

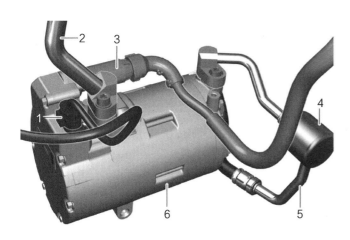

1.信号接头与低压接头　2.低压低温气态制冷剂的接口（进气口）
3.压缩机的高电压接口　4.消音器　5.高温高电压气态制冷剂的接口（排气口）　6.电动空调压缩机（EKK）

图 5-568

EKK 属于高电压组件。每个高电压组件的壳罩或壳上粘贴一个警示标签，让检修人员及汽车使用人员可以直观地识别高电压电流可能引发的危害。只有符合所有条件要求的检修人员方可对指定高电压组件进行检修：合理的资质，符合安全规则、符合维修说明规定的程序。检修高电压组件前，必须遵守安全规则关闭高电压系统。按照规程关闭高电压系统后，所有高电压组件不再带电，可以安全检修。此外，存在极小的忽略正确关闭程序的可能性，因此实施了一项额外的安全预防措施确保高电压系统的自动闭合。高电压接点旁边的高电压接头内集成配置桥接器。这就意味着当拔出高电压接头时首先分离高电压接头中的桥接器接点。因此，EKK 控制单元的电源被断开，从而高电压侧的电力需求降为零，即便在高电压接头被

完全拔出前。因此，高电压接点不会出现电弧。对高电压接点进行保护防止出现连接。EKK 的高电压接头不属于高电压连锁回路电路的组成部分。压缩机的工作原理与 F30H 或 F01H 的工作原理相同。采用空间压缩机（又被称为涡旋式压缩机）压缩制冷剂。电动空调压缩机的功率为 3kW。电动空调压缩机电源的电压范围为 220~400V。电力应低于该电压范围，或者关闭 EKK。电动空调压缩机的制造商为 Visteon。

3.出发时间及启用辅助空调装置的先决条件

（1）出发的先决条件

鉴于 F49 PHEV 中的电动空调压缩机是通过电动的方式进行操作，并且高电压蓄电池单元拥有较高的能量和电力强度，F49 PHEV 为客户提供了静止空调功能。在静止空调过程中，IHKA 判定采用合同方式进行静止加热、静止冷却或静止通风。启用静止空调控制系统的先决条件是高电压蓄电池单元的充电状态充足（充电状态 > 30% 左右，组合 12%）。客户对出发时间进行编程，IHKA 根据环境条件判定是否需要进行静止加热、静止冷却或静止通风。比如，如果客户输入启用静止空调指令，预期的空调效果也可以通过单纯的静止通风实现。客户无法输入设定值，并且不会参考任何客户指令。通过 EME 中的高电压管理进行供电，供电特点符合设计特征，以便仅提供确保中性充电所需的电量。电源插座 /wallbox 的充电电源在这种情况下起决定性作用。经过静止空调系统的工作，确保客户实现 100% 的显示行驶里程。温度超过 0℃时，可以实现舒适的车内温度。温度低于 -10℃时，可实现的车内温度受动力输出极限功能的限制，但是，与为配备静止空调控制的汽车相比，该款车型清除积雪或结冰现象更为简单。此外，必要的工作时间同样由 IHKA 判定，工作时间取决于环境温度和充电接口状态等因素。通过该装置可以指定两个出发时间。静止空调功能启用两次后，只能在车辆启动之后再次进行操作。最大工作时间为 30min。如果客户出现延迟，汽车在出发时间未发动，则延长 14min 工作时间。出发时间还可以通过宝马远程应用程序进行编程。

（2）启用辅助空调装置

保留冷却功能是一个通过电动空调压缩机可以实现的升级版空调控制功能。客户短时间离开汽车，并希望再次发动汽车（比如汽车加油）且希望保持良好的车内环境的情况下可以启用这一功能。驾驶准备关闭后，CID 弹出一个菜单，驾驶员通过该菜单可以启用或调整空调控制及充电选项。启用保护冷却功能可以保持乘客舱的温度，并且根据环境条件启用 EKK 及通风。

（十五）电气加热装置

F49 PHEV 的热交换器与发动机的冷却液回路集成为一体。通过发动机的加热确保热交换器输出充足的热量，从而对乘客舱进行加热。因为这款汽车的混动概念，发动机在很多驾驶条件下所产生的热量非常低，并且无法将冷却液回路加热至必要的温度。所以 F49 PHEV 配备了电气加热装置。原则上，这种功能与快热式热水器相似。通过一个切换阀形成一个独立的回路，该回路在电动冷却液泵中进行循环。

电气加热装置属于高电压组件，只有符合所有条件要求的检修人员方可对指定高电压组件进行检修：合理的资质，符合安全规则，符合维修说明规定的程序。

1. 安装位置和接口

F49 PHEV 带加热器回路的完整冷却液回路如图 5-569 所示，F49 PHEV

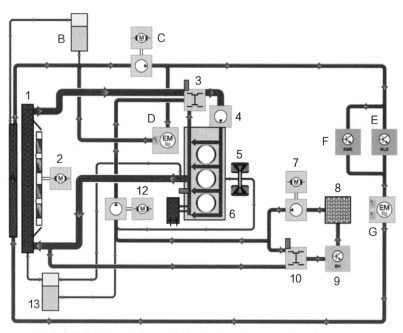

A.冷却液/空气热交换器（高电压组件的冷却液回路）　B.冷却液膨胀箱（高电压组件的冷却液回路）　C.电动冷却液泵（电动机电子装置的冷却液回路，80W）　D.高电压启动器电动发电机（HV-SGR）　E.便捷充电电子装置 KLE　F.电机电子装置（EME）　G.电机　1.冷却液/空气热交换器　2.电动风扇　3.恒温器（发动机）　4.机械冷却液泵（发动机）　5.排气涡轮增压器　6.发动机 B38　7.加热器回路的电动冷却液泵（20W）　8.热交换器　9.电气加热装置　10.电动转换阀（加热器回路）　11.冷却液/发动机机油热交换器　12.排气涡轮增压器的电动冷却液泵　13.冷却液膨胀箱（发动机的冷却液回路）

图 5-569

加热器回路安装位置如图 5-570 所示，F49 PHEV 电加热接口如图 5-571 所示。

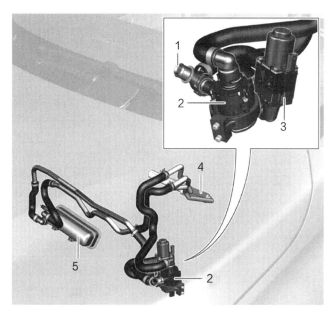

1.冷却液回路接口　2.电动冷却液泵（20W）　3.电动切换阀　4.热交换器　5.电气加热装置

图 5-570

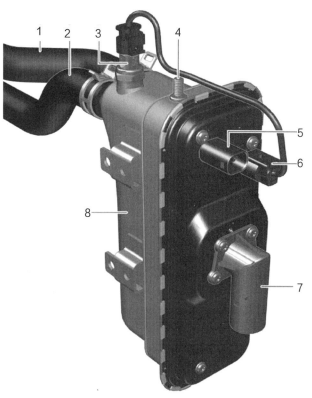

1.用于冷却液供给管路的接口　2.用于冷却液回流管路的接口　3.电加热器输出口的冷却液温度传感器　4.电位均衡接口　5.信号接头（低压接头）　6.传感器接口　7.高电压接头的接口　8.电气加热装置

图 5-571

2.工作原理

如果驾驶员通过 IHKA 控制单元调整预期温度，IHKA 对相关标称温度进行计算，并与电加热器的实际温度进行对比。因此，电加热器配备了一个温度传感器。IHKA 控制单元通过这种配置可以判定发动机产生的热量是否足以对乘客舱进行加热，或者是否需要打开电加热器。如果冷却液的温度过低，电加热器可分为 6 个阶段进行加热。电加热器通过这种控制操作实现根据具体条件进行运行。

（1）低温发动机冷却液

冷却液低温条件下（比如，启动时间较短或纯电动驾驶），通过车身域控制器启用电动切换阀。电动切换阀对来自发动机的冷却液回路进行封堵。此时，冷却液通过电动冷却液泵输送至电加热器进行加热，然后根据情况通过双联阀输送至换热器。F49 PHEV 冷却液低温条件下的加热回路如图 5-572 所示。

（2）高温发动机冷却液

经发动机加热的冷却液无电流条件下流经（打开转向阀）电

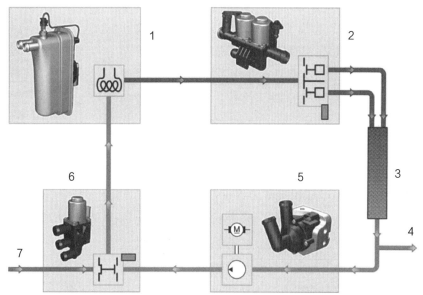

1.电气加热装置　2.双联阀　3.热交换器　4.冷却液回路供给　5.电动冷却液泵　6.电动切换阀　7.冷却液回路输出

图 5-572

701

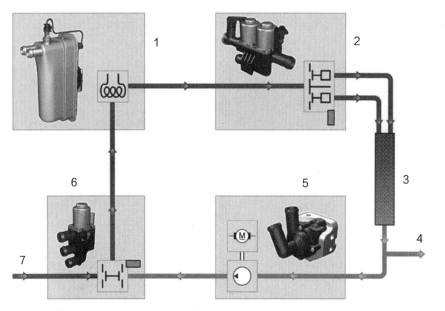

1.电气加热装置　2.双联阀　3.热交换器　4.冷却液回路供给　5.电动冷却液泵　6.电动切换阀　7.冷却液回路输出

图 5-573

个或多个）的开关通过电子开关（Power MOSFET）在电加热器内进行开关操作。F49 PHEV 电气加热装置中的加热器线圈如图 5-574 所示，F49 PHEV 电气加热装置的功能电路如图 5-575 所示。

穿过独立线束的电流通过电气加热控制单元进行测量和控制。最大电流为 20 A，电压范围为 250～400V。功率在该电压范围内上下浮动。如果耗电量增加，则通过硬件开关切断能量供给。这种开关配置的设计确保即便在控制单元出现故障时仍然可以进行安全断电。电气加热装置内，高电压电路和低压电路相互独立。与局域互联网总线及电源（终端 30B）相连的接口位于低压接头上。电气加热圆接头的高电压接点进行保护，防止接触。电气加热装置的高电压接头不是高电压连锁回路电路的组成部分。高电压接点旁边的高电压接头内集成配置桥接器。高电压接头内的桥接器为主要接点。这就意味着当拔出高电压接头时，高电压桥接器的接点首先被断开。EH 控制单元的电源因此被切断，从而高电压侧的电力需求降为零，即便在高电压接头被完全拔出前。因此，高电压接点不会出现电弧。通过单独或联合启用独立的加热器线圈可以实现 6 个加热等级。IHKA 控制单元通过局域互联网总线输出加热开关指令，如表 5-63 所示。

气加热装置及双联阀，最后流入换热器。部分热量在流过换热器时释放至空气中，最后再次流入发动机的冷却液回路。电气加热装置关闭，但是电动冷却液泵被启用。F49 PHEV 冷却液高温条件下的加热回路如图 5-573 所示。

（3）加热控制

电动冷却液泵、电动切换阀及双加热阀属于 12V 组件，通过车身域控制器启用。

电加热器的最大功率为 5.5kW（280V 和 20 A）。通过 3 个加热器线圈实现电气加热，3 个线圈的功率约为 0.75kW、1.5kW 和 2.25kW。加热器线圈（单

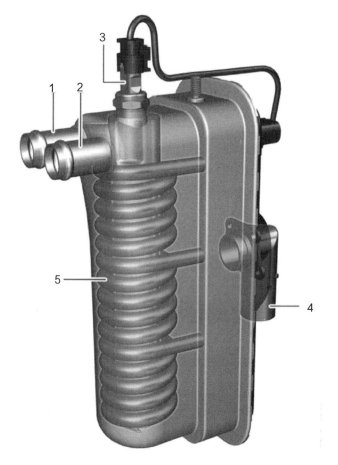

1.用于冷却液供给管路的接口　2.用于冷却液回流管路的接口　3.电加热器输出口的冷却液温度传感器　4.高电压接头的接口　5.3 个加热器线圈

图 5-574

702

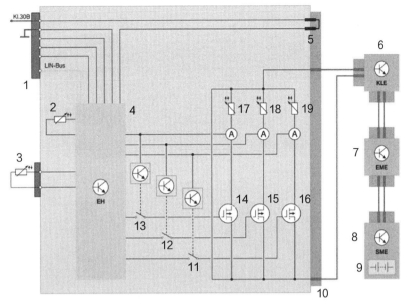

1.低压接头 2.电气加热控制单元电路板的温度传感器 3.回流冷却液的温度传感器 4.电气加热装置（控制单元） 5.高电压接头内的电桥 6.便捷充电电子装置KLE 7.电机电子装置（EME） 8.蓄电池管理电子装置（SME） 9.高电压蓄电池单元 10.电气加热装置内的高电压接头 11.如果加热器线圈3出现过流，则断开硬件 12.如果加热器线圈2出现过流，则断开硬件 13.如果加热器线圈1出现过流，则断开硬件 14.加热器线圈1的电子开关（Power MOSFET） 15.加热器线圈2的电子开关（Power MOSFET） 16.加热器线圈3的电子开关（Power MOSFET） 17.加热器线圈1 18.加热器线圈2 19.加热器线圈3

图 5-575

表 5-63

加热器线圈	加热等级	加热器输出（kW）
1	1	0.75
2	2	1.5
3	3	2.25
1+3	4	3.0
2+3	5	3.75
1+2+3	6	4.5

达到最高温度或超出许可电流等级时，电加热器自动限制加热输出。当高电压蓄电池单元达到特定的充电状态后，电气加热装置的功率同样被降至ECO PRO模式。如果出现系统故障，则关闭电气加热。电加热器属于免维护装置。按50∶50配比的水与G48冷却液添加剂的混合物作为该装置的冷却液。

（十六）操作策略

F49 PHEV的操作策略如图5-576所示。

1.介绍

如表5-64所示列述了一种简要的概况。

操作策略的目的是确保汽车较高等级的效率和驾驶动感。它建立了驾驶组件之间的智能创新互动，并使F49 PHEV的功能更加全面。汽车的多功能性还体现在驾驶模式中，驾驶员通过驾驶模式可以直接影响操作策略以及F49 PHEV的驾驭性。驾驶模式分为下述几种：

· ECO PRO 节能模式
· COMFORT 模式
· SPORT 模式

在COMFORT模式中，驾驶员的扭矩需求根据情形在电机和发动机之间划分，确保以最大效率驱动汽车。根据需要，驾驶员可以完全依靠电动方式驾驶汽车（Max eDrive）。相反，在SPORT模式中可以提供整个系统的动力，电力驱动通过eBOOST功能辅助发动机。因此，驾驶模式可以直接影响不同的性能特征：

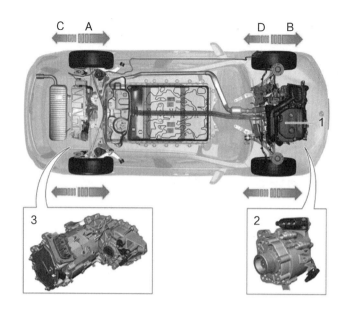

· 驱动轴的选择

A.驱动，后桥 B.驱动，前桥 C.后桥上的能量回收 D.前桥上的能量回收 1.汽油发动机 2.高电压启动器电动发电机 3.电机

图 5-576

表 5-64

功能	汽油发动机	电机	高电压启动器电动发电机	自动变速器	减速装置
驱动前桥	×		×	×	
驱动后桥		×			×
高电压蓄电池充电		×	×		
启动发动机			×		
eBOOST 功能		×	×		

· 系统动力

· 操作动态

· 续航里程

· 负载点增加

· eBOOST 功能

· 能量回收

2. 概览

概览如表 5-65 所示。

表 5-65

项目	ECO PRO 节能模式	COMFORT 模式	SPORT 模式	启用 Max eDrive 模式
启用途径	驾驶体验开关	驾驶体验开关 *	驾驶体验开关	eDrive 按钮
驱动位置	驱动	驱动	运动	驱动
滑行 / 超限模式中的能量回收	$0.3m/s^2$	$0.5m/s^2$	$0.7m/s^2$	
eBOOST 功能	减小	正常	最大	—
发动机的运行状况	开 / 关	开 / 关	开	关 * *
驱动方式	两者	两者	两者	电力驱动
打开电机离合器	＞100km/h	＞130km/h	＞130km/h	—
关闭电机离合器	＜90km/h	＜115km/h	＜115km/h	＜115km/h

**：可通过强制降挡启动发动机。

＊：重启可启用该模式。

在运动模式中，在滑行超限模式下进行能量回收时，为了对后方车辆或行人起到警示作用，加速度达到 0.7m/s² 时打开制动灯。如表5-66所示列述了法律规定需要打开或关闭制动灯的减速等级概况。

表5-66

制动减速度	制动灯关闭	制动灯打开或关闭	制动灯打开
< 0.7m/s²	×		
0.7 ~ 1.3m/s²		×	
> 1.3m/s²			×

如表5-67所示列述了驾驶过程中对高电压蓄电池充电所需的负载点增加量。

表5-67

负载点增加等级	汽车设置	目标充电状态	高电压启动电动发电机	电机
负载点增加	启用 Save Battery	90%	×	
负载点增加	驾驶体验开关 SPORT	50%	×	×*
最大负载点增加	挡位选择开关 SPORT**	50%	×	×*

*：如有必要，可通过后桥电机提供额外动力。
**：所有驾驶体验开关位置。

3.驾驶模式

（1）COMFORT 模式

COMFORT 模式属于标配模式。车辆每次启动时均启用 COMFORT 模式，并且可通过驾驶体验开关选择该模式。根据加速踏板的位置，电动机和发动机之间针对效率、牵引力、能量回收及动感形成根据驾驶情况执行的扭矩分配。如果高电压蓄电池充满电，则普遍情况是相对低速状态下进行电力驱动，并且高电压蓄电池处于放电状态。这种驾驶状况又被称为 Auto eDrive 模式，在市区行车时使用。因此，发动机关闭。通过电机执行的能量回收（比如靠近红灯时），电能输送至高电压蓄电池并在蓄电池中存储。F49 PHEV 在市内环境中行驶时，COMFORT 模式的操作策略如图5-577所示。

发动机只在驾驶员需求荷载增加的情况下自动启用。发动机在非市区环境中的使用比电动机更为频繁，并且同时对高电压蓄电池进行充电。在此过程中，充电状态保持在特定范围，以便为 eBOOST 功能提供充足的电能。能量回收过程中的减速度与传统汽车的发动机正常阻力矩等级接近，F49 PHEV 在 COMFORT 模式下越野驾驶的操作策略如图5-578所示。

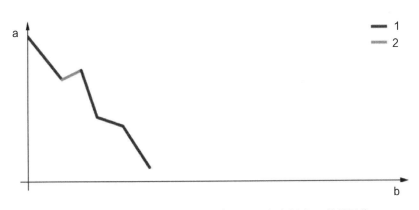

a.高电压蓄电池的充电状态 b.已行驶里程 1.电力驱动 2.能量回收

图 5-577

705

发动机在下述情景中打开：
· 驾驶速度较高
· 快速操作加速踏板
· 负载要求较高（油门踏板角度较大）
· 充电状态较低
· 强制降挡
发动机在下述情景中关闭：
· 操作制动踏板，驾驶速度较低
· 汽车静止（发动机自动启/停功能）

a.高电压蓄电池的充电状态　b.已行驶里程　1.电力驱动　2.能量回收　3.发动机打开（通过高电压启动器电动发电机充电）　4.eBOOST 功能

图 5-578

（2）ECO PRO 节能模式

ECO PRO 模式恒定支持以降低消耗为基础的驾驶风格，并确保混合驱动的协调，从而实现汽车的最大行驶里程。ECO PRO 模式通过驾驶体验开关启用。原则上，可使用以下措施增加行驶里程：

· 改动后的加速踏板特征曲线以及带有自动变速器的换挡程序有助于驾驶员应用最佳油耗的驾驶风格。
· 为了使用 eBOOST 功能，有必要配备更大的加速踏板角度（因改进版加速踏板特性曲线所致）
· 减少舒适性用电装置（比如后视镜加热）
· 降低加热/空调系统的动力

F49 PHEV 在 ECO PRO 模式下的操作策略如图 5-579 所示。

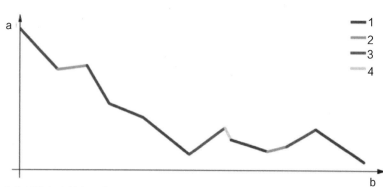

①减少舒适型用电设备。

ECO PRO 模式允许采用特定措施下减少电气舒适性。在特定条件中，下述舒适型用电设备的功率可以缩减：

· 后视镜加热
· 座椅加热
· 后窗加热

②降低加热/空调系统的动力。

关于空调控制，在可接受舒适性范围内使用低能耗的操作策略。降低空气干燥度和冷却温度，可提高空调

a.高电压蓄电池的充电状态　b.已行驶里程　1.电力驱动　2.能量回收　3.发动机打开（通过高电压启动器电动发电机充电）　4.eBOOST功能

图 5-579

系统的工作效率且使用较少的电能。优先冷却高电压蓄电池且其不受 ECO PRO 模式启用的影响。如果无须冷却即可达到所需温度，则关闭电动空调压缩机。

（3）SPORT 模式

SPORT 模式下，F49 PHEV 可以实现全部系统动力。驾驶员必须将挡位选择开关左移。自动变速器也可以进行手动换挡。发动机在 SPORT 模式中时刻处于启用状态。发动机自动启/停按钮被禁用。SPORT 模式中电机用于 eBOOST 功能。这种驾驶模式中无法进行纯电动驾驶。高电压蓄电池单元可以通过高电压启动器电动发电机进行主动充电，以便随时为 eBOOST 功能提供充足的能量。因此，与其他驾驶模式相比，该驾驶模式的充电状态较高。F49 PHEV 在 SPORT 模式下的操作策略如图 5-580 所示。

a.高电压蓄电池的充电状态　b.已行驶里程　1.能量回收　2.发动机打开（通过高电压启动器电动发电机充电）　3.eBOOST功能

图 5-580

能量回收及 eBOOST 动力（电机和高电压启动器电动发电机）在这种驾驶模式下最大。在 SPORT 模式中，如果因驾驶情景中的能量回收周期较低并且高电压启动器电动发电机无法提供充足的电能，导致高电压蓄电池的充电状态下降过大，则后部电机被启用，以便产生附加电能。比如，长途爬山旅程，通过 SPORT 模式驾驶就会出现这种情况。通过后桥驱动的过程中，直接使用发动机产生的部分驱动力，以便对高电压蓄电池充电。在这种情景中，可以接受后桥通过电机能量回收产生的减速度，以免充电状态下降过快。

（4）MAX eDRIVE 模式

如有需要，驾驶员可在 Max eDRIVE 模式下使用纯电动驾驶且时速可达 125km。电动行驶里程可达 60km。必须按下 eDRIVE 按钮才可启用此驾驶模式。COMFORT 和 ECO PRO 模式下可启用 MaxeDRIVE 模式，以免发动机启动，F49 PHEV 内的 MAX eDRIVE 按钮如图 5-581 所示，F49 PHEV 在 MAX eDRIVE 模式下的操作策略如图 5-582 所示。

图 5-581

通过强制降挡操作可以打开发动机，并禁用 Max eDRIVE 模式。在此过程中，COMFORT 模式自动启用。驾驶风格（加速及速度）及环境温度（以及二次用电装置）对可以实现的电动行驶里程的影响非常大。为了实现最大电动行使里程，乘客舱的预热 / 预冷操作应在进行外部充电时执行。旅途过程中可能需要用到预热 / 预冷所需的能量，因此通过这种操作可以实现更远的电动行驶里程。如果在长期停用或非常冷的环境温度条件下在 Max eDRIVE 模式下启动车辆，可能导致动力驱动功率降低。可能导致的原因之一是高电压蓄电池单元的电池模块温度过低。

4. 驱动控制

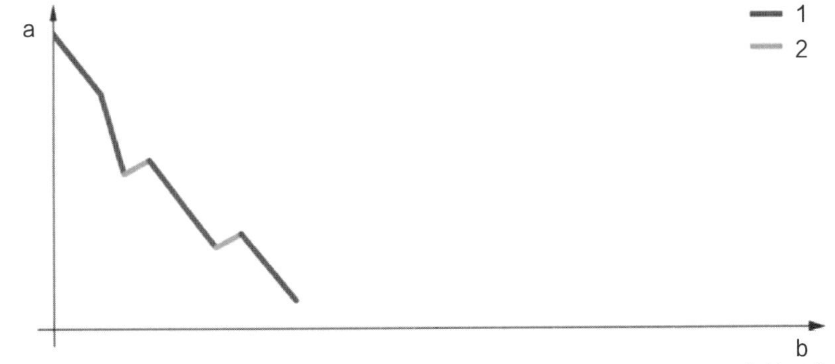

根据加速踏板的位置以及其所对应的车速，DME 对所需的驱动扭矩进行计算。因此，驱动扭矩根据具体情况不定性地分配至独立的驱动轴，确保时刻保持动感、驾驶安全性、牵引和效率的最佳平衡。DME 属于驱动控制的车身域控制器。电动机通过较低的加速踏板角度启动汽车（SPORT 模式除外）。如果通过加速踏板发出更

a.高电压蓄电池的充电状态　b.已行驶里程　1.电力驱动（Max eDRIVE）　2.能量回收

图 5-582

高的驱动扭矩指令，则发动机打开并提供驱动力。如果发动机打开，后桥驱动所产生的驱动应是出于牵引或eBOOST功能等原因。前变速器和后变速器将驱动扭矩分配至两侧的相同组件。F49 PHEV内驱动扭矩的纵向分配如图5-583所示。

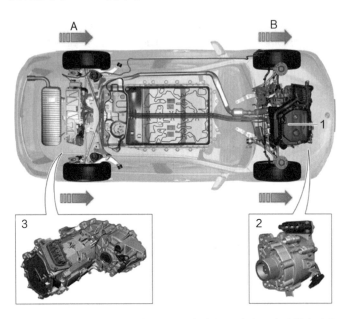

A.驱动，后桥 B.驱动，前桥 1.汽油发动机 2.高电压启动器电动发电机 3.电机

图 5-583

轴混合动力的扭矩智能分配还是可以实现典型的四轮驱动。100%扭矩在前桥和后桥之间的可变分配对自转向响应及驾驶动感产生积极影响。轴混合动力可以在极限距离范围内保障稳定安全的驾驭性。如果出现不稳定现象（比如紧急出现的转向不足），驱动扭矩同样在前桥和后桥之间分配，因此可以通过前桥防止出现侧滑。前桥驱动扭矩减少，后桥驱动扭矩增加。这种现象通过一个快速转换驾驶的示例就非常清楚了，转弯过程中前桥在进入弯道时还是通过eBOOST功能驱动，F49 PHEV出现转向不足时驱动扭矩的纵向分配如图5-584所示。

弯道中还可以实现最佳牵引，从而实现更快的加速度。如果驾驶稳定性达到极限范围，它将自然地引发DSC干预。但是，DSC干预受到的影响非常小，从而明显地提高驾驶舒适性。无论是在减速还是在能量回收过程中，DSC不仅在极限范围的动态处理特征中发挥作用，还可以随时向DME提供最大可传输扭矩。这些扭矩的对策参数在DME中进行处理，并在驱动扭矩分配中予以参考。比如，后部电机的eBOOST和能量回收动力通过这种方式时刻适应驾驶情景，并在必要情况下下降。相反，能量回收产生的负扭矩也会对

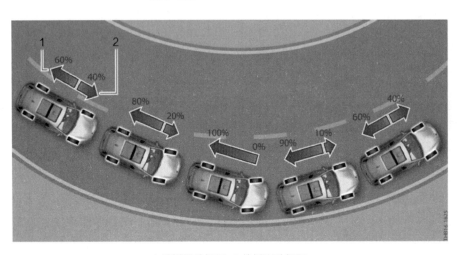

1.后桥驱动扭矩 2.前桥驱动扭矩

图 5-584

驾驶稳定性造成干预。通过这种配置方式，不同的驱动系统时刻支持共同的目标，并相互补充。

强制降挡：

强制降挡是驱动控制中的一个特殊位置。强制降挡是指所有驱动源被启用以提供最大驱动力。包括：

·发动机

·电机

·高电压启动器电动发电机

（1）eBOOST功能

在F49 PHEV中，电机和高电压启动器电动发电机可用来支持发动机。这种功能被称为eBOOST功能。

在这一流程中，为发动机提供的辅助进行单独提供，与相应的驱动轴相互独立，这种情况与之前的混动汽车存在差别。F49 PHEV 的 eBOOST 功能如图 5-585 所示。

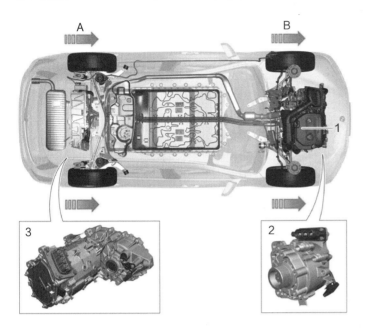

A.驱动，后桥　B.驱动，前桥　1.汽油发动机　2.高电压启动器电动发电机　3.电机

图 5-585

因此，为发动机及前桥提供的辅助受到 COMFORT、ECO PRO 和 SPORT 模式的影响。在 COMFORT 和 ECO PRO 模式中，只有发动机的转速处于较低范围时，高电压启动器电动发电机才被用作一种辅助（响应通过加速踏板发出的扭矩需求）。强制降挡除外。高电压启动器电动发电机在整个发动机转速范围内提供全部动力（超增压）。为了在 SPORT 模式中调用 F49 PHEV 的全部系统动力，从该驾驶模式开始阶段即可提供高电压启动器电动发电机的全部动力。

附加加速等级一般取决于：

· 高电压蓄电池的充电状态（SOC）
· 所选择的驾驶模式
· 相关组件的温度
· 可以在车轮和公路之间传输的扭矩
· 驾驶速度

当高电压蓄电池充电状态非常低时，eBOOST 动力呈线性降低，与所选择的驾驶模式无关。

（2）负载点增加

在恒定发动机转速条件下增加发动机的负载被称为负载点增加。这样可以增加性能以使可以最佳距离范围运行发动机。所产生的阻力（对发动机起反作用）必须进行补偿，一方面确保增加发动机负载，另一方面确保速度的恒定。比如，纯发动机驾驶驱动的汽车中打开空调系统或车辆后座加热。附加阻力通过 DME 补偿。DME 通过启用节流阀为发动机提供更多的新鲜空气。喷油量同样增加。发动机的负载增加，并且在效率和油耗方面实现更加优化的范围。但是，如果发动机转速停止增加并且仅产生被补偿的阻力时，相应控制措施将精准执行。F49 PHEV 汽车中，高电压启动器电动发电机在交流发电机模式中产生一个反扭矩。如上所述，DME 对这种反扭矩进行补偿，发动机以更加优化的方式操作。所获取的电能用来为高电压蓄电池单元充电。通过这种方式，发动机在高电压蓄电池单元充电过程中同样受到积极的影响。负载点增加的时间和等级中起决定性作用的因素如下：

· 高电压蓄电池的充电状态
· 驾驶模式
· 发动机的负载
· 发动机的温度

（3）能量回收

F49 PHEV 通过前桥和后桥进行制动能再生（能量回收）。通过高电压启动器电动发电机和电机产生的能量回收最大减速度为 $1.1\mathrm{m/s^2}$。这就意味着制动盘和制动片的磨损非常低，提供了一种前瞻性的驾驶风格。F49 PHEV 内的能量回收如图 5-586 所示。

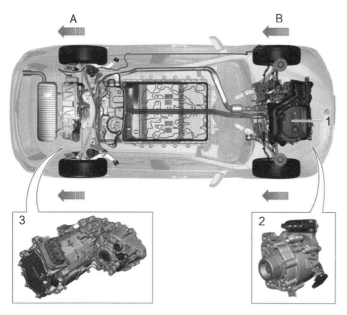

A.后桥上的能量回收 B.前桥上的能量回收 1.汽油发动机 2.高电压启动器电动发电机 3.电机

图 5-586

滑行（超限）模式下的能量回收功能与其他宝马混动汽车大体类似。如果数字电动机电子装置（DME）检测到加速踏板角度为 0°，则要求电机电子装置（EME）通过启用电机在滑行超限模式中开始能量回收。通过这种方式产生电能并存储在高电压蓄电池中。F49 PHEV 的一个特征就是滑行模式中的能量回收强度存在差别。能量回收强度主要取决于相应的驾驶模式和高电压蓄电池的充电状态。SPORT 驾驶模式中可以实现最大减速度，但是能量回收强度却低于 COMFORT、ECO PRO 和 Max eDRIVE 模式（稍微高于传统汽车中产生的发动机阻力矩）。如果驾驶员的减速要求较高，并且踩下制动踏板，DSC 控制单元通过制动踏板行程传感器检测预期的减速度等级，并将该信息传送至 DME。DME 计算电机和高电压启动器电动发电机与减

速度指令相对应的动力需求，该需求高于 EME 执行的能量回收。车轮制动在实现最大能量回收前不运行。只有在发出更高减速要求后使用行驶制动器。如果再生制动被忽略（比如紧急制动）、高电压系统存在故障或高电压蓄电池电力充足，则仅通过行驶制动器提供必要的制动作用力。驾驶员在制动踏板中不会感到这种变化。与此同时，DSC 控制单元在能量回收过程中时刻保持对驾驶状况的监控，并进行必要的干预。能量回收过程中，在出现不稳定的驾驶状况前，DSC 控制单元要求 DME 降低相应轴上的能量回收扭矩。如果这种操作不足以重新建立稳定的驾驶状况，则对整个能量回收进行调整，并通过制动进行 DSC 干预。

5. 驾驶和能量回收策略

驾驶和能量回收策略的主要目标是确保高电压蓄电池在整个驾驶过程中保持充足的充电状态。"充足"是指可以为电动机提供充足的电能。只有这样才可以确保汽车在驾驶过程中的最大系统动力。电能通过下述方式产生：

· 能量回收（电机和高电压启动器电动发电机）

· 发动机的负载点增加（高电压启动器电动发电机）。

驾驶和能量回收策略的目标并非是在驾驶过程中将高电压蓄电池的充电状态增加至 100%。这是外部充电应当实现的目标。如果充电状态（SoC）较高，高电压蓄电池发出的能量用于在驾驶中尽可能保持较高的电力驱动部分，或进行纯电动驾驶。随着充电状态的降低，电力驱动部分同样降低，以便发动机（无论加速踏板的位置还是驱动速度处于何种状态）更为频繁地打开执行驱动，从而对高电压蓄电池进行充电。这个过程用来保持充电状态。如果充电状态仍然持续降低（比如更频繁地使用 eBOOST 功能），则可以通过电力驱动的速度降低，电力驱动加快。根据不同的驾驶风格，这种下降现象在充电状态 10% 左右时开始。在即将达到临界值前，电力驱动和 eBOOST 功能呈线性下降。发动机自动启 / 停功能同样被禁用，确保发动机在静止状态下为高电压蓄电池充电。F49 PHEV 能量回收策略如图 5-587 所示。

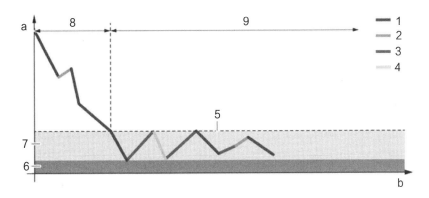

a.高电压蓄电池的充电状态　b.已行驶里程　1.电力驱动里程　2.能量回收　3.发动机打开（通过高电压启动器电动发电机充电）　4.eBOOST功能　5.用于保持充电状态的阈值　6.电力驱动和eBOOST功能撤销周期　7.保持充电状态的周期　8.高电压蓄电池的能量撤出　9.驾驶中产生的能量

图 5-587

保持充电状态的阈值取决于多种因素：

· SPORT 模式启用

· 保持充电状态的设置（Save Battery）

· 导航系统的主动路线导航

根据前文对 SPORT 模式的介绍，高电压蓄电池单元进行主动充电，以便为 eBOOST 功能提供充足的电能。因此，保持高电压蓄电池充电状态的阈值更高。

（1）保持充电状态（Save Battery）

如果有必要（示例）在随后阶段使用电能，则可以通过 eDRIVE 按钮选择保持充电状态（Save Battery）选项。选择"保持充电状态"（Save Battery）功能的前提条件是：

· 挡位选择开关未处于 Sport 模式

驾驶体验开关（ECO PRO、COMFORT 或 SPORT）对可用性无影响。

该功能可以应用于高电压蓄电池的每个充电状态。但是，充电状态存在下述影响：

· 如果充电状态高于 90%，则将保持该充电状态

· 如果充电状态低于 90%，则充电至 90%

一旦启用该功能，发动机打开得更为频繁，以便通过高电压启动器电动发电机保持高电压蓄电池的充电状态。高电压蓄电池满电状态下也可以启用该功能。但是，充电状态会小幅下降，以便可以吸收（示例）能量回收过程中的电能。下述状况会导致"保持充电状态"（Save Battery）功能被禁用：

· 通过 iDRIVE 禁用

· 通过挡位选择开关启用 SPORT 驾驶模式

· 通过 eDRIVE 按钮启用 eDRIVE 功能

· 终端变更

在"保持充电状态"（Save Battery）功能启用期间可以使用发动机自动启 / 停功能。如果当前的充电状态等级与需要保持的等级相同，则在汽车静止时关闭发动机。如果当前的充电状态等级低于需要保持的等级，则在汽车静止时不关闭发动机。

（2）导航系统的路线导航

通过导航系统启用路线导航后，对路线进行分析，并根据地形情况应用合适的操作策略。通过单个行程的导航数据可以对涵盖该行程所需的动力进行计算。根据动力预测及高电压蓄电池的充电状态，确定该行程内是否需要使用发动机或电动机。这种功能的目的是增加电能在目标区域及市区环境中的使用。有 3 种驾驶情景积极响应这种操作策略：

①慢巡航区。

确保在慢巡航区的电动驾驶。如有必要，高电压蓄电池单元在此之前应主动充电。

②下坡区。

高电压蓄电池充满电并且即将在下坡区行驶，则充电状态将出现缩减，以便可以吸收下坡区能量回收过程中所产生的所有能量。在进入下坡区之前，高电压启动器电动发电机为发动机提供辅助（eBOOST），以便减小充电状态。

③目标区。

确保抵达目标区前以及在目标区的电动驾驶。如有必要，高电压蓄电池单元在此之前应主动充电。F49 PHEV 内使用主动路线导航的驾驶员和能量回收如图 5-588 所示。

在旅行过程中，通过 CID 为驾驶员提供关于用于后期旅程的蓄积电能的能量流示意图。

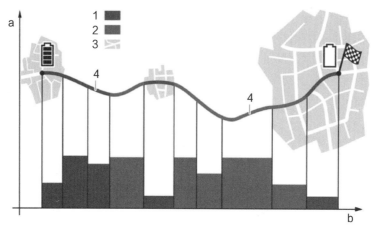

a.相关行程的动力预测　b.已行驶里程　1.电动机的使用　2.发动机的使用　3.蓄积区　4.越野区域

图 5-588

二、混合动力电动车

（一）简介

与宝马 i 车型一样，在 3.0 代宝马混合动力车辆（GEN3）上也可通过专业售后服务人员对高电压蓄电池单元内的组件进行更换并以此方式进行修理。然而，在 F49 插电式混合动力电动车上，高电压蓄电池单元不作为整个配件提供。因此也无法再在未经进一步修理的情况下进行更换。针对宝马经销商员工提供有关高电压蓄电池单元修理的特殊资质认证措施。F49 PHEV 高电压蓄电池单元如图 5-589 所示。

（二）高电压蓄电池单元

1.概览

在宝马 Active Hybrid 车辆上，高电压蓄电池单元作为电动传动系统的能量存储设备。F49 PHEV 是继 F18 PHEV 之后，华晨宝马汽车有限公司所研发的又一款插电式混合动力电动车。F49 PHEV 还装备新一代高电压蓄电池单元 3.0 代（Gen 3.0）。与 1.0 和 2.0 代高电压蓄电池单元出现故障时需要整个更换不同，3.0 代出现故障时可以进行修理。与宝马 Active Hybrid 车辆一样，F49 PHEV 也配备一个可为高电压蓄电池单元充电的电机。另提供高电压启动器电动发

图 5-589

电机用于高电压蓄电池单元充电。除使用高电压启动器电动发电机外，在插电式混合动力车辆上还可通过外部与家用充电插座对高电压蓄电池单元进行充电。也可通过制动能量回收利用为高电压蓄电池充电。混合动力技术是在宝马 I12 所使用的驱动技术之上进一步研发所得。宝马 X1 xDrive 25Le 的驱动系统包含 3 缸汽油

发动机（使用双涡轮增压技术）（B38A15）、6 速自动变速器（GAF21FT250）与电机。相比 I12 的驱动方案，F49 PHEV 配备的电机安装在后桥位置。在带有电动驱动装置的车辆上，高电压蓄电池相当于发动机驱动车辆的燃油箱。为使 F49 PHEV 达到预期可达里程，对需要存储的能量进行了相应计算。能量存储设备的体积与重量会受影响。与 F49 相比，燃油箱的体积已缩减且位置偏后。车身底部结余的地方放置高电压蓄电池单元。高电压蓄电池的安装位置使车辆的部分特性有所提升：

- 较低的安装位置可降低车辆重心，特别是减少弯道行驶的侧倾趋势
- 与常规车辆（如宝马 Active Hybrid5）相比，车辆内部不再受高电压蓄电池单元的限制
- 高电压蓄电池安装在车身底部，使车辆具备可装载平台，并可充分利用车辆内部空间装载物品

F49 PHEV 高电压组件如图 5-590 所示。

（1）技术数据

高电压蓄电池单元由中国宁德时代新能源科技有限公司（CATL）生产。F49 PHEV 高电压蓄电池单元配备的很多组件与 F15 PHEV 相比有所不同，如以下所列：

- 带实际电池的电池模块
- 电池监控电子装置
- 安全盒（S-BOX）
- 蓄电池管理电子装置（SME）的控制单元
- 热交换器
- 导线束
- 接口（电气系统、制冷剂与排气）
- 壳体部件与固定部件

在此将蓄电池组电池组装成电池模块并与其他组件一起安装为完整的高电压蓄电池单元。在 F49 PHEV 高电压蓄电池内使用的电池组属于锂离子电池类型（电池类型为 NmCo/LMO 混合）。锂离子电池的阳极材料原则上是锂金属氧化物。"NMCo/LMO 混合"这一名称说明了这种电池类型使用的金属，一方面是镍、锰和钴的混合物，另一方面是锂锰氧化物。锂离子电池正极使用这种材料可以优化电动车辆所用高电压蓄电池的特性（能量密度高、使用寿命长）。像往常一样

图 5-590

表 5-68

电压	277.2 V（额定电压） 最小 216V，最大 316V（电压范围）
蓄电池组电池	154 个蓄电池组电池，以 2 个并联 7 个串联的布置方式组成一个模块（每个电池 3.6V 和 26.5Ah）
最大可存储能量 最大可用能量	14.7kWh 10.7kWh
最大功率（放电）	84kW（短时） 33kW（持续）
最大功率（交流电充电）	3.5kW
总重量	169kg
尺寸	1419.2mm × 1019mm × 211.7mm
冷却系统	冷却液

使用石墨作为负极材料，充电时锂离子沉积在负极内。蓄电池组电池的总额定电压为 3.6 V。如表 5-68 所示总结了 F49 PHEV 高电压蓄电池的一些重要技术数据。

（2）安装位置

高电压蓄电池单元安装在车身底部燃油箱前。这种安装方式的优点是降低 F49 PHEV 的重心，从而改善驾驶特性。为接触到高电压蓄电池单元接口，必须拆除车身底部的装饰板。F49 PHEV 高电压蓄电池单元安

装位置如图 5-591 所示。

高电压蓄电池单元的主要外部特征包括：

- 高电压导线或接口
- 12V 车载电气系统接口
- 制冷剂管路或接口
- 提示牌
- 排气单元

高电压蓄电池单元除高电压接口外还有一个 12V 车载电气系统接口。通过该接口为集成在高电压蓄电池单元内的控制单元提供电压、数据总线、传感器和监控信号。将其接入制冷剂循环回路内，以对高电压蓄电池进行冷却。高电压蓄电池单元上的提示牌向进行相关组件作业的人员说明所用技术及可能存在的电气和化学危险。高电压蓄电池单元的电压远远高于60V。因此进行任何高电压蓄电池单元作业前，都必须遵守电气安全规定：

- 断开系统电源
- 使用安全装置以防重新接通
- 确保系统无电压

无法通过组合仪表确定系统无电压时，不允许在车辆上继续作业。有生命危险！之后必须由电气专业人员使用相应测量仪器／测量方法确定系统无电压。在这些情况下必须联系技术支持部门。此外，必须锁闭车辆并用隔离带隔离车辆。可在无须拆卸高电压蓄电池单元的情况下断开导线（高电压和 12V 车载电气系统接口）和冷却液管路。高电压蓄电池单元位于乘员舱以外。如果由于严重故障导致蓄电池组电池产生过压，必须向外排出所产生的气体。高电压蓄电池单元上部壳体上的排气单元直接与外部相连。与其他 Active Hybrid 车辆一样，所用高电压售后服务断电开关不是高电压蓄电池单元的组成部分，它位于行李箱内右后侧。

（3）系统电路图

F49 PHEV 高电压网路内高电压蓄电池单元的系统电路图如图 5-592 所示。

2. 外部特征

（1）机械接口

高电压蓄电池单元的壳体通过 3 个支架固定在 F49 PHEV 车身上。拆卸高电压蓄电池单元时，必须

1.燃油箱　2.高电压蓄电池单元

图 5-591

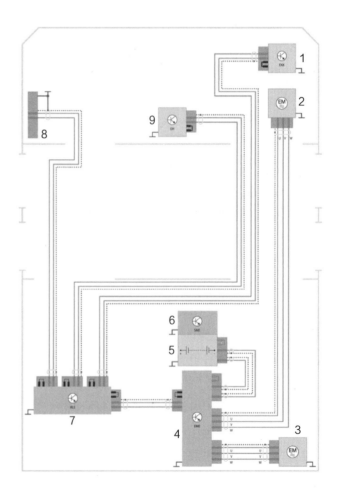

1.电动空调压缩机（EKK）　2.高电压启动器电动发电机　3.电机 4.电机电子装置（EME）　4.蓄电池管理电子装置（SME）　5.高电压蓄电池单元　6.蓄电池管理电子装置　7.便捷充电电子装置 8.充电插座　9.电气加热装置

图 5-592

714

首先进行维修说明中规定的所有前提工作，例如诊断、断开电压、清空制冷剂。同时拆除车身底部饰板与支柱。松开固定螺栓前，必须将带有相应固定装置的可移动总成升降台放在高电压蓄电池单元下方。如同宝马Active Hybrid 车辆，通过等电位导线使高电压蓄电池单元壳体与车身之间形成电气连接。高电压蓄电池单元壳体与接地之间的低电阻连接是确保自动绝缘监控功能正常运行的一项重要前提条件，因此应注意所有安装螺栓的拧紧力矩是否正确。

固定等电位螺栓时，必须执行准确的工作步骤：

- 清洁接触面并让另外一人进行检查
- 按规定力矩拧紧电位补偿螺栓
- 让另外一人检查力矩
- 两人必须将准确工作情况记录在车辆档案内

F49 PHEV 高电压蓄电池单元安装如图 5-593 所示。

1.高电压蓄电池单元 2.高电压蓄电池固定螺栓 3.保护罩固定螺栓 4.等电位连接螺栓

图 5-593

（2）电气接口

①高电压接口。

在高电压蓄电池单元上带有一个 2 针高电压接口，高电压蓄电池单元通过该接口与高电压电气系统连接。F49 PHEV 高电压蓄电池单元上部的接口如图 5-594 所示。

围绕高电压导线的两个电气触点各有一个屏蔽层触点。这样可使高电压导线屏蔽层（每根导线各有一个屏蔽层）一直持续到高电压蓄电池单元壳体内，从而有助于确保电磁兼容性。此外，高电压接口还可防止接触导电部件。触点本身带有塑料外套，从而防止直接接触。只有连接导线时，才压开外套并进行接触。塑料滑块用于插头的机械锁止机构。此外，它还是一项安全功能的组成部分，未连接高电压导线时，滑块会盖住高电压连锁回路电桥接口。

在高电压蓄电池单元壳体上进行任何安装时，都只能使用自攻螺钉。允许使用 Kerb Konus 螺纹套对壳体下部件端盖的螺纹进行修复。F49 PHEV 高电压蓄电池单元贴有 4 个提示牌，即 1 个型号铭牌和 3 个警告提示牌。型号铭牌提供逻辑信息（例如零件编码）与关键技术数据（例如额定电压）。警告提示牌一方面指出采用了锂离子技术，另一方面指出高电压蓄电池单元内电压较高，从而提醒注意可能存在相关危险。高电压组件的警告提示牌强调组件带有高电压的事实。

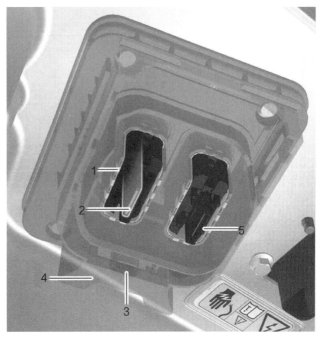

1.屏蔽层触点 2.高电压导线触点 3.带高电压连锁回路电桥接口的插孔 4.机械滑块 5.触点保护

图 5-594

只有按规定连接高电压导线且插头锁止时，才能接触到该接口并插上电桥。这样可确保，只有连接高电压导线时，高电压连锁回路电路才会闭合。该原理适用于 F49 PHEV 的所有扁平高电压接口（高电压蓄电池单元、电机电子装置）。因此只有所有的高电压接口连接电机电子装置与便捷充电电子装置时，高电压系统才会启用。这样可以额外防止接触可能带电的接触面。F49 PHEV 高电压接口如图 5-595 所示。

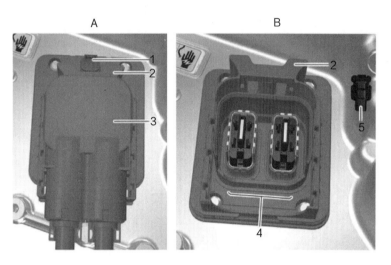

A.已插入高电压导线的高电压接口　B.已松开高电压导线的高电压接口　1.高电压连锁回路电桥（已插上）　2.机械滑块　3.高电压导线的高电压插头　4.高电压接口　5.高电压连锁回路电桥（已松开）

图 5-595

与高电压蓄电池单元的所有其他组件一样，高电压接口可作为单独组件进行更换。前提是由专业售后服务人员严格按照维修说明来进行。

②12V 车载电气系统接口。

在 F49 PHEV 高电压蓄电池单元上带有一个 12V 车载网络接口，可实现以下连接：

· 通过总线端 30F 为 SME 控制单元供电和接地连接

· 用于为电动机械式接触器供电的总线端 30 碰撞信息

· 来自 BDC 的唤醒导线

· 高电压连锁回路的输入端和输出端

· 用于启用截止和膨胀组合阀的输出端（+12V 和接地）

· PT-CAN2

F49 PHEV 高电压蓄电池单元底部的接口如图 5-596 所示。

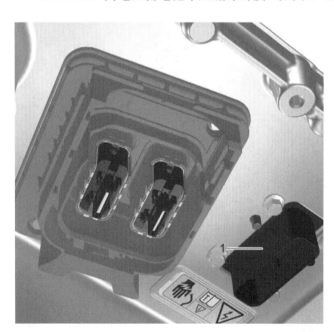

1.12V车载电气系统接口

图 5-596

③高电压安全插头（售后服务断电开关）。

F49 PHEV 高电压售后服务断电开关不是高电压蓄电池单元的组成部分。因此作为车辆的标准装备，高电压售后服务断电开关的颜色由橙色改为了绿色。高电压售后服务断电开关作为独立的组件安装在行李箱内右后侧，F49 PHEV 高电压售后服务断电开关安装位置如图 5-597 所示。

与 Active Hybrid 车辆一样，高电压售后服务断电开关执行两项任务：

· 断开高电压系统电源

· 使用安全装置以防重新接通

高电压安全插头或连接桥是高电压连锁回路电路的组成部分。如果将高电压安全插头的插头和插孔彼此拉开，高电压连锁回路电路就会断路。高电压安全插头的插头和插孔无法完全彼此拉开。两个部分以机械方式固定在一起，以防彼此拉开。需要断开高电压连锁回路电路时，可将两个部分彼此拉开，直至能够使用 U 形锁固定住以防重新接通。

1.行李箱照明　2.高电压售后服务断电开关盖　3.高电压安全插头（售后服务断电开关）

图 5-597

④第二紧急接口。

当出现追尾碰撞，高电压售后服务断电开关无法使用时，紧急售后服务必须确保车辆在实施救援措施前断开电压连接。因此，第二紧急接口应运而生。第二紧急接口通常与高电压售后服务断电开关相对而置。如果高电压售后服务断电开关安装在行李箱内，紧急接口则安装在发动机室内。F49 PHEV 紧急接口安装位置如图 5-598 所示。

紧急接口总线端 30C 可为安全盒内的接触器提供电压。在标记的位置切断导线，可确保接触器断开。切断后，紧急接口可再次维修。

（3）排气单元

排气单元有两项任务。第一项任务是补偿高电压蓄电池单元内部和外部之间的较大压力差。只有某一蓄电池组电池损坏时，才会产生这种压力差。在此情况下，出于安全原因，蓄电池组电池已损坏的电池模块壳体会打开，以便降低压力。气体首先存在于高电压蓄电池单元壳体内，然后通过排气单元排到外面。此外，热交换器泄漏和制冷剂溢出时，压力会升高。F49 PHEV 排气单元横截面如图 5-599 所示。

图 5-598

排气单元的第二项任务是向外输送高电压蓄电池单元内部产生的冷凝物。在高电压蓄电池单元内部除技术组件外还有空气。通过较低环境温度或启用冷却功能后通过制冷剂对空气或壳体进行冷却时，空气中的部分水蒸气就会冷凝。因此在高电压蓄电池单元内部可能会形成少量液态水，这不会对功能产生任何影响。空气或壳体再次受热时，水就会重新蒸发，同时壳体内的压力稍稍增大。排气单元可通过向外排出受热空气进行压力补偿。此时会

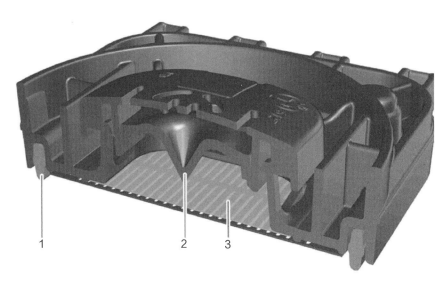

1.密封件　2.心轴　3.隔膜

图 5-599

将空气中包含的水蒸气连同之前的液态冷凝物一起向外排出。为了完成上述任务，排气单元带有一个透气（和水蒸气）但不透水的隔膜。在隔膜上方有一个心轴，高电压蓄电池单元内过压较高时，该心轴会毁坏隔膜。在隔膜上方有一个两件式盖板，可防止较大污物进入。

排气单元安装在壳体上部件如图5-600所示。

1.固定螺栓　2.排气单元

图5-600

通风单元可以作为完整单元在售后维修部门进行更换。如果排气单元出现机械损伤，则建议更换排气单元。如高电压蓄电池单元壳体上部也受损（例如裂缝），联系技术支持部门以确定合适的维修方案。使用EoS测试仪（售后服务端）进行最终测试时，应使用适用于F49 PHEV排气单元的检测适配器。

（4）制冷剂循环回路接口

为对高电压蓄电池单元进行冷却，在此将其接入加热与空调系统制冷剂循环回路内。为了能够根据需要进行冷却，在高电压蓄电池单元上有一个电气控制式膨胀和截止组合阀。膨胀和截止组合阀通过硬绞线与SME控制单元连接，由该控制单元直接启用。供电中断时阀门关闭，此时没有制冷剂流入高电压蓄电池单元内。阀门只能识别出"关闭"和"打开"位置。通过热学方式调节制冷剂流入量。

3.冷却系统

（1）概览

为了尽可能延长高电压蓄电池的使用寿命并获得最大功率，应在规定温度范围内运行蓄电池。温度在-40~+55℃范围内（实际电池温度）时，原则上高电压蓄电池单元处于可运行状态。就温度特性而言，高电压蓄电池单元是一个惰性系统，即电池需要几个小时才能达到环境温度。在极其炎热或寒冷的环境下短暂停留并不表示电池已经达到环境温度。但就使用寿命和功率而言，最佳电池温度范围明显缩小。该范围为+25~+40℃。如果在功率输出较高时电池温度持续明显超出该范围，就会影响蓄电池组电池使用寿命。为了消除该影响并在所有环境温度条件下确保最大功率，F49 PHEV的高电压蓄电池单元带有自动冷却功能。F49 PHEV上未安装高电压蓄电池单元加热装置。F49 PHEV高电压蓄电池单元的温度适用范围如图5-601所示。

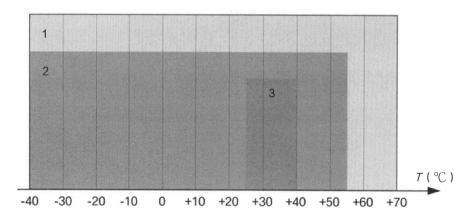

1.一般温度范围（存储区域）　2.高电压蓄电池单元工作范围　3.高电压蓄电池单元最佳工作范围

图5-601

F49 PHEV 标配高电压蓄电池冷却系统。为此将其接入加热与空调系统制冷剂循环回路内。F49 PHEV 高电压蓄电池单元整个制冷剂系统如图 5-602 所示。

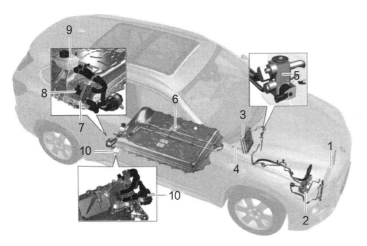

1.冷凝器　2.电动空调压缩机（EKK）　3.车内空间热交换器　4.至高电压蓄电池冷却单元的制冷剂管路　5.用于热交换器的膨胀和截止组合阀　6.高电压蓄电池单元　7.冷却单元（冷却液制冷剂热交换器）　8.膨胀和截止组合阀　9.冷却液膨胀箱　10.电动冷却液泵（50W）

图 5-602

高电压蓄电池单元冷却系统：

图 5-602 所示为 F49 PHEV 高电压蓄电池单元的制冷剂循环回路与冷却液循环回路。高电压蓄电池单元直接通过冷却液进行冷却，冷却液循环回路与制冷剂循环回路通过冷却液制冷剂热交换器（即冷却单元）连接。因此，空调系统制冷剂循环回路由两个并联支路构成，一个用于冷却车内空间，一个用于冷却高电压蓄电池单元。两个支路各有一个膨胀和截止组合阀，用于相互独立地控制空调功能。蓄电池管理电子装置可通过施加电压启用并打开冷却单元上的膨胀和截止组合阀。这样可使制冷剂流入冷却单元内，在此膨胀、蒸发并冷却流经高电压蓄电池的冷却液。车内空间冷却同样根据需要来进行。热交换器前的膨胀和截止组合阀也能够通过 EME 以电气方式启用。F49 PHEV 高电压蓄电池单元制冷剂循环回路如图 5-603 所示。

电动冷却液泵通过冷却液循环回路输送冷却液。只要冷却液的温度低于电池模块，仅利用冷却液的循环流动便可冷却电池模块。冷却液温度上升，不足以使电池模块的温度保持在预期范围内。因此必须要降低冷却液的温度，需借助冷却液制冷剂热交换器（即冷却单元）。这是介于高电压蓄电池冷却液循环回路与空调系统制冷剂循环回路之间的接口。如冷却单元上的膨胀和截止组合阀使用电气方式启用并打开，液态制冷剂将流入冷却单元并蒸发。这样可吸收环境空气热量，因此也是一种流经冷却液循环回路的冷却液。电动空调压缩机（EKK）再次压缩制冷剂并输送至电容器，制冷剂在此重新变为液体状态，因此制冷剂可再次吸收热量。F49 PHEV 高电压蓄电池单元冷却系统如图 5-604 所示。

（2）功能

冷却系统可实现两种运行状态：

· 冷却系统关闭

· 冷却系统接通

主要根据电池温度、环境温度以及高电压蓄电池获取或输送的功率来启用这些运行状态。SME 控制单元根据输入参数决定需要哪种运行状态。如图 5-605 展示了输入参数、SME 控制单元的作用以及控制所用执行机构。

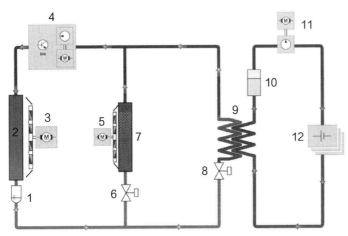

1.干燥器瓶　2.冷凝器　3.电动风扇　4.电动空调压缩机（EKK）　5.车内空间鼓风机　6.膨胀和截止组合阀（车内空间）　7.车内空间热交换器　8.膨胀和截止组合阀（高电压蓄电池）　9.冷却单元（冷却液制冷剂热交换器）　10.冷却液膨胀箱（高电压蓄电池单元冷却液循环回路）　11.电动冷却液泵（50W）　12.高电压蓄电池单元

图 5-603

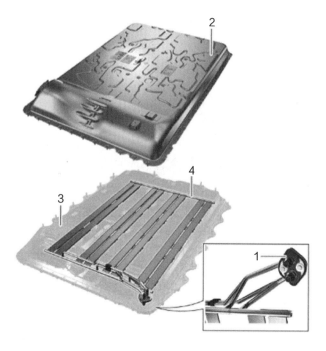

1.冷却液管路连接法兰　2.壳体上部件　3.高电压蓄电池模块
4.主要冷却液通道

图 5-604

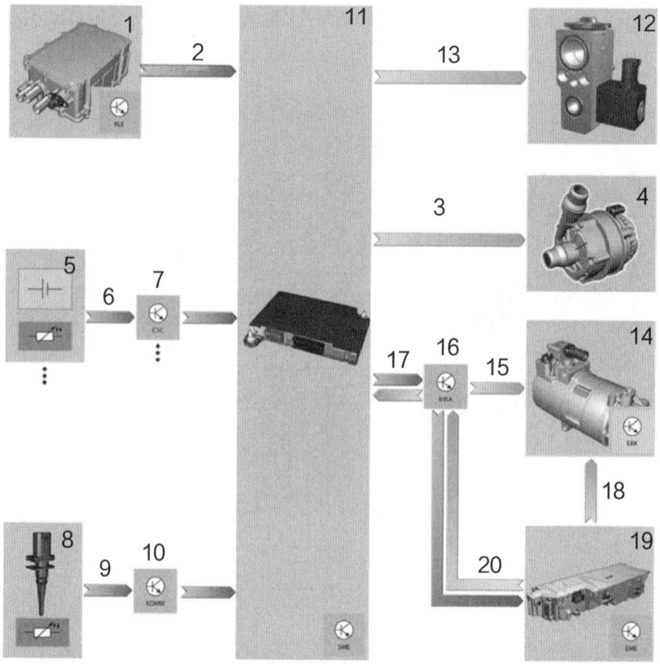

1.便捷充电电子装置 KLE　2.高电压蓄电池单元进行外部充电的
信息　3.高电压蓄电池冷却泵启用信号　4.高电压蓄电池冷却泵
5.高电压蓄电池上的温度传感器　6.电池模块温度信号　7.电池监
控电子装置（CSC）　8.车外温度传感器　9.环境温度信号　10.组
合仪表 KOMBI　11.SME 控制单元（高电压蓄电池内）　12.膨胀和
截止组合阀　13.膨胀和截止组合阀启用信号　14.电动空调压缩机
（EKK）　15.电动空调压缩机 EKK 控制信号（通过局域互联网总
线）　16.一体化自动加热/空调系统　17.冷却要求　18.高电压电源
19.电机电子装置（EME）　20.高电压功率要求

图 5-605

① "冷却系统关闭"运行状态。

电池温度处于或低于最佳范围时，会启用"冷却系统关闭"运行状态。车辆在适中环境温度下以较低电功率行驶时，通常会启用该运行状态。"冷却系统关闭"运行状态非常高效，因为无须其他能量来对高电压蓄电池进行冷却。

相关组件按以下方式工作：

· 需要对车内空间进行冷却时，电动空调压缩机不运行或降低功率运行。

· 冷却单元上的膨胀和截止组合阀与电动冷却液泵均关闭。

② "冷却系统接通"运行状态。

蓄电池组电池温度上升至 30℃左右时，就会开始冷却高电压蓄电池。SME 控制单元以两个优先级向 IHKA 控制单元提出冷却要求。之后 IHKA 决定是否对车内空间、高电压蓄电池单元或二者进行冷却。SME 提出优先级较低的冷却要求且车内空间冷却要求较高时，IHKA 可能会拒绝提出的冷却要求。但 SME 提出优先级较高的冷却要求时，始终会对高电压蓄电池进行冷却。进行冷却时，IHKA 要求电机电子装置内的高电压电源管理系统提供用于电动空调压缩机的电功率。在冷却运行状态下，组件工作方式如下：

· SME 控制单元提出冷却要求

· IKHA 授权后，SME 控制单元启用电动冷却液泵→如未启用→与冷却单元上的膨胀和截止组合阀。通过这种方式使该阀门打开，制冷剂流入冷却单元内

· 电动空调压缩机运行

尽管此过程需要高电压电气系统提供能量，但最重要的是：只有这样才能确保蓄电池组电池具有较长使用寿命与较高效率。蓄电池组电池温度明显低于 20℃最佳运行温度时，其功率会暂时受限且能量转换效率也

不理想。这是无法避免的锂离子蓄电池化学效应。如果长时间（例如多日）将F49 PHEV停放在极低环境温度条件下，蓄电池组电池也会变为与环境温度一样低。在此情况下，刚开始行驶时，可能无法提供最大电动驱动功率。但客户并不会有所察觉，因为此时由发动机驱动车辆。

（3）系统组件

①热交换器。

在高电压蓄电池单元内部，冷却液在管路和冷却通道（铝合金材质）内流动。通过入口管路流入的冷却液在高电压蓄电池单元接口后分别进入两个管路。低温冷却液首先流经热交换器外部的4个冷却液通道，吸收电池模块的热量，并汇集到热交换器另一端，然后通过中间的4个通道返回冷却电池模块。热交换器为单层结构，具有良好热传导性且比重低，由8个多接口管道构成。在一定范围内，最大优化2.2 kN模块下支撑力，以确保足够的热传导性能且不损害电池模块与热交换器。介于传导体与电池模块之间的热阻很小。热交换器需经过一系列组件测试，例如压降测试、气密性测试、爆破压力测试与震动测试。所有这些都将在汽车等级测试与确认期间进一步优化。F49 PHEV高电压蓄电池单元冷却组件如图5-606所示。

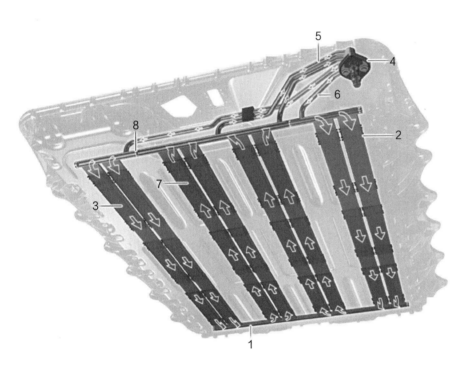

1.主要冷却液通道 2.弹簧条 3.压力侧供给通道 4.冷却液入口与出口处的连接法兰 5.至冷却单元的回流管路 6.压力侧至冷却液泵的供给管路 7.回流通道 8.冷却液供给与回流通道之间的隔板

图 5-606

为了确保冷却液通道排出电池模块热量，必须以均匀分布的作用力将冷却通道整个平面压到电池模块上。通过嵌入冷却液通道的弹簧条产生该压紧力。针对电池模块几何形状和下半部分壳体对弹簧条进行了相应调节。热交换器的弹簧条支撑在高电压蓄电池单元的壳体下部件上，从而将冷却液通道压到电池模块上。冷却液管路、冷却液通道和弹簧条共同构成了一个单元，进行修理时可单独更换该单元。为简单起见，该单元也称为热交换器，但不要与传统车辆前部的热交换器混淆。热交换器是壁厚相对较薄的组件。一方面具有非常出色的导热特性，另一方面也因此导致机械稳定性较弱。处于安装状态时这不是什么缺点，因为高电压蓄电池单元壳体可确保机械稳定性。但在维修过程中进行热交换器操作时要特别小心。更换热交换器时，必须严格遵守维修说明并要特别小心。

②电动冷却液泵。

高电压蓄电池单元冷却液循环回路内的电动冷却液泵额定功率为50W。电动冷却液泵利用冷却单元上的支架固定，其安装于高电压蓄电池的右后角。F49 PHEV高电压蓄电池单元电动冷却液泵如图5-607所示。

蓄电池管理电子装置根据需要，使用脉宽调制信号启用电动冷却液泵。前手套箱内的配电箱通过总线端30B提供电压。

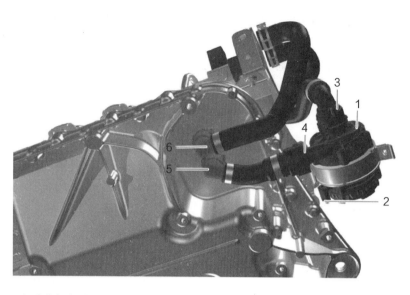

1.电动冷却液泵　2.电气接口　3.冷却液管路接口，入口侧　4.冷却液管路接口，压力侧　5.高电压蓄电池冷却液管路接口，入口侧　6.高电压蓄电池冷却液管路接口，出口侧

图 5-607

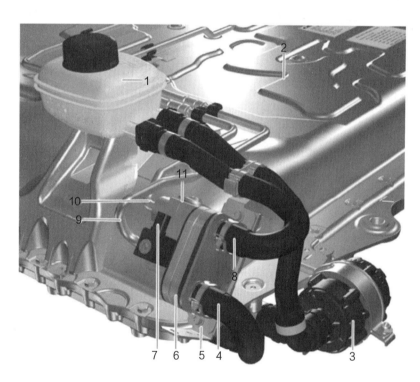

1.冷却液膨胀箱　2.高电压蓄电池单元　3.电动冷却液泵　4.冷却液供给管路　5.顶板　6.冷却液制冷剂热交换器　7.用于膨胀和截止组合阀的电气接口　8.冷却液回流管路　9.制冷剂管路（压力管路）　10.制冷剂管路（入口管）　11.膨胀和截止组合阀

图 5-608

③冷却单元。

冷却单元负责使用制冷剂冷却高电压蓄电池单元冷却液循环回路内的冷却液。这也是冷却单元由冷却液制冷剂热交换器与膨胀和截止组合阀构成的原因。SME 控制单元通过一根直接线控制膨胀和截止组合阀。电气启用装置可识别出两种状态：

· 0V 启用电压表示阀门保持关闭状态

· 12V 启用电压表示阀门打开

与传统加热与空调系统膨胀阀一样，该膨胀和截止阀也通过热学方式即根据制冷剂温度自动调节其开度。膨胀和截止组合阀打开后，制冷剂可流入冷却单元，然后膨胀、蒸发，吸收周围环境热量。这种原理同样适用于冷却流动于冷却单元第二循环回路内的冷却液。F49 PHEV 冷却单元如图 5-608 所示。

④冷却液膨胀箱。

冷却液膨胀箱位于高电压蓄电池单元左侧，在移除部分行李箱饰板后才可接触到。膨胀箱未安装电气液位传感器。但在维修服务时应注意：例如由于未安装电气液位传感器，冷却系统内冷却液的损耗（如因泄漏）情况不能立即识别。冷却液损耗会使蓄电池组电池的温度超过正常的运行范围。SME 可探测到冷却液的损耗情况，同时降低功率并发出相应的检查控制信息。售后服务部门人员在故障查询时必须检查以下故障原因：

· 冷却液损耗，如因泄漏

· 冷却液泵不运行

· 冷却液管路或接口损坏

· 需冷却的组件出现故障（高电压蓄电池单元）

导致冷却系统温度过高的原因有若干，其中包括冷却液损耗。因此，在故障查询时，应系统检查冷却系统的所有组件。对于电机电子装置的冷却液循环回路，其通风装置的运行程序与传统车辆相同。诊断系统内的售后服务功能可启用通风装置程序。冷却液使用水、防冻液与腐蚀抑制剂 G48 的混合物，与其他冷却液循环回路内所用的冷却液一样。

4.内部结构

（1）电气和电子组件

F49 PHEV 高电压蓄电池单元系统电路图如图 5-609 所示。

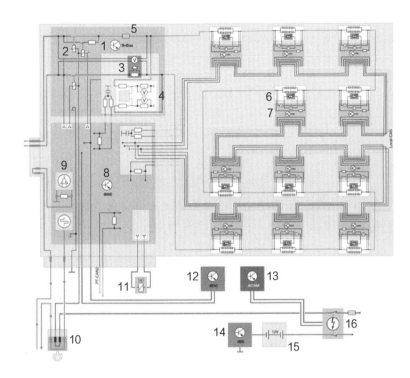

1.安全盒　2.接触器　3.电流和电压传感器　4.绝缘监控　5.主电流保险丝（350 A）　6.电池模块　7.电池监控电子装置（CSC）　8.蓄电池管理电子装置（SME）　9.高电压连锁回路电路控制　10.高电压安全插头（售后服务断电开关）　11.用于热交换器的制冷剂管路膨胀和截止组合阀　12.车身域控制器（BDC）　13.带有安全型蓄电池接线柱触发用控制导线的 ACSM　14.智能型蓄电池传感器 IBS　15.12V 蓄电池　16.安全型蓄电池接线柱 SBK

图 5-609

要求，不能根据个人喜好随意运行高电压蓄电池。而是必须在严格规定的范围内运行高电压蓄电池，从而确保其使用寿命和功率最大化。相关边界条件如下：

· 在最佳温度范围内运行蓄电池组电池（通过冷却以及根据需要限制电流强度）

· 根据需要均衡所有电池的充电状态

· 在特定范围内充分利用可存储的蓄电池能量

为了遵守这些边界条件，在 F49 PHEV 的高电压蓄电池单元内装有一个蓄电池管理电子装置 SME 控制单元。

SME 控制单元需要执行以下任务：

· 由电机电子装置 EME 根据要求控制高电压系统的启动和关闭

· 评估所有蓄电池组电池的测量信号以及高电压电路内的电流强度

从电路图中可以看出，除汇集在 5 个电池模块内的蓄电池组电池本身外，F49 PHEV 高电压蓄电池单元还包括以下电气 / 电子组件：

· 蓄电池管理电子装置（SME）的控制单元

· 11 个电池监控电子装置（CSC）

· 带接触器、传感器、过电流保险丝和绝缘监控的安全盒

除电气组件外，高电压蓄电池单元还包括制冷剂管路、冷却液通道以及电池模块的机械固定元件。

①蓄电池管理电子装置（SME）。

F49 PHEV 蓄电池管理电子装置安装位置如图 5-610 所示。

针对高电压蓄电池使用寿命的要求比较严格（车辆使用寿命）。为了满足这些

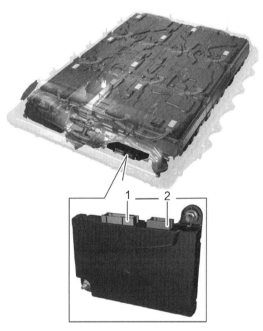

1.通信导线束接口　2.CSC 导线束接口

图 5-610

723

- 控制高电压蓄电池单元的冷却系统
- 确定高电压蓄电池的充电状态（SoC）和老化状态（SoH）
- 确定高电压蓄电池的可用功率并根据需要对电机电子装置提出限制请求
- 安全功能（例如电压和温度监控、高电压连锁回路监控）
- 识别出故障状态、存储故障码记录并向电机电子装置发送故障状态

原则上可通过诊断系统操作 SME 控制单元。进行故障查询时必须清楚，在 SME 控制单元的故障存储器内不仅可存储控制单元故障，而且还可查阅高电压蓄电池单元内其他组件的故障记录。这些故障码记录根据严重程度和可用功能分为不同类型：

- 立即关闭高电压系统

因出现故障影响高电压系统安全或产生高电压蓄电池损坏危险时，就会立即关闭高电压系统并断开电动机械式接触器触点

- 限制功率

高电压蓄电池无法继续提供最大功率或全部能量时，就会限制驱动功率和可达里程从而保护组件。此时驾驶员可在驱动功率明显降低的情况下继续行驶较短距离

- 对客户没有直接影响的故障

例如 SME 或 CSC 控制单元之间的通信短时受到干扰时，不表示功能受限或危及高电压系统安全，只会产生一个故障码记录，须由宝马维修站通过诊断系统对该记录进行分析。在此不显示检查控制信息，不会影响客户所使用的功能

从高电压蓄电池单元外部无法接触到 SME 控制单元。出现故障需要更换 SME 控制单元时，必须事先打开高电压蓄电池单元。

只允许由具备资质的相关工作人员来打开高电压蓄电池单元。此外，还必须严格按照维修说明来进行，特别要在打开前进行规定的检查工作。

SME 控制单元的电气接口包括：

- SME 控制单元 12 V 供电（来自车内空间配电箱的总线端 30F 与接地连接）
- 接触器 12 V 供电（总线端 30 碰撞信息）
- PT - CAN 2CAN2
- 局域 CAN1 和 2
- 来自车身域控制器的唤醒导线（BDC）
- 高电压连锁回路的输入端和输出端
- 制冷剂循环回路内膨胀和截止组合阀的启用导线
- 制冷剂温度传感器

由一个专用 12 V 导线为高电压蓄电池单元内的接触器供电。该导线称为总线端 30 碰撞信息，简称为总线端 30C。总线端名称中的 C 表示发生事故（碰撞）时关闭该 12V 电压。该导线是安全型蓄电池接线柱的一个（第二个）输出端。即启用安全型蓄电池接线柱时，也会断开该供电导线。此外，该导线穿过高电压安全插头，因此将高电压系统断开电源时，也会断开接触器供电。因此在上述两种情况下，高电压蓄电池单元内的两个接触器会自动断开。局域 CAN1 使 SME 控制单元与电池监控电子装置 CSC 相互连接。局域 CAN2 用于实现 SME 控制单元与安全盒之间的通信。通过该数据总线可传输例如电流强度测量值等信息。更换蓄电池管理电子装置时，必须确保使用编程系统 ISTA/P 以引导方式更换控制单元。如不进行此步骤，蓄电池管理电子装置的历史存储器内数据将丢失。

②电池模块。

高电压蓄电池单元由 5 个串联连接的电池模块构成。每个电池模块仅配有一个电池监控电子装置。电池模块本身由 16 个串联连接的电池构成。每个电池的额定电压为 3.66 V，额定容量为 26 Ah。电池模块的顺序是固定的，从右侧下部开始。根据电池模块的电气连接以及电池监控电子装置的布置方式，在极性方面分为两种不同的电池模块类型，订购配件时务必要注意这一点！ F49 PHEV 电池模块布置方式如图 5-611 所示。

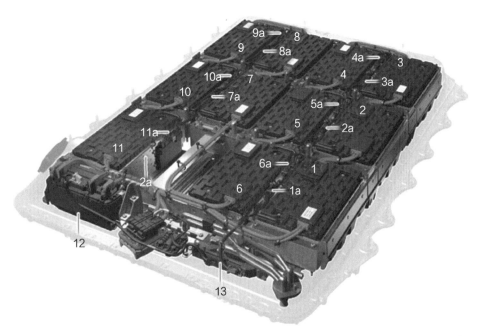

1.电池模块 1 1a.电池监控电子装置 1a 2.电池模块 2 2a.电池监控电子装置 2a 3.电池模块 3 3a.电池监控电子装置 3a 4.电池模块 4
4a.电池监控电子装置 4a 5.电池模块 5 5a.电池监控电子装置 5a 6.电池模块 6 6a.电池监控电子装置 6a 7.电池模块 7 7a.电池监控电子装置 7a 8.电池模块 8 8a.电池监控电子装置 8a 9.电池模块 9 9a.电池监控电子装置 9a 10.电池模块 10 10a.电池监控电子装置 10a
11.电池模块 11 11a.电池监控电子装置 11a 12.安全盒 13.蓄电池管理电子装置（SME）

图 5-611

更换电池模块时，必须注意电池模块的顺序，因为该顺序存储在诊断系统内用于将来进行评估。

③电池监控电子装置。

每个高电压蓄电池单元内都带有电池监控电子装置，因此只允许具备资质的相关工作人员进行修理。为确保 F49 PHEV 所用锂离子电池正常运行，必须遵守特定条件：电池电压和电池温度不允许超过或低于特定数值，否则可能造成蓄电池组电池永久损坏。因此高电压蓄电池单元带有 6 个研发名称为电池监控电子装置 CSC 的电池监控电子装置。在 F49 PHEV 高电压蓄电池单元内，每个电池模块都有一个电池监控电子装置。与 F15 PHEV 相同，电池监控电子装置可监控 16 个蓄电池组电池。F49 PHEV 电池监控电子装置如图 5-612 所示。

电池监控电子装置具有以下功能：

· 测量和监控每个蓄电池组电池的电压
· 测量和监控电池模块多处的温度
· 将测量参数传输给蓄电池管理电子装置控制单元
· 执行蓄电池组电池电压补偿过程

在此以极高扫描率（每 20 ms 测量一次）测量电池电压。通过测量电压可识别出充电和放电过程结束。温度传感器安装在电池模块上，根据其测量值可确定各蓄电池组电池的温度。根据电池温度可识别出过载或

725

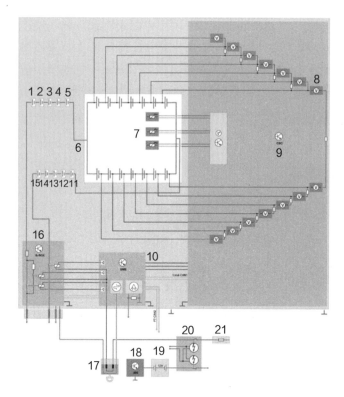

1.电池模块 1 2.电池模块 2 3.电池模块 3 4.电池模块 4 5.电池模块 5 6.电池模块 6 7.电池模块上的温度传感器 8.蓄电池组电池的电压测量 9.电池监控电子装置 6a 10.蓄电池管理电子装置（SME） 11.电池模块 7 12.电池模块 8 13.电池模块 9 14.电池模块 10 15.电池模块 11 16.安全盒 17.高电压安全插头（售后服务断电开关） 18.智能型蓄电池传感器 IBS 19.12V 蓄电池 20.安全型蓄电池接线柱 SBK 21.前配电箱

图 5-612

在检查故障期间测量局域 CAN 电阻时，在所有总线设备已连接且终端电阻正常的情况下会得到约 60Ω 的数值。如果一个或多个蓄电池组电池的电池电压明显低于所有其他蓄电池组电池，高电压蓄电池的可用能含量就会因此受限。放电时，由最弱的蓄电池组电池决定何时停止释放能量。如果最弱电池的电压降至放电限值，则即使其他蓄电池组电池还存有充足能量，也必须结束放电过程；如果仍继续放电过程，就会因此造成最弱蓄电池组电池永久损坏。因此可通过一项功能使电池电压调节至几乎相同的水平。该过程也称为电池平衡。SME 控制单元将所有电池电压进行相互比较，在此过程中对电池电压明显较高的蓄电池组电池进行有针对性的放电。SME 控制单元通过局域 CAN1 将相

电气故障。出现任何上述情况时，都必须立即降低电流强度或完全关闭高电压系统，以免蓄电池组电池进一步损坏。此外，测量温度还用于控制冷却系统，以便始终在最有利于功率和使用寿命的温度范围内运行蓄电池组电池。由于电池温度是一项重要参数，因此每个电池模块都有 4 个负温度系数（NTC）温度传感器，其中一个为冗余传感器。电池监控电子装置通过局域 CAN1 传输其测量数值。该局域 CAN1 使所有电池监控电子装置相互连接并与 SME 控制单元相连。在 SME 控制单元内对测量值进行评估并根据需要做出相应反应（例如控制冷却系统）。局域 CAN1 和 2 的数据传输速度均为 500 kbit/s。与采用相同数据传输速度的 CAN 总线一样，数据总线导线采用绞线形式。此外，两个局域 CAN 端部都以终端电阻终止。用于局域 CAN1 各 120 Ω 的终端电阻位于 SME 控制单元内。

局域 CAN 2 各 120 Ω 的终端电阻位于：

· 安全盒控制单元内
· 蓄电池管理电子装置控制单元

高电压蓄电池单元局域 CAN 电路原理图如图 5-613 所示。

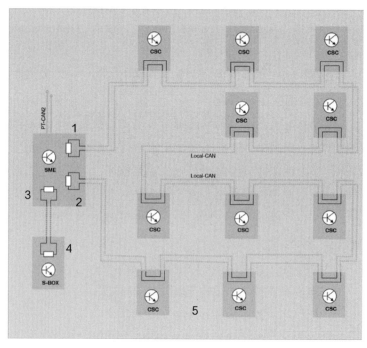

1.SME 控制单元内的局域 CAN1 终端电阻 2.SME 控制单元内的局域 CAN1 终端电阻 3.SME 控制单元内的局域 CAN2 终端电阻 4.安全盒内的局域 CAN2 终端电阻 5.高电压蓄电池单元

图 5-613

关请求发送至这些蓄电池组电池的电池监控电子装置，从而启动放电过程。为此每个电池监控电子装置都有一个针对各蓄电池组电池的欧姆电阻，相应电子触点闭合后放电电流就会流过该电阻。启动放电过程后由电池监控电子装置独自负责执行该过程，即使在期间主控控制单元切换为休眠模式也会继续执行。通过与总线端30F直接相连的蓄电池管理电子装置为CSC控制单元供电来实现这一点。所有蓄电池组电池的电压均处于较小规定范围内时，放电过程就会自动结束。电池平衡过程会一直进行，直至所有电池达到相同电压水平。F49 PHEV电池电压平衡电路原理图如图5-614所示。

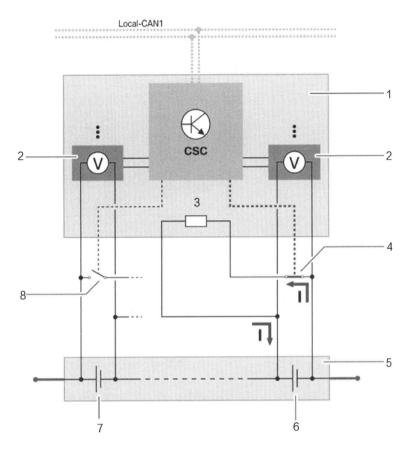

1.电池监控电子装置　2.用于电池电压测量的传感器　3.放电电阻　4.用于蓄电池组电池放电的触点闭合（启用）　5.电池模块　6.通过放电降低电压的蓄电池组电池　7.未放电的蓄电池组电池　8.用于蓄电池组电池放电的触点断开（未启用）

图5-614

在平衡电池电压的过程中会造成损失，但损失的电能极小（小于0.1%SoC）。而优势在于可使可达里程和高电压蓄电池使用寿命最大化，因此总体而言平衡电池电压非常有利且十分必要。当然，只有在车辆静止状态下才会执行该过程。

平衡电池电压的具体条件包括：

· 总线端15断开，车辆或车辆的电气系统处于休眠状态

· 高电压系统关闭

· 电池电压或各电池SoC的偏差大于相应限值

· 高电压蓄电池的总SoC大于相应限值

如果满足上述条件，电池电压就会自动平衡。因此客户既看不到检查控制信息，也无须为此采取特殊措施。即使更换电池模块后，SME控制单元也会自动识别出电池电压平衡需求。 如果电池电压的偏差过大或电池电压平衡未顺利进行，就会在蓄电池管理电子装置控制单元内生成一个故障码记录。此时通过一条检查控制信息提醒客户注意该故障状态。之后必须通过诊断系统对故障存储器进行评估并进行相应修理工作。

④安全盒。

F49 PHEV安全盒安装位置如图5-615所示。

在每个高电压蓄电池单元内都有一个带独立壳体的接口单元，该单元称为安全盒（或简称为S盒）。安全盒安装在高电压蓄电池单元内。因此只允许由具备资质的相关工作人员来进行更换。在安全盒内集成有以下组件：

· 蓄电池负极电流路径内的电流传感器

· 蓄电池正极电流路径内的保险丝

· 2个电动机械式接触器（每个电流路径一个接触器）

· 用于缓慢启动高电压系统的预充电开关

· 用于监控接触器、测量蓄电池总电压和监控绝缘电阻的电压传感器

· 用于绝缘监控的电路

⑤导线束。

高电压蓄电池单元内有2个导线束：

· 用于连接 CSC 与蓄电池管理电子装置控制单元的通信导线束

· 用于连接蓄电池管理电子装置和安全盒与 12 V 车载电气系统接口的通信导线束

不允许对导线束进行维修。如果电缆与插头之间的连接出现故障或松动，必须更换整个导线束。

（2）机械组件

高电压蓄电池单元的机械组件包括：

· 壳体上部件和壳体下部件

· 壳体部件之间的密封垫

· 上部与下部热交换器

· 排气单元

· 模块隔板

· 蓄电池管理电子装置与安全盒支架

高电压蓄电池单元的特殊性之一是壳体端盖使用塑料材质。为确保电磁兼容性，壳体端盖带有铝薄膜。

5.功能

在 F49 PHEV 上，高电压系统的主要功能由电机电子装置（EME）控制和协调。具体包括：

· 从直流电压转换为三相交流电压（电机运行模式）

· 从三相交流电压转换为直流电压（高电压启动电机发电机运行模式）

· 从高电压转换为低电压（12 V 蓄电池充电）

· 高电压电源管理系统

· 启动 12V 执行机构

· 使中间电路电容器放电

高电压蓄电池单元和 SME 控制单元对于高电压系统的主要功能起决定性作用。具体包括：

· 启动

· 正常关闭

· 快速关闭

· 蓄电池管理

· 高电压蓄电池充电

· 监控功能

（1）启动

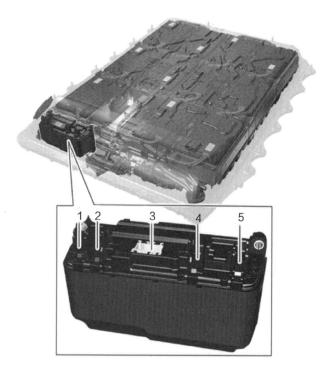

1.连接高电压插头的正极　2.电池模块 5 的正极　3.通信导线束接口　4.电池模块 1 的负极　5.连接高电压插头的负极

图 5-615

无论以下哪项作为触发因素，高电压系统的启动顺序始终相同：

- 总线端 15 接通或建立行驶准备就绪
- 需要开始高电压蓄电池充电
- 车辆做好行驶准备（高电压蓄电池或车内空间空气调节）

高电压系统的具体启动步骤如下：

- EME 控制单元需通过 PT-CAN / PT-CAN2 上的总线信号启动
- 通过自诊断功能监控高电压系统
- 高电压系统的电压持续升高
- 使接触器触点完全闭合

主要通过电机电子装置控制单元和蓄电池管理电子装置控制单元进行高电压系统监控。在此检查与安全有关的标准，例如高电压连锁回路电路或绝缘电阻。而且还必须满足启动所需的功能条件，例如所有子系统处于运行准备就绪状态。由于高电压系统带有电容值较高的电容器（供电电子装置内的中间电路电容器），因此不允许电动机械式接触器触点简单闭合。电流脉冲过高会导致高电压蓄电池、中间电路电容器以及接触器触点损坏。首先会使负极上的接触器闭合。与正极上的接触器并联有一个带电阻的预充电开关。此时启用该开关，受电阻限制的接通电流使中间电路电容器充电。中间电路电容器电压大致达到蓄电池电压值时，就会断开预充电开关并且使高电压蓄电池单元正极上的接触器闭合。此时高电压系统处于完全准备就绪状态。在车辆内可听到启动期间先后闭合接触器时发出的响声，这不表示出现功能故障。高电压系统未出现故障时，会在约 0.5 s 内完成高电压系统整个启动过程。SME 控制单元通过 PT-CAN2 向 EME 控制单元发送启动成功的信号。如果例如接触器的某个触点不能顺利闭合，也会通过相同的方式发送故障信号。

（2）正常关闭

高电压系统关闭分为正常关闭和快速关闭两种情况。在此所说的正常关闭，一方面保护所有相关组件，另一方面监控与安全有关的高电压系统组件。满足以下条件或标准时，就会正常关闭高电压系统：

- 驾驶员关闭总线端 15，继续运行时间结束（由 EME 进行控制）
- 驻车空气调节、驻车暖风或高电压蓄电池调节功能结束
- 高电压蓄电池充电过程结束

高电压系统的正常关闭顺序始终相同，与触发因素无关。具体步骤包括：

- 继续运行时间结束后 EME 通过 PT-CAN/PT-CAN2 上的总线信号发送关闭指令
- 高电压电气系统上的系统（EME、EKK、EH）将高电压电气系统内的电流降为零
- 电机绕组短路
- 断开高电压蓄电池单元内的接触器（由 SME 进行控制）
- 检查高电压系统，例如电动机械式接触器触点是否按规定断开

高电压系统放电，即中间电路电容器（EME）主动放电。

- 首先会尝试供应 12 V 系统蓄电池存储的能量
- 如果无法实现，就会通过可接通电阻使中间电路电容器放电
- 如果中间电路电容器未在 5 s 内放电至 60 V 电压以下，就会通过被动电阻使其放电

F49 PHEV 正常关闭原理如图 5-616 所示。

根据需要分多个阶段进行中间电路电容器放电。总线端 15 断开后，无论是继续运行时间还是关闭过程本身都可能持续几分钟。例如自动运行的监控功能是原因之一。如果在此期间出现重新启动要求或存在某项快速关闭条件，就会中止正常关闭。

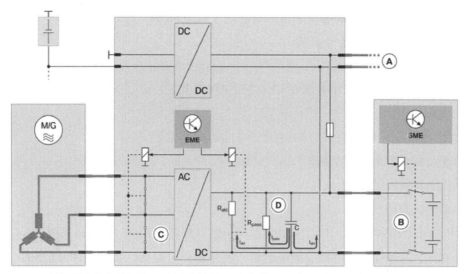

A.关闭所有高电压组件 B.断开接触器 C.电机绕组短路 D.中间电路电容器放电

图 5-616

（3）快速关闭

在此以尽快关闭高电压系统为最高目标。出于安全考虑需要将高电压系统内的电压尽快降至安全数值时，就会执行快速关闭过程。

下面列出了导致快速关闭的触发条件以及作用链。

·事故

碰撞安全模块（ACSM）识别出发生事故。根据事故严重程度，通过总线信号请求关闭或通过断开安全型蓄电池接线柱与两个 12V 蓄电池的正极来强制关闭。在第二种情况下会自动中断电动机械式接触器的供电，从而使其触点自动断开。

·过载电流监控

通过高电压蓄电池单元内的电流传感器对高电压电气系统内的电流强度进行监控。如果识别出电流强度过大，蓄电池管理电子装置控制单元将强制断开电动机械式接触器。在高电流下断开会使接触器触点严重磨损，但为了避免其他组件损坏，必须容忍这一点。

·断路保护

每个高电压蓄电池内都有一个短路时断开高电压电路的过电流保险丝。

·临界电池状态

如果某个电池监控电子装置识别出某个蓄电池组电池电压过低、电压过高或温度过高，则会在 EME 控制单元控制下强制断开电动机械式接触器。尽管这可能会导致触点磨损加剧，但这种快速关闭可防止相关蓄电池组电池毁坏。

·高电压蓄电池单元 12V 供电失灵

在此情况下，蓄电池管理电子装置控制单元不再工作，无法再监控蓄电池组电池。出于该原因，此时电动机械式接触器的触点也会自动断开。

除高电压系统断路外，还会使中间电路电容器（EME）放电并使电机（EME、EKK）绕组短路。高电压控制单元一方面通过总线信号接收相关请求，另一方面通过高电压电路内电流强度突然降低识别出这种状态。

（4）充电

不论是通过回收利用能量、提高发动机负荷点或使用外部供电系统为高电压蓄电池充电，SME 控制单元都发挥着重要作用。蓄电池管理电子装置控制单元根据蓄电池组电池的充电状态和温度确定高电压蓄电池单元当前可吸收的最大电功率。该数值以总线信号形式通过 PT-CAN2 传输至 EME 控制单元。在此运行的高电压电源管理功能协调各项功率要求。充电期间 SME 控制单元持续确定已达到的充电状态并监控高电压蓄电池的所有传感器信号。为了确保最佳充电过程，SME 控制单元也根据这些数值持续计算当前最大充电功率数值并将其发送至 EME 控制单元。在充电过程中，SME 控制单元还会持续控制高电压蓄电池冷却系统，从而确保快速有效的充电过程。为了实现尽可能长的电动可达里程，连接充电电缆时，必须对车内进行预先空气调节（暖风或制冷）。在此不从高电压蓄电池单元获取所需电能，而是由便捷充电电子装置直接提供。

（5）监控功能

· 安全型蓄电池接线柱的 12 V 供电电压

为在发生相应严重程度的事故时能够快速关闭高电压系统，所有电动机械式接触器的电磁铁均由安全型蓄电池接线柱提供 12 V 电压。如果发生事故时安全型蓄电池接线柱断开，该供电电压就会消失，接触器触点会自动断开。此外，SME 控制单元还会以电子形式分析该导线上的电压，同时促使高电压系统关闭，包括中间电路电容器放电和电机主动短路。

· 高电压连锁回路

SME 控制单元分析高电压蓄电池连锁回路并检查该电路是否断路。出现断路情况时，蓄电池管理电子装置控制单元可促使快速关闭高电压系统。

F49 PHEV 高电压连锁回路由以下所示高电压组件构成如图 5-617 所示。

集成在 F49 PHEV 蓄电池管理电子装置（SME）内用于控制与产生高电压连锁回路检测信号的电子装置高电压系统启动时开始产生检测信号，高电压系统关闭时停止产生检测信号。蓄电池管理电子装置产生一个矩形交流电信号作为检测信号并将其发送到检测导线上。检测导线采用环形拓扑结构（与 MOST 总线相似）。在环形线路的两个部位对检测导线信号进行分析：在电机电子装置内以及最后在环形线路端部蓄电池管理电子装置内。如果信号在规定范围之外，就会识别为电路断路或检测导线内对车辆接地短路并立即关闭高电压系统。如果断开高电压安全插头（售后服务断电开关）处的高电压连锁回路，就会直接断开接触器。此外，还会关闭所有高电压组件。

· 接触器触点

高电压系统关闭时，蓄电池管理电子装置控制单元要求断开接触器触点后，通过测量触点并联电压检查触点是否也已实际断开。即使出现某接触器触点未断开这种不大可能发生的情况，也不会给客户和售后服务人员带来直接危险。但出于安全考虑，会阻止高电压系统重新启动。之后

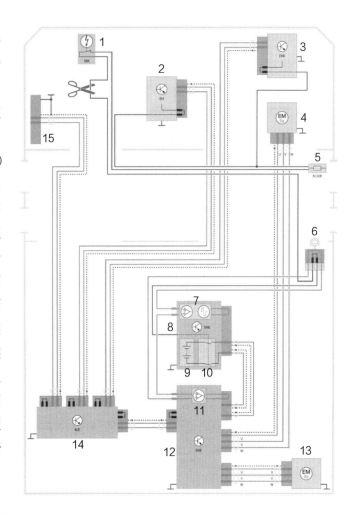

1.安全蓄电池接线柱　2.电气加热装置EH　3.电动空调压缩机（EKK）4.高电压启动器电机发电机　5.前配电箱　6.高电压安全插头（售后服务断电开关）7.电机电子装置内用于高电压连锁回路检测信号的分析电路　8.蓄电池管理电子装置（SME）9.电池模块　10.接触器　11.电机电子装置内用于高电压连锁回路检测信号的分析电路　12.电机电子装置（EME）　13.电机　14.便捷充电电子装置KLE 15.充电插座

图 5-617

无法继续通过电动驱动行驶。

· 预充电电路

例如如果启动高电压系统期间发现预充电开关出现故障，就会立即中止启动过程且高电压系统不会运行。

· 温度过高

在所有行驶情况下高电压蓄电池的冷却系统均确保蓄电池组电池温度处于最佳范围内。如果因故障导致一个或多个蓄电池组电池温度升高并超出最佳范围，就会首先通过降低功率来保护蓄电池组电池。如果温度继续升高且可能由此造成蓄电池组电池损坏，就会及时关闭高电压系统。

· 电压过低

在此通过持续监控和根据需要平衡电池电压来避免某个蓄电池组电池电压过低。整个高电压蓄电池单元的总电压同样受到监控并用于确定充电状态。如果总电压降低导致高电压蓄电池电量过低，就会阻止继续放电。之后无法继续通过电动驱动装置行驶。

· 绝缘监控功能确定带电高电压组件（例如高电压导线）与车辆接地间的绝缘电阻是否高于或低于所需最低限值

如果绝缘电阻低于最低限值，就会存在车辆部件带有危险电压的可能。如果人员接触第二个带电高电压组件，就会存在电击危险。因此针对 F49 PHEV 高电压系统提供全自动绝缘监控功能。与之前的高电压蓄电池单元不同，现在在安全盒内进行绝缘监控。这样设计的优点是无须再将高电压导线引至蓄电池管理电子装置。安全盒通过局域 CAN 将相关结果发至蓄电池管理电子装置控制单元并对这些测量结果进行分析。安全盒在高电压系统启用期间通过测量电阻定期（约每隔 5 s）进行绝缘监控（间接绝缘监控）。在此车辆接地作为参考电位使用。在不采取附加措施的情况下，通过这种方式只能确定高电压蓄电池单元内局部出现的绝缘故障。但确定车内所铺设高电压导线与车辆接地间的绝缘故障也同样非常重要。因此高电压组件的所有导电壳体都与车辆接地导电连接。这样可以通过一个中央位置即高电压蓄电池单元确定整个高电压电气系统内的绝缘故障。

绝缘监控分两步进行。绝缘电阻低于第一限值时，对人员尚不构成直接危险。因此高电压系统仍保持启用状态，此时不会发出检查控制信息，但会在故障存储器内存储故障状态。这样便于售后服务人员在下次车间维修时加以注意并检查高电压系统。低于较低的绝缘电阻第二限值时，不仅会在故障存储器内存储记录，而且还会发出检查控制信息，以要求驾驶员到维修车间进行检查。由于这种绝缘故障不会对客户或售后服务人员构成直接危险，因此高电压系统保持启用状态且客户可以继续行驶。不过还是应该尽快到宝马维修站进行高电压系统检查。为了识别出导致绝缘故障的高电压系统组件，必须由售后服务人员对故障进行限定。原则上售后服务人员无须自己测量绝缘电阻，这项工作由高电压系统通过绝缘监控功能进行。探测出绝缘故障时，售后服务人员必须通过诊断系统内的检测计划确定绝缘故障的实际位置。高电压组件所有壳体与车辆接地的正确电气连接是正常执行绝缘监控功能的一项重要前提。因此如果维修期间中断了该电气连接，必须小心地重新建立连接。

第五节　宝马第 3.0 代混合动力系统 G30/G38 PHEV 车系

一、高电压组件

（一）简介

1.定位

通过宝马 530e iPerformance 和 530e xDrive iPerformance，宝马为纯粹驾乘乐趣扩充了更多创新车型。宝马 5 系最新型号采用插电式混合动力驱动装置，不仅实现了品牌特有的行驶动力性与零排放电动行驶的完美结合，同时还能确保长途行驶最高效率。宝马 iPerformance 车型 530e 和 530exDrive 实现了高动力性与极低耗油量的完美结合。通过将宝马高效动力技术宝马 eDrive 与宝马双涡管涡轮汽油发动机结合在一起实现了高效、动力性的插电式混合动力驱动装置，它与宝马品牌的行驶动力性、局域性零排放电动行驶和高效性形成完美契合。从长远考虑，宝马集团计划在核心品牌的所有车型中都提供 iPerformance 车型。所有集团车型都会从宝马 i 获益。蓄电池组电池、电机以及电机电子装置的基本技术将不断应用于将来的 iPerformance 车型。短途市区行驶或通勤行驶时可使用纯电动方式运行。长途行驶时，车辆通常处于"混合模式"。在宝马 5 系 iPerformance 中，4 缸汽油发动机 B48 与电动驱动装置组合使用。在高效动力方面进一步开发混合动力驱动系统的目的在于提高电动行驶比例。同时为了确保品牌特有的动力性、正常日常使用以及最佳长途行驶性能，宝马集团采用所谓的高度电气化方案。将来 PowereDrive 技术的特点是电机功率显著提高且高电压蓄电池容量加倍。在此针对将来混合动力系统开发的驱动组件可达到 500kW 以上的系统功率，所用锂离子蓄电池的存储容量也以最高 20 kWh 而远超过当前混合动力系统的数值，如图 5-618 所示。

图 5-618

宝马 530e 和 530e xDrive 研发代码为 G30 PHEV，以 G30 为基础。混合动力技术基于对批量生产车型宝马 Active Hybrid 5 所用驱动技术的进一步开发。G30 PHEV 是一款使用锂离子高电压蓄电池单元的全混合动力车辆，可通过例如家用插座进行充电。研发代码中的缩写 PHEV 代表插电式混合动力电动车辆。G30 PHEV 的驱动系统由一个采用双涡管涡轮技术（B48）的 4 缸汽油发动机、一个 8 挡自动变速器（GA8P75HZ）和一个电机组成。毫无疑问，与采用传统驱动方式的宝马 5 系相比，G30 PHEV 所用混合动力技术的主要优势在于可在进一步提高驱动功率的同时降低耗油量。G30 PHEV 的电动驱动装置可实现最高车速为 140km/h 的纯电动零排放行驶。最大电动可达里程约为 43km（使用 xDrive 时约为 40km）。此外，混合动力特有发动机节能启 / 停功能还通过停在交通信号灯前或堵车时关闭发动机创造了进一步提高效率的可能。通过标配驾驶体验开关，在 G30 PHEV 上也可选择行驶模式"运动""舒适""ECO PRO""自适应"。通过 eDRIVE 按钮可在不启动发动机的情况下使 G30 PHEV 实现最高 140km/h 的纯电动行驶。G30 PHEV 是第 6 款 3.0 代宝马混合动力车辆。这一代的所有车辆不仅是插电式混合动力车辆，而且是带锂离子高电压蓄电池的全混合动力车辆。

2.识别标志

（1）外部

G30 PHEV 与传统 G30 存在一系列特征差异。C 柱上以及发动机隔音盖板上的"eDrive"字样表明这是一款混合动力车辆。左侧前围板充电接口盖表明这是一款插电式混合动力车辆。最后车辆行李箱盖上的车型名称 530e 或 530e xDrive 进一步表明了与传统 5 系的区别。G30 PHEV 外部识别标识如图 5-619 所示。

1.行李箱盖上的"530e"车型名称　2.带蓝色标记的轮毂盖板　3.充电接口盖　4.两个前部侧围板上的"i"字样　5.空气风门上的蓝色标志　6.带"eDrive"字样的隔音盖板　7.两个 C 柱上的"eDrive"字样

图 5-619

（2）内部

G30 PHEV 内部识别标识如图 5-620 所示。

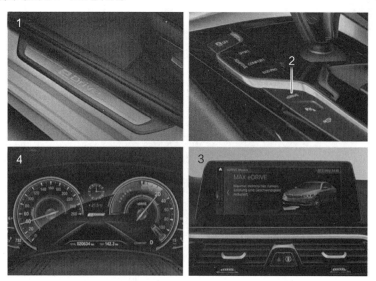

1.带照明和"eDrive"字样的登车护条　2.eDRIVE按钮　3.中央信息显示屏CID内的eDRIVE菜单　4.组合仪表KOMBI内的混合动力特有显示

图 5-620

G30 PHEV 内部也有一些特征与传统 G30 不同。eDRIVE 按钮位于中控台按钮区域内。驾驶员可通过该按钮的切换功能选择不同功能并实现最高车速 140km/h 的纯电动行驶。另一个特点是位于驾驶员脚部空间内的加油按钮。在前部登车护条上也带有"eDrive"字样。混合动力特有的运行状态和高电压蓄电池单元的充电状态在组合仪表 KOMBI 内以及（根据要求）在中央信息显示屏 CID 内显示。打开点火开关时启用 CID 和组合仪表内的显示。与 G30 相比 G30 PHEV 的车内空间配置保持不变。G30 PHEV 行李箱容积略微减小。

3. 技术数据

技术参数如表 5-69 所示。

表 5-69

发动机和变速器	单位	530i G30	Active Hybrid 5 F10H	530e G30 PHEV
结构形式		R4	R6	R4
每缸气门数		4	4	4
排量	cm³	1998	2979	1998
变速器		GA8HP50Z	GA8P70HZ	GA8P75HZ
驱动装置		后部	后部	后部
发动机最大功率	kW r/min	185 5200	225 5800~6000	135 4000~6500
发动机最大扭矩	N·m	350 1450~4800	400 1300~4500	320 1450~4000
系统功率 系统扭矩	kW N·m	— 	250 —	185 420
高电压蓄电池单元		—	锂离子	锂离子
电机功率	kW	—	40-55	70
电机最大扭矩	N·m	—	210	250

4. 配置

G30 PHEV 和 G30 的技术数据以及提供的选装配置都有所不同。下面简要汇总了 G30 PHEV 不提供的重要选装配置：

· 手动电控换挡（Steptronic）运动型变速器（SA 2TB）

· 自适应驾驶系统（SA 2VH）

· 整体式主动转向系统（SA 2VA）

· M 运动型底盘（SA 704）

· 挂车牵引钩（SA 3AC）

· 应急车轮（SA 300）

· 遥控驻车（SA 5DV）

· 驻车暖风（SA 536）

· 远程服务（SA 6AP）

· 后座区音频操作（SA 6FK）

在此简要汇总了只有 G30 PHEV 才提供的重要选装配置：

· 带换挡拨片的手动电控换挡（Steptronic）变速器（SA 2TE）

· 声学式行人保护（SA 4U9）

· eDrive 服务（SA 6AG）

重要说明：预计从 2017 年 11 月起 G30 PHEV 上可提供选装配置感应式充电（SA 4VC）。如果客户对这个选装配置感兴趣，则务必订购选装配置感应式充电适配装置（SA 4VD）。没有这个适配装置以后无法进行加装。

5. 更改概述

为了能在 G30 PHEV 中使用，在此更改了某些组件 / 系统。如表 5-70 所示，列出了最重要的更改。

表 5-70

项目	530i	530e
发动机	B58 发动机（240kW）	B48 发动机（135kW）
真空泵	皮带传动机构内的机械真空泵	附加电动真空泵
发动机支撑	传统	减震控制式支座
燃油器	后桥前的燃油器	行李箱下的压力燃油器
自动变速器	GA8HP50Z 带锁止离合器的液力变矩器	GA8P75HZ 电机、双质量飞轮和分离离合器
变速器油泵	仅机械变速器油泵	机械和电动变速器油泵
制动器	传统制动系统	带改进型 DSC 单元、制动踏板角度传感器和制动真空压力传感器的混合动力制动系统
12V 供电	行李箱车辆蓄电池、发动机室附加蓄电池（车载网络支持）	行李箱中部车辆蓄电池、行李箱右侧附加蓄电池（启动系统）
发电机	传统发电机	电机电子装置 EME
空调压缩机	机械空调压缩机	电动空调压缩机 EKK（高电压）
加热装置	传统	电气加热装置 EH（高电压）

（二）驱动组件

1. 简介

在 G30 PHEV 中 B48 属于宝马混合动力驱动装置的组成部分。G30 PHEV 所用的 2.0L 发动机且功率 135kW，最大扭矩 320N·m，为更高耐用性和更高效率提供了有力保障。

2. 改进型 B48 发动机

B48 发动机及其外围设备针对 G30 PHEV 进行了相应改进。下面详细介绍各项改进情况，如表 5-71 所示。

表 5-71

皮带传动机构组件	替换为	背景
空调压缩机	电动空调压缩机 EKK	由于电动行驶期间发动机处于静止状态，因此无法驱动空调压缩机。因此采用电动驱动的空调压缩机
发电机	电机电子装置 EME	电机电子装置通过集成式 DC/DC 转换器将高电压转换为 12V 电压并输送至 12V 车载网络
真空泵	电动真空泵	由于电动行驶期间发动机处于静止状态，因此无法驱动机械真空泵。因此除机械真空泵外还采用一个电动真空泵

（1）真空系统

G30 PHEV 有很多组件都需要真空供给。B48 发动机通过一个机械真空泵来产生所需真空压力。由于在 B48 发动机未运行时也需要确保真空供给，因此真空系统增加了一个电动真空泵。只要真空系统内的数值低于特定限值，就会启用电动真空泵。真空度由制动助力器内的一个压力传感器测量，该传感器源自带发动机节能启/停功能的车辆。如图 5-621 所示为相关组件概览。

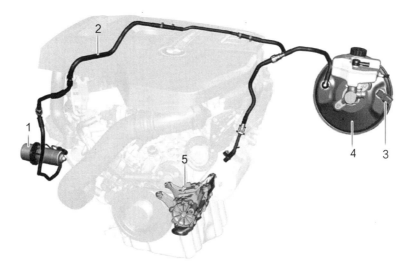

1.电动真空泵 2.至电动真空泵的真空管路 3.压力传感器 4.制动助力器 5.机械真空泵

图 5-621

（2）发动机支撑

在 G30 PHEV 上通过源自柴油发动机车辆的减震控制式支座支撑发动机。发动机支撑借助真空切换为较硬或较软，以保证发动机舒适启动和怠速运行平稳。用于控制发动机减震控制式支座的阀门由数字式发动机电子系统 DME 控制。G30 PHEV 减震控制式支座的工作方式与柴油发动机车辆的减震控制式支座相同。承受真空压力后就会变软。这种情况与发动机怠速和启动位置相当，用于舒适减震。只要不再向支座施加真空且自动调节到环境压力，支座就会变硬。在 G30 PHEV 行驶模式下启用该位置。减震控制式支座的真空供给通过 G30 PHEV 的上述真空系统实现。G30 PHEV 发动机支撑如图 5-622 所示。

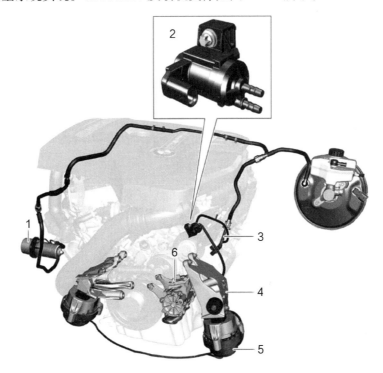

1.电动真空泵 2.用于控制减震控制式支座的阀门 3.真空管路接口 4 左侧发动机支撑臂 5.左侧减震控制式支座 6.机械真空泵

图 5-622

737

3.燃油供给系统

G30 PHEV 配备不锈钢压力燃油箱来确保发动机运行。这样可在纯电动行驶模式下确保汽油蒸气留在压力燃油箱内。只有在发动机运行期间，才会通过活性炭罐吸入新鲜空气进行清污且汽油蒸气进入燃烧室内。

（1）组件及其安装位置

G30 PHEV 欧规燃油供给系统组件如图 5-623 所示。

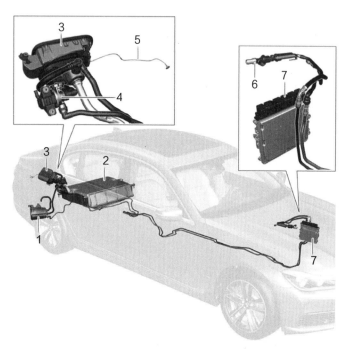

1.活性炭罐 2.压力燃油箱（铸铝合金壳体内） 3.带盖罩的燃油箱盖板 4.燃油箱隔离阀 5.燃油箱盖板应急开锁拉线 6.燃油箱排气阀 7.数字式发动机电子系统 DME

图 5-623

在 G30 PHEV 中高电压蓄电池单元位于标准燃油箱安装空间（后排座椅下）内。因此降低了重心，同时可以更好地利用行李箱（装载面平坦，直通装载系统）。容量为 46L 的高电压燃油箱集成在行李箱下。该部件位于与车身粘接连接的铸铝合金壳体内。该壳体可提高车身刚度并改善防碰撞性能。

（2）系统电路图

G30 PHEV 燃油供给系统电路图如图 5-625 所示。

发生碰撞时，燃油泵电子控制装置立即切断燃油泵驱动装置的供电。在此燃油泵电子控制装置从碰撞和安全模块得到相关信息。

（3）加油

加油前必须为高电压燃油箱排气。开始加油

①燃油箱隔离阀。

如果达到系统限值，则打开燃油箱隔离阀，以便在行驶期间降低燃油箱压力。处于停车状态时通过一个集成在燃油箱隔离阀内的机械阀来执行上述功能。此外，加油前也会打开阀门，以便为压力燃油箱排气。通电时打开燃油箱隔离阀。发生碰撞时燃油箱隔离阀不主动通电（保持闭合状态），也不会通过燃油箱功能电子系统生成故障码存储器记录。只要相关部件（例如压力和温度传感器）未损坏，则既不会因此而禁止随后为车辆加油，也不会禁用其他功能（清污等）。

②燃油箱关断阀。

在美规车辆中还使用燃油箱关断阀。其用途是进行法规要求的燃油箱泄漏诊断。通电时关闭燃油箱关断阀。

③压力燃油箱。

G30 PHEV 压力燃油箱如图 5-624 所示。

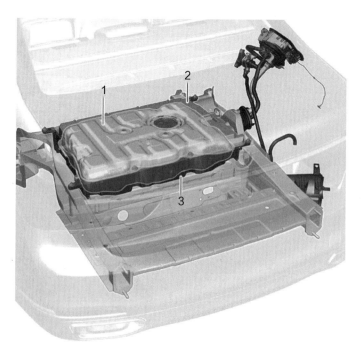

1.压力燃油箱（不锈钢） 2.壳体上部件（铸铝合金） 3.壳体下部件（铸铝合金）

图 5-624

过程时，必须首先操作驾驶员车门内的一个按钮。只有车辆处于唤醒状态时，才能执行按钮功能。由燃油箱功能电子系统对按钮状态进行分析。G30 PHEV 加油按钮如图 5-626 所示。

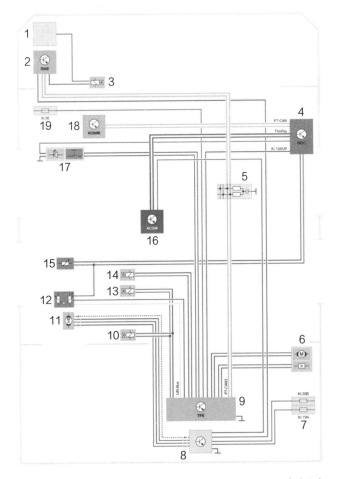

1.集成式供电模块PDM 2.数字式发动机电子系统DME 3.清洁空气管路截止阀（仅限美规） 4.车身域控制器BDC 5.CAN 终端电阻 6.燃油箱盖板锁止件 7.后部配电盒 8.燃油泵电子控制装置 9.燃油箱功能电子系统TFE 10.燃油箱隔离阀（仅限美规） 11.电动燃油泵EKP 12.压力和温度传感器 13.燃油箱隔离阀（仅限欧规） 14.燃油箱关断阀（仅限美规） 15.燃油油位杆状传感器 16.碰撞和安全模块ACSM 17.加油按钮 18.组合仪表KOMBI 19.左前配电盒

图 5-625

图 5-626

燃油箱功能电子系统 TFE 借助燃油箱内的压力和温度传感器监控当前运行状态，随后通过开启燃油箱排气路径内的阀门控制压力下降情况。降低压力后控制用于锁止燃油箱盖板的执行机构，此后可以手动打开燃油箱盖板及燃油箱盖。如果在约 10min 内燃油箱盖板未打开，则随后重新自动锁止。在此通过一个霍尔传感器识别燃油箱盖板位置。加油期间在活性炭罐内临时存储燃油蒸气。只有处于发动机驱动模式并启用清污功能时，才会将存储的蒸气输送至发动机内。对燃油供给系统进行维修作业前必须启动加油程序，以便降低燃油箱内的压力。维修期间让燃油箱盖板以及燃油箱盖保持打开状态，以免压力再次升高。完成加油过程并关闭燃油箱盖板后，就会通过燃油箱功能电子系统重新锁止燃油箱盖板并

关闭燃油箱隔离阀。不允许在高电压蓄电池单元充电的同时向燃油箱加油。充电电缆已连接时，应与易燃物品保持足够的安全距离。否则未按规定插入或拔下充电电缆时，有造成人员受伤或物品损坏的危险。

4.自动变速器

（1）简介

G30 PHEV 的自动变速器 GA8P75HZ 基于 2009 年年底 F07 引入的 GA8HP70Z 变速器，也由 ZF 公司生产。如果您已参加第二代宝马 ActiveHybrid 车辆培训，您肯定会对培训所用的 GA8P70HZ 变速器有所了解。G30PHEV 自动变速器 GA8P75HZ 的结构与其更相似，如图 5-627 所示。

（2）结构和功能

①概览。

为了满足插电式混合动力车辆的要求，在此对自动变速器进行了调整。为此更改了某些现有组件或用其

图 5-627

他组件替代。此外，将部分减震系统从变速器范畴分离出来并作为集成有离心摆式减震器的双质量飞轮与发动机牢固连接在一起。在此通过花键与变速器连接。由于电机较大且带有附加扭转减震器，因此 GA8P75HZ 变速器壳体比 GA8P70HZ 变速器加长了 30mm。GA8P75HZ 变速器内的混合动力装置包括 5 个组件：

· 双质量飞轮

· 附加扭转减震器

· 分离离合器

· 电机

· 在 GA8P70HZ 基础上改进的电动变速器油泵，用于在变速器输入轴静止时提供机油压力

与 GA8P70HZ 变速器一样，在 GA8P75HZ 变速器内也通过增加直径和摩擦片数量对片式制动器 B 进行了加强并配备了主动控制式机油冷却系统。因为它们除执行换挡元件功能外，还用于确保车辆起步和缓慢行驶。GA8P75HZ 如图 5-628 所示。

下面的 GA8P75HZ 变速器结构示意图展示了新组件如何集成在自动变速器内，如图 5-629 所示。

②双质量飞轮。

在此主要通过使用高增压发动机、减少气缸数量和降低可行驶转速来降低耗油量和二氧化碳排放量。但是这些措施会使因做功行程加速以及压缩行程减速而产生的曲轴转动不均匀性增高。

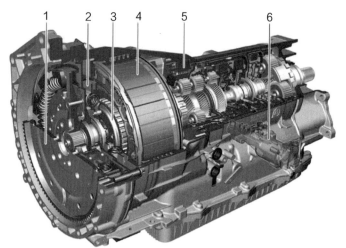

1.双质量飞轮（包括扭转减震器和离心摆式减震器） 2.附加扭转减震器 3.分离离合器 4.电机 5.片式制动器 B 6.电动变速器油泵

图 5-628

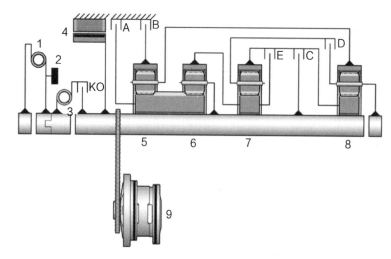

1.扭转减震器 2.离心摆式减震器 3.附加扭转减震器 4.电机 5.齿轮组1 6.齿轮组2 7.齿轮组3 8.齿轮组4 9.机械变速器油泵 A.片式制动器A B.片式制动器B C.片式离合器C D.片式离合器D E.片式离合器E KO.分离离合器

图 5-629

这种转动不均匀性导致后面连接的传动系出现扭转震动。为隔开扭转震动，G30 PHEV 自动变速器使用一个双质量飞轮。双质量飞轮使发动机曲轴与电机之间形成机械连接。它由扭转减震器和离心摆式减震器构成。双质量飞轮重约 11kg，损坏时可单独更换。GA8P75HZ 变速器的双质量飞轮如图 5-630 所示。

离心摆式减震器集成在双质量飞轮内，几乎可以完全消除出现的扭转震动。它由一个法兰构成，在该法兰上减震器配重块可在规定轨道上移动。在法兰和减震器配重块内都集成有用作运行通道的弧形曲线

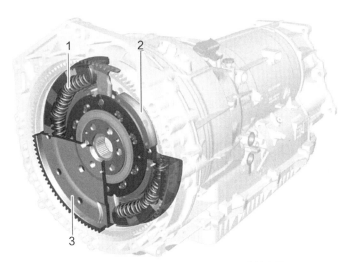

1.扭转减震器 2.离心摆式减震器 3.双质量飞轮

图 5-630

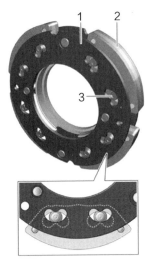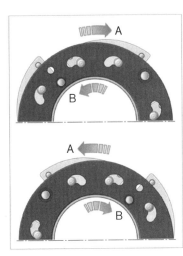

1.法兰 2.减震器配重块 3.滚柱 A.摆动的减震器配重块 B.发动机的扭转震动

图 5-631

轨道。减震器配重块分别通过两个滚柱与法兰连接，可沿曲线轨道来回移动。GA8P75H 离心摆式减震器的结构和工作原理如图 5-631 所示

离心摆式减震器由多个摆动的配重块（减震器配重块）组成。其震动方向与发动机的扭转震动相反，并对后者进行补偿。转速较低时，严格来讲即明显出现干扰性震动时，减震器配重块的摆幅非常大。这样可改善车内空间的声音效果。

③电机。

GA8P75HZ 变速器的其他创新之处还包括将电机、附加扭转减震器和分离离合器集成在 G30 PHEV 的变速器壳体内。这些组件位于双质量飞轮后。电机、扭转减震器和分离离合器与双质量飞轮一起占据了液力变矩器的结构空间。GA8P75Z 变速器内的电机如图 5-632 所示。

④换挡元件。

可以切换或改变所有挡位的制动器和离合器称为换挡元件。与 GA8HP70Z 变速器一样，在 GA8P75HZ 变速器内也使用以下换挡元件：

·2个固定安装的片式制动器（制动器 A 和 B）

·3个旋转的片式离合器（离合器 C、D 和 E）

片式离合器（C、D 和 E）将驱动力矩传入行星齿轮箱。片式制动器（A 和 B）将力矩作用在变速器壳体上。系统以液压方式使离合器和制动器接合。为此液压油压力施加在活塞上，以便活塞将摩擦片套件压在一起。GA8P75HZ 变速器概览如图 5-633 所示。

1.电机

图 5-632

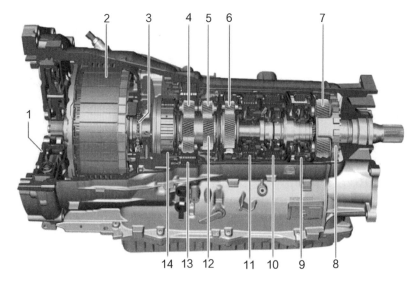

1.双质量飞轮 2.电机 3.机械变速器油泵驱动链条 4.齿轮组1 5.齿轮组2 6.齿轮组3 7.齿轮组4 8.驻车锁 9.片式离合器D 10.片式离合器C 11.片式离合器E 12.齿轮组1和2共用的太阳轮 13.片式制动器B 14.片式制动器A

图 5-633

GA8P75HZ 变速器的换挡元件在数量和布置方面与 GA8HP70Z 变速器相同。因此 8 个挡位也以相同的方式和方法产生。如表 5-72 展示了在哪个挡位下哪个换挡元件接合。

表 5-72

挡位	制动器 A	制动器 B	离合器 C	离合器 D	离合器 E
1	●	●	●		
2	●	●			●
3		●	●		●
4		●		●	●
5		●	●	●	
6			●	●	●
7	●		●	●	
8	●			●	●
R		●	●	●	

由于取消了液力变矩器，因此更改了自动变速器的片式制动器 B。在 G30PHEV 的 GA8P75HZ 变速器内通过片式制动器 B 实现车辆起步和缓慢行驶。为此增加了摩擦片数量并增大了其直径。为了确保充分冷却，可根据需要使变速器油流过集成式起步元件（片式制动器 B）。

⑤机械电子模块。

机械电子模块由液压换挡机构和电子控制单元组合而成。控制单元位于变速器下部区域，被油底壳所包围。液压换挡机构包含变速器控制系统的机械组件，例如阀门、减震器和执行机构。机械电子模块已针对 GA8P75HZ 进行了相应调整，例如现在可通过传感器（如图 5-634 中 3）的转速信号计算出起步离合器（片式制动器 B）的滑转率。在 GA8P75HZ 变速器内借助电机的转子位置传感器确定变速器输入转速。

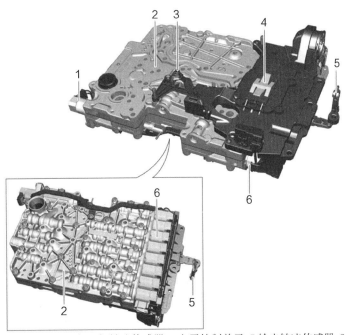

1.驻车锁电磁铁 2.液压换挡机构 3.齿轮组1行星架转速传感器 4.电子控制单元 5.输出转速传感器 6.电子压力控制阀和电磁阀

图 5-634

⑥机油供给系统。

GA8P75HZ 变速器机油循环回路的基本功能与 GA8HP70Z 变速器相同。在此机油有以下任务：

· 润滑

· 控制换挡元件

· 冷却

它是一种普通压力循环系统。除了源自 GA8HP70Z 的机械变速器油泵外，G30 PHEV 自动变速器内还集成了一个电动变速器油泵。GA8P75HZ 变速器油泵如图 5-635 所示。

机械变速器油泵由变速器输入轴的滚子齿形链驱动。分离离合器分离时通过电机驱动，分离离合器接合时通过发动机和电机组合驱动。在变速器输入轴转速过低的运行阶段，电动变速器油泵可对液压系统泄漏进行补偿，以便在有负荷要求的情况下降低变速器响应时间。与机械变速器油泵一样，电动变速器油泵也是一个叶片泵。它由一个无电刷直流电机驱动。电子控制装置集成在电动变速器油泵的壳体内，由变速器电子控制系统 EGS 控制。电动

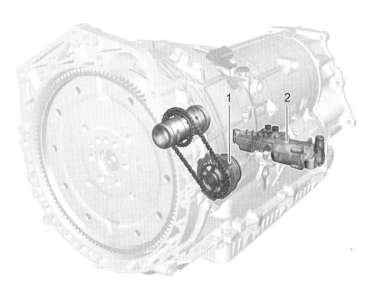

1.机械变速器油泵 2.电动变速器油泵

图 5-635

变速器油泵从变速器油温度 −5℃ 起可以运行。在电机失灵等特殊情况下，电动变速器油泵也可从 −15℃ 起以应急模式运行，从而使分离离合器接合。即使在电机失灵时，驾驶员也可以借此继续行驶。在 GA8P75HZ 变速器内，它占据了 GA8HP70Z 所用液压蓄压器的结构空间。与液压蓄压器一样，电动变速器油泵损坏时也可以更换。GA8P75HZ 变速器电动变速器油泵安装位置如图 5-636 所示。

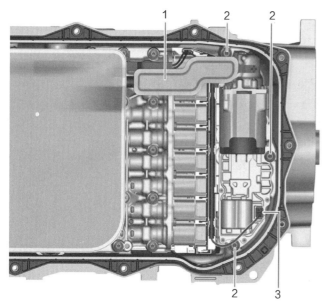

1.抽吸管路 2.电动变速器油泵的螺栓连接点 3.电气接口

图 5-636

（3）服务信息

①变速器电子应急开锁。

与传统 8 挡自动变速器一样，GA8P75HZ 也具有变速器电子应急开锁功能。为此在传统车辆中，启

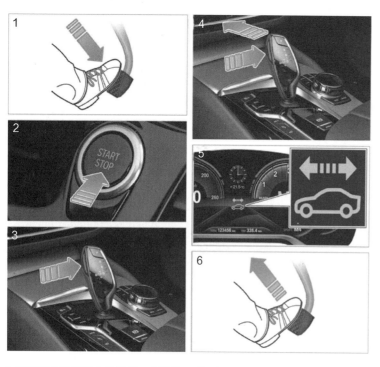

1.踩下制动踏板且在此期间一直踩住 2.按下 START/STOP 按钮并在此期间一直按住 3.按下电子选挡开关上的开锁按钮 4.按住开锁按钮，将选挡开关移动到位置N并保持在该位置约5s 5.只要挂入自动变速器挡位N（空挡），组合仪表KOMBI上就会出现一条检查控制信息 6.可以松开制动踏板、START/STOP按钮、选挡开关和开锁按钮

图 5-638

⑦机油冷却。

GA8P75HZ 变速器机油冷却，如图 5-637 所示。

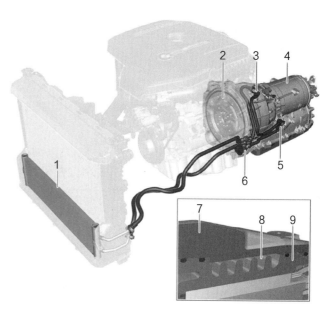

1.变速器油冷却器 2.电机 3.变速器油管路接口（用于电机冷却）4.自动变速器 5.变速器油管路接口（用于自动变速器冷却） 6.变速器油节温器 7.自动变速器壳体 8.电机变速器油通道 9.定子支架

图 5-637

动机转动并通过液力变矩器驱动机械变速器油泵。借助由此形成的变速器油压力可松开驻车锁。但是在 GA8P75HZ 中，在无变速器油压力的情况下分离离合器处于分离状态。因此无法通过启动机自身转动产生用于松开驻车锁的变速器油压力。取而代之的是，可以通过附加电动变速器油泵产生变速器油压力。也可由电机驱动机械变速器油泵，从而产生变速器油压力。自动变速器的电子和机械应急开锁功能通常要求，进行变速器应急开锁前，必须固定住车辆以防溜车。G30 PHEV 驻车锁电子应急开锁如图 5-638 所示。

出现以下情况时，可能会阻止或妨碍进行变速器电子应急开锁：

·车辆位于斜坡上（传动系处于拉紧状态）

·变速器油温度很高或很低（黏度改变）

成功进行变速器电子应急开锁后，车

辆只能挪移，不能牵引。

（三）电机

1.简介

G30 PHEV 所用电机是一个永励式同步电机。它可将高电压蓄电池单元的电能转化为动能，从而驱动车辆。因此不仅可以电动行驶（最高约 140km/h），也可以为发动机提供支持，例如超车过程中（助推功能）或换挡时的主动扭矩支持。在相反的情况下，电机可在制动时和滑行模式下将动能转化为电能并将其存储在高电压蓄电池单元内（能量回收利用）。电机是高电压组件。每个高电压组件的壳体上都带有一个标志，售后服务员工或任何其他车辆用户均可通过标志直观看出高电压可能带来的危险。只有满足以下所有前提条件的售后服务员工才允许对带标志的高电压组件进行作业：资质，遵守安全规定，严格按照维修说明操作。通常情况下禁止进行带电高电压组件作业。在进行涉及高电压组件的任何工作步骤前，都必须将高电压系统切换为无电压并采取安全措施以防未经授权重新启动：

- 充电插头未连接在车辆上
- 建立车辆状态"驻车"（例如通过长时间按压 Headunit 的媒体按钮）
- 等待车辆进入"休眠模式"（START/STOP 按钮上的字样不发光）
- 断开高电压安全插头
- 固定住高电压系统，以防通过高电压安全插头重新接通
- 启用 PAD 模式（例如通过 0.8s 内按压 START/STOP 按钮 3 次）
- 等待组合仪表中显示检查控制信息"高电压系统已关闭"
- 建立车辆状态"驻车"

出于高电压安全考虑，不允许打开或分解电机。

2.名称和代码

（1）电机名称

在技术文档中使用电机名称来准确识别电机。但在售后服务方面，电机代码非常重要。

（2）电机代码

电机上标有用于明确识别和分配的代码。获得主管部门批准时也需要这个代码。电机代码与发动机代码类似。在电机上，电机代码下方是电机序列号。利用该序列号和代码可明确识别每个电机，如表 5-73 所示。

表 5-73

序号	含义	索引	说明	序号	含义	索引	说明
1	电机开发商	G I J	变速器内 / 上的电机 BMW 电机 外购电机	4	电机类型（电机工作方式）	N U O P R S T	异步电机 直流电机 轴流电机 永磁激励式同步电机 开关磁阻电机 电流激励式同步电机 横流电机
2	电机类型（面板套件外径）	A B C D E	＜ 200mm ＞ 200mm，＜ 250mm ＞ 250mm，＜ 300mm ＞ 300mm 直径较小的外部转子	5+6	扭矩	0 至…	例如 25=250N·m
3	标准型电机方案更改	0 或 1 2~9	标准型电机 更改，例如面板切割变化（偶数用于摩托车，奇数用于轿车）	7	形式认证事宜（要求进行新形式认证的更改）	A B 至 Z	标准 根据需要，例如长度和绕组调整

G30 PHEV 电机代码形式如下：GC1P25A。

3.技术数据

技术参数如表 5-74 所示。

表 5-74

供货商	ZF Friedrichshafen AG
额定扭矩	250N·m
额定功率	70kW
30min 持续功率	55kW
效率	最高 93%
最大电流	450A（AC Eff）
运行转速范围	0~7200r/min
重量（不包括扭转减震器）	约 22.4kg

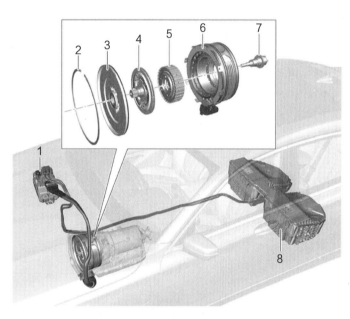

1.电机电子装置 2.卡环 3.电机端盖 4.附加扭转减震器 5.分离离合器 6.电机 7.空心轴 8.高电压蓄电池单元

图 5-639

4. 安装位置

G30 PHEV 电机安装位置如图 5-639 所示。

混合动力组件作为单个组件集成在变速器钟形罩内，在变速器壳体内占据液力变矩器的结构空间。

5. 结构

电机的主要组件包括：

· 转子和定子

· 接口

· 转子位置传感器

· 冷却

G30 PHEV 的混合动力系统是并联式混合动力系统。发动机和电机均与驱动轮机械连接。驱动车辆时不仅可以单独而且可以同时使用两种动力传动系统。

（1）转子和定子

G30 PHEV 电机的转子和定子如图 5-640 所示。

G30PHEV 的电机采用内部转子结构。内部转子表示带有永久磁铁的转子以环形方式布置在内侧。用于产生旋转磁场的绕组布置在外侧，构成定子。G30 PHEV 的电机有 8 个极对。转子通过一个法兰支撑在转子空心轴上，空心轴以形状连接方式与变速器输入轴连接。

（2）接口

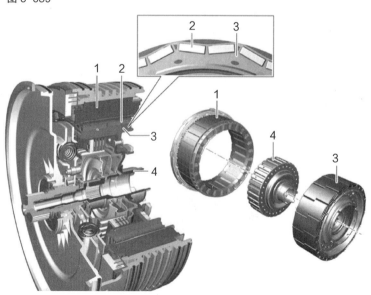

1.定子 2.永久磁铁 3.转子 4.带分离离合器外壳的空心轴

图 5-640

G30 PHEV 电机接口如图 5-641 所示。

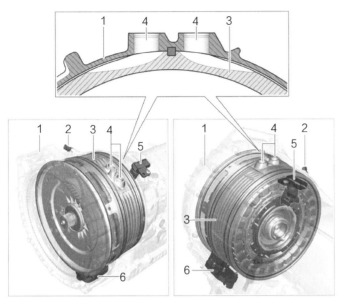

1.变速器钟形罩 2.温度传感器 3.冷却通道 4.冷却介质接口（变速器油） 5.转子位置传感器电气接口 6.高电压接口

图 5-641

系统通过高电压接口为电机绕组提供电能。高电压接口通过一根三相屏蔽高电压导线将电机电子装置与电机连接在一起。高电压插头拧在电机电子装置和电机上。不允许对高电压导线进行修理，损坏时原则上必须更换导线！

（3）传感器

G30 PHEV 电机传感器如图 5-643 所示。

1.温度传感器 2.转子位置传感器的转子 3.转子位置传感器的定子

图 5-643

在自动变速器壳体上有以下 4 个电机接口：

· 温度传感器

· 冷却系统（通过变速器油）

· 转子位置传感器

· 高电压导线

高电压接口如图 5-642 所示。

1.高电压接口 2.高电压插头

图 5-642

为确保电机电子装置正确计算和产生定子内绕组电压的振幅和相位，必须了解准确的转子位置。这项任务由转子位置传感器来执行。为此该传感器的结构与同步电机类似，带有一个特殊形状的转子（与电机转子连接在一起）以及一个定子（与电机定子连接在一起）。通过转子转动在定子绕组内产生的感应相电压由电机电子装置进行分析，从而计算转子位置角度。更换自动变速器或电机电子装置时，需借助诊断系统校准转子位置传感器。运行时电机组件不得超过特定温度。在此通过一个温度模型和一个温度传感器来监控电机温度。该传感器设计为采用负温度系数（NTC）的可变电阻，用于测量自动变速器壳体上的冷却液输出温度。NTC越热，其电阻越小。电机电子装置分析温度传感器信号并将其与温度模型计算值进行比较，如果电机温度接近最大允许值，就会根据需要降低电机功率。在某个定子绕组上不再安装单独的温度传感器。暂时不允许在宝马售后服务维修车间更换转子位置传感器。

（4）分离离合器

G30 PHEV是一款全混合动力车辆，与第2.0代动力车辆（F10H、F30H、F01H/F02H）不同，G30 PHEV能够以高得多的车速电动行驶。与GA8P70HZ变速器相同，在此也通过一个分离离合器使发动机与电机和传动系其余组件分离。在G30 PHEV中这个分离离合器布置在附加扭转减震器和电机之间。分离离合器以固定方式集成在电机壳体内。作为湿式片式离合器采用断开设计并以此优化摩擦损失。它用于在特定运行状态下使发动机与电机和传动系其余组件分离。例如，在纯电动行驶时以及车辆"滑行"时分离。为了确保不感觉到发动机的接合与分离，分离离合器具有较高的位置精度。只要分离离合器处于接合状态，电机、变速器输入轴和发动机就会以相同转速转动。通过变速器油冷却分离离合器。与自动变速器的所有离合器和片式制动器一样，分离离合器也由机械电子模块操纵。无压力时该部件处于分离状态。因此需利用变速器油压力使离合器接合。通常情况下，该压力由机械变速器油泵提供。在电机失灵等特殊情况下，也可通过电动变速器油泵使分离离合器接合。但是这会影响舒适性。由于分离离合器分离时机械变速器油泵由电机驱动，因此电机失灵且变速器油温度低于－15℃时分离离合器无法接合，从而造成车辆无法起步。GA8P75HZ变速器的分离离合器如图5-644所示。

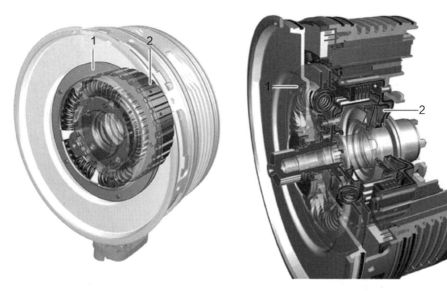

1.附加扭转减震器 2.分离离合器

图5-644

与传统变速器中的液力变矩器一样，G30 PHEV中的分离离合器能够通过滑差微调将发动机的不平稳转动与传动系其余组件隔开，这样可在发动机转速很低时显著改善车内噪声情况。

（5）附加扭转减震器

在某些转速和运行状态下，4缸汽油发动机不平稳运行和由此产生的扭转震动可能会产生较大的嗡嗡声或嘎嘎声。为隔开这些扭转震动，在G30 PHEV电机前除双质量飞轮外还有一个扭转减震器。扭转减震器使发动机的双质量飞轮与分离离合器之间形成机械连接。

6.冷却系统

为在任何情况下都能确保电机的热运行安全性，在G30 PHEV中通过变速器油对其进行冷却。为此将电机接入变速器的冷却循环回路内。定子支架与自动变速器壳体之间有一个冷却通道用于冷却定子绕组，变速器油经过该通道。该冷却通道前后分别通过两个密封环进行密封。在此同样通过变速器油对转子进行冷却，变速器油以油雾形式吸收热能并在变速器油冷却器处将其释放到环境空气中。G30 PHEV 电机冷却系统如图5-645 所示。

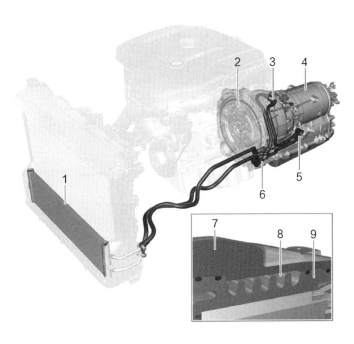

1.变速器油冷却器 2.电机 3.变速器油管路接口（用于电机冷却）
4.自动变速 5.变速器油管路接口（用于自动变速器冷却） 6.变速器
油节温器 7.自动变速器壳体 8.电机变速器油通道 9.定子支架

图 5-645

7. 服务信息

维修时不允许打开电机前的端盖。不允许进行电机、附加扭转减震器、分离离合器以及转子位置传感器本身的任何工作。这些组件的某个组件损坏时，必须更换整个自动变速器。拆卸自动变速器前必须遵守电气安全规定。更换自动变速器或电机电子装置后，需借助宝马诊断系统校准转子位置传感器。双质量飞轮可单独更换。在此应始终遵守当前维修说明。

（四）电机电子装置

1. 简介

电机电子装置 EME 用作电机的电子控制装置，同时也负责将高电压蓄电池单元的直流电压（额定电压 351 V）转换为用于控制电机（作为电动机）的三相交流电压。反之，电机作为发电机工作时，电机电子装置将电机的三相交流电压转换为直流电压，从而为高电压蓄电池单元充电。例如进行制动能量回收利用时就会出现这种情况。

对于这两种运行模式来说都需使用双向 DC/AC 转换器，该转换器可作为逆变器和直流整流器工作。通过同样集成在电动机电子装置内的 DC/DC 转换器来确保为 12 V 车载网络供电。G30 PHEV 的整个电机电子装置位于一个铝合金壳体内。在该壳体内装有控制单元、双向 DC/AC 转换器以及用于 12V 车载网络供电的 DC/DC 转换器。EME 控制单元还执行其他任务。例如负责管理高电压蓄电池单元所提供高电压的高电压电源管理系统也集成在 EME 内。此外，EME 还带有用于控制 12V 执行机构的不同输出级。电机电子装置是高电压组件。每个高电压组件的壳体上都带有一个标志，售后服务员工或任何其他车辆用户均可通过标志直观看出高电压可能带来的危险。只有满足以下所有前提条件的售后服务员工才允许对带标志的高电压组件进行作业：资质，遵守安全规定，严格按照维修说明操作。出于高电压安全和保修考虑，不允许打开或分解电机电子装置，损坏时必须更改整个电机电子装置。更换电机电子装置后，必须借助宝马诊断系统使其投入运行。必须严格遵守维修说明。

2. 技术数据

技术参数如表 5-75 所示。

3. 安装位置

G30 PHEV 电机电子装置的安装位置如图 5-646 所示。

电机电子装置安装在发动机室内左侧后部。

4. 接口

电机电子装置上的接口可以划分为 4 个类别：

· 低电压接口

表 5-75

电机电子装置	
供货商	Bosch
重量	约10kg
长度	260mm
高度	190mm
宽度	180mm
运行温度范围	−40~+105℃
冷却系统	冷却液
供电电子装置	
运行电压范围	240~410V DC
输出电流	420A（10s）
DC/DC 转换器	
额定输出电压	14V DC
输出电流	172~200A，取决于温度
输出功率	2.4~2.8kW，取决于温度

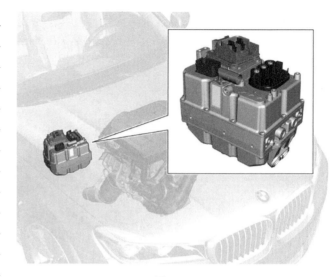

图 5-646

· 高电压接口

· 电位补偿导线接口

· 冷却液管路接口

G30 PHEV 电机电子装置导线及接口如图 5-647 所示。

（1）低电压接口

在电机电子装置上的低电压插头中汇总了以下导线和信号：

· 混合动力配电盒的总线端 30

· 左前配电盒的总线端 30

· 总线端 30C（总线端 30 碰撞信号）

· 接地

· FlexRay 总线系统

· PT-CAN 总线系统

· PT-CAN3 总线系统

· 高电压触点监控电路输入端和输出端（EME 控制单元分析信号并在电路断路时关闭高电压系统。蓄能器管理电子装置 SME 的冗余）

· 控制车内空间截止阀

· 控制电动真空泵

· 分析电机上的转子位置传感器信号

· 分析电机上的温度传感器信号

· 附加蓄电池的智能型蓄电池传感器（LIN 总线）

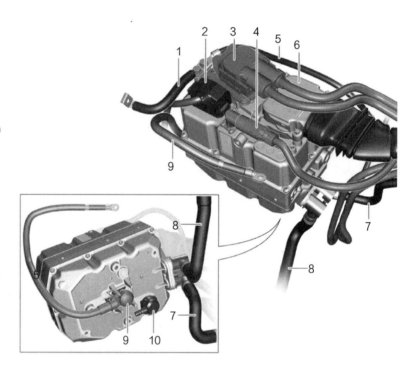

1.电位补偿导线接口 2.低电压插头 3.至高电压蓄电池单元的高电压导线（DC） 4.至便捷充电电子装置的高电压接口 5.至电机的高电压导线（AC） 6.冷却液回流管路 7.冷却液供给管路 8.DC/DC转换器+12V输出端 9.通风装置

图 5-647

通过两个独立的低电压接口和横截面较大的导线将电机电子装置与12V车载网络（总线端30和31）连接。电机电子装置内的 DC/DC 转换器通过这个连接为整个12V车载网络提供能量。这两根导线与电机电子装置的接触连接分别通过一个螺栓连接实现。如图 5-648 所示，再次以简化电路图形式概括展示了电机电子装置的低电压接口。

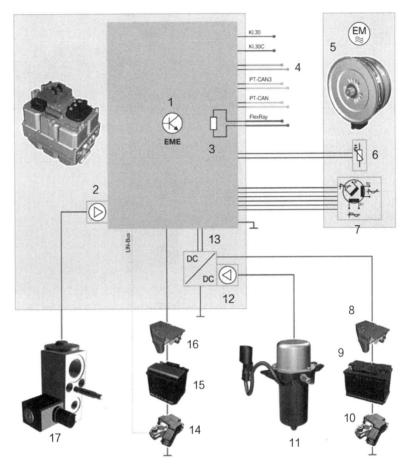

1.电机电子装置 EME 2.用于控制电动真空泵的输出级 3.用于控制膨胀和截止组合阀的输出级 4.FlexRay终端电阻 5.高电压触点监控信号导线 6.电机（整体） 7.温度传感器 8.转子位置传感器 9.安全型蓄电池接线柱SBK 10.12V蓄电池 11.智能型蓄电池传感器IBS 12.智能型蓄电池传感器2 IBS 13.附加12V蓄电池 14.安全型蓄电池接线柱2 SBK2 15.单向DC/DC转换器 16.膨胀和截止组合阀（车内空间） 17.电动真空泵

图 5-648

（2）高电压接口

电机电子装置上总共只有 3 个高电压接口，用于连接其他高电压组件的导线。用于电动空调压缩机和电气加热装置的接口现在位于便捷充电电子装置上，如表 5-76 所示。

表 5-76

连接至组件	触点数量，电压形式，屏蔽层
电机	·三相 ·交流电压 ·1 个屏蔽层，用于所有 3 根导线
高电压蓄电池单元	·2 针 ·直流电压 ·每根导线 1 个屏蔽层
便捷充电电子装置（交流电充电）	·2 针 ·交流电压 ·2 根导线 1 个屏蔽层

以下简化电路图展示了电机电子装置与其他高电压组件之间的高电压连接，如图 5-649 所示。

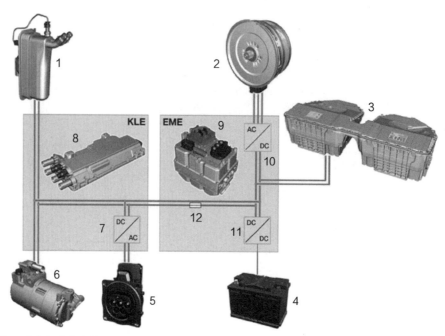

1.电气加热装置 2.电机 3.高电压蓄电池单元 4.12V蓄电池 5.充电接口 6.电动空调压缩机 7.单向AC/DC转换器 8.便捷充电电子装置
9.电机电子装置（整体） 10.双向DC/AC转换器 11.单向DC/DC转换器 12.过电流保险丝（90A）

图 5-649

（3）高电压导线

高电压导线用于高电压组件相互连接，带有橙色电缆护套。混合动力车辆制造商已在通过橙色警告色统一标志高电压导线方面达成一致。在此对 G30 PHEV 所用高电压导线进行概述。G30 PHEV 高电压组件和高电压导线如图 5-650 所示。

不允许对高电压导线进行修理，损坏时必须完全更换高电压导线。与以前的高电压插头不同，在 G30 PHEV 中不再分析高电压插头中电桥的接口。

（4）电位补偿导线接口

绝缘监控功能确定带电高电压部件（例如高电压导线）与接地之间的绝缘电阻是否高于或低于所需最低限值。如果绝缘电阻低于最低限值，就会存在车辆部件带有危险电压的可能。如果人员接触第二个带电高电压部件，就会存在电击危险。因此针对 G30 PHEV 高电压系统提供全自动绝缘监控功能。蓄能器管理电子装置在高电压系统启用期间定期对其进行监控。在此车辆接地作为参考电位使用。在不采取附加措施的情况下，通过这种方式只能确定高电压蓄电池单元内局部出现的绝缘故障。但确定车内所铺设高电压导线与接地间的绝缘故障也

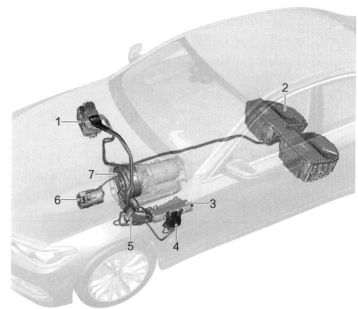

1.电机电子装置EME 2.高电压蓄电池单元 3.便捷充电电子装置KLE
4.充电接口 5.电气加热装置 6.电动空调压缩机EKK 7.电机

图 5-650

同样非常重要。因此高电压组件的所有导电壳体都与接地导电连接。这样可以通过在一个中央位置执行绝缘

监控功能来确定整个高电压车载网络内的绝缘故障。如果电位补偿导线未按规定连接在高电压组件上，则不允许高电压系统运行。如果维修时更换高电压组件或车身部件，则组装时必须注意，必须按规定重新建立壳体与车身之间的连接。必须严格遵守维修说明（拧紧力矩、自攻螺钉）。

（5）冷却液管路接口

在此通过一个独立的冷却液循环回路对电机电子装置进行冷却。

（6）排气口

为了避免因温度变化及由此引起的湿气冷凝导致电机电子装置内部积水，在壳体底部有一个排气口。这些排气口还能实现壳体内部与环境之间的压力平衡。为了完成这两个任务，排气口带有一个透气但不透水的隔膜。G30 PHEV 电机电子装置的排气口如图 5-651 所示。

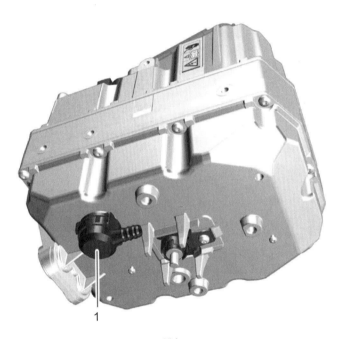

1.排气口

图 5-651

5.任务

电机电子装置内部由 3 个子组件构成：

· 双向 DC/AC 转换器

· 单向 DC/DC 转换器

· EME 控制单元

用于平滑电压和过滤高频部分的中间电路电容器也是供电电子电路的组成部分。

电机电子装置借助上述子组件执行以下功能：

· 出现故障和行驶状态不稳定时限制传动系的力矩

· 通过 EME 控制单元控制内部子组件

· 通过 DC/DC 转换器为 12V 车载网络供电

· 借助 DC/AC 转换器调节电机（转速、扭矩）

· 高电压电源管理系统

· 电机的接触连接

· 高电压蓄电池单元的接触连接

· 在行驶模式下为高电压蓄电池单元充电（通过能量回收利用）

· 与其他控制单元通信，特别是 DME、SME 和 DSC

· 冷却电机电子装置

· 控制用于冷却 EME 的电动冷却液泵

· 控制电动真空泵

· 控制用于车内空间的截止阀

· 分析第二个智能型蓄电池传感器

· 主动分析高电压触点监控信号（高电压连锁）

· 中间电路电容器主动和被动放电到 60 V 以下

· 自检和诊断

6.DC/DC 转换器

从技术角度而言，G30 PHEV 电机电子装置内的 DC/DC 转换器能够执行以下运行模式：

· 待机（即使出现组件故障或短路、供电电子装置关闭时）

· 向下转换（下降模式；能量流至低电压侧，转换器调节低电压侧的电压）

· 高电压中间电路放电（连锁故障，事故，主控单元要求）

电机电子装置停用时，DC/DC 转换器处于"待机"状态。根据总线端状态等不向 EME 控制单元供电时，就会出现这种情况。但是出现故障时，EME 控制单元也会要求 DC/DC 转换器执行"待机"运行模式。在这个运行模式下两个车载网络之间不传输能量，二者的电气连接彼此断开。运行模式向下转换又称为"下降模式"，是高电压系统启用状态下的正常运行模式。此后 DC/DC 转换器将电能从高电压车载网络传输到 12V 车载网络内，同时执行普通车辆中发电机的功能。为此 DC/DC 转换器必须将来自高电压车载网络的变化电压降到低电压车载网络内的电压。在此高电压车载网络内的电压取决于高电压蓄电池单元的充电状态等。此时 DC/DC 转换器调节低电压车载网络内的电压，从而为 12V 蓄电池提供最佳充电，同时根据蓄电池的充电状态和温度调节约 14V 电压。DC/DC 转换器的持续输出功率为 2.4 ~ 2.8kW（取决于温度）。G30 PHEVDC/DC 转换器工作原理如图 5-652 所示。

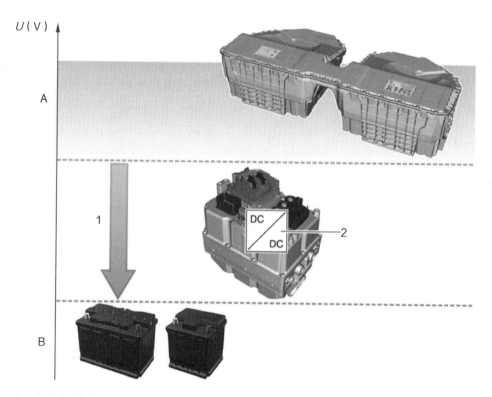

A.高电压车载网络电平 B.低电压车载网络电平，约 14V 1.向下转换 2.电机电子装置内的 DC/DC 转换器

图 5-652

G30 PHEV 的 DC/DC 转换器技术也能实现运行模式"向上转换"（助推模式），例如 F04 上的 DC/DC 转换器。但在 G30PHEV 中不使用这种运行模式。因此无法利用来自 12V 车载网络的能量为 G30 PHEV 的高电压蓄电池单元充电。关闭高电压系统时（正常或快速），采用之前的 DC/DC 转换器运行模式。关闭高电压系统时，必须在 5s 内放电至没有危险的 60V 电压以下。为此 DC/DC 转换器有一个用于中间电路电容器的放电电路。该放电电路首先尝试将存储在中间电路电容器内的能量传输至低电压车载网络。如果该能量不足以确保快速降低电压，就会通过一个为此主动连接的电阻进行放电。通过这种方式使高电压车载网络的放电时间低于 5s。出于安全考虑，还有一个始终并联的被动放电电阻。即使故障导致前两项放电措施无法正常进行，该电阻也能确保高电压车载网络可靠放电。放电至电压低于 60V 的所需时间较长，最长为 120s。G30 PHEV 高电压中间电路放电如图 5-653 所示。

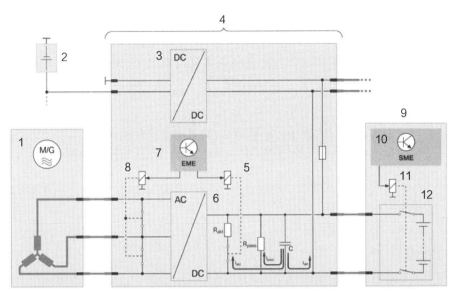

1.电机 2.12V车载网络接口 3.DC/DC转换器 4.电机电子装置（整体） 5.继电器（用于电容器主动放电） 6.双向DC/AC转换器 7.EME控制单元 8.继电器（用于电机绕组短路） 9.高电压蓄电池单元 10.SME控制单元 11.电动机械式接触器 12.高电压蓄电池单元 C.中间电路电容器 $R_{pass.}$被动放电电阻 $R_{akt.}$主动放电电阻

图 5-653

DC/DC 转换器的温度由一个温度传感器测量并通过 EME 控制单元监控。如果在冷却液冷却的情况下温度仍超出允许范围，则 EME 控制单元降低 DC/DC 转换器功率以保护组件。

7.用于控制电机的供电电子装置

用于控制电机的供电电子装置主要由双向 DC/AC 转换器构成。它是一个脉冲变流器，带有一个两针直流电压接口和一个三相交流电压接口。该 DC/AC 转换器可作为逆变器工作，此时负责将电能从高电压蓄电池单元传输至作为电动机工作的电机。DC/AC 转换器也

可作为直流整流器工作，此时负责将电能从电机传输至高电压蓄电池单元。进行制动能量回收利用时采用这种运行模式，此时电机作为发电机工作并产生电能。G30 PHEV 双向 DC/AC 转换器的运行模式如图 5-654 所示。

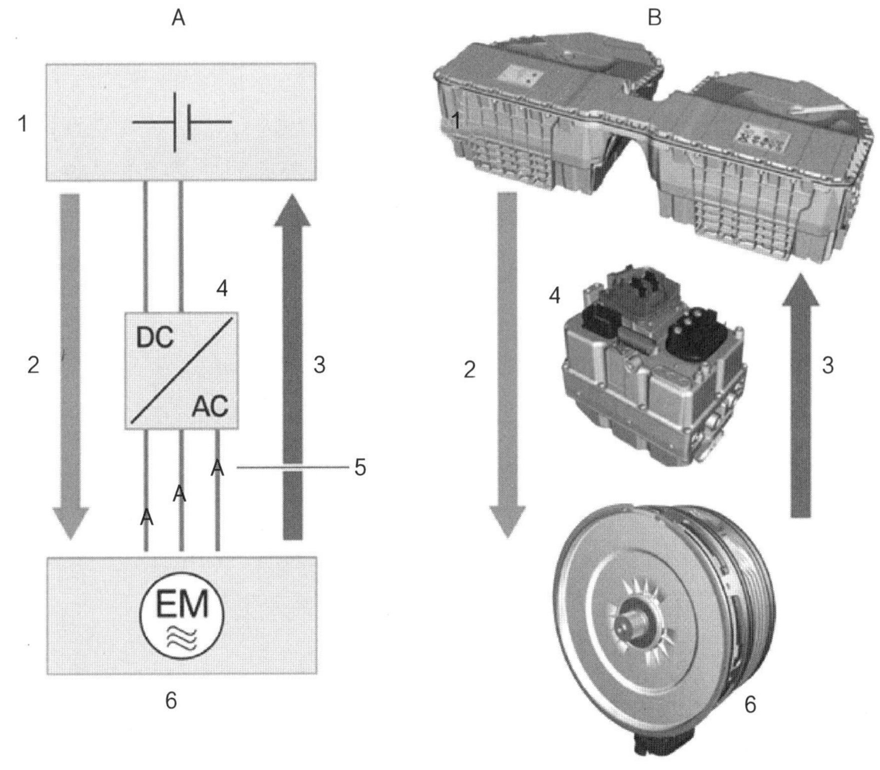

DC/AC 转换器的运行模式由 EME 控制单元决定。为此作为主要输入参数 EME 控制单元从 DME 控制单元得到电机提供的扭矩规定值（数量和符号）。EME 控制单元根据这个规定值和当前电机运行状态（转速和扭矩）确定 DC/AC 转换器的运行模式以及电机相电压的振幅和频率。根据这些规定值以节拍方式控制 DC/AC 转换器的功率半导体。除 DC/AC 转换器外，供电电子装置还包括 DC/AC 转换器交流电压侧所有三相内的电流传感器。EME 控制单元通过电流传感器信号监控供电电子装置和电机内的电功率以及电机产生的扭矩。通过电流传感器信号以及电机内转子位置传感器信号可接通电机电子装

A.示意图 B.组件图示 1.高电压蓄电池单元 2.逆变器运行模式，电机作为电动机工作 3.直流整流器运行模式，电机作为发电机工作 4.DC/AC 转换器 5.电流传感器 6.电机

图 5-654

置控制电路。电机电子装置和电机的功率数据在研发过程中进行了相互协调。因此电机电子装置能够持续提供 55kW 电功率并短时提供 70kW 最大功率。为了避免供电电子装置过载，在 DC/AC 转换器上有另一个温度传感器。如果根据这个信号识别出功率半导体温度过高，EME 控制单元就会降低输出至电机的功率以保护供电电子装置。

8. 高电压电源管理系统

高电压车载网络电源管理系统包括两项子功能：一项用于行驶模式；一项用于充电模式。

在行驶模式下协调从高电压蓄电池单元至高电压用电器的能量流以及在能量回收利用期间至高电压蓄电池单元的能量流。为此 EME 执行并不断重复以下计算步骤：

· 查询高电压蓄电池单元可提供的功率（信号来源：SME）

· 查询高电压蓄电池单元可吸收的功率（信号来源：SME）

· 查询电动驱动装置要求的驱动和制动功率（信号来源：DME）

· 查询要求的空调系统功率（电气加热装置，电动空调压缩机，IHKA）

· 决定如何分配电功率并与用电器控制单元进行通信

在充电模式下高电压电源管理系统还有一项任务：控制从车辆外部通过 EME 至高电压蓄电池单元以及根据需要通过便捷充电电子装置至电气加热装置或至电动空调压缩机的能量流。在 EME 内不断重复的过程由以下单个步骤构成：

· 查询外部可提供的功率（信号来源：KLE）

· 查询高电压蓄电池单元可吸收的功率（SME）

· 查询需要提供给空调系统的功率（IHKA）

· EME 要求的所需功率

· 将可提供的部分功率信息传输至高电压蓄电池单元接收器（SME 控制单元）和空调系统（IHKA 控制单元）

外部可提供的功率并非大小不限，而是会受到电网和 EME 的限制，因此必须在进行分配前首先查询可提供的功率。高电压蓄电池单元根据其充电状态等可能无法吸收任意大小的功率，因此同样必须首先查询这个数值。根据高电压蓄电池单元温度或驾驶员给出的空调要求，空调系统也需要电功率，该功率数值是充电运行模式下用于高电压电源管理系统的第三个重要输入信号。在此根据这些信息对外部要求的功率进行控制并分配给用电器。

9. 其他高电压用电器供电

不仅电机由电机电子装置供电，便捷充电电子装置直接与电机电子装置连接，从而确保为电动空调压缩机和电气加热装置提供高电压供电。但并未为此在便捷充电电子装置内实现复杂的控制功能，而是将便捷充电电子装置用作简单的直流高电压配电盒，由高电压蓄电池单元为其提供该电压。为防止短路时连接两个高电压用电器的高电压导线过载，电机电子装置带有用于电动空调压缩机和电气加热装置的高电压保险丝。高电压保险丝的额定电流强度为 90A。这个高电压保险丝无法单独更换，为此每次都需要更换 EME。

10. 电动真空泵控制

制动真空压力传感器位于制动助力器壳体上，主要通过采用传统驱动方式且带有发动机节能启/停功能的车辆为大家所熟知。该部件由动态稳定控制系统 DSC 供电，同时发回取决于制动助力器内真空的电压信号。电机电子装置 EME 从动态稳定控制系统 DSC 得到有关制动真空度、车速和制动踏板操作情况的信号。EME 控制单元分析这些信号，然后由此确定是否接通电动真空泵。此外，功能逻辑还考虑滞后情况，以便不持续接通和关闭电动真空泵，而是在达到所需最小制动真空压力前保持接通状态。电机电子装置带有一个输出级

（半导体继电器），用于接通和关闭电动真空泵供电。根据需要可将 DC/DC 转换器输出电压直接连接至电动真空泵。在此接通电流最大可能达到 30A。为保护输出级和导线，在此通过电子方式限制电流强度。在此不控制电动真空泵的功率或转速，而是仅接通和关闭电动真空泵。制动真空压力传感器可根据不再提供真空识别出电动真空泵失灵。至少确保法律规定的减速度（提高踏板力）。在此通过 DSC 实现液压制动助力功能，即根据驾驶员施加的压力产生液压增强的循环回路压力。

- 优点：即使在此故障情况下踏板力也较小
- 缺点：踏板反馈信息发生变化

11. 冷却系统

电机电子装置和便捷充电电子装置通过一个独立的冷却液循环回路进行冷却。G30 PHEV 用于 EME、KLE 和增压空气冷却器的冷却液循环回路，如图 5-655 所示。

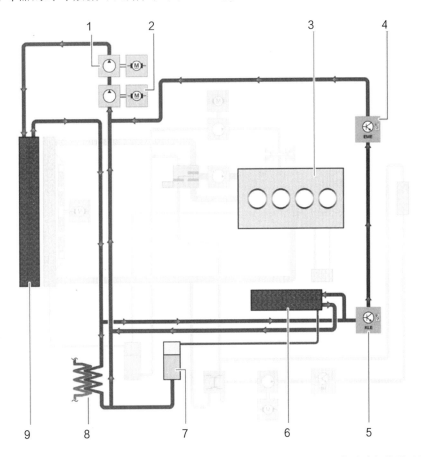

1.电动冷却液泵 2.电动冷却液泵 3.发动机 4.电机电子装置 EME 5.便捷充电电子装置KLE 6.集成式间接增压空气冷却器（空气冷却液热交换器） 7.冷却液补液罐 8.通过冷却液冷却的空调冷凝器（冷却液制冷剂热交换器） 9.散热器（空气冷却液热交换器）

图 5-655

冷却液循环回路包括：

- 1 个冷却液制冷剂热交换器
- 2 个空气冷却液热交换器
- 2 个电动冷却液泵（均为 80W）
- 1 个补液罐
- 冷却液管路

冷却液循环回路组件安装位置如图 5-656 所示。

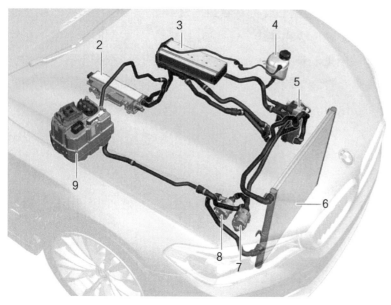

1.电机电子装置EME 2.便捷充电电子装置KLE 3.集成式间接增压空气冷却器（空气冷却液热交换器） 4.冷却液补液罐 5.通过冷却液冷却的空调冷凝器（冷却液制冷剂热交换器） 6.散热器（空气冷却液热交换器） 7.电动冷却液泵 8.电动冷却液泵

图 5-656

散热器（空气冷却液热交换器）集成在冷却模块内。取决于电机电子装置的冷却要求，根据需要以耗油量优化方式控制电动冷却液泵和电子扇。由于根据需要控制电子扇和电动冷却液泵，因此可避免影响电子装置使用寿命的剧烈温度波动，同时达到能量优化方式的冷却效果。在补液罐内未安装电气液位传感器。因此维修时应注意以下事项：由于未安装电气液位传感器，因此冷却系统泄漏等造成冷却液损耗时无法直接识别出来，而是出现冷却液损耗时，电机电子装置的温度会升高到超出正常运行范围。在这种情况下降低电机电子装置功率并输出相应检查控制信息。进行故障查询时，售后服务员工必须检查是否存在以下故障：

- 因泄漏等情况造成冷却液损耗
- 散热器（空气冷却液热交换器）堵住
- 电子扇不运行或功能受限
- 冷却液泵不运行
- 冷却液管路或接口损坏
- 需要冷却的组件损坏（EME）

显示冷却系统内温度过高时，可能存在多种原因，其中也包括冷却液损耗。因此进行故障查询时，必须系统化检查冷却系统的所有组件。电机电子装置的冷却液循环回路排气方式与传统车辆相似。使用宝马车辆常用的水和防冻防腐剂的混合液 G48 作为冷却液。高电压蓄电池单元充电期间，电机电子装置内的供电电子装置工作。由于电机电子装置内转换的电功率较大，在此也会产生热量。必须借助在此所述的冷却液循环回路排出热量。因此充电期间电机电子装置内出现相应高温时，电动冷却液泵和电子扇也可能会启动。高电压蓄电池单元充电期间可能会自动接通冷却液泵及电子扇。因此在发动机室盖打开的状态下进行工作时或对电机电子装置冷却液循环回路进行工作时，不允许为高电压蓄电池单元充电。在以下车辆状态下可能会启用冷却液泵和电子扇：

- 存在车辆状态"行驶"
- PAD 模式已启用
- 为高电压蓄电池单元充电

PAD 模式已启用时，电机电子装置的供电电子电路处于运行状态。DC/DC 转换器通过这种方式为高电压车载网络（电动空调压缩机和电气加热装置）以及 12V 车载网络提供能量。如果根据此时产生的热量识别出冷却要求，则接通冷却液泵并根据需要接通电子扇。在车辆状态行驶时或 PAD 模式已启用时，可能会自动接通冷却液泵和电子扇。因此在发动机室盖打开的状态下进行工作时或对电机电子装置冷却液循环回路进行工作时，务必确保车辆处于车辆状态驻车或停留。

（五）高电压蓄电池单元

1. 概览

高电压蓄电池单元是由以下主要组件构成的整个系统：

· 带实际电池的电池模块

· 电池监控电子装置

· 安全盒（S-Box）

· 蓄能器管理电子装置 SME 控制单元

· 4 件式热交换器

· 导线束

· 接口（电气、制冷剂、排气）

· 壳体部件和固定部件

高电压蓄电池单元的主要任务是从高电压车载网络吸收、存储电能并根据需要提供使用以及将其转化为化学能量。此外，还执行有助于确保高电压系统安全的重要任务，例如高电压触点监控。可通过制动能量回收利用或外部电网为高电压蓄电池单元充电。为使 G30 PHEV 达到预期电动可达里程，对可存储的备用能量进行了相应计算。这决定了高电压蓄电池单元的容积和重量。高电压蓄电池单元安装在行李箱内，通过 3 个连接点固定在车身上。在 G30 PHEV 上，高电压安全插头（又称为售后服务断电开关）不是高电压蓄电池单元的组成部分。该部件位于行李箱内右侧的一个盖板下。高电压蓄电池单元是一个复杂的高电压组件，必须遵守操作和安全规定。尤其是不允许锂离子电池过度充电且电池不得处于温度过高的环境中，否则有失火危险！通常情况下禁止进行带电高电压组件作业。在进行涉及高电压组件的任何工作步骤前，都必须将高电压系统切换为无电压并采取安全措施以防未经授权重新启动：

· 充电插头未连接在车辆上

· 建立车辆状态驻车（例如通过长时间按压 Headunit 的媒体按钮）

· 等待车辆进入休眠模式（START/STOP 按钮上的字样不发光）

· 断开高电压安全插头

· 固定住高电压系统，以防通过高电压安全插头重新接通

· 启用 PAD 模式（例如通过 0.8s 内按压 START/STOP 按钮 3 次）

· 等待组合仪表中显示检查控制信息"高电压系统已关闭"

· 建立车辆状态"驻车"

（1）技术数据

G30 PHEV 的高电压蓄电池单元由宝马在德国丁果耳芬进行生产。高电压蓄电池单元的电池由三星公司生产。高电压蓄电池单元同样由宝马自行研发。在 G30 PHEV 高电压蓄电池单元内使用的蓄电池组电池属于锂离子电池类型（电池类型为 NMCo/LMO 混合）。锂离子电池的阳极材料原则上为锂金属氧化物。"NMC/LMO 混合"这一名称说明了这种电池类型使用的金属：一方面是镍、锰和钴的混合物，另一方面是锂锰氧化物。通过选择阳极材料优化了混合动力车辆所用高电压蓄电池单元的特性（能量密度高、充电循环次数长）。像往常一样使用石墨作为阴极材料，放电时锂离子沉积在石墨内。根据蓄电池组电池内所用材料，总计额定电压为 3.66V，如表 5-77 所示。

表 5-77

名称	技术数据
电压	351.4V（额定电压） 269~398V（电压范围）
蓄电池组电池	96 个蓄电池组电池串联（各 3.66V 和 26Ah）
最大可存储能量 最大可用能量	9.1kWh 7.31kWh
最大功率（放电）	83kW（短时）
最大功率（交流电充电）	3.7kW
总重量	112.6kg
尺寸	541mm×1134mm×271mm
冷却系统	制冷剂，取决于市场使用 R1234yf 和 R134a

（2）安装位置

G30 PHEV 高电压蓄电池单元的安装位置如图 5-657 所示。

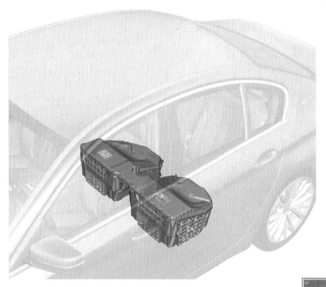

图 5-657

在此通过一根独立的电位补偿导线使高电压蓄电池单元壳体与车身间形成电气连接。

高电压蓄电池单元壳体与接地之间的低电阻连接是确保自动绝缘监控功能正常运行的一项重要前提条件，因此必须遵守规定的拧紧力矩。此外还必须注意，无论是高电压蓄电池单元壳体还是车身都不允许在相应部位处涂漆、腐蚀或有污物。

安装固定螺栓时必须遵守准确的工作步骤：

· 清洁接触面并让另外一人进行检查

· 按规定力矩拧紧固定螺栓

· 让另外一人检查力矩

高电压蓄电池单元安装在后桥前方中间位置。这样带来的优点是降低了 G30 PHEV 的重心，从而改善了行驶特性。所有接口均可从车辆底部接触到。G30 PHEV 高电压蓄电池单元的固定方式如图 5-658 所示。

高电压蓄电池单元通过 8 个支架和 10 个固定螺栓与车身连接。通过这种方式可使重力以及行驶期间产生的加速力作用在车身上。所有固定螺栓均可从车辆底部接触到。不过需要松开螺栓时，必须事先拆卸多个饰板、排气装置和传动轴。为便于拆卸和安装高电压蓄电池单元，在此使用带有相应固定装置的可移动总成升降台。

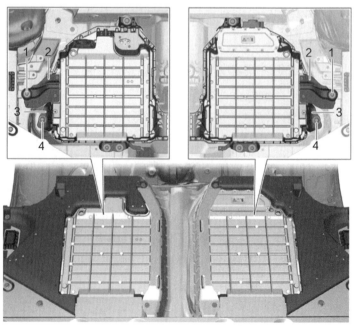

1.固定螺栓 2.支架
图 5-658

· 两人必须将准确工作情况记录在车辆档案内

（3）系统电路图

G30 PHEV 高电压网络内高电压蓄电池单元的系统电路图如图 5-659 所示。

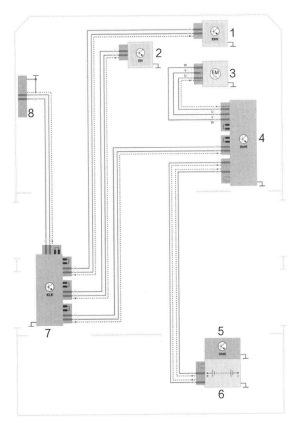

1.电动空调压缩机 EKK　2.电气加热装置　3.电机　4.蓄能器管理电子装置SME　5.高电压蓄电池单元电池模块　6.电机电子装置EME　7.便捷充电电子装置KLE　8.充电接口

图 5-659

（2）电气接口

高电压蓄电池单元除高电压接口外还有一个信号接口。为对高电压蓄电池单元进行冷却，在此将其接入制冷剂循环回路内。G30 PHEV 高电压蓄电池单元接口如图 5-661 所示。

2.外部特征

（1）提示牌

高电压蓄电池单元壳体上有 3 个铭牌：一个型号铭牌和两个警告提示牌。型号铭牌提供逻辑信息（例如零件编号）和最重要的技术数据（例如额定电压）。警告提示牌一方面指出采用了锂离子技术，另一方面指出高电压蓄电池单元内使用高电压，从而提醒注意可能存在相关危险。G30 PHEV 高电压蓄电池单元客体上的提示牌如图 5-660 所示。

1.高电压蓄电池单元警告提示牌　2.带有技术数据的型号铭牌　3.高电压蓄电池单元壳体下部件　4.高电压组件警告提示牌　5.高电压蓄电池单元壳体上部件

图 5-660

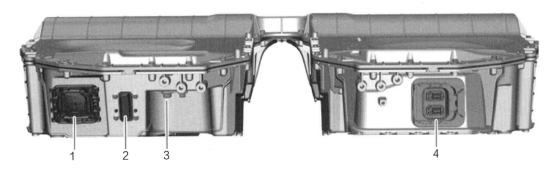

1.排气单元　2.信号插头　3.制冷剂管路接口　4.高电压接口

图 5-661

761

可在无须拆卸高电压蓄电池单元的情况下断开导线（高电压和信号接口）和制冷剂管路。

①低电压接口。

在 G30 PHEV 高电压蓄电池单元上，右侧有一个信号接口。通过该接口为集成在高电压蓄电池单元内的控制单元提供电压、总线信号、传感器信号和监控信号。

信号接口带有以下导线：

- 通过总线端 30F 和总线端 31 为 SME 控制单元供电
- 总线端 30 碰撞信号，用于为电动机械式接触器供电
- 前部电子模块 FEM 的唤醒导线
- 高电压触点监控导线的输入端和输出端
- 用于控制膨胀和截止组合阀（作为冷却系统的组成部分）的输出端（+12V 和接地）
- PT-CAN2

②高电压接口。

在高电压蓄电池单元上右侧有一个高电压接口，高电压蓄电池单元通过该接口与电机电子装置连接。

（3）排气单元

排气单元有两项任务。第一项任务是补偿高电压蓄电池单元内部和外部之间的较大压力差。只有某一蓄电池组电池损坏时，才会产生这种压力差。在此情况下，出于安全原因，蓄电池组电池已损坏的电池模块壳体会打开，以便降低压力。随后气体首先存于高电压蓄电池单元壳体内。从此处可通过排气单元排到外面。排气单元的第二项任务是向外输送高电压蓄电池单元内部产生的冷凝物。在高电压蓄电池单元内部除技术组件外还有空气。通过较低环境温度或通过启用冷却功能（制冷剂）对空气或壳体进行冷却时，空气中的部分水蒸气就会冷凝。因此在高电压蓄电池单元内部可能会形成少量冷凝物，这不会对功能产生任何影响。空气或壳体再次受热时冷凝物就会重新蒸发，同时壳体内的压力稍稍增大。排气单元可通过向外排出受热空气进行压力补偿。此时会将空气中包含的水蒸气连同之前的液态冷凝物一起向外排出。

3. 冷却系统

为了尽可能延长高电压蓄电池单元的使用寿命并获得最大功率，应在规定温度范围内运行蓄电池。车外温度 -4 ~ +60℃ 时，原则上高电压蓄电池单元已准备就绪。就使用寿命和功率而言，最佳范围明显缩小，即 +25 ~ +40℃。此为电池温度而非车外温度。如果在功率输出较高的同时电池温度持续明显超出该范围，就会影响蓄电池组电池的使用寿命。为了消除该影响并在所有车外温度条件下确保最大功率，G30 PHEV 的高电压蓄电池单元带有自动运行的冷却装置。如果长时间（例如多日）将 G30 PHEV 停放在很低的环境温度下，蓄电池组电池也会变为与环境温度一样低。在此情况下，开始行驶时可能无法提供最大电动驱动功率。在 G30 PHEV 上未安装高电压蓄电池单元加热装置。

（1）概览

G30 PHEV 空气调节系统概览如图 5-662 所示，

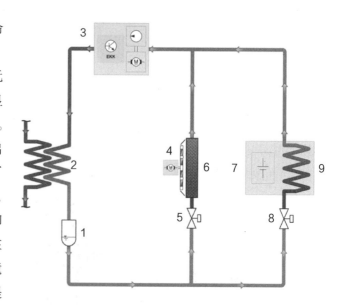

1.干燥器瓶 2.通过冷却液冷却的空调冷凝器（冷却液制冷剂热交换器） 3.电动空调压缩机EKK 4.车内空间鼓风机 5.车内空间膨胀和截止组合阀 6.车内空间蒸发器 7.高电压蓄电池单元 8.高电压蓄电池单元膨胀和截止组合阀 9.热交换器

图 5-662

G30 PHEV空气调节安装位置系统概览如图5-663所示。

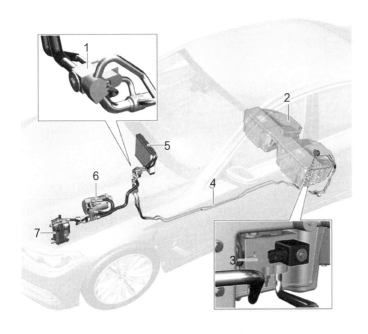

1.膨胀和截止组合阀 2.高电压蓄电池单元 3.膨胀和截止组合阀 4.至高电压蓄电池单元的制冷剂管路 5.车内空间蒸发器 6.电动空调压缩机EKK 7.通过冷却液冷却的空调冷凝器（冷却液制冷剂热交换器）

图 5-663

（2）功能

根据冷却系统的功能可实现两种运行状态：

· 冷却系统关闭

· 冷却系统接通

① "冷却系统关闭" 运行状态。

电池温度已处于或低于最佳范围时，启用 "冷却系统关闭" 运行状态。车辆在适中环境温度下以较低电功率行驶时启用该运行状态。 "冷却系统关闭" 运行状态非常高效，因为无须其他能量来对高电压蓄电池进行冷却。

相关组件按以下方式工作：

· 只需对车内空间进行冷却时，电动空调压缩机不运行或降低功率运行

· 高电压蓄电池单元上的膨胀和截止组合阀关闭

② "冷却系统接通" 运行状态。

电池温度增至约30℃时，就会开始冷却高电压蓄电池单元。SME控制单元以两个优先级向IHKA控制单元发送冷却要求。然后IHKA决定是否对车内空间、高电压蓄电池单元或二者进行冷却。SME提出优先级较低的冷却要求且车内空间冷却要求较高时，IHKA可能会拒绝提出的冷却要求。但SME提出优先级较高的冷却要求时，始终会对高电压蓄电池单元进行冷却。进行冷却时，IHKA要求电机电子装置内的高电压电源管理系统提供用于电动空调压缩机的电功率。在冷却运行状态下，组件工作方式如下：

·SME组件提出冷却要求

·IKHA许可后，SME控制单元控制高电压蓄电池单元上的膨胀和截止组合阀。通过这种方式使该阀门打开，制冷剂流入高电压蓄电池单元内

·电动空调压缩机运行

膨胀阀后压力下降后，高电压蓄电池单元的管路和冷却通道内的制冷剂蒸发。此时制冷剂吸收电池模块或蓄电池组电池的热量并对其进行冷却。接着蒸发的制冷剂离开高电压蓄电池单元，经电动空调压缩机压缩并在冷却液/制冷剂热交换器内液化。虽然该过程需要获取高电压车载网络能量，但其意义非常重大。只有这样才能确保蓄电池组电池具有较长使用寿命和较高效率。蓄电池组电池温度明显低于20℃最佳运行温度时，其功率会暂时受限且能量转换效率也不理想。这是无法避免的锂离子蓄电池化学效应。如果长时间（例如多日）将G30 PHEV停放在很低的环境温度下，蓄电池组电池也会变为与这个环境温度一样低。在此情况下，开始行驶时可能无法提供最大电动驱动功率。但客户并不会有所察觉，因为此时由发动机驱动车辆。

（3）系统组件

热交换器：

在高电压蓄电池单元内部，制冷剂在管路和冷却通道（铝合金）内流动。通过入口管路流入的制冷剂在高电压蓄电池单元接口后分入左侧和右侧热交换器。流经供给管路的制冷剂分别进入相应热交换器内并通过流经冷却通道的路径吸收电池模块的热量，在右侧和左侧热交换器端部处汇集为一个共同的回流管路。该共

用回流管路将蒸发的制冷剂输送回高电压蓄电池单元接口。在左下热交换器的供给管路上装有一个温度传感器，其信号用于控制和监控冷却功能，由 SME 控制单元直接读取该信号。G30 PHEV 高电压蓄电池单元内的冷却组件如图 5-664 所示。

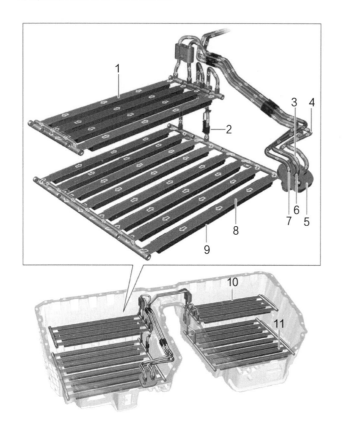

1.热交换器（左上，沿行驶方向看） 2.制冷剂温度传感器 3.左侧热交换器压力段供给管路（沿行驶方向看） 4.右侧热交换器压力段供给管路 5.膨胀和截止组合阀连接法兰 6.右侧热交换器抽吸侧回流管路 7.左侧热交换器抽吸侧回流管路 8.热交换器（左下） 9.弹簧条 10.热交换器（右上） 11.热交换器（左上）

图 5-664

4.内部结构

电气和电子组件：

G30 PHEV 高电压蓄电池单元系统电路图如图 5-665 所示。

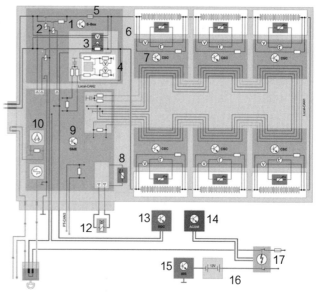

1.安全盒（S-Box） 2.接触器 3.电流和电压传感器 4.绝缘监控 5.主电流保险丝（350A） 6.电池模块 7.电池监控电子装置（电池监控电路CSC） 8.制冷剂管路温度传感器 9.蓄能器管理电子装置SME 10.高电压触点监控电路控制装置 11.高电压安全插头（售后服务断电开关） 12.制冷剂管路的膨胀和截止组合阀 13.车身域控制器BDC 14.带有安全型蓄电池接线柱触发用控制导线的ACSM 15.智能型蓄电池传感器IBS 16.12V蓄电池 17.安全型蓄电池接线柱SBK

图 5-665

从上面的电路图中可以看出，除汇集在 6 个电池模块内的蓄电池组电池本身外，高电压蓄电池单元还包括以下电气 / 电子部件：

· 蓄能器管理电子装置 SME 控制单元

· 6 个电池监控电子装置（电池监控电路 CSC）

· 带接触器、传感器、过电流保险丝和绝缘监控的安全盒

除电气组件外，高电压蓄电池单元还包括制冷剂管路、冷却通道以及电池模块的机械固定元件。

①蓄能器管理电子装置 SME。

针对高电压蓄电池使用寿命的要求比较严格（车辆使用寿命）。为了满足这些要求，不能随意运行高电压蓄电池，而是应在严格规定的范围内运行高电压蓄电池，从而确保其使用寿命和功率最大化。相关边界条件如下：

· 在最佳温度范围内运行电池（通过冷却以及根据需要限制电流强度）

· 根据需要均衡所有电池的充电状态

· 在特定范围内充分利用可存储的蓄电池能量

为了遵守这些边界条件，在 G30 PHEV 的高电压蓄电池单元内装有一个蓄能器管理电子装置 SME 控制单元。SME 控制单元需要执行以下任务：

· 由电机电子装置 EME 根据要求控制高电压系统的启动和关闭
· 分析所有蓄电池组电池的测量信号、电压和温度以及高电压电路内的电流强度
· 控制高电压蓄电池单元的冷却系统
· 确定高电压蓄电池的充电状态（SoC）和老化状态（SoH）
· 确定高电压蓄电池的可用功率并根据需要对电机电子装置提出限制请求
· 安全功能（例如电压和温度监控、高电压触点监控）
· 识别出故障状态、存储故障码存储器记录并向电机电子装置发送故障状态

原则上可通过诊断系统使 SME 控制单元做出响应并对其进行编程。进行故障查询时必须清楚，在 SME 控制单元的故障码存储器内不仅可存储控制单元故障，而且还可查阅高电压蓄电池单元内其他组件的故障记录。这些故障码存储器记录根据严重程度和尚可提供的功能分为不同类型：

· 立即关闭高电压系统

因故障影响高电压系统安全或因故障产生高电压蓄电池损坏危险时，就会立即关闭高电压系统并断开电动机械式接触器触点。

· 限制功率

高电压蓄电池无法继续提供最大功率或全部能量时，就会限制驱动功率和可达里程从而保护组件。此时驾驶员可在驱动功率明显降低的情况下继续行驶较短距离。

· 对客户没有直接影响的故障

例如 SME 或 CSC 控制单元之间的通信短时受到干扰时，不表示功能受限或危及高电压系统安全，只会产生一个故障码存储器记录，须由宝马售后服务部门通过诊断系统对该记录进行分析。不出现检查控制信息，不会影响客户所使用的功能。

从高电压蓄电池单元外部无法接触到 SME 控制单元。出现故障需要更换 SME 控制单元时，必须事先打开高电压蓄电池单元。只允许由经过培训的相关人员来打开高电压蓄电池单元。此外，还必须严格按照维修说明来进行，特别要在打开前进行规定的检查工作。

SME 控制单元的电气接口包括：

· SME 控制单元 12V 供电（左前配电盒的总线端 30 和总线端 31）
· 接触器 12V 供电（总线端 30C 碰撞信号）
· PT-CAN3
· 局域 CAN1 和 2
· 车身域控制器 BDC 的唤醒导线
· 高电压触点监控输入端和输出端
· 制冷剂循环回路内膨胀和截止组合阀的控制导线
· 制冷剂温度传感器

由一个专用 12V 导线为高电压蓄电池单元内的接触器供电。该导线称为总线端 30 碰撞信号，简称为总线端 30C。总线端名称中的 C 表示发生事故（碰撞）时关闭该 12V 电压。该导线是安全型蓄电池接线柱的一个（第二个）输出端。即触发安全型蓄电池接线柱时，也会断开该供电导线。此外，该导线穿过高电压安全插头，因此将高电压系统切换为无电压时，也会关闭接触器供电。因此在上述两种情况下，高电压蓄电池单

元内的两个接触器会自动断开。局域 CAN1 使 SME 控制单元与电池监控电子装置 CSC 相互连接。局域 CAN2 用于实现 SME 控制单元与安全盒之间的通信。通过该总线可传输例如电流强度测量值等信息。G30 PHEV 高电压蓄电池单元局域 CAN 电路原理图如图 5-666 所示。

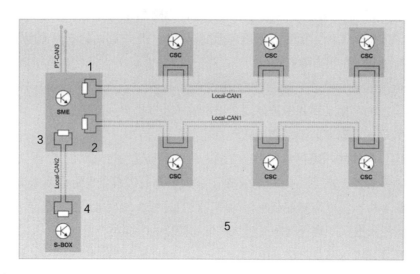

1.SME控制单元内的局域CAN1终端电阻 2.SME控制单元内的局域CAN1终端电阻 3.SME控制单元内的局域CAN2终端电阻 4.安全盒内的局域CAN2终端电阻 5.高电压蓄电池单元

图 5-666

②电池模块。

高电压蓄电池单元由 6 个串联连接的电池模块构成。每个电池模块都分配有一个电池监控电子装置。电池模块本身由 16 个串联连接的电池构成。每个电池的额定电压为 3.66 V，额定容量为 26Ah。G30 PHEV 高电压蓄电池单元结构如图 5-667 所示。

电池模块位于高电压蓄电池单元内。电池模块及其固定部件的所有相关作业只能由具备资质的维修车间人员进行。

③电池监控电子装置。

为确保 G30 PHEV 所用锂离子电池正常运行，必须遵守特定边界条件：电池电压和电池温度不允许低于或超过特定数值，否则可能造成蓄电池组电池永久损坏。因此高电压蓄电池单元带有 6 个研发名称为电池监控电路 CSC 的电池监控电子装置。G30 PHEV 电池监控电子装置如图 5-668 所示。

在此以极高扫描率（每 20ms 测量一次）测量电池电压。通过测量电压可识别出充电和放电过程结束。温度传感器安装在电池模块上，根据其测量值可确定各蓄电池组电池的温度。根据电池温度可识别出过载或电气故障。出现上述情况时，必须立即降低电流强度或完全关闭高电压系统，以免蓄电池组电池

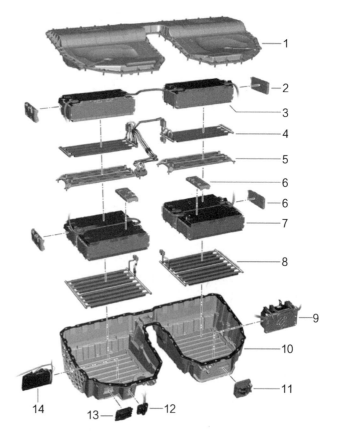

1.壳体上部件 2.上部电池监控电子装置 3.上部电池模块 4.上部热交换器 5.模块隔板 6.下部电池监控电子装置 7.下部电池模块 8.下部热交换器 9.安全盒 10.壳体下部件 11.高电压接口 12.信号插头 13.排气单元 14.蓄能器管理电子装置SME

图 5-667

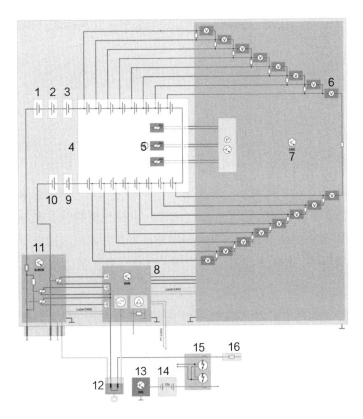

1.电池模块1 2.电池模块2 3.电池模块3 4.电池模块4 5.电池模块处的温度传感器 6.电池电压测量 7.模块4处的电池监控电子装置 8.蓄能器管理电子装置SME 9.电池模块5 10.电池模块6 11.安全盒（S-Box） 12.高电压安全插头（售后服务断电开关） 13.智能型蓄电池传感器IBS 14.12V蓄电池 15.安全型蓄电池接线柱SBK 16.左前配电盒

图 5-668

为此 SME 控制单元将所有电池电压进行相互比较。在此过程中对电池电压明显较高的蓄电池组电池进行有针对性的放电。SME 控制单元通过局域 CAN1 将相关请求发送至这些蓄电池组电池的电池监控电子装置，从而启动放电过程。为此每个电池监控电子装置都有一个针对各蓄电池组电池的欧姆电阻，相应电子触点闭合后放电电流就会流过该电阻。启动放电过程后由电池监控电子装置独自负责执行该过程，即使在其间主控控制单元切换为休眠模式也会继续执行。通过与总线端 30 直接相连的蓄能器管理电子装置 CSC 控制单元供电来实现这一点。所有蓄电池组电池的电压均处于较小规定范围内时，放电过程就会自动结束。电池平衡过程会一直进行，直至所有电池达到相同电压水平。在平衡电池电压的过程中会造成损失，但损失的电能极小（小于 0.1 % SoC）。而优势在于可使可达里程和高电压蓄电池单元使用寿

进一步损坏。此外，测量温度还用于控制冷却系统，以便始终在最有利于功率和使用寿命的温度范围内运行蓄电池组电池。由于电池温度是一项重要参数，因此每个电池模块都有 3 个 NTC 温度传感器，其中一个为冗余传感器。电池监控电子装置通过局域 CAN 1 传输其测量值。该局域 CAN 1 使所有电池监控电子装置相互连接并与 SME 控制单元连接。在 SME 控制单元内对测量值进行分析并根据需要做出相应反应（例如控制冷却系统）。如果一个或多个蓄电池组电池的电池电压明显低于其他蓄电池组电池，则高电压蓄电池的可用能含量就会因此受限。放电时，由最弱的蓄电池组电池决定何时停止释放能量。如果最弱电池的电压降至放电限值，则即使其他蓄电池组电池还存有充足能量，也必须结束放电过程。如果仍继续放电过程，就会因此造成最弱蓄电池组电池永久损坏。因此可通过一项功能使电池电压调节至几乎相同的水平。该过程也称为电池平衡。G30 PHEV 平衡电池电压的电路原理图如图 5-669 所示。

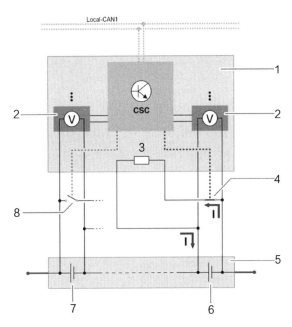

1.电池监控电子装置 2.用于测量电池电压的传感器 3.放电电阻 4.用于某一蓄电池组电池放电的触点闭合（启用） 5.电池模块 6.通过放电降低电压的蓄电池组电池 7.未放电的蓄电池组电池 8.用于某一蓄电池组电池放电的触点断开（未启用）

图 5-669

命最大化，因此总体而言平衡电池电压非常有利且十分必要。当然，只有在车辆静止状态下才会执行该过程。

平衡电池电压的具体条件包括：

- 车辆处于车辆状态"驻车"
- 高电压系统已关闭
- 电池电压或各电池 SoC 的偏差大于相应限值
- 高电压蓄电池的总 SoC 大于相应限值

如果满足上述条件，就会自动平衡电池电压。因此客户既看不到检查控制信息，也无须为此进行特殊操作。即使更换电池模块后，SME 控制单元也会自动识别出电池电压平衡需求。如果电池电压的偏差过大或电池电压平衡未顺利进行，就会在 SME 控制单元内生成一个故障码存储器记录。此时通过一条检查控制信息提醒客户注意该故障状态。之后必须通过诊断系统对故障码存储器进行分析并进行相应修理工作。电池监控电子装置位于高电压蓄电池单元内。电池监控电子装置的所有相关作业只能由具备资质的维修车间人员进行。

④安全盒。

在每个高电压蓄电池单元内都有一个带独立壳体的接口单元，该单元称为安全盒。在安全盒内集成有以下组件：

- 蓄电池负极电流路径内的电流传感器
- 蓄电池正极电流路径内的保险丝
- 两个电动机械式接触器（每个电流路径一个开关触点）
- 用于缓慢启动高电压系统的预充电电路
- 用于监控开关触点、测量蓄电池总电压和监控绝缘电阻的电压传感器
- 用于绝缘监控的电路

⑤导线束。

高电压蓄电池单元内有两个导线束：

- 用于连接 CSC 与 SME 控制单元的通信导线束
- 用于连接 SME 和 S 盒与 12V 车载网络接口的通信导线束

5. 功能

在 G30 PHEV 中由电机电子装置 EME 控制和协调高电压系统的主要功能。

高电压蓄电池单元和 SME 控制单元对于高电压系统的主要功能非常重要。具体包括：

- 启动
- 正常关闭
- 快速关闭
- 蓄电池管理系统
- 高电压蓄电池充电
- 监控功能

（1）启动

无论以下哪项作为触发因素，高电压系统的启动顺序始终相同：

- 接通总线端 15 或建立行驶准备就绪状态
- 应开始高电压蓄电池充电
- 使车辆做好行驶准备（高电压蓄电池或车内空间空气调节）

高电压系统的具体启动步骤如下：

· EME 控制单元通过 PT-CAN/PT-CAN2/PT-CAN3 上的总线电码要求启动

· 通过自诊断功能检查高电压系统

· 持续提高高电压系统内的电压

· 使接触器触点完全闭合

主要通过 EME 控制单元和 SME 控制单元进行高电压系统检查。在此检查与安全有关的标准，例如高电压触点监控电路或绝缘电阻。而且还必须满足启动所需的功能条件，例如所有子系统处于运行准备就绪状态。由于高电压系统带有电容值较高的电容器（供电电子装置内的中间电路电容器），因此不允许电动机械式接触器触点简单闭合。电流脉冲过高会导致高电压蓄电池、中间电路电容器以及接触器触点损坏。首先使负极上的接触器闭合。与正极上的接触器并联有一个带电阻的预充电电路。此时启用该电路，受电阻限制的接通电流使中间电路电容器充电。中间电路电容器电压大致达到蓄电池电压数值时，就会断开预充电电路并使高电压蓄电池单元正极上的接触器闭合。此时高电压系统处于完全准备就绪状态。在车辆内可听到启动期间先后闭合接触器时发出的响声，这不表示出现功能故障。高电压系统未出现故障时，会在约 0.5s 内完成高电压系统整个启动过程。成功启动后，SME 控制单元通过 PT-CAN3 向 EME 控制单元发送总线电码。如果例如接触器某一触点未顺利闭合，也会通过相同方式发送故障状态信号。

（2）正常关闭

高电压系统关闭分为正常关闭和快速关闭两种情况。在此所说的正常关闭，一方面保护所有相关部件，另一方面还监控与安全有关的高电压系统组件。满足以下条件或标准时，就会正常关闭高电压系统：

· 驾驶员建立车辆状态"驻车"或"停留"（总线端 15 关闭，继续运行时间结束，由 EME 进行控制）

· 驻车空气调节、驻车暖风或高电压蓄电池单元调节功能结束

· 高电压蓄电池单元充电过程结束

· 车载网络蓄电池充电过程结束

· 进行某高电压控制单元编程

正常关闭时，无论通过何种因素触发，原则上都按照如下具体步骤保持相同顺序：

· 继续运行时间结束后 EME 通过 PT-CAN/PT-CAN2/PT-CAN3 上的总线电码发送关闭指令

· 高电压车载网络上的系统（EME、KLE、EKK、EH）将高电压车载网络内的电流降为零

· 电机绕组短路

· 断开高电压蓄电池单元内的接触器（由 SME 进行控制）

· 高电压系统检查，例如电动机械式接触器触点是否按规定断开

· 高电压电路放电，即通过 EME 进行中间电路电容器主动放电

根据需要分多个阶段进行中间电路电容器放电：

· 首先尝试供应 12V 车载网络蓄电池的存储能量

· 如果无法实现，就会通过可接通电阻使中间电路电容器放电

· 如果中间电路电容器未在 5s 内放电至 60V 电压以下，则通过被动电阻使其放电

G30 PHEV 正常关闭原理如图 5-670 所示。

无论是切换为车辆状态"驻车"还是关闭过程本身，都可能持续几分钟。例如自动运行的监控功能是原因之一。如果在此期间出现重新启动要求或存在某项快速关闭条件，就会中止正常关闭。

（3）快速关闭

在此以尽快关闭高电压系统为最高目标。只有出于安全考虑必须将高电压系统内的电压尽快降至安全数值时，才执行这个快速关闭。下面列出了导致快速关闭的触发条件以及作用链：

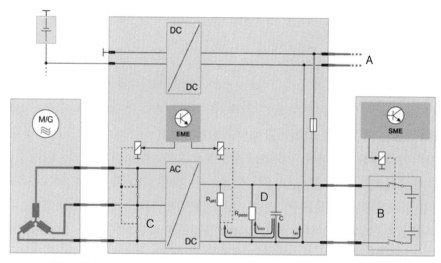

A.关闭所有高电压组件 B.断开接触器 C.电机绕组短路 D.中间电路电容器放电

图 5-670

· 发生事故

碰撞和安全模块 ACSM 识别到事故。根据事故严重程度，通过总线电码请求关闭或通过断开安全型蓄电池接线柱与两个 12V 蓄电池的正极来强制关闭。在第二种情况下自动中断电动机械式接触器的供电，从而使其触点自动断开。

· 过电流监控

通过高电压蓄电池单元内的电流传感器监控高电压车载网络内的电流强度。如果识别到电流强度过大，则 SME 控制单元促使电动机械式接触器强制断开。在高电流下断开会使接触器触点严重磨损，但为了避免其他部件损坏，必须容忍这一点。

· 短路保护

每个高电压蓄电池内都有一个短路时断开高电压电路的过电流保险丝。

· 临界电池状态

如果某个电池监控电子装置识别出某个蓄电池组电池电压过低、电压过高或温度过高，也会在 EME 控制单元控制下强制断开电动机械式接触器。尽管这可能会导致触点磨损加剧，但这种快速关闭可防止相关蓄电池组电池毁坏。

· 高电压蓄电池单元 12V 供电失灵

在此情况下 SME 控制单元不再工作，无法再监控蓄电池组电池。出于该原因，此时电动机械式接触器的触点也会自动断开。

除高电压系统断路外，还会使中间电路电容器（EME）放电并使电机（EME、EKK）绕组短路。为此高电压控制单元一方面通过总线电码接收相关请求，另一方面通过高电压电路内电流强度突然降低识别出这种状态。

（4）充电。

通过回收利用能量、提高发动机负荷点或从外部电网为高电压蓄电池充电时，SME 控制单元同样发挥重要作用。SME 控制单元根据蓄电池组电池的充电状态和温度确定高电压蓄电池单元当前可吸收的最大电功率。该数值以总线电码形式通过 PT-CAN3 传输至 EME 控制单元。在此运行的高电压电源管理功能协调各项功率要求。充电期间 SME 控制单元持续确定已达到的充电状态并监控高电压蓄电池的所有传感器信号。为了确保最佳充电过程，SME 控制单元也根据这些数值持续计算当前最大充电功率数值并将其发送至 EME 控制单元。在充电过程中，SME 控制单元还会持续控制高电压蓄电池冷却系统，从而确保快速有效的充电过程。为了实现尽可能长的电动可达里程，连接充电电缆时，应对车内空间进行预先空气调节（暖风或制冷）。在此不从高电压蓄电池单元获取所需电能，而是由便捷充电电子装置直接来提供。

（5）监控功能

高电压蓄电池单元或蓄能器管理电子装置在很大程度上参与了很多监控功能。其中包括：

· 用于确保高电压系统安全的监控功能
· 用于确保高电压蓄电池单元最佳运行条件的监控功能

就与安全有关的监控功能而言，在此要特别注意高电压蓄电池单元在高电压触点监控和绝缘监控方面的重要作用。高电压触点监控（高电压连锁回路）是一个可在事先未按规定关闭高电压车载网络的情况下避免进行高电压组件作业时发生危险的电路。如果该电路断路，就会关闭高电压系统的供电或阻止接通高电压系统的供电。在 G30 PHEV 上，由以下所示高电压组件构成高电压触点监控，如图 5-671 所示。

用于控制和产生高电压触点监控检测信号的电子装置集成在 G30 PHEV 的蓄能器管理电子装置 SME 内。

高电压系统启动时开始产生检测信号，高电压系统已关闭时停止产生检测信号。SME 产生一个频率约 88Hz 的矩形交流电信号作为检测信号并将其发送到检测导线上。检测导线采用环形拓扑结构（与 MOST 总线相似）。在环形线路的两个部位对检测导线信号进行分析：在电机电子装置内以及最后在环形线路端部 SME 内。如果该信号位于规定范围之外，则识别为电路断路或识别为检测导线内对车辆接地短路并立即关闭高电压系统。如果断开高电压安全插头（售后服务断电开关）处的高电压触点监控，就会直接断开接触器。此外还会关闭所有高电压组件。绝缘监控功能确定带电高电压部件（例如高电压导线）与车辆接地间的绝缘电阻是否高于或低于所需最低限值。如果绝缘电阻低于最低限值，就会存在车辆部件带有危险电压的可能。如果人员接触第二个带电高电压部件，就会存在电击危险。因此针对 G30 PHEV 高电压系统提供全自动绝缘监控功能。与宝马 i 车辆的高电压蓄电池单元不同，现在在安全盒内进行绝缘监控。这样设计的优点是无须再将高电压导线引至 SME。安全盒在高电压系统启用期间通过测量电阻定期（约每隔 5s）进行绝缘监控（间接绝缘监控）。在此车辆接地作为参考电位使用。在不采取附加措施的情况下，通过这种方式只能确定高电压蓄电池单元内局部出现的绝缘故障。但确定车内所铺设高电压导线与车辆接地间的绝缘故障也同样非常重要。因此高电压

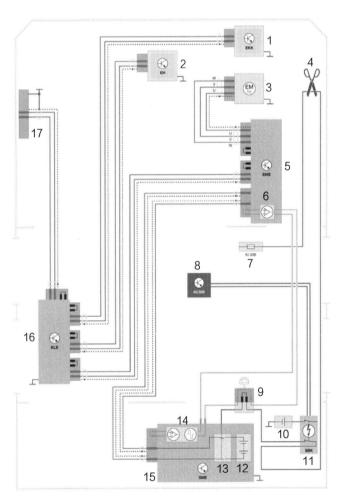

1.电动空调压缩机EKK 2.电气加热装置EH 3.电机 4.救援切割部位 5.电机电子装置EME 6.电机电子装置内用于高电压触点监控检测信号的分析电路 7.左前配电盒 8.碰撞和安全模块ACSM 9.高电压安全插头（售后服务断电开关） 10.车辆蓄电池 11.安全型蓄电池接线柱SBK 12.电池模块 13.接触器 14.蓄能器管理电子装置内用于高电压触点监控检测信号的分析电路 15.蓄能器管理电子装置SME 16.便捷充电电子装置KLE 17.充电接口

图 5-671

组件的所有导电壳体都与车辆接地导电连接。这样可以通过一个中央位置即高电压蓄电池单元确定整个高电压车载网络内的绝缘故障。高电压组件所有壳体与车辆接地的正确电气连接是正常执行绝缘监控功能的一项重要前提。因此如果维修期间中断了该电气连接，必须小心地重新建立连接。绝缘监控分为两个阶段。绝缘电阻低于第一限值时，对人员尚不构成直接危险。因此高电压系统仍保持启用状态，此时不会发出检查控制信息，但会在故障码存储器内存储故障状态。这样便于售后服务员工在下次车间维修时加以注意并检查高电压系统。低于较低的绝缘电阻第二限值时，不仅会在故障码存储器内存储记录，而且还会发出检查控制信息，以要求驾驶员到维修车间进行检查。原则上售后服务员工无须自己测量绝缘电阻，这项工作由高电压系统通过绝缘监控功能进行。识别出绝缘故障时，售后服务员工必须通过诊断系统内的检测计划确定绝缘故障的实际位置。除高电压触点监控和绝缘监控外，还有以下其他监控功能：

· 安全型蓄电池接线柱的 12V 供电电压

为在发生相应严重程度的事故时能够快速关闭高电压系统，所有电动机械式接触器的电磁铁均由安全型蓄电池接线柱提供 12V 供电。如果发生事故时安全型蓄电池接线柱燃爆，则这个供电电压消失，接触器触点自动断开。此外，SME 控制单元还以电子形式分析该导线上的电压，同时促使高电压系统关闭，包括中间电路电容器放电和电机主动短路。

· 接触器触点

高电压系统关闭时 SME 控制单元要求断开接触器触点后，通过测量触点并联电压检查触点是否也已实际断开。即使出现某接触器触点未断开这种不大可能发生的情况，也不会给客户或售后服务员工带来直接危险。但出于安全考虑会阻止高电压系统重新启动。

· 预充电电路

例如如果启动高电压系统期间发现预充电电路内有故障，就会立即中止启动过程且高电压系统不会运行。

· 温度过高

在所有运行状态下高电压蓄电池单元的冷却系统均确保蓄电池组电池温度处于最佳范围内。如果因故障导致一个或多个蓄电池组电池温度升高并超出最佳范围，就会首先通过降低功率来保护蓄电池组电池。如果温度继续升高且可能由此造成蓄电池组电池损坏，就会及时关闭高电压系统。

· 电压过低

通过持续监控和根据需要平衡电池电压来避免某个蓄电池组电池电压过低。整个高电压蓄电池单元的总电压同样受到监控并用于确定充电状态。如果总电压降低到高电压蓄电池单元完全放电，则会阻止继续放电。

6. 修理

（1）安全进行高电压系统工作

下面的高电压蓄电池单元修理说明仅列出了常规工作内容和步骤。原则上只应遵守当前适用维修说明中的规定和说明。进行 G30 PHEV 高电压组件作业前，必须遵守并执行电气安全规定：

· 必须将高电压系统切换为无电压

· 必须固定住高电压系统防止重新接通

· 必须确定高电压系统无电压

以下将简要介绍需在 G30 PHEV 上遵守的电气安全规定。

① 准备工作。

开始作业前必须固定住车辆以防溜车（挂入变速器驻车锁）。必须拔出车上连接的充电电缆。必须建立车辆状态"驻车"（例如通过长时间按压 Headunit 的媒体按钮）。此外，车辆车载网络必须处于"休眠模式"。可通过 START/STOP 按钮不发光进行识别。

②将高电压系统切换为无电压。

在 G30 PHEV 上借助高电压安全插头（绿色）将高电压系统切换为无电压。为切换为无电压，必须将插头从所属插孔中拉出。这样可使高电压触点监控电路断路，从而将高电压系统切换为无电压。此外，也会中断接触器的供电。G30 PHEV 高电压安全插头如图 5-672 所示。

图 5-672

只要松开了锁止件（如图 5-674 中 2 所示），即可将插头从插孔（如图 5-674 中 1 所示）中拉出几毫米。

如果感觉到阻力，则不要继续或用力拉。高电压安全插头的插头和插孔无法完全彼此拉开。

图 5-672

现在必须锁住挂锁。进行高电压系统工作期间必须将钥匙保存在安全的地方，以防未授权人打开该锁。通过在高电压安全插头上使用和锁止挂锁可确保插头无法再插在一起。这样可有效防止无意间或在未经售后服务员工允许的情况下重新接通高电压系统，如图 5-676 所示。

为将插孔与插头彼此拉开，必须松开插图所示的红色机械锁止件，如图 5-673 所示。

图 5-673

③固定住高电压系统以防重新接通。

在高电压安全插头处同样需要进行固定以防重新接通。为此需要一个普通挂锁（例如 ABUS® 45/40）。将高电压安全插头的插孔和插头彼此拉开可露出经过两个部件的通孔（如图 5-675 中 1 所示）。必须将普通挂锁的锁箍插入这个孔中。

图 5-675

图 5-676

④确定无电压。

在宝马售后服务维修车间内不借助测量仪或宝马诊断系统确定无电压，而是由高电压组件测量自身电压并通过总线信号向组合仪表发送测量结果。只有组合仪表从所有相关高电压组件处同时接收到无电压信号时，才会生成表示无电压的检查控制信息。该红色检查控制符号为带斜线的闪电符号。此外，还会出现文本信息"高电压系统已停用"，如图 5-677 所示。

为确定无电压，售后服务员工必须接通 PAD 模

图 5-677

式并等到组合仪表显示检查控制信息及图 5-677 所示符号，之后才能确保高电压系统无电压。确定无电压后必须重新建立车辆状态"驻车"，然后再开始进行实际工作。如果没有显示检查控制信息，则不允许进行高电压组件作业！在此情况下必须联系宝马集团的技术支持部门（PUMA）！

（2）发生事故后的处理方式

高电压系统的安全方案也能确保在发生事故期间或发生事故后，不会给客户、救援人员或售后服务员工带来危险。发生事故时高电压系统自动关闭，因此可从外部接触到的高电压组件部位处不再有危险电压。高电压系统按以下方式关闭：在正常运行状态下通过总线端 30 为蓄能器管理电子装置供电。此外，还为电动机械式接触器的线圈供电。

发生事故时通过一个扩展型安全型蓄电池接线柱关闭。该部件包括一个附加常闭触点。安全型蓄电池接线柱触发时，随着蓄电池正极导线以燃爆方式断开，这个开关触点同时断开。这个开关触点断开促使高电压蓄电池单元内的接触器直接断开，从而使高电压蓄电池单元无法再向高电压车载网络输送危险电压。电机电子装置从碰撞和安全模块 ACSM 得到一个碰撞信号。此后电机电子装置立即使中间电路电容器放电。发生事故后安全型蓄电池接线柱保持上述状态，因此高电压蓄电池单元未处于运行准备状态。因此即使重新接通 PAD 模式或车辆状态"行驶"，高电压系统也保持停用状态。如果 G30 PHEV 发生事故且造成安全型蓄电池接线柱触发，则进行高电压组件或安全型蓄电池接线柱作业前必须联系宝马集团的技术支持部门（PUMA）。

（3）救援切割部位

G30 PHEV 救援切割部位安装位置如图 5-678 所示。

采用第二个救援切割部位是因为救援服务机构要求在带有电动驱动系统的车辆上必须有两个彼此分开的救援切割部位。原则上第二个救援切割部位位于车辆内高电压安全插头的相对侧。如果高电压

图 5-678

安全插头位于行李箱内，则救援切割部位位于发动机室内。救援切割部位是一根与总线端 30C 相连的导线。总线端 30C 为安全盒内的接触器供电。该导线在标记部位断开，从而确保接触器断开。断开后可重新对救援接口进行修理。

（4）运输模式

为保护高电压蓄电池单元，在运输模式下无法使用以下功能：

·电动行驶

·助推功能

·发动机节能启停功能

只有发动机运行时，才能在运输模式下为高电压蓄电池单元充电。

（六）高电压蓄电池单元充电

1. 充电概述

（1）简介

电动车辆的"充电"过程相当于传统驱动方式车辆的"加油"过程，因此在本节中"充电"表示：

·车辆内高电压蓄电池单元充电

·静止期间的充电过程（不通过制动能量回收利用）

·通过供应电能的充电过程

·由车辆外部交流电压网络提供能量

·引向车辆的充电电缆

由于使用充电电缆，因此也称为导电（导线连接）充电。充电时既需要车辆上的组件，也需要车辆以外的组件。在车辆上需要一个充电接口和一个用于转换电压的供电电子装置。在车辆以外需要附加组件，相关标准和研发部门将其称为"电动车辆供电设备 EVSE"。交流电压网络电压可介于 100 ~ 240V 之间。在此为 G30 PHEV 输送单相电压。宝马售后服务员工应遵守以下有关充电的重要安全规定：不允许同时进行车辆加油和高电压蓄电池单元充电！插有充电电缆时不要加油，要与易燃物品保持充足安全距离，否则未按规定插入或拔出充电电缆时存在因燃油燃烧等导致人员受伤或物品受损的危险。G30 PHEV 连接交流电压网络进行充电时，不允许进行任何高电压系统作业。在充电过程中，为了冷却电机电子装置可能会自动接通电动冷却液泵和电子扇。因此在 G30 PHEV 接有充电电缆的情况下，不允许对电机电子装置和高电压蓄电池单元的冷却系统以及电子扇进行任何作业。

（2）充电方式概览。

原则上只能通过交流电（交流电充电）以 3.7kW 最大充电功率为 G30 PHEV 的高电压蓄电池单元充电。G30 PHEV 中高电压蓄电池单元的充电方式主要取决于具体国家的充电基础设施。如表 5-78 所示，概括了最重要市场的充电方式：在此充电功率和所需充电时间始终涉及电网功率，而非进行高电压蓄电池单元充电的充电功率。充电功率始终小于可提供的电网功率。在 G30 PHEV 上不支持通过直流电流充电。

（3）电动车辆供电设备

车辆外可实现充电功能的组件称为"电动车辆供电设备 EVSE"。因此"电动车辆供电设备 EVSE"是所有用于与交流电压网络建立连接并确保充电期间电气安全的组件和防护设施的统称。因此"EVSE"代表以下组件：

·充电插头

·充电电缆

·电源插头

- 附墙充电箱
- 充电站
- 故障电流保护开关（FI）
- 相线（L1）和零线（N）的断路开关
- 通信电路（控制导线和接近导线）
- 显示交流电压网络是否连接和可用
- 连续式或开关式地线（PE）

只允许由经过相应培训的电气专业人员，而非宝马售后服务员工进行电动车辆供电设备例如充电插头、

表 5-78

国家	充电功率	充电时间	插头（型号）	充电附件
欧规	单相，37kW 交流电	~3 小时 20 分钟（2.7kW） ~2 小时 30 分钟（3.7kW）	型号 2 IEC62196-2	2.7kW 充电电缆 3.7kW 交流电充电站
美规	单相，37kW 交流电	~6 小时 30 分钟（1.4kW） ~2 小时 30 分钟（3.7kW）	型号 1 IEC62196-2	1.4kW 充电电缆 3.7kW 交流电充电站
日本	单相，32kW 交流电	~6 小时 00 分钟（1.5kW） ~3 小时 00 分钟（3kW） ~2 小时 40 分钟（3.2kW）	型号 1 IEC62196-2	1.5~3kW 充电电缆 3.2kW 交流电充电站
中国	单相，37kW 交流电	~5 小时 00 分钟（1.8kW） ~2 小时 30 分钟（3.7kW）	型号 CN	1.8kW 充电电缆 3.7kW 交流电充电站

充电电缆、家用插座或充电站的相关作业。根据 EVSE，通过不同方式将需要充电的车辆与交流电压网络连接。

①充电电缆。

充电电缆设计用于移动使用。所有防护和通信设施都集成在"缆上控制盒"内。该方案的体积和重量均较小，能够在车辆内轻松运输充电电缆，G30 PHEV 充电电缆如图 5-679 所示。

由于使用普通家用插座将充电电缆与交流电压网络连接，因此限制了最大充电电流强度。操作和使用充电电缆时，必须参考相关制造商的使用说明。不允许宝马售后服务员工对充电电缆或缆上控制盒进行任何保养或维修工作。充电电缆损坏或有故障时应联系制造商。

②固定安装式充电站。

这种电动车辆供电设备型号根据其尺寸和电气要求必须以固定方式安装，例如客户屋内或车库内。在公共场所例如停车场也可设立这种充电站。只允许由经过相应培训的电气专业人员进行固定安装式充电站的安装、保养和维修。不允许宝马售后服务员工进行相关作业。

③交流电充电站。

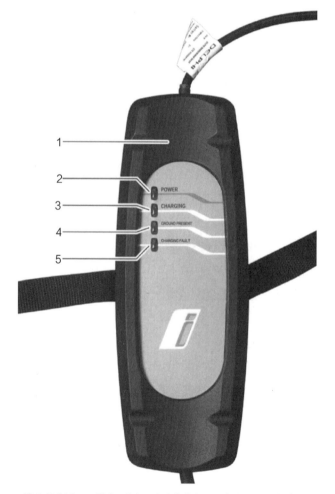

1.缆上控制盒 2.供电可用显示（黄色） 3.充电显示（绿色） 4.接地显示（黄色） 5.充电期间故障显示（红色）

图 5-679

可通过单相（全球范围）、双相（美国）或三相（在德国普及）方式将交流电充电站与交流电压网络连接，但设计要求始终通过单相方式与需要充电的车辆连接。与移动方案不同，在此理论上最大电流强度可达32A，最大充电功率可达7.4kW。这些最大值由安装场地电气安装所用导线横截面大小所决定。进行安装时，电气专业人员根据导线横截面进行充电站配置，从而确保通过控制信号将相应最大电流强度传输至车辆。G30 PHEV的充电电子装置通常仅支持以3.7kW最大功率进行充电。通过控制导线或接近电阻进行通信可避免以过高电流强度充电。一种交流电充电站以及充电电缆上的相应插头如图5-680和图5-681所示。

其他制造商的交流电充电站或用于其他国家的型号可能与上述型号有所不同。

2. 用交流电压充电

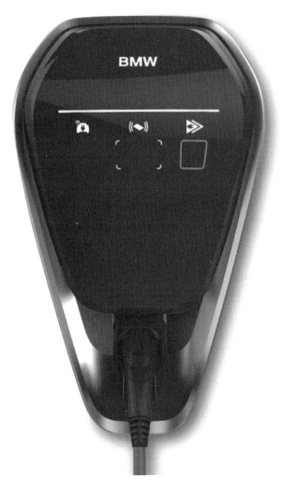

图 5-680

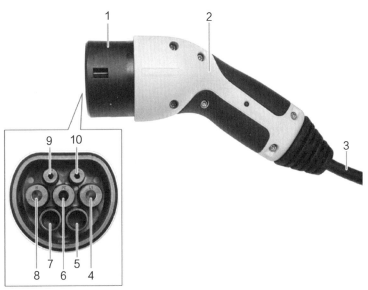

1.机械导向件/插头壳体 2.手柄/插头壳体 3.充电电缆 4.相线 L1 接口 5.相线 L3 接口（在G30 PHEV上不使用） 6.地线接口 7.相线 L2 接口（在G30 PHEV上不使用） 8.零线接口 9.控制导线接口 10.接近导线接口

图 5-681

虽然 G30 PHEV 的高电压蓄电池单元也可通过电机以能量回收利用方式进行部分充电，但当 G30 PHEV 与本地能源供应公司的交流电压网络连接时就会进行"正常"充电过程。此时从交流电压网络获取能量并输送至直流电压高电压车载网络。为此可将 G30 PHEV 与交流电充电站连接或通过充电电缆进行充电。绝对不要以最大电流强度进行充电。开始时以恒定电流充电，临近结束时切换为恒定电压。因此实际充电持续时间延长，蓄电池组电池使用寿命提高。将 G30 PHEV 与交流电充电站连接时，也可提供约 3.7kW 的最大充电功率（前提是交流电充电站采用了相应设计）。

（1）系统电路图

G30 PHEV3.7kW 交流电充电的系统电路图如图 5-682 所示。

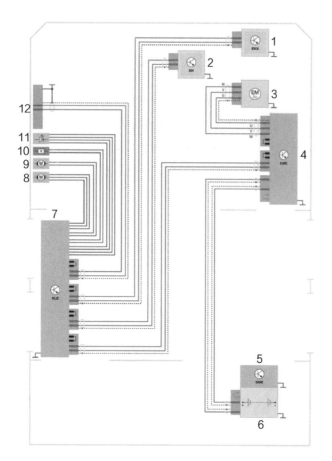

（2）第2代充电电缆

随G30 PHEV一起在全世界范围内更换以前的充电电缆。第2代充电电缆在电源插头内的温度传感装置和密封性方面进行了修改，同时针对新标准进行了调整。第2代充电电缆也在所有其他宝马i和PHEV车辆中使用，如图5-683所示。

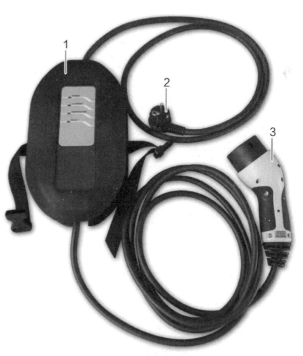

1.电动空调压缩机EKK　2.电气加热装置EH　3.电机　4.电机电子装置EME　5.蓄能器管理电子装置SME　6.高电压蓄电池单元　7.便捷充电电子装置KLE　8.插头锁止驱动装置　9.充电接口盖驱动装置　10.充电接口盖传感器　11.定向和状态照明　12.车辆上的充电接口

图5-682

1.电缆上控制盒　2.用于连接到普通家用插座的插头　3.用于连接到车辆的插头

图5-683

充电电缆包括以下组件：

· 用于带保护触点的普通家用插座的不同国家规格插头

· 不同国家规格插头与缆上控制盒之间的电缆连接

· 缆上控制盒

· 缆上控制盒与用于车辆侧接口的插头之间的电缆连接

· 用于车辆侧接口的插头

充电电缆使交流电压网络与车辆高电压车载网络间形成电气连接。通过带保护触点的普通家用插座连接到交流电压网络。G30 PHEV使用的这种充电电缆针对车辆充电接口始终采用单相设计（相线L1和零线N），始终带有地线PE以及控制导线和接近导线（充电插头识别）。插头设计确保首先与保护触点连接。通过地线使车辆地线接地。可通过行李箱内左侧的充电电缆袋牢固放置并固定充电电缆。操作和使用带有缆上控制盒的充电电缆时，必须参考相关制造商的使用说明。不允许宝马售后服务员工对充电电缆或缆上控制盒进行任何保养或维修工作。充电电缆或缆上控制盒损坏或有故障时应联系制造商。

设置充电电流强度：

通过"我的车辆"菜单，可通过车辆限制使用标准充电电缆在插座上充电时的最大电流强度。通常情况下建议在不了解的插座上充电时将最大允许电流强度设置为较低。G30 PHEV用于设置充电电流强度的菜单如图5-684所示。

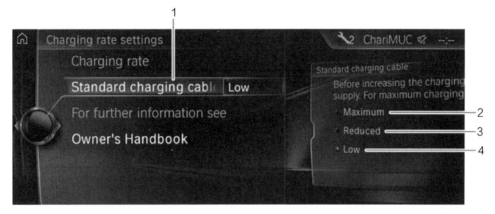

1.用于设置充电电流强度的菜单项 2.最大充电电流为100%电流强度（通过充电插头识别导线了解） 3.降低充电电流为75%电流强度（通过充电插头识别导线了解），但最低为6 A 4.较低充电电流约为50%电流强度（通过充电插头识别导线了解），但最低为6A

图 5-684

如果到访维修车间时更改了客户设置的电流强度，则必须确保将车辆交付客户前重新使其复位，否则存在客户私人家用电压网络过载且客户将家用保险丝熔断理解为故障情况的危险。必须在交付车辆前将最大充电电流恢复为客户设置数值。

（3）高电压蓄电池单元充电时应注意什么？

不允许在高电压蓄电池单元充电的同时加注燃油箱！插有充电电缆时不要加油，与易燃物品保持充足安全距离。否则未按规定插入或拔下充电电缆时，存在因燃油燃烧等导致人员受伤或物品受损的危险。通过普通家用插座为高电压蓄电池单元充电会导致插座上出现较高的持续负荷，在其他家用情况下不会出现这种情况。因此必须遵守以下说明：

· 不要使用适配器或延长电缆

· 首先将 EVSE 与家用插座连接，之后与车辆充电插座连接

· 充电后首先拔出车辆上的充电插头，然后拔出墙上的充电插头

· 避免绊倒危险以及充电电缆和插座承受机械负荷

· 不要将充电插头插在损坏的插座上

· 不要使用损坏的充电电缆

· 进行高电压蓄电池单元充电时，充电插头和充电电缆可能会变热。如果变得过热，则插座不适于充电或充电电缆已损坏。应立即中止充电并让电气专业人员进行检查

· 反复出现充电故障或中断情况时，联系具有资质的售后服务员工

· 仅使用防潮和防侵蚀的插座

· 不要用手指或物体接触插头触点区域

· 切勿自行维修或改动充电电缆

· 进行清洁前将电缆两侧拔出。不要浸入液体内

· 充电期间不允许洗车

· 仅在经过电气专业人员检查的插座上进行充电

· 在不了解的基础设施 / 插座上充电时，注意用户手册内的特殊说明。然后在车辆上将充电电流设置为较低

（4）车辆上的充电接口

G30 PHEV 的充电接口位于左前侧围板上。在此通过电动驱动装置使充电接口盖上锁和开锁。由便捷

779

充电电子装置对该电动驱动装置进行控制。充电接口盖仅在变速器位置 P 和车辆中控锁开锁状态下才能打开。可在开锁后通过按下充电接口盖将其打开。充电接口盖和接口分配情况如图 5-685 所示。

充电接口的高电压导线与便捷充电电子装置相连。相线 L1 和零线 N 采用带有屏蔽层的高电压导线设计，端部通过一个圆形高电压插头连接便捷充电电子装置的交流电接口。控制导线和充电插头识别导线（接近导线）使用普通信号导线。这些信号导线也带有屏蔽层，端部通过一个中间插头连接便捷充电电子装置内的一个插头。地线在充电接口附近与车辆接地电气连接。通过这种方式使车辆地线接地。使用欧规型号（型号 2 插头）时，充电插头始终会在充电过程前自动锁止。使用美国 / 中国型号（型号 1/CN 插头）时，只要车辆上锁插头就会一直保持锁止状态。在车辆充电接口周围有一圈充电状态显示。这是一种环形光导纤维。在此通过一个由便

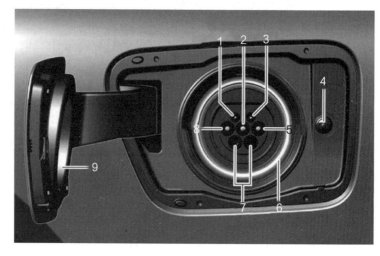

1.接近导线接口 2.地线PE接口 3.控制导线接口 4.充电接口盖锁止机械机构 5.零线N接口 6.充电状态显示 7.未使用的接口 8.相线L1接口 9.充电接口盖

图 5-685

捷充电电子装置控制的 RGB LED 实现充电状态显示照明。车辆上的充电接口只允许与高电压导线作为一个单元一起更换。

（5）便捷充电电子装置

便捷充电电子装置 KLE 可实现车辆与充电站之间的通信。G30 PHEV 便捷充电电子装置 KLE 如图 5-686 所示。

便捷充电电子装置的主要任务是：

·通过控制导线和接近导线与 EVSE 进行通信

·控制充电状态显示

·识别充电接口盖的状态

·控制用于锁止充电插头的电机

·将交流电压转化为直流电压（AC/DC 转换器）

·为电动空调压缩机提供高电压

·为电气加热装置提供高电压

G30 PHEV 便捷充电电子装置的输入 / 输出如图 5-687 所示。

①通过控制导线和充电插头识别导线与 EVSE 进行通信。

控制导线和接近导线使用普通信号导线。这些信号导线带有屏蔽层，端部连接便捷充电电子装置内的一个插头。通过接近导线可识别出充电插头插入车辆充电接口内并确定充电电缆最大电流负载能力。在充电电

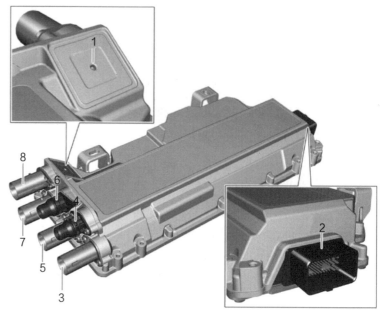

1.排气口 2.低电压接口/信号接口 3.电气加热装置高电压接口 4.冷却液回流接口 5.电动空调压缩机高电压接口 6.冷却液供给接口 7.电机电子装置EME高电压接口 8.充电接口高电压接口

图 5-686

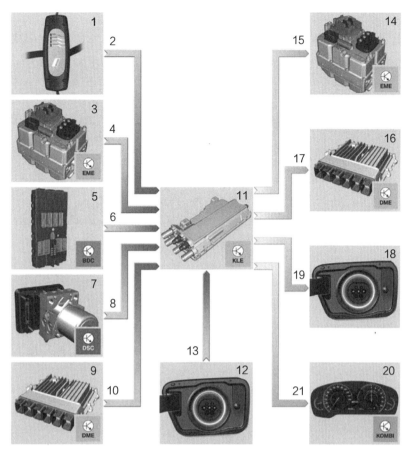

1.电动车辆供电设备EVSE 2.有关交流电压网络是否可用、充电电缆是否正确连接以及最大可用电流强度的信息 3.电机电子装置EME 4.所要求的充电功率、充电电压和充电电流强度（规定值） 5.车身域控制器BDC 6.总线端状态，行驶准备就绪已关闭 7.动态稳定控制系统DSC 8.车速 9.数字式发动机电子系统DME 10.驻车锁状态 11.便捷充电电子装置KLE 12.车辆上的充电接口 13.充电接口盖和充电插头的状态 14.电机电子装置EME 15.所设置充电功率、充电电压和充电电流强度的实际值，充电授权 16.数字式发动机电子系统DME 17.有关充电电缆是否插入和充电过程是否启用的信息 18.充电接口 19.控制用于定向照明和充电状态显示的LED，控制充电插头锁止装置 20.组合仪表 21.用于显示充电信息的信号

图 5-687

缆插头内，在接近接口与地线之间接有一个欧姆电阻。便捷充电电子装置施加测量电压并确定充电插头识别导线上的电阻值。电阻值说明所用充电电缆允许的最大电流强度（根据导线横截面）。在标准 IEC 61851－1 ed.3 中规定了电阻和电流强度的分配情况。控制导线用于确定和传输最大可用充电电流强度。控制信号为双极方波信号（−12 ～ +12 V）。电压大小和占空因数用于 EVSE 与车辆之间进行不同状态的通信：

· 高电压车辆已做好充电准备（是 / 否）

· 存在故障（是 / 否）

· 交流电压网络可提供的最大充电电流

· 充电电流

· 充电结束

②协调充电过程。

由 EME 内的高电压电源管理系统负责协调充电过程的开始和结束。

充电过程开始时，客户有两项工作要做：

· 设置充电开始

· 连接充电电缆

G30 PHEV 用于设置充电开始的菜单如图 5-688 所示。

客户可通过控制器和 CID 内的菜单设置车辆充电开始。在此可选择连接充电电缆后立即开始充电或规定

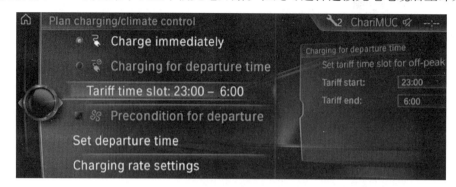

图 5-688

充电过程必须结束的最多 3 个出发时间。设置一个出发时间后，还可设置一个低费率充电时间窗。客户连接
与交流电压网络相连的充电电缆后，便捷充电电子装置就会唤醒车载网络内的控制单元（如果尚未因其他事
件而唤醒）。这项工作通过一个与 BDC 控制单元相连的唤醒导线来进行。随后便捷充电电子装置检查充电
的功能前提并通过 PT-CAN3 获取与安全有关的条件。下面概括列出了这些检查内容：

· 行驶准备就绪关闭

· 驻车锁已挂入

· 充电电缆已连接（接近）

· 与 EVSE 的通信正常（控制）

· 高电压系统无故障且处于启用状态

如果满足所有充电前提，EME 内的高电压电源管理系统就会要求便捷充电电子装置提供充电功率并开始
充电过程。此时 EME 控制单元不仅发送充电功率规定值，而且还规定最大充电电压和最大充电电流限值。
这些数值取决于高电压蓄电池单元的当前状态（例如充电状态和温度）以及剩余车载网络的功率需求（例如
用于空调系统）。EME 控制单元以智能化方式执行这些规定值，即不仅考虑规定值，而且考虑其他边界条件。
其中包括 EME 自身状态（故障、温度）以及通过交
流电压网络和充电电缆限制的电流强度。只有通过控
制导线成功启动车辆（KLE）与 EVSE 之间的通信时，
才会向相线 L1 施加电压，这样还能加强针对客户和
售后服务员工的电流危险防护。

③控制充电状态显示。

通过便捷充电电子装置控制充电状态显示。

定向照明：

充电接口定向照明用于在插入和拔出充电插头时
为驾驶员提供方向引导。只要充电接口盖处于打开状
态，RGB LED 就会发出白光。只要总线系统处于启
用状态，定向照明就会保持接通状态。只要识别出已
正确插入充电插头，就会关闭定向照明并显示初始化
状态，如图 5-689 所示。

图 5-689

初始化：

正确插入充电插头后 0 ~ 3s 开始初始化。初始化阶段最长持续 10s。在此 RGB LED 以橙色和 1Hz 频率闪烁。成功初始化后可开始为高电压蓄电池单元充电，如图 5-690 所示。

正在充电：

通过 RGB LED 以蓝色闪烁表示目前正处于高电压蓄电池单元充电过程。闪烁频率约为 0.7Hz。

充电暂停：

初始化阶段已顺利完成且以后才会开始充电（例如自低费用时刻起充电）时，充电暂停或充电准备就绪。在此情况下，RGB LED 以蓝色持续亮起，如

图 5-690

图 5-691 所示。

充电结束：

RGB LED 发出绿光时表示高电压蓄电池单元充

图 5-691

图 5-692

电状态为"已完全充电"，如图 5-692 所示。

充电过程故障：

如果在充电过程中出现故障，就会通过 RGB LED 以红色闪烁表示相关状态。此时 RGB LED 在 12s 内以约 0.5Hz 频率闪烁 3 次，每 3 组暂停约 0.8s，如图 5-693 所示。

插入充电插头后或车辆开锁 / 上锁后，启用充电

图5-693

状态显示12s。如果在此期间重新进行车辆开锁／上锁，则显示持续时间就会再延长12s，直至达到120s最长显示持续时间。

④打开充电接口盖。

充电接口盖通过中控锁锁止。开锁后必须按下充电接口盖，这样可操纵一个弹出装置使充电接口盖竖起。此外在充电接口盖罩内装有一个传感器（霍尔传感器）。该霍尔传感器的状态表明充电接口盖的状态（已打开／已关闭）。

⑤锁止充电插头。

使用欧规型号（型号2插头）时，充电插头始终会在充电过程前自动锁止。使用美国／中国型号（型号1/CN插头）时，只要车辆上锁插头，就会一直保持锁止状态。电气锁止充电插头可防止在车辆锁止状态下拔出充电插头。出现电气损坏（例如上锁电机失灵）时，可通过手动方式使充电插头开锁。应急开锁拉线位于发动机室内左前车轮罩处。拉动该按钮可使充电插头开锁，如图5-694所示。

图5-694展示了试生产状态下的充电插头应急开锁装置。批量生产规格带有一个蓝色按钮和绿色拉线。

（6）便捷充电电子装置内的供电电子装置

负责将来自充电接口的交流电压转化为高电压蓄电池单元充电所需直流电压的供电电子装置位于便捷充电电子装置内。交流电压通过单相方式传输。便捷充电电子装置可处理的允许输入电压范围是100～240 V，50 Hz或60Hz。供电电子装置模块是一个单向AC/DC转换器，即整流器。便捷充电电子装置在与输入端电隔离的输出端处提供电子调节式直流电压，或流过电子调节式直流电流。由EME控制单元内的高电压电源管理功能提出输出电压和输出电流规定。EME计算数值并进行调节，确保可为高电压蓄电池单元进行最佳充电并为G30 PHEV的其他用电器提供充足电能。便捷充电电子装置设计用于确保在其输出端提供3.7kW最大电功率。

1.带有充电插头应急开锁拉线的按钮

图5-694

（7）能量优化的充电模式

能量优化的充电模式是一项提高充电效率的措施。在通信车载网络内仅运行充电模式所需的控制单元。所有连接总线端30B的其他控制单元均不运行。

（8）宝马显示屏钥匙

对于G30 PHEV来说，也可通过选装配置形式订购宝马显示屏钥匙（SA 3DS）。宝马显示屏钥匙将遥控器、识别发射器和一个触摸显示屏集成到一把钥匙上。在G30 PHEV上显示屏钥匙还显示其他信息。

①锁屏上的新显示。

G30 PHEV宝马显示屏钥匙锁屏如图5-695所示。

②"可达里程"菜单内的新显示。

G30 PHEV宝马显示屏钥匙的"可达里程"菜单如图5-696所示。

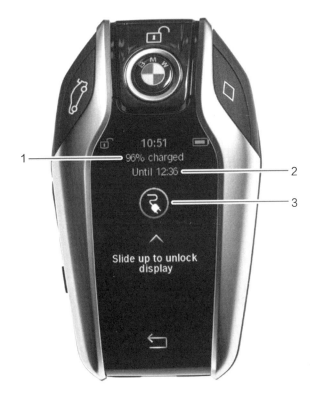

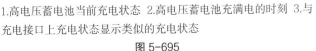

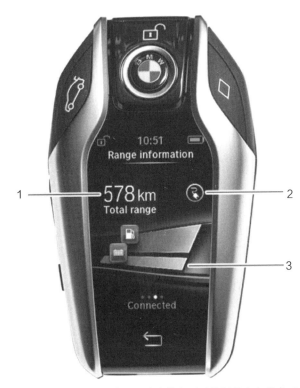

1.高电压蓄电池当前充电状态 2.高电压蓄电池充满电的时刻 3.与充电接口上充电状态显示类似的充电状态

图 5-695

1.总可达里程 2.与充电接口上充电状态显示类似的充电状态 3.电动可达里程

图 5-696

（七）混合动力制动系统

1. 简介

G30 PHEV 制动系统的任务是确保车辆可靠、稳定地减速。车辆减速包括以下方面：

· 传统液压制动部分

· 能量回收式制动部分

通过能量回收式制动可借助电机将车辆动能转化为电能，从而为高电压蓄电池单元充电。G30 PHEV 的行车制动器以传统 G30 为基础。

与传统 G30 相比，主要使用以下新组件或改进组件：

· 制动踏板角度传感器

· 制动真空压力传感器

· 改进型真空制动系统

· 改进型 DSC 单元

2. 系统概览

G30 PHEV 混合动力制动系统的系统概览如图 5-697 所示。

在纯电动行驶期间发动机处于静止状态，因此无法驱动机械真空泵。为在此行驶情况下也能确保提供制动真空压力，在 G30 PHEV 上会控制一个附加电动真空泵。在此由电机电子装置控制和监控电动真空泵。G30 PHEV 真空供给系统如图 5-698 所示。

3. 液压制动

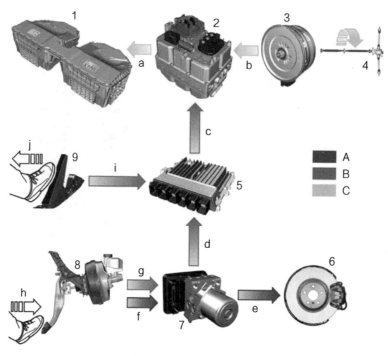

A.液压制动　B.信号流　C.能量回收式制动　1.高电压蓄电池单元　2.电机电子装置 EME　3.电机　4.传动系　5.数字式发动机电子系统DME　6.车轮制动器　7.动态稳定控制系统DSC　8.带制动踏板角度传感器和制动装置的制动踏板　9.加速踏板模块　a.用于存储在高电压蓄电池单元内的、经过整流的高电压（DC）b.由电机产生的电能（交流电压 AC）c.从DME至EME的"加速踏板角度"总线信息（惯性滑行时的能量回收利用）　d.从DSC至 DME的"标准制动力矩"总线信息　e.从DSC至车轮制动器的液压压力　f.从制动装置至 DSC 的液压压力　g.从制动踏板角度传感器至DSC的"制动踏板角度"电信号　h.操作制动踏板　i.从加速踏板模块至DME的"加速踏板角度"电信号（惯性滑行时的能量回收利用）　j.松开加速踏板

图 5-697

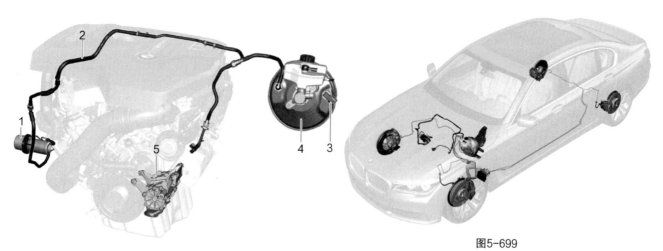

1.电动真空泵　2.真空管路　3.制动真空压力传感器　4.制动助力器　5.机械真空泵

图 5-698

图5-699

G30 PHEV 液压制动如图 5-699 所示。

通过驾驶员脚部动作可操作制动装置，通过制动踏板角度传感器可探测制动操作。根据制动踏板角度传感器信号，在动态稳定控制系统 DSC 内切换阀门，使制动液注入 DSC 蓄压器油室内。这样可人为延长制动踏板的空行程。这样延长空行程可进一步实现制动能量回收利用。达到特定制动踏板行程后，就会关闭阀门并重新在车轮制动器上施加驾驶员的液压影响。制动能量回收利用取消时，就会借助回流泵从蓄压器内将制动液输送至车轮制动器。DSC 单元的硬件由 TRW 公司提供。这样在不同运行时刻并非通过后桥

786

摩擦制动器，而是通过电机的能量回收利用功率使车辆减速。处于以下运行状态时会降低能量回收利用程度或禁止能量回收利用：

　　·识别出不稳定行驶状况时会降低后桥能量回收利用程度

　　·识别出紧急制动时会以纯液压方式执行驾驶员的减速要求，从而能够根据需要迅速对各车轮进行液压调节干预

　　·无法进行能量回收利用时（例如高电压蓄电池已充满电），会按所述方式执行驾驶员的制动要求

　　在此情况下相应车桥上的能量回收利用为零，DSC泵产生完全用于车辆减速的所需液压制动压力。

　　4.能量回收式制动

　　能量回收式制动可实现制动能量回收利用。此时电机以发电机形式工作，从而通过自动变速器—传动轴—后桥主减速器—半轴对驱动轮进行制动。通过电机电子装置将在此产生的能量用于为高电压蓄电池单元充电。与F10H和F04不同，在串联制动主缸上未使用制动踏板行程传感器，而是直接在制动踏板上使用制动踏板角度传感器。此外，还增大了制动踏板的空行程。因此操作制动踏板时可在此范围内以纯发电机形式在不需要液压制动压力的情况下进行减速。在此运行状态下，车轮制动器的制动摩擦片只是靠在制动盘上，但不产生制动功率。这样可提高驱动装置的效率，因为可将更多可用能量输送回高电压蓄电池单元内。G30 PHEV制动能量回收利用输入信号相关部件如图5-700所示。

　　能量回收式制动的主要输入参数是加速踏板角度和制动踏板行程：

　　·制动踏板角度由制动踏板角度传感器探测、换算为制动踏板行程并由动态稳定控制系统读取

　　·加速踏板角度由加速踏板模块探测并由数字式发动机电子系统读取

　　在未踩下制动踏板但加速踏板角度为0°时，电机以发电机模式运行。电机电子装置通过控制电机产生相当于传统车辆滑行模式下的整车制动力。根据所选行驶模式，通过滑行能量回收利用会形成不同的减速度。

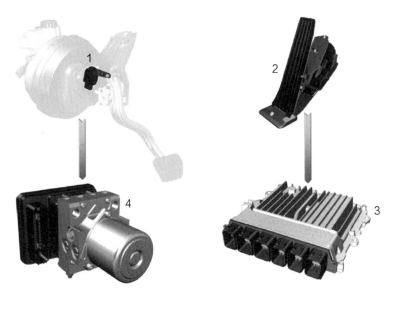

1.带制动踏板角度传感器的制动踏板　2.加速踏板模块　3.数字式发动机电子系统DME　4.动态稳定控制系统DSC

图5-700

　　紧急制动功能：

　　能量回收式制动借助传动系仅对G30 PHEV的后桥或对四轮驱动车辆的两个车桥施加影响。后桥与前桥的制动力比例不允许超过规定限值，否则会影响行驶稳定性。出于该原因也限制了可通过制动能量回收利用产生的最大减速度（最大0.07g）。通过能量回收式制动产生的最大允许制动力受限于打滑稳定性监控、横向加速度和稳定性调节过程。这样可确保即使在制动能量回收利用期间，车辆也始终保持稳定的行驶状态。如果DSC控制单元识别出不稳定的行驶状态，就会停止能量回收式制动且DSC控制单元会采取稳定性措施。驾驶员操作制动踏板时，就会与制动助力器及液压制动系统形成直接的机械连接。操作方式与传统车辆相同。

　　5.液压制动力和能量回收式制动力分配

　　如图5-701所示总结了全部制动力如何分为液压部分和能量回收式部分。图中的前提是不存在不稳定的

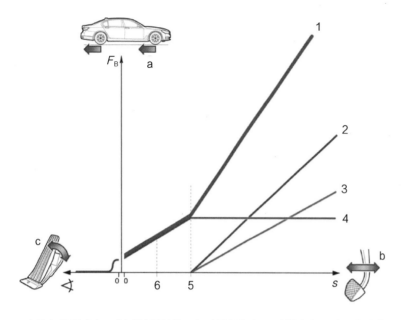

a.车轮上的制动力 b.制动踏板行程 c.加速踏板角度 1.总制动力 2.液压方式产生的前桥制动力 3.液压方式产生的后桥制动力 4.能量回收方式产生的制动力 5.制动踏板的空行程 6.通过DSC功能人为延长制动踏板的空行程

图 5-701

行驶状态且高电压蓄电池能够吸收电能。

（八）低电压车载网络

1. 供电

G30 PHEV 的 12V 车载网络与 G30 的能量车载网络基本相同。主要区别在于，不再通过发电机而是通过高电压车载网络来实现能量供给。高电压蓄电池单元的高电压通过电机电子装置 EME 内的 DC/DC 转换器转换为低电压（约 14 V）。因此在行驶过程中，12V 车载网络的电能供应不再取决于发动机转速。另一个区别是，启动机和附加蓄电池构成了一个独立的 12V 车载网络，该网络通过附加蓄电池充电单元（BCU）与标准 12V 车载网络相连。

G30 PHEV 12V 供电系统电路图如图 5-702 所示。

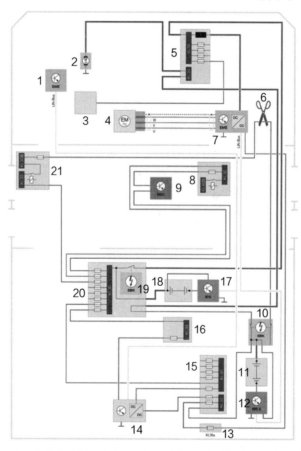

1.数字式发动机电子系统DME 2.启动机 3.集成式供电模块（PDM） 4.电机 5.发动机室配电盒 6.救援切割部位 7.电机电子装置EME 8.右前配电盒 9.车身域控制器 BDC 10.安全型蓄电池接线柱2 SBK2 11.附加蓄电池 12.智能型蓄电池传感器2 IBS2 13.混合动力配电盒 14.附加蓄电池充电单元BCU 15.后部配电盒 16.右侧蓄电池配电盒 17.智能型蓄电池传感器IBS 18.蓄电池 19.安全型蓄电池接线柱 SBK 20.蓄电池配电盒 21.左前配电盒

图 5-702

2.启动系统

(1)启动机

发动机B48可通过传统启动机和电机来启动。如表5-79展示了何时以及在何前提下采用相应的启动方式。

表 5-79

启动方式	车速	选挡杆位置	温度	发动机启动方式
START/STOP 按钮	0 km/h(静止)	P/N	变速器和发动机> -10℃ 变速器和发动机< -10℃	电机 小齿轮启动机
系统启动	0~8km/h	所有位置	变速器> 10℃且发动机> 0℃ 变速器< 10℃或发动机< 0℃	电机 小齿轮启动机
系统启动	> 8km/h	所有位置	所有	小齿轮启动机

(2)附加蓄电池

G30 PHEV附加蓄电池如图5-703所示。

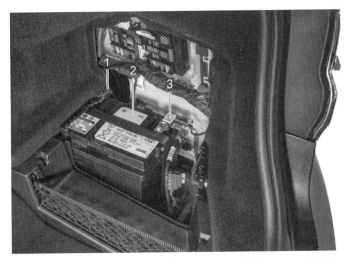

1.安全型蓄电池接线柱2 SBK2 2.附加蓄电池 3.智能型蓄电池传感器2 IBS2

图 5-703

启动机所需能量由附加蓄电池提供。附加蓄电池安装在行李箱内。附加蓄电池是容量为60 Ah的铅酸蓄电池。与12V车辆蓄电池相似,附加蓄电池的电流、电压和电极温度也由一个智能型蓄电池传感器IBS2探测。此后结果通过LIN总线发送给上级控制单元即电机电子装置EME。EME通过CAN总线将信号发送至DME。事故达到一定严重程度时,安全型蓄电池接线柱SBK2负责断开附加蓄电池与启动机之间的蓄电池正极导线。安全型蓄电池接线柱SBK2紧靠在附加蓄电池正极旁。通过碰撞和安全模块ACSM实现附加蓄电池安全型蓄电池接线柱SBK2的燃爆式触发。智能型蓄电池传感器IBS2通过小横截面导线从附加蓄电池的安全型蓄电池接线柱SBK2获得供电。

每次更换附加蓄电池时都必须注册。蓄电池正极导线从安全型蓄电池接线柱SBK2连接至启动机。此外,还有另外3根导线从安全型蓄电池接线柱SBK2引出:

- 一根用于为IBS2供电(无保险丝)
- 一根连接到为附加蓄电池充电的BCU(通过60A保险丝保护)
- 一根连接到EME(通过5A保险丝保护)

(3)附加蓄电池充电单元

附加蓄电池充电单元由一个控制单元和一个单向DC/DC转换器组成,用于连接启动系统与标准车载网络。附加蓄电池充电单元安装在行李箱内,它的任务是为附加蓄电池充电。附加蓄电池充电单元通过LIN信息从数字式发动机电子系统DEM获得为附加蓄电池充电的额定电压。附加蓄电池完全充满电后,就会通过DME关闭附加蓄电池充电单元。通过这种方式可在电动行驶或高速公路行驶期间降低车载网络的能量消耗。该系统提供的优点是可通过附加蓄电池充电单元内的DC/DC转换器断开导电连接。断开导电连接可防止通过启动机启动发动机时标准车载网络出现电压降。附加蓄电池充电单元能够识别出通过外部12V充电器为12V车载网络充电。在车辆未唤醒状态下通过外部充电器(在12V车载网络内)充电时,充电单元也可通过该功能为附加蓄电池充电。

（4）跨接启动接线柱

G30 PHEV 蓄电池正极接线柱如图 5-704 所示。

在跨接启动接线柱旁有一个标签，上面标注了正确或错误极性。在 G30 PHEV 上不提供 Active Hybrid 车辆所用的那种极性接错保护模块。

3. 行驶准备就绪总线端控制

G30 PHEV 驾驶员角度的总线端控制如图 5-705 所示。

图 5-704

如果有一个有效识别发射器位于车内且同时操作制动踏板和 START/STOP 按钮，就会启用行驶准备就绪。此时可从任何总线端状态启用行驶准备就绪（总线端 30F、总线端 30B 和总线端 15N）。通过 eDRIVE 显示中的指针提示驾驶员注意行驶准备就绪。在此情况下，指针位于 READY 中间部位。在行驶准备就绪状态下，车辆可根据扭矩要求以纯电动方式或以发动机方式起步。

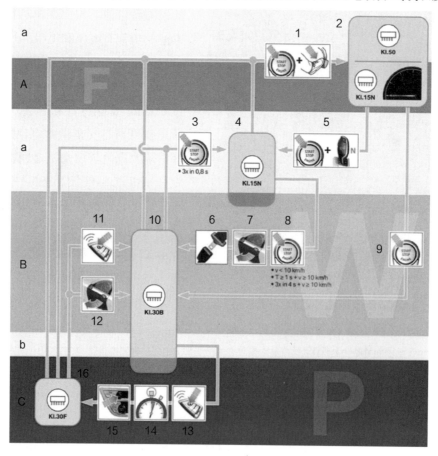

A.车辆状态"行驶"　B.车辆状态"停留"　C.车辆状态"驻车"　a.建立行驶准备就绪、结束行驶准备就绪或检查/分析/诊断的过渡状态 b.驻车功能过渡状态　1.操作 START/STOP 按钮 + 制动踏板 + 有效识别发射器位于车内　2.已建立行驶准备就绪，总线端15N（总线端50）　3.操作 START/STOP 按钮（0.8s内3次）+ 有效识别发射器位于车内　4.总线端15N　5.操作 START/STOP 按钮 + 选挡杆位于位置"N"　6.松开驾驶员安全带（车速低于0.1km/h，驾驶员车门打开，选挡杆不在位置"N"，未踩下制动器，近光灯关闭，无OBD通信，未处于诊断模式，未处于安装模式）　7.切换车门触点（车速低于0.1km/h，驾驶员安全带打开，选挡杆不在位置"N"，未踩下制动器，近光灯关闭，无 OBD 通信，未处于诊断模式，未处于安装模式）　8.操作 START/STOP 按钮 + 车辆静止或操作 START/STOP 按钮至少1s + 车速高于10km/h或在4s内操作 START/STOP 按钮至少3次 + 车速高于10km/h　9.操作 START/STOP 按钮　10.总线端30B　11.使车辆开锁　12.停留状态交互活动或驻车功能交互活动　13.使车辆上锁　14.3min没有客户交互活动　15.长按 Headunit 媒体按钮　16.总线端30F

图 5-705

790

与仅通过发动机驱动的传统车辆不同，在混合动力车辆上无法通过发动机运转来识别行驶准备就绪。发动机不启动即"无声启动"的前提是，高电压蓄电池电量充足且发动机达到运行温度或 eDRIVE 模式已启用。如果车辆静止时按下 START/STOP 按钮，就会停用行驶准备就绪。此时会自动挂入行驶挡位 P。自动洗车设备功能除外：如果驾驶员在行驶准备就绪接通状态下挂入行驶挡位 N，随即按下 START/STOP 按钮，则行驶挡位 N 保持挂入状态且总线端 15 保持接通状态。

（九）总线系统

G30 PHEV 的总线系统基于 G30 的总线系统。G30 PHEV 也使用 G30 的所有主总线系统和子总线系统。与 G30 的总线系统相比，G30 PHEV 增加、调整和取消了一些控制单元。

1. 总线概览

G30 PHEV 总线概览如图 5-706 所示。

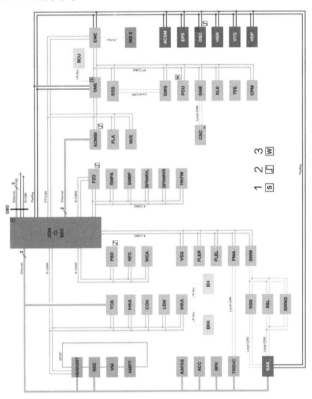

1.启动节点：用于 FlexRay 总线系统启动和同步的控制单元 2.有唤醒权限的控制单元 3.还与总线端15WUP 连接的控制单元 ACC.主动定速巡航控制系统 ACSM.碰撞和安全模块 AMPT.顶级高保真音响放大器 BDC.车身域控制器 BCU.蓄电池充电单元 CON.控制器 CSC.电池监控电子装置（电池监控电路） D-CAN.诊断控制器区域网络 DME.数字式发动机电子系统 DSC.动态稳定控制系统 EGS.变速器电子控制系统 EH.电气加热装置 EKK.电动空调压缩机 EME.电机电子装置 EPS.电子助力转向系统（电动机械式助力转向系统） Ethernet.用于局域数据网络的有线数据网络技术 FBD.远程操作服务 FLA.远光灯辅助系统 FLEL.左侧前部车灯电子装置 FLER.右侧前部车灯电子装置 FlexRay.用于汽车的快速实时容错总线系统 FZD.车顶功能中心 GWS.选挡开关 HEADUNIT.Headunit HKFM.行李箱盖功能模块 HSR.后桥侧偏角控制系统 IBS2.智能型蓄电池传感器2 IHKA.自动恒温空调 K-CAN2.车身控制器区域网络2 K-CAN3.车身控制器区域网3 K-CAN4.车身控制器区域网络4 K-CAN5.车身控制器区域网络5 KAFAS.基于摄像机的驾驶员辅助系统 KLE.便捷充电电子装置 KOMBI.组合仪表 LEM.灯光效果管理系统 LIN-BUS局域互联网总线 Local-CAN.局域控制器区域网络 MOST.多媒体传输系统 NFC.近距离通信系统 NVE.夜视系统电子装置 OBD2.诊断插座 PCU.电源控制单元 PMA.驻车操作辅助系统 PT-CAN.动力传动系控制器区域网络 PT-CAN2.动力传动系控制器区域网络2 PT-CAN3.动力传动系控制器区域网络3 RFK.倒车摄像机 RSE.后座区娱乐系统 RSL.左侧雷达传感器 RSR.右侧雷达传感器 SAS.选装配置系统 SMBF.前乘客座椅模块 SME.蓄能器管理电子装置 SMFA.驾驶员座椅模块 SPNMVL.左前座椅气动模块 SPNMVR.右前座椅气动模块 SWW.车道变更警告系统（主控单元） SWW2.车道变更警告系统（副控单元） TCB.远程通信系统盒 TFE.燃油箱功能电子系统 TRSVC.用于倒车摄像机、俯视系统和侧视系统的控制单元 VDP.垂直动态管理平台 VM.视频模块 VSG.车辆发声器 VTG.分动器 WCA.无线充电盒 ZGM.中央网关模块

图 5-706

2. 新控制单元

与 G30 相比，G30 PHEV 安装了一些新控制单元。

（1）电机电子装置

G30 PHEV 电机电子装置如图 5-707 所示。

电机电子装置 EME 的任务是控制和调节高电压车载网络内的永励式同步电机。为此需要一个双向 DC/AC 转换器将高电压蓄电池单元的高电压直流电压转换为用于电机的三相交流电压。电机处于发电机运行模式时，系统通过逆变器为高电压蓄电池单元充电。此外，在 EME 内还集成有一个 DC/DC 转换器，用于为低电压车载网络供电。EME 与 PT-CAN、PT-AN3 和 FlexRay 相连。

（2）蓄能器管理电子装置 SME

SME 控制单元集成在高电压蓄电池单元内。为使高电压蓄电池单元的使用寿命最大化，SME 控制单元负责在严格规定的范围内（充电状态和温度）

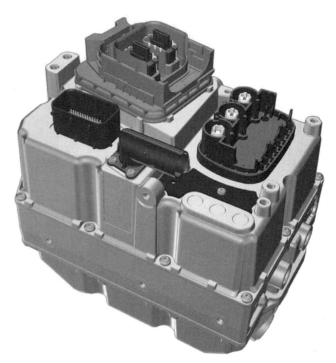

图 5-707

运行蓄电池。此外，SME 控制单元还负责启动和关闭高电压系统及安全功能（例如高电压触点监控）以及确定高电压蓄电池单元的可用功率。SME 通过 PT-CAN3 与其他控制单元通信。

（3）电池监控电子装置（电池监控电路 CSC）

为确保 G30 PHEV 所用锂离子电池正常运行，必须遵守特定边界条件：电池电压和电池温度不允许低于或超过特定数值，否则可能造成蓄电池组电池永久损坏。因此每个高电压蓄电池单元都包含多个称为"电池监控电路 CSC"的电池监控电子装置。共有 6 个 CSC 通过一个局域 CAN 彼此通信。局域 CAN 将所有 CSC 彼此连接在一起，用于与 SME 进行通信。在此 SME 控制单元执行主控功能。它是一个最大 12V 的低电压导线束。

（4）电动空调压缩机 EKK

G30 PHEV 使用电动驱动的空调压缩机。为了能够提供所需功率，电动空调压缩机 EKK 通过高电压驱动。EKK 可在所有行驶情况下确保空调系统运行。除车内空间冷却外，还通过制冷剂循环回路对高电压蓄电池单元进行冷却。EKK 控制单元位于空调压缩机壳体内，通过 LIN 总线与 IHKA 连接。

（5）电气加热装置

由于采用混合动力方案，因此 G30 PHEV 发动机在很多行驶情况下产生的余热显著降低，无法使冷却液循环回路加热至所需温度。因此 G30 PHEV 带有一个电气加热装置。其工作原理与连续加热器基本相同。EH 控制单元位于电气加热装置壳体内，通过 LIN 总线与 IHKA 连接。

（6）智能型蓄电池传感器 2

智能型蓄电池传感器 2 监控附加蓄电池的电流、电压和电极温度。监控结果通过 LIN 总线传输至 EME。

（7）燃油箱功能电子系统 TFE

燃油箱功能电子系统 TFE 借助燃油箱内的压力和温度传感器监控当前运行状态，随后通过开启燃油箱排气路径内的阀门控制压力下降情况。降低压力后控制用于锁止燃油箱盖板的执行机构，此后可以手动打开燃油箱盖板及燃油箱盖。

（8）便捷充电电子装置

G30 PHEV 便捷充电电子装置如图 5-708 所示。

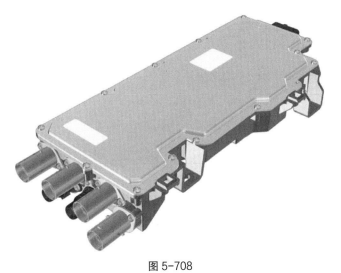

图 5-708

便捷充电电子装置 KLE 可使车辆与交流电压网络充电站之间进行通信，从而为高电压蓄电池充电。便捷充电电子装置将电网交流电压转化为高电压直流电压，从而为车辆上的高电压蓄电池单元充电。通常是在驻车状态下夜间在车库内进行车辆充电。在此必须根据可用电网功率对充电过程进行调节。此外，便捷充电电子装置还带有用于电动空调压缩机 EKK 和电气加热装置的高电压接口。因此只要充电电缆与交流电网相连，就会在不汲取高电压蓄电池单元能量的情况下，通过冷却或加热方式对车辆进行预空气调节。此外，便捷充电电子装置还控制充电插头和充电盖板的锁止装置。充电插头周围的照明和显示也通过便捷充电电子装置进行控制。

（9）附加蓄电池充电单元

附加蓄电池充电单元（BCU）安装在行李箱内后部，由一个控制单元和一个单向 DC/DC 转换器组成。它将用于启动机和附加蓄电池的独立 12V 车载网络与标准 12V 车载网络连接。它的任务是为附加蓄电池充电。附加蓄电池充电单元通过 LIN 信息从数字式发动机电子系统 DEM 获得为附加蓄电池充电的额定电压。附加蓄电池完全充满电后，就会通过 DME 关闭附加蓄电池充电单元。通过这种方式可在电动行驶或高速公路行驶期间降低车载网络的能量消耗。该系统提供的优点是可通过附加蓄电池充电单元内的 DC/DC 转换器断开导电连接。断开导电连接可防止启动发动机时标准 12V 车载网络内出现电压降。附加蓄电池充电单元能够识别出通过外部 12V 充电器为 12V 车载网络充电。在车辆未唤醒状态下通过外部充电器（在 12V 车载网络内）充电时，充电单元也可通过该功能为附加蓄电池充电。

（10）车辆发声器

G30 PHEV 车辆发生器如图 5-709 所示。

VSG 控制单元在 50km/h 以下车速时产生噪声，从而在纯电动行驶期间引起其他道路使用者的注意。有些国家法规要求使用车辆发声器 VSG，因此仅针对一些国家型号提供（例如中国、日本、韩国）。

3. 调整的控制单元

为了能在所有运行状态下控制电动空调压缩机 EKK，对 IHKA 进行了相应调整。EKK 控制单元通过 LIN 总线与 IHKA 连接。为了能够显示行驶准备就绪、电动行驶、制动能量回收利用和高电压蓄电池单元充电状态等其他与行驶相关的内容，对 KOMBI 进行了相应调整。此外，在检查控制信息中增加了混合动力特有信息。数字式发动机电子系统 DME 的

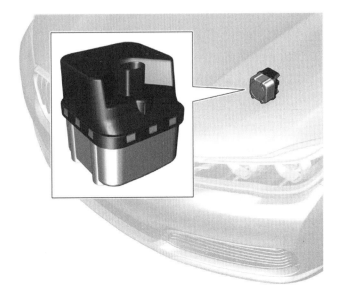

图 5-709

软件针对电机 / 发动机扭矩协调进行了相应调整。在全球范围内混合动力车辆都要求配备翻车识别装置，以便发生翻车事故时停用高电压系统。通过集成在 ACSM 控制单元内的传感器（滚动速率传感器和垂直加速度传感器）实现翻车识别功能。ACSM 针对传感器信号分析进行了相应调整。由 ACSM 根据需要触发附加蓄电

池上的安全型蓄电池接线柱。动态稳定控制系统 DSC 的软件针对能量回收式制动进行了相应调整，其中包括读取直接与 DSC 控制单元连接的制动踏板行程传感器信号。EGS 控制单元针对更改的变速器进行了相应调整，例如通过 EGS 控制单元控制电动变速器油泵。

（十）显示和操作元件

1.电动驱动模式

G30 PHEV eDRIVE 按钮和驾驶体验开关如图 5-710 所示。

1.eDRIVE按钮 2.驾驶体验开关

图 5-710

在 G30 PHEV 上可通过 eDRIVE 按钮按以下驱动模式配置电动驱动系统：

· Auto eDRIVE

· MAX eDRIVE

· BATTERY CONTROL

为此中控台内带有采用切换按钮设计的 eDRIVE 按钮。唤醒车辆或建立行驶准备就绪时会自动切换为 AUTO eDRIVE 模式。3 种驱动模式可与常用的行驶模式 SPORT、COMFORT 和 ECO PRO 组合使用。G30 PHEV 驱动模式如图 5-711 所示。

2.AUTO eDRIVE

每次重新启动车辆时都会启用 AUTO eDRIVE 模式。例外：选挡开关处于手动 / 运动位置。在 AUTO eDRIVE 模式下，车辆根据高电压蓄电池单元充电状态自动选择最佳驱动组合。通过组合仪表向驾驶员提供有关功率大小要求的视觉反馈。如果驾驶员功率要求超过了最大可用电功率，就会以舒适方式自动接通发动机。AUTO eDRIVE 模式原则上可分为两部分，即放电阶段（电量消耗）和保持阶段（电量维持）。高电压蓄电池的有效充电状态介于 23%~98% 范围内。在放电阶段，G30 PHEV 可在车速不超过约 80km/h 时电动行驶。车速超过 80km/h 或功率要求较高时，就会接通发动机。如果在电动行驶范围内车速降至 80km/h 以下，就会关闭发动机。如果超出该效率优化的 eDRIVE 范围，就会在负荷和车速要求较高时自动启动

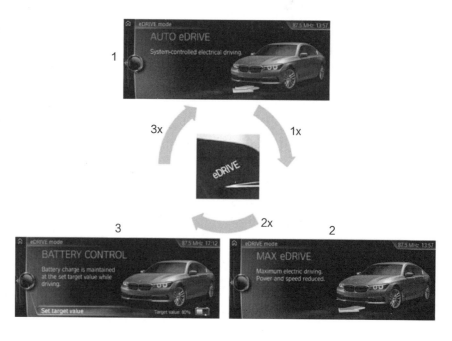

1.AUTO eDRIVE（受限电动行驶） 2.MAX eDRIVE（纯电动行驶） 3.BATTERY CONTROL（保持充电状态）

图 5-711

发动机。G30 PHEV 中央信息显示屏内的 AUTO eDRIVE 如图 5-712 所示。

图 5-712

3.MAX eDRIVE

通过 eDRIVE 按钮选择 MAXe DRIVE 模式时，可在高电压蓄电池已充电或电量充足的情况下根据需要以电动驱动装置最大功率进行零排放行驶。前提是选挡开关未处于手动 / 运动位置。在此情况下，最高电动车速为 140km/h。在此可以非常轻松舒适地通过加速踏板来控制电功率且不会意外接通发动机。在组合仪表内通过显示"MAXe DRIVE"字样表示 MAXe DRIVE 模式。不过在任何行驶情况下出现紧急情况时，都可能会接通发动机并调用全部系统功率。可随时通过将选挡开关切换至 S 位置或将加速踏板踩至强制降挡位置来启用发动机。此时会自动启用 AUTO eDRIVE 模式。可实现的电动可达行驶里程在很大程度上取决于驾驶方式（加速度和车速）、路段类型以及车外温度和相应辅助用电器。为了实现最大电动可达里程，应在外部充电期间对车内空间进行预空气调节，这样可利用行驶期间所需能量实现更长的电动可达里程。如果长时间驻车后在车外温度很低的情况下车辆以 MAX eDRIVE 模式行驶，则可能导致电动驱动装置功率降低甚至无法运行。原因可能在于高电压蓄电池单元电池模块内的电池温度过低。G30 PHEV 中央信息显示屏内的 MAX eDRIVE 如图 5-713 所示。

图 5-713

4.BATTERY CONTROL

BATTERY CONTROL 模式也通过 eDRIVE 按钮来选择。在此模式下会保存高电压蓄电池单元的能量用于之后的电动行驶，从而为接下来的市区行驶提供充足能量。驾驶员可在 30%~80% 的范围内调节高电压蓄电池的充电状态，如图 5-714 所示。

5.组合仪表内的显示

（1）运行状态显示

混合动力特有运行状态和高电压蓄电池单元充电状态在组合仪表内以及根据需要在中央信息显示屏内显示。

以下显示会出现在组合仪表内（根据行驶情况）：

· 行驶准备就绪显示

· 电动行驶显示

· eDRIVE 范围

· MAX eDRIVE 显示

· BATTERY CONTROL 显示

· 助推功能显示

图 5-714

· 能量回收利用

G30 PHEV 组合仪表行驶准备就绪如图 5-715 所示。

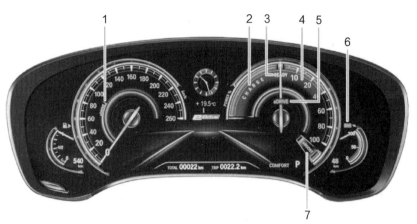

①行驶准备就绪。

在 G30 PHEV 上，通过组合仪表右侧显示处的指针表示行驶准备就绪。在此情况下，指针位于 "READY" 中间部位。此时车辆处于静止状态，可随时通过操作加速踏板使车辆移动。根据高电压蓄电池单元的充电状态、eDRIVE 模式和加速踏板位置，可通过纯电动方式或发动机来驱动车辆。例如车辆停在铁路道口或等红灯时，就会接通行驶准备就绪。如果根据功率要求启动了发动机，则发动机也会运行约 1min，从而加热催化转换器。如果客户驻车后很快就希望重新行驶，则操作 START/

1.eDRIVE范围。在这个范围内可进行纯电动行驶。在 MAX eDRIVE 模式下，高亮显示范围最高可达到140km/h 2.CHARGE。根据减速度或制动踏板操纵力度，指针显示能量回收利用情况 3.READY。已建立行驶准备就绪 4.POWER。在这个范围内可进行纯电动行驶 5.舒适模式显示。在此显示eDRIVE模式 6.高电压蓄电池充电显示。通过车载计算机调出冷却液温度 7.eBOOST。急加速期间指针处于eBOOST 范围内

图 5-715

STOP 按钮后就会接通行驶准备就绪。由于发动机仍处于运行温度且高电压蓄电池单元电量充足，因此发动机不启动。

②电动行驶。

电动行驶 ePOWER 范围为蓝色。蓝色范围可能会根据行驶情况和 eDRIVE 模式发生变化。如果在指针到达标记范围端部时进一步提出功率要求（例如加速要求），就会接通发动机。电动行驶时应注意，行人和其他道路使用者会由于听不到发动机噪声而无法像以前那样感觉到车辆的存在。例如在驶入和驶出停车位时要特别注意！

③助推功能。

在超车等情况下急加速时会同时调用发动机和电机的功率，这样可为驾驶员提供最大功率。为此必须用力踩下加速踏板。指针处于 eBOOST 范围内。

④ MAX eDRIVE。

客户可根据需要通过启用 MAX eDRIVE 模式，以不超过 140km/h 的车速纯电动行驶。启用时必须操作中控台内的 eDRIVE 按钮。可在 COMFORT 和 ECO PRO 模式下启用 MAX eDRIVE 模式。

⑤制动能量回收利用。

混合动力系统可在例如制动或滑行期间将动能转化为电能。通过这种能量回收利用为高电压蓄电池单元充电。根据减速度或制动踏板操纵力度，指针显示能量回收利用情况。

⑥ BATTERY CONTROL。

如果需要例如节省电动可达里程用于之后的行驶，可通过该功能保持特定的高电压蓄电池充电状态。这个充电状态可调（30 % ~ 80 %）。如果当前充电状态过低，就会在行驶期间为蓄电池充电。该充电过程会提高平均耗油量。

（2）固定式指示灯

组合仪表包含混合动力特有以及法规要求的固定式指示灯。如图 5-716 所示为中国规格的组合仪表。

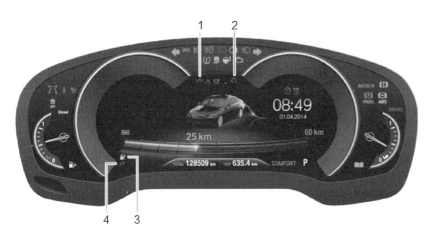

1.车辆综合故障（系统故障） 2.电机或电机电子装置过热 3.为高电压蓄电池充电 4.充电电缆已连接

图 5-716

（3）模式显示

如图 5-717 所示为不同行驶模式下的组合仪表。

6. 中央信息显示屏显示

在 CID 内通过菜单"车辆信息 >eDRIVE"调出混合动力特有显示。CID 和组合仪表内的显示都需要车辆处于"停留"状态。在所有车辆运行状态下均可在 CID 内显示能量流 / 动力传递路线以及高电压蓄电池单元充电状态。此外，用户可根据需要让其显示 eDRIVE 使用情况。这样驾驶员可以大致了解在不同行驶状态下的混

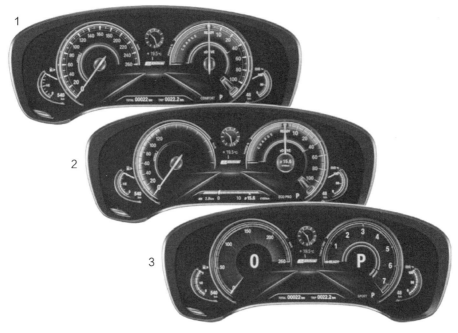

1.舒适（COMFORT） 2.节能（ECO PRO） 3.运动（SPORT）

图 5-717

合动力系统工作原理以及混合动力车辆的最佳使用情况。

（1）eDRIVE 使用

G30 PHEV 混合动力系统使用显示如图 5-718 所示。

在 CID 内可显示最近 10km 的混合动力系统使用情况。每个显示条表示 1km 行驶时间。灰色显示条表示发动机耗油量，横线和图表右侧数值表示平均耗油量。

（2）能量流 / 动力传递路线

在 CID 内按以下原则显示能量流 / 动力传递路线：

· 蓝色：电能

· 红色：发动机能量

· 箭头：能量流 / 动力传递路线方向

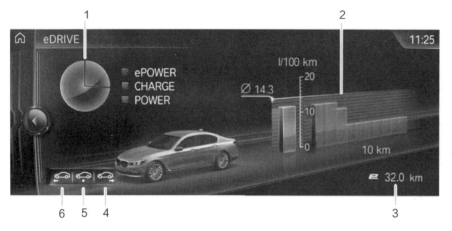

1.包含驱动方式使用比例的扇形图 2.耗油量显示 3.电动行驶公里数 4.耗油量历史记录
5.当前能量流 6.根据道路变化进行调整

图 5-718

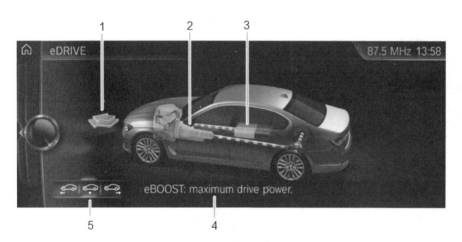

1.电机驱动力箭头（蓝色）和发动机驱动力箭头（橙色） 2.带电机的自动变速器 3.高电
压蓄电池充电状态 4.有关当前行驶状态的文本信息 5.从左向右选择显示：根据道路变化
进行调整，当前能量流，耗油量历史记录

图 5-719

混合动力系统。对已出现的情况和前方情况进行识别，在 CID 内进行显示并使混合动力驱动装置做好相关准备。G30 PHEV 中央信息显示屏内根据道路变化进行调整，如图 5-720 所示。

图 5-720

在此以一种行驶情况为例进行显示并说明符号含义，可由此推导出其他行驶情况。G30 PHEV 急加速期间 CID 内的混合动力显示如图 5-719 所示。

在 CID 内通过一个橙色箭头（发动机驱动部分）和一个稍小的蓝色箭头（电机部分）表示助推功能。在此用橙色表示发动机。自动变速器内的电机启用时，通过变速器变成蓝色表示出来。用 5 个区段表示高电压蓄电池单元的充电状态。一个区段代表 20% 的高电压蓄电池单元充电状态。为表示从两个驱动源（发动机和电机）至车轮的动力传递路线，在此用两个箭头表示动力传递路线。红色箭头表示发动机驱动部分，蓝色箭头表示电机部分。当前行驶情况也通过车辆示意图下方的文本信息进行显示。

（3）根据道路变化进行调整

目的地引导处于启用状态时，混合动力驱动装置根据道路变化进行调整。以最佳方式利用

7.ECO PRO 模式

G30 PHEV 驾驶员可根据需要以更高效的方式驾驶车辆。通过驾驶体验开关可启用非常高效的模式，即 ECO PRO 模式。ECO PRO 模式一如既往地支持降低油耗的驾驶方式并负责协调混合动力系统从而达到车辆最大总可达里程。

启用和显示：

G30 PHEV eDRIVE 按钮和驾驶体验开关如图 5-721 所示。

1.eDRIVE按钮 2.驾驶体验开关

图 5-721

通过驾驶体验开关启用 ECO PRO 模式。"COMFORT"模式设为标准模式。组合仪表切换为 ECO PRO 模式。

8. 提高负荷点

提高负荷点指的是在转速不变的情况下提高发动机负荷。这样可以提高功率并在最佳范围内运行发动机。在此会平衡反作用于发动机的相应阻力，从而一方面提高发动机负荷，另一方面保持转速恒定。例如在仅通过发动机驱动的车辆上接通空调系统或后窗玻璃加热装置。由 DME 通过控制节气门向发动机输送更多新鲜空气来平衡额外阻力。此外，还会提高喷射的燃油量。发动机负荷提高并处于最佳效率和耗油量范围内。不过该调节过程非常精确，因此不会提高转速，而是仅平衡出现的阻力。在 G30 PHEV 上，电机在发电机运行模式下会产生反力矩。如上所述，DME 平衡该反力矩，发动机以最佳方式运行。此时获得的电能用于为高电压蓄电池单元充电。通过这种方式，在高电压蓄电池单元充电时也可对发动机产生积极影响。除已提出的功率要求外还会提高负荷点。驾驶员不会察觉到这一过程。提高负荷点的时刻和程度受以下因素影响：

· 高电压蓄电池单元充电状态

· 发动机温度

· 发动机负荷

· 行驶模式

9. 降低负荷点

为了降低耗油量，可在高电压蓄电池单元电量充足时通过降低负荷点来减轻发动机负荷。此时高电压蓄电池单元有针对性地放电且充电状态值降低，但车辆并未以纯电动方式驱动。

10. 前方道路预测辅助系统

与所有当前混合动力车辆一样，G30 PHEV 也带有"滑行"功能。"滑行时没有能量消耗"表示即使在最高 160km/h 的车速下，如果无须发动机进行驱动，也会关闭发动机。同时会断开传动系中的分离离合器，从而使车辆可在没有发动机制动作用的情况下移动。通过"滑行"功能可以清楚看到提高效率的优势：在这个运行状态下不消耗燃油。在 G30 PHEV 上通过前方道路预测辅助系统为"滑行"提供更好的支持。该前方道路预测辅助系统根据导航系统数据识别出前方路线上的弯道、地区入口、交通环岛、丁字路口、限速和高速公路出口，因此能够提前提醒驾驶员及早松开加速踏板。在前方道路预测辅助系统帮助下，即使驾驶员不熟悉路况，也可实现更高效的驾驶。

11. 混合动力特有检查控制信息

G30 PHEV 出现故障时，会通过检查控制信息提醒驾驶员注意。如表 5-80 所示总结了最重要的混合动力特有检查控制信息。

表 5-80

检查控制信息	含义	原因
	检查充电电缆	充电电缆识别错误。无法探测到插入的充电插头。客户应在出发前检查插头是否还处于插入状态
	声学式行人保护功能失灵	VSG 内部故障或其他控制单元损坏导致 CAN 通信失灵
	绝缘故障，高电压触点监控故障	高电压系统的高电压蓄电池故障。关闭发动机后，可能无法继续行驶。请立即到附近的宝马售后服务部门进行检查
	高电压系统已关闭	进行保养、维修和修理时高电压系统切换为无电压。高电压安全插头（售后服务断电开关）已拔出，高电压触点监控电路断路
	起火危险	高电压蓄电池内温度过高

（十一）空气调节

像之前的宝马混合动力车辆一样，G30 PHEV 也使用一个电动驱动的空调压缩机。由于空调压缩机带有一个电动驱动装置，因此可以不通过发动机驱动空调系统。无论是在纯电动行驶期间还是静止状态下，空调系统都可以为客户提供制冷效果。在此采用专用隔音装置来隔绝噪声。因此即使在发动机关闭的静止状态下，也几乎感觉不到空调系统的噪声。通过车辆的冷却系统对高电压蓄电池单元进行冷却。在 G30 PHEV 上也提供驻车空气调节功能。

1. 系统概览

G30 PHEV 空气调节系统概览如图 5-722 所示，G30 PHEV 空气调节系统概览如图 5-723 所示。

图 5-723 展示了 G30 PHEV 的制冷剂循环回路。用于冷却高电压蓄电池单元的制冷剂循环回路与用于冷却车内空间的制冷剂循环回路并联。高电压蓄电池单元的温度对其使用寿命具有决定性影响。因此高电压蓄电池单元的电池不应在过高或过低温度条件下输出功率或吸

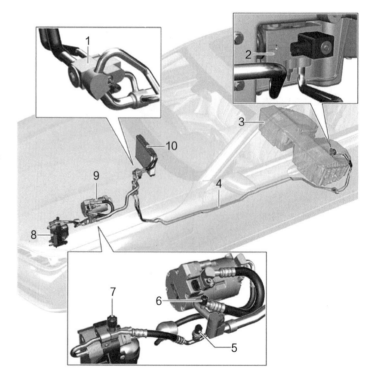

1.膨胀和截止组合阀（车内空间） 2.膨胀和截止组合阀（高电压蓄电池单元） 3.高电压蓄电池单元 4.至高电压蓄电池单元的制冷剂管路 5.制冷剂压力传感器 6.低压接口（用于抽吸、抽真空和加注） 7.高电压接口（用于抽吸、抽真空和加注） 8.通过冷却液冷却的空调冷凝器（冷却液制冷剂热交换器） 9.电动空调压缩机EKK 10.蒸发器（车内空间）

图 5-722

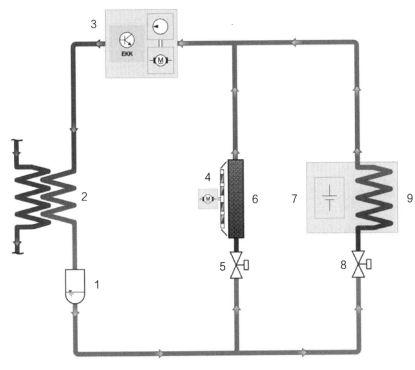

1.干燥器瓶 2.通过冷却液冷却的空调冷凝器（冷却液制冷剂热交换器） 3.电动空调压缩机EKK 4.车内空间鼓风机 5.车内空间膨胀和截止组合阀 6.车内空间蒸发器 7.高电压蓄电池单元 8.高电压蓄电池单元膨胀和截止组合阀 9.热交换器

图 5-723

收电功率。最佳电池温度约为20℃；蓄电池组电池不应超过40℃的最高温度。在循环回路中使用R134a或R1234YF作为制冷剂，制冷剂在系统的一个位置吸收热量，在另一个位置重新释放热量。从车内空间和高电压蓄电池单元吸收的热量在通过冷却液冷却的空调冷凝器内传递给冷却液。启用车内空间空调系统时或提出高电压蓄电池单元冷却功率要求时，电动驱动的空调压缩机接通，系统对相应位置进行冷却。在此可相互独立地进行车内空间冷却和高电压蓄电池单元冷却。由高电压蓄电池单元为电动空调压缩机提供所需能量。只允许使用宝马授权用于电动空调压缩机的制冷剂油作为润滑剂。为了能够相互独立地进行蓄电池冷却和车内空间冷却，在制冷剂循环回路内集成了一个专用的膨胀和截止阀。这些阀门仅根据实际需要开启部分循环回路，这样可以确保系统的高效性和正常调节特性。对相应制冷剂循环回路内的截止阀进行电动控制并使其打开时，液态制冷剂就会流入冷却总成并蒸发。此时吸收环境热量。电动空调压缩机重新压缩制冷剂，在通过冷却液冷却的空调冷凝器内使其重新变为液态聚集状态，这样可使制冷剂能够重新吸收热量。如表5-81展示了阀门与电动空调压缩机的相应控制情况。

表 5-81

冷却	膨胀和截止组合阀（车内空间）	膨胀和截止组合阀（高电压蓄电池单元）	电动空调压缩机
高电压蓄电池单元	关闭	打开	接通
车内空间	打开	关闭	接通
高电压蓄电池单元和车内空间	打开	打开	接通
不冷却	关闭	关闭	关闭

　　由IHKA控制单元探测和确定是否以及何时需要多少冷却功率的要求。一方面，车内空间冷却要求可能直接来自客户。另一方面，SME控制单元也可能以总线信息形式向IHKA控制单元发出高电压蓄电池单元冷却要求。IHKA控制单元协调这些冷却要求并通过LIN总线控制电动空调压缩机。根据温度确定冷却要求的优先级，例如车外温度较高且车内空间急剧升温时，就会要求具有更高优先级的更高冷却功率。达到所需温度后，就会通过降低冷却功率来保持温度并调低优先级。这一点同样适用于蓄电池组电池温度。蓄电池组电池温度增至约30℃时，就会开始冷却高电压蓄电池单元。由控制单元提出的冷却要求在此具有较低优先级，因此可能会被高电压电源管理系统拒绝。电池温度较高时，高电压蓄电池单元冷却要求具有最高优先级且始终执行。此外，为了降低噪声也会限制电动空调压缩机的转速。这取决于鼓风机设置和车速。如果在两个膨胀和截止组合阀关闭状态下因损坏导致电动空调压缩机运行，则可能会造成空调系统损坏。

2.电动空调压缩机

G30 PHEV 电动空调压缩机 EKK 如图 5-724 所示。

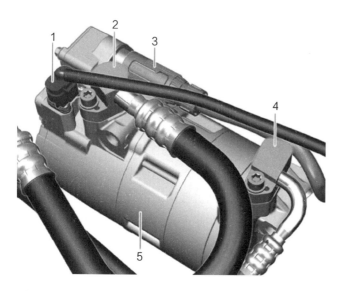

1.信号插头 2.低压管路（低温和低压气态制冷剂） 3.高电压插头
4.高电压管路（高温和高电压气态制冷剂） 5.电动空调压缩机EKK

图 5-724

电动空调压缩机是高电压组件。在每个高电压组件的壳体上都有一个标志，售后服务员工或任何其他车辆用户均可通过该标志直观看出高电压可能具有的危险。只有满足以下所有前提条件的售后服务员工才允许对带标志的高电压组件进行作业：资质，遵守安全规定，严格按照维修说明操作。售后服务员工进行高电压组件作业前，必须执行安全规定并关闭高电压系统。之后所有高电压组件均切换为无电压并可安全进行相关作业。如果售后服务员工忘记按规定关闭系统，则通过一个附加安全措施自动关闭高电压系统。在高电压插头内，除高电压触点外还集成有一个接触电桥。高电压插头内的电桥触点采用前置式设计，即拔出高电压插头时首先断开高电压电桥触点。这样可以中断 EKK 控制单元的供电，因此在还未完全拔出高电压插头前便可使高电压功率要求降为零。这样可确保在高电压触点上不会形成电弧。高电压触点采取了防触摸保护措施。电动空调压缩机的高电压插头不是高电压触点监控电路的组成部分。压缩机的工作原理与 F30H 和 F01H 的工作原理相同。使用螺旋形压缩机压缩制冷剂。电动制冷剂压缩机的电功率约为 4.5kW。EKK 的电压范围为 205 ~ 410V。高于和低于该电压范围时就会降低功率或关闭 EKK。

3.驻车空气调节

由于 G30PHEV 的制冷剂压缩机为电动驱动且高电压蓄电池单元的能量密度和功率密度较高，因此在 G30 PHEV 上为客户提供驻车空气调节功能。进行驻车空气调节时，IHKA 决定需要采取哪些驻车暖风、驻车冷却或驻车通风措施。启用驻车空气调节的前提条件是：

· 高电压蓄电池单元电量充足（充电状态 > 约 30%）或充电电缆已连接

· 发动机已关闭或行驶准备就绪已停用

· 通风出风口已打开，以便出风

客户可通过不同方式来启用驻车空气调节功能：

· 通过 CID 内的菜单直接接通或进行时间编程

· 通过识别发射器上的按钮（第 4 个按钮）

· 通过一个宝马 Remote App

（十二）电气加热装置

G30 PHEV 的暖风热交换器集成在发动机和电机的冷却液循环回路内。通过发动机相应受热时，可提供充足加热功率用于进行车内空间温度调节。由于采用混合动力方案，因此 G30 PHEV 发动机在很多行驶情况下产生的余热显著降低，无法使冷却液循环回路加热至所需温度。因此 G30 PHEV 带有一个电气加热装置。其工作原理与连续加热器基本相同。可通过一个转换阀形成一个独立的加热循环回路，通过一个电动冷却液泵使其保持循环状态。电气加热装置是高电压组件！只有满足以下所有前提条件的售后服务员工才允许对带标记的高电压组件进行作业：资质，遵守安全规定，严格按照维修说明操作。G30 PHEV 冷却液循环回路内的暖风循环回路如图5-725所示。

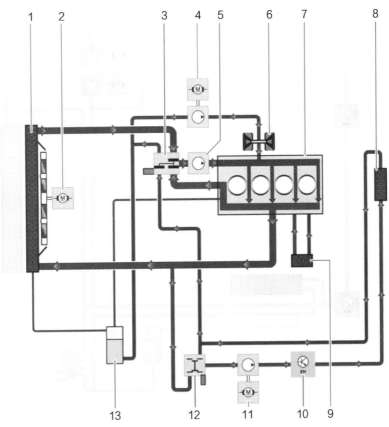

1.散热器 2.电子扇 3.组合特性曲线式节温器 4.电动冷却液泵 5.废气涡轮增压器 6.发动机 7.暖风热交换器 8.发动机油冷却器 9.电气加热装置 10.电动冷却液泵（暖风循环回路） 11.冷却液泵 12.电动转换阀 13.补液罐

图 5-725

1. 安装位置和接口

G30 PHEV 暖风循环回路如图 5-726 所示，G30 PHEV 电气加热装置上的接口如图 5-727 所示。

2. 工作原理

驾驶员在 IHKA 操作面板上调节所需温度时，IHKA 就会计算出相应的设定温度并将其与电气加热装置的实际输出温度进行比较。为此在电气加热装置输出端上有一个冷却液温度传感器。IHKA 控制单元通过这种方式能够确定发动机的热量是否足够用于加热车内空间或是否需要接通电气加热装置。冷却液温度过低时，电气加热装置可分 6 挡进行加热。通过该调节，电气加热装置可始终根据需要进行加热。

（1）冷却液温度低

冷却液温度较低时，例如刚刚起步后或纯电动行驶期间，通过车身域控制器 BDC 控制电动转换阀，由此使电动转换阀阻断发动机冷却液循环回路供给。

1.冷却液循环回路接口 2.连至冷却液循环回路的接口 3.电动转换阀 4.暖风热交换器 5.电气加热装置 6.电动冷却液泵

图 5-726

803

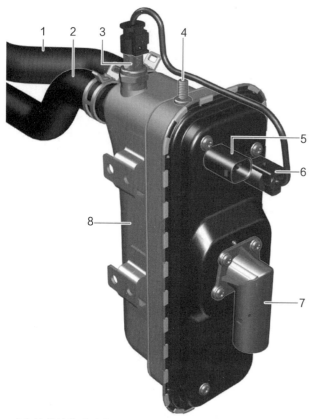

1.冷却液供给管路（自电动冷却液泵） 2.冷却液供给管路（至暖风热交换器） 3.冷却液温度传感器 4.电位补偿导线接口 5.信号插头（低电压插头） 6.冷却液温度传感器接口 7.高电压插头接口 8.壳体

图 5-727

关（Power MOSFET）以节拍方式接通加热线圈。G30 PHEV 电气加热装置内的加热线圈如图 5-728 所示，G30 PHEV 电气加热装置系统方框如图 5-729 所示。

流经各线路的电流经过测量并由电气加热装置控制单元进行控制。电压范围为 250~400V 时，最大电流为 20A。高于和低于该电压范围时就会降低功率。耗电量提高时，通过一个硬件电路中断能量供应。该电路设计确保控制单元内出现故障时可安全断开供电。在电气加热装置内断开高电压电路与低电压电路间的导电连接。在低电压插头上带有用于 LIN 总线和供电（总线端 30B）的接口。用于电气加热装置的圆形插头高电压触点采取了防触摸保护措施。电气加热装置的高电压插头不是高电压触点监控电路的组成部分。与 F30 PHEV 不同，在 G30 PHEV 的高电压插头内未集成接触电桥。通过 3 个加热线圈的相位错开式脉冲宽度调制（PWM）可实现约 550W（相当于 10%）至最大 5.5kW（相当于 100%）的无

此时通过电动冷却液泵向电气加热装置泵送冷却液、使其加热并输送至暖风热交换器。

（2）冷却液温度高

通过发动机变热的冷却液经过未通电时打开的转换阀和电气加热装置流入暖风热交换器。在此将部分热量传递给流经暖风热交换器的空气并最终重新到达发动机冷却液循环回路。此时电气加热装置关闭，但电动冷却液泵仍处于启用状态。

（3）加热调节

电动冷却液泵和电动转换阀均为 12V 组件，通过车身域控制器 BDC 进行控制。电气加热装置的最大电功率为 5.5kW（280V 和 20A）。电气加热装置由 3 个功率相同的加热线圈构成，这 3 个加热线圈以相位错开方式通过脉冲宽度调制（PWM）以节拍方式接通。在此通过 PWM 信号内的持续接通时间控制加热线圈的功率。在电气加热装置内通过电子开

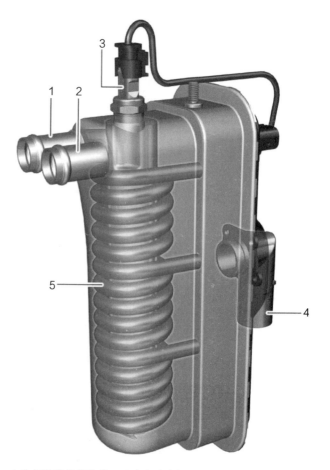

1.冷却液供给管路接口（自电动冷却液泵） 2.冷却液供给管路接口（至暖风热交换器） 3.冷却液温度传感器 4.高电压插头接口 5.加热线圈（3个）

图 5-728

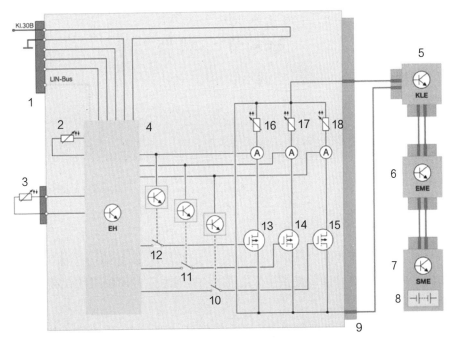

1.低电压插头 2.温度传感器（控制单元印刷电路板） 3.冷却液温度传感器 4.电气加热装置（控制单元） 5.便捷充电电子装置KLE
6.电机电子装置EME 7.蓄能器管理电子装置SME 8.高电压蓄电池单元 9.电气加热装置上的高电压插头 10.加热线圈3内电流过高时关闭硬件 11.加热线圈2内电流过高时关闭硬件 12.加热线圈1内电流过高时关闭硬件 13.用于加热线圈1的电子开关（Power MOSFET）14.用于加热线圈2的电子开关（Power MOSFET） 15.用于加热线圈3的电子开关（Power MOSFET） 16.加热线圈1 17.加热线圈2 18.加热线圈3

图 5-729

级加热功率。IHKA控制单元通过LIN总线发送加热装置接通要求。达到最高温度或超过最大允许电流强度时，就会通过电气加热装置自动限制加热功率。此外，在 ECO PRO 驾驶模式下以及达到特定高电压蓄电池单元充电状态后，也会降低电气加热装置功率。出现系统故障时关闭电气加热装置。电气加热装置无须保养。冷却液使用 50∶50 的水和冷却液浓缩液形成的常用混合液 G48。

第六节　典型故障

一、2018 年宝马 5 系 G38 PHEV 空调不制冷

车型：配置 XB1H 发动机。

VIN：LBVKY9102K××××××。

行驶里程：64643km。

故障现象：车辆开空调没有冷风；同时在空调关闭后，发动机舱里面还有"嘎啦嘎啦"类似齿轮的声音。使用驻车通风功能或行驶中有时也会有"嘎啦嘎啦"的声音。

故障诊断：

（1）车辆开到车间后，首先核实客户反映的故障现象，空调设置冷风的时候，确实没有凉风吹出来。试车，没有听到"嘎啦嘎啦"的声音，客户随后提供一个之前"嘎啦嘎啦"响时拍摄的视频。结合视频和客户描述，判断"嘎啦嘎啦"声音来自电动空调压缩机。

（2）首先进行初步诊断，检查没有发现制冷剂泄漏痕迹。使用 PHEV 车辆专用空调制冷剂充放机读取高低压力，高低压力明显异常，如图 5-730 所示。

图 5-730

（3）先简单了解一下本车空调制冷的基本原理，如图 5-731 所示。本车使用的是电动空调压缩机，利用高电压驱动空调压缩机。即便在关闭发动机后的停车状态，也可以利用空调压缩机驱动空调。空调系统控制单元是主控单元，空调系统控制单元通过子总线与电动空调压缩机的电子控制装置进行信息交换，电动空调压缩机的电子装置与电动空调压缩机集成在一起。电动空调压缩机中的电子装置分析冷暖空调控制单元的请求，变压器将直流电转变成交流电压，利用交流电压驱动空调压缩机。高电压蓄电池单元通过电机电子装

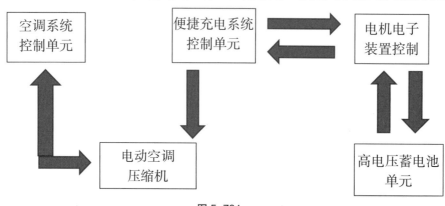

图 5-731

置和便捷充电系统控制单元，给电动空调压缩机提供电能。

（4）我们使用ISTA诊断有如下比较关键的故障码："8011F3 电动空调压缩机：OBD 功能检查""801211 电动空调压缩机：由于高电压蓄电池制冷剂单向阀内的已知故障导致关闭""801212 电动空调压缩机：因启动阶段的故障导致关闭"。故障码截屏如图 5-732 所示。

0x8011F3	电动空调压缩机：OBD 功能检查	14624
0x801211	电动空调压缩机：由于高压蓄电池制冷剂单向阀内的已知故障导致关闭	14642
0x801212	电动空调压缩机：因启动阶段的故障导致关闭	14642
0xE70C3A	电控辅助加热器：未应答	14594
0xE71459	AC-LIN：信息：识别到电控辅助加热器的 LIN 总线出现暂时失灵	14594
0xE71462	AC-LIN：信息：识别到来自电控辅助加热器的不可信 LIN 信息	14594
0x800A01	KAFAS 摄像头：摄像头视野受天气情况影响	14520
0x21F111	高压蓄电池，冷却系统：制冷剂单向阀卡住，已关闭	14633

图 5-732

（5）根据故障码和故障现象，我们判断有如下可能的故障原因：

· 电动空调压缩机内部机械 / 电气故障

· 高电压蓄电池制冷剂单向阀故障

· 空调系统控制单元与空调压缩机之间线路故障

· 空调系统控制单元故障

· 便捷充电系统控制单元故障

· 软件故障

（6）我们执行故障码自动生成的检测计划，检测计划直接提示：针对电动空调压缩机，已识别到内部电气故障，更新电动空调压缩机 EKK。更换提示如图 5-733 所示。

针对电动空调压缩机，已识别到内部电气故障
更新下列部件：

· 电动空调压缩机(EKK)

图 5-733

色，发现倒出来的冷冻油很脏，并且能看到碎屑，如图 5-734 所示。

（8）检查压缩机排油口位置，也能看到碎屑。由此说明，整个空调循环回路已经被污染。单独更换空调压缩机是不能解决问题的。

故障排除：参考官方标准，使用专用工具冲洗制冷循环回路，之后更换电动空调压缩机、空调冷凝器

（7）由于我们判断"嘎啦嘎啦"声音来自电动空调压缩机，怀疑空调压缩机内部磨损，如果有磨损而产生的碎屑，那么在空调运行时碎屑将污染整个空调系统。所以我们按照标准拆卸电动空调压缩机，用容器接排空调压缩机排放出来的冷冻油，检查颜

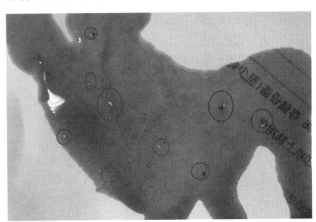

图 5-734

带干燥器、两个电动膨胀阀。之后对空调系统抽吸、抽真空和加注。再次试车，空调效果非常好。后续回访客户反馈车辆空调使用正常。

故障总结：

（1）由于本车高电压蓄电池额定电压高达 350.4V，所以除了必要的防护工作之外，检查维修技师必须具备相应的维修资质。

（2）所有的维修、测试工作必须遵守最新版本的维修说明。

（3）必须正确准备、使用所有最新版本维修说明中要求的专用工具。

二、2019 年宝马 5 系 G38 PHEV 高电压电池无法充电

车型：G38 PHEV，配置 XB1H 发动机。

VIN：LBVKY9108L××××××。

行驶里程：25702km。

故障现象：客户反映车辆昨天开始无法充电，充电没有任何反应，如图 5-735 所示。

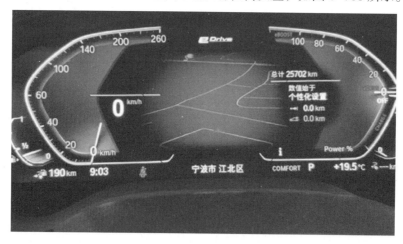

图 5-735

故障诊断：

（1）首先进入车内，检查车辆充电设置，充电设置没有问题。

（2）为了排除客户家里充电桩问题，我们先使用停车场的宝马充电桩给本车充电，注意到将充电枪插到车辆充电接口后，车辆充电接口上的白色照明灯不会变成蓝色闪烁提示，如图 5-736 所示。

（3）将停车场充电桩给其他 PHEV 充电，可以正常充电。由此排除充电桩问题。

（4）我们尝试使用便捷充电器充电，充电器只有电源 LED 显示，如图 5-737 所示。

（5）我们先了解一下本车充电基本原理，如图 5-738 所示。将充电枪插入车辆交流充电接口后，便捷充电器/墙盒通过充电接口与便捷充电系统控制单元通信，之后便捷充电系统控制单元将充电能力信

图 5-736

图 5-737

息发送给电机电子装置控制单元，高电压蓄电池单元也将 SoC 状态发送给电机电子装置。然后电机电子装置将充电功率需求发送给便捷充电系统控制单元，之后将开始充电，同时便捷充电系统控制单元也将时时向电机电子装置反馈实际充电功率。

（6）我们使用专检 ISTA 诊断有"21E751 充电电子：充电模式不启动或充电模式长时间中断" "030ECE 充电管理功能：充电过程中的故障" "030EC8 充电管理功能：充电过程开始后充电电子单元上无电压"，有这 3 个充电相关的故障码，如图 5-739 所示。

（7）通过故障码和故障现象，我们分析原因：

· 电源失灵（高电压充电接口无电压）

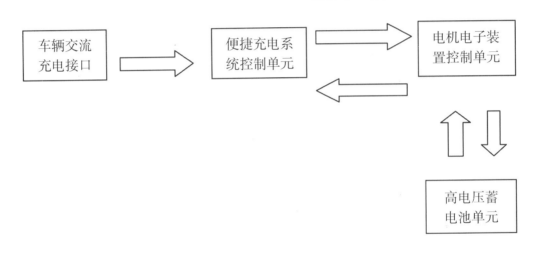

图 5-738

代码	说明	里程数	存在	类别
C9540C	信息(俯视功能限定符状态，236.0.2)缺失，接收器ACSM，发射器TRSVC	20681	否	信息
S 0400	高压蓄电池：充电状态不足	24875	是	
801724	HKFM，后行李箱盖自动操作装置：操作请求时行驶速度大于 0 km/h	22407	未知	信息
CD0600	ZGM：以太网：出乎意料的通信中断	20681	未知	信息
21B042	下部水箱百叶窗：卡住	23893	未知	
138206	主动空气风门控制装置，下部：在环境温度温暖时抱死	23893	未知	
21E751	充电电子：充电模式不起动或充电模式长时间中断	24813	否	
030ECE	充电管理功能：充电过程中的故障	24813	否	信息
030EC8	充电管理功能：充电过程开始后充电电子单元上无电压	24813	否	信息

图 5-739

· 充电装置故障（充电插头、充电墙盒或充电站）

· 便捷充电系统控制单元故障

· 充电插头、高电压充电接口或充电接口控制单元故障

809

·高电压系统故障或直流/直流转换器失灵

·电机电子装置控制单元故障

·高电压蓄电池故障

·软件故障等

（8）我们尝试断开高电压服务开关，仪表能显示高电压系统已关闭，断开2个低压蓄电池，再次接通没有效果。

（9）执行以上故障码自动生成的检测计划，没有明确诊断结果。

（10）我们添加并执行 ABL_DIT_AT6144_OBC_ 便捷充电系统检测计划，按照检测计划提示插上便捷充电器，之后检测计划提示便捷充电系统测量值和状态不可信。我们注意到 PROXY 信号显示：充电插头已插入。PILOT 信号显示：未识别到任何信号。KLE 状态待机模式，KLE 充电准备就绪状态：尚未就绪，如图5-740所示。

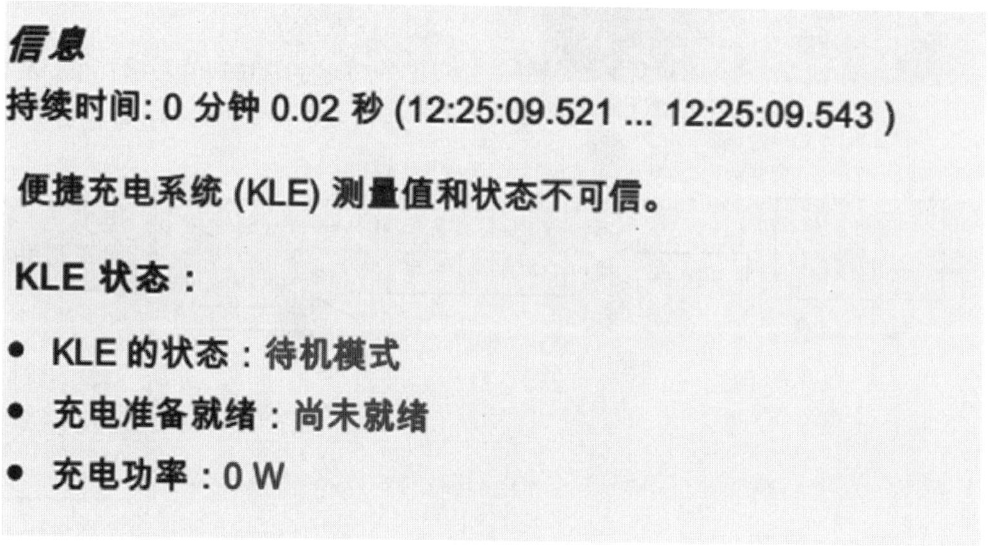

信息

持续时间：0 分钟 0.02 秒（12:25:09.521 ... 12:25:09.543）

便捷充电系统 (KLE) 测量值和状态不可信。

KLE 状态：

● **KLE 的状态：待机模式**

● **充电准备就绪：尚未就绪**

● **充电功率：0 W**

图 5-740

（11）通过以上数据，我们判断 PROXY 信号无异常，PILOT 信号异常，导致车辆无法充电。

（12）我们在 X418*1B 的 PIN 1 号针脚处测量充电插头插上过程的波形。未插便捷充电插头时，1 号针脚是 0V；插上便捷充电插头，1 号针脚是 12V 的一条直线，不是标准变化的波形，这就是问题的关键。

（13）为了排除线路问题，我们继续测量 PILOT 线路通断，测量 X418*1B 的 PIN1 与高电压充电接口之间线路电阻 0.2Ω，测量 X418*1B 的 PIN1 与 A287*1B 的 PIN 4F 之间导线电阻也是 0.2Ω，如图 5-741 所示，线路无异常。

（14）高电压系统切断并仪表能显示高电压系统已关闭后，断开 2 个低压蓄电池负极，在车辆充电接口处测量电阻，L—PE 无穷大正常，L—N 93.7kΩ 正常，N—PE 无穷大正常。

（15）通过以上测量和分析，我们判断便捷充电系统控制单元存在故障。

故障排除：订货更换便捷充电系统控制单元，并编程；再次对车辆充电，能顺利充电。由此，故障排除。

图 5-741

三、宝马 F49 PHEV 高电压蓄电池无法充电

行驶里程：45775km。

故障现象：客户反映车辆出现过无法充电、电池温度高的提示。

故障诊断：

（1）检查车辆，用随车便捷充电器给车辆高电压蓄电池充电，红色闪烁，确实无法充电。为了排除充电器原因，用充电墙盒给车辆充电，车辆充电接口盖位置也是红灯闪烁。

（2）ISTA 诊断有如下故障码，如图 5-742 所示。

SGBD	BNTN	设码编号	说明	里程数	目前是否存在？
ATM	ATM-01-ATM	0xE14600	TCB：以太网：出乎意料的通信中断	16181	否
BDC	BDC-LR01-BODY	0x8040CF	总线端 Kl. 15 关闭：电气行驶就绪状态后超时	34368	否
BDC	BDC-LR01-BODY	0x8041DF	照明开关单元，前雾灯按钮或后雾灯按钮：按钮卡住	28569	否
EME_F45	AE-03-AE	0x0316D8	检查控制信息(ID 900)：剩余可达里程小	45775	否
ENAVEVO	HU-ENTRYEVO-HU	0xB7F89C	HU-B：在最近 40 公里内无 GPS 接收	45773	否
ENAVEVO	HU-ENTRYEVO-HU	0xE1C600	HU-B：以太网：出乎意料的通信中断	39001	未知
ENAVEVO	HU-ENTRYEVO-HU	0xE1C603	HU-B：以太网：通信复位	-1	否
FZD_F15	FZD-08-FZD	0x801A55	防盗报警系统：已触发报警	44309	未知
HKFM_G11	HKFM_HKL-CT01-H KFM	0x801724	HKFM，后行李箱盖自动操作装置：操作请求时行驶速度大于 0 km/h	16782	未知
IHX_I1	IHKA-VA02-IHKA	0x801253	电动空调压缩机：动力管理使功率降低	45710	否
SME_F15	SME-05-SME	0x21F156	高压蓄电池，预载：安全箱，未满足条件	30765	否
SME_F15	SME-05-SME	0x21F1F7	高压蓄电池，预载：因过热而暂时锁止	30765	否
SME_F15	SME-05-SME	0x21F283	高压蓄电池，电池监控电子设备 4：测量电池单元模块温度，短路	32052	未知

图 5-742

（3）从故障码分析，认为有 3 个可能性导致无法充电：

①由于动力管理电动空调液压缩机无法正常工作，报码 801253 电动空调压缩机：动力管理使功率降低和 21F1F7，由于无法正常散热，导致高电压蓄电池无法正常充电。

②高电压蓄电池安全箱或 SME 故障，报码 21F156 是出于安全考虑，导致高电压蓄电池无法充电。

③电池单元控制单元温度异常，报码 21F283 电池监控电子设备 4：测量电池单元控制单元温度，短路；由于怀疑高电压蓄电池单元控制单元温度传感器短路故障，导致无法给高电压蓄电池充电。

（4）之后我们在车上查看检查控制信息，有无法充电提示。检查 KOMBI 显示，发现高电压蓄电池电量显示 1%，这说明由于高电压蓄电池电量过低，动力管理限制了电动空调压缩机的功率，从而报码电动空调压缩机动力管理使功率降低。

（5）对高电压蓄电池预载的 2 个故障码不是很了解，我们执行相关故障码的检测计划，提示如图 5-743 所示。

提示！

当打开高压系统前存在意料之外的电压或电流时，充电装置（充电电缆、壁挂盒或充电站）中的故障会导致预负荷故障。

图 5-743

（6）继续执行故障码"21F283 高电压蓄电池，电池监控电子设备 4：测量电池单元控制单元温度，短路"的检测计划，提示如图 5-744 所示。

（7）继续执行检测计划，提示如图 5-745 ~ 图 5-747 所示。

小心!

诊断已确定高压蓄电池单元中的内部故障。

 警告!

高压蓄电池单元上的维修工作只能由专门接受过培训的专业人员执行。

如有必要，将车辆转交给最近的有资质的 BMW 售后服务授权的协议修理厂。

图 5-744

这种情况下可能有下列故障原因：

1. 电池监控电子设备损坏。

2. 电池单元模块中的传感器损坏。

拆除下列电池单元模块并连接至电池模块充电器：

● 电池单元模块（安装位置：7）带以下系列号：8648775-01 201978 10 17-04-18 00045

读取电池模块充电器上的显示并检查温度值：

● 工作范围：-40 °C 至 50 °C.

● 所有温度值之间的最大偏差：5 °C

图 5-745

如果温度值位于额定范围内，则更新下列部件：

● 拆卸的电池单元模块的电池监控电子设备（安装位置：7），带有以下系列号：

8485759 - 01

114191 10

图 5-746

如果温度值不在额定范围内或不可信，则更新拆卸的电池单元模块。

☞ **提示!**

仅当电池模块充电器上的测量值不在额定范围内或者不可信时，才允许进行这一更换。否则，只需更新电池监控电子设备，并且可以忽略该消息！

电池单元模块修复提示：

● 新安装电池单元模块的标准电压：25.260 V（公差范围：-0.050 ～ 0.050 V）。用电池模块充电器补偿电池单元模块的充电电压。

图 5-747

（8）做完以上检查，我们提交 PUMA 案例，申请拆卸电池测量。技术部老师回复"请按照 ABL 指示检查，确认模组"。

故障排除：

（1）从车上拆卸高电压蓄电池单元，EOS 维修前测试通过后，我们打开高电压蓄电池盖罩，初步检查没有问题，断开如图 5-748 中 3 和 4 之间的高电压插头连接。

图 5-748

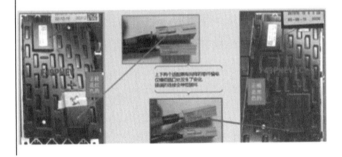

图 5-750

要在英之杰公司租赁。

（2）这个时候，就是比较关键的时刻了，F49 PHEV 和 F49 PHEV LCI 由于高电压蓄电池容量更改，密度提高。高电压蓄电池模组正极插头和适配器线束是不一样的，如图 5-749 和图 5-750 所示。

图 5-749

（3）本车属于 F49 PHEV，需要的适配器线束是 2446694 插头形状与 G38 PHEV 适配器线束 2458279 是不一样的，如图 5-751 所示。这个适配器线束需

F49PHEV/M13   83 30 2 446 694

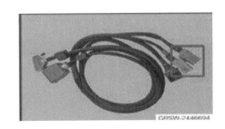

图 5-751

（4）之后我们使用高电压蓄电池充放电机测量安装位置 7 的温度值，如图 5-752 所示。温度值偏差小于 ISTA 提示的 5℃。说明高电压电池模组温度传感器正常，需要更换安装位置 7 的 CSC。

（5）订货更换位置 7 的 CSC。ISTA 上的安装更换步骤是先拆卸高电压蓄电池模组，之后再从高电压蓄电池模组 2 端剪断扎带，往外拉两侧卡子，取出 CSC。通过研究发现，拆卸高电压蓄电池模组对于更换 CSC 没有明显影响。可以直接剪断两端的扎带，往外拉两侧卡子，取出 CSC，如图 5-753 和图 5-754 所示。

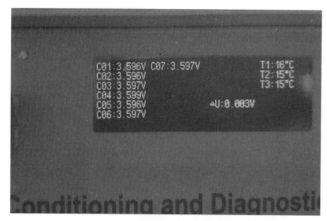

图 5-752

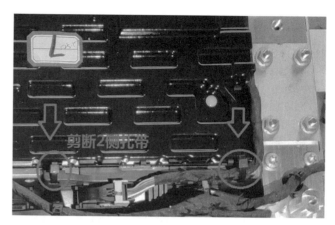

图 5-753

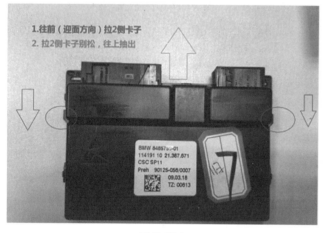

图 5-754

故障总结：

（1）拆卸高电压蓄电池之前一定要断开服务开关，确保仪表上有高电压系统关闭提示，并上锁。

（2）需要走服务功能打开膨胀截止阀，才能全部抽制冷剂和冷冻油。我们店曾经发生维修 F49 PHEV 前部事故车，由于没有走服务功能打开膨胀截止阀，更换空调冷凝器后按照机盖铭牌加装 650g 制冷剂，启动发动机并打开空调后由于制冷剂过多，压力过大，压缩机由于过压而泄压。

（3）F49 PHEV 使用 EOS 测试需要的适配器盒是 83302407625，ISTA 并没有明确说明。

（4）高电压蓄电池模组连接高电压蓄电池充放电机需要的适配器线束是 83302446694，一定要注意不要与 F49 PHEV LCI 混淆。ISTA 并没有明确说明，这个适配线束是需要单独英之杰租赁的，EOS 充放电机内没有。

（5）F49 PHEV 和 F49 PHEV LCI 高电压蓄电池模组的正负极标识不一样，并且适配器不一样，需要大家注意，因为 ISTA 并没有明确说明。F49 PHEV 高电压蓄电池模组正极颜色是红色的。F49 PHEV LCI 高电压蓄电池模组正极是黑色的。

（6）F49 PHEV 高电压蓄电池盖罩是一次性零件，这是很容易被忽略的地方。

（7）打开高电压蓄电池盖罩之后，一定要按照一次性零件清单订购。这个在 JoyChat 里面有详细说明。

（8）F15 PHEV 连接高电压蓄电池充放电机的适配器线束是 83302409403。

（9）F18 PHEV 模组不能单独更换，所以不需要。

（10）F49 PHEV 连接高电压蓄电池充放电机的适配器线束是 83302446694。

（11）G12 PHEV 连接高电压蓄电池充放电机的适配器线束是 83302409403。

（12）G38 PHEV 连接高电压蓄电池充放电机的适配器线束是 83302458279。

（13）I01 连接高电压蓄电池充放电机的适配器线束是 83302405036。

（14）I01 连接高电压蓄电池充放电机的适配器线束是 83302405037。

四、F49 PHEV 高电压蓄电池无法充电

发动机型号：B38。

行驶里程：997km。

故障现象：客户反映昨天晚上充电，早上去开车的时候充电线拔不下来，高电压蓄电池也没有充进去电。

故障诊断：

（1）由于不清楚具体情况，我们跟客户微信视频，充电桩插头确实无法拔出。通过视频协助客户通过拉应急拉线方式，拔下充电插头。由于车子刚买，行驶几百千米，客户比较着急，随后把车开来检查。

（3）车辆进厂后，我们尝试用店内停车场的充电桩给车辆充电，也无法充电，KOMBI 提示无法充电，充电指示灯红色闪烁。

（4）使用 ISTA 诊断，有故障码，如图 5-755 所示。

故障代码存储器					
SGBD	BNTN	设码编号	说明	里程数（km）	目前是否存在？
EME_F45	AE-03-AE	0x222805	充电管理功能：充电过程因电压故障中断	997	否
EME_F45	AE-03-AE	0x222834	充电管理功能：检查控制信息 804，不能充电	997	是
EME_F45	AE-03-AE	0x222842	充电管理功能：充电过程中的故障	997	否
EME_F45	AE-03-AE	0x22287E	AC 充电：尽管充电未准备就绪，但存在电源电压	997	否
FZD_F15	FZD-08-FZD	0x801A55	防盗报警系统：已触发报警	997	未知
SLE_F15	SLE-B35-SLE	0x21E689	高压充电接口：充电插头锁止件，状态不可信	997	是
SLE_F15	SLE-B35-SLE	0x21E69A	高压充电接口：充电插头锁止件传感器，对地短路	997	是

图 5-755

（5）从故障码"高电压充电接口：充电插头锁止件，状态不可信""充电插头锁止件传感器，对地短路"这两个故障码分析可能导致本故障。

（6）执行这两个故障码的检测计划，控制高电压充电接口中控锁驱动装置，没有反应，电机也没有声音。

（7）测量 KLE 的 A287*1B 与高电压充电接口中控锁驱动装置 M268*1B 之间的 3 根线，没有发现断路和相互短路，如图 5-756 和图 5-757 所示。

图 5-756

功能测试：

在下一测试步骤中控制下列部件：高压充电接口中控锁驱动装置。

检查锁止销的控制功能是否正常：

1. 联锁：锁止销伸出。

2. 解除联锁：锁止销重新收回。

图 5-757

（8）最终检测计划提示，如图 5-758 所示。

更新下列部件：

-1- 高压充电接口中控锁驱动装置。

D6144_00000000_02_002

用户输入   D6144_00000000_02_002

诊断码： D6144_00000000_02_002

反馈信号

持续时间：0 分钟 34.54 秒 (09:40:34.296 ... 09:41:08.833)

部件更新后重复进行检测。

如果不能排除故障，则更新下列控制单元：

● **便捷充电电子控制系统 (KLE)**

图 5-758

（9）由于检测计划没有得到具体的结果，我们制订了自己的检测计划。

（10）我们拔下 M258*1B 插头，给充电接口中控锁驱动装置的 1 号脚 和 3 号脚 正向、反向供电，能听到电机工作的声音，同时锁止销能伸出和退回。

（11）在锁止销伸出状态，测量 M268*1B 的 1 号脚和 2 号脚之间的电阻无穷大（如图 5-759 所示）；在锁止销退回状态，测量 M268*1B 的 1 号脚和 2 号脚之间的电阻接近 0Ω（如图 5-760 所示）。通过以上测量，判断高电压充电接口中控锁驱动装置没有问题。

（12）执行便捷充电系统（ABL-DIT-AT6144-SLE）的检测计划，提示便捷充电系列 KLE 测量值和状态不可信。由于之前已经测量 KLE 与充电接口中控锁驱动装置之间线路无异常，由此我们判断 KLE 故障。

图 5-759

（13）做完以上检查，我们提交 PUMA TC 案例，申请更换 KLE。老师回复让我们先测量 KLE A287*1B

816

图 5-760

故障排除：

订货更换 KLE 之后（如图 5-762 所示），对车辆编程设码，故障解决。

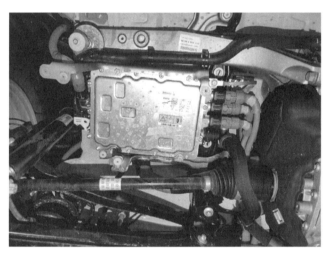

图 5-762

与 M232*1B 之间线路，如果可以，与试驾车对换 KLE。

（14）我们与试驾车对换 KLE 与高电压充电接口之间的线束（如图 5-761 所示），依旧提示无法充电。与试驾车对换 KLE 之后，故障排除。

图 5-761

故障总结：

（1）拆卸 KLE 之前一定要断开服务开关，确保仪表上有高电压系统关闭提示，并上锁。

（2）KLE 控制单元上连接有冷却液散热水管，同时也连接有高电压线束及低压线束，所以在拆装时一定要做好防护，可以用一次性座椅套把水管包扎好。

（3）KLE 上有 4 根高电压线束，容易混淆，所以在拆装前一定要做好标记，防止装错。

（4）ISTA 有时候不能给出一个明确的结果，但是客户不会理解，所以这个时候需要我们在充分理解工作原理和电路图的基础上，制订自己的检测计划。

五、宝马 G12 混合动力车型燃油管路在燃油箱（行李箱）上啪嗒作响

适用日期：2017 年。

适用车辆：G11、G12 和 G30。

故障现象：从行李箱区域中发出啪嗒声和震动噪声。

故障原因：燃油管路抖动并敲打油箱（在行李箱中）。

故障排除：处理客户投诉时进行下列检测／修理：

（1）找到故障位置。

（2）根据维修手册 1611030 拆卸和安装燃油箱。根据示意图拆卸行李箱中的燃油箱壳体。

（3）在油箱上装上零件号为 16117297317 的阻尼条。

（4）在静止状态下，在怠速和大致 2500r/min 时，检查噪声／措施的有效性。

（5）如果不再异常，根据维修手册重新安装燃油箱壳体，在此可以重新使用旧的螺栓。

六、G38 插件式混合动力电动车辆：在温度低于 10℃时给高电压蓄电池充电的新功能

适用日期：2017 年。

适用车辆：G12 和 G38。

故障现象：在低环境温度（例如在冬季）时，只能在所计划出发时间前不久结束通过电网给高电压蓄电池充电的过程。因此纯电动车辆的可用性和"MAX eDRIVE"模式的可激活性明显更快。对于 G12 PHE 和 G38 PHEV，"冬季充电"功能自集成等级 S15A-17-11-520 起可用。为了可以使用该功能，应通过 I-Drive 进行以下设置：

（1）选择"我的座驾"。

（2）选择"规划充电及空调选择"。

（3）选择"充电至出发时间前"。

（4）将收费时间区间设为"0：00—0：00"。

如果环境温度在车辆停放时低于10℃，则"冬季充电"功能自动激活。注意：如果"冬季充电"功能已激活，在车辆中不显示。如果环境温度在车辆停放时高于或等于10℃，则（在收费时间区间"0：00—0：00"时）"立即充电"功能激活并且立即开始充电过程。

故障原因：从集成等级 S15A-17-11-520 起更改了操作方案。

故障排除：为了即使在车辆的集成等级小于 S15A-17-07-509（包括）时也可以实现"冬季充电"功能，用 ISTA 4.08.2x（集成等级 S15A-17-11-520）或更高版本给车辆编程和设码。注意：如果车辆上已经有了该集成等级或更高版本，则客户已经可用"冬季充电"功能。必要时，请向客户提供有关（新）功能以及技术背景（通过充电过程加热高电压蓄电池）的信息。注意：对于 F15 PHEV，"冬季充电"功能不可用。

七、G12 混合动力电动车辆：电动续航里程过低

适用日期：2017 年。

适用车辆：F15、F30、F49、G12 和 G30。

故障现象：客户投诉插电式混合动力电动车辆的电动续航里程过低。

故障原因：由于车辆的技术缺陷或取决于车辆使用情况和环境条件的行车特点，宣传册说明（新欧洲行驶周期 NEFZ 的检测周期值）与客户实际达到的续航里程之间的电动续航里程有偏差。

故障排除：用 ISTA 4 读取车辆的故障码存储器并检查是否有与电动续航里程过低相关的故障码。如果在车辆的故障码存储器中记录了相应的故障码，执行 ISTA 4 中相应的检测计划并按照诊断说明进行操作。如果在车辆的故障码存储器中没有记录相应的故障码，给客户提供咨询意见。由于不同的影响因素，可能出现电动续航里程与根据现行 NEFZ 法律规定确定的宣传册说明相比明显减小的情况。有必要告知客户在此可能涉及以下因素：行车特点（例如在市区行驶时由于频繁加速造成满负荷部分增加或在高速公路上高速行驶时）、环境条件（例如车外温度低于 5℃）、驾驶模式设置（ECO PRO、舒适、运动）、空调与加热装置和其他用

电器（在行驶期间）的设置、预调温（在充电过程时或不带充电过程）。注意：车厢内部冷却 / 加热的影响高达续航里程损失的 30%。可以通过预调温减小该损失、充电特性（车辆的充电频率和是否充满）、轮胎（例如轮胎宽度、轮胎花纹）、车辆装备（例如加装的附件）和装载（所载人员、行李或类似物造成的附加重量）。

八、G12 插电式混合动力电动车辆无法建立油箱准备就绪状态

适用日期：2017 年。

适用车辆：F15、F49 和 G12。

故障现象：KOMBI 不显示油箱准备就绪的状态或无法开启油箱盖。

故障原因：油箱盖、油箱盖锁止件。

故障排除：处理客户投诉时，务必执行下面的测试控制单元：

· 标识符为 ABL-DIT-AT1614_ TDS_ VENT；标题：燃油箱压力传感器和阀门

· 功能结构中的路径：驱动装置 / 燃油供应 /TFE/ 燃油箱压力传感器和阀门

措施仅涉及插电式混合动力电动车辆和 I 车型，涉及车辆的生产期为从批量使用至：2017 年 4 月 25 日 I01；2017 年 4 月 25 日 I12 油箱 42 升；2017 年 5 月 22 日 I12 油箱 30L；2017 年 5 月 24 日 F15；2017 年 5 月 7 日 F30；2017 年 4 月 26 日 F45；2017 年 7 月 4 日 F49；2017 年 4 月 19 日 G11、G12、G30。

九、G12 检查控制信息"驱动装置故障"并储存电子管理系统故障码：21F02A

适用日期：2017 年。

适用车辆：F15、F49 和 G12。

故障现象：在启动车辆时向客户显示了以下检查控制信（CCM）："驱动装置故障"（检查控制信息 ID：633）。此外，还可能显示一个或多个以下检查控制信息："无法充电"（CCM-ID：804），"混合动力系统故障"（检控制信息 ID：585），"驱动装置无法重新启动"（检查控制单元 ID：586）或"驱动装置无法继续运行"（检查控制信息 ID：29）。

故障原因：安全盒的硬件可能损坏。

故障排除：处理客户投诉时，用 ISTA 或 ISTA Next 读取车辆的故障码存储器（FS），并检查在存储器电子管理系统（SME）的故障码存储器中是否记录了以下故障码："21F02A 高电压插头：SBOX 传感器故障"。此外，还连续记录以下故障码：21F1F6 主开关在故障之后退出工作。如果记录了故障码 21F02A 并且频率大于 3，根据维修规定更换安全盒。如果在存储器电子管理系统中故障码 21F02A 并且频率小于等于 3，忽视故障码。用新的 ISTA/P 或 ISTA Next 版本给车辆编程和设码。

十、M13 插电式混合动力电动车辆：SME 故障码：21FO4B

适用日期：2017 年。

适用车辆：F15、F49 和 G12。

故障现象：可能会显示一个或多个以下检查控制信息（CCM）："可以继续行驶。驱动装置"（CMM-ID：29），"驱动装置故障！"（CCM-ID：633）或"高电压系统故障"（CCM-ID：585）。注意：也可能记录了故障码 21FO4B，但是不显示一个或多个上述检查控制信息。

故障原因：SME 和电池监控电子设备之间有计时问题。

故障排除：在用 ISTA 读取时，可能在 SME 的故障码存储器中记录了故障码："21FO4B- 高电压插头：CSC CAN：控制单元总线关闭"。此外，在 SME 的故障码存储器中还记录了以障：21F1F5 出现故障后主

开关退出工作。如果在 SME 中记录了故障码 21F4B，但是当前不存在或者没有记录其他与电池电压可信度相关的故障码（见下列故障码）："21F161 高电压插头：电压传感器 CSC 1 可信度且电压不可信""21F162 高电压插头：电压传感器 CSC 2 可信度 – 电压不可信""21F163 高电压插头：电压传感器 CSC 3 可信度 – 电压不可信""21F164 高电压插头：电压传感器 CSC 4 可信度且 电压不可信""21F165 高电压插头：电压传感器 CSC 5 可信度且电压不可信""21F165 高电压插头：电压传感器 CSC 6 可信度且电压不可信""21F167 高电压插头：电压传感器 CSC 7 可信度电压不可信""21F168 高电压插头：电压传感器 CSC 8 可信度且电压不可信""21F169 高电压插头：电压传感器 CSC 9 可信度 – 电压不可信""21F16A 高电压插头：电压传感器 CSC 10 可信度且电压不可信""21F16B 高电压插头：CSC 11 电压传感器可信度且电压不可信"。这是一个伪故障，忽略该故障码。删除故障码，然后重新评估车辆。

如果在 SME 中记录了故障码 21FO4B 并且当前存在或者还记录了其他与电池电压可信度有关的故障码，按照诊断提示操作。

十一、G12 插电式混合动力车辆 KLE 故障码 21E6E9，无法充电或充电过程提前中断

适用日期：2018 年 1 月。

适用车辆：G12。

故障现象：无法给车辆充电或出现充电过程提前中断的情况。车辆充电接口的红色指示灯亮起。此外，出现显示以下检查控制信息的情况："无法充电"（CM-ID：804）。在便捷充电系统（KLE/OBC）的故障码存储器中记录了故障码：21E6E9 充电中断。

故障原因：由于充电设施的电压波动可能损坏了便捷充电系统（KLE/BO）的硬件。

故障排除：

（1）如果除了故障码 21E6E9 外，在便捷充电系统的故障码存储器中还记录了其他故障码，忽略该故障码 21E6E9。执行其他故障码的检测计划并遵循诊断说明。

（2）如果除了故障码 21E6E9 外，在便捷充电系统的故障码存储器中没有记录其他故障码，检查是否可通过标准充电电缆和壁挂盒给车辆充电。

①如果无法给车辆充电，根据维修规定替换便捷充电系统（KLE/OBC）。

②如果可以给车辆充电，忽略该故障码。

十二、G12 插电式混合动力车辆：DME 故障码 CDC203/ 缺少 SME 信息

适用日期：2018 年 2 月。

适用车辆：F15、F49 和 G12。

故障现象：客户可看到一个或多个以下检查控制信息（CCM）："发动机。谨慎行驶"（CCM-ID：29），"电池无法充电"（CCM-ID：213），"驱动装置故障"（CCM-ID：633）。注意：可能导致显示其他检查控制信息。在几个控制单元的故障码存储器中记录了表示缺少存储器电子管理系统（SME）信息的故障码。此外，在数字式发动机电子伺控系统（DME）的故障码存储器中还记录了故障码："CDC203，信息（高电压蓄电池 2 状态，0x12）：缺失"。

故障原因：存储器电子管理系统 SME 的软件版本不合适。

故障排除：

（1）如果该车辆当前的 ISTA 版本小于等于 4.07.3x（集成等级 17-07-507），用 ISTA4.08.1 x（集成等级 17-11-520）或更高版本给车辆编程和设码。

（2）如果该车辆当前的 ISTA 版本小于等于 ISTA4.08.1 x（集成等级 17-11-520），按照诊断提示操作。

十三、G12 插电式混合动力车辆：存储器电子管理系统 SME 故障码 21F257/EoS 测试仪故障信息 857

适用日期：2018 年 2 月。

适用车辆：F15、F49 和 G12。

故障现象：可能显示排放警示灯（MIL）。在存储器电子管理系统（SME）的故障码存储器中记录了故障码："21F257 高电压蓄电池控制单元：增加电池单元放电提示"，可能还记录了其他的故障码。诊断指出要更换一个或多个高电压蓄电池控制单元。在更换了一个或多个控制单元之后，在执行 EoS 测试时可能导致显示故障信息 857。

故障原因：EoS 测试仪的软件版本不对。

故障排除：发生客户投诉时，在拆卸高电压蓄电池之前进行如下操作：通过 PuMA 联系技术支持部门。

注意：从 ISTA 版本 4.10（预计从 2018 年 2 月 23 日起可用）起按照诊断提示操作。

十四、G38 XB1H（B48 插电式混合动力车辆）12V 启动机损坏

适用日期：2018 年 3 月。

适用车辆：G12 和 G38。

故障现象：启动发动机时有噪声。发动机在 12V 启动机区域中发出啪嗒 / 研磨噪声。在 DME 故障码存储器中保存了故障码："21A511 启动系统，小齿轮启动机：超时"。可能还有故障码："21A504 分离离合器：在打开状态下卡住""21A50A 启动系统，小齿轮启动机：由于多次出现超时""21A510 启动系统，电机：超时启动机断裂"。小齿轮上的防松环断裂，如图 5-763 所示。启动机的轴承盖断裂，如图 5-764 所示。在扭转减震器和自动变速器上经常出现连续损坏，如图 5-765 和图 5-766 所示。

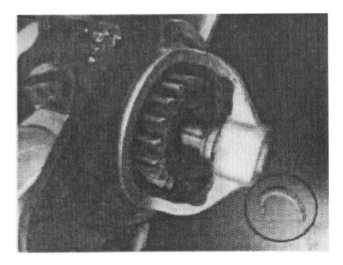

图 5-763

图 5-764

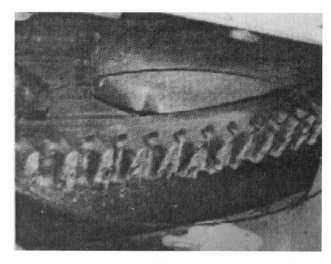

图 5-765

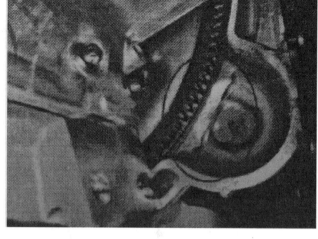

图 5-766

故障原因：启动机不够结实以及 DME 应用不良。

故障排除：在该系列中已采取了措施、启动机的稳健性措施：使用日期 2018 年 2 月 22 日。从集成等级 18-03-510 起优化了 DME 应用。G38：使用日期 2018 年 2 月 22 日。G12：使用日期 2018 年 3 月 14 日。备件启动机 / 翻新启动机：启动机的稳健性措施也同样适用于所有备件。中心零件仓库（ZTA）Dingolfing 已进行调整。识别启动机稳健性措施特征：零件号码未更改。启动机的稳健性措施可通过位于零件号码下的修正指数（AI）识别。

（1）2017 年 7 月前生产的车辆。

已应用稳健性措施的启动机：零件号码 1241864641，修正指数为 08 或更高（启动机）；零件号码 12418643642，修正指数为 08 或更高（翻新启动机），如图 5-767 所示。供参考：未应用稳健性措施的旧部件。零件号码 12418643641，修正指数为 07 或更低（启动机）；零件号码 12418643642，修正指数为 07 或更低（翻新启动机）。

图 5-767

（2）从 2017 年 7 月起生产的车辆。

零件号码 1241868598，修正指数为 03 或更高（启动机），零件号码 12418691765，修正指数为 03 或更高（翻新启动机）供参考：未应用稳健性措施的旧部件。零件号码 12418685988，修正指数为 02 或更低（启动机）；零件号码 12418691765，修正指数为 02 或更低（翻新启动机）。

发生客户投诉时，按如下方法操作：

用 ISTA 进行诊断。

替换启动机。注意零件号码和修正指数（AI）！目前在电子零件目录（BIK）中还有一个错误：ETK 没有区分 2017 年 7 月之前和 2017 年 7 月之后生产的车辆。因此，必须注意所拆卸启动机的零件号码。该零件号码是主要依据。检查扭转减震器是否损坏。损坏时，要替换扭转减震器。注意：不同的零件号码（2017 年 7 月之前 /2017 年 7 月之后生产的车辆）。检查自动变速器是否有磨损印迹。在有磨损印迹时，要替换自动变速器和扭转减震器。

读取车辆的集成等级。G12：如果集成等级小于（低于）S15A-18-03-510，用ISTA4.10.2x或更高版本给车辆编程和设码。如果集成等级为S15A-18-03-510或更大（更高），不需要编程。G38：如果集成等级小于（低于）S15C-18-03-510，用ISTA4.10.1x或更高版本给车辆编程和设码。如果集成等级为S15C-18-03-510或更大（更高），不需要编程。

十五、G12插电式混合动力车辆：EOS测试未通过，Deutronic充电器故障信息

适用日期：2018年3月。

适用车辆：F15、F30、F45、F49、G11、G12和G30。

故障现象： EoS测试在更换电池单元控制单元后未通过。Deutronic充电器（在充电或放电时）：在显示器上显示"ZKS未连接"。在输入密码"G0"之后显示"输入不可信"。

故障原因：EoS诊断系统的EoS软件过时。Deutronic充电器：Deutronic充电器上的软件过时。温度传感器的数量设置错误（在充电或放电时）。单格电池的数量设置错误（在充电或放电时）。电池单元控制单元的温度在工作范围之外（小于15℃或大于45℃）。温度传感器（负温度系数）之间的温差大于3℃。单格电池的电压在工作范围之外（小于2.8V或大于4.1V）。注意：在该情况下，请通过PuMA联系技术支持部。控制单元电压在工作范围之外。如下计算工作范围：单格电池数量乘低（2.8V）或高（4.1V）单格电池电压。

故障排除：安装EoS软件4.6或更高版本。从固件版本4.6起，可以直接在EoS箱上读取电池单元模块的号码。

下载新软件并将其安装到Deutronic充电器上。在连接电池单元控制单元后通过诊断功能确定温度传感器（负系数）的数量和单格电池电压，检查其是否可信并在必要时校正设置。检查电压值和温度值是否在允许的工作范围内。注意：对于充电大于4.1V的单格电池电压是不允许的。设置空调运行模式下的温度传感器（负温度系数）数量和单格电池电压。

十六、G30插电式混合动力车辆检查控制信息："可以继续行驶。驱动装置""小心停车。供电""驱动装置故障"

适用日期：2018年3月。

适用车辆：G11、G12和G30。

故障现象：向客户显示了一个或多个检查控制信息："可以继续行驶。驱动装置"（检查控制信息ID：029）；"小心停车。供电"（检查控制信息ID：213）；"驱动装置故障！"（检查控制信息ID：633）。可能还显示了以下检查控制信息：排放警示灯（检查控制信息ID：34）。在存储器电子管理系统中记录了多个与电池监控电子设备（CSC）相关的故障码。

故障原因：电池监控电子设备和高电压系统启动之间有计时问题。

故障排除：发生客户投诉时，读取车辆的故障码存储器并检查在电子管理系统的故障码存储器中是否记录了故障码："21F161高电压插头：电压传感器CSC 1可信度－电压不可信""21F184高电压插头：电池温度－电池监控电子设备1的控制单元温度失灵""21F162高电压插头：电压传感器CSC 2可信度且电压不可信""21F185高电压插头：电池温度－电池监控电子设备2的控制单元温度失灵""2F8163高电压插头：电压传感器CSC 3可信度电压不可信""21F185高电压插头：电池温度－电池监控电子设备3的控制单元温度失灵"" 21F164-高电压插头：电压传感器CSC 4可信度且电压不可信""21F187-高电压插头：电池温度－电池监控电子设备4的控制单元温度失灵""21F165高电压插头：电压传感器CSC 5可信度－电压不可信""21F118高电压插头：电池温度－电池监控电子设备5的控制单元温度失灵""21F165高电压插头：

电压传感器 CSC 6 可信度 - 电压不可信""21F189 高电压插头：电池温度 - 电池监控电子设备 6 的控制单元温度失灵""21F204 高电压插头：安全设计，层面 2：电压过低 / 过高或未知""21F20D-SME：安全设计 - 通过层面 2 关闭 21F1F5""故障后主开关退出工作"。

（1）如果记录上述故障码的频率小于 5，忽略该故障码存储器。从集成等级 S15A-18-07-500 可用起，用该集成等级或更高版本对车辆进行编程和设码。

（2）如果记录上述故障码的频率大于等于 5 或当前有上述故障码，根据维修规定拆卸电池单元控制单元并用 Deutronic 充电器检查是否有异常。如果在控制单元上发现了异常，根据维修规定替换相应的电池监控电子设备和电池单元控制单元。如果在控制单元上没有发现异常，根据维修规定替换相应的电池监控电子设备。

十七、G12 插电式混合动力车辆：EME 故障码 2232E1，检查控制信息"驱动装置故障"

适用日期：2018 年 4 月。

适用车辆：G12。

故障现象：向客户显示以下检查控制信息"驱动装置故障"（检查控制信息 ID：419）和"小心停车。供电"（检查控制信息 ID：213）无法建立行驶就绪状态。在电机电子伺控系统（EME）的故障码存储器中记录了以下故障码：2232E1-E-Fuse- 电流传感器 - 低于下限阈值。

故障原因：ISTA 4.08 1x（集成等级 S15A-17-07-509）（包括）之前的电机电子伺控系统的软件版本不良。

故障排除：

（1）如果车辆上的 ISTA 版本低于 4.08.1x（集成等级 S15A-17-07-509）（包括），则如下进行操作：

①如果在其他控制单元中没有记录表明车辆中存在低电压情况的故障码存储器或如果在 EME 中没有记录与总线端 KL30. 上电压小于 9V（见环境数据）相关的其他故障码，并且可以通过多次进行总线端切换（约 10 次）使该故障不再现，用 ISTA 4.08.2x（集成等级 S15A-17-11-520）或更高版本给车辆编程和设码。

②如果在其他控制单元中记录了表明车辆中存在低电压情况的故障代码存储器，或如果在 EME 中记录了与总线端 KL30 上电压小于 9V（见环境数据）相关的其他故障代码，并且可以通过多次进行总线端切换（约 10 次）使该故障再现，按照诊断提示操作。

③如果在其他控制单元中记录了表明车辆中存在低电压情况的故障码存储器或如果在 EME 中记录了与总线端 KL.30 上电压小于 9V（见环境数据）相关的其他故障码，并且可以通过多次进行总线端切换（约 10 次）使该故障不再现，进行与低电压相关的故障码诊断并遵照诊断的说明操作。

（2）如果车辆上的 ISTA 版本大于或等于 4.08.2x（集成等级 S15A-17-11-520），按照诊断提示操作。

十八、插电式混合动力车辆：故障指示灯亮起（检查控制信息 ID：34）

适用日期：2018 年 4 月。

适用车辆：G12、G30 和 G38。

故障现象：排放警示灯亮起。在 DSC 控制单元中保存的故障码有 0xD34487：FlexRay 启动失败；0xD34420：FlexRay 通信故障。提示：只涉及集成等级小于 17-11-500 的车型 G30 PHEV、G38 PHEV、G12 PHEV。

故障原因：DME 软件不良。

故障排除：首先读取集成等级。如果集成等级小于（低于）18-03-500，用 ISTA 4.10.2x 将车辆编程为集成级 18-03-500 或更高版本。该 ISTA 版本自 2018 年 3 月中旬起可用。然后重新评估车辆。如果集成等级为 18-03-500 或更高（更大），不对车辆进行编程。用 ISTA 4 进行诊断并按照诊断指示操作。然后重新评估车辆。

十九、M13 插电式混合动力车辆：SME 的编程终止（当 ISTA 为 4.05.3x）或更高版本

适用日期：2018 年 4 月。

适用车辆：F15、F49 和 G12。

发动机：N20、XB1H 和 XB2H。

故障现象：在用 ISTA 4.05.3x（集成等级 17-03-509）或更高版本给车辆编程之后，在存储器电子管理系统的故障码存储器中还记录了故障码："21F10A 高电压安全插头：分析结果不可信""21F275 安全计算机和主计算机之间测试失败"。

故障原因：存储器电子管理系统中有未编程的软件单元。

故障排除：如果在用 ISTA 4.05.3x 或更高版本给车辆编程之后在存储器电子管理系统的故障码存储器中记录了上述故障码，在 ISTA 中选择存储器电子管理系统并重新编程。然后删除故障码存储器并重新读取。如果没有重新记录上述故障码，无须其他的操作。如果重新记录了上述故障码，按照诊断提示操作。

二十、G12 PHVE 用 ISTA 4.08.2x 编程后排放警示灯亮起

适用日期：2018 年 5 月。

适用车辆：G12。

故障现象：在车辆进场检修后用 ISTA 4.08.2x 将车辆编程为集成等级 S15A-17-11-520。由于软件应用不良，编程之后将显示排放警示灯（MIL）。注意：涉及集成等级小于等于 S15A-17-07-509 的 G12 PHEV。

故障原因：电机电子伺控系统（EME）和自动恒温空调（IHKA）的控制单元软件版本不兼容。

故障排除：处理客户投诉时进行如下操作：用 ISTA 4.10.4x 将车辆编程和设码为集成等级 18-03-530 或更高版本。该版本自 4 月中旬起可用。更换零件不能达到目的，也不允许更换。

二十一、G12 插电式混合动力车辆：无法电动行驶（SME 故障代码：21F10C）

适用日期：2018 年 5 月。

适用车辆：G12。

故障现象：无法电动行驶或只在总线端切换后可重新电动行驶。向客户显示了一个或多个以下检查控制信息：驱动装置故障（CCM-ID：633），高电压系统故障。在存储器电子管理系统（SME）的故障码存储器中记录了故障码："21F10C 碰撞：发现了碰撞Ⅱ（KL30C，不可逆）""21F1F6 在出现故障后主开关停用（提示：这是个连锁故障）"。

故障原因：集成等级 S15A-18-03-500 之前的软件版本不良。

故障排除：发生客户投诉时，读取车辆的故障码存储器并检查是否记录了上述故障码存储器。

（1）如果记录了故障码 21F10C 并且故障频率大于 5 或当前有该故障码，检查其他的控制单元是否也检测到了碰撞和车辆是否有事故。如果发现了事故损坏，根据维修规定修理车辆。如果没有发现事故损坏，根据电路图检查总线端 KL.30C 的导线、插头连接和保险丝，并在必要时进行修理。如果没有发现事故损坏，并且在总线端 KL.30C 的导线、插头连接和保险丝上没有发现异常，用集成等级 S15A-18-03-500（自 2018 年 3 月起可用）或更高版本给车辆编程和设码。然后重新评估车辆。

（2）如果记录了故障码 21F10C，故障频率小于 5 且当前没有该故障，用集成等级 S15A-18-03-500（自

2018 年 3 月起可用）或更高版本给车辆编程和设码。然后重新评估车辆。

（3）如果一起记录了故障码 21F10C 和以下两个故障码"21F109 高电压安全插头：未插上""21F1F6 出现故障后主开关退出工作"，这表示在保养时已拔下了高电压安全插头，不需要维修措施，插上高电压安全插头并重新评估车辆。

二十二、G38 插电式混合动力车辆：EME 故障码 2223A7 和 2223A8，检查控制信息可继续行驶

适用日期：2018 年 5 月。

适用车辆：G12 和 G38。

故障现象：向客户显示了以下检查控制信息："可以继续行驶。驱动装置"（检查控制信息 ID：29）。提示：可能出现显示其他检查控制信息的情况。此外，可能出现显示排放警示灯（MIL）或车辆抛锚的情况。在电机电子伺控系统（EME）的故障码存储器中记录了一个或多个故障码（FC）："2223A7 变频器，高电压侧驱动程序：供电在范围之外或通信故障""2223A8 变频器，低压侧驱动程序：供电在范围之外或通信故障"。

故障原因：电机电子伺控系统的硬件可能损坏。

故障排除：发生客户投诉时，读取车辆的故障码存储器并检查在电机电子伺控系统的故障码存储器中是否记录了一个或多个上述故障。如果记录了且当前有一个或多个上述故障码，则故障频率大于或等于 3，并且可排除车载网络问题（低电压 / 过电压）：根据维修规定替换电机电子伺控系统。

（1）如果记录了且当前没有一个或多个上述故障码，则故障频率小于 3。如果在其他控制单元中没有记录，表明车辆中存在低电压 / 过电压情况或在 EME 中没有记录与总线端 KL.30 上电压（见环境数据）小于 9V 或大于 14V 相关的其他故障码，并且可以通过多次进行总线端切换（约 10 次）使该故障不再现，删除故障码存储器的故障记忆，然后用新的可用的 ISTA 版本给车辆编程和设码。

（2）如果记录了且当前有一个或多个上述故障码，则故障频率小于 3。如果在其他控制单元中没有记录，表明车辆中存在低电压 / 过电压情况或在 EME 中没有记录与总线端 KL.30 上电压（见环境数据）小于 9V 或大于 14V 相关的其他故障码，并且可以通过多次进行总线端切换（约 10 次）使该故障再现，根据维修规定替换电机电子伺控系统。

二十三、F15、F49、M13、G12、G38 插电式混合动力车辆，在 SME 中保存了故障码 21F156 和 21F1F7

适用日期：2018 年 5 月。

适用车辆：F15、F49、G12 和 G38。

故障现象：没有客户投诉。没有显示警告信息，但是可能在 SME（存储器电子管理系统）中保存了故障码："21F156 预充电不满足 Sbox 预充电条件""21F1F7 过热保护阻止了接通"。

故障原因：SME 软件不良。

故障排除：

（1）如果在 SME 中保存了上述故障码（经销店问询）且车辆的集成等级小于等于 15-11-5xx（对于 FI5PHEV，集成等级小于等于 17-03-5xx），则必须将 SME 编程为新的可用的集成等级。

（2）如果在 SME 中保存了上述故障码（经销店问询）且车辆的集成等级大于等于 17-03-500（对于 F15PHEV，大于等于 17-07-500），则只需删除 SME 的故障码存储器。更换安全盒（Sbox）不能达到目的，因此是不允许的。

如果对于第 1 点或第 2 点不取决于集成等级还保存了故障码存储器"21F1F5 出现故障后主开关退出工作"，则用 ISTA 4 进行诊断。

二十四、G12、G38 插电式混合动力车辆无法再电动行驶（故障码 2232B0）

适用日期：2018 年 6 月。

适用车辆：G12 和 G38。

故障现象：车辆无法电动行驶。"检查控制信息：驱动装置故障"亮起。在 EME（电机电子伺控系统）中保存了故障码："2232B0 DC/DC 转换器关闭路径测试 - 第 1 步打开"。

故障原因：电机电子伺控系统（EME）的软件不良。

故障排除：发生客户投诉时，用 ISTA 进行诊断，并在必要时执行相应的测试控制单元。如果没有找到其他原因，则进行操作：进行两次总线端切换（点火开关接通 / 关闭）。

然后执行以下几点：

（1）删除故障代码存储器。

（2）让车辆休眠两次（锁上车辆并等待 20min。进行该过程两次）。

（3）行驶车辆并重新让其休眠，然后重新评估车辆。

如果该故障不重现，则可以将该车辆重新交给客户。如果该故障再现，则必须更换 EME。

二十五、G38 检查控制信息："呼叫事故援助。驱动装置损坏"

适用日期：2018 年 10 月。

适用车辆：G12 和 G38。

故障现象：红色的检查控制信息（ID 170）"呼叫事故援助。驱动装置损坏"。在选挡按钮中，行驶挡 D 的 LED 闪烁。切换端子（关闭点火开关 / 接通点火开关）后该故障不再存在。车辆重新可行驶。在以大于 60km/h 的速度滑行驶过波状路面时，偶尔会出现该故障。该故障只出现在"舒适"驾驶模式下。在 EGS 故障码存储器中保存了以下故障："420598 输出转速传感器：梯度不可信""420893 第二个微控制器：识别到过高的输出梯度"。所涉及的车辆：G11 PHEV、G12 PHEV、G30 PHEV、G38 PHEV 插电式混合动力电动车辆。

故障原因：EGS 应用不利。

处理客户投诉时按如下方式操作：

（1）G11、G12、G30 车辆。

读取车辆的集成等级。车辆的集成等级低于（小于）S15A-18-11-520，用 ISTA4.14.1x（预计从 2018 年 10 月底起可用）将车辆编程和设码为集成等级 S15A-18-11-520 或更高版本。更换零件既不能解决问题也不允许！提醒：在 ISTA4.14.1x 可用之前，应创建一个 PuMA 案例并与主管的贸易公司协调其他的操作步骤。车辆的集成等级为 S15A-18-11-520 或更高（更大），用 ISTA 进行诊断。

（2）G38 车辆。

读取车辆的集成等级。车辆的集成等级低于（小于）S15C-81-520，用 ISTA414.1x（预计从 2018 年 10 月底起可用）将车辆编程和设码为集成等级 S15C-18-11-520 或更高版本。更换零件既不能解决问题也不允许！提醒：在 ISTA4.14.1x 可用之前，应创建一个 PuMA 案例并与主管的贸易公司协调其他的操作步骤。车辆的集成等级为 S15C-18-11-520 或更高（更大），用 ISTA 进行诊断。

二十六、插电式混合动力车辆 EME 中有故障记录：223B5 和 222DE3

适用日期：2018 年 10 月。

适用车辆：F49。

故障现象：EME（电机电子伺控系统）中有故障记录 2233B5 电机离合器－执行器电流传感器 2 电流超出极限值。没有有关电动驱动装置的客户投诉。在个别情况下，可能还有故障记录："222DE3 电机离合器－执行器：过电流"。

故障原因：软件应用不良或硬件故障。

故障排除：

（1）如果在控制单元 EME 中记录了故障码"2233B5 电机离合器－执行器－电流传感器 2 电流在极限值之外"，未记录故障记录"222DE3 电机离合器－执行器：过电流（在控制单元 EME 中）"，没有发现驾驶投诉（与电动驱动装置相关），则可以忽略该故障记录。同时将车辆编程和设码为集成等级 18-07-531 或更高版本。该集成等级自 2018 年 7 月起可用。

（2）如果除了故障记录 223B5 之外还记录了故障码"222DE3 则应根据 ISTA/D 检查以下导线和插头连接：电机电子控制系统－电机离合器"，执行器如果在导线和插头连接上没有发现异常，则根据维修手册替换电动机变速器。

二十七、M13 无法激活"最大 eDRIVE" "SAVE BATTER"

适用日期：2018 年 10 月。

适用车辆：F49、G12 和 G38。

故障现象：通过 eDRIVE 按钮无法激活功能"最大 eDRIVE"。通过 eDRIVE 按钮无法激活功能"SAVE BATTERY"。发动机启动／停止自动装置（MSA）不可用。没有相关的故障记录。高电压蓄电池单元已充分充电。在行驶里程低于 250km 的新车上出现该客户投诉。参考信息：发动机标记 XB1H 表示 B48 插电式混合动力车辆。发动机标记 XB2H 表示 B38 插电式混合动力电动车辆。

故障原因：工厂设定的装配模式未退出工作。这将致工厂设定的发动机启动／停止自动装置（MSA）退出工作。发动机启动／停止自动装置再次退出工作将导致功能"最大 eDRIVE"和"SAVE BATTERY"不可用。参考信息：如果错误地没有使工厂设定的装配模式退出工作，则该模式自动从行驶里程 250km 起退出工作且发动机启动／停止自动装置激活。

故障排除：发生客户投诉时应按如下方式进行操作。使工厂设定的装配模式退出工作。为此，有两种方法。

（1）第 1 种方法：在 ISTA NEXT 中选择服务功能。

路径：驱动装置→发动机电气系统→发动机启动／停止自动装置→使发动机启动／停止自动装置装配模式退出工作。执行以下测试控制单元：ABL-DIT-AS1365 _MSAMON 发动机启动／停止自动装置：使装配模式退出工作。

（2）第 2 种方法：在 ISTA NEXT 中通过功能结构和感知症状调用测试控制单元。

路径：驱动装置→混合动力汽车→当前的故障症状→无法电动行驶。执行以下测试控制单元：ABL-DIT-AW1365_ EDRV MSA_DEAK 发动机启动／停止自动装置或电动行驶不可用。

二十八、G30、G38、G11、G12 插电式混合动力车辆 eDRIVE 模式下加热装置失灵

适用日期：2018 年 11 月。

适用车辆：G11、G12、G30 和 G38。

故障现象：eDRIVE 模式下空调不加热。尽管 IHKA（集成式自动恒温空调）设置在热风上，但是通风口中只送出冷空气。只涉及带有以下选装配置的车辆：选装配置 04NM（高级香系统）。

故障原因：自动空调控制单元中的软件不良。

故障排除：处理客户投诉时读取车辆的集成等级，如果集成等级小于（低于）18-11-523，用 ISTA4.14.1x 将车辆编程和设码至集成等级 18-11-523 或更高版本。如果集成等级为 18-11-523 或更大（更高），不对车辆进行编程。用 ISTA 进行诊断，然后重新评估车辆。更换零件不能达到目的，也不允许更换。

二十九、F15 插电式混合动力车辆排放警示灯亮起（在 EME 中保存了一个或多个故障码）

适用车辆：F15。

故障现象：排放警示灯（ML）和驱动装置故障！在 EME（电机电子伺控系统）中可能保存了一个或多个故障码：022014 传感器故障，测量值采集，角度传感器角度；222021 转子位置传感器故障，正弦和余弦输入之间的相位差超出阈值；222022 转子位置传感器故障，转速超出阈值；222029 转子位置传感器故障，正弦和余弦输入之间的振幅偏差超出 DOS 不匹配阈值；2223B5 变频器，电机的转子位置传感器，正弦、余弦或励磁线圈/导线未连接或断线；222724 纵向动力级别 2：扭矩极限集合错误；222725 纵向动力级别 2：角度传感器故障。

故障原因：

（1）EME 电线束上有磨损印迹。

（2）EME 58 针信号插头上的接触电阻过大。

故障排除：对上一个版本的更改：完整地更改了措施说明。在电动车上工作时须注意遵守安全提示！

（1）使用维修电线束和导线时的注意事项。

①维修手册 6100……使用维修电线束和导线时的注意事项。

②维修导线束时使用正确的工具。

③ REP6113……导线束修理的专用工具。

（2）发生客户投诉时，按如下方式进行操作：

①在整个可见的区域内检查 EME 电线束是否有磨损印迹。如果电缆束有磨损印迹，则对其进行修理。

②将高电压系统切断电压：

· 断开蓄电池负极导线

· 拆卸右侧底板饰件

· 目检 EME 插头

· 将 EME 插头 A190*1B 解锁，从 EME 上拔下

③重新从内部目检插头。

④切断导线扎带。

⑤拆卸电缆束圈，直到插头前约 10cm 处。

⑥松开插头盖。

⑦目检（插头 A190° 1B）连接以下线脚 41、42、43、54、55、56 的电缆（例如：线脚上的电缆承受很大的拉力）。提示：电缆需要相应的卸压件！在考虑到辅助锁扣的情况下重新安装插头盖。用织物粘胶带将电缆束直接缠绕到插头的卸压件（导线扎带）前。小心地沿插头方向将电缆束推几毫米，直到织物粘胶带直接位于导线扎带固定卸压件的开口上。现在借助导线扎带在插头上固定电缆束（沿 EME 或插头接触侧方向

对齐导线扎带头，需要第二人帮助）。重新用织物粘胶带缠绕打开的电缆束，但是不缠绕至插头。为了避免线束僵硬，应该有一个 5mm 的间隙，不可缠绕包裹该间隙。

⑧将隔热板略微压向一侧并拆下 EME 上的螺栓。

⑨安装角架，包括新的螺栓。角架的零件号码：61134A03DB3；螺钉零件号码：61257621147。

⑩用 8.5N·m 扭矩将螺钉拧紧。

⑪铺设 EME 电缆束，用 2 根导线扎带（零件号码：61138383722）暂时固定。

⑫将插头 A190*1B 重新插到 EME 上。

⑬然后将导线扎带拉紧！重要：将 EME 电缆束固定在角架上时，注意角架固定点与车身上的固定点之间不能有拉力负荷。

⑭安装右侧底板饰件。

⑮连接蓄电池负极导线。

⑯重新运行高电压系统。

⑰删除故障码，进行功能检查，然后重新评估车辆。

⑱更换 EME 不能达到目的，因此是不允许的。

三十、车辆无法用标准充电电缆充电（插电式混合动力车辆）

适用车辆：F15、F18、F49、G05、G12 和 G38。

发动机：B38T、IB1、N20、XB1H 和 XB2H。

故障现象：车辆无法用标准充电电缆充电；充电电缆操作面板上的指示灯亮起或闪；充电过程不启动或中断；车辆高电压充电接口上的指示灯亮红灯；用标准充电电缆进行充电的持续时间过长；尽管已在车辆中选择了设置"最大"，充电电流过低。此外，客户可看到一个或多个以下检查控制信息：ID 802 或 ID 808：检查充电电缆；ID 803：电网功率过低；ID 804：无法充电。此外，在 EME（电机电子伺控系统）的故障码存储器中可能记录了一个或多个故障码："222833 充电管理功能：检查控制信息 803，电网功率过低""222834充电管理功能：检查控制信息 804，无法充电""222842 充电管理功能：充电错误""222845 充电管理功能：充电故障"。

给车辆充电时出现故障可能有不同的原因：

· 充电电缆未正确插接或未正确锁定

· 充电电缆中的内部保险丝（F1 保护开关）识别到漏电电流并切断

· 充电基础设施中有问题（公共电网或客户的家用安装）

对之前版本的更改。添加了以下衍生品：G05/I15。发生客户投诉时，按如下方式进行操作：

检查充电电缆是否有外部损坏并在必要时替换。

KOPP/TE 充电电缆：

（1）将充电电缆插头插入家用连接的插座中。

①如果充电电缆操作面板"充电器"区中的红色指示灯亮起，则如下进行手动复位：

· 按下按钮"0"5s

· 按下按钮"1"

· 重新检查充电过程

②如果充电电缆操作面板"充电器"区中的另一个指示灯亮起或慢闪，根据扉页上有关充电电缆操作面板的信息进行故障诊断。

指示灯：

- 无显示：无车载网络电压或插座上有故障
- 亮绿灯：充电电缆激活
- 亮红灯：识别到漏电电流，关闭充电过程。进行复位
- 闪红灯／绿灯：执行周期性自检
- 亮绿灯／闪红灯：温度过高（内部／外部），关闭充电过程

必须检查供电情况（插座等）。

（2）如果充电电流过低或用标准充电电缆进行充电的持续时间过长，尽管已在车辆中选择了"最大"充电电流，仍可能已调整了充电电缆的充电电流设置。为了在充电电缆上设置最大充电电流，应进行如下操作：

- 同时按住按钮"0"和按钮"1"约 5s
- 增加最大充电电流：按下按钮"1"
- 减小最大充电电流：按下按钮"0"
- 在不进行输入的 5s 之后，设置完成
- 操作面板上的设置：最小值（等级 1）约等于 6A，最大值（等级 5）约等于 12A
- 如果在车辆中选择了充电的"最大"设置，但是已经在充电电缆的操作面板上将充电电流设为等级 1（6A），则用最小充电电流进行充电
- 如果将操作面板或充电电缆插头上的温度识别为过高，则充电电缆可以自动减小充电电流
- 如果发现充电功率已降低或无法用复位排除故障，则替换充电电缆不能达到目的，因此也不允许

所有其他的标准充电电缆类型。

提示：所有其他的标准充电电缆在拔下并重新插上时都将自动进行复位。为此，必须遵守以下过程：

- 从车辆上断开充电插头
- 从插座上断开充电电缆
- 等待 5s
- 将充电电缆重新插入插座
- 将充电电缆重新插入车辆

如果充电电缆操作面板上的指示灯仍亮起或闪烁，根据操作面板背面上的信息或根据充电电缆的操作说明进行故障诊断。

根据高电压充电接口装上充电电缆插头并将其压入，直至嵌入。提示：注意充电电缆插头是否正确地位于高电压充电接口中并正确地嵌入。

（3）如果不启动充电过程，则进行如下操作：

①检查用另一个标准充电电缆进行充电的充电过程是否启动。如果用另一个标准充电电缆进行充电的充电过程启动，则替换损坏的充电电缆。

②如果用另一个充电电缆进行充电的充电过程也不启动，用 ISTA4 进行诊断并提供结果诊断的说明。

（4）如果充电过程的启动没有问题，则可能没有识别到标准充电电缆或车辆损坏。故障可能在充电基础设施（公共电网或者客户的家用安装上）中。如可能，可以使用另一个充电柱，或向客户询问家用安装是否符合 BMW AG 的规定。

三十一、eDRIVE 不能使用，有几条故障记录，充电可能中断

适用时间：2019 年 12 月。

适用车辆：F15 和 G12。

故障现象：eDrive 无法使用（可能出现检查控制信息）。

故障原因：SME 中的硬件故障。

故障排除：必须事先排除 SME 电缆束和高电压蓄电池至接收器控制单元电缆束损坏！如果电缆束损坏，则必须对其进行修理。如果电缆束未损坏，则必须根据维修手册更换 SME，然后重新评估车辆。

三十二、有关修理插电式混合动力车辆（PHEV）高电压蓄电池的重要提示

适用时间：2020 年 6 月。

适用车辆：F15、F49 和 G12。

故障现象：安全盒中的硬件可能损坏，会导致存储电子管理系统的故障码存储器（FS）中增加记录故障码（FC）：21F21F 由于 SBOX 硬件 / 软件错误，绝缘监控失灵。不显示任何检查控制信息（CCM）。客户未察觉该故障。涉及以下 GEN3 车辆（第 3 代插电式混合动力车辆）：生产日期在 2016 年 3 月 17 日至 9 月 16 日之间的 F15 PHEV 和 G12 PHEV。生产日期在 2016 年 6 月 18 日至 2017 年 10 月 31 日之间的 F49 PHEV 和 M13。提醒：所有更晚的 PHEV 车型都必须经由 ISTA 通过诊断进行处理。在任何情况（即使无上述故障记录）下，对于所涉及生产日期的车辆必须在高电压电池上作业之前用 EOS 进行完整测试。提醒：通过 EOS 快速测试是不够的。

故障原因：此时，由于安全盒中的硬件可能损坏，无法确保绝缘监测器的功能正常。

故障排除：对上一个版本的更改：所有更晚的 PHEV 车型都必须经由 ISTA 通过诊断进行处理。重要：如果必须在高电压蓄电池上进行作业，则应如下操作：拆下高电压蓄电池后与 EoS 连接并实施完整测试！提醒：通过 EoS 快速测试是不够的。

如果完整测试被中断且出现"内部监控失灵"的故障信息，通过 PuMA 联系技术支持部门。

若完整测试无故障完成，根据修理规定修理高电压蓄电池。

三十三、G38 插电式混合动力车辆 SP12 高电压蓄电池维修注意事项

适用时间：2020 年 11 月。

涉及车辆：G38。

故障现象：打开高电压蓄电池后，发现模组电芯存在位移。电芯位移方向相同。负极端子的控制单元上的电芯移出框架，正极端子上的电芯移入框架。上述故障无法在车辆诊断中被识别。当前分析显示本问题对客户没有风险。只涉及带 SP12（1/12020 之前生产车辆）高电压蓄电池的 G38 PHEV。

故障原因：原因正在分析中。

故障排除：高电压系统在危险的高电压和高电流下的条件下运行。触电有生命危险！只允许由接受过专门培训的专业人员在高电压系统上作业。在高电压组件（高电压组件标识 / 警告标记识别）附近作业时，切断高电压系统的电源并防止其损坏。如果要维修高电压电池，请按以下步骤进行：按照 ISTA 维修直到拆卸高电压电池后，请先执行 EoS 快速测试。重要：如果 EOS 快速测试无法顺利进行，则必须停止高电压蓄电池上的所有工作并通过 TSARA 联系技术支持部。如果 EOS 快速测试顺利通过，则允许打开高电压蓄电池。打开高电压蓄电池后，必须遵守工作说明。重要：如果在电池单元控制单元识别到了电芯位移并且模组盖板

按规定盖好，则必须立即停止高电压蓄电池和其电池单元控制单元上的所有工作。接触保护可能不再存在！隔离高电压蓄电池，然后通过 TSARA 与技术支持取得联系。

三十四、G38 PHEV K-CAN5 线束于后桥接触磨损

适用时间：2020 年 1 月。

适用车辆：G38。

发动机：XB1。

故障现象：车辆通过不平路面时，KOMBI 可能会出现发动机灯警告并伴随着车辆抖动，甚至有可能会出现无法继续行驶的情况。

故障原因：通往 SME 的 K-CAN5 线束布置不合理，K-CAN5 线束与后桥之间的间距过小，或者已经接触并导致线束绝缘层磨损。涉及车辆：G38 PHEV。

建议对店里的库存新车，以及进店保养 / 维修的客户车辆都进行下述检查：

（1）检查通往 SME 的 K-CAN5 线束与后桥之间的最小间距，如果间距大于 10mm 视为正常。

（2）如果间距小于 / 等于 10mm 或者已经与后桥接触，需要调整线束与后桥之间的距离。

（3）如果线束已经磨损，请包扎 / 维修已经磨损的线束。

三十五、插电式混合动力车辆空调没有制冷能力或制冷能力过低

适用车辆：F15、G05、G12、G30 和 G38。

故障现象：在重启车辆时，在特定的前提条件下可能出现空调根本不工作或工作时的制冷能力降低。出现以下 CCM（检查控制信息）：CCM990- 电力驱动、电动行驶暂时受限。您可以继续行驶。在高电压蓄电池加热 / 冷却之后，满电动驱动功率重新可用。只在约 3min 之后，全部制冷能力重新可用。涉及所有从 2016 年 11 月 1 日起生产的插电式混合动力车辆。

故障原因：高电压蓄电池的电量过低。电量（state of charge）低于 2%。

故障排除：对上个版本的更改，添加了车型 F15。发生客户投诉时，告知客户信息。在此，这是一个设计特性。关闭或降低空调的制冷能力用于保护高电压蓄电池。只从一定的电量起，才接通高负载的电气设备（例如空调）。车辆的高电压系统和空调系统均无故障。该问题可避免，方法是高电压蓄电池电量不要完全用完或在停放车辆前不久将选挡杆移至"S"挡位。发动机在选挡模式"S"下运转。以此给高电压蓄电池充电！更换零件不能达到目的，也不允许更换。

三十六、纯电动车 / 插电式混合动力车辆：电动续航里程过低

适用时间：2020 年 6 月。

适用车辆：F15、F49、G05、G12 和 G38。

故障现象：客户投诉纯电动 / 插电式混合动力车辆的电动续航里程过低。

故障原因：由于车辆的技术缺陷或取决于车辆使用情况和环境条件的行车特点，宣传册说明（新欧洲行驶周期 NEFZ 的检测周期值）与客户实际达到的续航里程之间的电动续航里程有偏差。

1. 对之前版本的更改

添加了关于 ISTA 中计算可达里程的段落。调整了措施说明及保修代码。

2. 处理客户投诉时的操作

用 ISTA4 读取车辆的故障码存储器并检查是否有与电动续航里程过低相关的故障码。如果在车辆的故障

码存储器中记录了相应的故障码，执行 ISTA4 中相应的检测计划并按照诊断说明进行操作。

3. 确定电动可达里程

（1）用诊断系统读取电气消耗（包括其他耗电设备）。提醒：询问客户的使用行为并进行调整。示例：冷车状态启用座椅加热功能或驻车通风 / 冷却功能。记录出厂时的电气消耗值和平均速度。对于该测试，至少需要 10 km 的 SoC（电量）。

（2）给高电压蓄电池充满电。

（3）在起步之前，复位个人消耗数据。

（4）前瞻性地以最高速度 100 km/h（可选 90 km/h）行驶至少 1 个最大 eDRIVE（大于 30 km）驾驶周期（不仅仅在城市内行驶）。在电动行驶试车之后立即记录车载电脑中的平均速度。

（5）重新用诊断系统读取电气消耗（包括其他耗电设备）并进行记录。

（6）重新给车辆充电并在充电结束时记录可达里程目标值。可以将该值直接与客户说明进行比较。

从 ISTA 版本 4.24.1x 起（预计 2020 年 7 月初起可用）可以通过以下路径的诊断系统进行计算：车辆处理—故障查询—功能结构—驱动装置—混合动力车辆—电动可达里程。

如果无法直接用 ISTA 计算该值，则必须将以下值告知技术支持部。

·高电压蓄电池的能量单位 kWh

·其他耗电设备，单位：kW（告知第 1 点和第 4 点中的值）

·驱动装置消耗，单位：kWh（告知第 1 点和第 4 点中的值）

·已复位个人消耗数据的平均速度（客户的平均速度和 eDRIVE 试车的平均速度）

·充电结束时可达里程的目标值（第 6 点中的值）

电容已在 AIR 的高电压蓄电池单元功能描述中给出。请使用以下功能描述：在高电压蓄电池单元功能描述中搜索关键词"可用电容"。提醒：可能保存了多个功能描述，只使用没有（GZ）的 FUB–FUB–FB 功能描述。

如果在考虑到所有上述各点的情况下电动可达里程不足，则应按如下方式操作：

启动测试控制单元"高电压蓄电池单元，分析蓄电池状态"。该测试控制单元分析控制单元计算得出的剩余电容并且将该值与车辆特有的相关阈值进行比较。如果该值接近阈值，则执行该测试控制单元，然后通过高电压蓄电池的引导性放电和充电确定剩余电容。

三十七、插电式混合动力车辆排放警示灯亮起 / 检查控制信息："供电异常"

适用车辆：G05、G12 和 G38。

故障现象：发动机启动之后，排放警示灯可能亮起。检查控制信息："供电异常"。出现该检查控制信息之后，不再能通过发电机给 12V 蓄电池充电。因此，供电通过 12V 蓄电池进行。这可能导致 12V 蓄电池完全放电。在 EME（电机电子伺控系统）中保存了以下故障码："030EE9 高电压动力管理，信号分析：EME 信号无效或不能接收""031401–EME：内部故障（电机变频器）""22335D–EME：内部故障（安全功能）"。这 3 个故障码始终组合出现。EME 中还可能出现其他的故障码："2232E2–EME：内部故障（12V 保险丝）"。BDC（车身域控制器）中还可能出现一个故障码："804011 供电电压 8V5（BDC）"。

故障原因：EME 中的软件不利。

故障排除：对上一个版本的更改，添加了电源诊断。高电压系统的工作电压危险，电流很高。触电有生命危险！只允许由接受过专门培训的专业人员在高电压系统上作业。在高电压组件（通过提示牌和 / 或橙色护套进行了相应的标记）附近作业时，切断高电压系统的电源并防止其损坏。处理客户投诉时按如下方式操作：

（1）如果在 BDC 控制单元中保存了故障码"804011 供电电压 8V5"，则必须首先通过电源诊断检测 12V 蓄电池。然后执行下面的编程说明。如果在 BDC 控制单元中没有保存故障码"804011 供电电压8V5"，则可以立即开始下面的编程说明：

·读取车辆的集成等级

·如果集成等级小于（低于）20-11-540，用 ISTA4.27.1x 将车辆编程和设码为集成等级 20-11-540（预计从 2020 年 12 月初起可用）或更高版本。然后重新评估车辆。更换零件不能达到目的，也不允许更换

·如果集成等级为 20-11-540 或更大（更高），不对车辆进行编程。用 ISTA 进行诊断。然后重新评估车辆

（2）在上述集成等级可用之前，必须按如下方式操作：

①删除故障码存储器的故障记忆。

②让车辆休眠（约 7min）。

③检查故障是否重新出现（再次读取故障存储器）。

④操作步骤①~③必须执行两次！

⑤如果该故障不重现，则将该车辆重新交给客户。

⑥如果该故障在两次执行步骤①~③之后重新出现，则必须更换 EME（电机电子伺控系统）。然后重新评估车辆。

三十八、插电式混合动力车辆菜单中 16A 充电电流的设置自动复位

适用时间：2020 年 8 月。

适用车辆：G05、G12 和 G38。

故障现象：自动复位车辆菜单中的"16A 充电电流"设置。由此可能导致更长的充电过程，因为充电电流比客户事先设置的小。涉及在车辆菜单中具有以下设置的所有插电式混合动力车辆包含"电流极限"的设置范围。

故障原因：EME 中的软件不当。通过 EME 控制单元软件中的内部复位应用默认充电设置（6A）。复位设置的客户值。

处理客户投诉时按如下方式操作：

（1）读取车辆的集成等级。

（2）如果集成等级小于（低于）20-11-510，用 ISTA4.26.1x 将车辆编程和设码为集成等级 20-11-510（从 2020 年 10 月底起可用）或更高版本。然后重新评估车辆。更换零件不能达到目的，也不允许更换。

（3）如果集成等级为 20-11-510 或更大（更高），不对车辆进行编程，用 ISTA 进行诊断，然后重新评估车辆。

三十九、插电式混合动力车辆检查控制信息："可以继续行驶。高电压系统"亮起

适用时间：2020 年 7 月。

适用车辆：G05、G12 和 G38。

故障现象：检查控制信息（CCM ID794）："可以继续行驶。高电压系统"亮起。保存了以下故障记录：030FA2EME，接地连接监控：超过阈值 2 和 030FA1EME，接地连接监控：超过阈值 1。

故障原因：由于锈蚀/氧化，接触电阻变大。

对上一个版本的更改，更改了操作步骤。发生客户投诉时按如下方式进行操作：

通过诊断系统进行以下检测，功能结构→驱动装置→混合动力车辆→电机电子伺控系统→接地连接

→EME：检查接地连接，在该测试控制单元中执行功能检查并将结果与下面的值进行比较。如果电阻小于0.7mΩ，则用ISTA将车辆编程为集成等级20-11-500（从2020年11月起可用）或更高版本。然后重新评估车辆。不需要更换零件。如果电阻大于或等于0.7mΩ，则用ISTA将车辆编程为集成等级20-11-500（从2020年11月起可用）或更高版本。然后拆卸EME（电机电子伺控系统）上的两个接地线，如图5-768所示。

用不锈钢丝刷(钢丝刷宽度0.15mm或0.2mm)清洁两根接地线的接触面和接地接线柱在EME上的接触面，如图5-769所示（或者清除锈蚀/氧化）。用压缩空气喷枪和清洁布清除残留物。然后，重新安装两根导线，并用19N·m的扭矩行紧。然后重新评估车辆。不需要更换零件。

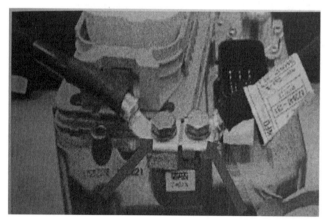
图 5-768

图 5-769

四十、电动行驶的公里数显示在编程后丢失

适用时间：2020年9月。

适用车辆：G05和G12。

故障现象：用集成等级20-07-53x或更低版本给车辆编程之后，电动行驶的公里数丢失。组合仪表中重新启动时该显示在零位。只涉及带有以下选装配置（SA）的G05/G12：SA-6U3-高配组合仪表（Bosch）。

故障原因：组合仪表中的软件。

故障排除：高电压系统的工作电压危险，电流很高。触电有生命危险！只允许由接受过专门培训的专业人员在高电压系统上作业。在高电压组件（通过提示牌和/或橙色护套进行了相应的标记）附近作业时，切断高电压系统并防止其损坏。处理客户投诉时按如下方式操作：

（1）读取车辆的集成等级。

（2）如果集成等级小于（低于）20-07-540：

①用ISTA4.25.1x将车辆编程和设码为集成等级20-07-540或更高版本。

②更换零件不能达到目的，也不允许更换。

（3）如果集成等级为20-07-540或更大（更高）：

①不对车辆进行编程。

②用ISTA进行诊断。

四十一、2020年宝马5系G38 PHEV仪表显示供电异常

车型：G38 PHEV，配置XB1H发动机。

行驶里程：12780km。

故障现象: 客户反映启动发动机后,仪表显示"供电异常"提醒。尝试给高电压蓄电池充电,无法充电,仪表有红色提醒,如图5-770所示。锁车几个小时后,又恢复正常了。

图 5-770

故障诊断: 诊断前注意这是一辆搭载替代型驱动装置的车型,只允许有特殊资格的专业人员在搭载替代型驱动装置的车辆上进行检查维修,否则可能会有伤害危险。

(1) 首先进入车内,启动发动机,仪表上没有任何故障报警。

(2) 检查车辆充电设置,充电设置没有问题。

(3) 尝试给高电压蓄电池充电,也能正常充电。

(4) 我们先了解一下本车充电系统的基本原理。对于高电压车载网络,车上的便捷充电系统控制单元可以实现车辆和充电站之间的通信。当插上充电插头后,便捷充电系统控制单元与车内其他充电相关的控制单元通信,满足充电条件,便捷充电系统控制单元将充电桩提供的交流电压转换成直流电,并通过高电压系统主控控制单元到达高电压蓄电池。对于12V低压车载网络,电机电子伺控系统通过DC/DC转换器给低压蓄电池充电。

(5) 之后我们使用诊断仪进行诊断,故障码如图5-771和图5-772所示。

0x21A5 自动变速器,分离离合器:开启锁定 04	12730	否
0x030E 高压动力管理:DC/DC 转换器功率限制 DD	12730	否
0x030E 高压动力管理,信号分析:EME 信号无效或不能接收 E9	12734	否
0x030E 高压动力管理:尽管请求但未起动高压系统 EB	12730	否
0x0314 EME:内部故障(电机变频器) 01	-1	否
0x0316 紧急运行管理器信息,电子真空泵:失灵 A8	12730	否
0x0316 紧急运行管理器信息:电机已禁用(主动式短路) BA	12730	否
0x0316 紧急运行管理器信息:电机已禁用(转子位置传感器故障) BE	12730	否
0x0317 高压安全功能信息:禁用电机(连锁故障) CA	-1	否

图 5-771

0x0317 EME，安全功能：后桥，车轮抱死 D5	12730	否
0x2233 EME：内部故障（安全功能） 5D	-1	否
0x4822 EPS 控制单元：全局动力管理已请求减小转向助力。 EC	12730	否
0x4216 离合器 K0：车辆启动期间过热 20	12730	否
0xCF2 信号 (电机 1 实际扭矩 P2，0x90，最小曲轴实际扭矩，0x A6，，FAS 驾驶员希望值曲轴实际扭矩，0xA7) 无效，发射器 DME/DDE C41	12730	否
0xCF2 信号 (电机 1 实际转速 P2，0x90) 无效并且分离离合器 K0 已接合 C42	12730	否
0xCF2 信号 (电机 1 实际转速 P2，0x90) 无效并且分离离合器 K0 分离 C43	12730	否
0xCF35 信号 (电机 1 实际转速 P2，0x90) 无效，发射器 EME B8	12734	否

图 5-772

（6）注意到有如下故障码比较关键：EME 内部故障（电机变频器）、EME 安全功能、禁用电机和 EME 安全功能。

（7）通过故障码和客户提供的故障照片，我们分析可能的故障原因：

①充电装置故障（充电插头、充电墙盒或充电站）。

②便捷充电系统控制单元故障。

③充电插头、高电压充电接口或充电接口控制单元故障。

④高电压系统故障或直流 / 直流转换器失灵。

⑤电机电子装置控制单元故障。

⑥高电压蓄电池故障。

⑦低压车载网络故障。

⑧软件故障。

（8）执行以上故障码自动生成的检测计划，没有明确诊断结果。检查高电压系统，没有发现外观损伤痕迹。检查车辆软件版本不是最新。

（9）通过分析，我们判断软件或电机电子伺控系统 EME 出现故障的可能性较大。

（10）跟客户沟通之后，我们先对车辆编程，反复试车，故障没有出现。让客户先试用一段时间反馈。

故障排除：交车后，2 个月内多次电话跟进，客户反馈故障一直没有出现。由此，故障排除。

故障总结：

（1）由于本车高电压蓄电池额定电压 高达 350.4V，所以除了必要的防护工作之外，检查维修技师必须具备相应的维修资质。

（2）所有的维修、测试工作必须遵守最新版本的维修说明。